Histoire de l'Allemagne

Joseph Rovan

Histoire de l'Allemagne

Édition revue et augmentée
par l'auteur

Éditions du Seuil

La première édition de cet ouvrage
a été publiée dans la collection
L'Univers historique

ISBN 2-02-035136-6
(ISBN 2-02-018296-3, 1re publication)

Préface

*Je termine cette histoire de l'Allemagne dans ma soixante-quinzième année. En simplifiant ma biographie je pourrais dire que sur cette longue durée j'ai été allemand pendant les quinze premières années, et français pendant les soixante suivantes. Soldat, résistant, déporté (à Dachau), j'ai pris part au dernier grand affrontement entre ce qui fut la patrie de mes pères et ce qui deviendra la matrie de mes fils, affrontement qui n'était déjà plus seulement celui de nos deux nations mais, avant tout, une grande guerre civile internationale entre des idéologies, des conceptions du monde, des systèmes de valeurs opposés. Pour participer à ce combat, j'avais refusé en été 1940 un visa américain, document fort recherché cependant, après la défaite de la Troisième République, parmi les réfugiés provenant d'Allemagne. Je pensais alors qu'il n'était pas convenable de laisser à d'autres le soin de combattre l'hitlérisme dont les miens avaient été les premières victimes. Pour la même raison, dès mon retour de Dachau, dans un article d'*Esprit*, dont le titre a survécu à cinquante ans d'histoire, je disais que les vainqueurs – dont la France, et la France en premier lieu parce que la plus voisine, la plus anciennement affectée et confrontée à la germanité – étaient désormais en charge du peuple allemand. J'ai toujours pensé que le cours de notre existence nous accorde des dons – l'Écriture parle de la livre ou du « talent » qu'il nous faut faire fructifier – et nous impose des devoirs : établi sur la frontière, je devais me faire l'interprète, l'explicateur, le médiateur et agir pour qu'une Allemagne libérée de ses démons et une France maîtrisant et sa défaite et sa* *victoire se joignent au service des droits de l'homme, de la démocratie, des libertés – et de la Liberté.*

C'est pourquoi, quand l'occasion s'offrit, je m'en fus contribuer à l'édification d'une Allemagne démocratique et continuatrice des traditions fondées par ses grands humanistes, par Kant et par Goethe, par les hommes et les femmes de 1848 et de 1918. Responsable de l'éducation populaire dans les services français, j'entrepris en même temps, comme journaliste et comme écrivain, d'expliquer l'Allemagne aux Français et la France aux Allemands. Une dizaine d'ouvrages furent consacrés à cette tâche, ainsi que quelques milliers d'articles et de chroniques de radio. La logique de cette activité me plaça en 1963 parmi les fondateurs de l'Office franco-allemand pour la jeunesse. Plus surprenante – mais finalement non moins logique – fut en 1968 ma nomination comme professeur de Civilisation allemande à la nouvelle université de Paris-Vincennes (Paris-VIII) où je devais enseigner pendant treize ans avant de finir ma carrière académique à Paris-III, occupant la chaire d'un ami et d'un maître inoubliable : Pierre Bertaux.

Dans un certain sens, l'ouvrage que je présente aujourd'hui aux lecteurs français est le fruit de toutes les étapes ainsi évoquées de mon existence : celle d'un Bavarois devenu Auvergnat sans oublier ni renier la Bavière. Je l'ai conçu dans la fidélité à mon père, né à Berlin, et à ma mère, née à Ratisbonne, et qui reposent tous les deux au cimetière catalan de Saint-Christophe-les-Gorges, issus tous les deux de familles d'origine juive, depuis longtemps émancipées et intégrées dans deux aspects différents et complémentaires de la réalité allemande, la Prusse protestante et la Bavière catholique. Par mon père, je communique avec le libéralisme intellectuel du XIXe siècle ; il m'a transmis cette conscience des vraies valeurs qui le poussa – le 2 avril 1933, au lendemain du boycott des magasins juifs, qui ne le concernait pas personnellement – à quitter sans nulle assurance d'avenir « une patrie tombée entre les mains d'une bande d'assassins ». Ce n'était plus ma patrie – mais j'ai contribué, à ma très modeste place, à l'arracher à cette bande.

Élevé dans le christianisme protestant, je me suis très jeune senti attiré par l'Église catholique, à travers des penseurs qui ont marqué la fin de mon adolescence, et parmi lesquels comptèrent en premier lieu Henri de Lubac et Emmanuel Mounier. Esprit, *depuis sa fondation, a toujours été un lieu privilégié de l'attention à l'Allemagne. Je dois à ces maîtres, auxquels je tiens à associer un très grand vivant, Jean-Marie Soutou (qui fut aussi mon prédécesseur comme secrétaire de rédaction de la revue), d'avoir pu comprendre mon temps à la lumière des passés assumés, d'avoir pu participer à la lutte pour l'émancipation des opprimés et des humiliés sans tomber dans le piège communiste, la grande tentation de ma génération.*

J'ai déjà fait allusion à ce que je dois à Pierre Bertaux. Parmi mes maîtres en Sorbonne, celui qui m'a le plus donné et dont j'ai tenté de suivre la voie le plus fidèlement fut assurément Edmond Vermeil, véritable inventeur, dans les traces de Charles Andler, d'une germanistique orientée sur la société et les idées. Et comment ne pas nommer en cette compagnie l'historien par excellence à mes yeux, Henri Marrou, qui fut mon parrain et préfaça ma première contribution à l'histoire allemande.

Si j'ai pu tant soit peu agir sur la vie publique française et sur les relations concrètes entre la France et l'Allemagne, je le dois avant tout à Edmond Michelet qui, depuis Dachau où il fut notre chef, et tout au long de ses vingt-cinq années de responsabilités politiques, n'a cessé de lutter pour une nouvelle et définitive association de la France et de l'Allemagne, et qui me permit de l'accompagner dans cette voie sous la conduite du général de Gaulle qui m'écrivait, en 1955, que « désormais la France et l'Allemagne sont condamnées à marcher main dans la main comme un alexandrin avec l'autre ».

Le livre que voici s'est donc nourri de toutes ces impulsions, de tous ces exemples, de tous ces encouragements. Enseignant à « Vincennes » et à Paris-III, journaliste et écrivain, membre de cabinets ministériels, j'ai toujours pensé que la science n'était pas une fin en soi, pas plus que la politique ou l'information, mais qu'elle devait contribuer au progrès général des Lumières qui sont aussi l'instrument par lequel la clarté de Dieu illumine la création dont nous sommes les gestionnaires. Pendant de nombreuses années, j'ai, dans un cours, expliqué aux étudiants l'histoire comparée de l'Allemagne et de la France. De ces exposés, le présent livre est directement issu. Son but essentiel est de raconter aux Français l'histoire de l'Allemagne à laquelle leur destin est plus que jamais irrévocablement associé.

Dans ce sens – comme la plupart des textes que j'ai rédigés, comme la plupart des cours que j'ai professés, comme la plupart des actions que j'ai menées –, ce livre est un geste politique : c'est seulement en comprenant leurs passés que les Français et les Allemands pourront vivre la plénitude de leur appartenance à l'union de l'Europe. Car si l'avenir se nourrit de l'histoire, c'est l'avenir seul qui confère à l'histoire son véritable sens.

Saint-Christophe-les-Gorges
Le dimanche 14 mars 1993 précédant
la fête de saint Joseph Ouvrier

Préface à la seconde édition

J'ai été agréablement surpris par la nécessité d'entreprendre la mise en œuvre d'une seconde édition du présent ouvrage à peine un an après sa « sortie ». Entre-temps était déjà parue une traduction allemande qui m'a obligé à me relire attentivement. En définitive, pour cette seconde édition française, je n'ai pas eu à modifier le texte – quelques menues erreurs mises à part qui furent facilement corrigées – des vingt premiers chapitres. Il en va tout autrement du chapitre XXI qui déjà était d'une longueur disproportionnée dans l'édition première. Il est vrai qu'il traite de L'Allemagne depuis la Seconde Guerre mondiale, *et je ne pouvais pas à ce passé récent et vivant ne pas accorder une attention privilé-*

giante. Pour la même raison beaucoup de pages ont été réécrites dans ce chapitre, et des pages nouvelles ont dû être ajoutées. Le texte finit ainsi à la page 928 alors que la première édition se terminait en page 920. Mais l'histoire la plus récente de l'Allemagne est celle de son unité rétablie qui exigeait et méritait une attention détaillée. Cependant, les effets de cet événement immense finiront aussi par se « normaliser ». On verra donc par la suite.

Saint-Christophe-les-Gorges
Le 20 septembre 1995

Préface à l'édition de poche

Me relisant à nouveau, quatre ans après avoir signé la préface du présent livre, en prévision d'une nouvelle édition – en livre de poche, quel honneur pour un si gros ouvrage –, je ne trouve à changer, comme pour la seconde édition – des erreurs mineures mises à part –, que certains passages de la fin du dernier chapitre, et quelques alinéas à y ajouter. Aussi bien, malgré l'abondance presque effrayante des ouvrages nouveaux, ma vision de l'histoire allemande, telle qu'elle s'est formée au long d'une existence qui atteint à présent la grande vieillesse, n'est plus susceptible de changer et le survol qu'accomplit mon livre est suffisamment général pour que telle ou telle découverte de détail effectuée par un chercheur attentif ne puisse plus modifier un ensemble dont la cohérence procède de ma *vision et de* mon *expérience personnelles. Ce livre avait été écrit tout entier de mémoire, sans nouvelles recherches ; et à l'ami qui me demandait si je ne risquais pas ainsi d'omettre quelque chose d'important, je répondis : « Ce que j'aurais oublié mes lecteurs n'auront pas besoin de le savoir ». Le nombre des lecteurs – en Allemagne, plusieurs clubs de livres ont repris l'ouvrage, et là-bas, l'édition de poche est parue avant sa consœur française – me pousse à penser qu'en procédant ainsi je n'avais pas tout à fait tort.*

Il reste que l'histoire continue à avancer et qu'en l'espace de deux ans et demi l'Allemagne a connu des aventures et des événements non négligeables, voire importants, et que sa situation dans le nouvel environnement continue à se modifier rapidement. Quels que soient ses résultats immédiats, l'élection du prochain Bundestag, le 27 septembre de cette année, marquera un seuil, à la veille d'un autre siècle. Comment ne pas évoquer dès lors le souvenir des temps d'il y a mille ans, quand l'empereur Othon III et Gerbert d'Aurillac, son pape Sylvestre II, entreprenaient de donner un ordre au monde qui leur était confié. Comme on voudrait que leurs successeurs d'aujourd'hui en France, en Allemagne, en Europe, se sentissent appelés à une mission de la même grandeur !

Saint-Christophe-les-Gorges
Le Vendredi saint, 10 avril 1998

CHAPITRE I

Préliminaires

Une histoire de l'Allemagne ? Est-ce l'histoire d'un pays ou l'histoire d'un peuple qu'il s'agit d'écrire ici ? Le peuple allemand apparaît au IXe siècle comme un ensemble réunissant un certain nombre de *Stämme*, de tribus [1], qui habitent dans une région délimitée par la mer du Nord, l'Elbe, les monts de Bohême, les Alpes, les Vosges et une ligne linguistique traversant l'actuelle Belgique, région qui a fait partie de l'Empire franc. Les peuples germaniques dont l'union va faire naître le peuple allemand ont eu une histoire antérieure qu'il a été possible de reconstruire sur des périodes assez longues. Le territoire qu'ils couvrent, de son côté, a connu d'autres occupants, des Celtes et des Illyriens indo-européens [2], les peuples de la brillante civilisation du second âge du bronze (la civilisation dite de La Tène), et avant ceux-ci à l'époque néolithique des peuples d'agriculteurs dont nous ignorons la langue et la race ; ceux-ci s'étant eux-mêmes superposés et mélangés à des groupes d'hommes mésolithiques qui vivaient de la cueillette et de la chasse. L'histoire des *Stämme* qui ont constitué le peuple allemand est inséparable de celles d'autres peuples germaniques dont certains ont d'ailleurs vécu pendant des durées assez longues et d'autres seulement en transit sur ces mêmes territoires, où se

1. Le mot *Stamm* a pour sens premier le tronc d'un arbre.

2. Les langues indo-européennes forment une vaste famille englobant les peuples hindous, iraniens, grecs, latins, illyriens, slaves, celtes, germains auxquels on suppose une origine commune, géographiquement située entre la Russie méridionale et l'Asie centrale. Au cours de leurs migrations, les peuples indo-européens se sont mêlés à d'autres ethnies.

constituera l'Allemagne aux IXe et Xe siècles. Les migrations germaniques s'étalent sur des centaines d'années. Près d'un millénaire sépare l'apparition des Cimbres et des Teutons, sur les frontières d'une Rome encore républicaine, de la fondation de l'État russe par les Varègues suédois ; près de 1 200 ans s'écoulent entre ce premier contact des Germains avec le monde méditerranéen et la fondation de l'État normand en Sicile. Une grande partie de ces migrations et expéditions se déroulent dans les vastes territoires situés entre l'Elbe et la Vistule que les peuples slaves ne viendront occuper qu'après le départ des « nations » germaniques : Goths, Vandales (le nom de la Silésie est celui d'une des branches du peuple vandale, les Silingues), Hérules, Burgondes y ont séjourné pendant des périodes qui se mesurent parfois en centaines d'années. Dès l'époque de Charlemagne, commencera d'ailleurs une sorte de « reconquête » germanique qui atteindra sa plus grande intensité aux XIIe et XIIIe siècles : grâce à celle-ci, la plupart des territoires de la ci-devant République démocratique allemande font aujourd'hui encore partie d'une Allemagne, alors que l'autre moitié de « l'Allemagne coloniale », c'est-à-dire les pays situés à l'est de la ligne Oder-Neisse, a été à nouveau vidée de son peuplement germanique, connaissant ainsi une seconde conquête slave. L'histoire du peuple allemand n'a pas de frontières certaines dans le temps, pas plus que l'histoire de l'Allemagne n'a de frontières géographiques fixes. L'hymne national, le *Deutschlandlied*, qui fut écrit et composé au XIXe siècle, alors que le peuple allemand vivait dans la nostalgie et dans l'attente de son unité, divisé qu'il était entre quelque trente-cinq États souverains[1], évoque, pour cette Allemagne à naître ou à renaître, des frontières que l'Allemagne d'aujourd'hui n'atteint plus nulle part, ne touchant ni la Meuse ni le Niémen ; les rives des Belt sont tout entières danoises, et l'Adige coule dès sa source en territoire italien[2].

Depuis la lente constitution de l'Allemagne en tant que

1. Trente-huit en 1815, trente-trois en 1866.

2. L'hymne clamait en effet, dans une strophe qui n'est plus considérée comme officielle, que l'Allemagne allait « de la Meuse jusqu'au Niémen, de l'Adige jusqu'au Belt ».

nation et en tant qu'État, deux entités nouvelles sont nées en son sein et se sont séparées d'elle : la Hollande et la Suisse. Une autre partie de ce que sera le peuple allemand est devenue la moitié flamande de la Belgique. Le Luxembourg et l'Autriche, ainsi que le Liechtenstein, ont formé au gré de l'histoire des États à part, sinon des nations. L'Allemagne « restante », cœur et centre du corps allemand réunifié en 1871, a de nouveau été divisée après 1945, pendant quarante-cinq ans. L'Alsace et la province de Bolzano (Bozen), terres de peuplement allemand et en partie encore de langue allemande, sont rattachées à des États nationaux étrangers qui exercent sur ces conquêtes anciennes ou récentes des influences assimilatrices. A la catastrophe des « colonies » allemandes disséminées à travers tous les pays de l'Europe orientale jusqu'en 1945, avaient seuls survécu la communauté « saxonne » de Transylvanie établie dans ses montagnes depuis le XIIIe siècle, les « Souabes » du Banat roumain et de Hongrie, et la diaspora des Allemands de Russie qui compte encore quelque trois millions de membres, mais qui n'a plus ni territoire ni État depuis que Staline raya des cartes la République des Allemands de la Volga… Si certains d'entre eux réclament la reconstitution de cette République, la plupart – en voie de russification plus ou moins rapide – sont implantés dans certaines régions russes vers lesquelles ils avaient été déportés par Staline, ou dans lesquelles ils se sentent plus à l'aise – notamment en Sibérie occidentale – que dans le Kazakhstan, autre terre de l'exil forcé de naguère. Plusieurs centaines de mille sont déjà retournés dans cette Allemagne d'où leurs ancêtres étaient partis au XVIIIe et au XIXe siècle. Les « Allemands ethniques » (*Volksdeutsche*) peuvent en effet à chaque instant, en venant s'établir sur le territoire allemand, obtenir automatiquement la citoyenneté allemande. Il est vrai que devant l'étendue de cet afflux la République fédérale a récemment posé comme condition de cette admission une réelle connaissance de la langue allemande [1].

---

1. En Haute-Silésie, redevenue polonaise après 1945, la chute du pouvoir communiste et l'attrait du mieux-être allemand ont rendu sa voix à une minorité allemande assez nombreuse qui, plus ou moins bilingue, avait pu échapper aux expulsions de 1945. De même, une forte minorité allemande

Un *peuple* sans frontières historiques claires, un *territoire* sans limites géographiques nettes – voilà l'objet double et simultané qui s'offre ainsi à notre réflexion. Ne serait-il pas plus simple, alors, de centrer notre effort sur *l'État* ? Le peuple allemand, vivant sur le territoire de l'Allemagne, a bien créé un État ; il en a même créé plusieurs, et nous voilà de nouveau affrontés à des difficultés qui sont propres à l'histoire allemande et qui n'appartiennent qu'à elle, du moins en Europe : à aucun moment de cette histoire, peuple, nation, territoire et État n'ont coïncidé d'une manière claire et comparable aux situations que nous apprenons à connaître dans l'histoire de France ou dans l'histoire d'Angleterre. Quand il se sépare des autres peuples et territoires réunis dans l'Empire carolingien, le peuple allemand, ou ce qui va être le peuple allemand, ne se referme pas sur lui-même et ne s'enferme pas dans un cadre géographique relativement clos, comme ce sera le cas du peuple franc occidental, les futurs Français, et comme pourront le faire les tribus anglo-saxonnes et scandinaves de Grande-Bretagne, rassemblées, unifiées et asservies par la royauté normande. La France est un cap, une presqu'île, l'Angleterre tout à fait une île. L'Allemagne est établie, elle, dans une aire de passage sans limites naturelles. Pour de multiples raisons, profondes ou accidentelles, la royauté allemande du Xe siècle lie le destin de la *Francia orientalis*, de la « Germanie », à celui de l'Italie. Rois d'Italie et bientôt empereurs des Romains, les rois allemands, même quand ils séjournent au nord des Alpes, sont toujours plus qu'à moitié ailleurs. Le mirage italien, mirage de puissance, d'argent et de responsabilité, ne les lâchera pas pendant plusieurs siècles, ni le mirage impérial qui fait du roi-empereur le souverain et le protecteur de la chrétienté – sans lui donner les moyens de ces immenses devoirs. A l'Italie (sans frontières sûres au sud avec Byzance, le monde arabe, les dernières principautés lombardes et les premières conquêtes normandes), le XIe siècle ajoutera la « Bourgogne », autre royaume né de la dislocation de l'Empire carolingien et qui va de Bâle à Marseille. La frontière de l'Em-

---

s'est réveillée en Hongrie où elle jouit d'une large autonomie culturelle. Quant aux Allemands de Roumanie, la majorité d'entre eux sont d'ores et déjà retournés en Allemagne.

pire est alors sur le Rhône ; Arles et Lyon sont villes d'Empire, comme Besançon et Cambrai, car au Xe siècle, également, la royauté allemande acquiert définitivement (c'est-à-dire pour sept ou huit siècles) la « Lotharingie » que le royaume de l'Ouest (la France) et celui de l'Est (la Germanie) se disputaient depuis l'extinction de la maison de Lothaire, l'aîné des petits-fils de Charlemagne. Inséparable de l'Empire, l'État allemand naissant ne pourra jamais devenir un État national centralisé[1]. Il traînera avec lui, jusqu'au XIXe siècle, les derniers oripeaux d'une vocation universelle et universaliste, d'une prétention immense dont l'Allemagne n'eut que rarement les moyens et pour peu de temps.

Parce qu'il est (ou veut être) plus qu'un État vers le haut, c'est-à-dire par l'Empire, supérieur aux royaumes nationaux, l'État allemand ne peut pas imposer sa souveraineté vers le bas. Nous verrons plus loin dans quelle mesure il est permis et il est anachronique de parler d'État pour cette haute époque. Occupé en Italie, à Rome, en « Bourgogne », le roi-empereur ne parvient pas à faire triompher son autorité sur les grands vassaux de la Germanie. Quand les Capétiens ont fini par imposer la leur à la Francie occidentale, vers la fin du XIIIe siècle, les rois allemands ont fini, eux, par céder l'essentiel de leur pouvoir aux princes séculiers ou ecclésiastiques qui morcèlent l'Allemagne et ne laissent au souverain suprême qu'un pouvoir de façade, qu'une façade de pouvoir. L'État et la nation ne coïncident pas plus dans l'histoire allemande que le peuple et le territoire. L'Allemagne est, de toute évidence, une réalité. Mais c'est une réalité sans limites ni frontières. Elle ne coïncide jamais tout à fait avec elle-même. C'est par là que son histoire nous intéresse si fort, parce qu'elle est à tant d'égards et sur tant de points si différente, et même aux antipodes de l'histoire française.

Depuis que les dirigeants de la RDA avaient rejeté la thèse de l'unité de la nation allemande qui postulait l'existence d'une seule nation vivant dans plusieurs États, la question nationale allemande connaissait un regain d'actualité. La

1. Sauf pendant la sanglante, mais brève, parenthèse hitlérienne.

théorie inventée pour l'occasion par les responsables du Parti socialiste unifié (SED), selon laquelle l'État et la société socialistes auraient fait naître une nouvelle nation entièrement différente de la nation « capitaliste », a pu alors être contestée à juste titre ; elle avait, pour le moins, le mérite d'attirer l'attention sur la pluralité des éléments constitutifs dont une nation est en quelque sorte la résultante, qui ne sont pas identiques d'une nation à l'autre, et qui ne restent pas forcément les mêmes dans la durée. La *langue* est un de ces éléments, d'autant plus important sans doute, dans le cas qui nous occupe, que le peuple allemand, précisément, n'a jamais pu s'incarner dans un seul État. L'existence d'un peuple allemand est attestée aux yeux des historiens par le serment de Strasbourg (842) : par-delà le hasard des partitions dynastiques, ce texte révèle dès la fin de la première moitié du IXe siècle un clivage est-ouest au sein de l'Empire franc entre populations de langue romane et populations de langue germanique, clivage qui va donner naissance aux royaumes de Francie occidentale et Francie orientale, de France et de Germanie. L'adjectif qui caractérise alors le peuple allemand : « tiudisc » = *teutsch* (c'est ainsi que le nom s'écrit encore chez Goethe) signifie précisément « populaire, indigène », c'est-à-dire l'ensemble de ceux qui, Saxons, Souabes, Francs, Bavarois, Thuringiens, parlent des langues populaires particulières, face au latin, classique, unique et savant. Aux XVIIIe et XIXe siècles, quand s'élaborent, à partir de Herder et du *Sturm und Drang*[1], les théories de l'âme nationale, de la *Volksseele*, et du *Volksgeist* (esprit national), la langue apparaît comme le principal lien et comme le principal contenant de l'unité nationale, par-delà les 1789 entités membres du Saint-Empire finissant et les 38 États membres de la Confédération germanique de 1815[2]. Entre-temps, c'est la traduction de la Bible par Luther qui avait symbolisé et fortifié, au XVIe siècle, l'éveil d'une conscience nationale en favorisant la fixation d'une « haute » langue officielle et commune.

---

1. Mouvement artistique et culturel des années 1770, revendiquant l'originalité et l'authenticité de la culture allemande face à l'influence française.

2. La réduction s'est faite sous la poussée de la France révolutionnaire et napoléonienne.

Le territoire, l'État, la langue n'apportent en quelque sorte que la matière première d'une existence nationale dont l'histoire assure la transformation permanente. La nation allemande, comme toutes les nations, se constitue dans ses combats et dans l'adversité. Nous découvrons les premières manifestations écrites d'une prise de conscience nationale dans les traités, pamphlets et poésies du « parti impérial » qui s'oppose à partir de la fin du XIe siècle au « parti pontifical », au pape *welche*[1]. C'est encore contre le pape étranger que s'exalte l'immense vague populaire que Luther déclenche sans l'avoir prévue mais qu'il prend en charge. Dès la génération précédente, les humanistes avaient redécouvert le glorieux passé germanique, ses chants, ses légendes, ses poèmes et ses grands hommes, poursuivant dans la voie qu'avaient dégagée les humanistes italiens. Ceux-ci, en retrouvant l'Antiquité gréco-romaine, reconquièrent un passé qu'ils veulent national ; tout en participant à cette reconquête, les hommes de culture allemande se donnent, eux aussi, un passé, en quelque sorte complémentaire et rival. Parler à ce propos d'une conscience nationale largement éveillée serait sans doute encore exagéré, mais, des princes aux paysans, les occasions historiques font naître, bien avant la fin du Moyen Age, des sentiments, des réactions, des formules, à travers lesquels pointe, de plus en plus souvent, une manière de se sentir allemands, et allemands brimés, injustement traités, victimes d'agressions et d'immixtions intolérables. Quand

1. Il y a eu, bien sûr, comme toujours en histoire, des degrés, des ébauches, des essais de théorisation qui ont laissé quelques traces : ainsi l'intérêt que Charlemagne porta aux contes et légendes des peuples germaniques qu'il fit rassembler. Ainsi, sous ses successeurs, des textes fixés par des moines qui opposent assez clairement le réel germanique aux survivances antiques ; ainsi le chant du *Heliand*, le Sauveur, transpose en langue et en société germaniques le récit de la vie de Jésus dont on va jusqu'à dissimuler la mort ignominieuse, sur la Croix, pour le présenter comme une sorte de jeune roi, conducteur des levées conquérantes de son peuple. Aussi, dans la *Chanson de Louis*, roi carolingien de la Francie occidentale, l'opposition entre « Allemands », c'est-à-dire Francs, et Vikings. Mais l'essentiel de ces lents cheminements reste plus à deviner qu'à décrire, tant sont peu nombreux les textes, et laborieuses les formulations idéologiques. Dans la culture des clercs, le peuple, avec sa langue indisciplinée portant des relents de paganisme, était suspect s'il ne se contentait pas des bribes traduites tombées de la table ecclésiastique où le latin était seul maître.

Charles le Téméraire entreprend la conquête de l'Alsace pour établir une liaison territoriale entre les deux grands blocs séparés de ses États, les Pays-Bas et les deux Bourgognes (le duché et la Franche-Comté), ce sont les paysans alsaciens qui se soulèvent victorieusement, en 1474, contre l'occupant étranger. Bien que les liens des cantons suisses avec le reste de l'Allemagne soient déjà fort détendus, les batailles gagnées par les armées populaires alémaniques contre le « grand-duc d'Occident », français de langue et de culture, ont dans toute l'Allemagne du troisième quart du XVe siècle un immense retentissement. L'inexorable avance du royaume français, poussant ses frontières et ses zones d'influence de plus en plus loin vers l'est dans le corps germanique, provoque au XVIIe siècle des sursauts répétés et inefficaces ; il en va ainsi des protestations contre l'occupation, en plein temps de paix, de la Ville Libre de Strasbourg, ou contre les dévastations du Palatinat et des régions voisines par les troupes de Louvois appliquant ce qu'on appellera plus tard la « tactique de la terre brûlée ». Et c'est contre l'emprise écrasante de la civilisation française que se constituera au XVIIIe siècle une nouvelle littérature nationale allemande qui purifie la langue et en fait un instrument à vocation universelle. C'est contre la domination politique et militaire de la France napoléonienne que se soulève le « mouvement national » entre 1807 et 1815, véritable point de départ d'une conscience politique commune, d'une conscience à la fois nationale et populaire[1].

Non moins significatives et constitutives pour la formation d'une nation allemande, consciente d'elle-même, seront les luttes qui, pendant des siècles, opposeront Allemands et Slaves, mais ici à l'Est, contrairement à ce qui se passe sur la frontière française, ce sont généralement les Allemands qui dominent, qui avancent, qui annexent. Il y aura, bien sûr, de grandes contre-offensives : le soulèvement hussite, premier

1. On a pu calculer qu'entre le premier affrontement de Charles Quint et de François Ier, et la Seconde Guerre mondiale, il y a eu vingt-trois conflits guerriers franco-allemands, dont la très grande majorité se sont déroulés sur le territoire allemand. Il en fut ainsi notamment au XVIIe et au XVIIIe siècle.

mouvement à la fois national, populaire et idéologique de l'Europe moderne, qui fait pour un temps reculer hors de Bohême et des autres pays tchèques l'imposante prédominance allemande ; et, plus en avant dans le même XVe siècle, la grande victoire polonaise de Tannenberg, remportée sur l'Ordre Teutonique, par laquelle est mis fin aussi à la poussée germanique dans les pays Baltes (1466). Mais ces victoires slaves ne sont au fond que défensives. Elles ne bloqueront pas la germanisation de la Poméranie et du Mecklembourg, des Marches de Brandebourg, de la Prusse-Orientale, de la plus grande partie de la Silésie. Elles sont remises en cause au XVIIe siècle par la défaite de la nation tchèque et la fin de son indépendance étatique, au XVIIIe par les partages de la Pologne. Colonisateurs, assimilateurs, dominateurs, les Allemands, au fur et à mesure que se construit leur conscience nationale, y intégrèrent aussi ces fonctions agressives. Au-delà des frontières orientales des territoires allemands s'étend une immense zone de pénétration culturelle et politique, à travers laquelle se fixent des îles de peuplement allemand, comme en Transylvanie, dans le Banat hongrois, dans le sud et l'est de la Russie, et des îles sociales allemandes comme la classe dirigeante et possédante des « barons baltes », une noblesse et une bourgeoisie allemandes qui dominent entièrement les paysanneries lettonnes et estoniennes, îles sociales encore comme ces villes de Pologne, de Hongrie, de Bohême où règne une bourgeoisie allemande (Cracovie aux XVe et XVIe siècles, Prague et Budapest jusqu'au milieu du XIXe siècle), îles sociales toujours, comme cette autocratie et cette bureaucratie d'origine allemande qui forgent en partie, au XVIIIe siècle, l'État russe, sans parler de ces étranges retrouvailles qui s'organisent au XIXe siècle dans tous les pays de l'Est européen entre Allemands et juifs, pour la plupart descendants des victimes des grands pogromes allemands médiévaux. Parlant *yiddish*, une langue qui, pour l'essentiel, est le moyen haut-allemand du XIVe siècle, mêlé d'éléments hébraïques, les juifs de Russie, de Pologne, de Lituanie, de Roumanie, de Hongrie et des pays tchèques devenaient au XIXe siècle, grâce à l'« émancipation » juridique et sociale, une formidable « armée de réserve » de la germanisation culturelle et politique. L'antisémitisme allemand fut à leur égard d'une profonde ingratitude historique. Cet énorme glacis géographique, linguistique et économique (les Allemands fondent et développent l'industrie minière en Bohême et en Hongrie, dès le XIIIe siècle ; ils fondent des villes et constituent une bourgeoisie plus nombreuse et plus vigoureuse que les bourgeoisies nationales, aux XVe et XVIe siècles ; l'industrie polonaise et russe est en grande partie créée au XIXe par des Allemands ou des juifs germanisés) a fait partie, jusqu'en 1945, de la réalité allemande. Sa perte, qui s'est poursuivie depuis le début des années 1980 par le retour en RFA de centaines de milliers d'Allemands « ethniques », de Roumanie, de Russie et de Pologne, a réduit la nation allemande aux dimensions d'un peuple européen « moyen », essentiellement concentré sur un territoire précis et limité, mais l'attrait de la culture allemande et l'efficacité de l'économie allemande font que, dans l'Europe orientale et sud-orientale délivrée du joug soviéto-communiste, les vieux courants d'influence et de commerce se réveillent. Ils ne sont pas nécessairement appelés à se transformer en visées politiques, tant l'idée de l'État national paraît dépassée devant les problèmes du XXIe siècle. Tout dépendra de la rapidité et de la solidité de la construction d'une Union fédérale des peuples européens.

Comme tous les peuples modernes, mais peut-être davantage encore que beaucoup d'autres, l'Allemagne est en partie le produit, non seulement de son histoire, mais de ses historiens, de ceux qui se sont fait une « certaine idée de l'Allemagne » – une ou plusieurs – et qui l'ont propagée. L'unité allemande s'est produite plus tard que celle de la plupart des autres grands pays d'Europe occidentale ; en Allemagne, pourrait-on dire, la conscience nationale a précédé l'État, contrairement à ce qui s'est passé en France ou en Angleterre. L'Allemagne unifiée est le produit, pour une bonne part, de ses universités, de ses philosophes, historiens, philologues et juristes. Le présent alors, c'est-à-dire au lendemain de 1789, appartient à la France et, un peu plus tard, à des États qui considèrent l'idée de nation comme subversive, les États de la Restauration de 1815, États conservateurs mais méfiants envers le passé qui a précédé le règne d'une bureaucratie autoritaire, sûre d'elle-même et certaine de devoir faire le bonheur des peuples sans eux, et bien souvent contre eux. La pensée allemande, la jeunesse allemande, la « Résistance » allemande cherchent et trouvent, dès lors, dans le passé, le modèle d'une grandeur que le présent leur refuse. La France révolutionnaire proclame la rupture, elle abolit le passé (du moins dans sa théorie), l'Allemagne pour lutter contre elle retrouve, rétablit, célèbre son passé glorieux et, au besoin, l'invente et l'arrange. Un malentendu énorme et cocasse règne sur cet « historicisme » romantique ; en dépit de quelques écrits et de quelques documents prémonitoires dont nous avons parlé plus haut, le passé allemand, au moins jusqu'à Luther, et en grande partie jusqu'à la seconde moitié du XVIIIe siècle, est un passé « prénational » que l'on ne peut mobiliser pour l'idée nationale qu'au prix d'une interprétation largement erronée et qui falsifie fortement les réalités d'autrefois [1]. Peu importe à la nouvelle bourgeoisie universitaire qui forme des « élites » de plus en plus nombreuses dans un esprit à la fois libéral et national, et de plus en plus national-libéral à mesure que l'on avance dans ce XIXe siècle. Les professeurs, les poètes, les romanciers forgent au mouvement national le passé dont il a besoin ; ses héros, ses paladins, ses mythes : la farouche résistance des Ostrogoths contre Byzance, Henri IV pieds nus dans la neige à Canossa devant le pape, Conradin, le dernier Hohenstaufen, assassiné traîtreusement à Naples après un simulacre de procès par le Français Charles d'Anjou, Luther devant l'empereur à Worms (« Me voici, je ne puis rien dire d'autre »). A ce peuple composé de près de 50 % de catholiques et qui a toujours vécu dans des structures fédérales, le national-libéralisme va forger une histoire protestante et unitariste. Les linguistes inventent la communauté « indo-germanique » (qu'en France on appellera indo-européenne), le passé lointain des légendes et mythes sera attribué aux Aryens blonds, pères de la race.

---

1. C'est pourquoi une minorité d'historiens, pour la plupart catholiques, ont essayé en vain d'opposer à ce nationalisme mystificateur une vision de l'histoire et de la « mission » du peuple allemand, fondée sur l'idée d'Empire, du Reich chrétien supranational, idée à son tour riche de toutes sortes d'ambiguïtés.

Avec ce passé souvent faux, l'Allemagne du XIXe siècle bâtira son présent vrai. Et si la réalité ne correspond pas assez au mythe, certains Allemands entreprendront de refaçonner leur pays et leur peuple pour que leur *être* coïncide enfin avec leur *devoir-être*. Ce sera là une des significations primordiales de l'aventure hitlérienne. Puisque les hommes de la race du Nord, grands, blonds, aux yeux bleus, n'étaient « plus » qu'une minorité parmi les Allemands du XXe siècle, Himmler se chargera de « renordifier » l'Allemagne (*aufnorden*). Comme tous les totalitaires, les nazis voulurent changer l'homme ; mais leur modèle de l'avenir se situait dans le passé, dans un passé d'ailleurs en grande partie fantaisiste.

Si les rapports de classes et les conditions de production occupaient dans l'histoire des hommes une place aussi primordiale, prépondérante et même exclusive que l'affirme le marxisme, il n'y aurait pas de nations. En écrivant l'histoire d'une réalité, peuple-territoire-État-nation, telle que l'Allemagne, on s'aperçoit vite que la clé marxiste n'ouvre pas toutes les portes. On y retrouve, au contraire, la vérité, elle aussi relative et partielle, certes, de la pensée de l'historisme qui, de Herder à Meinecke, a voulu faire des peuples/nations des personnes, et même les principales sinon les uniques personnes, de l'histoire universelle. On y retrouve, également, face à ces deux manières d'intégrer l'individu à un collectif, le rôle imprévisible de l'homme singulier qui ne se laisse jamais réduire à une communauté, pas plus qu'il ne peut être conçu vivant et agissant tout seul. Une nation est une aventure *sui generis*, une existence en marche qui, jamais et nulle part, ne se reproduira, une certaine façon d'être hommes et femmes ensemble et séparément – et non pas seulement l'éternelle, et au fond immuable, reproduction de rapports de domination sur base de rapports de production. La lutte des classes n'est pas la même en Allemagne et en Angleterre et cette différence est aussi significative que l'identité universelle du phénomène qui, elle non plus, ne peut être niée. Il nous faudra donc, dans ce livre, courir sans cesse de l'individu aux collectivités, des catégories sociales aux nations (et à ce qui les précède ou sous-tend), refuser la tentation des interprétations unilinéaires et unicausales, la tentation des « grilles » qui ont réponse à tout. Le mystère, l'insondable, que nous découvrons au fond de nous-mêmes, nous l'apercevons aussi dans la vie des nations, des peuples, des groupes sociaux qui constituent des cadres de vie. La féodalité allemande n'est pas tout à fait la même que la féodalité française, et cela pour une multiplicité de raisons, et non seulement à cause de la différence des conditions de vie économiques ; et la classe ouvrière allemande ne sera pas identique à la française ou à l'anglaise, en dépit des similitudes considérables que présente, dans chacun des trois pays, le développement de la civilisation industrielle. Il y a des différences énormes entre un catholique allemand et un catholique italien, à l'intérieur de la même Église et dans l'union d'un même Credo. Une histoire de l'entité peuple-langue-nation-État n'est pas seulement *nécessaire*, parce que inévitable, parce que toute autre approche (qui ne prendrait pas en charge l'aspect ainsi décrit) serait erronée, voire volontairement falsifiante, elle est aussi *possible*. A condition, bien entendu, d'y introduire, avec leurs contradictions, l'histoire des catégories sociales, l'histoire des cultures et des idéologies. Nous avons dit plus haut que, dans une certaine mesure, l'Allemagne était le produit de sa propre histoire, vécue, pensée, et surtout écrite comme une idéologie (l'historisme). A sa manière et à son tour, Engels lira cette histoire avec les yeux d'une autre idéologie, déduisant d'un proche avenir qu'il juge inévitable les critères et les points de vue avec lesquels il donnera un sens au passé. Pour nous, l'histoire des hommes, et partant l'histoire de l'Allemagne, n'a pas *un* sens, mais *des* significations que nous nous efforcerons de découvrir pour les formuler dans des termes qui soient intelligibles pour notre temps.

Écrivant en France et d'abord pour des Français, nous aurons à nous méfier du mythe de l'« éternelle Allemagne ». Il est aussi tentant et aussi absurde de croire l'Allemagne (ou n'importe quel pays ou peuple) immuable, que de la proclamer nouvelle. Nos maîtres ont cherché dans le passé allemand les causes et les explications des convulsions dont ils furent les témoins et parfois les victimes, démarche aussi nécessaire que périlleuse. Les hommes et les peuples sont en même temps produits de leurs antécédents (êtres, situations, idéologies) et libres d'être eux-mêmes. Il y a à la fois continuité d'un caractère, d'une nature, et solutions de continuité. Des changements sont possibles, mais non « le » changement. Nous aurons à dire ce qui fait, justement, la continuité d'une identité nationale à travers les césures profondes, les changements et les révolutions. Nous retrouverons ainsi la vieille querelle des universaux, dont nous nous tirerons en répétant que l'Allemagne est autre chose qu'un nom, mais que le fait de lui donner un nom commun a contribué à faire durer et évoluer la « chose », la réalité. Nous ne nous demanderons pas « comment peut-on être allemand ? », nous nous efforcerons plutôt de décrire comment on a pu l'être, et de beaucoup de manières, jusqu'à nos jours et comment, à l'issue de tant de passés, de tant d'évolutions, de tant de changements, très anciens ou tout récents, l'on peut continuer à l'être.

Pour soi et en soi, en Europe et dans le monde.

CHAPITRE II

Des origines à Charlemagne

Les Germains : langues et dieux

Au commencement donc étaient les Germains, un ensemble de peuples et de tribus auxquels ce nom (dont le sens nous échappe encore) a été attribué par les Romains[1]. Les Germains savaient-ils qu'ils étaient germains ? Nous ignorons s'ils ont possédé un nom pour désigner l'entité supérieure dont ils auraient su faire partie. A l'époque historique, face à l'Empire romain, nous les voyons tantôt se combattre violemment les uns les autres, souvent alliés à l'Empire, et tantôt se porter secours, au nom d'une certaine fraternité. Vivant à la même époque et appartenant à des peuples différents, se comprenaient-ils les uns les autres ? Ce que nous savons de leurs langues, vers les Ve et VIe siècles de notre ère, rend probable une possibilité de communication du type de celle qui, aujourd'hui encore, permet aux ressortissants de presque tous les peuples slaves de se comprendre à peu près entre eux. Sans doute y avait-il aussi des langues qui, parlées par des peuples plus nombreux et plus puissants, servaient de modèle, faisaient fonction d'une sorte de *koiné*. Ce fut, semble-t-il, le cas du gothique vers la même époque. Mais nous n'avons que peu d'idées sur l'état des parlers en usage au même moment en Scandinavie ou parmi la plus grande partie des tribus en mouvement à travers les territoires qui deviendront l'Allemagne. Ce furent sans doute plutôt des dialectes que des langues constituées ; aucune d'elles ne s'est écrite avant le gothique que l'évêque Ulfilas utilisera au Ve siècle pour traduire les Écritures, nous fournissant ainsi le

1. Qui l'ont sans doute repris des Gaulois.

premier document important en germanique qui se soit conservé jusqu'à nos jours. Des inscriptions scandinaves plus anciennes et de nature magique utilisent des signes dits « runiques » qui sont, en partie tout au moins, d'origine gréco-romaine, mais ce sont les peuples germaniques le plus souvent et le plus étroitement au contact de l'Empire qui, adaptant systématiquement à leur langue l'écriture grecque ou latine, se servirent les premiers de celle-ci pour des fins multiples, religieuses et profanes.

Les langues germaniques, nous l'avons vu, constituent une sous-famille de l'indo-européen, au même titre que les langues celtiques, le grec, les langues indo-iraniennes, le hittite, les langues illyriennes, baltiques et slaves. Les ancêtres des peuples qui parlent ces langues formaient sans doute une masse nomadisante qui circulait vers les troisième et deuxième millénaires avant notre ère dans les grandes plaines de l'Asie centrale et de la Russie méridionale, ensemble que les savants ont doté d'une langue commune purement hypothétique, l'« indo-européen commun », construit à partir des langues connues par la méthode comparatiste. La branche germanique composée, comme les autres, de tribus nomades et guerrières, d'éleveurs de bétail, s'est probablement détachée de cette masse pour se diriger vers les régions voisines de la mer Baltique entre la Vistule et l'Elbe, l'actuelle Basse-Saxe et le sud de la Scandinavie, le Jutland, les îles danoises et la Scanie. Ces territoires n'étaient pas vides d'habitants, loin de là. L'archéologie y a révélé l'existence d'au moins deux grandes strates de peuplement successives : une population mésolithique adonnée à la cueillette, à la chasse et à la pêche, et une couche d'agriculteurs venue, au néolithique, se superposer à la première, la refoulant vers le nord tout en se mêlant à elle. Nous ne savons à peu près rien des races et langues de l'époque prégermanique. L'arrivée des éleveurs guerriers germains, qui se situe sans doute au deuxième millénaire avant J.-C., a dû, à son tour, provoquer des affrontements, des mélanges et des stratifications sociales dont les témoignages historiques ne nous apprennent rien de précis. L'artisanat germanique le plus ancien porte l'influence évidente, la poterie comme le métal forgé, de ce qu'on a appelé l'art des steppes, dessins abstraits et motifs animaux. Les premiers témoins grecs et romains notent le peu de goût des Germains pour l'agriculture ; jusqu'au début du Moyen Age, la civilisation germanique repose largement sur la guerre, la conquête, l'expédition de pillage, le « raid » ; les tribus et peuples paraissent animés d'un grand esprit d'aventure, d'un vigoureux penchant à la migration de masse. Tout cela semble indiquer que les conquérants germains avaient conservé, en s'imposant aux habitants antérieurs, une forte personnalité propre. Dans la mesure où il y a eu mélange, l'apport germanique a sans doute été largement prépondérant, en influence sinon en quantité.

L'histoire, à partir du moment où elle rencontre réellement les Germains, les saisit toujours en mouvement. Les Cimbres et les Teutons font irruption dans le monde romain tout à la fin du IIe siècle avant J.-C. Étaient-ils vraiment des Germains ? Une troupe de Germains ayant ramassé au passage des éléments appartenant à d'autres peuples ou races ? Les Romains, en tout cas, après les avoir pris pour des Celtes, des Gaulois, eurent vite l'impression assez ferme d'avoir affaire à un type de peuple nouveau, point encore rencontré. Quelque cinquante ans plus tard, César semble être parfaitement capable de distinguer Germains et Celtes. Les Gaulois sont de vieilles connaissances, depuis des siècles mêlés à l'histoire romaine, connus des Grecs aussi, au moins depuis le grand raid des Galates à travers le nord de la Grèce jusqu'en Asie Mineure (vers 250 av. J.-C.), où cette branche des peuples celtiques se fixera pour devenir la destinataire des lettres de saint Paul, qui perpétuent son nom. Leur civilisation, différente certes, est profondément imprégnée d'éléments gréco-latins qui faciliteront l'assimilation rapide et totale des Gaulois de la vallée padane précédant celle des Gaulois transalpins, de la « vraie » Gaule. Tacite sait très bien, lui – mais il écrit après les longues et terribles guerres menées par Rome entre le Rhin et l'Elbe, sans succès final –, que les Germains forment un monde à part, lointain, incompréhensible, barbare, mystérieusement attirant. Du raid des Cimbres et des Teutons jusqu'à l'installation des Langobards en Italie, nous assistons avec des connaissances de mieux en mieux assurées à sept siècles de migrations germaniques dont les derniers seulement constituent la période dite des « grandes migrations ». Ce que nous savons et ce que nous pouvons dire en tant qu'histoire doit être daté : pendant des siècles, les noms et les identités des peuples et des tribus ne cessent de varier, de se faire et de se défaire, leurs mœurs et usages changent comme ils changent, eux, de territoire, mais de toutes ces transformations nous saisissons seulement des aspects fragmentaires, souvent marginaux, livrés à nous par le hasard. N'écrivant pas, les peuples germaniques ne nous sont connus, jusqu'au Vᵉ siècle, que par des regards extérieurs – leur tradition orale elle-même sombre dans l'épaisseur de l'histoire non sue : quand elle resurgira au haut Moyen Age, elle révélera surtout les souvenirs énormes et confus des grandes migrations qui, à leur tour, sont déjà distantes, alors, de six ou sept siècles : la *Chanson des Nibelungen*, dans sa version écrite au début du XIIIᵉ siècle, ramène ainsi à la surface du connu des bribes de la geste gothique. Théodoric, le roi ostrogoth qui régnait à Ravenne vers l'an 500, devient « Dietrich von Bern » (Vérone), l'ami fidèle d'Attila, le grand roi des Huns, à la cour duquel s'accomplit le destin des Burgondes, autre peuple historique. Ce sont les Romains et les Grecs, Tacite et Procope au premier rang, qui nous apprennent les Germains avec leurs « étrangetés » – ce qui les rend différents et qui n'est pas toujours ce qui les caractérise le mieux.

Dans les étendues sauvages de ce qui va devenir l'Allemagne, les Germains vus par Tacite étaient peu nombreux et vivaient groupés dans de petites agglomérations perdues au milieu des grandes forêts, des marécages et des *Heiden*, des landes, des vastes espaces sablonneux à la végétation clairsemée. Nous devinons des sociétés fortement stratifiées, avec des nobles, des hommes libres, des serfs et des esclaves ; ces dernières catégories, sans doute recrutées parmi les vaincus de guerres anciennes ou récentes, s'occupaient de préférence de l'agriculture. On devine de fortes interdépendances, des communautés ayant possession commune du sol cultivé, des prés, de la forêt et des cours d'eau, mais aussi des richesses et des fortunes individuelles qui permettaient aux seigneurs bien « possessionnés » de rassembler de véritables cours autour de leur personne et de leurs maisons, esclaves, serviteurs et amis, associés et compagnons. Pour les raids et les guerres, des communautés nouvelles s'organisaient parfois autour d'un chef riche et prestigieux, fameux ou ambitieux et qui promettait gloire ou butin. Par la guerre, les tribus et les peuples se font et se refont ainsi sans cesse ; d'une expédition heureuse menée sous le commandement d'un grand chef peut naître un peuple nouveau. C'est ainsi que d'un siècle à l'autre les noms des peuples germaniques surgissent et disparaissent sans que nous puissions, en général, établir des « généalogies » crédibles. Le nom d'un peuple qui apparaît au IIIe siècle après J.-C., les Alamans (*Alle-Mannen*), signifie à peu près « tout le monde » ; il indique sans doute qu'ici un peuple nouveau s'est constitué en ramassant des débris divers, un peu partout au cours d'une longue pérégrination qui, en plusieurs siècles, a parcouru le sud de la Scandinavie, le bassin de la Vistule, la Thuringe, pour venir frapper aux portes de l'Empire romain, dans l'angle formé par les cours du Rhin et du Danube. L'Allemagne, ainsi, serait en réalité le pays de Tout le Monde. Les peuples en guerre et en migration se donnaient souvent des rois, choisis dans des familles dont l'origine remontait aux dieux, mais d'autres peuples n'avaient que des ducs, des *Herzoge*, chefs et conducteurs de troupe, « soldats de fortune », dépourvus de légitimité religieuse.

Les Germains vénéraient des dieux que les Romains ont tenté d'assembler en un panthéon où chaque divinité répondait à un homologue gréco-latin. En fait, cette assimilation, reprise et systématisée par les « philologues » du XIXe siècle, a souvent quelque chose de forcé. Les divinités germaniques – dans la mesure où nous les connaissons – paraissent appartenir à plusieurs « ordres » différents et même contraires. Ces différences traduisent peut-être des manières variées d'accéder au divin à travers des forces distinctes de la nature, tonnerre, soleil, feu, printemps, tempête, fertilité, forces qui se superposent sans toujours se recouvrir tout à fait et que l'on trouve dans les cultes de la plupart des peuples indo-européens et même chez des peuples d'autre origine ; elles peuvent aussi indiquer des conflits, des victoires et des défaites au terme desquelles le peuple triomphant s'attribue les divinités des vaincus, parfois en les plaçant en tête d'une

« histoire divine » où ces dieux primitifs sont eux-mêmes vaincus par une génération divine plus récente qui est plus immédiatement celle de la race en question. Dans ce magma divin, il nous est d'autant plus difficile de pénétrer que nos connaissances proviennent pour la plupart de textes tardifs, notés en Islande, au haut Moyen Age, et qui fournissent un état lui-même probablement déjà fort avancé et spécifiquement scandinave de la religion et des mythologies germaniques. Dieux furieux, combattants, souffrants, et même mortels, Odin/Wotan, (le Zeus/Jupiter du « panthéon » germanique), Thor, Loki, Baldur, Freyer et Freya, Frigga, les Ases et les Vanes habitent un monde de feu et de sang, de colère et de vengeance, d'ivresse et de terreur où chacun, homme et dieu, est placé sous l'empire d'un destin inexorable. Ce qui frappe le regard habitué aux belles manières, aux belles paroles et aux profondes pensées dont l'Antiquité classique a revêtu des dieux de plus en plus symboliques[1], c'est la farouche mêlée, les sauvages empoignades, les puissantes odeurs de sang, de sueur et d'incendie, c'est l'immense et anarchique combat de tous contre tous qui caractérisent cet « Olympe » nordique, aux antipodes de la mesure et de la grâce classiques, elles-mêmes mythiques dans un certain sens, un monde de crimes et de révoltes, de défaites et de gloires éphémères poussé, avec le monde humain dont il est l'image, à une fin sans espoir, dans l'atroce et sublime embrasement universel. L'image que les Germains nous livrent d'eux-mêmes à travers leurs mythes et légendes permet de mieux comprendre les difficultés et les lenteurs de leur christianisation. L'idée du Dieu souffrant et aimant, l'idée de la charité et de la non-violence ne pouvaient pénétrer dans un univers mental tout entier éclairé par les feux du combat, de l'honneur et de l'exécration, qu'au prix de terribles concessions, de véritables convulsions extérieures et internes. Le monde des mythes et légendes germaniques est celui d'un peuple profondément inséré dans une nature dure

1. N'oublions pas, cependant, l'opposition entre l'esprit « apollinien » et l'esprit « dionysiaque », les combats des dieux et des géants, Orphée déchiré par les Ménades, les Érinyes poursuivant les Atrides, la Grèce de Nietzsche opposée à celle de Hölderlin…

et avare. C'est un monde peuplé d'esprits et de forces, de nains, de géants, de dragons plus que de sylphes et de muses. Les femmes y occupent cependant des fonctions et des rangs plus élevés et mieux honorés que dans les civilisations méditerranéennes. Combattantes et gouvernantes, elles ne sont prisonnières d'aucun gynécée. Seules les forces surnaturelles et la ceinture magique de Siegfried viennent à bout de la résistance virginale et royale de Brunehild.

Oublié, occulté, repoussé hors de la mémoire collective, au cours du Moyen Age chrétien et des siècles de l'humanisme, du baroque et des Lumières d'inspiration italienne, espagnole et franco-britannique, le monde des mythes et légendes germaniques a été redécouvert, publié et popularisé par les penseurs et savants de l'école historiste, disciples de Herder et de Wilhelm von Humboldt. Avec les grandes figures et les hauts faits mystiques de l'ancienne histoire germanique et de la première histoire allemande, des Goths aux Hohenstaufen, également remis à l'honneur par les mêmes historiens, ce passé irréel et imaginaire, politique et religieux a profondément marqué la culture allemande du XIXe et du XXe siècle, et, à travers cette culture, l'image que la nation allemande recevait d'elle-même à l'école et l'université. L'opéra wagnérien fait revivre la mythologie germanique sur un mode où la farce involontaire se mêle sans cesse à la grandeur mais aussi à la grandiloquence littéraire et musicale. Les velours et broderies du *Festspielhaus* décorent le temple petit-bourgeois d'une « renaissance » religieuse qui oublie que les cultes germaniques ne construisaient pas de temple. A la voix du tonnerre se substitue celle du baryton. Mais ce sont les opéras de Wagner qui exalteront l'imagination furieuse et délirante du jeune Hitler et de ses futurs compagnons. L'embrasement universel d'une mythologie sans salut, mimé par Wagner, sera joué grandeur nature dans les ruines brûlantes de Berlin en avril 1945. La morale qu'Hitler s'apprêtait à substituer officiellement au christianisme après la victoire finale était celle des héros de l'*Edda* : morale du combat pour le combat, de la domination pour la domination, du héros ne connaissant pas d'autre fin que l'héroïsme, du héros nihiliste intégral, opposant au destin aveugle sa virile et gratuite détermination.

De la Scandinavie à l'Afrique du Nord

Au moment où l'histoire rencontre les Germains, ceux-ci sont en voie d'expansion de leur siège en Scandinavie vers le sud, le sud-ouest et le sud-est (et sans doute aussi vers le nord, où ils repoussent lentement les nomades lapons). A travers les landes et les forêts de ce qu'on appellera plus tard la Germanie, *Germania*, des contacts s'établissent avec des peuples et peuplades voisins, Celtes et Illyriens, qui appartiennent – du moins par leurs langues – à d'autres branches de la grande famille indo-européenne. Illyriens et Celtes ont été les porteurs de grandes civilisations postnéolithiques, fondées sur l'emploi du bronze et du fer, civilisations que l'on a pris l'habitude de désigner par les noms de La Tène et d'Hallstadt, lieux où ont été retrouvés des vestiges particulièrement nombreux de ces passés point si lointains. Les Illyriens, dont il ne reste de nos jours que les Albanais, occupèrent entre le milieu du deuxième millénaire et celui du premier avant J.-C. de vastes étendues en Europe orientale et centrale, de la Vistule aux Balkans. Le nom d'une de leurs principales tribus, les Vénètes, ne subsiste pas seulement dans le nom de Venise, mais aussi dans les termes de *Wende*, adjectif *wendisch*, *windisch*, par lesquels les Germains ont désigné les peuples slaves qui apparaissent sur les frontières sud-orientales et orientales du monde germanique au cours des grandes migrations, et qui occupent ainsi la place que tenaient mille ans plus tôt les Vénètes. Des pays illyriens et celtiques, le commerce se fraya des voies vers le Nord germanique : armes, bijoux, poteries et autres ustensiles en portent témoignage. L'expérience montre que les objets véhiculent usages, mœurs, croyances, faits sociaux. Poussant au sud, refoulant ou assimilant des peuplements illyrico-celtiques, des tribus germaniques se mettent à l'école des voisins plus avancés. On devine toutes sortes d'échanges, de mélanges et d'interpénétrations. A l'époque de César, les Germains sont sur le Rhin, ils ont franchi les monts de Thuringe, occupent la Bohême et une grande partie de l'actuelle Pologne, jusqu'aux immenses marais du Pripet et du Boug qui constituent vers l'est des barrières pratiquement infranchissables.

Qu'est-ce qui les a fait avancer de la sorte ? Notre science, ici encore, ne peut que combiner des éléments épars sans continuité véritable. Des changements climatiques ont, sans doute, rendu plus froides, plus humides et moins fertiles les contrées de la Scandinavie méridionale où nous situons les points de départ des migrations germaniques. Il suffit d'une baisse de température moyenne d'un ou deux degrés par siècle (ce qui postule des variations annuelles beaucoup plus accusées) pour transformer les conditions naturelles, faune et flore, et pour rendre plus précaires les conditions de subsistance de populations toujours au bord de la famine à cause du faible rendement des céréales qui, souvent, ne restituent même pas les quantités semées. Ajoutons des démographies en expansion, par suite peut-être de périodes relativement favorisées à la fois sur le plan climatique et par une paix partielle relative prolongée (une fois absorbés et amortis les bouleversements qui s'étaient produits lors de l'arrivée des Germains). En liaison avec la détérioration du climat, nous avons connaissance de grands raz de marée qui ont, à plusieurs reprises, entamé profondément les côtes de la mer du Nord et notamment celle du Jutland occidental, coupant de la terre ferme les actuelles îles Frisonnes et noyant de vastes contrées. Encore faut-il sans doute ajouter à des causes naturelles des impulsions appartenant à l'ordre de la civilisation et du « caractère national », le goût de la guerre et du pillage lié à des exaltations religieuses, à la fois fondement et superstructure. En comparaison avec les Hittites, les Indo-Iraniens, les Grecs, les Italiotes, c'est avec deux mille, quinze cents, mille ans de retard que nous voyons les Germains sortir des brumes du Nord et de la non-histoire. Plus tard qu'eux, perceront seulement les Slaves et les peuples baltiques.

La poussée vers le sud ne s'effectue pas d'une façon rectiligne. Pendant les sept siècles qui séparent l'apparition des Cimbres et des Teutons dans le monde méditerranéen de l'achèvement de la mise en place des *Stämme* (tribus, peuples) qui formeront la nation allemande (Francs, Saxons, Thuringiens, Souabes, Bavarois), nous devinons une énorme et confuse mêlée pendant laquelle se font et se défont les peuples. La plupart des noms de tribus cités par César et par Tacite auront disparu deux ou trois siècles plus tard. Ce sont des groupes de voisinage ou des « alliances » rassemblés autour d'un chef qui, faisant avalanche, attirent et englobent toutes sortes d'éléments entraînés au passage jusqu'à ce qu'une défaite les disperse aussi vite qu'ils se seront réunis. Vu l'état des voies de communication à peu près inexistantes, et l'impossibilité de constituer et de charrier d'importantes réserves alimentaires, il fallut que les groupes, peuples, bandes ou tribus fussent assez peu nombreux pour pouvoir vivre sur les pays traversés avant d'atteindre des régions assez riches pour leur permettre de s'y établir en surnombre. Les plus importants des peuples des grandes migrations compteront tout au plus quelques dizaines de milliers de combattants et ne devaient qu'exceptionnellement atteindre, voire dépasser, 100 000 âmes, femmes, enfants, vieillards et esclaves compris. A l'époque mérovingienne, on peut estimer à un million tout au plus la population de l'ensemble des pays destinés à former un jour l'Allemagne.

Les historiens du XIXe siècle avaient pris l'habitude de diviser les peuples germaniques en trois branches : Germains de l'Ouest, entre l'Elbe et le Rhin ; Germains de l'Est, entre l'Elbe, la Vistule et la mer Noire ; Germains du Nord restés en Scandinavie. Cette division, qui correspondait plus ou moins à la situation telle qu'elle existait à une époque avancée (entre le IIIe et le IV siècle de notre ère), négligeait les va-et-vient incessants des migrations, les divisions et regroupements qui ont, pendant des siècles, brouillé les pistes et mélangé les familles et les tribus[1]. L'archéologie nous fournit, aujourd'hui, des divisions plus complètes et remontant à une époque plus ancienne (autour du début de notre ère), mais qui n'intéressent que les spécialistes. Il suffira à notre récit d'évoquer quelques noms qui émergent de ce chaos préalable à l'histoire : les Chérusques, peut-être ancêtres partiels des Francs et des Hessois d'aujourd'hui, établis dans des villages épars à travers la Westphalie actuelle et dont un des

---

1. Un exemple tardif : l'Angleterre est conquise à partir du VIe siècle par une invasion où les Saxons (Germains de l'Ouest), les Angles et les Jutes (Germains du Nord) s'unissent face aux Celtes jusqu'à ce que, à leur tour, à partir du IXe siècle, ils soient en proie aux invasions danoises et norvégiennes, le tout couronné, au XIe siècle, par la conquête normande, les Normands étant des Scandinaves francisés ou romanisés.

chefs, Hermann (latinisé en Arminius) – on retrouve dans son nom la racine *Her* qui signifie « armée, groupe armé, troupe de guerre », et *Man*, qui signifie « homme », au sens viril du terme –, dirigea la résistance de sa tribu contre l'occupation romaine à l'époque de l'empereur Auguste. Il faut s'imaginer l'état de la Germanie de l'an 10 après J.-C. en pensant aux Indiens d'Amérique du Nord aux prises avec les pionniers blancs au XVIIIe siècle et au début du XIXe siècle, du temps de Fenimore Cooper et de Davy Crockett. Hermann devait être quelque chose comme un chef de confédération sioux ou cheyenne, à ceci près qu'il avait été élevé à Rome comme otage et qu'il parlait latin. Il avait même reçu la citoyenneté romaine sous le nom de Gaius Julius Arminius. L'embuscade dans laquelle furent exterminées en l'an 9 les trois légions du proconsul Varus n'était, en fait, qu'un incident parmi d'autres, magnifié au XIXe siècle par les poètes et historiens de la renaissance nationale allemande, et en premier lieu par Heinrich von Kleist, auteur d'une furieuse et exaltante *Hermannsschlacht* (bataille de Hermann) où les Romains ne sont que des prête-noms pour l'ennemi français. En réalité, Auguste son fils adoptif, Tibère et Drusus, tentèrent au cours de plusieurs décennies de porter la frontière de l'Empire jusqu'à l'Elbe, mais leurs campagnes, suivies de celles de Germanicus, fils de Drusus, se perdirent dans les sables, les marais et les forêts d'un pays dépourvu d'agglomérations, ces fondements de la civilisation méditerranéenne. Autant les Gaulois se montraient prêts à l'assimilation[1], autant les Germains s'y révélèrent réfractaires. L'Empire, renonçant à une guerre coûteuse où tout était incessamment à recommencer, résolut alors de fortifier les frontières naturelles du Rhin et du Danube en abandonnant la Germanie ultérieure à ses dissensions internes (Hermann, sur la fin de sa vie, dut chercher refuge à Rome). Quelques décennies plus tard, Rome, coupant droit de Ratisbonne à Coblence, annexa l'angle sud-occidental de l'actuelle Allemagne qui, à cette époque, devait être encore peuplé en majorité par des Celtes (mais surtout

1. N'exagérons cependant pas : il y eut de fameuses révoltes et le latin (quel latin !) ne pénétra réellement dans les campagnes gauloises qu'en sous-phénomène de la christianisation, aux IIIe et IVe siècles.

par des ours, des cerfs et des sangliers), en construisant une longue ligne fortifiée, le *limes* germanique, destinée à assurer une défense avancée. L'Empire avait atteint une extension extrême que ses forces ne lui permettront plus de dépasser. Sur le *limes* et le long du Danube, les empereurs des IIe et IIIe siècles rencontrent ensuite une forte et agressive confédération germanique, celle des Marcomans (les « Hommes de la frontière ») que l'empereur-philosophe Marc Aurèle dut combattre sa vie durant avec des succès variables et jamais définitifs. La Confédération marcomane se défit à son tour[1], mais d'autres peuples et groupements de peuples surgissent à leur place – face au *limes*, les belliqueux et sauvages « Alamans », alors qu'au nord-est des Balkans l'Empire voit apparaître la puissante nation gothique divisée en Visigoths et Ostrogoths que les historiens allemands du XIXe siècle ont appelés *Westgoten* et *Ostgoten*, sans que l'on soit sûr, bien au contraire, de l'exactitude de cette répartition géographique. Les Goths viennent probablement de Scandinavie (mais le rapprochement avec l'île de Gotland et avec les provinces de l'Oster et Vestergotland en Suède est incertain). Avant de s'établir dans les vastes étendues qui forment aujourd'hui la Pologne méridionale et l'Ukraine, et sur les bords de la mer Noire, ils avaient sans doute séjourné autour de l'embouchure de la Vistule. Peuples nombreux et vigoureux, ils sont les premiers Germains à fonder quelque chose qui ressemble à un État. Au IVe siècle, ils reçoivent de plein fouet le choc de l'invasion hunique venue du fond de l'Asie. Bousculés, les Visigoths se rejettent vers les frontières de l'Empire, alors que les Ostrogoths sont entraînés dans l'avalanche nomade des vainqueurs. Tour à tour alliés et ennemis, colons établis sur le bas Danube pour assurer la défense de l'Empire et envahisseurs pillards courant l'aventure, semant la destruction jusqu'au cœur de l'Anatolie et de la Grèce, les Visigoths finissent par abandonner l'Orient dévasté et se jettent, vers le début du Ve siècle, sur l'Occident encore en partie intact. En 410, leur roi, Alaric, prend Rome pour mourir quelques mois plus tard en Italie du Sud (autre héros national pour la poésie

1. Peut-être a-t-elle donné naissance à la tribu des Bavarois qui apparaît brusquement vers l'an 500, en Bohême.

romantique du XIXe siècle). Ses successeurs conduisent leur peuple en Gaule méridionale où ils fondent un royaume autour de Toulouse, que les Francs, au début du siècle suivant, refoulent au-delà des Pyrénées. C'est en Espagne que se stabilisera enfin le peuple visigoth ; son règne y durera plus de deux siècles, jusqu'à la conquête arabe. De la Scandinavie à Tolède, capitale de l'Espagne gothique, la migration aura duré trois ou quatre cents ans avec un détour par la Vistule, la mer Noire et Rome ! Des restes de l'aristocratie visigothique réfugiés dans les montagnes des Asturies surgira, à partir du VIIIe siècle, l'Espagne médiévale de la *Reconquista*.

Le peuple ostrogoth, pendant ce temps, avait suivi le destin des vainqueurs huniques. Au cours du long contact avec le monde antique, ces Goths étaient devenus des « semi-barbares », médiateurs désignés entre l'Empire et les « barbares totaux » que sont les Huns. A la cour d'Attila, princes goths et exilés romains étaient nombreux et influents. Après l'écroulement foudroyant de l'Empire hun, les Ostrogoths suivirent l'exemple de leurs cousins visigoths et tentèrent de s'établir dans les provinces de l'Empire sises au sud du Danube. De là, leur roi, Théodoric, les conduisit avec une mission de l'empereur de Constantinople reprendre l'Italie à un chef de bande hérule, Odoacre, qui avait déposé en 476 le dernier empereur d'Occident, curieusement appelé Romulus Augustulus, combinant les noms des deux fondateurs de la Ville et de l'Empire dans un diminutif dérisoire. Les Hérules étaient de leur côté un peuple germanique qui n'a pu accéder à l'honneur de la grande histoire. Il est seulement remarquable par la décision que prirent un jour la majorité de ses membres, alors établis en Pannonie (la Hongrie actuelle), de s'en retourner en Scandinavie d'où ils se souvenaient d'être partis plusieurs siècles plus tôt. Théodoric conquit l'Italie en 488 et y fonda un royaume qu'il voulut établir sur une coexistence pacifique et même amicale des Goths et des Romains. De Ravenne, sa capitale, il exerça une sorte de présidence d'honneur, de frère aîné, sur la plupart des peuples et États germaniques, mais l'entente entre Goths et Romains, dont il avait rêvé et dont les magnifiques vestiges de sa résidence ravennienne nous laissent des traces émouvantes,

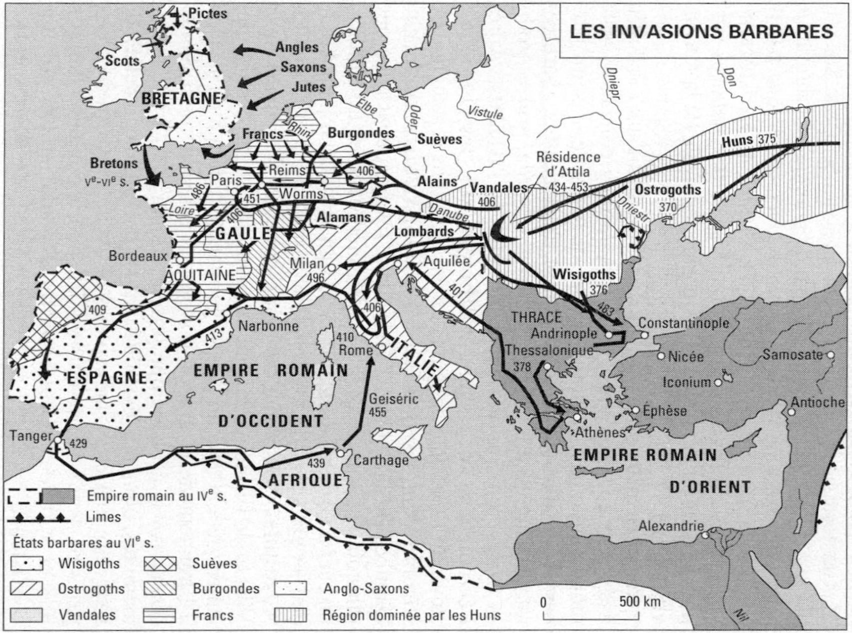
LES INVASIONS BARBARES
Pictes
Scots
Angles
Saxons
Jutes
BRETAGNE
Bretons
Ve-VIe s.
Francs
Rhin
Elbe
Oder
Vistule
Dniepr
Don
Burgondes
Suèves
Alains
Vandales
406
Résidence
d'Attila
434-453
Huns 375
Ostrogoths
370
Dniestr
Danube
Paris
Reims
Worms
451
486
406
Loire
Alamans
Lombards
GAULE
Bordeaux
AQUITAINE
Milan
496
Aquilée
401
Wisigoths
376
483
THRACE
Andrinople
Constantinople
Thessalonique
378
Nicée
Samosate
Iconium
Éphèse
Antioche
Athènes
409
413
Narbonne
410
Rome
ITALIE
ESPAGNE
EMPIRE ROMAIN
D'OCCIDENT
Geiséric
455
Tanger
429
439
Carthage
AFRIQUE
EMPIRE ROMAIN
D'ORIENT
Alexandrie
Nil
Empire romain au IVe s.
Limes
États barbares au VIe s.
Wisigoths
Suèves
Ostrogoths
Burgondes
Anglo-Saxons
Vandales
Francs
Région dominée par les Huns
0
500 km

devait se révéler sans lendemain. Après la mort du grand roi en 526, l'empereur de Constantinople, profitant de troubles surgis dans l'aristocratie gothique, entreprit de reconquérir l'Italie avec la complicité d'une grande partie des « Romains » italiens. La guerre gothique, magnifiquement racontée par Procope, dura près de trente ans, de 536 à 562. Après une résistance furieuse et tragique, le peuple goth fut anéanti. Un professeur patriote du XIXe siècle, Felix Dahn, a tiré du drame des Goths un grand roman populaire, *Ein Kampf um Rom* (Un combat pour Rome), qui galvanisa l'émotion nationale de plusieurs générations de jeunes Allemands. Dahn était une sorte d'Alexandre Dumas, le génie et l'humour en moins, mais il réussit à faire, pour des générations d'écoliers, de cette branche des peuples germaniques disparue sans héritier, les ancêtres par adoption des Allemands modernes qui ne sont en fait que leurs lointains petits-cousins. A l'époque de Weimar, dans les préaux des lycées allemands, les gamins se battaient encore entre Ostrogoths, héros positifs, et « Romains », ces derniers, plus malins, étant symboliquement commandés par l'eunuque Narses.

Les Vandales qui ont, eux aussi, laissé leur nom à la postérité, mais dans un autre registre, étaient probablement venus dans l'actuelle Silésie, en partant des environs de l'embouchure de l'Elbe. De là, ils traversèrent la future Allemagne d'est en sud-ouest pour se joindre à de nombreux autres peuples qui se jetèrent en 406 sur la Gaule, emportant toute résistance. Un flot terrible de dévastateurs se répandit jusqu'aux Pyrénées, qui furent franchies à leur tour. Tandis que les Suèves, de la même famille tribale que les Souabes alémaniques, créaient un petit royaume dans le coin nord-ouest de l'Espagne, en Galice et au nord de l'actuel Portugal, autour de Braga, les Vandales passèrent en Afrique du Nord, arrachèrent cette province à l'Empire et s'y établirent en maîtres. Bientôt ce peuple terrien, qui avait mis dix ans pour aller du Rhin à Carthage, devint un peuple de marins-pirates qui sema la terreur dans toute la Méditerranée. Son règne dura cent ans. Leur vigueur guerrière épuisée, les quelques milliers de Vandales qui tyrannisaient des centaines de milliers d'Africains romanisés furent facilement la proie d'un premier essai de reconquête gréco-romaine lancé en 533-534 par Justinien, empereur d'Orient. Son nom, synonyme de sauvagerie (mais était-elle plus grande chez eux que chez d'autres tribus barbares[1] ?), est la seule trace que ce peuple a laissée derrière lui[2].

A peine les Byzantins (qui continuaient à s'appeler eux-mêmes « Romains », bien que leur civilisation fût essentiellement grecque et même orientale d'esprit et de langue) eurent-ils repris l'Italie aux Goths qu'à ceux-ci succéda une nouvelle vague germanique : un peuple plus récemment arrivé en Pannonie (Hongrie), encore tout rugueux de barbarie (bien que ses contacts avec les Romains, sur l'Elbe inférieur, remontent en fait au Ier siècle), se précipita sur l'Italie dévastée par trente années de guerre. A ces nouveaux venus qui n'avaient séjourné, jusqu'alors, que dans des pays fort éloignés du monde méditerranéen, elle devait néanmoins apparaître comme un paradis délicieux. Les Langobards (« Barbes longues », mais cette explication n'est pas certaine) n'avaient même pas eu le temps de se frotter au christianisme, ils étaient franchement païens, et sauvages à souhait. Ils conquirent par raids successifs l'Italie du Nord et une partie de l'Italie centrale. Mais, étrangers à la civilisation antique, ils mirent plusieurs générations à bâtir un État digne de ce nom. L'Italie eut le temps de regretter Théodoric et ses Goths si « civilisés ». Encore cent cinquante ans après leur descente, les Langobards étaient considérés par les « Romains » comme d'affreux barbares. Chassant peu à peu les Byzantins des côtes où ceux-ci avaient pu se maintenir, les Langobards menacèrent Rome dont le pape était devenu plus ou moins le seigneur temporel, remplaçant l'empereur lointain et défaillant. Contre

1. Peut-être les « Romains » détestèrent-ils tant les Vandales parce qu'ils furent celle des nations germaniques qui persécuta le plus sévèrement le catholicisme (les Vandales appartenaient, comme la plupart des Germains à l'époque, à l'hérésie d'Arius ; ce théologien byzantin (260-336) avait affirmé que le Christ n'était pas de nature divine, mais seulement la première des créatures. (Voir plus loin, p. 54.)

2. Sur les Vandales, on lira avec profit et amusement le récit que leur a consacré, en 1990, l'ancien ministre des Affaires étrangères Michel Jobert (*Vandales*, Albin Michel).

ces voisins redoutables, le pontife, au VIIIe siècle, fit appel à d'autres princes germaniques, aux rois des Francs qui régnaient sur la Gaule et une partie de la Germanie. Les Langobards, eux, s'allièrent aux Bavarois, leurs voisins septentrionaux. Pépin le Bref et son fils, Charles (Charlemagne), rois des Francs, vainquirent tour à tour au VIIIe siècle le royaume langobard et le duché bavarois. Charlemagne les annexa et s'intitula roi des Francs et des Langobards. Une petite région située au sud des Alpes, le Tyrol méridional, peuplée par des Bavarois, fut presque entièrement germanisée ; dans le reste de l'Italie, les Langobards se fondirent peu à peu dans la masse romane. La Lombardie porte encore leur nom ; de même, le héros national du *Risorgimento* au XIXe siècle, Garibaldi, devait descendre d'un lointain Langobard nommé Garibald, ce qui veut dire « audacieux avec la lance ».

Avec les Suèves et les Vandales, les Burgondes furent du nombre des peuples germaniques qui franchirent le Rhin en 406 après que de nombreux raids passagers se furent succédé pendant plus d'un siècle. La légende les fait venir de l'île de Bornholm-Burgunderholm (*holm* signifiant « île » en germanique du Nord), l'île des Burgondes qui, aujourd'hui, appartient au Danemark. Les Burgondes n'étaient pas un peuple très nombreux ; après s'être pendant quelque temps établis sur le Rhin moyen, ils poussèrent plus loin vers le sud et s'installèrent définitivement dans les régions qui forment aujourd'hui la Savoie et le Dauphiné, la Franche-Comté et la Bourgogne, ce dernier portant encore leur nom. Ce fut un État de petite envergure et qui ne dura que trois générations, entre 460 et 534 ; comme les Visigoths, les Burgondes furent vaincus par les Francs. Mais ils n'avaient pas l'Espagne derrière eux pour s'y retirer ; leur royaume fut annexé et les Burgondes se perdirent dans la majorité franco-gallo-romaine. Cependant, au cours de leur bref passage à travers l'histoire, les Burgondes ont semé des souvenirs qui devaient cheminer d'une façon souterraine pendant des siècles dans la mémoire collective des peuples germaniques survivants. Les Burgondes avaient disparu depuis longtemps quand la légende de leur royaume rhénan autour de Worms, de leurs rois Gunther, Gernot et Giselher resurgit dans la plus célèbre des chansons de geste allemandes, la *Chanson des Nibelungen*, qui traite de la « détresse » et de la fin tragique de cette dynastie mythique. Le poème du XIIIe siècle, écrit par un esprit savant et puissant qui vivait à la cour cultivée de l'évêque de Passau, à moins que ce ne fût celle du duc d'Autriche, à Vienne, mêle au confus souvenir des Burgondes des légendes encore beaucoup plus anciennes qui se retrouvent dans le stock des récits mythiques scandinaves. Il évoque également le grand Théodoric, le roi des Goths, et Attila (« Etzel »), le maître des Huns. Bien que les peuples gothique et burgonde fussent alors éteints depuis six siècles, quelque chose de leurs hauts faits, de leur « geste » s'était donc conservé dans la tradition orale chez leurs cousins bavarois, francs, souabes et saxons.

La chanson médiévale nous apprend ainsi qu'en dépit de leur effacement ou de leurs catastrophes finales les peuples « perdus » de la grande migration appartiennent quand même, d'une certaine manière, au passé des Allemands… Charlemagne en avait conscience qui fit recueillir et transcrire les chansons et légendes des peuples germains [1].

La Gaule franque, l'Empire franc et la Grande-Bretagne saxonne

Sur les bords du Rhin inférieur se forment probablement au cours des IIIe et IVe siècles de notre ère les tribus des Francs (les « Hommes libres ») qui regroupent elles aussi sans doute des éléments divers connus antérieurement sous d'autres noms, ou pas connus du tout. Bien que ces Francs, combattants entreprenants et résolus, participent à de nombreux raids terrestres et maritimes en Gaule (parfois associés aux Saxons), ils ne s'élancent pas tout d'un coup dans une grande migration lointaine. Au fur et à mesure que l'autorité romaine s'affaiblissait dans ces régions extrêmes de la « Belgique »,

1. De cette collecte, rien, malheureusement, n'a été conservé, l'Église se méfiant de tout ce qui pouvait évoquer le passé païen autrement qu'à travers des récits hagiographiques.

où elle n'avait jamais réussi à établir totalement sa paix, les Francs avançaient dans un pays peu peuplé, s'y installant avec leurs familles et leurs serviteurs. Au ve siècle, leur peuplement massif (qui, néanmoins, restait certainement assez clairsemé) devait atteindre la ligne qui, après des variations de peu d'amplitude, constitue aujourd'hui encore la frontière linguistique entre les parlers wallons (romans) et néerlandais (francs). En même temps, d'autres tribus franques remontaient le Rhin et parvenaient jusque dans la vallée de la Moselle. Ici, où la population était plus dense, les habitants antérieurs étaient repoussés dans la montagne et dans la forêt, d'autres – les plus fortunés – cherchèrent refuge dans les régions intérieures de la Gaule, d'autres encore étaient peu à peu assimilés par les vainqueurs. C'est dans les villes, dont les Germains n'avaient ni l'habitude ni l'usage, que des restes de population et de civilisation romaines purent sans doute se maintenir le plus longtemps autour des ruines des grands monuments et près des églises épiscopales. Trèves et ses environs (la ville avait été, un siècle durant, l'une des capitales de l'Empire) restèrent ainsi un îlot de parler roman isolé pendant près de deux siècles dans une région rurale déjà germanisée. Après l'écroulement des structures étatiques et militaires romaines, à la fin du ve siècle, les Francs occupent rapidement et par bonds successifs l'espace entre la grande forêt qui traverse alors la Belgique le long de la frontière linguistique, et l'Aisne, l'Oise, la Seine. Un de leurs rois, Chlodevec – Clovis – (ce nom a donné Ludwig en allemand et Louis en français), personnage plus rusé, plus averti, plus capable et plus heureux que ses pareils, réussit dans le dernier tiers du ve siècle à se débarrasser de tous ses parents et rivaux et à unifier sous son commandement l'ensemble des tribus franques. Païen, il se convertit au catholicisme, la religion des Gallo-Romains qui forment désormais la majorité des sujets du roi franc. L'empereur de Constantinople, le seul et unique après la disparition de l'Empire occidental en 476, lui confère prudemment quelques titres et signes de légitimité. Une victoire éclatante sur les Alamans, que rappellent aux Parisiens la rue et le pont de Tolbiac (Zülpich en allemand, mais on ne sait trop bien où situer exactement ce champ de bataille), assure aux Francs la domination sur le sud-ouest de l'Allemagne d'aujourd'hui et sur une partie de l'actuelle Suisse, suprématie à laquelle les tribus allamanes ou alémanes chercheront souvent à se soustraire. D'autres victoires, remportées par Clovis et par ses fils, permettent l'annexion du royaume visigoth de Toulouse – à l'exception d'une bande côtière, allant du Roussillon jusqu'au-delà de Montpellier, la Septimanie, que les Francs ne purent occuper qu'au VIIIe siècle – et celle du royaume burgonde qui devient une simple partie de la France mérovingienne, à côté de la Neustrie[1] et de l'Austrasie[2]. Vers le milieu du VIe siècle, toute la Gaule, à l'exception du Sud-Ouest gascon (vascon), où les farouches Basques réussirent longtemps à se soustraire à l'autorité franque, et de la « Bretagne » en voie d'occupation par des Bretons (c'est-à-dire par des Celtes venus de l'actuelle Angleterre, d'où ils ont été chassés par l'invasion anglo-saxonne), est à nouveau unifiée sous le sceptre du roi franc, ou plutôt des rois francs, car les descendants de Clovis s'entre-partageaient les royaumes comme des propriétés privées, conformément au droit germanique. Un long et lent travail de fusion commence, cependant, qui donnera naissance à la nation française, nation de souche gallo-romane qui porte un nom germanique. Cependant, au nord et à l'est de la frontière linguistique, les choses iront différemment : ou bien le peuplement franc s'y maintient dans son originalité ou bien la fusion se fait au bénéfice de la langue germanique. Dans les Flandres, en Rhénanie, dans les pays mosellans, les Francs sont ainsi les ancêtres des Flamands et des Allemands d'aujourd'hui. Trop proches de ce puissant voisin, les Alamans n'ont pas eu la chance de pouvoir constituer un État à eux, mais leur nombre était plus grand et leur avancée plus systématique que dans le cas des Burgondes ; annexés par les Francs, ils n'ont pas disparu de l'histoire. Nés d'un rassemblement plus ou moins hétéroclite, comme les Francs eux-mêmes, où semblent dominer les apports suaves (souabes),

1. Neustrie, nom donné par les Francs à la partie occidentale de la Gaule, signifiant le « Nouveau Reich », autour de Soissons et Paris. Ce nom apparaît lors des partages mérovingiens au VIe siècle.

2. Austrasie ou « Reich de l'Est », autour de Reims et Metz, englobant les provinces des rois francs dans l'Allemagne proprement dite.

les Alamans ont peu à peu occupé aux IIIe et IVe siècles l'espace entre le *limes*, le Rhin et le Danube pour s'avancer ensuite en Alsace d'une part, dans l'ancien pays des Helvètes celtiques d'autre part, refoulant ou assimilant les habitants gallo-romans de la province de Rhétie. Au Ve siècle, leurs pointes avancées atteignent les Alpes. Cependant, subsistent un peu partout au sud des fleuves Rhin et Danube des îlots de romanité dont les derniers ont duré jusqu'à nos jours : ce sont les populations « romanches » des Grisons, cousins des « Ladins » du Tyrol méridional (qui ont, eux, résisté à la conquête bavaroise).

C'est au VIe siècle que se produit, plus à l'est, la « descente » des Bavarois (*Bajuvarii, Bayern*) sur le Danube qu'ils franchiront pour occuper, d'abord, les plateaux préalpins et, ensuite, les vallées alpestres jusqu'au sud du Brenner où ils rencontrent les avant-postes langobards et peut-être même quelques restes épars des Goths[1]. Leur nom semble indiquer qu'ils venaient de Bohême (*Bo-heim*, le pays des *Boii* qui furent probablement un peuple celtique). Peut-être, là aussi, des éléments divers, restes de peuples usés par les migrations, s'y étaient-ils agglomérés en une nouvelle « nation ». S'étendant des forêts de Bohême (l'actuel Haut-Palatinat/Oberpfalz) jusqu'au sud de Bozen (Bolzano) et en Carinthie, les Bavarois eurent des contacts prolongés avec des restes de population celto-romane (une partie de celle-ci avait toutefois, à la fin du Ve siècle, rejoint l'Italie après la mort de son guide spirituel, saint Séverin) qui se maintinrent longtemps dans les montagnes et que les nouveaux venus désignent sous le nom de *Walchen* (= Welches), nom peut-être dérivé de la racine *gal* qui est commune aux noms des peuples celtes (Gaulois,

1. Rappelons, pour la curiosité, qu'une petite partie des Goths s'était maintenue dans le sud de la Russie après la victoire des Huns et le départ de la masse des peuples gothiques vers l'ouest. Au XVIe siècle, des voyageurs allemands les rencontrèrent encore en Crimée et notèrent quelques éléments de leur langue. Ces *Krimgothen* ont, depuis, complètement disparu, mais Hitler, dans ses *Propos de table*, se rappelle leur existence passée quand il décide de transférer en Crimée les habitants germanophones du Tyrol méridional.

Galates, Gallois, langue *gaelic* en Irlande et Écosse). Au sud-est et à l'est, les Bavarois rencontrent les avant-gardes des tribus slaves qui s'installent lentement, depuis la fin des grandes migrations, dans les espaces laissés à peu près libres par les peuples germaniques (Goths de la Vistule, Vandales de l'Oder), ou par les reculs de l'Empire romano-byzantin incapable de se maintenir au nord des Balkans et en Pannonie (Hongrie). Dans ces régions, des peuples « barbares » turcs ou mongols, Bulgares et Avars, ont presque complètement effacé les traces de la civilisation antique. Mais, faibles en nombre, ils ne peuvent faire obstacle aux infiltrations slaves : les Bulgares, tribu turque à l'origine, sont peu à peu slavisés, les Avars soumettent leurs voisins slaves mais sans les intégrer à leurs hordes nomades. En Bohême, les Tchèques qui, eux, sont des Slaves remplacent les proto-Bavarois, en Carinthie et en Styrie les Bavarois se heurtent aux Slovènes. Tout un puzzle de peuples se met en place ainsi, vers les VIe et VIIe siècles, dont procèdent encore les structures nationales actuelles de l'Europe centrale. A Ratisbonne, sur le Danube, ancienne ville frontière romaine, les ducs des Bavarois installent le chef-lieu de leur « pouvoir », leur cour, le centre de leur « État ». Alors que les rois francs ne cesseront jamais de se déplacer d'une ville ou d'une « villa » rurale à l'autre, les Bavarois auront ainsi, très tôt, une sorte de capitale. Dans ce sens, Ratisbonne-Regensburg, bien que d'origine romaine, peut se prétendre la première ville réellement allemande. Cependant, au VIIe siècle, les rois francs, ayant soumis les Alamans, commencent à intervenir en Bavière. A la fin du siècle suivant, Charlemagne achèvera d'intégrer à son royaume ce quatrième peuple germanique, après les Francs, les Burgondes et les Alamans. Nous avons déjà vu que le même sort sera fait aux Langobards mais ceux-là, trop éloignés, resteront en dehors de la future nation allemande. Ensuite, ce sera le tour des Saxons.

Ici encore, nous sommes en présence d'un peuple aux origines obscures et sans doute multiples. Comme les Alamans, les Saxons n'avaient pas de rois, mais se regroupaient en période de guerre autour de chefs choisis parmi les nobles.

L'importance de l'aristocratie comme l'existence d'une couche nombreuse de « demi-libres » permettent de penser que le peuple saxon s'était constitué par la victoire d'une ou de plusieurs tribus sur d'autres. C'était, en tout cas, une race belliqueuse et audacieuse, établie sur les côtes de la mer du Nord et sur l'embouchure de l'Elbe et de la Weser, d'où leur territoire s'élargit profondément à l'intérieur des terres jusqu'en Westphalie. Pendant les grandes migrations, des partis saxons, seuls ou en compagnie de Francs, s'étaient avancés le long des côtes de la Gaule jusqu'au sud de la Loire, semant terreur et dévastation. Ils possédaient une certaine expérience de la navigation qui dut leur être fort utile quand, au VIe siècle, en compagnie de leurs voisins les Angles qui habitaient dans l'est du Holstein actuel, et des Jutes qui ont laissé leur nom au Jutland danois, ainsi que de quelques éléments frisons [1], ils commencèrent à s'attaquer à l'île de Bretagne que les Romains avaient dû évacuer, abandonnant à elles-mêmes des tribus bretonnes très superficiellement romanisées et vite en proie aux dissensions habituelles chez les Celtes. D'abord brigands et pirates, puis auxiliaires et mercenaires, les Saxons et leurs alliés finirent par prendre goût aux charmes de ce qui allait devenir l'Angleterre, la terre des Angles. Ils y emmenèrent femmes et enfants s'y établir à demeure, de plus en plus nombreux, se substituant aux Bretons qu'ils repoussaient vers les régions pauvres et montagneuses de l'Ouest. Une fois maîtres de la meilleure partie de l'île, ils y fondèrent

---

1. Nous ne parlerons pas ici des Frisons, peuple qui est de la mouvance des Germains septentrionaux, ayant sa propre langue et qui ne tiendra, dans l'Allemagne médiévale, qu'une place marginale. Nous devrions cependant mentionner les Thuringiens qui formèrent un royaume (*regnum*) vassal des Mérovingiens mais qui ne sont pas, généralement, comptés comme un *Stamm* à part, dominés qu'ils sont par les Saxons vers le nord et par les Francs vers le sud. Au moment où se constituera le royaume de la France orientale, il ne compte que quatre grands duchés (ou *regna*), ceux des Francs occidentaux, des Alamans (Souabe), des Bavarois et des Saxons. La royauté thuringienne s'éteint en 531 après la victoire des Francs, l'on ne retrouvera qu'au XIe siècle un landgraviat de Thuringe qui profitera alors de la dislocation du duché de Saxe, après la chute du duc Henri le Lion, pour acquérir l'autonomie sous l'autorité lointaine de l'empereur. A la fin du XIIIe siècle, la Thuringe fut, pour sa plus grande partie, acquise par les margraves de Meissen (Misnie), de la dynastie des Wettin, qui eurent ensuite la dignité d'Électeurs de Saxe…

des royaumes qui, ayant reçu le christianisme par l'action de missionnaires venus de Rome, développèrent à l'abri du monde extérieur une civilisation originale foncièrement germanique, puisque – à l'exception du domaine religieux – les Saxons n'avaient eu avec le monde antique que des contacts passagers et superficiels. Par la littérature (légendes et chansons), par le droit et les structures politico-sociales, par la langue qui fut une des premières après le gothique à être notée et écrite, les Saxons de Bretagne constituent l'une de nos meilleures sources pour la connaissance des Germains, avant et au moment de leur entrée dans l'histoire. Dans les monastères anglo-saxons fleurit avec la piété, aux VIIe et VIIIe siècles, une sorte de renaissance culturelle ; par comparaison avec les pays du continent en proie aux guerres étrangères et civiles, sombrant dans une triste et sauvage barbarie, l'Angleterre était alors une île de paix relative et les moines y cultivaient l'héritage antique, la théologie bien sûr, mais aussi la littérature et la philosophie. Leurs Églises se signalaient, en cet âge cruel et corrompu, par une certaine pureté de mœurs et par une piété réelle. Ils purent ainsi voler au secours de l'Église gallo-franque tombée dans une profonde décadence du fait des troubles et violences qui, incessamment, déchiraient les royaumes de la lignée de Clovis. Des missionnaires anglo-saxons vinrent restaurer en Gaule un minimum de savoir, de discipline et d'organisation. Ils se joignaient dans cette voie aux moines irlandais dont l'action avait débuté quelque temps plus tôt et qui avaient développé à l'extrême bout du monde connu une forme très originale de vie chrétienne, pour passer ensuite en Germanie où ils jetèrent les bases de l'organisation ecclésiastique, tout en entreprenant systématiquement la conversion des peuples encore païens, Hessois, Frisons et surtout Saxons. Au VIIIe siècle, saint Boniface (Winfrid de son nom saxon), premier évêque de Mayence, mérita par son action d'homme d'État, de fondateur d'églises et de missionnaire, comme par son martyre final, le titre d'apôtre des Allemands que lui attribuera l'historiographie romantique. Germains comme ceux à qui s'adressait leur ministère, mais sans lien direct et apparent avec la politique franque qui visait à établir son hégémonie sur tous les peuples de la Germanie continentale, les missionnaires anglo-saxons trouvaient sans doute plus facilement l'oreille de leurs cousins d'outre-Rhin, ce qui n'empêchait pas ceux-ci de les massacrer à l'occasion.

Tous les Saxons, en effet, n'étaient pas partis en Angleterre. Il en restait suffisamment pour que ce peuple, fier et belliqueux, passât aux VIIe et VIIIe siècles pour le plus important de Germanie, après les Francs, bien entendu. Resté païen et fort attaché à ses dieux et lieux de culte, il opposa une résistance farouche aux tentatives franques qui associaient le zèle religieux aux visées politiques. Il faudra à Charlemagne trente ans de guerres implacables pour venir à bout des Saxons, à la fin du VIIIe siècle, pour les intégrer dans l'Empire et dans l'Église, non sans quelques massacres assez atroces et peu chrétiens. Cent ans plus tard, ce sera déjà la Saxe qui fournira au royaume qui va devenir allemand sa première dynastie véritablement nationale. L'intégration aura bien réussi.

Voilà donc en place les éléments qui vont un jour constituer le peuple allemand, les quatre *Stämme* fondateurs et les branches perdues dont la légende fait survivre le souvenir. Mais les éléments biologiques, la généalogie des filiations ne sont pas seuls à constituer une nation. Directement ou indirectement, les Germains avaient déjà été, pendant six siècles, au contact du monde antique gréco-romain avant que ne se constitue le royaume franc, antécédent immédiat de la future Allemagne. La civilisation matérielle et les concepts intellectuels se ressentent également de cette symbiose tantôt forcée et tantôt volontaire, parfois pacifique et le plus souvent guerrière. Le commerce et le pillage finissent dans ce sens par procurer les mêmes effets, et aussi la guerre menée comme adversaires ou comme mercenaires de l'Empire. Dans les deux derniers siècles de son existence étatique, et surtout au cours du dernier – le Ve –, la Rome occidentale voit ses armées mais aussi les plus hautes fonctions de l'État, de plus en plus remplies de « barbares » germaniques, Vandales, Hérules, Francs, Goths, lesquels se battent contre leurs frères ou cousins de race, et sont souvent les seuls à défendre l'Empire devenu mythe historique – cet Empire qui, malgré sa décadence, conserve un prodigieux ascendant, un immense pouvoir d'assimilation. A travers les peuples de la frontière et du contact direct, les tribus plus lointaines sont, elles aussi, touchées : des trésors de monnaies impériales seront découverts jusqu'en Scandinavie. La langue des peuples germains s'enrichit de mots innombrables qui désignent des objets et des idées reçus de la civilisation supérieure, ce processus étant avéré aussi bien dans les textes gothiques du Vᵉ siècle (la traduction des Saintes Écritures par Ulfilas) que dans l'allemand du IXᵉ siècle. Les Germains ne construisaient pas en pierre ; aussi bien, les termes allemands pour brique (*Ziegel, tegula*) et pour mur (*Mauer, mura*) sont empruntés au latin, et naturellement aussi la plupart des mots ayant trait à la religion et à l'église : *Kirche*, l'église, dérivé d'*ecclesia* ; *Priester*, le prêtre, de *presbyter* ; *Münster*, l'église-cathédrale, de *monasterium*, et encore beaucoup de mots qui indiquent la supériorité de la civilisation antique dans le domaine du commerce, de l'agriculture, de l'industrie (*Acker*, le champ, venu d'*ager* ; *Frucht*, le fruit, *de fructus*, etc.). Tant que l'Empire subsista (et en Orient jusqu'au haut Moyen Age), les fils des princes et des nobles « barbares » étaient, souvent de longues années durant, élevés à la cour impériale, à la fois comme otages qui garantissaient le comportement amical de leur père, et comme apprentis s'initiant à un monde de coutumes et de valeurs qu'ils emportaient ensuite avec eux, quitte à retourner contre l'Empire ce que l'Empire leur avait appris.

Plus tard, quand les peuples germaniques s'établirent en vainqueurs et dominateurs dans les provinces occidentales, Visigoths en Gaule et en Espagne, Vandales en Afrique, Ostrogoths d'abord et Langobards ensuite en Italie, Burgondes et Francs en Gaule, les nouveaux arrivants ne se substituèrent pas complètement aux « Romans » toujours beaucoup plus nombreux, sauf dans le nord de la Gaule, sur les rives du Rhin et dans les terres entre le Danube et les Alpes. Partout ailleurs, ils s'attribuaient seulement une part des possessions de l'aristocratie romaine, un tiers tantôt et tantôt deux, laissant le reste aux propriétaires anciens[1]. La convi-

---

1. D'après un système que le droit du Bas-Empire nommait l'« hospitalité ».

vance de la minorité dominante et de la majorité dominée devenait partout, plus ou moins vite, une sorte d'interpénétration, précédant ou suivant celle des peuples. Au départ, les différences de langue, de religion, de tradition, de droit, de mode de vie, l'emportaient. Vivant dans les mêmes lieux, les Germains et les Romains ne peuvent obéir aux mêmes lois. C'est ainsi, par exemple, que, dans le royaume franc, Romains, Visigoths, Burgondes, Francs, Alamans et Bavarois ont tous des lois différentes et chaque habitant a le droit d'être jugé selon la sienne. Peu à peu, ces « lois » nationales (les premiers rois germaniques tinrent à faire codifier le droit jusqu'alors non écrit de leurs peuples après quoi, peu à peu, toutes les lois écrites, y compris la romaine, furent largement oubliées ou « réoralisées »), d'abord attachées aux personnes – chaque habitant emportant « sa » loi avec lui –, s'unifient cependant dans des « coutumes » à base géographique. Ce sera l'état du droit en France royale vers la fin de l'ère capétienne, alors qu'en Allemagne le souvenir des origines « nationales » du droit se perpétue : au XIIIe siècle, le *Sachsenspiegel* (Miroir des Saxons) couchera par écrit la coutume saxonne et entraînera la compilation du droit souabe et du droit franconien. A cette heure tardive, cependant, tous les droits traditionnels germaniques commencent déjà à subir la concurrence du droit romain, retrouvé et utilisé comme « droit impérial » à vocation universelle, et non plus comme droit particulier de la population romane.

Cette évolution de la civilisation, du fait de la cohabitation entre Germains et « Romains », se constate aussi bien en « France » qu'en Espagne et en « Langobardie ». Mais avec plus d'ampleur et de continuité chez les Francs dont l'installation fut progressive, s'étalant sur plusieurs générations, et de moins en moins massive à mesure que l'on s'approche de la Loire. Leur présence en Gaule ne fut jamais interrompue ou annihilée comme celle des Visigoths et des Burgondes ; leur irruption ne fut pas aussi soudaine et brutale que celle des Langobards en Italie. Et surtout, facteur d'importance capitale, les Francs, dès Clovis, choisirent la religion des Romains. Étant donné l'importance des croyances et structures religieuses dans les mentalités de l'époque, c'est une partie essentielle de la civilisation « romaine » qu'ils prenaient ainsi à leur compte. L'assimilation mutuelle, dès lors, n'était plus qu'une question de temps. Les Francs, auparavant, avaient été carrément païens. La plupart des autres peuples germaniques qui s'établirent dans les provinces de l'Empire avaient au contraire, au cours de leurs migrations, déjà embrassé la religion chrétienne sous une forme qui, après avoir dominé un moment dans l'Orient, fut très vite rejetée comme hérétique par Constantinople, Antioche et Alexandrie, aussi bien que par Rome : l'*arianisme*, l'hérésie du prêtre Arius, qui vécut dans l'Église d'Alexandrie et à Constantinople, de 260 à 336. L'arianisme, pour ne mentionner que son aspect le plus important, minimisait le rôle de la nature divine en Jésus-Christ, celui-ci n'ayant été que de nature *semblable* à celle de Dieu, et non de nature *identique*. Le Christ, selon Arius, n'était que la première des créatures et non pas « *Deus verus de Deo vero* ». On peut penser que ce ne furent pas des subtilités théologiques qui firent adopter l'arianisme aux barbares ou semi-barbares visigoths, ostrogoths et vandales, mais en premier lieu des contacts anciennement établis à l'époque où l'arianisme était la croyance officielle dans l'Empire d'Orient, poursuivis par l'action des prêtres ariens réfugiés chez les Barbares quand Constantinople changea de position. On voit ainsi, de nos jours, des peuples mélanésiens déchirés par les rivalités des missionnaires protestants ou catholiques. Peut-être encore l'arianisme, ayant rationalisé le Credo sur des points où la raison raisonnante trouvait le plus de difficultés, était-il plus facile à saisir par les esprits simples des Germains illettrés, que les spéculations orientalo-grecques d'un dogme perpétuellement obligé depuis des siècles à se définir en fonction d'hérésies contraires. Enfin, puisqu'il existait deux formes de la foi chrétienne, certains peuples ou certains rois ne tenaient-ils pas à marquer par leur adhésion à l'arianisme qu'ils refusaient de se soumettre à la religion des ennemis romains ? Peu à peu, quoi qu'il en soit, l'arianisme devint la foi des Germains, une foi dont nous ne savons pas grand-chose, ni des textes (en dehors de la grandiose œuvre d'Ulfilas qui, elle-même, peut-être, ne nous frappe autant que parce qu'il n'y a pour ainsi dire rien d'autre), ni du culte et de l'organisation ecclésiastique. Nous savons, en revanche, que l'animosité des Romains contre les vainqueurs et occupants « barbares » se nourrit grandement de la différence religieuse. Au syncrétisme hellénistique et de la Rome impériale, le christianisme avait déjà largement substitué, dès l'Antiquité finissante, l'esprit d'intolérance et d'orthodoxie. La reconquête byzantine en Afrique, en Italie et en Espagne du Sud[1] profita, au VIe siècle, de la solidarité religieuse des « Romains », et le roi franc converti au catholicisme apparut, lui aussi, aux populations du sud de la Gaule comme un frère dans la foi catholique venu les libérer du joug des Visigoths hérétiques. La tension se prolongea en Espagne pendant un siècle et demi jusqu'à la conversion au catholicisme des Visigoths déjà en pleine romanisation, et aussi en Italie où l'hostilité des Langobards à la papauté survécut même à leur conversion. Le conflit des intérêts politiques prolongeait et amplifiait ainsi l'ancienne opposition religieuse.

Si l'arianisme s'efface avec le destin des peuples germaniques des branches perdues, c'est donc le catholicisme romain que reçoivent les tribus de l'union desquelles va naître l'Allemagne. Le catholicisme « romain », en effet, car de tous les fleuves par lesquels l'héritage antique va venir se communiquer à la « sauvage » nature germanique, le courant religieux s'affirme le plus puissant et le plus permanent. En Gaule, en Germanie occidentale, la convivance germano-romane et l'assimilation mutuelle des deux populations s'opèrent cependant à un niveau de civilisation très bas : l'écriture tombe en désuétude, l'économie retourne à la prédominance presque exclusive de l'agriculture et des échanges naturels ; la violence, la barbarie sont partout dans les mœurs, les usages, les pensées. On voit s'éteindre les unes après les autres les dernières lueurs de la culture antique. Sans échapper à cette décadence, l'Église institue en même temps contre elle un ultime et puissant rempart. Sous sa protection se

1. Où Justinien réussit pour quelques décennies à chasser les Visigoths des provinces méridionales.

maintient un minimum de ce qu'avait produit en plus de mille ans l'une des plus belles floraisons de l'aventure spirituelle humaine : un peu de latin, quelques éléments de grammaire, de musique, de philosophie, et surtout de théologie, la capacité de reconnaître quelques principes fondamentaux de morale et de les affirmer face à des princes d'autant plus barbares qu'ils se flattaient même parfois d'être lettrés, ce qui, en cette basse époque, signifiait évidemment peu de chose. Cependant, l'Église elle-même suivait la voie descendante, s'appauvrissait en vigueur spirituelle, perdait de son savoir, se sécularisait et se laissait entraîner dans les sombres et souvent abjectes querelles du monde. Peu de prêtres savaient dire la messe, tandis que le peuple retombait dans des croyances magiques et des pratiques superstitieuses, dont il ne s'était, à la vérité, jamais massivement et durablement éloigné. C'est dans ce triste monde de sang et d'ignorance que les missionnaires, irlandais d'abord, anglo-saxons ensuite, vinrent apporter une nouvelle vie de piété et de pureté qui s'incarna dans les grandes fondations monastiques telles que Luxeuil et Saint-Gall d'où devait rayonner, sur toute la partie orientale du royaume et les duchés germaniques plus ou moins rattachés à celui-ci, une religiosité plus pure. C'est de l'Église franque (en fait, l'Église gallo-romaine rénovée par les missionnaires) que les *Stämme* voisins, Alamans, Bavarois, Saxons, Thuringiens, Frisons, vont peu à peu recevoir la foi, l'organisation religieuse et les éléments de culture antique conservés par l'Église en Irlande et en Grande-Bretagne que les missionnaires ont ramenés sur le continent. Des noms de saints irlandais, Columban, Emmeram, Kilian, Florian, Magnus, Gallus, jalonnent les églises de l'Allemagne du Sud ; les Anglo-Saxons, Willibald, Willibrord, Winfrid, poussèrent, eux, davantage vers l'est et le nord-est. Partout se fondent des églises et des monastères, que favoriseront les autorités locales. Dans les anciennes villes romaines autour desquelles les Germains campaient dans des huttes en bois, les nouveaux évêques rebâtissent une église et établissent leur résidence, celle de leurs prêtres et des clercs qu'ils forment dans leurs écoles, créant ainsi dans les ruines un nouvel embryon d'existence urbaine qui allait vite attirer des serviteurs, des artisans, des commerçants. Ratisbonne (en même temps résidence ducale), Augsbourg, Salzbourg, Mayence, Trèves, Cologne commencent ainsi une deuxième existence. Saint-Gall, Reichenau, Fulda, Corvey (qui est une nouvelle Corbie) voient naître de grands monastères promis à la célébrité. Par la Gaule franque, se greffe ainsi sur la vie des tribus qui avaient surgi les dernières du fond de la Germanie l'héritage antique, si réduit qu'il fût au départ, à présent indissolublement lié à des éléments d'une civilisation venue de régions encore plus lointaines : celle du peuple juif résumée et sublimée par les Saintes Écritures. C'est au roi David, à la royauté davidienne plus qu'aux empereurs romains, dont le souvenir s'est dilué dans une tradition de moins en moins précise, que se réfère la conception de la mission royale et impériale chez le souverain par lequel commencent en même temps l'histoire d'une Allemagne et celle d'une France point encore distinctes : Charlemagne. L'Allemagne a été chrétienne avant de devenir l'Allemagne, et les traces et héritages de la présence romaine sur le Rhin et sur le Danube ont été absorbés comme éléments constitutifs de cette Allemagne. Comme le Rhénan Carl Zuckmayer l'explique dans son drame antihitlérien *Le Général du Diable*, l'une des rares pièces vraiment populaires de la littérature allemande d'après la Seconde Guerre mondiale : non seulement les Romains mais les juifs (venus avec eux comme ressortissants de l'Empire) ont vécu en Rhénanie bien avant les « Allemands », avant l'installation des « occupants » germains. L'Allemagne, le peuple allemand, la culture allemande n'existeraient pas sans Rome ni Israël.

Vers l'Empire carolingien

Le royaume franc des Mérovingiens et des Carolingiens, c'est donc, en quelque sorte, la préhistoire de la France et de l'Allemagne, mais une préhistoire sur laquelle nous ne manquons pas de documents écrits. Cela est évident aux yeux des Français qui ont appris à l'école (dans la mesure où l'on apprend encore l'histoire à l'école) le vase de Soissons, les chars à bœufs, le bon roi Dagobert et les rois fainéants flanqués de leurs maires du palais, fort actifs ceux-là et prêts à expédier au couvent, cheveux coupés, les rois qui se montraient gênants. Mais cela n'en est pas moins vrai pour l'Allemagne. Dans les divisions du royaume franc, la partie orientale, l'Austrasie, se voyait attribuer les terres mosellanes et rhénanes de langue germanique et le « protectorat » (pour employer un terme moderne) sur les Alamans, les Thuringiens et les Bavarois. Metz est une des capitales mérovingiennes et c'est d'un évêque de Metz que descendra la deuxième « race royale » franque, celle des Carolingiens. Avec la montée de l'Austrasie, l'épicentre du royaume, qui se situait en Ile-de-France du temps de Clovis et de ses fils, se déplaçait vers l'est et le nord-est (Pépin l'Ancien, lui aussi ancêtre des Carolingiens, était originaire d'Herstal dans les Ardennes). Il fut maire du palais [1] du roi Dagobert, ensemble avec l'évêque Arnoul. Leur petit-fils commun, Pépin II, fut lui aussi maire du palais mais du royaume tout entier. Le triomphe définitif des Pépinides avec Charles Martel (mort en 741), fils de Pépin II (mort en 714), leur accession à la royauté avec son fils Pépin le Bref (Pépin III) en 751, c'est aussi la victoire de l'Est sur la France occidentale (appelée alors la Neustrie) et la Bourgogne, sans parler des lointaines régions méridionales, Aquitaine, Provence et Septimanie (Languedoc) où l'autorité royale ne parvient à s'affirmer que par à-coups. Le passage des Mérovingiens aux « usurpateurs » pépinides paraît ainsi coïncider avec une sorte de « regermanisation » du royaume franc. Les résidences préférées de Charlemagne, d'Aix-la-Chapelle à Ingelheim, sont presque toutes situées en terre germanique. L'on se rappelle que l'empereur fit recueillir et transcrire les textes des légendes et chansons, ainsi que les lois et coutumes des peuples germaniques. Le déplacement vers l'est des sièges et centres du pouvoir entraînait un flux de civilisation : au lieu d'être des provinces frontières, lointaines et marginales, les contrées germaniques furent incluses dans les grands circuits d'échanges et de communications commerciaux, politiques et culturels. Cependant, en s'étendant sans cesse davantage vers l'est et en déplaçant son épicentre dans cette direction, le royaume s'agrandissait démesurément et risquait de devenir

1. De *major*, le plus grand. Le « maire du palais » est une sorte de Premier ministre qui, sous les rois faibles, détient la réalité du pouvoir.

ingouvernable avec les pauvres techniques administratives et militaires de l'époque. L'élargissement du royaume franc contenait en germe sa division définitive en une Francie occidentale romane et une Francie orientale germanique. Ce processus sera achevé avant la fin du IXe siècle en dépit de l'existence de puissants facteurs d'unité : l'Église en premier lieu qui est substantiellement identique en tout lieu et qui veut l'unité de la chrétienté sous l'unique commandement et l'unique protection d'un empereur chrétien, nouveau David d'un nouvel Israël ; et ensuite, l'aristocratie d'Empire, les grandes familles, relativement peu nombreuses et généralement fort riches, qui occupent des fonctions et possèdent des terres dans toutes les parties de l'Empire, mais qui sont presque toutes – au moins partiellement – d'origine germanique (souvent de sang mêlé, car les rois favorisaient la fusion des « races » par le mariage). Certaines de ces grandes familles, les descendants des Robertiens (ancêtres des Capétiens et par eux des Bourbons) ou des Welfs, existent encore de nos jours. Les Robertiens étaient, eux aussi, de récente origine germanique. Charles Maurras n'y pensait sûrement pas quand il plaçait son « nationalisme intégral » et antiallemand dans les mains d'une dynastie dont les ancêtres étaient précisément venus d'Allemagne. Le partage de 843, celui du traité de Verdun, atteste le déplacement vers l'est du centre de l'Europe : les territoires attribués à Lothaire, l'aîné, porteur de la dignité impériale, comprennent avec Aix, Ingelheim, Metz, les Ardennes et l'Alsace la plus grande partie de la Germanie naguère romaine, des provinces qui avaient fait partie de l'ancien Empire romain, mais qui avaient aussi été les terres d'origine de la dynastie et les lieux des résidences préférées de Charlemagne. Cependant, la « Lotharingie » est une création superficielle. Elle cessera d'exister avec l'extinction de la branche de Lothaire qui ne dura que deux générations, beaucoup moins longtemps que les Carolingiens de Germanie et surtout ceux de la Francie occidentale. La part de Lothaire reviendra vite, et pour des siècles, au royaume oriental, en sorte que la frontière politique coïncidera à peu près, ici, avec la frontière linguistique. Sans qu'on puisse déjà parler de nation, les réalités et clivages que manifeste la différence de langues sont, dès ce moment, les plus forts, mais il faudra se garder, inversement, de minimiser l'importance des liens qui subsisteront même après la séparation politique entre les deux « Francies ». La circulation des biens et des personnes, les échanges culturels et commerciaux, les mariages, les interventions militaires et politiques venues de l'autre royaume restent fréquents aux IXe, X^e^ et XIe siècles. Aussi, les grandes réformes monastiques, ainsi que le style de l'architecture, vont d'ouest en est et progressent rapidement alors que le pouvoir politique des rois-empereurs « allemands » intervient souvent jusqu'au Xe siècle dans les affaires internes de la « France » occidentale. Les grandes lignes de l'histoire sociale sont, elles aussi, largement identiques. Le passage à la féodalité s'opère progressivement dans presque toutes les parties de l'ancien empire-royaume franc ; c'est un ordre social qui correspond à une situation où le pouvoir central est faible, lointain et mal servi par une technologie administrative balbutiante, sans véritable capitale, sans administration, sans armée permanente. La féodalité déconcentre l'administration et la protection due aux sujets. Elle est la conséquence de l'installation des « Barbares » sur une grande partie des terres de l'ancienne noblesse sénatoriale[1] qui entraîne la suppression du colonat et la disparition du latifundium exploité par des esclaves. L'idée de la *munt* par laquelle un homme se donne un protecteur pour devenir, en échange, son « homme » et la conception des devoirs réciproques – protection et fidélité – qui découlent de cette institution juridique, venue du droit germanique, se répandent alors dans tout l'Occident parce qu'elles constituent la meilleure réponse possible aux défis du réel de l'époque, c'est-à-dire à la disparition de l'État et du gouvernement de modèle romain que, seule, l'Église réussit partiellement à conserver ou à reproduire dans son domaine. A la fois intérieure à l'ordre féodal et le dépassant (car l'évêque et l'abbé nommés par le roi ou l'empereur ne peuvent prétendre à l'hérédité de leurs fonctions et possessions), l'Église deviendra dans les deux Francies le fondement du pouvoir royal, comme elle l'avait été dans le royaume franc uni, au moins

1. La noblesse des provinces avait été admise depuis le IIe siècle à siéger au Sénat romain.

depuis Pépin II. L'unité foncière du royaume franc, aussi impossible à maintenir qu'à défaire, trace à l'histoire des principaux peuples de l'Europe le cadre d'une coappartenance fondamentale dont ils ne sortiront (et seulement en apparence) qu'au moment de la crise nationaliste au XIXe siècle. La France, l'Italie et l'Allemagne naissent ainsi dans une sorte d'unité œcuménique européenne. Mais l'Allemagne n'existerait pas si Charlemagne n'avait pas consacré une grande partie de son énergie et de son règne à l'intégration forcée des Saxons. Il aurait pu employer ses moyens, avec autant de bonnes raisons, à la conquête de la Bretagne ou à la reconquête de l'Espagne. C'est la double soumission du duc bavarois Thassilo et du chef des Saxons Widukind qui rend possible l'existence d'une Allemagne, de même que la capitulation de Didier, roi des Lombards, prélude à l'engagement italien qui marquera si profondément le destin de cette future Allemagne. Avec Charlemagne prend ainsi fin la « préhistoire historique » de l'Allemagne, l'histoire qui a préparé l'apparition de l'Allemagne.

CHAPITRE III

L'Allemagne carolingienne

L'Italie, la Bavière, la Pannonie occupée par les Avars (la Hongrie d'aujourd'hui), la Saxe : l'essentiel de l'activité extérieure et conquérante de Charlemagne était dirigée vers le sud-est, le nord et vers l'est. L'Espagne, celle de l'expédition rendue fameuse par Roland et l'affaire de Roncevaux, fut dans cet ensemble une exception, et la seule des entreprises du grand roi-empereur qui se termina sans succès final éclatant. Dans la mesure où nous pouvons nous représenter l'esprit de Charlemagne, sa pensée, sa mentalité, le souverain que l'imagerie politique moderne place aux origines de l'Europe nous apparaît comme un vrai roi franc, un prince germanique conscient et fier de ses origines. Comprenait-il le latin ? Tout laisse penser que c'est en germanique qu'il s'entretenait et qu'il plaisantait avec ses compagnons et amis préférés, les ecclésiastiques savants d'origine anglo-saxonne, les comtes et marquis (gardiens des marches) à qui il confiait le commandement des armées et le gouvernement des provinces, et dont la plupart partageaient l'origine austrasienne et la parenté souabe ou bavaroise de la famille carolingienne ; avec ses enfants aussi, et surtout ses filles, belles et nombreuses, qu'il adorait et qu'il voulait toujours garder auprès de lui, au point de faire obstacle à leurs projets de mariage, tout en leur permettant de se choisir des amants parmi les hommes de la cour et de donner naissance, officiellement en quelque sorte, à des enfants illégitimes. C'est en Souabe, de préférence, et de toute manière dans les grandes familles austrasiennes et germaniques, que Charlemagne choisit ses femmes et ses concubines ; c'est sur les terres austrasiennes, et surtout dans les régions qui sont indubitablement de langue germanique, d'Aix-la-Chapelle à Mayence, qu'il séjourne et réside de préférence. En plus des contes et légendes et des lois jusqu'alors non écrites des peuples germaniques, il fit rédiger une grammaire franque. Tous ces textes sont, hélas, perdus à cause du mépris et de la méfiance que la culture exclusivement ecclésiastique des générations suivantes vouait à ces produits des peuples païens. C'est dans une des grandes fondations du règne, à l'abbaye de Fulda, haut lieu et place forte de la politique de christianisation de la Germanie septentrionale, que vivra et travaillera, au début du IXe siècle, le poète du *Heliand*, l'épopée qui présente aux Saxons à peine vaincus la geste du Christ-Roi sous les traits d'un héros nordique, combattant et triomphant. Ce poème grandiose, lui, nous a été conservé ; avec lui commence véritablement la littérature de langue allemande. Comme les œuvres des grands classiques français, elle répond à un programme politique global : celui du roi chrétien et de ses collaborateurs travaillant à l'unification de l'immense Empire pour faire de ses habitants un unique peuple, le peuple chrétien rassemblé autour du noyau franc. Dans l'économie du salut qui fournit aux croyants la seule lecture possible et imaginable de leur vie et de l'histoire, la fierté du peuple franc – et naturellement, en premier lieu, celle de sa noblesse et de son roi – découvre la double translation de l'Empire et de l'Alliance, par laquelle la Providence fait de Charlemagne, roi franc, le successeur à la fois d'Auguste, ou plutôt de Constantin, et de David.

Entouré de ses évêques, abbés, comtes et marquis, Charlemagne, vainqueur de tant de peuples et de princes, achève l'unification du peuple chrétien d'Occident qui ne laisse de côté que les îles Britanniques, grandes, à cette époque, par la civilisation, mais dépourvues de toute importance politique, peu peuplées et divisées. Il légifère pour la chrétienté. L'Église dont il est le mandataire et le protecteur ne peut se concevoir qu'unique et universelle. Elle amène même le roi de l'Occident à intervenir dans les affaires de la chrétienté d'Orient, dans l'Empire byzantin qui se dit encore romain mais qui est déchiré par la querelle des images (et avec lequel le grand royaume d'Occident commence à avoir des conflits de frontière – en Italie du Sud comme dans l'Istrie et à

Venise – et aussi des conflits d'influence, pour la conversion des peuples slaves, notamment des Tchèques et des Croates). Face à Constantinople, cette Rome qui n'est plus dans Rome, le roi germanique qui, lui, est maître de l'Italie et dont dépendent à Rome le pouvoir et même la sécurité du pape, se pose soudain comme égal sinon comme rival. Depuis plus de trois siècles, il n'y a plus d'empereur en Occident. Mais personne, aucun des rois germaniques, n'avait comme Charlemagne réunifié l'Italie, la Gaule, ce qui restait de l'Espagne chrétienne et ajouté à ses anciennes terres romanes l'immense espace de la Germanie que les Romains n'avaient jamais soumise. Aux rares mais influents observateurs qui savaient de l'histoire, Charlemagne devait apparaître nécessairement comme le successeur des empereurs romains, et l'Église de Rome avait besoin d'un nouveau Constantin, pour la défendre contre les grandes familles de la noblesse locale, aussi bien que face aux prétentions de l'Église de Byzance, prétentions à la fois politiques et théologiques. Tout converge ainsi vers le couronnement impérial de la Noël de l'an 800, acte symbolique et constitutif d'un millénaire d'histoire européenne et allemande, heure étoilée remplie de promesses, de drames et d'ambiguïtés. Car il semble bien que Charles ait été surpris par l'initiative pontificale. Sans doute eût-il préféré une symbolique qui évitât toute apparence de soumission du pouvoir impérial à l'autorité pontificale.

La royauté des Carolingiens ne pouvait pas invoquer la légitimité germanique. Les arrière-petits-fils de l'évêque Arnoul et de Pépin l'Ancien ne descendaient pas des dieux. Déjà, l'usurpation de Pépin le Bref avait dû être sanctionnée par l'onction pontificale ; une légitimité nouvelle, chrétienne et même, par le geste de l'onction, d'origine judaïque, transmise par l'Ancien Testament, se substituait ainsi à la royauté germanique. Le couronnement pontifical de l'an 800 en est la conséquence logique, elle consacre la nouvelle puissance de Charlemagne, supérieure encore de beaucoup à celle de son père. Elle proclame l'accession du roi franc à la dignité suprême du Monde ancien, celle qu'aucun des généraux ou princes germaniques n'avait osé usurper alors même qu'ils détenaient à Rome, avant la déposition de Romulus-Augustulus, en 476, la réalité du pouvoir. Cette dignité, l'Empire de Constantinople sera lui-même obligé de la reconnaître à Charlemagne, après moult hésitations et atermoiements, contraint à tenir compte de la réalité des pouvoirs et puissances dans le monde. En même temps, le couronnement pontifical associe l'Église, et plus spécialement l'Église de Rome, le pape romain, à la désignation de l'empereur. L'acquisition de la dignité impériale ne procède donc plus de l'héritage, ou de l'acclamation populaire, c'est-à-dire du consensus des autres détenteurs de pouvoirs séculiers : seul le pape peut la conférer, lui seul est l'exécutant de la volonté divine (qui pourrait d'ailleurs aussi se manifester par l'hérédité ou l'élection). D'une certaine manière, le couronnement par le pape fait de l'empereur un dépendant du chef de l'Église, du successeur de saint Pierre. Charlemagne a bien perçu l'hypothèque qui s'inscrivait ainsi dans l'acte de fondation de son Empire, il en a ressenti du dépit ou, tout au moins, de l'impatience, mais, presque tout-puissant face à un pape médiocre qu'il venait de tirer des griffes de ses ennemis mortels et qui n'exerçait, en fait, aucun pouvoir direct hors des murs de Rome, il ne lui restait, néanmoins, pas d'autre choix. Constantin, héritier d'un Empire païen, n'avait eu nul besoin d'être couronné par un pape, il avait été proclamé par ses soldats, mais Saül et David avaient été désignés au peuple par des prophètes, porteurs des instructions divines. Cependant, les prophètes d'Israël ne se trouvaient pas à la tête d'une institution capable de rivaliser un jour avec celle de l'autorité temporelle. Face au prestigieux Charlemagne, un Léon III ne pèse pas lourd, mais ce rapport de forces peut changer rapidement et il s'inversera, en effet, très vite au cours des décennies suivantes. Dans la mesure où le nouvel empire d'Occident restera attaché à la royauté allemande, l'ambiguïté contenue dans le couronnement romain de l'an 800 pèsera sur l'histoire allemande pendant mille ans.

Comment imaginer l'Allemagne de Charlemagne ? C'est un pays à peu près dépourvu de villes, où de pauvres bourgades commencent à peine à se constituer dans les ruines des cités romaines, où la présence humaine ne se manifeste que dans les interstices d'immenses forêts obscures et de landes désolées. Dans les limites qui seront celles de l'Empire du Xe siècle, de la Meuse à l'Elbe et de l'Elbe à l'Adige, la Germanie ne compte probablement pas 4 millions d'habitants, beaucoup moins de 10 humains au kilomètre carré (près de 250 en 1990 !). La masse des hommes y vit d'une manière primitive et misérable, dans l'ignorance et la superstition. Le climat est sans doute plus froid et plus humide qu'à l'heure actuelle (on ne s'expliquerait pas autrement que l'empereur eût pu transporter ses armées sur des cours d'eau qui, aujourd'hui, ne supporteraient même pas des barques plates sans tirant). Le rendement de l'agriculture est minime, souvent la récolte rapporte à peine le volume du grain ayant servi aux semailles. Dans leurs huttes et chaumières, les humains sont sans cesse menacés par les disettes et les famines, livrés à des forces redoutables qui les dépassent et que les religions tentent d'apaiser et de concilier. (Les superstitions ne sont souvent que les survivances des religions vaincues.) Dans leur isolement, leur ignorance, leur misère et leurs terreurs, les hommes ne savent pas grand-chose du monde qui les entoure, au-delà de leur clairière et de leur forêt, et encore moins des mondes historiques qui les ont précédés. Leur mémoire collective conserve cependant, sous forme de contes, de légendes et de chants, le souvenir de gestes lointaines mêlées aux tribulations des anciens dieux et demi-dieux. Mais ces remembrances sont souvent et victorieusement battues en brèche par les servants du christianisme, qui substituent l'histoire sacrée du peuple d'Israël aux histoires païennes des Germains d'autrefois. Peu à peu, très lentement, une morale chrétienne se superpose aux morales germaniques ; sans cesse, tout au long du haut Moyen Age, synodes, mandements, prédications combattent ce qui, dans le peuple (c'est-à-dire dans toutes les classes et couches), appartient encore à l'ancienne culture, qui sera refoulée, niée, chassée du conscient et de l'historique, sans être pour autant totalement éliminée, comme le montre la réapparition des vieilles légendes nordiques et des souvenirs des grandes migrations dans les chansons de geste qui se rédigent vers la fin du XIIe et le début du XIIIe siècle, sept, huit siècles après les événements dont elles conservent les traces.

Les hommes de Dieu se chargent de la lutte contre le désert des âmes, mais aussi du combat contre le désert de la forêt. Au-delà de l'ancienne Germanie romaine, ce sont les moines qui, précédant ou suivant les armées, « ouvrent » et « découvrent » les pays sauvages en y établissant fondations nouvelles et filiales. Leur travail de colonisation favorise et accélère en même temps l'intégration de ces régions barbares dans l'Empire. Le monastère est une forteresse et une ferme modèle ; c'est aussi une école, et encore un centre de fiscalité et le lieu où s'établissent et se conservent les archives, où s'écrit le récit des événements, la chronique du temps présent, où sont recueillies et redistribuées les informations venant d'ailleurs. Le monastère a une fonction économique considérable comme centre d'expérimentation et d'enseignement pour l'agriculture, mais aussi de par les richesses qu'il accumule, dons du roi et des puissants comme des humbles, en tant qu'unité de production de grandes dimensions pouvant développer la division du travail et la spécialisation des producteurs. Le monastère, dirigé par des hommes qui savent lire et possèdent des livres, conserve ou redécouvre des bribes d'un savoir de la civilisation antique qu'il répand lentement autour de lui ; il sert de modèle à l'administration des grands domaines laïcs et même des domaines royaux. Il reçoit comme élèves et comme novices les fils et filles de la noblesse auxquels il inculque les éléments essentiels de l'idéologie impériale, telle qu'elle s'est élaborée autour de Charlemagne parmi ses collaborateurs en grande majorité ecclésiastiques. Le monastère fournit au pouvoir temporel, grâce à sa prospérité économique, des ressources relativement sûres et, en premier lieu, l'abri et le couvert dont la cour a besoin qui transhume de *palatium* (« palais », domaine royal) à *palatium* et d'abbaye en abbaye, comme un vol de criquets qui va plus loin quand les greniers sont vides. Le monastère a une fonction militaire puisqu'il fournit à l'armée royale des contingents levés parmi ses « hommes », contingents nombreux et souvent plus sûrs que ceux des grands seigneurs laïcs dont la loyauté n'est jamais garantie. Ce que nous disons des abbayes s'applique bien entendu aux évêchés, bien moins nombreux, que la puissance royale installe peu à peu en Germanie, autres centres de la vie économique, de la vie politique et de la vie culturelle, riches et puissants foyers de rayonnement. Fulda, Reichenau (dans une île du lac de Constance), Lorsch, Corvey (la nouvelle Corbie), Saint-Gall, Saint-Emmeram à Ratisbonne comptent parmi les abbayes les plus fameuses ; Mayence, Constance, Ratisbonne, Salzbourg, Magdebourg brillent parmi les évêchés de Germanie.

Sur l'immense Empire, de Barcelone à Magdebourg, de Bénévent à l'embouchure du Rhin, des marches de Bretagne à celles de l'Est qui jouxtent l'actuelle Hongrie, Charlemagne ne peut régner, légiférer et se faire obéir que grâce aux clercs. Eux seuls peuvent faire connaître le message écrit, rapporter à la cour comment sont exécutés ses ordres, rassembler, unifier, codifier les lois tout en assurant la permanence et l'unicité du service divin. Sans l'Église, pas d'administration, donc pas de pouvoir central. Sans l'Église, pas de finances, ni même d'armée (tous ces mots devant être dépouillés de leur sens moderne pour pouvoir s'appliquer au monde du IXe siècle). Les chapelains de la cour seront les secrétaires, les chanceliers, les notaires de l'empereur-roi. La structure de l'Église est infiniment plus solide et permanente que celle du pouvoir laïc que l'on ne peut pas encore sérieusement qualifier d'État. Elle a, pour l'empereur-roi, l'immense avantage d'être directement à sa disposition : c'est lui qui nomme, en principe, évêques et abbés, et ceux-ci – contrairement aux dignitaires laïcs – ne sont pas sans cesse tentés de rendre héréditaires leurs fonctions et leurs fiefs qui échapperont ainsi à la nomination royale. L'ecclésiastique est loyal parce qu'il attend une nomination royale ; une fois nommé, il le demeure le plus souvent parce qu'il ne peut prétendre à émanciper sa « lignée » du pouvoir central, et parce que, de toute façon, son pouvoir à lui est limité dans le temps et passager.

Dès Charlemagne, l'État « allemand » repose donc sur l'étroite alliance du roi et de l'Église, qui est une véritable interdépendance. Or, la structure ecclésiastique a aussi, en principe, un autre chef, qui lui est propre, le pape romain. La puissance pontificale, à l'époque de Charlemagne, n'est encore qu'une virtualité. L'idéologie de la monarchie davidienne fait, d'autre part, du roi-empereur le représentant

FORMATION DE L'EMPIRE CAROLINGIEN
Royaume des Francs en 751
Conquêtes de Pépin le Bref
Conquêtes de Charlemagne
Couronnement impérial de Charlemagne (25 déc. 800)
Subdivisions de l'Empire de Charlemagne
Marches
Pays tributaires
Zone d'influence des Carolingiens
Métropoles (archevêchés)
Abbayes importantes
Portus
MER DU NORD
Utrecht
Dorestad (Duurstede)
Meuse
Herstal
Gand
Liège
Quentovic
Tournai
Namur
Saint-Riquier
Saint-Wandrille
Amiens
FRANCE
Tertry
Attigny
Rouen
Reims
Saint-Denis
Soissons
Paris
Ponthion
BRETAGNE
NEUSTRIE
Rennes
Ponthierry
MARCHE DE BRETAGNE
Normands 814
Vannes
Orléans
Sens
Germigny-des-P.
Flavigny
Angers
Tours
Noirmoutier
OCÉAN ATLANTIQUE
Besançon
Poitiers
Bourges
BOURGOGNE
AQUITAINE 760-768
Lyon
Île Barbe
Bordeaux
Vienne
PROVENCE
Roncevaux 778
GASCOGNE
Toulouse
Aniane
Arles
Aix
Pampelune
Narbonne
NAVARRE
SEPTIMANIE 752-759
Èbre
MARCHE D'ESPAGNE
Saragosse 778
Barcelone 801
Tortose 811
1. Valenciennes
2. Dinant
3. Huy
4. Compiègne
5. Quierzy
6. Corbie
7. Milan
8. St-Martin-de-Tours
9. Reichenau
10. Fleury

MER BALTIQUE
DANOIS
Haithabu (Hedeby)
Helgoland
MARCHE DANOISE
OBODRITES
785
WILZES
812
SLAVES
Vistule
Brême
Verden
SAXE
LINONS
Oder
Minden
Weser
Elbe
Münster
Paderborn
806-807
DE L'OUEST
Werden
THURINGE
SORABES
Cologne
Fulda
-la-Chapelle
Mayence
Prüm
Francfort
BOHÊME
805-806
Trèves
AUSTRASIE
Worms
Eichstätt
Ratisbonne
MORAVES
Camp du Lechfeld
ALAMANNIE
SLOVAQUES
Tisza
BAVIÈRE
Danube
788
Salzbourg
Luxeuil
Rhin
MARCHE
Saint-Gall
CARINTHIE
Raab
AVARS
RHÉTIE
DE PANNONIE
796
Drave
FRIOUL
LOMBARDIE
Aquilée
CARNIOLE
Moûtiers)
ROYAUME
Save
ring avar
Pavie
773-774
Venise
CROATES
Bobbio
Embrun
Ravenne
Zara
D'ITALIE
ETATS DE
BYZANTINS
Spalato
Pise
DUCHÉ DE SPOLÈTE
Spolète
Cattaro
L'EGLISE
Farfa
Monte Cassino
786-787
Rome
Bénévent
DUCHÉ DE BÉNÉVENT
0
500 km

direct de Dieu sur terre, l'élu et l'oint du Seigneur. Chef de l'Église, comme l'empereur de Byzance l'est, bien au-dessus du patriarche. Mais l'empereur d'Occident avait disparu pendant trois siècles et le nouvel empereur franc réside loin de Rome. Jamais le pape ne pourra être réduit au rôle d'un simple patriarche d'Occident. Ainsi, la puissance de l'empereur-roi, d'abord franc, puis allemand, est liée à une institution qui aura perpétuellement tendance à s'affranchir, à se rendre autonome, puis à revendiquer pour elle la primauté spirituelle et même temporelle. Pour Charlemagne, celle-ci ne pouvait appartenir qu'au monarque. Théocratie impériale et théocratie pontificale vont, par la suite, peu à peu s'affronter dans un combat de plusieurs siècles qui façonnera profondément le destin de l'Allemagne. Quand l'Église se dérobera et ne fournira plus l'instrument principal du pouvoir impérial, ce pouvoir lui-même se videra peu à peu de sa substance. Il sera laminé entre le pape, l'Église, ses évêques et ses abbés, et les seigneurs laïcs, qui deviendront les uns et les autres des princes territoriaux. Ainsi, le couronnement de l'an 800 porte en lui, d'une manière symbolique, la principale raison du principal drame de l'histoire allemande, l'incapacité où se sont trouvés les empereurs du haut Moyen Age de conduire l'Allemagne sur le chemin d'un État centralisé, d'une monarchie unitaire, à l'instar de ce que réussiront peu à peu les rois de la Francie occidentale, de l'Angleterre et les princes de l'Espagne reconquise sur les Arabes.

Le monde social laïc, lui, est et demeure un monde barbare, dur, furieux, à peine frotté de morale chrétienne, cruel, avide de richesses, de puissances et de combats, foncièrement instable. (Les clercs eux-mêmes sont, le plus souvent, fort ignorants, d'où l'importance extrême que Charlemagne, quoique pratiquement illettré, attribue aux écoles, et en premier lieu à l'école palatine où les jeunes nobles sont élevés et préparés à leurs futures tâches ecclésiastiques ou laïques.) Tout en haut, proche de l'empereur, la grande noblesse, la noblesse d'Empire, le *Reichsadel*, comme l'appellent les historiens allemands. Issue des amalgames successifs qui ont fusionné la noblesse sénatoriale gallo-romaine avec les serviteurs des rois francs, les familles comtales, ducales, voire épiscopales, de la noblesse « indigène » souabe, bavaroise, langobarde, saxonne, cette couche a en commun la possession d'immenses domaines fonciers et le quasi-monopole des hautes fonctions auprès et autour du roi-empereur, le commandement des troupes, lié le plus souvent à la dignité, plus juridictionnelle que véritablement administrative, de comte, voire de marquis (en allemand *Markgraf*, comte d'une marche) qui commande aux frontières, où l'insécurité extérieure accroît le manque de sécurité intérieure, sort commun à toutes les régions du royaume. Ou plutôt, *des* royaumes, puisque tout au moins celui des Francs et celui des Langobards restent distincts, même dans la titulature royale (*Rex Francorum et Langobardorum*). Pour contrôler l'action des comtes et marquis, le roi-empereur leur envoie ses inspecteurs, *missi dominici*, qui parcourent sans cesse ses possessions. Le comte préside le tribunal de droit germanique, rend la justice, assure l'exécution des décisions, conduit à l'armée royale le contingent que la région à laquelle il commande doit lever chaque année au printemps pour la campagne qui se termine à l'automne. L'immense Empire ne peut, en fait, lever et entretenir que des troupes peu nombreuses et pour peu de temps. La loyauté et la capacité des comtes n'en sont que plus importantes. Mais ceux-ci, comme tous les responsables territoriaux, sont entraînés par le puissant courant de la féodalité qui ne conçoit pas d'administration centralisée. Comme ce fut déjà le cas sous les rois mérovingiens, ils tentent continuellement de rendre héréditaires leurs fonctions, de les transformer en fiefs. Cette évolution triomphera en Allemagne comme dans les autres parties de l'Empire dès le IXe siècle. Dans la société féodalisée, le roi n'a commandement direct que sur ses grands vassaux – et sur les sujets qui habitent les terres qu'il détient directement, comme biens de famille ou comme biens de la couronne, non accordées en fief. Le roi voudra sans cesse revenir sur l'hérédité des grands fiefs et les vassaux voudront obliger le roi à accorder immédiatement à nouveau ceux des fiefs qui deviendront vacants, afin de l'empêcher d'accroître son domaine familial (le *Hausgut*) ou le domaine de la couronne (le *Königsgut*). Les grands vassaux, d'autre part, essaieront de s'emparer des biens d'Église ou d'intégrer les églises, évêchés ou abbayes dans leur fief. Les rois et les grands vassaux lutteront pour la domination sur les biens et structures de l'Église, tandis que les évêques et les abbés seront tentés de revendiquer eux aussi, à l'hérédité près, le statut de vassaux, maîtres chez eux et ne devant au roi que des services limités, sans que ce dernier puisse directement commander chez eux et à leurs propres vassaux. Sous le faible fils de Charlemagne et par la division qui règne entre ses petits-fils, chacun ayant besoin de l'appui des grands vassaux et des grands dignitaires d'Église, la féodalisation du pouvoir progressera rapidement. Elle sera facilitée par la fusion croissante des noblesses « tribales ». Dès la fin du règne de Charlemagne, l'intégration de l'aristocratie saxonne est largement commencée. Un siècle plus tard, la dignité royale, sur toute l'Allemagne, écherra à un descendant du chef païen Widukind qui avait été, pendant des décennies, l'âme de la résistance saxonne. Ce seul fait devait, d'ailleurs, réduire à néant les élucubrations nazies qui, du temps du Troisième Reich, vouaient aux gémonies Charlemagne, « boucher des Saxons » et destructeur de la pure race nordique, alors que Widukind était un héros selon leurs goûts.

Le peuple carolingien est un peuple paysan. Disséminé dans la forêt, plus étroitement regroupé dans les vallées de peuplement et de défrichement anciens, Souabes, Bavarois, Francs, Thuringiens, Saxons et Frisons sont pour une bonne part des hommes libres, propriétaires de leur terre et assujettis seulement au service des armes. Beaucoup, cependant, vivent et travaillent sur des domaines qui appartiennent à d'autres, aux nobles, au roi ou à l'Église, dans une dépendance économique et sociale qui peut influencer leur statut personnel. Il existe dans plusieurs régions des « semi-libres », en Saxe notamment où des historiens ont cru reconnaître dans ces catégories inférieures les membres de peuples ou de tribus antérieurement vaincus et absorbés. Il existe aussi dans le « royaume » franc des serfs, hommes sans liberté personnelle, asservis à des seigneurs laïcs, au roi ou à l'Église, par hérédité, par suite d'un jugement ou parce qu'ils ont été incapables de s'acquitter d'une dette. Il y a enfin des esclaves, généralement prisonniers de guerre ou plutôt de razzias, pris chez les Slaves au-delà de l'Elbe, en Scandinavie, même plus loin encore vers l'est, en Russie et dans les steppes de l'Asie. Le trafic des esclaves constitue un des commerces les plus florissants de l'époque carolingienne ; beaucoup ne faisaient que traverser le royaume franc ; leurs convois étaient destinés à l'Espagne musulmane. Verdun est alors une étape centrale de ce trafic, où les marchands arabes viennent acheter aux Francs et aux Frisons leur marchandise vivante…

Le statut personnel, plus ou moins ancien, et la fonction socio-professionnelle, ainsi que le statut de l'exploitation, forment dans le monde rural de l'Allemagne carolingienne un ensemble inextricablement mêlé dans lequel se dessinent cependant des mouvements assez forts. Le statut personnel hérité tend à s'effacer dans beaucoup de cas. Un homme libre qui travaille comme ouvrier « salarié » dans l'exploitation centrale d'un grand domaine, parmi les serfs ou les esclaves, qui reçoit des ordres et les exécute sans avoir la responsabilité d'une exploitation propre, verra son statut peu à peu se détériorer jusqu'à ce que ses descendants, peut-être issus d'un mariage avec une femme de statut moindre, soient confondus avec les semi-libres ou même avec les serfs. Un serf à qui son maître confie une exploitation indépendante de la « villa », du domaine, qui ne doit que des redevances et peut-être des corvées, verra son statut ou celui de ses fils ou petits-fils s'élever jusqu'à ce qu'il se confonde avec celui des hommes libres. L'âge carolingien verra s'accentuer, au cours des troubles incessants qui marqueront l'histoire de l'Allemagne de la mort de Charlemagne jusqu'à la stabilisation de la dynastie saxonne (vers 930), le phénomène de la *munt*, de la tutelle volontaire. Un homme libre, désespérant de pouvoir assurer à lui seul la sécurité de sa personne et de sa famille, désespérant de pouvoir assurer sa subsistance, se « confie » à la protection d'un puissant, seigneur laïc ou institution ecclésiastique, dont il devient l'homme lige. Le seigneur lui devra protection et subsistance, l'homme lige devra fidélité à la personne du protecteur, à sa femme et à ses enfants ; il devra participer à leur défense, et leur consacrer une partie de sa force de travail. Cet abandon du statut d'homme libre de type ancien (qui n'était déjà probablement pas le statut commun dans toutes les diverses tribus allemandes avant leur intégration dans le royaume franc et qui n'était que l'exception dans les populations romanes) n'est certainement pas toujours volontaire, ou pas entièrement. Pour tenir leur rang à la cour qui devient plus « sophistiquée », plus « civilisée », pour lever des troupes destinées à renforcer l'armée du roi ou à la combattre, pour établir leur domination héréditaire sur un comté ou un duché et pour la rendre aussi indépendante que possible du pouvoir royal, les seigneurs ont besoin de moyens sans cesse plus importants qu'ils doivent prélever sur le produit du labeur d'un nombre sans cesse plus grand de travailleurs, à moins qu'ils n'en prélèvent une part plus étendue, et peut-être les deux à la fois. Étant seigneurs et puissants (et, dans le cas des évêques et des monastères, disposant en plus de cette autorité terrible dont dépend le salut), ils pouvaient sans doute contraindre, plus ou moins directement, tel homme pauvre mais libre à s'abandonner à leur « protection ». Mais cette explication « matérialiste » n'épuise certainement pas le problème, comme le pensaient les historiens marxistes. Il est vrai que l'époque était atroce, sillonnée de guerres civiles incessantes auxquelles viennent bientôt s'ajouter les expéditions normandes, arabes et hongroises, qui mènent massacres et pillages à travers l'Occident tout entier, de l'Angleterre à la Sicile. On y avait bien besoin, alors, de la protection de plus puissant que soi.

Le paysan vit, misérablement le plus souvent, en économie close, en autarcie pauvre. Seuls les puissants ont besoin de commerce pour nourrir leurs besoins. L'époque de Charlemagne, surtout les dernières décennies de son règne, est une « renaissance ». La paix carolingienne, paix relative mais inconnue depuis des siècles, et qui ne sera qu'un court moment de répit, la puissance du roi-empereur, sa cour brillante, le soin qu'il prend des arts et de la culture, les richesses qu'il tire de ses conquêtes – avant tout le trésor des khagans (rois) des Avars, accumulé par ce peuple nomade et guerrier au cours de plus de deux siècles de pillages –, le prestige du souverain et les relations qu'il établit avec Byzance et, au-delà même, avec le khalife de Bagdad, l'effet d'imitation qui s'étend de la cour aux résidences de l'aristocratie et des chefs de l'Église – et naturellement aussi l'intégration dans l'Empire des quatre cinquièmes de l'Italie, échelle essentielle du commerce méditerranéen –, tous ces faits et développements contribuent à la renaissance d'un commerce « international ». Les fourrures, l'ambre et les esclaves du Nord-Est, les laines de l'Angleterre, les inimitables produits de luxe de l'Inde, de la Perse, de l'Arabie et de la Syrie s'entrecroisent dans l'espace unifié de l'Europe d'Occident, au bénéfice de marchands étrangers et indigènes, parmi lesquels les juifs, protégés par Charlemagne et ses descendants, établis de longue date en Gaule et sur le Rhin, jouent un rôle de premier plan. Armes, tissus, vins fins et épices, pierres précieuses et vêtements de luxe, pour les laïcs et pour le sacerdoce, tiennent une grande place dans ce commerce dont il ne faut cependant pas s'exagérer l'ampleur et qui n'intéresse qu'une infime minorité de puissants et de possédants. Les bourgades qui renaissent dans les ruines des anciennes cités du Rhin et du Danube, les ports des Flandres et de la Frise, les postes frontières sur l'Elbe, comme Magdebourg, voient s'établir des marchands, à titre temporaire d'abord, à demeure ensuite, qui s'ajoutent aux serviteurs des gouverneurs, comtes ou marquis, des seigneurs, des évêques, aux artisans que ces cours vont faire vivre et naturellement aux agriculteurs qui s'occupent des terrains avoisinants. Ce ne sont pas encore de vraies villes en dur, regroupant des métiers très spécialisés et des professions très diverses – mais l'ère carolingienne voit s'ébaucher la promesse des futures cités médiévales. Cette évolution ne se fera pas d'une seule pièce ; que de « villes » de Germanie qui brûleront, une fois, deux fois, dix fois au cours du siècle sous les coups alternés des trois grands peuples envahisseurs ! La guerre et ses misères réduisent des populations entières à une fuite éperdue, à une sous-économie où l'on ne peut même pas rêver de commerce. Le numéraire est rare, l'échange l'exception. Charlemagne, riche du trésor des Avars, fera frapper des monnaies d'or, les premières en Occident depuis des siècles, qui iront vite s'expatrier en Orient ou en Scandinavie, à moins qu'elles ne soient utilisées, dans l'Empire même, à des fins de thésaurisation ou pour la fabrication d'œuvres d'art (et naturellement avant tout pour l'art religieux). Tout ceci appartient à une scintillante surface, presque sans rapport avec la brutale et obscure vie quotidienne des humbles, des « masses », serait-on tenté d'écrire si le terme ne faisait pas sourire appliqué aux maigres établissements clairsemés à travers l'immensité de la sauvage Germanie.

Renaissance certes, cette « *renovatio imperii* » (qui n'est pas une « *renovatio imperii Romanorum* », l'empereur et ses conseillers, fins politiques et diplomates, avaient le sens des nuances et des expressions qui recouvrent parfois d'immenses réalités et d'audacieuses prétentions idéologiques[1]), mais une renaissance qui englobe l'apport des peuples qui se sont superposés à ceux de l'Antiquité, qui se sont mélangés à eux ou qui ont été intégrés dans le domaine du roi franc. Celui-ci, nous l'avons dit, porte aussi un intérêt très vif au passé germanique. Pour décorer sa chapelle palatine préférée, celle qui a donné son nom français à la ville d'Aix, Charlemagne fait apporter d'Italie des colonnes prélevées sur les monuments dont Théodoric l'Ostrogoth, le plus grand des rois germaniques de l'ère des migrations, avait orné sa capitale, Ravenne. Ce qui montre, en passant, qu'on ne savait plus en Allemagne, même ex-romaine, ciseler des colonnes de marbre. Sans doute n'y savait-on guère davantage construire des maisons de pierre et encore moins des palais. Les quelques églises carolingiennes venues jusqu'à nous, à Reichenau, à Lorsch, à Selingenstadt en Franconie, sont surtout impressionnantes par une grandiose simplicité, par l'étroitesse des ouvertures, la masse compacte des murailles. Cependant, Aix était faite d'autre chose : ici, l'effort concentré de tous les moyens et talents de l'Empire devait exécuter un immense programme architectural et sculptural destiné à faire éclater le spectacle de la majesté impériale, image vivante sur terre de la majesté impériale du *Pantocrator*

1. L'*imperium* tout seul pouvait être passé aux Francs, la formule « *imperium Romanorum* » aurait nié cette translation, notion essentielle dans l'idéologie politique carolingienne.

divin, du Christ maître du monde. Un tel projet dépassait sans doute les moyens de l'époque et devait rester inachevé. Les siècles suivants eurent parfaitement raison, néanmoins, d'y établir le grand spectacle, mi-religieux, mi-séculier, du couronnement des rois élus qui, pour être valable, ne pouvait se dérouler qu'à Aix, près de la tombe du grand empereur que deux de ses successeurs firent ouvrir pour y puiser une légitimité renouvelée, Othon III, en l'an mil, et Frédéric Barberousse, au plus fort de ses luttes contre la papauté, au XIIe siècle. L'empereur Hohenstaufen fit même accéder Charlemagne à la gloire des autels ; proclamé saint, il l'était cependant seulement par un antipape qui n'avait rien à refuser à Frédéric. Ainsi, moins de deux siècles après sa mort, dans un temps qui n'avait pas encore de mémoire organisée, le souvenir de Charlemagne transcendait la légende. Des efforts que l'empereur-roi consacra aux cultures de ses peuples, seules ont survécu – à côté de quelques grands textes juridiques, politiques et diplomatiques, comme l'inépuisable capitulaire *De villis* qui règle jusque dans les moindres détails l'organisation et les finances des grands domaines royaux – des impulsions reprises par l'Église : les merveilleux manuscrits enluminés par les peintres monacaux, les poèmes et textes en prose rédigés par les moines de Saint-Gall, de Reichenau et de Fulda, en langue populaire comme en langue savante – germanique (*tiudesc*[1]) et latin –, les peintures murales, dont quelques restes nous sont parvenus à Reichenau, quelques sculptures de bronze et de bois en portent témoignage.

Homme de guerre, administrateur, chef religieux, esprit profond, impétueux et original – n'avait-il pas entrepris de relier par un canal le Rhin au Danube pour faciliter le transport de ses troupes et le commerce –, Charlemagne ne sut pas résister à la tradition des rois germaniques qui considéraient leurs territoires comme des biens personnels à diviser entre *tous* leurs fils. La mort ne lui en laissa qu'un. Louis le Pieux

---

1. *Tiudesc, tindisc*, adjectif dérivé du nom *thiot*, « peuple ». L'allemand est la langue du peuple. La formule latinisée est *theodiscus* ; adverbe *theodisce* (en allemand).

ou le Débonnaire, élevé pour le trône et bien élevé si l'éducation c'est l'instruction plus la piété : le grand empereur avait pu lui laisser son Empire mais non son génie. Comme son père, Louis résida surtout dans les zones germaniques entre l'Ardenne et le Rhin. C'est de Germanie que lui vint cette seconde femme, Judith, issue de la grande famille aristocratique des Welfs (des « Loups ») qui subsiste encore aujourd'hui, après avoir régné sur la Bavière, la Saxe, le Hanovre et l'Angleterre ; séductrice redoutable dont les ambitions et les charmes devaient provoquer la division de l'Empire et la naissance d'une future Allemagne. En 814, l'Empire est encore un, mais Louis est aussitôt pris entre le désir de conserver cette unité et la pression de la tradition qui voudrait qu'il le partageât entre ses trois grands fils, comme l'avaient fait les Mérovingiens, Charles Martel lui-même et Pépin le Bref, les souverains successivement dépositaires du royaume franc. Autour de Louis, des partis s'affrontent bientôt avec leurs prétentions discordantes : les « ministres » de Charlemagne, ses vieux serviteurs, la plupart des hommes de la haute Église veulent l'unité : l'empereur doit être avant tout le mainteneur de l'unité du peuple chrétien. Les fils insistent, l'immense Empire s'administre mal, une fois disparu le génial fondateur, les frontières s'agitent. Louis, hésitant et faible, voudrait satisfaire tout le monde ; il annonce un plan de partage tout en réservant à l'aîné de ses fils, Lothaire, une sorte de préséance avec le titre impérial. La naissance d'un nouveau fils, après le mariage avec Judith, met le feu aux poudres. A ce dernier-né, Charles, il faut faire une part qu'on prélèvera sur celle des autres. Scrupuleux à l'excès, l'empereur souffre de ses insuffisances et de ses péchés. (Il a fait arracher les yeux à un neveu révolté qui est mort de ce traitement barbare fort répandu à l'époque. C'est l'empereur, au contraire, qui se singularise en s'épouvantant de son péché.) Le parti impérial lui reproche ses faiblesses, les fils se révoltent à tour de rôle et s'entre-combattent, les partisans de l'autorité impériale eux-mêmes l'affaiblissent en accablant l'empereur. Quand il meurt en 840, les guerres civiles et les divisions ont dissipé une large part de l'héritage. L'Église s'est érigée en arbitre et en juge, le pape s'est libéré de sa subordination, le prestige extérieur s'est évanoui.

L'empereur et ses fils ont été, par leurs guerres intestines, retenus de porter leur intérêt aux régions périphériques : de la Frise au golfe de Gascogne, les incursions pillardes des Normands païens et sauvages venant de Scandinavie se sont multipliées tandis que les côtes de la Méditerranée sont livrées sans défense aux razzias arabes. Aussitôt l'empereur disparu, la discorde éclate à nouveau entre les fils survivants : Lothaire l'aîné, empereur depuis longtemps couronné du vivant du père et qui voudrait rétablir l'unité à son profit, Louis le puîné et le jeune Charles, fils de Judith. Ce dernier s'est emparé de la Francie occidentale, de la Gaule ; Louis est maître de la Germanie, la Francie orientale. Lothaire ne voudrait pas se contenter d'une sorte de couloir rhénan et rhodanien auquel s'ajoute l'Italie. Les cadets s'unissent contre l'aîné : à Strasbourg, ils échangent avec leurs armées des serments d'alliance dont les textes ont été conservés, Louis s'adressant en roman aux troupes de Charles, et celui-ci haranguant en germanique, c'est-à-dire en vieil haut-allemand, les vassaux et féaux de Louis. Cet acte symbolique reconnaît l'existence de deux peuples qui, pour s'affirmer, utilisent en quelque sorte la querelle dynastique comme une ruse de l'histoire. Les coalisés seront victorieux. Lothaire devra se contenter de sa « Lotharingie » qui va des bouches du Rhin à celles du Rhône (le nom provient en fait d'un autre Lothaire, fils du précédent, qui n'aura en apanage que le royaume « lorrain » s'étendant des Pays-Bas actuels à la Suisse actuelle[1]). Établi le plus souvent à Ratisbonne, Louis, que les historiens modernes baptisent « le Germanique », règne sur les Souabes, les Bavarois, les Thuringiens et les Saxons. Pour la première fois, la Germanie est seule et unifiée. Après l'extinction de la lignée de Lothaire, Louis s'emparera successivement en 870 et en 880 du royaume intermédiaire, portant ses frontières sur l'Escaut et sur l'Argonne. Une partie des terres romanes (Flandre française, Brabant francophone, Hainaut, pays de Liège et de Namur, Lorraine, Franche-Comté, Savoie, Suisse romande actuelle) sera ainsi

1. Lothaire Ier avait aussi conservé l'Italie et le couloir entre Rhône et Alpes jusqu'à la mer. Après la mort de ses fils, ces deux royaumes (« Italie » et « Bourgogne ») échappèrent vite aux Carolingiens.

L'EMPIRE CAROLINGIEN
PARTAGE DE 843
Brême
SAXE
Weser
Oder
Elbe
THURINGE
Aix-la-Chapelle
LORRAINE
Rhin
AUSTRASIE
Reims
Verdun
843
Paris
Ratisbonne
BOHÊME
FRANCE
Strasbourg
842
Danube
Tours
Fontenoy-en-Puisaye
841
ALAMANNIE
BAVIÈRE
Bourges
Loire
BOURGOGNE
CARINTHIE
Lyon
Milan
Venise
AQUITAINE
LOMBARDIE
(ITALIE)
PROVENCE
ÉTATS DE
Toulouse
SEPTIMANIE
Spolète
MARCHE
D'ESPAGNE
L'ÉGLISE
Rome
Royaume de Charles le Chauve
Royaume de Lothaire
Royaume de Louis le Germanique
0
300 km

jointe au royaume germanique, régions que la France mettra neuf siècles à récupérer peu à peu. Mais, si quelque chose qui peut être qualifié de « fait national » apparaît lors des partages de 843, il est évidemment loin d'être seul en cause, et loin d'être clairement perçu. Il n'empêche que nous venons d'assister à la vraie naissance de la future Allemagne, mais cela, les contemporains ne le savaient pas.

Que les Vikings, guerriers et pirates, marchands et brigands, fussent leurs cousins par le sang, membres de la même « race » germanique, ce fait que le peuple franc n'était d'ailleurs guère capable de constater ne les rendait certainement pas plus sympathiques aux Allemands du IXe siècle. Après avoir, depuis des décennies, exploré les côtes de la mer du Nord, de la Manche et de l'Atlantique, par petits groupes, la nouvelle vague humaine sortie des pays du Nord commença à s'attaquer aux pays francs par raids massifs, dès avant la mort de Charlemagne. Le grand empereur n'avait pu doter son domaine d'une marine digne de ce nom, et sans doute n'en avait-il pas éprouvé le besoin ; aucun de ses peuples, à l'exception des Frisons et d'une partie des Saxons trop récemment intégrés, ne possédait une tradition de navigation. Ainsi n'était-il possible ni d'attaquer les Vikings dans leurs lointaines bases de départ, ni de les intercepter en mer. Sans cesse plus audacieuses et plus nombreuses, leurs bandes, formant de véritables expéditions, vinrent année après année ravager les côtes, brûler les villes et les ports, pour remonter ensuite les fleuves et s'enfoncer sans cesse plus avant à l'intérieur des terres. Dans la seconde moitié du IXe siècle, alors que l'Empire se divisait et que les rois, héritiers de Charlemagne, s'en disputaient les morceaux, l'autorité de tous s'amenuisant face au pouvoir grandissant des vassaux, laïcs ou clercs, Cologne, Paris, la Bourgogne et Strasbourg, la Loire au-delà d'Orléans ne furent plus à l'abri de leurs attaques. Établis à demeure près des embouchures, les « Normands » (*Nordmannen*, hommes du Nord), par la répétition illimitée de leurs tueries sauvages qui n'épargnent aucun âge et par leurs destructions qui vouent au feu ce qui ne peut être emporté, sont des ravageurs plus radicaux que ne l'avait été aucun des peuples germaniques qui, depuis des siècles, faisaient déferler leurs vagues sur les terres de l'ancien Empire romain. Si la Gaule, avec ses côtes étendues, fut pour eux la proie la plus importante sur le continent, l'Allemagne rhénane souffrit, elle aussi, terriblement ; la victoire, d'ailleurs sans effet durable, que remporta sur un de leurs partis le jeune Louis, III roi de la Francie occidentale, n'en revêtit que plus d'importance ; elle fut célébrée par une chanson de geste, le *Ludwigslied*, l'un des premiers grands textes en langue allemande qui nous ait été conservé après celui du *Heliand*. Les souffrances sans nom ni nombre qu'endurèrent les populations et la fureur de voir l'immense Empire impuissant face à de féroces envahisseurs, relativement peu nombreux, firent renaître, après tant de guerres civiles et de divisions, le désir impérieux de rétablir l'unité et de revoir à la tête de l'héritage de Charlemagne un prince défenseur du peuple chrétien. Quarante ans après les serments de Strasbourg, les grands de toutes les Francies placent encore une fois sur le trône unique le seul prince carolingien alors en âge de régner, Charles le Gros, l'un des fils du Germanique, mais cette tentative tardive fut desservie par l'absence d'énergie et de courage chez cet épigone : sa déposition en 886 scelle la division définitive des royaumes. L'Allemagne, la Francie orientale, revient alors à Arnulf (Arnoul), un neveu bâtard du Gros, guerrier valeureux et bon administrateur qui reprendra aussi l'Italie et recevra la dignité impériale [1]. Comme Louis le Germanique, Arnoul fait de Ratisbonne sa résidence favorite ; la Bavière est alors le cœur du royaume. Mais Arnoul meurt jeune et ne laisse qu'un fils au berceau qui mourra à son tour avant d'atteindre sa vingtième année. La faiblesse de Charles le Gros, les expéditions italiennes d'Arnoul, la longue minorité de Louis l'Enfant favorisent à nouveau le désordre, l'anarchie et la montée du pouvoir des grands, des comtes et ducs, des évêques et abbés, qui se rendent de plus en plus indépendants d'un pouvoir central mal assuré ou carrément inexistant.

---

1. Le nom d'*Arnulf* contient les racines *Arn* (l'aigle) et *Wolf* (le loup). Louis (*Ludwig*) vient de *Hlût* (célèbre, fameux) et *Wig* (le combat). Quant à Charles, *Karl*, le terme signifie « homme libre ».

L'unité de la Francie orientale est trop récente ; l'évanescence du pouvoir royal y renforce les tendances des *Stämme*, des tribus, à se concentrer sur elles-mêmes. Quand le roi est absent ou faible, les peuples n'en sont que plus exposés aux coups des envahisseurs ; or, si les Normands se bornent à ravager les côtes et à remonter Rhin et Weser, si les Arabes, de leurs nids de pirates de la côte provençale, ne dépassent pas la vallée du Rhône et la Bourgogne, l'Allemagne du Sud-Est est directement offerte en proie aux raids meurtriers des Magyars ou Hongrois (que les contemporains confondent avec les anciens Huns dont ils ont l'aspect physique et la férocité). Ce peuple sauvage, sorti des forêts et des steppes de l'actuelle Russie du Sud-Est, est venu occuper au début du IXe siècle les vastes plaines de la Pannonie restées vides en grande partie après la destruction de l'Empire avar par les armées de Charlemagne. La Marche orientale, la Bavière, la Souabe, la Thuringe – comme la haute Italie – n'offrent guère de résistance à leurs assauts meurtriers et pillards qui s'étendront jusqu'en Bourgogne, eux aussi, et même jusqu'en Catalogne. Comme les Normands, les Magyars païens reviennent chaque année au printemps chercher en Occident nourritures, richesses et esclaves. Puisque la royauté s'efface, les populations se rassemblent dans leur structure ancienne et naturelle : en Bavière, en Souabe, en Franconie, en Saxe, des ducs (*Herzöge*[1]), issus de l'aristocratie locale ou impériale, se mettent en place et sont reconnus comme chefs de résistance. Leur pouvoir, incertain, disputé, manquant de légitimation sacrée (les ducs ne sont pas des « oints du Seigneur », ne sont pas couronnés par les évêques), est le plus souvent, lui aussi, incapable de faire face victorieusement aux attaques hongroises. La fin de l'âge carolingien est en Allemagne un temps de désordre et de barbarie atroces qui n'en fait que resplendir davantage le souvenir de la grandeur et de la puissance de Charlemagne, conservé par des moines instruits dans ces abbayes qui forment les cibles privilégiées des pillards païens, tout en offrant souvent un refuge bien défendu aux populations terrorisées par les envahisseurs.

---

1. Ce mot associe les racines *Her* (la troupe, l'armée) et *zug* (du verbe *ziehen*, « tirer, entraîner, diriger »).

CHAPITRE IV

L'Empire renouvelé

911-1076

Après la mort du jeune Louis « l'Enfant », en 911, les grands de la Francie orientale ne firent pas appel aux descendants mâles de Charlemagne appartenant à la lignée qui continuait à régner sur le royaume occidental (en alternance, déjà, avec des seigneurs issus d'une maison illustre de l'aristocratie, les Robertides, ancêtres directs des Capétiens). L'attachement à la dynastie carolingienne ne semble jamais avoir été aussi fort que celui qui avait préservé pendant deux siècles et demi les droits des Mérovingiens au trône alors même que leur échappait la réalité du pouvoir. Toujours est-il que les seigneurs franconiens (Francie du Rhin moyen et de la vallée du Main) et souabes se mirent d'accord pour élire roi le duc de Franconie, Conrad[1]. Francs et Souabes (ces derniers rattachés au royaume franc depuis le VIe siècle) formaient encore le noyau central de la Francie orientale, mais le nouveau roi eut beaucoup de peine, au cours d'un règne fort bref, à se faire reconnaître par les Bavarois et les Saxons, plus « excentriques » et plus conscients encore de leur originalité ethnique, ces peuples n'ayant été réunis aux Francs que depuis Charlemagne. La Bavière et la Saxe formaient ainsi des ensembles beaucoup plus cohérents et plus puissants que la Souabe et la Franconie, et le roi Conrad tira lui-même la conséquence de cet état des choses en recommandant aux grands, sur son lit de mort, en 918, de lui choisir pour successeur le duc de Saxe, Henri[2].

1. *Kuonrat*, ce qui signifie « celui qui est audacieux au conseil ».
2. Heinrich, *Hagan-rîch*, ce qui signifie « celui qui est fort au foyer ».

Personnage vigoureux, énergique et réfléchi, grand amateur de chasse, d'où le surnom « l'Oiseleur » qui lui fut donné par les historiens modernes, le nouveau roi ne fut pas, lui, un personnage de passage, mais un fondateur de dynastie, et d'une des plus prestigieuses de l'histoire allemande. Son avènement signifie en premier lieu qu'en dépit de leurs particularismes les *Stämme* issus des différents peuples germaniques réunis sur le territoire du royaume oriental ont à présent suffisamment conscience de leur unité pour que celle-ci ait survécu à l'extinction de la dynastie carolingienne et au règne transitoire du roi Conrad. La Francie orientale, que le Xe siècle commença à appeler « Germanie » en latin et le « pays du peuple » *Theodisk-Land*[1], en langue « vulgaire », forme désormais une communauté indissociable. Seules s'en étaient détachées, pendant les crises et périodes d'anarchie consécutives à la mort de l'empereur Arnoul, les régions occidentales qui avaient constitué, après le partage de 843, la Lotharingie, en partie peuplées de Romans, et incertaines de leur appartenance. Récupérées alors par la Francie occidentale, elles feront derechef retour à l'Allemagne sous Henri l'Oiseleur, mais le duché de Lotharingie, qui ne se définit pas par un *Stamm*, mais par une situation géographique érigée en accident historique, aura toujours en Allemagne une position particulière. Il se dissociera vite, dès la fin du Xe siècle, en une multitude de petits duchés et comtés, dont une partie seulement portera jusqu'à nous le nom de Lothaire, qui se reconnaît dans celui de la Lorraine. Mais à partir d'Henri Ier jusqu'en 1648, en ce qui concerne les Pays-Bas du Nord, et jusqu'en 1799 pour ce qui est des Pays-Bas méridionaux, jusqu'en 1766 pour la Lorraine et jusqu'à la deuxième moitié du XVIIe siècle pour l'Alsace, jusqu'en 1668 pour la Franche-Comté, jusqu'en 1792 pour la Savoie, les pays de la Lotharingie feront partie du royaume oriental[2].

---

1. Le terme évolue du Xe au XIXe siècle à travers des formes successives : Theudisk, Diutisk, Tutisk, Tiutsch, Teutschland. Cette dernière forme se trouve encore chez Goethe et chez les romantiques.

2. A vrai dire, la Franche-Comté et la Savoie n'appartenaient pas à la partie proprement lotharingienne de la « part de Lothaire », mais au royaume de Bourgogne, autre élément de cette « part » et qui ne fut récupérée par l'Empire que sous Conrad II (1025-1038).

L'autre aspect significatif de l'accession du Saxon à la royauté est, précisément, qu'il soit saxon, et descendant de Widukind, le héros païen de la lutte saxonne contre Charlemagne. C'est là une autre preuve, décisive, de la solidité de la toute nouvelle unité allemande.

Henri Ier, comme son prédécesseur Conrad et comme tous ses successeurs, devra lutter sans cesse, néanmoins, contre la désobéissance des grands et faire face à des conspirations et soulèvements souvent animés par des membres mécontents de la famille royale elle-même. Chaque roi élu, ou plutôt acclamé, devra, au cours d'une chevauchée circulaire (*Rundritt*) à travers le royaume, obtenir, souvent au prix de difficiles négociations, voire de combats sanglants, la reconnaissance toujours précaire des ducs, comtes et évêques qui constituent en quelque sorte la classe politique de cette Allemagne primitive, avec leurs familles et leurs familiers, leurs vassaux, leurs serviteurs et leurs chapelains. Comme déjà la plupart des Carolingiens, les rois saxons n'ont pas de capitale fixe mais voyagent sans cesse à travers le royaume germanique, puis l'Italie. Cependant, le centre de leur puissance se trouve bien en Saxe et plus précisément dans les parties orientales de la Saxe méridionale, les plus proches de la Thuringe et de la Hesse, là où se situent leurs domaines familiaux, dans les plaines qui jouxtent les montagnes du Harz. A Goslar, à Gandersheim, à Riade, à Quedlinburg, ils bâtissent leurs palais et fondent les monastères où ils célèbrent les grandes fêtes chrétiennes, où ils établissent leurs filles et où ils se font enterrer. Werden, près d'Essen en Westphalie, Magdebourg sur la frontière slave sont d'autres centres de la puissance des rois saxons, qui repose d'autre part sur les richesses minières du Harz, exploitées depuis les temps préhistoriques. Au Xe siècle, précisément, les mines du Harz, comme celles de la Carinthie (sur les confins sud-orientaux de l'Empire), du Tyrol et de la Forêt-Noire, connaîtront un développement nouveau, dû à la fois aux progrès du commerce, après la fin des attaques normandes et magyares, et à ceux des techniques. L'argent du mont de Goslar, le Rammelsberg, constituera alors la ressource en métal précieux la plus importante de la chrétienté et une part essentielle du revenu des rois saxons.

La consolidation de la nouvelle dynastie est avant tout liée aux succès qu'elle remporte sur les ennemis principaux des populations allemandes. Henri Ier n'hésite pas à payer tribut aux chefs des hordes magyares, pour gagner du temps et épargner ses sujets. Le temps gagné est utilisé à former, face aux hommes de cheval que sont les Hongrois, une cavalerie allemande capable de reprendre contre les envahisseurs leur propre tactique mobile, et à bâtir, surtout en Saxe et en Thuringe, des forteresses de défense et de refuge où viendront s'abriter, dès l'annonce d'un raid hongrois, les familles et les troupeaux, tandis que les hommes s'uniront aux guerriers de métier qui constituent dans ces *Burgen* des garnisons permanentes. Quand il se sent prêt, Henri refuse de continuer à payer le tribut et, dès la première attaque, inflige une sérieuse défaite aux Hongrois. Chez ces derniers s'opèrent, pendant ce temps, des changements importants de société et de civilisation. L'occupation progressive du bassin de la Tisza et du Danube, en s'achevant, accélère aussi la progression de la sédentarisation. Les attaques des Hongrois se font plus rares, mais c'est seulement sous Othon Ier[1], le fils et successeur du roi Henri, qu'aura lieu la rencontre décisive qui marquera pour l'Occident la fin du cauchemar : en 955, une importante troupe magyare, dirigée par des chefs éminents, est anéantie par l'armée royale sous les murs de l'antique cité d'Augsbourg, dans la plaine du Lechfeld. Les contemporains semblent avoir eu conscience de la signification historique de la fin des grands assauts qui, depuis de nombreux siècles, partis du fond de l'Asie, étaient venus bouleverser le monde occidental. (L'Allemagne du chancelier Adenauer fêta le millénaire de la bataille du Lechfeld en 1955, avec une insistance particulière sur le sens occidental et chrétien de l'événement qui trouvait sa justification dans les situations alors prévalentes de la Guerre froide.) A la suite de la bataille, les guerriers d'Othon l'acclamèrent comme le sauveur du peuple chrétien et digne du nom d'empereur. La gloire d'avoir mis fin aux invasions barbares auréola désormais la tête du roi saxon et le désignait à l'Empire. Huit ans plus tard, après une interruption de soixante-dix ans, le pape de Rome devait à nouveau, en Othon Ier, couronner un empereur venu d'Allemagne. Les

1. Le nom procède de la syllabe *od*, qui signifie « possession, bien ».

Hongrois, après cet échec sanglant, restèrent chez eux et, devenus définitivement sédentaires, commencèrent à s'assimiler à l'Occident chrétien et féodal. Le petit-fils d'Othon, d'un commun accord avec le pape, conférera à un des chefs hongrois, devenu chrétien sous le nom d'Étienne, le titre et la couronne de roi, en même temps qu'il lui accordera la main d'une princesse de sa propre maison. La Hongrie s'établira ainsi dans la mouvance de Rome et de l'Empire allemand, auquel elle restera liée, à travers mille accidents et variations, jusqu'en 1918 [1]. La fin des invasions magyares permettra, d'autre part, à la royauté allemande de reprendre définitivement les régions danubiennes et alpestres que les guerres avaient pratiquement vidées de leur population. Rattachées au duché de Bavière, les marches de l'Est (*Ostariki* – domaine de l'Est –, Autriche) et de Carinthie s'organisent cependant d'une manière de plus en plus autonome. Dès Othon Ier, la Carinthie – qui réunit alors tous les pays des Alpes du Sud-Est, du Semmering à la Save, la Styrie actuelle, la Carinthie proprement dite et la Slovénie – formera un duché à part, dignité à laquelle les puissants margraves d'Autriche accéderont, eux aussi, au XIIe siècle. Dans toutes ces régions récupérées, l'Église reconstitue elle aussi ses structures et fait progresser avec les ducs et les margraves le repeuplement allemand au détriment des tribus sud-slaves (ou « yougo-slaves ») qui, depuis des siècles, se glissent lentement vers l'ouest et le nord-ouest. Les puissants évêchés bavarois, Salzbourg, Passau, Ratisbonne et Bamberg (fondation au début du XIIe siècle du dernier roi saxon, Henri II), s'y verront attribuer de vastes et riches possessions alors que se fondent sur ces sols reconquis de nouvelles grandes abbayes : Melk, Sankt Florian, Göttweig, Kloster-Neuburg en Autriche, Admont en Styrie et Gurk en Carinthie, foyers de civilisation et de culture, et foyers aussi de colonisation allemande. Mais, alors que la Carinthie et la Styrie (qui sera séparée de la première au XIIe siècle sous le nom de « marche de Steyer », *Steyermark*) passeront de main en main, une forte et ambi-

1. Cette communauté de destin entre Magyars et Allemands a connu, en 1989, une confirmation éclatante quand le gouvernement de Budapest, encore officiellement communiste, ouvrit sa frontière aux milliers de réfugiés est-allemands désireux de passer en RFA en traversant l'Autriche.

tieuse dynastie s'établit dans la marche d'Autriche, avec les seigneurs de Babenberg, venus de Franconie dès l'époque othonienne. Leur cour de Vienne deviendra un des hauts lieux culturels et politiques de l'Allemagne médiévale. Ils finiront d'ailleurs par s'emparer de la Styrie.

Les rois et empereurs de la dynastie saxonne (918-1025) sont aussi les premiers depuis Charlemagne à pouvoir s'intéresser d'une manière durable aux affaires slaves, en voisins, en conquérants et en missionnaires. Sur toute la longueur de sa frontière orientale, le duché de Saxe jouxte les domaines de nombreuses tribus slaves – Liutites, Wendes, Obotrites, Sorabes – avec lesquelles les Saxons (et pour une partie aussi leurs voisins méridionaux, Thuringiens, Franconiens et Bavarois) entretiennent des relations multiples (Bamberg, au début du XIe siècle, se situe aux confins immédiats de territoires slaves). Toute l'immense région entre la Vistule, la mer Baltique, l'Elbe, les monts de Bohême et les Carpates avait été lentement occupée par des tribus slaves, remplaçant ou submergeant les restes des peuples germaniques maîtres de ces pays jusqu'aux grandes migrations. Au VIIe siècle, un marchand franc, Samo, constitue autour de la Bohême et de la Moravie une sorte de royaume qui sera sans lendemain. A partir de la Franconie et de la Bavière voisine, l'influence chrétienne et allemande pénètre dans les pays tchèques, et le développement de la civilisation, accéléré par ces influences, y favorise aussi la constitution d'un ordre politique supérieur aux simples structures tribales. C'est la naissance d'un duché de Bohême dont la christianisation est pratiquement achevée à la fin du Xe siècle, de sorte que les pays tchèques serviront de relais à la pénétration du christianisme parmi les peuples slaves du Nord-Est et, derrière ceux-ci, parmi les Baltes. C'est Adalbert de Prague, un prince de la famille ducale, qui part convertir les païens pruzzes[1] à l'est de l'embouchure de

1. Les Pruzzes ou Prussiens formaient avec les Lituaniens, les Lettons, les Lives et les Coures (la Livonie et la Courlande) le rameau baltique des peuples de langue indo-européenne. Les Prussiens ont été entièrement germanisés entre le XIe et le XVIIe siècle.

LE SAINT-EMPIRE
AU Xe SIÈCLE
DANEMARK
Schleswig
968
Hedeby
la Recknitz
955
Oldenbourg
948
HOLSTEIN
Hambourg
MARCHE
DES BILLUNG
Lüneburg
Elbe
NORDMARK
FRISE
Brême
Verden
Havelberg
948
HOLLANDE
DUCHÉ DE SAXE
Magdebourg
Brandebourg
948
Warthe
Posen
968
Gnesen
1000
Vistule
ZÉLANDE
Utrecht
Minden
Münster
ROY.
Goslar
DE
962
MARCHE DE
LUSACE
POLOGNE
Bruges
Corvey
Anvers
Nordhausen
Quedlinburg
Gand
Louvain
Merseburg
968
MARCHE DE
MISNIE
FLANDRE
Aix-la-Ch.
Cologne
Fritzlar
Erfurt
Meissen
968
Zeitz
968
Breslau
1000 / 1054
Oder
DUCHÉ DE
BASSE-LORRAINE
Liège
DUCHÉ DE FRANCONIE
Cambrai
Mayence
Francfort
Prague
973
Bouillon
Trèves
Ingelheim
Pilsen
Luxembourg
Worms
Würzburg
Bamberg
BOHÊME
MORAVIE
Reims
Verdun
DUCHÉ DE
Metz
GERMANIE
Ratisbonne
Brno
Seine
Bar
HAUTE-LORRAINE
Spire
908-938
Toul
Augsbourg
Eichstätt
Passau
OSTMARK
ROYAUME
Strasbourg
Lechfeld
955
Freising
Danube
954
Esztergom
1001 (Gran)
DE FRANCE
ALSACE
Brisach
DUCHÉ DE SOUABE
Melk
Vienne
Constance
Salzbourg
Raab
Besançon
Bâle
DUCHÉ DE BAVIÈRE
HONGRIE
Saint-Gall
Loire
Coire
MARCHE DE
CARINTHIE
Kalocsa
1006
Sion
FRIOUL
951-961
Feurs
Lyon
Genève
Trente
MARCHE DE
VÉRONE
Aquilée
Drave
Aoste
Moûtiers
Ivrée
Monza
Vérone
Vienne
Milan
Save
LOMBARDIE
Venise
ISTRIE
CROATIE
Rhône
Pavie 951-961
Turin
Bobbio
Embrun
Ravenne
Arles
PROVENCE
Gênes
ROMAGNE
Florence
PENTAPOLE
Aix
Nice
Pise
Ancône
Sienne
TOSCANE
DUCHÉ DE
Spolète
SPOLÈTE
CORSE
PATRIMOINE DE
ROME
Tusculum
SAINT-PIERRE
BYZANTINS
Couronnement
d'Othon Ier, 962
Mt Cassin
0
300 km
Capoue
Bénévent
Limites du Saint-Empire
Duchés « nationaux »
Marches
Royaume d'Italie
Principales campagnes
d'Othon Ier
Invasions hongroises
Batailles
États de l'Église
Patriarcats
Archevêchés
Évêchés créés à l'Est
951 Date d'érection
Abbayes importantes

la Vistule après avoir vécu à Rome et en Allemagne dans la familiarité du jeune empereur Othon III. Les Prussiens le tueront et, quelques mois plus tard, Adalbert, proclamé saint et enterré à Gnesen, en Pologne, y recevra la visite de son ami impérial qui, en même temps, en accord avec le pape Sylvestre II, notre compatriote Gerbert d'Aurillac, son ancien précepteur et celui d'Adalbert, fonde l'archevêché national polonais de Gniezno, tout en accordant au duc des Polonais la dignité royale[1]. Pour Othon et Sylvestre, l'important était de créer parmi les païens des royaumes chrétiens liés à l'Empire et à la papauté par une double allégeance d'autant plus durable qu'en même temps la reconnaissance des royaumes nationaux garantissait ces peuples, Hongrois, Tchèques et Polonais, contre des visées d'annexion et d'expropriation. Cette politique, clairvoyante et généreuse, conçue par un empereur adolescent et par le plus grand intellectuel de l'époque, s'est avérée juste et durable : les peuples et les États de Bohême, de Pologne et de Hongrie existent encore aujourd'hui et leur histoire politique aussi bien que culturelle en a fait des parties intégrantes de l'Europe occidentale. Cette appartenance a résisté victorieusement, mais douloureusement, aux épreuves qu'elle subissait depuis 1938, sous le nazisme et sous le bolchevisme, pour s'épanouir à nouveau après la dislocation de l'empire communiste.

Il ne faut pas, cependant, se représenter les relations de l'Allemagne des Xe et XIe siècles avec les royaumes naissants parmi ses voisins de l'Est sous des couleurs idylliques. Avec les trois peuples, hongrois, tchèque et polonais, et surtout avec ce dernier, elles furent souvent guerrières, la plupart des rois-empereurs songeant plutôt à réduire les princes orientaux en une étroite vassalité qu'à reconnaître leur souveraineté. Ils intervenaient sans cesse dans les querelles intérieures qui secouaient les dynasties locales encore mal assises sur des sociétés instables ; en revanche, les ducs et rois de Pologne, aussitôt soumis et assermentés, s'empressaient à la première occasion de secouer à nouveau le joug

1. Gniezno (en allemand) et Gniezno (en polonais) désignent la même ville, longtemps siège du primat de Pologne qui, aujourd'hui, réside à Varsovie.

allemand et de lancer des offensives contre le territoire de l'Empire, souvent alliés à quelques-unes des tribus slaves qui vivaient dans les espaces inorganisés à l'est de l'Elbe et de la Saale. Seuls les Tchèques finirent par accepter une intégration permanente au royaume allemand, ou plutôt leurs ducs et chefs, le peuple n'ayant pas grand-chose à dire et à décider à cette haute époque. Le duc de Bohême se vit reconnaître la dignité royale, lui aussi (en 1086), mais comme vassal et membre du royaume allemand, à tel point que le roi de Bohême apparut au XIIIe siècle, quand se cristallise peu à peu le corps restreint des « princes-électeurs » qui auront seuls le droit d'élire le roi et futur empereur, comme le premier des électeurs laïcs. Plus proche, géographiquement, du cœur de l'Allemagne que la Pologne et la Hongrie, la Bohême s'ouvre aussi davantage et plus tôt aux influences de la civilisation commune de l'Occident qui lui parvient par l'Allemagne et par les Allemands, ceux-ci commençant dès le Xe siècle à s'établir à demeure sur les pourtours de la Bohême et de la Moravie.

Entre l'Elbe, la Saale et l'Oder, s'étend, par contre, au Xe siècle une sorte de no man's land où les peuples slaves ne parviennent pas à créer des ensembles stables d'importance comparable à celle de la Bohême et de la Pologne. Ici, s'exerce depuis Charlemagne une action allemande de conquête et de conversion qui tend à porter plus à l'est le pouvoir politique du royaume allemand et l'action de l'Église catholique sur les âmes. Les nobles saxons et thuringiens entreprennent volontiers, au-delà des fleuves frontières, des expéditions où le pillage, voire la chasse aux esclaves, joue souvent un rôle plus important que le souci du salut des païens slaves ; ceux-ci ripostent en franchissant Elbe et Saale, en sens contraire, pour incendier et piller les bourgades et les monastères. Les rois saxons comme ducs de Saxe, comme seigneurs des terres royales voisines de la frontière, poussés par leurs vassaux et par leurs clercs, font de nombreuses tentatives pour asseoir définitivement leur domination sur ces régions où les tribus slaves sont souvent en guerre les unes avec les autres et n'hésitent pas à s'allier aux Allemands les uns contre les autres. Rois, ducs et comtes, et surtout les « marquis », les comtes des marches, les margraves établissent en terres slaves des évêchés qui ont d'abord du mal à y prendre racine ; les marches de Saxe, de Misnie (Meissen), de Brandebourg et du Nord qui sont créées pour organiser l'offensive et la conquête connaissent d'incessants flux et reflux ; dans la partie nord de l'espace transelbien, le long de la côte du Mecklembourg actuel et du Holstein, l'action des Allemands se heurte aussi à celle des Danois. Sortant peu à peu des structures discontinues qui avaient caractérisé l'ère viking, les Scandinaves fondent de puissants royaumes, tout en s'ouvrant lentement au christianisme qu'ils reçoivent, eux aussi, par l'intermédiaire de l'Allemagne, grâce à l'action des archevêchés de Hambourg et surtout de Brême. Il faut s'imaginer les terres de l'Est aux premiers siècles du haut Moyen Age comme une sorte de « Far East » aux espaces infinis, où les Slaves tiennent le rôle des Indiens alors que les Allemands sont en quelque sorte les colonisateurs qui refoulent, tuent ou assimilent. Pour les voisins de cette « frontière », les nobles saxons, c'est l'aventure perpétuelle, guerrière et pillarde. Les succès définitifs seront, cependant, longs à venir et commencent par le Sud-Est : la haute vallée du Main, l'ouest de la Saxe actuelle, la marche bavaroise du Nord et la marche saxonne de Misnie seront intégrés dans le royaume, christianisés et germanisés bien avant le Brandebourg, le Mecklembourg et la Poméranie dont le sort ne se fixera qu'à la fin du XIIe siècle. Une des raisons de la lenteur de la conquête allemande doit certes être cherchée dans l'acharnée résistance des tribus slaves et dans l'aide que leur apporte parfois la Pologne, mais la principale cause de l'insuccès de tant d'offensives est le rôle secondaire que tient la frontière orientale dans les préoccupations et projets des rois allemands. L'historiographie nationaliste a ainsi pu prétendre aux XIXe et XXe siècles que les rois-empereurs, à partir d'Othon Ier, ont sacrifié le destin oriental de l'Allemagne à des rêves insensés de domination universelle, le royaume à l'Empire, l'Allemagne à l'Italie et Rome.

Effectivement, dès qu'il eut affermi son pouvoir sur l'Allemagne et garanti ses frontières au nord-est, Othon intervint en Italie, comme avant lui les fils de Louis le Germanique et l'empereur Arnoul. Le royaume lombard touchait à la Bavière qui possédait les cols les plus faciles, ceux par lesquels on débouche en Vénétie et au Frioul ; des liens multiples existaient et se maintenaient entre les habitants des vallées du Nord et du Sud, entre le Tyrol et la plaine padane, entre la Carinthie et le Frioul. L'Italie, après la mort d'Arnoul, était tombée dans une longue anarchie que ne parvenaient pas à dominer les rois locaux, issus de quelques grandes familles rivales, langobardes, ou appartenant à l'aristocratie impériale franque. La papauté, qui avait eu au IXe siècle quelques grands pontifes dont l'autorité s'était accrue dans la mesure même où s'amenuisait celle des empereurs, se trouvait, avec des pontifes faibles ou corrompus, à nouveau en proie aux usurpations de l'aristocratie romaine. Dans le Sud, les princes langobards de Bénévent, de Salerne, de Capoue, les gouverneurs byzantins dans les Pouilles et à Naples, les émirs arabes en Sicile se combattaient, s'alliaient et se trahissaient sans cesse dans une ronde chaotique, chacun tour à tour menaçant Rome et la faible papauté. Cependant, l'Italie, avec ses villes qui renaissent de leurs ruines, avec son commerce qui redevenait florissant, avec les multiples liens qu'elle maintenait ou rétablissait avec l'Orient chrétien et musulman, est une terre infiniment plus riche et plus civilisée que l'Allemagne sortie à peine des brumes d'avant l'histoire. Ayant battu un usurpateur, Bérenger d'Ivrée qui retenait prisonnière la jeune reine Adélaïde, fille du roi de Bourgogne et veuve de Lothaire de Provence, roi d'Italie que Bérenger avait fait assassiner, Othon est couronné roi des Lombards à Milan en 951. Après la victoire du Lechfeld, son prestige et sa gloire sont immenses. Appelé à Rome, il est couronné empereur en 962 et impose sa loi à la ville et au pape. Le roi saxon renouvelle l'Empire de Charlemagne qui renouvelait l'Empire romain. A son tour, il devient le chef de la chrétienté, le protecteur et le maître de l'Église.

L'Italie, pour les rois de Germanie, ce n'est pas seulement une couronne de plus et, à terme, le titre prestigieux d'empereur qui permet tous les rêves et toutes les prétentions. C'est aussi le pays le plus riche de la chrétienté occidentale dont les revenus peuvent représenter un multiple de ceux que le monarque tire de sa royauté allemande. Plus riche et plus peuplée, parée des prestiges d'une civilisation qui, par comparaison, apparaît aux frustes Allemands comme la forme suprême du luxe, l'Italie ne pouvait pas ne pas attirer celui qu'elle appelait sans cesse pour la sauver de son anarchie et auquel ensuite elle ne se soumettait jamais entièrement : le roi étranger, le barbare auquel l'Italie confère sa légitimité impériale mais qui s'impose aussi à elle par sa force supérieure, comme Charlemagne était devenu empereur après avoir vaincu les Langobards. L'Italie, c'est la Californie des Allemands du haut Moyen Age, mais une Californie de vieille et supérieure culture ; on s'y enrichit, on y apprend luxe et luxure, on y meurt, et surtout des fièvres, que les chaleurs de l'été répandent parmi les guerriers du Nord (à côté de la malaria, la cause principale des épidémies sont les eaux polluées, alors grossies par les orages). Que d'armées allemandes anéanties par la « fièvre », la typhoïde, la dysenterie et dont la brusque extinction remet tout en cause : les fruits des victoires, l'autorité et la puissance du roi-empereur, la solidité des conquêtes, les soumissions imposées aux cités ou au pape. L'association de l'Italie et de l'Allemagne, du Xe au XIXe siècle, ne cessera jamais d'être une union non entièrement consommée et néanmoins indissoluble. Ces deux destins enchevêtrés sont difficiles à démêler avec les outils que fournit l'expérience historique des Français.

Toujours à recommencer face à des villes et à des seigneurs rebelles, à des évêques insurgés, à un pape méfiant ou intrigant, qui souffre de sa position subordonnée et veut reprendre son indépendance[1], la domination sur l'Italie septentrionale et centrale exige de longues présences des rois-empereurs sur le sol cisalpin. Pendant ce temps, en Allemagne, les ducs et les comtes s'agitent, les frères, les fils, les parents de l'empereur conspirent. Il faut cependant tirer du pays d'origine sans cesse de nouveaux combattants. Quand les affaires d'Allemagne le rappellent impérieusement, le roi-empereur verra aussitôt l'Italie se soulever et se déchirer dans son dos. Malgré la sécession de la France (la « Francie occidentale ») et des

1. Othon Ier avait imposé aux Romains de ne pas désigner de pape sans l'accord de l'empereur.

royaumes de Bourgogne et d'Arles[1] qui restent indépendants jusqu'en 1032 (mais la puissance d'Othon Ier l'amène souvent à intervenir en France ; il a marié deux de ses sœurs, l'une au roi carolingien, l'autre au chef de la maison rivale des Robertiens ; ainsi, Hugues Capet est à la fois neveu d'Othon le Grand et cousin germain du prince carolingien Charles de Lorraine, qu'il va priver de son trône), l'Empire est encore trop vaste pour les moyens administratifs et militaires de l'époque. Si les Polonais attaquent sur l'Elbe, l'empereur, qui est en train de combattre les Byzantins sur les confins de la Calabre et des Pouilles, apprendra la nouvelle au bout de plusieurs semaines. Il lui faudra ensuite des mois pour organiser la riposte, et les choses se passent de la même manière si une révolte éclate en Italie alors que l'empereur guerroie sur les confins slaves. A cette époque sans capitale fixe et sans administration véritable, l'absence de souverain encourage, en Allemagne comme en Italie, les continuelles usurpations des grands. A vouloir régner sur deux très vastes pays, l'empereur risque de ne gouverner véritablement aucun des deux. Dans les deux, les absences du monarque favorisent le développement de la féodalité, sur des voies souvent assez différentes mais toujours et partout au détriment du pouvoir central.

Pour gouverner, tant bien que mal, son vaste empire, pour contrebalancer les forces centrifuges, le roi-empereur avait besoin de l'Église et ne pouvait s'appuyer que sur elle, mis à part les serviteurs qui appartenaient à ses domaines personnels ou aux biens de la couronne. Face aux ducs et aux autres grands qui tentaient de rogner sans cesse les prérogatives royales, le souverain devait à tout prix conserver au moins le droit de nommer aux fonctions ecclésiastiques importantes, qui coïncidaient d'ailleurs avec des fonctions séculières considérables : les biens de l'Église ne cessaient de s'étendre,

1. Taillés dans la « part de Lothaire », les royaumes de Haute-Bourgogne et de Basse-Bourgogne (ou Arélat) s'étaient émancipés, le premier en 879, le second en 888. Réunis en 934, ils furent réintégrés dans l'Empire par Conrad II.

les évêques et abbés étaient seigneurs de ces domaines et supportaient de moins en moins de voir des seigneurs laïcs exercer sur ceux-ci, comme protecteurs et comme délégués, la prévôté (*Vogtei*), fonction qui leur conférait une partie des revenus. Nommés par le roi parmi ses parents, ses fidèles, ses serviteurs les plus proches, les évêques et les abbés ne devaient compter que sur le roi pour recevoir d'autres bénéfices[1]. Alors qu'Othon et ses successeurs ne furent jamais à l'abri de soulèvements menés ou soutenus par leurs parents laïcs, même les plus proches – frères, fils, beaux-fils, beaux-frères –, ils purent presque toujours compter sur la loyauté de ceux qu'ils nommaient aux premières places dans l'Église : le meilleur auxiliaire d'Othon le Grand fut son frère Bruno, archevêque de Cologne et, en plus, duc de Lorraine ; son fils bâtard Guillaume ne lui fut pas moins utile à l'archevêché de Mayence ; quant à Othon III, il éleva même à la papauté son cousin Bruno, évêque de Toul, avec lequel il gouverna pendant quelques années l'univers chrétien dans une grande harmonie d'esprit. Les évêques impériaux (*Reichsbischöfe*) sont à la fois des administrateurs, si ce mot moderne peut s'appliquer à une époque encore si proche de la vie préétatique, et des chefs de guerre ; en outre, ils fournissent à la cour impériale des lettrés, scribes, secrétaires, « notaires », juristes, chroniqueurs, sans lesquels l'État naissant ne pourrait se développer. Des évêques sont chanceliers (il y a généralement un chancelier différent pour l'Allemagne et pour l'Italie), c'est-à-dire chefs de l'administration centrale. Tout ce qui doit être écrit sort des mains des clercs et retourne entre des mains de clercs. Naturellement, les grands laïcs, les ducs notamment, tentent aussi, continuellement, de s'emparer des nominations ecclésiastiques, mais ces efforts ne purent aboutir : pour jouir d'une autonomie réelle, les abbés et évêques avaient, eux aussi, grand intérêt à ne dépendre que de l'autorité plus lointaine du roi-empereur qui avait besoin d'eux et de leurs clercs, alors que les ducs, géographique-

1. Nous ne parlons ici que des abbayes relevant directement du Reich, de l'empereur-roi. Les grandes familles de l'aristocratie, les ducs, comtes et marquis, et les bourgeois des villes pouvaient, eux aussi, fonder des abbayes et se réserver la nomination des abbés et autres grands « fonctionnaires » de la fondation.

ment trop proches, souhaitaient faire d'eux des vassaux. La papauté a du mal à imposer son autorité aux habitants de Rome ; pendant ce temps, le roi-empereur est en Allemagne et en Italie le véritable chef de l'Église, et l'Église fournit à l'État impérial des structures indispensables. Si, un jour, l'Église devait être tentée de se libérer de la tutelle impériale, le pouvoir et l'autorité de l'empereur tomberaient dans une crise dramatique. C'est ce qui arrivera effectivement sous le règne d'Henri IV (1056-1106) : l'Église et l'Empire s'affronteront alors dans la terrible « querelle des Investitures », véritable duel à mort entre les deux chefs du monde chrétien. Les grands vassaux pourront choisir entre le pape et l'empereur en se faisant payer fort cher chaque changement d'alliance. Le combat des Deux Glaives, le temporel et le spirituel, durera trois siècles, et l'on peut penser que la Réforme luthérienne en sera, indirectement, une des conséquences. Les gagnants, à chaque coup, seront les grands vassaux qui obtiendront progressivement en leur faveur le transfert d'un grand nombre de prérogatives de la royauté. Les princes ecclésiastiques bénéficieront alors des mêmes avantages que les seigneurs temporels ; comme eux, à chaque élection royale et chaque fois que le souverain a besoin d'argent ou d'hommes, ils se font payer leur concours en privilèges, en droits et en fiefs.

Othon le Grand, souverain intelligent, habile, bon chef de guerre et bon administrateur, allia à toutes ces qualités la chance de pouvoir régner longtemps, près de quarante ans, et de vivre vieux (plus de soixante ans, ce qui était beaucoup pour l'époque). Quoique illettré comme presque tous les princes laïcs de son temps, il avait, grâce à ses collaborateurs ecclésiastiques et à sa longue expérience, une vue assez vaste et assez juste du monde, qui lui permit d'engranger de grands succès. La possession de l'Italie et la dignité impériale lui furent universellement reconnues : l'empereur de Byzance lui-même dut se résigner à légaliser le pouvoir de ce nouvel usurpateur barbare ; une princesse impériale, Théophano, fut donnée en mariage au fils et héritier qu'Othon avait eu de l'impératrice Adélaïde, une princesse royale bourguignonne dont la famille dut, elle aussi, reconnaître une sorte de primauté, de suzeraineté lointaine, au rénovateur de l'Empire romain[1]. Plusieurs campagnes contre la France assurèrent à Othon la possession de la Lorraine naguère reprise par son père ; entre les Carolingiens et les Robertiens qui se disputaient le trône du royaume occidental, l'empereur allemand faisait, par son appui, fléchir le poids de la balance dans un sens ou dans l'autre. Le Danemark, la Pologne, la Bohême reconnaissaient, eux aussi, sa suzeraineté, quitte à guetter les défaillances du pouvoir allemand. Élu par acclamation encore du vivant de son père, Othon en fit de même pour son héritier Othon II, proclamé roi de Germanie dès l'âge de 7 ans. L'élection par le « peuple » demeurait une cérémonie sans contours juridiques fixes ; en théorie, tous les hommes libres pouvaient y prendre part ; en réalité, l'élection était le fait d'un nombre incertain de nobles et le roi élu devait toujours compter avec les réticences ou résistances ouvertes des absents (dont l'absence était souvent volontaire). En obtenant l'élection de son fils encore enfant, Othon le Grand engageait le royaume sur la voie qui pouvait, comme en France et en Angleterre, conduire à l'hérédité de la couronne. Si cette évolution n'aboutit pas, la raison principale en fut sans doute la brève durée des dynasties : celle des Saxons ou Othoniens s'éteint en 1025 ; la lignée suivante des empereurs saliens ne durera, à son tour, qu'un siècle, jusqu'en 1125, et la troisième famille impériale du haut Moyen Age, les Hohenstaufen, aura une existence à peine plus longue, de 1137 à 1254. Chaque dynastie tentera à son tour de rendre le trône héréditaire, et, après la disparition de chacune, les grands voudront, par le choix du nouvel élu et par les conditions qu'ils lui imposent, renforcer au contraire le caractère électif de la monarchie allemande.

A cette première cause (pendant toute cette période, les Capétiens se succèdent, en France, de père en fils), s'ajoute la brièveté de la vie individuelle de la plupart des empereurs. Othon II, âgé de 18 ans à la mort de son père, disparaît à 28 ans. Othon III, majeur à 16 ans, s'éteint après un règne d'à peine huit ans, âgé de 22 ans seulement. Henri II, le dernier

---

1. L'impératrice Adélaïde étant cette jeune veuve royale qu'Othon avait arrachée à l'usurpateur Bérenger (voir plus haut, p. 97).

empereur « saxon » meurt à 52 ans, après un règne de vingt-deux ans. Conrad II, le premier Salien, aura un règne de treize ans et meurt sans avoir dépassé la cinquantaine. Henri III accède au trône à 22 ans et règne dix-sept ans. Il laisse un fils âgé de 6 ans qui connut, lui, un règne exceptionnellement long mais dramatique jusqu'en 1106. Cependant, Henri V, le dernier Salien, meurt à 44 ans après un règne de dix-neuf ans. Lothaire de Saxe, successeur élu, ne gouvernera que douze ans ; Conrad III, le premier des Hohenstaufen, exercera la royauté pendant quinze ans. Frédéric Barberousse, plus favorisé par la fortune comme par l'âge, restera sur le trône trente-sept ans ; seul parmi les empereurs du haut Moyen Age, il atteindra l'âge de la vieillesse ; il a 68 ans quand il meurt dans les flots de la rivière Saleh que les grecs appelèrent Cydnos en Asie Mineure. Son fils Henri VI régnera huit ans et mourra au seuil de la trentaine. Philippe de Souabe, autre fils de Barberousse, est assassiné après dix ans de règne, âgé de moins de 40 ans. L'anti-empereur « guelfe » Othon IV, mal élu en 1198, disparaît en 1218, après un règne effectif de sept ans, entre 1208 et 1215, après l'assassinat du roi Philippe et avant la « montée » vers l'Allemagne de Frédéric II. Celui-ci, maître de l'Allemagne en 1215, meurt à 53 ans en Italie, n'exerçant plus sur l'Allemagne depuis longtemps qu'une autorité théorique, et Conrad IV, le dernier roi Hohenstaufen, suit son père dans la tombe, lui aussi dans la lointaine Sicile, et au bout de seulement quatre ans [1] ! La briè-

---

1. En Francie occidentale, si Hugues Capet n'est roi que pendant sept ans, Robert le Pieux règne pendant trente-cinq ans, Henri Ier pendant trente-neuf ans, Philippe Ier pendant quarante-huit ans, Louis VI pendant vingt-neuf ans, Louis VII restera sur le trône pendant quarante-trois ans, Philippe Auguste pendant quarante-trois ans également. Si Louis VIII ne règne que pendant cinq ans, Saint Louis comptera quarante-quatre ans de règne. De 987 à 1270 on compte neuf souverains en France pour quatorze en Allemagne entre 982 et 1254. En France, la couronne passe sans interruption de père en fils. En Allemagne, Henri II est un cousin éloigné d'Othon III, Lothaire III, seul roi de sa maison, s'intercale entre Saliens et Hohenstaufen ; Frédéric Barberousse n'est que le neveu de Conrad III ; Philippe de Souabe est élu parce que son neveu Frédéric II est trop jeune ; contre lui est élu également Othon IV de la maison des Guelphes, seul roi de sa famille, et, avec l'extinction des Hohenstaufen, deux étrangers se disputent le trône. On peut difficilement imaginer des développements plus opposés.

veté de l'existence des dynasties et de la plupart des souverains est un des grands drames permanents de l'histoire médiévale de l'Allemagne ; elle empêche la stabilisation et la consolidation du pouvoir. Elle fournit ainsi, *a contrario*, la preuve de l'importance des personnes royales qui font effectivement l'histoire ou, du moins, une bonne part de l'histoire à cette époque, phénomène que les historiens, de nos jours, minimisent trop après que leurs prédécesseurs en eurent trop longtemps exagéré le poids.

En troisième lieu, si l'on essaie de se rendre compte des raisons qui ont empêché l'Allemagne de poser, au haut Moyen Age, les fondements d'un État national moderne, il faut évidemment noter les difficultés particulières qui découlent, pour les rois d'Allemagne, de la dignité impériale qu'ils doivent rechercher et revêtir : l'éloignement matériel du royaume que leur imposent les affaires italiennes et romaines (Othon Ier passera à trois reprises plusieurs années de suite au sud des Alpes, Othon II et Othon III y séjourneront pendant la plus grande partie de leur règne pour y trouver chacun une mort prématurée). Absent, le roi ne peut imposer son autorité aux grands ; pour ses entreprises lointaines, il a besoin de leur concours militaire et financier ; et c'est l'implication directe de l'empereur dans les affaires de l'Église en Italie qui va déclencher, sous Henri IV, le grand conflit avec la papauté.

Frédéric Barberousse passera en Italie presque la moitié de son long règne de trente-sept ans. Henri VI consacrera toutes ses forces à la conquête de la Sicile ; il y mourra. Frédéric II est en fait un prince italien qui ne viendra en Allemagne que deux fois, pour quelques années, voire quelques mois ; lui aussi, comme son fils Conrad IV, mourra en Italie après avoir abandonné aux princes allemands la plus grande part des prérogatives royales.

Tant qu'elle fut la nation investie de l'Empire, tant qu'elle resta étroitement associée à l'Italie (et aussi à ce royaume de Bourgogne qui s'étendait de Bâle à Marseille, et que Conrad II cueillit en 1032 après l'extinction de la dynastie locale qui l'avait elle-même acquis après l'effacement des Carolingiens), l'Allemagne ne pouvait pas avoir un destin national comme les autres peuples européens. A voir ce qu'elle est devenue depuis qu'elle s'efforce de vivre comme les autres, et de les dépasser dans leur voie, on peut se demander si ce fut vraiment un malheur, comme le pensent les historiens nationalistes. La notion d'Empire, de Reich, chargée de significations et d'ambiguïtés, comporte une très noble et très haute idée de l'unité du peuple chrétien dont la paix et la puissance sont garanties par une structure du pouvoir en pyramide, couronnée par l'autorité impériale. Celle-ci s'étend, en théorie (et cette théorie fut surtout élaborée par les chancelleries de Frédéric Barberousse et de Frédéric II [1]), à l'univers tout entier, le droit particulier de chaque personne, de chaque peuple et de chaque royaume étant garanti par l'universalité même de l'autorité impériale. Cette conception de l'Empire qui est « saint » parce que directement issu de la volonté divine, comme la royauté davidienne de Charlemagne, « romain » par l'histoire et plus précisément grâce à la translation opérée par le pape, et enfin « germanique » par la nation élue pour cette translation (l'expression « Saint-Empire romain germanique » est tardive et n'apparaît qu'au XVe siècle quand l'Empire est déjà fortement avancé dans la voie de son déclin), cette conception est à la fois féodale et fédérale ; elle est par sa nature opposée à l'idée de centralisation qui inspire l'action de la royauté capétienne. C'est pourquoi, dans ce « reste » de l'ancienne Allemagne qu'est la République fédérale d'aujourd'hui, dans ce reste qui n'aspire, le plus souvent, qu'à s'assimiler aux autres nations, la structure fédérale est un héritage de ce qui fit, pendant mille ans, la grandeur et le malheur et de – toute façon – la singularité de l'histoire allemande. Il est vrai que l'idée du Reich, sécularisée, déchristianisée, vidée de sa substance religieuse et supranationale, et remplie par l'idéologie nationaliste poussée à ses conséquences extrêmes, a pu aussi servir de prêtenom à la volonté de conquête nihiliste du national-socialisme… C'est malheureusement cette dernière connotation que le mot « Reich » évoque le plus souvent encore dans l'esprit des Français d'aujourd'hui.

Othon II, né dans la pourpre, élevé pour régner, très instruit (ce qui le distingue de la plupart des princes de son temps) et

1. Voir au chapitre v.

bien secondé par sa femme grecque Théophano qui lui apportait, avec des reflets de la grande civilisation byzantine, la tradition jamais interrompue de la grandeur impériale romaine, dut faire face, lui aussi, au début de son règne, aux soulèvements des grands allemands, aux tentatives françaises pour reprendre la Lorraine avec la complicité de seigneurs locaux, et contrer les Polonais et les Tchèques qui voulaient secouer la suzeraineté allemande. Ayant triomphé de tous ces ennemis, il dut reprendre le combat en Italie contre la noblesse romaine, et surtout en Italie du Sud, où il tenta d'asseoir son autorité sur les principautés langobardes, en s'opposant aux Arabes qui, installés en Sicile depuis le VIIIe siècle et débarquant sur le continent, essayaient d'établir leur domination sur la Calabre et les Pouilles. Devant les musulmans, Othon subit une série de défaites ; il mourut quelque temps après la dernière, de l'une de ces terribles épidémies qui décimèrent périodiquement, tout au long du Moyen Age, les armées allemandes descendues en Italie. Si forte était alors l'autorité impériale que personne ne contesta la succession de l'enfant Othon III qui n'avait que trois ans. Théophano, devenue régente, put gouverner effectivement avec intelligence et énergie. C'est elle qui appela à sa cour le plus grand savant de l'époque. Gerbert, natif d'Aurillac en Auvergne, philosophe, mathématicien, astronome, avait accédé à l'archevêché de Reims, mais, entraîné dans les luttes des dynasties rivales qui se disputaient alors la France, il fut contraint à l'exil. Précepteur du jeune roi Othon III, nommé abbé de Bobbio, l'un des monastères italiens les plus riches, et des plus fameux aussi par l'intensité de sa vie spirituelle et intellectuelle, Gerbert rencontra chez son élève une âme et un esprit dignes d'un tel maître. A 16 ans, le pupille éblouissait la cour par sa culture et ses talents. Théophano mourut avant que le jeune roi atteignît sa majorité, et la régence de la vieille impératrice Adélaïde de Bourgogne, la veuve d'Othon le Grand, fut plus agitée. A peine majeur, à 16 ans, Othon passa les Alpes et établit son autorité sur l'Italie et sur Rome. Comme son père et son grand-père, il nomme des papes qui reconnaissent son autorité et partagent ses ambitions. Car, porteur de tous les savoirs venus de l'Antiquité et conscient de la double tradition impériale romaine d'Occident et d'Orient qu'il incarne par son père et par sa mère, Othon III veut être véritablement le successeur des Césars ; il établit sa résidence à Rome ; comme Constantin et Théodose dont il connaît bien l'histoire, il veut être le maître du monde au service de Dieu et du peuple chrétien. Sa cour est constituée sur le modèle byzantin, lui-même dérivé en droite ligne de la Rome du Bas-Empire. En communion avec « ses » papes – son cousin Bruno (Grégoire V) et, après la mort de celui-ci, son grand ami et confident Gerbert lui-même qui monte sur le trône pontifical sous le nom de Sylvestre II –, Othon veut donner un ordre définitif, sous l'autorité impériale rénovée, au monde pacifié des peuples chrétiens. Sa mission doit réunir à ceux-ci, en les convertissant au Christ, les peuples païens encore extérieurs à l'Empire. Le nom pontifical choisi par Gerbert (et certainement en accord complet avec Othon) indique clairement la teneur « idéologique » de ce programme : Sylvestre Ier n'avait-il pas été le contemporain et le favori de Constantin, le premier empereur chrétien ? La légende les montrait œuvrant étroitement unis ; et la chancellerie pontificale, dès la fin du IXe siècle, n'avait-elle pas fabriqué le fameux faux – la donation constantinienne – par lequel Constantin, en choisissant de résider désormais à Byzance, aurait concédé au pape Sylvestre l'empire d'Occident ? Othon III et Sylvestre II réagissent naturellement contre cette thèse qui veut placer le pape au-dessus de l'empereur. Othon gouverne Rome comme le reste de l'Empire, mais le pape est associé à toutes ses décisions. Héritier, Othon veut l'être, non seulement de Constantin et de Byzance, mais aussi de Charlemagne, le premier rénovateur de l'Empire. En l'an mil, le jeune empereur se rend à Aix, fait ouvrir la tombe de son illustre ascendant et prédécesseur dont on trouve le corps et les vêtements miraculeusement préservés. Imbu d'une immense idée de sa vocation impériale, Othon est en même temps un esprit profondément mystique. Ami d'Adalbert de Prague, qui sera martyrisé par les Prussiens païens, cherchant souvent refuge pour prier et méditer chez les ermites de l'Apennin, il dépasse son siècle tout en le représentant dans ses attitudes extrêmes. Son ambition prodigieuse n'est cependant pas soutenue par une juste appréciation des moyens dont l'empereur peut disposer, étranger malgré tout et à l'Italie et à Rome. Un soulèvement local le chasse de sa capitale, cette ruine immense dont il rêvait de restaurer les splendeurs de pierre, comme il voulait restaurer l'État des Césars. Il faut attendre la venue de nouvelles troupes appelées à descendre de la lointaine Allemagne qui, elle aussi, s'agite dès qu'on y apprend les déboires de l'empereur. Avant de pouvoir entreprendre la reconquête de la ville rebelle et ingrate, Othon III meurt, lui aussi, prématurément en 1002, à 22 ans seulement. Ce destin exceptionnel, qui impressionna l'imagination des contemporains, apparaît comme un résumé de toutes les grandeurs et de tous les échecs de l'idée impériale médiévale. Sylvestre II, dont le savoir inquiétait au point qu'on le tint parfois pour sorcier, ne survécut que de quelques mois à son disciple et ami.

L'absence de l'empereur, fixé presque en permanence à Rome, avait affaibli l'autorité de la couronne en Allemagne. Les grands, néanmoins, choisirent comme successeur l'unique membre disponible, mâle et adulte de la dynastie saxonne, Henri duc de Bavière, petit-fils d'un frère d'Othon le Grand. Henri II (1002-1024) fut, pour sa piété, élevé sur les autels ; ce fut aussi un excellent administrateur et un valeureux homme de guerre, qui s'occupa plus de l'Allemagne que de l'Italie, au risque de laisser s'y fortifier des puissances locales que l'autorité impériale aura ensuite du mal à réduire. Fondateur de l'évêché de Bamberg, face à la Bohême et aux tribus slaves qui occupent la Saxe actuelle, Henri, comme ses prédécesseurs, eut un règne rempli de combats contre les grands, les Slaves, les rebelles italiens. A sa mort, la dynastie s'éteint ; l'assemblée électorale choisit un seigneur important, fils d'un duc de Carinthie et possédant de vastes territoires dans l'actuel Palatinat rhénan : Conrad II, initiateur de la dynastie que les historiens ont baptisée « salienne[1] », était d'ailleurs aussi, par les femmes, un

1. Les Saliens avaient été une branche de la grande famille des tribus franques, installée dans le pays des Bataves, les actuels Pays-Bas. Sous la conduite de leurs chefs mérovingiens, ils étaient devenus les unificateurs

arrière-petit-fils d'Othon le Grand, mais il n'est pas sûr que ce fait ait été connu des électeurs, ni de l'intéressé lui-même. Nous savons tellement plus de choses sur les temps anciens que ceux-là mêmes qui les vécurent, avec une vue singulièrement plus courte et fragmentée ! Contre la Bohême, la Hongrie, la Pologne, les grands – allemands et italiens –, Conrad eut à lutter comme ses prédécesseurs. Pour consolider sa dynastie, il se résigna à l'inévitable et reconnut l'hérédité des grands fiefs. La grande réussite du règne fut la réunion de la Bourgogne à l'Allemagne et à l'Italie, après la mort de son dernier roi, Rodolphe III. De Bâle à la Méditerranée, la partie méridionale du domaine de Lothaire, le fils aîné de Louis le Pieux, revenait ainsi à l'Empire qui apparaît, désormais, comme l'union de trois royaumes. Il est vrai que l'autorité impériale ne s'exercera avec une certaine vigueur que sur la partie septentrionale de la « Bourgogne », l'actuelle Suisse et la Savoie, mais tous les cols utiles qui dominent le passage vers l'Italie sont maintenant inclus dans l'Empire. Pour des siècles, la France se trouve ainsi coupée de l'Italie. Bâle, Genève, Lyon, Besançon, Arles, Marseille sont et seront pour des siècles villes d'Empire.

Henri III, qui succède à son père en 1039, est déjà un héritier, mais un héritier encore vigoureux. Instruit et bien préparé à sa tâche, pieux et tout imprégné des idées de réforme spirituelle qui se répandent en Occident à partir des grands monastères bourguignons et lorrains de Cluny et de Gorze, le second empereur « salique » ou « salien » considère, comme Charlemagne et les Othons, qu'il est préposé à la pureté de la foi et au bon fonctionnement de l'Église. Dès que les affaires des frontières de l'Est lui en laissent le loisir, il descend en Italie et met de l'ordre dans la Rome pontificale où l'Église est, une fois de plus, déshonorée par un pape indigne, que l'empereur s'empresse de déposer. Il nomme successivement trois papes allemands qui ont sa confiance ; le dernier – qui

des peuples francs. De leur ancien droit subsista la « loi salique », le principe qui excluait les femmes de la succession royale. La dynastie des rois allemands qui régna de 1025 à 1125 reçut le nom de « Saliens » chez les chroniqueurs du XIIe siècle pour distinguer cette « race » royale de ses prédécesseurs « saxons ». En ancien allemand, le terme *sal* désigne par ailleurs la possession, le bien.

s'appellera Léon IX –, Bruno, un évêque lorrain, lui aussi cousin de l'empereur, est tout imprégné des idées de la « réforme ». Avec lui, s'installent à la cour de Rome des hommes de grand talent et d'immense ambition, qui veulent purifier l'Église de toutes ses corruptions et la libérer de toutes ses entraves. Henri III meurt à 39 ans, laissant un enfant, lui aussi déjà couronné, fils de la pieuse mais peu politique Agnès de Poitiers. Henri IV n'a que 6 ans. Une longue minorité commence et, quand le jeune roi prendra son destin en main, il se trouvera placé dans un univers différent. Plus jamais un empereur ne pourra, désormais, prétendre avec succès imposer son autorité à un pape, et encore moins déposer un pape indigne.

Que savons-nous de la société allemande des Xe et XIe siècles ? L'histoire de ces temps n'a guère été écrite par les contemporains qui ne possédaient ni la mentalité ni les instruments de l'historien. Les chroniqueurs, ecclésiastiques sans exception (alors que l'époque de Charlemagne avait quand même produit un Eginhard – ou Einhard –, l'auteur de la *Vita et Gesta Caroli Magni*, courtisan laïc cultivé), tels le moine Widukind de Corvey et l'évêque Dietmar de Merseburg, les meilleurs des « historiens » allemands du temps et fidèles partisans de la dynastie saxonne, parlent plus volontiers des princes et de leurs hauts faits que des structures sociales ou des conditions de production. La réalité de la société, dans la mesure où nous y accédons, nous la reconstruisons laborieusement en combinant mille indices isolés les uns des autres, souvent partiels ou minimes. Le monde allemand de ce temps-là est encore passablement primitif et sauvage. Nous devinons, cependant, que le peuplement progresse, que l'homme avance au détriment de la forêt. Cette croissance, qui se poursuivra et s'accentuera jusqu'au début du XIVe siècle, est sans doute due à la fois à l'arrêt des invasions et expéditions meurtrières des Hongrois, des Normands et des Arabes, qui avaient été la cause de véritables désespoirs « existentiels » – la sous-natalité s'ajoutant négativement aux décès provoqués par la guerre et la famine –, et à un lent et continu adoucissement du climat qui favorise l'accroissement de la production agricole. Celle-ci profite également des progrès des connaissances qui procèdent, à leur tour, de l'expansion monastique, les fondations pieuses se multipliant de génération en génération et pénétrant sans cesse plus loin vers l'est, le sud-est et le nord-est. L'arrêt des invasions permet aux abbayes comme aux évêques de reconstituer et développer les institutions scolaires et les bibliothèques ; l'activité des ateliers de copiage met un plus grand nombre d'écrits de l'Antiquité à la disposition d'un plus grand nombre de centres culturels, alors que l'établissement de liens permanents avec l'Italie, dont les relations avec l'Orient grec n'ont jamais été totalement coupées, ramène en Occident des écrits grecs ou latins oubliés. Par l'Espagne, des contacts se créent avec la culture musulmane, elle-même héritière d'une part du legs grec. Le XIe siècle vit s'intensifier les pèlerinages en Terre sainte, qui servent également à créer de nouveaux circuits de civilisation. Il est peut-être significatif, pour ce que les historiens de la culture ont appelé la Renaissance othonienne, qu'aucun texte important en langue allemande ne nous soit parvenu de cette époque. Les progrès de l'Église, à la sortie de la crise du IXe siècle, font partout triompher le latin. L'intérêt politique et culturel que Charlemagne témoignait au passé germanique s'est effacé : la langue populaire véhicule les résidus du passé païen, ces superstitions, dont l'Église se méfie, et aussi les déviations hérétiques qu'elle commence à rencontrer au XIe siècle et qu'elle va combattre avec une résolution de plus en plus fanatique. Le succès des prédications hétérodoxes, plus ou moins teintées de manichéisme, s'explique dans le peuple par la corruption et l'indignité de nombreux clercs, ignorants et de mœurs dissolues, ambitieux, violents et cupides. En même temps, dans un monde dur et cruel, le monastère apparaît souvent comme un refuge, un havre de paix, et, pour des âmes simples et obscures, la violence dans la recherche du pardon et du salut peut soudain succéder à la violence séculière, et même alterner avec elle. Dans les monastères, on n'écrit pas que des chroniques ou des traités de théologie ; on y cultive la philosophie (sous Léon IX, le concile de Verceil condamne la grande spéculation métaphysique de Jean Scot Erigène), les arts utiles, la poésie, le théâtre. La chanson latine de *Waltharius*, qui nous vient d'Alsace, relate les gestes du prince Gauthier[1]; elle est reliée au cycle des Burgondes et reproduit sans doute des modèles de langue vulgaire. A Gandersheim, l'une des abbayes royales des Othoniens, la moniale Hroswith[2] (Roswitha), parente de la famille impériale, écrit, pour divertir ses sœurs, des pièces de théâtre en latin, comédies et tragédies où le talent original l'emporte souvent sur le modèle classique.

Ce sont encore les églises et les monastères qui, seuls bâtiments construits en pierre (à l'exception de quelques résidences royales comme les palais – *palatium, Pfalz* – des Othoniens à Goslar ou à Bamberg, dont quelques vestiges se sont conservés), portent témoignage des progrès des arts, de la peinture, de la sculpture, de l'architecture surtout, et naturellement aussi des arts de l'écriture, des livres avec leurs images peintes. Les débuts de l'art roman en Allemagne atteignent vite des réalisations prestigieuses : les premières cathédrales à Bamberg et à Spire (au cœur des possessions familiales de la dynastie salienne), la grande abbaye impériale de la Limburg, construite sur une hauteur de la Hardt, à l'ouest de Spire ; celle de Hirsau, en Forêt-Noire, qui sera la principale filiale allemande de Cluny ; Gorze, en Lorraine, d'où la « réforme » rayonnera vers le nord-est, en passant par Stavelot et Malmédy… La démultiplication des églises et des couvents, la substitution de la pierre au bois, la richesse des programmes sculptés et peints permettent de conclure à la fois à une amélioration générale de la situation économique et à un enrichissement continu de l'Église, qui prélève une partie croissante de la rente foncière, prix – jusqu'à un certain point – des services immenses et indispensables qu'elle rend à la société, mais prix excessif sans doute parce que la puissance de l'Église permet aux clercs, et surtout aux évêques et aux abbés, d'« exploiter » la masse des « travailleurs », c'est-à-dire les paysans qui relèvent d'eux, et cela d'autant mieux que hiérarchie ecclésiastique et seigneurie séculière se confondent chez les hauts dignitaires. Qui pour-

1. *Waltharius* = Walter, de *Waltan* (régner, dominer), et *Her* (peuple, armée).

2. De *Hrod* (gloire) et *swinths* (fort).

rait, et oserait, résister à des princes aussi puissants que l'archevêque de Cologne et celui de Brême qui se disputent la tutelle du petit roi Henri IV ? Au-dessous de ces seigneurs riches, ambitieux et fastueux, croupit la masse d'un bas clergé famélique, ignare, adonné au concubinage. L'Église, cependant – autre aspect d'une réalité multiforme –, échappe pour une bonne part aux contraintes féodales. Des hommes sortis du peuple y accèdent aux plus hautes fonctions pour y côtoyer les princes : ainsi, Gerbert[1] d'Aurillac, parti de rien et qui devient pape, alors que le cardinal Frédéric de Lorraine, frère de duc, sert la carrière du prêtre Hildebrand, fils de pauvres gens, lequel sera pape à son tour sous le nom de Grégoire VII et déposera l'empereur Henri IV qui tente de lui résister. Henri III, au service de la réforme, déposait des papes ; Henri IV sera déposé par le pape, au nom des principes de cette même réforme.

L'hérédité des grands fiefs, inéluctablement en marche pendant et surtout depuis la dislocation de l'Empire de Charlemagne, entraînera peu à peu, non moins inéluctablement, l'hérédité des fiefs secondaires et subordonnés, chaque tenancier cherchant à arracher à son seigneur la libre disposition du bien que celui-ci peut, normalement, réclamer après la mort du vassal. Ainsi se met en place la pyramide féodale, alors que disparaît l'ancienne division par statuts personnels. Des hommes anciennement libres tombent au bas de l'échelle féodale comme exploitants d'une terre appartenant à un seigneur auquel ils doivent toutes sortes de cens et de corvées. D'anciens serfs, attachés à la personne d'un seigneur, voire du roi, deviennent administrateurs de biens importants, qu'ils ont évidemment l'ambition, à leur tour, de transformer en fiefs, à moins qu'ils n'en obtiennent un autre en récompense des services rendus. C'est l'origine de la catégorie si importante des « ministériaux », serviteurs personnels du roi-empereur, qui s'impose à l'attention sous la dynastie salienne. Contre les grands vassaux, le roi se doit de maintenir et d'élargir le domaine de la couronne et son domaine familial

1. De *Gêr* (la lance) et *Bert* (brillant).

(chaque nouvelle dynastie réunissant au *Königsgut*, au domaine royal, les biens de la précédente) ; ce sont les serviteurs personnels du roi qui gèrent et défendent ces biens comme baillis (*Vogt*). Pendant les minorités royales et les guerres intestines, les grands vassaux cherchent à s'en emparer ; et parfois, au contraire, c'est le bailli qui, à force de gérer une terre, en devient lui-même le seigneur à titre personnel et définitif.

La société féodale du XIe siècle paraît ainsi largement ouverte et se caractérise par une forte mobilité. De l'ancienne aristocratie impériale des Carolingiens ne subsistent que quelques rares familles ; elle a été, en grande partie, remplacée par des lignées issues des tribus (*Stämme*) annexées aux VIIIe et IXe siècles (Bavarois, Saxons, Thuringiens, Hessois, Frisons). Les nominations impériales et les mariages assurent une certaine fusion de ces noblesses locales, et ces mêmes nominations confient à des nouveaux venus d'origine inconnue des fonctions qui, en devenant héréditaires, font entrer dans la haute noblesse leurs titulaires ou les héritiers de ceux-ci. Cette noblesse-là, dans une société sans droit civil ni institution écrite, où les coutumes se chevauchent, ne forme pas une classe nettement circonscrite comme la noblesse à quartiers de la fin de l'Ancien Régime, mais, avec le haut clergé qui est souvent issu des mêmes lignées, elle occupe le sommet de la société et possède, pour l'essentiel, la terre. La domination foncière par les nobles, la *Grundherrschaft*, sous des formes qui ne cessent de varier dans l'espace et dans le temps, réduit à une position dépendante, elle aussi infiniment variable, l'immense majorité de la population qui vit dans ses chaumières un monde sans histoire (mais non sans légendes) d'une terrible opacité que la religion n'éclaire, le plus souvent, que d'une faible lumière.

Cependant, par comparaison avec les VIIIe et IXe siècles, l'on ne devra pas négliger les changements considérables qui se préparent et s'opèrent, en Allemagne, à l'époque des empereurs saxons et saliens. Le rétablissement des liens avec l'Italie met les hauts seigneurs et les grands prélats – et au-dessous d'eux une foule de laïcs et de clercs – au contact d'une civilisation plus riche, plus complexe, moins primitive. Les villes, Milan, Pavie, Rome et Venise (qui n'appartient pas à l'Empire d'Occident et achève de s'émanciper de Byzance), sont de *vraies* villes, comptent des milliers d'habitants où les commerçants, les artisans, les artistes et les lettrés sont de plus en plus nombreux. Les écoles épiscopales et abbatiales développent l'étude, non seulement de la théologie et de la philosophie, mais du droit, celui de l'Église, certes, mais aussi celui de l'Empire, le droit romain dont on retrouve et approfondit les recueils et les codes. Ayant pris des habitudes nouvelles, s'étant accoutumés à consommer et à utiliser des produits naguère inconnus, les seigneurs temporels et ecclésiastiques, de retour d'Italie, ramènent en Allemagne de nouveaux besoins que, seul, peut satisfaire le commerce interrégional dont l'essor favorise celui des bourgades, des lieux de foire et d'échange et celui des ports. La conquête de l'Angleterre par les Normands (1066) va intensifier les relations entre les îles Britanniques et les provinces proches du continent ; la Flandre royale et impériale[1] et le Brabant, la Hollande en profitent. De là, le grand commerce remonte la vallée du Rhin pour rejoindre la haute Italie par les cols suisses ou par le Brenner, en passant par Cologne, Spire, Worms et Augsbourg. Lubeck, Brême et Hambourg, métropoles du commerce du Nord, deviennent au XIe siècle des centres nettement distincts de leur environnement rural, où commencent à se regrouper des hommes exerçant des métiers artisanaux, détachés des domaines seigneuriaux et qui, sur place, exigent des droits, d'où naissent des conflits qui les opposent au maître des lieux, comte ou évêque. L'Allemagne qu'Henri IV prend en main dans l'éclat de sa jeunesse blonde, exubérante et péremptoire, comme elle est différente du pays barbare qu'avaient laissé derrière eux les derniers Carolingiens ! Le jeune roi, dont l'enfance a été l'enjeu de la lutte des factions, que l'archevêque de Cologne et celui de Brême avaient tour à tour soumis à leur tutelle autoritaire, a une haute idée de ses devoirs et de ses droits. Il veut les exercer tout entiers et les reprendre tous, ceux usurpés par les seigneurs allemands, et ceux que l'Église, à Rome, en Italie et en Allemagne, s'est arrogés pendant sa minorité.

---

1. La Flandre royale appartient au royaume de France, l'impériale – moins importante – à l'Empire.

Mais le monde qui l'entoure n'est plus du tout celui que son père, Henri III, avait trouvé en accédant au trône en 1039, à peine trente ans plus tôt.

CHAPITRE V

Le combat des Deux Glaives : la première phase
1076-1152

Henri III et son épouse Agnès de Poitiers avaient favorisé de toutes leurs forces la propagation, en Allemagne, des idées de la réforme religieuse qui s'étaient développées en France depuis le milieu du Xe siècle, et non seulement en Allemagne mais dans toute l'Église romaine dont l'empereur se considérait comme le protecteur et le chef. La réforme, née à Cluny (fondation des ducs d'Aquitaine et de la maison de Poitiers, dont l'impératrice Agnès était issue), fut un soulèvement contre un monde d'horreur et de bassesse dont les entraînements avaient franchi la clôture monastique ; purifier le culte, purifier la vie des moines pour qu'elle ne soit qu'au service de Dieu, rejeter tout contrôle de la vie religieuse et de ses institutions par les laïcs, retrouver l'enseignement divin dans sa pureté, et agir sur le monde pour le purifier lui aussi et le pacifier, autant que cela se peut, c'est ainsi qu'apparaissent les grandes aspirations de ce puissant mouvement spirituel, une des plus importantes des vagues de réforme qui, périodiquement, naissent au sein de l'Église pour l'arracher aux compromissions avec le siècle. Le succès de ce mouvement d'arrachement et de rejet fut immense et aboutit, au terme de quelques décennies, à la création d'un gigantesque empire monastique. Pour agir sur le monde et contre le monde, on ne peut jamais entièrement se passer des moyens du monde. Cluny est, au départ, un mouvement de rupture mais, pour réformer l'Église, il ne suffit pas d'être pauvres et purs : si les moines renoncent à tout, le monastère doit pouvoir disposer de richesses et de pouvoir pour répandre les saines doctrines, pour envoyer ses missionnaires à travers la chrétienté et pour gagner à la réforme d'autres maisons. Cluny eut peu de filiales directes dans l'Allemagne du XIe siècle, mais l'esprit de la réforme y pénétra fortement grâce aux abbayes lorraines. Et c'est à un évêque lorrain formé dans l'esprit de Cluny qu'Henri III confia la papauté pour la purifier de sa corruption romaine.

On ne pouvait, en effet, s'en tenir aux monastères. Les prêtres ignares, mariés ou concubins, les prêtres simoniaques ayant acheté leur ordination et vendant les sacrements, si nombreux dans tous les pays d'Occident, ne constituaient pas un scandale moins grand que des moines oublieux de la prière, livrés aux plaisirs profanes. La restauration du célibat visait à rétablir la séparation du prêtre d'avec le monde, à la focaliser en quelque sorte par une coupure particulièrement voyante. Mais, si le prêtre devait se libérer de la sujétion et de la dépendance envers une compagne et des enfants, ne devait-il pas, à plus forte raison, non seulement purifier l'origine de sa cléricature, à mériter et non à acheter, mais rejeter toute dépendance économique et politique : une fois perdus pour le monde, les biens de l'Église devaient à jamais échapper à celui-ci et, par conséquent, au pouvoir temporel. Or, les biens de mainmorte comprenaient une partie importante, et sans cesse croissante, du territoire et aucune fonction ecclésiastique ne devait plus dépendre d'une nomination par un pouvoir séculier. Les juristes du droit canon et les théologiens du milieu du XIe siècle assimilent audacieusement à la simonie la désignation à de telles fonctions par le pouvoir temporel. Simon le Magicien, qui voulait payer pour connaître les secrets du Christ, entraîne ainsi dans sa condamnation les prêtres qui acceptent d'être nommés curés par les seigneurs, les évêques qui acceptent d'être nommés par les rois. Henri III, en nommant de bons papes, avait voulu servir l'esprit de réforme. Après sa mort, Nicolas II fixe les règles de l'élection pontificale de manière à exclure pour toujours toute intervention de l'empereur.

Les développements de l'idéologie de la réforme s'attaquaient au fondement du pouvoir temporel. Tous les rois de la chrétienté devaient se sentir visés et atteints par la nouvelle volonté d'émancipation de l'Église, mais nul davantage que le roi de Germanie, dont le pouvoir reposait pour une très grande partie sur les évêques qui fournissaient les clercs de son administration, dont les contingents remplissaient son armée et les redevances son trésor. Entre l'Église – dès lors que sa direction est passée entre les mains du parti de la réforme, dirigé par de grands intellectuels, théoriciens passionnés, intègres et farouches, tels les cardinaux Frédéric de Lorraine, Hugues Candide, Hubert de Moyenmoutier, formés dans la stricte discipline rationnelle des écoles de philosophie de France, aussi bien que dans la piété clunisienne – et le roi-empereur, le conflit devenait inévitable. Impérieux, hautain, inexpérimenté, Henri IV donna tout droit dans le piège que lui dressait l'histoire. Son malheur voulut qu'il eût en face de lui un génie fanatique et sûr de son droit, le moine Hildebrand[1], l'une des têtes du parti de la réforme depuis trente ans, pieux, sincère, intraitable, admirable propagandiste préparateur de sa propre future politique, qui vient d'accéder au trône de saint Pierre sous le nom de Grégoire VII. Hildebrand, de naissance obscure, incarne la nouvelle Église qui veut juger du dehors le monde féodal. Il a vécu la soumission de la papauté à l'empereur, suivant en exil un pape déposé par Henri III ; il a inspiré les décisions des papes qui, pendant la minorité d'Henri IV, ont voulu mettre fin à cette soumission.

Le conflit éclate à propos de l'archevêché de Milan, siège métropolitain de l'Italie royale, que le roi veut pourvoir à son gré, contre la volonté du pape. Milan est déjà une très grande ville, secouée de conflits sociaux, dans lesquels s'emmêlent les querelles religieuses.

Le peuple, la plèbe, opposée aux nobles, a trouvé un appui chez les partisans de la réforme religieuse. Le roi allemand entre en conflit, ici, avec la force montante de la bourgeoisie urbaine, avec la commune, une force qui se place hors du système féodal, une force d'avenir ; elle a en commun avec le

---

1. Nom germanique. Dans la *Chanson des Nibelungen*, Théodoric-Dietrich von Bern a comme plus fidèle serviteur le vieux Hildebrand. La *Chanson de Hildebrand*, en langue « vulgaire », a été rédigée à l'abbaye de Fulda, en ancien haut-allemand, entre 810 et 820. Le nom comprend la syllabe *Hilt* (le combat) et la syllabe *Brant* (la lutte, l'arme).

parti de la réforme le refus de l'ordre établi, bien que dans les deux cas cette attitude se fonde sur des raisons, sur des motivations très différentes.

Dès le premier temps de l'immense bataille entre les deux pouvoirs suprêmes de la chrétienté, l'empereur se trouve ainsi également aux prises avec une force d'une tout autre nature, celle des bourgeoisies qui, d'abord, veulent se détacher de l'ordre féodal, des seigneuries territoriales, laïques ou ecclésiastiques, pour devenir ensuite à leur tour maîtresses des terres avoisinantes. A Milan, Henri IV jeune se heurte donc à deux principes différents, momentanément unis dans leur hostilité commune à son encontre. Plus tard, dans son âge avancé, c'est auprès des bourgeois allemands de Spire et de Worms, en rébellion contre l'évêque, seigneur féodal de leur ville, qu'il trouvera un ultime recours. La ville est étrangère au monde féodal, elle le fait éclater, mais quand le pouvoir monarchique princier aura triomphé des structures féodales il finira aussi par se soumettre les villes. En attendant ces siècles ultérieurs, l'empereur, qui veut aussi être maître de l'Église, et la papauté, qui se veut aussi maîtresse du monde, entrent dans une guerre qui, avec des fortunes diverses, se prolongera pendant près de trois cents ans. Ce conflit a été désigné sous le nom de « querelle des Investitures ». Investir, revêtir des insignes qui symbolisent et représentent des pouvoirs, c'est le droit du supérieur qui confère, promeut et délègue. Or, dans l'ordre féodal, l'évêque (et l'abbé des monastères royaux) est à la fois porteur de fonctions spirituelles, ecclésiastiques et de fonctions temporelles, au service de la royauté. Le roi-empereur qui tient ses pouvoirs de Dieu seul prétend qu'il lui appartient – et à lui seul – de nommer les dignitaires ecclésiastiques, quitte aux prêtres à leur conférer *ensuite* l'ordination religieuse. Dans l'esprit de la réforme qui, partie de Cluny, s'est emparée de Rome, c'est le pape seul qui, institué par Dieu, est la source de tous les pouvoirs terrestres et, en premier lieu, la source unique du pouvoir impérial. S'il « fait » l'empereur en le couronnant, il peut aussi le défaire, le déposer. Ce même droit, il le possède bien sûr aussi à l'égard des princes qui ne sont pas sous le pouvoir impérial comme les rois de France et d'Angleterre, mais, aux XIe, XIIe et XIIIe siècles, ce ne sont pas ces lointains souverains qui menacent le siège pontifical, qui peuvent tenter de réduire le pape au rôle d'un super-chapelain impérial. En prétendant exclure l'empereur de la procédure des désignations épiscopales et abbatiales, Grégoire VII sait qu'il s'attaque à l'un des fondements du pouvoir impérial. En revendiquant pour lui seul le droit d'investir, Henri IV se livre à une attaque frontale contre la réforme qui, désormais, domine dans l'Église, intellectuellement et politiquement. La querelle des Investitures ne sera cependant qu'un des aspects majeurs de cet immense affrontement.

L'escalade des condamnations mutuelles s'engage rapidement ; chose inouïe, sans exemple : en 1076 le pape excommunie le roi et libère les princes et seigneurs de leur devoir d'obédience. Un « contre-roi » est élu par certains seigneurs qui ne pardonnent pas à Henri sa politique de reprise des droits et biens royaux usurpés par les féodaux pendant sa minorité. Mais le jeune Henri a l'esprit délié ; voyant sa cause compromise, il franchit les Alpes à l'improviste, sans armée, et vient au château de Canossa, en Toscane, jeter sa repentance aux pieds du pape. Surpris par cette brusque manœuvre, Grégoire est contraint de lever l'excommunication. L'image du souverain, vêtu de la robe blanche des pénitents, attendant, pieds nus dans la neige pendant trois jours, que fléchisse l'esprit irrité du pontife, a été popularisée au XIXe siècle par des historiens nationalistes, au point de devenir le symbole de l'humiliation que l'étranger « welche » et le catholicisme romain n'ont cessé, au cours de l'histoire, d'infliger à l'Allemagne et à son bon droit. En fait, la « descente » à Canossa fut plutôt un succès politique pour le roi, mais depuis que Bismarck, lors d'un fameux débat parlementaire à l'époque du *Kulturkampf* qui l'opposait à l'Église catholique, s'est écrié : « Jamais nous n'irons à Canossa », presque tout le monde, en Allemagne, pense le contraire. « Aller à Canossa » est même devenu une expression proverbiale.

Bientôt victorieux dans sa lutte contre le rival que lui avait suscité le parti pontifical, Henri ne songe nullement à abandonner son droit aux nominations ecclésiastiques. La lutte reprend, acharnée, indécise. Le pape excommunie à nouveau le roi, le roi fait déposer le pape par un concile qui n'a rien à lui refuser, et se fait couronner empereur par un antipape, élu des cardinaux opposés au gouvernement autoritaire de Grégoire et aux exigences austères du parti de la réforme. En Italie comme en Allemagne, il y a désormais une Église pontificale et une Église impériale qui s'excommunient mutuellement. Les papes réussissent à soulever contre Henri successivement ses deux fils, Conrad et Henri. L'empereur prend Rome les armes à la main et contraint le pape à se réfugier chez les Normands qui sont en train de supplanter, en Italie du Sud, les princes langobards, l'Empire grec et même les Arabes. Un de leurs ducs, Robert Guiscard, ramène le pape à Rome que ses hommes pillent et saccagent. De nouveau contraint à s'exiler, Grégoire mourra à Gaète (« J'ai aimé la justice, c'est pourquoi je meurs en exil »), mais ses successeurs ne seront pas moins intraitables. En Italie, l'empereur se heurte de nouveau à la puissance montante des villes qui cherchent à s'émanciper des évêques et des seigneurs, dont beaucoup appartiennent au parti impérial ; en Allemagne, au contraire, les bourgeois des cités naissantes, mus par le même désir d'émancipation, soutiennent l'empereur dont leurs seigneurs sont les ennemis.

Une furieuse guerre intellectuelle de théologiens et de juristes accompagne et soutient le combat des armes. Chaque parti a ses philosophes, ses hommes de droit, ses pamphlétaires. Dans un texte célèbre, impressionnant de rigueur et d'exigence, le *Dictatus Papae*, Grégoire définit lui-même la supériorité absolue du pape, successeur du Christ, sur toutes les autorités temporelles qui ne sont légitimes qu'avec l'approbation de l'Église. A l'idée de la théocratie impériale, carolingienne et othonienne, se substitue ainsi l'idée de la théocratie pontificale servie par des constructions juridiques et historiques, telle la pseudo-donation constantinienne [1], et par la théorie des Deux Glaives qui fait du temporel une émanation du spirituel.

Le parti impérial, de son côté, reprend les thèses traditionnelles relatives à l'institution divine de la royauté et à la mission sacrée de l'empereur, chef et protecteur du peuple chrétien. A ces idées anciennes se mêlent cependant les

1. Voir ci-dessus, chapitre IV, p. 107.

premières conséquences que les juristes italiens de Bologne et de Padoue tirent des textes du droit romain qu'ils retrouvent et soumettent à une nouvelle lecture. Ils y découvrent la théorie de la monarchie absolue dont le pape ne serait qu'un sujet comme les autres. En Allemagne, une sorte de réaction nationale se lit en filigrane dans les textes passionnés de cette littérature de combat qui, destinée à l'infime minorité des « sachant lire », est naturellement écrite en latin. Mais l'on peut penser que traductions, lectures à haute voix et commentaires la répandirent bien au-delà de ce cercle étroit.

Tout occupée à ces déchirements, l'Allemagne, centre de l'Occident, ne joue dans les grandes affaires de la fin du XIe siècle qu'un rôle marginal. La croisade qui part, en 1098, à la reconquête de la Terre sainte, que des Turcs fanatiques viennent d'arracher aux descendants devenus plus tolérants des khalifes arabes, ne la touche guère que par les régions frontières de la Lorraine, par la Bavière et l'Autriche. Cependant, Godefroy de Bouillon et son frère Baudouin, le premier roi de Jérusalem, sont des princes d'Empire. L'empereur lui-même, excommunié et contesté, ne peut songer à se mettre à la tête de l'expédition, position qui lui reviendrait de droit. La croisade est, en fait, un nouvel épisode de l'emprise croissante que l'Église, constituée en structure de domination, exerce sur le monde temporel : prêchée par un moine-soldat, Pierre l'Ermite, dont l'éloquence entraîne un pape, lui-même ancien moine de Cluny (Urbain II) et héritier spirituel de Grégoire VII, la croisade est pour l'Église le moyen non seulement d'étendre son domaine au détriment des Grecs et des infidèles, mais de détourner vers des fins qui relèvent d'elle l'ardeur guerrière et querelleuse de la noblesse d'Occident. Elle fait ainsi partie de cette immense entreprise de sanctification du monde à laquelle se voue le parti de la réforme. Elle est liée, dans ce sens, à un autre mouvement parti de Cluny et qui poursuit les mêmes fins par des moyens opposés : la trêve de Dieu, *treuga Dei*, qui interdit la guerre les jours de fête, le dimanche et, peu à peu aussi, pendant les jours qui précèdent et suivent les fêtes. L'Église tente ainsi de tempérer, d'endiguer et d'exiler hors de la société chrétienne l'héritage du paganisme germanique : l'exaltation de la guerre, de la *Fehde*, du combat, honneur et principale occupation des hommes libres, source d'une morale qui se situe évidemment aux antipodes de celle du Christ et qui se partage encore avec celle-ci les cœurs et les mœurs des hommes de ce temps. La trêve de Dieu, cependant, n'est pas qu'une émanation de la morale religieuse et de la pitié que des hommes d'Église ressentent pour leurs frères souffrants. Elle rejoint la volonté des rois qui, pour le bien de leurs sujets, et pour faire triompher leur propre autorité, souhaitent mettre fin à l'anarchie des combats féodaux pour se réserver le monopole de la guerre, et pour assurer la prospérité de leurs États.

Elle rejoint aussi les besoins du commerce en extension, et des villes peuplées de commerçants et d'artisans qui vendent leurs produits au commerce, des villes qui, par l'accumulation de biens précieux, vivres ou trésors, qu'elles représentent, attirent la cupidité des seigneurs guerroyants. Ainsi, Henri III avait accueilli en Allemagne le mouvement de la paix de Dieu, et Henri IV décrète, tout excommunié qu'il est, la première trêve de Dieu de longue durée s'appliquant, en théorie tout au moins, à tout le territoire de l'Empire. Mais Cluny était en France, le pape était français et c'est en France que Pierre l'Ermite et Urbain II prêchaient la croisade, qui se composa pour la plus grande partie de princes et de chevaliers de langue française, qu'ils fussent ressortissants du Capétien, de l'empereur, du roi normand d'Angleterre ou des princes normands d'Italie du Sud. La civilisation, la culture, l'économie, la politique contournent en quelque sorte l'Allemagne qui, un demi-siècle plus tôt, dominait l'Occident.

A la longue, la vigueur de l'empereur s'usa, mais non son obstination. Les forces coalisées contre lui étaient trop puissantes et représentaient les modernités face à ses principes qui appartenaient au passé. L'Église, la richesse des villes italiennes, les seigneurs allemands… Devant son second fils rebellé, le vieux monarque (en fait, il n'avait guère dépassé la cinquantaine) doit céder le terrain malgré l'appui des fidèles villes rhénanes. Chez les bourgeois de Liège, il trouva un dernier refuge ; c'est là qu'il mourut en 1106, vaincu mais intraitable. Son cercueil resta posé des années durant, sans sépulture chrétienne, dans une chapelle latérale de la cathédrale de Spire, œuvre de son grand-père Conrad II, jusqu'à ce que le fils révolté et vainqueur, à son tour aux prises avec l'Église romaine, le fît placer dans le caveau où, pendant des siècles, les rois et les empereurs d'Allemagne devaient trouver leur dernière demeure. Cinq siècles et demi plus tard, Louvois, appliquant pour la première fois dans les temps modernes d'une manière systématique la tactique de la terre brûlée, fit violer les tombes et disperser les ossements. Les historiens nationalistes allemands des XIXe et XXe siècles n'ont pas pardonné cette ultime humiliation infligée à l'ancien repentant de Canossa.

A peine eut-il succédé à son père qu'Henri V, homme dur mais capable, dut assumer l'ancien rôle du défunt. Rompant ses promesses, il reprit, face à la papauté, la revendication des droits traditionnels de l'Empire. La lutte s'éternisait, les grands d'Allemagne eux-mêmes finirent par s'en lasser : les interdits et les excommunications qui frappaient les hommes de l'empereur et leurs terres étaient gênants pour tout le monde, et l'absence d'une autorité centrale reconnue de tous nourrissait l'anarchie. En France et en Angleterre aussi, les prétentions romaines rencontraient la résistance des rois, partout le problème des rapports entre le temporel et le spirituel intriguait les esprits. C'est en France, parmi les nouveaux philosophes qui peuplaient les écoles où les meilleurs penseurs s'affrontaient, que la solution finit par se dégager : l'évêque était à la fois un prêtre ayant reçu un sacrement spécial et un seigneur temporel. L'investiture que le roi avait coutume d'accorder et que le parti de la réforme lui disputait s'analysait donc en deux actes différents : par le premier, un prêtre était désigné à l'ordination épiscopale, par le second, le roi lui accordait ses fiefs, ses biens temporels. A un moment de la querelle, le pape avait même accepté, à la grande frayeur des évêques allemands, d'abandonner tous les biens temporels de l'Église en échange d'une renonciation de l'empereur à l'investiture ecclésiastique. C'était là une idée excessive de théoricien, mais la solution devait bien être cherchée dans ce sens, suivant les thèses élaborées par Yves de Chartres, l'un des plus grands penseurs de l'époque. L'accord se fit en 1122 à Worms, ville rhénane comme Spire, chère aux souverains saliens : dans ce « concordat », l'empereur renonça à l'investiture ecclésiastique, le pape accepta que le monarque continuât à accorder l'investiture temporelle. En ce qui concerne l'Allemagne, l'empereur obtint même que l'élection des évêques par le chapitre dût se dérouler en sa présence ou en celle de son représentant et, surtout, que l'évêque ne pût être sacré qu'*après* avoir reçu l'investiture temporelle. Par ce double biais, le souverain était assuré de conserver une influence déterminante sur le choix des princes de l'Église allemande, mais il dut abandonner cette prétention en ce qui concerne l'Italie et le royaume de Bourgogne. C'était particulièrement grave pour l'Italie où les évêques avaient été, comme en Allemagne, et davantage encore, les meilleurs soutiens du pouvoir impérial, et les meilleurs pourvoyeurs de son trésor. De l'immense combat, l'Église sortait donc largement victorieuse et l'Empire affaibli, mais la victoire de l'une n'était pas totale et la défaite de l'autre point définitive. C'est pourquoi la lutte des Deux Glaives dut encore se poursuivre pendant plus de deux siècles[1], élément central de l'histoire allemande, drame immense qui va séparer le destin allemand de celui des États de l'Europe occidentale, l'affrontement avec le pouvoir pontifical n'est qu'un épisode secondaire, drame qui est, en quelque sorte, l'envers ou la rançon de la grandeur impériale, de l'idée du Reich par laquelle l'Allemagne s'affirme, ou veut être, différente de tous les autres peuples.

Comment définir, derrière la façade des événements, les significations profondes de ce grand ébranlement ? Elles ne sont certainement pas simples ni univoques. L'Église se place, dans une large mesure, hors du cadre féodal, elle est une possibilité d'ascension donnée aux humbles, hors des contraintes de l'hérédité, des dynasties, des castes et des rangs, une possibilité de revanche qui assure une permanente

1. On peut affirmer que la phasc aiguë de ce combat se termine avec la fin de la dynastie impériale des Hohenstaufen en 1254, mais la lutte entre la papauté et l'Empire connut encore des rebondissements pendant un siècle, notamment sous Louis IV le Bavarois, aux prises avec les papes d'Avignon.

ouverture de la société sans cependant en changer la nature. En s'émancipant, l'Église accroît l'importance et le pouvoir d'hommes qui, souvent, sans elle, seraient restés dans l'obscurité et l'humilité. Elle empêche la société de se figer, de s'étioler ou, au contraire, d'exploser.

Corps social mis à part de tous les autres, l'Église a cependant ses intérêts particuliers qui peuvent s'opposer à ceux d'autres catégories, ou au contraire coïncider ou converger avec eux. L'Église vit, comme la noblesse, comme les propriétaires ou seigneurs fonciers (*Grundherren*), d'un prélèvement sur la plus-value réalisée par les paysans (et accessoirement par les autres catégories professionnelles productives, au fur et à mesure que celles-ci se développent).

La querelle des Investitures peut, dans une certaine mesure – mais ce n'est là, évidemment, qu'une explication partielle –, s'analyser comme une lutte entre les princes de l'Église et les rois et seigneurs laïcs, dont l'enjeu est la répartition de ce prélèvement. De même, la réforme des structures ecclésiastiques aboutit à mieux subordonner l'ensemble du clergé à ses chefs et ceux-ci au pape ; elle est la base et la condition d'une organisation par laquelle la papauté fera entrer dans *ses* caisses des contributions de plus en plus importantes, et une part croissante de ce que possèdent ou reçoivent les institutions qu'elle se subordonne, paroisses et évêchés. Il y a là à la fois un renforcement singulier des positions de l'Église face à la société séculière, et un renforcement de la position du haut clergé, et plus spécialement de son centre, de la Curie romaine, par rapport à la masse des petits clercs et par rapport aux différentes Églises nationales.

Ce qui est en train de se créer à Rome, comme conséquence de l'implantation de l'esprit de réforme, voulue et favorisée par Henri III, c'est, à partir du milieu du XIe siècle, une véritable puissance centralisée, un gouvernement avec ses services et ses secrétariats, avec ses juristes, ses philosophes et ses hommes de plume, avec ses finances, avec une véritable administration. En France, en Angleterre, en Sicile normande, l'on assiste à peu près en même temps à la naissance de l'État au sens moderne qui se caractérise par les mêmes développements. A travers la querelle des Investitures, l'Église catholique se constitue en super-État, à côté, au-dessus et à travers les États territoriaux et, avant tout, le premier d'entre eux : l'Empire[1].

Tout cela, dans un certain sens, aurait pu ne concerner l'Allemagne que d'assez loin, et indirectement. L'Église, en Allemagne, est certes entraînée dans la voie où s'engage l'Église universelle, mais ce développement ne correspond pas à des situations spécifiquement allemandes, à des besoins spécifiques allemands. La querelle des Investitures part de Rome et, derrière Rome, du mouvement de réforme né dans des monastères français. L'Église allemande ne demandait pas tant : elle s'accommodait fort bien d'une situation où le roi avait d'elle le plus grand besoin, et récompensait largement par des concessions de fiefs et de droits les abondants services qu'elle lui rendait. L'Église allemande n'était pas non plus le lieu de corruptions particulièrement voyantes et agressives ; sa soumission au roi ne permettait pas aux évêques et aux abbés, aux prêtres et aux moines les attitudes extrêmes et les extravagances qu'on relève dans une Italie où la royauté ne pouvait faire sentir son pouvoir que par intermittence. C'est l'engagement italien de sa royauté, ce sont les droits, les prétentions et les obligations de la dignité impériale qui valent à l'Allemagne d'être au cœur d'une lutte dont l'issue brisera à la fois la puissance impériale et le mouvement vers l'État national unitaire qui s'imposera peu à peu partout ailleurs dans les pays de l'Occident européen. Mais le destin allemand, au haut Moyen Age, était précisément inséparable de la prétention à l'Empire et de la domination sur l'Italie. Ainsi la Grande Querelle se situe bien, tout de même, au cœur de l'histoire allemande de ces premiers temps de l'Europe moderne.

Henri V mourut peu de temps après la conclusion du « concordat » de Worms, et avec lui s'éteignit la dynastie salienne. La grande lutte contre la papauté s'était terminée par un compromis qui, s'il reposait sur des concessions mutuelles,

1. En même temps la papauté consolide son pouvoir direct à Rome et sur les contrées environnantes qu'elle s'efforce de soustraire totalement à l'autorité impériale.

signifiait quand même pour l'Empire une considérable perte de puissance et de prestige. Le pape, en effet, avait abandonné de simples prétentions alors que l'empereur, lui, renonçait à des droits que ses prédécesseurs avaient effectivement exercés. L'absence d'héritiers mâles allait entraîner une fois de plus un nouvel affaiblissement du pouvoir central. Les biens de la famille royale passèrent au neveu de l'empereur défunt, Frédéric, duc de Souabe, fils de la princesse Agnès et d'un seigneur local, Frédéric de Büren, à qui son beau-père Henri IV avait donné le duché.

Frédéric de Souabe ou de Staufen, du nom du cône volcanique au sommet duquel son père avait bâti un château fort, le Hohenstaufen, possédait certainement les qualités exigées d'un bon roi, mais sa puissance, sa fortune et, surtout, ses liens avec la famille salienne faisaient de lui un candidat inacceptable pour le parti pontifical comme pour la plupart des grands seigneurs. A sa place, le choix de l'assemblée électorale se porta sur le duc de Saxe, Lothaire de Supplinburg, déjà avancé en âge et qui s'était toujours montré aussi fervent soutien de l'Église qu'adversaire des empereurs saliens. Fidèle à ses anciens alliés, Lothaire III ne donna aux papes aucun sujet sérieux de mécontentement, et abandonna même quelques-uns des droits que le concordat de Worms avait laissés à l'empereur. Toute sa vie durant, Lothaire s'était avant tout intéressé aux affaires saxonnes, ce qui impliquait une attention particulière accordée aux développements qui se déroulaient chez les voisins slaves. Comme roi et empereur, il consacra aux frontières du Nord-Est plus d'efforts que ses prédécesseurs, il soutint les comtes des marches qui poussaient leurs pions au-delà de l'Elbe aussi bien que les évêques et les moines qui, eux aussi, cherchaient à rejeter vers l'est les frontières de la chrétienté. Mais une grande partie de son énergie et de son temps de règne (1125-1137), Lothaire dut l'employer à lutter contre Frédéric de Hohenstaufen et son frère Conrad, duc de Franconie, qui refusèrent de reconnaître son élection. Ce combat fini, l'empereur, à son corps défendant, se vit contraint, lui aussi, de prendre le chemin de l'Italie, appelé par le pape en proie aux attaques de Roger II, roi normand de Sicile. Lothaire, fort éloigné du type de l'empereur médiéval, est fils soumis de l'Église, résigné à accepter la primauté du pape, avant tout préoccupé des choses d'Allemagne ; lui aussi, cependant, est contraint de céder à la vocation italienne et impériale. Le pape lui-même, dès qu'il se sent menacé d'un autre côté, fait appel à la protection impériale comme Léon III avait appelé Charlemagne, et Lothaire ne peut se refuser à cet appel. Quelle autre preuve faudrait-il pour démontrer que, contrairement à ce qu'affirmaient et voulaient croire les historiens nationalistes et nationaux-libéraux du XIXe siècle, la dimension impériale et italienne était pour l'Allemagne, au Moyen Age, inéluctable ? Il est vrai qu'Innocent II fait appel à Lothaire comme au soldat de l'Église qui doit obéissance à son suzerain : le glaive temporel doit être au service du glaive spirituel, alors qu'en plus la position du pape est affaiblie par le fait d'une double élection qui, en 1130, lui avait donné un rival en la personne d'Anaclet II. Lothaire, fidèle à lui-même, s'était refusé à exploiter ces difficultés pour reprendre les droits perdus par ses prédécesseurs. Il mourut, lui aussi, en Italie, loin de sa chère Saxe, n'ayant pu remporter sur les Normands de succès décisif.

Les Vikings que Rollon, leur chef norvégien, avait voulu fixer en 911 autour de l'embouchure de la Seine continuaient en effet à courir l'aventure aux quatre coins du monde occidental et méditerranéen. Avant même que le duc Guillaume ne conquît l'Angleterre en y entraînant une partie de la noblesse normande et des hommes libres, des bandes de jeunes Normands, fidèles à la tradition viking, malgré le baptême reçu par leurs grands-pères ou arrière-grands-pères, avaient commencé la conquête de l'Italie du Sud, d'abord comme mercenaires des princes langobards[1], ensuite pour leur propre compte. Les fils du baron de Hauteville (il en avait douze) prirent la tête de ces bandes ; le plus valeureux d'entre eux, Robert Guiscard, acheva la conquête de l'Italie

1. Des principautés langobardes, plus ou moins fiefs de l'Empire, s'étaient maintenues dans le sud de l'Italie après l'annexion du royaume langobard par les Francs. Leur pouvoir était combattu à la fois par les Grecs byzantins et par les Arabes.

du Sud, en chassant Langobards, Grecs et Arabes, et menaça même dans ses États l'empereur de Constantinople. C'est lui qui avait délivré Grégoire VII assiégé par Henri IV au château Saint-Ange. Le plus jeune, Roger, mit fin à la domination arabe en Sicile et mourut en 1102. Grand-comte de ce pays, Roger II, fils du précédent, prit en 1130 le titre de roi des Deux-Siciles, après avoir enlevé à ses cousins les provinces continentales : Pouilles, Calabre, Campanie. En cent ans (c'est l'espace qui s'écoule entre le débarquement des premiers fils de Hauteville et la mort du roi Roger II en 1154), les barons normands avaient constitué en Italie du Sud, pays divisé et déchiré depuis un demi-millénaire entre Grecs, Germains et Arabes, un grand État unitaire et fort, disposant de la meilleure armée d'Europe, et le seul qui eût une administration, au sens que ce mot revêt de nos jours (c'était en fait largement un legs à la fois de l'Empire byzantin et des dynasties arabes). Un autre État ayant des qualités de ce genre fut l'Angleterre normande où Guillaume le Conquérant et ses fils créent une monarchie à la fois féodale et centralisée.

Le talent politique et militaire de ces Vikings romanisés est stupéfiant. Les fils de Hauteville, brigands et mercenaires, eurent le goût des lettres, des arts, des choses de l'esprit, comme ils surent trouver autour d'eux, au carrefour des grandes civilisations méditerranéennes, les hommes et les outils, juridiques et intellectuels, nécessaires pour bâtir leur État. En Angleterre, pendant ce temps, les rois normands firent établir le premier relevé des biens fonciers d'un pays tout entier, depuis l'Empire romain.

L'histoire allemande est, elle aussi, concernée par l'aventure normande en Italie du Sud ; non, certes, parce que les Normands étaient des Germains, proches cousins, comme en témoignent leurs noms[1] – de cela, sans doute, les Allemands de l'époque n'avaient guère conscience et, de toute façon, les Vikings n'avaient pas laissé un bon souvenir dans l'Allemagne du Nord et du Nord-Ouest, tant de fois par eux attaquée

1. Tancrède, le père des douze fils de Hauteville, dont le nom unit les mots *Dank* (*Gedanke*, pensée) et *Rât* (*Rat*, conseil, conseiller) ; Roger qui unit *Hruod* (gloire) et *Gêr* (la lance) ; Guillaume, Wilhelm, de *Willeo* (la volonté) et *Helm* (le casque, la protection).

et dévastée – ; mais, essentiellement, à cause de l'apparition d'une nouvelle puissance en Italie du Sud, alors que les Grecs y sont presque impuissants, et les Arabes des « non-personnes » pour les chrétiens, hors du jeu de la politique. Or, cette nouvelle figure du grand jeu va servir miraculeusement le dessein des papes qui veulent s'émanciper de l'autorité impériale. Certes, il y eut au départ des malentendus, des conflits violents contre les usurpateurs normands et le pape dont ils ne respectèrent pas plus les possessions et intérêts que ceux des autres puissances installées dans la région. Mais, très vite, l'alliance se fit sur la base d'un compromis : le pape reconnaissait les conquêtes normandes, les légalisait en accordant aux princes normands des titres, des honneurs, des droits exceptionnels (Roger Ier fut fait légat du pape pour la Sicile, investi de tous les droits que le pape exerçait ou aurait pu exercer sur l'Église de cette terre reconquise au christianisme), les Normands acceptant en retour de faire de leurs conquêtes des fiefs et d'eux-mêmes les vassaux du Saint-Siège, et surtout de protéger le pape contre l'empereur. Celui-ci, dès qu'il descendait en Italie, se heurtait à la diplomatie, à l'argent, et souvent aux armes des Normands. Dès lors, s'emparer du royaume normand devenait pour l'empereur un objectif primordial, dont il était indispensable pour le pape d'empêcher la réalisation. Le grand dessein réussit à la fin du XIIe siècle quand Frédéric Barberousse maria son fils aîné, le futur Henri VI, à la fille de Roger II, Constance, qui allait hériter du royaume normand par la mort de son neveu, Guillaume II, en 1189.

A la mort de Lothaire, il eût été naturel de lui donner pour successeur pour l'Empire son gendre Henri le Superbe, duc de Bavière et, de par le décès de son beau-père, maintenant aussi duc de Saxe. Ce seigneur, le plus puissant parmi les princes allemands de l'époque, appartenait à l'illustre maison des Welfs, d'où était sortie au IXe siècle l'impératrice Judith, seconde femme de Louis le Pieux ; son frère, Welf VI, avait de son côté hérité des immenses domaines italiens de la comtesse Mathilde, naguère protectrice de Grégoire VII, qui s'étendaient sur une grande partie de l'Italie centrale.

Comme en 1125, quand l'assemblée électorale avait préféré Lothaire à Frédéric de Souabe, la richesse et la puissance de l'héritier jouèrent contre lui autant que le désir d'écarter tout retour au principe héréditaire. Frédéric de Souabe étant mort, ce fut son frère Conrad de Franconie, lui aussi petit-fils d'Henri IV et neveu d'Henri V, qui reçut la couronne. Et comme Lothaire contre le duc de Souabe, Conrad dut batailler longtemps pour imposer son autorité au parti du Welf[1]. Ayant affermi son pouvoir en enlevant à ses adversaires le duché de Bavière, Conrad, obtempérant aux invites répétées du pape et bouleversé par la prédication de Bernard de Clairvaux qui renouvelait l'exploit de Pierre l'Ermite en galvanisant les foules d'Occident, se décida à prendre la croix et à conduire en Terre sainte une importante armée pour s'y unir au roi de France, Louis VII. Enfin, l'empereur, chef au moins théorique de la chrétienté, prenait en personne la tête du combat contre les infidèles. Mais la deuxième croisade fut un échec : Conrad se heurta à la méfiance et aux atermoiements de l'empereur de Constantinople, son armée fut victime des habituelles épidémies ; il ne réussit pas à forcer les défenses de Damas, dont la chute eût été indispensable pour donner de l'air au royaume latin de Jérusalem et aux autres principautés franques, et revint de Terre sainte déçu et malade. Une grande entreprise diplomatique, l'alliance générale contre le roi de Sicile, dans laquelle le *Basileus* de Byzance tenta de l'entraîner, échoua elle aussi. En mourant, après quinze ans de règne (en 1152), Conrad recommanda aux électeurs de porter leur choix, non pas sur son propre fils Frédéric, encore mineur, mais sur son neveu de même nom, le duc de Souabe, qui était dans la force de l'âge… Cette fois-ci, la peur de la succession dynastique ne l'emporta point et le duc de Souabe fut élu. Il portait une belle barbe blonde tirant sur le roux, d'où le surnom que devaient lui donner les Italiens, empereur Barberousse. Après

---

1. De ce conflit datent les désignations de *Welfen* et *Waiblinger* (ce dernier nom étant dérivé d'une ville qui appartenait aux Hohenstaufen, mais l'étymologie n'est pas sûre) dont les Italiens firent *guelfi* et *ghibellini*, les premiers étant les partisans du pape et des communes, les seconds représentant le parti impérial.

tant de décennies sinistres ou médiocres, l'Allemagne allait enfin à nouveau connaître les splendeurs d'un grand règne servi par la durée (1052-1090).

La conquête de l'Est : une seconde Allemagne

La croisade malheureuse de Conrad III eut pour l'Allemagne une importance indirecte considérable. Comme les princes espagnols, les seigneurs de l'Allemagne du Nord-Ouest firent observer au pape qu'ils avaient, en quelque sorte, les païens à domicile, de l'autre côté d'une frontière incertaine. Ils obtinrent ainsi d'être dispensés de la croisade en Terre sainte et de pouvoir entreprendre contre les Slaves, leurs voisins, une croisade qui leur fût propre. Ce *Slavenkreuzzug* n'eut pas lui non plus, dans l'immédiat, de succès spectaculaires, mais il fut le prélude d'une offensive générale des princes et seigneurs allemands qui se poursuivra d'une façon discontinue pendant plusieurs décennies. La résistance des peuples slaves d'entre l'Elbe et l'Oder s'épuisait, les tribus n'avaient pas été capables de constituer des États, comme les Tchèques et les Polonais ; isolées et ennemies les unes des autres, elles succombèrent sous le nombre et sous le poids d'une civilisation matérielle et intellectuelle plus développée. Certains seigneurs slaves se convertirent et établirent des liens de famille avec les dynasties allemandes voisines ; ce fut le cas, notamment, des ancêtres des ducs de Mecklembourg et de Poméranie qui purent maintenir et étendre leur domaine en accédant au rang de princes de l'Empire. Les Slaves de la partie orientale du Holstein, en revanche, furent submergés par l'assaut allemand et se fondirent dans la seigneurie des comtes de Schauenburg. Sur la moyenne Elbe, le comte Albert de Ballenstädt, dit « l'Ours », l'un des plus puissants parmi les vassaux des ducs de Saxe, conclut un arrangement avec un prince slave converti, dont les terres s'étendaient le long des rivières Havel et Spree, traité par lequel les deux seigneurs s'instituaient mutuellement héritiers au cas où ils mourraient sans descendance. Le Slave étant mort quelque temps après, Albert put effectivement s'emparer de ses domaines qui formèrent désormais la marche de Brandebourg, du nom de la ville où un évêché avait été érigé dès le Xe siècle. Disparu entre-temps, comme celui de Havelberg, il fut rétabli par le margrave Albert. Plus au sud, la marche de Misnie, ou de Meissen, occupait le terrain entre la Saale et l'Elbe. Quelques années plus tard, la partie sud-occidentale de la Pologne, qui s'étendait sur les deux rives de l'Oder, fut détachée du royaume. Cette région, appelée « Silésie[1] », se divisa alors en un grand nombre de duchés et de principautés qui passèrent rapidement sous l'influence politique et culturelle de l'Allemagne. C'est Barberousse qui avait arraché au roi de Pologne l'abandon de la Silésie en faveur des fils d'un précédent roi détrôné. Les dynasties silésiennes se germanisèrent et firent appel à des Allemands pour développer l'agriculture, les villes et les mines de leurs territoires. Ainsi la Silésie entra à son tour dans les limites de l'Empire. Soumise à la suzeraineté de la Bohême, incorporée à la Prusse après 1740, elle devait y rester jusqu'à la fin du Saint-Empire, en 1806.

Ainsi, tandis que les empereurs affrontaient le pape et combattaient en Italie, l'Empire et le territoire du peuple allemand s'agrandissaient à l'est dans des proportions prodigieuses. Une seconde Allemagne prenait naissance sur ces sols colonisés. L'*Ostkolonisation*, la colonisation de l'Est, fut, avec le rétablissement de l'Empire et de l'union avec l'Italie sous Othon Ier, avec la « guerre de trois cents ans » contre la papauté, commencée sous Henri IV, le troisième grand événement de l'histoire médiévale de l'Allemagne, événement considérable en même temps que marginal, puisqu'il se produisit sans intervention directe du pouvoir central et presque à son insu. En concurrence avec Albert l'Ours, la consolidation de l'emprise allemande sur les terres au-delà de l'Elbe fut pour une large part l'œuvre du fils d'Henri le Superbe, lui aussi prénommé Henri, et surnommé « le Lion ». Rétabli duc de Saxe et de Bavière par son cousin Frédéric Barberousse, le Lion, prince ambitieux, valeureux et intelligent, favorisa l'essor de la ville et du port de Lubeck que le comte de Holstein, vassal de la Saxe, avait fondés en 1144 sur un bras de la Baltique et qui fut le premier établissement

1. Du nom d'une peuplade germanique, les Silingues sous-tribu des Vandales, qui occupa ces régions lors des grandes migrations.

allemand d'importance sur cette mer. (Excellent administrateur, il fonda aussi Munich, près d'un gué de l'Isar, pour y lever l'octroi qui revenait auparavant à un évêque voisin.) A partir de Lubeck qui devint vite une grande cité commerçante et dynamique, dès le début du XIIIe siècle, toute une série de ports sont créés sur les côtes méridionales de la Baltique : Wismar (1229), Rostock en Mecklembourg, Stralsund en Poméranie (1209), Riga en Livonie (1202), alors que Stettin et Danzig, anciennes bourgades slaves, connaissent un grand essor. A l'intérieur des terres, aussi, les villes se développeront rapidement sur la base d'établissements slaves antérieurs ou comme fondations nouvelles. En quelques décennies le phénomène urbain se propage jusque dans le sud-est de la Pologne (Lemberg [Lvov] est fondée en 1259) ; partout, à l'intérieur des nouvelles frontières du Reich, comme dans les pays slaves et magyars qui conservent leur indépendance politique, les villes se peuplent de commerçants et d'artisans allemands et se donnent (ou reçoivent du prince) des chartes de droit allemand, lesquelles garantissent aux bourgeois, germaniques ou assimilés, une large autonomie de gestion. Le droit de Lubeck et celui de Magdebourg vont ainsi s'étendre à travers tout l'Est européen jusqu'en Russie. Cet immense mouvement qui intéresse aussi bien l'histoire politique que l'économie et la culture ne s'achèvera qu'au XIVe siècle. Une nouvelle étape, en effet, portera l'effort au delà de la Vistule où se formera, à partir de 1225, l'État de l'Ordre Teutonique, singulière création séculière d'un ordre de moines-chevaliers qui étendront leur domaine, et celui de l'emprise allemande, jusqu'en Estonie tout en menant contre les Prussiens une longue guerre d'extermination. En même temps se constituera autour de Lubeck une puissance non moins singulière : la Ligue hanséatique, d'abord association de marchands, ensuite alliance de villes qui, au moment de sa plus grande extension, vers l'an 1350, réunira plus de 250 cités maritimes et continentales, de Bruges à Cracovie, de Tallinn (alors appelée Reval) jusqu'à Cologne. Mais les conquêtes de l'Ordre Teutonique ne furent pas réellement incorporées à l'Empire, et la Hanse resta un regroupement de caractère non étatique (bien qu'elle eût, à certains moments, une force militaire commune, essentiellement navale, et un tribunal suprême).

L'*Ostkolonisation*, sans doute la plus grande œuvre collective du peuple allemand avant les temps modernes, supposait une énorme vigueur démographique. Tout concourt à faire penser, en effet, que la population allemande, comme celle de beaucoup d'autres pays d'Europe, ait connu une forte et continuelle croissance, du Xe au XIVe siècle. Le nombre des habitants s'est, pendant cette période, multiplié par quatre ou cinq. Comme les techniques agricoles et les modes de production n'avaient pas, pendant ce même temps, réalisé des progrès comparables, une population sans cesse plus nombreuse n'a pu alors trouver de subsistance qu'au moyen d'une « colonisation » interne extrêmement active. Les terres cultivées ne cessent de s'étendre, au détriment de la forêt, et en escaladant les hauteurs, le roi, les seigneurs, les monastères et les communautés paysannes, voire des familles individuelles, se lancent dans l'entreprise du défrichement qui transforme la nature et produit d'importantes conséquences politiques et sociales. D'innombrables villages nouveaux apparaissent sur les terres de défrichement[1]. Ces entreprises sont parfois conduites d'une manière organisée. Le roi, le seigneur, l'abbé concèdent à un entrepreneur le droit de créer un « essart » dont il sera souvent le premier administrateur et juge (*Schultze, Schultheiss*[2]). Les colons, eux aussi, bénéficient d'avantages fiscaux, d'exemptions de taxes sur plusieurs années, de droits de possession meilleurs, de corvées moindres. Mais le défrichement et la mise en culture de sols de faible qualité finissent par atteindre à leur tour des limites de plus en plus difficiles à franchir. Comme la croissance démographique se poursuit, l'excédent de population rurale (le même mouvement favorise l'essor des villes) devient disponible pour une colonisation extérieure. En direction des terres slaves et baltes faiblement occupées va s'organiser une

---

1. Origine que rappellent des noms de lieu formés avec le mot *roden* (défricher) : *-roden, -rode, -reuth*. Exemple : Bayreuth, qui signifie « défriche bavaroise ».

2. Cette désignation est devenue un nom de famille fort répandu. L'origine du mot vient de *schalten*, « diriger, ordonner ».

véritable migration qui, elle aussi, se poursuivra pendant plus d'un siècle. La vieille chanson populaire *Gen Ostland wollen wir reiten* (« Chevauchons en direction du pays de l'Est ») témoigne de l'état d'esprit des partants qui espéraient trouver là-bas une vie moins pauvre et plus libre. Les régions qui donnèrent le plus grand nombre d'émigrants furent naturellement celles qui comptaient la population la plus dense : en premier lieu les Pays-Bas, les Flandres, le Brabant, la Hollande ; ensuite, la Westphalie, les vallées du Rhin et de la Moselle, le Palatinat. On retrouve – ou plutôt, on retrouvait encore avant 1945 – la trace de leurs dialectes d'origine en Prusse-Orientale comme en Transylvanie (où des paysans allemands furent appelés par les rois de Hongrie, à la fois pour peupler des régions désertiques et pour assurer les défenses avancées de la grande plaine contre de nouveaux envahisseurs venant de l'est).

L'organisation de l'expansion extérieure aux XIIe et XIIIe siècles se fit sur le modèle de la colonisation intérieure, mais d'une façon plus massive et plus systématique. Les chefs slaves convertis, ou les seigneurs allemands qui recevaient en fief les terres conquises, et les monastères créés par les princes confiaient à des hommes entreprenants la mise sur pied d'un groupe, constitué généralement de familles voisines, originaires d'un même village ou d'une même contrée, que ces *collocatores* conduisaient jusqu'à l'emplacement choisi pour l'établissement de la nouvelle communauté. Les colons jouissaient, eux aussi, d'un statut juridique et fiscal privilégié. Par analogie, on peut se représenter ces longues colonnes de chariots dirigées par des cavaliers, traînant avec eux animaux domestiques et outils, comme les convois qui, au XIXe siècle, traversaient l'Amérique d'est en ouest, dont l'image nous a été rendue familière par le cinéma, ou encore comme les grands *treks* des paysans néerlandais d'Afrique du Sud, partant occuper les vastes espaces du Transvaal pour fuir la domination britannique et la civilisation urbaine.

La nouvelle Allemagne qui naissait ainsi au-delà de l'Elbe allait rapidement égaler, et même dépasser en importance, l'ancienne, le vieil Empire, l'*Altreich*, l'Allemagne des quatre grands *Stämme* formée lors du partage de l'héritage carolingien. Dès le XIIIe siècle, l'épicentre de la vitalité allemande se déporte vers l'est : alors que se décomposent les vieux duchés de Saxe, de Franconie et de Souabe, seule la Bavière restant un ensemble relativement étendu et cohérent, de vastes principautés se créent sur le territoire colonisé, dont certaines, la Misnie, devenue Saxe supérieure, puis Saxe tout court (l'ancienne Saxe ne retrouvant son nom que de nos jours par la création, après 1945, du Land de Basse-Saxe qui, cependant, n'inclut pas la Westphalie), et le Brandebourg, joueront un rôle politique grandissant dès le XIIIe siècle. A l'exception de quelques districts de Thuringe, tout le territoire de l'ancienne République démocratique allemande n'était allemand que grâce à la conquête, à la colonisation et à l'assimilation qui s'opèrent aux XIIe et XIIIe siècles.

Les historiens allemands et slaves, depuis que l'Europe a découvert les poisons et les emballements du nationalisme, ont évidemment porté des jugements contraires sur cette immense entreprise ; ces querelles méritent d'être dépassées. Il ne s'agit plus, pour nous, de distribuer des louanges ou des blâmes, mais de constater ce qui fut et ce qui demeure. De ce point de vue, la colonisation de l'Est – un des faits les plus importants de l'histoire européenne – a placé sur l'orbite allemande, pour de longs siècles, ou définitivement, de vastes régions qui, auparavant, étaient restées en marge de l'histoire. La civilisation des tribus wendes et baltes était demeurée beaucoup plus primitive que celle de leurs voisins allemands (qui, de leur côté, étaient en retard sur les développements italiens et français de l'époque). Qu'il s'agît du progrès matériel, des techniques agricoles et artisanales, de la constitution de centres urbains – ou de la vie intellectuelle et spirituelle – (les tribus slaves entre Elbe et Oder et les tribus baltes au-delà de la Vistule ne possédaient pas l'écriture, et la religion monothéiste chrétienne représentait sans doute un stade d'appréhension de la situation de l'homme dans son univers et des liens qui existent, ou doivent exister, entre les hommes, supérieur à celui des mythologies païennes), le clivage était réel entre les deux grands groupes humains. C'est d'ailleurs ce qui explique la rapidité relative de l'assimilation des éléments slaves qui fut achevée en moins de deux siècles, à l'exception de quelques îlots, dont un seul existe encore de nos jours, le groupe des Sorabes de Lusace, près de Bautzen, divisés entre la Saxe et le Brandebourg et qui représentent moins de 100 000 âmes.

Dans les terres ainsi acquises, ce qui témoigne de la vie des hommes, les villes, les églises, les châteaux – mais aussi les écrits – est foncièrement allemand. Ce qui subsiste du passé médiéval de Breslau, de Danzig et des villes de Prusse-Orientale, Königsberg, Marienburg, Elbing, voire des villes baltes, de Riga et de Reval, a beau être habité aujourd'hui (et souvent reconstruit avec soin) par des Polonais, des Lettons ou des Estoniens (ne parlons pas ici des Russes qui ont vidé leur part de Prusse orientale de presque tout ce qui rappelait une histoire signifiante et importante), ces vestiges ne peuvent être réclamés par un autre génie que celui qui les a créés. Nul ne dispute aujourd'hui le caractère majoritairement arabe de l'Afrique du Nord, mais nul ne songe non plus à attribuer Volubilis ou Timgad au génie arabe. Herder et Gryphius, Angelus Silésius et Kant ne furent pas des poètes ou des penseurs slaves. Toute cette triste dispute est, en fin de compte, dérisoire et prouve seulement à quel point l'Europe du XXe siècle, pour maintenir son héritage, a besoin d'être, pour tous les peuples, une patrie commune, où chacun ait le droit d'être partout chez soi et de se voir reconnaître son héritage culturel, même si le lieu a changé de nationalité ou d'appartenance étatique.

CHAPITRE VI

L'apogée de l'Empire médiéval de Frédéric Barberousse à Frédéric II

1152-1250

En France, les Capétiens règnent et gouvernent depuis 987. En Allemagne, pendant ce temps, trois dynasties se sont succédé quand, en 1152, Frédéric de Souabe, petit-fils d'Henri IV par sa mère, accède au trône royal. En France, six rois entre 987 et 1152, en Allemagne, huit; Frédéric sera le neuvième. En France, le pouvoir dynastique s'organise progressivement autour de Saint-Denis et de Paris. En Allemagne, pas de résidence capitale, chaque dynastie a ses châteaux et ses abbayes où elle enterre ses morts. Deux longues minorités, celles d'Othon III et d'Henri IV, qui interrompent l'exercice normal du pouvoir. Henri IV, déposé par le pape, verra se lever contre lui deux « contre-rois » jusqu'à ce que son propre fils lui arrache la couronne. Deux rois faibles, Lothaire de Saxe et Conrad III, élus pour faire pièce à de puissants prétendants. Il est vrai que le roi de France voit se dresser contre lui le puissant rival d'Angleterre, à un moment possesseur de près de la moitié du royaume de France, mais, contemporain de la vieillesse de Frédéric Barberousse, Philippe Auguste arrachera à l'Anglais une grande partie de ses domaines continentaux. De plus les Capétiens parviennent, avec Philippe Auguste, à rendre leur couronne définitivement héréditaire alors que s'accentue en Allemagne le caractère électif de la royauté. En dehors du règne désastreux d'Henri IV qui, minorité incluse, s'étend sur un demi-siècle, de 1053 à 1105, les rois allemands ne durent guère : vingt ans dans l'Empire est déjà un gouvernement long. Frédéric

(1152-1189) tranchera avec ses prédécesseurs. Il accède à la couronne dans la force de l'âge, à vingt-sept ans. Sans être gigantesque, il est beau et vigoureux (le buste-portrait que nous conservons de lui, chose rare à l'époque, le montre la tête ornée d'épaisses boucles frisées, la figure longue aux traits fins et aux yeux légèrement proéminents, entourée d'un collier bien taillé et ornée d'une moustache qu'il faut, comme la barbe et les cheveux, imaginer d'un roux flamboyant). Il émanait de ce cavalier infatigable, de ce combattant toujours en première ligne une autorité à la fois naturelle et majestueuse à laquelle peu de contemporains songeaient à se soustraire. Sans doute, le plus grand souverain allemand entre Charlemagne et Frédéric de Prusse, autour duquel se forme, s'affirme et commence à s'exprimer une sorte de conscience nationale. Un héros « national » qui fut identifié et reconnu comme tel par ceux qui, autour de lui, pouvaient penser leur temps et leur peuple. Sous son règne se répand l'art gothique triomphant et serein, s'écrivent et se récitent les grands textes de la première littérature classique en langue allemande. Infatigable et incapable de renoncer, après chaque défaite il reprend le combat pour conduire sa dynastie et le nom allemand à des hauteurs oubliées depuis Charles et Othon. Un politique avisé et sagace aussi, qui sait s'entourer de serviteurs formidables, archevêques et conducteurs d'hommes. Après trente années de campagnes en Italie et dix ans de paix, le voilà à soixante-dix ans partant pour la croisade, pour disparaître, effacé, enlevé dans les eaux d'un fleuve anatolien. Destin sans égal, dont l'imagination populaire tirera le rêve du roi vengeur qui, un jour, viendra rétablir la grandeur allemande et la justice pour les pauvres. Dans une grotte de la montagne du Kyffhäuser, au fond de la Thuringe, Frédéric (le souvenir non écrit confond peu à peu l'aïeul disparu en Asie Mineure et le petit-fils guerroyant et légiférant dans une Italie mythique) dort et rêve en attendant le moment que Dieu a fixé à sa réapparition.

Près de cent ans s'étaient écoulés entre la mort d'Henri III et l'avènement de Frédéric Barberousse, en 1152. Pendant toute cette période, l'autorité impériale ne s'était exercée en

Italie que par intermittence, toujours contestée, souvent complètement absente. Les choses n'avaient guère été différentes en ce qui concerne le royaume de Bourgogne dont le pouvoir central s'était peu à peu désintéressé [1]. Le nouveau roi, conscient de sa valeur, imbu de sa dignité et informé de ses droits, était résolu à reprendre ce qui avait été laissé à l'abandon. Pour cela, il fallait d'abord mettre de l'ordre en Allemagne et s'assurer de ses amis. Un accord avec les Welfs [2] restitua à Henri le Lion et la Saxe et la Bavière, mais de cette dernière on sépara le margraviat d'Autriche qui fut érigé en duché autonome au profit de la dynastie des Babenberg, proches parents du roi qui tenaient à Vienne une cour fastueuse. Un des grands-oncles de Frédéric, issu de cette illustre famille, l'évêque Otto de Freising, se fit en latin l'historien de l'Allemagne impériale en écrivant une *Chronique depuis Adam jusqu'à l'an 1146* qui constitue une des œuvres les plus importantes de l'époque. L'émancipation de l'Autriche, faisant suite à celle de la Carinthie déjà soustraite à la Bavière depuis le Xe siècle, marque le passage à ce que les historiens allemands appellent les « troisièmes duchés ». Les premiers furent les territoires des grandes tribus que les Carolingiens incorporèrent dans leur Empire, notamment les duchés de Saxe, de Bavière et de Souabe, les seconds, ceux qui reprirent au Xe siècle, à l'intérieur du royaume de la Francie orientale, la tradition des duchés indépendants de naguère, toujours dans le cadre des *Stämme*, avec en plus, au Xe siècle, la Carinthie et les deux Lorraines. Maintenant, la dignité ducale tend à n'être plus qu'un titre qui va se démultiplier à travers l'Empire, tandis que se défont les vieilles grandes unités reposant sur le principe ethnique d'abord et dynastique ensuite. Après la disparition des Hohenstaufen, il n'y aura plus de duchés de Souabe et de Franconie, mais une poussière de principautés et de villes libres de plus en plus

---

1. L'Italie, la Bourgogne et l'Allemagne formaient ensemble l'Empire reconstitué par Othon Ier en 964, après une longue éclipse, et auquel la Bourgogne avait fait retour en 1032.

2. Grande famille de haute noblesse souabe, solidement établie en Allemagne et en Italie. Henri le Fier, duc de Saxe et de Bavière, gendre de l'empereur Lothaire III, avait été privé de ses fiefs par Conrad III, le premier roi Hohenstaufen, et c'est son fils, Henri le Lion, qui les récupère.

LE SAINT-EMPIRE À L'ÉPOQUE DES HOHENSTAUFEN XIIe- XIIIe SIÈCLE
DANEMARK
DANOIS
XIIe s.
ORDRE TEUTONIQUE depuis 1226
Hambourg
Szczecin (Stettin)
Brême
Vistule
FRISE
Mche DE BRANDEBOURG
SAXE
Lebus
POLOGNE
Brunswick
HOLLANDE
ROYAUME
Goslar
Halberstadt
Londres
Oder
Rhin
Canterbury
Bruges
Dortmund
Nordhausen
Muhlhausen
Leisnig
Wrocław (Breslau)
SILÉSIE
Cologne
Kaiserswerth
Altenburg
FLANDRE
Liège
Aix-la-Ch.
Boyneburg
Elbe
Payant tribut au roi de Bohême jusqu'en 1163
Bouvines 1214
DE
GERMANIE
Plauen
BASSE-LORRAINE
Francfort
Gelnhausen
Main
Eger
Prague
Mayence
FRANCONIE
Bamberg
ROYAUME DE BOHÊME
Seine
Kaiserslautern
Worms
Nuremberg
Verdun
Metz
Trifels
Wimpfen
Rothenburg
MORAVIE
Paris
Ratisbonne
HAUTE-LORRAINE
Haguenau
Waiblingen
ROYAUME
Strasbourg
BAVIÈRE
Passau
DUCHÉ D'AUTRICHE
Vienne
Hohenstaufen
Freising
ROYAUME DE
Sens
Sélestat
SOUABE
Esztergom (Gran)
Loire
Augsbourg
Braunau
Colmar
Bâle
Buda
Pest
DUCHÉ DE
Ravensburg
Salzbourg
STYRIE
FRANCE
Dijon
Constance 1183
BOURGOGNE
Besançon 1157
CARINTHIE
Coire
TYROL
DE HONGRIE
ROYAUME DE
Mche DE VÉRONE
Genève
Trente
Legnano 1176
Bergame
COMTÉ DE
Vicence

Garonne
Toulouse
BOURGOGNE
(ARLES)
Rhône
Avignon
Montpellier
Maguelonne
Arles
COMTÉ DE PROVENCE
Anjou
1246
Nice
Perpignan
ROYAUME D'ARAGON
Barcelone
BALÉARES
1229 / 35
Aragon
Turin
Alexandrie
1168 / 1174
Crémone
Plaisance
Mantoue
Roncaglia
1158
Parme
Modène
Ferrare
Bologne
Ravenne
Venise
1177
Gênes
ROY. D'ITALIE
Florence
Pise
Sienne
TOSCANE
CORSE
Ajaccio
SARDAIGNE
Cagliari
ÉTATS DE L'ÉGLISE
Spolète
ROME
Anagni
Ancône
RÉP. DE VENISE
CROATIE
Zara
1204
Raguse
1204
SERBIE
Durazzo
1205
BYZANTINS
Corfou
Termoli
Vieste
Mont Cassin
Fiorentino
Castel del Monte
Bénévent
Lucera
Bari
Brindisi
Gaète
Naples
Salerne
Melfi
Altamura
Tarente
Oria
Otrante
ROYAUME DE SICILE
Cosenza
Nicastro
Messine
Reggio
Palerme
Trapani
Catane
Enna
Syracuse
MALTE
Tunis
ALMOHADES
0
300 km
Biens patrimoniaux des Hohenstaufen
Forteresses des Hohenstaufen
Principaux châteaux
Biens patrimoniaux des Welfs
Villes de la Ligue lombarde en 1167
Batailles
Diètes
Traités de paix
Possessions des Hohenstaufen en Italie méridionale (1194-1266)
Principaux châteaux forts

autonomes. Dès la chute d'Henri le Lion en 1180, la Saxe avait été dépecée.

Ayant réglé les affaires allemandes les plus urgentes, Frédéric Barberousse s'occupa de la Bourgogne. Il épousa l'héritière de la Franche-Comté, région qui entra ainsi, pour quelques générations, dans le patrimoine des Hohenstaufen. A Besançon, capitale de cette province, il réussit une des diètes (*Reichstage*) les plus brillantes de son règne. Il replaça aussi sous sa suzeraineté les royaumes de Pologne et du Danemark qui avaient secoué leurs liens sous les faibles règnes précédents. Dès lors, il était prêt pour l'entreprise la plus importante : le rétablissement de la puissance impériale en Italie. Un tel dessein ne pouvait que susciter des méfiances et des oppositions exacerbées : trop de princes, trop de villes, et surtout l'Église, avaient tiré avantage de l'effacement impérial. Avec le pape Alexandre III, élu en 1159, digne successeur de Grégoire VII, le conflit éclata presque aussitôt et dura près de vingt ans ; l'enjeu était toujours le droit d'investiture des évêques pour l'Italie. Mais il s'y ajoutait le statut des territoires pontificaux que le pape prétendait soustraire complètement à la souveraineté impériale, tout en les étendant sensiblement au-delà du Latium. Contre Alexandre, Frédéric suscita des antipapes mais ne put remporter de victoires décisives. L'Église, à présent fortement hiérarchisée et centralisée, pouvait mobiliser contre l'empereur allemand l'opinion européenne dans un grand nombre de pays qui n'étaient pas à même de refuser leur soutien au pape ou qui avaient intérêt à freiner l'essor de la puissance impériale. Mais, chose nouvelle et féconde en contradictions futures, cette Église, maintenant habituée à dominer, avait pour alliés, en quelque sorte naturels, les plus importantes des villes de l'Italie du Nord. Devenues riches et puissantes, les cités des régions centrales du royaume d'Italie, qu'on commençait à appeler « Lombardie », du nom des Langobards dont le royaume avait été annexé par Charlemagne, s'étaient, au cours du siècle écoulé depuis les débuts d'Henri IV, constituées en républiques autonomes souvent à la tête d'importants territoires. Elles avaient aussi, depuis de longues décennies, usurpé toutes sortes de droits et de prérogatives qui revenaient à l'empereur en tant que roi des Langobards ou roi d'Italie, comme on disait depuis le xe siècle. Contre les exigences de Frédéric, qui voulait restaurer les droits de l'Empire, Milan prit la tête d'une puissante coalition que le pape soutint activement, tandis que d'autres villes, rivales de Milan – et en premier lieu Crémone –, formaient la base d'un parti impérial. Milan fut prise et détruite pour renaître de ses cendres quelques années plus tard. Les juristes des universités de Padoue et de Bologne fournirent à l'empereur un argumentaire solide pour ses réclamations, puisé dans le droit romain pleinement retrouvé et enseigné dans leurs facultés. Ces principes d'hier allaient redevenir ceux d'après-demain, ceux de la monarchie absolue, mais, pour l'heure, les villes lombardes, leur économie fondée sur la valeur de leur monnaie assise à la fois sur la richesse agraire de leur territoire et sur la prospérité de leur commerce, leur constitution républicaine et leurs armées populaires, représentaient le principe montant de la modernité. Cependant Frédéric Barberousse était d'une autre trempe que son arrière-grand-père Henri IV et il eut plus de chance. Derrière lui, l'Allemagne resta fidèle ; jamais le pape ne réussit à lui susciter un rival. Cette Allemagne elle-même était maintenant beaucoup plus riche, plus civilisée que cent ans plus tôt : Frédéric y trouva des collaborateurs de grand talent comme son premier chancelier, Rainald von Dassel, archevêque de Cologne, et Christian von Buch, archevêque de Mayence (où l'on voit que l'Église impériale, la *Reichskirche*, reste la base de l'administration impériale et du pouvoir impérial, ce qui explique l'acharnement des empereurs à maintenir la priorité en faveur de l'investiture laïque). Rainald aussi bien que Christian furent à la fois hommes d'Église, hommes de guerre et diplomates. Les villes impériales d'Italie restées fidèles fournissaient des contributions financières considérables. Si l'empereur ne put venir à bout du pape, celui-ci, de son côté, ne put triompher de l'adversaire. La paix conclue en 1177, à Venise, avec le pape, et en 1183, à Constance, avec les villes lombardes rétablit le *statu quo* dans les rapports entre l'Église et l'Empire, tout en étendant pratiquement à l'Italie impériale le droit régalien de désigner les évêques. Elle ramenait les villes sous la souveraineté impériale en leur garantissant une autonomie réelle et la libre élection de leurs magistrats. Frédéric pouvait se satisfaire de ces résultats qui, cependant, étaient fragiles : succès incomplets remportés par un empereur puissant et glorieux dont les héritiers n'auraient pas nécessairement la stature et la fortune.

Frédéric est désormais maître de l'Italie, il est incontesté en Allemagne où il avait fini par abattre la puissance des Welfs, après qu'Henri le Lion eut refusé de se joindre à l'ost de l'empereur au cours d'une des dernières campagnes d'Italie. Que la chute de ce puissant vassal et le partage de ses duchés n'aient pas suscité de révolte générale prouve d'ailleurs l'exceptionnelle vigueur du pouvoir impérial dans ces années 1180. Henri s'en fut en exil, en Angleterre, et put même en revenir quelque temps plus tard, sans susciter de troubles majeurs, se contentant finalement de ses domaines familiaux de Brunswick que l'empereur lui fit restituer[1]. Le Barberousse apparaissait dès lors comme le prince le plus puissant et le plus prestigieux de la chrétienté. Dans le langage de sa chancellerie, les autres rois chrétiens sont appelés *Reguli*, les petits rois ; sur eux s'étend l'ombre immense de l'autorité impériale et de ses prétentions nourries des souvenirs de Constantin et de Charlemagne. Deux cents ans plus tôt, un prédécesseur de Frédéric, le jeune et rêveur Othon III qui voulait, en fixant sa résidence à Rome, rétablir l'Empire dans sa grandiose continuité, avait en l'an mil fait le pèlerinage d'Aix-la-Chapelle. Le cercueil de Charlemagne fut ouvert et le corps trouvé inaltéré. Dans la logique de la grande politique impériale retrouvée, Frédéric, lui, fit élever sur les autels, par l'un de ses antipapes, l'illustre et légendaire « refondateur », celui qui avait transféré l'Empire des Romains aux Francs. Les écoliers français qui fêtaient naguère la Saint-Charlemagne ont rarement appris que la sanctification contestée de leur patron était un geste de la grande politique du XIIe siècle.

1. Autour de Brunswick, de Lüneburg et de Hanovre, les Welfs reconstituèrent peu à peu une principauté assez importante qui reçut au XVIIe siècle la dignité électorale et dont une des branches accéda, au début du XVIIIe siècle, à la couronne du Royaume-Uni.

Toujours en 1180, après la paix avec le pape et la soumission des Welfs, l'empereur célèbre à Mayence l'adoubement de ses deux fils aînés au cours d'un grandiose rassemblement de plus de 4 000 chevaliers, fête qui, aux yeux des contemporains, dépassa par sa magnificence tout ce qui s'était jamais vu dans la chrétienté. Elle marqua aussi, avec ses tournois, ses concours de musique et de poésie, le triomphe de la civilisation courtoise en Allemagne.

Maître des duchés de Souabe et de Franconie, de la Franche-Comté et des nombreuses contrées qui formaient les biens de la couronne, de l'Alsace au Harz, du Palatinat au Vogtland (les terres du Bailli) autour de Plauen, entre la Bavière, la Bohême et la marche de Misnie, l'empereur joignait à cet ensemble très vaste des possessions familiales particulièrement denses et riches dans la Souabe centrale. En Bavière, un féal de toujours, Otto de Wittelsbach, avait remplacé le Lion dans un duché diminué ; en Autriche, l'empereur pouvait s'appuyer sur ses parents de la maison de Babenberg. Dans le nord de la Saxe démantelée, où le Lion exilé ne conservait que ses biens de famille, l'archevêque de Cologne et les descendants d'Albert l'Ours, le conquérant du Brandebourg, se partageaient l'ancien duché avec une foule de princes moins importants. La puissance du Barberousse était maintenant telle qu'il pouvait envisager avec tranquillité de couronner sa carrière par une croisade victorieuse : à la conclusion de la paix avec le pape, les menaces qui se concentraient sur le « royaume frère » de Jérusalem depuis que le monde musulman était dominé par le puissant sultan kurde Saladin, n'avaient pas été étrangères. Maintenant la Cité sainte était tombée (1187). Aussitôt, l'empereur décida la croisade. A la différence de son oncle Conrad III, il partait victorieux, prestigieux, après une longue et minutieuse préparation, à la tête d'une armée immense. Mais alors que les rois de France et d'Angleterre choisissaient la voie maritime, l'armée impériale descendit lentement vers les Balkans. A Constantinople, le vieux jeu de la méfiance et de l'intrigue recommença ; en Asie Mineure, la trahison des « Grecs », les maladies, les privations affaiblirent considérablement l'armée. Celle-ci, néanmoins, parvenait en Cilicie, aux portes de la Terre sainte, avec une vigueur encore relativement intacte. C'est alors que l'empereur, presque septuagénaire, mais toujours amateur d'exercices violents, se lança dans les flots froids et rapides de la rivière Saleh. Victime d'hydrocution foudroyante, Frédéric fut emporté par le courant et nul ne revit son corps. La légende – quand la splendeur impériale ne fut plus qu'un souvenir – s'empara de cette mort mystérieuse en terre lointaine pour faire de l'empereur disparu ce veilleur immortel qui attend dans une grotte du mont Kyffhäuser, en Thuringe, la résurrection de la grandeur allemande. Après la mort de Frédéric, la croisade allemande s'effilocha devant Saint-Jean-d'Acre en misérables querelles avec les Anglais et les Français qui se disputèrent aussi entre eux. Le sultan kurde resta maître de Jérusalem.

Depuis l'élection d'Henri IV, tout petit enfant, alors que le règne de son père Henri III était à l'apogée de sa puissance, aucun roi-empereur n'avait pu lui-même, et de son vivant, faire désigner son successeur. C'est là un nouveau signe de l'autorité incomparable du Barberousse : il avait pu faire élire roi, avant de partir à la croisade, son héritier, Henri VI qui, déjà lieutenant de son père pendant l'expédition en Orient, recueillit sans difficultés une couronne qui tendait ainsi à devenir héréditaire, comme en France. A ce fils qui ne lui ressemblait que par le don politique, mais à qui manquaient la vigueur physique, le panache et la générosité de Barberousse, le vieil empereur avait réussi à procurer l'épouse la plus riche en espérances qu'offrait alors la chrétienté : Constance de Sicile, fille de Roger II, tante du roi régnant Guillaume II qui n'avait pas d'enfants. Mariage diplomatique s'il en fut, puisque l'épousée avait dépassé la trentaine alors que le roi Henri ne comptait que dix-huit ans. Depuis l'arrivée des Normands en Italie, ceux-ci avaient été les plus acharnés adversaires de l'empereur qui, de son côté, depuis Othon Ier, n'avait jamais cessé de vouloir réunir l'Italie du Sud à l'Empire. Les rois normands, fidèles alliés du pape qui leur avait abandonné sur l'Église du royaume tous les droits qu'il disputait à l'empereur, et Barberousse s'étaient fait la guerre pendant presque toute la durée du règne impérial. A présent, la possibilité d'une union des deux puissances se dessinait avec précision à l'horizon politique – à la grande crainte de la Curie qui avait tout fait pour empêcher ce mariage.

Guillaume II mourut presque aussitôt (en 1190). La réaction nationale normande plaça d'abord à la tête du royaume un petit-fils naturel de Roger II, Tancrède de Lecce, mais celui-ci mourut à son tour en 1194 et, dès lors, Constance et Henri VI purent entreprendre la reconquête de l'héritage, reconquête sanglante, suivie de représailles cruelles quand les barons normands conspirèrent contre leur nouveau seigneur. Couronné roi de Sicile à Palerme, maître d'un des États les mieux gérés et les plus riches de la chrétienté, Henri VI est le souverain germanique le plus puissant depuis Othon Ier, sinon Charlemagne. Le roi d'Angleterre, qui a du mal à résister aux offensives de Philippe Auguste, le roi de Chypre, le roi d'Arménie le reconnaissent pour suzerain. Assuré de ses États, pour désarmer l'hostilité du pape, et aussi – et peut-être surtout – pour étendre son Empire à l'Orient, Henri VI lui aussi veut se lancer dans la croisade. Roi de Sicile, il partira par la voie maritime, ayant rassemblé une grande flotte fournie par Gênes, Pise et la Sicile elle-même. Alors que tout est prêt, l'empereur meurt subitement à Messine en 1197, victime des fièvres ou d'un empoisonnement que les contemporains attribuèrent à l'impératrice elle-même ; elle détestait, paraît-il, ce mari cruel. Il laissait un enfant unique, appelé Frédéric comme son grand-père, âgé de quelques mois seulement. Après un demi-siècle de splendeur, le sort s'acharnait de nouveau sur l'Empire : Henri VI avait à peine trente ans. Son corps ne repose ni à Lorsch, dans la chapelle funéraire des Hohenstaufen, ni à Spire, dans la crypte impériale, mais dans la cathédrale de Palerme, symbole du mirage italien que cet empereur porta plus loin et plus haut qu'aucun de ses prédécesseurs.

L'enfant Frédéric, le petit roi de Sicile, avait été, lui aussi, élu roi d'Allemagne du vivant d'Henri VI, après que l'empereur eut échoué à rendre la royauté carrément héréditaire : le souverain avait proposé aux princes allemands de leur garantir en échange l'hérédité de tous les fiefs, même en ligne féminine. S'il avait vécu, il aurait sans doute repris cette tentative avec plus de succès. Alors, l'idée d'une minorité de plus de dix ans parut intolérable à tous. Tandis que la domination allemande s'écroulait en Italie et que la reine Constance s'efforçait de chasser de Sicile les troupes de feu son époux, les princes germaniques se rallièrent au frère du défunt empereur, le duc Philippe de Souabe, bel homme, charmeur, généreux et capable. Mais point tous : une partie, décidés à rompre avec la tendance à l'hérédité du trône, et accessibles aux vœux et arguments du pape, choisit comme roi un des fils d'Henri le Lion, Othon, qui, par sa mère, se trouvait être neveu des rois d'Angleterre Richard Cœur de Lion et Jean sans Terre. A Rome, tandis que tombait l'ambitieuse et fragile construction impériale, un nouveau pape, jeune, brillant, aussi habile politique que profond théologien, Innocent III, venait d'être élu. La papauté était l'institution, de loin, la plus solide du monde chrétien : elle supportait même les fréquents changements de souverain qui découlaient du grand âge de beaucoup de papes ; grâce aux institutions créées par Grégoire VII et ses successeurs, la continuité de l'Église et de son administration était maintenant assurée et, de plus, Innocent, né Lothaire comte de Segni dans le royaume de Naples-Sicile, n'avait que trente-huit ans ! L'Empire, au contraire, ne reposait en fin de compte que sur la personne de l'empereur : chaque interrègne, chaque interruption de la succession dynastique, chaque souverain médiocre signifiaient une catastrophe. Innocent III, à qui l'impératrice Constance confia même la tutelle du petit roi de Sicile, avait pour premier but d'empêcher que ne se renouvelât l'union de la Sicile et de l'Empire, et pour objectif fondamental l'abaissement définitif de la puissance impériale. L'élection simultanée, pour la première fois dans l'histoire allemande, de deux rois obligés à en venir aux armes ne pouvait que combler ses vœux.

Malgré l'excommunication pontificale, Philippe, bien servi par les ministériaux, gérants des biens de la famille impériale et des biens de la couronne, faillit l'emporter au terme d'une guerre civile intermittente qui dura dix ans, quand il fut assassiné en 1208 par un seigneur mécontent. Le souci de l'Empire et de leur propre intérêt fit que les fidèles du roi Hohenstaufen se rallièrent alors presque unanimement au roi

Welfe qui épousa, pour s'assurer un surcroît de légitimité, la fille de leur ancien maître. Le roi Othon, universellement reconnu en Allemagne, descendit à son tour en Italie se faire couronner par le pape et aussitôt, en dépit des interdictions fulminées par celui-ci, partir à la conquête de la Sicile. Les fonctions, une fois de plus, l'emportèrent sur les personnes : l'empereur ne pouvait pas ne pas faire comme ses prédécesseurs – chercher à dominer l'Italie tout entière. Alors, Innocent excommunia sa créature et lui suscita un rival qui ne pouvait être que l'unique Hohenstaufen survivant : Frédéric de Sicile. Maintenant âgé de 15 ans, le jeune roi, beau comme un dieu grec, doué de toutes les grâces de l'esprit, un Hohenstaufen de la lignée chevaleresque et séductrice de Barberousse et du roi Philippe, se lança dans la conquête de son pays d'origine. Pour une fois, la conquête avança du sud au nord. Aussitôt qu'il eut franchi les Alpes, Frédéric suscita un grand mouvement de ralliement; les ministériaux de Philippe abandonnèrent Othon. Celui-ci, de surcroît, se laissa entraîner par son oncle anglais, le roi Jean sans Terre, dans une guerre contre le roi de France (qui prit naturellement le parti du Hohenstaufen). A Bouvines, l'armée d'Othon fut mise en pièces, événement capital de l'histoire de France et qui n'est qu'un moment marginal de l'histoire d'Allemagne ; cependant, la défaite subie en France acheva la ruine d'Othon. Dès lors, Frédéric II sera le maître en Allemagne, mais un maître pressé de repartir vers son Italie natale.

Figure brillante, fascinante, énigmatique, Frédéric II appartient en effet à l'histoire de l'Italie bien plus qu'à celle de l'Allemagne. Pourtant, il est tout autre qu'un simple roi normand : avant lui aucun des maîtres de la Sicile n'avait songé à se soumettre le monde. Italien de langue, de sentiment, d'expérience, Frédéric est surtout l'empereur, héritier de Charlemagne, d'Othon, d'Henri IV et du Barberousse ; le maître temporel de l'univers, le successeur des Césars (l'unique buste-portrait que nous conservons de lui le montre en César romain), l'ennemi acharné des prétentions pontificales et des usurpations municipales qui s'insurgent, les unes et les autres, contre la majesté impériale. Théoricien de l'Empire d'institution divine, c'est un épigone génial condamné à l'échec. Avec lui se terminent tragiquement – mais poétiquement – le haut Moyen Age et le premier Empire allemand. Poète fauconnier, passionné de tous les savoirs, à l'aise avec les grands esprits de toutes les civilisations et religions, dont la Sicile est le carrefour, chef de guerre, pamphlétaire, amateur de tous les arts et de toutes les femmes, inébranlable dans l'adversité, Frédéric II apparaissait, à son époque orthodoxe et cruelle, comme un prodige ou comme un scandale également incompréhensibles. Déconcertant et séduisant, Frédéric II ne pouvait que déplaire à l'historiographie nationale, rationaliste et bourgeoise du XXe siècle. Il a passionnément intéressé, au contraire, le néoromantisme du XXe siècle. Un disciple du poète Stefan George, l'historien juif Ernst Kantorowicz, lui a consacré en 1925 un ouvrage monumental qui, sept siècles après la mort de l'empereur sicilien, suscita des prises de position passionnées, admiratives ou furibondes. Il a fallu attendre cinquante ans pour le voir traduit en français [1]. Législateur, qui repart de la tradition romaine qu'il unit aux apports de la féodalité germanique pour élaborer le premier grand code moderne, Frédéric II est véritablement, comme l'appelaient ses contemporains, « l'étonnement du monde », *stupor mundi*. Pour le rencontrer sept siècles après sa mort, il faut aller visiter la plus somptueuse, la plus rigoureuse aussi, des résidences dont il couvrit l'Italie du Sud et surtout cette région des Pouilles qui, plus que la Sicile de sa jeunesse solitaire et angoissée, quand le petit roi, comme Louis XIV au temps de la Fronde, était la proie de tous les ambitieux fut sa véritable terre d'élection : le Castel del Monte, ce rendez-vous de chasse au plus haut sommet du Tavoliere, de la chaîne dorsale apulienne, au passage des grands vols d'oiseaux migrateurs dont la chasse était un des passe-temps favoris de l'empereur, haute tour octogonale qui rayonnait sur l'immense paysage dans la blancheur immaculée de sa parure de marbre – modèle et achèvement suprême d'un art à la fois concret, savant et mystique. Non loin de là, à Lucera, tenaient garnison avec leurs femmes et enfants les gardes musulmans de l'empereur,

1. Gallimard, 1985.

derniers descendants des maîtres arabes de la Sicile, que Frédéric avait épargnés et transférés sur le continent après une terrible révolte noyée dans le sang et qui le servirent, lui et ses fils, avec une fidélité inconditionnelle. Charles d'Anjou, après avoir défait les derniers Hohenstaufen, entreprit logiquement le siège de Lucera, car l'existence d'une enclave musulmane en territoire chrétien était un scandale, un blasphème, la preuve vivante de ce que le défunt empereur avait vraiment été l'Antéchrist, comme l'affirmait la propagande pontificale. Les musulmans de Lucera furent alors, au terme d'une lutte désespérée, tous massacrés avec leurs femmes et leurs enfants. Rien n'avait autant irrité, du vivant de Frédéric, ses ennemis cléricaux comme cette tolérance à l'égard des infidèles qui, à leurs yeux, ne pouvait être que de l'indifférence, donc de l'incroyance.

En effet, l'entente entre la papauté et l'empereur ne devait guère être de longue durée. A tous les anciens sujets de discorde qui subsistaient depuis les temps d'Henri IV et du Barberousse, s'ajoutait maintenant l'intolérable encerclement des États pontificaux par l'union du royaume sicilien au royaume italien. C'est la croisade qui servit de prétexte à la volonté de rupture pontificale : Frédéric avait promis de reprendre les Lieux Saints, mais les difficultés qu'il rencontrait tour à tour en Allemagne, en Sicile et en Italie du Nord (où les villes lombardes avaient à nouveau profité des troubles consécutifs à la mort prématurée d'Henri VI pour secouer en fait l'autorité royale) l'empêchèrent longtemps de tenir sa promesse. Le pape (ce n'était plus Innocent III, mais la logique de la lutte se perpétuait) invoqua cette « défaillance » pour excommunier l'empereur qui refusait de n'être qu'un instrument soumis de la papauté. Ainsi commença l'ultime phase de la grande lutte qui durait déjà depuis cent cinquante ans. Frédéric, fort d'un puissant parti en Italie du Nord, soutenu par Pise et Gênes et maître absolu du royaume du Sud, brava l'excommunication et l'interdit : ainsi, en 1229, l'Occident stupéfait vit le spectacle insolite d'un empereur excommunié partant pour la croisade. Débarqué en Terre sainte, Frédéric, au lieu de se lancer dans une guerre de reconquête, entama des négociations avec le sultan d'Égypte, héritier de Saladin, qui avait des difficultés chez lui, et conclut un arrangement qui rendit Jérusalem aux chrétiens. Nouveau sujet de scandale : on ne négociait pas avec les ennemis du Christ ! Respectueux des formes, l'empereur excommunié se couronna lui-même roi de Jérusalem après avoir épousé la fille du dernier des rois francs, et s'en retourna aussitôt en Italie où la lutte, après quelques tentatives d'apaisement, reprit de plus belle avec la papauté et certaines villes lombardes, lutte sans fin, épuisante, toujours indécise, où défaites et triomphes se succédaient, également éphémères. Quand Frédéric II meurt, à cinquante-six ans, il est invaincu mais il n'est pas non plus vainqueur, et qu'un prince tel que lui n'eût pu l'emporter signifiait pour la cause impériale que sa victoire était impossible. Si moderne qu'il apparaisse par certains de ses traits, Frédéric incarnait un principe que l'histoire va maintenant laisser derrière elle.

De ce combat tragique et grandiose, riche en péripéties sanglantes, cruelles, romanesques et chevaleresques – la trahison du grand chancelier Pierre de la Vigne qui est puni d'une manière barbare, les yeux arrachés (mais avait-il vraiment trahi ?), la longue prison du fils le plus chéri de l'empereur, Enzio, roi de Sardaigne, que les Bolognais retiendront plus de vingt ans dans une captivité dorée mais implacable, de façon que ce géant blond et joyeux dût assister impuissant à l'agonie de sa lignée –, la mémoire collective du peuple allemand n'a pas conservé grand-chose.

L'Allemagne lointaine ne fut en effet pour Frédéric qu'une sorte d'annexe utile, dont l'empereur peut tirer des troupes mais dont il n'a ni le temps ni le goût de s'occuper vraiment. Ainsi, le souvenir de Frédéric II, après la catastrophe finale des Hohenstaufen, nourrira la nostalgie du peuple qui regrette le temps de la grandeur et de la splendeur de l'Empire. Mais ce souvenir se fondra avec celui de Frédéric Barberousse qui, lui, avait été, en dépit de ses longs séjours italiens, un véritable empereur allemand. Et le peuple, en tissant la légende de l'empereur qui, dans une grotte du Kyffhäuser, le sommet des monts de Thuringe, attend l'heure de la résurrection impériale et nationale, ne se trompe pas sur le sens profond de l'histoire. Frédéric II, en quittant l'Allemagne au début des années 1220, en a laissé le gouvernement à son fils aîné Henri, encore enfant, sous la tutelle de quelques grands, ecclésiastiques et séculiers. Ne pouvant lutter sur tous les fronts à la fois, l'empereur, pour s'assurer la fidélité des princes allemands et garantir ainsi ses arrières, leur abandonne tour à tour un grand nombre de droits et privilèges que ses prédécesseurs s'étaient efforcés de maintenir ou de récupérer. Les princes ecclésiastiques obtiennent ainsi, en 1220, l'abandon de tout ce que le concordat de Worms avait conservé à l'empereur : la nomination des évêques, l'investiture des fiefs ecclésiastiques, le retour au roi – pendant les vacances des sièges – des revenus des fiefs sans titulaires. Quelques années plus tard, le jeune roi Henri accorde aux princes séculiers, avec l'assentiment de son père, l'hérédité des fiefs, même en ligne féminine, et l'abandon de la cause des villes dont les rois-empereurs depuis Henri IV avaient presque toujours soutenu les prétentions à l'autonomie face aux seigneurs territoriaux. La plupart des grandes villes réussiront néanmoins à maintenir ou à obtenir leur indépendance, mais l'essor du mouvement d'émancipation urbaine s'en trouvera limité et ralenti. Sur le plan allemand, Frédéric II entérine ainsi le résultat de l'évolution qui a commencé sous Henri IV et que Frédéric Barberousse et Henri VI avaient un moment arrêtée. Le royaume allemand se subdivise et se partage en une multiplicité de seigneuries tant ecclésiastiques que séculières, auxquelles les grandes lois de Frédéric II et d'Henri VII[1] concèdent la plupart des attributions concrètes et des droits attachés à la souveraineté royale, basse et haute justice, frappe de la monnaie, droit de lever l'impôt, d'établir des douanes et des octrois. L'Allemagne, sous le long règne de Frédéric II, avance à pas de géant vers un nouvel ordre constitutionnel, celui d'une confédération de nombreuses principautés territoriales présidée, plus que gouvernée, par un

1. Le fils aîné de Frédéric, élu lui aussi du vivant de son père, portait ce nom, mais, vaincu et déchu, il a disparu de la chronique officielle. C'est Henri de Luxembourg (1308-1312) qui sera le « vrai » Henri VII.

roi élu qui, ensuite, va se faire couronner empereur en Italie. Et c'est pendant cette même période que se précise l'abandon de l'élection du roi par acclamation générale (système certes imprécis mais qui avait assuré la légitimité du pouvoir suprême pendant plus de trois siècles), à laquelle se substitue la désignation par un corps restreint de « princes-électeurs ».

Le jeune roi Henri, élevé et résidant en Allemagne, ne pouvait que se dresser contre une politique d'abandon qui sacrifiait l'Allemagne à l'Italie, sans même pour autant assurer à l'empereur la victoire sur son terrain préféré. Cherchant à s'affirmer et à s'émanciper, le roi devait entrer en conflit avec l'empereur, le fils avec le père. Peut-être l'Allemagne comme nation et comme État eût-elle connu des destins différents si « Henri VII » l'avait emporté, mais si grand était le prestige presque magique qui s'attachait encore à la personne et à la fonction de Frédéric que celui-ci, pour vaincre le fils rebelle, n'eut qu'à paraître en personne, avec une cour splendide mais sans armée. Le malheureux jeune roi finit ses jours, sans doute par suicide, au cours du transfert d'une de ses prisons italiennes à l'autre et Frédéric rétablit encore une fois son autorité sur l'Allemagne (1237). Ce fut son dernier séjour dans la patrie de ses ancêtres. Quelques années plus tard, face au pape Innocent IV, qui devait se révéler un ennemi encore plus implacable que ses prédécesseurs, commença une nouvelle phase du grand combat entre les deux pouvoirs. Le pape, réfugié à Lyon, encore terre d'Empire mais déjà en fait entre les mains du roi de France, entreprit de détacher l'Allemagne de l'empereur excommunié et fit élire des « contre-rois ». Frédéric, occupé en Italie, dut laisser la défense de l'Allemagne à son second fils, Conrad, l'enfant de la reine de Jérusalem, assisté par les vassaux de la famille royale et du domaine royal, les ministériaux. A la mort de Frédéric, la lutte restait indécise entre Conrad et le roi du parti pontifical, le jeune comte Guillaume de Hollande. Mais, à l'annonce de la disparition de son père, Conrad IV, à son tour, se précipite en Italie. Aux derniers Hohenstaufen, leur royaume de Sicile où ils étaient nés et où ils régnaient en souverains absolus tenait plus à cœur que la mouvante et incertaine Allemagne.

Là-haut, entre Guillaume et les partisans de Conrad, la lutte s'éternisait, alors que le roi reprenait en Italie les ambitions et les combats de son père ; mais au bout de peu de temps, en 1254, il devait mourir à son tour sans avoir été couronné empereur. Il ne laissait qu'un enfant de deux ans, appelé Conrad lui aussi, qui était élevé en Allemagne mais que personne ne voulait élire ou reconnaître comme roi. En Italie, un fils bâtard de Frédéric, Manfred, en qui s'incarnent encore une fois le charme, le génie, l'intelligence et la fortune tragique des Hohenstaufen, reprend le royaume de Sicile et la tête du parti impérial, qu'on appelle *gibellino* et qu'on oppose aux *guelfi*, le parti des Welfs[1]. La lutte continue entre Manfred et les papes qui veulent exterminer « la semence infernale » des Hohenstaufen. Tandis que le roi – poète, chasseur, guerrier comme son père – mène en Sicile et dans les Pouilles une vie glorieuse et fastueuse, l'Allemagne s'enfonce dans l'anarchie. Le roi Guillaume de Hollande est tué dans une querelle obscure avec les Frisons, mais il n'était, de toute façon, connu et reconnu que dans les Pays-Bas et dans l'Allemagne du Nord-Ouest. Les princes usurpent et absorbent les derniers lambeaux des droits et biens de la royauté. Les ministériaux des Hohenstaufen eux-mêmes, pour mieux s'opposer aux prétentions des princes voisins, transforment leurs fonctions en seigneuries et aspirent à l'hérédité. L'absence du pouvoir royal livre les moins forts à l'arbitraire des plus forts. Les villes, les marchands, proies désignées des violents, doivent s'organiser en ligues pour défendre leur autonomie et leurs biens. L'essor de la Hanse s'inscrit dans ce paysage chaotique. Au bout de quelques années, les Électeurs se résolvent à pourvoir à la vacance du trône, mais, ne pouvant se mettre d'accord, ils désignent à nouveau comme en 1198 deux rois à la fois, tous les deux étrangers par surcroît, le duc Richard de Cornouailles, frère du roi d'Angleterre, parent des Welfs, et le roi de Castille Alphonse X, arrière-petit-fils de Frédéric Barberousse et petit-fils de Philippe de Souabe par sa mère. Le premier viendra rarement en Allemagne, le second jamais. Cette double élection ajoute au désordre au lieu de le guérir.

---

1. Voir ci-dessus, p. 133, note 1.

Entre-temps, en Italie, la guerre civile universelle entre gibelins et guelfes n'a cessé de sévir. En dépit des efforts du roi Manfred, la papauté ne veut pas entendre parler d'une réconciliation avec le fils de l'empereur exécré. Dans chaque ville, les deux factions s'acharnent l'une contre l'autre, s'exilent, s'entre-tuent, chacune faisant appel, soit au pape, soit au roi de Sicile. Depuis Innocent IV, la papauté s'appuie de plus en plus ouvertement sur la royauté française. A vrai dire, cette alliance remontait plus haut, à la croisade qu'Innocent III avait prêchée contre les hérétiques du Languedoc et dont les rois de France avaient été les chefs et les principaux profiteurs. Saint Louis, par ses nombreuses croisades, tout en préservant à l'intérieur son autorité sur l'Église de France, reprenait face aux infidèles le rôle de porte-drapeau de la chrétienté qui aurait dû être celui de l'empereur. Ne venant pas à bout des Hohenstaufen en Italie, la papauté une fois de plus recherche l'appui de la France. Pour exterminer la race maudite, elle fait appel au frère du roi de France, Charles d'Anjou, déjà comte de Provence, alors terre d'Empire. Accompagné d'une forte armée de chevaliers français, Charles descend en Italie, comme naguère son père Louis VIII en Occitanie. Manfred et les siens sont assimilés aux hérétiques ; une nouvelle fois, l'aventure, la richesse, le pillage s'offrent à la chevalerie d'oïl, sous le signe de la croix. A Bénévent, en 1266, Manfred tombe en défendant l'accès du royaume que le pape transfère aux Anjou. Deux ans plus tard, le dernier rejeton de la famille impériale, le jeune fils de Conrad IV, appelé Corradino ou Conradin – le petit Conrad –, âgé à peine de 16 ans et accompagné d'un petit nombre d'amis et de serviteurs, relève le gant et quitte l'Allemagne pour reconquérir la fabuleuse Sicile. Après quelques succès initiaux, la troupe de l'héritier est taillée en pièces par le redoutable Anjou. Fait prisonnier, Conradin n'est ni échangé ni gardé en prison comme c'était l'usage du temps : Charles d'Anjou fait instruire le procès du jeune prince qui, condamné à mort, est décapité sur la place du château de Naples. Le ressentiment national des écoliers allemands du XIXe siècle se nourrira de cette histoire exemplaire et pleurera le jeune héros nordique, victime de l'affreux et sombre usurpateur welche (1268). Quelques années plus tard, le soulèvement des Siciliens qui massacrent les occupants français (les « Vêpres siciliennes ») vengera les Hohenstaufen et donnera la Sicile, au nom de leur mère, fille du roi Manfred, aux princes d'Aragon qui la conserveront longtemps. Mais ceci n'a plus rien à voir avec l'histoire allemande. De cette étrange et somptueuse aventure qui plaça les rois « souabes » (*Suevi*) sur le trône de Sicile, il ne reste que les beaux tombeaux de porphyre de la cathédrale de Palerme où dorment Henri VI et Frédéric II.

L'État des chevaliers Teutoniques

La période finale des Hohenstaufen n'est pas seulement pour l'Allemagne un temps de désordres et de désastres. Déjà le destin de l'empereur et de sa famille n'est plus pour leur pays d'origine qu'une aventure marginale. Dans beaucoup de territoires allemands, c'est au contraire une période de progrès et de floraison, matérielle et culturelle. C'est aussi, alors que la dynastie glorieuse sombre dans les défaites, une période d'expansion nationale pendant laquelle se poursuit et s'achève l'*Ostkolonisation* et qui sert aussi de cadre à une des pages les plus curieuses de l'histoire allemande : la création et la montée en puissance de l'État de l'Ordre Teutonique en Prusse.

Comme les autres ordres de chevalerie, l'Ordre Teutonique avait été fondé en Terre sainte pour soigner les blessés et les malades, croisés et pèlerins. Les Templiers et les chevaliers de Saint-Jean[1] se recrutaient principalement parmi les nations francophones aux rangs desquelles on comptait alors les Anglais (français en partie par la conquête normande) et même, dans une certaine mesure, les Italiens. Ce n'est pas par hasard que les Arabes et les Turcs avaient baptisé « Francs » tous les croisés et plus généralement tous les Européens. Dans ce monde roman, les Allemands se sentaient isolés ; les chevaliers allemands qui voulaient servir dans les humbles fonctions d'infirmiers et de gardes-malades résolurent donc de se rassembler à part. Ayant leur siège à Acre, ils furent à

1. Le futur Ordre de Malte.

la fois hospitaliers et combattants, portant croix noire sur manteau blanc. Pendant qu'il agissait en Palestine, comme les autres fondations de même nature, l'Ordre ne cessa de recevoir dons et legs ; en dehors de ses possessions en Orient, que la reconquête musulmane devait réduire peu à peu à néant, il eut de grands domaines en Italie et en Allemagne. Parallèlement, au-delà de leur première mission charitable, les chevaliers Teutoniques retrouvèrent eux aussi, comme les Templiers et ceux de Saint-Jean, la destination fondamentalement guerrière de la croisade : combattre pour arracher les Lieux saints des mains des infidèles. Ils participèrent ainsi, tout au long du XIIe siècle, à la défense des principautés franques et du royaume de Jérusalem. Cependant, au début du XIIIe siècle, après la chute de la Ville sainte et les échecs de la deuxième et de la troisième croisade, un roi de Hongrie, qui avait fort à faire pour repousser les assauts des nomades païens venant sans cesse battre les frontières orientales de son royaume, demanda aux chevaliers Teutoniques de venir s'établir en Transylvanie. En récompense de leurs services, militaires et religieux, le roi leur garantissait la possession des régions frontières, mais la parole royale ne fut pas respectée ; au bout de quelques années le grand maître rappela ses hommes. C'était alors un des esprits les plus brillants de l'époque, Hermann von Salza, né en Thuringe, aussi bon prêtre que bon diplomate. L'idée d'un établissement de son ordre en Europe devait lui plaire, peut-être aussi doutait-il de la possibilité de rétablir en Orient la cause chrétienne (au moins pour un certain temps). Toujours est-il qu'il accepta, quelques années plus tard, un nouvel appel qui, cette fois-ci, venait d'un grand seigneur polonais, le duc de Mazovie. Les Polonais sujets de ce puissant féodal, pratiquement indépendant de la couronne, christianisés depuis deux siècles, se plaignaient des incursions dévastatrices que leurs voisins, les Pruzzes ou Prussiens, restés païens, faisaient sans cesse sur le territoire mazovien. Les Pruzzes appartenaient à un rameau des peuples baltes, proches parents des Lituaniens et des Lettons. Autant que leurs agressions, les Polonais reprochaient à ces voisins remuants une résistance farouche aux tentatives de christianisation. La mission en Prusse était dangereuse et portait peu de fruits. Déjà à l'approche de l'an mil, les Prussiens avaient martyrisé saint Adalbert de Prague, fondateur de l'archevêché de Gnesen en Pologne et grand ami de l'empereur Othon III. Voilà des « infidèles » tout proches, contre lesquels la guerre sainte était une œuvre pie[1]. Le duc de Mazovie, chemin faisant, pouvait espérer que, vaincus et convertis, les Prussiens le reconnaîtraient pour maître. En 1225, les premiers chevaliers-prêtres de l'Ordre parurent sur la Vistule, mais pour prix de leur intervention le grand maître exigea et obtint la propriété entière et en pleine souveraineté des territoires dont les siens réussiraient à s'emparer. Descendant la Vistule, les chevaliers entreprirent la conquête des terres se trouvant entre ce fleuve et le Niémen (en allemand Memel). C'étaient surtout d'immenses forêts coupées de rares clairières où les Prussiens pratiquaient une agriculture assez primitive. Les chevaliers-prêtres, avec leurs serviteurs, organisèrent une croisade permanente ; de toute l'Europe, les nobles avides de gagner des mérites comptabilisables dans l'au-delà, ou tout simplement avides d'aventures violentes, ou le plus souvent poussés par l'une et l'autre raison en même temps, venaient leur prêter main-forte pour une saison ou plusieurs. L'on a du mal, aujourd'hui, à comprendre la vie intérieure de ces prêtres-combattants, tuant et blessant au nom du Christ, activité que le clergé, ordinairement, laissait aux laïcs même pendant les croisades. Hommes à la fois pieux, durs et inexorables, excellents tacticiens militaires et stratèges politiques, non moins excellents administrateurs et grands bâtisseurs, les *Deutschritter* (chevaliers Teutoniques) avancèrent méthodiquement en couvrant de châteaux forts

1. Dès 1146, le pape avait proclamé croisade les guerres que les seigneurs et princes chrétiens (c'est-à-dire allemands) menaient contre les Slaves encore païens établis à l'est de l'Elbe. Comme les Espagnols (et quelques années plus tard les Français du Nord), les Saxons et les Thuringiens eurent ainsi leur croisade à domicile – ou plutôt à proximité immédiate de leur domicile. On partait en croisade à la fin du printemps et, si l'on n'était pas mort, on revenait pour les moissons. C'est ainsi d'ailleurs que se battaient les tribus des temps d'avant l'histoire, c'est ainsi que s'organisaient les raids des Vikings avant qu'ils ne se dotent de bases en France, en Angleterre et en Allemagne pour y passer l'hiver. On agissait ainsi face aux Lituaniens, farouchement païens, une fois l'État de l'Ordre solidement établi en Prusse et en Livonie (Lettonie) pour venir de toute la chrétienté se joindre aux chevaliers qui partaient pour leur croisade de printemps.

les territoires conquis. Autour de ces centres, à la fois administratifs et militaires, refuges en cas de soulèvement des mal soumis (ce qui se produisit souvent), l'Ordre organisa la colonisation en faisant appel au trop-plein encore disponible des populations de l'*Altreich* (Empire) : des Flandres, de la Hollande, des contrées rhénanes, de Westphalie. Au-dessous et à côté de l'Ordre une noblesse laïque se forma qui le reconnaissait comme son suzerain féodal, dans les rangs de celle-ci étaient aussi parfois admis des nobles prussiens qui embrassaient la foi chrétienne. La conquête fut une entreprise longue et difficile qui dura près d'un siècle et fut marquée par plusieurs grands soulèvements de régions que l'Ordre avait cru définitivement pacifiées. La répression fut féroce et vida de nouvelles provinces au bénéfice de la colonisation allemande. Après Hermann von Salza qui avait su obtenir, à la fois du pape et de l'empereur, toutes les garanties nécessaires à l'existence souveraine de l'*Ordensstaat* (l'État de l'Ordre), les grands maîtres eux-mêmes vinrent se fixer en Prusse. Dominant la Vistule, le château de Marienburg, à la fois forteresse, résidence princière et monastère, fut leur capitale. Dans le nord-est du pays, pour garantir la soumission de la Samie (*Samland*), l'Ordre fonda Königsberg, dont le nom rappelle une expédition du grand roi de Bohême, Ottokar II, venu acquérir, dans la seconde moitié du XIIIe siècle, quelques mérites surnaturels en pourfendant les païens. De l'Orient et d'Italie les chevaliers apportèrent avec eux un nouvel art de gouverner et de bâtir. L'expérience des États arabes et du royaume normand de Sicile fut utilisée par eux pour créer l'État le plus autoritaire et le plus centralisé qu'on pût imaginer à l'époque, une sorte de république présidentielle absolue où le grand maître et son conseil possédaient tous les pouvoirs spirituels et temporels, où une gestion méticuleuse et implacable enregistrait toutes les ressources et faisait de l'Ordre une grande puissance, non seulement militaire mais économique et financière. Tandis que, sur terre, toute la population mâle devait le service militaire, l'Ordre se dota d'une marine de guerre pour protéger le commerce des ports qui fleurissaient sur les côtes de son domaine. Aux Polonais qui se mordirent les doigts d'avoir eux-mêmes fait appel à ces moines-soldats aux ambitions démesurées, l'Ordre finit par arracher la Pomérélie, le territoire de la basse Vistule, de Thorn (Torun) à Danzig, qui était en train de devenir le principal centre commercial de la Baltique centrale et dont l'hinterland s'étendait jusqu'en Ukraine occidentale. Descendant la Vistule, le bois et le blé parvenaient à Danzig pour être embarqués en direction de l'Angleterre.

Au-delà du Niémen, vers le nord, un autre ordre de chevaliers-combattants, l'Ordre des Porte-Glaive (*Schwertritter*), avait été créé au début du XIIIe siècle par l'évêque de Riga, toute nouvelle fondation de commerçants allemands dont l'essor était plus rapide encore que celui de Danzig. Les Porte-Glaive étendirent leur domaine jusqu'au golfe de Finlande et entreprirent d'avancer leurs frontières à l'est, en territoire slave. Dans cette tentative ils rencontrent la résistance des princes russes. Incapables de faire front, seuls, aux Lituaniens païens et aux Russes schismatiques, les Porte-Glaive se fondirent en 1237 dans l'Ordre Teutonique. Celui-ci reprit l'offensive contre les Russes mais se heurta lui aussi, pour la première fois, à plus fort que lui, un redoutable chef de guerre qui sut galvaniser l'esprit de défense de son peuple, le grand-prince Alexandre Nevski. Un célèbre film d'Eisenstein a relaté, pour les besoins de la propagande stalinienne mais dans des images inoubliables, ce premier affrontement historique entre Allemands et Russes, qui se termina en 1242 par l'écrasante victoire d'Alexandre. Les chevaliers périrent par centaines dans les glaces rompues du lac Peïpous. Malgré ce grave revers, l'Ordre Teutonique demeure la puissance dominante des rives méridionales de la Baltique. Au XIVe siècle il se trouve au sommet de sa splendeur, s'étendant de l'Oder à la Narva et de Danzig à Reval (Tallinn). Cependant, entre la Prusse proprement dite et les provinces dites baltes, la Courlande, la Livonie et l'Estonie, bâillait une vaste coupure : résolument païen et furieusement indépendant, le peuple lituanien ne fut jamais conquis, en dépit d'innombrables attaques lancées par l'Ordre. Pendant un siècle celui-ci partit en guerre chaque printemps, avec ses propres troupes et les auxiliaires venus de tous les pays de la chrétienté occidentale, à l'exception bien sûr des nations ibériques qui avaient leur propre « croisade à domicile ». De joyeuses expéditions de massacres et de pillages (sans compter les beaux esclaves, mâles et femelles, qu'on ramenait fréquemment avec le butin) s'enfonçaient dans la *Wildnis*, la Sauvagerie, dans l'immense forêt prusso-lituanienne. A l'approche de la mauvaise saison les chrétiens se retiraient, souvent harcelés par de petites troupes de « sauvages », et tout redevenait comme avant. De temps en temps une troupe ennemie se présentait au combat et se faisait tailler en pièces, mais les survivants se perdaient dans la forêt impénétrable. Invaincu, le peuple lituanien ne pouvait, malgré sa vigueur primitive, songer à vaincre l'Ordre. La guerre lituanienne fut longtemps pour celui-ci une sorte d'exercice militaire permanent en vrai qui aguerrissait les chevaliers et les soldats tout en assurant les liens avec l'Occident dont les fils venaient se joindre aux Teutoniques, attirés par ces prodigieux safaris, où tout était permis puisque l'ennemi était « l'Infidèle ». C'est pourquoi le coup le plus dur que subit l'Ordre, et qui marqua le commencement de sa décadence, fut la conversion des Lituaniens au catholicisme et la jonction du grand-duché chrétien de Lituanie à la Pologne chrétienne par le mariage du grand-duc Jagellon avec la reine Edwige d'Anjou, en 1386. A partir de ce moment l'Ordre perdit sa raison d'être : pourquoi, en effet, maintenir à l'est de l'Europe un État religieux et militaire du moment qu'il n'y avait plus de païens à combattre… L'agonie de cette communauté singulière devait encore durer près de cent cinquante ans…

Nous retrouverons la décadence et la fin de l'*Ordensstaat* dans la suite de notre récit. Ici, il nous faut retenir que la conquête de la Prusse couronne et achève la grande entreprise de colonisation allemande du haut Moyen Age. Elle fait sortir de la préhistoire ces contrées encore inconnues. Elle les rattache, sinon juridiquement à l'Empire, ce qui fut toujours douteux, du moins à la mouvance de la politique, de l'économie et de la culture allemandes Cependant, si l'effacement du peuple prussien (son « ethnocide ») devait être complet (la langue cessera d'être parlée au XVIIe siècle) la colonisation – sans doute parce qu'elle est tardive et que la poussée démographique dans l'*Altreich* commence à s'essouffler – ne sera, elle, que partielle. Sur la basse Vistule, des peuplements slaves restent nombreux et s'emmêlent avec ceux des villes et des villages allemands ; jusqu'en 1940, la Prusse Occidentale restera une terre partagée et contestée entre Polonais et Allemands. En Prusse Orientale, si l'Ouest et le Nord sont, à la veille de l'exode de 1945, entièrement germanisés, le Sud-Est, la région des lacs de Mazurie, a été peuplé par des Slaves qui y ont remplacé les maigres établissements prussiens. Dans les provinces baltes proprement dites, l'apport allemand restera longtemps prépondérant du point de vue social, mais numériquement faible : il comprend toute la noblesse et la bourgeoisie, dont un élément essentiel est constitué par les pasteurs et leurs familles, mais la paysannerie reste lettonne (c'est-à-dire balte) ou estonienne (les Estoniens, proches cousins des Finnois, parlent une langue finno-ougrienne). En fait, jusque dans la seconde moitié du XIXe siècle, un Letton ou un Estonien qui sortait du monde paysan était généralement amené à se germaniser. Dorpat, l'université unique des pays Baltes, restera de langue allemande jusqu'au XXe siècle.

Aventure singulière que celle des moines-soldats du *Deutsche Orden*, dont témoignent leurs formidables forteresses et leurs hautes églises toutes construites de briques rouges, d'une rude élégance, d'une exigeante sobriété, où se retrouvent certaines des idées novatrices de l'art impérial des Hohenstaufen, tel qu'il avait fleuri un court moment en Italie du Sud ; aventure sanglante et violente, autoritaire et militaire. La condition première en était la soumission des « sujets », et d'abord des paysans prussiens, mais aussi des Allemands, des bourgeois et même des nobles laïcs. État totalitaire chrétien, l'*Ordensstaat* apparaît à certains égards singulièrement moderne, et l'histoire n'a pas fini de s'interroger sur les traces que plusieurs siècles d'un tel régime avaient laissées dans le caractère d'un peuple qui, plus tard, constituera avec celui du Brandebourg une des colonnes porteuses de l'État prussien, du royaume de Prusse. Le drapeau noir et blanc de la Prusse royale, la croix noire sur champ blanc de son blason et de ses décorations venaient en droite ligne des chevaliers Teutoniques. Cette lointaine floraison médiévale et marginale de l'histoire allemande sur les bords de la Baltique nous ramènera donc un jour au cœur de notre sujet.

CHAPITRE VII

L'Interrègne et les débuts du deuxième Moyen Age

1254-1347

L'Empire restauré par Othon le Grand avait duré trois siècles. Après Frédéric II, il y aura certes d'autres rois allemands qui porteront le titre d'empereur des Romains. Le dernier, François II, ne renoncera qu'en 1806 à ce titre splendide mais, à la fin, presque vide de pouvoirs réels. Cependant, quelque chose d'irréversible et d'irréparable s'est produit avec la défaite des Hohenstaufen. La convergence des intérêts et des passions de l'Église, des princes allemands et des villes italiennes, alors qu'à l'arrière-plan se dessine la puissance montante des rois de France, a mis un terme à l'étape centrale de l'histoire allemande, au haut Moyen Age politique de la nation allemande. L'extinction de la dernière grande dynastie impériale scelle définitivement son échec. Les Capétiens, eux aussi, ont pu subir des défaites, des revers, mais, pendant que se succédaient en Allemagne trois dynasties, jamais un roi de France n'a manqué de fils[1].

La première conséquence de la fin des Hohenstaufen sera l'amenuisement du lien, à la fois nécessaire et tragique, qui rattachait, depuis Othon sinon Charlemagne, l'un à l'autre les destins de l'Allemagne et de l'Italie. Les rois allemands, pendant longtemps, n'auront plus ni les moyens, ni le temps de se mêler activement aux affaires italiennes. La reprise des

1. La première crise de succession ne se produira qu'au début du XIVe siècle, trop tard pour aboutir à la substitution d'une monarchie élective au principe de la monarchie héréditaire.

descentes, des expéditions vers l'Italie et des couronnements impériaux au XIVe siècle n'aboutira jamais à la restauration du pouvoir royal que les empereurs du haut Moyen Age avaient pu exercer, dans leurs moments les meilleurs, sur la quasi-totalité de la péninsule. Le royaume franco-angevin de Naples et son ennemi héréditaire le royaume aragonais de Sicile, les États du pape, les grandes républiques urbaines, qui peu à peu se transformeront en comtés, margraviats, duchés héréditaires, à l'exception des deux États maritimes de Venise et de Gênes, se partageront désormais l'Italie. Sur le Nord et le Centre (mis à part Venise, indépendante depuis les origines[1]) se maintiendra, juridiquement, la souveraineté impériale ; c'est l'empereur romain allemand qui, seul, peut légitimer les tyrannies et les annexions en leur conférant sa reconnaissance ; lui seul peut régler les successions et réattribuer les fiefs éteints. Ce ne sont pas là des pouvoirs négligeables et certains rois-empereurs s'entendront fort bien à les monnayer, politiquement et même financièrement. Mais, plus encore qu'en Allemagne, les États locaux possèdent désormais en Italie la réalité du pouvoir, et l'empereur, toujours à court d'argent et de soldats, sera perpétuellement contraint de négocier et de s'allier aux uns pour combattre les autres. L'Italie, dont l'importance économique et culturelle ne cesse de grandir, sera trop longtemps abandonnée à elle-même (aucun roi allemand n'y descendra entre 1254 et 1313). De ce fait, les affaires italiennes pèseront moins lourd sur la politique allemande, tandis que l'Italie ne sera plus vraiment une partie de l'Empire.

Il n'en ira pas différemment du troisième des royaumes dont se composait l'Empire haut-médiéval (Germanie, Italie, Bourgogne). Les parties méridionales de la « Bourgogne » impériale – la Provence, le Dauphiné, le Vivarais – subiront l'attraction de la France, puissance vigoureuse, en plein essor, dont la politique dynastique est servie par la communauté de langue, tout au moins en ce qui concerne le Dauphiné. Héritier de la Provence par mariage, Charles d'Anjou, frère de Saint Louis, le futur roi de Naples, soustrait en fait le riche comté à l'autorité impériale bien que, là aussi, le statut

1. Sous une lointaine suzeraineté byzantine dans les tout premiers temps.

juridique reste longtemps en retard sur la réalité politique : en 1368 encore, l'empereur Charles IV se fera couronner roi de Bourgogne à la cathédrale d'Arles, mais il sera le dernier. Lui-même, ami des Valois, leur concédera le titre de vicaire impérial pour la Provence. Au XVe siècle, l'annexion à la France de la partie méridionale du royaume burgonde est chose faite. Dès le XIIIe siècle, Lyon s'était donnée au roi. Il ne restait à l'Empire que la Savoie (que la crainte de l'expansionnisme français poussait à rechercher l'appui impérial), la Franche-Comté et la « Bourgogne » de langue allemande, c'est-à-dire la future Suisse où les premières ligues paysannes apparaissent dans la deuxième moitié du XIIIe siècle[1]. Ici encore, l'Empire est désormais réduit à la Germanie, à l'exception de quelques marches frontières.

La deuxième conséquence majeure de la catastrophe dans laquelle s'abîme la dernière des grandes dynasties impériales médiévales se situe sur le plan des structures intérieures de l'État (si l'on peut employer ce mot à propos des données du XIIIe siècle allemand) et de la société. Henri VI était mort sans avoir pu réaliser son grand dessein de rendre l'Empire héréditaire. Aucun empereur après lui n'eut la puissance nécessaire pour nourrir sérieusement un tel projet. Lui-même et plus encore son fils Frédéric II, après l'anarchie d'un premier interrègne, avaient dû au contraire concéder sans cesse de nouveaux droits et privilèges aux princes vassaux, spirituels et temporels. L'Allemagne se transformait en une galaxie de seigneuries, grandes ou petites, qui fleurissaient à la place des anciens grands-duchés « tribaux » (Saxe, Bavière, Franconie, Souabe, Lorraine). A côté des dynasties régionales les plus anciennes comme celle des Welfs (maintenant réduite au duché de Brunswick), des ducs de Brabant et margraves de

1. Les ligues paysannes suisses s'étaient dressées contre leurs seigneurs habsbourgeois dont plusieurs occupèrent le trône royal ; les liens avec le Reich s'en trouveront affectés et réduits. En fait, il conviendrait d'appeler dorénavant du terme « allemand » ce qui subsiste de l'Empire médiéval et qui est toujours autre chose qu'un royaume comme les autres, mais qui n'est plus non plus, malgré les noms et les titres officiels, l'Empire de Charlemagne d'Othon, et des Hohenstaufen.

Thuringe, ou des Babenberg, margraves puis ducs d'Autriche, le XIIe siècle avait déjà vu l'essor de familles nobles, naguère plus modestes, les Wittelsbach devenus ducs de Bavière, les Ascaniens créés margraves de Brandebourg et ducs de Saxe, les Wettin margraves de Misnie. Au XIIIe siècle, de nombreux seigneurs, autrefois vassaux du roi-empereur ou des ducs « tribaux », accèdent à cette sorte d'autonomie interne que Frédéric II a dû accorder aux princes allemands. Nul ne sait exactement combien ils sont et qui compte réellement dans leurs rangs. La situation juridique mettra plusieurs siècles à se clarifier et à se stabiliser ; une réalité floue et mouvante sera cernée progressivement par des textes et par des coutumes sans jamais se figer définitivement. L'extinction des Hohenstaufen libère un grand nombre de serviteurs, de ministériaux que les empereurs et rois de la grande dynastie disparue utilisaient comme gouverneurs ou baillis pour tenir les domaines royaux et les biens propres de leur famille. Les territoires fort étendus que la mort de Conradin laissait sans héritiers (mais lui-même n'avait pu remettre en cause les empiétements et usurpations qui s'étaient déjà produits après la mort de son père en 1254) vont être pour une bonne part occupés et annexés par des seigneurs voisins ; mais ailleurs, les serviteurs-gouverneurs – parfois même de plus ou moins lointaine origine servile – vont réussir à rendre leurs possessions de fait héréditaires dans leurs propres familles. A la place des Hohenstaufen, il n'y aura plus de ducs de Franconie et de Souabe ; ces vastes régions sont démantelées et divisées comme les Hohenstaufen avaient déjà démantelé et divisé les duchés de Saxe et de Bavière. Partout, les seigneurs débordent les concessions royales même les plus généreuses pour s'attribuer des droits de plus en plus élevés : la justice, y compris les affaires de sang, le patronat sur les églises et les villes, les mines et la monnaie, les octrois et les douanes. L'Allemagne devient un puzzle de seigneuries autonomes. Le roi, naguère, pouvait tenter d'imposer son autorité en s'appuyant sur les biens de la couronne (mais les interrègnes les ont réduits à peu de chose) et sur l'Église, mais les évêques et les abbés, au profit desquels Frédéric II a renoncé aux droits que le concordat de Worms en 1122 avait laissés au roi d'Allemagne, sont maintenant des princes comme les autres, qui ne doivent rien au roi et tentent avec succès de s'émanciper eux aussi du pouvoir central. La *Reichskirche*, l'Église d'Empire, dont l'argent et les hommes nourrissaient l'administration et l'armée impériales, cesse d'exister sous son ancienne forme. Il est vrai que, pour échapper aux convoitises de leurs voisins, les princes séculiers et héréditaires, les princes-évêques et les princes-abbés restent quand même, ordinairement, soucieux de conserver quelque pouvoir au souverain dont la protection peut leur être encore utile.

La guerre civile, de 1198 à 1208, à nouveau de 1212 à 1215, et encore de 1247 à 1254, les longues absences de Frédéric II et son conflit avec le jeune roi Henri VII, l'excommunication de l'empereur et l'élection de deux contre-rois successifs, Henri de Thuringe et Guillaume de Hollande, la rivalité entre ce dernier et Conrad IV, l'héritier légitime – toute cette longue série de pouvoirs faibles, contestés ou lointains, précède l'interrègne proprement dit (1254-1273) qui n'est qu'une fiction d'historiens puisqu'il y a toujours eu, en théorie, un ou plusieurs rois élus. La mort de Conrad IV laisse Guillaume de Hollande seul tenant du titre. Mais ce petit seigneur n'est reconnu que dans le nord de l'Allemagne et il ira se faire tuer obscurément en Frise dans une bataille contre des paysans révoltés (1256). Pour sa succession, comme en 1198, il y aura une élection double ; mais, peu soucieux de restaurer une royauté forte, les princes choisissent dans les deux cas des candidats étrangers : Richard de Cornouailles, frère du roi d'Angleterre, sera l'élu du parti welfe, du parti pontifical ; Alphonse X le Sage, roi de Castille, petit-fils de Philippe de Souabe[1], réunira les voix des anciens partisans des Hohenstaufen – mais le partage, bien souvent, est dû à des arguments moins politiques et moins nobles, les deux prétendants distribuant force argent et en promettant encore davantage. Si Richard vient quelquefois en Allemagne (mais sans jamais franchir le Rhin), le Castillan n'y met jamais les pieds. De tels rois, évidemment, ne pouvaient gêner sérieusement les efforts d'émancipation des princes, ni leurs usurpations au détriment du domaine royal.

---

1. Et, de ce fait, comme nous l'avons vu, arrière-petit-fils de Frédéric Barberousse.

A la longue, cependant, le vide politique entraînant comme toujours le trop-plein, l'absence d'un roi et d'un empereur, laissant en quelque sorte décapité le système social féodal et démultipliant les conflits entre autorités subalternes, devint insupportable. Le pape, ironie du sort, finit par menacer les princes allemands de désigner lui-même un empereur s'ils ne parvenaient pas enfin à se donner un roi, car, après avoir triomphé d'un souverain qui se voulait son égal ou son supérieur, le chef de l'Église subissait lui aussi les conséquences d'une vacance qui privait de son chef naturel la croisade toujours à relancer, et qui livrait l'Italie aux Franco-Angevins[1]. En Allemagne même, les seigneurs plus petits étaient victimes, dans l'anarchie générale, de la loi du plus fort, et le commerce des villes souffrait de la démultiplication des taxes et octrois que chaque seigneur levait à sa guise, sans parler des brigands à qui l'absence d'un juge suprême et la concurrence des justices seigneuriales assuraient souvent l'impunité. Rapines et pillages ne restaient d'ailleurs pas le privilège de gens sans aveu : beaucoup de seigneurs, du haut de leurs châteaux forts, ne dédaignaient pas de foncer sur les convois qui passaient à portée de leurs griffes. Quand il y eut enfin à nouveau un roi, celui-ci dut consacrer une grande partie de ses premières années de règne à mettre le siège devant ces repaires, à les démolir et à punir leurs maîtres abusifs.

C'est en 1273 que les princes-électeurs finirent par se mettre d'accord, vingt-sept ans après que la déposition de Frédéric II par le pape eut ouvert l'ère des troubles, des élections contraires et de l'anarchie. Le nouveau roi, Rodolphe de Habsbourg, n'appartenait pas à une des grandes dynasties dont les noms brillaient depuis longtemps dans l'histoire allemande, et ses possessions ne pouvaient rivaliser avec celles des Wittelsbach ou des Welfs. Aussi bien les électeurs, tout en restaurant l'autorité royale, avaient souhaité qu'elle ne pût s'établir sur un prestige trop éclatant, ni sur une *Hausmacht* – des possessions dynastiques – trop puissante.

---

1. Ayant appelé en Italie les Angevins pour arracher la Sicile et le royaume de Naples aux Hohenstaufen, la papauté se trouva bientôt en proie aux exigences, prétentions et usurpations d'une dynastie qui, comme ses prédécesseurs, tentera d'étendre son pouvoir à l'Italie tout entière.

Rodolphe, comte de Habsbourg, était un homme d'âge et d'expérience ; sans être apparenté aux Hohenstaufen (le pape avait formellement interdit l'élection d'un descendant de la race maudite), il avait toujours appartenu au parti impérial. Filleul de Frédéric II, il avait même accompagné Conradin au début de sa désastreuse descente en Italie. Ses domaines familiaux, fortement enrichis par sa prudente gestion, s'étendaient dans le Sud-Ouest alémanique, en Alsace et dans la Suisse actuelle. Les princes les plus puissants ne devaient redouter d'un tel roi aucune initiative préjudiciable à leurs intérêts ; en même temps, on pouvait attendre de lui qu'il s'acquittât convenablement des fonctions de juge et d'arbitre suprêmes dont la vacance avait entraîné trop de désordres. Alors qu'en France le pouvoir royal triomphait de tous ses adversaires, l'échec des Hohenstaufen faisait de l'Allemagne une sorte de confédération couronnée.

Le nouveau roi, cependant, ne manquait pas complètement d'atouts. La pensée de l'époque restait profondément imprégnée des thèmes qui, pendant des siècles, avaient exalté la grandeur de la royauté davidienne et de l'Empire sacré. Dans le sentiment populaire, le roi-empereur restait le patron et le protecteur de la chrétienté ; le besoin d'un chef légitime et l'attente de la restauration de son autorité y étaient si forts qu'ils suscitaient adhésion et ferveur autour des imposteurs, des « faux Frédéric » qui surgissaient de temps en temps dans diverses régions d'Allemagne. Rodolphe, politique avisé, s'appuya durant tout son règne (1273-1291) sur les villes dont l'essor n'avait pas été sérieusement freiné par les désordres de l'interrègne. Les bourgeois, toujours fidèles au roi depuis les temps lointains d'Henri IV, car lui seul pouvait légitimer leur autonomie face aux princes séculiers ou spirituels, fournissaient de l'argent et des combattants. De plus, Rodolphe fut servi par la chance : un des plus grands ensembles territoriaux de l'Empire, l'héritage de la dynastie des Babenberg, margraves et ducs d'Autriche depuis le xe siècle, se trouva vacant par l'extinction de cette race. Avec la Marche d'Autriche proprement dite, il comprenait la Styrie et la Carniole (l'actuelle Slovénie), s'étendant ainsi du Danube au voisinage de l'Adriatique. Ces territoires possédaient en outre d'importantes ressources minières, d'argent et de fer. Pendant l'interrègne, le roi de Bohême, Ottokar II, un des princes les plus puissants de l'Empire, fastueux, généreux et ambitieux, s'était emparé de ces fiefs sans maître. Rodolphe les lui réclama et, s'étant heurté à un refus, les lui arracha. Le roi de Bohême mourut à la bataille et Rodolphe attribua l'héritage autrichien à ses fils. Ainsi la nouvelle dynastie se vit-elle investie, et pour plus de six siècles, d'une base territoriale qui faisait d'elle l'égale des plus grandes familles de l'Empire. En même temps, la défaite d'Ottokar écartait le danger d'une émancipation de la Bohême, tentée de se constituer en puissance autonome et en pôle d'attraction pour toute l'Europe orientale : les ambitions d'Ottokar s'étaient en effet étendues à la Pologne comme à l'Autriche, allant de l'Adriatique à la Baltique. Maintenant, la Bohême se trouvait en quelque sorte ramenée au sein de l'Empire. Il ne faut pas, bien entendu, juger ces événements avec les yeux du nationalisme moderne. Depuis longtemps les femmes des rois tchèques Přemyslides étaient toutes allemandes et Ottokar, comme l'avaient fait ses prédécesseurs et comme le feront ses successeurs, favorisa l'immigration de commerçants, d'artisans et de paysans allemands, sans oublier les mineurs dont l'industrie devait développer les richesses du roi. La Bohême, contrairement aux régions slaves entre l'Elbe et l'Oder, ne fit pas l'objet d'une colonisation violente, mais ses rois eux-mêmes organisèrent dans leur intérêt bien compris une colonisation sélective apportant des éléments supérieurs de civilisation, notamment en matière de technologie, entourant de territoires allemands le noyau tchèque de Bohême et de Moravie[1].

Maître de l'Autriche et de ses dépendances qui s'ajoutaient à ses anciens domaines alémaniques, le roi Rodolphe finit par porter ombrage aux autres princes. Il ne parvint pas à faire élire roi, de son vivant, son fils aîné Albert, selon la coutume des anciens empereurs. A sa mort, en 1291, les Électeurs choisirent à nouveau un petit seigneur sans grands moyens personnels, le comte Adolphe de Nassau, qui eut du

1. L'on verra, au début du XVe siècle, renaître dans une forme nouvelle, religieuse et sociale, l'aspiration tchèque à un rôle important en Europe centrale, à travers la « révolution » hussite (voir plus loin au chapitre VIII).

mal à faire reconnaître son autorité. Albert lui fit la guerre, le vainquit, le tua et fut élu à sa place en 1298. C'était un prince énergique, certes, mais hautain, incapable de gagner les cœurs comme Rodolphe avait si bien su le faire. Cependant, l'autorité royale qu'Adolphe avait laissée péricliter fut à nouveau mieux affirmée et respectée, mais au bout de dix ans Albert mourut à son tour de mort violente, assassiné par un de ses neveux. Les Électeurs saisirent l'occasion pour briser encore une fois dans l'œuf la continuité dynastique, de crainte qu'elle n'aboutisse à la royauté héréditaire. Cette fois-ci, l'élu fut un assez grand seigneur, le comte de Luxembourg, Henri, dont le frère était archevêque de Trèves, l'un des trois princes-électeurs ecclésiastiques. Henri VII (le malheureux fils de Frédéric II qui avait porté ce nom étant tombé dans l'oubli) était riche, expérimenté et brillant ; pour la première fois, l'Allemagne avait un roi dont la langue maternelle était le français[1] et que ses intérêts et son passé personnel, ses goûts et ses amitiés rattachaient à l'Europe de l'Ouest. Mais Henri, précisément parce qu'il faisait partie du monde politique occidental dont la France était devenue l'épicentre, ne pouvait ni ne voulait concentrer ses efforts sur l'Allemagne devenue marginale, comme l'avaient fait ses trois prédécesseurs. Ni Rodolphe, ni Adolphe, ni Albert, en dépit de maintes invites et promesses, n'étaient descendus en Italie. Ils se bornèrent à suivre de loin les affaires de la péninsule, à conférer des titres, à nommer des vicaires impériaux, le plus souvent moyennant finances. L'Italie restait en proie aux rivalités entre factions et partis qui conservaient, vidées de leur sens, les vieilles dénominations de gibelins et de guelfes par lesquelles s'étaient naguère désignés les partisans des Hohenstaufen et ceux du pape. Mais la papauté elle-même n'avait goûté son triomphe sur l'Empire que pendant quelques brèves décennies. Humiliée et domestiquée par la royauté française, elle avait dû abandonner Rome, où son autorité était contestée par les grandes familles nobles, et se réfugier outre-monts, en Avignon, cette ville étant en théorie terre d'Empire comme la Provence, mais prêtée en quelque sorte aux papes par les Angevins de Naples, comtes

1. Frédéric II, lui, avait eu l'italien pour langue maternelle.

de Provence[1]. Ne supportant pas cette perte de prestige, les Romains avaient fait élire un autre pape. Partout, le parti gibelin réclamait le soutien du roi légitime, que sollicitaient également les Romains et leur pape. Henri, habitué aux grandes affaires et déterminé à y prendre sa part, résolut de suivre l'appel. Une fois de plus, le roi allemand franchit les Alpes, attendu, acclamé, sollicité, et aussitôt abandonné et trahi, obligé de solliciter argent, soldats, droits de passage. Dante, militant gibelin, exilé par la faction guelfe triomphant à Florence, a chanté dans des vers célèbres l'espérance qui avait accompagné la venue d'Henri VII et la déception que suscita son échec. Théoricien conservateur, l'auteur de la *Monarchie* n'avait pas perçu la situation réelle de sa patrie où s'élaborait dans la division politique et l'anarchie la civilisation de la Renaissance, qui aura été mieux servie sans doute par la pluralité de petits et moyens États que par une monarchie universelle. Cette pluralité ne correspondait-elle pas à l'esprit d'aventure, d'entreprise, d'individualisme de l'âge nouveau ? Incapable de soumettre l'Italie, ou de renoncer à elle, Henri VII y mourut jeune, comme tant de ses prédécesseurs. L'histoire, avant de tourner définitivement une page, reprend souvent, mais sur un mode mineur, les grands et forts desseins du chapitre qui se termine. Cependant, avant d'aller se perdre en Italie, Henri de Luxembourg avait eu le temps de marier son fils avec l'héritière des rois Přemyslides de Bohême. Rivale des Habsbourg, une autre dynastie venue elle aussi de l'ouest de l'Allemagne s'installait fortement dans ces régions de l'Est où, décidément, se trouvait maintenant le cœur politique de l'Empire. Prague et Vienne seront pendant des siècles les véritables capitales de l'Allemagne. Les Hohenstaufen, encore, n'avaient pas eu de capitales dignes de ce nom, du moins en Allemagne, car Frédéric II avait eu pour résidences Palerme et Naples. Ils séjournaient dans les châteaux forts du domaine royal, à Trifels, à Wimpfen, à Haguenau, et dans les villes impériales qui les accueillaient à tour de rôle. Au XIVe siècle, l'urbanisation de la vie a fait de grands progrès ; sur le modèle de Paris, de Palerme et de Naples, de Londres aussi, les princes allemands, entourés d'une cour plus nom-

1. Cette situation ne fut régularisée qu'en 1348 par une vente.

breuse et d'une administration permanente et spécialisée, quittent les *Burgen* juchés sur les hauteurs et s'établissent dans une des villes de leur territoire, à moins qu'une ville ne se forme peu à peu autour de la résidence princière.

L'élection de 1314, une fois de plus, donna deux rois à l'Allemagne, un de trop. Frédéric d'Autriche était le fils aîné du roi Albert, petit-fils de Rodolphe de Habsbourg. Son rival, Louis, duc de Bavière, appartenait à l'une des plus grandes maisons d'Allemagne, les Wittelsbach qui avaient reçu de Frédéric Barberousse la Bavière après la chute d'Henri le Lion. Une autre branche possédait le riche comté palatin rhénan. Après plusieurs années de lutte – une fois de plus la guerre générale de deux rois s'ajoutait aux incessants combats particuliers qui mettaient continuellement aux prises princes, seigneurs et villes –, Louis finit par l'emporter. C'était un prince droit et généreux, homme de guerre plus que diplomate, de haute stature et de grande vigueur, l'exemple du chevalier honnête et preux. Ses manières franches et directes plaisaient au peuple : aucun des souverains allemands depuis Barberousse ne fut plus aimé des petites gens. Pour une fois, en outre, le destin accorda à un roi allemand la durée, condition nécessaire au succès d'un règne (1314-1348). Mais Louis était aussi impulsif, coléreux et hanté par le désir d'accroître la fortune de sa maison. A la Bavière, par des moyens qui lui firent beaucoup d'ennemis, il ajouta des provinces disparates : le Tyrol, le Brandebourg, la Hollande, et cet appétit désordonné donna l'alarme à beaucoup de princes toujours soucieux de ne pas voir renaître une puissance royale capable de leur reprendre les droits usurpés ou arrachés à des souverains aux abois.

Louis le Bavarois, néanmoins, aurait peut-être eu l'énergie et la fortune nécessaires pour triompher de ces frondes, s'il n'avait pas dû s'engager dans un combat autrement redoutable et qui fut en réalité l'ultime phase de l'ancienne querelle du pape et de l'empereur. Le pape d'Avignon, en effet, voulut trancher lui-même entre les deux élus de 1314. Bien entendu, Louis rejeta avec hauteur cette nouvelle et exorbitante prétention. Alors se déroula la vieille litanie bien connue, faite d'excommunications et d'interdits, de condamnations et de dépositions, d'élections d'antipapes et de contre-rois. Louis, à son tour, prit le chemin de l'Italie et se fit couronner empereur par un antipape, mais, contrairement à son prédécesseur, il ne se laissa pas enliser dans les imbroglios italiens. Il rencontra toutefois en Italie des juristes et des philosophes qui tiraient de leur connaissance de l'Antiquité l'ardente volonté de restaurer la grandeur romaine et de libérer la société de la domination de l'Église. Marsile de Padoue, le plus illustre de ces hommes de pensée et de plume qui se firent les défenseurs de la cause impériale, n'est déjà plus tout à fait un homme du Moyen Age ; chez lui, les vieilles protestations contre la décadence d'une Église qui se livre au monde en prétendant le dominer se mêlent déjà à une forte et joyeuse affirmation de la liberté, individuelle et collective, des hommes et du peuple. A ces pensées de savant et de pamphlétaire, l'empereur n'a pas dû comprendre grand-chose, sinon qu'elles pouvaient servir sa cause. Mais elles le compromettaient aussi, comme le firent d'autres ennemis de la papauté, tels que les franciscains persécutés par Avignon, à cause de leur rigoureux attachement à la lettre de la pauvreté, et aussi le plus illustre des philosophes du temps, l'Anglais Guillaume d'Occam, lui aussi franciscain, dont l'enseignement plaçait la raison au-dessus du dogme. La cour de Munich devint le refuge de tous ces contestataires qui se dressaient contre l'Église établie, ses pompes et ses finances, ses richesses, ses intrigues et ses prétentions séculières. La haine que Louis inspirait aux hommes d'Avignon n'en fut que plus implacable. Beaucoup de villes allemandes durent se passer de culte religieux pendant plus de dix ans (car l'interdit était généralement respecté par les prêtres), sans que fléchît leur fidélité à l'empereur[1]. Les princes eux-mêmes, dans leur grande majorité, ne voulurent pas admettre l'intervention du pape dans les affaires

1. C'est un peu la situation que l'Allemagne avait connue sous Henri IV, mais, alors, une grande partie des évêques et des prêtres n'avaient pas respecté l'interdit. Le pouvoir de la papauté sur l'Église, à l'intérieur de l'Église, s'était beaucoup fortifié en l'espace de deux cent cinquante ans, mais la lutte du Bavarois contre le pape d'Avignon devint un élément de la mémoire collective dont Luther se fit l'expression. Et Guillaume d'Occam ne fut-il pas le maître de John Wyclif, l'hérétique d'Oxford dont Jan Hus à son tour se fit le disciple ?

du royaume allemand. Par plusieurs déclarations solennelles, ils affirmèrent que le roi, régulièrement élu par le collège des sept princes-électeurs (*Kurfürsten*), n'avait nul besoin d'approbation pontificale. Comme du temps des Hohenstaufen, toute une littérature politique fleurit pour défendre la liberté allemande contre les injustes prétentions du pape ; mais il y avait maintenant, grâce aux progrès des richesses et de la civilisation, beaucoup plus d'hommes et même de femmes capables de la lire. La déclaration de Rhense (1332), vaste plaine sur la rive gauche du Rhin où se dresse un monumental trône de pierre, du haut duquel fut proclamée une déclaration des princes-électeurs rejetant l'intervention pontificale, les écrits des juristes politiques allemands, les spéculations de Marsile et les fulminations des franciscains lançant une sorte d'attaque concentrique contre l'Église pontificale qui, d'étape en étape, aboutira à la Réforme luthérienne. A la longue, cependant, Avignon et la France (Louis s'étant allié aux Anglais, nous sommes dans la première phase de la guerre de Cent Ans) finirent par susciter un nouveau rival sérieux à l'empereur vieillissant : Charles de Luxembourg, roi de Bohême, petit-fils d'Henri VII. Élevé à la cour de France où son père Jean l'Aveugle (qui mourut à Crécy) séjournait plus souvent qu'en Bohême, initié à la politique par de longs séjours en Italie, fin et lettré (alors que Louis ne savait ni lire ni écrire), homme de cabinet, d'études et de finance, Charles apparaissait comme l'exact opposé du Bavarois. La mort, cette fois-ci, épargna à l'Allemagne une nouvelle guerre royale ; après la disparition de Louis IV en 1347, Charles également quatrième du nom fut universellement reconnu. Il était le candidat de la papauté ; son succès mit fin à la querelle, mais quelques années plus tard le nouvel empereur fit approuver par les princes-électeurs et l'ensemble des seigneurs représentés au Reichstag – et de la manière la plus solennelle – une sorte de Loi fondamentale de l'Empire. La « Bulle d'Or » codifiait définitivement les pratiques et coutumes relatives à l'élection royale et scellait l'exclusion de toute intervention pontificale. On a pu dire de ce texte, à juste titre, qu'il fut la première Constitution écrite de l'Allemagne. Dans ses lignes essentielles, elle est restée en vigueur jusqu'à la dissolution de l'Empire, en 1806, pendant près de cinq siècles.

Depuis la fin des Carolingiens, l'élection royale avait connu en Allemagne une évolution lente, continue et difficile à reconstituer puisque la coutume n'a que tardivement été notée dans des textes écrits. Théoriquement, chez les Francs et chez les autres tribus, tous les hommes libres participaient à l'élection, quand élection il y avait – mais déjà, en fait, seuls les grands, les possédants, les seigneurs, ceux qui étaient investis de fiefs et de fonctions, laïcs ou ecclésiastiques, ont voix au chapitre. On ne comptait pas les voix aux Xe, XIe et XIIe siècles, mais on recherchait un consensus par acclamation, qui se matérialisait ensuite dans les cérémonies du couronnement. Le terme de matérialisation est en fait très insuffisant pour désigner un rituel de nature profondément religieuse et sacrée : seule l'onction, donnée par l'archevêque de Mayence dans la chapelle impériale d'Aix, construite par Charlemagne, conférait véritablement la dignité royale. Peu à peu, cependant, une sélection s'opéra dans la masse des princes et seigneurs : une minorité seulement sera finalement investie de la dignité de « prince d'Empire » (*Reichsfürst*), et au sein de cette minorité se dégagera, par une nouvelle sélection, le collège électoral que l'on a vu à l'œuvre à partir de l'interrègne[1]. Il se compose d'abord des trois princes-archevêques : Cologne, Trèves et Mayence (à ce siège sera liée la dignité d'archichancelier de l'Empire) – le prince-archevêque de Salzbourg, qui revendique le titre de primat d'Allemagne, n'accédera pas à la dignité électorale. Quatre princes séculiers font également partie du corps électoral : le comte palatin qui finit par l'emporter sur son cousin et rival le duc de Bavière, le duc de Saxe (c'est en fait le margrave de Misnie, de la maison des Wettin, qui a hérité d'un petit territoire sur l'Elbe moyenne, celui de Saxe-Wittenberg auquel est attaché le titre ducal depuis que Barberousse l'avait au XIIe siècle enlevé à Henri le Lion tout en disloquant l'ancien duché initial), le margrave de Brandebourg et – après de longues contestations – le roi de Bohême. Les droits de la

1. C'est en 1257 que le collège de sept Électeurs fonctionne pour la première fois en tant que tel.

Bohême ne sont définitivement reconnus que par la Bulle d'Or, sous l'empereur Charles IV qui est précisément roi de Bohême. Sur les sept princes-électeurs de la Bulle d'Or, quatre appartiennent à l'ancienne Allemagne, à l'*Altreich*, les régions que les Germains occupent depuis les grandes migrations, mais trois représentent la nouvelle Allemagne, les terres de colonisation (Misnie et Brandebourg) à quoi s'ajoute cette Bohême où l'influence allemande ne viendra jamais à bout de la ténacité tchèque. Avant l'époque des Hohenstaufen, la Bohême n'avait été qu'une annexe à moitié sauvage, incertaine et souvent en état de soulèvement contre la suzeraineté impériale ; la Misnie et le Brandebourg étaient, eux, des zones frontières où la pacification et la germanisation avançaient vigoureusement, mais non sans rencontrer une résistance acharnée. Deux cents ans plus tard, ces deux régions ne sont pas seulement complètement intégrées à l'Allemagne, mais dépassent en importance politique la plupart des autres territoires. Alors que, dans l'ancien Empire, la disparition des vastes duchés tribaux eut pour conséquence la division de ces grands ensembles en une multitude d'entités petites et moyennes, l'Allemagne coloniale a vu au contraire se constituer de grandes unités territoriales et étatiques : la (nouvelle) Saxe issue de la Misnie, le Brandebourg, le duché de Holstein et, dans des terres dont l'appartenance à l'Empire est au moins imprécise, l'État de l'Ordre Teutonique. S'y ajoutent nombre de duchés appartenant à des dynasties slaves christianisées et peu à peu germanisées : le Mecklembourg, la Poméranie, les duchés de Silésie, possessions de lignes secondaires de la famille royale polonaise des Piast. Au milieu du XIVe siècle, l'épicentre de l'Allemagne s'est largement déplacé vers l'est. Sur le territoire de l'ancien Reich d'avant l'*Ostkolonisation*, seuls les Wittelsbach de Bavière et du Palatinat peuvent rivaliser avec les Habsbourg, maîtres de l'Autriche[1], les Luxembourg installés en Bohême, les Wettin en Saxe et les Ascaniens du Brandebourg. La limitation définitive par la Bulle d'Or du droit d'élection aux sept princes-électeurs a néanmoins un caractère à la fois accidentel et

1. Qui est elle-même terre de conquête et de colonisation, mais de plusieurs siècles antérieures.

arbitraire : rien ne justifie l'exclusion des ducs d'Autriche et de Bavière sinon les circonstances de l'époque, et surtout le fait que Charles IV devait nécessairement voir des rivaux dans les membres des dynasties qui l'avaient précédé sur le trône royal et impérial. De toute manière, la fixation de règles simples et claires revêtait une utilité évidente : après la publication de la Bulle d'Or, il ne devait plus jamais y avoir en Allemagne ni double élection, ni déposition de roi et élection d'un contre-roi par une minorité plus ou moins considérable d'ayants droit, comme à l'époque d'Henri IV et d'Henri V, ou sous les Hohenstaufen. Seule fera exception la déposition du roi Venceslas, fils de Charles IV, en 1400, pour incapacité notoire et négligence de ses obligations royales, mais elle fut décidée sans rencontrer de fortes oppositions et ne fut pas suivie de guerre civile.

Pour proclamer une nouvelle loi importante, pour préparer ou annoncer une expédition guerrière, pour se procurer hommes et finances, les anciens rois et empereurs, depuis les temps des premiers souverains francs mais surtout depuis l'époque carolingienne, convoquaient en Diète[1] les représentants de leurs peuples, c'est-à-dire les grands. Le Reichstag (« Journée » ou Diète d'Empire) verra au cours des siècles se préciser et se fixer ses rôles et sa composition. D'assemblées d'hommes libres et de nobles venus de tous les coins du royaume ou de l'Empire, la Diète se transforme en réunion des princes et seigneurs tant laïcs qu'ecclésiastiques qui jouissent de l'autonomie relative face au roi-empereur, qui sont ce qu'on appellera plus tard des *Reichsstände* (les États de l'Empire), des membres à part entière du Reich. Des princes et seigneurs qui ne relèvent que de l'autorité de l'empereur (progressivement limitée), qui sont *reichsunmittelbar* (qui n'ont personne entre eux et le Reich), se distingue une aristocratie de rang inférieur, intégrée dans les États territoriaux, le *Landadel*. Les premiers forment le *Reichsadel*, seul représenté au Reichstag, soit directement, soit dans le cadre d'une des « curies » régionales, des collectifs qui

1. Littéralement, « journée » ; *dies* : jour.

regroupent les comtes d'Empire[1]. Au XIVe siècle, le Reichstag est devenu, au-dessous du collège des princes-électeurs (*Kurfürstenkollegium*), une institution essentielle de la vie politique allemande. Il ne se réunit pas régulièrement, mais fréquemment, et son adhésion est indispensable à tous les actes importants de l'autorité royale et impériale. En matière d'impositions, notamment (mieux vaut d'ailleurs parler de contributions, puisque dans ce domaine aussi les princes détiennent la réalité des pouvoirs), et quand il s'agit d'obtenir l'envoi de contingents princiers à l'armée impériale, seul le Reichstag peut prendre des décisions valables et qui ont une chance d'être exécutées. Ce système constitutionnel à trois étages (*Reichstag, Kurfürstenkollegium*, roi-empereur), ébauché dès la seconde moitié du XIIIe siècle, est en place à la fin du XIVe siècle ; il se précisera et se complétera au cours des siècles suivants, tout en révélant sa lourdeur et son inefficacité croissantes. Il comporte de nombreuses zones d'incertitude dont la plus importante concerne les villes : depuis l'époque d'Henri IV, un grand nombre de cités se sont, tout en grandissant en population, en richesse et en force politique, émancipées de l'autorité des seigneurs territoriaux, séculiers ou ecclésiastiques, dont elles relevaient à l'origine. Cette émancipation, généralement favorisée par les rois-empereurs dont elle servait les intérêts en affaiblissant les princes, fut dans beaucoup de cas légalisée par des privilèges royaux. En dépit de certaines concessions hostiles aux villes que les princes arrachèrent à Frédéric II en 1231-1232, le mouvement s'est poursuivi et même accéléré pendant l'interrègne, et les nouveaux rois élus, notamment Rodolphe, Louis de Bavière et Charles IV, ont continué à le favoriser. Il existe alors (c'est-à-dire vers 1380) une centaine de villes libres, quelques-unes, comme Nuremberg ou Francfort, établies dans l'ancien domaine royal (*Königsboden*) et qui s'appellent parfois « villes royales » (*Königsstädte*), les autres émancipées de leurs seigneurs et munies de privilèges royaux, de chartes. L'essor de la civilisation urbaine et de l'économie

---

1. Les *Reichsritter* (chevaliers d'Empire), eux aussi directement soumis au seul empereur et groupés par *Kantone*, n'étaient pas, cependant, représentés au Reichstag.

commerçante, l'accroissement de la population, le développement du bien-être et du luxe et, par conséquent, de l'artisanat renforcent continuellement leur importance : rien de surprenant dès lors si elles revendiquent un statut à part dans l'ordre constitutionnel qui s'élabore. Les *freie Reichsstädte* (villes libres d'Empire) prétendent siéger sur les bancs du Reichstag comme les princes séculiers et spirituels. Ne fournissent-elles pas une part considérable des sommes nécessaires à l'administration de l'Empire et à ses guerres ? Ne sont-elles pas fréquemment les meilleurs et les plus fidèles soutiens des rois-empereurs ? Peu à peu, leur présence triomphe de la résistance des princes. A la fin du XVe siècle, les Villes libres seront devenues des *Reichsstände*, membres de l'Empire, pleinement reconnus comme tels et jouissant de l'égalité des droits avec les princes. Certaines, comme Nuremberg, Augsbourg et Ulm, pourraient rivaliser avec ceux-ci, même en ce qui concerne l'étendue de leur territoire, sans parler de leurs richesses.

Pour pouvoir jouer leur rôle politique avec plus de vigueur, pour défendre leur commerce dans l'Empire ou au-dehors, les Villes libres, et aussi certaines villes qui restent juridiquement soumises à l'autorité de princes territoriaux, s'unissent en ligues urbaines (*Städtebünde*). A la fin des Hohenstaufen et pendant le règne incertain de Guillaume de Hollande, une vaste Ligue rhénane (qui comprenait aussi des princes) s'était constituée pour lutter contre l'anarchie et garantir la sécurité de ses membres. Aux XIVe, XVe et XVIe siècles, la Ligue des villes souabes (*Schwäbischer Bund*) jouera dans le Sud-Ouest du Reich un rôle stabilisateur considérable, politique et même militaire. Les rois-empereurs tantôt prennent appui sur les ligues et tantôt les abandonnent, payant ainsi des concessions qu'ils arrachent aux princes. La plus importante des ligues urbaines et qui constitue en fait un phénomène *sui generis* se crée, cependant, en Allemagne du Nord[1], la Hanse,

1. On aura remarqué le peu de place que le Nord tient dans l'histoire des temps que nous écrivons ici. Le Nord-Ouest, notamment, a perdu son importance à la suite du morcellement de la Saxe welfe, mais cela ne vaut

qui réunira à son apogée, au XIVe siècle, plus de 300 cités, de Bruges dans les Flandres jusqu'à Riga en Livonie, et non seulement des ports, mais aussi des centres commerciaux de l'intérieur, grands et petits, de Cologne à Cracovie. Les maillons les plus importants de la chaîne sont toutefois les grandes villes maritimes : Bruges et Gand, Hambourg et surtout Lubeck, Rostock, Wismar, Danzig et Riga. Lubeck devient peu à peu une sorte de ville présidente, la plus puissante et la plus dynamique des cités alliées, siège des institutions arbitrales et des *Hansetage*, des assemblées hanséatiques. Dans cette Allemagne du Nord qui échappe largement au pouvoir royal, où les rois séjournent rarement (Charles IV sera le premier à rendre visite à Lubeck depuis un séjour de Frédéric II en 1219), se crée ainsi une structure puissamment originale : au départ ligue d'autoprotection du commerce et des commerçants, la Hanse devient, pendant la seconde moitié du XIIIe siècle, une puissance politique et militaire qui s'impose aux riverains de la Baltique, et même de la mer du Nord. Tantôt alliée, tantôt adversaire de l'Ordre Teutonique, elle brise la tentative des rois danois qui veulent établir leur suprématie sur la Baltique. Autour de ses quatre principaux grands comptoirs extérieurs, à Naugard (Novgorod) en Russie, Visby sur l'île de Gotland, Bergen en Norvège et Londres, véritables enclaves extraterritoriales et ports francs réservés au commerce des villes de la Hanse, la Ligue assure au XIVe siècle à ses membres le quasi-monopole des échanges entre l'est et l'ouest de l'Europe septentrionale, celui du commerce entre la Scandinavie et le Sud et de l'Angleterre avec le continent : les fourrures russes, le hareng suédois et norvégien, aliment populaire prépondérant pendant les longues semaines du Carême, la laine et plus tard les textiles anglais ne sont transportés que par des navires allemands, supérieurs aussi par

---

que pour les régions éloignées de la mer. La Flandre, la Hollande, la Frise, Brême, Hambourg et Lubeck connaissent, à partir du XIIIe siècle, un essor immense, mais, pour des raisons historiques diverses, ce développement devient de plus en plus marginal par rapport aux régions centrales du Reich. La Flandre « royale » (royale par opposition à la Flandre impériale qui, elle, fait partie du Reich) avec Gand et Bruges, si germanique qu'elle soit, fait d'ailleurs juridiquement partie du royaume de France jusqu'au XVIe siècle.

leur construction et leur navigabilité. Aux princes, allemands et étrangers, la Hanse est capable d'imposer le respect des intérêts de ses membres ; à l'est et au nord, en Pologne, en Russie, dans les pays scandinaves, la puissance de la Hanse favorise la propagation des statuts et droits « allemands » (les villes se dotaient de constitutions selon le « droit de Lubeck » ou le « droit de Magdebourg », pour ne nommer que les plus répandus), qui facilitent à leur tour l'immigration de commerçants et d'artisans allemands. Cependant, les rivalités entre villes membres, la puissance grandissante des princes territoriaux allemands et l'essor des royaumes slaves et scandinaves ainsi que les tensions sociales entre patriciens et corporations (*Zünfte*) au sein des villes, notamment à Lubeck, affaibliront progressivement la Ligue hanséatique au cours du XVe siècle. En fin de compte, la Hanse n'aura pas su se transformer en une véritable confédération étatique. Lubeck n'aura pas été l'égale d'Athènes, à la tête d'un empire maritime. Peu à peu, les États nordiques récupéreront les privilèges accordés aux marchands allemands. Cependant, de Bruges à Reval (Tallinn), les grands monuments religieux et civils témoignent, encore de nos jours, de la vigueur, de la splendeur et de l'unité de cette civilisation urbaine de l'Allemagne du Nord dont la Hanse fut à la fois l'expression et l'instrument. La singularité de l'histoire allemande la place en marge du cadre étatique alors faible et défaillant. Le Reich et l'empereur ne font pas grand-chose pour la Hanse, comme ils ne font pas grand-chose, et ne peuvent en fait rien faire, pour l'Ordre Teutonique. Et comme, vers la fin du second Moyen Age, l'Europe est travaillée par des forces qui tendent à la création de grands États nationaux, puissamment charpentés et vigoureusement gouvernés, ces splendides excroissances nordiques de l'histoire allemande finiront par succomber ou par se défaire.

Mais où est le peuple, le peuple allemand, dans l'histoire que nous relatons ici ? Nous n'avons rencontré jusqu'à présent que rois, princes et seigneurs, évêques et abbés, moines-soldats et bourgeois-commerçants. Cependant, l'immense majorité de la population allemande est formée de paysans, au moins 90 %, et plus probablement 95 % du total, si l'on se remémore qu'une bonne part des citadins sont en fait des *Ackerbürger*, des « bourgeois à champs », qui joignent l'exploitation de lopins de terre plus ou moins étendus à un métier artisanal ou commerçant justifiant leur résidence à l'intérieur des murs. L'histoire du peuple paysan est rarement divertissante, ses héros sont le plus souvent anonymes, ses faits et gestes quotidiens et sans l'éclat ou singulier ou symbolique qui se dégage de la vie des grands. De plus, l'historiographie a pendant des siècles, sciemment ou inconsciemment, négligé l'histoire des grandes masses pour n'écrire que celle des catégories, classes ou couches privilégiées. Ce qui serait digne d'être raconté doit souvent être arraché à l'ignorance, à l'interprétation erronée et hostile, à l'idéologie antipopulaire et occultante. Telle que l'on peut aujourd'hui l'ébaucher, l'histoire du peuple est beaucoup moins une histoire d'événements qu'une histoire de conditions et de genres de vie, encore que les événements que nous avons l'habitude de lire d'en haut se déchiffrent autrement quand on se prend à chercher comment ils ont été vécus par les masses. Il n'en reste pas moins vrai que les événements constituent le squelette, l'armature de l'histoire et que la compréhension, la signification réelle de l'événement qui les atteignait pourtant de plein fouet a échappé à la plupart des « acteurs » ou des « victimes » jusqu'à l'apparition des grands moyens d'information dont l'usage suppose l'instruction universelle de base. C'est dans ce contexte que nous pouvons essayer ici de parler de la vie du peuple allemand aux XIIIe et XIVe siècles.

Et d'abord, combien sont-ils ? Depuis le Xe siècle et jusqu'à la grande peste, l'évolution démographique a été continuellement ascendante L'Allemagne othonienne ne comptait encore, sans doute, guère plus de cinq millions d'habitants ; à la mort de Louis de Bavière, sur un territoire, il est vrai, très fortement élargi par la conquête coloniale, le nombre des habitants est probablement plus près de vingt millions que de quinze. Cette croissance a été rendue possible par l'action convergente de plusieurs facteurs, dont le premier et le plus important aura été l'amélioration des conditions climatiques. Un temps plus chaud et plus ensoleillé a permis d'étendre les cultures à des terres naguère trop humides ou trop enneigées.

Ainsi, le sol allemand a pu nourrir beaucoup plus de monde. La colonisation intérieure a fait progresser les champs et la pâture au détriment de la forêt. Le grand effort de défrichage, organisé par les maîtres de la terre, le roi, les grands, les seigneurs, les évêques et souvent les monastères, mais aussi par les communautés villageoises, voire par des familles isolées, a ainsi précédé et accompagné la colonisation extérieure, la conquête, l'occupation, la mise en culture des grands espaces au-delà de l'Elbe. Des progrès techniques, notamment la diffusion de la charrue à soc métallique et l'usage du joug pour atteler les bêtes de trait, ont procuré à leur tour une modeste amélioration de la productivité agricole, mais les rendements restent extrêmement médiocres en comparaison des nôtres. Le monde rural médiéval, en Allemagne comme ailleurs, n'est jamais réellement à l'abri de la famine. Cependant, la propagation de nouvelles cultures, des raves, choux-raves, betteraves notamment, diminue la dépendance envers les récoltes de grains. Le développement des villes introduit peu à peu les campagnes dans l'économie des échanges. Le paysan ne produit plus seulement pour sa propre subsistance, mais pour les marchés voisins, et parfois même lointains (le blé des pays de la Baltique est exporté en Angleterre où le rapide développement de l'élevage ovin, en vue de la production de la laine, entraîne une dépendance croissante envers l'étranger en ce qui concerne la consommation céréalière). Le paysan gagne de l'argent à vendre les produits de sa terre et souvent en plus ceux des activités artisanales secondaires de sa famille, mais il a aussi besoin d'argent, non seulement pour se procurer sur le marché des outils ou d'autres produits indispensables (le sel par exemple) ou auxquels il prend goût, mais surtout pour payer les redevances qu'il doit aux seigneurs et à l'Église et qui sont exprimées en monnaie. Disons tout de suite que la monnaie, les monnaies, va comme toujours en se dépréciant et que les seigneurs, voyant diminuer le pouvoir d'achat des redevances, cherchent par tous les moyens soit à la faire réévaluer, soit à réactualiser des obligations anciennes tombées en désuétude. Car les seigneurs, plus encore que les paysans, sont entraînés dans l'économie des échanges, dans l'économie monétaire. L'afflux des importations de luxe amenées par le grand commerce[1] en extension rapide crée de terribles tentations, des modes de vie nouveaux et des modes nouvelles auxquels il faut se prêter si l'on veut tenir son rang. La production indigène d'objets de luxe et d'art progresse elle aussi d'une manière spectaculaire ; le XIIIe et le XIVe siècle voient fleurir à travers les Allemagnes les métiers d'art, orfèvres, armuriers, peintres, sculpteurs, menuisiers, tailleurs pour vêtements de luxe. Les grandes familles bourgeoises dépassent souvent en richesse et en faste les hobereaux liés à leurs domaines. A la cour des princes, les conseillers, les juristes formés dans les universités italiennes et les officiers des nouvelles troupes permanentes sont pour une large part payés en monnaie[2]. Pour ne pas perdre pied, les seigneurs, dont la fonction sociale essentielle, combattante et militaire, s'éteint peu à peu, ou du moins se modifie, avec l'extinction de l'ordre féodal, n'auront le plus souvent qu'une ressource majeure : celle de pressurer davantage « leurs » paysans, du moins ceux qui ne se feront pas administrateurs ou officiers au service des princes, et ceux-là ne se privent pas non plus exploiter les paysans qui vivent sur leurs terres.

Nous avons vu, à l'époque carolingienne, la transformation de la paysannerie germanique libre en hommes liges, voire en serfs, alors que disparaît aussi, progressivement, l'esclavage. La plupart des hommes de la campagne doivent à un

1. Le développement du grand commerce a, bien sûr, lui aussi des causes multiples : les croisades d'abord, y compris et même surtout la quatrième qui, en livrant aux Francs Constantinople et l'accès à la mer Noire, a ouvert à l'Europe des perspectives et des relations qui ne se fermeront plus de longtemps, le goût et l'art de l'aventure, dont les récits de Marco Polo sont l'illustration et l'exemple le plus accompli, bref, un univers qui n'est plus fermé sur la Méditerranée et ses prolongements au nord et au nord-ouest.

2. Les princes pourront faire face à ces besoins nouveaux de numéraire grâce aux progrès considérables des techniques minières aux XIIIe et XIVe siècles et à l'ouverture de nouvelles mines au Tyrol, en Styrie et en Carinthie, en Forêt-Noire, en Saxe et en Bohême, qui s'ajoutent aux anciennes exploitations du Harz. Le mineur allemand devient le spécialiste européen de sa branche : c'est à lui que font appel entre autres les rois de Hongrie et de Suède pour développer l'industrie minière locale, d'où les nombreuses et riches enclaves allemandes qui se constituent en Slovaquie et de nouvelles implantations allemandes en Bohême et Moravie.

ou plusieurs seigneurs redevances et corvées, assises tantôt sur leur statut personnel, tantôt sur leurs terres. Des paysans entièrement libres de leur personne et propriétaires de leurs terres sont devenus rares ; on en trouve encore et surtout dans des régions lointaines, d'accès difficile, marginalisées par leur situation : dans les vallées alpestres de l'ancienne Rhétie romaine (l'actuelle Suisse) et au Tyrol d'une part, sur les côtes de la mer du Nord d'autre part, dans l'ancienne Saxe qu'on appelle maintenant Basse-Saxe (par opposition à la Saxe supérieure, le domaine des Wettin, autour de Wittenberg et de Leipzig), et surtout dans les contrées frisonnes. L'existence de ces îlots de liberté paysanne, qui implique aussi la persistance de droits « politiques » dont les paysans sont privés partout ailleurs (pas de représentation paysanne au Reichstag !), est considérée comme un scandale par les seigneurs, petits et grands, qui cherchent à les ramener au sort commun, surtout là où, pour défendre leurs droits, les paysans s'érigent en républiques indépendantes qui ne veulent reconnaître d'autre seigneur que le roi. Contre une de ces petites communautés paysannes, les habitants du pays de Stedingen, près de l'embouchure de la Weser, l'archevêque de Brême obtiendra même du pape, au XIIIe siècle, l'autorisation de faire prêcher une croisade : une armée de nobles et de pillards viendra saintement à bout de la petite contrée libre, au prix d'un affreux massacre. Les ducs d'Autriche, descendants de Rodolphe de Habsbourg, se heurteront, eux, à la volonté d'indépendance d'autres paysans montagnards constitués en ligues d'autodéfense. Les « manants » de Schwyz et d'Uri anéantiront à plusieurs reprises les fières armées de chevaliers que les Habsbourg mobiliseront contre eux. Les ducs, les rois, l'Empire devront reconnaître la « Conjuration » (*Eidgenossenschaft*, littéralement, « Compagnie liée par un serment, une foi jurée ») qui s'étendra rapidement durant le XIVe siècle, fera alliance avec les grandes cités libres voisines, Zurich, Berne, Bâle, et deviendra au XVe siècle une puissance politique et militaire considérable, de plus en plus isolée du reste du Reich.

L'aventure suisse est, en effet, un cas à part (comme le restera celui du Tyrol où les paysans siègent à la diète du comté). Dans le reste de l'Allemagne, c'est-à-dire dans l'immense majorité des territoires, les paysans vivent à quelques rares exceptions près dans divers états de dépendance, ayant des droits plus ou moins bons sur la terre et la maison, subissant des limitations plus ou moins étendues de leur capacité de disposer d'eux-mêmes, relevant parfois de plusieurs autorités en même temps, d'un ou plusieurs maîtres de la terre (*Grundherren*), d'un seigneur maître de la justice (*Gerichtsherr*) qui possède sur le paysan ou sur sa terre les droits de basse et parfois même de haute justice et qui peut être – ou peut ne pas être le même que le *Grundherr*. De plus, notre paysan doit dîme et corvée à l'Église, au curé ou au monastère (qui peut être aussi son *Grundherr* et même son *Gerichtsherr*) ; mais ces droits, l'évêque ou l'abbé les ont peut-être, volontairement ou contraints et forcés, confiés, délégués à un bailli, un *Vogt*, et ce personnage peut très bien être possesseur d'autres droits sur notre paysan, être par exemple son *Leibherr*, celui à qui appartiennent sa personne et celles des membres de sa famille. Le paysan allemand est ainsi pris dans un réseau complexe de dépendances, de servitudes et de redevances qui l'enserre plus ou moins durement, selon les régions et selon les époques. Pendant les premiers siècles de la colonisation, les paysans-colons dans les régions de peuplement de l'Est ont de bons droits : grande liberté personnelle, faibles redevances, peu de corvées. C'est avec ces bons droits que les organisateurs de l'immigration, agents des princes ou de l'Ordre Teutonique, ou encore les monastères cisterciens ou de l'Ordre de Prémontré[1], ont attiré dans les grands espaces vides ou peu peuplés de l'Est les fils cadets qui n'avaient pas leur place dans l'exploitation familiale. Les droits étaient relativement bons aussi dans l'ancienne Saxe et en Bavière, alors que, dans le Sud-Ouest, l'éclatement des anciens duchés et la démultiplication des seigneuries rendaient la situation des paysans beaucoup plus difficile et plus dure. Il n'est pas possible, en réalité, de tenir sur la situation du peuple paysan médiéval un discours unique. Il faut aussi et surtout compléter la description juri-

1. Prémontré, abbaye fondée en 1120 par saint Norbert, chapelain de l'empereur Henri V. L'Ordre, à la règle très sévère, essaima rapidement à travers l'Allemagne du Nord parallèlement à celui de Cîteaux.

dique du statut par une approche de la situation vécue. La dépendance envers les seigneurs se compensait dans une certaine mesure par l'insertion du paysan dans une communauté de village ou de voisinage qui jouissait d'un large pouvoir d'auto-administration, qui souvent élisait son *Schulze*, son maire, qui gérait ses vastes communs (*Allmende*), qui organisait elle-même la rotation des terres et l'exploitation de la forêt, qui administrait même très fréquemment sa propre justice, tout au moins quand il ne s'agissait pas de crimes réservés à la justice du seigneur, voire à celle du roi. Le paysan médiéval n'est pas un homme seul, il n'est pas un individu, au sens moderne, il appartient beaucoup plus profondément que nous ne pouvons l'imaginer à une communauté qui le protège et le constitue. C'est pourquoi, si les jacqueries ne manquent pas dans l'histoire médiévale de l'Allemagne, les grands mouvements sociaux ne viendront agiter les campagnes qu'à partir du moment où l'État princier, tendant à s'intégrer et se soumettre tous les éléments que la société féodale laissait subsister dans une autonomie relative, viendra avec ses fonctionnaires, son fisc et son droit romain administré par des tribunaux d'État, troubler profondément le cadre des vieilles communautés paysannes et leur droit coutumier germanique.

Aux historiens d'autrefois, le peuple paysan paraissait muet parce qu'il ne s'exprime pas par écrit. Nous n'y pouvons rien, la littérature est jusqu'à nos jours œuvre de minorités conçue pour des minorités, écrite dans de « hautes » langues, qui doivent être communes à un grand nombre de groupes et qui, pour cela, sont langues de personne, artificielles, fruits de conventions et qui doivent être apprises avec leurs règles et leurs sigles. Le Moyen Age allemand possède comme toutes les nations chrétiennes médiévales au moins deux littératures écrites, en l'espèce la latine et la germanique, et au-dessous de ces littératures apparentes chemine la littérature secrète qu'ignoreront beaucoup de générations futures, la littérature de la transmission orale, sans noms d'auteur, immense réservoir dont nous savons si peu de chose, mais qui nourrit et féconde sans cesse par ses thèmes, ses héros et ses légendes la littérature écrite, l'apparente, celle qui nous est parvenue. Le peuple, alors, a une mémoire collective prodigieuse ; elle conserve pendant des siècles le souvenir d'événements et d'hommes que l'histoire écrite, souvent, ne redécouvrira qu'au XIXe siècle, avec ses nouvelles méthodes scientifiques et avec l'exploitation systématique des sources. Les lettrés du XIIe siècle ne savaient à peu près rien des grandes migrations qui s'étaient déroulées neuf, huit, sept siècles plus tôt. Mais la mémoire du peuple fait resurgir dans les textes écrits des chansons de geste les Huns avec Attila, les Ostrogoths avec Théodoric (Dietrich von Bern = Vérone), les Burgondes dans leurs établissements rhénans avant qu'ils ne partent vers le sud, vers la « Bourgogne » ; mais, alors même que certains thèmes des chansons, poèmes, récits populaires, des légendes maintenues et enrichies par des générations de ménestrels passent au XIIIe siècle dans la « haute » littérature, le peuple continue à s'en nourrir et à les porter à sa façon d'âge en âge. Au deuxième Moyen Age, les versions populaires seront à leur tour rédigées et même, à partir du XVe siècle, imprimées ; à ce moment, le nombre des lettrés dans un monde plus urbanisé ne se limitera plus aux clercs, à quelques rares grands et à leurs collaborateurs directs : au-dessus de l'anonyme littérature populaire, la haute littérature du XIIIe siècle était aristocratique et ecclésiastique, celle des XIVe et XVe siècles sera essentiellement bourgeoise et naturellement toujours aussi ecclésiastique. Curieusement, mais dans un certain sens logiquement, la haute littérature du premier Moyen Age sera dès lors presque entièrement effacée ; on ne saura plus rien ou presque de la *Chanson des Nibelungen* qui ne sera redécouverte que dans la seconde moitié du XVIIIe siècle, alors que le récit en prose du « Siegfried corné » (*vom hürnernen Siegfried*)[1] circulera imprimé en livre populaire jusqu'à nos jours, ou presque.

La survivance de la mémoire populaire était de toute évidence liée à l'absence d'une littérature écrite à l'usage du peuple et en langue populaire et à l'existence de structures pour la formation « sur le tas » de bardes, *Spielmänner* (ménestrels), ou encore de simples apprentissages familiaux ou

1. La peau de Siegfried plongée dans le sang du dragon était devenue dure comme de la corne

tribaux. Rien de tout cela ne subsiste de nos jours, la mémoire collective est artificiellement constituée et nourrie par les médias, et les micro-sociétés qui favorisaient les échanges et transmissions au cours des longues veillées presque sans lumière ont disparu. Le monde paysan, français et allemand, il y a soixante, soixante-dix ans, était beaucoup plus proche du haut Moyen Age que ses petits-enfants ne le sont de lui.

Il est à la rigueur concevable d'attribuer à des maturations sociales l'éclatante floraison littéraire et de la fin du XIIe siècle et de la première moitié du XIIIe siècle, le premier véritable âge d'or de la littérature allemande. Un premier âge classique : des règnes longs et brillants, au sommet comme dans les territoires, les progrès de l'urbanisation et de l'économie commerçante, un âge d'entreprise, de dynamisme, comme l'attestent les croisades et les grands mouvements colonisateurs et surtout l'énorme stimulation qui vient de l'accélération et de l'intensification des relations internationales, du prodigieux élargissement des horizons intellectuels, fruit des croisades encore, et des guerres et conquêtes italiennes des empereurs Hohenstaufen, surtout après l'occupation du Sud, du royaume normand de Sicile. Les cours des rois, des princes, des évêques reçoivent et entremêlent les expériences, influences et recherches. L'épopée, le roman, la poésie amoureuse et courtoise, la poésie politique et militante, les récits de voyages et les grandes spéculations historiques, et aussi – et peut-être même surtout – les descriptions des expériences mystiques, produisent en même temps des moissons exubérantes dans un Occident sans véritables frontières intérieures ni extérieures. L'auteur resté inconnu de la version courtoise en haute langue de l'épopée des *Nibelungen* mélange des légendes païennes nordiques aux souvenirs souterrains de l'époque des grandes migrations. La *Chanson de Gudrun* est de pure appartenance nordique. Celle du roi Rotger est une transformation affabulatrice et légendaire des exploits normands en Méditerranée. Des bibliothèques des monastères revient au jour le thème d'Alexandre le Grand ; de France vient pour être traduit et adapté le grand cycle d'Artus, de la Table ronde et du Graal, et aussi le cycle de Guillaume d'Orange. Wolfram von Eschenbach (c. 1170-1220) est tout autre chose qu'un simple adaptateur ; c'est un créateur génial qui naturalise dans l'Allemagne des Hohenstaufen les thèmes de Perceval et de Titurel reçus du monde celtique à travers la France courtoise, comme l'auteur des *Nibelungen* a actualisé et modernisé des légendes très anciennes les mêlant à l'histoire des Ve et VIe siècles. Walther von der Vogelweide (c. 1170-1230) domine dans tous les genres poétiques : la chanson savamment populaire et la poésie religieuse, l'amour courtois et le pamphlet antiromain, anticlérical, antiwelche, au service du roi Philippe, mais aussi d'une sorte de conscience nationale qui se dresse contre les insolences pontificales. Je ne veux pas transformer ce récit en nomenclature littéraire. Ce qui doit nous préoccuper ici, c'est la brusque fin de cette abondante, puissante et glorieuse floraison. Le premier âge classique de la littérature allemande ne dure qu'un demi-siècle. Pourquoi ? Après la défaite des Hohenstaufen, il y eut encore des cours brillantes et riches dans de nombreux territoires. Les structures et les développements de la société apparente n'expliquent pas tout. Avant la fin de la première moitié du XIIIe siècle, c'est un autre âge, un autre *Lebensgefühl*, un autre sentiment de la vie qui s'annonce. La catastrophe de l'Empire est aussi une défaite nationale, avec son cortège d'humiliations, de désordres, d'insécurités. La perspective des territoires n'est pas celle de l'univers, l'*Imperator* aux prétentions illimitées ouvrait aux esprits d'autres dimensions que la cour d'un landgrave de Thuringe, si mécène qu'il fût[1]. L'Église, de plus en plus mêlée aux affaires du monde, déçoit et angoisse les esprits épris de salut, et l'échec final des croisades paraît annoncer une tragique condamnation divine.

Cependant, la fin du XIIIe siècle allemand est aussi, dans un certain sens, le début de la grande philosophie allemande, grâce, notamment, à la fulgurante métaphysique du *Meister* (Maître) Eckart (c. 1260-1328), théologien, prédicateur et penseur d'une unité de l'univers que le langage chrétien ne contient pas toujours. Ses sermons en langue allemande attei-

1. C'est à la cour de ce landgrave que se rassemblaient poètes, ménestrels et chevaliers dans des fêtes et des joutes que Wagner a voulu évoquer dans son *Tannhäuser*.

gnent, comme les épopées de Wolfram et les poèmes de Walther, les plus hauts sommets d'un dire qui n'est pas encore – et qui ne sera jamais – de la littérature. Avant lui, il y avait eu Albert le Grand, notre Maître Albert, celui de la place Maubert, comte de Bollstädt, dominicain comme Eckart, mais dont l'œuvre avant tout savante est exclusivement rédigée en latin. Après Eckart, une mystique moins métaphysique, plus sentimentale et bourgeoise fleurit avec Johannes Tauler, prédicateur dominicain d'une immense popularité (c. 1300-1361), et Heinrich Seuse (ou Suso) qui appartint lui aussi au même Ordre (c. 1295-1366) et qui fut essentiellement un curateur d'âmes, mariant l'intuition mystique et le charme de la poésie courtoise. Il est bon de dire ici un mot sur la rapide propagation des nouveaux ordres mendiants à travers l'Allemagne où les dominicains, penseurs, prédicateurs et éducateurs, eurent un succès véritablement éblouissant. L'Allemagne du Sud et du Sud-Ouest, de Cologne à Ratisbonne et à Vienne, voit se démultiplier leurs établissements en communion étroite avec leurs fraternités françaises. Ainsi reprend, à deux, trois ou quatre grands siècles de distance, le grand mouvement de réforme monastique qui au Xe siècle s'était développé à partir de Cluny, au XIIe siècle à partir de Cîteaux et de Prémontré, au XIIIe siècle et surtout au XIVe siècle à partir d'Assise et de Prouille, le lieu de fondation des dominicains. De ces cinq noms de lieux quatre sont français. L'influence religieuse de la France fut énorme au grand Moyen Age, les cisterciens et les moines de Prémontré jouèrent aussi un rôle considérable dans la christianisation de l'Allemagne coloniale, comme en témoignent un grand nombre de grandes et belles abbayes, encore visibles de nos jours, dans le Brandebourg, en Mecklembourg, en Poméranie et dans ce qui fut la Prusse. La poésie courtoise et épique de l'Occident français et celtique s'est propagée en Allemagne en faisant naître des chefs-d'œuvre authentiques et authentiquement allemands. Il en est de même de l'architecture et de la sculpture, de l'art roman comme de l'art gothique qui, venu de France, se naturalise splendidement dans l'Allemagne impériale, en y retrouvant d'ailleurs les traces de l'art normand, fortement présentes dans ce qu'on appelle le style Hohenstaufen, le style impérial de l'époque de Frédéric II.

CHAPITRE VIII

La grande peste et la crise de l'Église

1347-1437

Depuis les origines, les grandes épidémies n'ont cessé d'accompagner l'homme au cours de son cheminement. Leur histoire fait partie de la nôtre, inégale et mystérieuse. A certains moments elle s'intensifie en poussées violentes. De ces fléaux, le plus impressionnant pour une humanité ignorante quant aux causes de la maladie comme aux moyens de la combattre fut et demeure sans doute la peste bubonique, la « mort noire », effrayante par la rapidité de sa progression, par la brusque efficacité de son attaque, et aussi par l'affreuse modification qu'elle infligeait au corps humain, boursouflé et noirci, couvert de pustules suintant pus et sanie. La peste avait attaqué l'Europe d'une terrible poussée massive au VIIe siècle, mais de cette crise il ne nous reste que peu de témoignages. On devine seulement que l'épidémie, par ses épouvantables ravages, avait contribué, pour une large part, à l'affaissement final de la civilisation antique qui se produisit alors dans beaucoup de pays du continent. Ensuite, pendant des siècles, les poussées de la peste n'eurent plus le caractère d'une catastrophe quasi universelle. Sans doute figurait-elle parfois au rang de ces fièvres malignes, rapides et terribles, qui décimaient régulièrement les armées allemandes en Italie ou les forces des croisés en Asie, mais ces épidémies-là appartenaient probablement bien plus souvent aux genres du typhus ou du choléra, comme le donnent à penser les descriptions rapportées par les contemporains. C'est au milieu du XIVe siècle que reparaît soudain, massive et mortelle, la

« grande » peste, après un répit relatif de sept siècles. Cette fois-ci, grâce aux progrès réalisés entre-temps par la civilisation écrite, nous pouvons en suivre la trace. Les Européens la voient partir des ports septentrionaux de la mer Noire, des anciennes villes grecques de Crimée et du Pont, points d'aboutissement de tant de caravanes ou de raids sanglants venus du fond de l'Asie, villes devenues comptoirs génois depuis que les croisés s'étaient partagé en 1204 les dépouilles de l'Empire byzantin. La peste embarque sur les navires italiens et débarque en Sicile et en Ligurie. Elle a abordé l'Italie en 1347 ; il lui faudra ensuite moins de deux années pour parcourir l'Europe entière jusqu'à l'Écosse, en Scandinavie et en Russie. Le commerce et la guerre, et aussi les pèlerinages, sont les grands transporteurs de l'épidémie qui vient faucher en l'espace de quelques jours, voire de quelques heures, des populations entières, campagnardes et urbaines. Certaines régions sont quasiment vidées de leurs habitants, d'autres au contraire miraculeusement épargnées. En Allemagne, la peste ravage la vallée du Rhin et toute la haute Allemagne (Souabe, Franconie, Bavière), la Saxe et les provinces de l'Est, aux confins de la Pologne, alors que le Nord-Ouest reste relativement indemne. Vue globalement, la grande poussée de peste du milieu du XIVe siècle est, avec la guerre de Trente Ans et l'exode forcé des populations de l'Est en 1945-1946, l'une des catastrophes majeures de l'histoire allemande. On estime à 50 % les pertes subies globalement en quelques mois par la population, ce qui signifie qu'en certaines régions on a vu disparaître les trois quarts, voire la presque totalité du peuplement, et ces pertes sont d'autant plus terribles qu'elles se produisent en un temps très bref. Les survivants voient périr, coup sur coup, tous leurs parents, tous leurs amis, tous leurs voisins. Une grande partie des villages et écarts établis depuis le XIe siècle sur des terres nouvellement défrichées, sur des sols pauvres et en altitude élevée, vont disparaître entièrement, les habitants survivants ayant naturellement tendance à venir se regrouper dans les secteurs les plus riches et les plus faciles d'accès. De nos jours encore, on retrouve parfois, au cœur d'une forêt, des restes d'établissements humains qui furent alors abandonnés, appelés en allemand *Wüstungen* (littéralement, « ravages »), habitats abandonnés et retournés à l'état sauvage qu'on prenait naguère pour des villages détruits pendant la guerre de Trente Ans, alors qu'il s'est révélé que l'abandon des maisons et des terres remontait au XIVe siècle. La chute de la tension démographique, conséquence de la grande poussée de peste, n'entraîna pas seulement l'abandon des défrichements les plus récents et les moins favorables du point de vue climatique et géologique, elle eut aussi pour conséquence immédiate l'arrêt à peu près complet du mouvement de colonisation dans les terres de l'Est. Le grand flux humain qui allait d'ouest en est va se trouver tari, et, sauf quelques exceptions comme l'immigration minière en Bohême et en Slovaquie, les progrès de la langue allemande ne seront dus, à partir du milieu du XIVe siècle, qu'à la germanisation en quelque sorte interne des populations slaves du Brandebourg, du Holstein, du Mecklembourg, de la Poméranie, de la Pomérélie, des Silésies, ou des populations baltes de Prusse. Le tarissement des renforts de population allemande contribuera au renversement des tendances que l'on constate un peu partout sur les confins de l'Est où les puissances allemandes, et en premier lieu l'Ordre Teutonique et la Hanse, vont désormais se trouver sur la défensive face aux États polonais, tchèque, lituanien, magyar et même russe, en rapide ascension tant sur le plan culturel que sur ceux de la politique et de la force militaire. Au début du XVe siècle, l'Ordre subira sa première grande défaite militaire devant les Polonais et les Lituaniens coalisés, et du tréfonds du peuple tchèque surgira à la même époque l'immense éruption hussite qui sera aussi, parmi bien d'autres aspects, une réaction nationale contre la colonisation allemande.

La grande peste effraie, bouleverse, terrorise. Elle fait douter certains de la bonté de la Providence et d'autres s'acharner à trouver des causes humaines à la colère divine. L'Europe, et l'Allemagne plus particulièrement, se remplit de folles et furibondes processions, de flagellants qui essaient, dans l'exaltation et les macérations, de se concilier les bonnes grâces du Tout-Puissant et qui, chemin faisant, se livrent à toutes sortes d'extravagances et d'exactions. Et comment ne pas chercher à l'inexplicable des explications prochaines, des causes sur lesquelles il est possible d'agir ? Des ennemis de Dieu et du genre humain, on en a sous la main qui s'offrent à la soif de vengeance et qui, en plus, ne sont pas dépourvus de richesses, bonnes à prendre en passant ou par surcroît : les juifs, allogènes, « autres » et, par conséquent, redoutables et capables de tout, étrangers plus étrangers que tous les autres. La grande peste déclenchera une puissante vague de persécutions, brimades, rapines, confiscations, expulsions et pogromes, la seconde après les grands massacres du temps des premières croisades. Les juifs ont empoisonné les puits et provoqué ainsi l'épidémie, il n'est que juste qu'ils paient leur horrible forfait de leurs biens et de leurs personnes. Cette fois-ci, la protection impériale, qui avait sauvé beaucoup de juifs au moment des croisades et assuré ensuite à certains un minimum de sécurité, ne leur sera plus maintenue. A Nuremberg, les juifs achètent chèrement des lettres de protection impériale, ensuite les magistrats de la ville achètent à Charles IV, l'humaniste couronné, non moins chèrement, le droit de passer outre à ces lettres de protection qu'il avait lui-même accordées, et enfin, quand les autres habitants eurent massacré et brûlé « leurs » juifs, l'empereur réclama et obtint sa quote-part sur l'héritage laissé par ces malheureux. Il en fut ainsi, peu ou prou, dans la plupart des villes d'Allemagne. Les survivants – il y en a toujours, ou presque toujours, rarement une catastrophe est absolument totale – s'enfuirent en Pologne et en Lituanie, comme l'avaient fait déjà vers la fin du XIe siècle une partie de ceux qui s'étaient soustraits aux croisés. Là-bas, les potentats locaux pensaient, non sans raison, qu'ils tireraient profit de l'immigration de tant d'hommes aisés, savants et habiles, commerçants, médecins et artisans, et qui avaient besoin de puissantes protections. L'Allemagne, meurtrie par la peste, était pour la première fois à peu près *judenrein*, « purifiée des juifs » comme diront six siècles plus tard les auteurs du plus grand pogrome de l'histoire. Les juifs « orientaux », qui sont pour la plupart descendants de réfugiés venus de l'ouest, avaient conservé jusqu'à nos jours une langue et des coutumes qui, pour une large part, sont celles de l'Allemagne médiévale.

En tuant les humains, la peste laissait subsister la nature et les choses. Si, à la campagne, l'agriculture connut une sorte de redimensionnement, l'abandon des exploitations ou des terres les moins rentables, il y eut aussi une sorte de mouvement de concentration : les héritiers, les seigneurs, des voisins usurpateurs joignirent à leur propre domaine ceux que la mort des propriétaires ou possédants laissait sans maître. Moins d'exploitants se partagèrent des fonds plus réduits mais de meilleure qualité. Pour les travailler, il fallait une main-d'œuvre que la mort avait rendue rare et chère : les salaires agricoles augmentèrent alors que les prix s'effondraient du fait de la disparition d'une bonne part de la clientèle urbaine. Pour conserver des fermiers ou des métayers, ou pour en trouver de nouveaux, les seigneurs durent accorder des conditions plus favorables ou employer la manière forte : dans certaines régions, la peste agit en faveur des paysans qui y gagnèrent des réductions appréciables des redevances et corvées ; dans d'autres, elle accéléra l'évolution qui conduisait à la généralisation du servage. Les villes, beaucoup plus éprouvées encore que les campagnes, attiraient les survivants et cette migration de l'espace rural vers l'espace urbain accentuait encore la pénurie de main-d'œuvre agricole. Il faut ajouter que, depuis la fin du XIIIe siècle, le climat européen, qui avait connu une longue période d'adoucissement, se faisait à nouveau plus rigoureux, froid et pluvieux. Le refroidissement – ainsi que les terribles tempêtes maritimes sans doute liées aux phénomènes climatiques qui entraînèrent de véritables effondrements de terrain, notamment en Frise septentrionale, le long des côtes ouest du Holstein – agissait à son tour dans le même sens que la peste, c'est-à-dire en réduisant les surfaces exploitées et en diminuant les rendements qui sont déjà normalement d'une faiblesse stupéfiante au regard des chiffres d'aujourd'hui.

En ville, on l'a vu, la peste avait été plus meurtrière encore qu'à la campagne, à cause des mauvaises conditions hygiéniques et de la compression d'un nombre relativement important d'habitants sur des espaces assurément très restreints. Les dangers de contagion y étaient encore beaucoup plus considérables ; souvent il ne restait même pas assez d'habitants valides pour assurer un rapide enterrement des cadavres dont la décomposition ajoutait de nouveaux périls. Si l'on constate dans l'économie urbaine les mêmes conséquences directes que dans le monde rural – rareté de la main-d'œuvre et effondrement des prix dû à la raréfaction de la clientèle –, le phénomène de la concentration y jouera un rôle beaucoup plus éminent. Les héritiers ou les voisins purent s'emparer de valeurs matérielles immenses, matières premières, outillages, produits achevés et marchandises, métaux précieux, bijoux, monnaies, le tout aisément transportable et facile à réaliser. La peste fut ainsi à l'origine de beaucoup de grandes fortunes « bourgeoises » que les fondateurs et leurs descendants pourront développer à l'aide de capitaux vacants réunis par les heureux survivants. L'essor d'un premier capitalisme financier, manufacturier et même minier, aux XVe et XVIe siècles, a été considérablement facilité par la concentration de la propriété et des revenus déclenchée dans la seconde moitié du XIVe siècle par la grande peste.

Dès avant la grande peste, les thèmes religieux et mystiques occupent une place prépondérante dans la littérature allemande, après la floraison de la civilisation courtoise qui s'éteint peu à peu avec l'empire des Hohenstaufen. Cette tendance à l'interrogation sur le sens de l'existence et la volonté divine, la quête du salut personnel, l'angoisse essentielle deviendront plus lancinantes encore après la terrible épreuve de la mort noire. Celle-ci, d'ailleurs, ne va pas s'éteindre brusquement comme elle est venue. Pareille aux vagues de la mer qui se retirent et reviennent, la peste lance ses poussées, accorde un répit aux hommes, et revient quelques mois ou quelques années plus tard, redoublant d'intensité et dédoublant l'horreur, la peur, le doute, l'aspiration à la sécurité et au salut, alors que la précarité de l'existence humaine et la proximité d'une mort affreuse forment plus que jamais la trame quotidienne de la vie. En Orient, pendant ces années terribles, l'Infidèle relève la tête, l'Empire des Turcs ottomans, peuple fraîchement sorti des steppes lointaines, reprend et rajeunit l'offensive musulmane : au début du XIVe siècle, l'Empire byzantin, péniblement restauré après l'assaut des croisés francs, se voit réduit à l'extrême ouest de l'Asie Mineure ; bientôt, les Turcs franchissant les détroits vont s'installer en Europe, isolant Constantinople. A travers les Balkans vite conquis, ils approchent de l'Europe centrale. Avant la fin du XIVe siècle, une grande armée européenne commandée par le roi de Hongrie, Sigismond, fils cadet de l'empereur Charles IV et lui-même futur empereur, sera taillée en pièces par les musulmans (bataille de Nicopolis, 1396). La peste et les Turcs, deux faces du même fléau, obligent les chrétiens à se remettre en question : l'esprit franciscain tel qu'il survit chez les intransigeants, les « spirituels », esprit de rupture et de pureté absolutiste, affronte l'Église établie, devenue depuis longtemps une grande puissance du monde ; la « mystique allemande » des grands prédicateurs et confesseurs dominicains se nourrit des rencontres que facilite la langue latine commune à tous les intellectuels, qui met Occam, Wyclif ou Hus à la portée de tous les clercs ; la recherche fiévreuse des savants fait passer des influences multiples dans l'esprit populaire, alimentant aussi bien des hérésies ostentatoires que le calme retrait, loin du monde agité et aveugle, que pratiquent les Frères de la Vie commune, peu remarqués des inquisiteurs qui observent au contraire avec méfiance les béguines et les bégards, communautés plus voyantes. L'*Imitation de Jésus-Christ*, la grande spéculation de Ruysbroeck, mais aussi la méditation modeste, touchante et sublime du *Laboureur de Bohême* (*Ackermann aus Böhmen*), témoignent d'une spiritualité qui cherche à se libérer par la prière, l'ascèse et la spéculation mais aussi par les bonnes œuvres, des terreurs dont le monde accable les humains de ce temps.

Un lien subtil et profond se tisse entre cette nouvelle piété intériorisée et souvent cachée et l'existence bourgeoise artisanale et commerçante. La préoccupation spirituelle joint ses effets aux progrès des techniques commerçantes et financières qui pénètrent, venant d'Italie, dans les villes allemandes (la reprise des expéditions impériales en Italie au XIVe siècle remultipliant les liens entre les deux grandes parties de l'Empire). Pour se pénétrer de l'*Imitation* ou pour améliorer la comptabilité, la bourgeoisie doit s'approprier les fondements d'une culture écrite, se faire savante. Bien avant

Luther, des traductions de l'Écriture vont circuler à travers les Allemagnes. La piété et la comptabilité en double sont à l'origine de l'humanisme de la Réforme et, bien sûr aussi, du formidable essor de la richesse et de la fortune des villes souabes, franconiennes et haut-rhénanes dans la seconde moitié du XVe siècle. Mais, vers 1400, c'est encore la mort qui rôde et qui guette, omniprésente, triomphante et grimaçante. La civilisation de la Danse macabre a succédé en Europe aux claires harmonies des cathédrales, et à la puissante majesté des résidences royales et impériales. Squelettes, monstres ricanants et contrefaits rivalisent maintenant avec les madones du type suave (*lieblich*) qui, elles aussi, d'une autre manière, témoignent de la nouvelle primauté de l'émotion. L'aventure humaine se personnalise, la mort toute proche, et toujours proche, invite aussi à savourer davantage l'instant, l'irréversible. L'individuel domine les civilisations marchandes alors que le collectif fonde l'ordre paysan. Nous avons vu la peste favoriser l'essor d'un premier capitalisme, l'argent a des relations étroites avec la mort non ordinaire, la mort massive et qui n'attend pas son heure. Survivre, jouir, profiter – voilà des réactions qui conduisent à rompre les interdits (jamais totalement respectés mais qui, jusqu'alors, ne sont guère transgressés ouvertement et insolemment) de l'officielle morale médiévale. De nouvelles voies s'ouvrent au commerce comme à la piété, à la spéculation capitaliste comme à la spéculation intellectuelle, à la foi comme à l'impiété. Dans l'Italie de la Prérenaissance, la peste fait surgir le *Décaméron*, dont la première traduction en allemand date de 1471.

Charles IV est élu contre-roi en 1346. Son dernier fils, l'empereur Sigismond, s'éteint sans héritier mâle en 1437. Pendant cinquante ans, sous Charles et son fils aîné Venceslas, Prague est la capitale de l'Empire. Ensuite, partira de la Bohême tchèque le premier grand mouvement révolutionnaire de l'Europe moderne, à la fois national, social et millénariste. Charles, qui se fera couronner empereur en Italie et roi de Bourgogne à Arles, prince francophone sinon français par sa famille paternelle, tchèque par sa mère, sera néanmoins un grand souverain allemand, mais un roi bien différent des princes-chevaliers d'un Moyen Age désormais révolu, diplomate habile et retors, administrateur consciencieux et efficace, homme d'argent, préférant une politique de mariages dynastiques aux campagnes militaires, collectionneur d'œuvres d'art et de reliques, homme de culture et de réflexion (Charles IV est le premier roi-empereur qui ait laissé des Mémoires, une sorte de récit autobiographique), pieux, cauteleux, dur et superstitieux. Prague et la Bohême lui doivent un essor économique et culturel considérable que symbolise la fondation de l'université de la capitale, la première sur le territoire de l'Empire au nord des Alpes. Pour l'Allemagne proprement dite, au sens moderne du nom, Charles est surtout le prince de cette codification constitutionnelle qui s'appelle la Bulle d'Or. Continuellement, comme son prédécesseur, il est à l'affût d'acquisitions territoriales à joindre au patrimoine dynastique sur lequel repose sa puissance ; il ajoutera ainsi à la Bohême et à la Moravie la suzeraineté sur les duchés silésiens sortis de la mouvance polonaise, et le margraviat de Brandebourg. Ainsi, la maison de Luxembourg disposera de deux voix électorales, celle de la Bohême et celle de Brandebourg, plus – pendant de longues décennies – celle de l'archevêché de Trèves, solidement tenu par Baudouin, frère du défunt empereur Henri VII et grand-oncle de Charles. Après avoir longtemps recherché pour lui-même le trône polonais, c'est à l'héritière de Hongrie que Charles mariera Sigismond, son cadet. Vues de Prague, la Vistule et la Tisza sont aussi proches – sinon plus proches – que le Rhin, mais pendant que l'empereur est occupé en Pologne, son influence s'affaiblit en Italie et son autorité ne peut plus guère se faire sentir en Souabe, sinon par l'entremise de princes ou de cités alliés. C'est par ses possessions dynastiques que Charles est riche et puissant, mais ces mêmes possessions l'entraînent à une *Ostpolitik* à laquelle l'Empire n'est ni intéressé ni associé. Souverain ami de la paix et des arts, Charles est aussi, naturellement, l'ami et le protecteur des villes – quand les égards qu'il doit à certains princes le lui permettent, ou quand les villes sont assez puissantes pour que leur alliance soit politiquement et financièrement rentable pour le roi-empereur.

Charles, candidat du pape contre Louis de Bavière, avait ensuite par la Bulle d'Or exclu une fois pour toutes l'immixtion pontificale dans les affaires allemandes. C'est là aussi une des dates qui symbolisent la fin du Moyen Age. Pendant son long règne (il meurt en 1378), le chaos s'installe dans l'Église sans que l'empereur puisse y porter remède. Avignon, c'est la domination française sur l'Église universelle, mais la France des Valois, dont la force s'épuise dans l'interminable guerre de Cent Ans avec l'Angleterre, n'a pas, elle non plus, les moyens de soutenir une prétention que l'Allemagne impériale, au zénith de sa force, n'avait jamais pu réaliser d'une manière durable. Rome et les possessions italiennes de l'Église obéissent mal, ou point du tout, à leur souverain lointain, qui est de plus un Français, un étranger ; elles exigent, avec la plupart des cardinaux italiens, le rapatriement de la papauté. Contre l'influence française, se dressent aussi d'autres intérêts : ceux des princes anciens et nouveaux qui, peu à peu, se taillent de larges domaines en Italie du Nord ; ceux des rois angevins de Naples dont une branche règne maintenant aussi sur la Hongrie et qui, en tant que comtes de Provence, ne sont pas des vassaux bien soumis, et ceux encore de leurs rivaux sempiternels, les rois aragonais de Sicile, héritiers, eux, des Hohenstaufen ; les intérêts de la république de Venise, ceux de la république de Florence, ceux du roi d'Angleterre et des royaumes espagnols, ceux de l'Empire byzantin qui, assiégé par les Turcs dans un territoire qui se réduit comme peau de chagrin, cherche à susciter en Occident une vague de solidarité chrétienne – ce qui implique que l'Occident, que les Églises soient unies –, et ceux enfin du peuple chrétien qui voudrait une Église plus proche de la prédication du Christ, plus digne de foi et de sa foi. La papauté est rapatriée par la poussée des intérêts politiques antiavignonnais (la cour pontificale est, fut et sera la principale « industrie », la principale source de revenus des habitants de Rome), mais aussi grâce aux sommations spirituelles d'une Catherine de Sienne et à l'appel d'un étrange « sénateur des Romains », Cola di Rienzi, aventurier démagogue et fervent restaurateur des grandeurs et gloires anciennes de Rome – à sa manière, déjà, un homme de la Renaissance – dont le rêve humaniste n'est que fantasme, mais suffisamment éloquent pour que la papauté puisse craindre une restauration laïque, une Rome républicaine. Richard Wagner, bien plus tard, ressuscitera cette figure bizarre. Ce premier rapatriement ne sera cependant qu'un bref interlude, mais il sert, en quelque sorte, de prologue à une étape plus dramatique et scandaleuse : celle d'une papauté – et partant, d'une chrétienté – divisée en deux d'une façon durable, chaque pape étant l'antipape de l'autre et prétendant régenter *toute* l'Église, appuyé sur *ses* cardinaux, ceux qui l'ont élu et ceux qu'il nomme. Les chrétiens, qui cherchent avant tout le salut de leur âme et de l'âme de leurs frères, ne peuvent que pleurer les affreuses et ridicules excommunications que fulminent l'un contre l'autre le pape de Rome et celui d'Avignon. Les rois, les princes et les républiques exploitent la division de l'Église pour arracher aux papes concessions sur concessions ; c'est ainsi que les rois de France, d'Angleterre, de Castille et d'Aragon, ceux de Naples et de Sicile deviennent tous, plus ou moins rapidement et complètement, les maîtres de leur Église « nationale » ; l'empereur, lui, ne peut monnayer que sa propre adhésion et celle de ses territoires héréditaires où il assoit, lui aussi, solidement son autorité sur l'Église. Dans le reste de l'Empire, chaque prince laïc, chaque prince-évêque et chaque ville libre choisissent comme ils l'entendent et selon leurs intérêt l'un ou l'autre parti, pour en changer aussi dès que leurs convenances le leur commandent. Autrefois, aux IXe et Xe siècles, l'empereur tranchait entre les papes résultant d'une élection contestée et parfois les renvoyait dos à dos, en nommait un troisième parmi ses proches. Cette heure-là est passée depuis longtemps. La masse des fidèles, superstitieuse, ignare, mais scandalisée par les mauvais prêtres, incultes, corrompus, simoniaques, par le faste et la rapacité des princes de l'Église, par la cruelle et cupide machine fiscale perfectionnée en Avignon, se met plus ou moins obscurément à douter de l'autorité de l'Église incarnée dans deux personnages rivaux également tout-puissants et dérisoires, et à douter de l'ordre politique et social incarné par un empereur incapable de mettre fin aux scandales de l'Église. A quoi, dès lors, servent-ils l'un et l'autre, le pape et l'empereur ? Dans leur retraite pieuse, loin du monde, les « frères » plus ou moins hérétiques sont en permanence l'incarnation silencieuse de cette question ; d'autres, de plus en plus nombreux, vont la poser distinctement. L'empereur a beau rassembler au Karlstein, le merveilleux château qu'il a fait bâtir au sud-est de Prague pour servir d'écrin à ses trésors, un nombre incalculable de reliques saintes, la génération de ses fils ne passera pas avant que la révolte populaire surgisse, et du fond de sa Bohême chérie.

Cependant, Charles, à sa manière, tenace et diplomate, infatigable négociateur, faiseur de lois et de traités, gestionnaire avisé, homme de paix, de commerce et de culture, homme d'argent aussi – il faut l'être de plus en plus si l'on veut tenir son rang et réaliser ses projets –, avait été un grand souverain. Là où il le pouvait il avait au moins maintenu la lettre des droits de l'Empire ; c'est ainsi qu'en Italie, faute d'exercer un véritable pouvoir, il avait régularisé les usurpations des « tyrans », des nouveaux princes, en leur conférant titres et fiefs – moyennant finances le plus souvent. En Allemagne, s'alliant aux uns contre les autres, appuyant le plus souvent les villes et leurs ligues, il gouvernait peu, certes, mais n'en régnait pas moins et exerçait de véritables pouvoirs. Il serait difficile d'en dire autant de son fils aîné et successeur, Venceslas, ou Wenzel, qui, une fois élu roi des Romains[1], ne quittera plus la Bohême et se désintéressera, en fait, de l'Empire qu'il ne voulut, cependant, jamais abdiquer.

Le principal titre de gloire de ce roi fainéant n'est luimême que légendaire ; il aurait fait noyer dans la Moldau, la Vltava, le confesseur de sa femme qui refusait de trahir le secret de la confession. (Ce personnage mythique, saint Jean Népomucène, allait devenir du temps de la Contre-Réforme une sorte de protomartyr de l'Église catholique tchèque qu'on pouvait opposer aux innombrables évangéliques, réformés, et baptistes qui se faisaient tuer pour leur foi.) Mal vu en Allemagne, jalousé par ses frères et cousins, Venceslas s'appuya de plus en plus ouvertement sur le sentiment national tchèque qui se développe rapidement chez les nobles,

---

1. Le titre « roi élu des Romains » est porté a partir de la Bulle d'Or par le roi allemand, légalement élu par les princes-électeurs. Ce titre est censé, en outre, conférer au roi élu, et dès *avant* son couronnement impérial, tous les pouvoirs impériaux sur l'Italie et la « Bourgogne ».

dans le clergé et aussi dans le peuple. Dans le Reich, son inaction finit par lasser les princes qui ne veulent pas d'un empereur puissant mais ne peuvent se passer, non plus, d'un souverain, source suprême du droit, de la loi et de la justice, pouvoir non suffisant mais nécessaire, et qui ne veulent pas que le chaos dans l'Empire s'ajoute à celui de l'Église. Abandonnant les villes souabes, principal soutien de son père, aux tentatives des princes voisins qui veulent réduire leurs droits et s'emparer de leurs richesses (1388), Venceslas, bien sûr, n'a rien entrepris de sérieux, non plus, contre le schisme pontifical Alors, les princes-électeurs – ou tout au moins la majorité d'entre eux – se résolvent en l'an 1400 à déposer le roi de Bohême et à lui substituer le comte palatin, Rupert (en allemand Rupprecht[1]). Le règne inactif de Venceslas a duré près d'un quart de siècle, marqué d'aucun haut fait.

Celui du second représentant de la dynastie des Wittelsbach sur le trône allemand ne laissera guère de traces non plus dans l'histoire. Il montre surtout, une fois de plus, que si les Électeurs choisissent un prince trop puissant ils courent le risque de le voir revendiquer une autorité qui limite par trop la leur, mais que s'ils préfèrent un seigneur sans grand patrimoine celui-ci ne parviendra pas à donner à la royauté un pouvoir suffisant. Venceslas n'ayant pas formellement renoncé à la dignité impériale (ou plutôt à celle de roi élu des Romains, puisqu'il n'avait jamais été couronné empereur), Rupert ne parvient même pas à lui arracher l'abdication. Sa bonne volonté et sa bravoure ne suffisent pas pour résoudre les affaires effroyablement embrouillées de la papauté, ni celles de l'Italie, ni même les incessants conflits entre princes allemands et villes allemandes, alors que les Turcs, après avoir écrasé l'armée chrétienne bigarrée conduite par le roi Sigismond, parviennent aux frontières méridionales de la Hongrie. Entre-temps, le schisme pontifical s'est encore compliqué par l'élection d'un troisième pape, issu d'un tiers parti qui avait tenté de réunifier l'Église en déposant les deux premiers pontifes rivaux. Quand Rupert meurt, en 1410, il ne peut être question de rappeler Venceslas plus éloigné

1. Ce nom signifie en vieil haut allemand « celui qui resplendit de gloire » ou « celui dont la gloire resplendit ».

des affaires que jamais, qui vit entouré de serviteurs de basse extraction, sombrant dans la goinfrerie et l'ivresse. La majorité des Électeurs choisissent alors son frère cadet, le roi de Hongrie, beau chevalier entreprenant, hardi et cultivé, mais batailleur, fantasque et toujours à court d'argent, homme séduisant et charmeur, mais rarement capable d'efforts soutenus, rappelant davantage son grand-père, le roi aveugle Jean mourant en combattant à Crécy dans une bataille qui ne le concernait pas, que son père, l'empereur Charles, prudent, avisé et tenace. Cependant, aussitôt élu, Sigismond s'attaque à la réforme de l'Église. Le schisme n'était que l'aspect extérieur, et somme toute superficiel, d'une crise profonde et généralisée. Beaucoup de théologiens et de laïcs, instruits ou simplement pieux, souffraient de l'indignité des hommes et du dysfonctionnement des institutions, rêvaient d'une réforme véritable, « de la tête et des membres », d'un retour de l'Église à une simplicité et à une rigueur évangéliques. La réflexion de plusieurs générations de théologiens que la « captivité babylonienne » de la papauté en Avignon, et ensuite le schisme, avaient rendus plus conscients de leur rôle et de leur dignité débouchait sur l'idée conciliaire : au-dessus des papes, simples « serviteurs des serviteurs de Dieu », se plaçait le peuple de Dieu dont l'expression et la représentation étaient le concile universel. Pour mettre fin au schisme, en empêcher le retour et réformer l'Église, il fallait donc un concile, mais les dernières assemblées universelles – et, impressionnante parmi toutes, celle qu'Innocent III avait convoquée au Latran en 1213 pour sceller dans les textes la toute-puissance pontificale – avaient été réunies par le pape. Cette fois-ci, il n'en pouvait être question face aux trois pontifes rivaux et devant l'échec d'un concile pontifical récemment tenu à Sienne et fort mal, c'est-à-dire insuffisamment, fréquenté. Cependant, les théologiens antipontificaux et les juristes anticléricaux ont depuis longtemps trouvé, ou retrouvé, la solution à cette contradiction embarrassante : c'est à l'empereur, vrai chef du peuple chrétien, qu'il appartient de convoquer le concile universel. Sigismond saisit l'occasion et, du coup, la dignité impériale retrouve pour un bref moment la grandeur et le prestige perdus depuis le haut Moyen Age, quand les empereurs saxons et saliens faisaient et défaisaient les papes. Aucun roi de la chrétienté ne dispute à l'empereur « romain » cette compétence unique et universelle. C'est donc sur l'invitation de Sigismond, et après d'infatigables efforts et des voyages harassants qui ont mené l'empereur jusqu'en Espagne pour y négocier – en vain d'ailleurs – le retrait d'un des trois papes réfugié dans une forteresse isolée de la côte catalane, que le concile universel tant attendu s'ouvre en 1415 à Constance, en territoire allemand.

Évêques, abbés, simples clercs, laïcs éminents, princes ou juristes y siègent sans que leurs droits et leur nombre soient jamais clairement fixés, dans une sorte d'improvisation créatrice dont l'empereur est à la fois le garant et le principal moteur. C'est grâce à son habileté et à sa fermeté que le concile parvient à résoudre la question du schisme, deux papes se résignant à démissionner ; le troisième est abandonné par la plupart de ses fidèles. Le concile dès lors peut élire un nouveau pape en la personne d'un cardinal romain qui sera Martin V. L'unité rétablie, il s'avère que l'empereur et le concile ont eu tort de faire un nouveau pape avant d'édicter les réformes. Martin V ne songe qu'à retrouver le pouvoir absolu que possédaient ses prédécesseurs ; jamais il ne voudra reconnaître le principe de la supériorité du concile sur le pape, ni celui de la périodicité régulière des conciles voulue par les réformateurs. Au lieu de rétablir l'Église dans la pauvreté, de lutter contre la superstition, de déraciner la simonie, il négocie des concordats avec les rois en leur accordant des droits plus ou moins étendus, selon le cas, sur la nomination des évêques et l'utilisation des biens d'Église. Les rois les plus puissants à la tête de royaumes relativement centralisés, ceux de France et d'Angleterre, obtiennent les concessions les plus étendues. En Allemagne, chaque prince territorial doit négocier son propre concordat. L'espoir que l'Église retrouverait sa simplicité première et la foi sa pureté scripturaire, dégagée de tous les ajouts humains, est ainsi cruellement déçu, surtout en Allemagne où le concile avait été attendu et accompagné d'illusions très grandes, avec une sorte de naïveté confiante. Cependant, il n'existe encore en Allemagne aucune couche ou strate sociale dont les intérêts coïncident clairement avec ceux d'une véritable réforme religieuse comme ce sera le cas cent ans plus tard. Le concile de Constance a rétabli l'Église sans la purifier ; mais, s'il n'existe pas encore de *classe* qui puisse être porteuse de réforme, c'est une *nation* qui s'en fera l'instrument historique : en brûlant comme hérétique le magister pragois Jan Hus, Sigismond qui ordonne l'exécution, malgré le sauf-conduit qu'il avait lui-même accordé à l'illustre prédicateur, et le concile qui a condamné l'enseignement du professeur tchèque déclenchent la révolution hussite.

Issu du peuple tchèque, Jan Hus, quoique savant, maître en théologie et enseignant universitaire, a gardé l'oreille du peuple. Avec ses lectures (conférences) difficiles et ses cours exigeants alternent des prédications populaires qui touchent l'âme et le cœur des fidèles réunis à Prague en la Chapelle de Bethléem. Hus donne une voix et des mots aux souffrances du peuple, à sa soif de justice, à sa revendication du droit, à son désir de voir la foi servie par des clercs dignes, pauvres, respectueux du célibat, à son désir d'accéder à la véritable parole de Dieu libérée des gangues de l'histoire. Hus a étudié les grands textes des philosophes et théologiens anglais du XIVe siècle, de William Occam et de John Wyclif, apportés à Prague par des prêtres qui avaient fait partie de la suite d'une reine de Bohême née princesse d'Angleterre. Il a d'abord puisé chez eux la conception d'un Dieu inaccessible à la raison humaine, mais instituant cette raison maîtresse de l'univers créé dont elle explore la multiple et multiforme réalité, mais aussi la conception de la souveraineté du peuple chrétien doué de raison qui n'a pas besoin d'une Église institutionnelle (laquelle, comme telle, ne figure pas dans les Écritures). « Rien que la Bible, mais toute la Bible ! » La rationalité, la démocratie (les prêtres élus par les fidèles) et le rejet de la tradition non biblique sont les fondements d'un enseignement que Hus se refuse à renier lorsque le concile le fait incarcérer et mettre en accusation, en dépit des assurances de Sigismond qui lui avait promis de le laisser librement retourner en Bohême. Hus est un protestant avant la lettre et c'est à son destin que pensent, en 1521, les amis de Luther quand ils lui feront quitter précipitamment le Reichstag de Worms…

La « trahison », la traîtrise de l'empereur, met le feu aux poudres en Bohême. Le roi Venceslas meurt sur ces entrefaites, sans laisser d'enfant. Sigismond, son frère, serait l'héritier légitime, mais la plupart des Tchèques ne veulent pas reconnaître comme successeur l'assassin de leur héros national. La noblesse, la bourgeoisie des villes, les maîtres et les étudiants de l'université, les clercs du petit clergé et la masse pauvre des paysans exigent du roi-empereur et du concile la reconnaissance d'un certain nombre de droits directement sortis de la pensée de Hus : l'eucharistie sous les deux espèces (*utraque specie*) du pain et du vin en devient le symbole central. Elle a été instituée ainsi par le Christ et c'est l'Église qui, plus tard, œuvre humaine défigurante, a exclu les laïcs de la communion par le vin, désormais réservée aux clercs : la communion sous les deux espèces résume ainsi le rejet de la tradition usurpatrice, le rejet du rôle prépondérant que l'Église veut s'arroger et attribuer aux prêtres face aux laïcs. Le tout aboutit à la revendication d'une sorte de démocratie religieuse. Sigismond repousse ces exigences et veut asseoir de force son autorité sur la Bohême : son armée est battue grâce à une sorte de levée en masse spontanée, à la fois révolutionnaire et évangélique. Conduites par des chefs issus du peuple, tels que Zizka et Prokop le Grand, les masses tchèques, essentiellement le petit peuple des villes et des villages, tailleront en pièces, vingt ans durant, les armées des princes et de l'Église, les armées de croisade que la prédication et l'attrait du pillage jetteront les unes après les autres contre la Bohême. Les stratèges hussites, pour défendre leur révolution, lancent alors des « contre-croisades » : les armées tchèques poursuivent les croisés au plus profond de l'Allemagne, jusqu'en Thuringe, en Franconie et en Souabe. La guerre hussite est la première grande guerre de religion en Europe depuis les croisades contre les Albigeois, mais ici les hérétiques viendront à bout des « orthodoxes » qui n'ont pas derrière eux, comme Simon de Montfort, l'ardeur guerrière et la volonté d'enrichissement de la nombreuse noblesse pauvre du nord de la France. Pendant ses vingt ans de combats, la révolution hussite – comme toutes les révolutions – ne cesse de se radicaliser : les bourgeois de Prague, le haut et moyen clergé, la noblesse sont tour à tour regardés et traités en suspects. Abandonnant les villes, le peuple de Dieu établit son camp sur une montagne appelée du nom biblique de Tabor.

Au parti modéré des « utraquistes », qui voudraient se contenter de la garantie du libre exercice des droits religieux, et avant tout de la communion « sous les deux espèces ; » s'opposent alors les « taborites » qui abolissent la monarchie et la noblesse, et posent les fondements d'une organisation égalitaire de la société, communiste somme toute avant la lettre. La propagande hussite, à la fois religieuse et sociale (mais le Christ n'est-il pas venu avant tout pour les pauvres et les humiliés ?), a un retentissement profond dans les campagnes, dans les quartiers des artisans et des boutiquiers urbains, dans les monastères bien au-delà des frontières des pays tchèques, mais dans ceux-ci – où elle est née – la révolution est surtout antiallemande. Le nombre croissant et la richesse croissante des Allemands suscitent depuis longtemps la jalousie dans les villes et dans les universités (Venceslas, cherchant à se concilier les Tchèques, pour tenir tête à l'offensive des rupertistes, avait contraint à l'exil les professeurs et les étudiants de langue allemande qui sont allés se fixer à Leipzig, en Saxe). Religieuse, sociale et *nationale*, la révolte hussite est une sorte de révolution totale. C'est sans doute son caractère national qui aura fait obstacle, en fin de compte, à sa propagation ouverte en Allemagne, mais ce fut certainement le plus grand moment, avec ses hauteurs et ses noirceurs, de l'histoire d'un petit peuple, sans cesse menacé d'absorption ou d'écrasement par le puissant voisin.

Vingt ans de mobilisation générale, vingt ans de révolution, vingt ans de guerres sanglantes finissent cependant par créer une terrible lassitude. Ce sera la situation de la France en 1815. Invaincus à l'extérieur, les hussites seront victimes de leurs divisions internes : appuyés en sous-main par le roi, les utraquistes, parti de la noblesse, de la bourgeoisie riche et du haut clergé national, se séparent des taborites extrémistes. Une guerre civile éclate qui se termine par l'écrasement de la « gauche ». Les modérés négocient alors avec l'empereur et l'Église. Ils obtiennent la communion sous les deux espèces et la messe en langue nationale et de plus, naturellement, la promesse de la grande réforme destinée à *tous* les peuples. La peur de la révolution sociale a favorisé chez les possédants la recherche du compromis. Dans l'Église universelle, la Bohême sera désormais un cas à part, mais l'empereur Sigismond pourra enfin rentrer solennellement dans la capitale de ses pères. En Bohême et en Moravie, la colonisation allemande est stoppée. Quelques années après Sigismond, la Bohême se donnera une royauté nationale. Son destin paraît alors se séparer de celui du Reich. On reste songeur devant cette expérience à la fois très originale et très ordinaire de la première révolution moderne de l'histoire de l'Europe qui, par tant d'aspects, est encore si médiévale et qui se termine, comme toutes les révolutions, par une restauration, mais une restauration qui comme les autres conserve une partie de l'acquis révolutionnaire. Certes, Jan Hus et les taborites voulaient seulement revenir en arrière, à l'âge d'or de l'Église primitive. C'est à la fin du XVIIIe siècle seulement que les révolutions laïques porteront en avant, dans l'avenir, l'âge d'or à inventer. L'étonnant dans l'aventure hussite, c'est la floraison de chefs civils et militaires issus du peuple comme les généraux de la Révolution française. Pour l'histoire allemande, l'épisode hussite est à la fois un fait central, en démontrant l'impuissance impériale et pontificale, et un événement marginal puisqu'il prouve à quel point la Bohême tchèque reste en possession d'un destin à part.

Peut-être ne faut-il pas abandonner ce chapitre si particulier de notre histoire de l'Allemagne sans réfléchir un moment au sens que le mot « national » peut revêtir à ce moment et dans ce contexte. Les rois tchèques avaient eux-mêmes favorisé l'immigration allemande et la propagation de la culture allemande. La réaction « populaire » est avant tout celle de la quasi-totalité d'un peuple qui se sent de plus en plus marginalisé dans son propre pays. L'Allemand est un étranger, même appelé par le roi « national ». Face à l'Allemand, le Tchèque apprend à être lui-même, comme l'allemand avait lentement commencé à se substituer au latin quelques siècles plus tôt, par un processus qui n'aboutira vraiment et définitivement que par Luther, sa personne et son œuvre.

CHAPITRE IX

La fin du Moyen Age

Avec Sigismond, s'achève le règne des rois et empereurs de la dynastie luxembourgeoise. Élisabeth, son unique fille survivante, était mariée au chef de la ligne aînée de la famille habsbourgeoise, l'archiduc Albert d'Autriche qui succéda, non sans difficultés, à son beau-père comme roi de Bohême et de Hongrie. Malgré sa puissance plus apparente que réelle (car la Bohême, à peine sortie de la tourmente hussite, et la Hongrie, déchirée par les factions aristocratiques et guettée par les Turcs, étaient des possessions incertaines), les électeurs le désignèrent également comme roi des Romains. Ainsi, un Habsbourg remontait après cent vingt-cinq ans sur le trône naguère occupé par Rodolphe Ier et Albert Ier. Avec une brève interruption au XVIIIe siècle (1740-1745), la maison d'Autriche devait désormais se maintenir à la tête du Saint-Empire jusqu'à la disparition de l'ancien Reich en 1806. Albert II cependant, n'eut guère le temps d'employer les solides qualités politiques et guerrières que les contemporains lui reconnaissaient. Il mourut dès 1439, après un règne de moins de deux ans et dans la fleur de l'âge, laissant son épouse enceinte. Le garçon, né quelques mois après la mort de son père, reçut le nom slave de Ladislas et le surnom de Posthumus, « né après les funérailles ». L'enfant fut reconnu roi en Bohême et en Hongrie, sous la tutelle de puissants régents autochtones, Georges Podiébrad à Prague et Mathias Corvin à Pest. L'un était de petite noblesse, mais de grande renommée à cause du rôle qu'il avait joué comme chef de guerre pendant les campagnes hussites et comme négociateur pendant les pourparlers dont était issue la paix du compromis. Corvin, lui, appartenait à l'une des plus grandes familles du royaume ; son père, Janos Hunyady, connétable et plusieurs fois régent de Hongrie, s'était couvert de gloire dans les combats contre les Turcs. L'Empire, devenu pleinement électif, pouvait à présent éviter les longues minorités disputées qui l'avaient tant affaibli au haut Moyen Age, à la mort d'Henri IV comme après celle d'Henri VI. Laissant de côté le petit Ladislas, les électeurs choisirent pour succéder à Albert II son cousin, le chef de la ligne cadette des Habsbourg, l'archiduc Frédéric, duc de Styrie, de Carinthie et comte de Carniole[1]. Frédéric III, de tous les rois-empereurs depuis Frédéric Barberousse, devait connaître le règne le plus long (1439-1494). La longévité fut toutefois la qualité la plus éminente du quatrième souverain de la dynastie habsbourgeoise qui déçut, par son indolence et son caractère hésitant, les espoirs que les peuples, en ce siècle d'attentes exacerbées, plaçaient naïvement dans chaque nouvel empereur. Frédéric sortit rarement de ses États héréditaires (auxquels il put ajouter les duchés d'Autriche après la mort prématurée du jeune Ladislas qui disparut à dix-sept ans, dernier rejeton de la branche aînée). Les grandes affaires du demi-siècle se passèrent sans que l'empereur y prît une part active et le plus souvent sans qu'il y prît aucune part. Le concile de Bâle (1431-1449) dont Sigismond avait tenté de se servir pour consolider à nouveau son autorité, à la fois sur l'Église et sur les princes, comme naguère à Constance, entra en lutte contre le pape et fut, après maintes tribulations, vaincu par le Siège romain, sans que l'empereur, cette fois, jouât dans cette confrontation le rôle du pacificateur et du réformateur que les rêves des peuples, les spéculations de beaucoup de clercs et de juristes, et son propre intérêt personnel et politique lui commandaient d'assumer. Constantinople fut prise par les infidèles en 1453 et la chrétienté tout entière, qui avait été incapable de s'unir pour secourir Byzance, chancela sous leurs coups. Frédéric III se tint tranquille chez lui, et ne songea sérieusement à nulle croisade. Encouragés par une victoire qui leur livrait l'héritage de la Rome orientale, les Turcs

1. La Carinthie avait été acquise par les Habsbourg en 1335. En 1363 ce fut le tour du Tyrol.

n'allaient pas tarder à apparaître de nouveau en force sur les frontières méridionales de la Hongrie et celles des possessions voisines des Habsbourg. Il est vrai que Frédéric dut faire face à des révoltes domestiques et que Mathias Corvin, devenu roi de Hongrie après la mort de Ladislas, le chassa même de sa capitale de Vienne où le grand roi magyar résida pendant plusieurs années. La manière dont Frédéric favorisa l'entreprise de Charles le Téméraire – qui voulut à la fois annexer la Lorraine pour établir une liaison territoriale entre les Pays-Bas et les deux Bourgognes, les principaux groupes de ses possessions, et ériger en royaume l'ensemble cohérent ainsi constitué – suscita dans l'Europe de fortes résistances et une violente désapprobation. L'Alsace, qui appartenait en grande partie aux Habsbourg, fut donnée en gage au « Grand-Duc d'Occident », mais les méthodes d'administration et d'exploitation de celui-ci y provoquèrent une sanglante et victorieuse insurrection populaire.

Les visées bourguignonnes sur l'Alsace et la Lorraine, et la guerre que le formidable duc mena contre les Suisses, firent surgir dans les années soixante-dix du XVe siècle une vigoureuse réaction nationale allemande dirigée contre le duc de Bourgogne qui était considéré comme français, en dépit de ses relations souvent délicates avec le royaume des Valois. Le peuple alsacien défendit alors l'intégrité de l'Empire dont l'empereur paraissait, lui, se désintéresser. A sa manière, cependant, il se préoccupait aussi de neutraliser le péril bourguignon : il pensait résoudre ce problème en obtenant pour son fils unique et héritier, l'archiduc Maximilien, la main de Marie, unique enfant survivant de Charles le Téméraire. Effectivement, Maximilien et son fils Philippe issu de cette union, en récupérant la Franche-Comté et les Pays-Bas, plus la Flandre française et l'Artois, arrêtèrent pour près de deux siècles l'avancée de la puissance française vers la ligne Rhin-Jura-Alpes, tout en ajoutant à la *Hausmacht* des Habsbourg (le domaine familial de la dynastie) d'immenses territoires et leurs importantes ressources. Le peuple paysan de la vallée supérieure du Rhin, qui était venu à bout du gouverneur bourguignon et de ses soudards, devait cinquante ans plus tard se battre à nouveau, mais cette fois-ci en vain, au premier rang de la grande guerre des Paysans (1525-1526). Passif, toujours à court d'argent, Frédéric ne put et ne voulut empêcher non plus que les couronnes de Bohême et de Hongrie ne passent, après la mort de Podiébrad et de Corvin, à un prince polonais. Frédéric se borna à conclure avec ce rival heureux un arrangement de famille : en cas d'extinction d'une des dynasties, l'autre devait en recueillir l'héritage. Cette éventualité qui parut improbable aux contemporains devait cependant se réaliser avant un demi-siècle. En 1526, Louis II, le deuxième roi polonais de Hongrie et de Bohême, fut vaincu et tué par les armées turques à la bataille de Mohács. L'archiduc Ferdinand, arrière-petit-fils de Frédéric III (et frère de Charles Quint), marié par surcroît à une sœur de Louis II, devint alors roi de Bohême et de ce qui allait rester de la Hongrie, après le raz de marée turc. C'est à l'époque de Frédéric III, prince inactif, pacifique et marieur, que se répandit le fameux vers latin : « *Bella gerant alii, tu felix Austria, nube !* » (« Laisse aux autres, heureuse Autriche, le soin de faire la guerre, mais toi, marie-toi »), vers que devait confirmer par la suite avec un éclat particulier le mariage espagnol de Philippe, l'unique fils de Maximilien et de Marie de Bourgogne : c'est ainsi que l'Aragon et la Castille, l'Espagne tout entière et ses colonies, allaient agrandir à la dimension du monde les domaines de la maison d'Autriche.

En attendant que se réalisent ces grandioses perspectives, moins encore qu'en Allemagne, Frédéric III n'intervient dans l'Italie impériale (« *Reichsitalien* ») où les grandes puissances autochtones – Milan, Florence, Venise, le pape et Naples – réduisent l'autorité impériale à un rôle presque uniquement nominal. De plus, c'est sous le règne de cet empereur « fainéant », qui fut le dernier à se faire couronner en personne à Rome, que se produit la grande descente italienne de Charles VIII (1494). Jusqu'à la bataille de Pavie (1525), pendant plus de trente ans, la France sera en Italie, et surtout en Italie du Nord, la puissance prépondérante, revendiquant tour à tour l'héritage de Naples et du Milanais. Il est dès lors presque inutile d'ajouter que l'empereur est tout à fait hors d'état d'intervenir dans la grande lutte qui opposera les forces de l'Ordre Teutonique affaiblies par les révoltes successives des villes et de la noblesse prussiennes aux armées du royaume de Pologne-Lituanie.

La première bataille de Tannenberg[1], en 1466, marque l'écroulement brutal de la puissance de l'Ordre et avec elle de l'hégémonie allemande sur les rivages du sud et de l'est de la Baltique. Il est vrai que, sur le plan du droit, l'appartenance des terres de l'Ordre à l'Empire faisait question, mais tant que le recrutement des moines-chevaliers, de leurs vassaux nobles et de la population paysanne ne se tarissait pas dans les territoires de l'ancien Reich, tant que la conversion des Lituaniens païens ne vient pas priver l'Ordre de sa principale raison d'existence, les succès et les conquêtes du *Deutschritterorden* constituaient bien un des éléments centraux de la colonisation et, partant, de la création d'une deuxième Allemagne, à l'est de l'Elbe. L'Ordre, après Tannenberg, sera contraint de céder à la Pologne le cours inférieur et l'embouchure de la Vistule avec Danzig, ainsi que l'évêché d'Elbing (l'Ermland). La perte de cette « Prusse occidentale » et l'émancipation de la Bohême (où règne un prince de la victorieuse dynastie polonaise des Jagellons, elle-même d'origine lituanienne) manifestent un double recul de la puissance allemande auquel l'empereur assiste passif et impuissant mis à part – pour la Bohême – l'arrangement familial mentionné ci-dessus.

Faut-il s'étonner dès lors qu'à l'intérieur même du Reich le rôle de l'empereur fût également presque toujours marginal ? La montée en puissance des princes territoriaux s'accélère sous son règne grâce aux succès, notamment, que les ducs de Bavière et de Wurtemberg remportent sur les ligues des villes libres. D'incessantes guerres internes mettaient aux prises princes laïcs et ecclésiastiques, villes et chevaliers. L'archevêque de Cologne, l'Électeur palatin, l'un des margraves brandebourgeois établis en Franconie se distinguèrent alors par leur appétit de conquêtes, mais d'innombrables seigneurs de moindre envergure se montraient leurs dignes émules ; jamais encore, depuis l'interrègne de 1254-1273, l'anarchie n'avait atteint en Allemagne une étendue pareille. L'empereur ne manquait pas de clairvoyance, ni d'intelligence, mais d'énergie – en dépit de sa stature et de sa vigueur

1. La seconde arrêta en 1914 l'avance des troupes russes en Prusse-Orientale, victoire attribuée au général et futur maréchal von Hindenburg.

véritablement gigantesques – et surtout de moyens. Dès son accession au trône, jeune encore, il avait voulu continuer les efforts de Sigismond en faveur d'une réforme de l'Empire, de la *Reichsreform*, à laquelle aspiraient aussi bien les peuples silencieux que des penseurs éloquents : le plus grand de ceux-là, Nicolas Krebs, natif de Kues sur les bords de la Moselle, philosophe, théologien et juriste, l'avait évoquée et esquissée dans sa *Concordantia catholica*. Mais Nicolas de Kues comme son contemporain le cardinal Piccolomini, Siennois fin et réaliste, le futur pape Pie II qui fut l'ami et le conseiller de Frédéric III, savaient aussi bien que l'empereur la cause profonde du désordre allemand : l'égoïsme et la volonté de puissance des princes qui étouffaient dans l'œuf toute réforme susceptible de renforcer à leur détriment un pouvoir central. Les masses paysannes et urbaines souffraient de la violence et de l'arbitraire que le moindre chevalier pouvait exercer impunément à l'endroit des vilains et des commerçants, tant qu'il ne s'avisait pas de toucher aux intérêts d'un seigneur plus fort que lui. Au Reichstag, les princes faisaient obstacle à la création d'une juridiction centrale, comme ils refusaient à l'empereur le droit de mobiliser leurs sujets pour la défense de l'Empire, ou d'instituer des impôts impériaux. La résistance farouche des princes au rétablissement de l'autorité impériale justifiait le découragement de l'empereur, réduit à négocier, à quémander, à rechercher l'alliance de certains de ses sujets contre d'autres, plus menaçants encore ou plus puissants. Pour rétablir un minimum d'ordre et de paix en Souabe, l'empereur dut confier la direction d'une ligue qu'il constitua dans cette région au plus puissant des seigneurs du pays, au comte de Wurtemberg qu'il éleva à la dignité ducale. Comment aurait-il pu, dans ces conditions, secourir le grand maître de l'Ordre Teutonique ? Frédéric, du moins, se refusa toujours aux concessions formelles. C'est ainsi qu'il déclara non valable le traité de Thorn par lequel l'Ordre dut accepter en 1466 de devenir vassal du roi de Pologne pour les terres prussiennes et livoniennes qu'il conserva après sa défaite. C'est ainsi qu'il déjoua les intrigues de l'Électeur palatin et du roi de Bohême qui, tour à tour, voulaient se faire élire roi des Romains à sa place. Les princes, cause première de la ruine de l'Allemagne, reprochaient en effet à l'empereur son incapacité et son indolence. A plusieurs reprises, il fut question de le déposer. A toutes ces embûches Frédéric sut échapper. Il survécut à tous ses ennemis, mais l'Empire, à sa mort, gisait exsangue et disloqué.

Si Frédéric n'avait su restaurer ni l'Empire ni l'État allemand, comment aurait-il pu mener à bien la réforme de l'Église que le peuple et les savants ne cessaient de réclamer depuis un siècle, aspiration qui, pour l'esprit du temps, était d'ailleurs inséparable de celle qui visait à remettre de l'ordre dans l'Empire ? A peine quelques humanistes et diplomates italiens commençaient-ils à concevoir la progressive sécularisation du politique (Machiavel visita l'Allemagne dans sa jeunesse et comprit clairement les raisons de la faiblesse d'un si grand corps). Après avoir triomphé du concile de Bâle et rétabli solidement la monarchie pontificale sur les ruines de l'aspiration réformiste et conciliaire, les papes de la Renaissance purent entreprendre leur œuvre de conquêtes militaires et de munificences culturelles. Les unes et les autres coûtaient cher ; par tous les moyens, il fallait donc faire payer la chrétienté, mais dans les États centralisés, en France, en Angleterre, dans les royaumes espagnols, l'autorité civile limitait fortement les prélèvements de la fiscalité pontificale. Dans l'Allemagne disloquée, la résistance était beaucoup plus difficile. De plus, l'Église allemande, lourde d'immenses possessions territoriales, avait participé aux succès du mouvement d'émancipation des seigneuries princières. L'Allemagne était remplie de princes-évêques et de princes-abbés, conquérants et dépensiers. Eux aussi coûtaient cher. Les petits imitant les grands, chacun voulait faire étalage de richesses et de munificences ; comme les princes séculiers, les seigneurs ecclésiastiques se dotèrent d'administrations et parfois même d'armées permanentes. Dans le peuple, parmi les commerçants et les négociants, parmi les artisans et les paysans, grandissait pendant ce temps l'aspiration à une religion plus intérieure, à une Église pauvre et pitoyable, ensemble avec la soif de justice et de paix. Dans une Allemagne humiliée par les agressions étrangères et par la faiblesse de son empereur, dans une Allemagne où le bien-être grandissant malgré tout et la découverte de Gutenberg facilitaient l'expansion des connaissances élémentaires – et avant tout de l'art de lire –, les misères du temps favorisaient le recours au passé qui découvrait une Allemagne grande et puissante. L'humanisme, en enseignant la recherche des vestiges du passé antique, encourageait les Allemands à se mettre à la recherche de leur propre histoire germanique. La papauté romaine qui saignait à blanc la chrétienté allemande était italienne, étrangère, ennemie. Elle appartenait à la même romanité « welche » que le droit romain, détesté du peuple, introduit progressivement par les princes pour assurer leur domination absolue sur leurs sujets, encore trop protégés par la coutume germanique. Dans l'Allemagne du Sud, la partie la plus développée, la plus riche, la plus moderne du pays, le XVe siècle finissant voit se multiplier les signes d'un double réveil spirituel et temporel : affluences immenses autour de prédicateurs et prophètes « appelés », jacqueries paysannes, extension de communautés religieuses vivant sur les marges de l'Église établie. Hans Böhm, le petit « joueur de pipeau » (*Pfeiffer*) de Niklashausen, rassemble de grandes foules venant écouter ses prêches de prophète illettré dressé contre le pape et l'empereur également impies jusqu'à ce que l'évêque de Würzburg parvienne à le faire brûler comme hérétique en 1476. La *Theologia deutsch*[1] rencontre dans la bourgeoisie lettrée ce besoin d'une religion épurée, intérieure, libérée de l'aliénation romaine que cultivent déjà les Frères de la Vie commune, retirés des agitations du monde, artisans pieux, créateurs d'excellentes écoles, mais qui ne sont pas à la recherche d'une autre Église comme le furent les vaudois et Jan Hus, qui ne sont pas des révolutionnaires. En Alsace, en Forêt-Noire, en Souabe, se développent des associations secrètes parmi les paysans qui veulent libérer le peuple de l'oppression par les seigneurs et par les clercs, en rétablissant l'ancien droit, *das alte Recht*, comme les réformateurs religieux, depuis Valdo, Wyclif et Hus, n'aspiraient qu'à rétablir la religion dans son état ancien et premier. Ainsi, jusqu'au

1. Livre de piété mystique, fortement marqué de l'influence de la pensée de Maître Eckart, paru à la fin du XIVe siècle et qui ne cessa d'être lu et médité tout au long du XVe, *Theologia deutsch* fut aussi une des sources de la sensibilité religieuse de Martin Luther.

XVIIIe siècle, voire jusqu'à Marx, la pensée révolutionnaire est essentiellement rétrovertie : elle ne veut pas innover mais restaurer, rétablir un âge d'or qui aurait existé dans le passé. La plus grande découverte de l'esprit européen est peut-être – et même sûrement – la découverte de l'avenir comme objectif de l'activité humaine qui émancipe l'homme en émancipant le futur, et cette découverte date d'hier, c'est-à-dire du XVIIIe siècle finissant.

Le XVe siècle, surtout dans sa seconde moitié, voit en Allemagne s'accroître et se fortifier encore le rôle et la puissance des villes. Certes, l'immense majorité de la population reste rurale ; elle le restera jusqu'au triomphe de la révolution industrielle du XIXe et du XXe siècles. Rien, non plus, dans l'Allemagne de la fin du Moyen Age, qui ressemble à Paris ; Cologne, la ville la plus nombreuse, ne compte que quelques dizaines de milliers d'habitants et l'ensemble de la population urbaine reste certainement très inférieur à 10 % du total. Il n'en est pas moins vrai que, par leur triple fonction, commerçante, artisanale et financière, les villes constituent l'élément moteur d'une économie dont la partie rurale a été durablement affaiblie par les conséquences de la grande peste, des grandes poussées de peste. La rétractation de l'espace rural cultivé et exploité traduit, bien sûr, la chute brutale de la population locale, mais alors que les villes retrouvent très vite, dans la plupart des cas, leur population d'avant l'épidémie, et verront même rapidement le chiffre de celle-ci progresser à nouveau, les campagnes mettront plus d'un siècle à se repeupler et beaucoup de terres, avec leurs villages, resteront à l'abandon. Les pertes de la population urbaine entraîneront une baisse des prix agricoles qui se fera sentir longtemps, alors que la rareté de la main-d'œuvre dans les campagnes, encore accentuée par l'émigration en direction des villes, fera monter les salaires. Dans les villes, au contraire, la progression démographique, la concentration des fortunes, le développement des échanges interrégionaux (à l'intérieur de l'Allemagne) et transcontinentaux (avec le bassin méditerranéen, avec les pays voisins de l'Europe de l'Est et avec la Russie, avec les pays scandinaves), l'essor des principautés territoriales – qui entraîne des dépenses militaires et somptuaires accrues autour des maîtres et de leur cour –, les changements de mœurs et d'habitudes de consommation chez les puissants et les riches, créateurs de modes aussi bien vestimentaires qu'alimentaires, tous ces facteurs qui s'entrecroisent et ajoutent leurs effets les uns aux autres provoquent une hausse des prix des produits manufacturés, certes, mais également par ricochet de ceux des matières premières et des objets de luxe importés.

L'essor des villes allemandes, commencé dès le XIe siècle, avait surtout été sensible à partir du XIIIe, quand la Hanse, se substituant au pouvoir central défaillant, assoit sa domination économique, politique et même militaire sur les rives de la Baltique et de la mer du Nord, de Bruges, Londres et Bergen jusqu'à Reval et Novgorod, et de Cracovie à Cologne. A la même époque, la Ligue du Rhin, formée à l'initiative des villes, tente d'assurer la paix intérieure dans un Empire sans maître réel. Si la puissance politique des villes ne dépassa jamais ce qu'elle fut à ces moments exceptionnels, le développement de leur rôle économique, surtout en Allemagne du Sud, se poursuivra jusqu'au XVIe siècle. D'une certaine façon, cette distinction se révèle d'ailleurs artificielle : en droit, l'interdiction de former des ligues ou des confédérations de villes, prononcée par Frédéric II au XIIIe siècle à la demande des princes, n'a jamais été révoquée et c'est seulement à l'extrême fin du XVe siècle que les villes d'Empire, les libres *Reichsstädte*, se voient reconnaître le rang de *Stand*, d'« État » égal en droit à celui des princes, et, partant, le droit de siéger au Reichstag avec voix délibérante. Une centaine de villes jouiront de ce privilège, certaines grandes et puissantes comme Cologne, Nuremberg ou Augsbourg, d'autres à peine plus peuplées qu'un gros village, au hasard de l'histoire et de ses circonstances. D'autres cités importantes vont voir leur rôle s'étoffer comme chef-lieu de principautés et siège de cour, mais celles-là n'obtiendront jamais les droits et libertés dont jouissent les *Reichsstädte*. Munich, Stuttgart, Heidelberg, Berlin (que les Hohenzollern forcent dès 1444 à abandonner la Hanse), Dresde, Leipzig – et naturellement Prague et Vienne, capitales de grands États constitués au sein ou sur les marges de l'Empire – figurent parmi ces « villes territoriales » dont l'importance économique est généralement moindre jusqu'au XVIIIe siècle que celle de certaines grandes villes libres, car le commerce et l'industrie profitent, eux aussi, comme la culture d'un climat de plus grandes liberté et responsabilité qui règne dans les républiques urbaines, alors que les capitales des principautés sont encore trop étroitement dépendantes de leur cour et des fonctionnaires qui veulent tout régenter. Plus tard, les princes, surtout à l'époque de l'absolutisme, vont tenter de compenser ces désavantages par des privilèges et des aides matérielles. L'existence d'un grand nombre de ces républiques urbaines ajoute à la composite réalité historique d'où sont sorties les Allemagnes modernes un important aspect sinon démocratique, du moins oligarchique, tout à fait différent des puissants éléments féodaux qui tiennent, presque jusqu'à nos jours, une place considérable dans cette histoire et qu'en France on a eu souvent tendance à revêtir d'une sorte d'exclusivité.

Dans l'Allemagne urbaine des XIVe et XVe siècles, se forme progressivement ce que certains historiens de l'économie sont convenus d'appeler un « précapitalisme ». Les Allemands, en utilisant le terme *Frühkapitalismus*, capitalisme débutant[1], emploient une formule qui me paraît plus satisfaisante. Ce développement avait commencé beaucoup plus tôt encore en haute Italie et les relations commerciales entre les villes italiennes – Venise, Florence, Milan, Gênes, etc. (mais Venise avant tout) – et les cités de haute Allemagne – Augsbourg, Strasbourg, Ulm, Nuremberg, mais aussi Constance, Ravensburg, Lindau – ont favorisé la réception des inventions et des découvertes (comptabilité double, lettres de crédit et de change, ventes à terme, etc.) qui sont à la base du grand commerce et conditionnent la création de grandes fortunes fondées sur des activités commerçantes et industrielles, et non plus sur la possession de terres et sur les rentes à tirer de ces possessions – encore que beaucoup de bourgeois riches investiront une bonne partie de leurs gains en biens fonciers, se transformant peu à peu en « seigneurs de la terre » (*Grundherren*). Les villes allemandes sont en premier lieu des centres de transit et de marché, des relais

1. De *früh*, « tôt ».

entre l'Italie, la Flandre et l'Angleterre, entre la Russie et les contrées maritimes de l'Europe occidentale, entre la Scandinavie et le continent. Elles drainent la production agricole et artisanale des zones rurales qui les environnent, d'abord pour leur propre consommation, et ensuite, dans la mesure où les relations commerciales s'améliorent, pour la consommation de régions plus éloignées ; mais ces villes sont aussi de grands ateliers. L'artisanat urbain, après avoir longtemps travaillé seulement pour les besoins de la ville même et des cours, châteaux, monastères voisins, après avoir travaillé essentiellement sur commande, produit à présent pour des marchés lointains et, de ce fait, pour des négociants qui écoulent cette production excédentaire. Des pas décisifs s'accomplissent ainsi en direction d'une économie monétaire, et cela en dépit de l'anarchie que provoque la disparition du monopole de frappe impérial. La diversité et la multiplicité des espèces monétaires et les manipulations auxquelles se livrent les princes et les villes elles-mêmes – qui possèdent maintenant le droit de frapper monnaie, sans que disparaisse pour autant la monnaie impériale, qui connaîtra même une renaissance considérable au XVIe siècle – favorisent même le rôle des grands négociants qui se font changeurs et banquiers, rôle d'autant plus nécessaire qu'aux espèces allemandes proprement dites s'ajoutent les monnaies de l'Italie impériale et les monnaies étrangères qui circulent en abondance à travers l'Allemagne. Les puissants – papes, empereurs, rois, princes séculiers et ecclésiastiques – ont besoin de numéraire pour payer les mercenaires qui remplacent à leur service les armées féodales, les administrateurs et les juges de métier, indispensables pour l'application du droit romain, mais aussi pour acheter les voix des membres des corps électoraux, cardinaux ou chanoines des chapitres, princes-électeurs et Reichstag, diètes de Bohême et de Hongrie, dont dépend l'accession aux fonctions supérieures ou suprêmes qui sont pour la plupart électives, ou pour payer les consentements pontificaux sans lesquels les élections épiscopales ne seraient pas valables. Même dans l'Italie impériale où le pouvoir central a presque complètement disparu, les *condottieri*, les soldats de fortune, les brigands heureux ont besoin d'un décret impérial pour transformer le fruit de leurs rapines en possessions légitimes. Seul l'empereur peut disposer d'un fief devenu vacant ou sanctionner des accords, si fréquents à l'époque, par lesquels deux dynasties princières s'accordent réciproquement un droit d'héritage. Seul l'empereur peut conférer la noblesse, et tous ces avantages ardemment recherchés se monnaient. La structure sociopolitique de l'époque postule donc, elle aussi, un accroissement de la circulation monétaire et accélère le recul de l'ancien système fondé sur l'échange de services et sur des rentes le plus souvent payées en nature. Comment en serait-il autrement puisque la noblesse féodale perd à la même époque sa raison d'être militaire (les armées de mercenaires, toujours disponibles tant qu'on les paie et entraînées aux nouvelles machines et méthodes de combat, remplaçant les contingents que les seigneurs vassaux amenaient aux seigneurs suzerains[1]) ? Elle perd ainsi sa principale raison d'être politique, puisque l'État territorial tend à priver les vassaux des droits de justice et d'administration qu'ils exerçaient, chacun à son étage et dans son fief, au profit de fonctionnaires professionnels, permanents et salariés, nommés et révoqués selon le bon plaisir du prince, alors que le vassal ne pouvait être privé de son fief qu'en cas de trahison et de forfaiture, et sur jugement de ses pairs.

Pour faire face à tous ces nouveaux besoins d'argent, de monnaie, de numéraire, l'économie des XIVe et XVe siècles n'aurait sans doute pas suffi sans une expansion impressionnante des activités minières : au Tyrol, dans le Harz, dans les montagnes du pourtour de la Bohême[2], en haute Hongrie, les

1. L'invention technique (poudre, armes à feu) exige évidemment une préparation technique et professionnelle d'une nature différente que le combat à l'arme blanche ; l'appel à des mercenaires, « chair à canon » et qui ne représentent aucune valeur rachetable en cas de capture, à l'opposé des seigneurs féodaux, rend la guerre beaucoup plus sanglante, car la vie du mercenaire ne compte guère ; bien au contraire, étant donné la menace que les brabançons, les grandes compagnies et autres lansquenets sans emploi représenteront pour la population et les États, tout le monde, à tour de rôle, a intérêt à ce que ces sauvages, à la fois nécessaires et dangereux, s'entretuent le plus possible. Le *condottiere* italien, le capitaine de lansquenets forment des techniciens militaires d'un type nouveau. En Italie, la faiblesse des pouvoirs étatiques permettra même aux plus fortunés d'entre eux de créer ou de conquérir des principautés territoriales.

2.Erzgebirge, monts Métallifères.

mines d'argent et d'or et le lavage des eaux aurifères connaissent une progression spectaculaire. Les princes allemands et étrangers favorisent ce développement, les rois de Bohême, de Pologne et de Hongrie appellent chez eux de véritables colonies d'ouvriers mineurs allemands dont les descendants maintiendront des implantations compactes de villages et même de villes germaniques, dans les Carpates de Slovaquie comme dans les Sudètes, jusqu'au XIXe, voire au XXe siècle. Les techniques minières allemandes sont toujours, alors, les premières d'Europe, le savoir-faire allemand s'exporte, mais il ne s'exporte pas seul, car, en Allemagne comme à l'étranger, l'extension des mines exige des capitaux. Au départ, les mines, concessions royales (et plus tard princières au fur et à mesure que progresse le transfert des droits régaliens aux princes), ont été exploitées par des maîtres artisans mineurs, aidés de leurs familles, souvent associées à plusieurs. Le besoin de capitaux force ces entrepreneurs à ouvrir leurs compagnies à des « actionnaires » non exploitants qui, peu à peu, réduisent les mineurs proprement dits au rang de salariés. Anciennes coopératives, *Gewerkschaften*[1] ou concessions royales/princières modernes, les mines d'argent (et aussi celles des métaux nécessaires à l'artisanat et à l'industrie, et plus spécialement aux fabrications de guerre, et notamment les mines de cuivre du Harz, du Tyrol et de la haute Hongrie) passent entre les mains de « capitalistes », détenteurs de moyens financiers réunis par le commerce et la manufacture, qui prêtent de l'argent aux puissants et reçoivent d'eux, en garantie ou en paiement, des monopoles miniers. Les plus fortunés des capitalistes de l'époque sont les Fugger et les Welser d'Augsbourg qui financent les guerres et les élections, impériales ou pontificales, et qui, ainsi, « produisent » eux-mêmes une partie de l'argent et de l'or qu'ils prêtent.

Les Fugger, qui finiront par devenir comtes et princes d'Empire, sont à l'origine une famille de tisserands des environs d'Augsbourg qui, au XIVe siècle, bâtit une fortune sur le commerce des toiles. Des toiles, ils passèrent à toutes sortes de négoces, au grand commerce et, enfin, au commerce de

1. De *Werk* : œuvre, labeur ; le terme signifie « syndicats » de nos jours.

l'argent. Nous touchons ici à un autre aspect de la vie urbaine du Moyen Age finissant : l'artisanat individuel, celui des maîtres assistés de compagnons et d'apprentis, unis dans des guildes (*Zünfte*) et corporations, voit se développer à ses côtés une activité « préindustrielle » ou *frühindustriell*, financée par les capitaux marchands. De véritables manufactures (produits textiles, armes et armures) emploient des travailleurs regroupés en ateliers ; dans d'autres cas, notamment le tissage, les marchands font travailler à domicile une population rurale à laquelle ils procurent l'ouvrage en fournissant la matière première et en imposant leurs prix. Ces développements nouveaux ne se substituent pas totalement à l'artisanat individuel traditionnel, mais tout en le complétant ils le menacent et sapent ainsi l'ordre social et économique des villes. La main-d'œuvre des ateliers n'est pas protégée par les règlements des corporations ; elle est flottante comme celle des compagnons et ouvriers des métiers hors corporations. Le Moyen Age finissant – avec l'exode rural dont nous avons parlé plus haut – voit s'accroître dans les villes un « sous-prolétariat » sans emploi, sans revenu et sans domicile stables (qu'on pourrait mieux qualifier en l'appelant carrément « prolétariat » à condition d'oublier le sens exclusif que ce terme a pris par rapport au prolétariat ouvrier de la révolution industrielle capitaliste), foule nombreuse et flottante vivant en partie de mendicité ou de rapines, mal vue des gouvernants, suspecte, facilement émue, superstitieuse et violente, prête aux emballements, aux échauffourées, aux espérances eschatologiques, proie offerte aux meneurs et aux démagogues, mais prête aussi à recevoir le message qui promet une vie nouvelle et meilleure. Cette foule urbaine hors cadres fournira au XVIe siècle les masses de manœuvre de ce qu'on pourra désigner alors comme l'« extrême gauche de la Réforme ». Aux XIVe et XVe siècles, elle intervient comme objet de crainte ou comme facteur actif dans les querelles qui, au sein des villes libres, opposent l'aristocratie de l'ancien négoce, les patriciens – familles souvent retirées de la vie économique active et en voie de s'assimiler à la noblesse, notamment par l'achat de domaines nobles –, aux corporations qui demandent de participer au gouvernement, voire de l'exercer seules. Les corporations, qui se ferment progressivement pour protéger les situations oligopolistiques des « maîtres », constitueront d'ailleurs à leur tour une sorte d'élite héréditaire. Patriciens et corporations s'affrontent pour des enjeux dont, de toute manière, les vrais pauvres, la plèbe sont exclus, sauf à titre d'auxiliaires étroitement surveillés, très vite rejetés, durement et cruellement, dans leur néant politico-économique.

Dans l'histoire culturelle aussi, les XIVe et XVe siècles, et surtout ce dernier, voient se développer des formes d'expression qui correspondent à la sensibilité et aux idées, aux besoins et aux intérêts des nouvelles populations urbaines. On a pu dire qu'à un art gothique royal et épiscopal succède un gothique bourgeois. Cela n'est vrai, bien sûr, que d'une manière partielle : d'une part, en effet, les bourgeois, les habitants des villes, ont joué un rôle important dès le XIe siècle dans la construction des grandes cathédrales « impériales » rhénanes – Spire, Worms, Mayence –, et, d'autre part, les impulsions et le mécénat princiers et ecclésiastiques continuent à s'exercer au cours des siècles du Moyen Age finissant. Il ne s'agit ici que de constater des tendances en progrès, tout au plus des codominantes. Mais quand on voit les bourgeois d'Ulm, ville qui n'est même pas siège d'évêché, construire en peu d'années la plus grande église paroissiale du monde, et ceux de Ratisbonne mettre en chantier leur grande cathédrale, sans parler de l'immense projet de Cologne qui restera inachevé jusqu'au XIXe siècle et quand on admire les merveilleuses églises paroissiales de Nuremberg, Sankt-Sebald et Sankt-Lorenz, véritables musées vivants, on prend la mesure de la force d'initiative et des capacités de réalisation qui s'expriment dans ces ambitieuses constructions. Les collectivités patriciennes et corporatives peuvent et veulent à présent rivaliser avec les fondateurs d'origine aristocratique, et cette volonté traduit, bien entendu, dans un domaine essentiel pour l'humanité médiévale, un nouveau rapport de forces, ou plutôt le surgissement d'une force nouvelle inexistante dans l'ancien ordre féodal, porteuse de sa religiosité propre et que sa vigueur même contraint à se montrer, à faire ostentation, à s'élancer comme telle à la rencontre, sinon à la conquête, du ciel. A partir des très grandes villes, cette vigoureuse initiative bourgeoise se répand dans les cités de moindre importance, l'Allemagne du Sud-Est se couvre de hautes églises-halles (*Hallenkirchen*), dont les colonnes élancées, d'égale hauteur que les murs extérieurs, supportent au-dessus de *toutes* les nefs une même toiture unique. L'église-halle rassemble une foule plus vaste sous un toit en quelque sorte plus démocratique ; elle est une reproduction sacrée de la grand-place du marché qui s'étend au cœur de la ville bourgeoise, au centre de la plupart de ses activités.

En Allemagne du Nord, pendant ce temps, l'art de la brique rouge – dont les premiers monuments, au XIIIe siècle, sont grandiosement utilitaires au sein d'une civilisation de combat, où les églises et monastères-forteresses sont érigés en pays païen conquis ou à conquérir – devient à son tour l'art d'une bourgeoisie triomphante et même triomphaliste. A partir des grandes villes de la côte, les églises et les hôtels de ville du gothique rouge, dont les modèles les plus éclatants s'égrènent de Bruges à Reval, se répandent dans l'hinterland et jusque dans de modestes bourgades encore à demi rurales comme Stendal, dans la vieille Marche de Brandebourg (*Altmark*)[1]. Une nature et une humanité plus sévères se donnent ici, dans des pays privés de belles pierres à construire et à sculpter, une expression à la hauteur des défis acceptés et surmontés. Dans toutes les villes du Sud et du Nord l'orgueil collectif, jamais séparé complètement du besoin d'adorer et de se concilier la puissance divine, élève des hôtels de ville somptueux, des maisons de corporation richement ornées, des hôpitaux et hospices, des monastères et maisons de communauté destinés aux formes de vie religieuse les plus proches des sensibilités bourgeoises : ordres mendiants, congrégations de bégards et de béguines qui s'établissent au milieu des foules citadines alors que leurs prédécesseurs bénédictins, cisterciens, chartreux avaient choisi les solitudes les plus reculées. Le XVIe siècle et les époques baroques qui lui font suite n'ont pas partout substi-

1. Mais la brique sert aussi de matériau quand les carrières sont loin : à preuve la cathédrale Notre-Dame de Munich, qui fut à l'origine, comme le *Münster* d'Ulm, une simple et grandiose église paroissiale.

tué leur art aux constructions de ce premier grand âge bourgeois. Dans les villes petites et moyennes surtout (qui ont aussi été davantage épargnées par les ravages de la Seconde Guerre mondiale), une image de l'Allemagne des XIVe et XVe siècles est encore lisible de nos jours. L'hôtel de ville de Ratisbonne et l'hospice de Lubeck témoignent de la splendeur que le gothique finissant atteint alors dans les grandes métropoles libres, mêlant les œuvres de l'orgueil à celles de l'humilité.

Dans l'art de la peinture et de la sculpture, la période qui s'étend entre le milieu du XIVe siècle et la Renaissance est, en Allemagne, caractérisée par le « style doux » qui extériorise plus les émotions et les sentiments et qui exprime également le nouveau sens de la fragilité de toutes choses et vies, héritage de la grande épreuve de la peste. Mais aussi – en fonction de la progression de nouveaux modes d'être de la bourgeoisie –, une sensibilité plus individuelle et plus intimiste, plus privée, que le grand art noble, public et serein du Moyen Age impérial, surtout de l'époque Hohenstaufen. La bourgeoisie étend ses initiatives et ses pouvoirs, accroît ses richesses à un moment de l'histoire européenne où l'individuel se détache davantage du collectif, et dans des situations de plus en plus nombreuses les deux mouvements sont profondément liés. L'individuel est un luxe, seules des civilisations riches et complexes ont le temps, les moyens et le goût de l'apercevoir et de le manifester (de lui permettre de se manifester). C'est pourquoi il faut attendre ce Moyen Age finissant dont il est question ici pour rencontrer en Allemagne l'art du portrait (nous n'en possédons *aucun* des grands empereurs d'avant l'Interrègne, tout au moins aucun qui soit sûr et indiscutable) et sa multiplication dans la seconde moitié du XVe siècle, et aussi celle de l'art des paysages, c'est-à-dire l'essor d'un descriptif analytique et non plus symbolique. On pourrait, si l'on ne craignait pas l'anachronisme, diviser ainsi l'histoire de la peinture et de la sculpture médiévales entre une haute époque expressionniste et une montée impressionniste vers les grands chefs-d'œuvre du début du XVIe siècle. L'individuel se manifeste aussi dans le fait que nous commençons à connaître les noms et à savoir quelque chose de la vie des artistes, d'abord naturellement les noms et la biographie de quelques grands bâtisseurs, architectes-maçons, de la seconde moitié du XIVe et de la première du XVe siècle, comme Hans Stethaimer, qui construisit les belles églises-halles de Landshut, ou la famille Roritzer, à l'œuvre à Ratisbonne, et surtout les Parler, tailleurs de pierre, architectes et sculpteurs dont les œuvres ornent la Bohême de Charles IV. Dans une civilisation bourgeoise – et celle du XVe siècle en Allemagne reçoit des villes une grande partie de ses impulsions et de ses modes de vie – une tension très vive oppose toujours le besoin d'épargner et de cacher sa richesse, et celui de consommer et de montrer. Cette deuxième tendance favorise naturellement le développement des arts du cadre de vie et des arts d'agrément : l'artisan et l'artiste des villes riches travaillent pour la grande bourgeoisie dont les goûts informent celui des cours, ces cours qui descendent maintenant, elles aussi, dans les villes parce que les châteaux forts féodaux perdent leur fonction militaire et que la puissance politique, comme les mœurs et les modes (qui rayonnent depuis Paris, Dijon, les capitales flamandes et brabançonnes, depuis Rome, Venise, Milan et Naples), poussent les princes à organiser leur existence dans des constructions urbaines favorables au déploiement du faste et du luxe, mais aussi au fonctionnement d'une administration permanente et centralisée.

La vie intellectuelle du dernier Moyen Age allemand (j'emploie ce terme au pluriel car, de la fin de l'Empire romain à la Renaissance, ce ne sont pas deux, mais quatre ou cinq « moyens âges » que l'on devrait distinguer, de même que certains historiens ont pris l'habitude de distinguer plusieurs renaissances, carolingienne, othonienne, etc., avant la « grande » Renaissance des XVe et XVIe siècles) correspond elle aussi à cette montée de la bourgeoisie urbaine. Le dernier Moyen Age voit disparaître le privilège clérical de la culture écrite. Oh ! certes, les différences profondes subsistent et s'élargissent encore entre la culture des lettrés (ou mieux, *les* cultures des lettrés) et les cultures populaires, puisque aussi bien la très grande majorité des Allemands reste illettrée, ignorant l'art du lire et de l'écrire. Mais le nombre et le pourcentage des instruits ne cessent de progresser ; désormais, beaucoup de laïcs savent leurs lettres, et un minimum d'instruction devient inséparable du succès dans la quasi-totalité des activités bourgeoises. La possession de livres devient chose courante chez les négociants voire chez les artisans avant même que l'invention de Gutenberg et sa diffusion permettent à la production des ouvrages de rattraper la demande. De plus, le privilège clérical disparaît aussi en ce qui concerne les contenus culturels : à côté des livres de théologie et de piété, des ouvrages de droit canon et des rares textes classiques qui ont survécu au naufrage de l'Antiquité et à la censure ou au désintérêt des clercs, à côté des chroniques et des annales, des sciences laïques se répandent chez les laïcs ; la philosophie s'émancipe, le droit public et privé se détache du droit canon. Certes, l'on ne rencontre que très rarement une véritable idéologie de la laïcité, de l'émancipation et du libre examen, mais en fait, l'enseignement des universités italiennes, de celles de Paris et d'Oxford, la redécouverte d'une partie sans cesse plus vaste de la pensée et de la littérature grecques ramenées en Occident par les réfugiés de Byzance, joints à l'esprit d'aventure des marchands et des navigateurs, créent aux XIVe et XVe siècles un nouveau climat intellectuel dont la terre de départ est bien l'Italie, mais dont l'Allemagne, toujours étroitement associée sur le plan politique à l'Italie impériale, sur le plan religieux à Rome et sur le plan économique à Venise, reçoit rapidement les émissaires qui, à leur tour, entraînent un nombre croissant de privilégiés et de débrouillards à découvrir sur place les écrits et les plaisirs d'une vie nouvelle. Les princes s'en vont en Italie, non seulement pour guerroyer aux côtés des empereurs ou pour les accompagner dans leurs négociations, mais pour y apprendre à vivre, pour y étudier, et ils y envoient à leur tour leurs collaborateurs, les jeunes juristes dont ils feront leurs administrateurs. Les architectes, peintres et sculpteurs vont, eux aussi, faire leurs classes outre-monts, une étroite symbiose s'organise entre la culture intellectuelle et artistique des deux côtés des Alpes. Un des esprits les plus aigus de la Renaissance italienne, Aeneas Silvius Piccolomini, le futur pape Pie II (déjà entrevu plus haut), est l'ami et le collaborateur de l'empereur Frédéric III ; le plus puissant des penseurs allemands de l'époque, Nicolas de Kues, finira sa carrière comme prince-évêque de Brixen (Bressanone), ville située au sud du Brenner, sur le chemin que prennent la plupart des armées, des voyageurs et des marchands circulant entre le nord et le sud de l'Europe. Savoir lire et écrire signifie encore savoir le latin – mais le latin cesse d'être langue des seuls clercs –, une classe, ou plutôt des couches lettrées laïques se développent en Allemagne où le XIVe et surtout le XVe siècle voient se multiplier les universités (de modèle italien plus que français ou anglais) : après Prague, la fondation de Charles IV, Leipzig, Vienne, Heidelberg, Erfurt, Altdorf[1], Wittenberg sont créées de toutes pièces par des princes ou des villes qui veulent à la fois favoriser l'essor des sciences et mieux contrôler la formation de leurs sujets. L'intérêt pour la langue, l'histoire et les vertus des anciens Allemands s'étend cependant en même temps que s'élargit le nombre des latinisants ; la culture du temps devient une double culture ; depuis le sursaut national qui a sauvé l'empereur Louis de Bavière face aux papes d'Avignon, la conscience nationale est en progrès continu, même et surtout comme conscience souffrante que révoltent les désordres, les faiblesses et les malheurs de l'Empire, qui enrage de voir Romains et Français exploiter ces faiblesses par des usurpations de tout genre. Dans le peuple, les contes, légendes et hauts faits du passé germanique circulent sous la forme des *Volksbücher* (livres du peuple) qui traduisent en prose « moderne » les chansons de geste et sortent de l'oubli une immense littérature orale, ou redevenue orale. Les thèmes de la légende de Siegfried et des Nibelungen s'y retrouvent à côté des récits de voyages plus ou moins imaginaires et des vies de saints. La lecture de la Bible, mal vue par l'Église officielle, connaît néanmoins des progrès considérables, comme l'attestent les nombreuses traductions et les éditions imprimées qui précèdent l'œuvre de Martin Luther. Les écrits des juristes et des politiques trouvent eux aussi leur écho populaire : la *Reformatio Sigismondi*, grand texte attribué au défunt empereur qui résume les griefs et les espoirs des masses, tant vis-à-vis de l'Église que de l'Empire, connaît une fortune immense ; c'est le premier grand texte politique en langue allemande (malgré le titre latin), et qui aura d'in-

1. L'université de la ville libre de Nuremberg.

nombrables successeurs et imitateurs. Les puissants eux-mêmes se mettent à écrire : si l'autobiographie de Charles IV est encore rédigée en latin, Maximilien Ier, le fils charmeur et immensément populaire du triste Frédéric III, écrira en allemand l'histoire de ses combats et aventures transposée en romans de chevalerie, en *Volksbuch*, sous le titre de *Weisskunig*[1] (Le Roi blanc), ouvrage qui sera un des *best-sellers* du début du XVIe siècle, grâce aussi aux délicieuses gravures de Hans Burgkmair qui lui servent d'illustrations.

Autant Frédéric III, indolent, rusé, prudent à l'extrême, avait au cours de son long règne déçu les espoirs et même suscité le mépris (point toujours mérité, car, à défaut de pouvoir rétablir en réalité les grandeurs du Reich, il n'avait du moins rien sacrifié de ses droits et prétentions), autant son fils Maximilien sut attirer l'admiration et l'amitié de ses contemporains. Pourtant, les défaites militaires et les insuccès politiques ne manquent pas non plus dans la carrière de celui que les historiens du XIXe siècle, interprétant assez correctement les sentiments des contemporains, devaient appeler « le dernier chevalier » (*der letzte Ritter*). Charmant et charmeur, bel homme élancé aux yeux étincelants et aux longs cheveux blonds, rompu à tous les arts du corps, grand chasseur, combattant valeureux et excellent chef de guerre, cultivé, lettré même et amateur d'art avisé, Maximilien, qui portait un nom de l'Antiquité romaine, était le souverain par excellence selon l'idée humaniste, mais aussi un prince allemand pour humanistes allemands. Rêveur et diplomate, selon les heures, dans une position où rien n'était jamais acquis définitivement, où tout devait sans cesse être recommencé, Maximilien ignorait le découragement et se jetait d'une aventure à l'autre, accompagné de ses fidèles musiciens, de ses peintres et historiens de cour, rarement capable de payer les frais de ses séjours dans les bonnes villes qui l'accueillaient au cours de ses sempiternelles pérégrinations, mais inventant toujours de nouveaux grands desseins pour stimuler l'imagination des politiques et desserrer la bourse des banquiers.

1. *Kunig*, dans l'allemand méridional de l'époque a le même sens que l'actuel « König », qui signifie « roi ».

Le destin de Maximilien fut scellé en ce jour de 1475 où Charles le Téméraire signe la promesse formelle de fiançailles entre Marie, son unique fille et héritière, et le seul fils de l'empereur. Après la mort du grand-duc d'Occident, Maximilien, à peine âgé de 18 ans, sans expérience et sans moyens, car l'empereur était trop pauvre pour soutenir sérieusement l'entreprise de son fils, dut avec ses propres forces conquérir et la belle et l'héritage. L'amour le servit : les convenances diplomatiques, pour une fois, avaient fondé un couple uni, dès leur première rencontre, dans une passion totale ; les contemporains, si peu observateurs quand il s'agit du concret des relations humaines, avaient vu les deux jeunes gens « pâlir jusqu'aux lèvres » quand ils s'aperçurent pour la première fois. L'image touchante et romantique de cet amour fut servie encore par sa brève durée : quatre ans et demi seulement après les noces, Marie de Bourgogne, écuyère passionnée, mourut d'une chute de cheval. Maximilien lui survécut trente-sept ans mais, dans son testament, il commanda que son cœur fût placé à Bruges dans le cercueil de cette jeune épouse tant aimée.

Pour l'héritage, ce fut autre chose : Louis XI, le roi de France qui avait nourri le dessein de marier Marie au dauphin Charles encore tout enfant, voulut récupérer ce qui, dans l'immense domaine bourguignon, relevait de la suzeraineté française (et si possible davantage) : incontestablement, le duché de Bourgogne ainsi que les comtés d'Artois et de Flandre.

Les États des différentes contrées dont les ducs de Bourgogne avaient tenté de faire un grand ensemble intégré se révoltèrent, de leur côté, et tentèrent de réduire les pouvoirs des princes tout en abolissant les institutions communes. Entre la France et les révoltés des Pays-Bas, Maximilien eut à guerroyer pendant seize ans, jusqu'à la paix de Senlis qui lui donne en 1493, comme régent du jeune Philippe, le fils de Marie, l'ensemble de l'héritage bourguignon, à l'exception du duché lui-même. Mais la Flandre, la contrée la plus riche et la plus active de l'Europe au nord des Alpes, l'Artois, le Brabant, le Hainaut, le Luxembourg, la Hollande et la Zélande, les duchés de Limbourg et de Gueldre, le protectorat sur les évêchés d'Utrecht, de Liège et de Namur constituaient un bloc immense, d'une importance politique et économique capitale, qui s'ajoutait aux domaines des Habsbourg et renforçait considérablement, ainsi, la *Hausmacht*, le domaine propre de l'empereur. La Franche-Comté, limitrophe des possessions habsbourgeoises d'Alsace et de Souabe, n'était pas non plus une acquisition négligeable. Dans tous ces pays, certes, le souverain ne disposait pas de droits absolus, tant s'en faut, et les « États » menaient la vie dure au régent. Mais le bilan général était pour la dynastie extrêmement positif. Et non seulement pour elle : après des siècles de faiblesse impériale, au cours desquels la France ou la Bourgogne des Valois n'avaient cessé de grignoter les frontières de l'Empire et de progresser vers l'est, cette avance se trouvait arrêtée et même en partie ramenée en arrière : il n'était plus question de visées bourguignonnes ou françaises sur l'Alsace comme au temps de Frédéric III, ou sur la Lorraine, voire sur Cologne : en fin de compte et de guerre, l'Empire récupérait même la plus grande partie de la Flandre et l'Artois, des provinces qui, depuis 870, étaient toujours restées dans la mouvance de la Francie occidentale. Philippe de Habsbourg recueillait ce splendide héritage, mais Maximilien, comme l'avait fait Frédéric III, cultivait d'autres alliances dynastiques et les espérances d'agrandissement dont elles étaient porteuses : en 1496, il maria en même temps Philippe, qui avait hérité la beauté de ses parents, et sa fille Marguerite aux enfants d'un autre fameux couple royal, Ferdinand d'Aragon et Isabelle de Castille, *los reyes catolicos*. La mort de l'infant Don Miguel fit de Philippe, peu de mois plus tard, l'héritier présomptif des deux couronnes espagnoles. Roi de Castille en 1504 après la mort d'Isabelle, il mourut jeune à son tour, à vingt-huit ans, en 1506, laissant deux fils, Charles, le futur Charles Quint, et Ferdinand qui devint empereur après son frère, ainsi qu'une fille, Marie. Continuant la politique des mariages, Maximilien, laissant Charles aux Pays-Bas se préparer à ses futurs règnes occidentaux et à sa mission impériale universelle, unit Ferdinand à la fille du roi Jagellon de Bohême et de Hongrie, et sa propre petite-fille Marie au futur Louis II, fils du roi Ladislas II en renouvelant du même coup l'accord d'héritage réciproque que Frédéric III avait jadis négocié avec le jeune

Ladislas pour la seule Bohême. Quelques années après la mort de Maximilien, Louis II tombera, sans héritier direct, dans la terrible bataille de Mohács, en 1526, qui ouvrira aux Turcs la porte de la Hongrie centrale. Ferdinand, alors, sera reconnu roi de Bohême et de Hongrie (ou plutôt de la partie septentrionale et occidentale de ce malheureux pays qui échappera seule à la domination turque). En trois quarts de siècle et quatre générations, les descendants de Frédéric III qui, en 1440, n'était qu'un petit duc de Carinthie et de Styrie, avaient rassemblé, grâce à l'inébranlable confiance que Frédéric III lui-même et Maximilien nourrissaient dans la vocation de leur maison, un empire immense. Personne en Europe, depuis les grands empereurs Hohenstaufen, n'avait réuni entre les mains d'une seule dynastie des domaines si nombreux et si vastes : l'Espagne et le royaume de Naples, la Franche-Comté l'Alsace et les Pays-Bas, une bonne partie de la Souabe, le Tyrol, la Styrie et la Carinthie, Trieste et la Carniole, les duchés autrichiens, le duché de Milan, la Bohême, la Moravie, la Silésie, la Hongrie et la Transylvanie. Et l'Espagne, depuis les découvertes de Colomb et de Cortés, c'était aussi le nouveau continent américain avec ses richesses fabuleuses, dont on commençait à entrevoir les prodigieuses dimensions. Quel destin, si seulement ces nombreuses parties éparses avaient pu constituer un grand tout et permettre aux empereurs, appuyés sur leur puissance dynastique et leurs royaumes extérieurs, d'imposer à nouveau leur autorité à tout l'Empire ! Pourtant, c'est le contraire qui devait arriver car, dans chacun de leurs royaumes, duchés et comtés, Maximilien, Philippe, Charles et Ferdinand eurent leur vie durant à se débattre avec les « États », les villes, les nobles, les clergés, qui opposaient leurs droits particuliers traditionnels à l'établissement de monarchies absolues ; tantôt ils privaient les princes des moyens guerriers indispensables à la poursuite de leur action, tantôt, en se soulevant ouvertement, ils les obligeaient à détourner leurs forces des objectifs politiques majeurs : le rétablissement de l'autorité centrale en Allemagne et la lutte contre les interventions françaises en Italie et sur les confins occidentaux de l'Allemagne même, à laquelle bientôt s'ajoutera la défense contre le Turc.

Tout le monde sentait, plus ou moins confusément, que l'état de l'Empire exigeait des changements en profondeur. Maximilien, élu roi des Romains en 1486 – ainsi pour la première fois depuis plus d'un siècle un successeur était désigné du vivant de l'empereur –, avait besoin de finances pour reprendre l'Autriche aux Hongrois et contrecarrer les projets français en haute Italie. Les *Stände*, les princes et villes représentés au Reichstag, entendaient monnayer leur aide – le seul revenu possible de l'empereur, en dehors de ce que rapportaient les possessions héréditaires – en obtenant des concessions qui auraient transformé l'Empire en république couronnée. Ainsi les projets de réforme suivaient deux directions opposées : l'empereur et une grande partie de l'opinion, l'intelligentsia humaniste, la bourgeoisie « éclairée » des villes libres, formaient un parti qui rêvait d'un pouvoir central capable de mener une politique extérieure et une stratégie dignes de ce nom ; la plupart des princes, point insensibles d'ailleurs à l'intérêt et la dignité du nom allemand, faisaient cependant passer avant tout la consolidation de leur autonomie à l'extérieur et celle de leur pouvoir souverain à l'intérieur de leurs domaines. Pour sauver l'Italie impériale de la mainmise française, il fallait à Maximilien une armée de ces lansquenets[1] qu'il s'entendait à merveille à former et à entraîner au combat. A la diète de Worms, en 1495, un compromis put enfin être négocié : les *Stände* acceptèrent que fût proclamée une « paix nationale perpétuelle » (*ewiger Landfriede*) qui portait interdiction de toutes les guerres privées. Pour juger les conflits entre *Stände* et passer outre aux dénis de justice dont les sujets pouvaient souffrir de la part de leur seigneur, prince ou ville, un tribunal d'Empire, la Cour de justice de la Chambre impériale (*Reichskammergericht*), était institué, sous la présidence d'un juriste nommé par le Reichstag et composé par moitié de juristes et de représentants des *Stände*. Le territoire du Reich, à l'exception des domaines propres de l'empereur, Autriche et Pays-Bas, et du royaume de Bohême, était divisé en dix « cercles » (*Kreise*)

1. *Lanzknecht* : valet muni d'une lance.

sous la présidence d'un « capitaine » (*Kreishauptmann*) héréditaire ; le *Kreistag*, ou Diète de Cercle, prenait en charge la garantie du *Landfrieden*, c'est-à-dire la punition des éléments qui continuaient à se livrer à des guerres privées (qui n'étaient souvent en fait que des expéditions de rapine ou de pillage auxquelles s'adonnaient certains chevaliers d'Empire pour arrondir leurs revenus), et la participation du *Kreis* à la défense commune de l'Empire. Enfin, était institué un « sou commun » (*gemeiner Pfennig*), impôt direct d'Empire qui devait payer les dépenses de la Cour de justice et de l'armée commune. En revanche, les *Reichsstände* tentèrent d'imposer à l'empereur la création d'un *Reichsregiment*, d'un gouvernement composé de leurs représentants et qui devait exercer la plupart des prérogatives du souverain.

La réalisation de ces réformes, qui s'étendit sur plusieurs décennies et mordit ainsi largement sur le règne de Charles Quint, fut incomplète et donna lieu à d'intenses controverses. Le *gemeine Reichspfennig*, clé de voûte du système, finit par être abandonné devant la résistance passive des *Stände* qui, de leur côté, durent renoncer, après plusieurs tentatives infructueuses, à l'idée du *Reichsregiment*. Seules subsistèrent à la longue, et jusqu'en 1806, la Cour de justice et la structure des Cercles. Sans résoudre les problèmes fondamentaux posés par l'absence d'un véritable pouvoir impérial souverain, ces deux institutions contribuèrent à maintenir l'ancien Reich en état de fonctionnement et lui permirent de survivre aux deux terribles crises de la Réforme et de la guerre de Trente Ans. Les *Stände*, la *Reichsreform* enfin accomplie cahin-caha, ne pouvaient pas plus se passer de l'empereur que ce souverain aux pouvoirs limités et contestés ne pouvait imposer ses volontés sans l'accord non seulement de la majorité mais de la quasi-totalité des *Stände*. Avec le « Privilège en faveur des princes » de Frédéric II en 1231, la Bulle d'Or de Charles IV en 1356, les textes du Reichstag de Worms améliorés et précisés en 1507 et à Cologne en 1512, achèvent en quelque sorte de donner à l'Empire une Constitution écrite.

Maximilien, pendant toutes ces années, se battit avec énergie et astuce pour maintenir ses droits et orienter dans ce sens les réformes nécessaires. Loin de satisfaire les espoirs nationaux, le résultat ne fut, cependant, pas indigne de son obstination. Sur un point, les réformes devaient pourtant aboutir à une conséquence historique particulièrement grave : les décisions de 1495 fournirent aux Suisses confédérés l'occasion – en invoquant de vieux privilèges plus ou moins valables – de s'émanciper, en fait, de toute subordination envers l'Empire et l'empereur. Les Confédérés (*Eidgenossen*), alors la première puissance militaire d'Europe, étaient venus à bout du Téméraire, avaient arraché à Frédéric III les dernières possessions habsbourgeoises au sud du lac de Constance (l'Argovie et la Thurgovie), intervenaient à présent à leur tour en haute Italie ou en Alsace. Ils refusèrent de reconnaître la Cour de justice impériale, de s'intégrer dans l'organisation des cercles et de payer le *Reichspfennig*. De fait, cessant de paraître au Reichstag, ils achevèrent de se constituer en unité politique séparée, même si leur sécession ne fut officiellement entérinée qu'en 1648, dans le cadre des traités de Westphalie. Une dernière guerre contre les Suisses tentée par Maximilien en 1499 se termina comme les précédents conflits qui, depuis le début du XIVe siècle, avaient opposé les Confédérés aux princes de la maison de Habsbourg, c'est-à-dire par la victoire des troupes paysannes sur les lansquenets impériaux insuffisants en nombre et trop mal payés.

A l'autre extrémité de l'Empire, Maximilien, dans le cadre de l'accord avec les rois de Pologne et de Bohême conclu en 1491, avait dû reconnaître les faits accomplis depuis longtemps en autorisant le grand maître de l'Ordre Teutonique à prêter le serment de vassalité qu'il devait au roi de Pologne depuis le traité de Torun (Thorn) qui avait mis fin à la guerre entre l'Ordre et le royaume, mais que l'Empire, et même Frédéric III, avaient toujours refusé de reconnaître.

Les interventions de Maximilien en Italie ne furent pas, elles non plus, couronnées de succès spectaculaires. Autorisé par le pape à s'intituler empereur sans couronnement formel, il ne parvint à mettre fin ni aux usurpations vénitiennes qui soustrayaient à l'Empire une grande partie du Frioul, ni aux prétentions françaises sur le Milanais. Cependant, sa résistance vigoureuse permit de conserver les droits et les positions à partir desquels Charles Quint pourra rétablir la situation, tout au moins par rapport à la France. Si le Frioul devait rester aux Vénitiens, le Milanais, d'où les rois de France avaient chassé la dynastie des Sforza, reviendra à l'empereur comme fief vacant et s'ajoutera ainsi aux possessions dynastiques des Habsbourg. Par l'héritage aragonais, Charles déjà tenait Naples, la Sicile et la Sardaigne. Héritier lointain des Hohenstaufen, l'empereur Habsbourg prenait ainsi sa revanche sur les Capétiens et les Valois. Il est vrai que ces conquêtes et reconquêtes ne pouvaient plus rétablir une autorité impériale de type médiéval, en dépit des rêves que partagèrent Maximilien et son petit-fils. Aussi bien, quand Charles, usé et amer, dut en abdiquant sceller l'échec de ces rêves (1555), Naples et Milan passèrent dans la partie de l'héritage réservée à la branche espagnole... Maximilien, jamais à court d'idées, sinon d'argent, après s'être en quelque sorte engagé comme chef de guerre rétribué au service d'une coalition d'États antifrançais, songea même, vers la fin de son règne, à se faire élire pape pour réunir en une seule main les deux glaives. Ce projet curieux, qui fut cependant pris parfaitement au sérieux, montre à l'œuvre l'infatigable imagination de cet esprit étincelant, le plus aimé et le plus regretté des souverains allemands depuis Frédéric Barberousse et dont le souvenir fut le plus durable.

A ce prestige personnel de Maximilien, contribua beaucoup le caractère contrasté, contradictoire même, en quelque sorte multicolore de son propre esprit si largement représentatif de l'esprit du temps. Chef de guerre, amateur d'art, négociateur rusé et rêveur, humaniste et « dernier des chevaliers » souverain de la Renaissance et nostalgique de la Table ronde, l'empereur-roi était aimé des savants, des écrivains et des artistes qui se faisaient les propagandistes de sa gloire. Lui, de son côté, les recevait à sa cour, les pensionnait, les comblait de largesses, prélevées sur les produits des prêts que lui consentaient, chèrement, les banquiers. Tous les grands noms de la plus grande génération de l'art allemand se retrouvent tour à tour dans l'entourage impérial. Dürer, peintre officiel de la cour, Altdorfer, le merveilleux paysagiste et peintre des grandes batailles, Lucas Cranach, Roland Fruehauf, l'aîné et le jeune, Hans Schäuffelein d'Augsbourg, les sculpteurs Peter Vischer, père et fils, Veit Stoss, Adam Krafft de Nuremberg, l'historien Stabius, le musicien Heinrich Isaac (« Sans la musique, s'écrie Maximilien, je serais un furieux ou un fou triste »). A Vienne, l'amateur impérial crée la fameuse chorale des Petits Chanteurs viennois. Des théologiens éclairés comme Staupitz, le maître et ami de Martin Luther, ou Jean Trithemius, historien réputé, des fondeurs, des armuriers, des poètes (il crée l'Académie des poètes et des mathématiciens dont l'idée avait été lancée à Vienne par l'humaniste Conrad Celtis en 1501) reçoivent ses encouragements et son aide compréhensive. Attaché profondément à l'honneur du nom allemand, à cette force prodigieuse si injustement humiliée par les égoïsmes exacerbés des princes qui la divisent, Maximilien, lui-même poète et prosateur en langue vulgaire, partage la passion humaniste pour le glorieux passé à ressusciter. Pour le *Livre des héros* qu'il rassemble à Ambras, le château tyrolien près d'Innsbruck, la résidence préférée de ses dernières années, il fait rechercher les manuscrits des anciens textes poétiques : c'est ainsi que nous est parvenu, grâce à Maximilien, l'unique texte de la *Chanson de Gudrun*, l'une des épopées classiques du haut passé germanique. C'est à Innsbruck aussi que Maximilien fit préparer par les plus grands sculpteurs de son temps, ses amis pour la plupart, l'admirable tombe veillée par les statues grandeur nature des empereurs, ses prédécesseurs. Comme si le destin avait voulu une dernière fois exprimer ce qu'il y avait d'inachevé et de contradictoire dans ce destin exceptionnel, le beau tombeau est resté vide. A son petit-fils et héritier, le jeune Charles, maître des Pays-Bas et roi d'Espagne, de langue et de culture françaises, et qu'il n'avait pas réussi à faire élire roi des Romains de son vivant, Maximilien laissait, avec les anciens domaines des Habsbourg, tous les grands problèmes non résolus de l'histoire allemande : la tension entre le pouvoir central et les *Stände*, la tension entre la nation germanique et l'Église de Rome. Un an et demi avant la mort de l'empereur, Martin Luther avait affiché au portail de l'église de Wittenberg ses quatre-vingt-quinze thèses qui, directement et indirectement, mettaient en cause toute la construction religieuse et ecclésiastique du Moyen Age européen. Le vieil empereur, allemand de cœur et de volonté, eût peut-être, s'il s'en était aperçu, compris avec sympathie le sens de cet éclat. Charles, étranger aux réalités allemandes, pieux catholique (quoique nullement aveugle quant aux abus dans l'Église qui appelaient réforme), ne pouvait voir en Luther qu'un petit moine en révolte contre l'autorité légitime. Entre Martin Luther et Charles d'Espagne, le rendez-vous historique ne pouvait pas ne pas être manqué.

CHAPITRE X

La Réforme

1517-1555

La période que nous abordons maintenant est une des plus grandes, une des plus émouvantes de l'histoire allemande. Elle y occupe la place que tient dans la nôtre la Révolution. Luther, l'homme qui déclenche et représente la Réforme, est l'Allemand qui, avant et avec Karl Marx, a laissé dans ce monde la trace la plus forte. Dans cette époque prodigieuse, tout fleurit et éclate en même temps. C'est l'apogée de l'humanisme allemand et le triomphe de l'art allemand, peinture, sculpture, architecture. C'est la grande entreprise politique de Charles Quint, l'ultime essai de restauration d'un pouvoir universel. C'est, par Luther et grâce à Luther, le temps d'un progrès décisif de la langue allemande, de la constitution d'une langue écrite commune, condition indispensable pour qu'un peuple puisse se penser soi-même et exprimer son être. C'est la terrible et grandiose éruption populaire de la grande guerre des Paysans, première et pour des siècles ultime entrée en scène des masses allemandes, et la pesante répression qui figera la vie sociale, ensuite, pour trois cents ans dans le carcan de l'absolutisme des princes territoriaux régnant sur une société de classes où prédomine l'aristocatie foncière. Et c'est enfin, et surtout, la prodigieuse aventure spirituelle du petit moine parti à la découverte d'un Dieu de grâce et qui provoque la formidable rupture d'un ordre millénaire. D'un moine à qui seul importait d'« obtenir un Dieu gracieux » et qui provoque une révolution, non seulement religieuse et morale, mais politique, un bouleversement qui ne se limite pas à l'Allemagne, qui bien au contraire s'étend à la plupart des pays d'Europe, se répandant même dans d'immenses contrées d'outre-mer, en Amérique, en Océanie.

La Réforme luthérienne a divisé pendant près de cinq siècles les historiens et les penseurs et continue à les diviser. Les visions catholique et protestante de la Réforme ont fini, de nos jours, par se rapprocher (sans que disparaissent complètement des deux côtés, nous en sommes loin, les dénonciations intégristes ou fondamentalistes). Aujourd'hui, ce sont les explications marxistes et matérialistes, et notamment celles qui étaient enseignées en RDA par les historiens communistes orthodoxes, qui s'opposent à toutes les autres, chrétiennes ou « libérales » humanistes, pour qui Luther est et demeure avant tout, réellement *avant* tout, un homme préoccupé de Dieu et de son salut, du salut de tous les hommes, et la Réforme, quelques conséquences qu'elle ait pu produire dans les domaines les plus divers, avant tout, et réellement *avant* tout, un événement religieux. L'Allemagne du début du XVIe siècle était grosse de crises violentes : les paysans, la plèbe urbaine, les chevaliers, c'est-à-dire la masse de la petite noblesse, sont agités par des courants profonds et puissants qui préparent des explosions furieuses. Les hommes de culture supportent avec une impatience frémissante, et commencent à ne plus supporter du tout, les structures de pensée et les formes d'organisation de la vie spirituelle fixées et figées depuis des siècles dans la soumission aux structures de l'Église romaine. Tout cela est vrai et peut être démontré, mais une fois l'événement survenu. On peut prouver facilement que l'Allemagne du début du XVIe siècle était engagée sur la voie d'une révolution et que celle-ci, vu l'état de la société et des esprits, devait nécessairement prendre son départ dans le domaine religieux. Ce que de telles explications, à la fois nécessaires et, dans un certain sens, dérisoires, ne peuvent certainement pas expliquer, c'est le surgissement individuel dc Martin Luther, son « équation personnelle ». Qu'aurait fait et produit en Allemagne un autre réformateur ? Question oiseuse : c'est Martin Luther qui sort de l'anonymat en 1517 avec ses quatre-vingt-quinze thèses contre le trafic des indulgences, Martin Luther et nul autre. « Parce que c'était lui, parce que c'était l'Allemagne », pourrait-on dire en évoquant l'inoubliable mot de Montaigne sur son amitié avec La Boétie, qui énonce une fois pour toutes ce qu'il y a d'unique, d'incomparable et d'imprévisible dans une personne humaine ; ce par quoi tout homme et encore plus les grands hommes brisent le carcan du matérialisme historique en montrant que l'histoire est tout autant l'œuvre de grands créateurs, de grands démiurges et l'œuvre d'une masse innombrable de personnes inconnues, certes, mais également uniques, qu'une succession d'affrontements de classes. L'histoire selon Plutarque et Ranke et l'histoire selon Marx et Engels, loin de s'exclure, s'appuient l'une sur l'autre, malgré Marx et Engels, bien entendu.

Martin Luther naît en 1483 dans la famille d'un maître artisan mineur, d'un homme qui, tout en travaillant de ses mains, n'est donc pas un prolétaire au sens moderne, mais un bourgeois, déjà sorti de la paysannerie. Un événement bouleversant jette le jeune étudiant en droit dans un couvent où ses supérieurs, reconnaissant les dons du novice, le maintiennent dans la voie des études. Très vite, le voilà enseignant à son tour, tout en poursuivant l'acquisition d'un savoir très vaste, philosophique, théologique – naturellement –, littéraire et historique. Luther n'est nullement étranger à la grande culture humaniste de son temps, à laquelle il participe notamment par ses aspects philosophiques : excellent latiniste, il a du grec et de l'hébreu des connaissances et une pratique plus qu'honorables ; sa plus grande œuvre littéraire, la traduction de la Bible, utilise continuellement les textes grecs et hébreux dont son temps disposait. Mais dans sa cellule, où il prépare ses cours, le jeune professeur est avant tout un homme terrorisé par la formidable grandeur de Dieu, par l'abîme du péché et l'impossibilité pour les humains de mériter la grâce. Dieu est pour Luther une réalité totale et écrasante à côté de laquelle rien n'importe ni ne subsiste. Malgré des crises intérieures que nous devinons désespérantes, la vigoureuse nature de Luther lui permet d'accomplir tous ses devoirs. Ses supérieurs l'envoient même en mission à Rome, où le contraste entre sa propre religion tragique et le spectacle du catholicisme pontifical quasi païen de la Renaissance triomphante laisse dans l'esprit de Luther des plaies profondes. Il est évident qu'un tel homme, d'une piété brûlante et d'une vaste culture, connaît les exaspérations et les impatiences qui s'insurgent depuis plus d'un siècle contre l'Église comme structure et puissance. Luther connaît la pensée et l'exemple de Jan Hus, sa petite patrie saxonne et thuringienne est voisine de cette Bohême où l'hérésie hussite continue à fleurir sinon à dominer, et dans son ordre les écrits d'Occam, maître et inspirateur de Hus par Wyclif interposé, continuent à être étudiés et honorés. Dans cette vie spirituelle si intense, éclate soudain comme un soleil éblouissant, tant de fois lue déjà, mais tout à coup comprise, la parole de saint Paul dans l'Épître aux Romains, proclamant « la foi seule ». Luther prépare pour ses étudiants un commentaire sur ce texte qui doit suivre ceux qu'il a déjà consacrés à d'autres écrits bibliques. C'est un nouvel éblouissement, comme la rencontre avec Dieu dans l'orage qui l'avait jeté au couvent. Par lui-même et par ses œuvres, l'homme ne peut rien. La dimension du péché est d'une profondeur telle qu'elle anéantit toute possibilité de mérite. Les œuvres les meilleures participent encore pleinement du péché. La grandeur de Dieu n'est pas seulement incommensurable, mais hors d'atteinte, sinon par la prière qui est renoncement à toute œuvre, à l'acquisition et l'accumulation de tout mérite. La grâce est un don immérité de Dieu que l'homme doit recevoir avec une gratitude totale et soumise. Ce n'est pas pour mériter la grâce que l'homme doit obéir à Dieu et accomplir sa volonté ; obéir à Dieu et le vénérer est l'attitude nécessaire mais nullement suffisante de l'homme abîmé dans sa gratitude. Dans ce sens, la gratitude du pécheur est gratuite comme l'est la grâce que Dieu lui accorde, puisque toute la gratitude de l'histoire du monde ne serait pas suffisante pour qu'un seul homme mérite un instant de grâce.

L'enseignement de Luther au couvent d'Erfurt et à l'université de Wittenberg ne paraît pas avoir fait l'objet de critiques, ce qui en dit long sur la diversité des opinions alors en circulation dans l'Église allemande, et la liberté au moins relative avec laquelle ces opinions pouvaient être professées et diffusées, pourvu qu'elles ne fussent pas imprimées. L'occasion, ou la circonstance, qui fera du moine un homme public par qui le scandale arrive, c'est le trafic des indulgences. Pour la splendeur de sa cour, pour ses constructions immenses, pour ses guerres italiennes, mais aussi pour administrer l'Église et préparer la croisade contre le Turc, la papauté de Jules II et de Léon X (1503-1513-1521) a de grands besoins d'argent. Elle se fait payer, et chèrement, son consentement aux élections qui, en Allemagne et plus spécialement dans les principautés ecclésiastiques qui n'ont pas de concordat avec le Saint-Siège, donnent accès aux évêchés et aux abbayes. Pour obtenir l'archevêché de Mayence, la première charge de l'Église allemande puisque l'archevêque est en même temps prince-électeur et chancelier de l'Empire, le frère de l'Électeur de Brandebourg, le margrave Albert de Hohenzollern, a dû payer une forte somme empruntée pour une grosse part au banquier Fugger. Pour rentrer dans ses frais, les impôts qu'il peut tirer de l'archevêché et de ses autres principautés ne lui suffiront pas. Il lève, en sus, une sorte de contribution extraordinaire sur les âmes, en lançant une campagne spéciale de vente d'indulgences, comme on lancerait une campagne de souscription à des actions qui donneraient droit à une part accrue de réduction des péchés et de vie éternelle, non seulement pour l'acheteur lui-même mais pour ses chers défunts, si telles sont ses « intentions ».

Le prédicateur Tetzel chargé de la mise en œuvre de la campagne appartient à l'ordre de Saint-Dominique avec lequel les augustiniens, dont Luther fait partie, ont de vieux comptes (théologiques) à régler. Il est accompagné dans ses voyages par un représentant de Jakob Fugger à qui chaque soir il remet le produit des ventes. On peut difficilement imaginer un exemple plus éclatant et plus caricatural d'application de cette théologie des bonnes œuvres dont Luther vient de découvrir le néant. Mais, dans cette théologie diabolique, toute la structure de l'Église est impliquée, de Tetzel au cardinal-archevêque et de celui-ci au pape. En incitant les fidèles à acheter des années d'indulgence, l'Église fait injure à Dieu, seul maître du pardon et de la grâce. Luther, qui n'est pas un novice naïf, doit savoir que tout se tient dans cette chaîne des indulgences, que la doctrine des bonnes œuvres et celle du pouvoir des clés sont profondément interdépendantes. Sans doute ne prévoit-il pas dans le détail, ni dans toute sa puissance, le tremblement de terre qu'il va déclencher. Peut-être se voit-il promis au destin d'un Hus ; sans doute espère-t-il encore que le pape, mal entouré et mal informé, pourra être reconquis par la vérité. Quoi qu'il en fût, la publication des thèses contre le trafic des indulgences devait, dans le climat de l'Allemagne de 1517, prendre le sens d'un acte de rupture. C'est l'ampleur et la rapidité de l'écho qui ont dû surprendre Luther. La publication de thèses, écrites en latin, était un acte intérieur à la vie universitaire et ecclésiastique. Mais les indulgences et le trafic qui s'en faisait constituaient, depuis des générations, une des principales pierres de scandale, un des principaux objets des récriminations et des protestations contre les « abus de l'Église », les abus dans l'Église. En quelques semaines toute l'Allemagne fut au courant de l'événement de Wittenberg. Traduites en langue « vulgaire » et diffusées par l'imprimerie, les thèses furent lues ou entendues par des centaines de milliers d'Allemands qui s'y retrouvèrent avec leur colère et leur espoir d'une purification de l'Église, d'une *reformatio* comme on disait au XVe siècle, pour l'Empire comme pour l'Église. Un homme a parlé pour la multitude. En quelques semaines, Luther sera devenu le « Rossignol de Wittenberg », comme le chantera le poète Hans Sachs, cordonnier et humaniste de Nuremberg. La *wittenbergische Nachtigall*, c'est l'oiseau qui annonce un nouveau matin du monde.

La démarche de la pensée de Luther a été une découverte progressive et continue, un véritable cheminement dialectique où les défis des adversaires n'ont cessé de provoquer chez le réformateur des prises de conscience de plus en plus audacieuses. C'est au cours d'une fameuse *disputatio*, d'un affrontement entre savants, selon la tradition universitaire médiévale, que Luther ose en 1519 à Leipzig, face à un juriste habile et théologien sophiste, le Dr Eck, affirmer que le pape et non seulement lui mais même le concile peuvent être faillibles. Du coup, c'est un pan essentiel, un mur porteur de l'édifice ecclésiastique tout entier qui s'écroule. Les dénonciations dont Luther fait l'objet à Rome, le procès canonique engagé contre lui, les furieuses attaques des partisans de l'ordre ancien, les condamnations fulminées par certaines facultés théologiques comme Cologne et Louvain provoquent des ripostes de plus en plus altières. Certes, Luther n'est pas fait d'une seule pièce : chez lui, la volonté de servir la volonté de Dieu prévaut d'une façon absolue, mais très forte est aussi la volonté de servir son peuple dont il est fier et qui est victime du même adversaire que Luther démasque de plus en plus clairement comme étant celui de Dieu : le pape, l'institution pontificale qui, Luther finit par en être certain, est l'Antéchrist lui-même. Quand Luther s'adresse en 1520, dans son écrit le plus percutant et le plus fulgurant, *A la noblesse chrétienne de la nation allemande*, quand face à l'empereur et aux membres de la Diète d'Empire, en 1521, à Spire, il déclare avec une douceur et une fermeté également inébranlables que « pour servir son peuple et sa patrie il n'a pu se résoudre à se taire », il suscite dans une nation de plus en plus consciente d'elle-même, de sa grandeur et de sa puissance théorique, et de sa situation réelle humiliée, un retentissement immense et des malentendus terribles dont il porte d'ailleurs lui-même une partie de responsabilité.

S'il aime son peuple et le peuple, s'il est profondément convaincu, en vrai chrétien médiéval, que le peuple de Dieu est composé d'humbles et de simples, et que la souffrance acceptée chrétiennement est la voie maîtresse qui conduit à Dieu et à sa grâce gratuite, Luther est avant tout, et s'il le faut exclusivement, préoccupé du salut et de l'obéissance à Dieu. Tout ce qui se déroule dans le monde est ouvert et offert à l'œuvre du Malin et ce monde n'est pas et ne sera jamais le royaume de Dieu. Dans la lettre à la noblesse allemande, Luther énonce clairement sa thèse capitale des « deux règnes » : seuls appartiennent au règne de Dieu, sur terre, ceux qui par l'humilité et la souffrance se préparent à être cueillis par la Grâce, qui est leur unique préoccupation ; tout le reste est le règne du Mal, de l'*Übel*, où le chrétien a cependant le devoir de combattre l'Adversaire par les moyens mêmes qui appartiennent à ce dernier, mais à condition qu'il en ait reçu mission. Pour le chrétien, l'obéissance à Dieu consiste à remplir son devoir d'état, d'être ce à quoi la volonté de Dieu l'a destiné. Il doit s'en contenter, ne pas chercher à s'élever ou à s'enrichir, mais quand on est riche ou puissant, on doit encore plus que les autres accomplir les devoirs de sa charge, de son état, de son *Stand*. Dans la pensée luthérienne qui s'élabore ainsi sous nos yeux, nous trouvons en même temps une tendance permanente à une sorte de quiétisme qui veut vivre une vie de piété sur les marges du monde (dans la tradition des Frères de la Vie commune dont Luther avait fréquenté une école dans sa jeunesse), et une mission de « maintien de l'ordre », de combat contre le Malin, confiée à ceux que Dieu a investis d'un pouvoir, qui correspond alors à leur *Stand*, leur état, et constitue leur *Beruf*, leur profession qui est aussi, chez Luther, leur « vocation » (*Berufung*) selon le double sens du mot allemand *Ruf* qui signifie appel. Le *Beruf* du puissant c'est d'être l'*Obrigkeit* (de *oben*, « au-dessus », *super*), d'être le Pouvoir imposé par Dieu. La « noblesse de la nation allemande » à qui Luther expose la doctrine des deux règnes, ce sont en vérité et avant tout les princes qu'il menace des pires punitions et rejets s'ils ne s'ouvrent pas à la vraie volonté de Dieu, mais dont il reconnaît et légitime en même temps l'autorité, à condition qu'ils l'utilisent au service de Dieu. L'obéissance est due même à l'*Obrigkeit* mauvaise, le chrétien doit souffrir avec patience l'injustice qu'elle lui inflige, car c'est à cause de la méchanceté de l'homme, à cause de nos péchés, que le Pouvoir a été institué. Mais seul bénéficie de cette légitimité le pouvoir temporel. Celui que l'Église en tant que corps constitué de clercs s'est arrogé au cours des siècles n'a pas été fondé par Dieu, mais est œuvre diabolique. Dans un autre grand écrit de 1520, Luther dénonce Rome comme « la grande prostituée de l'Apocalypse » et l'Église comme prisonnière d'une nouvelle Babylone dont le nom est Rome.

Contraint par ses adversaires comme par ses amis à étendre sans cesse le champ de son investigation, Luther, fort de la certitude que seule la parole de Dieu confère la légitimité, découvre et proclame peu à peu que la papauté et l'Église, que la prêtrise conférée par ordination, que les sacrements (à l'exception de deux, le baptême et l'eucharistie) et les dogmes, que la messe et les autres cérémonies rituelles sont seulement œuvre humaine et, par là, fruit du péché. A la « grâce seule » répond et correspond la « parole seule », telle qu'elle a été transcrite dans la Sainte Écriture dont l'humaniste Luther ne songera jamais à mettre en doute le caractère inspiré. Les déformations que l'histoire (que Luther considère, en bon penseur médiéval, avant tout comme le champ d'action du diable) a fait subir à l'enseignement de Jésus enlèvent toute légitimité à l'institution ecclésiastique et à ses structures ; tout chrétien est porteur du sacerdoce transmis par le Christ ; toute distinction entre laïc et prêtre devient ainsi caduque et avec le prêtre disparaissent l'évêque, toute hiérarchie, et la séparation entre la vie séculière et la vie religieuse. Être moine ou nonne n'apparaît plus, dès lors, comme une voie plus agréable à Dieu ; bien au contraire, c'est là une façon de vouloir se soustraire à l'accomplissement de la mission que Dieu nous assigne et quitter son état, par orgueil ou par peur. La vocation monastique n'est qu'une fuite.

Dans l'Allemagne de 1520, cette prédication inouïe, relayée par un effort technique également sans pareil de l'imprimerie et de la « librairie » (souvent sous forme de vente par colporteurs à l'occasion des foires et des pèlerinages), ne peut pas ne pas provoquer un bouleversement politique et social sans précédent (sinon l'exemple hussite mais qui s'était déroulé dans une région très particulière et isolée par la langue[1]). Nier la légitimité du pouvoir ecclésiastique, c'est mettre en cause l'existence même de principautés riches et puissantes, qui jouent un rôle si important dans la structure de l'Empire depuis ses débuts et qui ont le rang de *Reischsstände*, de membres pléniers de l'Empire avec voix à la Diète. C'est mettre en cause l'existence de milliers de couvents et de monastères qui abritent des centaines de milliers de moines et de moniales ; c'est remettre en cause la dîme et les autres prestations dues au clergé, les dons et les fondations pieuses, base économique de l'existence de dizaines de milliers de clercs séculiers. Les biens de l'Église constituent une grande partie de la fortune allemande ; ils couvrent une surface immense, un quart, un tiers peut-être du sol allemand. Les croyances suscitées par l'Église, et qui portent l'édifice clérical, commandent pour une large part le comportement individuel et social du peuple. La prédication orale et surtout écrite de Luther est en train de déclencher la plus formidable

1. Mais nous avons vu l'influence de Hus sur Luther.

révolution de l'histoire allemande et même de l'histoire occidentale postérieure à l'Antiquité, alors que Luther ne songe qu'à une chose : restituer aux hommes la parole de Dieu dans sa pureté originelle afin que nul, par la faute des mensonges et des altérations, ne risque de rester sourd à la voix du salut. Mais si Luther ne savait pas ce qu'il allait provoquer, il ne recule jamais devant les conséquences, devant les bouleversements que produisent les constatations que le service de Dieu l'oblige à rendre publiques. S'il s'effraie parfois, il ne s'arrête jamais et trouve toujours dans la prière et la réflexion *la* solution, *la* seule voulue par Dieu, que la nouvelle situation réclame. Le secret de l'immense retentissement des gestes de Luther, du geste de Luther, se trouve sans doute dans l'amalgame unique chez l'ex-moine de Wittenberg d'un mystique, d'un spéculatif, d'un administrateur, d'un écrivain (et même d'un poète et d'un musicien) et de ce que nos contemporains appelleraient un homme de médias. Sans l'imprimerie, capable de publier en quelques semaines des centaines de milliers d'exemplaires de ses tracts, Luther n'aurait pas été ce qu'il fut. Comme tous les grands révolutionnaires, Luther n'a pas *voulu* d'avance ce qu'il a produit, mais il n'en récuse pas la paternité. Il sait obscurément et clairement à la fois que les temps sont mûrs et qu'il a reçu mission d'être l'homme de ces temps-là.

Les nouvelles venant d'Allemagne et concernant les activités du moine-professeur de Wittenberg n'ont pas fait sensation à Rome où le caractère hérétique d'un certain nombre de ses propositions ne fait certainement pas question. Mais les théologiens ou les prédicateurs hérétiques ne sont pas tellement rares à cette époque et personne à la Curie ne connaît le caractère de feu de l'infléchissable Martin, ni même la véritable situation spirituelle et sociale en Allemagne. Le procès de Luther est mené comme une affaire ordinaire ; c'est la réaction de l'Allemagne qui en fera une des plus grandes affaires du siècle, et de toute la vie de l'Église. Parmi les *gravamina*, les doléances de la nation allemande que l'opinion publique, ceux qui la formulent et ceux qui la transposent en politique, exprime le plus fréquemment depuis des décennies, figure en première place le refus de voir des ressortissants allemands cités et traduits en justice à l'étranger pour s'y faire juger par des instances étrangères, ce qui veut dire, en l'occurrence, romaines. Sur cette toile de fond s'inscrivent deux phénomènes plus circonstanciés : c'est en premier lieu la personnalité de l'Électeur de Saxe, Frédéric le Sage, dont dépendent la ville et l'université de Wittenberg, homme pieux, lent, réfléchi et enclin à ériger les problèmes de gouvernement en cas de conscience. L'histoire aurait pu prendre un autre cours si Luther s'était trouvé dans la dépendance d'un prince cynique. C'est ensuite, en janvier 1519, la mort de l'empereur Maximilien qui confère à Frédéric le Sage, l'un des sept princes-électeurs, un rôle d'une importance exceptionnelle. Frédéric n'a rien d'un révolutionnaire, c'est au contraire un homme d'une piété tout à fait traditionnelle, grand rassembleur et adorateur de reliques, mais un homme profondément préoccupé de ses responsabilités et de son salut. Sans s'arroger le droit de trancher en matière de théologie, il considère qu'il doit à Luther, qui est son sujet, sa protection et un traitement équitable. Beaucoup des opinions mises en avant par le bouillant professeur paraissent sensées et suscitent un écho profond chez Frédéric et ses conseillers comme chez tant d'autres Allemands de ce temps. L'Électeur de Saxe est lui-même partagé entre des opinions, des sentiments et des aspirations contraires. Comme tous les princes territoriaux, il voudrait accroître son pouvoir et son domaine, mais en même temps il est bon patriote et voudrait l'Allemagne puissante, bien protégée et bien gouvernée. Maximilien n'a pas eu le temps d'assurer sa succession, l'aîné de ses petits-fils, Charles, roi de Castille, d'Aragon et de Naples, n'a pas encore été élu roi des Romains. Contre Charles, se profile la candidature du roi de France François Ier. Les possessions de Charles – les Pays-Bas, l'Alsace, la Franche-Comté et l'Espagne – encerclent déjà la France sur une grande partie de ses frontières terrestres. Si Charles recueille l'Empire, sa puissance sera encore accrue et l'encerclement achevé, puisque les principautés situées sur la frontière, la Lorraine et la Savoie, les villes libres d'Alsace – et théoriquement même encore les Suisses –, sont dans la mouvance impériale et que les Espagnols ont la maîtrise de l'Océan.

Cette perspective n'inquiète pas que le roi Valois : elle suscite également de vives craintes chez le pape en tant que prince temporel des États de l'Église. Charles est déjà le maître de l'Italie du Sud, comme héritier des rois d'Aragon, de Sicile et de Naples. Une fois élu roi des Romains, il sera tenté de rétablir ses droits sur l'Italie du Nord et du Centre. L'Espagne, les Indes et surtout l'héritage bourguignon lui donneront les moyens financiers qui ont manqué à ses prédécesseurs. Le pape Médicis, Léon X, voit renaître avec préoccupation le spectre de l'empire universel des Hohenstaufen, menace non seulement pour l'indépendance des États de l'Église mais pour celle de ses proches parents, les maîtres de Florence. Léon n'hésite pas à soutenir, dans ces conditions, contre Charles, la candidature de François Ier, rétablissant ainsi la vieille alliance de la papauté et de la royauté capétienne dont les Valois sont les héritiers. Et Rome soutiendra de même, comme moindre mal, les prétentions françaises sur le Milanais pour créer en Italie un contrepoids à la puissance du Habsbourg espagnol. Reprenant l'exemple de Charles VIII et de Louis XII, François se lancera donc dans l'aventure italienne. Débute ainsi la longue rivalité des maisons de France et d'Autriche qui sera une des dominantes de l'histoire politique européenne pendant plus de trois siècles. Des Électeurs qui auront à trancher entre Charles et François, Frédéric est le plus influent. Le pape s'emploie à le faire voter pour le roi de France. Comment, dans ces conditions, risquerait-on de le mécontenter à propos d'une querelle de moines et de théologiens ? Rome ne met pas de hâte à instruire le procès de Luther, des négociations s'engagent, parallèles à celles, beaucoup plus importantes, dont l'enjeu est l'élection du roi des Romains. Celle-ci n'est pas seulement une affaire diplomatique : les deux candidats « arrosent » abondamment, en promesses et surtout en espèces, les Électeurs, leurs familiers et leurs conseillers. Le sage et vertueux Frédéric n'y trouve pas à redire, mais son choix n'est pas fait pour autant. Désespérant d'imposer le roi de France au patriotisme allemand en pleine effervescence, le pape pousse Frédéric à poser sa propre candidature. Peine perdue, Charles est finalement élu, mais Luther et sa cause ont gagné de précieux mois, pendant lesquels les idées de réforme ont pu progresser à travers toutes les Allemagnes sans rencontrer de résistances sérieuses et surtout efficaces.

L'élection de Charles d'Espagne a coûté cher. A la demande de ses « créanciers », des bénéficiaires des largesses préélectorales, le financement en avait été confié exclusivement (comme naguère le trafic des indulgences) à Jakob Fugger dont la richesse et la puissance atteignent alors leur sommet (les Fugger, intimement liés à l'empereur qui les fera comtes du Saint-Empire, resteront fidèles à la « vieille foi », au catholicisme). Mais, au-delà de l'argent, les Électeurs ont voulu des assurances : un véritable traité, la « capitulation électorale » a été imposé à l'héritier de Maximilien qui est en fait un étranger ; élevé dans les Flandres, parlant le français et le flamand comme langues maternelles, il n'a encore jamais mis les pieds en Allemagne proprement dite. Il s'engage à ne prendre que des conseillers et ministres allemands, à partager l'exercice du pouvoir avec un *Regiment* élu par le Reichstag, à ne pas engager l'Allemagne dans des guerres étrangères, à ne faire juger aucun Allemand par des tribunaux étrangers, ni à l'étranger. Cette dernière clause vise directement le cas Luther devenu une affaire d'envergure nationale. Charles n'a aucune sympathie pour un moine rebelle et ne perçoit certainement pas toute la dimension nationale et transnationale d'une affaire que, aux prises avec de formidables révoltes sociales en Espagne, il n'a pas encore étudiée à fond. Mais la capitulation électorale le liera quand les affaires espagnoles lui permettront enfin, en 1521, de venir en Allemagne, de s'y faire couronner et de réunir le Reichstag. De plus, il sera alors engagé à fond dans la lutte avec la France. François Ier a mal accepté son échec à l'élection royale allemande et reprend les efforts de ses prédécesseurs pour s'assurer, en Italie, tout au moins la possession du Milanais. Charles aura besoin, alors, de toute la bienveillance des princes pour obtenir des moyens, finances et troupes nécessaires à la guerre qui, en Italie, a pour enjeu des terres d'Empire. A l'est, le Turc se fait à nouveau menaçant. Jamais, dans ces conditions, Charles ne pourra imposer aux princes une solution de force de l'affaire Luther.

Charles d'Autriche, ou Charles des Flandres, Charles Quint pour la postérité, est alors un jeune homme de vingt ans, fils du brillant Philippe le Beau et de Jeanne de Castille, épouse passionnée et veuve démente, « Jeanne la Folle », qui vit depuis des années enfermée dans des châteaux-prisons. Élevé à Gand et à Bruxelles par sa tante, Marguerite de Savoie (à laquelle la France doit la merveilleuse église de Brou, près de Bourg-en-Bresse, qu'elle érigea à la mémoire d'un jeune mari, Philibert de Savoie), Charles est un garçon timide, renfermé, sans le brillant et la beauté qui attiraient à Maximilien et à Philippe l'admiration et l'amour. Profondément pieux, réfléchi, hésitant, Charles est tout entier dominé par deux convictions : celle de la grandeur unique que la Providence a daigné accorder à sa maison et celle de la mission universelle que Dieu lui a imposée en l'appelant à l'Empire. Face au brillant et lumineux roi de France, Charles est sombre et pâle, homme de cabinet et d'étude bien plus que chef de guerre ; ses passions mêmes sont discrètes et obscures, le plus souvent cachées, à de rares exceptions près, comme la liaison qu'il eut avec une jeune patricienne de Ratisbonne, Barbara Blomberg, union dont naquit don Juan d'Autriche, le plus brillant, le plus génial des chefs de guerre de l'Espagne habsbourgeoise (1547-1578), le vainqueur de la bataille de Lépante.

Au portrait rayonnant de François Ier par Clouet, conservé au Louvre, qui nous montre un homme fin et jouisseur, chasseur, danseur, ami des arts, souverain d'une Renaissance triomphante et riche en délices, s'oppose en un contraste saisissant le Charles Quint du Titien, tout en teintes blêmes et ombreuses que l'on vient admirer à l'Ancienne Pinacothèque de Munich. Dans la vie, François Ier caracole, Charles Quint, à cheval, ne paraît pas à sa place. Tôt atteint par la goutte, il chemine de préférence en litière. Mais, chez cet homme sans éclat, la volonté est d'airain, l'obstination inflexible. En dépit de son éducation flamande, dans une des contrées les plus modernes d'Europe, Charles, par conviction comme par nécessité et par vocation, est tourné vers le passé, se veut et doit se vouloir restaurateur du Saint-Empire, attaché à une tâche irréalisable en dépit de l'immensité de ses possessions et moyens. Il nous est facile à nous de la juger telle, mais comment l'empereur eût-il pu renoncer à faire ce qu'il savait être le commandement de la volonté de Dieu à lui personnellement adressé ? Le roi de France, malgré sa légèreté, ses foucades, maintiendra l'intégrité de l'héritage et continuera l'œuvre unificatrice, tout en faisant de la France le pays le plus « civilisé » du continent (ce qui n'exclut pas, ni alors ni aujourd'hui, la folie sanglante des guerres de religion). L'empereur, au bout de trente-cinq ans de harassants efforts, reconnaîtra son échec en choisissant l'abdication. Personnage grandiose et austère, Charles Quint possède toute la dimension que le drame historique peut exiger de l'interlocuteur de Luther. Et le metteur en scène du destin ne se privera même pas de la grande scène spectaculaire où le moine réformateur, désormais défroqué, et l'empereur conservateur, revêtu de sa gloire et de sa puissance, vont se trouver face à face.

Après l'élection de Charles, la Curie n'a plus les mêmes raisons qu'auparavant de tenir compte des scrupules et hésitations de Frédéric le Sage. Le procès de Luther est repris et mené à vive allure. Convaincu d'hérésie, l'ex-moine de Wittenberg est frappé d'excommunication ; la bulle du pape ordonne en même temps de brûler ses écrits sur la place publique. Cet ordre n'est exécuté que dans quelques villes de l'Allemagne occidentale à forte influence ecclésiastique, comme Louvain, Cologne et Mayence. Partout ailleurs, les autorités civiles font la sourde oreille, ou s'opposent ouvertement aux décisions romaines, par conviction ou par crainte de susciter des troubles. De son côté, Luther riposte en brûlant solennellement à Wittenberg la bulle pontificale et des livres de droit canon dont la destruction symbolise la rupture avec l'ordre et la tradition de l'Église qui se sont, à travers les âges, accumulés dans ces codes. Comme celui de 1517, ce geste eut à son tour un grand retentissement à travers toute l'Allemagne. Il brisait un tabou. Nul hérétique avant Luther n'avait osé affirmer avec une vigueur aussi sûre d'elle-même sa vérité personnelle face à l'affirmation romaine d'une vérité officielle, liant tout entière la chrétienté. Luther, certes, est tout le contraire de ce que nous appellerions un libéral ; l'idée de tolérance est aussi étrangère et aussi abominable à ses yeux qu'à ceux de ses adversaires. Porté par sa conviction intime, il fait à chaque instant appel au jugement de Dieu pour le départager d'avec les ennemis : « Si l'œuvre est de Dieu, Dieu en prendra soin ; si elle est de l'homme, Dieu la fera périr. » Dans de nombreuses localités d'Allemagne, et notamment dans les villes libres, la population, excitée et entraînée par des prêtres ou des moines qui abandonnent les vêtements de leur mise à part, par des « intellectuels » ou des autodidactes – qu'à cette époque il est souvent difficile de distinguer –, par des hommes qui jusqu'alors avaient vécu en marginaux, et par d'autres qu'une soudaine illumination jette hors des chemins tout tracés d'une vie régulière, ouvre de force les clôtures, « libère » – s'il le faut, parfois par la force – moines et nonnes, exige que le culte soit célébré en allemand, détruit les images et dévaste les trésors – donnant libre cours aussi aux obscurs instincts de sacrilège, d'envie et de vengeance que la soudaine disparition, que l'écroulement d'un ordre millénaire et redoutable désentrave et délie. Mais ces aspects de libération sauvage ne sont, dans ces journées de joyeuse exaltation, que des accompagnements secondaires : l'essence, c'est l'atmosphère exaltante d'une immense liberté attendue depuis des siècles, ce sentiment de vivre un nouveau matin, une nouvelle création, de donner à l'homme une nouvelle dignité et une nouvelle joie de vivre. Ce sera, bien sûr, une fois encore, une illusion lyrique, prise très vite entre les turbulences des foules incultes et les certitudes revanchardes des remetteurs en ordre. Luther lui-même est installé dans cette contradiction quand il proclame, dans sa lettre à la noblesse allemande, que « l'homme chrétien est un homme libre et soumis à personne » pour ajouter aussitôt que « l'homme chrétien est un serf et soumis à tout le monde ». Luther n'a pas voulu relativiser la vérité, mais la libérer de ses revêtements mensongers, il n'a pas voulu creuser la voie au libre arbitre, à l'examen personnel – et pourtant il l'a fait parce que l'œuvre ici encore dépasse l'homme si grand que soit son génie.

Les princes, seigneurs et autorités urbaines sont pris eux-mêmes dans la nasse des contradictions, craintes et espérances qui appartiennent à leur rang, à leur position – et qui traduisent ainsi le fait qu'ils sont allemands, membres du même peuple et de la même nation que la plèbe, porteurs à la fois d'intérêts particuliers et d'intérêts communs. L'empereur, libéré des révoltes espagnoles qui retombent après avoir failli tout emporter, et pressé par les besoins financiers que fait naître la guerre contre la France déclarée par François Ier, va enfin venir en Allemagne. Le *Reichsregiment*, présidé par le frère cadet de l'empereur-roi, l'archiduc Ferdinand, décide de renvoyer l'affaire Luther devant la Diète que le jeune monarque veut réunir et diriger en personne. Comme il y a un peu plus d'un siècle Jan Hus, l'hérétique de Wittenberg va comparaître devant l'empereur, le maître que Dieu a donné à la chrétienté. Mais ce n'est pas un concile que préside à présent l'empereur, c'est la Diète, une assemblée politique, et c'est le pouvoir temporel qui s'érige en juge du spirituel. En effet, au grand scandale de la Curie, la bulle d'excommunication ne sera pas immédiatement, *ipso facto*, suivie de la mise au ban de l'Empire de l'hérétique condamné. Celui-ci, au contraire, est convoqué devant l'empereur et la Diète pour y être entendu, avant toute décision ultérieure. C'est là précisément – le droit de s'exprimer en public devant le concile – ce qui avait été refusé à Hus. Comme Hus, Luther est muni d'un sauf-conduit impérial, mais cette fois-ci ce n'est pas un théologien inconnu hors de sa Bohême natale qui se rend seul devant ses juges, loin de la protection d'un roi méprisé et impuissant (Venceslas). C'est une sorte de héros national, entouré d'une belle escorte de chevaliers armés, soutenu par l'émotion attentive de la partie éclairée de son peuple et par la passionnée espérance des foules qui descend vers la vieille cité impériale de Worms, et qui sait qu'il peut compter sur la protection efficace de son prince-électeur, que l'empereur n'a pas intérêt à offenser en pleine guerre française et dans l'attente d'un nouvel assaut turc.

Le sait-il ? Et la protection est-elle vraiment assurée ? Luther et ses amis n'ont pu en être absolument certains. Beaucoup de ses fidèles lui déconseillent de prendre un tel risque. De nombreux côtés, on lui offre gîte et refuge. Mais l'instinct infaillible et l'inspiration de l'homme de mission imposent le choix dangereux : c'est devant l'Empereur et l'Empire, « *vor Kaiser und Reich* », que Luther doit témoigner pour Dieu. La rencontre historique a fait l'objet d'innombrables récits, d'innombrables images pieuses et de lithographies édifiantes. L'empereur s'est refusé à une véritable disputation entre théologiens et juristes spécialisés. Luther, impressionné mais porté par sa certitude intérieure, est interrogé : reconnaît-il comme siennes les affirmations qui lui sont attribuées et reprochées par la condamnation romaine ? Luther demande un jour de réflexion ; le lendemain, calmement, posément, il développe les fondements de sa pensée. « *Hier, stehe ich, ich kann nicht anders* », « Me voici, je ne puis parler autrement » : c'est ainsi que la légende a résumé ce grand moment d'histoire. L'empereur, impatienté, se lève, il en a assez entendu. Luther est renvoyé, le sauf-conduit est respecté. Vers la fin de la session, alors que beaucoup de *Stände* sont déjà partis, l'empereur fait adopter le décret mettant Luther au ban de l'Empire. De son côté, il a obtenu quelques moyens en hommes et en finances pour sa guerre française qui va, à nouveau, l'éloigner d'Allemagne pendant une longue période de sept ans. La régence est confiée à nouveau à l'archiduc Ferdinand qui est, certes, lui aussi, né à l'étranger, en Espagne, mais qui, vivant continuellement et depuis longtemps en Allemagne, est considéré et reconnu comme un véritable prince allemand. L'empereur est contraint, de plus en plus, de s'en remettre à lui. Après la Diète de Worms, Charles lui cède toutes les terres héréditaires des Habsbourg, de Vienne à Fribourg, ne gardant pour lui, en dehors des Pays-Bas et de la Franche-Comté, que l'Alsace, terre de passage indispensable entre Besançon et Luxembourg. En 1531, Ferdinand sera élu roi des Romains, successeur désigné de son frère ; car les princes, les catholiques comme les « protestants », ne veulent pas perpétuer le lien avec l'Espagne qui tient l'empereur éloigné de l'Empire. Pendant les années décisives qui suivent le Reichstag de Worms, c'est Ferdinand qui sera donc l'interlocuteur de la Réforme, mais un interlocuteur qui devra, pour toute décision importante, en référer encore au frère aîné. L'absence d'un empereur exerçant véritablement ses pouvoirs, jointe au difficile fonctionnement d'une régence qui ne possède pas les pouvoirs suprêmes, facilitera considérablement la propagation des idées de Luther et le développement de leurs conséquences politiques.

Entre 1521 et 1526, cinq grandes séries d'événements vont, dans l'histoire allemande, entrecroiser leurs trames et leurs drames. Au premier plan, nous voyons la Réforme continuer et accélérer son cours. Au départ de Worms, Luther, dont les amis redoutent une rapide exécution du ban d'Empire, est

« enlevé » par des hommes d'armes qui agissent avec le consentement du prince-électeur de Saxe. Sous le nom de « chevalier Georges » (*Junker Jörg*) il est mis à l'abri derrière les murs puissants de la Wartburg, imposante forteresse historique au cœur de la Thuringe. Tout en luttant contre des crises d'angoisse et de découragement, le Réformateur – pendant cette retraite forcée – entreprend sa plus grande œuvre écrite (pour ne pas dire littéraire), la traduction en allemand des Saintes Écritures. Pour que le peuple puisse accéder au salut en se soumettant à la grâce de Dieu, il faut qu'il connaisse la parole que Dieu a adressée à tous les hommes et qui doit être l'unique source de la foi. Travaillant nuit et jour, véritablement possédé par l'inspiration, Luther achève la traduction du Nouveau Testament en dix semaines, s'en tenant pour l'essentiel au texte de la Vulgate, tout en consultant d'autres versions. L'événement dépasse largement le cadre purement religieux : pour une grande partie du peuple allemand, la Bible luthérienne sera pendant plus de trois siècles *le* Livre par excellence, dans lequel les enfants apprennent à parler, à lire, à écrire et à sentir leur langue. Du nord au sud, tous les Allemands sont capables de comprendre la langue de Luther, qui devient une véritable *koinè* et dont l'influence s'étend inévitablement à la partie du pays et du peuple qui reste ou redeviendra catholique. Aujourd'hui encore, alors que beaucoup de mots et de sens ont vieilli et que les images ne correspondent plus à l'expérience vécue de la grande majorité des hommes, la puissance poétique et mystique, la simplicité, le charme et la grandeur de la langue de Luther conservent une efficacité à la fois familière et exotique à laquelle peu d'Allemands peuvent rester insensibles. Il est rare dans l'histoire de voir un seul homme, et un homme seul, devenir à tel point la voix d'un peuple, et de façonner ainsi pour des siècles le dire et le penser de ce peuple. Luther aime passionnément son peuple allemand au service duquel il a expressément placé, lors de la mémorable journée de Worms, toute son entreprise. La traduction de la Bible est le plus beau don qu'il pouvait faire à la nation, qu'il a en quelque sorte instituée autour de ce texte et de sa langue, au moment même où les conséquences politiques de ses actes compromettent pour des siècles l'unité politique de l'Allemagne.

Cependant, Luther ne pourra demeurer longtemps dans cette retraite totale ; sa disparition inquiète, son absence laisse sans maître l'explosion religieuse et sociale dont il a été le détonateur. A Wittenberg, des disciples et des rivaux précipitent le mouvement, chassent les moines de leurs couvents, interdisent la messe catholique, suppriment les images, le culte des saints, l'administration des sacrements. Les règles anciennes s'écroulent et personne ne possède l'autorité pour en édicter de nouvelles ; des illuminés se présentent qui ne se contentent pas de la parole de Dieu comme loi, une loi qui pour Luther est à la fois unique et suprême. Ils proclament la supériorité de l'inspiration personnelle sur l'Écriture, de la parole vivante que Dieu dépose dans le cœur de chacun sur la parole figée dans des textes rédigés une fois pour toutes, il y a longtemps. Des montagnes de Bohême et des pays voisins, de nouveaux « prophètes », chez qui sont restées vivantes les idées des hussites extrémistes, des taborites, se présentent à travers la Saxe semant inquiétude et désarroi. L'Électeur, toujours préoccupé de son salut et de celui de ses sujets, ne veut pas s'arroger le droit de trancher dans les matières de la foi. Alors, Luther accourt à Wittenberg. Prêchant tous les jours, il rétablit le calme : certes, il proclame et revendique la liberté d'annoncer la parole de Dieu, mais il veut aussi que, pour ménager les « faibles », les vieilles formes du culte ne soient pas supprimées brutalement. Il ne veut pas que des contraintes extérieures nouvelles se substituent à celles qu'il a abolies.

A ce moment, Luther croit encore que l'obéissance à la Parole pourra se passer d'un nouvel ordre formel, que le sacerdoce universel et la libre communauté (*ecclesia*) des fidèles pourront s'épanouir sous la protection du pouvoir politique garant des réformes. Mais déjà il se voit confronté au problème imprévu de la multiplicité des interprétations, des « lectures ». La publication de la Parole ne pourra pas éluder la question de la « doctrine vraie ». Cet affrontement est en quelque sorte personnalisé dans la rivalité qui oppose désormais Luther à l'un de ses anciens amis et compagnons, l'ex-prêtre Thomas Müntzer. Fort cultivé, passionné, homme de décisions extrêmes et de positions exclusives, fanatiques, Müntzer a rejeté le savoir théologique dans lequel il a été nourri, à l'instar de Luther, pour vivre et prêcher une théologie de l'illumination. Dans une petite ville thuringienne dont il est devenu le prédicateur, il crée une « Alliance des élus » dont les membres, convertis sous le choc de l'illumination, entreprennent dans une vie puritaine, en complète communauté des biens et en égalité totale, d'instaurer sur terre le règne de Dieu.

Luther, de son côté, n'a jamais considéré, et ne considérera jamais, que sur terre pourra s'instituer ce règne dont l'altérité totale correspond pour lui à la souveraineté totale de la grâce divine. Comment l'homme, être de péché, pourra-t-il jamais, par une illumination individuelle, rejeter le péché et devenir juste ? Le monde est, pour Luther, livré au glaive qui a pour mission de limiter par la force l'empire du Malin, et de garantir ainsi aux vrais chrétiens, qui ne seront jamais qu'une minorité, l'espace de paix et d'ordre dont ils ont besoin pour servir Dieu dans l'amour et dans la paix et attendre ainsi le don de sa grâce. Pour Müntzer, Luther est maintenant l'homme de la Chair qui trahit Dieu par paresse et esprit de jouissance, et surtout parce qu'il est possédé du démon de la domination, de la volonté de puissance. Ses furieuses attaques contre Luther accompagnent une prédication de plus en plus violente : puisque les puissants, les princes refusent d'obéir à la volonté de Dieu telle qu'elle est annoncée par Müntzer, il faut renverser par la force l'ordre établi qui n'est que désordre. Les ennemis de Dieu sont promis à une perte prochaine. La logique militante de sa prédication fait ainsi de Müntzer un perturbateur de l'ordre politique et social. Les tenants de cet ordre l'obligeront alors à quitter la Saxe et la Thuringe (qui appartient en grande partie aux princes de Saxe) et à se réfugier en Allemagne du Sud, sur les confins suisses, d'où il reviendra en 1525 pour jouer un rôle de tout premier plan dans la guerre des Paysans.

L'aventure de Müntzer n'a cessé de passionner les révolutionnaires allemands des XIXe et XXe siècles, à la recherche d'une ascendance historique qui leur conférerait une sorte de légitimité nationale. Le mouvement socialiste allemand a fait de la guerre des Paysans la première grande révolution allemande ; Engels en a écrit l'histoire à la lumière du marxisme. Ernst Bloch a fait de Müntzer, dans un livre fulgurant paru au début des années 1920, un prophète du « principe espérance ». Des intellectuels révolutionnaires des années 1960 ont rouvert contre Luther le procès jadis instruit par Müntzer. Et, naturellement, les historiens communistes ont longtemps repris et développé les thèses d'Engels. Ce faisant, ils commettaient un contresens fondamental et pour eux inévitable, puisqu'ils ne voulaient ni ne pouvaient prendre au sérieux, comme moteur véritable et premier de la pensée de Luther et celle de Müntzer, l'expérience religieuse. La conséquence sociale, révolutionnaire, est érigée en cause, le « sous-produit » en objectif supérieur. Mais, à travers cet anachronisme, la grande, dramatique et angoissante querelle de Luther et de Müntzer a repris de nos jours une surprenante actualité. Selon une loi qui domine inévitablement les révolutions, qu'elles soient religieuses ou politiques, la Réforme, à peine née, voit se développer sur sa « gauche » un courant extrémiste, dont Luther devra se séparer en créant une nouvelle orthodoxie et en constituant un nouvel ordre « ecclésiastique », pour encadrer la vie des fidèles qu'il ne faut pas abandonner aux « faux prophètes ». En même temps, les pouvoirs temporels conçoivent plus clairement les avantages qu'ils pourront tirer de la réforme prêchée par Luther[1]. En dénonçant l'illégitimité des structures et des règles de l'Église, Luther rend en quelque sorte vacants les biens de l'Église. A l'intérieur des principautés et des villes, les autorités peuvent songer à récupérer, sans risquer leur salut, les immenses possessions de mainmorte, les fondations pieuses, les abbayes, les chapitres, les évêchés. Dans le cadre du Reich, les *Stände* temporels peuvent songer de même à s'annexer les principautés ecclésiastiques. Alors que les extrémistes, les *Schwärmer* (zélateurs), veulent dépasser Luther dans la révolution sociale égalitaire du « règne de Dieu », les princes vont, eux, ébranler, en se réclamant de la prédication luthérienne, l'ordre politique et constitutionnel qui s'était développé lentement en Allemagne depuis le

1. Si certains princes, en se ralliant à la Réforme, pensaient surtout aux avantages matériels et politiques que celle-ci leur procurait, si d'autres, comme Frédéric le Sage, étaient avant tout préoccupés de la religion, de leur salut et de celui de leurs sujets, la plupart d'entre eux obéissaient en même temps à ces deux ordres de préoccupation.

IXe siècle. La « révolution gauchiste » sera écrasée par les armes, et la « révolution de droite », celle des princes, pourra dès lors tirer tout son profit à la fois du succès de Luther et de l'échec de ses adversaires.

Le deuxième grand événement des années 1521-1526 est le soulèvement d'une partie de la noblesse féodale contre les puissances modernes, l'État princier, territorial et administratif ainsi que les villes marchandes et capitalistes. Mouvement sporadique et confus qui intéresse seulement quelques régions de l'*Altreich*, de l'Allemagne d'avant la grande expansion colonisatrice des XIIe et XIIIe siècles, la Rhénanie centrale, la Souabe et la Franconie, c'est-à-dire des contrées où, sous les Hohenstaufen et après leur disparition, l'absence simultanée d'un pouvoir central et d'un pouvoir princier fort avait favorisé le développement d'une noblesse d'Empire, d'une chevalerie quasi indépendante qui ne reconnaissait que la lointaine et vacillante autorité de l'empereur et prétendait au rang de *Reichsstand*, de membre autonome du Reich et à une représentation au Reichstag. La *Reichsritterschaft* (chevalerie d'Empire) se compose en grande partie d'anciennes familles ministériales dont la fortune avait été liée aux Hohenstaufen et qui, après 1250, avaient souvent réussi à transformer en biens héréditaires les terres et les places fortes royales dont ils tenaient la garde, comme baillis ou viguiers. Militaires de vocation et de destination, les chevaliers avaient vu leur fonction sociale mise en cause par le développement des armes « technologiques », les armes à feu individuelles et surtout l'artillerie, révolution technique qui, à son tour, avait entraîné le développement des armées de métier, des troupes de « soldats », de mercenaires « soudards », qui reçoivent une solde. L'artillerie, de plus, menaçait la sûreté et l'inviolabilité des places fortes, des *Burgen*, base de la puissance de cette noblesse de plus en plus sans emploi si elle ne consentait pas à devenir servante, à servir les nouveaux pouvoirs princiers, successeurs des rois et des anciens ducs.

L'évolution économique menaçait doublement la base matérielle du pouvoir de cette noblesse ex-féodale : à côté de la perte de son quasi-monopole de la guerre, ou tout au moins du monopole des fonctions de commandement, la crise de la main-d'œuvre rurale du XIVe siècle, la baisse des prix des produits agricoles et la hausse de ceux des produits manufacturés, l'inflation continue et souvent accélérée par la politique des princes et des villes, diminuent progressivement les revenus que la noblesse tire essentiellement des redevances dues par les paysans, redevances exprimées en termes de monnaie dont la valeur ne cesse de se rétrécir. Pour compléter ces malheurs, les *Reichsritter* voient leur indépendance menacée par les États territoriaux dont l'importance et le pouvoir s'accroissent aux dépens de l'autorité impériale. Les princes et leurs administrateurs formés à l'école du droit romain dans les universités italiennes, auxquelles s'ajoutent celles du nord des Alpes à partir de la fin du XIVe siècle, tendent naturellement à intégrer dans leur territoire les petites seigneuries de la noblesse d'Empire, voisines ou enclavées, et à réduire les *Reichsritter* au rang de *Landadel*, noblesse territoriale soumise à l'autorité du prince, « médiatisée » pour employer le terme technique allemand, car le prince s'intercale alors entre le *Ritter* et le roi-empereur. Pour faire face à ces menaces, les chevaliers tentent de faire réévaluer en hausse les redevances et autres taxes, de faire revivre d'anciens octrois tombés en désuétude ou d'en créer de nouveaux ; ils s'endettent aussi auprès des marchands, les « sacs à poivre », à la fois méprisés et redoutés. Beaucoup d'entre eux se livrent à des exactions de moins en moins couvertes par des prétextes juridiques, ils se transforment peu à peu en *Raubritter*, chevaliers pillards, ce que font aussi, en temps de troubles, quand l'autorité princière est faible, de nombreux membres de la noblesse territoriale. Contre le *Raubrittertum*, les villes et les États se mobilisent. C'est une des fonctions des grandes ligues qui fleurissent depuis le XIIIe jusqu'au XVe siècle, tel le *Schwäbische Bund* qui est encore, au temps de Luther, la principale force armée dans l'Allemagne du Sud. C'est contre les *Raubritter* que sont en grande partie votés et promulgués les « édits de paix » des diètes du XVe siècle, et surtout le grand *Landfrieden* de 1490 qui fournissait l'arme juridique aux « exécutions d'Empire » visant à réduire par la force les *Reichsritter* les plus puissants, entreprises qui sont confiées à un ou plusieurs princes, à des villes ou à des ligues. La crise des années 1521-1523 apparaît ainsi comme l'aboutissement d'un processus engagé depuis de nombreuses décennies, un dernier et violent retour de flamme d'une classe condamnée. Le mouvement de la chevalerie est essentiellement rétroverti, c'est le soulèvement d'une classe en perte de fonction et en décadence économique, mais, comme ce phénomène éclate à une époque de grands bouleversements moraux et politiques, il reçoit aussi certains courants détachés du grand fleuve de modernisation auquel l'humanisme et la Réforme participent (mais il ne faut pas oublier que la Réforme n'est moderne que par une ruse de l'histoire et que Luther s'est essentiellement voulu restaurateur d'un ordre ancien perverti au cours des temps). Il n'y a pas eu de révolution innovatrice qui se soit voulue telle avant les mouvements de l'Angleterre du XVIIe et surtout de la France du XVIIIe siècle.

Deux noms symbolisent le mouvement de la *Reichsritterschaft*, Franz von Sickingen et Ulrich von Hutten. Hutten est un chevalier savant, plus homme de plume qu'homme d'épée. Humaniste et patriote, il pourfend dans des textes passionnés, animés d'un immense talent poétique, les princes, les marchands, le clergé, pour glorifier la patrie allemande dont la grandeur lui paraît inséparable de celle de sa classe, la chevalerie. Il attend du jeune empereur qu'il libère l'Allemagne de la double tyrannie de Rome (qu'il déteste en tant qu'Allemand et humaniste ami des Lumières) et des princes, tout en humiliant la superbe des hommes d'argent. Dans des poèmes en langue allemande (mais Hutten écrivait aussi, et d'abord, dans un latin d'une rare élégance), il accueille et célèbre le geste libérateur de Luther dont il ne comprend cependant que la valeur nationale et dont il méconnaît, parce qu'il est personnellement détaché de l'Église, l'exclusif enracinement religieux. Ce chantre, déjà romantique, de l'ancienne noblesse féodale est aussi l'homme d'une tout autre modernité que Luther, d'une modernité plus moderne. C'est de toute façon un des plus grands noms de la littérature allemande.

Hutten, au fond, est un intellectuel militant. Son importance politique découle de son amitié avec Franz von Sickingen qui compte parmi les plus riches et les plus puissants des *Reichsritter*, possesseur de nombreux châteaux et capable de lever de véritables armées. Sickingen, lui, est avant tout un homme de guerre, capitaine réputé, qui a guerroyé au service de l'empereur. C'est aussi un homme cultivé et un ardent patriote qui ne néglige pas pour autant la recherche de ses intérêts et qui nourrit de grandes ambitions. Sickingen est au fond un représentant atypique de sa classe, mais les groupes humains se donnent presque nécessairement des conducteurs atypiques, puisque le « type » est moyen et par conséquent, le plus souvent, médiocre. En réalité, Sickingen, mieux servi par la fortune et meilleur calculateur politique, aurait pu élargir ses possessions en une véritable principauté territoriale, mais ce chef prestigieux et charmeur a quelque chose de fantasque : il saute d'un projet à l'autre sans aller jusqu'au bout. S'attaquant à des villes riches, à de grands princes aux domaines étendus, à l'Électeur palatin et à l'archevêque-électeur de Trèves, il va d'échec en échec pour s'enfermer dans la forteresse de Landstuhl dont une armée de princes vient finalement à bout, ses énormes murailles ne résistant pas à l'artillerie moderne. Sickingen meurt des suites des blessures reçues pendant le siège, déçu par l'empereur qui n'a pas pris le parti de la noblesse contre les princes comme une vue idéologique le lui eût commandé (mais, ses intérêts immédiats commandant à Charles d'obtenir des *princes* de l'argent et des hommes, il ne peut donc ni ne veut les attaquer de front). Les princes et les villes profitent de la guerre de Sickingen pour en finir avec les menaces contre l'ordre que représentent les *Raubritter*. Plus de cinquante places fortes sont prises et brûlées dans la seule région de Souabe. Quant à Hutten, isolé et malade, il se réfugie en Suisse et meurt, jeune encore, désespéré, dans une île du lac de Zurich. Son destin romantique a passionné l'Allemagne historisante du XIXe siècle ; quant à Sickingen, son aventure a inspiré une interprétation dramatique à Ferdinand Lassalle, le fondateur de la social-démocratie allemande. A la grande irritation de Marx, essentiellement prosateur, Lassalle, qui a deviné dans Sickingen un destin d'aventurier analogue au sien, glorifie dans l'aristocrate guerrier du XVIe siècle, qui rêve de restaurer un ordre révolu, l'ancêtre de la révolution ouvrière allemande.

La noblesse d'Empire, dont la position au sein de la société allemande est déjà gravement compromise à l'issue de l'aventure de Sickingen, va payer en 1525 un nouveau et lourd tribut au cours de la guerre des Paysans, grande incendiaire de châteaux. Après cette double épreuve, la plupart des *Reichsritter* s'intégreront directement ou indirectement (comme officiers ou administrateurs) dans les États territoriaux. Leur rôle politique comme classe autonome est terminé, bien que plusieurs centaines de ces petites seigneuries conservent leur statut d'indépendance formelle – le terme juridique correct étant « immédiateté », désignant celui qui n'est médiatisé par aucun pouvoir supérieur sauf, bien entendu, l'empereur – jusqu'à la fin de l'Empire, en 1806, avec, chez certains, une haute conscience de leurs droits, de leur rang et de leur vocation à servir l'empereur plutôt que les princes. Les *Reichsgedanke*, la conception d'un Empire uni et unique transnational, mais porté par la nation allemande, restera vivace dans beaucoup de ces familles ; elles fourniront au début du XIXe siècle quelques-uns des grands animateurs de la renaissance nationale allemande, comme le baron vom Stein, réformateur de la Prusse et adversaire redouté de Napoléon. C'est dans la *Reichsritterschaft*, également, que la grande conspiration antihitlérienne de 1944 trouvera quelques-uns de ses acteurs les plus résolus ; l'organisateur même, et l'exécutant direct de l'attentat, le comte Claus Schenk von Stauffenberg, appartenait à l'une de ces familles et l'éthique apprise dans ce milieu a compté pour beaucoup dans sa résolution à la fois chrétienne, humaniste et patriotique.

Les troubles déclenchés par Sickingen sont à la fois signes et conséquences des changements sociaux, économiques et politiques qui travaillent la société allemande en cette première moitié du XVIe siècle. Ils paraissent, cependant, d'une importance toute relative en comparaison du troisième événement majeur de l'époque, de l'immense secousse de la grande guerre allemande des Paysans, du *Deutscher Bauernkrieg*. Débutant en 1524, le mouvement paysan se situe pour sa partie essentielle pendant l'année 1525 ; ses derniers soubresauts se font sentir en 1526. Cette fois-ci, il s'agit véritablement d'un mouvement de masse. Les armées paysannes compteront jusqu'à plusieurs dizaines de milliers d'hommes, chiffre très considérable pour l'époque, et que les armées royales ou impériales n'atteignent que très rarement. Il s'agit d'un mouvement sinon national, du moins transrégional, qui s'étend à la Souabe, à la Franconie, à l'Alsace, à la Thuringe, au Tyrol, pratiquement à toute l'Allemagne du Sud (à l'exception toutefois de la Bavière et de l'Autriche proprement dite) et à une bonne partie de l'Allemagne moyenne ou centrale. Cette énumération montre d'emblée que pour la plus grande part les zones de l'insurrection paysanne et des troubles de la chevalerie, de la *Ritterschaft*, se recouvrent, et ce n'est pas par hasard – car ce sont les chevaliers les plus appauvris qui pressurent le plus « leurs » paysans.

Le *Bauernkrieg* est une vraie révolution, dans la mesure où le mouvement parcourt en peu de temps un chemin de globalisation et de radicalisation qui mène des revendications catégorielles limitées à la conception militante d'un nouveau projet de société, mais à cette révolution ont manqué les penseurs et les organisateurs qui, nés ou tout au moins formés dans les classes dirigeantes, préparent, encadrent et orientent le soulèvement des masses. Aux paysans allemands de 1525 ont manqué les Rousseau et les Diderot, les Mirabeau et les Robespierre, les Marx et les Lénine. Dans ce sens, le caractère révolutionnaire du mouvement peut être contesté, car les paysans ne forment pas une classe ascendante portée en avant par des changements importants dans les modes et rapports de production, et plus généralement dans les structures économiques. Les paysans ne sauront pas non plus traduire leur poids social et leur volonté de changement dans une capacité d'innovation militaire, comme la bourgeoisie et la petite gentry anglaise au milieu du XVIIe et la bourgeoisie française à la fin du XVIIIe siècle. Comme le mouvement de la chevalerie finissante, celui des paysans est en fin de compte une « révolution réactionnaire », à la fois rétrovertie et millénariste, qui, loin d'en accélérer l'accomplissement, s'oppose aux tendances et aux forces vives qui sont à l'œuvre dans le monde social.

Les jacqueries ont été nombreuses au XVe siècle dans plusieurs régions de l'Allemagne du Sud ; en Alsace, en Forêt-Noire, au Palatinat, elles se sont prolongées dans les ligues paysannes, le plus souvent clandestines, conjurations militantes d'entraide et de résistance au pouvoir abusif dont les plus connues étaient placées sous l'invocation de noms symboliques, le *Bundschuh* (la « chaussure lacée », en usage chez les paysans), le *Arme Konrad* (le « pauvre Konrad », héros collectif dans lequel la paysannerie exploitée et asservie retrouve sa propre image). Le sud-ouest de l'Allemagne n'est pas par hasard le terrain par excellence de ces mouvements : l'absence de grandes formations territoriales[1] s'y traduit par un émiettement anarchique des pouvoirs et des droits, par l'existence d'une multitude de petites seigneuries qui tirent des paysans l'essentiel de leurs revenus ; l'ancienneté et l'enchevêtrement des droits « féodaux », l'exiguïté des seigneuries et des exploitations y ont créé une situation embrouillée et, par là, conflictuelle, dans laquelle les princes et seigneurs interviennent de plus en plus souvent, en cherchant à substituer au droit coutumier germanique, favorable aux communautés rurales, le droit romain fondé sur la primauté absolue de la propriété individuelle et sur la souveraineté absolue du prince. Si les bénéficiaires des taxes, droits, dîmes, corvées essaient de les revaloriser, les paysans, eux, ont vu dans l'ensemble leur situation économique s'améliorer depuis le milieu du XIVe siècle et supportent très mal les tentatives de reprise en main dont ils sont l'objet de la part des seigneurs de la terre aussi bien que de la part de l'administration princière. Il ne faut pas oublier, en plus, les différences locales considérables qui font obstacle à toute affirmation globale sur la situation des ruraux, ni les inégalités non moins considérables qui distinguent les exploitants aisés, parfois dotés de très bons droits et possesseurs de leur terre, des fermiers ou métayers en situation beaucoup moins favorable, ou encore des véritables pauvres qui, n'ayant pas de terres à exploiter, sont réduits à se louer, voire à mendier. Il faut distinguer

1. Après la dislocation des duchés de Souabe, de Franconie et de Lorraine qui se produit entre le XIe et le XIIIe siècle, aucun État princier n'a pu, dans ces régions, établir une domination incontestée alors que la Bavière est restée à peu près intacte et qu'à l'est, dans les régions colonisées, la Saxe wettinienne, le Brandebourg, l'État de l'Ordre Teutonique, l'Autriche, les duchés de Poméranie et de Mecklembourg et le puissant royaume de Bohême forment des ensembles importants et cohérents.

aussi entre les droits qui pèsent sur les terres et ceux qui concernent les personnes ; un homme qui « appartient » à un seigneur ou à un couvent peut être établi sur une terre à peu près exempte de servitudes, et l'appartenance personnelle, la *Leibeigenschaft*, peut tantôt prendre la forme de redevances légères, voire symboliques, et tantôt celle d'un pesant et rigoureux servage. La promptitude avec laquelle les masses paysannes vont choisir la violence montre en tout cas que le mécontentement est profond et général, qu'il est sans doute dû à de nombreuses causes, complexes et parfois contradictoires, que la révolte de l'extrême misère y côtoie la résistance de ruraux assez bien nantis qui n'acceptent pas l'aggravation de leur situation matérielle et personnelle dont les menacent à la fois la réaction nobiliaire et l'autoritarisme des nouvelles administrations princières.

Les dirigeants de la révolte seront dans l'ensemble des paysans aisés, des aubergistes, des scribes (« secrétaires de mairie »), des maîtres artisans, et surtout des lansquenets [1], mercenaires fils de paysans, entraînés au maniement des armes et qui ont vu du pays. La paysannerie de l'Allemagne du Sud-Ouest est, depuis plusieurs générations, grande pourvoyeuse de « soudards », ce qui indique qu'à l'instar de la Suisse voisine les fils cadets ne trouvent plus de travail dans une agriculture morcelée alors que la progression démographique a compensé, vers 1500, les pertes dues aux grandes poussées de la peste. Il avait fallu, pour cela, près d'un siècle et demi ! Le surpeuplement relatif des campagnes du Sud-Ouest, maintenant que l'ère des conquêtes coloniales est close à l'est et que les surfaces abandonnées au XIVe siècle ne sont pas remises en culture – avant tout à cause d'une aggravation sensible du climat qui durera de la fin du XIIIe jusqu'au milieu du XVIe siècle –, constitue peut-être la cause la plus fondamentale et la plus déterminante des troubles dont la grande guerre des Paysans forme l'apogée. On notera aussi que les régions d'où le mouvement prendra son envol sont proches de cette Suisse dont les armées paysannes ont infligé tant de défaites à la féodalité et aux États princiers, aux

1. Le mot français est la déformation du terme allemand *Lanzknecht*.

Autrichiens comme aux Bourguignons, et qu'elles englobent l'Alsace qui, à plusieurs reprises, a vu des mobilisations populaires, en grande partie paysannes, repousser les armées du roi de France et du duc de Bourgogne. Enfin, on n'oubliera pas l'inexistence au XVIe siècle de séparation absolue entre les villes et les campagnes : la plupart des cités de l'Allemagne du Sud-Ouest sont petites, véritables « agro-villes » où beaucoup de citadins sont aussi des terriens ; ces villes luttent, elles aussi, contre les exactions des chevaliers et contre les seigneurs ou princes qui veulent restreindre leur autonomie ; en leur sein, les classes et les catégories s'affrontent également puisqu'on y trouve des semi-lettrés, des compagnons sans espoir d'accéder à la maîtrise, des travailleurs à domicile exploités par les marchands, et tout un monde de sous-prolétaires, de chômeurs, de mendiants qui vivent d'occasions et campent sur les marges de la société. L'insurrection paysanne y suscitera des échos puissants et y trouvera des alliés, voire des chefs. Il ne manquera pas, non plus, de tentatives pour établir des liens entre le soulèvement paysan et celui des chevaliers : alors que les paysans brûlent les châteaux et les archives des terriers, des nobles acceptent de les servir comme chefs ou « spécialistes militaires » librement, comme Florian Geyer, célébré par Gerhart, Hauptmann, dramaturge de la fin du XIXe et du début du XXe siècle, ou sous la contrainte et par ruse comme le fameux Götz von Berlichingen dont Goethe fera, en embellissant le personnage, le héros d'un de ses drames les plus prenants, œuvre d'une jeunesse attirée par les héros tragiques et par les grandeurs du passé national. Ce qui distingue la guerre des Paysans de toutes les conspirations et jacqueries précédentes, c'est la jonction qui s'y opère entre les vieilles revendications qui tendent à la restauration du vieux droit, et la réforme religieuse. La prédication de Luther, répandue à travers toute l'Allemagne, parvient dans les villages les plus reculés ; partout elle fournit une justification religieuse et morale au refus des taxes, dîmes et servitudes dues à l'Église ; partout elle donne aux paysans une nouvelle conscience de leurs droits et de leur dignité : cultiver la terre est une vocation agréable à Dieu au même titre que toutes les autres *Berufe*. Et les écrits de Luther ne sont-ils pas remplis de condamnations fulminées contre les grands et les riches qui ne veulent pas se placer au service de la parole de Dieu ? De même que Luther renverse l'ordre ecclésiastique pour rétablir l'Évangile dans sa pureté, les paysans entreprendront le rétablissement de l'ordre social et temporel voulu par Dieu, l'ancienne simplicité et égalité des hommes insérés dans leurs communautés traditionnelles, sous la seule autorité de l'empereur. L'immense attente de la *reformatio* qui travaille le peuple allemand trouve des formulations touchantes et éloquentes dans les proclamations des paysans que rédigent des scribes, des artisans, des soldats, tous également touchés par le message évangélique et égalitaire de la Réforme. Une riche littérature de pamphlets, de feuilles volantes (*Flugschriften*) précède et accompagne la guerre paysanne ; dans une Allemagne saisie par la soif d'apprendre et de comprendre, les nouvelles circulent avec une rapidité effarante.

Parti de l'extrême sud de la Forêt-Noire, de la seigneurie de Stählingen et de la ville de Waldshut, en juin 1524, le soulèvement prend sa véritable dimension au printemps de 1525 et ne dure, en fait, que quelques semaines, entre mars et juin. Les paysans révoltés s'unissent dans de grands regroupements régionaux, appelés *Haufen*, groupe ou « tas » ; mais chacune de ces unités mène son propre combat et ses propres négociations, chacun aussi se fera battre séparément. Les chefs les plus avisés comprennent cependant la nécessité d'une union plus large ; mais leur rencontre à Heilbronn, en Souabe, vers le milieu de mai 1525, intervient trop tard, à un moment où la réaction des princes a déjà repris l'offensive. Au début, partout, les autorités établies s'affolent, s'enfuient, cèdent la place, ouvrent les portes des villes et des places fortes, signent des traités avec les révoltés : c'est le cas, le 26 mai encore, du prince-évêque et de la ville libre de Strasbourg, des margraves de Bade et de divers autres seigneurs, ou celui du lieutenant général du prince-électeur de Mayence qui fait entrer l'archevêché tout entier dans la ligue formée par les paysans de l'Odenwald, conduits par Götz von Berlichingen, alors qu'ailleurs les armées princières remportent déjà des victoires sanglantes ; le 16 mai en Alsace, où le duc de Lorraine, adversaire fanatique de la Réforme, fait massacrer près de 20 000 paysans ; le 10 mai à Herrenberg, en Souabe, où les paysans s'enfuient dès les premiers coups tirés par l'armée de la Ligue souabe que conduit le seigneur de Waldburg ; le 15 mai à Frankenhausen, en Thuringe, où les paysans, animés par Müntzer, sont taillés en pièces par le landgrave de Hesse ; le 2 juin près de Würzburg, où Waldburg met fin au soulèvement franconien. Nulle part, les paysans, mal armés et mal entraînés, n'opposent une résistance sérieuse ; dès qu'ils se voient aux prises avec des troupes de métier ils cherchent leur salut dans la fuite.

Les succès initiaux des révoltés s'expliquent par la simplicité et la modération de leurs revendications qui expriment des sentiments quasi universels. La formulation la plus populaire et la plus rapidement connue de ce programme se trouve dans les *Douze Articles de la paysannerie en Souabe* dont le rédacteur fut un compagnon pelissier, Sébastien Lotzer, l'un de ces artisans pieux et grands lecteurs de la Bible qui ont alors donné une voix au mouvement des mains calleuses. Les *Douze Articles* exigent l'abolition des redevances et des corvées, le rétablissement du vieux droit et de la justice rendue par des juges élus, l'élection aussi, des curés, ce qui constitue la seule innovation véritable par rapport à des programmes paysans antérieurs. La fortune des *Douze Articles* fut immense ; naturellement, on les soumit à Luther qui répondit par une « exhortation à la paix », par l'appel à la négociation et par la condamnation du recours à la violence. Le contenu concret ne relevait pas, disait-il, de sa compétence, il le renvoya à l'étude des juristes, car l'Écriture reste muette quant aux formes et institutions de l'ordre temporel. Au même moment, Müntzer, s'appuyant sur la plèbe des non-possédants, établit à Mülhausen, en Thuringe, le règne des « purs ». Enflammés par ses prédications, les paysans brûlent et dévastent les châteaux et les couvents dans tout le pays. Dans le Sud-Ouest rhénan, la révolte est restée pacifique et modérée ; en Souabe, en Franconie, en Thuringe elle se radicalise, proclame l'abolition pure et simple des privilèges, l'égalité, voire la communauté des biens ; elle détruit les sièges de l'adversaire, les châteaux de la noblesse et les couvents, hauts lieux par excellence d'une religion pervertie.

Les rares excès commis contre les personnes sont naturellement grossis et exploités par la propagande des seigneurs.

Alors que beaucoup de princes et de villes composent avec les insurgés, le plus souvent pour gagner du temps, la riposte se prépare et sera implacable. Une fois écrasés et dispersés les grands rassemblements paysans, la répression menée par les vainqueurs sera à la mesure de la peur et de la colère qu'ils ont ressenties. Au Wurtemberg, où le duc Ulrich, naguère chassé par la Ligue souabe, avait fait alliance avec les paysans (mais ses mercenaires suisses, qui formaient l'essentiel de ses troupes, avaient été rappelés chez eux à la nouvelle de la bataille de Pavie), la régence impériale, exercée par l'archiduc Ferdinand, sera rétablie et le duc à nouveau exilé. Partout, les paysans survivants – la grande masse bien entendu – sont frappés de lourdes pénalités qui mettent fin au relatif bien-être dont jouissaient beaucoup de familles. Les meneurs sont exécutés, le plus souvent d'une manière particulièrement cruelle : l'un d'eux, attaché par une courte chaîne à un arbre et entouré de faisceaux enflammés, est rôti vivant, à petit feu. On l'imagine courant autour de l'arbre en poussant d'affreux hurlements à la grande joie de la soldatesque.

Les droits féodaux, les redevances et les corvées sont partout rétablis mais les vainqueurs du grand soulèvement ce ne sont évidemment pas les petits seigneurs, mais les États territoriaux. C'est la Ligue souabe, ce sont les landgraves de Hesse, les ducs de Saxe et de Lorraine qui ont organisé l'attaque et la répression : leurs administrateurs et leurs juges vont maintenant rétablir et figer l'ordre à la campagne, supprimer où elles les gênent les survivances des anciennes libertés et l'autonomie des communautés rurales, et plier celles-ci sous l'autorité du souverain. L'empereur a été absent et étranger à toute cette énorme secousse qui vient d'ébranler la société allemande ; tout le monde a pu voir qu'en cas de crise le pouvoir réel se situe au niveau des princes et de quelques rares grandes villes. La leçon ne sera pas oubliée. Les paysans révoltés, en brûlant force châteaux nobles, ont rendu un service important aux princes : une partie de la noblesse est ruinée et sera contrainte de prendre service dans l'armée et l'administration des États, tous ont compris que seule la puissance des princes garantit ce qui subsiste de leurs privilèges. La guerre des Paysans accélère ainsi l'intégration des nobles dans le nouvel ordre territorial où s'élaborent les idées et les moyens de la monarchie absolue. A l'intérieur de cet ordre, les privilèges peuvent s'exercer envers les inférieurs : la noblesse, en devenant une caste de serviteurs des princes, sera payée en avantages économiques et politiques qui s'obtiennent au détriment des couches inférieures, et avant tout au détriment des paysans – naturellement – étant donné, à la fois, leur nombre et l'état de prostration dans lequel ils se trouvent. Le peuple sera désormais encore plus absent de la scène historique allemande, encore plus muet que dans les siècles précédents. Dans beaucoup de régions, la situation juridique des personnes et des exploitations se trouvera aggravée, mais les administrations princières veilleront aussi à ce que la paysannerie reste capable de payer l'impôt : dans de nombreux lieux elles empêcheront la réaction de prendre des formes trop extrêmes.

La défaite des paysans révoltés était sans doute inévitable puisque leurs revendications, si modestes qu'elles fussent au départ, heurtaient de front le mouvement séculaire qui conduisait au renforcement des États territoriaux. Elle a été, toutefois, précipitée, amplifiée et en quelque sorte moralement légitimée par l'attitude de Luther, dont l'immense autorité spirituelle paraissait, au départ, justifier la cause des humbles. Le réformateur n'avait-il pas sans cesse menacé les riches et les puissants de la punition divine qui, devant leur « dureté d'oreille », devant le refus qu'ils opposaient à la Parole, dresserait contre eux le soulèvement des pauvres ? Mais voilà : pour Luther, tous les événements ne signifient que par leur sens religieux ; ce ne sont pas la liberté et l'égalité temporelles qui le préoccupaient mais l'œuvre de Dieu qui s'accomplissait dans une action intrinsèquement méchante elle aussi, mais qui punissait la méchanceté des superbes. Si sa prédication parut d'abord indirectement encourager l'insurrection, il n'avait lui-même jamais songé à autre chose qu'à exhorter les seigneurs à la douceur, et les paysans à la patience. Toute violence est du diable, même si elle s'inscrit dans les voies impénétrables de Dieu. Dans ces conditions, Luther ne pouvait qu'être profondément bouleversé par la jonction de la revendication paysanne et des désordres temporels qu'elle provoquait avec la prédication müntzérienne. Cette jonction ne se lit guère dans les textes officiels des paysans révoltés comme les *Douze Articles*, mais, dans le sud-est de la Souabe, comme après son retour en Thuringe, Müntzer a inspiré les éléments les plus durs, les plus millénaristes parmi les insurgés. En se mettant au service de la « diabolique subversion » que Thomas Müntzer introduisait dans les âmes, lui qui plaçait l'inspiration individuelle au-dessus de l'Écriture, ou tout au moins de la lecture que Luther faisait de l'Écriture et qu'il considérait comme totalement objective, exclusive de toute autre, et en entreprenant l'instauration, dans ce monde livré au Malin, du royaume de Dieu, les paysans « brigands et meurtriers » sont devenus les ennemis de Dieu. Luther n'hésite pas à lancer contre eux un opuscule terrible d'exécration et d'anathème, qui appelle sur ces brebis égarées l'épée des princes. Les massacrer sera œuvre pie, même si le glaive était manié par une main elle aussi impure. Comme les précédents, ce nouvel écrit de Luther est répandu à travers toute l'Allemagne par dizaines de milliers d'exemplaires, suscitant une émotion énorme. Dans l'ordre temporel, la guerre des Paysans n'est qu'un événement, grand et important certes, mais un événement parmi d'autres. Pour la Réforme, c'est un tournant, *le* tournant. Contre Müntzer, l'ancien moine de Wittenberg, huit ans seulement après les *Thèses*, se fait le défenseur d'une nouvelle orthodoxie et, comme les inquisiteurs du Moyen Age, fait appel au pouvoir temporel pour punir les hérétiques. Peu importe qu'en matière d'intolérance et de contre-orthodoxie Müntzer ne le cède en rien à Luther et que, pour lui aussi, les conséquences sociopolitiques de sa doctrine ne soient que des épiphénomènes. Luther perd définitivement confiance – s'il l'a jamais véritablement eue – dans la capacité des hommes de se diriger librement eux-mêmes. La méchanceté d'État est nécessaire pour contenir la méchanceté individuelle et collective des sujets.

Désormais, il est évident, à ses yeux, que les princes doivent veiller sur toute la conduite morale et sur la foi religieuse de leur peuple. A la place de l'ancienne Église qu'il a détruite, à la place du pouvoir abusivement assumé par un *clergé* illégitime, nullement institué par le Christ, Luther établit le pouvoir d'administration morale et spirituelle des princes. Toute *Obrigkeit*, tout pouvoir temporel, même le plus pervers, étant voulu par Dieu, l'obéissance est due à cette *Obrigkeit* quelle qu'elle soit. Le chrétien doit souffrir en patience ou, tout au plus, se soustraire au pouvoir méchant par la fuite, par l'émigration, comme la Sainte Famille qui n'a pas conspiré contre Hérode mais s'est enfuie en Égypte, protomodèle de tous les futurs *Asylanten*.

De ce retournement de Luther (mais qui n'est qu'une prise de conscience d'une orientation profonde préexistant aux événements), résulteront pour l'Allemagne des conséquences d'une importance extrême : dans les États qui accueillent la Réforme, les pouvoirs et les biens de l'ancienne hiérarchie ecclésiastique seront assumés et confisqués par le prince dont l'autorité et les moyens s'en trouveront considérablement renforcés. Les biens d'Église, en grande partie détournés de leurs fins premières, cofinanceront le développement de l'administration et de l'armée permanente, alimenteront la prodigalité et le mécénat des princes baroques et permettront de « désintéresser », d'indemniser en quelque sorte, la noblesse de la perte de ses anciens droits politiques, puisqu'une grande partie des biens d'Église seront redistribués par les princes à ladite noblesse. En même temps, *le prince devient maître, non seulement des corps, mais des âmes de ses sujets* ; il est chargé de procurer le salut de ces âmes, il en est comptable devant le Seigneur ; de ce fait, tout soulèvement contre son autorité absolue, même mauvaise, devient un crime contre Dieu. L'assassinat du tyran est un crime terrible puisque le tyran lui-même est investi de cette autorité épiscopale de remplacement qui aboutira en Prusse, au XIXe siècle, à la théorie du roi = *summus episcopus*, chef et maître de l'Église. Dans la mesure où l'idéologie est une des grandes forces de l'histoire, Luther, paradoxalement, a donné à l'Allemagne en se soulevant contre l'ordre établi une idéologie de la soumission au pouvoir qui apporte à celui-ci une consolidation énorme. Contradiction terrible et essentielle qui valorise exclusivement la deuxième partie de la célèbre exclamation de l'écrit sur la *Liberté du chrétien* de 1520 : « L'homme chrétien est un homme libre et soumis à personne ; l'homme chrétien est un serf et soumis à tout le monde. » L'homme allemand, après Luther, sera dans tous les cas le sujet de son prince, car les princes catholiques, sur ce point, s'arrangeront pour obtenir de leur Église des droits et des garanties idéologiques quasi équivalents[1]. Dans la théorie luthérienne du pouvoir se trouvent aussi les germes du principe « *cujus regio, ejus religio* », qui imposera aux sujets d'embrasser la religion de leur prince, règle sur laquelle s'établira en 1550 l'armistice entre l'ancienne et la nouvelle foi, chacune se reconnaissant incapable de terrasser définitivement l'autre. L'on y trouve aussi annoncées les bouleversantes et dérisoires hésitations qui freineront si longtemps, de 1938 à 1944, les bras des régicides antihitlériens, se demandant indéfiniment s'il était permis de tuer le tyran. Découle aussi et encore, pour l'Allemagne, de cette grande conversion de la Réforme luthérienne, une tendance profonde à considérer la politique comme appartenant plus spécialement au domaine du Malin, qu'il convient de laisser et de confier au prince-policier, une tendance à considérer comme bonne et légitime toute décision de l'Autorité, et comme mauvaise et illégitime toute tentative des sujets à s'en mêler.

Luther a ainsi fabriqué, au bénéfice des princes des États territoriaux et de l'absolutisme montant, une superstructure idéologique faite sur mesure – mais il est aussi vrai que cette idéologie correspondait à l'état de l'Allemagne. La société anglaise, où le roi s'était arrogé par une réforme bien particulière les pouvoirs et moyens de l'Église, a cependant produit, sur le plan religieux et politique, des idéologies tout à fait contraires. Jusqu'à nos jours, l'esprit allemand, la société allemande portent l'empreinte de la conception de l'ordre temporel et de l'organisation du culte, de la prédication, de l'éducation que Luther a développée ou précisée sous le coup du choc violent que fut pour lui l'alliance de Müntzer et des paysans révoltés. Le rôle considérable que les Églises protestantes et leurs serviteurs, pasteurs et responsables des synodes, ont joué dans la chute du pouvoir communiste en RDA relève également de la persistance des orientations luthériennes aussi bien que des renversements produits dans

1. Les villes libres en feront autant partout où elles le peuvent.

les consciences par la révolution de 1918 et les deux dictatures successives entre 1933 et 1989, de même que la position qui fut longtemps celle de l'Église officielle en RDA et qui s'exprimait dans la formule « l'Église dans le socialisme ».

Nous nous interrogerons, avant de terminer cette réflexion consacrée à la guerre des Paysans et à ses conséquences, sur les raisons qui ont empêché le mouvement de se propager en Allemagne du Nord. Ces raisons, comme toujours dans les grands événements, ou non-événements, sont nombreuses. En premier lieu, l'on citera l'existence dans ces régions d'États princiers plus vastes, plus avancés sur la voie de la centralisation et qui ne pèsent pas sur la paysannerie de la même manière que les petites seigneuries tassées les unes contre les autres de l'Allemagne du Sud-Ouest. On peut ensuite penser qu'en de nombreuses régions de l'Allemagne du Nord, en Westphalie et en Basse-Saxe notamment, les paysans jouissaient de conditions meilleures, de droits plus sûrs que dans le Sud-Ouest et que les vieilles communautés rurales y avaient mieux résisté, étaient même protégées par le prince, alors que la chevalerie n'y avait pas atteint le degré d'autonomie qui lui venait, dans le Sud, de l'éclatement des anciens duchés de Souabe et de Franconie, et de l'usurpation des domaines royaux après la chute des Hohenstaufen. A l'Est, enfin, dans les régions de colonisation récente, les paysans bénéficiaient aussi de droits et de chartes qui leur assuraient encore une liberté beaucoup plus grande que sur les territoires de l'ancien Reich, notamment dans le Sud-Ouest ou en Franconie et en Thuringe. Ce n'est qu'après la Réforme, et surtout après la guerre de Trente Ans, que la condition paysanne dans ces régions devait connaître une aggravation telle qu'à son propos les historiens marxistes ont pu parler, non sans raison, d'un véritable « deuxième servage ».

L'importance de l'autorité princière, si elle est soutenue par une bonne administration, est prouvée par les exemples comparés de la Bavière d'une part, du Tyrol et de l'archevêché de Salzbourg d'autre part. Alors que rien ne se passe sur les territoires des ducs de Bavière, princes autoritaires et avisés, le mauvais gouvernement et le manque d'autorité de l'administration feront des principautés alpestres un foyer particulièrement violent de l'insurrection paysanne. Au Tyrol, le chef des insurgés, Michael Gaismaier, sans doute le plus doué et le plus capable des dirigeants paysans, passera à la postérité comme auteur d'une remarquable constitution républicaine, premier modèle en Allemagne d'une véritable démocratie chrétienne (sans doute inspirée de précédents hussites). Au Tyrol et à Salzbourg, c'est l'alliance des paysans et des mineurs qui donne un éclat particulier au soulèvement, de même qu'en Thuringe les paysans avaient reçu le renfort d'une partie des habitants pauvres des villes.

A ce propos, on devrait s'interroger sur les raisons qui, dans l'ensemble et dans la plupart des régions, ont fait au contraire obstacle à l'extension du mouvement insurrectionnel aux villes, où pourtant il existait une vaste masse de miséreux, de « prolétaires en haillons », où, depuis le XIIIe siècle, des luttes souvent très dures avaient opposé les artisans aux patriciens, où les artisans avaient tiré des encouragements et des incitations de l'activité de Luther et des autres réformateurs, remportant en de nombreux lieux des succès économiques et sociopolitiques en même temps qu'ils se faisaient les partisans les plus ardents de la purification religieuse ! Le mouvement paysan était sans doute trop disparate et ses buts en même temps trop spécifiques pour exercer une attirance durable sur le peuple citadin ; malgré leurs divisions, les artisans et les patriciens se trouvaient liés par un intérêt commun plus puissant face aux vrais miséreux, aux non-possédants ; ensemble, ils surent empêcher le développement de troubles sérieux dans la plèbe urbaine. Les villes étaient d'ailleurs plus concurrentes que conscientes de leurs intérêts communs, et la plupart d'entre elles n'avaient pas obtenu le statut de ville libre d'Empire et se trouvaient placées sous la souveraineté d'un prince territorial. Au XVIe siècle, la puissance des ligues urbaines a dépassé son apogée.

Le mouvement paysan, dans ces conditions, ne pouvait être autre chose qu'une violente mais brève flambée. Les savants marxistes, toujours soucieux de donner à l'histoire une cohérence qui corresponde à leurs dogmes, ont cherché à établir un lien entre son échec et l'arrêt du développement du capitalisme urbain précoce (*Frühkapitalismus*) en Allemagne, qui sera sensible dans la seconde moitié du XVIe siècle. Ils ont voulu prouver, notamment, que la régression et l'immobilisme qui ont suivi l'insurrection ont privé le grand commerce et les manufactures urbaines d'une vaste base de consommateurs de masse qu'à cette époque, seule, la paysannerie pouvait leur fournir. Mais à cette thèse s'oppose la constatation que la situation économique de la paysannerie n'a pas subi une aggravation notable après la défaite des insurgés et que dans les pays où le « capitalisme précoce » va continuer son essor, à la fin du XVIe siècle et au début du XVIIe siècle, aux Pays-Bas notamment, ce n'est pas le consommateur rural mais la croissance de la consommation urbaine qui constitue le principal moteur interne de l'expansion, moteur dont l'importance reste d'ailleurs secondaire à côté des aspects proprement commerçants et financiers du développement de ces pays, indirectement d'abord et ensuite directement lié à l'exploitation des colonies américaines et africaines et surtout à la conquête coloniale des marchés asiatiques. L'arrêt du développement de l'économie urbaine en Allemagne paraît être dû essentiellement à d'autres facteurs : le détournement du commerce mondial vers les voies et les ports de l'Atlantique, l'inexistence d'un pouvoir central fort, susceptible de mener une politique intérieure et surtout extérieure favorable au commerce national et à l'industrie nationale et, de ce fait, l'absence de l'Allemagne dans la compétition coloniale [1]. Les États allemands sont trop petits et dirigés par des hommes qui n'ont pas l'ampleur de vision nécessaire à qui veut jouer un rôle dans un monde dont les limites explosent ; les villes sont ou bien soumises à des gouvernements sans compréhension des grandes logiques nouvelles, sans ambitions extérieures, ou dominées par des castes chez qui l'esprit d'entreprise est en train de s'endormir. L'Alle-

---

1. La part qu'elle y prendra au XVIIe siècle, grâce à quelques petits établissements brandebourgeois en Afrique occidentale, sera tout à fait secondaire.

magne, enfin et surtout, n'est pas un pays maritime ; la seule partie de ce grand ensemble qui a l'esprit et l'intérêt tournés vers le grand large, les Pays-Bas, est en voie de s'en détacher et ce mouvement va s'accélérer encore du fait de la Réforme. Ce sont là les principaux éléments qui, renforcés au XVIIe siècle par les dévastations et les hécatombes sans exemple de la guerre de Trente Ans, vont faire de l'Allemagne un pays économiquement en retard sur ceux de la frange atlantique de l'Europe, retard qu'elle ne rattrapera que pendant la seconde moitié du XIXe siècle, quand ces conditionnements auront été à leur tour dépassés.

Pendant les violentes secousses qui ébranlent la société allemande, entre 1521 et 1526, l'empereur qui, aux yeux du peuple, reste le véritable maître ou qui devrait le redevenir, est presque toujours absent. La grande affaire de la décennie 1520-1530, et le quatrième des grands événements de l'époque dont nous avons parlé ci-dessus à la page 268, pour l'héritier des ducs de Bourgogne, c'est la guerre avec la France, mais c'est, aussi, une grande affaire pour l'Empire puisqu'il s'agit de bloquer l'offensive française vers l'Italie du Nord et de rétablir en Italie, contre les États et les seigneuries qui s'y sont rendus pratiquement indépendants depuis le XIIIe siècle, et contre la papauté en tant que puissance temporelle, l'autorité impériale. Charles Quint passe ainsi à s'occuper des Pays-Bas et de l'Italie le temps qu'il ne pourra pas consacrer aux affaires allemandes. La guerre française (et la menace turque) non seulement accapare l'attention du souverain mais l'oblige à composer avec les princes et les villes d'Allemagne, afin qu'ils votent les moyens dont sa grande politique a besoin (ils n'en voteront jamais assez). Une fois de plus, conformément à ce qui est devenu, en quelque sorte, la nature historique de l'existence du corpus allemand, l'engagement extérieur, inévitable, mais jamais victorieusement achevé, produit comme effet intérieur une diminution et une dislocation continues de l'autorité centrale. C'est ainsi que les combats de Frédéric II en Italie l'avaient forcé, au XIIIe siècle, à céder aux princes allemands la plus grande partie des droits et prérogatives attachés à la dignité royale et impériale. La cause de Luther progresse à travers les vides béants qui se creusent ainsi dans les mailles du pouvoir universel. Quand l'empereur est enfin victorieux à l'extérieur, il se tourne vers l'Allemagne pour y restaurer l'ordre, mais aussitôt une nouvelle crise s'annonce sur la frontière française et en Italie et quand, au bout de longs mois et de longues années, la puissance de Charles Quint l'emporte à nouveau, le désordre a progressé en Allemagne à tel point que la situation est devenue pratiquement irréversible. La grande victoire de Pavie, remportée en 1525 sur les Français, en partie grâce aux lansquenets allemands, ne servira finalement à rien parce que l'empereur s'obstine à exiger de François Ier quelque chose qui est sans intérêt pour l'Empire et pour l'Allemagne : la cession du duché de Bourgogne, fief purement français que Louis XI avait réuni à la couronne après la mort du Téméraire. La guerre reprendra ainsi, malgré le traité de Madrid arraché au roi captif et sans que Pavie ait pu être utilisée pour régler le sort de l'Italie. La poursuite des combats prolonge et accroît les embarras financiers de Charles Quint et, par là, son incapacité a ramener par la force des armes les princes allemands à une soumission qu'il aurait pu tenter de leur imposer avec une certaine chance de succès si Pavie avait été suivie d'une paix véritable avec la France. La prolongation des combats en Italie et le manque d'argent pour payer les troupes produiront ensuite cet événement effrayant et absurde, aux yeux du monde catholique, qu'est le *sacco di Roma*, la prise et le pillage par la soldatesque révoltée (parce que précisément laissée sans solde) de la capitale pontificale dont la splendeur ne s'en remettra pas. C'est la fin de la Rome renaissante, mais quel effet cette chute de la cité des papes tant de fois décrite par Luther comme la « prostituée babylonienne » ne produira-t-elle pas en Allemagne ? Déjà parmi les lansquenets qui participent à l'assaut on ne compte plus ceux qui ont été atteints par la propagande luthérienne. Que l'empereur catholique oblige ainsi le pape à une paix humiliante (mais il n'avait pas lui-même ordonné la prise de Rome, ce qui montre à quel point l'événement échappe à sa puissance immense et dérisoire), ce n'est pas une victoire finale dans la grande guerre médiévale des Deux Glaives, une tardive et définitive revanche sur l'adversaire des Hohenstaufen, c'est au contraire un signe de l'incapacité dans laquelle se trouve Charles Quint de maîtriser, avec *ses* idées et *ses* moyens, les problèmes de son temps. La Paix des Dames, paix de compromis réaliste, négociée par des princesses avisées et peu enclines aux rêves, permettra enfin à l'empereur, en 1529, de revenir en Allemagne ; mais que de temps perdu pour les partisans de la résistance au changement, temps gagné par les novateurs ! Et la Paix des Dames ne sera pas, elle non plus, définitive. Les dissensions internes en Allemagne serviront la cause des rois de France comme, aux XIIe et XIIIe siècles, la lutte du pape et de l'empereur. C'est l'alliance des princes protestants avec Henri II qui ouvrira, en 1552, à ce dernier les portes des évêchés de Metz, de Toul et de Verdun. Cette fois-ci, il ne s'agit plus de la lointaine Italie, mais de terres lotharingiennes qui ont fait partie du royaume allemand depuis le IXe siècle. L'interaction des divisions intérieures et des conflits extérieurs infligera ainsi à Charles Quint une défaite dont il ne se relèvera plus moralement, qui scelle sa lassitude, et à l'Allemagne une perte de substance irrémédiable. Mais est-ce bien de l'Allemagne qu'il s'agit ici ? Au début du XVIe siècle, la Savoie, la Franche-Comté, la Lorraine, le Cambrésis, Liège, Namur, le Brabant méridional forment encore dans l'Empire un bloc très considérable de terres de langue française.

A la guerre française se noue précisément, en cette première moitié du XVIe siècle, l'autre grande affaire extérieure qui intéresse alors le destin de l'Allemagne et qui constitue la cinquième des grandes épreuves de l'époque : la menace turque. La conquête de l'Europe du Sud-Est par les Turcs, nomades asiatiques islamisés, apparaît à partir du XIVe siècle comme la revanche musulmane sur les croisades, et la conséquence de cette folie qu'avait été le détournement de la quatrième croisade, la destruction de l'Empire byzantin par l'avidité latine. Pour l'Allemagne, la menace turque a été perçue pendant longtemps comme relativement lointaine : la Hongrie et même l'Italie (à la fois au nord et au sud, mais davantage au sud) paraissaient plus exposées et faisaient écran. Mais déjà Sigismond, comme roi de Hongrie, avait subi, nous l'avons vu, l'effroyable bataille perdue de Nicopolis, et l'arrêt de l'expansion turque en Europe n'avait été due, alors, qu'aux défaites infligées aux Ottomans en Asie par les

Mongols de Tamerlan, ainsi qu'à la nécessité d'en finir avec les restes byzantins dans Constantinople encerclée. La chute de la capitale, de la Deuxième Rome avait d'ailleurs été ressentie, en Allemagne aussi, comme un défi terrible, comme une perte inacceptable pour la chrétienté tout entière. L'Orient conquis et pacifié, l'acquisition de l'Égypte et la vassalisation de l'Afrique du Nord ayant donné au sultan la maîtrise de la mer, Soliman le Magnifique put reprendre le chemin de l'Europe. La structure intérieure de l'État et du pouvoir chez les Turcs Ottomans reposait entièrement sur la continuité des guerres de conquête qui nourrissaient la caste militaire (à la fois par l'incorporation forcée des enfants des vaincus, par le pillage et par l'attribution de fiefs dans les terres conquises sur les infidèles). Cette dynamique interne poussait les Turcs en avant ; depuis plus d'un siècle, la Hongrie, bastion de l'Occident, attendait le choc décisif : il se produisit à Mohács, en 1526, alors que la guerre des Paysans était à peine terminée en Allemagne et François Ier encore prisonnier à Madrid. Dans ce combat historique, le jeune roi Louis II mourut sans laisser d'héritier. A la suite de cette victoire, les Turcs purent s'emparer facilement de la majeure partie de la plaine hongroise. Cependant, la disparition du jeune roi ouvrait à l'archiduc Ferdinand l'accès aux trônes de Bohême et de Hongrie, conformément aux accords signés naguère par Frédéric III et Maximilien dont la longue patience porta ainsi des fruits posthumes. Mais si Ferdinand put recueillir sans trop de peine la couronne de saint Venceslas et devenir ainsi le maître de la Bohême, de la Moravie et de la Silésie, il dut en Hongrie lutter contre un rival et, avec la couronne, il recueillit l'héritage de la guerre turque. En fait, et pour un siècle et demi, la malheureuse Hongrie va se trouver coupée en trois·: au cœur, autour de la capitale d'Ofen, la partie turque administrée par des pachas ; à l'est, la Transylvanie sous des princes autochtones oscillant entre la vassalité turque et la suzeraineté royale, et surtout enclins eux-mêmes à rechercher la couronne ; à l'ouest, au sud et au nord enfin, longue bande territoriale en forme de croissant, large à certains endroits de quelques kilomètres seulement, la « Hongrie royale », avec la nouvelle capitale, Pressburg (Bratislava, Poszonyi). A présent, le Reich allemand, à travers les

États des Habsbourg, est directement impliqué dans la guerre turque : de 1526 à 1687, les raids et razzias sur les frontières ne se compteront plus. En 1529, l'année de la Paix des Dames, Vienne, chef-lieu des États habsbourgeois et résidence principale du roi Ferdinand, est assiégée par une puissante armée turque qui ne lève le siège qu'à la suite des conflits internes qui secouent l'Empire ottoman. En fait, la puissante offensive turque a déjà dépassé son zénith, les dissensions au sein des classes dominantes et la guerre permanente avec la Perse, jointes aux défauts de structure d'un État immense, toujours fondé sur une éthique de nomades, sauvent l'Europe et feront de la période 1526-1687, vue de loin, une longue suite de trêves, traversées d'escarmouches grandes et petites. S'il n'en avait pas été ainsi, la guerre de Trente Ans aurait fourni aux Turcs l'occasion par excellence d'en finir une fois pour toutes avec l'Allemagne. Cependant, pour les Allemands du XVIe siècle, Mohács ne pouvait pas ne pas produire une émotion immense. La loyauté envers l'Empire et la vieille idéologie de la croisade sont encore à cette époque des forces réelles auxquelles la menace confère une actualité renouvelée. La volonté de défendre l'Allemagne, le Reich, la chrétienté, reste également forte chez ceux qui s'ouvrent à la Réforme comme chez les partisans de la tradition, mais la menace turque affaiblit néanmoins la capacité de Charles Quint à faire front aux novateurs religieux ; elle crée en plus des tensions permanentes entre l'empereur-roi et l'archiduc-régent, puisque Ferdinand, comme roi de Hongrie, est forcément plus directement intéressé par cette menace et davantage porté à « payer » de concessions religieuses l'appui militaire et financier des princes allemands. Mais cette menace freine aussi, chez les princes qui suivent les innovations luthériennes, l'ardeur de leur opposition à l'autorité impériale, qui, même bravée presque sans arrêt, est toujours entourée de respect quasi mystique et paraît nécessaire à tous pour organiser la résistance aux infidèles. La riposte chrétienne ne s'engage d'ailleurs pas seulement sur la frontière orientale de l'Allemagne. Charles Quint la mène aussi, et même surtout, en ce qui le concerne, à partir de l'Italie et de l'Espagne : les expéditions espagnoles en Afrique du Nord, et plus tard la victoire de Lépante (gagnée par don

Juan d'Autriche, le fils naturel de l'Empereur et d'une jeune bourgeoise allemande), soulagent la pression turque qui s'exerce sur Vienne et sur Graz. En symbiose avec des éléments subsistants de l'ancienne mentalité médiévale des croisades, la conscience de la menace turque, permanente pendant un siècle et demi, et souvent liée à la menace française qui avance ses pions et ses annexions sur la frontière occidentale[1], fait revivre en Allemagne une sorte de *Reichspatriotismus*, la très vive conscience d'une dignité nationale. Cette disposition des esprits ne pourra jamais produire des effets réellement décisifs, mais elle compensera dans une certaine mesure les conséquences centrifuges de la dislocation de l'autorité centrale dont la Réforme a précipité le rythme. Ses effets se feront encore sentir longtemps : c'est ainsi que le Brandebourg-Prusse participe à la défense de Vienne contre les Turcs en 1683, et aux combats contre la France durant la guerre de succession d'Espagne (1701-1715), mais ils n'empêcheront pas certains princes de se faire les alliés de la France.

Entre 1521 et 1530, en même temps que se déroulent de puissants soulèvements sociaux et les événements majeurs de la politique des États, royaumes et empires dont nous venons de voir l'ampleur, la Réforme religieuse et ecclésiastique poursuit son chemin, infiniment complexe et continuellement influencée par les grandes et petites affaires du monde. Pendant cette période, un certain nombre, et même un nombre croissant de *Reichsstände*, princes et villes, adoptent la Réforme. Les plus importants et les premiers seront, bien sûr, l'électorat de Saxe sous le frère de l'Électeur Frédéric, Jean, qui est plus résolu que son prédécesseur, et le landgraviat de Hesse, où Philippe, jeune et ardent, accueille avec enthousiasme la Parole vraie. Nuremberg, Augsbourg, Ulm, Constance, Strasbourg, Ratisbonne, Magdebourg comptent

---

1. L'alliance du Roi très-chrétien et du Grand Turc, conclue par François Ier, sera perçue en Allemagne comme une sorte de trahison des intérêts communs de la chrétienté, et dénoncée comme telle par les pamphlétaires antifrancais.

parmi les villes qui rejettent l'ancien culte et l'ancien ordre religieux ainsi que bon nombre de petits États d'Allemagne du Nord, qui subissent l'influence de la Saxe. En 1525, sur les conseils de Luther, Albert de Brandebourg, grand maître de l'Ordre Teutonique, transforme la Prusse en duché héréditaire ; il se reconnaît vassal du roi de Pologne, se marie et introduit la Réforme dans son État. D'autres *Reichsstände* hésitent, prennent des positions moyennes et changeantes, dans d'autres encore, alors que les habitants, surtout dans les villes, passent progressivement ou violemment à la nouvelle foi (qui ne se veut que restauration de l'ancienne, véritable), les princes résistent, mais souvent leurs fils ou d'autres héritiers accompliront après eux la rupture avec Rome. Dans les principautés ecclésiastiques, les choses ne vont guère autrement : le peuple rejette le cadre ancien, reçoit les prédicateurs luthériens, et les évêques ou le chapitre trouvent rarement la force et la résolution qui seraient nécessaires pour imposer le retour à la situation d'avant l'apparition de Luther. Certains sont même tentés par l'exemple du grand maître de l'Ordre Teutonique et chercheront à séculariser leurs possessions à leur propre profit.

Il ne faut d'ailleurs pas s'imaginer que la « nouvelle foi » – voire une « nouvelle Église » – sort tout achevée d'un acte de rupture unique. Luther lui-même découvre pas à pas, l'une après l'autre, les conséquences qu'il doit tirer de chacune de ses précédentes démarches. Ce n'est qu'en 1530 que ses amis présentent au Reichstag un corpus de leurs principales opinions, la *Confessio Augustana* que le réformateur désapprouvera en partie, à cause des concessions, trop grandes à ses yeux, que ses collaborateurs – en premier lieu le grand érudit Philippe Melanchthon, savant humaniste, mais esprit scrupuleux, un peu pusillanime et profondément irénique – ont fait aux partisans de l'ancienne foi. C'est pourtant ce texte de compromis qui – rejeté par les catholiques – deviendra le fondement théologique et ecclésiastique du luthéranisme, non seulement en Allemagne, mais dans le monde entier. « Ceux de la Confession d'Augsbourg » deviendra la désignation courante des luthériens. Nulle part, cependant, la transformation confessionnelle ne s'opère d'un coup, ni de la même manière ; tantôt l'accent est mis sur l'abolition de l'ancien culte, la suppression de la messe, tantôt sur la doctrine et l'instruction du peuple, tantôt sur l'organisation ecclésiastique.

Beaucoup d'exigences luthériennes sont peu à peu très largement admises, même chez beaucoup de ceux qui ne veulent pas des ruptures tranchantes : il en est ainsi de la communion sous les deux espèces et même du mariage des prêtres, et surtout de la nécessaire réorganisation des relations avec Rome. Ce n'est qu'au cours du mouvement de Contre-Réforme, avec le concile de Trente, que les positions se figeront définitivement, de part et d'autre, sur ces points. Alors, des exigences naguère presque communes apparaîtront comme spécifiquement « évangéliques » et contraires à l'essence même du catholicisme, redéfinie par le « concile ». Vers 1525-1530, la plupart des princes et des responsables des villes hésitent encore ; très peu sont, comme l'empereur d'un côté et Philippe de Hesse de l'autre, entièrement engagés au service d'une cause exclusive et nettement délimitée. La plupart des *Stände* espèrent encore en une réforme de l'Église admissible par tout le monde, dans une purification de la foi qui ne serait pas une rupture totale avec le passé, qui supprimerait les abus et conférerait en même temps aux *Stände* un droit de contrôle plus effectif sur les biens de l'Église et sur son fonctionnement administratif. La confiance dans l'empereur restera longtemps très grande ; de lui on espère que viendront les impulsions et les exigences qui obligeront la papauté à convoquer le concile universel ; à d'autres moments, c'est, à défaut du concile universel, à un concile national allemand que pensent beaucoup de *Stände*, et l'archiduc Ferdinand, plus proche des sentiments allemands et pressé par la montée de la menace turque, ne serait pas entièrement opposé à cette solution. Mais celle-ci sera contrariée par l'empereur qui n'accepte pas l'idée de laisser les partisans du moine hérétique présenter leurs opinions dans un concile au même titre et avec les mêmes droits que les tenants de l'orthodoxie. L'idée du concile général semble prendre forme pendant le bref règne du pape Adrien VII, un Néerlandais pieux qui avait été l'un des maîtres de Charles

Quint, mais, après cette brève parenthèse (1522-1523), les pontifes italiens qui se succèdent n'ont aucune compréhension pour les revendications allemandes. Ils restent rigoureusement attachés à toutes les prérogatives du Saint-Siège, à toutes les formes de gouvernement et d'administration que l'Église romaine avait élaborées depuis des siècles, et aussi à leur pouvoir temporel et même (parfois surtout) à celui de leurs fils naturels ou de leurs neveux. En tant que princes temporels italiens, ils soutiennent d'ailleurs plus souvent, comme Léon X naguère, les adversaires de Charles Quint que les entreprises de l'empereur catholique. C'est ainsi que le pape, en 1527, se trouve dans le camp ennemi et provoque, ce faisant, le sac de Rome.

Devant les tentatives et les menaces répétées d'application de l'édit de proscription de Worms, certains des princes et des villes les plus favorables à la Réforme se regroupent en une alliance défensive. D'autres princes, restés fidèles à Rome, en font autant. Selon les circonstances extérieures, selon l'état de la guerre française et de la guerre turque, des révoltes dans les Pays-Bas ou en Hongrie, selon les divisions et les rivalités qui séparent les princes (souvent à l'intérieur du même camp), qui agitent les villes, ces groupements se font et se défont. Devant l'impossibilité d'aboutir à des décisions acceptables par tous, et dans l'incapacité dans laquelle se trouvent toutes les parties prenantes d'imposer par la force une solution unique, la Diète, qui, en 1526, se réunit une nouvelle fois à Spire, laisse, pour une durée d'un an et demi, en attendant le concile, chaque *Stand* libre de « vivre avec ses sujets comme chacun pourra espérer avec confiance en assumer la responsabilité devant Dieu et la majesté de l'empereur ». Cette résolution livre en fait les affaires religieuses à la compétence des *Stände* temporels qui pourront décider du salut de l'âme des habitants de leur territoire. Mais cette décision est provisoire, incertaine, elle se heurte à une condamnation pontificale ; elle est mal supportée par l'empereur. Philippe de Hesse, qui craint une offensive impériale, négocie des alliances avec des puissances étrangères opposées aux Habsbourg (la France, la Transylvanie) et envisage une guerre préventive. Mais Luther lui-même, profondément attaché à l'idée médiévale de l'Empire, rappelle aux princes

« évangéliques » leur devoir d'obéissance envers l'empereur, *Obrigkeit* suprême et qui est légitime même quand elle persécute la vraie foi. Les hésitations des partisans de la Réforme seront exploitées lors de la Diète de 1529 (toujours à Spire) par Ferdinand et les catholiques : la résolution de 1526 est révoquée, l'édit de Worms (1521) confirmé, tout au moins dans les territoires où il avait été respecté jusqu'alors, ce qui constitue une restriction importante au détriment de la Réforme. Aucun nouveau *Stand* ne pourra, à l'avenir, embrasser la Réforme, et la messe catholique devra être autorisée partout, même là où elle avait été déjà supprimée. Contre cette nouvelle résolution, les évangéliques, l'Électeur de Saxe et le landgrave, avec trois autres princes et quatorze villes, émettent une « protestation solennelle » ; ils en appellent à l'empereur et au concile ; ils affirment qu'une décision prise à l'unanimité ne saurait être révoquée par une simple majorité et qu'en ce qui concerne « l'honneur de Dieu et le salut des âmes » chaque *Stand* doit se présenter lui-même devant Dieu et décider ce qui est de droit. Les évangéliques, parce que protestataires, vont peu à peu recevoir le surnom de « protestants ». En opposant un droit supérieur à celui de la majorité, ils introduisent un principe nouveau dans l'état constitutionnel de l'Empire ; menacés d'être mis au ban de l'Empire comme s'opposant à la résolution majoritaire, ils se concertent pour leur défense. Une rupture inguérissable, une séparation infranchissable sont ainsi infligées à l'unité du corps allemand. Beaucoup d'éléments de cette division existent encore de nos jours. Ne vit-on pas en 1990 des commentaires évoquer le renforcement de l'élément protestant qu'apporterait le rétablissement de l'unité allemande ?

Pendant que se forme ainsi un parti protestant, dans une grande partie de l'Allemagne les changements s'approfondissent et s'institutionnalisent. Et non seulement dans les domaines du culte, de la liturgie, de l'organisation ecclésiastique, mais aussi, et peut-être surtout, sur le plan temporel. L'Église était riche, immensément. Dans toutes les seigneuries et villes qui passaient à la Réforme, ses biens devenaient vacants. Les princes et les administrations municipales des villes libres s'en emparent, les sécularisent. En grande partie, ces biens servaient à des fins sociales : les fondations pieuses, par exemple, institutions pour l'entretien d'hôpitaux et d'écoles. Ces services, qui échappaient jusqu'à présent, plus ou moins complètement, au pouvoir temporel, vont passer dans sa compétence directe, mais la plus grande partie des biens d'Église qui servaient à l'entretien du clergé et à l'organisation du culte vont devenir disponibles, avec la suppression de la hiérarchie et des monastères, avec l'abolition des messes pour le salut des défunts. Dans les territoires de la Réforme, les princes et les villes vont ainsi se procurer des enrichissements énormes qui permettront d'accélérer et d'étendre le développement d'une administration moderne tout en leur donnant la possibilité d'une grande politique de constructions somptuaires, palais et hôtels de ville. Naturellement, il faudra aussi assurer sur ces richesses la rémunération des prédicateurs ou pasteurs, et l'extension du système scolaire que beaucoup de princes et de villes de la Réforme auront à cœur de promouvoir afin que le peuple puisse lire les Écritures. La création ou l'extension d'universités où se formeront les fonctionnaires et les pasteurs seront également assurées grâce aux biens d'Église sécularisés, à Marburg (Hesse), Altdorf (Nuremberg), Tübingen (Wurtemberg), Francfort-sur-l'Oder (Brandebourg), Heidelberg (Palatinat) et Strasbourg. La sécularisation des biens d'Église entraîne un immense transfert de propriétés et de revenus, au bénéfice du prince et souvent aussi, le prince dotant ses serviteurs de fiefs prélevés sur les biens d'Église, au bénéfice de l'aristocratie territoriale qui devient décidément, conséquence indirecte de l'échec de la tentative de Sickingen, une noblesse de service et s'en trouvera récompensée.

Des biens d'Église, il n'en existe pas seulement à l'intérieur des territoires des différents *Reichsstände*. Il y a aussi près d'une centaine de *geistliche Stände*, princes-archevêques, princes-évêques, abbés princiers, qui siègent au Reichstag et égalent en importance, en nombre d'habitants, en étendue et en richesse beaucoup de principautés temporelles. Si la Réforme l'emporte, leur existence ne pourra se prolonger ; elle est pour les évangéliques un sujet permanent de scandale, démonstration visible et voyante de la perversion de l'Église sous l'autorité pontificale. Et ces grands et riches territoires attirent les convoitises qui, cependant, ne méprisent pas non plus les petits, les abbayes ou chapitres plus faibles. Nous avons vu le grand maître de l'Ordre Teutonique séculariser la Prusse à son profit, mais l'appartenance de ce territoire à l'Empire n'était que formelle ; jamais l'autorité impériale ne s'y était exercée d'une manière claire et continue[1]. Pour les évêchés des territoires entre l'Elbe et l'Oder, voisins de la Saxe, du Brandebourg, de la Poméranie, il y avait toujours eu doute sur la légalité de leur *Reichsstandschaft* ; ils furent réunis sans plus de façons aux principautés temporelles adjacentes, souvent par le détour de l'élection d'un cadet de la dynastie régnante comme évêque ou comme coadjuteur. Cette même méthode indirecte fut suivie aussi par plusieurs princes protestants pour préparer la sécularisation d'évêchés dont la *Reichsstandschaft* était pourtant indiscutable, tels les archevêchés de Magdebourg et de Brême, les évêchés de Lubeck, Hildesheim, Osnabrück, Paderborn et Münster, tous situés dans le Nord-Ouest. La vieille *Reichskirche* s'écroulait par pans entiers et la perspective d'agrandissements et d'acquisitions aussi considérables pouvait contribuer à l'orientation de beaucoup de consciences princières. Si Paris vaut une messe, Magdebourg et son vaste territoire pouvaient fort bien inciter l'Électeur de Brandebourg à passer dans le camp de la Réforme. Les bénéficiaires majeurs de la sécularisation, sur le plan territorial, furent les grandes principautés du Nord-Est, Saxe et Brandebourg, le duché de Prusse, naturellement, les duchés de Brunswick, de Poméranie et de Mecklembourg, les rois de Danemark pour le duché de Holstein. Aucun de ces territoires ne sera atteint par la Contre-Réforme ; la solidité, la vigueur et l'importance de leur étendue distinguent ces « États » de la plupart des *Stände* du Nord-Ouest et du Sud-Ouest, régions beaucoup

1. Les autres territoires de l'Ordre connurent des destins très variés : la Lettonie et l'Estonie, convoitées par la Pologne, la Suède et la Russie, verront la Suède l'emporter d'abord qui devra les céder aux Russes après la fin de la grande Guerre Nordique (1701-1725). La Courlande sera un duché sécularisé au profit du lieutenant général du grand maître, un baron von Ketteler, sous suzeraineté polonaise d'abord, russe ensuite. Enfin, les vastes domaines dispersés que l'Ordre possédait dans le Reich formeront un *Stand* particulier sous le gouvernement du grand maître, jusqu'aux réformes de l'ère napoléonienne et la disparition du Saint-Empire.

plus morcelées. En Westphalie, en Rhénanie, en Franconie et en Souabe, ainsi que dans le Sud-Est (Passau, Salzbourg, Brixen et Trente au Tyrol), les principautés ecclésiastiques furent sauvées par la Contre-Réforme et poursuivront leur existence de *Reichsstand* jusqu'à la grande sécularisation de 1803. La Réforme produit ainsi un prodigieux bouleversement de la carte politique de l'Allemagne, le plus important avant le chambardement napoléonien qui entraînera la suppression de *toutes* les principautés ecclésiastiques. Comme les autres sécularisations, en Allemagne et ailleurs, celle du XVIe siècle entraînera aussi la perte d'immenses trésors artistiques, détruits par les iconoclastes, vendus ou volés par des fonctionnaires princiers. Beaucoup de monastères disparurent, brûlés par les paysans révoltés ou abandonnés après le départ des moines et des nonnes. Beaucoup d'autres furent transformés en résidences princières, ou en écoles (comme les célèbres *Klosterschulen* du Wurtemberg, pépinières de pasteurs et de savants) ; certains subsistèrent sous des abbés ou des abbesses protestants, surtout dans le duché de Brunswick-Lüneburg (Hanovre), où l'on tint à conserver des abbayes comme lieux d'accueil pour les filles non mariées de la noblesse. L'exigence de revenir à l'état du Reich d'avant la Réforme devenait une utopie au fur et à mesure que l'organisation territoriale et l'ordre constitutionnel étaient ainsi mis en cause. L'abandon de la cause de l'Évangile aurait entraîné, pour les princes devenus protestants, l'obligation de restituer les biens et territoires sécularisés. L'intérêt matériel viendra aussi, au siècle suivant, relever et étayer la passion religieuse pendant la première phase de la guerre de Trente Ans : l'empereur catholique, provisoirement victorieux, tenta alors de ramener au catholicisme, par l'édit de Restitution, tous les territoires passés à la Réforme depuis 1555.

Pendant les années d'élaboration et de consolidation de la Réforme, le problème premier devant lequel se trouvaient placés aussi bien les théologiens que les administrateurs était de donner un cadre et un ordre nouveaux à la vie religieuse. La disparition de l'Église sacerdotale et hiérarchique et l'abolition du droit canon plaçaient entre les mains du pouvoir temporel la responsabilité d'instituer cet ordre nouveau qui, dans la vision de Luther, ne pouvait évidemment pas avoir une finalité propre et autonome mais devait former un *Beruf*, une « profession-vocation », chargé d'assurer la bonne marche de la « chrétienté extérieure » et de créer ainsi les conditions favorables au salut des âmes qui lui étaient confiées. A l'origine, Luther avait fait confiance à la libre capacité des communautés qui organiseraient d'elles-mêmes le culte et la prédication, mais le choc profond que lui avait infligé la scission müntzérienne, le soulèvement socio-religieux au service d'un nouvel ordre temporel anticipant ou préfigurant sur terre le royaume de Dieu, le convainquit de la nécessité d'une autorité sociale suprême et d'un ordre imposé et garanti par celle-ci. L'ordre temporel doit soutenir la faiblesse humaine ; au service de la vérité et pour faciliter l'œuvre de la grâce, l'emploi de la contrainte était légitime. Les éléments d'une démocratie religieuse contenus dans les pensées et écrits des premières années seront vite dépassés et laissés de côté. Certes, Luther reste relativement indifférent quant aux formes du culte, et, dans ce domaine, il a longtemps défendu une certaine « liberté évangélique ». Mais, dans l'ensemble, après 1525, son profond pessimisme quant à la nature humaine ne cessera de s'affirmer. C'est dans ce contexte que se place sa rupture avec l'humanisme, dont l'occasion et le lieu intellectuel sont sa polémique avec Érasme de Rotterdam. Le « prince des humanistes », esprit subtil et tolérant, après avoir dénoncé fortement les abus de l'Église, avait néanmoins évité la rupture et l'affrontement direct avec Rome. Lui-même et ses amis ont commencé par prendre Luther pour l'un des leurs, se méprenant sur l'intolérance et l'autoritarisme que commandait chez le Réformateur sa préoccupation exclusive des choses du salut, domaine où la tolérance devient crime, et pis encore, péché. Dans l'un de ses textes les plus vifs et en même temps les plus profonds, *De servo arbitrio*, Luther se sépare de l'optimisme humaniste et lui oppose sa mystique de la grâce, toujours imméritée. Pour pallier l'incapacité et le mauvais vouloir des hommes, le prince doit contraindre à « être pieux et justes » ceux qui refusent de le devenir après avoir entendu la parole de Dieu.

La disparition de l'ancienne structure ecclésiastique a laissé libre cours au désordre des mœurs, au doute, à l'individualisme, à la superstition. La vie religieuse est en de nombreux lieux en voie de s'éteindre. Une commission de théologiens et de juristes nommée par l'Électeur de Saxe en fait la triste constatation. Sur les conseils de Luther, l'Électeur crée alors une nouvelle structure extérieure pour le culte et la prédication : des prédicateurs ou pasteurs sont nommés ou confirmés (et les incapables écartés) ; des « superintendants », résidant dans les chefs-lieux de province, sont chargés de les former et de les inspecter. Pasteurs et intendants sont désignés par l'autorité princière.

Pour que l'oreille du peuple s'ouvre à la Parole, celui-ci a besoin d'un minimum d'instruction. L'école sera pour Luther, ses collaborateurs et pour les princes protestants, l'objet de soins constants. Tandis que Melanchthon et d'autres amis définissent les positions protestantes en matière dogmatique et instruisent les pasteurs en conséquence, Luther rédige lui-même ses deux *Catéchismes* (le grand et le petit) qui, au même titre que sa traduction de la Bible, formeront le fondement de l'esprit évangélique en Allemagne, tout en forgeant la langue dans cet esprit, au besoin. Ainsi se mettent en place une nouvelle Église et une nouvelle orthodoxie, mais les révolutions sont rarement conscientes de la totalité du sens de leur œuvre ; les princes et les théologiens protestants espèrent toujours que l'unité chrétienne sera rétablie par le concile qui devra bien reconnaître que, loin d'être des novateurs, ils ne font que restituer l'Église dans sa pureté première.

Les princes seront ainsi les maîtres de la nouvelle Église et, par ricochet, les seigneurs qui restent fidèles à l'ancienne foi ne veulent pas, en matière ecclésiastique, être moins bien placés que les réformés. Les ducs de Bavière et les archiducs d'Autriche obtiennent du pape des droits d'inspection et de contrôle très étendus sur leurs Églises territoriales et se chargent eux-mêmes de la lutte contre l'hérésie. Le principe de l'unité religieuse de chaque *Stand* tel qu'il est formulé pour la première fois au Reichstag de Spire, en 1526, constitue pour les princes et les villes une nécessité absolue : réunie peu à peu par des générations de guerres et de mariages, les possessions de chaque dynastie princière forment le plus souvent un ensemble encore fragile qui ne résisterait pas à l'introduction de la division religieuse. Le Reich évolue depuis longtemps en direction d'une confédération d'éléments largement autonomes. En permettant aux princes de réunir à leur traditionnel pouvoir temporel les anciens pouvoirs ecclésiastiques, la Réforme accélère la décomposition de l'Empire. En même temps, elle crée deux réalités qui joueront un rôle capital dans l'Allemagne protestante des siècles suivants : l'administration princière s'exerçant sur et dans les Églises, et la « maison pastorale allemande ». Le *Landesherrliche Kirchenregiment* (le gouvernement ecclésiastique exercé par le seigneur du territoire) a tendance à gérer l'Église comme une autre branche de l'administration ; de son côté, le pasteur avec sa femme et ses enfants, avec son rôle d'enseignant, d'organiste, de chef de chorale, d'officier d'état civil, sera pendant des siècles, en Allemagne protestante, au centre de la vie non seulement religieuse, mais intellectuelle et artistique. Le chant d'église, le choral chanté par la communauté et, par conséquent, la culture musicale tiennent un rôle essentiel dans la paroisse, selon Luther, qui fut lui-même un poète inspiré et un musicien inspiré. Pendant trois siècles, une grande partie de l'intelligentsia allemande viendra d'un *protestantisches Pfarrhaus*. Ferveur et étroitesse, une solide culture humaniste consacrée presque exclusivement à des fins religieuses, le goût de la discipline et du travail bien fait, joint à la tendresse qu'on sent vibrer dans beaucoup de chants et de poèmes luthériens, le goût du savoir, de la certitude mais aussi de l'intolérance, allié à une conception spartiate et puritaine de l'existence, avec de telles vertus et de tels défauts, les « maisons du pasteur » ont été les pépinières de la nation protestante.

L'année 1530 marque un des moments les plus solennels de la Réforme. Au sommet de sa puissance, abordant l'âge mûr avec ses certitudes de toujours servies maintenant par une plus riche expérience, Charles Quint ouvre le 15 juin la Diète d'Augsbourg. Il espère sérieusement en finir cette fois-ci avec la scission religieuse, en ramenant en Allemagne les dissidents à une ancienne foi purifiée, et en arrachant enfin au pape la convocation du concile universel dont la Curie se méfie si profondément depuis les expériences de Constance et de Bâle, au XVe siècle. A tous les *Stände*, l'empereur a demandé d'exposer leurs positions en matière religieuse. Le 25 juin, Philippe Melanchthon, le premier et principal collaborateur de Luther, expose au Reichstag le sentiment des princes protestants ainsi que de quelques villes, dont la plus importante est Nuremberg. Cependant, les graves dissensions qui ont éclaté entre les luthériens et les fidèles du réformateur zurichois Zwingli ont empêché les novateurs de présenter un front unique[1]. Zwingli lui-même fait déposer à la Diète sa *Ratio fidei*, et certaines villes de haute Allemagne, notamment Strasbourg et Constance, présentent une *Confessio tetrapolitana* (la Confession des quatre villes, dans le latino-grec des pédants humanistes) qui, par sa doctrine de l'eucharistie, est proche des opinions zwingliennes. Dès sa première apparition constituée, le protestantisme allemand se présente ainsi divisé et ces divisions feront partie de son histoire et de l'histoire allemande jusqu'à nos jours, plus profondes et violentes encore quand, par la suite, s'y ajoutera l'approche calvinienne.

La *Confession d'Augsbourg* est un document de circonstance, témoignage d'un moment où personne, même chez les luthériens, ne veut encore admettre l'idée qu'il y aura désormais plusieurs Églises du Christ. A la fois pour des raisons qui tiennent à ses convictions les plus profondes et pour des raisons d'opportunité politique à un moment où l'empereur paraît investi d'une puissance et d'une gloire immenses, Melanchthon s'est efforcé de présenter les positions luthériennes dans des formules modérées gommant beaucoup d'éléments importants, ou les passant sous silence. Le texte de la *Confessio Augustana* tend avant tout à minimiser les divergences et à faire apparaître les opinions des réformés comme compatibles avec un noyau dur de la foi traditionnelle. Melanchthon est allé loin : en échange du « calice » pour les laïcs et du mariage des prêtres, il accepte l'ancienne messe et la juridiction épiscopale. La vision des scissions et sous-scissions que suscite sans cesse la prédication de la

1. Sur Zwingli, voir plus loin, p. 318 *sq*.

Parole pure a rendu prudents, voire timorés, beaucoup d'amis de la première heure. L'idée d'une entente avec les partisans raisonnables de l'ancienne Église leur convient mieux que la spirale sans fin des innovations d'inspiration individuelle de plus en plus incertaine. Et cependant, ce texte, la *Confession d'Augsbourg*, lié à des circonstances depuis longtemps dépassées, conserve, de nos jours encore, une force et une dignité incomparables. Près de cinq siècles de devenir humain ne l'empêcheront pas d'exprimer aujourd'hui encore, d'une manière bouleversante (à cause de sa modération), le consentement à la fois humble et résolu avec lequel des millions d'hommes et de femmes accueillent la grâce imméritée de Dieu.

Les catholiques, à la demande de l'empereur, présentent, en août, une *confutatio*, une réfutation, et des négociations s'engagent qui, à certains moments, et même sur des points importants, aboutissent à des rapprochements. Luther, que le ban d'Empire empêche de participer lui-même à ces travaux, reste sceptique ; il désespère d'une réforme générale de l'Église et souhaite seulement la liberté pour la Parole, là, du moins, où elle a déjà réussi à se faire entendre. Charles Quint lui-même n'est à aucun moment sensible au véritable cri de détresse qu'exprime le soulèvement religieux, ni à ce qu'il a en lui de définitivement moderne, ni à ce qu'il a en lui de définitivement allemand, puisque c'est la nation presque tout entière qui a compris que Luther la libérait d'une humiliation séculaire qu'elle ne voulait ni ne pouvait supporter davantage. L'empereur négocie avec le pape et lui arrache (à contrecœur) un consentement diplomatique à la convocation du concile, avec cette condition inacceptable que les protestants commencent par rétablir chez eux l'ordre ancien qu'il s'agit, précisément, d'examiner au concile. Alors, tout se défait, les protestants, rendus méfiants par le refus de l'empereur de recevoir la réponse de Melanchthon à la réfutation catholique, s'en vont peu à peu sur la pointe des pieds. La résolution finale n'est votée en novembre que par les seuls catholiques (et même point par tous). Elle rétablit les anciennes règles et coutumes en matière religieuse et, comble de maladresse, impose la restitution des biens d'Église sécularisés. L'espoir des luthériens de faire accepter leur doctrine comme orthodoxe au sein de l'ancienne Église s'est envolé. Naturellement, les *Stände* protestants protestent à nouveau. Leurs intérêts et leurs convictions les obligent à résister. Après la Diète d'Augsbourg de 1530, il est certain désormais que la réforme de l'Église et la réforme du Reich ont également échoué, dans la mesure où les espoirs des partisans des réformes, depuis plus d'un siècle, avaient toujours visé ensemble les deux grands corps de la réalité médiévale et que personne n'avait osé envisager leur éclatement. L'incompréhension dont Charles Quint a fait preuve vis-à-vis de ses sujets allemands compte pour beaucoup dans ce résultat désastreux. S'il veut rétablir l'unité de la foi et restaurer la dignité impériale, il ne lui reste plus désormais que la voie de la force dont il ne possède pas réellement les moyens.

Pendant plus de quinze ans, le jeu complexe aux figures multiples qui s'est, peu à peu, engagé depuis 1517 va continuer encore, réservant à tous les participants des fortunes diverses, sans décision véritable et définitive. Charles Quint poursuit son rêve universel, combattant contre la France et le Turc. A la tête d'une grande armée chrétienne, il s'élance en Hongrie pour n'y rencontrer que le vide. A sa victoire de Tunis fera suite l'échec devant Alger. Dans l'Italie mal soumise, le Saint-Siège ne cessera de s'agiter en forgeant des alliances contre le chef temporel de la chrétienté catholique et en reculant sans fin l'échéance conciliaire. En Allemagne, la résolution finale d'Augsbourg se révélera inapplicable ; il faudra encore et toujours composer avec les *Stände* luthériens, leur accorder de nouveaux sursis dans l'esprit de l'accord de 1526. L'impuissance d'un empereur trop puissant sur trop de territoires et qui, à nouveau, restera éloigné pendant près de dix ans de son Empire allemand, favorise l'expansion de la Réforme : les uns après les autres, les États et les villes de l'Allemagne du Nord adoptent le contenu et les formes du luthéranisme wittenbergeois, bientôt suivis par les États scandinaves. Des résistances sporadiques, celles d'un duc de Brunswick ou d'un roi du Danemark, beau-frère de l'empereur, sont écrasées préventivement par l'intervention militaire des voisins déjà réformés qui ne peuvent risquer le maintien, au cœur des terres protestantes ou susceptibles de les encercler, de positions catholiques sur lesquelles pourrait un jour prendre appui une contre-offensive de la force impériale. Pour empêcher celle-ci de se déclencher, les *Stände* protestants s'unissent en 1531 dans la Ligue de Schmalkalden (du nom d'une petite ville de Thuringe) qui constituera pendant une quinzaine d'années la principale force politique et militaire de l'Allemagne, et l'efficace bouclier du luthéranisme. Appuyé sur cette ligue, le landgrave de Hesse osera même ramener de force dans son pays le duc exilé, Ulrich de Wurtemberg, après en avoir chassé les troupes et l'administration de Ferdinand d'Autriche. Ulrich, aussitôt réinstallé, introduit officiellement la Réforme dans son duché qui sera le premier État protestant important dans le sud de l'Allemagne. Deux *Stände* considérables du Nord-Est, le duché de Saxe, appartenant à une lignée cousine de celle qui possède l'électorat, et l'électorat de Brandebourg, longtemps citadelles du catholicisme, sont alors entraînés dans le luthéranisme, par les héritiers des précédents princes, encore fidèles à l'ancienne foi. A Cologne, c'est le prince-archevêque-électeur lui-même qui introduit la Réforme, mais il sera peu après forcé à abdiquer. L'Électeur palatin est, lui aussi, favorable à la nouvelle foi. Cette longue période de succès est aussi, pour le luthéranisme, un temps de consolidation. Ce ne sont plus des mouvements populaires irrésistibles ou l'ardente aspiration personnelle à une foi plus pure ni l'élan d'une inspiration individuelle irréfutable qui convertissent à l'Évangile de grandes étendues territoriales, des Pays-Bas aux frontières de la Russie, mais la décision réfléchie des autorités qui s'impose aux sujets et qui leur impose de nouvelles croyances, de nouveaux rites, de nouvelles formes d'administration du spirituel et, en fin de parcours, une nouvelle orthodoxie. Tout cela ne se ferait pas, bien sûr, sans la force intérieure et la passion religieuse qui continuent à remuer les âmes, mais la force et la passion sont désormais solidement domestiquées, bien « récupérées », comme dira notre siècle. Du vivant de son créateur, qui ne mourra qu'en 1546, la révolution luthérienne se sera transmuée en nouvel ordre établi suivant la voie et le destin qui s'imposent tôt ou tard à toutes les révolutions, et avec le consentement même du réformateur.

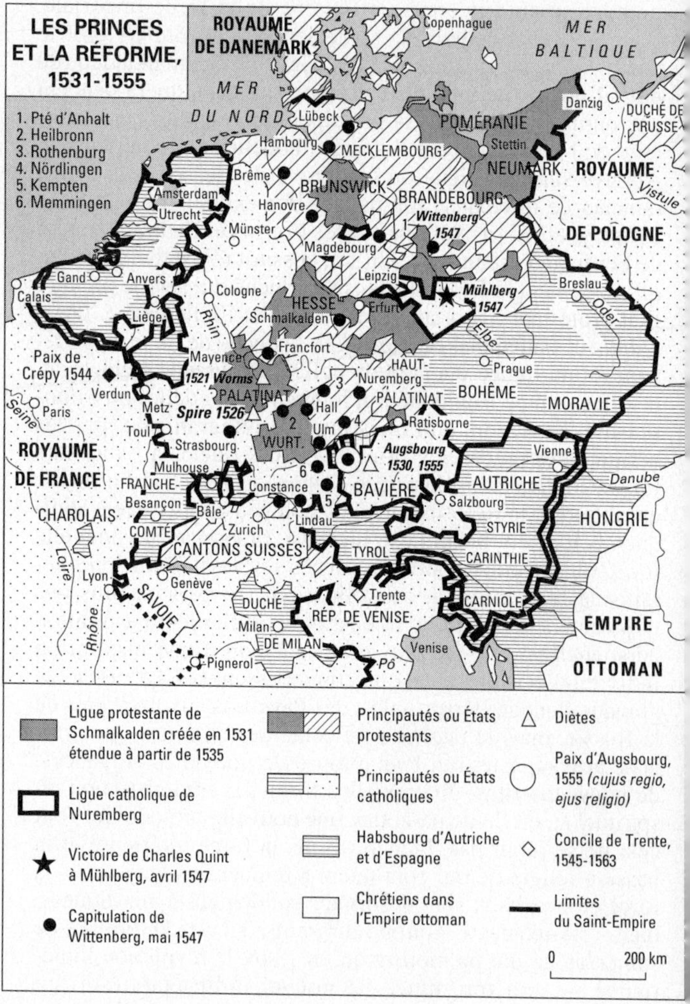

LES PRINCES ET LA RÉFORME, 1531-1555
1. Pté d'Anhalt
2. Heilbronn
3. Rothenburg
4. Nördlingen
5. Kempten
6. Memmingen
ROYAUME DE DANEMARK
Copenhague
MER BALTIQUE
MER DU NORD
Lübeck
Danzig
DUCHÉ DE PRUSSE
POMÉRANIE
Hambourg
MECKLEMBOURG
Stettin
NEUMARK
ROYAUME DE POLOGNE
Vistule
Brême
BRUNSWICK
BRANDEBOURG
Amsterdam
Utrecht
Hanovre
Wittenberg 1547
Münster
Magdebourg
Gand
Anvers
Leipzig
Calais
Cologne
HESSE
Erfurt
Mühlberg 1547
Breslau
Oder
Liège
Rhin
Schmalkalden
Elbe
Francfort
Paix de Crépy 1544
Mayence
HAUT-PALATINAT
Prague
1521 Worms
Nuremberg
BOHÊME
Verdun
PALATINAT
MORAVIE
Seine
Paris
Metz
Spire 1526
Hall
Ratisborne
Toul
Ulm
ROYAUME DE FRANCE
Strasbourg
WURT.
Augsbourg 1530, 1555
Vienne
Mulhouse
AUTRICHE
Danube
FRANCHE-COMTÉ
Constance
BAVIÈRE
Besançon
Bâle
Salzbourg
CHAROLAIS
Zurich
Lindau
STYRIE
HONGRIE
CANTONS SUISSES
TYROL
CARINTHIE
Loire
Lyon
Genève
SAVOIE
Trente
DUCHÉ DE MILAN
CARNIOLE
Rhône
Milan
RÉP. DE VENISE
EMPIRE OTTOMAN
Venise
Pignerol
Pô
Ligue protestante de Schmalkalden créée en 1531 étendue à partir de 1535
Principautés ou États protestants
Diètes
Paix d'Augsbourg, 1555 (cujus regio, ejus religio)
Ligue catholique de Nuremberg
Principautés ou États catholiques
Victoire de Charles Quint à Mühlberg, avril 1547
Habsbourg d'Autriche et d'Espagne
Concile de Trente, 1545-1563
Capitulation de Wittenberg, mai 1547
Chrétiens dans l'Empire ottoman
Limites du Saint-Empire
0 200 km

Luther, en vieillissant, de plus en plus agressif et même grossier, angoissé aussi devant le spectacle des drames et tragédies qui naissent de ses œuvres, garde cependant entière la vigueur haletante de son génie, prêchant, écrivant, composant, chantant sans cesse, achevant la traduction de la Bible, enseignant, conseillant, condamnant, mêlant les niveaux et les ordres comme il arrive à tous les humains, même aux plus grands. Il autorise le double mariage, la bigamie du landgrave de Hesse, comme un moindre mal, et, invoquant les précédents de l'Ancien Testament, il fera, contre les juifs qui ne veulent pas se convertir, un opuscule furibard et déplorable ; il défendra l'empereur contre le pape qui lui reproche de composer avec les protestants. Il meurt, sûr d'avoir obéi à la voix de Dieu et certain d'être le plus pécheur des pécheurs, le plus étonnant génie que la nation allemande ait jamais produit, tremblant sans cesse et toujours inébranlable, terrible et merveilleux modificateur de destins, soucieux seulement de la grandeur de Dieu, furieusement centré et fermé sur lui-même, et montrant ainsi jusqu'à quelles extrêmes limites peuvent aller de pair la petitesse et la grandeur humaines.

Quelques mois à peine après la mort de Luther, le concile universel tant attendu s'ouvre enfin à Trente, beaucoup trop tard et sans les protestants, sans beaucoup de catholiques aussi, puisque les Français sont absents et que l'Angleterre a déjà été engagée par Henri VIII sur la voie d'un schisme très particulier. Contrairement aux vœux de l'Allemagne et de l'empereur, cette assemblée, essentiellement italienne et espagnole, commencera par définir les positions dogmatiques de l'Église sur les points les plus attaqués, avant de réformer ses manières d'être. La confirmation de la tradition comme expression de la volonté divine, égale en droit à l'Écriture, et le maintien d'une doctrine de la grâce et de la justification qui avait permis les abus du trafic des indulgences sont décidés dès le départ et consomment ainsi la rupture. Pendant ce temps, l'empereur, ayant terminé depuis 1544 une nouvelle guerre avec la France, après une victorieuse avancée dans la vallée de la Marne, se prépare à frapper le grand coup qui, quinze ans plus tôt, aurait peut-être encore permis d'écraser le protestantisme mais qui, de toute façon, viendra maintenant trop tard. Après avoir fait mettre au ban de l'Empire le landgrave de Hesse et l'Électeur de Saxe, il entre en campagne. En mai 1547, les troupes espagnoles de Charles Quint triomphent à Mühlberg, sur l'Elbe. Le landgrave et l'Électeur sont faits prisonniers. Cette victoire, cependant, n'a pu être obtenue que par la trahison d'un protestant, du duc Maurice de Saxe, chef de l'autre lignée de la maison de Wettin. Quoique personnellement luthérien, Maurice n'a pas résisté à la promesse de la dignité électorale qui est enlevée à son cousin. A l'exception de l'extrême Nord, toute l'Allemagne est aux pieds de Charles Quint. L'archevêque de Cologne qui avait voulu transformer l'électorat en principauté héréditaire est déposé. Une nouvelle diète convoquée à Augsbourg vote, en mai 1548, un nouveau compromis religieux (l'empereur, déçu par les débuts du concile, veut conserver un moyen de pression sur le pape car il est sincèrement attaché à l'idée conciliaire et ne peut de toute façon, même victorieux, nier complètement le fait luthérien). Le dogme catholique et le culte sont partout rétablis, mais la communion sous les deux espèces et le mariage des prêtres provisoirement maintenus. Pour ménager les princes protestants, il n'est plus question de la restitution des biens de l'Église déjà sécularisés. Cet « Intérim » (arrangement provisoire) n'est, en fait, appliqué qu'en haute Allemagne et seulement dans les villes et petits territoires princiers où le culte catholique est rétabli de force. Mais il n'y a déjà plus assez de prêtres restés catholiques pour le maintenir partout et les prédicateurs protestants, persécutés, conservent l'oreille du peuple. La victoire de Charles Quint et l'Intérim arrêtent cependant la progression du protestantisme qui, auparavant, ne rencontrait guère de résistance. Mais il est trop tard dans la plus grande partie de l'Allemagne pour revenir en arrière et pour restaurer en même temps l'unité de la foi et celle de la pratique. Il faudra, néanmoins, encore tout un siècle de guerres de religion pour que cette constatation fût définitivement admise (1548, année de l'Intérim ; 1648, année de la paix dite de Westphalie).

L'Intérim ne pouvait durer, ni la domination impériale appuyée sur les troupes étrangères, trop dure pour les forces que Charles Quint possédait réellement et qu'il pouvait entretenir en permanence, trop douce aussi pour ce qu'elle avait de dur. Devenu Électeur, Maurice de Saxe se rappela qu'il était protestant, et prince d'Empire, menacé autant que les autres par les projets de Charles qui, pour consolider son autorité largement rétablie, tente, comme jadis Henri VI au sommet de la puissance du Reich médiéval, de rendre l'Empire héréditaire. Après Ferdinand, son frère, roi des Romains depuis 1534, Philippe d'Espagne, son fils aîné, devait prendre la succession, et Maximilien, fils aîné de Ferdinand, succéder à son tour à Philippe. Ainsi, l'union de l'Espagne et de l'Allemagne et l'unité de la dynastie habsbourgeoise resteraient acquises. L'intérêt de la religion et son propre intérêt politique poussent maintenant Maurice à préparer la revanche protestante après qu'il eut été le principal artisan de la défaite de ses frères en la foi. Il n'hésite pas à s'allier à Henri II, le nouveau roi de France, à qui les protestants promettent de livrer les villes de Metz, Toul et Verdun avec leurs territoires. La Réforme, au départ, avait été la cause de la nation allemande ; pour sa défense, elle fait à présent appel à une aide extérieure dont la cause nationale fera les frais. Attaqué par surprise, alors qu'il n'a presque pas de troupes en Allemagne, Charles Quint, humilié, doit chercher refuge en Italie (mars 1552). Sur les ruines de la victoire de 1547, Ferdinand négocie avec les vainqueurs. Charles, ayant réuni de nouvelles forces, tente de reprendre Metz, mais en vain. Une fois de plus, la guerre générale recommence avec la France, des Pays-Bas à l'Italie du Nord. Mais à présent Charles Quint est usé ; les échecs ont ruiné sa santé autant que les fatigues d'une vie de voyages et de campagnes et les excès de table. Les défaites ne sont-elles pas des condamnations divines ? Après avoir remis à Philippe, son fils, les Pays-Bas, la Franche-Comté, l'Espagne, les provinces dans le Nouveau Monde, Naples et Milan, il abdique l'Empire en faveur de Ferdinand (septembre 1556). Une brève vie de retraite l'attend près du couvent de San Gerónimo de Yuste, en Estrémadure, bien loin de l'Allemagne qui lui est toujours restée étrangère. Ce n'est pas une vie de moine que mène l'empereur-roi retiré du monde : dans un luxe décent et dans le recueillement, il attend une fin qu'il sait proche.

A sa manière et en son temps, il a vécu l'échec du grandiose rêve impossible d'un empire universel, comme ses grands prédécesseurs au Moyen Age. Comme Luther, il avait vécu dans la continuité d'un passé dont tous les deux, l'un par ses succès, l'autre par ses échecs, avaient précipité l'abolition. Luther avait été un génie éclatant, Charles seulement un esprit moyen qui prenait au sérieux une mission immense, trop grande pour lui, impossible à remplir. Luther, qui avait voulu tout autre chose, travailla au bénéfice de la cause des princes devant laquelle l'empereur succombe. De la Réforme, les peuples d'Allemagne espéraient depuis plus d'un siècle une Église plus pure et plus pauvre, un Reich plus uni et plus puissant. Maintenant, la survie d'une Réforme bien endiguée au service du pouvoir des princes est assurée dans une grande partie de l'Allemagne, mais le Reich ne sera plus qu'une fédération composée de *Stände* de plus en plus indépendants. Encore convoquée par Charles, une nouvelle Diète établit à Augsbourg, sous la présidence de Ferdinand, les normes d'une paix religieuse (résolution du 25 septembre 1555).

Chaque *Stand* pourra, désormais, conserver la religion qu'il confesse, catholique ou luthérienne. Mais les adhérents des autres voies de la Réforme, zwingliens, calvinistes, anabaptistes, sont exclus de ce nouveau compromis ; les luthériens leur appliquent le même principe de rejet, comme hérétiques, non-conformistes, *dissenters* comme on dira en Angleterre, que l'Église romaine avait tenté de maintenir à leur égard. En fait, peu à peu les calvinistes deviennent, eux aussi, bénéficiaires de la *Religionsfrieden* de 1555 et les zwingliens resteront la tendance dominante du protestantisme en Suisse alémanique.

Les sujets seront tenus de suivre la religion de leur prince ; aux dissidents, il n'est garanti que le droit à l'émigration. Une « réserve ecclésiastique » interdit aux princes spirituels de « réformer » leurs territoires ; en cas de conversion personnelle, ils devront démissionner. Inversement, leurs sujets protestants pourront conserver la foi sans émigrer.

La paix religieuse d'Augsbourg tente ainsi de figer l'état confessionnel et politique de l'Allemagne, tel qu'il se présente à l'issue des deux premières guerres de religion. Les protestants luthériens voyaient reconnu leur maintien dans les territoires acquis et les catholiques – pourvu que les princes catholiques demeurassent fidèles à leur foi – prémunis contre de nouvelles offensives de la Réforme. Aux grands élans désordonnés et subversifs des débuts fait suite une ère de stabilisation, de remise en ordre, voire de répression. C'est aux Pays-Bas et en Angleterre que se vivront maintenant les grandes ardeurs religieuses qui déclencheront par la suite la passion de l'aventure et la recherche du succès économique. L'Espagne, pendant ce temps, connaît l'apogée de sa prodigieuse, cruelle et décevante entreprise coloniale.

Est-ce un hasard si, après l'endiguement de la Réforme dans le parc de l'orthodoxie wittenbergeoise et de l'ordre administratif princier, et après l'échec des tentatives de restauration impériale, l'économie allemande paraît, elle, entrer dans une longue phase de léthargie, que la grande floraison du génie pictural et plastique s'éteint, que la poésie et la littérature (à l'exception du chant religieux luthérien) ne parlent plus que d'une voix à peine audible ? Dans l'ordre de l'esprit, aucun nom vraiment éminent n'est à retenir entre Luther et Leibniz ; dans l'ordre politique, personne ne mérite vraiment de sortir de l'anonymat entre Charles Quint et Wallenstein. Quant aux Fugger et aux Welser, les grands banquiers de l'époque, leurs héritiers deviendront princes et leurs banques feront banqueroute. Après un dernier sursaut lié à la Réforme, la Hanse se disloquera elle aussi devant l'offensive des princes allemands et des rois étrangers. Certes, le Reich ne disparaît pas, ni même le *Reichspatriotismus* qui se dispute avec l'égoïsme sacré le cœur des princes. De toutes les entreprises et réalisations du règne de Charles Quint, la plus utile et la plus durable est peut-être cette *Constitutio criminalis carolina*, en bref, la *Carolina*, qui donne à l'Empire un droit pénal cadre, moderne (pour l'époque) et efficace, que les princes et les villes adoptent au moins en partie, œuvre de juristes et d'administrateurs à la fois éclairés et patriotes. C'est sous Charles Quint également que le Reich parvient à se doter d'un système monétaire amélioré qui n'élimine pas complètement la pluralité et le désordre mais leur impose une certaine limite, grâce à l'existence d'une monnaie d'or impériale. A la même période, la France et l'Angleterre traversent elles aussi des crises profondes, menaçantes pour l'unité de l'État, mais de ces crises, la monarchie française et l'État anglais sortiront renforcés, alors que l'Allemagne voit au même moment progresser sa division et son affaiblissement. Révolution nationale à ses débuts, la Réforme devra sa survie à l'alliance de ses princes avec la royauté française, ennemie à la fois du protestantisme français et de la nation allemande. La France et les princes allemands avaient déjà été les véritables vainqueurs de la longue guerre que l'Empire et la papauté s'étaient livrée du milieu du XIe au milieu du XIVe siècle. Ce seront encore une fois la France et les princes allemands qui tireront profit de la crise protestante et des guerres religieuses intermittentes et partielles que se livrèrent en Allemagne, malgré la paix religieuse de 1555, la Réforme et la Contre-Réforme.

Avant de terminer le récit de ce grand, sublime et décevant chapitre de l'existence allemande, il nous faut encore revenir un instant en arrière pour mentionner brièvement deux enchaînements qui n'ont pu trouver encore leur place dans un récit trop linéaire, appliqué à suivre les courants majeurs de la Réforme et de l'histoire politique. C'est d'abord, sur les confins de l'Allemagne, sur des terres qui ne sont plus d'Empire que de nom, le développement de la Réforme zwinglienne. Humaniste et prêtre comme Luther, mais d'une culture plus riche et d'une nature moins mystique – autoritaire et intolérant, l'un autant que l'autre –, Huldrych Zwingli a bouleversé l'ancien ordre théologique et ecclésiastique de la République zurichoise, alors que Luther fut et demeura le sujet loyal de son prince-électeur. Zwingli est un patriote, passionné adversaire d'une politique extérieure qui vend à l'étranger la force militaire des paysans suisses (parce que la terre et l'emploi manquent dans les pauvres vallées pour les fils cadets) ; dans sa découverte progressive d'une religion plus pure, d'un christianisme plus authentique, il s'appuie sur la démocratie des artisans et commerçants qui, instruits par lui, imposent leur volonté au Conseil où dominent les patriciens. C'est la majorité des « bourgeois » qui votent en 1525 l'abolition de la messe, la suppression des images, l'institution de l'eucharistie comme simple cérémonie de commémoration. Le lien originel, chez Zwingli, entre démocratie et Réforme s'accentuera par la suite, au fur et à mesure qu'il devra triompher de résistances diverses, des partisans de la vieille foi, des sceptiques, des mous, souvent issus des vieilles familles aristocratiques. L'Église, chez Zwingli, c'est la communauté populaire qui nomme les prédicateurs, fixe le dogme, contrôle les mœurs. La fréquentation du culte est rendue obligatoire en 1529 ; l'*Obrigkeit*, l'autorité, est ici la communauté unanime dont Zwingli est à la fois le conducteur et l'interprète. L'ennemi, de « droite », les catholiques, ou de « gauche », les « baptistes », partisans du baptême des adultes et d'une religion de l'inspiration individuelle, feront vite l'objet d'une répression formidable : dans la Zurich de Zwingli, le bourreau châtie les crimes de foi comme les crimes de mœurs. Le chrétien et le citoyen se confondent dans la théocratie zwinglienne, comme dans le royaume de Müntzer. La distinction des deux royaumes que Luther pose en principe, quitte à charger l'autorité temporelle d'une mission permanente de police spirituelle, n'existe point chez Zwingli. Aussi bien la théologie zurichoise est-elle plus rationaliste, plus humaniste, plus confiante dans les lumières naturelles et plus encline à évacuer le mystère que la pensée wittenbergeoise. Contre Zwingli s'emploient les *Orte* (littéralement, « lieux », aujourd'hui cantons) de la Suisse intérieure qui, pour des raisons économiques, ne peuvent ni ne veulent renoncer au mercenariat que le réformateur, qui avait été chapelain militaire des contingents suisses en Italie en 1513 et 1515, veut, lui, supprimer pour des raisons nationales et humanistes. Contre lui se dressent aussi l'évêque de Constance, patron de l'Église de Zurich, et l'Autriche. Mais Zwingli, de son côté, exerce une influence grandissante sur les villes allemandes de Souabe et de la vallée du Rhin, de Constance à Strasbourg et à Augsbourg. Il réussit à entraîner dans le camp de « sa » Réforme Berne, la plus puissante des villes voisines. Peu de temps après, ce sera le tour de Bâle, puis de toute la vallée du Rhin supérieur jusque dans les Grisons. Politique autant que religieux, Zwingli entre dans les grands projets d'expansion protestante que nourrit alors Philippe de Hesse. D'une certaine manière, son action revient sur l'isolement dans lequel les Suisses se trouvent par rapport à l'Empire depuis la fin du xve siècle. Mais, pour mener cette nouvelle politique, il faut l'unité des partisans de la Réforme : des princes et des théologiens. Or, les princes saxons, conseillés par Luther, ne veulent pas rompre avec l'empereur et Luther considère Zwingli comme un hérétique, proche de Müntzer. Leur opposition irréductible se noue autour de la doctrine de l'eucharistie : Luther maintient la formule catholique de la présence réelle. Zwingli est convaincu que Dieu, dans sa bonté, permet à l'homme de saisir avec sa raison *toute* la réalité divine. « Un serviteur, objecte Luther, ne réfléchit pas sur la volonté de son maître, il faut fermer les yeux. » A quoi Zwingli riposte que « Dieu ne demande pas l'impossible. Il est lumière et ne mène pas dans l'obscurité ». Leur affrontement décisif et personnel a lieu à Marburg, chez le landgrave, en octobre 1529, et se termine par une rupture-éclat[1]. Les villes de haute Allemagne suivent en partie Zwingli ; d'autres, dont Strasbourg, élaborent une position médiane. Les princes saxons et leur clientèle se refusent aux projets politiques offensifs du landgrave. Zurich se trouvera, par la suite, exclue de la Ligue de Schmalkalden (1531) qui réunit les protestants après la Diète d'Augsbourg. Pourtant, Luther aura fini par admettre que les princes protestants, eux-mêmes investis de l'autorité par Dieu, ont un droit de résistance envers l'autorité impériale si celle-ci les menace de force dans les affaires de la foi. Mais à la fin de cette même année, Zwingli, qui pousse le devoir civique jusqu'à accompagner les troupes de Zurich en guerre contre les *Orte* catholiques sur la question des mercenaires, est tué à la bataille de Kappel. La Réforme suisse survivra pourtant à son fondateur, mais repliée sur elle-même. Les villes de haute Allemagne perdent l'appui qu'elles avaient trouvé à Zurich ; pour leur défense, elles doivent rechercher l'alliance des protestants du Nord et se rapprocher d'eux sur le plan religieux. Ce ralliement partiel sera l'œuvre de Bucer, le réformateur strasbourgeois. Contraints à organiser la cohabitation des *Orte* catholiques et protestants, condition de leur existence comme

1. C'est à Marburg que Luther marque son refus de tout compromis dans la question eucharistique, en écrivant à la craie, sur la table, les paroles de l'institution : « *Haec est enim...* »

réalité politique autonome dans la Confédération et en Europe, les Suisses s'isolent à nouveau et même davantage. C'est à Genève que l'influence de Zwingli s'exercera avec la plus grande fécondité, c'est là que l'œuvre, à la fois religieuse et politique, du prédicateur zurichois sera reprise et approfondie par Calvin. C'est sous la forme calviniste que la seconde suisse gagnera ensuite en Allemagne des positions solides au cours de la deuxième moitié du siècle dans le Palatinat, la Frise, la ville de Brême – sans parler des Pays-Bas septentrionaux où le calvinisme accentuera la tendance à la séparation d'avec le reste de l'Allemagne. Mais, autant Zwingli était allemand par la religiosité, ses sentiments et sa vision politique, autant le calvinisme apparaîtra toujours comme un élément profondément différent, étranger au fonds historique et culturel commun de l'Allemagne.

Si la doctrine et la pratique de Zwingli aboutissent à une sorte de dictature d'un « ordre moral » rationaliste, un christianisme autoritaire des Lumières avant la lettre, il n'est peut-être pas étonnant de voir naître à Zurich même une nouvelle « extrême gauche radicale » de la Réforme dont la caractéristique dominante est précisément le rejet de la participation à tout ordre extérieur civil et civique. Dès les tout premiers temps de la Réforme zwinglienne, l'édification d'une nouvelle orthodoxie organiquement liée à l'institution politique soulève des résistances sur sa « gauche ». Zwingli ne va pas assez loin ni assez vite dans sa rupture avec l'ancienne Église ; la soumission à la direction politique est intolérable en matière de foi, ceux que la grâce de Dieu « éveille », et fait ainsi entrer dans la communauté des élus, n'ont que faire d'interprétations officielles de l'Écriture, qu'elles émanent de l'ancienne ou des nouvelles Églises. Réunis en groupuscules sans liturgie ni célébration autre qu'un repas commémoratif de la Cène, ils lisent les Écritures et se les expliquent mutuellement selon l'inspiration intérieure. Mais, comme nul ne peut se passer entièrement d'une traduction en gestes extérieurs des mouvements spirituels qui l'agitent, les dissidents font du baptême le signe visible de l'appel de Dieu et de l'entrée dans la Communauté des appelés. Il va de soi qu'ils repoussent avec horreur le baptême des petits enfants qui ne savent pas ce qu'ils font ni ce qu'on promet en leur nom. A leurs yeux, seul le baptême des adultes instruits et consentants peut avoir de la valeur. C'est pourquoi ils exigent des hommes et des femmes qui veulent se joindre à eux de solliciter et de recevoir un nouveau, un second baptême, le premier, celui de la petite enfance, étant dépourvu de toute efficacité. C'est à cause de cette exigence d'un nouveau baptême que ces nouveaux radicaux de la Réforme se voient appelés *Wiedertäufer* (« ceux qui baptisent à nouveau »), ou tout simplement *Täufer* (« baptiseurs »). Leurs adversaires étatiques ou ecclésiastiques les appelleront plus pompeusement « anabaptistes ».

Le Conseil de Zurich ne peut aucunement accepter ces graves actes permanents d'insubordination ; il sévit par interdictions, bannissements, et, poussé à bout, fait noyer dans la Limmat, avec l'accord de Zwingli, quelques-uns des agitateurs les plus remuants.

La naissance du mouvement zurichois des baptistes, des *Taüfer*, coïncide dans le temps avec la brève floraison de la Ligue des élus de Thomas Müntzer et avec la guerre des Paysans. Mais si Müntzer et les baptistes zurichois (dont Conrad Grebel, exécuté en 1526, est l'animateur le plus connu) ont certaines origines communes, si ces mouvements naissent parallèlement à partir d'attitudes et d'environnements identiques, aucun lien formel d'organisation n'existe entre les deux phénomènes. Les adversaires des baptistes n'ont cessé de les confondre avec les müntzériens, les *Schwärmer*, les zélateurs, dans une même condamnation, par ignorance, par aveuglement ou par peur, alors qu'une différence fondamentale sépare les deux mouvements : Müntzer et les siens sont des révolutionnaires qui ont voulu établir sur terre, par le glaive, un ordre nouveau plaisant à Dieu. Les baptistes, eux, refusent le monde et ne demandent qu'à se préparer en paix, entre eux, à la fin de ce monde qu'ils abandonnent volontiers, dans l'entre-temps, aux « enfants de l'obscurité ». Ils refusent, selon leur logique, de prêter serment et de remplir des fonctions publiques ; ils se contentent de métiers humbles et évitent autant que possible le contact avec ceux qui ne sont pas des élus. Entre eux, en revanche, ils pratiquent une charité généreuse et souvent la renonciation à la propriété privée.

Par rapport à la société extérieure, le baptisme est un mouvement de retrait et de résignation. C'est aussi une conséquence de la déception des grandes espérances que le peuple avait mises pendant plus d'un siècle dans une Réforme qui a été confisquée par les grands. Faut-il s'étonner de le voir se répandre rapidement à travers l'Allemagne du Sud, en Rhénanie, dans les Pays-Bas, en Hesse, en Thuringe et jusqu'en Silésie, recrutant ses adeptes avant tout dans le prolétariat et dans le sous-prolétariat des villes, chez les artisans hors corporations, les compagnons sans travail, les migrants – et chez les paysans encore haletants sous le choc de la guerre et de la répression ? Pour tous ces humiliés et déçus, le baptisme est une manière d'exprimer leur sécession hors d'un monde hostile qui n'est pas le leur et dont il ne faut rien espérer. Mais ce monde ne peut tolérer une telle désobéissance globale, même si elle reste passive. Il ne permet à personne de se sanctifier, de sanctifier sa vie, suivant des voies non officialisées. La vie privée, la sphère du privé sont des découvertes très récentes et toujours menacées, contestées (je parle ici en homme de la fin du XXe siècle). Puisque l'existence des baptistes est elle-même une critique permanente et implacable des Églises officielles et établies, puisque les baptistes rameutent les « classes dangereuses », les Églises et les gouvernants civils répondent par la persécution la plus implacable, par l'exil, la pression, la torture, le bûcher. Un courage et une obstination non moins implacables sont la réponse des persécutés. Le martyre des uns suscite la vocation des autres, bien que tous soient promis à des souffrances terribles et souvent à une mort atroce.

En marge de la société organisée et de la « Réforme » officielles, les baptistes constituent cependant une force immense et permanente de refus qui, par ricochet, confirme et accélère l'élaboration des orthodoxies persécutrices. D'une manière souterraine, néanmoins, l'influence de leur religiosité simple et personnelle ne cessera de vivifier le protestantisme officiel ; elle contribue ainsi, en dépit de ses étroitesses, à empêcher la foi évangélique de s'étioler dans le conformisme. Entre le mouvement baptiste sans organisation et les Églises constituées, un vaste terrain indécis est occupé par des courants « spiritualistes » qui partagent avec les baptistes le souci de sanctifier la vie quotidienne et la recherche d'une renaissance spirituelle personnelle. Sebastian Franck, humaniste strasbourgeois, se fait ainsi l'annonciateur d'une Église « invisible », d'une sorte de déisme libre de toute dogmatique, attentif seulement au Christ qui parle et agit en nous ; Theophrastus Bombastus von Hohenheim, qui écrit sous le nom de Paracelse, médecin, alchimiste et philosophe, développe, lui, une sorte de panthéisme qui cherche la révélation d'un ordre divin à travers les signes lisibles de la création. Il est, lui aussi, libéré de tout rattachement à une société religieuse organisée. Ces quelques grands noms sont portés par des hommes seuls, mais nullement isolés. Des recherches spiritualistes du XVIe siècle, un chemin clairement tracé mène à la renaissance quiétiste qui irriguera d'un sang nouveau le luthéranisme desséché dans la seconde moitié du XVIIe siècle.

L'extrême gauche de la Réforme donnera cependant naissance, dans deux territoires très éloignés l'un de l'autre, à deux expériences politico-sociales qui auront des durées très inégales. En Moravie, des Frères huttériens[1] constitueront pendant plus d'un siècle des communautés strictement organisées, vivant à l'écart de la société générale, refusant la propriété privée et travaillant en ateliers collectifs. Le communisme des *Hutterische Brüder* doit naturellement beaucoup au souvenir du radicalisme hussite jamais complètement éteint dans les pays tchèques[2]. Leur pacifisme profond et leur utilité économique, dans un pays où le gouvernement central est faible à cause de la perpétuelle résistance opposée par les « États » au roi habsbourgeois, leur procurent une longue impunité, jusqu'à ce que la Contre-Réforme victorieuse, après la bataille de la Montagne Blanche (1620), les confonde dans une commune et féroce répression avec les luthériens, les calvinistes et d'autres communautés d'origine

---

1. Secte d'anabaptistes, disciples de Jakob Hutter, martyrisé en 1536, répandue aussi en Hongrie, en Transylvanie et en Ukraine, beaucoup d'huttériens émigrèrent en Amérique au XIXe siècle.

2. Mais Hutter et Hus sont des personnes différentes, vivant à plus d'un siècle de distance.

hussite. Pendant longtemps, ils auront offert des havres d'accueil et de repos à d'innombrables exilés en fuite. Leur aventure religieuse et sociale se poursuit encore de nos jours aux États-Unis.

Dans les Pays-Bas, à l'autre extrémité du Reich, la brève prédication eschatologique d'un « éveillé », le compagnon pelletier souabe Melchior Hoffman, suscitera après 1530 un écho profond dans les communautés baptistes dont la dissidence civile et religieuse a pu prendre le relais, dans ces régions, de groupes marginaux antérieurs à la Réforme (par exemple des Frères de la Vie commune). Mais, dans les Pays-Bas, l'empereur est le maître, le seigneur héréditaire, le prince territorial. Contre toutes les formes d'innovation qui sentent l'hérésie, Charles Quint ranime et mobilise l'Inquisition qui déclenche la répression la plus cruelle. L'immortel roman national du peuple flamand, *Till Uylenspiegel*, de De Coster, a fait de ce combat une description poignante. A la persécution répond ici, d'une part, la résistance organisée d'une partie des classes dirigeantes et possédantes qui se donne pour chef l'un des principaux seigneurs de la région, le prince d'Orange, et, d'autre part, la radicalisation populiste d'une partie du mouvement de réforme. Le boulanger Jan Mathys, natif de Haarlem, reprend la prédication de Melchior Hoffman, pour annoncer l'avènement imminent du Royaume de Dieu. Il prêche et fait prêcher le soulèvement armé qui doit faire périr par le glaive les ennemis de Dieu. Un de ses disciples, Jan Bockelson, de Leyde, tailleur de profession, parvient à soulever la ville de Münster qui se révolte contre son prince-évêque. Au terme d'un rapide passage par une démocratie directe, Bockelson établit dans la ville épiscopale sa propre royauté absolue – curieuse et sanglante reproduction ou parodie de la royauté biblique. Contre la révolution münstérienne – car c'en est bien une, mais qui reste isolée – l'évêque catholique et le plus prestigieux chef des princes protestants, le landgrave Philippe de Hesse, unissent leurs forces qui parviennent à détruire le « royaume des baptistes à Münster » au terme d'un siège d'un an (1534)[1]. Pour les

1. Le « royaume de Dieu à Münster » a été de nos jours le sujet d'un des récits les plus prenants de Marguerite Yourcenar, *L'Œuvre au noir*, 1968.

autorités, les événements de Münster sont la preuve du péril social et politique que représentent à leurs yeux tous les baptistes. Partout, chez les évangéliques, l'élaboration des orthodoxies s'en trouve accélérée. Les membres de la Ligue de Schmalkalden et ceux de la Hanse rendent obligatoire, parmi leurs adhérents et sujets, l'acceptation de la Confession d'Augsbourg ; Strasbourg elle-même, longtemps lieu de tolérance, finit par imposer l'adhésion à sa propre « Confession tétrapolitaine ». Cependant, aux Pays-Bas, en Allemagne du Nord et jusque dans les pays Baltes, une minorité baptiste, réorganisée par Menno Simons et s'en tenant strictement à un refus absolu de la violence, survivra à la répression. (Aujourd'hui encore les communautés mennonistes se signalent par leur refus du service militaire ; elles ont essaimé en Russie et au Canada.) Mais, violentes ou non violentes, les minorités marginalisées de la Réforme contribuent par leur isolement à créer dans l'Allemagne d'après la « paix des religions » un climat étrangement terne, comme si la nation n'en pouvait plus, après les terribles convulsions, les merveilleuses espérances et les atroces déceptions de la première moitié du siècle.

CHAPITRE XI

L'apprentissage du multiconfessionnalisme et la grande guerre des religions

De la paix d'Augsbourg aux traités de Westphalie

Si, pour parler comme Péguy, l'histoire des années 1517-1555 raconte une époque, l'étape suivante, 1555-1618, n'est certainement qu'une période. Après les éclats de génie et de fureur, les grandes agitations et les grandes personnalités, tout se passe comme si l'humanité allemande prenait un temps de repos. On consolide l'acquis, on panse les blessures, on tente de reprendre du terrain perdu. Les grandes affaires du monde se passent ailleurs. L'Allemagne n'est plus le centre de l'univers occidental ; les grandes secousses ne prennent plus leur départ en Allemagne, les modes et les modèles viennent d'ailleurs ; l'étranger intervient de plus en plus souvent par des actions politiques et militaires, certes, mais aussi par ses initiatives dans le domaine religieux et par ses influences culturelles.

Comme la première moitié du XVIe siècle, la seconde et le début du XVIIe seront dominés par les affaires de la religion. D'abord, bien sûr, parce que les hommes, les individus et les collectivités doivent, maintenant, en quelque sorte, « digérer » cette situation naguère terrifiante et même inimaginable : l'existence de plusieurs religions, de plusieurs Églises chrétiennes. C'est encore, pour les hommes de ce temps-là, dans leur immense majorité, une situation intolérable, puisque tolérer l'erreur est un crime envers Dieu. Dans la plupart des pays d'Europe, l'unité de la foi sera, dans la seconde moitié du siècle, maintenue ou rétablie par la force : luthéranisme des pays scandinaves, calvinisme de Hollande et d'Écosse, catholicisme des pays ibériques et de l'Italie. En France, la longue succession des guerres de religion se termine par la victoire du catholicisme, parachevée sous Richelieu et sous Louis XIV. Si l'Angleterre connaît au XVIIe siècle une véritable guerre de religion intérieure au protestantisme, du moins l'élimination du catholicisme y est poussée jusqu'au bout. En Pologne aussi, la Contre-Réforme ne laissera subsister des îlots de protestantisme que dans les zones de peuplement allemand. En dehors de l'Allemagne, seules la Hongrie et la Suisse, pour des raisons très différentes, seront des pays où coexistent plusieurs religions, mais la Hongrie n'est pas vraiment, à cette époque, un État ; le pluralisme confessionnel y est une conséquence des déchirures dont ce pays saigne depuis Mohács, livré à une guerre extérieure tantôt aiguë, tantôt endémique, qui se double continuellement de guerres civiles entre prétendants autochtones et rois habsbourgeois. Quant à la Suisse, c'est une confédération et, si la raison et l'équilibre des forces obligent les cantons protestants et catholiques à se supporter mutuellement parce qu'aucun des deux partis n'a pu l'emporter, à l'intérieur de chaque canton règne cette intolérance exclusive qui est une des principales marques du temps. L'exemple suisse éclaire la réalité allemande : les deux guerres de 1546-1547 et de 1551-1552 ont prouvé à tous les intéressés que ni le parti catholique et impérial ni le parti luthérien n'est en mesure de remporter une victoire complète. La « paix religieuse » d'Augsbourg tire, en 1555, de ce constat une conséquence inévitable : puisque les *Stände* ne sont pas prêts, ni moralement, ni politiquement, à faire sauter le cadre vermoulu mais encore résistant de l'Empire (pas plus que les cantons suisses ne veulent faire « sauter » l'*Eidgenossenschaft*, la Confédération), catholiques et luthériens sont désormais forcés d'y coexister, mais l'intolérance « normale » est reportée au niveau des « membres » de l'Empire, à l'intérieur des territoires. Et même au niveau de l'Empire, qui est devenu maintenant, lui aussi, une confédération, la pluralité des confessions reste un scandale : il faudra une nouvelle épreuve tragique, une nouvelle guerre de religion, la guerre de Trente Ans, plus terrible que toutes les autres, pour convaincre tout le monde – et à quel prix ! – qu'il n'y a pas d'autre voie pour l'Allemagne que la coexistence organisée des confessions. Et c'est à partir de ce moment-là, à partir des traités de Westphalie, en 1648, qu'à l'intérieur même des États membres de l'Empire, des *Stände*, l'intolérance commencera, très lentement, à reculer. La religion du XVIe siècle ne peut évidemment accepter l'idée que Dieu aurait offert aux hommes une pluralité de voies convergentes pour le rejoindre ; elle reste profondément marquée d'éléments magiques et mythiques. Des spéculations rationnelles y coexistent, et dans les mêmes têtes et dans les mêmes cœurs, avec des superstitions énormes. La crainte de Dieu est une *vraie* crainte, une *vraie* terreur : l'amour de Dieu, l'élan d'émerveillement et d'adoration reconnaissante y sont continuellement contrariés et dépassés par la sombre frayeur des affres de l'Enfer et l'horreur qu'inspiraient aux hommes tremblants les puissances diaboliques qui s'incarnent dans des hommes et surtout dans des femmes. Ne faut-il pas, pour sauver les humains – et pour les sauver des futures flammes de l'Enfer – les livrer ici-bas déjà au feu purificateur ?

Les christianismes du XVIe siècle sont, dans une large mesure, religions du diable, autant que de Dieu, et la crainte du Malin affole les esprits. Luther jetant son encrier à la tête du Tentateur appartient au même monde spirituel que les brûleurs de sorcières. Hérétiques et sorcières sont des figures de l'Autre, et le refus terrorisé de l'altérité se cache, dualisme véritable, au fond du monothéisme encore si mal accepté, malgré plus de mille cinq cents ans de christianisme. Les XVIe et XVIIe siècles voient en effet se multiplier comme une véritable épidémie, à travers toute l'Europe, avec une unanimité qui transgresse les frontières confessionnelles, les procès de sorcellerie ; sans doute la violence des émotions religieuses, qui ébranlent le tréfonds des êtres et déchaînent instincts et passions, se retrouve-t-elle dans cet « âge de la nuit ». Des centaines de milliers de sorciers et de sorcières, et surtout des femmes – ce qui indique, dans une société si violemment masculine, la nature profonde et ignorée du mal, justiciable d'approches psychanalytiques davantage encore que les événements de l'histoire « ordinaire » –, et qui, pour la plupart, croyaient à la sorcellerie autant que leurs dénonciateurs et juges, ont payé d'une mort affreuse, après d'horribles tortures, ce besoin fou de se défendre contre le Malin qui domine la période (mais on peut naturellement aussi développer une explication socio-économique du phénomène, qui ne serait pas fausse, mais seulement complémentaire). Les procès en sorcellerie, par leur effroyable fréquence, occupent une place considérable dans l'arsenal de la répression, du maintien et du rétablissement de l'ordre qui constituent une des finalités les plus tenacement poursuivies par les maîtres de la vie politique, du gouvernement des âmes et des corps. Il est frappant que la résistance contre ces crimes légaux ne commencera à connaître, elle aussi, quelques succès qu'après la fin des guerres de religion, dans la montée d'un lent et néanmoins puissant mouvement double de christianisation des christianismes et de sécularisation des sociétés.

Aux données majeures qui dominent le jeu des croyances et des pouvoirs lors de l'« armistice » de 1555, les décennies suivantes vont en ajouter deux autres de non moindre importance : le calvinisme et la Réforme catholique que naguère, d'un terme insuffisant, on appelait la Contre-Réforme. Alors que dans la plupart des pays de l'Europe occidentale, en France, en Hollande, en Écosse notamment et dans une large mesure aussi en Angleterre, surtout dans la petite et moyenne bourgeoisie artisanale et commerçante, la Réforme religieuse s'établira selon les modes établis par Calvin, l'Allemagne restera largement tributaire des positions luthériennes. En dehors des Pays-Bas déjà en voie de sécession, l'enseignement de Calvin triomphera dans l'électorat du Palatinat et dans le duché palatin de Deux-Ponts (Pfalz-Zweibrücken), dans un des comtés de Nassau, dans un grand nombre de seigneuries secondaires, notamment en Westphalie, dans le comté de Frise orientale et à Brême. La conversion de la dynastie des Hohenzollern brandebourgeois, au début du XVIIe siècle[1], n'entraînera pas les populations de l'électorat, ni le duché de Prusse, profondément luthériens (dans ce cas

1. Due au désir de pouvoir recueillir d'abord l'appui et ensuite l'héritage de la maison d'Orange sur le Rhin inférieur et aux Pays-Bas.

comme plus tard, au début du XVIIIe siècle, la conversion des Électeurs de Saxe au catholicisme, la règle « *Cujus regio, ejus religio* » qui résume les stipulations de la paix d'Augsbourg ne s'appliquera plus, l'ère des changements religieux de masse étant révolue). Le calvinisme restera donc en Allemagne un phénomène marginal et longtemps illégal (seul le luthéranisme avait été légitimé à Augsbourg). Certes, personne n'avait plus le pouvoir d'empêcher l'Électeur palatin d'embrasser la foi protestante sous la forme calviniste, mais cette situation de fait créait pour les calvinistes un climat d'incertitude qui les poussait à se comporter en contestataires, à ne pas jouer le jeu. Mais alors que la plupart des luthériens conservaient, malgré l'opposition religieuse, un sincère patriotisme d'Empire et une loyauté profonde envers l'empereur, même catholique, les calvinistes n'hésitèrent jamais à contracter alliance contre l'empereur et l'Empire avec leurs frères dans la foi, hollandais ou français, et même avec les Français catholiques. C'est le radicalisme des *Stände* calvinistes, et en premier lieu de l'Électeur palatin, qui paralysera au début du XVIIe siècle les unes après les autres les institutions de l'Empire, créant ainsi les conditions d'une conflagration générale qui devait être décisive. Ce sera encore l'Électeur palatin qui déclenchera effectivement la guerre en acceptant des mains des États de Bohême la couronne de saint Venceslas qui revenait à l'archiduc Ferdinand, roi des Romains. Aucun prince luthérien n'aurait voulu affronter ainsi directement celui qu'ils considéraient comme leur *Obrigkeit* (autorité) suprême. Les États de Bohême, eux, n'étaient pas vraiment luthériens, profondément marqués par la survivance hussite.

Du calvinisme, les princes allemands qui adoptent cette opinion retiennent avant tout les aspects dogmatiques et ecclésiaux. Ce qui caractérise le calvinisme intégral de Calvin, le remplacement de l'Église institutionnelle par la communauté, la Cité, qui se gouverne elle-même, fixe les règles de sa vie religieuse et contraint ses membres à s'y conformer, cette théocratie démocratique totalitaire n'est guère adaptable à la forme monarchique de la plupart des

Stände allemands qui embrassent la confession de Genève. Le calvinisme allemand, sauf à Brême et en quelques rares villes, remplace la Cité par le Prince entouré de ses conseillers, qui dotent le peuple des institutions et des formulaires dont il a, selon eux, besoin. Le culte, réduit à la prédication, l'eucharistie, pure cérémonie commémorative, et la doctrine de la prédestination définissent cependant le calvinisme allemand comme celui des autres nations et poussent ses adhérents au même permanent et fiévreux activisme. On retrouve dans le calvinisme allemand l'attachement victorieux à la lecture et à l'étude ; chaque *Stand* calviniste qui en a les moyens, si réduits qu'ils soient, se dote d'une université ou, du moins, d'un lycée (*Gymnasium*) ou d'une « académie », et développe à tous les niveaux l'enseignement public qu'il tend à rendre obligatoire. Le duché calviniste de Deux-Ponts achève le premier en Allemagne la mise en place d'un enseignement populaire qui s'impose aux enfants de *tous* les habitants. L'université calviniste d'Heidelberg est à la fin du XVIe siècle l'une des plus réputées d'Europe ; c'est autour de sa faculté de théologie que s'élabore en 1563 le fameux Catéchisme d'Heidelberg qui sera reçu dans beaucoup d'Églises calvinistes même hors d'Allemagne.

Dans la plupart des pays d'Europe occidentale c'est au catholicisme que se heurte le calvinisme qui y est (ou est devenu) *la* version nationale de la Réforme. En Allemagne (et en partie aussi en Angleterre) c'est contre une autre confession de la famille protestante que le calvinisme se met en place : entre luthériens et calvinistes, évangéliques et réformés, High Church anglicane et presbytériens, la haine et les luttes seront au moins aussi implacables que la guerre que chacune des « confessions » protestantes fait au catholicisme et doit soutenir contre celui-ci. Durant la seconde période de l'âge de la Réforme, de 1555 à 1618, une certaine solidarité de « confessions établies » se nouera même entre catholiques et luthériens que les calvinistes tentent de faire éclater. Ils y parviendront au cours de la première décennie du XVIIe siècle parce que, au sein du catholicisme aussi un parti radical s'est formé qui s'impose de plus en plus aux modérés et ne supporte plus qu'à grand-peine la paix-armistice de 1555.

Luther avait été un phénomène spécifiquement allemand ;

c'est le peuple *allemand* et son Empire qu'il avait voulu, en accomplissant la volonté de Dieu, libérer de la servitude où les avait réduits le pontife *romain*. Son action avait eu pour terrain essentiel l'Allemagne, d'où elle s'était étendue aux peuples scandinaves, proches parents des Allemands. Un luthéranisme non allemand, bien qu'il se soit peu à peu institué aux États-Unis, mais comme conséquence de l'immigration allemande et scandinave, a toujours eu un aspect quelque peu étrange. La double nature contradictoire de l'Empire (Saint-Empire romain germanique, mot à mot, « de nation allemande », *Heiliges Römisches Reich deutscher Nation*) permettait à Luther de ne pas se heurter directement à la contradiction entre la destination spécifiquement allemande de son action et la valeur universelle qu'il attribuait à celle-ci, puisque l'Empire à vocation universelle, l'Empire chrétien était précisément de nation allemande, ayant été transféré à celle-ci après la dislocation de la puissance romaine. Le calvinisme s'est constitué, lui, dans la ville libre impériale mais francophone de Genève dont l'appartenance au Reich avait perdu depuis longtemps toute signification réelle, et autour d'un Français exilé, Calvin, qui ne s'adressait pas d'une façon privilégiée à *son* peuple, mais à l'Église universelle ; c'est pourquoi son message, universel comme la raison, a pu se répandre dans des régions aussi différentes que la Transylvanie et l'Écosse. La Réforme intérieure du catholicisme, la « Contre-Réforme », est avant tout l'œuvre d'Espagnols et d'Italiens qui ont dominé le long concile (1555-1563) siégeant successivement à Trente, à Bologne, et de nouveau à Trente. La résistance inattendue du catholicisme, qui semblait promis en Allemagne à une rapide disparition, et la contre-offensive catholique qui se développe dans la seconde moitié du XVIe siècle sont vigoureusement appuyées du dehors par l'œuvre dogmatique et institutionnelle du concile, par les nouveaux ordres, jésuites et capucins, et par les moyens matériels et militaires de la papauté. L'Allemagne, vue de Rome, est une forteresse déjà plus qu'à moitié perdue et dont les bastions qui tiennent encore ont besoin de l'assistance des « frères en la foi ». Si le calvinisme reste, malgré tous ses efforts, un élément marginal en Allemagne, la Contre-Réforme s'imposera peu à peu à l'ensemble du catholicisme allemand ; par lui, l'action d'autorités et d'influences étrangères s'exercera beaucoup plus rudement et directement sur l'Allemagne, sans parler de la puissance espagnole toujours terrifiante, du moins jusqu'aux grandes défaites de Philippe II dans les Pays-Bas et devant l'Angleterre. Ce sont d'ailleurs les Pays-Bas qui, du dehors, protégeront et soutiendront les implantations éparses du calvinisme allemand.

La Contre-Réforme

En relation étroite, dialectique, avec le calvinisme, la Contre-Réforme domine la scène idéologique, politique et culturelle de la seconde moitié du siècle. Le terme « Contre-Réforme » paraît aujourd'hui trop étroit à beaucoup d'historiens. On lui préfère l'expression « Réforme catholique » pour indiquer qu'il s'agit d'autre chose que d'une simple réaction aux initiatives de réformateurs, de la copie en négatif de la Réforme. Que l'Église romaine, pour survivre, ait dû répondre aux défis de Luther, de Zwingli et de Calvin, définir d'une manière claire et « moderne » les contenus de sa foi visés par les attaques des nouveaux « hérésiarques » et sur lesquels il n'était pas possible, pour elle, de céder ; qu'elle ait dû, pour faire face à l'offensive missionnaire des évangéliques et des réformés, réorganiser son appareil et se doter des moyens nécessaires à une contre-offensive, cela est à la fois évident et incontestable. Mais les pays et les hommes qui restèrent attachés à l'Église romaine avaient ressenti, eux aussi, pour la plupart depuis longtemps, d'une manière ou d'une autre, les insuffisances et les défauts contre lesquels les réformateurs s'étaient révoltés. L'ancienne Église vivait en mal de réforme depuis, au moins, le XIVe siècle, depuis l'exil avignonnais. Le schisme, la révolte hussite, les grands conciles du XVe siècle avaient témoigné de la force grandissante et du mal qui travaillait l'Église et du désir de guérison et de renouveau universellement répandu. A présent contrainte et stimulée par les ruptures et les agressions, l'Église romaine sur la défensive opère enfin cette purification intérieure qu'elle n'avait pas été capable de produire avant l'éruption luthérienne et qui, intervenue plus tôt, eût peut-être évité la destruction de la chrétienté unie. Purification partielle et intimement mêlée aux réactions de défense, mais réforme quand même, qui opère, à partir de l'œuvre centrale du concile de Trente, une transformation dans la continuité. La Réforme catholique redéfinit le dogme sans le modifier et réorganise les structures traditionnelles en dotant l'Église romaine d'un clergé capable de faire front. Sa force repose, à la fois, sur la solidité séculaire du travail accompli par les pères du concile, sur la volonté acharnée d'une série de pontifes qui rompent avec les modes d'être des papes de la Renaissance, plus princes temporels que chefs d'Église, sur la création d'instruments nouveaux adaptés aux besoins du temps, avant tout la Compagnie de Jésus et l'ordre néofranciscain des Capucins, et aussi sur l'action et l'exemple de grandes personnalités religieuses, pêcheurs d'hommes et formateurs d'hommes, au premier plan Ignace de Loyola suivi de Charles Borromée, des grands mystiques carmélites et des grands théologiens espagnols, et un peu plus tard, en France, un saint François de Sales.

Le concile de Trente a été l'œuvre presque exclusive de pères italiens et espagnols. Aucun Allemand ne figure parmi les grands noms que nous venons d'évoquer. Comme le calvinisme, la Réforme catholique est, en Allemagne, un mouvement importé. Au moment de la paix religieuse d'Augsbourg, en 1555, on a pu estimer que neuf Allemands sur dix étaient gagnés ou atteints par la Réforme luthérienne. L'Église romaine avait à peu de chose près cessé d'exister, sauf dans de rares territoires préservés comme la Bavière. Un clergé clairsemé, incertain, manquant de formation, placé sous la « direction » d'évêques souvent absentéistes, peu ou pas instruits, hésitants – parfois – sur leur propre foi et sur leurs intérêts. Le catholicisme allemand dut son salut, non pas tant à ses propres forces religieuses qu'à la volonté de certains princes et à l'aide que ce pouvoir temporel trouva en Italie et en Espagne. Le résultat fut important puisque, un siècle après la paix d'Augsbourg, les catholiques regroupent à peu près la moitié de la population ; mais si la Réforme luthérienne avait été un mouvement national allemand, la Réforme catholique fut amenée en Allemagne du dehors. Son succès, comme celui du calvinisme, témoigne de cette diminution du rôle, de la place, de la capacité d'initiative de l'Allemagne qui, désormais, n'est plus le centre et le cœur du monde occidental. Dans ce sens, la Réforme fut finalement un échec sur le plan national : elle précipite l'éclatement du Reich et livre l'Allemagne aux influences extérieures, spirituelles, politiques, militaires, qu'elle subira plus ou moins passivement.

La résurrection du catholicisme en Allemagne aurait été impensable sans la volonté personnelle et persistante d'un certain nombre de princes temporels et ecclésiastiques : les empereurs Ferdinand Ier (1556-1564) et Ferdinand II (1619-1637), les ducs de Bavière Guillaume IV (1508-1550), qui, dès 1549, appela les jésuites à son université d'Ingolstadt, Guillaume V (1558-1626) et Maximilien Ier (1626-1651), l'évêque de Würzburg Julius Echter von Mespelbrunn (1573-1617), le cardinal Otto von Waldburg, évêque d'Augsbourg, pour ne parler que des plus éminents ; elle eût été de moindre envergure sans certaines conversions souvent dues autant à des ambitions politiques qu'à des convictions profondes et qui ramènent au catholicisme des contrées précédemment perdues comme le margraviat de Baden-Baden ou le comté de Palatinat-Neuburg, ainsi que les duchés de Clèves et de Juliers. Mais les princes catholiques n'auraient peut-être pas persévéré dans leur volonté restauratrice s'ils n'avaient bénéficié du soutien matériel et moral, politique, spirituel et militaire d'une papauté elle-même restaurée, et surtout de l'énorme puissance espagnole. Si le pape a peu de soldats, il a beaucoup d'argent et il dispose, au fur et à mesure que le siècle progresse, de nombreuses milices spirituelles entraînées. Des phalanges de théologiens, juristes et diplomates, dont les membres réunissaient souvent en une seule personne l'ensemble de ces qualifications, sont dépêchées en Allemagne pour soutenir la cause catholique et l'effort des princes restés fidèles. Le plus actif et le plus représentatif de ces nouveaux missionnaires, Petrus Canisius (1521-1597), appartient à la compagnie d'Ignace de Loyola dont il est un des premiers membres et le premier allemand[1]. Prédicateur de talent et de grand renom, organisateur d'uni-

1. Pieter de Hondt, alias Kanijs, était en fait né à Nimègue, aux Pays-Bas. Élevé sur les autels en 1925.

versités et de collèges, voyageur infatigable, conseiller des papes et des empereurs, il trouve encore le temps d'écrire des livres dont la fortune est immense : ses « catéchismes » pour enfants, élèves des collèges et étudiants formeront les consciences catholiques allemandes pendant plusieurs siècles. Son action au service de l'Église s'étend à la Pologne et à la Suisse ; il enseigne lui-même à l'université bavaroise d'Ingolstadt que le duc confie aux jésuites, à Vienne, à Prague, à Fribourg, chef-lieu de la résistance catholique en Suisse, tout en participant comme théologien au concile de Trente. Créateur et premier chef de la province allemande des jésuites, il a pu mériter le surnom de « deuxième apôtre de la Germanie » (après saint Boniface au VIIIe siècle). Canisius, ses disciples et compagnons poussent les princes à créer ou à doter des collèges et des universités ; ils amènent les évêques à établir des séminaires selon les dispositions du concile, à organiser l'inspection ecclésiastique, à éliminer les clercs indignes. Souvent, d'ailleurs, les princes, dans cette œuvre de longue haleine, sont obligés de se substituer aux évêques ou abbés défaillants. Les universités d'Ingolstadt et de Dillingen (l'université de l'évêché d'Augsbourg), les collèges des jésuites de Trèves, de Munich, de Breslau, de Coblence, Münster, Paderborn, Heiligenstadt (diocèse de Mayence) et dans toutes les provinces autrichiennes – Graz, Klagenfurt, Laibach (Ljubljana), Krems en haute Autriche, Hall en Souabe autrichienne –, qui forment un véritable réseau, deviennent les centres d'un immense rayonnement éducatif qui prépare au catholicisme de nouvelles levées de responsables, princes et prêtres. La Réforme catholique en Allemagne est, néanmoins, un mouvement lent et difficile qui ne s'achèvera qu'au milieu du siècle suivant et par un demi-succès ; c'est la moitié de l'Allemagne seulement qui aura été, à ce moment-là, conservée ou reconquise. La réception des textes du concile de Trente et, plus encore, leur application exigeront d'immenses efforts et de longues décennies. Il faudra deux générations au moins pour renouveler le clergé dont souvent on ne sait, vers 1550, à quelle Église il appartient, tant sont grandes les ignorances, les hésitations, les incertitudes.

En fait, la constitution de « confessions » nettement séparées et exclusives l'une de l'autre se fait aussi très lentement.

Vers le milieu du XVIe siècle encore, les luthériens conservent beaucoup d'éléments catholiques, notamment dans la liturgie, et les catholiques sont prêts à admettre beaucoup d'éléments des réformes luthériennes. En Bavière même, pendant quelques années, les ducs obtiennent du pape la communion sous les deux espèces pour tous leurs sujets. Le calvinisme et la Contre-Réforme, aussi bien que les conflits théologiques au sein du luthéranisme, amènent peu à peu toutes les « dénominations » à préciser et à accentuer ce qui les caractérise et ce qui les distingue chacune de toutes les autres. La haine et la fureur prennent de plus en plus le pas sur l'irénisme et la charité. « Je préférerais transformer mes États en déserts plutôt que de les livrer au diable » (c'est-à-dire au luthéranisme), s'écrie le futur empereur Ferdinand II (1619-1637), ancien élève des jésuites d'Ingolstadt. Le souci du salut personnel et la responsabilité que le bon prince doit assumer en ce qui concerne le salut de ses sujets produisent, mêlés à toutes sortes de passions humaines, une atmosphère de plus en plus agressive, cruelle et grossière. Le doux Melanchthon lui-même approuve Calvin d'avoir fait brûler Servet.

L'emploi de la violence dans les affaires de religion est, dans un monde mental et social ainsi constitué, non seulement une possibilité licite, mais un devoir. Et sur ce plan, dans la seconde moitié du XVIe siècle, les princes catholiques ont évidemment le vent en poupe. L'Angleterre et les Pays-Bas sont sur la défensive face à l'énorme puissance espagnole dont les échecs et l'épuisement ne se feront sentir que vers la fin du siècle. La France, ennemie de l'Espagne et de l'empereur, frère ou cousin du roi d'Espagne, est paralysée par les guerres de religion. C'est ainsi que les cours de Vienne et de Munich peuvent, appuyées sur le pape et l'Espagne, sauver quelques positions essentielles dont la perte eût précipité la chute du catholicisme allemand, l'évêché de Strasbourg et surtout les évêchés de l'Allemagne du Nord-Ouest, Liège, Münster, Paderborn, Osnabrück et, position encore plus importante que toutes les autres, l'archevêché de Cologne que l'archevêque-électeur Gerhard von Waldburg tente en vain, vers 1582-1583, de transformer en principauté protestante héréditaire. Le retour au catholicisme des Pays-Bas méridionaux ainsi que la reconversion des princes et comtes palatins de Neuburg[1], héritiers de Juliers et de Berg, permettent aussi de maintenir, grâce à l'aide militaire espagnole, un solide bloc catholique autour du Rhin moyen et inférieur, englobant même une grande partie de la Westphalie.

L'affaire de Cologne éclaire la plus grande des difficultés que la « paix d'Augsbourg » a laissées sans véritable solution, aucune des parties en présence n'ayant pu imposer son point de vue : le sort des principautés ecclésiastiques. Le texte d'Augsbourg interdit aux prélats qui passeraient au protestantisme de continuer à exercer leurs fonctions de princes-évêques ou de princes-abbés.

Ce blocage de la Réforme est supporté par les évangéliques et les réformés avec une impatience croissante. Les principautés ecclésiastiques, d'autre part, en vertu d'un engagement de l'empereur Ferdinand Ier, doivent garantir à leurs sujets protestants le libre exercice du culte ; et cette disposition heurte de front les efforts de la recatholicisation des princes de la Contre-Réforme. Les catholiques ont pu conserver les évêchés rhénans, westphaliens et franconiens, mais les protestants ont réussi à séculariser, non seulement les évêchés saxons, brandebourgeois, poméraniens et mecklembourgeois qui relevaient déjà des princes territoriaux voisins, mais des principautés dont le caractère de *Stand* d'Empire était incontesté, telles que les archevêchés de Magdebourg et de Brême, ainsi que les évêchés de Lubeck, de Verden, de Münden et d'Halberstadt dont les catholiques n'acceptent pas la perte. La question de l'admission au Reichstag de leurs évêques ou administrateurs protestants créera des conflits de plus en plus aigus au sein de la Diète et finira par paralyser complètement les travaux de la plus importante institution de l'Empire. Après la mort de l'empereur Maximilien II (1564-1576), esprit tolérant qui ressentait personnellement l'attrait du luthéranisme, son fils Rodolphe II (1576-1612), élevé à la cour d'Espagne dans l'esprit de la Contre-Réforme, nomme des majorités catholiques dans les deux grandes cours impé-

1. Principauté formée en 1505 avec différentes contrées bavaroises et attribuée à l'Électeur palatin (cousin des ducs de Bavière).

riales, le *Reichskammergericht* et le *Reichshofrat*[1], devant lesquelles sont portées les contestations relatives aux sécularisations, aussi bien au niveau des *Reichsstände* qu'à l'intérieur des principautés territoriales et des villes libres. Les protestants s'élèvent contre des jugements qui leur sont systématiquement défavorables, et paralysent à leur tour le fonctionnement des cours suprêmes. Les institutions capables de reproduire des compromis dans l'esprit de celui de 1555 se bloquent ainsi successivement les unes après les autres, alors que montent au pouvoir chez les catholiques comme chez les réformés des personnalités de plus en plus militantes. La « paix » de 1555 apparaît ainsi à la nouvelle génération comme une simple trêve qui prélude à un nouvel affrontement. L'Allemagne, au début du XVIIe siècle, glisse vers la guerre de religion qui a désolé depuis un demi-siècle la France et les Pays-Bas, et cela au moment même où ces deux pays vont, eux, retrouver la paix avec la conversion d'Henri IV et l'édit de Nantes d'un côté, et de l'autre l'armistice entre la Hollande et l'Espagne conclu en 1609.

Sur le chemin de la violence, la création de deux groupements d'États, l'un protestant, l'autre catholique, marque après 1600 une étape redoutable. L'*Union*, fondée en 1608 autour du prince-électeur palatin Frédéric IV, révèle une fois de plus le rôle moteur joué par les calvinistes dans la radicalisation des affrontements. L'Union est une alliance armée qui noue des relations étroites avec les puissances protestantes occidentales, et avant tout avec les Pays-Bas que le stathouder Maurice d'Orange (1572-1632), le fils aîné du

---

1. Créé en 1495 par la Diète de Worms, siégeant successivement à Francfort, Worms, Spire, et de 1693 à 1806 à Wetzlar, le *Reichskammergericht* (Cour de justice de la chambre impériale) avait compétence pour les questions relevant de la paix entre les *Stände* du Reich, du ban d'Empire, des questions fiscales et conflits territoriaux entre les *Reichsstände* et pour les causes civiles introduites contre ceux-ci. Les juges étaient nommés pour moitié par l'empereur et pour moitié par les *Stände* réunis au sein de la Diète. – Le *Reichshofrat* (Conseil de la cour impériale ou Conseil aulique) avait été créé en 1498. Le président et les conseillers étaient nommés par l'empereur, le siège était à Vienne. Il était compétent pour les affaires fédérales (succession dans les fiefs), pour les plaintes criminelles contre les *Reichsstände*, les droits réservés de l'empereur, les successions aux titres de noblesse, et toutes les affaires italiennes.

Taciturne, a engagés sur la voie d'un calvinisme rigoureux. Les princes luthériens, habitués à respecter la dignité impériale et traditionnellement soucieux de maintenir ce qui subsiste de cohésion dans l'Empire, hésitent longtemps à s'engager dans un parti dont l'existence marque une nouvelle progression sur le chemin de la dislocation. C'est une agression catholique qui les amènera à vaincre leurs derniers scrupules : à la suite d'obscures querelles entre la ville libre protestante de Donauwörth et l'abbaye catholique, elle aussi *Reichsstand* autonome, qui est établie dans cette ville même, le duc de Bavière est chargé d'une « exécution impériale » pour obliger la ville à respecter la liberté du culte catholique garantie par la « paix » de 1555 ; après avoir facilement triomphé, le duc conserve, sur le plan militaire, la ville pour gage des frais occasionnés par l'expédition ; peu de temps après, il l'annexe et, au bout de quelques années, il ne reste plus un protestant dans une ville naguère entièrement luthérienne. L'exemple fait peur et amène le pacifique Électeur de Saxe, Christian II, à faire cause commune avec l'Union, alors qu'il avait toujours été un fidèle sujet de l'empereur. De son côté, le duc de Bavière constitue alors, en 1609, avec un certain nombre de *Stände* catholiques, la *Liga* qui s'arme elle aussi et trouve des appuis politiques, financiers et militaires auprès de l'Espagne et du pape.

Une nouvelle et grave crise éclate en 1609 autour de la succession d'un des princes les plus puissants de l'Allemagne du Nord-Ouest, le duc de Juliers (Jülich), Berg et Clèves, comte de la Mark et de Ravensberg, dont les possessions s'égrènent des Pays-Bas jusqu'en Westphalie. L'héritage est réclamé par de nombreuses dynasties ; les meilleurs titres sont possédés par deux maisons protestantes, les ducs de Prusse, de la maison de Hohenzollern, et les comtes de Neuburg, branche cadette de la famille palatine. Le duc de Prusse n'a pas de fils, son gendre et héritier est l'Électeur de Brandebourg. Étant donné la situation géographique et l'importance de l'héritage, toutes les puissances européennes s'en mêlent. Afin de s'assurer des appuis décisifs, les prétendants n'hésitent pas à changer de religion : l'Électeur de Brandebourg abandonne le luthéranisme en faveur du calvinisme, religion dominante des Pays-Bas ; le comte de Neuburg, calviniste, se convertit, lui, au catholicisme et acquiert ainsi le soutien de l'empereur et de l'Espagne. En 1610, la guerre européenne va éclater autour de cet héritage embrouillé : Henri IV s'apprête à traverser les Pays-Bas espagnols pour rejoindre sur le Rhin les Hollandais et le Brandebourgeois quand son assassinat met fin, provisoirement, à la tension extérieure. Les deux prétendants s'entendent alors sur un partage provisoire (qui durera jusqu'à la fin de l'Empire, en 1806) ; les Neuburg obtiennent Juliers et Berg ; désormais, Düsseldorf sera le siège de leur cour brillante, centre d'un catholicisme militant ; le Brandebourg se contentera de Clèves et des deux comtés, mais prend de ce fait pied sur le Rhin inférieur, au moment même où l'Électeur recueille (en 1618) l'héritage prussien. Peu à peu, le nom de la Prusse s'imposera désormais dans cette association de territoires dispersés sur une distance de plus de mille kilomètres, du Rhin au Niémen. La guerre générale aura été ajournée une fois encore, mais pour combien de temps ? L'affaire de Juliers, Berg et Clèves montre aussi la manière complexe et souvent naïve dont s'entremêlent les intérêts de la religion et les intérêts tout court dans la politique des États européens et des principautés allemandes. La conversion manquait peut-être de sincérité (mais, quand la sincérité s'appuie sur les intérêts, elle progresse plus facilement et nous aimons croire à ce qui ne nous nuit pas) ; dans la génération suivante, les héritiers, élevés dans la nouvelle religion, font en général preuve d'un zèle d'autant plus rigoureux qu'ils veulent refaire le salut des âmes des pères ou ancêtres égarés.

A la montée de la violence extérieure correspond l'emploi de moyens de plus en plus rudes à l'intérieur des diverses principautés et seigneuries. Souvent, la violence intérieure précède et prépare l'affrontement extérieur. Ici, les États catholiques donnent le mauvais exemple quand ils le peuvent. Avec une autorité jamais défaillante, les ducs de Bavière ont préservé leurs États de la contagion luthérienne. Par des pressions directes ou indirectes, les princes ecclésiastiques du voisinage, notamment le prince-archevêque de Salzbourg, parviennent vers le début du XVIIe siècle à éliminer à peu près complètement l'hérésie qui avait connu de grands succès dans toutes les régions montagneuses de l'Allemagne du

Sud. Mais le sort de la Réforme et de la Contre-Réforme se joue dans les territoires habsbourgeois qui s'égrènent de l'Alsace à la Slovénie et forment un bloc compact du Rhin et de l'Adige au Danube. Géographiquement compact certes, mais divisé par l'étrange testament de Ferdinand Ier, qui a réparti ses possessions entre ses trois fils. Maximilien, l'empereur, et sa lignée n'ont que les deux duchés d'Autriche, la haute Autriche autour de Linz et la basse Autriche autour de Vienne, mais avec ce qui reste de la Hongrie et les États de la couronne de saint Venceslas, Bohême, Moravie, Silésie. Un deuxième fils hérite de l'Autriche dite « intérieure » (Inner-Österreich), Styrie, Carinthie, Carniole (la Slovénie actuelle), Gorice (Görz) et Trieste. Le troisième prend le Tyrol, les possessions habsbourgeoises en Souabe, le Brisgau et l'Alsace, le tout dit Autriche « antérieure » (*Vorder-Österreich*).

Maximilien II, hésitant et irénique, ne s'oppose pas réellement au progrès du protestantisme dans ses États et ses frères n'en font guère plus. Arrivé au trône en 1576, Rodolphe II est certes un fervent catholique, mais son autorité devient vite vacillante. Dans toutes les terres habsbourgeoises, les seigneurs, les villes et souvent aussi les paysans sont acquis en grande majorité à la Réforme. Contre le souverain catholique, les *Stände*, les « États » réunis dans les *Landtage*, les diètes, s'assemblent pour revendiquer à la fois la liberté religieuse et un droit de codécision dans le gouvernement. Rodolphe et son frère et successeur (à partir de 1612), l'empereur Mathias, n'ont ni la force de caractère ni surtout les moyens de résister à ces revendications. De 1593 à 1609, la guerre turque reprend avec grande violence et Rodolphe, pour obtenir argent et soldats, doit composer avec les « États » de toutes les provinces. Longue et dévastatrice, la guerre se solde par le constat d'une sorte d'équilibre ; un armistice de vingt ans est en effet conclu en 1609, car les Turcs sont alors obligés de se retourner contre les Persans qui, une fois de plus, les menacent sur leurs arrières. Cette trêve sera périodiquement prolongée pendant plus de soixante-dix ans ; elle a une importance capitale pour la suite de l'histoire allemande, en permettant à l'empereur de s'occuper de l'Empire sans craindre une attaque turque et aux protestants de ne plus se préoccuper de la défense commune de la chrétienté : la trêve turque aura pour effet pervers de permettre aux Allemands de se battre enfin « tranquillement » entre eux. Cependant, même après la trêve, Rodolphe et ensuite Mathias auront trop de difficultés dans leurs États héréditaires pour s'occuper attentivement de ce qui se passe dans le reste du Reich.

C'est en Autriche intérieure que la Contre-Réforme va, pendant ce temps, constituer sa plate-forme de départ. L'héritier de l'archiduc Charles, mort en 1590, l'archiduc Ferdinand, a été élevé par les jésuites. Esprit limité, mais d'une fermeté inébranlable en matière religieuse, il est résolu à ramener ses peuples à la vraie foi. Il déclare avec une conviction passionnée qu'il préférerait devoir mendier son pain avec sa famille plutôt que de négliger son devoir de prince chrétien comptable du salut de ses sujets. Aussitôt majeur et installé dans sa capitale de Graz où il n'y avait plus une *seule* famille catholique en dehors de celle de l'archiduc et de quelques-uns de ses proches, il opère en quelques mois un rétablissement spectaculaire. *Tous* les protestants sont contraints à revenir au catholicisme ou à émigrer. La résistance de la noblesse est balayée par la force. Du coup, l'archiduc acquiert une réputation de fanatique redoutable et ce fait a une grande importance car aucun des nombreux fils de Maximilien II, ses cousins, n'a de descendance mâle : Ferdinand de Styrie apparaît donc comme l'héritier présomptif de l'Autriche, de la Hongrie, de la Bohême et même, dans la mesure où l'élection suit la lignée dynastique, de l'Empire.

La force du principe dynastique, seule source légitime d'un pouvoir voulu par Dieu aux yeux de l'immense majorité des contemporains de tout milieu et de tout niveau culturel, est démontrée par la facilité avec laquelle Ferdinand parviendra à recueillir la plupart de ces successions, alors qu'il est redouté et haï par la plupart de ceux qui doivent l'élire (en Bohême ou en Hongrie et dans le Reich), ou pour le moins reconnaître son autorité. La défaillance progressive de la santé mentale de Rodolphe II, prince fastueux, érudit et fantasque, inquiète de plus en plus les autres archiducs. Étrange et passionnante figure que celle de ce vieux garçon cloîtré dans son énorme château de Prague, entouré de valets, d'alchimistes et d'astrologues, immensément cultivé, méfiant, hésitant, misanthrope et misogyne et pourtant fort aimé des petites gens. Les plus grands savants du temps, Tycho Brahe et Johannes Kepler, astronomes et mathématiciens, jouiront de sa confiance et de son soutien ; l'art de sa cour de Bohême occupe une place importante dans la transition de la Renaissance au baroque ; Prague refleurit en tant que capitale politique et culturelle comme du temps de Charles IV, mais, pour la dynastie des Habsbourg, son long règne faillit se terminer en catastrophe. Les archiducs, ses frères, ses cousins, réagissent en l'obligeant à céder peu à peu ses États et ses prérogatives à l'aîné des cadets, l'archiduc Mathias, esprit modéré mais peu énergique. Ces conflits se soldent par une surenchère de concessions que les frères rivaux sont obligés d'accorder aux « États » de leurs différents territoires et dont profitent avant tout les revendications protestantes[1]. Ainsi, le protestantisme est devenu dans les États autrichiens la cause des *Stände* et naturellement, en premier lieu, de la noblesse, alors que le catholicisme va s'identifier avec l'absolutisme princier. Après l'avoir dépouillé progressivement de toutes ses possessions, Mathias succède à Rodolphe comme empereur en 1612. Le nouveau chef de la dynastie et ses frères vieillissants s'accordent pour assurer à Ferdinand de Styrie, beaucoup plus jeune et dynamique, la suite du pouvoir. Ferdinand sera élu roi des Romains quelques jours après la mort de Mathias en 1619. En Autriche proprement dite, il triomphera facilement, appuyé sur les prélats et une partie de la noblesse restée catholique, mais c'est en Bohême que se jouera le destin de la dynastie, de l'Allemagne et de l'Empire. Rodolphe et Mathias ont dû concéder aux « États » de Bohême des prérogatives politiques très larges et la liberté des cultes. C'est à propos d'une question de culte protestant (des églises protestantes construites sur le domaine de l'archevêque de Prague et démolies sur ordre royal) que le conflit éclatera, mais cette cause n'est qu'accidentelle comme toutes

1. Le grand poète et dramaturge viennois du XIXe siècle Franz Grillparzer a tiré de ces événements l'argument d'un de ses drames les plus joués : *Ein Bruderzwist im Hause Österreich* (Un conflit fraternel dans la maison d'Autriche).

les occasions dont naissent les grandes guerres : les partis religieux glissent vers la confrontation violente et générale depuis des décennies, dans les États habsbourgeois le problème constitutionnel (pouvoir des *Stände*/absolutisme princier) attend sa solution ; en Bohême, la question politique et la question religieuse se compliquent par l'existence d'un conflit national déjà ancien entre Tchèques et Allemands qui recoupe tous les autres. Quand quelques excités, membres des « États » de Bohême, jettent par la fenêtre du palais du Hradčany deux des gouverneurs impériaux et leur secrétaire, le 23 mai 1618, cet acte de violence apparaît à la postérité comme le signal du déclenchement de la guerre de Trente Ans (qui ne commencera en fait qu'un an plus tard, en août 1619, avec la déposition de Ferdinand comme roi de Bohême et l'élection du Palatin Frédéric). Cet acte symbolique, placé à l'origine de tant d'affreux massacres, se termina d'ailleurs en farce : tombés sur un vaste tas de fumier, les défenestrés s'en tireront à bon compte avec des titres de noblesse de rang supérieur et des domaines fonciers enlevés aux protestants. L'Allemagne, elle, perdra dans la guerre la moitié de sa population.

La grande guerre en Allemagne

La guerre de Trente Ans est la deuxième des grandes catastrophes de l'histoire allemande, après la grande peste du milieu du XIVe siècle et avant les expulsions de 1945-1946 qui formeront la troisième. Mais la peste n'avait tué que les hommes, la guerre dévastera, pendant la vie de toute une génération, et les villes et les champs, et fera perdre jusqu'au souvenir des manières de vivre du temps de paix. Si certaines régions ne sont guère touchées par les combats, d'autres seront traversées et retraversées par les armées belligérantes qui, souvent mal payées et mal approvisionnées, prennent de plus en plus l'habitude de tirer du pays leur subsistance. Des troupes étrangères jouent un rôle croissant dans les opérations qui se déroulent avant tout en territoire allemand. L'Allemagne devient le champ de bataille de l'Europe et les étrangers se comportent encore plus sauvagement que les Allemands ; la longueur de la guerre la rend de plus en plus inhumaine : rapines, pillages, tortures deviennent le lot commun ; des générations se suivent qui n'ont jamais connu la paix et ne la connaîtront jamais. Une des œuvres les plus importantes de la littérature allemande, le roman picaresque du *Simplicissimus* de Christoffel von Grimmelshausen, relate avec une profonde pitié, mais avec beaucoup d'humour et une sorte d'accoutumance à l'horreur, les misères, les drames et les farces de cette guerre sans fin. Schiller, à la fin du XVIIIe siècle, alors que ce passé était encore relativement récent, a bâti autour d'un personnage central, Wallenstein, génial chef de guerre et aventurier de haut vol, un drame puissant qui garde encore une grande force théâtrale ; de nos jours, Ricarda Huch, romancière et historienne, a dessiné une immense fresque du destin allemand à l'époque de cette « grande guerre », et Golo Mann, fils de Thomas, a produit une énorme biographie de Wallenstein qui est une des œuvres majeures de l'historiographie contemporaine. Tant que l'Allemagne se préoccupera de son passé comme clé de son présent, elle se souviendra de la guerre de Trente Ans qui fut une des cassures les plus profondes de son devenir.

La révolte de la noblesse protestante de Bohême contre l'archiduc Ferdinand, seul héritier de l'empereur-roi Mathias, n'aurait peut-être pas entraîné tant de terribles suites pour l'Allemagne tout entière si la Diète de Bohême n'avait pas choisi pour roi, à la place de Ferdinand, l'Électeur du Palatinat, Frédéric V, le chef de l'Union protestante. Ce choix ne pouvait apparaître aux yeux de la Ligue que comme une grave provocation. La Bohême était le *Stand* le plus étendu de l'Empire, l'un des plus riches et des plus peuplés, avec les dépendances de la couronne de saint Venceslas, la Moravie et la Silésie. Son passage dans le camp du protestantisme militant bouleverserait l'équilibre au détriment des catholiques. C'est la Ligue qui mobilisa contre le « roi d'un seul hiver », alors que Ferdinand était encore occupé à s'assurer la succession dans l'Empire et à défendre ses États autrichiens où des troupes venues de Bohême soutenaient une révolte de la noblesse protestante. Le duc de Bavière, Maximilien Ier, chef de la Ligue, leva une armée qui rencontra celle de Bohême à quelques lieues de Prague, sur les pentes de la Montagne Blanche. Le comte de Tilly, chef de guerre expérimenté, ne fit qu'une bouchée des troupes de Frédéric qui, mis au ban de l'Empire, dut prendre le chemin d'un exil définitif. Son beau-père, le roi d'Angleterre Jacques Stuart, ne bougea point, ni la plupart des princes protestants allemands. La Diète de Bohême, décidément, avait eu tort de prendre pour roi un calviniste que les pieux luthériens comme l'Électeur de Saxe regardaient avec plus d'aversion encore que les catholiques. Pour la Bohême et le peuple tchèque, la défaite de la Montagne Blanche fut une des plus terribles catastrophes de leur histoire. La vengeance de Ferdinand frappa de bannissement et d'expropriation ceux des membres de l'aristocratie (à l'exclusion, bien sûr, des rares catholiques), seule classe dirigeante nationale, qui ne furent pas livrés au bourreau. Un nouvelle noblesse, choisie parmi les fidèles du nouvel empereur-roi, allemands, italiens, flamands, croates, se vit attribuer les biens confisqués. Les pasteurs et autres intellectuels des communautés protestantes et hussites (les « Frères moraves ») durent s'enfuir, suivis par une partie de leurs fidèles, dont le grand Comenius, le fondateur de la pédagogie moderne. Avec l'appui de l'empereur et de la nouvelle noblesse (et bien entendu aussi de la minorité de l'aristocratie ancienne qui était restée catholique), la Contre-Réforme menée par les jésuites entreprit la recatholicisation du peuple tchèque, entraînant du même coup pour deux siècles l'éclipse de la culture nationale profondément liée à l'épopée hussite et à la Réforme. La Bohême, désormais, était administrée depuis Vienne.

Cependant, quelques princes protestants de moindre importance s'étaient dressés au secours du malheureux Frédéric. Avec eux, la guerre passa en Allemagne du Nord où de nouvelles victoires des armées de la Ligue inquiétèrent les puissances protestantes (Pays-Bas, Angleterre, Danemark, Suède), d'autant plus que la guerre entre la Hollande et l'Espagne, arrêtée depuis 1609, reprit en 1621. Or les Pays-Bas méridionaux, restés espagnols et redevenus catholiques, appartenaient toujours à l'Empire (le Nord aussi, du moins juridiquement) et le roi d'Espagne était cousin proche et allié de l'empereur ; ensemble ils constituaient la maison d'Autriche. L'avancée des armées catholiques en Allemagne du Nord entraîna une européanisation de la guerre. Et c'est là, entre le Rhin, la Weser et l'Elbe, que se trouvaient la plupart des évêchés que catholiques et protestants se disputaient depuis l'armistice de 1555.

Le premier intervenant étranger fut le roi de Danemark, Christian IV, prince fastueux et ambitieux qui détenait lui-même quelques-uns de ces territoires ecclésiastiques. Cependant, il était gênant pour Ferdinand de dépendre militairement de la Ligue dont les troupes ne pouvaient être employées qu'en Allemagne, alors qu'il devait faire face à des soulèvements en Hongrie et à un conflit avec le prince de Transylvanie. En outre, les chefs de la Ligue catholique se faisaient payer cher leur concours et ne tenaient nullement, eux non plus, à un renforcement de l'autorité impériale. Déjà le duc de Bavière avait obtenu la dignité électorale enlevée à son cousin palatin et une bonne partie des territoires du banni. Ferdinand décida donc de se doter d'une armée qui ne dépendît que de lui ; un noble tchèque, redevenu catholique, puissamment enrichi des dépouilles de la répression, Albrecht de Waldstein, ou Wallenstein, offrit de lever des unités de mercenaires qui ne coûteraient pas cher car elles se nourriraient et se paieraient sur les pays traversés ou occupés. Aussi génial comme administrateur que comme stratège, aventurier à la fois avide et généreux, Wallenstein était un formidable meneur d'hommes, dont l'ambition illimitée comportait une grande part de rêve et de superstition. La nouvelle armée impériale apparut à son tour en Allemagne du Nord, Christian IV fut battu en 1626 ainsi que ses alliés allemands et Wallenstein occupa les côtes de la Baltique. Mais l'empereur n'avait pas de flotte pour achever la victoire en s'emparant des îles danoises. Craignant une intervention suédoise, Wallenstein poussa à la paix qui fut conclue en 1629, Christian IV abandonnant les protestants allemands. Grâce à son généralissime, Ferdinand avait rétabli l'autorité impériale dans des régions qui lui échappaient en fait depuis des siècles. C'est alors que, poussé par ses conseillers spirituels jésuites, il promulgua l'« édit de Restitution ». Tous les territoires ecclésiastiques passés à la Réforme depuis 1555 devaient être restitués au catholicisme. La plupart des princes protestants se voyaient visés par cet acte, si celui-ci était réellement appliqué, et l'ensemble du protestantisme allemand subissait une défaite dont il risquait de ne pas se relever. Les princes catholiques eux-mêmes commençaient à redouter le pouvoir d'un empereur appuyé sur une puissante armée permanente dont la solde échappait aux votes du Reichstag. Et l'empereur, dotant richement Wallenstein et ses parents, songeait visiblement à asseoir son nouveau pouvoir sur des acquisitions territoriales fortes, au détriment des dynasties locales bannies.

Cependant, soucieux d'assurer l'élection de son fils comme roi des Romains, Ferdinand II, qui n'était pas un grand esprit ni un fort caractère (sauf en matière de foi), céda aux instances des princes catholiques et accepta de se séparer de Wallenstein tout en diminuant la force de son armée. L'Électeur de Bavière et ses amis n'avaient pas été insensibles en l'occurrence aux arguments (intellectuels et monétaires) des émissaires du roi de France et de son ministre Richelieu qui tenaient avant tout à freiner l'ascension de la maison d'Autriche. Profitant du trouble créé par le renvoi de Wallenstein et encouragé par la France, lui aussi, un nouveau champion du protestantisme allait entrer en scène. Ayant réglé leur compte aux Russes et aux Polonais, contre lesquels il combattait depuis de longues années, le roi de Suède, Gustave Adolphe, intervient à son tour en Allemagne. La Suède n'avait jamais joué un rôle important en Occident. De 1630 à 1715, elle va être une des grandes puissances de l'Europe pour retomber ensuite dans une honnête marginalité. Gustave Adolphe le Sauveur a longtemps joui d'une immense gloire dans le protestantisme allemand. La personnalité de ce premier Suédois à jouer un rôle important dans l'histoire européenne est à la fois complexe et attachante. Homme d'État autoritaire et clairvoyant, chef de guerre audacieux et avisé, le roi de Suède exerçait une forte attraction sur tous ceux qui l'approchaient. D'une piété profonde, il assurait dans ses armées de fils de pauvres paysans une discipline qui faisait l'admiration générale, tant elle était à l'époque exceptionnelle. Mais ce chrétien était aussi un politique ambitieux pour lui-même et pour son royaume. Petit-fils de Gustave Vasa, le fondateur de l'État suédois moderne, il avait hérité de son père et de ses oncles, ses prédécesseurs, la volonté d'étendre le domaine de la couronne suédoise aux rives orientales et méridionales de la Baltique pour en faire un lac suédois. Vainqueur des Russes et des Polonais, il allait, en intervenant en Allemagne, combiner quatre buts majeurs : sauver les frères protestants allemands, étendre sa domination sur une partie des côtes allemandes, prévenir l'installation de la puissance impériale sur ces côtes et une alliance de l'empereur avec le roi catholique de Pologne, cousin et rival du roi de Suède (le père de Gustave Adolphe, Charles IX, avait détrôné en Suède son neveu Sigismond, à la fois, par héritage paternel et maternel, roi de Suède et de Pologne), et enfin empêcher son autre rival, le roi de Danemark, de reprendre ses tentatives en vue de l'établissement d'une hégémonie danoise en Allemagne du Nord. La poussée démographique suédoise, résultat entre autres causes de la création d'un État fort dispensant ordre et sécurité, la solidarité protestante, l'équation personnelle du roi et – *last but not least* – l'action de la diplomatie française aboutissent ainsi en convergeant à une modification profonde et durable des données du jeu politique dans l'Europe du Nord où le XVIIe siècle sera celui de la grandeur suédoise. (Dans la mesure où la grandeur est synonyme de puissance, de gloire, de succès militaires, de richesses dont profitent avant tout les puissants mais aussi, au second degré, la majorité de la population.)

En débarquant, le 4 juillet 1630, sur la côte de Poméranie, Gustave Adolphe profita du vide créé par le renvoi de Wallenstein ; non sans hésitations, un grand nombre de princes protestants conclurent avec lui des traités d'alliance, au fur et à mesure qu'il consolidait sa base d'opérations sans beaucoup se soucier des droits des seigneurs locaux. Ainsi renforcée, la petite armée suédoise put frapper un coup qui parut décisif : le 17 novembre 1631, elle battit Tilly, le général en chef de la Ligue, à Breitenfeld ; du coup, la puissance impériale s'écroula en Allemagne du Nord et les Suédois pénétrèrent dans le Sud catholique, poussant leur avance jusqu'en Bavière. L'empereur se résolut alors à rappeler Wallenstein qui, aussitôt, rassembla une nouvelle armée et repoussa les

Suédois vers le nord. A Lietzen, en Saxe, le 16 novembre 1632, les deux armées s'affrontèrent dans un dur combat resté indécis, mais Gustave Adolphe comptait parmi les morts. Avec lui disparaissaient peut-être des projets trop vastes pour les forces suédoises ; des contemporains avaient même attribué au roi de Suède l'ambition de devenir empereur. Il restait que, désormais, et malgré cette mort, la restauration catholique et impériale avait perdu sa chance. Le protestantisme relevait la tête en Allemagne du Nord, en Franconie, en Souabe. Au-delà de l'action personnelle de son roi, la Suède allait pendant près d'un siècle tenir le rang d'une des premières puissances européennes. Après la guerre de Bohême et les succès impériaux dans le Nord, la mort de Gustave Adolphe mettait fin à la troisième phase du grand conflit, mais non à l'intervention suédoise qui devait se poursuivre jusqu'en 1648.

Pour la reine mineure, Christine, fille unique du roi tombé pour la foi protestante, un diplomate prudent et tenace, le chancelier Oxenstierna, et une phalange d'excellents généraux continuèrent le combat. Déjà la Suède avait fait de si grands sacrifices qu'elle ne pouvait se retirer de la guerre sans d'importantes satisfactions territoriales. Le duc Bernard de Weimar, maître d'un petit territoire en Thuringe, mena au service de la reine les troupes suédoises jusqu'en Alsace. Cependant, à Vienne, les conseillers de l'empereur prenaient ombrage de la puissance de Wallenstein ou soupçonnaient ses intentions. Ne rêvait-il pas, fort des révélations de ses astrologues, de se créer une principauté bien à lui, ne se voyait-il pas accédant lui-même à la dignité impériale, après avoir rendu la paix à l'Allemagne ? Sur les conseil des jésuites et de l'ambassadeur d'Espagne, Ferdinand décida de se débarrasser de ce serviteur trop inquiétant ; après avoir détaché de Wallenstein par des nominations, des dons et des promesses, ses principaux lieutenants, l'empereur le fit tuer comme rebelle. Ainsi s'acheva un destin hors pair mais l'armée, forgée par l'homme de guerre tchèque, continua à témoigner en sa faveur : en 1635, elle remporta sur les Suédois une victoire si nette que presque tous les princes protestants se résignèrent à conclure avec l'empereur une paix de compromis. Sur le plan confessionnel, le traité dit de Prague prit pour année de référence la date de 1627, antérieure à l'édit de Restitution auquel l'empereur dut donc renoncer, mais les protestants acceptèrent en échange un renforcement très réel des pouvoirs militaires et politiques de l'empereur. Cependant, la guerre qui durait déjà depuis dix-huit ans allait se prolonger pendant douze années encore, et le nouvel empereur, Ferdinand III, personnage sans grande envergure qui venait de succéder à son père, ne put – ou ne sut – pas plus tirer profit de cet avantage capital que Ferdinand II en 1629 des victoires de Wallenstein en Allemagne du Nord.

Les succès impériaux et les perspectives de paix devaient fortement inquiéter Richelieu et Louis XIII. L'empereur, débarrassé de ses ennemis intérieurs, allait pouvoir soutenir avec une efficacité nouvelle son cousin d'Espagne, le spectre de l'encerclement par la maison d'Autriche parut en France plus réel que jamais. Jusqu'alors, la France n'avait participé à la guerre que par les subsides qu'elle versait à la Suède et à plusieurs princes allemands. Singulière alliance, d'ailleurs, que celle du cardinal romain, persécuteur des protestants français, avec une royauté protestante qui, elle, avait déraciné le catholicisme dans son pays. Déclarant la guerre à l'Espagne, la France entre directement dans la mêlée, dans les Pays-Bas, sur le Rhin, en Allemagne du Sud. A nouveau, les fureurs de la guerre, avec leur cortège de déprédations, de tortures, de meurtres, de destructions de tout genre, s'abattirent sur presque toutes les régions allemandes. Plus que jamais, les armées vécurent sur le pays. Au début des années 1640, l'aspiration à la paix se fit cependant si véhémente que les belligérants se décidèrent à entrer en négociation : à Münster et à Osnabrück, en Westphalie, la France, l'Espagne, la Suède, l'empereur et les autres princes allemands se trouvèrent représentés dans une négociation qui n'en finissait pas, chaque partie ne cessant de guetter les opérations militaires en espérant qu'elles lui apporteraient un avantage décisif. Finalement, au début de 1648, les Suédois s'emparèrent d'une partie de Prague et les Français occupèrent la Bavière jusqu'à l'Inn ; les victoires de ses adversaires amenèrent l'empereur Ferdinand III à accepter des conditions qu'il avait toujours refusées. La grande guerre se termina ainsi, dans un certain sens, en Bohême, à Prague même où elle avait commencé en 1618-1619.

A Münster avec la France, à Osnabrück avec la Suède, ce ne furent pas seulement des traités de paix qui sortirent des négociations, mais un nouveau statut, une nouvelle constitution pour l'Empire. Un siècle après la mort de Luther, les traités mettaient fin aux guerres de religion. Sauf pour les terres de l'empereur et pour celles du duc-électeur de Bavière, c'est l'état religieux de 1624 qui était désormais reconnu comme définitif : si, à l'avenir, un prince se décidait à en changer, ses sujets n'étaient plus contraints à le suivre ou à s'exiler. En Autriche, en Bohême, ainsi que dans les territoires qui appartenaient naguère à l'Électeur palatin et que la Bavière avait obtenus comme prix de sa fidélité (le « Haut-Palatinat », au nord de Ratisbonne), les mesures de recatholicisation intervenues depuis 1624 restaient cependant en vigueur. C'était là, en fait, le seul avantage que l'empereur et le parti catholique obtenaient après avoir frôlé à deux reprises une victoire presque totale dont les interventions suédoise et française les avaient chaque fois privés. A présent, tous les belligérants bénéficiaient d'une pleine et entière amnistie, le fils du malheureux Électeur Frédéric V, le « roi d'un seul hiver », était rétabli dans ses terres rhénanes et se voyait attribuer une nouvelle dignité électorale (la huitième), à la place de l'ancienne, passée au duc de Bavière. La Suède obtenait d'importantes bases territoriales, la moitié occidentale de la Poméranie, le port de Wismar au Mecklembourg et les évêchés de Brême et de Verden sur la Weser longtemps guignés par le Danemark ; elle s'implantait ainsi solidement sur la côte sud de la Baltique et obtenait, dans le dos du Danemark, une ouverture sur la mer du Nord, avec le rang de prince d'Empire ayant siège et voix à la Diète. En outre, pour ramener chez elle ses armées et pour assurer le retour des soldats à la vie civile, la Suède se voyait accorder une énorme contribution de guerre, ou plutôt de paix. Les Provinces-Unies des Pays-Bas et les cantons de la Confédération suisse étaient reconnus comme des puissances extérieures à l'Empire, dont ces pays faisaient encore, jusqu'alors, juridiquement partie (mais les Suisses avaient cessé de se faire représenter à la Diète depuis la fin du XVe siècle, et les Hollandais ne pouvaient y siéger puisqu'ils étaient révoltés contre leur seigneur légitime, le roi d'Espagne, comte de Hollande, de Zélande, duc de Brabant, etc.). En même temps, la France obtenait la renonciation de l'Empire aux évêchés lorrains de Metz, Toul et Verdun, annexés en fait depuis un siècle, et la cession de tous les droits que la maison d'Autriche possédait en Alsace, le Sundgau (l'Alsace du Sud) et le bailliage sur les villes et seigneuries relevant directement de l'Empire. La France de Mazarin parvenait au Rhin ; c'est le triomphe posthume de Richelieu parti en guerre pour rompre la permanente menace d'encerclement que représentait l'étroite alliance des deux branches habsbourgeoises ; la France restera d'ailleurs en guerre avec l'Espagne pendant onze ans encore et Louis XIV achèvera l'œuvre des deux cardinaux par l'annexion de la Franche-Comté, des Flandres méridionales et de Strasbourg. Ces succès considérables, deux cardinaux de l'Église romaine les avaient cependant obtenus en permettant au protestantisme de se maintenir dans plus de la moitié de l'Allemagne, en y ruinant ainsi les espoirs de la Contre-Réforme. Les passions religieuses si fortes encore au début de la guerre, quoique presque toujours intimement liées à des motivations de nature différente, ne jouent plus le même rôle dans l'Europe et dans l'Allemagne qui sortent du grand conflit, auquel il convient de joindre, bien entendu, les guerres contemporaines qui sont pour l'Allemagne marginales mais qui sont, en fait, inséparables de la guerre allemande : conflit entre l'Espagne et les Pays-Bas, entre la France et l'Espagne, entre la Suède et la Pologne, la Suède et le Danemark, les engagements de l'empereur en Transylvanie et en haute Italie, et – curieusement – la longue paix entre l'empereur et les Turcs qui, aux prises avec leurs difficultés intérieures et persanes, laissent passer l'occasion de reprendre l'offensive contre Vienne. Ils la prendront trop tard, de leur point de vue, en 1683…

En Allemagne même, un certain nombre de puissances moyennes obtiennent quelques accroissements territoriaux : l'Électeur de Saxe se voit attribuer les Lusaces, territoires relevant de la couronne de Bohême et situés au nord-ouest de la Silésie ; l'Électeur de Brandebourg reçoit la partie orientale de la Poméranie et l'archevêché de Magdebourg, et l'Électeur de Bavière garde le Haut-Palatinat. Les princes protestants de l'Allemagne de l'Est et du Nord se trouvent confirmés dans la possession des évêchés et abbayes déjà sécularisés, plusieurs évêchés de Westphalie auront alternativement un évêque catholique et un évêque protestant, autre preuve du dépassement partiel de l'aspect religieux du conflit. L'Église d'Empire, qui se trouve privée de près de la moitié de ses principautés par rapport à la situation d'avant la Réforme, est ainsi la grande perdante de la réorganisation territoriale du Reich. Or les principautés ecclésiastiques, pour se défendre contre les empiétements de leurs voisins séculiers, avaient en règle générale soutenu l'autorité impériale qui les protégeait. La disparition d'un grand nombre de *Reichsstände* (directement représentés au Reichstag) ne pouvait donc qu'affaiblir encore cette autorité. Il en va de même des villes libres dont l'économie sort ruinée de la guerre et dont la puissance politique n'est plus que l'ombre d'elle-même.

Cet affaiblissement de l'empereur et de l'Empire avait été en effet le but que la diplomatie française s'était fixé depuis longtemps et qu'elle atteignait pour une large part grâce aux traités de Westphalie ! L'empereur, désormais, perdait le droit de mener la politique extérieure de l'Empire ; la guerre, la paix, la levée et le commandement de l'armée d'Empire (la *Reichsarmee*), toutes ces attributions essentielles de la souveraineté relevaient désormais de l'accord du Reichstag. L'empereur et l'Empire devenaient en quelque sorte deux entités différentes, ce que traduit l'expression désormais employée en droit public *Kaiser und Reich*, l'empereur et l'Empire.

L'empereur pouvait désormais, en tant que prince territorial, faire la guerre au roi de France, aux Turcs, sans être suivi par l'Empire. Bien plus, les *Stände*, les princes et les villes pouvaient à présent conclure des alliances avec des souverains étrangers, et même entrer dans des alliances contre l'empereur. L'Empire éclatait et l'empereur, de ce fait, se trouvait contraint à se replier sur ses terres héréditaires et ses possessions extérieures à l'Empire (la Hongrie et ses dépendances). En filigrane s'inscrit ainsi dans les traités de Westphalie la création de l'État autrichien, et aussi la possibilité pour d'autres princes allemands de mener leur État à la grandeur et à la dignité de puissance européenne. L'éclatement de l'Empire est en quelque sorte symbolisé par l'article qui interdit au Reichstag de prendre, en matière religieuse, des décisions à la majorité : dans ce domaine, catholiques et protestants siégeront désormais séparément et la décision ne sera valable que prise par chacun des deux corps (*corpus evangelicorum et corpus catholicorum*) sous une forme identique. Dans le pluralisme religieux, désormais admis, les calvinistes accèdent eux aussi à la reconnaissance officielle et à l'égalité des droits (mais les sectes, et notamment les anabaptistes, restent exclues de cette législation). L'ensemble des dispositions des traités, même celles qui ne concernent que la structure intérieure de l'Empire, sont placées sous la garantie de la France et de la Suède, puissances auxquelles tout *Reichsstand* pourra faire appel s'il se croit victime d'une violation des textes de Münster et d'Osnabrück. Les Allemands, en s'entre-déchirant, ont permis aux autres grands États européens de les neutraliser en tant que puissance centrale du continent.

Note conjointe sur l'indépendance des Pays-Bas et de la Suisse

On ne saurait sans plus de commentaires donner en quelque sorte congé de l'histoire allemande à deux entités aussi considérables que la Suisse et les Pays-Bas dont le rôle avait été souvent important, sinon décisif, dans les destinées du Reich. Sans trop nous arrêter sur Guillaume de Hollande, roi élu en 1250 contre Conrad IV, le dernier roi Hohenstaufen, il nous faut rappeler la place essentielle tenue par les villes flamandes, brabançonnes et hollandaises dans la grande aventure de la Hanse, la participation massive des immigrants venus des Pays-Bas à la colonisation de l'« Est allemand », notamment en Prusse, la longue lutte soutenue par Maximilien Ier pour arracher à la France la majeure partie de l'héritage bourguignon, et aussi, sur un autre plan, Érasme, prince des humanistes, l'université de Louvain (la première, avec Cologne, à condamner Luther) et l'interdépendance des destins croisés du protestantisme dans les Pays-Bas et dans les autres parties du Reich. Les princes d'Orange dont le rôle fut capital dans la lutte pour la foi et pour l'indépendance étaient des comtes de Nassau et tiraient de leurs territoires sis sur le Rhin moyen et dans les environs des ressources matérielles et militaires non négligeables qu'ils purent engager dans la lutte contre l'Espagne. L'influence de l'art flamand et hollandais de la fin du Moyen Age fut énorme dans la vallée du Rhin et en haute Allemagne. Bref, même si à l'époque bourguignonne les Pays-Bas étaient entrés ou restés dans l'orbite culturelle française – surtout d'ailleurs les provinces méridionales –, ils avaient constitué une partie intégrante de l'histoire allemande depuis que la Francie orientale avait en 880, et à nouveau sous Henri Ier, récupéré la totalité de l'héritage lotharingien.

Dans la sécession des Pays-Bas septentrionaux (les possessions du Sud, reconquises et recatholicisées, devaient formellement rester dans l'Empire jusqu'à leur conquête par les armées de la France révolutionnaire), la responsabilité la plus formidable revient sans doute à Charles Quint quand il attribua l'ensemble de l'héritage bourguignon à son fils, le roi d'Espagne, et point à son frère et successeur dans la dignité impériale. Non seulement parce que Ferdinand d'Autriche n'aurait eu ni les moyens ni, sans doute, la volonté de mener une guerre à mort contre une partie si importante de ses sujets, mais parce que les Pays-Bas furent ainsi politiquement et religieusement coupés des autres régions de l'Allemagne. La guerre du roi d'Espagne contre ses sujets révoltés dans les Pays-Bas devint une affaire particulière dans laquelle l'Empire n'intervenait pas. Il en résulta le surgissement d'une nouvelle puissance européenne, qui avait certes des intérêts en Allemagne, surtout dans le Nord-Ouest du pays, mais en tant que puissance pratiquement étrangère. Les « Sept Provinces » s'étaient émancipées et sauvées toutes seules contre la formidable puissance espagnole ; de 1568 à 1648, avec l'exception de la trêve de 1609 à 1621, les Pays-Bas, érigés en République fédérale, avaient soutenu une guerre incessante, tout en parvenant au rang de première puissance navale, financière et commerçante du continent. Il est évident qu'une telle réalité n'avait plus sa place dans les institutions de l'ancien Reich, que sa modernité dépassait de toutes parts. Le développement des dialectes bas-allemands des Flandres et de la Hollande en langue d'écriture et de culture suivit et accéléra à la fois cette évolution. Il était évidemment lié à la volonté protestante de faire parler la religion dans la langue du peuple, et celle de Luther n'aurait guère été comprise à Leyde ou à Amsterdam. Mais c'était aussi la conséquence de la fierté que la collectivité néerlandaise devait tirer de ses victoires tant militaires que politiques et économiques, et du prodigieux essor artistique qui allait accompagner la montée en puissance des Pays-Bas. Après avoir joué un rôle important dans la guerre civile allemande, ceux-ci devaient rompre le lien devenu absurde qui les retenait formellement à l'intérieur de l'Empire. Ce n'était pas contre l'Allemagne, mais contre l'Espagne qu'ils avaient conquis l'indépendance que l'empereur et le Reich durent leur reconnaître en 1648, entérinant ainsi un fait accompli.

Si les Pays-Bas sont, au milieu du XVIIe siècle, au zénith de leur grandeur dans tous les domaines de l'existence collective, de la navigation à la peinture, les Suisses ont, depuis longtemps, dépassé ce sommet qui, pour eux, se situe au XVe siècle. Après avoir, à de nombreuses reprises, défendu leurs libertés de villageois et de citadins contre les prétentions des princes de la famille habsbourgeoise – seule communauté paysanne à s'imposer de la sorte dans l'Empire des principautés, des royaumes et des villes –, les membres de l'*Eidgenossenschaft* ont été le fer de lance du combat contre la tentative de Charles le Téméraire voulant reconstituer un royaume lotharingien, du Jura à la mer du Nord. L'essor des cantons suisses est lié à l'alliance, unique dans l'histoire allemande, entre quelques communautés paysannes alpestres et les grandes républiques urbaines voisines : Zurich, Bâle et Berne, également menacées par la puissance des Habsbourg. Tout paraissait conspirer contre la durée d'une telle alliance qui, partout ailleurs en Europe, eût été qualifiée de « contre nature » d'autant plus que les grandes villes avaient généralement un gouvernement fort aristocratique. Les incessantes guerres contre Habsbourgeois et Bourguignons avaient cependant fait des « Suisses » un ensemble de peuples particulièrement bien entraînés et préparés au combat terrestre (comme la guerre espagnole avait perfectionné les Néerlandais dans l'art du combat naval). De plus, alors que, dans l'Allemagne des XVe et XVIe siècles, les paysans qui choisissaient le métier des armes, les lansquenets, devaient s'engager individuellement dans cette aventure, les *Reisläufer*[1] suisses avaient derrière eux l'organisation collective de leur communauté ou de leur ville. Ils trouvaient dans leurs propres structures des chefs pour les encadrer, des diplomates pour négocier leurs intérêts – et même des prêtres pour leur servir d'aumôniers, comme le montre l'exemple de Zwingli. Cependant, dès la première moitié du XVIIe siècle, le rôle militaire des mercenaires suisses et le rôle politique de la Confédération seront de plus en plus limités, et avant tout défensifs ; il en fut ainsi pendant la guerre de Trente Ans où les Suisses durent se défendre tour à tour contre les Espagnols et les Français. Malgré les tensions violentes produites par les mouvements contraires de la Réforme et de la Contre-Réforme, l'unité de la Confédération a résisté à la destruction de l'unité confessionnelle, alors que les Pays-Bas sont en quelque sorte nés de cette scission, tout au moins comme entité politique.

Cependant, si la Confédération est devenue une communauté étatique et une puissance capable de maintenir son indépendance, et si elle joue un rôle capital dans l'histoire religieuse, par Zurich et Genève, elle est restée culturellement une partie de l'Allemagne, à l'exclusion, bien sûr, des cantons et régions de langue et de culture romanes (française, italienne ou romanche). Tout en demeurant marginale, la Suisse alémanique tient une place non négligeable dans le réveil culturel allemand au XVIIIe siècle. D'Hutten à Büchner et aux sociaux-démocrates sous Bismarck, et de nouveau au temps d'Hitler, la Confédération sera souvent un refuge accueillant pour de nombreux exilés allemands qui n'y seront jamais de la même manière à l'étranger que dans les Pays-Bas. La langue, une langue nouvelle, se forme à travers des séparations plus fondamentales et plus durables que celles de la politique ; les dirigeants communistes de l'ex-RDA viennent encore de le prouver involontairement, qui n'ont pas eu le temps, ni opéré les choix séparatistes définitifs, pour créer une langue à part. C'est là un objectif qu'ils n'ont jamais

---

1. Les « coureurs de solde » du mot *Reise* (voyage, course) et du verbe laufen (courir).

envisagé sérieusement puisqu'ils n'ont jamais cessé tout à fait d'espérer réaliser un jour l'unité allemande à leur profit, dans un cadre communiste. Et peut-être, aussi, parce qu'ils savaient plus ou moins clairement qu'un tel objectif dépassait les moyens dont ils disposaient.

La crise des relations franco-allemandes

L'intervention de la France dans la guerre de Trente Ans marque le début d'une ère nouvelle dans les relations franco-allemandes, l'ère de l'affrontement et – au moins du côté allemand – du ressentiment national. Les rapports des deux peuples sortent du domaine dynastique. Ce n'est plus seulement, aux yeux de ceux des Allemands qui ont une vue tant soit peu globale des affaires de leur pays, la longue querelle, la longue rivalité des « maisons » de France et d'Autriche. La politique allemande de Richelieu et de Louis XIV fera surgir en Allemagne un sentiment national blessé qui se développera lentement mais continuellement jusqu'à la crise violente des années de la Révolution et de l'Empire. Ce sentiment sera longtemps tenu en balance et recouvert par la formidable attraction du « modèle français ». Versailles et Racine, la mode capillaire, vestimentaire et artistique, une langue claire, ferme, fixée par raison d'État, dont l'orthographe ne fait guère problème, alors que celle de l'allemand reste incertaine et arbitraire, domineront longtemps les cours allemandes et les lettres allemandes. Cependant, la bourgeoisie éclairée des villes, une partie de la noblesse, une puissante quoique vague disposition sous-jacente du peuple s'élèvent contre une domination étrangère qui est en même temps une suite d'arrachements. Sous le seul règne de Louis XIV, de grands lambeaux d'Alsace, lors de la paix de Westphalie, de nombreuses villes et places dans les Flandres et au Hainaut, la Franche-Comté tout entière avec Besançon, ville libre d'Empire, puis Strasbourg, prise par ruse et contrainte en pleine paix, et les tentatives profondément révoltantes des « réunions » qui ne resteront pas toutes sans lendemains[1] : les conquêtes et les

1. En invoquant des relations de dépendance féodales entre certains territoires du Reich et ceux que la France avait acquis en Alsace et en Lorraine

empiétements au détriment du Reich ne se comptent plus et font apparaître la puissance française comme une machine de proie dont l'Allemagne est la principale victime. Le rapt de Strasbourg suscitera outre-Rhin une longue et profonde émotion, mais rien ne contribuera davantage à dessiner cette figure d'agression et de domination que la France revêt alors aux yeux de l'Allemagne que la tactique de la terre brûlée inaugurée par Louvois dans le Palatinat et le long du Rhin moyen, à la fois pour terroriser les populations et pour priver les armées ennemies de toute source locale d'approvisionnement, de tout point d'appui fortifié. Jamais les guerres n'avaient été douces et disciplinées, et une génération à peine sépare l'Allemagne des années 1680 des souvenirs de la guerre de Trente Ans, des horreurs perpétrées alors par toutes les soldatesques rassemblées pour la rançonner, la torturer, la saigner. Mais jamais, jusqu'alors, l'horreur n'avait été systématiquement ordonnée et ordonnancée dans la paix luxueuse d'un cabinet ministériel. Le souvenir de ces arrachements et de ces ravages s'est maintenu tout au long du XVIIIe siècle sous le vernis doré de l'influence française, pour être repris, amplifié, systématisé et idéologisé par les historiens et les politiques de l'âge romantique. Entre-temps, aux conquêtes de Louis XIV s'était encore ajoutée la Lorraine « héritée » de Stanislas Leszczynski en 1768.

Toute une série de guerres d'invasion et de conquêtes mettent donc aux prises, sous le règne de Louis XIV, le roi de France et l'Empire. Chacune, sans remplir entièrement les espoirs du souverain français, se traduit par des acquisitions qui révoltent une partie des classes ou strates qui forment alors ce qu'on peut déjà appeler une opinion publique allemande. Le traité de Ryswick (1697), qui laisse Strasbourg à la France, était appelé par les tracts de l'époque le traité de *Reiss-weg* (arrachement). Celui de Nimègue (1678) qui avait

---

par suite des traités de Westphalie, Louis XIV réussit à développer considérablement ses possessions en Alsace, sur la Moselle et en Sarre. Une chambre spéciale au Parlement de Metz se chargeait de fournir les justifications juridiques, souvent peu convaincantes. Au traité de Ryswick, en 1697, la France dut renoncer à une grande partie de ces acquisitions mais elle garda Strasbourg et la Sarre. La Lorraine et Montbéliard ne devaient devenir définitivement françaises que vers la fin du XVIIIe siècle.

donné au Roi-Soleil la Franche-Comté et le sud de la Flandre fut qualifié de traité de *Nimm-weg* (enlèvement). Et la paix d'Utrecht, en 1713, qui laissait à la France l'ensemble de ces conquêtes était qualifiée de *Vertrag zu Unrecht* (le traité de l'Injustice). Ces sobriquets populaires permettent de deviner le fond des sentiments allemands.

Depuis l'intervention de Richelieu dans la guerre de Trente Ans jusqu'à la fin des guerres napoléoniennes, l'Allemagne devient le champ de bataille de la grandeur française. Rarement, les armées impériales pénètrent dans le royaume, en Provence, dans l'Artois, mais innombrables sont les campagnes françaises qui ensanglantent et dévastent l'Allemagne. C'est une histoire que les Français ont l'habitude de voir en « francocentriques », alors qu'elle fonde en Allemagne les ressentiments qui légitimeront les invasions du XIXe et du XXe siècles, quand la balance de la démographie, de l'économie, des capacités militaires se renversera en faveur de l'Allemagne. La France, elle aussi, ne compte que les invasions qu'elle a subies, jamais celles qu'elle a fait subir.

Le paradoxe de cette histoire est son caractère unilatéral. La France devient l'ennemi héréditaire de l'Allemagne. Mais, jusqu'au milieu du XIXe siècle, les Français n'ont, à l'égard des Allemands, que des sentiments de condescendance, ceux que l'on témoigne à des rustres peu dangereux, à quoi se mêle aussi parfois une sorte d'admiration pour de braves gens un peu simples mais pratiquant de nombreuses vertus depuis longtemps négligées à Paris. La France tient la première place dans les préoccupations, les admirations, les craintes et les fureurs des Allemands, mais l'Allemagne ne suscite chez les Français qu'une attention distante et intermittente. C'est que la France est une et unique alors que l'Allemagne demeure divisée et multiple. La France ne manquera jamais d'alliés en Allemagne où l'empereur n'est pas seulement, n'est plus principalement le chef de la nation, mais un dynaste qui porte ombrage aux autres. Les sentiments allemands, de ce fait, restent contradictoires et comme intermittents : les mêmes princes, souvent, se voudraient fidèles sujets de l'empereur mais quittent son alliance pour prendre l'argent et l'appui de la France quand leurs intérêts les y entraînent. Ce fut le cas du Grand Électeur de Brandebourg,

Frédéric-Guillaume (1640-1688), si attaché en principe à ses devoirs envers *Kaiser und Reich* (l'Empereur et l'Empire), et cependant stipendié de Louis XIV, changeant de camp plusieurs fois entre Paris et Vienne. Mais comment aurait-il pu faire autrement, lui, fidèle protestant attaché à la cause de la Réforme dont l'empereur catholique demeurait l'adversaire, et poursuivant en même temps sans trêve sa politique de revanche contre la Suède protestante, alliée de la France qui, en 1648, lui avait ravi la moitié de la Poméranie dont sa maison était l'héritière ? Alors qu'il était victorieux par miracle des armées suédoises, la France ne l'avait-elle pas contraint à abandonner une grande partie des fruits de sa victoire sans que l'empereur fût en mesure (si tant est qu'il le souhaitait vraiment) de contrebalancer cette pression ? Du moment que les princes étaient, dans l'esprit des traités de 1648, pratiquement souverains, l'empereur n'était pas seulement leur suzerain mais aussi une puissance dans le cadre d'un système européen où chacun poursuivait ses propres projets, ses propres chimères, ses propres ambitions. La puissance immense de la France et l'impuissance relative de l'empereur, orienté à l'est par la menace turque et ensuite par les prodigieux espaces qui s'ouvraient là-bas à ses armées, obligèrent de nombreux princes voisins ou proches de la France à chercher des accommodements avec la cour de Versailles. Ce fut la raison d'être de la première « Confédération rhénane », en 1658-1667, qui se constitua autour du prince-électeur-archevêque de Mayence, Jean-Philippe de Schönborn, archichancelier du Reich et bon patriote. Ce fut surtout le cas du duc-électeur de Bavière, le brillant Maximilien-Emmanuel (1679-1726) : commandant les armées de l'empereur en Hongrie, gendre de l'empereur et, de ce fait, père de l'héritier présomptif de la couronne d'Espagne, gouverneur général des Pays-Bas espagnols, il se fait l'allié du roi de France contre son ex-beau-père, après la mort de l'enfant héritier, pour assurer l'indépendance et la « grandeur » de la Bavière sans cesse menacées par la puissance voisine de l'Autriche, entraînant dans cette alliance, naturellement, son propre frère le cardinal-prince-archevêque de Cologne lié aux mêmes impératifs dynastiques (le siège de Cologne fut pendant près de deux siècles une sorte de « secundo-géniture », une dignité et un territoire réservés aux princes de la maison de Bavière qui s'y succédèrent, d'oncle en neveu, de la fin du XVIe siècle jusqu'en 1780).

Le principe dynastique, la fidélité à *Kaiser und Reich*, le sentiment national et le principe religieux commandent en s'emmêlant le monde politique de cette Allemagne de l'ancien Reich finissant. Ils commandent aussi ses relations avec la France. Allié « pensionné » de Louis XIV, le Grand Électeur ouvrira ses États aux réfugiés huguenots, victimes de la révocation de l'édit de Nantes, dont l'afflux contribue à étendre et à approfondir l'influence de la culture française et de sa langue. La persécution dont ses frères protestants sont victimes n'empêchera pas Leibniz, l'esprit le plus puissant de l'Allemagne de son temps, protestant irénique, rêvant de la réunification des Églises et patriote attaché à l'essor de la langue allemande, de participer avec un grand nombre de Français distingués à l'animation d'une sorte de République européenne des lettres dont l'expression ne pouvait être que française. N'était-il pas depuis l'âge de 29 ans membre de notre Académie des sciences ?

La domination culturelle française est alors à la fois universelle et superficielle. Tout le monde, c'est-à-dire tout ce qui tient de près ou de loin au monde, au « beau monde », parle français, mais rarement très bien. Frédéric le Grand lui-même, qui réservait l'allemand aux basses besognes domestiques et administratives, faisait des fautes de français. L'Allemagne se couvre de châteaux qui prétendent imiter Versailles et qui n'en ont l'air que plus allemands, à cause de la modicité des moyens – car le duc de Wurtemberg, voire l'Électeur de Hanovre, bien qu'il soit aussi roi d'Angleterre, ou l'Électeur de Saxe, roi de Pologne, ne sont quand même pas le roi de France –, mais aussi à cause des goûts, des matériaux employés, ceux d'une civilisation qui demeure particulière sous le vernis européen commun, lequel, alors, ne pouvait être que français. Versailles ne compte rien qui ressemble à la folie enjouée, compliquée, délicieusement barbare et rococo des pavillons du Zwinger de Dresde et au château de Nymphenburg. Cette résidence d'été des Électeurs de Bavière, aujourd'hui faubourg de Munich, est beaucoup plus tributaire des grandes villas du XVIe siècle italien, affublées de toits pointus fort germaniques, que des modèles classiques français.

CHAPITRE XII

Les lendemains de la grande guerre et l'Age baroque

Les négociateurs avaient mis tant d'années à faire la paix que l'Allemagne exsangue eut peine à y croire. La tristesse et l'épuisement excluaient toute jubilation. Exsangue, le pays l'était au sens propre du terme. La moyenne des pertes en vies humaines n'était pas loin des 50 %, la population allemande se trouvait ramenée au plus bas niveau, celui de la fin du XIVe siècle, après les grandes poussées de peste, mais que signifiaient ici les moyennes ? Dans certaines régions, au nord-est, en Poméranie, dans le Brandebourg et au sud-ouest, en Souabe, dans le Palatinat, les pertes s'élevaient à 60, 70, 75 %. Ailleurs, dans le nord-ouest notamment, elles restaient inférieures à 25 ou 20 %. Les villes, dans l'ensemble, s'en sortaient mieux que les campagnes. Murailles et fortifications avaient souvent protégé les habitants, et les commandants des troupes occupantes préféraient en règle générale des contributions négociées au pillage sauvage, alors qu'aux paysans ne restaient que la fuite, la recherche de refuges aléatoires dans les forêts les plus impénétrables – ou dans les villes voisines. Beaucoup de terres étaient abandonnées, les villages détruits et déserts, la transmission des savoir-faire interrompue par la disparition prématurée de deux ou trois générations de pères. Dans beaucoup d'endroits et dans de nombreux domaines, il faudra près d'un siècle pour réparer les dommages, et ce siècle qui voit le triomphe orgueilleux de la grandeur française et la montée de plus en plus rapide de la richesse anglaise est nécessairement celui d'une grande faiblesse allemande. Un peu partout, les princes et leurs agents s'attellent cependant à l'énorme tâche de la reconstruction, avec plus ou moins de bonheur, d'intelligence et de persévérance. La dissolution avancée de l'Empire, la débilité de ses institutions et de ses moyens faisaient du « territoire », des principautés, le cadre normal de ces efforts. Les villes libres comptaient parmi les principaux perdants : certaines durent même renoncer à leur indépendance, à leur « immédiateté » sous l'empereur et s'intégrer dans un territoire « princier » : ce fut le cas de Magdebourg qui se rendit à l'Électeur de Brandebourg, et de Brunswick. Brême elle-même, une des principales républiques hanséatiques, faillit être annexée par la Suède. D'autres durent céder une partie de leur territoire et le plus grand nombre vit son rôle économique réduit par la politique des princes voisins qui, tous, plus ou moins rigoureusement, tentaient de favoriser leurs propres villes et leur propre commerce. Parmi les perdants de la paix figurait aussi la *Reichskirche*, l'Église d'Empire, la *Germania sacra*, qui dut se résigner à l'abandon de nombreux évêchés, naguère principautés autonomes et à présent annexées par les États protestants. Partout, la détresse, la pauvreté, les exigences de la reconstruction favorisèrent les tendances à l'absolutisme. Dans beaucoup de territoires, les princes parvinrent à limiter, voire à réduire complètement les droits des *Stände*, des « États », à gouverner sans Landtag ou avec une représentation aux droits très diminués. L'exemple étranger pousse dans le même sens : la France de Louis XIV comme la Suède des rois de la dynastie palatine de Deux-Ponts (Pfalz-Zweibrücken), Charles X, Charles XI, Charles XII – les deux puissances dominantes au lendemain des traités de Westphalie – connaissent alors la victoire de la toute-puissance royale[1]. La restauration après 1660 paraît engager l'Angleterre dans une direction semblable. La Hollande elle-même, après avoir secoué le pouvoir des princes d'Orange, se jettera de nouveau, au plus fort de la menace française, en 1672, dans les bras de leur héritier, Guillaume III.

---

1. En Suède, après l'abdication de la reine Christine, au terme d'un règne ambigu, Charles, comte palatin de Deux-Ponts, fils d'une sœur de Gustave Adolphe, monta sur le trône pour conduire les armées suédoises à de nouvelles victoires (1654-1660).

Absolutisme et « mercantilisme » princiers sont les grandes tendances du temps, le mercantilisme couvrant l'aspiration des maîtres des territoires à organiser – sous l'impulsion et le contrôle, voire souvent sous le règne direct de l'État – le développement de leur économie. Colbert fut, dans ce domaine, un exemple suivi par beaucoup de princes allemands alors que la libre expansion des forces économiques dans des sociétés où l'État ne s'incarnait pas dans un pouvoir omniprésent – le modèle hollandais au XVIIe siècle et celui de l'Angleterre après 1688 – restera étrangère à l'Allemagne ; seule Hambourg, qui deviendra vers la fin du siècle le centre commercial le plus important du pays – et sa ville la plus nombreuse –, suit la voie tracée par les grandes puissances maritimes protestantes ; mais, pour l'Allemagne baroque, Hambourg est plus une enclave, étrange sinon étrangère, qu'un modèle national, un grand port franc avant la lettre.

La puissance princière organise aussi le repeuplement des campagnes en attirant le trop-plein des régions épargnées, en accordant aides et avantages, mais parfois aussi par la pression et la force. On menaçait d'un service militaire prolongé les fils de paysans qui ne voulaient pas reprendre une exploitation. Des réfugiés, poussés par la persécution religieuse, des protestants d'Autriche et de Bohême, chassés pendant et au lendemain de la Grande Guerre, des huguenots français après la révocation de l'édit de Nantes en 1685, des anabaptistes, mennonites mal vus en Hollande, participèrent aussi, nombreux, au repeuplement et au redémarrage économique du Nord-Est, surtout en Brandebourg et en Prusse. A la fin du XVIIe siècle et tout au long du XVIIIe, la population allemande alimente une double émigration, en direction de l'est (Prusse, Hongrie reconquise sur les Turcs, Russie) et vers l'Amérique du Nord ; ces mouvements traduisent à la fois les inégalités de peuplement au lendemain de la Grande Guerre et la remontée générale du chiffre de la population qui retrouve, vers 1740, le niveau de 1618. Ils traduisent surtout le mal-vivre d'une partie importante des ruraux qui cherchent à échapper à la misère et aux pressions envahissantes d'un pouvoir de plus en plus absolu.

La paix conclue, beaucoup restait à faire pour l'installer réellement. L'Allemagne de 1648 ressemble, au moins partiellement, à la France de 1814-1815 et de 1871, à l'Allemagne de 1918 et de 1945 : les armées étrangères stationnaient sur ses territoires et la tâche la plus urgente consistait à les faire partir. En fait, il s'agissait essentiellement des Suédois et de leurs mercenaires dont il fallait payer le départ de sommes énormes qui furent pourtant réunies sans trop de difficultés : la preuve était ainsi faite que la guerre n'avait pas totalement ruiné le pays et que les villes, notamment, conservaient des réserves considérables. Il est vrai que la guerre avait été presque partout intermittente, laissant ainsi, dans beaucoup de régions, entre deux assauts, le temps nécessaire à des reconstitutions partielles. Des commerçants, des banquiers, des aventuriers s'étaient enrichis par la spéculation et les fournitures aux armées ; les États, à présent, s'efforçaient de leur faire rendre gorge. Un nouvel ordre s'établit lentement. Il n'était cependant pas totalement nouveau. Le Reichstag fut convoqué comme naguère ; il eut à prendre de nombreuses décisions concernant l'exécution des traités. L'empereur Ferdinand III, relativement jeune encore mais de santé fragile, réussit à faire élire son fils aîné comme roi des Romains. L'héritier, qui ne régna point mais porte dans l'histoire le nom de Ferdinand IV, mourut avant son père qui n'eut pas le temps de faire désigner à sa place le cadet, l'archiduc Léopold. Le décès de l'empereur, en 1654, ouvrit de ce fait une période de vacance du trône qui se prolongea pendant dix-huit mois. La politique française tenta en vain d'empêcher l'élection du nouveau chef de la branche allemande des Habsbourg ; elle alla jusqu'à mettre en avant, sérieusement, la candidature du roi de France, comme, en 1519, celle de François Ier avant l'élection de Charles Quint. Intelligent, instruit, bienveillant, excellent musicien, compositeur de talent, Léopold Ier eut un des plus longs règnes de l'histoire allemande (1656-1705), mais, hésitant, indécis, il brilla davantage par son obstination et sa confiance dans le destin de sa maison que par des qualités d'homme d'État et de chef de guerre. L'échec des tentatives de restauration du pouvoir impérial, sous Ferdinand II et Ferdinand III, concentrait encore davantage l'intérêt de l'élu sur les affaires de ses territoires héréditaires (*die Erblande*) et les perspectives dynastiques. L'extinction de la branche espagnole des Habsbourg paraissait proche puisque le roi don Felipe IV n'avait pas de fils survivant et que lorsque, tardivement, lui naquit un ultime héritier, l'enfant était faible et débile. Une succession immense allait donc s'ouvrir d'un jour à l'autre (en fait, la flamme vacillante de la vie de Charles II devait durer jusqu'en 1700). L'Empire sur lequel il ne possédait plus que des pouvoirs restreints devenait pour l'empereur un souci second. Quand, à plusieurs reprises, Léopold eut à s'opposer aux attaques du roi de France, il ne parvint qu'à grand-peine à entraîner l'Empire dans la guerre et toujours un certain nombre de princes, parmi les plus importants, refusèrent de participer au *Reichskrieg* (la guerre d'Empire), certains allant même jusqu'à se ranger du côté de la puissance ennemie. Les relations entre les *Stände* et l'empereur étaient souvent, en fait, des rapports de prince territorial à prince territorial : c'est ainsi que, pendant un siècle, le sort de certains duchés de Silésie relevant de la couronne de Bohême et revendiqués par les Hohenzollern, Électeurs de Brandebourg, joua un rôle considérable dans la politique menée par la cour de Berlin vis-à-vis de celle de Vienne, car l'empereur avait réuni ces duchés à son domaine dynastique propre (la *Hausmacht*) lors du décès du dernier duc de la maison des Piast, en négligeant les droits des Hohenzollern qui revendiquaient l'héritage. En 1740, Frédéric II de Prusse devait prendre prétexte de cette vieille querelle pour arracher la Silésie tout entière à Marie-Thérèse, l'héritière du dernier empereur Habsbourg, Charles VI.

A d'autres occasions, au contraire, c'est avec l'empereur exerçant ses derniers droits souverains que des princes territoriaux entraient en conflit : ainsi, en 1692, lorsque Léopold Ier érigea en électorat le duché de Brunswick-Hanovre pour s'assurer la fidélité du nouvel Électeur, Ernest-Auguste, dans les affaires de l'Empire comme pour la guerre contre les Turcs. Contre la création d'une neuvième dignité électorale, certains Électeurs anciens ne manquèrent pas de protester, de même que les ducs de Brunswick-Lunebourg qui représentaient la branche aînée de la dynastie des Welfs. En fait, cette création pouvait se justifier par des raisons d'équilibre confessionnel depuis que l'électorat palatin, en 1685, était passé à la ligne catholique de Neuburg et que, de ce fait, tous les Électeurs, à l'exception de la Saxe et du Brandebourg, étaient catholiques. Les protestants, cependant, constituaient une bonne moitié de la population de l'Empire. L'empereur tranchait aussi, en dernier ressort, dans les affaires d'héritage quand une dynastie s'éteignait sans successeur mâle. Dans le contentieux entre Berlin et Vienne figurait également, de ce fait, la question des duchés de Juliers et de Berg que les Hohenzollern et les comtes de Pfalz-Neuburg s'étaient disputés avec l'ensemble de l'héritage des anciens ducs de Clèves dès la fin du XVIe siècle. Le dernier Électeur palatin de la lignée de Neuburg n'avait pas d'enfants. Bien avant sa mort, en 1746, les Hohenzollern revendiquèrent à nouveau Juliers et Berg, alors que l'empereur favorisait un collatéral, le comte palatin de Sulzbach, Charles-Theodor, qui finit par avoir gain de cause. En revanche, l'empereur facilita au roi de Prusse la succession de la famille comtale des Cirksena en Frise orientale. La Prusse obtint ainsi un accès à la mer du Nord.

Les relations entre l'empereur et les princes furent aussi affectées par l'accession d'un certain nombre de ces derniers à un statut de souveraineté extérieure à l'Empire qui faisait d'eux les égaux de l'empereur, selon le droit public des États. Depuis les traités de Westphalie, le roi de Suède siégeait au Reichstag comme duc de Brême et de Poméranie ; le roi de Danemark l'y avait précédé comme duc de Holstein. En 1697, l'Électeur de Saxe, Frédéric-Auguste, dit le Fort, parvint avec l'aide de l'empereur à se faire élire roi de Pologne (il abandonna pour cela la foi luthérienne dont les Wettin de Saxe s'étaient faits naguère les ardents protagonistes et il y eut, de ce fait, sept catholiques sur neuf Électeurs). Par ailleurs, l'Acte d'établissement voté par le Parlement anglais en 1701 faisait de l'Électeur de Hanovre l'héritier de la couronne d'Angleterre. George-Louis devait recueillir cette succession en 1714. De tels exemples poussèrent l'Électeur de Brandebourg, Frédéric III (1688-1713), à se ceindre lui aussi d'une couronne royale. Depuis que le Grand Électeur avait pu le soustraire à la suzeraineté polonaise, le duché de Prusse, considéré à présent comme situé hors des limites de l'Empire, jouissait d'une souveraineté totale. Ayant néanmoins, par prudence, négocié et obtenu l'accord de l'empereur, Frédéric se proclama roi *en* Prusse, à Königsberg, le 18 janvier 1701 [1]. En revanche, les troupes prusso-brandebourgeoises se battirent vaillamment aux côtés des Impériaux dans la guerre de Succession d'Espagne. Désormais, quatre rois étrangers, dont trois étaient Électeurs, figuraient parmi les princes d'Empire, sans compter le roi d'Espagne qui (même après avoir perdu la Franche-Comté en 1678) conservait la plus grande partie des Pays-Bas méridionaux, et le duc de Savoie qui reçut la dignité royale au traité d'Utrecht en 1715, d'abord pour la Sicile et ensuite pour la Sardaigne. Les relations avec ces souverains prenaient de plus en plus un caractère relevant plutôt de la politique extérieure ; tout ce qui concernait le Hanovre, à présent, mettait en jeu l'Angleterre, et les difficultés de Frédéric-Auguste comme roi de Pologne attirèrent sur la Saxe, territoire d'Empire, les foudres de la guerre suédoise. Ce fut là un nouveau palier dans la lente dislocation du vieil Empire.

Un et multiple : l'ancien Reich allemand

Il serait faux, cependant, de sous-estimer la force du lien entre les divers éléments de la nation allemande que le Reich continue à préserver pendant les derniers cent cinquante ans de son existence, de 1648 à 1806, avec ses trois grandes institutions centrales : l'empereur, le Reichstag et le *Reichskammergericht*, le Tribunal suprême qui, telle la Cour suprême américaine, est à la fois dernière instance des affaires particulières et juge des conflits entre les *Reichsstände*, les « États », les membres de l'Empire (c'est le *Reichskammergericht* qui décide notamment si un territoire a bien le statut de *Reichsstand*, et le plus souvent – pas toujours – ses décisions sont respectées).

Sauf pendant la courte interruption que représente le règne de Charles VII, l'Électeur Charles-Albert de Bavière (1742-

1. Ce titre bizarre signifiait qu'il ne se faisait roi qu'à titre personnel – dignité que l'empereur lui reconnut –, mais que la Prusse ne devenait pas un royaume. Ces subtilités n'eurent qu'un temps.

1745), que la France et la Prusse parviennent à faire élire après la mort du dernier empereur Habsbourg en ligne directe, la dignité impériale restera une possession de la maison d'Autriche, passant des Habsbourg directs aux Habsbourg-Lorraine. En effet, après la mort du Bavarois, l'archiduchesse Marie-Thérèse, la « reine de Hongrie » comme l'appelleront ses ennemis, réussira à placer sur le trône impérial son mari le grand-duc de Toscane, François-Étienne de Lorraine, qui sera empereur sous le nom de François Ier (1745-1765)[1]. Même dans les territoires protestants, la figure et la personne impériales gardaient un réel prestige populaire : quand Frédéric II de Prusse interdit aux pasteurs de son royaume de prononcer la traditionnelle prière pour l'empereur, ce geste de rupture suscita une vaste réprobation. Certes, les traités de Westphalie soumettaient dans la plupart des cas les décisions impériales à l'approbation du Reichstag. Mais les « droits réservés » que l'empereur continuait à exercer seul n'étaient nullement négligeables : lui seul pouvait accorder la dignité de *Reichsstand* et prononcer les anoblissements ; il possédait le droit de grâce, seul il pouvait légitimer des enfants naturels ou adultérins ; il pouvait accorder des privilèges aux ressortissants de tous les territoires et exempter tel ou tel *Stand* de la compétence du Tribunal d'Empire. Ces droits lui conféraient une autorité certaine sur les *Stände* les plus faibles qui avaient besoin de sa protection contre les princes plus puissants ; par ailleurs, ils pouvaient aussi se monnayer et procurer à l'empereur des ressources non négligeables. A plusieurs reprises, il y eut des tentatives pour consolider, voire pour étendre ses pouvoirs ou pour faire voter par le Reichstag des mesures institutionnelles ou des lois de portée générale, applicables dans tous les territoires, sans beaucoup de succès, le plus souvent. Cependant, une sorte d'administration centrale fonctionnait à Vienne pour l'Empire, sous la direction du *Reichsvizekanzler* (le

---

1. Il avait dû, en 1735, troquer sa chère Lorraine contre la Toscane à l'issue de la Guerre dite de la Succession de Pologne. La Lorraine était revenue à l'ex-roi de Pologne, Stanislas Leszczynski, beau-père de Louis XV, avec promesse de succession en faveur de ce dernier. C'est ainsi qu'en 1766 la France, après trois siècles de vains essais, finira par annexer cette terre d'Empire.

vice-chancelier d'Empire, les fonctions de chancelier étant liées à celles du prince-électeur-archevêque de Mayence). Le comte Frédéric-Charles de Schönborn, d'une grande famille qui donna deux Électeurs de Mayence à l'Empire et qui devint par la suite, lui-même, évêque de Würzburg et de Bamberg, fut vice-chancelier pendant près de trente ans sous Joseph Ier (1705-1711) et Charles VI (1711-1740). Il s'efforça d'étendre l'autorité de l'empereur ; dans ses efforts, il ne se heurta pas seulement à la résistance des autres *Reichsstände*, mais aussi à l'opposition des administrations des royaumes, duchés, comtés héréditaires qui plaçaient les intérêts des *Erbländer*, des possessions propres de la famille de l'empereur, au-dessus de ceux de l'Empire. Sous son impulsion, le Reichstag vota en 1731 une des dernières grandes lois de l'Ancien Régime, la *Reichshandwerksordnung (*règlement d'Empire de l'artisanat), par laquelle était réformé le système des corporations pour permettre une meilleure adaptation de l'artisanat aux situations économiques et sociales, bien changées depuis le XVIe siècle. En fait, de telles *Ordnungen* ne constituaient qu'une sorte de loi-cadre dont l'application dépendait de la plus ou moins bonne volonté des gouvernements territoriaux qui modifiaient ces textes selon leurs besoins – ou les laissaient carrément de côté. Une telle décision du Reichstag, à cette époque, constitue plutôt une incitation qu'une loi au sens précis du terme ; là encore, les petits territoires, incapables d'élaborer des systèmes législatifs complexes, avaient davantage tendance à appliquer les textes émanant du Reichstag ou à exécuter les décisions du *Reichskammergericht*. C'est ainsi, par exemple, qu'au lendemain de la paix de 1648 le Reichstag décréta un moratoire de dix ans pour toutes les dettes et la réduction des trois quarts de tous les intérêts ; mais ces décisions ne furent en fait appliquées que dans les « cercles » de Souabe et de Franconie où abondaient les territoires moyens et petits, alors que les grands « États » édictèrent des réglementations particulières qui s'inspiraient du texte impérial de plus ou moins près. Le Reichstag, qui siégea à Regensburg (Ratisbonne) en 1653-1654, donna, sous la forme d'un grand texte unique intitulé *Jüngster Reichsabschied* (Congé ultime d'Empire) – le terme *Abschied* (congé) concernant l'ensemble des décisions prises en cours de sessions énumérées dans une sorte de « collectif » final, avant le départ des princes et de leurs délégués –, une vaste codification qui réorganisait la justice d'Empire et ses procédures, ainsi que les finances de l'Empire. Les sujets et les *Landstände* (« États » des territoires) étaient tenus de verser leur contribution pour l'effort militaire commun dans le cadre des « cercles », mais aussi pour l'entretien des forces propres des territoires qui virent ainsi confirmée leur souveraineté en matière militaire. La « capitulation » de 1658, lors de l'élection de Léopold Ier (les capitulations constituant les engagements que le candidat à la dignité impériale prenait envers les Électeurs), alla encore plus loin en interdisant aux « États » des territoires de prendre seuls des dispositions relatives aux impôts et, d'une manière générale, de s'assembler sans être convoqués par leur prince. Même ce qui restait d'institutions centrales pouvait ainsi contribuer à développer l'absolutisme des princes.

A partir de 1663, le Reichstag devint « perpétuel » pour siéger désormais à Ratisbonne sans interruption jusqu'à la fin de l'Empire, en 1806. Ce changement ne procédait nullement d'une volonté de renforcer l'institution, mais au contraire de l'impossibilité où le Reichstag s'était trouvé de convenir d'un *Abschied*, d'un texte final. Ce ne fut plus, désormais, qu'une réunion de diplomates à laquelle l'empereur et les princes ne participèrent plus en personne, ce qui ralentit encore les prises de décision. On peut visiter et admirer de nos jours la splendide salle Renaissance du vieil hôtel de ville (*Altes Rathaus*) de la fière ville libre qui abrita pendant cent cinquante ans les séances de la Diète perpétuelle.

Sous la direction de l'archichancelier, le Reichstag délibérait par curies : le Conseil des princes-électeurs, le Conseil des princes et le Conseil des villes. Les Électeurs avaient d'abord été 7, ensuite 8 et 9 pour revenir à 8 par l'union du Palatinat et de la Bavière en 1777. Les princes, divisés en deux bancs, le « Banc spirituel » et le « Banc temporel », étaient 100 à la fin de l'ancien Reich, dont 37 ecclésiastiques, et 63 temporels ; mais, parmi les « spirituels », il y avait deux « voix » collectives pour les abbayes d'Empire et les bailliages des ordres de chevalerie (*Prälatenstimmen*), dont le nombre varia comme celui des princes au cours des siècles (il en subsistait 43 en 1792), tandis qu'au Banc des princes figuraient les représentants de 4 curies régionales de comtes d'Empire (*Reichsgrafen*) (99 en 1792). Enfin les villes d'Empire (51 en 1792) avaient obtenu finalement par les traités de 1648 la plénitude indiscutée de leurs droits en tant que *Reichsstände*. Le Reichstag se composait en tout, en 1792, de 153 *Stände* individuels et de 6 *Stände* collectifs qui, à leur tour, réunissaient 142 prélats, baillis et comtes d'Empire. Les *Stände*, directement ou indirectement représentés au Reichstag, étaient donc à cette époque 295. Les chevaliers d'Empire (*Reichsritterschaft*), beaucoup plus nombreux (environ 1500), n'avaient pu obtenir une représentation au Reichstag, mais, érigés en corporation par l'empereur en 1566, ils conservaient une autonomie intérieure complète. Ils étaient, eux aussi, dotés du statut de l'immédiateté (*Reichsunmittelbarkeit*) face aux territoires princiers qui les entouraient. Eux aussi étaient regroupés en cercles, de Souabe, de Franconie et de Rhénanie, et formaient des « cantons » pour administrer en commun certaines de leurs affaires (notamment en matière de justice pénale). Ces petites seigneuries, qui ne comprenaient parfois que trois ou quatre villages, conservaient des liens de fidélité et de loyauté très intenses avec l'autorité impériale qui trouvait dans la *Reichsritterschaft* un inépuisable réservoir de serviteurs civils et militaires.

Seuls les *Stände* supérieurs (Électeurs, princes et villes) étaient appelés à siéger individuellement au Reichstag qui se composait donc en grande majorité de princes avant tout préoccupés de leurs intérêts particuliers et, au mieux, des intérêts particuliers de leurs territoires. Le peuple était absent de cette représentation du corps teutonique, non seulement les paysans, mais la masse des bourgeois des villes (même dans les villes d'Empire, c'était le plus souvent l'aristocratie patricienne qui gouvernait et assurait aussi la représentation au Reichstag), et jusqu'à la noblesse territoriale qui n'appartenait pas à la *Reichsritterschaft*. Le Reichstag additionnait davantage les égoïsmes des *Stände* qu'il ne représentait une nation, qui commençait cependant à développer une forte conscience de sa dignité (souvent méprisée et violée par l'étranger) et de sa grandeur passée.

Le travail du Reichstag était freiné (et parfois même bloqué pour de longues périodes) par les ressacs des querelles religieuses, le *corpus catholicorum* et le *corpus evangelicorum* se séparant par une *itio in partes* (un départ séparé), chaque fois que des questions confessionnelles entraient en jeu, prétexte aisément invoqué pour bloquer une décision, quand même le rapport avec la religion n'était pas évident. Bien qu'en principe les traités de Westphalie eussent réglé ces problèmes, il y eut encore, jusqu'au milieu du XVIIIe siècle, des crises aiguës dues à l'intolérance de certains princes, le plus souvent catholiques : dans le Palatinat, après l'avènement de la branche catholique de Pfalz-Neuburg qui succédait à la branche calviniste de Pfalz-Simmern (1685), ou à Salzbourg quand l'archevêque Leopold Anton von Firmian se mit à expulser « ses » protestants en 1731-1732[1]. Une grande partie des victimes de cet obscurantiste attardé trouva refuge en Prusse-Orientale où leur apport contribua à améliorer l'état de l'agriculture. Goethe a pris cette expulsion comme toile de fond pour son « épopée civile », *Hermann et Dorothée*. A plusieurs reprises le Reichstag déclara la « guerre d'Empire » à la France, mais jamais la participation effective de tous les *Stände* ne put être assurée. Cependant, les contingents envoyés par les cercles d'Empire ou directement par les princes les plus puissants jouèrent parfois un rôle important dans les guerres contre les Turcs (à partir de 1683) et contre la France, et les deux Électeurs Wittelsbach, le duc de Bavière et le prince-archevêque-électeur de Cologne son frère, furent mis au ban de l'Empire et leurs territoires confisqués quand ces princes prirent le parti de Louis XIV dans la guerre de Succession d'Espagne (ils furent d'ailleurs rétablis dans leurs droits par la paix d'Utrecht). En 1681, le Reichstag décréta une *Defensionalverordnung* (ordonnance sur la Défense), qui prévoyait la création et l'entretien d'une armée d'Empire (*Reichsarmee*) de 40 000 hommes dans le cadre des cercles, et même une *Reichsoperationskasse* pour l'entretien des cadres, mais l'exécution de cette décision relevait des *Kreistage*, c'est-à-dire des diètes régionales composées elles aussi des princes et des villes. Même s'ils consentaient

1. Dans les hautes vallées alpestres, des communautés évangéliques avaient survécu à la Contre-Réforme qui remit la population des terres plus basses et plus accessibles dans le « droit chemin » de la religion romaine.

à joindre leurs troupes à celles de l'empereur, les princes importants préféraient envoyer des contingents particuliers, d'autant plus que la plupart d'entre eux possédaient des territoires dans plusieurs cercles, voire en dehors du Reich proprement dit, comme le roi « en Prusse ».

L'organisation de l'Empire en *Reichskreise* (cercles), qui datait de Maximilien Ier, ne fonctionna après 1648 que d'une manière incomplète, les *Vordere Kreise*, les « cercles antérieurs » voisins de la France toujours menaçante, s'organisant mieux que ceux du Nord et de l'Est, et les cercles qui réunissaient un grand nombre de petites principautés, mieux que ceux où dominaient un ou plusieurs États importants. Les cercles les plus actifs étaient, de ce fait, ceux de Souabe et de Franconie qui créèrent des organes communs et promulguèrent des législations communes dans les domaines les plus divers (travaux routiers, monnaie, réglementations économiques, police). Le Cercle de Souabe, à lui seul, comptait 68 territoires séculiers, 40 territoires ecclésiastiques, plus 31 villes d'Empire, en tout 139 membres « immédiats » ne dépendant que de l'autorité impériale. En 1748, le Cercle rhénan supérieur se donna, ensemble avec celui formé par les trois électorats rhénans, un code pénal commun. Ainsi, dans certains cas, les cercles exerçaient en partie des fonctions qui, à nos yeux, relèvent de l'État, mais la situation était différente d'un cercle à l'autre. Dans les régions où les territoires étaient nombreux et dispersés, le cercle remplissait, en matière de police, de sécurité, de commerce, dans la lutte contre les épidémies, pour les affaires postales, des fonctions qui, ailleurs, tombaient dans la compétence des grands États territoriaux. Dans ces régions, les cercles contribuaient eux aussi à maintenir une sorte d'unité supérieure aux particularismes des *Stände*.

La *Reichskanzlei*, dirigée par le *Reichsvizekanzler*, était une sorte de ministère unique (plus tard, après 1870 et jusqu'en 1918, le *Reichskanzler* sera également l'unique ministre de l'Empire, les secrétaires d'État n'étant que des fonctionnaires soumis à son autorité). Depuis 1620, cependant, la création du *Hofkanzler* (chancelier aulique) autrichien le privait de l'administration des territoires héréditaires et de ce fait, peu à peu, de la direction des affaires de l'empereur ; il se voyait ainsi écarté de la politique étrangère, de plus en plus autrichienne et de moins en moins affaire de l'Empire. A ses côtés, le *Reichshofrat* (Conseil aulique d'Empire) avait été à l'origine une instance chargée de régler les affaires d'attribution et de reprise des fiefs impériaux, mais peu à peu elle était devenue, en concurrence avec le *Reichskammergericht*, une instance suprême d'appel dans toutes les affaires où l'empereur était évoqué comme juge ultime. L'empereur nommait seul les membres de cette cour et avait seul compétence pour fixer les règles de son fonctionnement. Et, comme le *Reichskammergericht* – faute de moyens financiers que le Reichstag n'accordait que d'une manière parcimonieuse, et souvent paralysé par les querelles religieuses – jugeait de plus en plus lentement (certains procès duraient plus d'un siècle), le *Reichshofrat* voyait son rôle se développer d'une façon continue sans qu'intervienne jamais un partage clair des compétences. Cependant, le prestige du *Reichskammergericht*, juridiction indépendante nommée par les Électeurs et les cercles et composée pour moitié de juristes professionnels, resta considérable jusqu'à la fin de l'Empire. Bien que le Reichstag eût restreint en 1654 les possibilités d'appel contre les *Reichsstände* et supprimé le caractère suspensif de l'appel, le *Reichskammergericht* assurait une certaine unité de droit dans la multiplicité des territoires : ses arrêts faisaient jurisprudence, sa procédure servait de modèle. Dans beaucoup de cas, il protégea les sujets contre les excès et l'arbitraire de leurs princes. Il acheva, également, la rédaction du droit romain (en cours depuis le XVe siècle) comme base commune du droit dans la plupart des territoires. Levé au bénéfice du *Reichskammergericht*, mais d'un montant toujours insuffisant, le *Kammerzieler* était l'unique impôt direct permanent que connaissait l'Empire. Les autres impôts ou contributions, notamment les crédits de guerre pour le *Reichskrieg*, devaient être votés casuellement et pour une période donnée, d'après une répartition fixée en 1521. Ces contributions ou aides (par exemple, le *Türkenpfennig*, le « sou contre les Turcs ») étaient versées au *Reichspfennigmeister* (le « maître des Pfennigs impériaux ») qui, souvent, négociait directement avec les différents *Stände* sans passer par le Reichstag, mais ne parvenait pas pour autant à créer, au bénéfice du Reich, une structure financière régulière et saine.

Tel qu'il apparaît, à travers l'évocation trop simplifiée que nous venons de faire d'une réalité extraordinairement complexe, le Reich n'était certes pas un État au sens moderne. Qu'il s'agisse de la politique extérieure, de la défense, de la monnaie, des finances, il ne possédait que des compétences très limitées et peu claires, presque nulle part incontestées et toujours partielles. A certains égards, on pourrait le comparer à la Communauté européenne d'avant 1992 qui, comme l'ancien Reich, n'est pas un État, mais alors que le Reich *n'était plus* ce que, au Moyen Age, on pouvait à la rigueur couvrir du mot « État », la Communauté a vocation à *devenir* un vrai État fédéral.

Écrivant à la veille de la disparition de l'ancien Reich, Hegel, dans sa fulgurante *Die Verfassung Deutschlands* (La Constitution de l'Allemagne), pouvait donc s'écrier avec raison : « *Deutschland ist kein Staat mehr* » (« L'Allemagne n'est plus un État »). Et pourtant, avec son empereur toujours prestigieux, son Reichstag solennel, son *Reichskammergericht* attentivement écouté, avec sa *Reichskirche*, son Église d'Empire appuyée sur les nombreuses et souvent florissantes principautés ecclésiastiques, avec sa langue qui devenait un instrument commun, fixé, et véhicule d'une culture commune qui, de Riga à Strasbourg et de Vienne à Cologne, de Prague à Berne, commençait à se libérer des modèles étrangers, l'Allemagne possédait une certaine unité et se concevait une dans sa diversité. Le grand juriste Samuel Pufendorf avait pu écrire au lendemain des traités de Westphalie que le Reich était au regard de la logique aristotélicienne « pareil à un monstre ». C'était en effet une entité d'un genre absolument particulier mais qui possédait une profonde logique historique, face à l'idéologie de l'absolutisme qui triomphait dans la plupart des États européens, fût-ce sous la forme noble du despotisme éclairé : le « Sacré Empire romain de la nation allemande » (car c'est ainsi qu'il convient de traduire l'expression allemande *Heiliges Römisches Reich deutscher Nation*, et non pas par « Saint-Empire romain germanique », ce qui ne veut rien dire) maintenait dans une certaine mesure l'unité politique et juridique de la nation et assurait aussi, au moins partiellement, la défense des sujets contre leurs seigneurs et des petits *Stände* contre les grands. Il n'y avait donc pas alors, en Allemagne, qu'un « *negatives Reichsbewusstsein* » (une « conscience négative d'Empire ») mais, dans certains milieux, un véritable *Reichspatriotismus* qui souhaitait renforcer les pouvoirs du Reich sans lui immoler complètement les particularismes nés de l'histoire. Cette conscience d'une unité nationale forte et multiple, alliée à un certain mépris envers les petits princes imbus de leur importance, s'exprime dans la pensée allemande du Baroque à l'*Aufklärung*, de Leibniz à Lessing, à Herder et Schiller. Après le long triomphe des nationalismes simplificateurs, l'Allemagne, réunifiée à la fin du XXe siècle, aurait quelques raisons pour se souvenir avec une compréhension nouvelle de ce « monstre » souple, réaliste et pluraliste que fut son ancien Empire, cet Empire qui n'était pas un État mais, quand même, une espèce de maison commune. En tout cas, malgré les guerres extérieures et intérieures, c'est dans le Reich des XVIe, XVIIe et XVIIIe siècles que se créa et se développa la tradition du fédéralisme, d'un partage des compétences étatiques entre plusieurs niveaux qui est le véritable cœur de l'ordre forgé en RFA après 1948 et que l'ancienne RDA a rejoint en 1990, et ce fédéralisme – l'union de l'unité et de la diversité – est aussi la loi fondamentale de la construction européenne. L'Allemagne est le seul grand pays européen qui apporte à cette construction une expérience fédéraliste aussi ancienne et aussi longuement vécue sous un grand nombre de formes et de régimes – à la seule exception du centralisme totalitaire de l'ère hitlérienne.

De grandes victoires à l'Est

Déchirements internes, décadence, affrontements avec la Perse : pendant plus d'un siècle, après l'échec du grand Soliman sous Vienne, en 1529, l'Empire turc, occupant les Balkans et les trois quarts de la Hongrie, n'avait plus lancé de vastes offensives contre l'Occident allemand. Il y eut, cependant, une première alerte en 1663 quand une grande armée turque attaqua la Hongrie occidentale restée sous l'autorité de l'empereur ; après des combats qui procurèrent une importante victoire aux armées chrétiennes, l'empereur Léopold, soucieux des progrès incessants de Louis XIV en Europe occidentale, avait signé pour vingt ans une paix peu honorable. En 1683, nouvelle alerte : cette fois-ci, une véritable marée humaine de plus de 200 000 hommes – chiffre fantastique pour l'époque – se rua vers le nord-ouest. Abandonnée par la cour, Vienne assiégée se défend avec acharnement. Peu à peu, l'empereur réunit les secours : sous le commandement du duc de Lorraine Charles V et du roi de Pologne Jean Sobieski, renforcées par des troupes bavaroises, saxonnes et provenant de divers cercles d'Empire, les armées impériales et polonaises, pourtant très inférieures en nombre, dévalent les pentes du Kahlenberg et remportent sous les murs de Vienne une victoire non seulement éclatante mais décisive. La contre-offensive chrétienne poursuit les Turcs au-delà de leurs points de départ. En 1686, les Impériaux reprennent Ofen, l'ancienne capitale (l'actuelle Budapest) perdue depuis 1525 ; l'autorité de Léopold est reconnue dans toute la Hongrie, la Diète vote l'hérédité de la couronne, la Transylvanie se rallie. En novembre 1688, l'Électeur de Bavière, Maximilien-Emmanuel, gendre de l'empereur, prend d'assaut la ville et la forteresse de Belgrade. La menace que les Turcs faisaient peser sur l'Occident chrétien depuis trois siècles est définitivement conjurée. L'immense royaume de Hongrie, si délabré qu'il soit après cent cinquante ans de domination turque et de guerres frontalières, ouvre des perspectives éblouissantes aux ambitions des Habsbourg. Mais ces victoires (qui contrastent avec les défaites et les humiliations que Louis XIV ne cesse d'infliger au Reich et à l'empereur) vont accentuer le caractère dynastique et « autrichien » de la politique de la cour de Vienne, au détriment de ses responsabilités allemandes. D'un autre côté, la reconquête de la Hongrie renforce le prestige et la puissance de l'empereur. Dans les amples espaces de la Hongrie dévastée et dépeuplée vont se déverser au cours des prochaines décennies de grandes vagues de colons allemands (notamment les « Souabes » du Banat[1], dont beaucoup sont en réalité des Lorrains). Si la Hongrie conserve son identité nationale et politique en dépit de maintes tentatives centralisatrices

1. Province gouvernée par un ban (ou *banus*), une sorte de vice-roi, située entre la rive orientale de la Tisza et la Transylvanie, avec pour chef-lieu la ville de Temeschburg (Temesvár, Timişoara).

viennoises, elle s'ouvre aussi à une sorte de suprématie culturelle allemande. L'union personnelle grâce à laquelle l'empereur, roi de Bohême et archiduc d'Autriche, est aussi roi de Hongrie se double d'une certaine intégration administrative et militaire contre laquelle le nationalisme et le particularisme de l'aristocratie magyare – et aussi l'aversion des calvinistes, nombreux dans les rangs de cette noblesse, contre un pouvoir catholique qui veut répandre la Contre-Réforme – lanceront vainement plusieurs insurrections, soutenues et appuyées par la France, notamment avec François Rakoczy, pendant la guerre de Succession d'Espagne (1705-1711).

L'importance des perspectives qui s'ouvraient à l'Est était telle qu'en dépit de la guerre qui sévissait avec la France et malgré l'insistance des puissances maritimes, Angleterre et Hollande, ses alliés, l'empereur poursuivit la lutte contre les Turcs, servi par une phalange de grands chefs parmi lesquels, à côté de l'Électeur bavarois, brillait le margrave de Bade Louis-Guillaume, dont les victoires scellèrent le retour de la Transylvanie sous la domination du roi Habsbourg (1692). Pendant un siècle et demi, cette belle et riche région avait formé une principauté autonome. Le départ de Louis-Guillaume pour le front de l'Ouest marqua ensuite un arrêt dans l'avance autrichienne jusqu'à ce que la prudence des conseils viennois se décidât finalement à remettre le commandement suprême à un jeune officier parti de presque rien mais qui, en quinze ans, avait fait montre des dons militaires et politiques les plus brillants. Eugène de Savoie était le fils cadet d'un cadet de la famille régnante des ducs de Savoie marié à Olympe Mancini, nièce de Mazarin, que Louis XIV avait aimée dans sa jeunesse et qui se vengeait de sa disgrâce en tissant de folles intrigues. Bossu, contrefait, ce prince sans fortune était voué à la vie ecclésiastique, mais son esprit ardent ne rêvait que batailles et gloire militaire. A vingt ans, avec le jeune prince de Conti, il tente, malgré l'interdiction royale, de quitter la France pour chercher fortune chez l'empereur dont la capitale est assiégée par les Turcs. Les deux jeunes gens sont rattrapés, mais l'intérêt du roi ne s'attache qu'à Conti, membre de la famille bourbonienne. On laisse partir le petit

Savoie et la France aura mille raisons de le regretter. Servant sur tous les champs de bataille, en Hongrie, en Italie, sur le Rhin, Eugène montre un courage, un sang-froid, une imagination stratégique hors pair qui lui assurent une ascension rapide. Commandant en chef à trente-cinq ans, il remporte en 1697 la victoire décisive de Zenta. Épuisé, l'Empire ottoman accepte de conclure une paix véritable alors qu'auparavant le sultan n'accordait aux infidèles que des armistices limités. Les Turcs reconnaissent la perte de la Hongrie et de la Transylvanie, mais conservent Belgrade et le Banat qui s'enfonce comme un pieu entre la Hongrie et la Transylvanie méridionales. L'Autriche est désormais une grande puissance européenne. La paix de Carlovac, fruit des victoires d'Eugène de Savoie, devait beaucoup à la médiation des puissances maritimes qui voyaient approcher avec crainte le moment où allait s'ouvrir la succession d'Espagne. Le traité de Carlovac est signé le 26 janvier 1699. Charles II, le dernier des Habsbourg d'Espagne, meurt le 1er novembre 1700.

Commence alors une immense conflagration qui est, de plus, contemporaine de la guerre du Nord entre Charles XII, Auguste de Saxe-Pologne et la nouvelle puissance russe mobilisée par Pierre le Grand ; une grande guerre double met ainsi aux prises, pour la première fois et en même temps, *toutes* les puissances européennes. La double carrière d'Eugène de Savoie, militaire et politique, connaît de nouveaux triomphes. Après des victoires retentissantes en Italie, dont le fruit fut perdu à cause des hésitations et des lenteurs des conseils viennois, le prince de Savoie parvient, en 1703, à se faire nommer président du Conseil militaire suprême (*Hofkriegsrat*). En même temps, il conduit les armées sur les champs de bataille où se produisent les décisions véritables. En compagnie de John Churchill qui sera créé duc de Marlborough, comme lui à la fois homme d'État et chef de guerre, il gagne en 1704 la bataille de Höchstädt (ou Blenheim[1]) contre l'armée franco-bavaroise qui menace Vienne. En 1706, par la victoire de Turin, il chasse les Français de l'Italie

1. Le nom allemand de cette localité est Blindheim.

du Nord. En 1708, Marlborough et Eugène s'ouvrent le chemin de Paris par la victoire d'Audenarde, dans les Flandres, suivie en 1709 de la journée de Malplaquet. Mais les exigences extrêmes des conseillers espagnols de l'empereur font échouer, contre l'avis d'Eugène, les négociations de paix qui se sont engagées : ils voulaient obliger Louis XIV à chasser lui-même d'Espagne son petit-fils Philippe V. Après la défection anglaise due à la disgrâce de Marlborough, mais surtout à la mort de Joseph Ier (l'archiduc cadet Charles, qui se battait en Espagne contre Philippe sous le nom de Charles III, devenait empereur et menaçait ainsi l'Europe de la reconstitution de l'empire de Charles Quint, éventualité dont l'Angleterre ne voulait pas davantage qu'elle n'avait toléré l'accession d'un Bourbon à l'héritage espagnol complet), ce fut encore Eugène de Savoie, qui, avec son adversaire de toujours le maréchal de Villars, négocia et signa à Rastatt en 1714 la paix entre l'empereur et la France qui donnait à l'Autriche Naples, Milan et les Pays-Bas, tout en laissant à Philippe d'Anjou l'Espagne et les colonies.

Comme les Turcs se montraient à nouveau menaçants, Eugène, principal ministre de l'empereur, repart en guerre contre le vieil adversaire de la chrétienté. En 1716, il occupe le Banat et reprend Belgrade après une brillante victoire qu'une chanson populaire a conservée pendant plus de deux siècles dans la mémoire collective, *Prinz Eugenius der edle Ritter* (Prince Eugène, le noble chevalier). En 1718, par le traité de Passarovac, la Turquie abandonne le Banat, la Serbie et la Valachie, berceau de l'actuelle Roumanie. La domination sur les Balkans paraît promise à l'Autriche. Cependant, la gloire, la puissance, la fortune du prince de Savoie ne cessent de faire des jaloux. L'empereur Charles VI (1711-1740), tout en l'estimant et en l'employant, se fie moins exclusivement à son génie que ne l'avait fait son frère et prédécesseur Joseph Ier (1705-1711), plus ouvert, plus généreux. Tout en jouant un rôle de premier plan, Eugène ne parvient ni à fondre les multiples possessions anciennes et nouvelles des Habsbourg en un seul État fortement structuré, ni même à obtenir les moyens pour maintenir à son niveau d'efficacité nécessaire l'instrument militaire qu'il a forgé.

Dans la Vienne brillante et légère qui devient alors la capitale de l'Europe baroque, au carrefour d'un Empire qui réunit Hongrie, Bohême, Belgique, Naples, Lombardie et l'Allemagne alpestre de Fribourg à Graz, Eugène de Savoie est le protecteur des arts, des lettres et des sciences. Au sud de Vienne, Lukas von Hildebrandt bâtira pour lui la plus mûre, la plus audacieuse de ses créations ingénieuses : le palais du Belvédère. Du haut de sa colline, ce château, où les influences italiennes chevauchent celles de la Chine, domine avec ses grands toits verts incurvés la capitale impériale qui doit tant aux victoires du Savoyard. Collectionneur, inventeur de jardins, de jeux d'eau, homme de société, Eugenio von Savoy – c'est ainsi que signe ce constructeur de la grandeur autrichienne, à la fois italien, français et allemand – vieillit dans la gloire et le désenchantement. Ses dernières campagnes contre la France, en 1734, lors de la guerre de Succession de Pologne, seront sans fortune. Elles ne pourront qu'empêcher une franche défaite : François de Lorraine, le gendre de l'empereur, devra échanger son duché héréditaire contre la Toscane ; la France achèvera ainsi sa marche séculaire vers le Rhin. Eugène meurt en 1736 ; l'année suivante, l'armée autrichienne est battue par les Turcs, et l'Autriche, rendant la Serbie et la Valachie à l'Empire ottoman (tout en gardant le Banat), doit renoncer à la réalisation de ses espoirs balkaniques. La défaite autrichienne qui se termine par le traité de Belgrade aura des conséquences historiques graves : au début du XVIIIe siècle, la Russie, tout occupée au nord, n'avait pas encore les moyens d'entrer à son tour dans les affaires balkaniques ; l'Autriche manqua ainsi une occasion de s'y établir en maîtresse, qui ne se représentera plus. Joseph II, cinquante ans plus tard, en 1788, recommencera bien la guerre contre les Turcs, mais cette fois-ci en compagnie de la Russie qui y gagnera d'immenses territoires, alors que l'Autriche, malgré une nouvelle prise de Belgrade, devra se contenter de modestes rectifications de frontières. Le conflit russo-autrichien pour la domination dans les Balkans et, partant, la guerre européenne de 1914 s'inscrivent ainsi en filigrane dans l'échec de 1737-1739.

La libération de la Hongrie créa, pour la première fois, des liens profonds et durables entre l'ensemble allemand et les territoires de la couronne de Saint-Étienne[1]. Certes, la Hongrie conserva son statut d'État indépendant, sauf pendant la période 1849-1867, et la Diète de Presbourg (Posconyi, Bratislava) devait dès 1740 montrer l'importance que le royaume de Hongrie possédait parmi les domaines des Habsbourg ; en acclamant « notre roi Marie-Thérèse », elle fournit une base solide à la résistance que la « reine de Hongrie » opposa aux puissances qui, après la mort de son père Charles VI, s'apprêtaient à dépecer son héritage. Il n'empêche que le centre du pouvoir pour la totalité du domaine de la dynastie se trouvait à Vienne et que la Hongrie, elle aussi, était, dans une large mesure, gouvernée depuis Vienne, même si à certaines époques l'existence d'un archiduc palatin médiatisait partiellement le pouvoir viennois. Si Joseph II (1780-1790), réformateur ardent, brouillon et trop pressé, ne réussit pas à imposer l'usage de la langue allemande comme unique langue de l'administration de toutes ses possessions (pour des raisons de rationalité bien plus que de nationalité), l'allemand devint du moins la langue de commandement des armées impériales et royales et c'est à travers l'allemand que la Hongrie – et à plus forte raison les « petites » nations slaves ou romanes qui la peuplaient aux côtés des Magyars – accéda à la culture européenne. L'immigration allemande, systématiquement favorisée à partir de la fin du XVIIe siècle, créa en Hongrie même, comme dans le Banat, de larges zones où la population était en majorité ou en totalité allemande et qui s'ajoutaient au vieux peuplement « saxon » établi en Transylvanie depuis le XIIIe siècle. Les villes de haute Hongrie (la Slovaquie d'aujourd'hui) qui avaient échappé à la domination turque étaient habitées en majorité par des artisans, des commerçants et des médecins allemands, et ce furent des bourgeois allemands qui repeuplèrent les villes dévastées de la zone turque : Buda (Ofen), comme Prague,

1. Les règnes de Sigismond de Luxembourg et de son gendre, Albert d'Autriche, au XVe siècle, avaient été suivis de la réaction nationale sous Mathias Corvin, et, après Mohács (1525), seul un petit tiers de la Hongrie était resté sous l'autorité de l'empereur.

garda une majorité d'habitants de langue allemande jusqu'au milieu du XIXe siècle. En 1792, la première guerre turque de Joseph II rapporta à l'Autriche la province de Bucovine sise au nord-est de la Hongrie, au-delà des Carpates, peuplée de Roumains, d'Ukrainiens et de juifs parmi lesquels s'établirent à leur tour de nombreuses colonies allemandes. Černovitz (Cernauti en roumain) devint un bastion avancé de la germanité où fut fondée, au XIXe siècle, une florissante université de langue allemande. Si le Reich avait perdu, au XVIIe siècle, de vastes territoires à l'Ouest, le XVIIIe ouvrait à l'influence allemande, politique, culturelle et économique, grâce à la constitution de la puissance autrichienne, les immenses espaces de l'Europe du Sud-Est. En même temps, c'est en partie grâce à des nobles, des bourgeois et des paysans allemands que s'opérait la modernisation de l'Empire russe dont l'axe avait été tourné vers l'Occident par Pierre le Grand.

Fille et épouse d'empereurs, mais souveraine de Hongrie sans mari interposé, et maîtresse, reine, duchesse, comtesse des terres héréditaires des Habsbourg, Marie-Thérèse est la seule femme qui ait joué un rôle de premier plan dans l'histoire politique de l'Allemagne. Son père, l'empereur Charles VI, le dernier des Habsbourg descendants de Rodolphe Ier en ligne masculine directe, avait dépensé toute son énergie et de grandes richesses à assurer la succession de sa fille aînée (aux dépens des filles de son frère et prédécesseur Joseph Ier). Il avait réussi à obtenir le consensus des diètes de tous ses territoires et des promesses de la part de presque toutes les cours d'Europe, promesses que la plupart s'empressèrent d'oublier dès le lendemain du décès de l'empereur. Énergique, vertueuse, pieuse, intelligente et tenace, mère de seize enfants, Marie-Thérèse (1717-1780) a été le véritable bâtisseur de la puissance autrichienne, réussissant à conserver – à l'exception de la Silésie qu'elle dut céder à Frédéric de Prusse – l'ensemble des terres héréditaires et à en renforcer considérablement la cohésion. L'Autriche, cependant, ne devint jamais un État unitaire, les différents éléments acquis par les Habsbourg au cours des siècles conservèrent un sens très réel de leur originalité, plus vigoureux encore lorsqu'ils n'étaient pas peuplés en majorité d'Allemands. Il était en effet difficile, voire impossible, de fondre dans un État unitaire le royaume de Hongrie et celui de Bohême, les pays alpestres, essentiellement de langue allemande, le duché de Milan, une des régions clés de la culture italienne, et l'Istrie mi-slave, mi-italienne. L'Autriche ne deviendra jamais un État national comme la France et l'Angleterre le furent – en dépit de toutes les originalités régionales. Elle ne deviendra pas non plus, sauf pendant la période de réaction après 1849, un État centralisé, mais elle fut néanmoins pendant près de deux siècles une très grande puissance, ce qui impliquait quand même un degré d'unité suffisant pour permettre à ce conglomérat de territoires de se maintenir contre deux des plus grands hommes d'État européens de l'époque, contre Frédéric II et contre Napoléon. S'étendant bien au-delà des bastions qui avaient si vaillamment résisté aux Turcs en 1683, Vienne devient au XVIIIe siècle une véritable capitale européenne, très ouverte, par sa situation géographique, vers l'Italie et les Balkans, mais trop excentrique pour être la capitale de l'Allemagne au sens où Paris, Londres et même Madrid furent des capitales nationales. Ce n'est qu'un siècle plus tard que Bismarck, créant une « petite Allemagne » sans l'Autriche, allait faire de Berlin une des premières métropoles du continent, capitale d'un Deuxième Reich qui n'a pas grand-chose de commun avec le Premier dissous en 1806 mais qui, à beaucoup d'égards, est une Prusse élargie. Aux XVIIe et XVIIIe siècles, la Vienne des empereurs Léopold, Joseph et Charles, les trois derniers Habsbourg, la ville d'Eugène de Savoie, fut tout de même le centre le plus important du Reich, d'un rayonnement unique que Berlin ne commença à égaler que vers la fin du règne de Frédéric II.

La montée de la Prusse

L'Électeur de Brandebourg, Frédéric III, s'était couronné lui-même roi *en* Prusse avec l'assentiment de l'empereur en 1701. Cette date se situe environ à mi-chemin dans l'ascension qui devait faire de l'État des Hohenzollern une des grandes puissances du monde moderne. Originaires de Souabe où ils apparaissent au Xe siècle et où leur branche aînée régna sur des territoires modestes que les derniers princes souverains vendirent à la Prusse en 1849, les Hohenzollern (qui portent le nom d'un des sommets du Jura souabe où se trouvait le château berceau de la famille, le *Zollern* étant d'ailleurs assez proche du *Staufen* d'où la grande dynastie impériale avait tiré son nom) voient une branche cadette acquérir d'importantes possessions en Franconie avec le titre de burgrave (*Burggraf*) de Nuremberg. A l'origine, le *burgrave* administrait le palais impérial et les possessions fort étendues que la couronne conservait dans cette ville et aux environs. Fidèle serviteur de l'empereur Sigismond, le burgrave Frédéric VI, lors du concile de Constance, en 1415, reçut de ce prince le margraviat de Brandebourg, avec la dignité électorale, ce grand fief se trouvant vacant après la mort d'un des cousins de l'empereur. Aucun de ses descendants pendant deux siècles et demi ne dépassera assez une honnête médiocrité pour laisser un nom dans l'histoire générale, mais, sérieux, travailleurs et ambitieux, les Électeurs Hohenzollern furent servis par la fortune d'un cousin franconien. Ils héritèrent au début du XVIIe siècle du duché de Prusse qu'un grand maître Hohenzollern avait soustrait à l'Ordre Teutonique en 1525 pour en faire une principauté temporelle ; à l'autre extrémité de l'Allemagne, sur le Rhin inférieur, ils acquirent, également par héritage, le duché de Clèves et les comtés de Mark et de Ravensberg, ce dernier situé au cœur de ce qui allait devenir, beaucoup plus tard, le district industriel de la Ruhr. Leur première tâche, au XVe siècle, consista cependant à imposer leur pouvoir à une noblesse nombreuse et pauvre qui avait usurpé beaucoup de droits princiers sous des Électeurs faibles ou absentéistes, et à récupérer des territoires voisins perdus pendant les troubles. Le Brandebourg, formé de vastes contrées sablonneuses et forestières, ne rapportait pas lourd, pas assez en tout cas pour permettre à ses maîtres de jouer un rôle européen, sinon en préparant par d'heureuses alliances de futures grandeurs, en quoi la politique des Hohenzollern ressemblait fort, sur un mode mineur, à celle des Habsbourg autrichiens.

En 1640, succédant en pleine guerre de Trente Ans à un père médiocre, le jeune Électeur Frédéric-Guillaume fait immédiatement montre de grands talents politiques et militaires. Il est vrai qu'il était, par sa mère, un neveu du grand Gustave Adolphe, le fulgurant sauveur suédois du protestantisme allemand. Les traités de Westphalie lui accordent les évêchés de Minden, sur la Weser, celui de Halberstadt et l'espérance de l'archevêché de Magdebourg qui arrondissent ses États à l'ouest, mais de la dynastie éteinte des ducs de Poméranie, liée aux Hohenzollern par un traité d'héritage, il n'aura que la moitié orientale ou postérieure de ce territoire qui commandait l'embouchure de l'Oder et une grande partie du commerce baltique, la Poméranie occidentale et Stettin, la capitale elle-même, passant à la Suède qui, une fois la paix intervenue, tenait à garder un pied sur les côtes allemandes. En prince baroque bien de son temps, Frédéric-Guillaume entreprit d'abord de réduire le pouvoir des *Stände*, des « États » qui composaient les diètes dans ses différents territoires disséminés entre le Rhin et le Niémen. Il leur imposa, par la ruse, par la force ou par la négociation, une acceptation totale du pouvoir souverain de leur prince. Il se préoccupa ensuite d'unifier ses possessions en organisant un gouvernement central, enfin – convaincu que la puissance a besoin d'une solide base militaire – il dota cet État d'une armée permanente de 30 000 hommes, chiffre énorme pour l'époque où l'empereur et le roi d'Espagne ne parvenaient que rarement à payer la solde d'une armée aussi nombreuse, et pour un ensemble de possessions dont la population n'atteignait pas le million. Passant sans cesse de l'alliance de l'empereur à celle du roi de France, de l'amitié suédoise à l'entente avec la Pologne (et *vice versa*), Frédéric-Guillaume, avec sa petite armée bien instruite, bien conduite et toujours disponible, sut se rendre indispensable aux grands. Attaqué par la Suède en 1675, il remporta à Fehrbellin une victoire impressionnante sur une des premières puissances militaires de l'époque. Cette bataille devait servir de toile de fond cent cinquante ans plus tard au drame prussien par excellence, *Le Prince de Hombourg*, dans lequel Heinrich von Kleist fait vivre et vibrer le conflit entre l'individu et l'État, entre l'imagination et le devoir. L'intervention de Louis XIV sauva la plus grande partie des possessions continentales de la Suède, mais le « Grand Électeur », duc souverain de Prusse, après s'être débarrassé de la suzeraineté polonaise, dépassait déjà en puissance et en prestige la plupart des princes de l'Empire. Autoritaire, pieux calviniste, il estimait qu'il ne fallait faire la guerre que pour des causes justes mais que c'était offenser Dieu que de refuser les chances qu'Il daignait offrir à un prince. En 1685, quelques semaines après la révocation de l'édit de Nantes, il proposa aux protestants français de leur donner asile dans ses États. Plusieurs dizaines de milliers, pour la plupart des Méridionaux, vinrent profiter de cette offre ; beaucoup d'entre eux étaient des artisans qui s'établirent à Berlin dont la population doubla et dont ils fondèrent la fortune industrielle. Le sculpteur Andreas Schlüter, le premier grand artiste « prussien », a érigé sous le règne suivant la statue équestre du Grand Électeur que l'on peut admirer à nouveau, aujourd'hui, devant le château de Charlottenburg ; sous une grande perruque, voulue par la mode du temps, une figure massive aux traits robustes, volontaires et intelligents est celle du véritable fondateur de l'État prussien. A Vienne, quelques années plus tard, l'Autriche habsbourgeoise érigera à son tour une statue équestre au chef militaire et au ministre, le prince Eugène de Savoie, qui avait fondé sa grandeur moderne. Honneur bien mérité, Frédéric-Guillaume de Brandebourg et le prince de Savoie sont en effet les deux plus grandes figures politiques du Baroque allemand, mais si le Savoyard fut aussi un fin lettré et un protecteur avisé des arts, le Grand Électeur, quand il ne faisait pas la guerre, consacrait ses efforts aux progrès économiques de ses États où, surtout à l'est, il y avait fort à faire.

Le premier roi « en Prusse », lui, ne fut pas un grand homme. Ambitieux mais faible et dépensier, incapable de tenir une ligne politique ferme, il continua cependant l'œuvre d'unification administrative des territoires épars qui formaient la monarchie prussienne. La postérité lui reconnaît avant tout le mérite d'avoir laissé le champ libre aux initiatives de sa brillante épouse hanovrienne, Sophie-Charlotte, dans le domaine culturel. Berlin commence à devenir une capitale digne de ce nom, grâce à la fondation d'une Académie des beaux-arts et d'une Académie des sciences (la reine suivit dans ces circonstances les conseils du grand Leibniz), grâce au mécénat royal qui attire des artistes comme le sculpteur Andreas Schlüter, l'architecte Eosander von Göthe, ou des intellectuels comme Samuel von Pufendorf, juriste et historien. Le château de Berlin est élargi aux mesures de la nouvelle dignité royale ; plus à l'ouest, à Charlottenburg, s'élève – portant le nom de la reine – une résidence d'été à la fois sobre et imposante. A Halle, ville acquise grâce aux traités de Westphalie, Frédéric fonde une nouvelle université dont les facultés de théologie et de droit accueilleront les esprits les plus audacieux, les plus novateurs de l'Allemagne protestante, les théologiens Spener et Francke, ou le théoricien du droit naturel Thomasius, le premier à introduire la langue allemande dans les cours universitaires. August Wilhelm Francke, parallèlement, fonde à Halle des institutions pédagogiques, un orphelinat et des écoles qui marient, dans une alliance toute nouvelle, la foi ardente et individuelle des protestants à un souci très moderne du progrès social. Christian Thomasius, lui, luttera avec un acharnement digne d'une si grande cause contre la torture et la croyance dans la sorcellerie ; son rationalisme naturaliste et la morale de probité tirés du droit naturel feront de lui un des premiers éducateurs de la fonction publique prussienne, du *preussische Beamtentum*, sobre, honnête, parcimonieuse.

Avec l'armée, elle sera une des colonnes porteuses de l'État. Sur le plan extérieur, Frédéric, reconnaissant pour l'assentiment donné à sa dignité royale, reste fidèle à l'alliance impériale ; ses troupes jouent un rôle non négligeable pendant la guerre de Succession d'Espagne, et sa prudence le retient de s'engager dans la nouvelle guerre du Nord dont la Prusse peut cependant espérer la réalisation de ses prétentions sur la Poméranie occidentale suédoise. Les succès militaires en Italie du Nord renforcent le prestige de l'instrument forgé par le Grand Électeur ; et, lors du règlement de la succession d'Espagne, Frédéric se fait reconnaître l'héritage personnel de son cousin, le dernier prince d'Orange, Guillaume III, stathouder des Pays-Bas et roi d'Angleterre, mort en 1701[1]. Si Orange est récupéré par la France, le Hohenzollern y gagne la principauté de Neuchâtel, trop lointaine pour représenter une base de puissance appréciable, mais dans le voisinage immédiat de Clèves lui revient également la moitié sud du duché de Gueldre ainsi que la principauté de Moers et le comté de Lingen. La prétention de Frédéric à la succession dans le stathoudérat de Hollande, elle, fut en revanche rejetée fermement par les États généraux ; c'est une branche cadette des Nassau qui reprendra plus tard les rênes dans les Pays-Bas.

Quelle différence entre le premier et le deuxième roi en Prusse ! Frédéric-Guillaume Ier, qu'on appellera le Roi-Sergent, prend la relève en 1713. C'était un gros homme pieux et paranoïaque, follement autoritaire, animé d'un sentiment écrasant du devoir, parcimonieux, coléreux, d'un mauvais goût presque volontaire (sauf en musique, mais il n'en faisait guère état), qui se consuma au service d'une abstraction, l'État, le bien commun, éprouvant un besoin éperdu d'être aimé et frappant aveuglément quand on se dérobait à son amour.

La passion de ce personnage singulier fut d'abord une armée à laquelle il tenait tant qu'il hésita toujours à l'exposer aux hasards des batailles. Il ne s'y risqua qu'une fois, au cours d'un règne de vingt-sept ans, pendant l'ultime phase de la guerre du Nord, allié à la fois à la Russie et à l'Angleterre hanovrienne, et sans danger excessif : cet engagement lui rapporta enfin Stettin, l'embouchure de l'Oder et la moitié méridionale de la Poméranie antérieure, ne laissant à la Suède que la partie nord de cette contrée, avec la ville de Stralsund et l'île de Rügen qu'elle conservera jusqu'en 1815. Sa présence sur les champs de bataille des Flandres pendant la guerre de Succession d'Espagne, quand il n'était encore que prince royal, avait confirmé chez Frédéric-Guillaume la conviction de son grand aïeul : seule une armée forte pouvait assurer à l'État prussien la reconnaissance d'un rang de grande puissance égale aux autres. Cette armée, il la porte d'à peine 40 000 à 80 000 hommes en temps de paix, en mettant à son service toutes les ressources d'un royaume dont la population n'atteignait pas encore 2 millions. Un recrutement

1. Le Grand Électeur avait épousé en premières noces une princesse de la maison d'Orange qui fut la mère de Frédéric, le premier roi.

forcené, qui prenait parfois l'aspect d'un véritable trafic d'hommes et ne s'arrêtait même pas aux frontières de l'État prussien ; une discipline de fer, qui utilisait à l'égard des nombreux déserteurs une punition particulièrement barbare, le *Spiessrutenlauf* (mot à mot : « course entre verges pointues »), procédure selon laquelle le condamné devait courir entre deux haies formées par ses camarades forcés de le battre avec des bâtons et des piques ; un entraînement qui, à force de cris, de coups, d'injures et de fatigue, faisait des recrues des machines capables d'avancer sans trébucher sous le feu le plus meurtrier. Ayant achevé de priver la noblesse de tous ses droits politiques et privilèges fiscaux (dans le droit chemin de ses ancêtres depuis le premier Électeur Hohenzollern qui avait fait pendre force nobles pillards, jusqu'au Grand Électeur qui supprima en fait les diètes dans ses provinces), transformant les obligations féodales en contributions financières, il lui réserva, en échange, les fonctions administratives supérieures et les places d'officiers dans l'armée. Les fils des propriétaires fonciers nobles, et notamment les cadets, engagés dès l'âge de douze ou treize ans, y trouvaient un dur métier, une solde certaine mais modique et une idéologie existentielle tendue entre les deux pôles d'une obéissance et d'un droit de commandement également absolus dans leur dépendance mutuelle. L'État était encore assez petit et la population assez peu nombreuse pour que le roi pût s'occuper de tout et connaître personnellement quiconque s'élevait tant soit peu au-dessus du commun. Brouillon, dévoué, persévérant, le roi établissait son autorité « comme un rocher de bronze », exigeant que chacun fît son devoir et que tout le monde s'abstînt d'initiatives autonomes. Tout en multipliant les décisions en faveur des artisans et entrepreneurs qui pouvaient développer la production intérieure, il entourait les manufactures ainsi lancées – et dont beaucoup périrent jeunes faute d'expérience et de compréhension de la part des fonctionnaires responsables – d'un cordon protecteur douanier. Il introduisit en 1733, premier de tous les souverains européens, une sorte de conscription : les fils des paysans et des artisans, à l'exception des aînés, étaient tenus à servir dans les régiments auxquels leurs cantons étaient rattachés ; les ouvriers des manufactures et les bourgeois des villes étaient, eux, exemptés et les fils des nobles servaient comme cadets et porte-étendards (*Fähnrich*), c'est-à-dire comme élèves officiers. Le mercantilisme strict en matière économique organisé par le « Directoire général », une sorte de ministère des Finances et des Économies, en protégeant et en développant la production « nationale » (on interdit ainsi l'exportation de la laine pour protéger la production intérieure de textiles), visait lui aussi essentiellement à renforcer la puissance de l'État, la constitution d'un important trésor de guerre et, indirectement, l'affermissement de la capacité militaire : à Berlin, une grande manufacture d'État fabriquait et stockait les draps d'uniformes ; dans leurs casernes, les soldats, l'exercice terminé, devaient tricoter des bas pour leur propre usage et la vente au public.

Autoritaire et austère, le Roi-Sergent entra tôt en conflit avec son fils aîné qui était attiré par les arts, la littérature, les plaisirs de la cour et les amitiés viriles. A 18 ans, le prince héritier tenta de s'évader à l'étranger ; son père le fit juger comme déserteur et, si le roi finit par gracier le fils indigne, celui-ci dut assister de la fenêtre de sa cellule à l'exécution de son meilleur ami et complice, le lieutenant von Katte. Élégant, subtil, excellent musicien, compositeur et flûtiste, possédant une réelle culture historique, écrivant un français élégant, le prince royal Frédéric se forgea dans ces épreuves un caractère dur, inébranlable, énergique et farouche ; ses jeunes ardeurs se muèrent en un étrange amalgame contradictoire où la soif de gloire et le mépris des hommes se mêlaient à une sobre volonté de servir l'État érigé en valeur suprême. Le moraliste un peu superficiel de l'*Antimachiavel*, le pseudo-ami de Voltaire qui ne partageait guère la foi en l'homme du brillant frondeur finit par se consacrer à un immense effort harassant qui était sans doute aussi une fuite en avant, et par s'y user – méchant et mesquin à son heure, mais comme possédé par cette exigence historique qui le poussait à faire fonctionner sans cesse mieux une machine qui n'avait pour but qu'elle-même puisque Frédéric le Grand, totalement agnostique, ne croyait à aucune valeur surnaturelle. Le père, profondément croyant, se voyait investi d'une mission providentielle : en faisant régner l'autorité de l'État, il faisait le bien de ses sujets. Le fils, nihiliste, désespéré, accomplissait génialement la tâche à laquelle le destin, le hasard, la naissance l'avaient appelé : puisqu'il n'y avait rien d'autre à faire et qu'il n'avait pas la vocation du suicide. Jeune roi, le goût du jeu et du risque lui masquait le vide au-dessus duquel il se mouvait ; vieux, malade, désabusé, il poursuivait la course commencée, premier serviteur et première victime du Moloch « État » que rien ne justifiait parce que nulle justification ne pouvait avoir de sens.

CHAPITRE XIII

L'Allemagne de Frédéric le Grand

Une étrange coïncidence situe, dans la même année 1740, l'avènement de Frédéric II, roi de Prusse, et celui de Marie-Thérèse, reine de Hongrie et de Bohême, archiduchesse d'Autriche, plus tard impératrice du Saint-Empire du fait de l'élection de son mari François-Étienne de Lorraine. Pendant quarante ans, l'histoire de l'Allemagne sera dans une large mesure l'affrontement de ces personnalités exceptionnelles. Leur histoire, c'était aussi, certes, la vie de millions d'autres personnes, mais ce ne sont pas les masses anonymes, ou plutôt les masses aux noms innombrables, qui produisent les événements. Elles en sont seulement la matière première que les grandes et moins grandes personnalités mettent en forme. Elles aussi, bien entendu, ne règnent pas d'une manière absolue sur un devenir sans lois, leur pouvoir est limité par les forces « naturelles », climatiques et démographiques, et par leurs conséquences technologiques, économiques, sociales, idéologiques. La « maturation » des temps rend possibles certaines décisions, découvertes, inventions, constructions – sans pour autant garantir la transformation du possible en réel. Et cette maturation elle-même est en partie l'œuvre des grands hommes et des grandes dames. La longue querelle de l'histoire idéaliste et personnaliste contre l'histoire matérialiste et collectiviste, qui occupera au XIXe siècle une place centrale dans l'aventure de l'esprit allemand et au XXe siècle dans celui de beaucoup d'historiens français, ne débouche pas sur une exclusive mais sur une intégration. Pour comprendre l'histoire, il faut à la fois reconnaître l'œuvre des forces matérielles et collectives et celle des « héros » individuels. La devise de l'historiographie idéaliste allemande a été formulée par Leopold von Ranke, *Männer machen die Geschichte* : ce sont les hommes qui font l'histoire. Avec Marie-Thérèse d'Autriche, ce sera pour la première fois une femme qui exercera une action déterminante sur l'histoire allemande. Et quelle femme ! Instruite et pieuse, amoureuse et mère de famille nombreuse, régente scrupuleuse, assidue et dynamique, ouverte au conseil mais confiante dans sa mission et dans sa capacité de la remplir, à son aise dans un monde façonné par les hommes, miséricordieuse mais sachant qu'on ne gouverne pas seulement avec des vertus privées. Marie-Thérèse et Rosa Luxemburg sont les deux seules grandes figures politiques féminines de l'histoire allemande qui ne compte ni grandes reines, ni grandes favorites, ni plus tard de grandes dirigeantes démocratiques. Le jeune génie égocentrique du roi Hohenzollern faisait fi des scrupules piétistes du Roi-Soldat qui se refusait à risquer son armée chérie dans une guerre injuste. La chance de Frédéric II voulut que le changement de règne en Prusse fût suivi très vite de la mort du dernier empereur Habsbourg. Charles VI avait passé la plus grande partie de son règne à assurer la succession de sa fille aînée. Il avait acheté par d'importants sacrifices territoriaux et politiques l'approbation de la « Pragmatique Sanction » par les principales puissances européennes et par les principaux *Stände* de ses possessions. Ce texte dynastique et constitutionnel faisait de l'archiduchesse Marie-Thérèse l'unique héritière de tous les États acquis par les Habsbourg au cours des siècles. L'empereur avait fait accepter cet ordre de succession par chacune des diètes de ses États héréditaires. Après sa mort, l'Europe n'hésita pas à renier des signatures chèrement achetées, mais les *Erbländer*, les États héréditaires, restèrent fidèles. Après avoir obtenu de substantielles et enrichissantes concessions, les seigneurs de la Diète de Hongrie proclamèrent dans un grand élan romantique : *Moriamur per regem nostrum Mariam Theresiam* (Mourons tous pour *notre roi* Marie-Thérèse).

Prétextant des droits nullement incontestables qui, de toute façon, ne portaient que sur une petite partie du pays, le roi de Prusse se rua, lui, sur la Silésie dont les nombreux duchés constituaient des dépendances de la couronne de Bohême.

Les diverses branches de la dynastie des Piast, elle-même descendante germanisée des premiers rois de Pologne, s'étaient éteintes les unes après les autres et avaient ainsi permis aux Habsbourg, rois de Bohême, de faire jouer leurs droits de suzeraineté pour récupérer aussi bien la Basse-Silésie protestante que la Haute-Silésie catholique. L'attaque prussienne ouvre une période de guerres austro-prussiennes qui, avec de longues interruptions, s'étendent sur un quart de siècle, de 1740 à 1763, la dernière manche devant se jouer un siècle plus tard, en 1866. Pour Marie-Thérèse, Frédéric était un homme sans foi ni loi, agresseur immoral et impie qui avait tenté de spolier l'orpheline et de détruire les bases de l'ordre sur lequel reposait l'Empire. Elle voyait agir, à travers ce cynique blasé, ce lettré si peu humaniste, cet ambitieux frivole, quelque chose de véritablement diabolique. Elle se refusa longtemps, au prix de trois guerres, à lui abandonner des sujets que la Providence avait confiés à sa garde. Avec Frédéric II commence en effet quelque chose de nouveau, d'étrange et de redoutable qui ne cessera désormais d'agir dans l'histoire allemande : une volonté de puissance close sur elle-même, qui n'a pas besoin de prétextes religieux, idéologiques, juridiques, et qui ne se reconnaît pas non plus de finalité extérieure à elle-même : désabusé, incroyant, ne respectant que ses propres règles ou ses propres transgressions, Frédéric conquiert, défend, administre, sans autre justification que le service d'un État qui, à son tour, n'a d'autre justification que son existence. La morale royale de Frédéric est une morale de service inutile, sa royauté est une royauté nihiliste. Marie-Thérèse, catholique fervente, souveraine baroque, pieuse et bonne, a perçu avec une intelligence profonde du cœur que son génial adversaire introduisait dans l'Europe moderne une nouvelle figure du Mal.

Les deux premières guerres « silésiennes » (1740-1741 et 1742-1744) furent menées par Frédéric dans le cadre d'un affrontement européen plus vaste, où la Prusse se trouvait alliée à la France qui poursuivait sa vieille lutte contre la maison d'Autriche. Paris et Berlin en un premier temps réussirent à arracher à l'héritière des Habsbourg – ou plutôt à son mari – la dignité impériale que cette dynastie détenait sans interruption depuis 1438 (après un premier « essai » entre 1272 et 1308). Il est vrai qu'il n'y avait plus de Habsbourg à proprement parler et que le candidat autrichien était François-Étienne de Lorraine. L'élection du Bavarois Charles-Albert, gendre de Joseph Ier, sous le nom de Charles VII, fut cependant sans lendemain : chassé de ses États héréditaires, il mourut, jeune encore, sans avoir pu affermir son autorité et, cette fois-ci, en 1745, Marie-Thérèse parvint à faire élire son cher mari. Pour diviser la coalition, la « reine de Hongrie », à deux reprises, signa des paix séparées avec le roi de Prusse, des traités qui, à ses yeux, n'étaient que des armistices. Abandonnant finalement la plus grande partie de la Silésie et quelques provinces italiennes (notamment Parme et Plaisance), la « reine de Hongrie » parvint à conserver l'essentiel de son héritage ; avec la Toscane que François-Étienne avait obtenue en échange de sa Lorraine et l'espoir d'obtenir Modène dont un des fils de Marie-Thérèse épousera l'héritière, l'implantation autrichienne en Italie, centrée sur le Milanais, restait importante et solide. Reprenant en quelque sorte l'œuvre du prince Eugène, l'impératrice put, dès lors, réaliser un vaste programme d'unification et de modernisation de ses États, œuvre parallèle à celle que Frédéric mena en Prusse où il fallait non seulement continuer le travail unificateur que la dynastie menait depuis cent ans, mais intégrer la vaste Silésie et la lointaine Frise orientale, avec Emden, qui était alors un des premiers ports d'Allemagne, et le tout premier centre de construction navale du continent, province que le roi Hohenzollern recueillit en vertu d'un vieil accord dynastique. Cependant, Marie-Thérèse n'était toujours pas résignée à la perte de la Silésie et les succès de la Prusse, en bouleversant l'équilibre des puissances européennes tel qu'il résultait des traités de Westphalie, paraissaient menaçants aux principales cours continentales. Frédéric, en abandonnant par deux fois ses alliés, aussi bien que par ses plaisanteries caustiques sur le compte de Madame de Pompadour et de la tsarine Élisabeth (1740-1762), s'était aliéné la France et la Russie. En 1756 éclate la guerre des alliances renversées : la France, l'Autriche, la Russie et l'Empire (dans la mesure où la plupart des princes s'alignent sur l'empereur) constituent un regroupement que beaucoup d'observateurs croyaient impossible et qui semblait presque contre nature. De l'autre côté, le roi de Prusse trouve l'appui militaire et surtout financier de l'Angleterre qui, depuis Guillaume III d'Orange, avait été, par crainte de la France, dans tous les grands conflits européens l'alliée de l'empereur. La Grande-Bretagne ne pouvait accepter la constitution d'une ligue dont faisaient partie les deux principales puissances continentales, qui, ainsi, annihilait en grande partie les moyens par lesquels Londres avait, en les jouant l'une contre l'autre, conservé en Europe un pouvoir d'arbitrage. L'Électeur de Hanovre, qui était devenu en 1714 roi d'Angleterre en vertu de l'Acte de succession, écartant les Stuart catholiques, ne pouvait en outre accepter l'élimination de la Prusse protestante, principal contrepoids en Allemagne à la puissance impériale, autrichienne et catholique. De toute façon, l'Angleterre se trouvait engagée depuis trois quarts de siècle dans un combat décisif pour la maîtrise des mers et pour la domination, aussi bien en Amérique du Nord qu'aux Indes, avec cette France qui venait de se réconcilier avec l'Autriche. Décidée à rester l'ennemie de la France, l'Angleterre se devait maintenant de soutenir la Prusse[1]. La guerre de Sept Ans dévasta une grande partie de la Bohême, de la Saxe, de la Silésie et de la Prusse-Orientale, la Thuringe et l'Allemagne du Nord-Ouest. Par deux fois, Berlin fut occupée par des troupes ennemies. A maintes reprises, le sort de la Prusse, la plus petite des

1. Le dernier roi Stuart d'Angleterre et d'Écosse, Jacques II (1685-1688) avait abandonné la religion protestante pour retourner au catholicisme de son aïeule, Marie Stuart. Une révolte protestante et constitutionnaliste chassa le roi suspecté de vouloir établir une monarchie absolue. Le Parlement appela, pour lui succéder, sa fille Mary et l'époux de celle-ci, Guillaume III d'Orange-Nassau (1688-1701), défenseur victorieux de la Hollande protestante contre la France catholique qui soutenait Jacques II.

« Mary and William » n'ayant pas d'enfants et Mary étant morte avant Guillaume, la succession échut à la princesse Anne, deuxième fille de Jacques II, elle aussi restée protestante. Cette princesse ayant perdu tous ses enfants, l'ordre de succession protestant qui excluait la descendance mâle de Jacques II, fidèle au catholicisme, appela à régner l'Électeur Georges-Louis de Hanovre, petit-fils d'une fille de Jacques Ier d'Angleterre (1603-1624). Celui-ci monta sur le trône en 1714 sous le nom de George Ier et mourut en 1727 ; son fils George II allait régner jusqu'en 1760.

L'ÉTAT PRUSSIEN ET LES POSSESSIONS DES HABSBOURG AU XVIIIe SIÈCLE
ROYAUME DE DANEMARK
Copenhagu
SCHLESWIG
POMÉRAN
SUÈDO
HOLSTEIN
Lübeck
Wismar
MECKLEMBOUR
FRISE
Emden
ORIENTALE
Hambourg
Brême
Rheinsberg
Neuruppin
PROVINCES-
UNIES
HANOVRE
BRANDEBOUR
Spandau
Potsdam
Amsterdam
Münster
BRUNSWICK
Goslar
DUCHÉ DE CLÈVES
Krefeld 1758
Paderborn
Nordhausen
Halle
Anvers
Dortmund
PAYS-BAS
Aix-la-Chapelle 1748
HESSE-CASSEL
Mülhausen
Rossbach 1757
Hubertsb 1763
Bruxelles
Rocourt 1746
Cologne
Fontenoy 1745
Liège
Wetzlar
Francfort
PRINC. DE BAYREUTH 1791 Prusse
AUTRICHIENS
Trèves
BAS-PALATINAT
Mayence
BARROIS
Worms
Nuremberg
PRINC. D'ANSBACH 1791 Prusse
HAUT-PALATINAT
Spire
Saarwerden
WURTENBERG
Ratisbonne
LORRAINE 1735/66
Salm
ROYAUME DE FRANCE
Ulm
BAVIÈRE
Augsbourg
Munich
Mulhouse
Salzbou
Montbéliard
Bâle
Lindau
ARCH. SALZBOU
PRINC. DE NEUCHÂTEL 1707 Prusse
Berne
SUISSE
TYROL
Trente
SAVOIE
Milan
RÉP. DE VENISE
0
200 km
PIÉMONT
MILANAIS
Venise

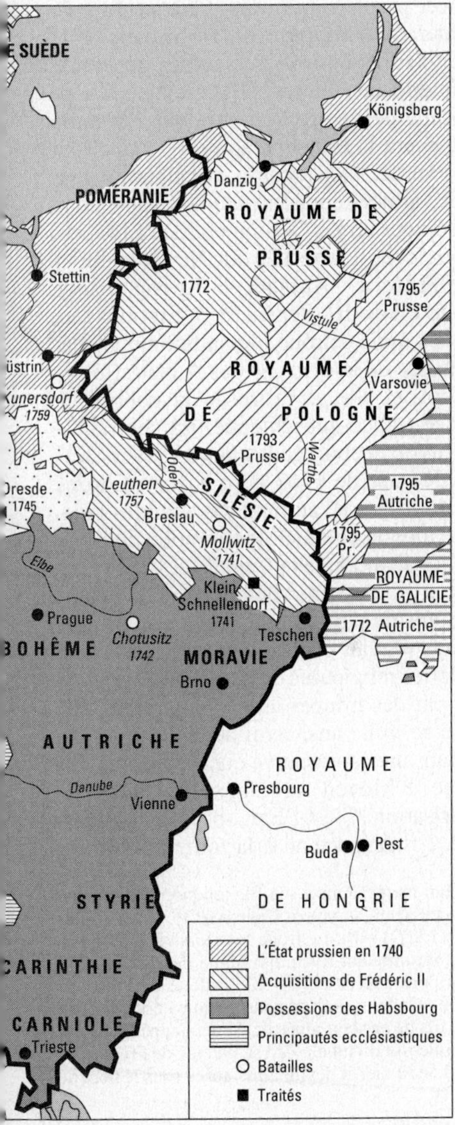

SUÈDE
Königsberg
Danzig
POMÉRANIE
ROYAUME DE PRUSSE
Stettin
1772
1795 Prusse
Vistule
üstrin
Kunersdorf 1759
ROYAUME DE POLOGNE
Varsovie
1793 Prusse
Warthe
Oder
resde 1745
Leuthen 1757
Breslau
SILÉSIE
Mollwitz 1741
1795 Autriche
1795 Pr.
ROYAUME DE GALICIE
Elbe
Klein Schnellendorf 1741
Prague
Chotusitz 1742
Teschen
1772 Autriche
OHÊME
MORAVIE
Brno
AUTRICHE
ROYAUME DE HONGRIE
Danube
Presbourg
Vienne
Buda
Pest
STYRIE
ARINTHIE
CARNIOLE
Trieste
L'État prussien en 1740
Acquisitions de Frédéric II
Possessions des Habsbourg
Principautés ecclésiastiques
Batailles
Traités

puissances en présence, parut compromis. Chaque fois, le génie militaire de Frédéric, la discipline et la combativité de ses troupes, la valeur du corps des officiers et des généraux, l'avantage des lignes intérieures, l'argent britannique et, chose essentielle pour l'homme de guerre comme pour l'homme d'État, la Fortune, sauvèrent la Prusse et son roi. Quand tout parut consumé et consommé, les territoires exsangues, l'État vidé de sa substance, les armées épuisées, un incroyable coup de théâtre retourna le sort des armes : à l'impératrice Élisabeth succède en Russie son neveu Pierre III, duc de Holstein et fervent admirateur de Frédéric[1]. Aussitôt, la Russie change de camp. Il est vrai que Pierre III, dégénéré et à moitié fou, sera au bout de quelques mois détrôné par sa femme Catherine II, mais cette princesse de la dynastie des Anhalt, fidèles alliés des Hohenzollern, si elle se retire de la guerre, ne retourne pas à l'alliance franco-autrichienne. La neutralisation volontaire de la Russie décourage les autres adversaires de la Prusse. La double paix de 1763 consacre en Europe l'accession définitive de la Prusse au rang des grandes puissances et, dans le vaste monde colonial, le triomphe de l'Angleterre sur la France qui abandonne le Canada et l'Inde.

La paix d'Hubertsbourg ouvre en Allemagne une période sans précédent : trente ans de paix. Jamais encore la totalité des territoires allemands n'avait connu une si longue durée sans invasions, sans guerres religieuses ou civiles, sans brigandages et sans pillages par des troupes au service de quelque seigneur. C'est un rêve de mille ans, celui de la *Treuga Dei*, qui se réalise soudain dans une atmosphère qui n'a plus grand-chose en commun avec le Moyen Age, une atmosphère de rationalité et de sécularisation. C'est l'État absolutiste, l'État du despotisme éclairé, l'État qui tend à la toute-puissance,

1. Pierre le Grand ayant fait mettre à mort son fils unique, le tsarévitch Alexis (1718), eut pour successeurs sa veuve Catherine Ire (1725-1727) puis son petit-fils Pierre II (1727-1730). Le trône fut alors occupé par la fille du frère défunt du tsar réformateur, Ivan, qui régna de 1730 à 1740 sous le nom d'Anne et eut pour successeur la fille cadette de Pierre le Grand, Élisabeth (1740-1762). Celle-ci avait désigné comme héritier le duc Pierre de Holstein-Gottorp, fils de sa sœur aînée également appelée Anne. Pierre III était marié à une princesse d'Anhalt-Zerbst, parente de Frédéric le Grand, qui renversa son mari, le fit tuer et devint impératrice sous le nom de Catherine II (1763-1796).

mais en s'émancipant de la personne et, même, du principe monarchique, l'État dont le prince est le premier serviteur, l'État que pénètrent peu à peu des idées légalistes et humanistes, pour devenir l'État du droit, l'État quasiment omniprésent, mais qui se soumet lui-même aux règles qu'il élabore et impose, c'est l'État doté, armé, de moyens administratifs et militaires infiniment supérieurs à ceux du Moyen Age ; c'est cet État-là qui impose le respect de l'ordre public à l'intérieur et qui parviendra à concentrer la guerre sur des périodes certes encore longues, mais exceptionnelles : trente ans de paix absolue entre 1763 et 1792, onze de plus pour l'Allemagne du Nord entre 1795 et 1806, quarante-neuf ans ensuite (mise à part la brève guerre contre le Danemark en 1848) de 1815 à 1864 et quarante-trois ans à nouveau de 1871 à 1914 ! L'humanité s'habitue vite au bonheur, mais les historiens n'ont pas assez insisté sur cette nouveauté formidable que constituent la paix devenue réalité, la sécurité assurée des vies et des biens. La France connaît également, au même moment, une période de paix aussi longue, mais son territoire avait été depuis de si nombreuses décennies à l'abri des invasions étrangères, alors que les guerres civiles lui étaient épargnées, que les effets moraux et culturels de cette paix n'ont pas été comparables à ceux qu'elle produisit en Allemagne. Un lien profond existe entre l'installation du peuple dans la paix et la sécurité (le territoire prussien n'a pas connu la guerre entre 1763 et 1805, pendant plus de quarante ans !) et une double ascension, la montée socio-économique de la bourgeoisie et la formation d'une culture nationale.

Dans la mythologie collective, Frédéric II, encore de son vivant, succède à Eugène de Savoie et le dépasse. Les victoires que le roi de Prusse remporte pendant la guerre de Sept Ans sur les armées françaises galvanisent une opinion assoiffée de fierté nationale, qui désire passionnément s'émanciper de l'imitation servile et humiliée des modèles français. Il y a, certes, quelque chose de comique, une de ces énormes plaisanteries de l'histoire, à voir le plus francisé des souverains allemands, le contempteur de la langue et de la littérature allemandes, le destructeur de ce qui subsistait de l'unité de l'Empire, devenir un héros national, suscitant l'enthousiasme de la jeunesse et l'incitant à secouer ses chaînes culturelles dans lesquelles, lui, le roi, il se complaît tant. L'Allemagne a pour Frédéric une dimension quasiment inexistante, mais par ses victoires, ses réformes et son prestige, il contribuera plus qu'aucun autre à préparer la renaissance de la nation, le retour de l'Allemagne à l'existence politique. Les victoires de Frédéric rendent possible et fondent historiquement la véritable création, par Lessing, d'une littérature allemande qui se veut telle. Cette libération, à la fois culturelle et politique, est symbolisée par l'affrontement, dans *Minna von Barnheim*, comédie moderne, entre le major von Tellheim, ancien officier de Frédéric II, échoué sur les sables de la demi-solde, homme honnête, simple, vertueux par excellence, et l'aventurier français, sans foi ni loi, qui triche au jeu en « corrigeant la Fortune ». Le même Lessing, qui s'élève dans *Nathan le Sage* contre le racisme, le mépris des juifs et de tout autre hétérodoxe, accorde en quelque sorte des lettres de noblesse au mépris du Français. Pour mettre fin à l'humiliation, il faut pouvoir mépriser ce qui nous abaisse… *Minna von Barnheim* a été écrit en 1763, l'année de la paix victorieuse.

C'est un fait capital pour la suite de l'histoire allemande que la naissance de la conscience nationale ait ainsi pris appui sur le roi de Prusse, héros militaire et austère, issu de l'Allemagne protestante, mais héros nihiliste qui ne « roule » pour rien sinon pour un État qui est à la fois « en soi » et « pour soi ». Ce ne sont pas la consciencieuse Marie-Thérèse ou son fils Joseph II, réformateur agité et précipité, qui ont suscité dans les élites pensantes et publiantes l'orgueil d'être allemand, à une époque où les progrès économiques et éducatifs permettent pour la première fois la constitution d'une opinion publique ayant une assise en même temps large et profonde dans toutes les parties de l'Empire où domine la langue allemande. Dans l'intronisation de Frédéric II comme héros national – bien qu'il ait tiré tout le profit politique possible de cette adhésion irrationnelle de l'opinion à sa personne – se dessinent déjà l'unification de l'Allemagne par la Prusse, l'exclusion de l'Autriche et, au bout du chemin, l'exaltation nihiliste de la puissance absolue qui n'a d'autre fin qu'elle-même.

Moins de dix ans après la fin de la guerre de Sept Ans, en 1772, interviendra le premier partage de la Pologne. Catherine de Russie et Frédéric II, uniquement soucieux d'accroître l'étendue et la puissance de leurs États, ne s'embarrassaient ni de scrupules moraux ni d'égards envers la personnalité historique et nationale d'un grand pays affaibli par ses divisions. Marie-Thérèse, souveraine chrétienne, répugnait davantage à des acquisitions arrachées par la puissance nue, au mépris de toute considération de droit. Elle finit par céder à l'insistance de son fils, l'empereur Joseph II qui avait succédé à François Ier en 1765 et qu'elle associait aussi au gouvernement des territoires héréditaires. L'Autriche s'empara donc des provinces méridionales de la Pologne, la Galicie et la Lodomérie (avec la capitale Lemberg, Leopol, Lvov), immense contrée qui, longeant au nord le grand arc des Carpates, ou Beskides, joignait la Bohême à la Turquie (qui s'étendait alors loin au nord-ouest de la mer Noire)[1]. Cette vaste acquisition, en très grande majorité peuplée de Slaves (Polonais et Ruthènes), avec cependant une forte minorité de juifs, forma un royaume à part, extérieur à l'Empire comme l'était la Hongrie, et accentua ainsi le caractère multinational et non germanique de l'Autriche. La Prusse, elle, s'empara de la Pomérélie et du pays de Kulm, c'est-à-dire de la Prusse dite polonaise ou royale, que l'Ordre Teutonique avait dû céder à la Pologne en 1466 et qui séparait le duché de Prusse, devenu royaume, du reste des possessions des Hohenzollern. Les villes de Danzig et de Thorn restèrent cependant à la Pologne et ne seront annexées par la Prusse qu'en 1792, lors du deuxième partage. Ces nouvelles posses-

1. Le nom de la Galicie vient de la principauté russo-ukrainienne de Halic, mais s'étendit peu à peu aussi à la partie occidentale de la région, peuplée de Polonais, et qui englobait l'ancienne capitale du royaume, Cracovie. Celle-ci, cependant, ne fut rattachée à l'Autriche qu'au troisième partage. La Lodomérie était une autre principauté ukrainienne située autour de la ville de Wladimir. Les deux régions avaient été annexées par la Pologne en 1386. Le nom de Lodomérie est une déformation de Wladimirie, le pays de saint Wladimir, fondateur de l'État russe, qui prit cette région aux Polonais et fonda la ville du même nom (en 992).

sions prirent le nom de Prusse-Occidentale. Elles comprenaient aussi la région dite Ermeland (Warmie), partie de la Prusse-Orientale appartenant à l'évêque qui résidait à Braunsberg. Pour s'assurer de la fidélité de ces nouveaux sujets catholiques, Frédéric fit élire comme évêque un membre de la branche souabe, catholique, des Hohenzollern.

L'acquisition de la Prusse-Occidentale fut évidemment une très grosse affaire. D'abord, elle établissait une continuité territoriale entre les provinces centrales (Brandebourg, Poméranie, Silésie) et la province orientale de la monarchie. La Prusse ducale et royale, la Prusse-Orientale, dès lors, ne sera plus une enclave lointaine, et se sentira davantage partie prenante de l'ensemble allemand. Dans l'obscure université provinciale de Königsberg commence alors à briller l'étoile géniale et solitaire d'Emmanuel Kant (nommé professeur en 1770). Cependant, dans les nouveaux territoires, une grande partie de la population parlait slave, des dialectes polonais ou le « kachoube » (langue des Poméréliens, cousins des Polonais, dont Günter Grass, par le succès de son *Tambour*, qui se déroule à Danzig et dans les environs, a fait découvrir l'existence à de nombreux Français). De plus, ces populations slaves étaient catholiques, comme aussi les Allemands de l'évêché d'Ermland, que la suzeraineté polonaise avait fait échapper à la Réforme. En Haute-Silésie aussi, l'État prussien avait acquis une minorité catholique et slavophone. Le poids de cet État se déportait ainsi nettement vers l'est ; à la veille du commencement de l'ère des nations et des nationalismes, il s'enrichissait d'un foyer d'insurmontables affrontements nationaux. L'Autriche, elle, accorda à la Galicie une large autonomie alors que Frédéric, achevant l'œuvre unificatrice de ses prédécesseurs, intégra la Prusse-Occidentale dans un État de plus en plus centralisé. Les avantages immédiats de cette annexion étaient évidents, mais elle rendait aussi inévitable, par la suite, cet antagonisme germano-polonais qui n'a cessé de peser sur les destins de l'Europe orientale jusqu'à la toute récente réconciliation, encore fragile.

En annexant la basse Vistule, Frédéric « le Grand » a déclenché un processus qui, cent soixante-quinze ans plus tard, devait porter par ricochet les frontières de la Pologne reconstituée sur les rives de l'Oder et de la Neisse.

Pour mettre en valeur les nouveaux territoires, Frédéric se lança dans de grands travaux d'aménagement qui prenaient la suite de ce qu'il avait déjà entrepris auparavant pour bonifier les grands marais le long de l'Oder en y fondant de très nombreux villages. Il fit de même dans les vallées de la Warthe et de la Netze ; dans toutes ces régions de colonisation intérieure, le roi attira des immigrants, comme l'avaient fait son père et le Grand Électeur, Hollandais, huguenots, Westphaliens, protestants expulsés de Salzbourg. Le rétablissement de l'économie après les dévastations de la guerre fut mené systématiquement, le roi s'occupant personnellement de tout, de la création de nouveaux impôts jusqu'à la propagation de la pomme de terre. Un prince ami des philosophes et philosophe lui-même, héros national de surcroît, admirable metteur en scène de sa propagande personnelle, se devait d'apparaître comme le souverain des Lumières. Il le fut en effet dans des domaines qui ne touchaient pas à l'essence du pouvoir : en pratiquant d'une manière presque illimitée la tolérance religieuse (« dans mes États, chacun doit pouvoir faire son salut à sa manière »), en abolissant la torture, en unifiant et simplifiant la justice, en faisant élaborer un code pénal et civil commun à toutes les parties de la monarchie prussienne et s'appliquant à toutes les classes sociales. Mais, si la tolérance et l'agnosticisme de l'État abaissaient les prétentions des Églises, il fallait aussi au roi faciliter l'intégration des populations catholiques (Silésie, Prusse polonaise) ou calvinistes (Frise orientale) nouvellement acquises. Ce qui fut fait avec beaucoup de doigté et de prudence. Cependant le souverain des Lumières pratiquait en même temps une politique qui consolidait les privilèges de la noblesse et la domination des propriétaires des grands domaines (*Gutsbesitzer*) sur les paysans. C'est à elle que le roi réservait les charges d'officiers dans ses armées, ainsi que la plupart des hautes fonctions dans l'administration centrale et provinciale. Le *Gutsherr*, seigneur du domaine, était en même temps, vis-à-vis de « ses » paysans, juge, administrateur, « patron » de la paroisse (ce qui signifiait qu'il nommait le pasteur comme il nommait le *Schulze*, le maire du village, et l'instituteur quand il y en avait un). De plus, lui-même ou un de ses voisins et parents occupait dans le cercle, l'arrondissement, les fonctions de *Landrat* (sous-préfet). L'administration des campagnes était ainsi abandonnée à la noblesse qui, tout en s'acquittant souvent de ces tâches avec un dévouement paternaliste, l'exerçait globalement au service de ses intérêts de classe. Au centre, le roi régnait et gouvernait seul ; même avec ses ministres il communiquait le plus souvent par écrit, au moyen de notes marginales apposées aux rapports ou « ordres de cabinet » dictés à ses secrétaires. Souverain aussi absolu que Louis XIV, reclus dans son Trianon construit dans le parc de Potsdam qu'il avait appelé « Sans Souci », il achevait de priver la noblesse de ses droits politiques, continuant ainsi l'œuvre de ses prédécesseurs, mais en revanche, le despotisme éclairé « à la prussienne » garantissait à l'aristocratie d'immenses privilèges économiques et sociaux. Ces privilèges, elle les payait par l'obligation d'un service militaire qui saisissait les jeunes à 12 ans, à leur entrée dans l'École des cadets où ils étaient formés et dressés pour le service de l'État. Le système de Frédéric apparaît ainsi comme une sorte de féodalité modernisée : le roi et ses nobles se devaient, mutuellement, par un pacte tacite, fidélité et privilèges [1]. L'État prussien se dota ainsi d'une classe de serviteurs héréditaires, occupant l'État comme « leur » affaire et le maintenant au prix de leurs vies. Comme le fera quelques années plus tard la révolution jacobine, le roi-philosophe prenait ses modèles à Sparte plutôt qu'à Athènes. A une époque où, dans les pays les plus avancés, la fortune, le capital commençaient à prendre le pas sur la naissance comme principe-fondement de l'inégalité, Frédéric figeait la Prusse dans une structure sociale archaïque qu'elle devait conserver pour une large part jusqu'en 1918. Il est vrai que le roi, conséquence d'une politique systématiquement menée depuis le Grand Électeur, était aussi le plus gros propriétaire foncier du pays, possédant à lui seul un quart de la surface du territoire. Dans ces immenses domaines, le roi, toujours de la manière autoritaire et absolue qui était la sienne, allégea considérablement la condition paysanne, limitant prestations et corvées, suppri-

1. Cent ans plus tard, un vers ironique attribuait aux nobles prussiens, aux *Junker*, l'adage suivant : « Que le roi soit absolu, pourvu qu'il fasse nos volontés. »

mant le servage. Ce faisant, il n'agissait pas – ou point principalement – en fonction de considérations humanitaires. L'intérêt de l'État exigeait que les sujets fussent en bonne santé, bien nourris, et que l'agriculture, comme les manufactures, rendissent le pays indépendant de l'étranger, tout en lui permettant de gagner de l'argent en exportant des excédents. Le despote éclairé gouverne dans l'intérêt de ses peuples, mais sans les associer aux décisions. L'État a besoin du travail des sujets, pour que ce travail soit efficace, il leur accorde les satisfactions nécessaires. Aux entrepreneurs, souvent des aventuriers attirés de l'étranger, l'État accordait des crédits et garantissait des monopoles, aux agriculteurs des prix stables et aux citadins du blé bon marché même en temps de famine, grâce à un système d'entrepôts publics qui servait aussi – et même prioritairement – aux besoins de la guerre. Aux propriétaires nobles, une caisse de crédit solidaire permettait de faire face aux problèmes de l'endettement, tandis que le roi interdisait la vente des domaines nobles à des roturiers et facilitait la création des *Fideicommis*[1]. Aux contemporains, la Prusse, durant la seconde, moitié du règne (1763-1786) apparaît comme l'État modèle par excellence, comme un exemple fascinant. On oubliait qu'un royal joueur avait risqué la survie de l'État et la ruine de ses sujets dans une suite de coups de dés pour s'employer ensuite longuement et sévèrement à réparer les dégâts. La fortune qui avait servi le roi fut comptée parmi ses mérites et le despotisme rigide d'un vieillard acariâtre, et peu propre de sa personne, revêtu d'un habit de vertus. On oubliait aussi que la Prusse était le seul État du monde à consacrer la moitié de ses revenus à l'armée. Mais c'est à ce prix-là que Frédéric avait fait d'elle une grande puissance.

Dans l'Allemagne devenue bipolaire, l'équilibre instable entre la Prusse et l'Autriche devait durer un siècle, jusqu'à ce que la Prusse de Bismarck rassemble les trois quarts de la nation autour du pôle prussien, laissant en dehors les Allemands de l'Empire habsbourgeois. Ainsi réduite, certes,

---

1. Fondation familiale de droit public rendant inaliénables les propriétés foncières que chaque héritier unique devait gérer en simple usufruitier. Les *Fideicommis* n'ont été définitivement supprimés que sous le régime nazi.

la bipolarité subsistera jusqu'à ce qu'Hitler annexe l'Autriche. Revenue à elle-même en 1945, l'Autriche, désormais, ne veut plus qu'on l'appelle un État allemand. La bipolarité axée sur deux États, dont une grande partie des territoires n'appartenaient pas au Reich et qui avaient de plus en plus tendance à se comporter comme des grandes puissances européennes totalement indépendantes, introduisait dans la réalité politique allemande un élément incompatible avec l'ordre constitutionnel tel qu'il s'était développé depuis la Bulle d'Or de 1356 jusqu'aux traités de Westphalie en 1648. Il était à la rigueur concevable que l'empereur possédât des domaines dynastiques nettement plus étendus et plus peuplés que tous les autres territoires de l'Empire, mais qu'un des *Reichsstände* puisse lui faire pendant, puisse soutenir contre l'Empereur et l'Empire, contre *Kaiser und Reich*, des guerres victorieuses, voilà qui menaçait les restes d'un ordre où les princes étaient devenus pratiquement indépendants, mais ne reconnaissant pas moins la dignité juridique et morale suprême de l'empereur. Ensemble, les princes étaient assez forts pour tenir tête à l'empereur, mais chacun, pris isolément, restait moins fort que le suzerain. La « guerre d'Empire » que les *Reichsstände* avaient déclarée à Frédéric (à l'exception d'un petit nombre de parents et d'alliés) ne pouvait qu'être un échec. L'opinion éclairée en Allemagne comprenait fort bien que l'ordre millénaire, que le Reich fondé par Othon le Grand touchaient à leur fin. Quelques années avant la Révolution française, de nombreuses voix se font entendre qui réclament la suppression des principautés ecclésiastiques que l'on considérait généralement comme arriérées et moins bien gouvernées que les territoires séculiers.

François Ier n'avait été qu'un prince consort. A partir de 1765, Joseph II, bien que subissant, et pour longtemps encore, l'autorité de sa mère qui reste maîtresse des États héréditaires, veut être pour le Reich un empereur actif et réformateur. Il se heurtera vite à l'impossibilité de changer quoi que ce soit dans une structure où la puissance prussienne postule maintenant l'impuissance définitive du pouvoir central. Dès lors, Joseph tente de renforcer son assise autrichienne, non pas seulement par l'acquisition de contrées lointaines, étrangères à l'Allemagne comme la Galicie et la Bucovine (conquise sur les Turcs en 1775), mais en Allemagne même par l'acquisition de la Bavière. En portant les frontières de ses territoires dynastiques jusqu'au Lech, l'empereur aurait plié sous son autorité tous les *Stände* petits et moyens de l'Allemagne du Sud-Est, déjà entrelardée de possessions habsbourgeoises. L'Électeur de Bavière, Maximilien III Joseph, était sans héritier direct, le successeur désigné, l'Électeur palatin, cousin fort éloigné, n'en avait point non plus. A ce dernier, Charles-Théodore, le protecteur du théâtre national de Mannheim où furent joués pour la première fois *Les Brigands* de Schiller, Joseph proposa l'échange de la Bavière contre les Pays-Bas, possession excentrique et isolée. A deux reprises, Frédéric II, appuyé par tous les principaux États allemands qui redoutaient une prédominance de l'empereur, fit échouer le projet. Joseph II dut se contenter d'un petit territoire frontalier le long de l'Inn. L'alliance qu'il conclut avec la Russie, alors que la Prusse s'alliait à la Turquie et à la Pologne, reportait sur le plan international son projet de réduire la puissance rivale. Dans la guerre contre la Turquie, que l'Autriche et la Russie menèrent ensuite de concert de 1788 à 1790, la diplomatie prussienne parvint à nouveau à limiter à presque rien les acquisitions autrichiennes, malgré d'importantes victoires remportées par les armées impériales, alors que la Russie put arracher à la Sublime Porte des territoires d'une ampleur considérable. D'une maladie contractée au cours de la campagne, Joseph II mourut, jeune encore, en 1790, sans avoir pu modifier à son profit l'équilibre dangereux et instable qui résultait en Allemagne des succès de Frédéric II.

Au fils aîné de Marie-Thérèse manquaient en effet le génie de son grand adversaire, sa volonté inflexible, son esprit conséquent, la suite dans les idées et les entreprises. Intelligent et sensible, honnête et pieux, Joseph II avait le désir de bien faire, d'être comme sa mère l'artisan du bonheur de ses sujets. Passionné, austère, travailleur acharné, il avait quelque chose de raide, de fantasque et d'abstrait qui le poussait souvent à poursuivre des objectifs louables sans prendre suffisamment en compte les obstacles et les coûts. Un côté extravagant stérilisait chez lui en partie ses indéniables qualités. Quand Joseph II s'était convaincu de l'utilité et de la rectitude d'un projet, il ne pouvait souffrir aucune résistance ; son désir de servir les hommes que le destin lui avait confiés négligeait l'attachement humain aux traditions, aux sentiments, aux intérêts et s'étonnait, en s'en irritant, de tant de bêtise mêlée à tant d'ingratitude. Homme des Lumières jusqu'au fanatisme, l'empereur méprisait tout ce qui, conçu et construit dans les méandres de l'histoire, ne paraissait obéir à aucune démarche de la raison. Impétueux et pressé – comme le sont souvent les hommes qui mourront jeunes, comme s'ils étaient habités et agités par un inconscient pressentiment –, Joseph voulait tout faire lui-même et tout de suite. Son immense bonne volonté devait, de ce fait, susciter chez beaucoup de ses sujets une farouche réaction de rejet.

Continuant et amplifiant l'œuvre de Marie-Thérèse, Joseph voulut unifier et structurer sur un seul modèle l'administration de ses États. Partout il tenta de limiter, voire d'éliminer, les droits de codécision des diètes ; il modifia les frontières des territoires afin de briser les résistances qui prenaient appui sur des droits historiques. Il voulut unifier les lois, mais l'œuvre de codification n'était pas achevée à sa mort et dut se poursuivre jusqu'après les guerres napoléoniennes. Il soumit la noblesse à l'impôt, limita les corvées. L'Autriche de Joseph II fut la première des grandes puissances continentales à abolir le servage et à organiser un service d'assistance judiciaire et économique pour les paysans libérés qui devenaient les fermiers de leurs anciens maîtres. L'empereur fit libéraliser le système des corporations et chercha à introduire un peu de souplesse dans le rigide corset mercantiliste qui soutenait et emprisonnait en même temps l'économie autrichienne. Il fit de l'allemand la langue unique de l'armée autrichienne et ensuite aussi de l'administration civile, non par nationalisme, tendance qui lui était tout à fait étrangère, mais pour simplifier et harmoniser toutes les procédures. Il rendit obligatoire l'enseignement primaire et multiplia les collèges secondaires, tout en améliorant la formation et la rétribution des maîtres. Il « nationalisa » l'enseignement secondaire et les universités en substituant l'autorité de l'État à celle de l'Église.

C'est dans ses rapports avec l'Église catholique que Joseph II développa, au cours d'un affrontement passionné, cette forme particulière de despotisme éclairé qui s'appelle le « joséphisme ». Catholique pratiquant et croyant, l'empereur estimait cependant qu'il convenait de débarrasser l'Église de toutes sortes de scories historiques afin que religion et raison, l'une soutenant l'autre, puissent ensemble contribuer au bonheur des hommes dont l'État devait être l'instrument, le seul instrument légitime. Pour établir l'harmonie entre l'Église et l'État, il fallait que les organes de la première fussent soumis au second : l'empereur supprima la juridiction des nonces, prohiba la publication des actes pontificaux sans l'accord impérial, interdit aux religieux de correspondre avec leurs supérieurs vivant à l'étranger. Il supprima aussi les exemptions d'impôts et autres privilèges du clergé. Dans ce sens, le joséphisme fut une sorte de gallicanisme autrichien, épicé d'une forte pincée de jansénisme.

Mais l'empereur s'avisa aussi que l'État n'avait pas besoin d'ordres contemplatifs. Pour être utiles à leur prochain, les religieux et les religieuses devaient enseigner ou soigner. Il supprima donc les monastères des ordres contemplatifs et confisqua leurs biens. En revanche, il améliora la formation et la rémunération du clergé séculier, en soumettant les séminaires au contrôle de l'État et en rétribuant lui-même curés, vicaires et évêques suivant un ordre hiérarchique uniforme. Le pape Pie VI fit en vain le voyage de Vienne pour modérer le zèle réformateur de Joseph II. Le joséphisme, sur ce plan, était un rationalisme sécularisateur. Son entreprise répondait à des aspects majeurs de l'esprit du temps, tel qu'il s'exprimait dans les diverses organisations de la franc-maçonnerie dont l'empereur fit partie, comme d'ailleurs aussi Frédéric II et beaucoup de souverains allemands de l'époque ; en Allemagne du Sud, en Bavière et aussi en Autriche, une branche radicale de la maçonnerie, l'« Ordre des Illuminés » (*Illuminatenorden*), exerçait alors une influence considérable. Dans l'Église catholique allemande, les thèses de Febronius (pseudonyme de l'évêque auxiliaire de Trèves, von Hontheim) prônaient l'institution d'une Église nationale allemande qui n'aurait conservé avec Rome que des liens spirituels. Sous l'autorité d'un concile national, cette Église aurait simplifié, purifié et rationalisé la vie religieuse. L'empereur voulait lui aussi réformer l'Église, mais sous sa seule autorité. Appuyant sur ce plan la résistance romaine, il fit échouer les velléités fébroniennes. Dans le domaine temporel aussi il rejetait l'idée d'une participation des sujets aux décisions. Son frère Léopold, le grand-duc de Toscane, avait songé à donner à son État une loi constitutionnelle. Si Joseph II l'imita en abolissant la torture, il ne pensa qu'à restreindre les pouvoirs des diètes. L'accumulation des réformes de tout genre, trop vite conçues et trop systématiquement appliquées, alors que la guerre contre les Turcs coûtait fort cher en hommes et en argent, fit se démultiplier les manifestations de mécontentement. Si celles-ci restèrent relativement modérées et dispersées dans les territoires allemands et slaves, elles débouchèrent sur de véritables insurrections aux deux extrémités des domaines habsbourgeois, aux Pays-Bas et en Hongrie. Dans ces deux territoires, l'attachement aux traditions historiques et l'habitude d'une large autonomie politique étaient particulièrement solides. En 1790, malade et cerné par les difficultés, alors que les Belges repoussaient ses armées, Joseph II, sur son lit de mort, dut annuler quelques-unes des réformes qui avaient suscité les résistances les plus fortes, sur les plans religieux, fiscal et juridique. Léopold II, héritier de son frère, aussi attaché que lui aux idées des Lumières, mais plus sage, plus prudent, plus politique, apaisa les révoltes. Excellent administrateur et politique avisé, il ne devait régner que deux ans, assez pour assister aux débuts du grand conflit avec la France révolutionnaire. Frédéric II, dont la réputation de souverain éclairé et austère avait servi en France de repoussoir à la cour dispendieuse et frivole de Versailles – grâce notamment à un ouvrage admiratif de Mirabeau –, disparut trois ans avant le début des événements de France auxquels il se serait certainement aussi violemment opposé qu'il avait, trente ans plus tôt, rejeté les prétentions de Voltaire à la reconnaissance d'un pouvoir intellectuel autonome, égal, voire supérieur, à celui des rois. Frédéric règne pendant quarante-six ans, Marie-Thérèse et Joseph II pendant cinquante ans. Durant ces longues continuités (Joseph conserva auprès de lui le chancelier Kaunitz qui avait fidèlement servi sa mère), la société eut le temps de changer profondément. Vienne et Berlin, qui n'étaient au début du XVIIIe siècle que des agglomérations relativement modestes groupées autour du château royal ou impérial, se transformèrent en grandes villes (environ 200 000 habitants pour l'une et l'autre vers la fin du XVIIIe siècle) ; aux fonctions politiques et administratives des résidences s'ajoutent le commerce, l'industrie, les banques, les institutions culturelles, les salons. Cependant, les deux grandes puissances allemandes restent foncièrement continentales. Les tentatives d'accession aux grandes dimensions du commerce maritime et aux colonisations lointaines, amorcées en Prusse du temps du Grand Électeur et en Autriche sous Charles VI, n'eurent pas de lendemain. Ni Hambourg (qui n'est d'ailleurs pas politiquement prussienne), ni Trieste ne débouchent sur les océans. Un jour, au siècle suivant, l'Allemagne tentera de briser cet enfermement continental. Il en résultera un conflit mondial d'une violence et d'une envergure sans exemple dans l'histoire européenne.

La culture allemande aux XVIIe et XVIIIe siècles

Au cours du XVIIe siècle, nous voyons naître et se développer en Allemagne – et pour la première fois – une véritable vie littéraire. J'entends par là que des écrivains nombreux, poètes surtout mais aussi romanciers et philosophes, travaillent en même temps dans les parties les plus diverses de ce grand pays et qu'ils se lisent et se connaissent les uns les autres, formant une véritable société dont chaque membre écrit en quelque sorte pour les autres. Günter Grass, notre contemporain, a rappelé à un vaste public l'existence de cette première littérature véritablement littéraire en Allemagne, dans un récit intitulé en français *Rencontre à Teltge*[1] où l'on voit apparaître, quelque temps avant la conclusion des traités de Westphalie, la plupart des grands écrivains qui vivaient à cette époque, de Paul Gerhard, pasteur et auteur de merveilleux cantiques d'église, à Grimmelshausen, qui raconte dans un énorme roman picaresque, touffu, ironique et tragique, les horreurs et les drôleries amères de la Grande Guerre. Cette littérature baroque s'intéresse passionnément à la langue maternelle qu'elle voudrait libérer des entraves latines, espagnoles, italiennes et françaises. Aventuriers,

1. Éd. du Seuil, 1989.

nobles, petits-bourgeois, métaphysiciens ou hédonistes, ils sont tous patriotes, pleurant et plaignant une patrie devenue le jouet de l'Europe après l'avoir dominée si longtemps, et chantant le destin humain, le plus souvent dans l'esprit d'un christianisme évangélique pieux, chargé d'émotions et parfois de sensiblerie « piétiste ». Gryphius, Hofmannswaldau, Angelus Silesius, le jésuite Friedrich von Spee (qui combattit aussi l'horrible croyance dans la malfaisance des sorciers et des sorcières), appartiennent aujourd'hui encore au domaine commun de la culture allemande. L'apparition de cette littérature si différente de celle des humanistes, avant tout scientifique et pédagogique, est sans doute liée au développement des cours et des capitales ; la protection des princes est très souvent indispensable à la vie matérielle des poètes ; mais cette montée de sève spirituelle est due aussi, pour une large part, à la pénétration en Allemagne des influences culturelles étrangères, véhiculées par l'emprise politico-militaire. Dans certaines cours et dans certaines villes libres, à Nuremberg, à Hambourg, se constituent des sociétés littéraires et scientifiques, la plus célèbre étant la « Société-portant-fruit » (*Fruchtbringende Gesellschaft*) qui se forme autour d'un prince d'Anhalt. Ces sociétés s'efforcent d'unifier, de clarifier et de libérer la langue et l'écriture. Parfois pédantes et pesantes, souvent émouvantes par leur sérieux et la noblesse de leurs projets, elles préparent la voie à un nouvel essor de la pensée et de l'écriture allemandes.

Pendant la même période, l'on voit, après une longue éclipse durant la seconde moitié du XVIe siècle, la réflexion scientifique progresser à nouveau en Allemagne. Après le grand astronome Johannes Kepler, à cheval sur les deux siècles, l'on verra après 1670 Gottfried Wilhelm Leibniz accéder d'emblée aux sommets de la spéculation mathématique. Kepler était un astronome dont les contemporains appréciaient avant tout le rôle d'astrologue de cour. Leibniz est à la fois savant, philosophe, diplomate et juriste, conseiller des princes et souverain spirituel à son propre compte dont la gloire et le pouvoir de fascination font penser à Goethe, dans un registre quelque peu différent. Lui aussi, comme les littérateurs, se préoccupe de la discipline et de l'efficacité de la langue allemande, il est un des premiers à s'en servir –

en pleine domination du français versaillais – pour exprimer une pensée spéculative. Je lui opposerais volontiers, à l'autre bout d'une sorte d'échelle de Jacob du langage, le plus grand orateur allemand de l'Age baroque, et peut-être de tous les temps, le franciscain Abraham a Santa Clara, paysan souabe du nom de Mengele, prédicateur formidable contre les Turcs et les péchés des chrétiens. Son audience ne cesse de grandir quand se répandent comme traînées de poudre les effroyables poussées de la peste dont témoignent, en pays catholique allemand, tant de *Pestsäulen* baroques, « les colonnes de la peste » par lesquelles des populations épargnées remercient la Sainte Vierge et les autres auxiliateurs[1].

L'Allemagne baroque, bien qu'éloignée des grands courants de la pensée scientifique dont les capitales sont à présent Londres, Paris et Amsterdam, peut, dès avant Leibniz, aligner quelques noms honorables : le physicien amateur Guericke, inventeur de la pompe à eau, ou le juriste et historien Pufendorf, continuateur de Bodin et de Grotius.

Après la Grande Guerre, la paix revenue avec ses bienfaits, on assiste aussi à l'éclosion des premières sociétés savantes, au sens moderne du terme. Dès 1652, la plus illustre, qui existe et travaille encore trois cent quarante-six ans plus tard et dont l'activité est essentiellement tournée vers les sciences de la nature, voit le jour dans la petite ville impériale de Schweinfurt-sur-le-Main. En l'honneur de l'empereur régnant, qui la dote d'une charte et de privilèges, elle prendra quelque temps après le nom de « Academia Caesarea-Leopoldina des curiosités de la nature » ; au XVIIIe siècle, elle s'appellera Académie allemande Leopoldo-Caroline (en l'honneur de l'empereur Charles VI) des chercheurs ès sciences de la nature. Depuis 1879, son siège est à Halle ; les plus grands savants allemands continuent à solliciter l'honneur d'en faire partie.

Peu à peu, les universités allemandes émergent de la scolastique catholique ou luthérienne, du règne omniprésent de la théologie. Créer ou doter une université devient pour un prince qui se respecte ou une ville libre opulente un signe

1. Abraham a Santa Clara fut aussi, hélas, l'auteur de furieuses imprécations contre les juifs, ennemis du genre humain.

extérieur presque indispensable du prestige dont on veut jouir. Quelques-unes de ces fondations connaîtront une grande et définitive fortune, comme la nouvelle université prussienne de Halle où règne un mélange attirant et détonant de rationalisme et de piétisme, ou l'université hanovrienne de Göttingen. De Halle, Wolff et Thomasius, combattants valeureux des Lumières (qu'en allemand on appelle *Aufklärung*, l'illumination ou plutôt l'éclairage), font un centre d'études juridiques, économiques et pédagogiques quelque peu puritain non sans lien avec l'esprit de pieuse efficacité et d'étroite épargne du Roi-Soldat. Göttingen devient au XVIIIe siècle l'université à la mode où les jeunes gens bien nés apprennent les sciences mondaines en vogue, histoire, droit, économie – ce qu'il faut pour gouverner à l'époque du despotisme éclairé et pour faire le bien des peuples. Dans la lointaine Königsberg, brille dans la seconde moitié du XVIIIe siècle l'étoile presque aveuglante du génie de Kant, mais il ne s'agit pas pour autant de sous-estimer de nombreuses autres institutions, moins fameuses mais honorables, de Dorpat, à quelques lieues de Saint-Pétersbourg, jusqu'à Fribourg-en-Brisgau, et de Bonn, fondation des princes-archevêques de Cologne, jusqu'à Prague. Strasbourg est encore au XVIIIe siècle une ville essentiellement germanique – Goethe et ses amis qui redécouvrent dans la cité alsacienne la grandeur du passé national allemand ne se formalisent guère de son appartenance politique à la France ; des deux côtés du Rhin, les classes dirigeantes et possédantes parlent le français et à Strasbourg guère plus qu'à Heidelberg, à Mannheim ou à Mayence. Strasbourg attire quantité de jeunes « cavaliers », jeunes gens de bonnes familles à la bourse bien garnie, et, au XVIIIe siècle, la Suisse, qui a vécu repliée sur elle-même depuis la fin de ses grandes aventures militaires, depuis Marignan et Pavie, devient un des hauts lieux, sans jeu de mots, de la littérature allemande : ses poètes, Bodmer et Haller en tête, amateurs de sentiments forts et se découvrant le goût de la nature, subissant à la fois l'influence de Rousseau et celle de l'Angleterre sentimentale, inspirent et encouragent à leur tour un vaste mouvement intellectuel et spirituel qui va embraser toute l'Allemagne. Et ce n'est pas un hasard, sans doute, que dans une Suisse si fortement consciente de ses origines médiévales l'intérêt pour les textes de ce lointain passé « gothique », ailleurs méprisé et souvent ignoré, soit alors particulièrement vif : c'est ici, que l'on éditera pour la première fois la grande épopée du passé germanique, la *Chanson des Nibelungen*. L'auteur de cette redécouverte en fera hommage au héros national allemand contemporain, à Frédéric II, qui lui conseillera d'employer ses talents à des activités moins barbares…

La culture allemande, au XVIIIe siècle, se développant d'abord autour des résidences princières et de quelques rares grandes villes comme Francfort et Hambourg, redevient progressivement bourgeoise, comme elle l'avait été au temps de Dürer, d'Érasme et de Luther. La croissance de la population, l'essor économique qui profite de la paix retrouvée, le recul de l'analphabétisme (davantage dans les États protestants que dans les régions catholiques) favorisent l'apparition d'un public national qui – informé par les gazettes plus ou moins périodiques et de plus en plus nombreuses – reçoit tout ce qui paraît dans les vastes territoires de la langue allemande, laquelle devient, au cours de la première moitié du siècle, une langue de culture reconnue comme telle. Les fonctionnaires, dont le nombre et la qualité ne cessent de croître avec la formation des monarchies absolues et la meilleure qualité des universités, les enseignants, les riches commerçants, banquiers et manufacturiers et – phénomène capital de l'histoire culturelle allemande – les familles des pasteurs luthériens, véritables pépinières d'écrivains, de philosophes et de savants, lisent, discutent et écrivent à leur tour. A côté des théâtres de cour, les bourgeois acclament les troupes ambulantes qui répandent les œuvres d'une « dramaturgie » allemande peu à peu dégagée de la double et concurrente influence racinienne et shakespearienne. Des théâtres permanents sont créés à Leipzig, à Hambourg, à Berlin, à Vienne. Gottsched, professeur à Leipzig, polygraphe d'une immense culture mais de talent médiocre, multiplie traductions et pièces originales qui se répandent dans toute l'Allemagne, ouvrant le chemin à Lessing, à Goethe, à Schiller. La langue baroque, compliquée, surchargée d'emprunts étrangers, mal fixée, devient en l'espace de quelques décennies l'admirable et flexible instrument capable de servir une littérature classique et le plus profond effort philosophique que la pensée humaine ait connu depuis les Grecs. Gotthold Ephraïm Lessing rédige le premier, dans cette langue précise et souple, drames bourgeois, comédies, tragédies, pièces philosophiques et surtout une œuvre immense de critique et d'esthétique. Avec lui, les Lumières et l'humanisme sont naturalisés allemands. Correspondant et ami du philosophe Moses Mendelssohn, le premier nom juif de la littérature moderne[1], Lessing mène des combats incessants pour la liberté de l'esprit contre l'obscurantisme et le dogmatisme des théologiens et contre les préjugés racistes, mais, comme l'exige la situation allemande, ce cosmopolite, ce libéral, lutte en même temps pour l'émancipation de l'esprit allemand, contre le joug du conformisme français. Pour lui et la génération qui suivra, l'exemple anglais, la reconnaissance culturelle accordée au sentiment, à l'émotion, aux désordres du cœur, à la nature, à l'histoire – tout un système de valeurs qui ne s'est jamais plié au canon intellectuel des jardins à la française –, procure d'immenses encouragements. De même l'étude du système politique anglais basé sur le principe représentatif et l'enracinement historique aidera un nombre croissant d'historiens et de juristes à définir des voies allemandes du développement social, avant et pendant et – très vite – contre la Révolution française, briseuse de continuités. Justus Möser, administrateur et historien de l'évêché d'Osnabrück en Westphalie, prépare ainsi la voie aux réformateurs prussiens du début du XIXe siècle qui devront faire face aux contagions et agressions de la Révolution et de son héritier impérial.

Le foisonnement des talents et même des génies littéraires dans la seconde moitié du XVIIIe siècle est certainement lié à une multitude de facteurs politiques, économiques et sociaux, à l'essor de la bourgeoisie, au développement des communications, des chaussées et des postes, à la multiplication des écoles et des universités, aux besoins croissants des administrations et surtout aux longues périodes de paix intégrale dont

1. Il y avait eu un troubadour juif au XIIIe siècle.

bénéficie l'Allemagne – mais tous ces facteurs et tous ces éléments partiels d'explication laissent subsister au cœur de la réalité spirituelle un noyau qui échappe à tous les enchaînements de causalité, à toutes les tentatives d'interprétation ; soudain des phalanges entières de grands créateurs surgissent pour un temps bref, une génération ou deux, comme ce fut le cas pour la peinture pendant les décennies qui précèdent et qui suivent l'an 1500, et autour de 1700 pour les arts associés des grandes constructions baroques, abbayes et palais princiers : architectes, peintres, stucateurs, sculpteurs – ou en Angleterre pour la musique à l'époque des Byrd et des Purcell. Jamais avant, jamais plus après.

Les noms des trois mouvements parallèles, contemporains et successifs qui coexistent et se suivent – *Sturm und Drang* (« Tempête et Élan », poussée irrésistible), *classicisme* et *romantisme* – ne marquent pas trois âges différents du génie allemand. Goethe a été l'une des forces agissantes du premier mouvement, le souverain de la rigoureuse sérénité classique et l'observateur, tantôt indulgent, mais le plus souvent agacé, des agitations romantiques. Le *Sturm und Drang* a été un soulèvement moral et esthétique de la jeunesse contre la grisaille et le conformisme d'une vie bourgeoise où l'on se contentait de faire fortune comme « fournisseurs de la cour » ; ce fut une proclamation des droits de la passion et de la sentimentalité, et aussi et encore une revendication de l'authenticité allemande contre la civilisation artificielle, contre la perruque française.

Entre-temps, Herder aura découvert les peuples, leur originalité, leur unicité, leurs cultures d'avant la culture écrite et imprimée et dont la connaissance est seulement possible quand elles ont cessé d'être vivantes. Le peuple, selon Herder, est le produit de l'histoire de la croissance, c'est un être de la nature, *gewachsen*, ayant grandi selon les lois de la nature comme le font les plantes ; il se place aux antipodes de la nation jacobine, fruit et sujet d'une volonté essentiellement politique. Le peuple, selon Herder, est extérieur au monde de la raison dont Robespierre voudra instaurer le règne. Pour Herder, tous les peuples sont égaux, parce qu'ils sont tous venus du fond des âges ; ils sont égaux comme les arbres. Mais ils sont différents, uniques comme des personnes. Le nationalisme allemand du XIXe et du XXe siècle se nourrira de la pensée de Herder (mais aussi de certains éléments du jacobinisme) ; les peuples slaves et baltes, également, lui doivent la redécouverte de leur poésie populaire et de leur dignité historique. Allemand né en Prusse-Orientale, pasteur à Riga avant que Goethe ne l'appelle à Weimar illuminer le protestantisme du duché phare, il fournira des armes spirituelles aux revendications nationales antagonistes du siècle suivant.

Le *classicisme* allemand procède avant tout d'une nouvelle découverte de l'Antiquité, la seconde après la Renaissance, mais dans un esprit qui n'a que peu de choses en commun avec l'approche scientifique et rationaliste des humanistes. Ce n'est pas l'Antiquité telle qu'elle fut que le classicisme retrouve pour s'identifier à elle, mais l'Antiquité telle qu'elle aurait dû être, l'Antiquité dont on rêve. C'est une Grèce de l'âme qui n'a guère besoin de connaître ce qui reste de la Grèce réelle, qu'aucun des classiques n'est allé voir. Ils se sont contentés des œuvres que proposent les musées, les palais et les sites d'Italie, le tout vécu et visité comme un « ailleurs » d'où l'on peut parvenir à la véritable Allemagne, l'Allemagne du dedans. L'Allemagne des classiques, qui n'était plus un État et n'avait nul besoin d'en redevenir un (à preuve l'agacement que Goethe éprouvera devant le soulèvement nationaliste des guerres de libération), est identifiée par eux, dans un étrange et intense effort d'imagination, à la Grèce immatérielle « qu'ils recherchent avec leur âme » (Hölderlin). C'est ainsi que Winckelmann a réinterprété l'art antique, c'est ainsi qu'Hölderlin retrouve dans un Olympe loin de toute géographie « les dieux de la Grèce ». Une Grèce sans guerres ni tyrans, sans politique, immuable comme ce qui n'a jamais existé.

En choisissant ses premiers sujets dramatiques dans le XVIe siècle allemand, Goetz von Berlichingen et Faust, Goethe, par-delà le monde étroit de la bourgeoisie – plutôt précapitaliste que capitaliste – de sa jeunesse, se rattache à ce moment génial où vécurent en même temps Dürer et Luther. Commencé comme un conte, un récit d'aventures, un mythe populaire (l'homme qui vendit son âme au diable), *Faust* se termine, soixante ans plus tard, dans l'esprit saint-simonien de la technique triomphante. Le Faust creuseur de canaux est loin, très loin de l'amant de Marguerite et de l'aventurier qui veut duper le diable. *Les Brigands* du jeune Schiller sont l'œuvre d'un révolté, dressé contre l'ordre dans la mesure où celui-ci emprisonne le devenir, qui ne veut reconnaître que sa propre loi. Quoi de plus romantique que ce classicisme-là ? Avec ses drames historiques, le Schiller de la maturité deviendra le Shakespeare de l'Allemagne bourgeoise, mais alors, de l'individualisme forcené des *Brigands* ou de la dénonciation de l'injustice du pouvoir absolu dans *Cabale et Amour*, il ne restera plus que le constat classique et curieusement apaisé de la condition tragique de l'homme. La voix solitaire et touchante d'Hölderlin n'est pas, elle, apaisée. L'angoisse, chez lui, finira par terrasser la beauté. Pleins d'admiration au départ pour le triomphe de la liberté en France et ensuite effrayés par les excès d'une révolution qui se précipite dans des paroxysmes imprévisibles, ces écrivains confèrent à une Allemagne des « poètes et penseurs » une grandeur soudaine, dépassant les frontières de l'Empire qui s'écroule. Cette grandeur, qui accompagne et compense les défaites militaires et les dislocations politiques, est pour l'Allemagne la source d'une nouvelle contradiction inguérissable : elle fonde un divorce entre la puissance de l'État et la puissance de l'esprit qui aboutit, soit à une négation réciproque, soit à une subordination ancillaire de la culture aux pouvoirs sociaux. Hegel – dont les œuvres les plus importantes sont postérieures au XVIIIe siècle, mais dont l'existence plonge ses racines dans le monde d'avant la Révolution – tentera, grandiose aventure, de réconcilier dans une unité supérieure la culture-liberté et l'État-nécessité. En vain : la blessure n'est pas près de se fermer.

La pensée, la littérature, la poésie allemandes du XVIIIe siècle sont presque exclusivement protestantes. Le catholicisme allemand ne parle guère mais il chante d'autant mieux. Point seul, puisque Telemann, Bach, ses fils, Händel partagent la gloire sans fin de cet autre classicisme. Mais Mozart, Haydn et Beethoven leur font face, leur répondent et dépassent la facile et abusive opposition entre l'Allemagne septentrionale de la Raison et de la Parole, et une Allemagne du Sud livrée aux sentiments et aux sens. Les poètes et les penseurs ont pu aimer la musique, mais ils la considèrent quand même, par rapport à leurs propres domaines, comme un art mineur. C'est le XIXe siècle qui établira une autre hiérarchie, en redécouvrant Bach, comme il redécouvre les cathédrales gothiques, en faisant sortir la musique des salons de cour et des cabinets d'études : la salle de concerts est une création de la bourgeoisie ascendante qui se donne ainsi une nouvelle économie de la culture. On pourra, dès lors, voir l'espace culturel du XVIIIe siècle dans une lumière nouvelle : la littérature et la pensée philosophique, la musique, l'architecture et ses arts associés s'organisent dans des domaines juxtaposés dont les correspondances, constatables pour la vision historique, ne sont pas évidentes ni indispensables pour les contemporains, ni même toujours pour nous. Bach nous suffit en lui-même. Nous n'avons besoin, pour nous laisser conduire par lui à une connaissance éblouissante, ni de Lessing, ni des grands bâtisseurs d'abbayes, ni de Frédéric II. Et pourtant, nous ne pouvons séparer ni Bach ni Mozart de l'histoire de leur peuple et de ses sociétés. Mais ce lien n'est pas réellement explicatif. L'essentiel ici échappe aux explications et conditionnements. C'est Wagner qui voudra à tout prix unifier l'art et la politique. Sa construction, qui force la nature de la musique, ressemble curieusement à celle de Hegel quand il s'efforce d'unifier la pensée et l'État. Ce seront là des produits d'un autre âge, à la fois post-théologique, volontariste et historicisant et qui ne cesse de se regarder dans le miroir de l'histoire depuis que la Révolution française a fait perdre à l'humanité la cruelle innocence dans laquelle on adhère à soi-même sans la distance d'un regard extériorisé, d'un regard d'étranger. Dans ce sens, la Révolution française jouera – et surtout pour l'Allemagne – le rôle d'un Freud collectif de l'histoire.

L'art plastique de l'Age baroque est, lui, essentiellement méridional et catholique. Si la musique du Nord atteint une somptuosité *sui generis*, théologale chez Bach et royale chez Händel (est-il allemand, est-il anglais ? Sa musique, en tout cas, est une des plus parfaites expressions que l'Angleterre ait jamais trouvées d'elle-même, sans doute précisément parce qu'il était venu d'ailleurs, mais de pas trop loin non plus), les châteaux et les églises de l'Allemagne protestante restent aux XVIIe et XVIIIe siècles quelque peu marginaux, malgré de grandes et belles réussites. Le goût de l'ostentatoire et du plaisant, la rencontre d'une piété populaire et du goût théâtral de la Contre-Réforme jésuitique, l'enracinement de la nature dans le divin et peut-être même le caractère économiquement moins avancé de la plupart des territoires catholiques se rencontrent pour fonder un art qui tient à la fois de l'oratorio et du pèlerinage. La foule y est avec ses prières, ses naïvetés et ses bateleurs, mais aussi la cour avec ses cérémonies, ses parures, ses diamants et ses intrigues. La multiplicité des territoires qui divisent à l'infini la Franconie et la Souabe, l'absence de dépenses militaires dans la plupart d'entre eux, trop petits pour entretenir des armées permanentes, l'exploitation de la main-d'œuvre et de la religiosité paysannes enclines aux œuvres et aux fondations pieuses, le goût du faste chez les puissants qui rivalisent en dépenses, signes et obligations du pouvoir, et – cause plus importante peut-être que toutes les autres – l'existence des nombreuses principautés ecclésiastiques où le goût du temps pour les splendeurs visibles rencontre chez les princes-évêques et les princes-abbés le désir de servir en même temps la gloire de Dieu et la leur propre, une gloire que l'état ecclésiastique interdit de convertir en investissements héréditaires. Mais, une fois de plus, ces nombreuses causes n'expliquent pas tout, et même rien du tout ou rien totalement. Ni ces troupes compactes de constructeurs, bâtisseurs, peintres, stucateurs et sculpteurs issus des villages bavarois, souabes, vorarlbergeois, comme la dynastie des six frères Dientzenhofer qui couvrent de palais et d'églises, pendant trois générations, la Franconie et la Bohême, tous venus d'une seule grande ferme de Haute-Bavière ; ou ces familles « omni-arts » dont les talents se développent autour de l'abbaye de Wessobrunn, les Schmuzer, les Zimmermann, les Feichtmeyr (le plus grand, le sublime Dominikus Zimmermann bâtit dans les solitudes agrestes de la Haute-Bavière l'exquise église de pèlerinage *in der Wies*, dans les prés), et encore les deux

Günther, Ignaz, le sculpteur du mouvement des corps, et le peintre Mathäus, et les vigoureux et délicats frères Asam, eux aussi peintre et sculpteur, qui n'ont d'égal que les grands Vénitiens de l'époque, les Tiepolo en tête, tous issus de ce peuple auquel appartiennent aussi la plupart des princes-abbés, possédés du « ver de la construction » (les princes-évêques, au contraire, appartiennent tous à la haute noblesse, mais ils construisent autant et plus, à leur tête les archevêques de Mayence et évêques de Würzburg et de Bamberg de la famille des comtes de Schönborn), les peintres autrichiens, le génial Maulbertsch, le tyrolien Holzer, mort jeune, qui est un Mozart des fresques sacrées... tous paysans directement passés à un art qui reste artisanal par le savoir-faire et par une sorte de simplicité d'esprit, toujours prêt à l'adoration du créateur dans sa création.

De Vienne, à présent la plus grande ville d'Allemagne et toujours capitale impériale, partent les modes et les innovations qui se croisent avec l'influence parisienne et versaillaise. Fischer von Erlach et Lukas von Hildebrandt ont parsemé la nouvelle Autriche forgée par Eugène de Savoie de leurs églises et leurs palais majestueux. A Munich, Joseph Effer et François de Cuvilliés, un Wallon qui commença sa carrière comme nain de cour de l'Électeur, ont conçu pour une résidence moyenne de province des demeures d'une étendue et d'une richesse stupéfiantes. En Franconie, Balthazar Neumann, officier d'artillerie au service des évêques Schönborn, a laissé une œuvre immense d'une variété prodigieuse qui va de la « Résidence » de Würzburg à l'église monumentale de l'abbaye de Neresheim. Les maîtres de l'Ordre Teutonique rivalisent avec les ducs de Wurtemberg, les margraves de Bade, les évêques de Spire et de Fulda, les princes-archevêques de Cologne, chacun tendant à dépasser en étendue et raffinement le château du voisin. En Prusse aussi, où le baroque est plus réservé, moins exubérant, Andreas Schlüter, sculpteur et architecte, fait entrer l'art dans la sobriété berlinoise. Ne transformons pas ce chapitre en nomenclature. Bon enfant et éblouissant, à la fois spectacle et prière, l'art du baroque en Allemagne, d'abord solennel comme une grand-messe, se termine dans la musique de chambre rococo. C'est, pour mes yeux et pour mes oreilles, un des sommets de l'existence allemande. Mais n'oublions pas que le XVIIIe siècle est aussi un âge d'or des métiers d'art et, en tout premier lieu, de la porcelaine : Meissen (la porcelaine de Saxe), Nymphenburg, Berlin atteignent rapidement une renommée européenne, mais, ici aussi, chaque prince qui se respecte cherche à se doter d'une manufacture, ce qui nous vaut, par exemple, les délicieuses créations d'Ansbach. L'ébénisterie, plus chargée que la française, avec son goût pour les pièces tournées, les entorses et les bois clairs, est aussi en pleine floraison. Paris accueillera beaucoup de ces compagnons allemands qui marieront leur sérieux à la grâce déjà quelque peu morbide de notre Ancien Régime finissant… Quel grand siècle où les ombres et les turpitudes du passé semblent laisser enfin la place à la philanthropie, aux Lumières, à la raison, où la multiplicité des territoires et des principautés ne contredit pas l'unité des Allemagnes ! Rien ne permet alors de craindre l'avènement des terribles simplificateurs qui vont, au cours des cent cinquante ans suivants, engager le destin allemand sur des voies terriblement tragiques.

CHAPITRE XIV

L'Allemagne et la Révolution française

La Révolution française est aussi un des grands événements de l'histoire allemande et, même, un des plus importants. Des bouleversements immenses ont transformé sous sa poussée des réalités politiques, sociales et idéologiques d'outre-Rhin. Dans l'esprit d'imitation ou dans l'esprit d'opposition, l'Allemagne avait l'habitude, depuis un siècle et demi, de regarder vers Paris comme la source principale des modes et des modèles. Rien de ce qui affectait profondément la France, la principale puissance militaire, économique et intellectuelle du continent, ne pouvait laisser indifférents les membres de l'Empire. Les événements français, à partir de l'été 1789, vont donc susciter en Allemagne une attention passionnée. Dans les premiers temps de la Révolution, le jugement porté sur ce qui se passe à Paris est largement sympathique. Seule une minorité d'observateurs redoute, dès le début, ou tout au moins très tôt, des conséquences négatives pour l'ordre et la tranquillité dans les États allemands. Deux tendances se partagent la grande majorité de ceux qui s'intéressent, qui ont l'instruction, l'information, la curiosité et les loisirs nécessaires pour le faire, à ce qui se passe au-delà au cercle étroit du voisinage immédiat : la majorité du public éclairé pense alors que la France, victime d'un tempérament national trop porté vers les apparences, vers la gloire et la gloriole, victime des égoïsmes et particularismes sociaux, a pris du retard sur le progrès des Lumières, en ce qui concerne l'organisation du gouvernement. Les réformes introduites dans la plupart des États allemands au cours de la seconde moitié du XVIIIe siècle, sous le signe du despotisme éclairé, réformes qui tendent à substituer à l'arbitraire le règne de la loi, à promouvoir l'égalité des citoyens devant la loi, à assurer la primauté de l'État, c'est-à-dire de l'intérêt commun, sur les privilèges et les intérêts particuliers, n'ont pu être réalisées en France à cause de la nullité intellectuelle des souverains, du règne immoral des maîtresses, de l'influence et de l'égoïsme des grands[1]. 1789 apparaît, dès lors, comme un mouvement de rattrapage qui va conduire la France vers une situation que l'Allemagne, grâce à des conditions favorables, a pu dans la plupart de ses États atteindre depuis quelques décennies déjà. La sympathie pour les Constituants s'accompagne, chez beaucoup de diplomates, de hauts fonctionnaires ou simplement de voyageurs curieux, qui se précipitent à Paris dès les premières nouvelles des « événements », d'une sorte de sentiment de supériorité morale : les Allemands, longtemps considérés par leurs voisins – et souvent par eux-mêmes – comme des gens un peu frustes, un peu simples, un peu provinciaux, honnêtes mais lourdauds, incapables des véritables élégances (qui ne s'inventent, ne se pratiquent ou ne s'expriment qu'en français), se voient à présent comme de sages précurseurs. Grâce à leur caractère modéré et modeste, grâce à l'éducation qu'ils se sont donnée, à travers leurs penseurs et leurs écrivains, depuis la fin de la terrible crise guerrière en 1648, les Allemands peuvent eux-mêmes se considérer maintenant, sinon comme des exemples, du moins comme les égaux des grandes nations phares, de la France, de l'Angleterre, qui avaient dominé le siècle par les succès de leurs armes et le génie de leurs penseurs, sans parler de l'ingéniosité de leurs fabricants et de leurs marchands. Aucune nation du continent ne possède alors une législation aussi cohérente, aussi moderne, aussi libérale par beaucoup de ses aspects, que la Prusse, grâce à son code, l'*Allgemeine preussische Landrecht*, élaboré sous Frédéric II, même si, faible, en proie à des conseillers réactionnaires et bigots, Frédéric-Guillaume II fera supprimer avant la publication définitive quelques-uns des éléments

1. Voire, chez beaucoup d'observateurs, à cause du caractère à leurs yeux archaïque et dépassé de la religion catholique.

les plus novateurs de ce grand texte, notamment sur le plan du droit public et, pour ainsi dire, constitutionnel. Tout en corrigeant ce que le réformisme exacerbé de Joseph II avait eu de trop radical et de trop autoritaire, Léopold II va jusqu'à envisager de donner une Constitution et une représentation élue aux habitants de ses États. L'abolition du servage et des droits féodaux avait fait des progrès autrement importants dans un grand nombre d'États allemands que dans la France de 1788.

Cette sympathie un peu condescendante fera place, au fur et à mesure que le rythme des événements se précipitera en France, à deux attitudes contraires : une admiration enthousiaste pour les audaces « gauloises » d'une part, un effroi grandissant d'autre part, devant les « excès » parisiens dans lesquels on percevra vite une volonté de répandre à travers l'Europe l'esprit de subversion. Il y a certes une petite minorité de « jacobins », fonctionnaires ou intellectuels « illuminés », qui appellent les peuples à se révolter, à se débarrasser de leurs « tyrans », à se revêtir des libertés républicaines et qui se lancent, parfois, dans des conspirations dépourvues de tout fondement populaire (ce sera notamment le cas, en Autriche et en Hongrie, après que les espoirs des « réformateurs », d'ailleurs peu nombreux et isolés, auront été déçus par le cours franchement réactionnaire donné au gouvernement par le jeune empereur François II qui succède à son père Léopold II, en 1792). Il y a ensuite une foule beaucoup plus considérable de « publicistes », écrivains, « honnêtes hommes », qui, sans se livrer eux-mêmes à des activités politiques, saluent avec une sympathie passionnée l'avènement de la liberté en France comme l'annonce d'une ère nouvelle pour l'humanité tout entière. Avec des accents émouvants, le poète Klopstock, vénéré comme un des principaux génies nationaux – un de ceux qui ont libéré l'esprit allemand de l'insupportable domination française –, célèbre la nouvelle suprématie que la France est en train de s'acquérir dans un monde promis à la liberté. « Non pas nous, mais eux, eux à nouveau », chante-t-il dans un grand poème, composé de nobles hexamètres, à la gloire de la Révolution française, « eux » une fois de plus.

Cette admiration presque unanime dans l'Allemagne de la

culture, dans l'Allemagne pensante, ne résistera pas, cependant, aux « excès » qui vont précipiter le rythme de la Révolution et ensanglanter son parcours. Les nombreuses feuilles, journaux et revues qui fleurissent dans les Allemagnes ont toujours les yeux rivés sur Paris, mais le doute, l'indignation, la condamnation remplacent peu à peu l'approbation et l'enthousiasme. Les officiels sont convaincus de l'existence d'une organisation secrète jacobine ayant pour but d'exporter la révolution dans tous les pays d'Europe et plus spécialement en Allemagne. Entre 1789 et 1792, des jacqueries éclatent dans certaines régions germaniques : en Rhénanie, en Saxe, en Silésie. Il est difficile voire carrément impossible d'établir des liens directs entre les événements français et ces soulèvements de paysans-ouvriers pressés par la misère ; l'historiographie allemande les a d'ailleurs longtemps ignorés, ou tout au moins minimisés (par excès contraire, les historiens de la RDA ont, eux, tenté en vain de les présenter comme l'amorce d'un vaste mouvement révolutionnaire allemand). Il est certain, toutefois, que ces remous ont renforcé chez les gouvernants de la plupart des États l'aversion croissante envers les responsables des événements français et les inquiétudes que l'exemple de la France avait fait naître dès le début. Une littérature politique antirévolutionnaire se développe alors rapidement, en partie influencée par les grands pamphlétaires anglais comme Burke, traduit par Friedrich Gentz, le futur collaborateur de Metternich.

L'arrivée au pouvoir des Girondins, la déclaration de guerre au « roi de Hongrie et de Bohême », les massacres de Septembre, le procès et l'exécution du roi vont ensuite créer entre la France et l'Allemagne une situation nouvelle, politique, morale et militaire. Les grandes puissances allemandes, l'Autriche et la Prusse, n'ont pas vu d'abord d'un mauvais œil l'affaiblissement de la France qui ne pouvait pas nc pas résulter de troubles révolutionnaires. Comme la Russie, elles ont été, entre 1789 et 1792, beaucoup plus préoccupées des questions orientales, des Balkans et de la Pologne que des affaires françaises. Les énormes acquisitions que la Prusse engrange lors du deuxième et du troisième partage de la Pologne (à partir de 1794 les populations de langue polonaise sont aussi nombreuses en Prusse que les habitants dont l'allemand est la langue maternelle) seront aussi, avec les problèmes de l'intégration qu'elles posent, une des principales raisons du retrait du royaume de Frédéric-Guillaume II de la guerre avec la France (paix séparée conclue à Bâle en 1795, qui comporte la neutralisation de toute l'Allemagne du Nord). Ce sont l'éclipse momentanée de la France et son isolement total en Europe qui permettront aux « copartageants » de mettre fin à l'existence de l'État polonais (que Napoléon reconstituera au moins partiellement après la défaite de la Prusse en 1806).

Pour une grande partie de l'Allemagne, les États du Sud et les provinces allemandes de l'Autriche et pour toute la rive gauche du Rhin, la déclaration de guerre de 1792 ouvre une période de participation à des conflits militaires, pratiquement ininterrompue pendant près de vingt-cinq ans. La rive gauche est annexée de fait dès la deuxième occupation en 1794 et en droit après les traités de Bâle (notamment avec la Prusse, 1795), de Lunéville (avec l'Autriche, 1801) confirmé par la Diète en 1803. Elle partagera jusqu'en 1815 le sort des autres départements français. Ses jeunes conscrits serviront dans les armées de la République et de l'Empire comme les autres jeunes Français et sur tous les champs de bataille. Les territoires de l'Allemagne du Sud, à l'est du Rhin, seront labourés par les chocs répétés des armées françaises et autrichiennes ou austro-russes ; les ressortissants des États situés dans cette zone participeront à ces combats tantôt aux côtés de la France et tantôt comme ses adversaires ; après la constitution de la Confédération rhénane, en 1806, ils seront engagés dans les guerres de la France napoléonienne, en Espagne et en Russie. Lors de la campagne de Russie, en 1812, un tiers de la Grande Armée est composé d'Allemands, sans parler des corps auxiliaires fournis par la Prusse et par l'Autriche. Des 30 000 soldats bavarois partis en Russie, un dixième seulement reviendra au pays. A partir de 1806, l'Allemagne du Nord est, à son tour, entraînée dans la tourmente : la campagne contre la Prusse et la Russie s'étire de la Thuringe à l'extrême nord-est de la Prusse-Orientale. Par ailleurs, pour renforcer le « blocus continental » et pour éliminer l'influence anglaise, la France annexera directement, en 1811, le littoral de la mer du Nord, de la Hollande à Hambourg ; de nouveaux États satellites, les grands-duchés de Berg et de Francfort, le royaume de Westphalie, sont créés à la suite des défaites prussiennes dans les campagnes de 1806 et 1807. Après la longue période de paix dont l'Allemagne a bénéficié, de 1763 à 1792, s'ouvre ainsi une nouvelle « guerre de Trente Ans », de vingt-trois ans pour être exact, dont les effets dévastateurs seront graves sur le plan matériel mais plus profonds encore dans le domaine politique et moral. Ce sera à la fois la guerre et l'occupation étrangère, la souffrance et l'humiliation, et ensuite le combat pour la résurrection nationale, avec ses espoirs et ses déceptions.

Pour l'Autriche et la plupart des *Reichsstände* du Sud et de l'Ouest la guerre avec la France révolutionnaire, commencée en 1792, se prolongea jusqu'au traité de Lunéville (1801) conclu avec l'Autriche et le Reich, alors que la Prusse s'était, elle, retirée de la confrontation dès 1795 (traité de Bâle) en entraînant la plupart des *Stände* de l'Allemagne du Nord. Mais la paix (on doit encore ajouter à ces traités celui d'Amiens avec l'Angleterre) ne fut dans l'ensemble que de courte durée. Dès 1805 l'Autriche, alliée à la Russie, entra de nouveau en guerre contre la France devenue l'Empire de Napoléon. Battue à Austerlitz, elle dut consentir à des pertes cruelles, en acceptant notamment la cession du Tyrol à la Bavière. En 1806 la Prusse, elle aussi alliée à la Russie, abandonna les avantages du traité de Bâle et subit les terribles défaites d'Iéna et de Friedland, pour se résigner en 1807 au traité de Tilsit qui lui coûtera toutes les provinces sises à l'ouest de l'Elbe et une partie des territoires polonais acquis au deuxième et au troisième partage.

En 1809, c'est à nouveau l'Autriche qui se lance contre Napoléon : après une campagne mouvementée, le traité de Schönbrunn la contraint à céder au vainqueur les « provinces illyriennes », la Dalmatie, la Croatie, la Carniole et une partie de la Carinthie. A partir de 1808, des volontaires allemands combattent en Espagne contre la France dont les armées comprennent les contingents envoyés par les États membres de la Confédération rhénane. En 1812, c'est la terrible campagne de Russie qui dévorera des milliers de combattants

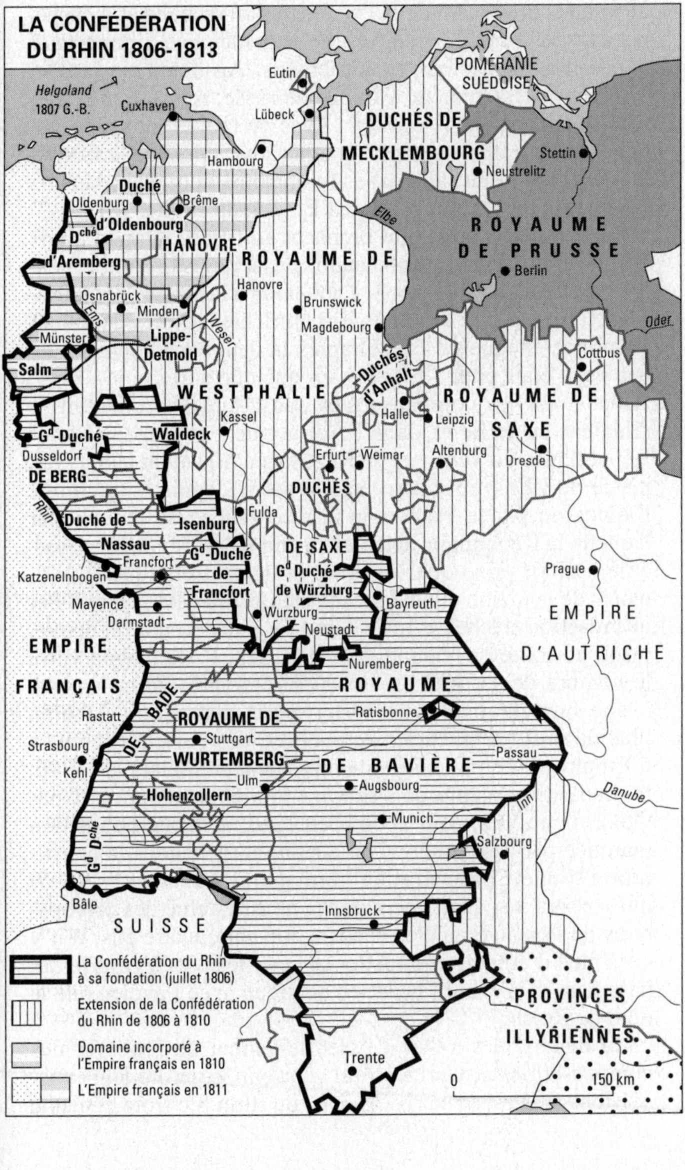
LA CONFÉDÉRATION DU RHIN 1806-1813
Helgoland 1807 G.-B.
Cuxhaven
Eutin
Lübeck
POMÉRANIE SUÉDOISE
DUCHÉS DE MECKLEMBOURG
Stettin
Neustrelitz
Hambourg
Duché d'Oldenbourg
Oldenburg
Brême
Dché d'Aremberg
HANOVRE
ROYAUME DE PRUSSE
Berlin
Elbe
ROYAUME DE WESTPHALIE
Hanovre
Brunswick
Magdebourg
Osnabrück
Minden
Ems
Weser
Oder
Münster
Lippe-Detmold
Salm
Duchés d'Anhalt
Cottbus
Halle
Leipzig
ROYAUME DE SAXE
Kassel
Waldeck
Gd-Duché DE BERG
Dusseldorf
Erfurt
Weimar
Altenburg
Dresde
DUCHÉS DE SAXE
Rhin
Duché de Nassau
Isenburg
Fulda
Gd-Duché de Francfort
Francfort
Katzenelnbogen
Gd Duché de Würzburg
Prague
Bayreuth
Mayence
Darmstadt
Wurzburg
Neustadt
EMPIRE D'AUTRICHE
EMPIRE FRANÇAIS
Nuremberg
ROYAUME DE BAVIÈRE
Gd Dché DE BADE
Rastatt
ROYAUME DE WURTEMBERG
Ratisbonne
Stuttgart
Strasbourg
Kehl
Passau
Ulm
Augsbourg
Danube
Hohenzollern
Inn
Munich
Salzbourg
Bâle
SUISSE
Innsbruck
PROVINCES ILLYRIENNES
Trente
0
150 km
La Confédération du Rhin à sa fondation (juillet 1806)
Extension de la Confédération du Rhin de 1806 à 1810
Domaine incorporé à l'Empire français en 1810
L'Empire français en 1811

allemands provenant de la Confédération rhénane et incorporés dans la Grande Armée qui avance, flanquée d'importants contingents prussiens et autrichiens. Au début de janvier 1813 la Prusse revient à l'alliance russe, rejointe quelques mois plus tard par l'Autriche. Avec de brèves interruptions, tantôt comme alliés et tantôt comme adversaires de la France, la plupart des États allemands furent ainsi impliqués dans les guerres de la Révolution et de l'Empire de 1792 à 1815.

De ces événements, qui prennent au fil des temps l'allure d'une véritable catastrophe nationale, certains tireront cependant de larges avantages. Si l'annexion à la France de la Belgique (c'est-à-dire des Pays-Bas autrichiens et des domaines du prince-évêque de Liège) après la deuxième conquête de ces pays était pour l'Empire, en quelque sorte, une « perte sèche », car les compensations que l'Autriche obtenait se situaient en Italie et dans l'Adriatique (les territoires des Républiques de Venise et de Raguse qui n'avaient jamais fait partie de l'Empire, ou en étaient sortis depuis longtemps), l'annexion par la France de la rive gauche du Rhin – par laquelle la République achevait le grand dessein de la monarchie – allait provoquer dans les structures étatiques millénaires de la nation allemande un chambardement général. Par une réaction en chaîne, qui s'étend sur une décennie et demie, jusqu'au traité de Vienne de 1814-1815, l'Allemagne verra le nombre de ses « États » se réduire de près de trois cents à une quarantaine (sans parler de la disparition de bien plus de mille seigneuries autonomes, des barons et comtes d'Empire). Cet immense remembrement entraînera, en 1806, la disparition même de l'Empire fondé, ou renouvelé, par Othon Ier en 962, pour aboutir en 1815, après une transition marquée par l'éphémère Confédération rhénane, à la constitution d'une Confédération germanique (*Deutscher Bund*) qui laissera aux États membres la quasi-totalité des prérogatives de la souveraineté. Pendant soixante-quatre ans, il n'y aura plus d'empereur en Allemagne et le second empire qui naîtra en 1871 n'aura guère en commun avec l'ancien que le nom de Reich.

Au départ, il s'agissait essentiellement de procurer des compensations aux princes qui venaient de perdre leurs possessions situées sur la rive gauche du Rhin. Le froid égoïsme des despotismes plus ou moins éclairés s'allia aux préjugés anticléricaux et anticatholiques des Lumières pour désigner les premières victimes : les évêchés et abbayes d'Empire, c'est-à-dire l'assise territoriale toujours vaste – malgré les pertes dues à la Réforme – de la *Reichskirche*, de l'Église d'Empire, qui, globalement vue, avait été pendant près de mille ans une des bases essentielles du pouvoir impérial.

L'Église allemande était sans défense. La papauté – d'ailleurs mal disposée envers le haut clergé allemand à qui la qualité de prince souverain de ses membres conférait une dignité et une autonomie de plus en plus suspectes aux yeux de la bureaucratie centralisatrice romaine – ne pouvait rien pour elle. L'empereur, oublieux de toutes les traditions de sa couronne et de sa dynastie, la sacrifia sans hésiter, détruisant du coup le principal fondement de ce qui restait de son autorité. L'immense majorité des territoires de l'Église catholique fut attribuée à des principautés protestantes. En dehors de l'Autriche, de la Bavière et de quelques États mineurs, les catholiques devaient, partout, se retrouver minoritaires. A cette sécularisation brutale sur le plan constitutionnel – qui fut regrettée par beaucoup de sujets des anciens princes et abbés d'Empire dont le règne avait été généralement fort doux et les dépenses militaires réduites – correspondit à l'intérieur des États consolidés et arrondis une sécularisation administrative qui comporta notamment la suppression de la plupart des monastères, la confiscation et, souvent, la dispersion de leurs biens, parfois même la démolition de monuments historiques de grande beauté. Les pertes culturelles causées par des mesures arbitraires, dont l'application était confiée à une bureaucratie le plus souvent honnête mais d'esprit étroit, furent immenses et, pour une large part, définitives.

Après les principautés ecclésiastiques dont l'étendue ne parut pas suffisante pour compenser les pertes subies sur la rive gauche ou pour dédommager les États survivants de cessions que la France leur imposait sur la rive droite en faveur de ses protégés (c'est ainsi, par exemple, que l'Autriche dut abandonner au profit du Bade et du Wurtemberg ses vieilles possessions du Brisgau et de la Haute-Souabe, et la Bavière renoncer au profit du même grand-duc de Bade au Palatinat avec Heidelberg et Mannheim, anciennes et prestigieuses résidences des Wittelsbach – mais le grand-duc avait marié son fils à Stéphanie de Beauharnais, la fille adoptive de Napoléon…), ce fut le tour d'autres catégories de « faibles » à se faire dévorer par les « forts » : les anciennes villes libres, autre fondement du pouvoir impérial, la masse innombrable des seigneuries et comtés d'Empire et enfin plus de la moitié des principautés séculières. Ce fut une commission de la Diète perpétuelle[1] siégeant à Ratisbonne, la *Reichshauptdeputation*, qui pratiqua tous ces découpages et remodelages, sous la surveillance étroite et avec les interventions multiples des gouvernants français. Au fur et à mesure que le pouvoir de Napoléon Bonaparte se consolidait en France, la véritable décision était reportée à Paris : c'est à la cour du Premier consul et de l'empereur que se résolvait désormais le sort des territoires et des peuples allemands. Napoléon favorisa ses fidèles, comme le dernier archevêque-électeur de Mayence, Dalberg, qui devint grand-duc de Francfort, et les familles qui acceptaient de contracter alliance avec la sienne, les Wittelsbach de Bavière, les Zähringen badois. Certaines régions changèrent trois ou quatre fois de maîtres entre 1792 et 1815. Comme Napoléon, tout souverain absolu qu'il fût en réalité, ne pouvait pas étudier seul tous les dossiers, l'importance de ses collaborateurs – et en premier lieu de Talleyrand, ministre des Affaires étrangères – fut vite perçue par les princes allemands, de même que la vénalité du prince de Bénévent. A l'indignation croissante des patriotes, les princes allemands « libérés » de l'autorité de l'ancien Empire se ruèrent dans la servitude, comme deux mille ans auparavant les roitelets orientaux se poussaient dans la bonne grâce d'Auguste, de Tibère ou de Caligula en soignant l'avidité des hauts dignitaires romains.

La plupart des nouveaux États sont composés d'éléments sans histoire commune. Dégagées des garanties que les institutions de l'ancien Reich avaient, au moins partiellement,

1. Le *immerwährende Reichstag*, assemblée de représentants des divers *Stände* siégait en permanence depuis 1664.

maintenues en faveur des sujets contre l'arbitraire absolu des princes territoriaux – garanties dont les « États » et les assemblées représentatives (*Stände*) avaient plus ou moins bien su jouer, dans certains cas jusqu'à la veille de l'effondrement du Saint-Empire –, les bureaucraties des États de la Confédération rhénane entreprirent de forger aux parties du puzzle une nouvelle existence commune. Il fallait, pour cela, démanteler tout ce qui maintenait des distinctions et des différences. A Munich, à Stuttgart, à Karlsruhe, à Darmstadt, à Kassel (capitale du royaume westphalien constitué en 1807 en faveur de Jérôme Bonaparte), on abolit les structures intermédiaires et corporatives qui s'interposaient entre le souverain et son administration d'une part, et les sujets, d'autre part, anciens et nouveaux. Partout, dans cet esprit, fut introduite, avec des variantes limitées, la législation individualiste de la Révolution française, la suppression des ordres, corporations et guildes ainsi que des diètes particulières à chacune des contrées à présent réunies dans le nouvel État. La liberté du commerce et de l'industrie, la suppression des privilèges de la noblesse – et symétriquement celle du servage –, l'égalité des sujets devant la loi furent dans presque tous les États de la Confédération introduites plus ou moins complètement, en même temps qu'on y réalisait des réformes administratives sur le modèle français par la création d'unités territoriales nouvelles, sans référence historique, la nomination de représentants de l'autorité centrale selon le modèle préfectoral français et la constitution de gouvernements composés de ministres responsables chacun d'un ressort bien défini, sous la présidence d'un Premier ministre, président du Conseil ou chancelier. Dans les États du Sud, les plus pénétrés d'influence française, les princes et les chefs de gouvernement crurent utile de compléter le dispositif unificateur par l'institution d'une représentation « nationale » conçue, elle aussi, selon l'exemple des Conseils napoléoniens dépourvus de pouvoirs réels. Ces intentions ne furent, en fait, réalisées dans certains États qu'après le traité de Vienne ; entre 1815 et 1820, la plupart des États du Sud, Bavière, Bade, Wurtemberg, les deux Hesse et aussi Hanovre, reçurent des institutions représentatives. L'expérience devait s'avérer concluante : au bout de peu d'années, une conscience commune fut forgée dans les États « survivants », un sentiment de solidarité politique et de loyalisme dynastique ne tarda pas à s'y constituer dont certaines survivances sont faciles à constater de nos jours. Si la domination française devait provoquer la naissance d'un mouvement national qui déboucha sur une sorte de soulèvement patriotique (dont il sera question ci-après), il est faux de prétendre qu'elle vit ses effets anéantis par un rejet brutal et total. Bien au contraire, une bonne partie des réalités allemandes allait rester marquée longtemps par des nouveautés que la suprématie française avait imposées dans les territoires germaniques. Dans les régions directement incorporées de la rive gauche, le Code Napoléon restera en vigueur jusqu'à la mise en application, en 1900, du *Bürgerliche Gesetzbuch*, premier code civil commun à toute l'Allemagne (mais sans l'Autriche, bien entendu).

En 1806, un libraire de Nuremberg, Johann Philipp Palm, publia un pamphlet contre Napoléon, intitulé *L'Allemagne en son humiliation la plus profonde (Deutschland in seiner tiefsten Erniedrigung)*. Bien qu'il fût ressortissant bavarois, les autorités françaises le firent arrêter et exécuter. Trois ans plus tard, en 1809, alors que l'Autriche tentait une nouvelle fois de s'opposer à l'hégémonie française, des soulèvements éclatèrent en plusieurs régions d'Allemagne. Un officier prussien, le major von Schill, entraîna une petite troupe dans un soulèvement qui n'eut pas l'écho escompté : poursuivi à travers l'Allemagne du Nord-Est, il mourut en combattant dans les murs de la ville poméranienne de Stralsund. Onze de ses officiers furent capturés et fusillés, et plusieurs centaines de ses hommes déportés sur les galères françaises. Le duc de Brunswick, dont les possessions avaient été rattachées au royaume napoléonien de Westphalic, tenta lui aussi, sans grand retentissement, un soulèvement national ; plus heureux, il réussit avec sa troupe à passer en Angleterre et reprit la guerre en Espagne où ses soldats allemands eurent à affronter les troupes allemandes envoyées par les États de la Confédération rhénane. Fort différente de ces aventures isolées fut l'insurrection générale du peuple tyrolien que la paix de Presbourg, en 1805, avait abandonné à la Bavière et au royaume napoléonien d'Italie. Sous la conduite d'un chef énergique et capable, l'aubergiste Andreas Hofer, les milices populaires tyroliennes tinrent tête en 1809, pendant de longs mois, aux armées régulières bavaroises et françaises ; Hofer prit Innsbruck et y installa un gouvernement provisoire. Cependant, abandonnés par l'empereur qui s'empressa de signer une paix peu glorieuse, les Tyroliens finirent par succomber sous le nombre et Hofer, pris par trahison, fut, lui aussi, exécuté dans les fossés de Mantoue (en 1810). Plus encore que Palm et Schill, il devint le symbole de la résistance nationale, chantée par des airs populaires qui firent le tour de toutes les régions d'Allemagne.

Les soulèvements de 1809 sont l'expression – comme le culte que l'on commence à vouer à la reine de Prusse, Louise de Mecklembourg, qui avait été l'âme de la poursuite de la guerre après l'effondrement rapide des armées prussiennes en 1806 – d'une attitude nouvelle de l'opinion allemande face à la France. A l'horreur qu'avait inspirée, non seulement aux ennemis de la Révolution mais à la plupart de ses premiers admirateurs, les excès et les crimes des Jacobins à l'époque de la Terreur s'était peu à peu ajoutée l'aversion croissante contre l'occupant français et contre l'impérialisme expansionniste qui réduisait les Allemagnes au rang de satellites passifs. Beaucoup de ceux qui avaient acclamé les premiers pas de la Révolution se dressèrent alors contre l'hégémonie française, au nom d'un patriotisme allemand cherchant et trouvant dans le passé les références d'une grandeur nationale opposable au triomphe actuel de la France révolutionnaire. Napoléon était l'héritier d'une révolution qui avait voulu trancher le cours de l'histoire, abolir le passé, transformer les Français en artisans volontaristes de leur avenir propre, d'une révolution qui, avec la monarchie, avait aussi tenté de détruire la religion chrétienne. La grandeur allemande se redécouvrait, elle, au Moyen Age chrétien, à l'époque où le Saint-Empire atteignit son apogée, sous les Hohenstaufen et, ensuite, au XVIe siècle, quand Luther, continuateur des empereurs en lutte contre la papauté, avait libéré la foi des falsifications romaines. Médiévale, chrétienne, antiromaine, la grandeur allemande devait, par conséquent, déboucher sur une *restauration*. Une nation historique devait s'opposer à une nation politique. Historien idéologue, Joseph Görres, qui avait connu la tentation jacobine, se fit le chantre de l'Allemagne néomédiévale, après s'être logiquement reconverti au catholicisme de son enfance. Philosophe idéologue, Fichte – lui aussi ancien « jacobin » – oppose à l'impérialisme français le droit moral allemand à une hégémonie inscrite dans l'ordre du monde ; il ébauche la théorie d'un État allemand totalitaire, maître naturel de l'Europe après avoir triomphé des prétentions françaises qui, elles, sont contre nature.

Inspirée par Herder, c'est une conception de la nation comme produit d'une croissance, d'une histoire partie intégrante de la nature, qui va être la base idéologique du mouvement de résistance et de renaissance nationale. La Révolution française veut transformer l'homme (même si cette transformation se présente souvent dans la version rousseauiste du retour à une authenticité, à une nature profonde, perdues au cours de l'histoire) ; le mouvement national allemand voudra l'accomplir dans la continuité de l'histoire. En rejetant l'hégémonie impérialiste française, il condamne aussi l'idéologie française, c'est-à-dire l'idéologie révolutionnaire, l'individualisme des droits de l'homme et de la démocratie pour qui l'État est la somme des citoyens individuels, système à la fois idéaliste et rationaliste, et profondément antihistorique puisqu'il postule l'égalité des hommes, leur identité en profondeur alors que la conception historicisante de Herder exalte la valeur des institutions et cadres de vie qui se sont développés organiquement dans une histoire nationale, histoires, dont chacune est différente et particulière, qui ne sont nullement interchangeables. Il n'y a pas de droit naturel, un droit des hommes commun à tous, mais seulement des droits historiques dont le fondement n'est pas une norme éthique extérieure et absolue, mais l'existence. Érigeant en système – et quel système grandiose – la nouvelle idéologie allemande, Hegel, après la fin des guerres de libération, proclamera l'identité de l'existence, de la raison et de l'éthique. Ce qui existe est, de ce fait, à la fois raisonnable et moral.

La démocratie, le parlementarisme sont repoussés comme appartenant au monde de l'ennemi dominateur et usurpateur. La nation allemande – ou plutôt le « peuple » allemand, le

Volk, communauté de sang et de destin, qui se redécouvre dans la lutte contre Napoléon – devra se donner, après la victoire, un mode d'être politique qui lui soit propre, aussi éloigné de l'artificielle démocratie que de la froide rationalité mécaniste où se confine cette bureaucratie qui gouverne sous le couvert du despotisme éclairé. C'est ce que pensent et proclament les chantres et les bardes de la libération, le catholique Görres et le luthérien Ernst Moritz Arndt, et aussi les hommes politiques qui travaillent à déclencher l'insurrection nationale. A leur tête, au premier rang, l'ancien chef du gouvernement prussien du lendemain de la défaite de 1806, le baron vom Stein.

L'historiographie romantique et nationaliste, vulgarisée dans une culture populaire « transclassiste », a démesurément grossi l'importance du mouvement insurrectionnel de 1813 qui se produit après la défaite de Napoléon en Russie. Il n'y eut, en vérité, qu'une dizaine de milliers de volontaires, étudiants, intellectuels, lycéens même, artistes, jeunes nobles sans tâches ni emplois. Les guerres de libération furent avant tout l'affaire des gouvernements et des armées régulières, mais les gouvernements se méfiaient des patriotes enthousiastes et les armées régulières manquèrent de charme exotique. Le soulèvement fut, en grande partie, un mythe créé après coup.

Par analogie, au moins partielle, on peut rappeler le mythe de la Résistance française dont l'ère et l'aire d'application politiques dépassèrent largement le cadre historique et l'existence réelle du mouvement.

Les réformes en Autriche

Entre l'Autriche, qui est devenue en 1804 un empire à elle toute seule, indépendamment du Saint-Empire dont François II continuera à porter la couronne jusqu'en 1806 (pendant deux ans, il sera donc deux fois empereur), et la Prusse, la Confédération rhénane dont Napoléon est le protecteur constitue une Allemagne tierce ou médiane. Les deux grandes puissances allemandes, terriblement diminuées par les défaites prussiennes de 1806-1807 et les défaites autrichiennes de 1805 et de 1809, conservent néanmoins une autonomie interne suffisante pour entreprendre de vastes réformes. Dans l'un et l'autre cas, il s'agit de tirer des leçons des catastrophes subies en essayant, malgré tout, de tenir un certain rang dans le système napoléonien, en attendant l'heure incertaine d'une éventuelle remontée. Napoléon s'est montré plus clément envers l'Autriche, dont il respecte la vieille grandeur et qui a été pour la France révolutionnaire un adversaire tenace et considérable. Il est vrai que l'État, à qui François II, devenu François Ier comme empereur d'Autriche, confère pour la première fois une véritable unité politique et administrative, se trouve exclu à la fois de l'Allemagne et de l'Italie, et diminué au nord par la cession de la « Galicie occidentale » – fruit empoisonné du troisième partage de la Pologne et qui fait retour au grand-duché de Varsovie, constitué par Napoléon avec la plupart des territoires polonais annexés par la Prusse en 1792 et 1794. Ce qui reste est, cependant, un État non négligeable dont la vocation semble essentiellement balkanique et qui s'insère ainsi dans le grand dessein par lequel Napoléon rêve de prendre l'Angleterre à revers en attaquant sa puissance par l'Inde. En épousant l'archiduchesse Marie-Louise, Napoléon scelle une réconciliation franco-autrichienne qui garantit à l'empire de Vienne une survie de puissance de second rang[1]. En s'engageant dans cette voie, François Ier tire de son côté les conséquences de l'échec des quatre grandes guerres perdues par lesquelles l'Autriche, alliée d'abord à la Prusse, ensuite à la Russie et à l'Angleterre, et toute seule en 1809, avait tenté de s'opposer à la Révolution et à l'Empire. Esprit borné mais obstiné, le premier empereur d'Autriche restait avant tout marqué par l'aversion fondamentale que lui inspiraient les idées révolutionnaires et par la volonté de maintenir et d'exercer un pouvoir absolu. Travailleur acharné, il était le premier bureaucrate de son État et s'entourait de collaborateurs le plus souvent formés sur le même modèle médiocre. Jaloux

---

1. Marie-Louise étant la petite-nièce de Marie-Antoinette, l'usurpateur corse devenait en quelque sorte le neveu par alliance de Louis XVI et du prétendant Louis XVIII.

de son autorité, il limita étroitement les pouvoirs qu'il fut parfois contraint d'accorder à son frère, l'archiduc Charles, politique plus profond et chef de guerre de grande qualité, le seul général qui, avant 1812, réussit à infliger une grande défaite à Napoléon (à la bataille d'Aspern, sous les murs de Vienne, pendant la campagne de 1809). Les réformes militaires, politiques, économiques, préconisées par l'archiduc Charles, son frère cadet l'archiduc Jean et le ministre des Affaires étrangères, le comte Stadion, qui tentèrent entre 1805 et 1809 de faire de l'Autriche la puissance motrice d'un soulèvement national allemand, ne furent acceptées par l'empereur que du bout des lèvres et réalisées en partie seulement et à contrecœur. L'ennemi de la Révolution ne pouvait, sans se déjuger, faire appel au sentiment national et à l'esprit civique de ses sujets, ce qui signifiait leur reconnaître une sorte de maturité, une sorte de personnalité politique inconciliable avec l'esprit du despotisme, même éclairé, ou, comme on dira désormais, avec l'esprit de l'absolutisme. L'empereur refusa de jouer à fond la carte de la nation en armes, dont la Prusse saura se servir, malgré les réticences du roi, en 1813-1814. Mais avait-il réellement tort ? L'Autriche n'était pas *une* nation mais un conglomérat de peuples qui, une fois saisis par le démon du réveil national, feraient éclater le cadre de l'État unitaire dans lequel François tentait de les enfermer. De même, l'empereur d'Autriche se montrait résolu à refuser toute représentation commune aux habitants de l'Empire. Il redoutait la naissance de factions et de partis, véhicules des idées françaises qui entraîneraient l'État sur la voie des surenchères. La France n'avait-elle pas glissé ainsi, de plus en plus rapidement, des États généraux de mai 1789 à la Convention avec sa Terreur sanglante des années 1793-1794 ? L'effort de guerre pratiquement ininterrompu de 1792 à 1805, la malheureuse campagne de 1809, la perte des riches possessions italiennes mirent l'Autriche en état de crise financière permanente. La banqueroute d'État décrétée en 1811 ne parvint même pas à procurer un assainissement durable ; l'Empire autrichien devait ainsi aborder la grande ère de l'expansion économique capitaliste dans une situation affaiblie, dans la crainte des surprises qui accompagnent inévitablement les nouveautés, avec une méfiance générale envers l'esprit d'entreprise, sous le contrôle d'une bureaucratie tatillonne et suspicieuse. Les archiducs novateurs condamnés à l'impuissance (Charles, dont la victoire d'Aspern avait fait un héros national allemand, fut privé de tout rôle actif pendant les campagnes de 1813 et de 1814), Stadion ayant été renvoyé après la défaite de 1809, François Ier fit alors du comte et futur prince Lothar Wenzel Metternich son principal conseiller et ministre. L'influence de cet homme d'État, issu d'une famille de la noblesse impériale rhénane, fut essentielle (mais point toujours seule) pendant près de quarante ans, jusqu'à la révolution de 1848. Élevé sous l'Ancien Régime, intelligent, travailleur et frivole en même temps, courtisan modèle, homme à femmes et néanmoins bon catholique, jugeant la religion nécessaire mais pas seulement pour les autres, Metternich s'intéressa avant tout à la politique extérieure, la seule digne d'un grand seigneur. Profondément sceptique, il craignait que l'avènement de la démocratie révolutionnaire et du nationalisme plébéien ne fussent inévitables ; mais il crut de son devoir de s'opposer le plus longtemps possible à la naissance d'un nouveau monde détestable. Son but était de rétablir et de maintenir la puissance de l'Autriche au sein d'une Europe rééquilibrée. Dès son arrivée aux affaires en 1809, il entreprit d'instaurer des relations positives avec Napoléon, en rejetant les jouets inutiles et dangereux du nationalisme allemand. Jusqu'en 1809, Vienne avait été considérée par les patriotes comme La Mecque de la résurrection nationale. La plupart des têtes pensantes de ce qu'on peut appeler un « parti national » avaient alors cherché et trouvé refuge ou accueil en Autriche. L'avènement de Metternich fera refluer cette vague de fond vers la Prusse qui venait de s'engager, elle, sur une voie de réformes audacieuses. L'esprit national, dès lors, va changer de capitale.

Les réformes prussiennes

Si le roi de Prusse, Frédéric-Guillaume III, rivalisait de médiocrité avec l'empereur d'Autriche, il eut la chance d'être servi par des ministres de grande envergure. Cependant, il ne fit appel à ces hommes exceptionnels que tardivement et à contrecœur, après la catastrophe de 1806-1807 qui laissa la Prusse réduite à ses territoires à l'est de l'Elbe, occupée, forcée à payer des indemnités formidables. Le roi était alors si peu maître chez lui qu'il dut se séparer d'un ministre dirigeant parce que les Français avaient intercepté des lettres où celui-ci exprimait son hostilité à Napoléon. Il est vrai qu'il aimait peu ce ministre, l'illustre baron vom Stein, et n'en subissait qu'avec impatience l'impérieux ascendant.

Les batailles de 1806-1807 avaient révélé que l'armée de Frédéric II s'était endormie sur ses lauriers. La suite montra que l'État ne se portait guère mieux. Annonçant aux habitants de Berlin le malheur extrême où était tombée la patrie, le gouverneur de la capitale ne trouva rien de mieux à leur dire que cette exhortation à la passivité : « A présent, le calme est le premier devoir des citoyens. » A aucun moment le peuple n'avait été associé à la guerre dans laquelle la Prusse s'était laissée glisser seule après onze années d'une tranquillité peu honorable : depuis le traité de Bâle, en 1795, elle avait tenu l'Allemagne du Nord en dehors des guerres, en laissant Napoléon disposer à sa guise du reste et l'Autriche se battre seule contre l'héritier de la Révolution. Frédéric-Guillaume III détestait le changement autant que François Ier, mais la survie de son royaume mutilé, exsangue, pressuré, exigeait de grandes résolutions ; Stein, ministre expérimenté, homme d'autorité, possédé d'une véhémente passion patriotique, se proposa de les prendre. Le roi le laissa faire, conseillé par sa femme, la reine Louise, belle et sensible. Stein gouverna pendant un an, à peine quelques mois de plus que Mendès France, mais de cette unique année l'histoire allemande se souvient plus que des quarante ans de pouvoir de Metternich. Renvoyé et contraint à l'exil par les menaces françaises, Stein fut en Russie, auprès du tsar Alexandre, l'âme de la résistance nationale allemande. Son influence, qui était grande, s'exerça dans le sens de la rupture avec la France et – après la fin de la campagne de Russie – en faveur d'un appel à l'insurrection populaire. Nommé administrateur général de l'Allemagne libérée, c'est-à-dire des territoires des princes de la Confédération rhénane et de la rive gauche, dans la mesure où ils n'étaient ni autrichiens ni prussiens, Stein eût voulu punir et exproprier les alliés fidèles de Napoléon, reconstituer un empire au pouvoir fort et reprendre à la France ses conquêtes du XVIIe et du XVIIIe siècles, l'Alsace et la Lorraine. Les grandes puissances réunies à Vienne ne le suivirent point ; déçu, mais non découragé, exilé de la politique, Stein fonda les *Monumenta Germanica Historiae*, l'énorme collection des sources de l'histoire allemande dont la publication se poursuit depuis plus de cent cinquante ans. N'ayant pu rétablir directement la grandeur allemande par les voies de la politique, il choisit le détour par l'éducation des générations futures qui trouveraient dans l'évocation d'un immense passé la force nécessaire pour rétablir l'unité et la grandeur de la patrie. Stein appartenait à une vieille famille de barons d'Empire, il détestait les roitelets, les princes territoriaux. En travaillant au rétablissement de la Prusse, c'est à l'Allemagne tout entière qu'il pensait, et beaucoup de « vieux Prussiens », hobereaux et bureaucrates, ne le lui pardonnèrent pas. Après lui, le roi, au terme d'une période d'hésitation, confia l'essentiel du pouvoir au comte (plus tard prince) von Hardenberg qui le garda plus de dix ans (de 1810 à 1822). Le chancelier d'État n'était pas un romantique amoureux du passé, mais un homme des Lumières, rationaliste et froid. Stein cherchait des modèles dans une Angleterre dont la Constitution était le fruit d'une continuité, était de l'histoire en marche. Hardenberg était davantage intéressé par les réussites de la Révolution française et de l'Empire napoléonien. Il est possible cependant de dégager une ligne générale qui caractérise l'œuvre de réformes qu'ils ont entreprise avec leurs collaborateurs, l'un après l'autre, et partiellement menée à bien pendant une décennie et demie.

Le fondement des réformes prussiennes du début du XIXe siècle se trouve dans la conviction que l'écroulement de 1806-1807 était dû à un divorce néfaste entre l'État et la société. L'édifice étatique ne reposait plus sur un socle solide d'acceptance sociale, alors que la Révolution avait, en France, procuré une nouvelle et forte adhésion de la société à l'État, une nouvelle identification d'éléments essentiels et porteurs de la société à un État rénové et renforcé. Certes, il ne s'agissait pas, pour Stein, Hardenberg et leurs collaborateurs, de reproduire l'œuvre de la Révolution – bien au contraire, leur intention était de remettre la Prusse en selle pour combattre plus efficacement la France dominatrice – mais de créer a partir des réalités prussiennes et allemandes quelque chose d'analogue, et sans doute même de supérieur. Au service d'une monarchie, ces hommes de haute noblesse ou de solide tradition bourgeoise ne songeaient pas à détruire violemment l'Ancien Régime, à instaurer une démocratie révolutionnaire, mais à restaurer dans des strates suffisamment larges, profondes et possédantes de la population le sentiment de solidarité avec l'État monarchique, ensemble avec la conscience d'appartenir à une nation fondée sur la croissance historique et la foi chrétienne (ce dernier point étant plus fort et constitutif chez Stein que chez Hardenberg, beaucoup plus éloigné du romantisme historique et religieux).

Pour réaliser cette œuvre, les réformateurs se sont avancés parallèlement sur plusieurs voies. L'armée prussienne et l'État reposaient sur une société rurale qui fournissait à la fois les soldats et les officiers. L'écroulement d'Iéna avait été celui d'une discipline automatique imposée à coups de schlague à des fils de serfs, indissolublement soumis à des seigneurs et maîtres dont les fils cadets commandaient comme officiers. La crise économique et financière de l'État imposait d'ailleurs aux yeux des réformateurs un assainissement de l'entreprise agricole qui demeurait le fondement de l'économie. La suppression du servage et des droits féodaux devait transformer la paysannerie prussienne en une classe de citoyens responsables, possédant leurs exploitations et capables de les gérer. Contre ce bouleversement immense de la vie des campagnes dans les provinces à l'est de l'Elbe, une forte réaction nobiliaire dressa des arguments tirés de la morale, de la politique, de la religion même. Depuis des siècles, la grande propriété latifundiaire y avait forgé la société à ses convenances. Le *Gutsherr*, le seigneur du domaine, était en même temps le maître de justice, l'organisateur des travaux ; il nommait le pasteur et le maître d'école, il était lui-même l'échelon de base de l'administration d'État au contact du peuple rural, il *était* l'administration. Ces fondements du pouvoir des grands propriétaires (pour la plupart nobles, mais point tous – le nombre des propriétaires bourgeois s'accroît tout au long du XIXe siècle, il est d'ailleurs artificiellement réduit par le jeu des anoblissements dont la royauté prussienne ne fut jamais avare) ne furent pas attaqués par les réformes : la séparation de l'administration publique et du domaine privé dans les grandes propriétés n'intervint que sous Bismarck, dans les années 1880. Les réformes supprimèrent cependant les restrictions naguère imposées à la liberté individuelle. Juridiquement, les fils et filles des paysans n'étaient plus attachés à la glèbe. Ce progrès d'une conception individualiste de la personne et de ses droits, conforme aux idéaux de l'humanisme des Lumières, selon lequel seuls des hommes libres pouvaient être des citoyens utiles, eut des conséquences immenses mais imprévues : il fournit la base juridique au puissant mouvement d'émigration d'est en ouest qui devait permettre, quelques décennies plus tard, la formation des grandes disponibilités de main-d'œuvre dont eut besoin l'économie industrielle en démarrage. Une grande partie de la population des bassins industriels de la Ruhr et de la Sarre se recruta dans les campagnes de Silésie, de Poméranie, des provinces de Prusse-Orientale et Occidentale, en Poznanie. Il en fut de même des masses ouvrières de la capitale berlinoise.

Ce mouvement ne se serait sans doute pas produit de la même façon si la réforme rurale avait réussi à constituer une nombreuse classe de petits et moyens exploitants, comme celle qui fut consolidée en France grâce à la vente des « biens nationaux ». Sous la pression des grands propriétaires, la réforme décida en effet que les paysans libérés devaient rembourser aux seigneurs la valeur des terres dont ils deviendraient propriétaires. Ce remboursement comprenait la reprise par les maîtres de la moitié de l'exploitation ainsi que le rachat des corvées et autres droits féodaux. Beaucoup d'exploitations ainsi mutilées devenaient improductives ; de plus la plupart des paysans manquaient du minimum d'expérience et de formation nécessaires à une gestion autonome. Ils manquaient aussi de capitaux. Le rachat des droits s'étira sur une période très longue, il ne fut achevé qu'après la révolution de 1848. Si la réforme aboutissait, en fin de compte, à la création de plusieurs dizaines de milliers d'exploitations paysannes, elle permit surtout aux grands propriétaires d'agrandir et de moderniser leurs domaines en y incorporant directement les terres cédées par les anciens métayers, ou vendues par ceux des récents petits propriétaires qui n'avaient pas su s'adapter aux conditions nouvelles. La grande agriculture prussienne se transforma dans un esprit d'entreprise capitaliste ; beaucoup de paysans libérés n'eurent d'autres ressources que de devenir ouvriers agricoles, dépendant d'un patron qui était le seul « donneur de travail » dans le pays et en même temps le représentant de l'État. Ceux qui ne pouvaient – ou ne voulaient – se soumettre à cette aggravation réelle de leur situation n'eurent d'autres ressources que l'émigration[1]. A l'exploitation agricole le seigneur et maître ajoutait souvent des activités complémentaires : il faisait distiller lui-même l'alcool de grains qu'il vendait ensuite à ses ouvriers ; il faisait fonctionner des tuileries, des scieries. En Haute-Silésie, la grande noblesse exploita directement les houillères situées sur son territoire et développa elle-même l'industrie métallurgique. Les ouvriers agricoles pouvaient y devenir mineurs ou travailleurs industriels sans changer de maître. L'idéologie humaniste et libérale, la volonté politique de donner à l'État des soldats et des citoyens mieux instruits et plus conscients aboutissaient ainsi à une modification du sort d'une grande partie des classes populaires dans le sens exigé par l'édification de l'économie capitaliste moderne.

La deuxième grande réforme entreprise en Prusse après les défaites de 1806-1807 fut la libération du commerce et de l'industrie, la suppression des guildes et corporations. Tout citoyen devait être libre de se livrer à n'importe quelle activité économique, sauf à satisfaire, dans certains cas, à des conditions de formation. Les nobles, désormais, pouvaient commercer ou diriger des usines et les bourgeois acheter des *Rittergüter*[2], des domaines dont la possession était naguère réservée aux nobles. La libération du commerce de la terre était le complément naturel de l'abolition du servage.

Le droit d'entreprendre, pratiquement illimité, se situait

1. Vers les régions allemandes en voie d'industrialisation ou vers l'Amérique qui reçut plusieurs millions d'immigrés allemands au XIXe siècle.
2. Le terme allemand signifie, mot pour mot, « biens de chevalier ».

directement dans la logique économique des Lumières, du despotisme éclairé aussi bien que de la Révolution : l'État mercantiliste et l'État révolutionnaire étaient également convaincus de l'existence d'un lien entre le nombre des habitants et la puissance étatique, mais pour nourrir une population croissante et augmenter les ressources de l'État il fallait, de toute évidence, une expansion économique allant bien au-delà des conceptions stationnaires immobilistes, des théologies économiques du thomisme et du luthéranisme. Le rétablissement et l'expansion de l'État débouchaient sur un « enrichissez-vous » auquel les partisans d'un ordre traditionnel, rural et chrétien, ne pouvaient opposer que des combats de retardement, marquant des succès partiels, ici ou là, mais ne parvenant pas à renverser la tendance générale. Citadins et ruraux étaient prêts à être entraînés dans la fulgurante aventure de l'industrialisation capitaliste.

Pour que la liberté d'entreprendre pût jouer pleinement et pour que les entrepreneurs se sentissent comme citoyens actifs liés étroitement à l'État, il fallait leur donner la possibilité de diriger leurs propres affaires chaque fois que cela se pouvait, sans mettre en cause l'autorité centrale. La troisième des grandes réformes donna donc aux habitants des villes qui étaient propriétaires, ou pouvaient justifier soit du paiement d'un certain cens, soit de certains diplômes, la faculté de s'administrer eux-mêmes par le moyen de conseillers élus. L'auto-administration municipale procurait aux citadins propriétaires de grandes satisfactions ; pour la plupart d'entre eux, elle ouvrait un champ suffisant à l'exercice de leur autonomie, ce qui eut pour suite, après 1815, d'isoler pendant longtemps les minorités qui aspiraient à une véritable vie politique, à une représentation élue de la nation. La masse des citadins se contentait d'autant plus facilement de l'autonomie municipale que l'administration territoriale prussienne ne ressemblait nullement au modèle monarchique et autoritaire des préfets napoléoniens. Les « gouvernements » (*Regierungen*) des quelque 35 districts (*Bezirke*) prussiens fonctionnaient sur un modèle collégial. Au niveau des 10 (plus tard 8) provinces, l'*Oberpräsident*, une sorte de « préfet régional », avait seulement une mission d'information et de coordination. De plus, on rétablit ou créa, après 1815, des diètes provinciales composées de « curies » où se retrouvaient, selon le droit historique, les représentants de la noblesse, du clergé, des villes et (dans les provinces occidentales seulement) des paysans. Les *Oberpräsidenten* remplirent souvent de longs mandats, Theodor von Schön, disciple de Kant et collaborateur de Stein, demeura à la tête de la province de Prusse pendant près de quarante ans. Quant aux *Landräte*, les chefs des *Kreise* (cercles, arrondissements), ils étaient nommés parmi les propriétaires fonciers de la circonscription ; ils restaient généralement en place jusqu'à leur mort. L'administration moyenne et supérieure jouissait d'une réputation de sérieux, d'application et d'honnêteté. Grâce à la réforme universitaire, dont il sera question un peu plus loin, l'État disposa rapidement de hauts fonctionnaires instruits et même cultivés. Si la noblesse conserva une part prépondérante des fonctions supérieures, ses fils devaient poursuivre désormais les mêmes études et subir les mêmes examens éliminatoires que les enfants des autres catégories sociales. Enfin, à la tête de l'État, le système confus des conseils et collèges, de ministres ayant une compétence dans un domaine donné sur l'ensemble de l'État, de ministres dont l'autorité ne s'exerçait que sur une seule province, et encore de conseillers de cabinet travaillant directement avec le roi à côté ou pardessus la tête des ministres, fut remplacé par un gouvernement de type britannique au sein duquel chaque ministre eut un ressort déterminé. Il est vrai qu'après la mort d'Hardenberg, en 1822, il n'y eut plus de *Staatskanzler*, de chancelier d'État, à la tête du *Staatsministerium*, le roi lui-même présidant le Conseil des ministres quand il jugeait utile de le réunir. Dans ce domaine aussi, les réformes ne furent pas menées jusqu'à leur terme logique ; après 1820, sous un roi vieillissant, de plus en plus obnubilé par le danger révolutionnaire, l'opposition des milieux traditionalistes put marquer des points, mais les changements déjà réalisés avaient refait de la Prusse un État solide.

La solidité, en ce début du XIXe siècle, exigeait la modernité, c'est-à-dire la capacité de comprendre le monde changeant dans lequel l'action de l'État devait s'exercer. L'instruction devenait une nécessité publique si l'on voulait que les citoyens pussent adhérer à l'État et le servir. La logique des réformes débouchait donc sur la création d'un système cohérent d'enseignement public. Diplomate et écrivain illustre, Wilhelm von Humboldt mit en place la triple structure composée de l'école primaire publique obligatoire, confiée aux municipalités et contrôlée par les Églises, du lycée classique (*Gymnasium*) et de l'université. Soldat et travailleur, le Prussien du niveau social le plus bas devait savoir lire et écrire, utiliser les quatre opérations et avoir reçu une bonne instruction religieuse, base de la morale concrétisée. Le *Gymnasium*, création inspirée de la culture classique et de l'idéalisme weimarien, devait donner aux élites de toute provenance une formation humaniste commune. L'université, libérée des traditions corporatistes ou ecclésiastiques, devenait le lieu où les futurs hauts fonctionnaires, les futurs enseignants et les futurs savants se formaient au sein d'une véritable communauté des maîtres et des disciples vouée à l'unité entre l'enseignement et la recherche. La création de l'université de Berlin, en 1811, prend dans le système humboldtien une signification comparable à celle de l'Académie française dans l'édification de la monarchie absolue en France. Fichte, penseur de la résurrection nationale, en fut le premier recteur ; plus tard Hegel y enseigna l'identité de la vérité et de l'existence, de la raison et de l'être dont la progression culminait dans l'être suprême de l'État prussien. L'idéalisme de Wilhelm von Humboldt répugnait à ces spéculations totalisantes. Pour lui, l'État lui-même était lié par la loi morale, était par vocation un être moral. A l'université de Berlin, les étudiants qui se préparaient à choisir une profession, les mondains et même les officiers de la garnison se pressaient aux cours des maîtres les plus illustres. L'armée, elle aussi, elle surtout, dans l'État que ses princes avaient construit grâce à la possession d'une force militaire disproportionnée, devait tirer la leçon des humiliantes défaites de 1806 et de 1807.

Napoléon, au traité de Tilsit (en 1807), avait limité à 40 000 hommes la force de l'armée prussienne. En réduisant à l'extrême le temps de service, les nouveaux responsables, dont le plus influent fut le général von Scharnhorst, parvinrent à démultiplier le nombre des hommes entraînés susceptibles de reprendre utilement du service en cas de guerre. Une épuration sévère du corps des officiers, la création de l'École de guerre et du Grand État-Major général donnèrent à l'armée une vigueur intellectuelle et morale nouvelle. Une sorte d'amalgame s'organisa entre les plus vaillants des survivants de l'armée frédéricienne qui avaient l'expérience des batailles, comme le vieux général et futur maréchal von Blücher, et les jeunes stratèges qui pensaient à l'expérience des armées révolutionnaires françaises, de la levée en masse, et à celle des armées napoléoniennes, mélange de soldats de métier et de jeunes recrues. Après le retour de la Prusse dans la coalition antinapoléonienne, au printemps 1813, des corps de volontaires, formés surtout d'étudiants, se joignirent aux troupes régulières. Leur rôle fut avant tout moral et politique : les « chasseurs de Lützow[1] », et autres volontaires des guerres de libération communiquèrent à l'Allemagne consciente le sentiment d'un soulèvement national qui, du point de vue numérique, n'eut qu'une importance secondaire (un peu comme les FFI français dans la victoire sur l'Allemagne hitlérienne). Là encore, la tradition monarchique et l'exemple révolutionnaire furent finalement combinés dans un système original : après la fin des combats, le ministre de la Guerre, von Boyen, disciple de Scharnhorst, organisa les forces prussiennes en trois grands blocs. On appelait la *Ligne* les régiments composés de soldats actifs, professionnels ou fournis par la conscription. Les recrues y servaient trois ans, sauf ceux qui, ayant réussi l'examen de passage au cycle supérieur du *Gymnasium* (après la classe de seconde), ne servaient qu'un an et pouvaient devenir officiers de réserve. On les appela les *Einjährige* (ceux qui ne font qu'un an)[2].

---

1. Le « major » (commandant) Adolf von Lützow (1782-1834), qui avait participé en 1809 au soulèvement de Schill, leva en 1813 un corps de volontaires composé essentiellement d'étudiants, dont le nombre ne dépassa jamais 3 000 engagés, et qui, revêtus d'uniformes noirs, opéraient dans le dos de l'adversaire.

2. Le *Einjähriges*, diplôme qui permettait de ne servir qu'un an, allait devenir une sorte de brevet de bourgeoisie, d'entrée dans les classes privilégiées. Le statut d'officier de réserve séparait la nation en deux parties. Cet

Après le service actif, les soldats revenus à la vie civile entraient dans la *Landwehr*, armée de réserve populaire qui avait ses régiments propres et dont les officiers, parmi les anciens *Einjährige*, étaient élus par les soldats. C'était une sorte de garde nationale qui entretenait l'acquis des années d'active, grâce à de nombreuses et sérieuses périodes. Après vingt-cinq ans de service dans la *Landwehr*, le citoyen passait dans le *Landsturm*, une sorte de deuxième réserve qui n'était mobilisable que dans les cas de danger extrême. Ainsi, la nation tout entière était insérée dans le service armé de l'État mais, en même temps, était conservée l'armée royale, avec son corps d'officiers, recrutée en grande majorité parmi les hobereaux (les *Junker*), la classe des grands propriétaires en ce qui concernait les officiers, et parmi « leurs » paysans pour ce qui était des sous-officiers et des soldats de métier. Ce système donna une armée respectable à la Prusse, la plus petite des grandes puissances européennes, et favorisa l'intégration des provinces occidentales, en majorité catholiques, acquises au traité de Vienne. Cependant, après la secousse de 1848, il parut à la fois militairement insuffisant et politiquement dangereux. Le roi Guillaume Ier, au terme d'un dur conflit avec la représentation populaire mené en son nom par Bismarck, réussira à imposer l'intégration de la *Landwehr* dans l'armée active, mettant fin ainsi à l'aspect populaire et démocratique de la réforme de Boyen.

Bien qu'elle ne concernât qu'une partie numériquement peu importante de la population, l'émancipation des juifs imposée par Hardenberg contre l'opposition très vive des traditionalistes devait avoir des conséquences considérables. N'en bénéficièrent d'abord que les juifs, fort peu nombreux, ayant l'indigénat prussien, auxquels furent étendus tous les droits et devoirs des citoyens ordinaires, mais elle fut progressivement élargie aux autres résidents israélites permanents. Très vite un petit nombre d'entre eux, appartenant à

état des choses a été illustré avec un talent immense par Heinrich Mann dans son roman *Der Untertan*, paru en 1914 et traduit en français sous le titre *Le Sujet de l'empereur*.

des familles fortunées ou culturellement assimilées, commencèrent à jouer un rôle important dans la vie littéraire et artistique de la capitale et, un peu plus tard, sur les confins de l'intellectualité et de la politique. Très tôt, aussi, dans certains milieux conservateurs, l'émancipation suscita ou alimenta un antisémitisme à la fois national et chrétien. Les juifs émancipés furent considérés comme des symboles, des bénéficiaires et des propagateurs des changements abhorrés de la modernité. Cependant dès 1813-1814, un certain nombre de jeunes juifs combattirent parmi les volontaires.

Au centre de ce qu'on peut appeler le projet des réformateurs se situait, nœud de toutes les réformes particulières, l'idée d'une représentation nationale. Pour opposer à la nation jacobino-bonapartiste une nation allemande consciente de sa grandeur et résolue à la revendiquer il fallait donner à cette nation une réalité politique à l'allemande. Stein songeait à une résurrection d'un Reichstag représentatif, composé des délégués de tous les ordres historiques dans lesquels la nation s'était constituée. Hardenberg, se limitant à la Prusse, pensa à un Parlement à l'anglaise, élu par les citoyens responsables, c'est-à-dire par les propriétaires. Le roi hésita, redoutant le saut dans l'inconnu et cette sorte de force autonome, irrépressible, qui avait mené les révolutionnaires français des États généraux à la Convention. Pour mettre de l'ordre dans les finances, on convoqua une assemblée des notables qui donna peu de satisfaction. A plusieurs reprises, le roi promit une représentation nationale, mais finalement tous ces projets échouèrent ; l'on se limita à créer des diètes provinciales dans chacune des huit provinces, mais le roi promit aussi qu'aucun emprunt d'État ne serait lancé sans l'accord d'une représentation nationale et cette promesse-là fut tenue. L'absolutisme bureaucratique se maintint ainsi en Prusse jusqu'en 1847 : la nécessité d'emprunter pour financer la ligne de chemin de fer Berlin-Königsberg, politiquement et stratégiquement importante, mais économiquement peu rentable, contraignit alors Frédéric-Guillaume IV à réaliser l'antique promesse paternelle, à moitié oubliée, et à convoquer la « Diète réunie » résultant de la fusion des huit diètes provinciales. Cependant, le maintien de la monarchie absolue apparut à beaucoup de jeunes volontaires de 1813-1814 comme une espèce de trahison. A ce peuple, à qui le roi par un appel solennel, « *An mein Volk* » (A mon peuple), avait demandé de combattre et de mourir pour lui-même et pour la patrie [1], il avait ensuite refusé le droit de participer à l'élaboration des lois. Ce manque de confiance, qui était aussi considéré comme un manquement à une parole donnée, engagea la vie politique prussienne dans une dialectique de revendications et de répressions. En même temps, la Prusse absolutiste perdait une grande partie de son attraction sur l'opinion libérale et nationale dans les autres États allemands.

Le rôle des États allemands dans la phase finale de l'époque napoléonienne est considérable. Si la Prusse n'était pas entrée dans la guerre au printemps de 1813, Stein et les partisans de l'offensive n'auraient pas triomphé des conseillers du tsar qui plaidaient pour que les Russes s'arrêtassent sur les frontières occidentales de l'ancienne Pologne. Blücher et son chef d'état-major, le grand stratège Gneisenau [2], furent de toutes les campagnes, de la Silésie jusqu'à Waterloo. Cependant les guerres de libération ne se transforment pas en soulèvement national. Les armées des rois de la Confédération rhénane – à l'exception des Saxons de la bataille de Leipzig – restent fidèles à Napoléon jusqu'à ce que leur souverain change de camp. Peu de traces d'émotion nationale se constatent dans les départements annexés de la rive gauche. Stein et les intellectuels « patriotes », les Görres, les Arndt, ne pèsent guère devant les raisons d'État qui s'affrontent au congrès de Vienne, à la recherche de compromis acceptables. La France de Louis XVIII, brillamment représentée par Talleyrand (toujours lui), conserve l'Alsace et la Lorraine. L'Allemagne n'obtient pas le droit de s'ériger en État national : la Confédération germanique n'est qu'un cadre où l'Autriche et la Prusse font la loi. L'Europe, qui retrouve la paix et la stabilité, ne se sent en équilibre que si l'Allemagne reste, plus que

1. « *Für König und Vaterland.* »
2. Gebhard Leberecht von Blücher (1742-1819), général, commandant en chef des troupes prussiennes en 1813-1815 nommé par la suite feld-maréchal et prince. August Neidhardt von Gneisenau, chef d'état-major du précédent (1760-1831).

jamais auparavant, multiple et divisée. Le traité de Vienne achève l'œuvre des traités de Westphalie qui avaient placé la nouvelle réalité constitutionnelle de l'Empire, basée sur l'autonomie des territoires, sous la garantie de la France et de la Suède (celle-ci étant à présent remplacée par la Russie, et l'Angleterre s'étant jointe à la France). La Prusse et l'Autriche s'entendent aussi pour qu'il n'y ait pas d'Allemagne unifiée car, si l'unification devait un jour se réaliser, ce serait forcément au profit de l'une et au détriment de l'autre.

La période de la Révolution et de l'Empire est aussi pour l'Allemagne un des âges d'or de son histoire culturelle. Weimar fleurit derrière l'écran protecteur de la neutralisation de l'Allemagne du Nord, obtenue par la Prusse au traité de Bâle en 1795. Sans solution de continuité, le romantisme, les clairs-obscurs, l'incantation, les mouvements incontrôlés de l'âme, le sentimentalisme historicisant, le culte du moi à l'écoute de lui-même s'ajoutent au classicisme, à la lumière nette de la Grèce, aux nobles vertus de l'ordre, du calme, au culte de la grandeur telle qu'elle est décrite par Plutarque. Alors que Kleist excite les fureurs teutoniques (« Mettez-les à mort », s'écrie-t-il dans son chant de guerre antifrançais, « tuez-les tous, le tribunal de l'histoire ne vous demandera pas vos raisons »), Goethe méprise l'agitation nationaliste et conserve son admiration à l'empereur français qui le traite avec des égards exceptionnels. C'est l'apogée de la philosophie allemande, brusquement parvenue à une signification universelle : Kant, Fichte, Schelling et Hegel formulent en l'espace de quelques années les principales options qui s'offrent alors à l'esprit humain. L'Allemagne grecque de Hölderlin et l'Allemagne médiévale de Novalis sont, à titre égal et d'une manière opposée, des patries imaginaires dont la poésie est la reine. Face à l'utopie futuriste de la nation révolutionnaire à la française, Herder fournit à tous les peuples, anciens et modernes, petits ou puissants, les clés d'un passé à redécouvrir dans leurs chants et leurs légendes ; mais de ces redécouvertes, le chemin ne sera pas long qui conduira aux rivalités, aux affrontements, aux haines nationales, à présent reconnues et glorifiées par des diplômes universitaires.

La Russie est loin, l'Angleterre est une île, l'Espagne exilée au-delà de ses Pyrénées, l'Italie est marginale : c'est l'Allemagne qui a subi de plein fouet – et pendant vingt-cinq ans – le choc de l'explosion française. A la vocation de l'universel, dont la Révolution a chargé le navire de la nation française, l'Allemagne, pour subsister et se libérer, devra opposer une vocation du particulier, de l'individuel ; la France a dominé au nom de la nation et de la liberté ; l'Allemagne voudra s'imposer au nom de sa seule identité historique. Elle ne proclamera pas le règne d'une idée mais celui de sa supériorité en quelque sorte biologique. Par opposition à la France révolutionnaire, l'Allemagne se mettra à la recherche d'une voie particulière et cette voie s'écartera de plus en plus de la route commune de la démocratie et de l'humanisme décrétés « valeurs occidentales ». Parmi les lignes de force du devenir allemand, un lien puissant et réel – contraire à d'autres, eux aussi puissants – conduit de l'exaltation, de la mystique du *Volk* jusqu'au racisme hitlérien.

CHAPITRE XV

De la Restauration à la Révolution de 1848

Où l'on voit l'Allemagne entrer dans l'ère industrielle

Entre 1816 et 1855, la population de l'Allemagne (dans les limites qui seront celles du Deuxième Reich après 1871, mais sans l'Alsace-Lorraine) passera d'environ 23,5 millions à 34,5 millions, ce qui représente, en moins de quarante ans, une croissance de près de 50 % sans exemple dans l'histoire antérieure. Ce mouvement se poursuivra tout au long du siècle, quoiqu'il se ralentisse vers la fin : en 1914, au bout de cent ans, la population allemande, avec près de 60 millions d'âmes, aura pratiquement triplé. Aucun phénomène de l'histoire événementielle n'égale en importance cette « explosion démographique », d'autant plus digne de retenir notre intérêt que, pendant la même période, la croissance française sera beaucoup plus lente : moins de dix millions, puisque nous passons de 33 millions d'habitants (sans l'Alsace-Lorraine) à 41 millions. Le dynamisme de la natalité allemande aura une importance capitale pour les rapports du peuple allemand avec ses voisins et, notamment, avec la France. L'essor politique de cette dernière, depuis le haut Moyen Age, avait été intimement lié à la prépondérance du nombre de ses habitants : au XIVe siècle, avec 20 millions d'habitants, la France comptait à elle seule le tiers de la population européenne ; à l'époque de Louis XIV, après l'hécatombe de la guerre de Trente Ans, il y avait deux fois plus de Français que d'Allemands dans le monde. En 1816, même en comptant les Allemands d'Autriche, les Allemands restaient inférieurs en nombre aux Français, mais, un siècle plus tard, il y a deux fois plus d'Allemands en Europe que de Français. Le rapport s'est inversé. Même si l'opinion allemande n'est pas consciente de toute l'ampleur de cette véritable « révolution » démographique – mais, peu à peu, elle le devient et commence à nourrir un mépris croissant à l'égard des Français décadents qui n'ont plus d'enfants, par égoïsme et par impuissance –, il est évident qu'une augmentation aussi rapide du nombre des membres de la communauté manifeste un dynamisme et une vitalité dont les effets se feront sentir nécessairement dans beaucoup de domaines de l'existence individuelle et collective. On peut présumer un rapport entre le sentiment qui commence à se répandre dans le peuple allemand d'être perpétuellement victime d'injustices et de traitements qui ne lui reconnaissent pas sa véritable valeur et ce dynamisme vécu : un mélange surprenant et désagréable de plaintes et d'autocommisérations d'une part, de prétentions et de présomptions d'autre part, commence à se manifester dans la mentalité allemande à l'époque que nous étudions à présent.

Les causes des grands mouvements démographiques sont toujours multiples et toujours en partie obscures. Devant l'importance fondamentale de ce qui se passe au XIXe siècle en Allemagne dans ce domaine, il paraît, cependant, nécessaire de rechercher ce qu'il est actuellement possible d'énoncer de ces causes. Il semble qu'une des plus considérables soit la longue période de paix que les peuples allemands connaîtront après 1816. A l'exception de la très brève parenthèse de la guerre contre le Danemark, en 1848-1849, à laquelle ne participe en fait que l'armée prussienne, et de la guerre franco-autrichienne de 1859, qui ne met en jeu que la minorité d'Allemands qui habitent l'Autriche et dure à peine quelques semaines, l'immense majorité du peuple allemand vivra en paix pendant cinquante ans, de 1815 à 1866. Les campagnes de pacification prussiennes dans le Pays de Bade, au Palatinat, en Saxe (1849) ne laissent guère de traces matérielles, et les grandes guerres de 1859, 1864, 1866 et 1870-1871 se déroulent presque exclusivement à l'étranger. Il en sera de même en 1914-1918. Le sol allemand, les habitants, les installations économiques ne seront pratiquement pas touchés par la guerre entre 1815 et 1942. Quand on songe aux pertes humaines et aux ravages matériels que la guerre n'avait cessé de produire pendant toute l'histoire antérieure, on ne sera pas tenté de sous-estimer le sentiment de sécurité et de durée qui va se développer dans une Allemagne ainsi épargnée, appelée à connaître les fruits d'une tranquillité sans pareille. Même si de tels phénomènes ne font pas l'objet d'une appréhension directe par la conscience, ils sous-tendent certainement les comportements qui se développent au long des décennies de paix [1].

Une autre cause de l'essor démographique peut être identifiée dans l'amélioration de l'hygiène publique et privée. L'administration des monarchies éclairées a la volonté et les moyens de s'occuper sérieusement de ces problèmes. La lutte contre les épidémies connaîtra des succès décisifs après la dernière grande poussée du choléra, au début des années 1830. La qualité des études médicales, la recherche médicale et l'extension des services médicaux progressent dans une interaction de plus en plus efficace. Épargnés par la guerre, les épidémies et les famines (qui se font plus rares – la dernière grande famine tueuse de pauvres gens aura lieu en 1847), les hommes vivent plus longtemps, les femmes sont mieux soignées pendant leurs maternités, la mortalité infantile commence à reculer. Il est vrai que ces éléments de progrès sont en partie contrebalancés par les effroyables conditions de vie des classes pauvres dans les entreprises et dans les villes du capitalisme naissant (et parfois aussi dans les campagnes, là notamment où domine le travail industriel à domicile), mais, dans l'ensemble, on peut présumer une prévalence des facteurs positifs ; en 1845, près de 75 % de la population prussienne, c'est-à-dire de l'État le plus industrialisé, vit encore à la campagne et quand l'Allemagne entrera dans la voie d'une urbanisation de plus en plus accélérée, les

---

1. Pour évaluer à son juste prix l'importance d'une si longue période sans dévastations dues à la guerre, il faut d'une part se rappeler les épouvantables ravages de la guerre de Trente Ans dont les traces, dans les territoires allemands, n'avaient pas entièrement disparu au bout d'un siècle, et, d'autre part, les conséquences des destructions subies par la France de l'Est et du Nord-Est, du fait des campagnes de 1870-1871, et surtout – sans commune mesure avec tout ce qui précède – pendant la guerre de 1914-1918.

conquêtes de la santé publique accompagneront celle-ci dans une large mesure.

On peut néanmoins s'étonner de ce que l'économie allemande ait été en mesure de nourrir sans crise vraiment grave une population en croissance si rapide. On peut penser que le développement de la production agricole en Prusse, conséquence des réformes décrites au chapitre précédent, a joué un rôle capital dans ce parallélisme, satisfaisant quand on regarde de loin et n'observe que les grandes lignes. Il a dû en être de même de la liberté d'entreprendre, là où elle a été accordée largement comme en Prusse. La création de vastes espaces économiques, propices aux échanges grâce à la suppression des douanes intérieures et extérieures, a certainement contribué également par l'essor du commerce, et partant de la production, à la disparition du fantôme de la famine. Dès 1828, un des plus puissants esprits de l'Allemagne du XIXe siècle, le ministre prussien du commerce, Motz, obtient l'abolition des douanes intérieures : de Königsberg à Trèves, la Prusse est désormais un ensemble économique d'un seul tenant. En 1834, se fonde le Zollverein, l'Union douanière, qui groupe, autour de la Prusse et sur son initiative, les deux Hesse, la Bavière, le Wurtemberg, la Saxe et les petits États de Thuringe. Le grand-duché de Bade suit en 1836 ; le Hanovre est dès lors le seul grand État du territoire du futur Reich à rester en dehors de l'union, et cela jusqu'en 1851. Ainsi se réalise l'unification économique d'une « petite Allemagne » dont l'Autriche reste exclue, d'abord à cause de ses propres craintes – l'État autrichien ne se sentant pas en mesure de supporter les conséquences économiques d'une large ouverture de ses frontières – et ensuite, quand l'Autriche voudra à son tour adhérer, parce que la Prusse qui domine économiquement l'Union s'opposera à l'entrée de l'Empire qui ne peut, évidemment, envisager une adhésion partielle, limitée aux seuls de ses territoires qui sont membres de la Confédération germanique (ce qui exclurait la Hongrie, la Dalmatie et la Pologne autrichienne). Un grand Zollverein comme l'Autriche le préconisera après l'échec des mouvements révolutionnaires de 1848-1849, allant de Hambourg à Trieste, et de Fribourg à Lemberg (Lvov), n'aurait pas seulement eu des conséquences graves pour l'agriculture allemande, du fait de la concurrence hongroise (les conditions sociales particulièrement arriérées permettant aux propriétaires hongrois de produire à moindres frais), il aurait surtout mis fin à l'hégémonie économique prussienne, seul domaine où, entre 1830 et 1860, l'État prussien avait réellement marqué des points dans la rivalité qui l'opposait, directement ou indirectement, à l'Autriche pour la primauté en Allemagne. Quoi qu'il en soit de ces développements, le Zollverein, en libérant les échanges entre les quatre cinquièmes de l'Allemagne non autrichienne, a certainement contribué d'une manière décisive à rendre possible la croissance démographique.

Dans le même sens agira la construction d'un réseau ferroviaire qui mettra fin à l'isolement des divers bassins économiques, tout en fournissant une formidable incitation au développement de l'industrie lourde et en absorbant une partie de la main-d'œuvre rendue disponible par la suppression de nombreuses exploitations paysannes et par l'augmentation de l'excédent des naissances. Commencé en 1835 par la ligne Nuremberg-Fürth, le système des chemins de fer allemands atteint déjà une extension considérable lors de la révolution de 1848. En 1860, il aligne 11 600 kilomètres et l'interconnexion entre les différentes régions est réalisée. L'aspect politique national et militaire de la construction du réseau ferroviaire est évident : l'État, notamment en Prusse, a dû suppléer à l'insuffisance du système bancaire, qui, cependant, profitera largement de l'intensification générale de l'activité économique induite par cette gigantesque entreprise, laquelle provoquera aussi l'afflux d'importants capitaux étrangers. Le chemin de fer établira des relations de plus en plus étroites et complexes entre les opérateurs économiques de toute l'Allemagne ; il créera des solidarités et des interdépendances nouvelles et facilitera l'écoulement des produits de l'agriculture des grands domaines de l'Est vers les nouveaux noyaux urbains et les agglomérations industrielles du Centre et de l'Ouest. En favorisant le rapide déplacement des personnes et du courrier, le chemin de fer facilite le développement de l'information et la circulation des idées. En 1848, on s'apercevra que les gares jouent le rôle de véritables « Bourses aux nouvelles » où les gens viendront apprendre et discuter les derniers événements d'une révolution se développant parallèlement dans la plupart des capitales allemandes. Des esprits aussi différents que Friedrich List, économiste, banquier, publiciste et ardent patriote, qui, libéral en politique, préconise un protectionnisme national pour favoriser l'essor d'une industrie allemande, et Helmut von Moltke, penseur sévère et puissant d'une stratégie moderne, futur chef d'état-major et organisateur des victoires prussiennes de 1864, 1866 et 1870-1871, s'intéressent, dans leurs écrits, aux chemins de fer comme instruments de l'action politique.

L'approfondissement, la diversification et l'enrichissement de l'action publique, œuvre d'une bureaucratie plus nombreuse – et surtout plus instruite – issue des universités nouvelles ou rénovées, très consciente de ses prérogatives mais aussi de ses responsabilités, sera l'élément essentiel sur lequel pourra prendre appui l'expansion économique ; grâce à elle la croissance démographique ne débouchera pas sur la famine et l'épidémie. En Prusse, notamment, l'idéalisme libéral qu'une partie de la haute administration est allée puiser dans l'enseignement de Kant, s'allie – non sans heurts – à l'idéologie de la toute-puissance de l'État, raison incarnée, professée par Hegel à l'université de Berlin. De l'un et de l'autre courant se déduit une conception de l'État dépositaire de l'intérêt général, au-dessus des rivalités et ambitions attisées par les intérêts partiels. Cette vision, non dépourvue de grandeur et de noblesse morale, est cependant le plus souvent aveugle devant les faits qui font de l'État l'instrument et l'enjeu des conflits entre les classes et catégories de la société ; elle assimile un ordre historique actuel, dans lequel une ou plusieurs minorités trouvent les moyens d'établir et de maintenir des possessions et des privilèges, à un ordre objectif absolu et immuable. Il n'empêche que, pour la première fois dans l'histoire allemande, la plupart des États allemands vont posséder les moyens de connaître, de contrôler et d'orienter le développement économique dans toute sa multiplicité.

Cependant les déceptions de 1815 et la répression qui sanctionnera, après 1820, les tentatives de reprise du mouvement national-démocratique, dont les volontaires des guerres de libération avaient été pour une large part les porteurs, paralysent l'élan politique. L'État est la possession des princes et de leur bureaucratie – les dynamismes, ambitions et espérances des jeunes Allemands qui ne peuvent, ou ne veulent, le servir dans de telles conditions sont, de ce fait, déportés vers les champs de la culture et de la science d'une part, de l'action économique d'autre part. L'énergie des novateurs ne peut se satisfaire des méthodes et des rythmes de la bureaucratie ; la vie parlementaire n'existe encore – et à l'état embryonnaire – que dans certains États du Sud. La science allemande, de la philologie à la chimie, prend alors un essor formidable ; très vite, elle donnera des modèles au monde entier. De tous les pays civilisés les étudiants affluent à Heidelberg ou à Göttingen, à Berlin ou à Bonn. A Berlin encore et à Vienne, en Haute-Silésie, en Bohême, en Saxe, en Rhénanie et en Westphalie, l'industrie moderne, celle qui construit et utilise les machines, constitue ses premiers pôles de développement. Sauf en Silésie où la haute noblesse prend une part importante à l'essor des charbonnages et de la métallurgie, le monde industriel et bancaire comme celui des universités appartiennent aux bourgeois qui constituent ainsi, à côté de la grande propriété foncière, de l'armée et de la haute administration qui restent en majorité acquises à la noblesse, de nouveaux pôles de pouvoir. Des artisans ingénieux et obstinés comme Borsig à Berlin, ou Krupp dans la Ruhr, des petits industriels comme Harkort dans le Siegerland, des banquiers comme Hansemann et Nevissen en Rhénanie sont en Prusse les maîtres d'œuvre d'une première phase rapide et orageuse de l'édification capitaliste. En 1848, la révolution leur donnera une première fois le pouvoir politique, ensemble avec les grands universitaires. Ils ne sauront pas le conserver, mais vingt ans plus tard Bismarck parviendra à asseoir la construction de son nouveau Reich sur l'alliance-compromis entre l'ancienne noblesse foncière et la nouvelle aristocratie de la banque et de l'usine. Entre 1815 et 1848, l'économie constitue sans doute le chapitre le plus intéressant, parce que le plus novateur, de l'histoire allemande.

Depuis leur terrible mais fugace apparition au XVIe siècle, lors de la grande guerre des Paysans, le peuple, les masses, ceux qui ne sont ni nantis ni privilégiés, n'ont guère joué de rôle dans les événements retenus par l'historiographie allemande. Le peuple est la matière première de l'histoire, mais ses noms n'y surgissent que rarement et ses aventures ne sollicitent pas souvent l'attention ; le regard de l'écrivain est généralement attiré par l'exceptionnel. Le peuple est rarement romantique, les grands parce qu'ils dépassent la mesure ordinaire ont, par-dessus le marché, au-delà de tous leurs autres avantages, celui de fournir le contenu de la mémoire commune officielle (et même de la légende populaire). Quand on est du peuple, il faut être brigand pour devenir célèbre sans quitter le peuple, ou, à la rigueur, saint thaumaturge. Maintenant, après la Révolution française et la victoire remportée par les forces de restauration, victoire qui ne rassurera jamais complètement les possédants, qui laisse subsister le souvenir de l'explosion révolutionnaire et la crainte qu'elle ne vienne à se reproduire, le peuple entre dans l'histoire allemande, moins par ce qu'il est effectivement que par la peur qu'il suscite avant même qu'elle soit justifiée ; quelques années à peine après que Leopold von Ranke, grand maître et grand-père de l'historiographie allemande moderne, aura écrit : « Ce sont les hommes qui font l'histoire », Karl Marx, disciple direct de Hegel, posera les fondements du matérialisme historique.

Le peuple fait peur, parce que sa misère, qui a toujours été grande, se déroule maintenant devant des yeux devenus attentifs. La sécurité et le bien-être procurés aux privilégiés par la paix, par les progrès de l'administration et de la santé, par le développement du commerce et de l'industrie, font apparaître plus grands, plus scandaleux et plus redoutables les contrastes avec la situation des non-possédants rendue plus dramatique encore par la disparition de ce qu'il y avait de protecteur pour eux dans l'ancien ordre social, rural aussi bien qu'urbain, patriarcal et corporatif.

Les vingt premières années qui suivent la fin des guerres de libération sont une période de grande misère et de terribles souffrances populaires ; la réouverture de l'Europe continentale aux produits de l'industrie anglaise, après la levée du blocus napoléonien, ruinera une partie importante des entreprises locales, que le blocus avait favorisées ou fait naître. Nous avons déjà évoqué la perturbation de la société rurale dans les provinces de l'Est qui fait perdre aux paysans, par le biais de la suppression du servage, une grande partie des exploitations précédemment entre leurs mains. Dans les États où les corporations ont été supprimées, la libre concurrence produit une démultiplication des entreprises artisanales au départ sans rapport avec les besoins et les moyens dont dispose l'éventuelle clientèle ; cette « explosion artisanale » est évidemment liée à la rapide croissance démographique. Dans les États où le système corporatif sera maintenu plus longtemps, avec ses éléments à la fin restrictifs vis-à-vis des impétrants du dehors et protecteur pour les « heureux » membres du dedans, les compagnons, de plus en plus nombreux, ont de moins en moins de chances, non seulement de devenir maîtres à leur tour, mais de gagner ce qui est indispensable à leur subsistance et à celle d'une famille. L'agriculture connaît une crise de surproduction – grâce à la fin des troubles guerriers – et de cette crise après les rigueurs de quelques hivers très durs surgira en 1827-1828 une période de famine populaire. Pour les possédants et les privilégiés, la révolution de Juillet sonne l'alerte : la menace n'est pas conjurée, les masses plébéiennes sont toujours à l'affût, guettant les faiblesses des tenants de l'ordre. Seule une combinaison efficace de religion et de contrôle policier, l'Église exerçant la police des âmes et enseignant les devoirs d'obéissance et de résignation, permet de contenir les classes dangereuses. Les barricades berlinoises et viennoises de 1848, celles de Dresde en 1849 montreront que le péril est réel ; mais la facilité avec laquelle les partisans de l'ordre viendront à bout de ces soulèvements avec le soutien actif ou, tout au moins, la tolérance passive des bourgeoisies montre aussi qu'il reste très limité. Rien de comparable avec les « journées » françaises de 1830, 1832, février 1848, juin 1848 ne se produira en Allemagne, sauf à Vienne où il faudra un véritable siège pour venir à bout du peuple en armes. Le héros porte-parole du peuple en Allemagne, entre 1815 et 1848, et même après, c'est le pitoyable Woyzeck, sorti de l'observation exacte et hallucinée du jeune Georg Büchner. Écrasé, trahi, anéanti, Woyzeck tue son amour sans imaginer de pouvoir s'en prendre à ceux qui sont les artisans de son malheur. Depuis les pamphlets de Luther et les poésies militantes de Hutten, rien – sinon peut-être la révolte de Karl Moor chez le jeune Schiller – n'a été écrit de plus insurrectionnel en langue allemande. Mais Büchner, après avoir semé le vent de la contestation dans le *Hessische Landbote* (le *Messager du pays de Hesse*), feuille presque confidentielle dénonciatrice d'injustices et d'oppressions, mourra à 24 ans : sa dernière œuvre, grandiose, *La Mort de Danton*, n'appelle plus à la révolution mais découvre dans celle-ci l'éternelle dimension tragique de l'existence. Avec certaines pages de Heine, c'est ce que l'Allemagne du *Vormärz* (la période d'avant la révolution de mars 1848) a produit de plus durable dans le domaine de la parole.

En fait, avant 1848, les menaces contre l'ordre de la Restauration ne proviennent guère des masses profondes du peuple. Les troubles de la faim et du chômage ne dépassent pas le niveau des jacqueries locales. Quand ils se font violents et sanglants, comme le mouvement des tisserands à domicile silésiens contre les patrons des manufactures employant des métiers mécaniques, l'impression est d'autant plus grande que de tels faits sont rares ; Heine a pris cette révolte pour thème d'un de ses poèmes les plus célèbres et, cinquante ans plus tard, le souvenir de ces sanglants excès provoqués par le désespoir fournira encore le sujet du grand drame « naturaliste » de Gerhart Hauptmann qui porte le même titre, simple et accusateur, que le poème : *Les Tisserands*. Les travailleurs de l'industrie ne sont pas encore nombreux ; entre les compagnons artisans, qui ne parviennent pas à s'établir, les maîtres artisans qui n'ont pas assez d'ouvrage pour nourrir leurs familles, et les ouvriers salariés des manufactures, les frontières sont incertaines et mouvantes ; la « conscience de classe » reste profondément marquée par les aspirations, les expériences, la morale du travail artisanal : sous réserve de ce qui vient d'être dit quant au caractère fluctuant des frontières sociales, les statistiques prussiennes donnent, en 1847, 457 000 maîtres artisans, 385 000 compagnons et 550 000 ouvriers salariés. Pour l'ensemble du territoire du Zollverein, elles comptent 1 208 000 ouvriers d'usine travaillant dans 148 000 entreprises dont la plupart étaient donc fort petites. Les conditions de vie dans une « usine » ayant une quinzaine de salariés ne devaient pas encore être très différentes de celles qui régnaient dans un atelier où le maître travaillait avec trois ou quatre compagnons et un ou deux apprentis. Dans la révolution de 1848, contrairement à ce qui se passe en même temps en France, contrairement à ce qui se passe dans le mouvement chartiste anglais, les ouvriers d'usine, les « prolétaires » dont Marx élabore la définition, ne joueront qu'un rôle tout à fait secondaire. C'est le spectacle de la France et surtout de l'Angleterre qui orientera les recherches de Marx dont les découvertes et les spéculations s'appliqueront toujours difficilement aux réalités allemandes. Les premiers groupements dont sortira un jour un mouvement ouvrier allemand naissent parmi les compagnons dont les déplacements, les « tours », élargissent le champ de vision tout en facilitant les contacts à travers l'Allemagne tout entière, voire l'Europe. Les créateurs de la social-démocratie, dans les années 1860, seront à peu près tous des compagnons ou des maîtres artisans, à l'exception de quelques intellectuels comme Ferdinand Lassalle et Wilhelm Liebknecht. A l'étranger, des artisans, des ouvriers qualifiés, des employés allemands sont au contact des organisations révolutionnaires nationales et internationales, de la Jeune-Europe de Mazzini, des groupements socialistes français, clandestins ou semi-clandestins, selon les moments. En Allemagne même, comme à l'étranger, des associations de solidarité, des associations culturelles, des caisses d'entraide seront au point de départ d'activités politiques ayant plus nettement le caractère de conspirations révolutionnaires, en même temps qu'elles deviennent des sociétés de pensée et de discussion. C'est ainsi que se formera en Suisse et à Paris, dans les années 1840, la Ligue des justes qui deviendra, sous l'impulsion de Marx, la Ligue des communistes. Dans cette généalogie du mouvement ouvrier, l'universitaire Marx remplace et marginalise l'ouvrier Wilhelm Weitling. Marx lui-même, quand il se lance pour la première fois dans l'action politique en publiant en 1842 la *Rheinische Zeitung* (la *Gazette rhénane*), fait partie de la gauche radicale bourgeoise et s'adresse à cette frange extrémiste et démocrate des classes privilégiées. Ses commanditaires et ses lecteurs sont des commerçants, des entrepreneurs, des fonctionnaires, des universitaires ; les

DANEMARK
SCHLESWIG
Kiel
Rostock
Greifswal
D. DE HOLSTEIN
LUBECK
HAMBOURG
7
DUCHÉ DE LAUENBOURG
MECKLEMBOURG
Stett
Gd Dché D'OLDENBOURG
BRÊME
Elbe
ROYAUME DE HANOVRE
BRANDEBOUR
DE
Berlin
PAYS-BAS
Münster
LIPPE
DUCHÉ DE BRUNSWICK
DUCHÉ D'ANHALT
Paderborn
Duisburg
DUCHÉ DE LIMBOURG
ROY.
Göttingen
Halle
WALDECK
Kassel
Leipzig
1839 dans la Confédération
Cologne
3
ÉL. DE HESSE
ROYAUME DE SAXE
BELGIQUE
Bonn
DUCHÉ DE NASSAU
Giessen
4
Iéna
ÉTATS DE THURINGE
GD DUCHÉ DE LUXEMBOURG
Mayence
GD DUCHÉ DE HESSE
FRANCFORT
Main
Bamberg
Darmstadt
23 août 18
1
2
Würzburg
1839 à la Belgique
Trèves
BOHÊME
PALATINAT BAVAROIS
5
BADE
Erlangen
Heidelberg
Karlsruhe
ROY. DE WURTEMBERG
ROYAUME DE BAVIÈRE
6
Baden Baden
Strasbourg
Tübingen
Landshut
HOHENZOLLERN
GD DUCHÉ DE
Fribourg
FRANCE
Munich
Salzbourg
Belfort
Bâle
LIECHTENSTEIN
Innsbruck
Convention de Gastein 14 août 1865
SUISSE
TYROL
Trente
VÉNÉTIE
Villafranca
Venise
LA CONFÉDÉRATION GERMANIQUE 1815-1866
0
300 km

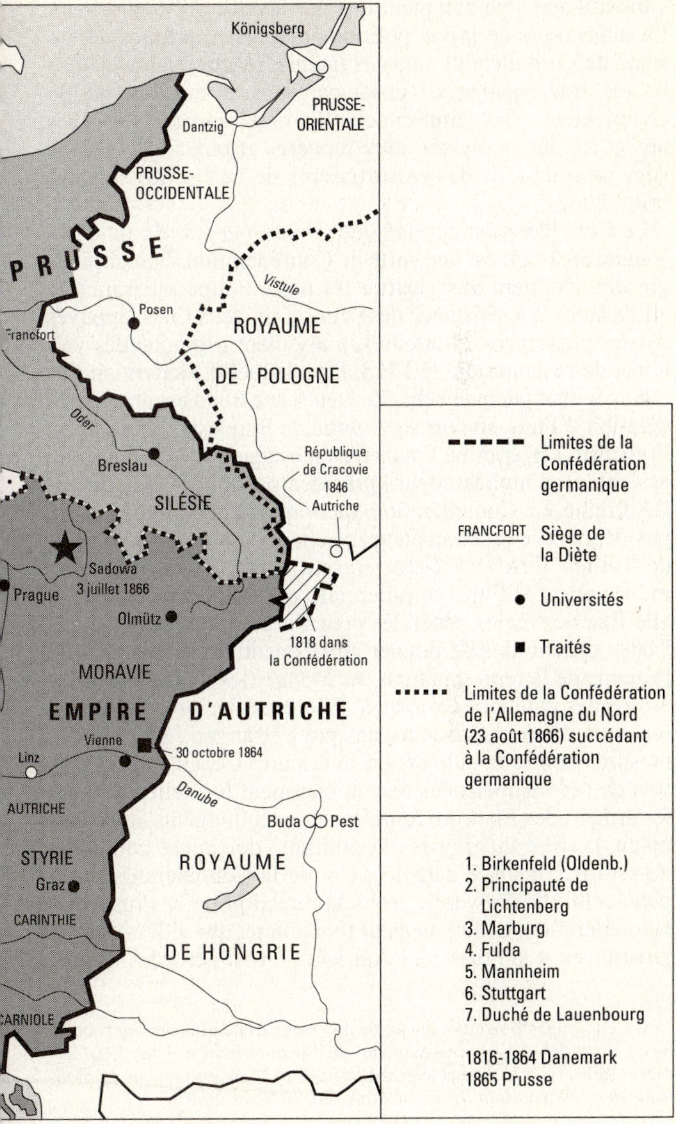
Königsberg
PRUSSE-ORIENTALE
Dantzig
PRUSSE-OCCIDENTALE
PRUSSE
Vistule
Posen
ROYAUME DE POLOGNE
Francfort
Oder
Breslau
République de Cracovie 1846 Autriche
SILÉSIE
Sadowa 3 juillet 1866
Prague
Olmütz
1818 dans la Confédération
MORAVIE
EMPIRE D'AUTRICHE
Vienne
30 octobre 1864
Linz
Danube
AUTRICHE
Buda
Pest
STYRIE
Graz
ROYAUME DE HONGRIE
CARINTHIE
CARNIOLE
Limites de la Confédération germanique
FRANCFORT Siège de la Diète
Universités
Traités
Limites de la Confédération de l'Allemagne du Nord (23 août 1866) succédant à la Confédération germanique
1. Birkenfeld (Oldenb.)
2. Principauté de Lichtenberg
3. Marburg
4. Fulda
5. Mannheim
6. Stuttgart
7. Duché de Lauenbourg
1816-1864 Danemark
1865 Prusse

« travailleurs » ne comptent que par la peur qu'ils inspirent. La dialectique de la vie politique met aux prises les défenseurs de l'ordre établi – conservateurs, réactionnaires, légitimistes, traditionalistes – et les partisans du mouvement, du changement – constitutionnels, libéraux, démocrates –, les uns et les autres divisés entre modérés et radicaux. Mais ce sont presque tous des ressortissants de catégories sociales privilégiées [1].

La Confédération germanique (*Deutscher Bund*), fondée à Vienne en 1815, est une sorte de Confédération rhénane élargie dont feraient aussi partie les deux « superpuissances » allemandes. La résistance des petits et moyens États, appuyés par les puissances extérieures, a aisément triomphé des velléités de restauration de l'Empire à laquelle Metternich lui-même n'était guère attaché. Le Deutscher Bund est une confédération d'États, son organe central, le Bundestag, qui siège à Francfort, est, comme l'ancien Reichstag de Ratisbonne, une assemblée d'ambassadeurs présidée par le représentant de l'Autriche. La Confédération, théoriquement au moins, n'est pas dépourvue de compétences : elle a des forces militaires, des villes fortifiées (« forteresses fédérales »), elle peut mener une politique commerciale et douanière commune, elle fixe des règles générales pour l'organisation interne des États : chacun doit se donner une Constitution fondée sur le principe de la représentation des *Stände* (les « États »), c'est-à-dire des catégories sociales. Elle peut déclarer la guerre, recevoir des ambassadeurs des pays étrangers, prendre des mesures contre la subversion intérieure. Cependant, la plupart de ces compétences restent purement formelles (ce sont les armées des États qui fournissent les contingents et les garnisons), voire théoriques ; la politique douanière commune ne sera pas réalisée dans le cadre de la Confédération mais dans celui du Zollverein, sous la direction de la Prusse. La Confédération, en fait, ne peut fonctionner que si les « superpuissances », la Prusse et l'Autriche, sont d'accord. Chacune

1. Cette opposition entre les partis de l'ordre et du mouvement fournit, aussi, l'une des explications majeures de l'histoire française des deux derniers siècles (voir à ce sujet le grand ouvrage de François Goguel, *La Politique des partis sous la IIIe République*, Éd. du Seuil, 1946).

des deux est en mesure de s'opposer à une tentative de majorisation que l'autre entreprendrait avec ses amis aux dépens de la première. On disait, avant 1789, que chaque fois que la Prusse et l'Autriche se mettaient d'accord la survie du Reich était menacée. A présent, les choses sont inversées : il n'y a plus d'autorité commune à défendre ou à maintenir. L'Autriche et la Prusse négocient, se mettent d'accord – et imposent leur décision aux autres membres du « club » allemand qui ne peuvent que l'entériner. Et si elles sont en désaccord la Confédération entre en sommeil, voire en crise.

La Confédération durera cinquante et un ans, trois ans de plus que le Reich bismarckien qui lui succédera (il est vrai qu'elle sera comme suspendue – sans être juridiquement dissoute – pendant les « événements » de 1848-1849). Son histoire est avant tout celle des relations austro-prussiennes. Au départ, et pendant longtemps, la Prusse se considère et se trouve considérée comme inférieure. Elle est moins étendue, moins peuplée que l'Autriche ; le rétablissement d'un royaume de Hanovre, en 1815, coupe en deux l'État prussien, ses deux provinces occidentales, Rhénanie et Westphalie, étant séparées des six autres par une large bande de territoires hanovriens. Jusqu'à l'avènement de Bismarck, en 1862, la Prusse, mise au pied du mur, cède chaque fois devant la menace d'un conflit avec l'Autriche qui mettrait l'Allemagne à feu et à sang, comme au XVIIIe siècle, du temps de la guerre de Sept Ans. Dans les années 1850, alors qu'il représente son roi au Bundestag à Francfort, Bismarck dira un jour au ministre d'Autriche : Ou vous nous reconnaîtrez l'égalité des droits en Allemagne – ce serait le partage en deux zones d'influence –, ou ce sera le conflit. Organisme sans panache, mais néanmoins d'une réelle utilité, la Confédération germanique fournit une réponse finalement assez satisfaisante à la question allemande : comment organiser en un ensemble politique une nation qui englobe deux grandes puissances, quatre royaumes, cinq grands-duchés et une foule d'États de moindre importance ? Satisfaisante certes, sauf pour ceux qui rêvent de liberté politique et de grandeur nationale.

La Confédération germanique, c'est l'Allemagne des cours et des chancelleries, l'Allemagne du congrès de Vienne d'où les peuples sont absents. A Versailles, en 1871, pour la proclamation du Deuxième Reich, on voit écouter dans le fond, derrière les uniformes rutilants des militaires et des ministres, une délégation du Parlement, en habit. A Vienne, personne n'aura même songé à inviter des représentants du peuple allemand qui ne siégeaient nulle part, même pas dans les parlements du Sud, élus au suffrage censitaire. Le peuple ne devait pas faire de bruit – il n'en avait que trop fait en France, entre 1789 et 1799. Cependant, du bruit, les jeunes patriotes déçus vont en faire pas mal, loin du congrès et après le congrès, à quoi répondra, efficace en apparence, la fureur de la répression. De retour dans les universités (qui, en comparaison avec les nôtres, sont des institutions toutes petites, où tout le monde connaît tout le monde), les volontaires des guerres de libération, avec leurs frères plus jeunes, manifestent leur dépit de voir la patrie frustrée de son unité, et eux-mêmes privés des libertés civiques espérées et même promises. Une sorte de national-radicalisme qui s'exprime et se vêt en « rétro » (la face politique et nationale du romantisme) se développe parmi les étudiants, formulé et favorisé par certains professeurs. La *Teutschtümelei*, une manière exagérée, et même puérile, d'affirmer la germanité, son ancienneté, sa grandeur, sa vocation universelle, est plus qu'une simple mode – le « T » veut marquer la continuité historique, l'ensourcement et l'enracinement dans les passés lointains que les historiens et les philologues universitaires sont en train d'exhumer scientifiquement. *Teutsch* signifie une manière plus prononcée, plus voulue d'être allemands, que le prosaïque *deutsch*, qui correspond d'ailleurs moins bien à l'original *tiudesc*, mot qui désignait le peuple, à la fois en tant que communauté de destin et par opposition au monde latin des clercs. Des sociétés de pensée et de débats, des conspirations plus ou moins confidentielles n'auraient guère de quoi inquiéter les autorités si celles-ci, tout près encore de l'explosion révolutionnaire, ne vivaient dans un état de permanente alerte. Le mécontentement diffus se transforme peu à peu en un mouvement général qui s'étend à la quasi-totalité des universités, en un rassemblement national et populaire des étudiants qui se constitue sous le nom de *Burschenschaft*. Le *Bursche* est le jeune homme, l'adolescent capable de porter les armes et de chercher l'aventure – le terme est vieillot comme les habits que les *Burschen* empruntent volontiers au Moyen Age ou à cette grande époque allemande que fut le XVIe siècle. Les écrits d'Ernst Moritz Arndt et ceux plus excitants encore de Friedrich Ludwig Jahn, l'apôtre de la gymnastique comme fondement de l'éducation (son groupement de gymnastes avait été un des viviers du mouvement des volontaires de 1813-1814), inspirent ces rassemblements qui, dépassant les anciennes associations régionales constituées depuis longtemps dans les universités, veulent réunir tous les jeunes Allemands destinés à devenir l'élite dirigeante de la nation. L'entraînement à l'usage des armes (aboutissant au duel obligatoire, la *Mensur*, où se « mesurent » le courage et la *virtù* des hommes), les grandes beuveries imitées des mœurs que Tacite attribue aux anciens Germains, la haine des Français, ennemis héréditaires et porteurs de l'idéologie des Lumières, l'antisémitisme, un christianisme peu dogmatique, qui n'est souvent qu'une sorte de déisme naturaliste et nationaliste : tous ces courants se manifestent dans la *Burschenschaft* en même temps que l'aversion contre la tyrannie des princes et de leur bureaucratie, sèche et rationaliste, pâles imitations du modèle versaillais haïssable, étranger et tyrannique. Leur idéal politique n'est pas une démocratie parlementaire, rhétorique d'avocats et de notaires, mais une démocratie selon les mœurs supposées des anciennes tribus germaniques, communauté de vie et de mort, association de guerriers qui désigne ses chefs par acclamation et prend ses décisions en assemblée, comme le font encore les peuples restés fidèles à l'ancienne liberté allemande qui se réunissent dans certains cantons suisses. Le monde d'un Metternich, grand seigneur francophone, sceptique et plein de mépris pour les idéologies, leur est plus étranger et leur paraît plus détestable encore que celui des Jacobins français. Dans les conceptions des *Burschenschafter* apparaissent beaucoup d'éléments que nous trouverons, renforcés, systématisés et parfois aussi dévoyés, dans le national-socialisme dont le chant officiel célébrera le souvenir des camarades assassinés « *par le Front rouge et par la réaction* ». Metternich et ses associés ne s'y trompent pas : dans les universités monte un mouvement révolutionnaire ; qu'il s'inspire des vieux Germains plutôt que de Rome ou de Sparte, comme ce fut le cas à Paris, peu importe à ceux que l'idéologie et l'intérêt dressent contre tout changement.

En 1817, les *Burschenschaften* frappent un grand coup : plusieurs milliers d'étudiants se réunissent en octobre dans le château historique de la Wartburg, en Thuringe, pour y célébrer, à la fois, le trois centième anniversaire de l'acte révolutionnaire de Luther (que l'on voit sous les couleurs d'un libérateur national), et le quatrième anniversaire de la bataille de Leipzig, première grande victoire allemande sur les armées de Napoléon. Des discours enflammés succèdent aux chants : à la fin, un groupe particulièrement excité livre au bûcher un certain nombre de livres mal vus des jeunes extrémistes, avec les symboles de la réaction – la queue de perruque du bureaucrate et le bâton du sous-officier prussien. Le bûcher de la Wartburg veut imiter le réformateur brûlant la bulle du pape ; nous savons aujourd'hui qu'il inspirera d'autres flammes symboliques qui dévoreront en 1933 d'autres livres considérés comme antinationaux. Là aussi, ce seront des étudiants qui reprendront la tradition. Quant à la Wartburg – où Luther avait trouvé refuge à son retour de la Diète de Worms, en 1521 –, elle évoque aussi les grandes œuvres de la poésie médiévale allemande et leurs auteurs qui venaient s'affronter ici dans des joutes mémorables, dont le souvenir constituera la toile de fond du *Tannhäuser* de Richard Wagner. Le combattant des barricades de Dresde en 1849, l'auteur d'écrits antifrançais et antisémites, l'évocateur de lointains passés germaniques légendaires et médiévaux, le musicien d'une bourgeoisie dont le romantisme tardif lit les cours de la Bourse dans des fauteuils en peluche de velours, le Wagner pseudo-chrétien et syncrétique résume dans son œuvre le déisme nationaliste en le conduisant à des aboutissements tantôt géniaux et tantôt grotesques. Le lecteur n'aura pas trop de peine à découvrir d'autres correspondances idéologiques et morales : avec le mouvement étudiant des années 1960, avec le Mouvement de la Paix des années 1980…

Entre 1815 et 1820, les gouvernements de la Restauration paraissent hésiter sur la voie à suivre. L'Acte confédéral de Vienne, les velléités parlementaires du roi de Prusse, les textes constitutionnels dans les États du Sud promettent ou semblent promettre un certain degré de représentation des citoyens et un certain degré de liberté de la presse. L'influence des hauts fonctionnaires d'esprit libéral, nés et élevés à l'époque des Lumières, est encore puissante. Cependant, les polices guettent les conspirateurs, les Jacobins, les fondateurs de sociétés secrètes. En 1819, un exalté, Karl Sand, ancien volontaire de 1813, tue d'un coup de poignard l'écrivain Kotzebue qui passe pour un agent du tsar de Russie. Maintenant, Metternich tient un prétexte. Après s'être entendu avec la Prusse, il impose au Bundestag un certain nombre de mesures de répression : l'épuration des universités, l'interdiction des *Burschenschaften*, l'établissement d'une censure préventive, la création d'une instance centrale de recherche et d'enquête contre les menées révolutionnaires. Les souverains sont tenus à n'accorder aux « États », représentant les ordres de la population, que des droits limités et révocables.

Les décisions appelées de « Karlsbad », du nom de la ville d'eaux en Bohême où Metternich avait élaboré avec les représentants des gouvernements les plus « sûrs » les textes qui furent ensuite votés par le Bundestag, seront exécutées avec une rigueur inégale, le plus durement en Prusse où de nombreux « démagogues » sont emprisonnés, alors que le roi renonce définitivement à convoquer une représentation nationale, et en Autriche où la prédominance de la police devient écrasante dans l'administration. La vie politique allemande, pour une vingtaine d'années, se rétrécit sur quelques centres où subsistent difficilement des tendances libérales : dans le grand-duché de Bade, où le juriste Karl von Rotteck publie le *Grand Dictionnaire des sciences politiques*, véhicule de l'influence libérale française, en Rhénanie où restent vivants des souvenirs de la période française, et en Prusse-Orientale, où l'enseignement de Kant continue à se faire sentir. Cependant, un grand nombre d'universitaires et d'écrivains sont contraints à l'exil, en Suisse et en France, où ils se nourrissent des idées du libéralisme radical. En Allemagne même, la vie politique, à peine née, est pratiquement réduite au silence. L'idéal de Metternich est une société où il ne se passe rien, un État qui n'a que des problèmes extérieurs. Cet idéal d'immobilité a rarement été plus près d'une réalisation complète que dans l'Allemagne de la décennie 1820-1830.

A l'extérieur aussi, l'ordre rétabli doit être, selon les vues de l'homme d'État viennois, un *statu quo* immuable. Pendant quelques années, appuyé sur la Russie et la Prusse, Metternich tient en échec, partout en Europe, les partisans du changement. A Naples, au Piémont, les troupes autrichiennes anéantissent des mouvements révolutionnaires ; en Espagne, la France de Louis XVIII se charge de cette besogne (c'est la grande idée de Chateaubriand comme ministre des Affaires étrangères). Cependant, sous le ministère de Canning, après 1822, l'Angleterre abandonne la solidarité des puissances conservatrices. En Méditerranée orientale, elle appuie la révolte des Grecs contre leur souverain « légitime », le sultan ; en Amérique latine, Canning soutient les colonies espagnoles et portugaises soulevées contre leurs métropoles. Après la révolution de Juillet, la France, dont la politique extérieure est à nouveau, pour une large part, inspirée par Talleyrand, forme avec l'Angleterre un groupement prolibéral qui s'oppose souvent à l'alliance conservatrice des trois « puissances orientales ». La solidarité de la Russie, de la Prusse et de l'Autriche jouera pleinement lors du soulèvement polonais de 1830 contre le tsar Nicolas. En mobilisant une forte armée, la Prusse, notamment, empêche les insurgés de se créer un « sanctuaire » dans les régions polonaises appartenant à la Prusse. De cette crise date en Prusse le début d'une politique antipolonaise. Jusque-là, l'administration prussienne avait traité la langue et la culture polonaises sur le même pied que la langue et la culture allemandes ; désormais, on se méfiera de la loyauté des sujets polonais et les idées nationalistes se répandent dans les nouvelles générations des deux communautés.

Les affaires de Pologne se recouvrent partiellement avec les problèmes catholiques. L'Église n'est-elle pas, depuis la disparition de l'État polonais, le principal, l'unique défenseur de l'identité nationale ? Les rapports avec le catholicisme polonais ne constituent cependant qu'un aspect partiel des relations que l'État prussien doit entretenir avec l'Église catholique. Grâce aux acquisitions territoriales réalisées à l'Est (partages polonais) et à l'Ouest (rattachement de la Rhénanie au traité de Vienne), la Prusse compte maintenant un bon tiers de ressortissants catholiques dont le sort religieux reste à régler ; la Prusse, pas plus que les autres États devenus souverains après la dislocation du Saint-Empire, n'a encore conclu de concordat avec Rome.

Protestante, rationaliste, libérale ou absolutiste, l'administration prussienne (mais la même observation vaut pour le grand-duché de Bade, le royaume de Wurtemberg et même en partie pour la Bavière) ne peut admettre qu'un pouvoir étranger s'interpose entre le roi et une partie de ses sujets, qu'il s'agisse des limites des diocèses, de la formation des prêtres, de la gestion des biens d'Église, de l'inspection scolaire, du contenu des sermons, ou des mariages mixtes entre catholiques et protestants ; partout l'État entend édicter règles et règlements en réduisant le plus possible les rapports des catholiques avec le Saint-Siège. De plus, dans le monde de la culture, le catholicisme passe pour une survivance attardée en train de s'éteindre. En dehors de la Bavière, de l'Autriche, des principautés de Hohenzollern et de Liechtenstein, toutes les dynasties régnantes sont maintenant protestantes (les rois de Saxe sont catholiques, il est vrai, mais leur État est resté luthérien). Comme aucun évêque n'a pu être nommé, sauf en Autriche, en Bavière et dans les provinces annexées par la France, depuis les sécularisations de 1803 que Rome n'a pas admises, beaucoup de diocèses sont privés de pasteurs, les curés ne sont plus inspectés, les séminaires fermés ; les nouveaux curés sont nommés par des gouvernements protestants. Il n'y a plus d'universités catholiques et peu de professeurs croyants et pratiquants. Le catholicisme allemand subit un retard culturel qu'il n'a pas encore tout à fait rattrapé de nos jours.

La situation est paradoxale : dans une Allemagne placée

sous le signe de la Restauration, l'Église catholique, puissance essentiellement traditionaliste, reste sur la touche. Peu à peu, cependant, les gouvernements constatent que le peuple catholique demeure attaché à sa foi et à son Église et qu'une politique systématiquement anticatholique prive l'ordre d'une catégorie importante de défenseurs possibles. A Rome, aussi, dans l'intérêt commun de la lutte contre la révolution, on est enclin aux compromis. Vers la fin des années 1820, des accords de forme et de nature diverses organisent, pour les divers États à population catholique, un *modus vivendi* acceptable. Ces textes soumettent à un contrôle très strict les relations des évêques avec Rome ; ils ajustent les diocèses aux nouvelles frontières, créent dans les universités des facultés catholiques, assurent au clergé des rémunérations publiques et, en Prusse notamment, établissent au profit de l'Église un « impôt ecclésiastique » qui est censé représenter un dédommagement des biens sécularisés. Pour la survie et la défense de leur Église, des catholiques s'organisent, s'unissent. Des associations se créent, des publications se fondent. Dans les États où se développe une vie parlementaire, des députés catholiques sont élus dans les régions annexées après 1803. Ainsi s'ébauche une vie politique particulière de la minorité catholique qui se concrétisera dans les années 1850 par la naissance d'un parti catholique, le Zentrum. Cependant, pour survivre après la destruction de l'ancienne *Reichskirche*, largement autonome par rapport à la Curie, les catholiques allemands cherchent aussi à équilibrer la pesanteur d'un État hostile en s'appuyant davantage sur le Saint-Siège. Longtemps presque indépendant autour de ses princes-évêques, le catholicisme allemand se fait à présent ultramontain tout en ébauchant une orientation démocratique[1].

Les arrangements conclus entre 1825 et 1830 ne règlent pas tout le contentieux, d'autant moins que les gouvernements n'ont pas voulu donner à ces accords la forme solennelle de concordat qui place les États et le Saint-Siège sur le même plan. En Prusse, un premier *Kulturkampf*, une lutte

1. Cette évolution contradictoire marquera la vie politique des catholiques allemands au-delà même de la chute des monarchies. Elle sera encore sensible aux debuts de la République fédérale.

pour l'âme du peuple, éclate en 1837 à propos des mariages mixtes, le gouvernement royal ayant décidé que les enfants devront être élevés dans la religion du père. Le Saint-Siège enjoint alors aux prêtres catholiques de refuser la bénédiction nuptiale aux couples mixtes qui ne promettraient pas d'élever leurs enfants dans la religion catholique. Pour sanctionner le refus d'obéissance du clergé, le roi fait arrêter et interner les archevêques de Cologne et de Posen. La réaction populaire est véhémente et puissante. « L'événement de Cologne » fait naître dans le peuple catholique un début de conscience politique. Parmi les intellectuels, laïcs ou clercs, renaît l'attachement aux valeurs et aux formes de vie catholiques. On ne subit plus sans réagir les prétentions souvent conjointes du protestantisme et de la philosophie des Lumières. Joseph Görres, dans sa jeunesse ardent partisan de la Révolution, en 1813-1815 chantre de la renaissance nationale, publie en 1838 le pamphlet *Athanasius* qui exalte la grandeur du catholicisme et défend la liberté de conscience[1]. En 1840, le nouveau roi de Prusse, chez qui la foi chrétienne se mêle à une vision romantique du passé allemand, fait libérer les archevêques et met fin au conflit. Quelque temps plus tard, il décide de reprendre et d'achever la construction de la cathédrale catholique de Cologne, immense projet abandonné depuis la fin du Moyen Age. Le catholicisme retrouve une place dans la culture allemande mais les conflits ne sont pas définitivement apaisés. Ils connaîtront une nouvelle et forte poussée dès la création du Deuxième Reich dans le *Kulturkampf* déchaîné par Bismarck. Condamnant le monde moderne dont les deux pôles sont la révolution et le libéralisme, l'Église catholique germanique, habituée tour à tour à soutenir et à contester l'autorité séculière, en viendra à édifier une théorie catholique de la société, une *katholische Soziallehre*, qui rejette dos à dos le socialisme révolutionnaire et le capitalisme libéral pour prôner la solidarité des groupes naturels et historiques, des familles et des corporations. La lutte contre l'État protestant et libéral contraint ainsi le catholicisme allemand à une fécondité intellectuelle qui

1. Athanase, patriarche d'Alexandrie, s'opposa au IVe siècle à l'intervention de l'empereur dans les affaires religieuses.

rejoint le mouvement qui se dessinait en France un peu plus tôt, autour de Lamennais, de Lacordaire et de Montalembert, dont l'influence sur l'Allemagne catholique ne fut pas négligeable. En Allemagne, alors que le catholicisme populaire du Sud trouvera d'éloquents tribuns parlementaires, un savant prêtre, d'origine aristocratique, Wilhelm von Ketteler, deviendra à la fois le théoricien de la *Soziallehre* et l'organisateur de puissantes structures de masse pour la défense de l'Église[1].

En traitant des affaires du catholicisme allemand, mon récit a pris de l'avance puisque j'en suis déjà à 1848. Il nous faut revenir en arrière pour voir l'Allemagne, les Allemagnes, sous le coup de la révolution française de Juillet. Le monde civilisé, le seul qui ait conscience de l'univers et qui le domine de plus en plus, en est encore à vivre au rythme des pulsions françaises. Certes, l'Allemagne est solidement tenue par le système Metternich, mais sur ses frontières à l'Ouest comme à l'Est l'ordre restitué et institué en 1815 est furieusement secoué. La révolution belge fait voler en éclats la structure artificielle, sans fondements historiques, du royaume des Pays-Bas. Un soulèvement, où convergent des éléments libéraux, catholiques, nationaux, populaires et bourgeois, connaît le succès grâce aux soutiens rivaux de la France et de la Grande-Bretagne, au grand dam des puissances conservatrices. Comme la nouvelle Belgique s'annexe la partie occidentale, francophone, du Luxembourg, autour d'Arlon, la Confédération germanique obtient en échange le rattachement de la partie orientale du duché du Limbourg qui reste sous la domination du roi de Hollande. La cité de Luxembourg, érigée en place forte fédérale, reçoit une garnison prussienne[2].

---

1. Le rôle des catholiques autrichiens et suisses sera considérable dans cette élaboration, les frontières politico-culturelles ne coïncidant nullement avec les limites étatiques.

2. La Confédération germanique associait au sort du grand corps allemand situé au cœur de l'Europe un certain nombre d'États et de peuples voisins : le roi de Danemark fait partie de la Confédération comme duc de Holstein, le roi d'Angleterre (jusqu'en 1837) comme roi de Hanovre, le roi des Pays-Bas comme grand-duc de Luxembourg ; le peuple tchèque tout entier y est englobé puisque la Bohême, la Moravie et la Silésie autrichienne appartiennent à la Confédération comme naguère à l'Empire ; il en

L'insurrection polonaise à l'est ne connaîtra pas d'aussi favorables aboutissements. L'entente des puissances copartageantes triomphe de la volonté de résurrection nationale ; l'échec du mouvement marquera à l'intérieur de la Prusse le départ d'une politique d'assimilation et de germanisation à laquelle s'opposera, pendant quelques décennies encore, la polonophilie de l'opinion libérale : jusqu'à ce qu'en 1848 et dans les années suivantes le libéralisme bourgeois commence à se rendre compte qu'il n'y a pas, entre les aspirations nationales de peuples voisins et imbriqués l'un dans l'autre, cette harmonie préétablie dont Herder avait été le penseur et le chantre.

A l'intérieur des Allemagnes, la révolution de Juillet ne suscite que des mouvements limités et épars ; à Brunswick, où le duc absolutiste est remplacé par son frère qui accorde une Constitution sur le modèle des États du Sud ; en Hesse électorale, en Saxe, dans le royaume de Hanovre, qui obtiennent également des constitutions comportant en général une deuxième Chambre où la masse paysanne a des représentants et qui participe à la législation. Si ces mouvements sont fragmentaires, c'est que la bourgeoisie libérale au sein de laquelle les fonctionnaires jouent un rôle déterminant s'est maintenant habituée au cadre des nouveaux États et que l'aspiration à l'unité nationale passe au second rang, derrière le désir d'obtenir les libertés politiques élémentaires. Un peu partout, d'ailleurs, elle parvient à desserrer, au moins partiellement, et pour un certain temps, l'étau de la censure ; des revues, souvent de haute tenue et d'esprit très divers, répandent dans les différentes strates de la bourgeoisie le débat d'idées.

Une pensée révolutionnaire radicale s'exprime au contraire

---

est de même des Slovènes de Styrie, Carinthie et Carniole, des Italiens du Tyrol méridional, de Gorice et de Trieste, et aussi des Polonais de la Silésie prussienne. En revanche, les territoires de la Prusse et de l'Empire autrichien qui, comme la Poznanie et la Hongrie, n'avaient pas fait partie de l'ancien Reich jusqu'en 1806, n'étaient pas non plus entrés dans la Confédération, mais ils étaient liés à celle-ci par de multiples structures et solidarités du fait de leur appartenance aux États de Prusse et d'Autriche.

pendant plusieurs années (1839-1843) dans les *Hallische Jahrbücher für deutsche Wissenschaft und Kunst* (Annales de Halle pour la science et l'art allemands) où écrivent les hégéliens de gauche, Ruge, Feuerbach, Bauer, dont l'influence sera considérable sur toute une génération intellectuelle, à commencer par le jeune Marx ; en face, la *Berlinisches politisches Wochenblatt* (Feuille hebdomadaire politique berlinoise) exprime, à partir de 1837, l'opinion conservatrice militante qui s'inspire de la pensée traditionaliste, historicisante et romantique du Bernois Karl Ludwig von Haller, avec l'approbation et la sympathie du prince héritier, du futur Frédéric-Guillaume IV. Une nouvelle génération d'écrivains, héritiers à la fois de la littérature classique (Goethe meurt en 1832, peu de temps après avoir achevé le second *Faust* où se décèlent les influences les plus modernes, celles du saint-simonisme, entre autres, assimilées et transformées par ce génie inlassable), se veut investie d'une mission politique. Georg Büchner, Ludwig Börne, Heinrich Heine – ces deux derniers apportant à la littérature allemande la ferveur et l'inquiétude de la première génération juive entrée dans l'« assimilation » et qui nourrit son esprit critique des difficultés qu'elle y rencontre – seront rapidement contraints à l'exil, mais la censure bavaroise laissera paraître dans un journal d'Augsbourg (*Allgemeine Zeitung*) les stimulantes lettres parisiennes du jeune Heine. Le groupe littéraire du Junges Deutschland, la Jeune-Allemagne, est porteur d'une critique radicale, à la fois politique, esthétique et morale qui s'attaque aux fondements de la société. Au « Lexique de l'État » (*Staatslexikon*) du professeur fribourgeois Karl von Rotteck qui joue un rôle important au Landtag de Bade et répand dans la bourgeoisie éclairée les conceptions du libéralisme français de Montesquieu à Tocqueville et la philosophie politique des droits de l'homme (à partir de 1834), fait face la réflexion de l'historien Friedrich Christoph Dahlmann qui enseigne à Göttingen un libéralisme fondé sur une théorie historique du droit et des droits davantage influencée par les penseurs politiques anglais.

Grâce aux progrès de l'instruction, à la multiplication des publications et à l'amélioration des communications, l'intérêt pour les idées politiques commence à pénétrer dans les milieux populaires, dans les masses petites-bourgeoises et artisanales. Des manifestations s'organisent qui ne sont plus seulement le fait de quelques centaines d'étudiants : en mai 1832, plus de 30 000 personnes participent aux grandes fêtes du château de Hambach, dans le Palatinat, où s'affirment des idées radicales, démocratiques et nationales, ensemble avec un grand élan de fraternité et de solidarité avec les exilés polonais et en présence d'une forte délégation française venue de Strasbourg.

A la manifestation de Hambach et à une tentative assez ridicule de « putsch » étudiant à Francfort, Metternich, appuyé par les forces réactionnaires de tous les États allemands, réplique par une nouvelle mouture des décisions de 1819-1820 : renvoi des professeurs et des fonctionnaires trop libéraux, fermeture d'universités, dissolution des Landtage (diètes) trop revendicatrices, renforcement nouveau de la censure. L'atmosphère, cependant, a bien changé par rapport à la première phase de répression vers 1820. De l'extérieur, l'Angleterre et la France protestent en tant que puissances signataires des traités de Vienne. A l'intérieur, des personnalités célèbres comme Rotteck dénoncent l'absurdité des mesures réactionnaires et réclament un régime constitutionnel garantissant les libertés. En 1837, le nouveau roi de Hanovre, Ernest-Auguste, qui succède à son frère Guillaume IV en vertu de la loi salique (alors qu'en Angleterre la couronne revient à sa nièce, la reine Victoria), révoque la Constitution relativement libérale de 1833. Sept professeurs célèbres de l'université de Göttingen, dont Dahlmann et le fameux philologue Jakob Grimm ainsi que l'historien Georg Gervinus, protestent au nom du serment qu'ils ont prêté à l'ancienne Constitution : ils sont contraints à l'exil. Les « sept » de Göttingen, du coup, revêtent la dignité de héros nationaux. Leur prise de position confère à l'université une fonction de conscience commune de toute la nation allemande. Décidément, l'absolutisme ne peut plus être ce qu'il avait été.

Alors que l'émotion soulevée par les mesures anticatholiques en Prusse et par le conflit entre le roi et les universitaires en Hanovre ne s'est pas encore calmée, un grand sursaut nationaliste va secouer, en 1840, l'opinion allemande, laissant de côté, comme s'ils appartenaient à un autre monde, les milieux officiels et gouvernementaux. C'est pourtant la politique des cabinets qui est à l'origine de l'excitation violente qui dressera l'une contre l'autre une grande partie des opinions formulées, exprimées, publiées, en France et en Allemagne. L'indépendance de la Grèce n'avait pas mis fin aux convoitises des grandes puissances qui guettent les soubresauts « d'homme malade » de l'Empire ottoman, chacune tentant à la fois de s'assurer des avantages dans cette succession qui s'ouvre avant décès, et d'empêcher les autres de s'en attribuer. L'Allemagne n'est qu'indirectement mêlée à l'affaire par l'intermédiaire de la Prusse qui n'a pas d'intérêts dans les Balkans et en Méditerranée orientale, mais qui est l'alliée de la Russie et surtout de l'Autriche directement engagée dans ces régions. La France, de son côté, en appuyant le vice-roi d'Égypte contre son suzerain d'Istanbul, joue gros jeu dans les affaires d'Orient, au point de se séparer de l'Angleterre avec laquelle elle a souvent mené, depuis 1830, une politique commune de soutien aux forces libérales. Imprudent et hasardeux, Adolphe Thiers veut échapper aux contradictions intérieures qui affaiblissent la monarchie de Juillet en mobilisant autour des souvenirs de la « grandeur » napoléonienne un chauvinisme néojacobin. Il provoque ainsi la constitution d'un front uni de toutes les autres puissances qui tiennent à prolonger l'agonie de l'Empire turc et ne veulent pas que se substitue à lui un nouveau pouvoir fort. La France se voit exclue du règlement de la question d'Orient, mais le roi Louis-Philippe ne veut pas d'une guerre qui replacerait la France dans l'isolement qui avait été le sien à Waterloo. Thiers sera contraint à se retirer, la réaction des faiseurs d'opinion est intense. Curieusement, le ressentiment très vif des « nationaux » français se tourne contre les États allemands, la Prusse et l'Autriche, plus que contre l'Angleterre. Les traités de 1814-1815 ont laissé la France avec de mauvaises frontières, à la merci de voisins hostiles. Dans la presse chauvine, on redécouvre la question du Rhin et des

« frontières naturelles », beaucoup plus apte que la Méditerranée orientale à galvaniser les foules. Thiers a créé un climat belliqueux, il a alimenté le désir de revanche essentiellement dirigé contre les vainqueurs de Waterloo, la Prusse (c'est-à-dire l'Allemagne) et l'Angleterre, mais avant tout contre la première, à qui les traités ont attribué la rive gauche du Rhin.

En Allemagne, les luttes pour les libertés politiques avaient fait passer au second plan, après 1815 et surtout après 1830, les problèmes extérieurs. La plupart des partisans du changement, libéraux modérés ou démocrates radicaux, voyaient l'Allemagne comme une nation « saturée ». La France où se développaient les idées libérales, démocratiques, socialistes, était redevenue un modèle pour la gauche allemande ; n'était-elle pas la patrie des grands principes, la patrie de la Liberté ? La crise de 1840 va mettre fin à cette idylle qui avait correspondu, en France, à un intérêt très vif pour la culture allemande. Une véhémente émotion nationale se répand à travers les États allemands ; l'opinion libérale retrouve les accents antifrançais des guerres de libération et les milieux officiels, effrayés devant les manifestations d'une volonté politique chez les sujets, sont obligés d'emboîter le pas. Les deux grandes puissances allemandes renouvellent leurs accords militaires ; les dispositions de la Constitution fédérale relatives à la défense sont modernisées. On entonne des chants antifrançais comme *La Garde sur le Rhin*. La lutte contre les princes et les gouvernements réactionnaires se donne elle aussi à nouveau des accents nationalistes. Le « chemin particulier » de l'histoire allemande se précise : la liberté est inséparable de l'unité et celle-ci ne pourra sans doute être obtenue sans un conflit avec la France qui ne voudra jamais se résigner à l'apparition d'une puissante Allemagne unie, bien plus forte que ne le sont, depuis 1815, la Prusse et l'Autriche, séparées même quand elles sont alliées.

Les décisions rendues nécessaires par la menace de guerre avec la France, c'est un nouveau roi de Prusse qui a dû les prendre (en Autriche, le changement de règne s'est fait plus tôt, en 1835, mais le nouvel empereur, Ferdinand Ier, est un débile, d'une intelligence médiocre ; le pouvoir réel sera exercé par un Conseil d'État au sein duquel l'autorité de Metternich reste grande, mais point exclusive). Frédéric-

Guillaume IV qui vient de succéder à son père à Berlin n'a pas l'esprit sobre et court de ce bureaucrate couronné qui ne s'exprimait que par monosyllabes. Le nouveau roi est un émotionnel romantique, sentimental, mystique, à la fois hésitant et obstiné ; son idéal est la société du Moyen Age telle qu'il l'imagine, basée sur des liens de fidélité et de loyauté réciproques entre seigneurs et sujets, sur un ordre corporatif et solidaire où chacun sert le bien commun, sans esprit de lucre, grâce à une culture illuminée par la foi en un Dieu qui assigne à chacun sa place et sa mission. S'il déteste la bureaucratie rationaliste et répressive, le nouveau roi n'est pas un libéral, mais un traditionaliste, sans idées claires, s'enivrant de belles paroles et de nobles pensées confuses. Il suscitera de grands espoirs et sèmera la déception. Il souffrira terriblement de voir méconnus son immense bonne volonté et l'amour qu'il porte à ses sujets. Désireux d'être aimé, il libère les prisonniers et rappelle les bannis. Les archevêques catholiques retrouvent leurs cathédrales et les professeurs victimes des épurations successives leurs chaires. La censure s'adoucit ; à côté des militaires et des administrateurs, la cour accueille des savants illustres et des artistes. Mais les années passeront sans que rien de décisif ne se produise. Pendant ce temps, la bourgeoisie des entrepreneurs, de la banque et de l'industrie, dont le rôle social et le dynamisme ne cessent de croître, continue à se voir exclue du pouvoir politique. Peu à peu, un fossé se creuse entre le roi hésitant et l'opinion libérale, même modérée et loyaliste, qui ne souhaite que l'établissement d'un ordre constitutionnel avec l'élection d'un Parlement représentatif. Après moult atermoiements et péripéties, pressé par la nécessité de lancer un grand emprunt pour financer la construction de la ligne ferroviaire Berlin-Königsberg, le roi convoque, en février 1847, la « Diète réunie » qui rassemble tous les membres des huit diètes provinciales et reproduit la structure par ordres (nobles, bourgeois, paysans) qui prévaut dans celles-ci, mais les paysans ne sont représentés que dans les diètes des provinces occidentales : Rhénanie et Westphalie. Investie du droit de voter l'impôt et l'emprunt, la Diète réunie refuse de jouer le jeu du roi : elle exige la périodicité régulière des sessions, l'élection directe des représentants, la participation à l'élaboration des lois et le vote de celles-ci. Au sein de la Diète, les libéraux, en majorité bourgeois rhénans, hauts fonctionnaires et intellectuels de Prusse-Orientale, dominent nettement. Personne, parmi ces banquiers, ces industriels, ces grands commis, ces médecins et avocats, ne songe à une révolution ; mais le conflit entre la majorité de la Diète et le roi, sur l'arrière-fond de la première « révolution industrielle » qui s'accélère et des poussées de famine qui se répandent dans certaines des régions où le capitalisme « sauvage » prend son essor, aboutira quand même à la révolution de 1848. La Prusse, par les espoirs que le roi a fait naître, par l'intensité de sa vie intellectuelle, par les rapides progrès de son économie, attire à nouveau les yeux de l'Allemagne entière. Dans les États du Sud, le libéralisme a déjà arraché aux gouvernements des concessions importantes dans la voie qui mène à un système constitutionnel et parlementaire digne de ce nom. Une opinion publique commune se forme, qui transcende les frontières des États. Une grande agitation intellectuelle s'exprime dans la multiplication des journaux et des revues. Les courants politiques se précisent : libéraux constitutionnels, modérés, démocrates radicaux, petits cercles socialistes, communistes, mouvements catholiques populaires, conservateurs militants, ils précisent tous leurs visions idéologiques et leurs programmes pratiques. Dans la mesure où les associations politiques restent interdites, notamment en Prusse, l'aspiration libérale et nationale se reporte sur le domaine culturel ; des philologues, spécialisés dans la « germanistique » (l'étude de la langue et de la littérature nationales), se rassemblent dans de grands congrès, en 1846 et 1847, qui, réunissant des hommes venus de toutes les régions allemandes, sont de véritables parlements de l'esprit. L'amour si répandu pour la musique a fait naître un peu partout des *Sängerbünde*, associations de chant choral qui deviennent des foyers d'exaltation nationale. Une grande « Fête universelle des chanteurs allemands », qui se tient à Lubeck en 1847, se transforme en une éclatante manifestation de l'esprit unitaire. L'Allemagne des citoyens s'exprime sans se préoccuper des cours, des grands seigneurs et des bureaucrates. Le mouvement des tirailleurs, des *Schützen*, fort du rôle qu'il a joué contre Napoléon, au Tyrol en 1809, en Prusse en 1813, affirmant les valeurs de santé, de vigueur physique et la nécessité d'une préparation populaire à la défense commune, possède une conscience plus directement politique. Enfin, encouragés par l'atmosphère générale et les concessions arrachées à leurs gouvernements, les élus libéraux des États du Sud passent aux actes : à Heppenheim, en Hesse, ils se rencontrent avec des représentants du libéralisme modéré de Rhénanie pour étudier l'élection d'un Parlement commun à toute l'Allemagne. Déjà, sur leur gauche, des « radicaux », ouvertement républicains et partisans d'une révolution violente, se regroupent de leur côté, en liaison étroite avec les exilés et avec les mouvements révolutionnaires étrangers, notamment français.

Et c'est de France que viendra encore une fois le signal qui sera perçu dans toute l'Europe, et plus particulièrement en Allemagne, comme le début d'une ère nouvelle.

La révolution de 1848

Sous la monarchie de Juillet, régime trop libéral pour ce qu'il avait d'autoritaire et trop autoritaire pour ce qu'il avait de libéral, les spéculations radicales, socialistes et communistes s'étaient développées ouvertement, attirant l'attention et la sympathie non seulement des révolutionnaires mais de beaucoup d'intellectuels démocrates de tous les pays d'Europe. En même temps, la France était devenue la terre d'élection des sociétés secrètes nationales et internationales, dont les membres, tantôt pratiquaient les uns envers les autres une étroite solidarité, et tantôt se dénonçaient mutuellement comme traîtres et agents de la police, comme le feront cent vingt ans plus tard les différents groupuscules de l'extrême gauche en France et ailleurs. Vers l'Italie, l'Allemagne, la Pologne, d'innombrables relais assuraient la circulation des écrits et des idées ; entre 1830 et 1840, de fréquentes tentatives de soulèvement et des attentats avaient fourni aux révolutionnaires étrangers des modèles et des exemples, à suivre ou à ne pas suivre ; de son côté, depuis 1840, le gouvernement dirigé par François Guizot s'était continuellement rapproché des puissances conservatrices et notamment de l'Autriche metternichienne : la chute de l'un – conséquence d'un soulèvement où une partie de la bourgeoisie libérale avait fait cause commune avec les ouvriers influencés par les doctrines socialistes – allait entraîner l'écroulement de l'autre.

Les répercussions de la révolution de Février vont en effet se communiquer rapidement à l'Allemagne qui avait relativement peu bougé en 1830, alors que la Pologne, qui s'était lancée alors dans un effort immense, va rester cette fois-ci à peu près immobile, comme écrasée. Les grands théâtres d'opérations de la crise européenne de 1848-1849 sont, hors de France, l'Allemagne proprement dite, la Bohême, la Hongrie et l'Italie du Nord, ces trois derniers pays appartenant à l'Autriche et se trouvant, par là, plus ou moins directement associés aux affaires allemandes. De plus, l'opposition entre les aspirations nationales allemandes et danoises dans le duché du Schleswig provoquera un conflit militaire sur les confins méridionaux de la Scandinavie, alors que les succès de l'insurrection nationale hongroise entraîneront l'intervention des armées russes au sud des Carpates. Étant donné la situation géographique et géopolitique de l'Allemagne, un bouleversement de l'ordre intérieur, dans une nation qui occupait le cœur du continent, ne pouvait laisser indifférent aucun des autres États européens.

En France, les événements de 1848, les journées de février comme celles de juin, sont essentiellement – et même entièrement – de nature politique et sociale. L'État et la nation coïncident très largement. Bien qu'un tiers des Français ne parlent pas encore le français et que la population rurale reste, pour une grande part, étrangère à la civilisation et à la culture des classes dominantes, tous les Français qui comptent, qui participent aux décisions, des révolutionnaires aux légitimistes, ont de leur pays une vision unitaire. Après l'agitation vite retombée de 1840, la France n'a pas de revendications extérieures. La révolution, sa poursuite et la répression après les journées de juin sont des affaires purement intérieures. La France de Lamartine peut se borner à déclarer la paix au monde.

En Allemagne, au contraire, en Italie et en Hongrie, les aspirations nationales sont intimement liées aux objectifs politiques et sociaux. Libéraux modérés et démocrates radicaux, et toutes les variétés intermédiaires de la faune politique, revendiquent certes des droits politiques, des libertés civiques – voire dans certains cas des modifications plus ou moins profondes des structures sociales et économiques – mais, en même temps et toujours, l'unité et l'indépendance de la nation. C'est pourquoi, contrairement à ce qui se passe en France, les révolutions de Berlin, de Vienne, de Prague, de Budapest et de Milan ont à la fois des aspects intérieurs et des dimensions extérieures, internationales.

En France, la révolution de 1848 est, avant tout, un événement parisien. La province suit, enregistre, réagit, mais sa réaction, la « réaction », après s'être exprimée dans des résultats électoraux, se traduira aussi en « journées » parisiennes. L'Allemagne de 1848 n'est qu'une vague confédération, le cadre de la vie politique, ce sont les États : la Prusse, l'Autriche, la Bavière, la Saxe, le grand-duché de Bade, le Wurtemberg – pour ne citer que les plus importants et les plus agités. L'action révolutionnaire se déroule sur place et vise en premier lieu le pouvoir réellement existant. On peut arracher au roi de Prusse une Constitution et un Parlement prussien, mais à quel monarque pourrait-on arracher l'unité allemande ? A tous à la fois, mais cela impliquerait l'existence d'un mouvement révolutionnaire commun à toute l'Allemagne ou pour le moins coordonné, et un tel mouvement, précisément, n'existe pas. Pour comprendre la révolution allemande de 1848, il faut au minimum avoir les yeux constamment fixés sur Berlin et sur Vienne, les capitales des deux États les plus puissants, et sur Francfort où se réunira une Assemblée nationale panallemande ; mais, ce qui se passe à Vienne est intimement lié aux événements qui se déroulent dans les parties de l'Empire autrichien qui sont extérieures à l'Allemagne, à Budapest, à Milan, à Zagreb (Agram). La carte de la révolution allemande de 1848 ressemble à un dessin où se recouperaient des ensembles mathématiques. Le récit des événements ne peut donc suivre une voie linéaire ; la nouvelle rapidité des communications fait que, d'une ville à l'autre, l'information progresse maintenant si vite que d'un jour à l'autre, en l'espace de quelques heures, la population d'une de ces capitales peut réagir à ce qui vient de se passer dans une autre. La révolution allemande de 1848 est véritablement polycentrique.

Comme il n'y a pas eu, avant que n'éclatent presque simultanément des soulèvements à Berlin et à Vienne, de mouvement révolutionnaire panallemand organisé, les partisans des changements adressent donc leurs exigences aux pouvoirs en place. Les barricades à Berlin et à Vienne mettent aux prises les bourgeois et le peuple d'une part, et l'armée d'autre part, une armée qui n'est pas allemande, mais prussienne ou autrichienne. Le succès des insurgés débouche sur l'élection des constituantes : sans parler de ce qui se passe dans les États secondaires (l'événement le plus spectaculaire sera l'abdication forcée du roi Louis Ier de Bavière, le romantique couronné, victime beaucoup moins de revendications politiques que de l'indignation morale et fiscale de ses sujets bourgeois devant les dépenses auxquelles l'entraîne sa liaison avec la somptueuse mais équivoque Lola Montez), on élit à peu près en même temps une Assemblée nationale prussienne, un Reichsrat autrichien et une Assemblée nationale de toute l'Allemagne. De ce fait, l'attention du public est dispersée sur les divers niveaux politiques ; le réservoir des hommes politiques disponibles doit fournir des députés pour deux assemblées à la fois, puisqu'on ne peut siéger en même temps à Berlin ou Vienne et à Francfort. L'absence d'un mouvement national organisé unique et le maintien du cadre des États qui conservent notamment la haute main sur les armées et les polices – donc sur la force matérielle – affaibliront la portée des développements au niveau national suprême : tandis que les constituants de Francfort discutent sur les droits de l'homme et du citoyen, les gouvernements monarchiques de Berlin et de Vienne reprennent par les armes le contrôle de leurs capitales (à Vienne en octobre, au terme de sanglants combats, à Berlin en décembre, par un massif déploiement de troupes et sans effusion de sang).

Ni la Prusse ni l'Autriche n'appartenaient à la Confédération germanique avec tous leurs territoires, mais si les provinces non intégrées dans la Confédération étaient peu nombreuses et excentriques dans le cas prussien (il s'agissait de la Poznanie, du grand-duché de Posen, dont la population était en majorité polonaise), il en allait tout différemment de l'Autriche : ni la Galicie, ancienne province polonaise, ni la Hongrie, ni la Dalmatie, ni le royaume lombardo-vénitien, ne faisaient partie du Deutsche Bund pas plus qu'ils n'avaient compté parmi les territoires du Saint-Empire et à cause même de ce fait. Les pays de la couronne de Saint-Venceslas, la Bohême proprement dite, la Moravie et la Silésie autrichienne avaient, eux, au contraire, appartenu à l'Empire depuis des siècles et à la Confédération depuis 1815, mais ils étaient en grande partie (pour près des deux tiers) peuplés par les Tchèques, une nation slave qui était en train de reprendre conscience de son identité. Les Tchèques allaient-ils envoyer des députés à l'Assemblée nationale allemande ? Ils s'y refusèrent, mais leur refus, aussi bien que la situation dans les territoires polonais, italiens et hongrois, posait le problème des rapports de l'Autriche avec une Allemagne unifiée. Les Allemands d'Autriche n'entendaient nullement rester en dehors de l'unité nationale mais la plupart d'entre eux ne voulaient pas, non plus, sortir du cadre de l'Empire autrichien que leur départ ferait éclater, alors qu'ils y tenaient le premier rang parmi les peuples de la monarchie. Le gouvernement autrichien du prince Félix Schwarzenberg, après avoir rétabli l'autorité impériale à Vienne et vaincu les insurgés dans la plupart des provinces révoltées, prétendit faire entrer l'Empire habsbourgeois tout entier, les parties allogènes aussi bien que les régions allemandes, dans la nouvelle entité qui succéderait à la Confédération germanique. Un grand espace économique unifié, de Hambourg à Trieste et du Rhin aux Carpates transylvaniennes, pouvait séduire les hommes d'affaires, mais la nation allemande ne pouvait, elle, partager son unité retrouvée avec une foule d'Italiens, de Slaves et de Magyars. Une telle détermination devait, dès lors, aboutir ou bien au partage de l'Autriche – les provinces allemandes rejoignant la nouvelle Allemagne réunifiée – ou au partage de l'Allemagne – les provinces allemandes restant incluses dans l'Empire autrichien multinational. Autour de ce choix crucial, deux grands partis se formèrent à l'Assemblée nationale de Francfort, les « *Grossdeutsche* » (Grands-Allemands), partisans de l'inclusion de l'Autriche, et les « *Kleindeutsche* » (Petits-Allemands), résignés à faire l'unité allemande sans les quelque dix millions d'Allemands d'Autriche (provisoirement) abandonnés au sort que leur réservait la haute politique.

Le mot « parti », à vrai dire, exige quelques explications. A l'époque de la révolution de 1848, rien n'existe qui ressemble aux divers types de partis que nous connaissons dans les démocraties du dernier quart du XXe siècle. Il existe des tendances, des orientations, des clubs de parlementaires, des associations culturelles, des sociétés de pensée – et des associations secrètes. De plus, les aspirations nationales et les conceptions politico-sociales aboutissent à deux séries différentes de regroupements. L'opposition entre Grands-Allemands et Petits-Allemands traverse la plupart des « partis ». Les démocrates radicaux et révolutionnaires sont presque tous grands-allemands ; ils veulent la révolution pour *tous* les Allemands et détestent l'esprit prussien, son militarisme, son efficacité au service de la réaction. Cependant, un socialiste comme Ferdinand Lassalle pense, dès cette époque, que l'unité allemande doit se réaliser autour d'une Prusse révolutionnaire, alors que Friedrich Engels combat en 1849 dans le camp des révolutionnaires badois contre les troupes prussiennes. Beaucoup de libéraux modérés ne se résignent qu'à contrecœur à l'exclusion des Allemands d'Autriche. Mais à l'intérieur de ces courants, des affinités conservatrices, libérales et démocrates s'affrontent. En gros, on peut distinguer pendant les événements de 1848 – et cette distinction se retrouve sur tous les principaux théâtres d'opérations – cinq grandes tendances politiques.

A l'extrême gauche, les démocrates radicaux, tirant leur inspiration des Jacobins français ; républicains, égalitaires, unitaires, ils sont, pour certains d'entre eux, attirés par les idées socialistes. Des exilés badois comme Hecker et Struve se trouvent dans ce courant à côté de Marx, revenu en Allemagne pour y diriger une *Neue Rheinische Zeitung* (Nouvelle Gazette rhénane). Des associations ouvrières se fondent qui occupent, avec leurs revendications – dont beaucoup nous paraissent aujourd'hui bien modestes –, les rangs d'une extrême gauche très isolée, très peu nombreuse, exotique aux yeux de l'immense majorité des contemporains, mais néanmoins déjà ressentie comme redoutable. Février et juin 1848 voient à Paris les ouvriers tenir un rôle important alors qu'à Vienne, Berlin ou Dresde, les étudiants et les artisans sont les plus nombreux sur les barricades. Il est vrai qu'entre ouvriers et artisans les frontières sont de plus en plus floues.

En allant de l'extrême gauche vers l'extrême droite, nous rencontrons ensuite les démocrates modérés, nombreux dans les villes universitaires, en Rhénanie, dans le Sud-Ouest, en Prusse-Orientale, à Berlin et à Vienne. Ils sont, pour la plupart, partisans du suffrage universel et d'une organisation centraliste du nouvel État allemand ; plutôt républicains de principe, ils s'accommoderaient cependant d'un empereur élu. En Prusse, ils exigent la responsabilité ministérielle et voudraient réduire le rôle du roi à celui d'un monarque constitutionnel qui règne mais ne gouverne pas. En Autriche, ils sont porteurs d'une affirmation résolue de la primauté allemande face aux autres nationalités. Au moment des soulèvements radicaux, à Vienne, en octobre 1848, dans le Sud-Ouest (Bade, Palatinat) et à Dresde au printemps 1849, une petite partie des démocrates modérés rejoignent les républicains insurgés, mais la majorité d'entre eux s'étaient ralliés au compromis *kleindeutsch* en acceptant l'institution d'un empereur héréditaire, choisi dans une des familles régnantes (donc, en fait, le roi de Prusse), en échange du suffrage universel et de la réduction à un rôle suspensif du veto impérial contre les décisions du Parlement. Se recrutant principalement parmi les universitaires et les professions libérales, les démocrates modérés préfigurent ceux qui seront, dans le système des partis politiques allemands à partir des années 1860, les « progressistes » (*Fortschrittler*), les libéraux de gauche ou, en Bade et Wurtemberg, le *Volkspartei* (Parti du peuple).

A leur droite s'étend la vaste zone des libéraux constitutionnels et monarchistes modérés dont les diverses facettes représentent la masse de la bourgeoisie, petite, moyenne et grande, une importante partie des fonctionnaires, même, et surtout, de haut niveau et aussi l'aristocratie éclairée. Les libéraux constitutionnels représentent ce qu'en France on appelle à cette époque les « intérêts » ; adversaires de la violence, nullement partisans de l'abolition de la monarchie, ils sont méfiants envers le suffrage universel ; leur idéal politique s'inspire à la fois de la monarchie de Juillet et de l'exemple anglais. Avant tout, ils désirent mettre fin au régime arbitraire et incontrôlé de l'administration ; ils veulent être associés aux grandes décisions et pouvoir concevoir leurs activités à l'intérieur d'un cadre politique clairement défini : ce sont bien des monarchistes constitutionnels. Chez eux aussi, plusieurs tendances peuvent être distinguées sans que les frontières ne soient formelles, ni permanentes : certains sont davantage animés par l'idéalisme des libertés et par la passion nationale, d'autres davantage attachés au libre développement des entreprises économiques, au libéralisme économique et, de ce fait, à la défense de l'ordre public. Les libéraux constitutionnels ne souhaitent pas de bouleversements sociaux, nuisibles aux affaires et au maintien de la propriété : il est tout à fait normal, dans ces conditions, que dans le catalogue des droits fondamentaux, auxquels l'Assemblée de Francfort consacre de longs mois de discussions, l'affirmation du caractère inviolable de la propriété accompagne la suppression de la noblesse et des droits féodaux. Dans ses succès et dans ses échecs, la révolution de 1848 est l'affaire de la bourgeoisie, des bourgeoisies allemandes dont certaines sont déjà lancées tout entières dans l'aventure capitaliste, alors que d'autres restent attachées aux formes et règles, aux lenteurs restrictives et aux sécurités de l'ordre corporatiste, les unes déjà en plein mouvement, les autres profondément enlisées dans l'immobilisme ; les unes déjà en piste vers le XXe siècle, les autres encore prises dans la gangue de conceptions remontant en partie au Moyen Age. Ces contradictions s'inscrivent en profondeur dans le déroulement comme dans le résultat des événements allemands de 1848-1849 qu'il serait injuste et imprudent de qualifier simplement d'échec.

En matière nationale, les libéraux constitutionnels sont partagés. Comme ils fournissent la masse des députés, le vote du 28 mars 1849 par lequel la dignité impériale héréditaire était proposée au roi de Prusse (290 voix favorables contre 248 abstentions) atteste cette fracture qui se prolonge d'ailleurs chez les conservateurs, eux aussi partagés entre *Kleindeutsche* et *Grossdeutsche*. Ce vote fut pour beaucoup un vote de résignation devant l'ampleur des exigences autrichiennes, les partisans résolus du roi de Prusse ne formant au départ qu'une minorité que la nécessité d'en finir avait fait grossir. C'est parmi les libéraux constitutionnels que se recrutent les porte-parole les plus écoutés de l'Assemblée nationale et les membres de l'exécutif provisoire dont celle-ci dote, dès le 28 juin 1848, le Reich qu'elle veut rétablir : le Hessois Heinrich von Gagern, le prince Karl von Leiningen, demi-frère de la reine Victoria, l'Autrichien Anton von Schmerling. Leiningen, Schmerling et Gagern seront successivement *Reichsministerpräsidenten*, et au même courant appartient le *Reichsverweser*, le lieutenant-général ou vicaire de l'Empire, le populaire archiduc Jean, dernier chef d'État légitime commun de tous les Allemands[1], y compris ceux d'Autriche.

A droite du libéralisme constitutionnel, le champ politique n'est pas très étendu dans l'Assemblée nationale de Francfort. La force du nombre et la vigueur de l'intelligence se trouvent réparties entre les groupes du centre gauche et du centre droit, où siège la grande bourgeoisie de l'entreprise et de la culture ; la droite radicale n'est guère représentée dans un Parlement issu de la vague triomphale du libéralisme qui engrangeait les résultats des « journées » populaires de mars 1848. On la trouve plutôt en Prusse, dans l'enceinte de la Diète constituante, dans les colonnes de la *Neue Preussische Zeitung* (Nouvelle Gazette prussienne) qui sera vite connue sous le nom de *Kreuzzeitung* (Gazette de la Croix) (à cause de la Croix de fer de 1813 qui figure sur son *impressum*), où s'exprime la réaction pure et dure, articulée notamment par un jeune hobereau poméranien, Otto von Bismarck, et un idéologue protestant, d'origine juive, Friedrich Julius Stahl, et encore dans l'entourage personnel du roi. On la trouve en Autriche autour du feld-maréchal, prince de Windischgraetz, gouverneur de Prague, qui, après avoir facilement vaincu l'insurrection tchèque, mettra en octobre 1848 le siège devant Vienne tombée aux mains d'un pouvoir révolutionnaire composé de démocrates radicaux, d'étudiants, de bourgeois et d'ouvriers révoltés. Après la reconquête de la capitale, le

1. Élu par les députés, l'Archiduc, libéral modéré, fort populaire parce qu'il avait épousé la fille d'un maître de poste, était un « souverain » légitime, alors qu'Adolf Hitler, lui aussi maître de tous les Allemands, entre 1938 et 1944, ne fut qu'un usurpateur. Ma formulation implique bien entendu l'idée qu'en 1848-1849 les Autrichiens de langue allemande sont encore des Allemands et se considèrent comme tels.

maréchal favorisa la nomination à la tête du gouvernement de son beau-frère, le prince Felix Schwarzenberg, diplomate formé à l'école de Metternich, esprit clair et caractère entier qui achève, sur le plan politique, l'œuvre de restauration commencée par le chef de guerre : à la mi-été 1849, la monarchie unitaire et absolue est restaurée, de Milan à Cracovie et de Prague à Budapest et, à la fin de 1850, grâce aux hésitations de la Prusse terminées en reculade, la Confédération germanique se trouve rétablie, sous présidence autrichienne, comme avant le début de la révolution. Schwarzenberg, le dernier grand homme d'État de l'Empire habsbourgeois, meurt en 1852, à peine âgé de cinquante ans. Le rêve de l'historien imagine avec regret ce qu'aurait été au cours des vingt années suivantes le duel entre le chancelier autrichien, dur, réaliste et, de ce fait, aussi capable de souplesse, et la force montante du jeune Bismarck, nommé en 1851 représentant de la Prusse au Conseil fédéral rétabli, qui sera à nouveau, jusqu'à la décision militaire de 1866, le théâtre ordinaire de l'affrontement entre les deux grandes puissances allemandes.

Le conservatisme, en Allemagne, présente lui aussi des aspects extrêmement divers. A côté de l'autoritarisme d'État froid et presque cynique d'un Schwarzenberg (« L'Autriche étonnera le monde par son ingratitude », dira-t-il après que l'intervention russe lui aura permis de venir à bout de la révolution nationale hongroise), on trouve le conservatisme passionné d'un Bismarck, non moins cynique parfois, mais capable d'entrevoir des concessions qui permettront de garder l'essentiel, sensible à un certain fondement religieux qui est prédominant chez Stahl et chez les frères Gerlach[1], mais qu'il dépasse au fur et à mesure qu'il découvre sa propre pensée politique dans une volonté de puissance au service de l'État qui devient une fin en soi, limitée seulement par une prudence elle aussi fort réaliste.

Schwarzenberg et Bismarck sont également éloignés du

1. Ernst Ludwig von Gerlach (1795-1877), homme politique conservateur, et Leopold (1790-1861), général, proches du roi Frédéric-Guillaume IV, d'abord amis, ensuite adversaires de Bismarck qu'ils considérèrent comme traître à la cause du conservatisme chrétien.

romantisme traditionaliste et religieux qui inspire l'ardeur résistante de Frédéric-Guillaume IV mais qui est, au-delà de la cour, fort répandu dans une partie de l'aristocratie prussienne protestante, dans le « clergé » protestant, dans la haute administration – dont les membres sont souvent issus de l'une ou de l'autre de ces catégories –, mais aussi dans l'aristocratie, le clergé et chez les intellectuels catholiques. Le vieil antagonisme religieux sépare cependant profondément les conservateurs chrétiens des deux confessions – bien que les « ultras » prussiens à la Gerlach s'opposent précisément du fait de leur traditionalisme à une politique de rupture avec l'Autriche, puissance conservatrice par excellence et héritière du prestige de la millénaire fonction impériale. Ce sera une des raisons fondamentales, une dizaine d'années après la révolution, de la rupture entre les frères Gerlach et Bismarck. Cette rupture mènera ainsi Ludwig von Gerlach, idéologue conséquent, à devenir dans le Reichstag bismarckien le seul membre protestant du groupe parlementaire du Zentrum catholique. Son cas restera unique et le conservatisme protestant ne deviendra un parti de masse moderne qu'à partir du moment où, vers 1880, il réussira à capter la représentation politique d'une grande partie des exploitants ruraux et de la petite bourgeoisie antisémite.

La situation est toute différente, dès 1848, chez les catholiques. Nous les avons vus, au chapitre précédent, principales victimes des énormes chambardements que l'Allemagne a connus pendant la période 1789-1815. Minorité (et parfois même majorité) sous-privilégiée dans la plupart des États, voire carrément opprimée, les catholiques profitent – sans que cela corresponde le plus souvent à leurs propres idées politiques – des conquêtes libérales sur le plan civique comme dans le domaine constitutionnel. Les constitutions garantissent partout la liberté de conscience et de culte, ainsi que l'égalité des citoyens dans l'État. Les Parlements offrent au peuple catholique des tribunes pour se faire entendre et des occasions de peser sur les décisions. Ainsi se précise et s'installe une sorte d'alliance instrumentale entre un catholicisme que Pie IX conduira après 1848 dans une voie de plus en plus antilibérale, antirévolutionnaire et antimoderniste d'une part, et le constitutionnalisme qui permet en Allemagne aux catholiques d'élargir leurs droits et leurs libertés. Une telle alliance ne peut être en permanence cynique et purement tactique : avant comme après 1848, il y a en Allemagne une bourgeoisie catholique libérale, une aristocratie catholique éclairée, des associations catholiques populaires qui ne voient pas d'opposition fondamentale entre le service de l'Église et l'idéal d'un ordre constitutionnel reposant sur le double principe de la représentation populaire et de la monarchie comme ordre voulu par Dieu. En 1848-1849, les catholiques utilisent pleinement les libertés conquises et notamment la liberté d'association. D'innombrables groupements religieux, culturels et politiques structurent le peuple catholique, parmi lesquels les *Pius-Vereine*, qui se proposent de soutenir l'action du pape tout en approfondissant la vie religieuse, jouent un rôle primordial. A l'Assemblée nationale de Francfort, comme à la Diète prussienne, des députés catholiques de toute origine sociale, de la haute noblesse aux maîtres artisans, unissent leurs efforts pour garantir les libertés de l'Église. L'abbé von Ketteler, issu d'une prestigieuse famille westphalienne, nommé évêque de Mayence, sera comme député et comme écrivain le chef de file d'un catholicisme social dont l'action parlementaire conduira plus tard à la création du parti du Zentrum. En Autriche, sous l'influence des souvenirs de la révolution, c'est une autre forme de catholicisme social qui se développe, très éloigné du compromis que le Zentrum mettra en œuvre avec le constitutionnalisme parlementaire, beaucoup plus conservateur et antimoderniste, sous l'impulsion de la pensée corporatiste du baron Vogelsang et sous la conduite politique du prince Alois Liechtenstein. Plus tard, de ce courant de pensée se dégagera un puissant parti chrétien social, sous la conduite d'un leader populaire très efficace, le docteur Karl Lueger. Mais les *Christlich Soziale* autrichiens conservent une coloration antidémocratique et antiparlementaire très marquée – ce qui ne les empêche pas de se servir efficacement de l'instrument parlementaire, avant 1914, comme sous la Ire République (1918-1934).

Cependant, dans l'Allemagne postrévolutionnaire et bismarckienne, le choix politique en faveur de l'action parlementaire ne va pas sans créer des difficultés aux responsables catholiques souvent mal compris par une Curie de plus en plus engagée dans la définition systématique de ses positions antirévolutionnaires et antilibérales, sur le plan politique aussi bien que sur celui de la théologie et de la gestion pastorale. Profondément troublé par la révolution romaine de 1848-1849 dont il n'est venu à bout qu'avec l'aide de la France reprise en main par les conservateurs (bientôt rassemblés derrière le prince Louis Napoléon, élu président de la République à la fin de 1848), Pie IX, du *Syllabus* à l'infaillibilité pontificale, cimente les positions de refus et les condamnations. Après le concile du Vatican (Vatican I, 1870), certains théologiens et universitaires catholiques allemands se sépareront de Rome pour fonder l'Église « vieille-catholique » qui ne dépassera jamais les dimensions d'une secte. Quant aux politiques, leur lutte contre Bismarck suscitera de l'irritation au Vatican avant tout soucieux de soutenir les pouvoirs conservateurs. Le Zentrum, pour pratiquer librement sa stratégie parlementaire, devra à tout instant se démarquer des idéologies condamnées : c'est ainsi qu'en 1894 encore, son président protestera énergiquement quand le gouvernement accusera le parti catholique de coupables penchants vers la démocratie…

L'échec de la révolution bourgeoise et intellectuelle de 1848-1849 marque un des tournants les plus importants de l'histoire moderne de l'Allemagne. En France aussi, les journées sanglantes de juin 1848 conduiront en droite ligne à la dictature impériale dont la défaite, à son tour, permettra le déploiement des institutions républicaines. Dans un certain sens, la République qui ne fait pas peur – malgré le suffrage universel – a pu s'installer à cause de la catastrophe militaire et nationale de 1870-1871 certes, mais aussi à cause de l'efficacité qu'elle avait montrée dans la répression sanglante de la Commune. Cependant, il n'y avait pas en France, doublant les antagonismes idéologiques et les conflits de classes, l'immense problème de l'unité nationale. La révolution de 1848 n'avait pas réussi à le résoudre en Allemagne. C'est un homme d'État réactionnaire, le plus détesté et le plus honni parmi les extrémistes de droite, Otto von Bismarck, qui réalisera cette unité « par le fer et le sang » après avoir vaincu une nouvelle fois le libéralisme bourgeois. La grandeur politique du futur chancelier se dévoile en 1866 quand, triomphant de l'Autriche sur le champ de bataille, il offre aux libéraux un compromis fort honorable en apparence, le suffrage universel et le partage du pouvoir législatif, mais qui leur fera perdre leur âme. Jamais le Reich bismarckien ne deviendra comme l'Angleterre une monarchie parlementaire, alors que la Troisième République, après avoir été la république des ducs et des notables, se mue en république démocratique et sociale. Les révolutionnaires de 1848-1849 n'avaient pas de Bismarck dans leurs rangs, et pas de fortes minorités dynamiques et militantes derrière eux. Leur idéalisme, leur immense bonne volonté, leur culture, leur attachement aux droits de l'homme, leur volonté de faire l'unité allemande en harmonie avec les autres peuples d'Europe font cependant apparaître la grande majorité des « quarante-huitards » comme des Allemands fort respectables. Leur vision était marquée par trop d'idéalisme et trop d'inexpérience – ce fut vraiment une Assemblée de professeurs où siégeaient à peu près toutes les gloires de la science allemande de l'époque – mais elle a laissé aux générations à venir l'ébauche de réformes démocratiques, libérales et humanitaires qui inspireront les constituants de 1919 et surtout ceux de 1949, et qui devront orienter les pas de l'Allemagne enfin réunifiée en 1990.

Rappelons, pour clore ce chapitre, les grandes dates du mouvement qui commença sous le signe de l'espoir pour sombrer dans l'échec. La première Assemblée nationale du peuple allemand se réunit à l'église Saint-Paul de Francfort – ancien lieu d'élection des rois-empereurs – le 18 mai 1848. Elle compte 568 membres. Le 28 mars 1849, une petite minorité élit le roi de Prusse à la dignité impériale. L'Autriche rappelle alors ses députés et, le 3 août 1849, Frédéric-Guillaume IV refuse une couronne « ramassée dans la rue ». Des insurrections éclatent alors en Saxe et dans le Sud-Ouest. La Prusse, la Saxe et le Hanovre rappellent leurs députés. Le Parlement « croupion », essentiellement composé d'éléments de la gauche radicale, se réfugie à Stuttgart le 6 juin.

Le gouvernement wurtembergeois le dissoudra le 18 juin *manu militari*, alors que les armées prussiennes écrasent dans le Palatinat et dans le pays de Bade des soulèvements qui n'ont pas réussi à s'étendre à l'ensemble du pays. Mais tandis qu'à Vienne Schwarzenberg rétablit la monarchie absolue, à Berlin le roi de Prusse se borne à substituer à la Constitution votée par l'Assemblée une « Constitution octroyée » qui conserve le vote de la loi et du budget par les représentants élus du peuple, le suffrage universel étant maintenu mais « discipliné » par l'introduction du système des trois classes, chaque citoyen étant électeur pour désigner des « grands électeurs », la voix des riches pesant beaucoup plus lourd que celle des pauvres.

CHAPITRE XVI

De la réaction restaurée à la révolution d'en haut

1848-1871

1. La deuxième restauration : 1849-1862

Les deux décennies qui séparent l'échec de la révolution libérale de la fondation de l'empire bismarckien marquent un tournant décisif dans le destin du peuple allemand. L'écroulement des nobles espérances du printemps 1848 est en même temps celui des aspirations des couches supérieures de la bourgeoisie possédante et intellectuelle à une plus grande part du pouvoir politique. Ces aspirations, bien sûr, ne s'effaceront pas définitivement. Bien au contraire, les couches supérieures de la bourgeoisie connaîtront dans les années 1850 et 1860 une progression considérable, à la fois en nombre et dans leur situation économique. La richesse et le pouvoir économique ne peuvent, à la longue, se résigner à rester exclus des structures où se prennent les décisions politiques, décisions qui intéressent directement ou indirectement aussi bien les rapports de ces éléments de la bourgeoisie avec les autres classes et catégories de la société que le succès de leurs entreprises et de leurs affaires. En fait, le bilan de la période révolutionnaire n'est pas, pour ces milieux, aussi négatif qu'il n'y paraît au premier regard. L'abolition des privilèges de naissance est maintenant à peu près complète dans la société civile, les dernières restrictions à la liberté du commerce et à la liberté d'entreprendre ont disparu, à quelques exceptions près dont l'Autriche est la plus notable (mais celle-ci sera aussi résorbée entre 1860 et 1867) ; presque tous les États allemands bénéficient maintenant d'une Constitution écrite comportant une chambre de représentants élus où dominent précisément les couches supérieures de la bourgeoisie (ici, les exceptions sont les deux grands-duchés de Mecklembourg qui conserveront une représentation du type féodal et corporatiste, par *Stände*, jusqu'en 1918). D'une manière ou de l'autre, les deux chambres des Parlements allemands sont issues d'un suffrage censitaire qui favorise les minorités possédantes et instruites. En Prusse, l'État allemand dont l'importance est la plus grande, en dépit de l'humiliation d'Olmütz, le Landtag est dominé, durant les années 1850, par les fonctionnaires, bourgeois ou nobles, mais à partir du début des années 1860, ce seront les industriels, les banquiers et les universitaires qui, au double sens de l'expression, y feront la loi. Un certain amalgame s'élabore d'ailleurs par l'instruction universitaire commune, par l'accès aux fonctions supérieures du service public, par des mariages fréquents entre bourgeois « supérieurs » et nobles et aussi par la pratique calculée de l'anoblissement qui vient couronner les grandes carrières administratives et les grandes réussites économiques. Les couches supérieures de la bourgeoisie (l'expression me parait plus exacte que celle de « haute bourgeoisie ») empruntent des détours pour peser sur le pouvoir politique ou pour s'introduire dans ses arcanes. Entre elles et les éléments les moins immobilistes de la noblesse, des alliances et des partages se préparent. L'échec de la révolution de 1848 est surtout, à la longue, celui de la moyenne bourgeoisie, des professions libérales et de l'enseignement, et des idéologies qu'elles ont élaborées ou accueillies pour exprimer leurs situations et leurs aspirations. Pour obtenir un certain partage du pouvoir, les couches supérieures bourgeoises pourront faire le sacrifice d'une idéologie libérale qui ne leur est plus nécessaire à partir du moment où Bismarck contraindra au partage du pouvoir politique ses anciens détenteurs exclusifs.

La comparaison avec la France est ici, encore une fois, instructive et même doublement : ce qui fera défaut à l'Allemagne de la période 1870-1914, c'est un puissant parti radical faisant accéder au pouvoir politique les membres de la moyenne bourgeoisie de province, les notables locaux (médecins, avocats, pharmaciens, universitaires) porteurs d'une idéologie démocratique et patriotique, à l'exclusion de toute dérive socialiste. En face, dans le camp de la noblesse, les privilèges légaux ont été abolis depuis 1789, la vente des biens nationaux et la stabilisation napoléonienne ont fortement entamé les fondements de la puissance économique de l'aristocratie ancienne, aussi bien que sa domination sur les rouages de l'État. En Allemagne, au contraire, c'est avec les anciennes classes et catégories encore puissamment installées dans l'économie rurale et surtout dans les avenues de l'État, à la cour, dans l'armée, dans la haute administration, que les grands industriels, les grands négociants et les grands banquiers doivent faire leurs comptes. Ils en obtiendront facilement des lois et des règlements favorables à leurs intérêts économiques, dans la mesure où les « grands agrariens », les propriétaires, en majorité nobles, de nombreux grands domaines situés surtout à l'est de l'Elbe n'ont pas des intérêts opposés. Tout en limitant à l'extrême les manifestations du libéralisme politique, les gouvernements prussiens de l'époque de la réaction (1848-1858) soutiennent vigoureusement le développement du capitalisme industriel et financier.

Au silence, au calme forcé de la vie politique fait donc pendant, après 1849, l'essor de plus en plus rapide de l'économie. L'essor démographique et l'essor financier-industriel ne sont nullement freinés par l'échec du libéralisme politique en 1849, ni par la deuxième défaite, plus grave encore parce que quasi définitive, que ce courant politique subira en Prusse, au terme du *Konflikt* (conflit) entre la forte majorité libérale du Landtag et le ministre président von Bismarck, appelé à la tête du gouvernement en 1862 par un souverain aux abois. La bourgeoisie d'affaires demeure marginale dans la direction des États, mais ses affaires se portent de mieux en mieux. Pendant que l'Allemagne devient la première puissance industrielle du monde, la Constitution du Reich de 1871 n'introduit même pas la responsabilité ministérielle devant le Reichstag, la Chambre issue du suffrage universel !

Les deux échecs du libéralisme politique donneront à la nation allemande une leçon de cynisme politique dont la catastrophe de 1945 sera la conséquence lointaine et provisoirement finale. Les nobles et belles idées, la confiance dans les valeurs spirituelles et dans la nature humaine, capable de progrès aussi illimités que les sciences de la nature et la technologie (dont cet âge assiste au « décollage » prodigieux), les illusions de la liberté et de la fraternité vont céder le pas, dans les têtes et dans les cœurs, au réalisme de la force et de la puissance. Au bavardage irresponsable des professeurs du haut des tribunes parlementaires et à celui des journalistes illusionnistes ou vénaux Bismarck oppose, au lendemain de son installation à la tête du gouvernement prussien (1862), les vérités du fer et du sang. Les idées et les idéologies n'animent qu'un théâtre d'ombres quand elles ne se placent pas au service des forces matérielles ou – ce qui, en fin de compte, revient au même – quand elles ne disposent pas de telles forces pour imposer leur loi à l'Histoire. La révolution de 1848 s'est épuisée dans le dérisoire parce qu'elle n'avait ni armée ni police, ces attributions essentielles de l'État ayant été laissées aux gouvernements des anciens *Teilstaaten* (« États partiels » ne comprenant chacun qu'une partie du « Tout » allemand). Elle s'est épuisée dans une logomachie intérieure, parce que les professeurs et les nobles idéalistes ignoraient la priorité des relations extérieures, internationales dans la vie des nations. Quand le mouvement national reprendra sa marche en avant, après s'être remis du choc de 1849, les éléments qui auront compris ces « leçons » exerceront en son sein une domination de plus en plus déterminante. Les *Achtundvierziger*, les quarante-huitards, apparaîtront comme des rêveurs naïfs dont se gaussera l'historiographie officielle que l'on enseigne dans les écoles et qui forme ainsi la vision que la nation se donne d'elle-même et de ses passés.

L'armée wurtembergeoise avait dispersé les derniers quarterons de députés de la gauche qui tentaient de transférer à Stuttgart l'Assemblée nationale francfortoise, déjà abandonnée par la grande majorité des représentants de la droite et du centre. Les soulèvements menés par l'extrême gauche dans le grand-duché de Bade, dans le Palatinat et à Dresde avaient été écrasés par l'armée prussienne, après que le roi de Prusse eut, en s'appuyant sur son armée, exilé hors de la capitale et ensuite dissous l'Assemblée prussienne.

Marquons au passage que ces combats furent sérieux, que la campagne de Bade n'eut rien d'une promenade militaire, qu'il y eut de nombreux morts sur les champs de bataille et que de nombreux prisonniers furent fusillés dans la forteresse de Rastatt. Il existe ainsi une tradition allemande de la guerre civile politique et de la démocratie combattante, que l'on verra resurgir en 1918, et que le pouvoir communiste tenta en vain de capturer entre 1945 et 1989 dans la prétendue République démocratique. Cependant Frédéric-Guillaume IV, après avoir refusé avec indignation une couronne impériale offerte par les parlementaires de Francfort, aurait été fort heureux si la voix de ses frères et cousins, les autres princes allemands, l'avait appelé à la tête de la patrie commune, restaurée dans ses grandeurs de naguère. L'esprit fantasque et hésitant du monarque ne se fixait jamais pour longtemps sur une éventualité précise : il n'imaginait qu'à contrecœur une rupture avec l'Autriche dont la dynastie avait régné sur l'Empire pendant cinq siècles ; dans ses moments de loyauté habsbourgeoise, il s'inventait aux côtés de l'empereur autrichien une fonction héréditaire de connétable qui reviendrait à la Prusse. Suivant les conseils de son ministre Radowitz, rêveur romantique comme son maître, il tenta de substituer au Reich restauré des démocrates une « union » des princes dont le roi de Prusse assumerait la présidence. En fait, seuls les petits États de l'Allemagne du Nord se joignirent à cet expédient fort mal vu du gouvernement autrichien. Si l'initiative, cette fois-ci, vient des dynasties et de leurs ministres, l'air du temps les pousse cependant à des concessions envers l'idée de la représentation nationale : un Parlement de l'Union est convoqué à Erfurt en 1850 ; reprenant une bonne partie des textes de Francfort, il élabore une Constitution fédérale.

Ces initiatives ne peuvent que heurter les projets du prince Schwarzenberg. Après avoir terrassé toutes les révolutions, à Vienne, à Venise, à Milan et surtout en Hongrie (avec l'aide de l'armée russe), et rétabli en Autriche la monarchie absolue, le ministre-président du jeune empereur François-Joseph, qui a tout juste vingt ans, veut asseoir l'autorité de son maître sur un vaste ensemble politique et économique s'étendant de

Hambourg à Trieste. A cette fin, il entend restaurer la Confédération germanique de 1815 au sein de laquelle la puissance de l'Autriche, appuyée sur la plupart des petits et moyens États, peut limiter la Prusse à une portion congrue. La Prusse fait peur par sa force militaire, par sa vigueur économique, par une ambition qui ne peut triompher qu'en faisant litière de l'indépendance des autres États allemands. Il est vrai qu'elle a pour monarque un esprit bizarre qui refuse d'aller au bout de la logique de cette Prusse qui a grandi comme un État de proie. Sa véritable nature apparaîtra de nouveau quand le gouvernement sera exercé à Berlin par un homme de génie, digne successeur du grand Frédéric. L'Autriche, affaiblie par des conflits intérieurs latents, par des structures surannées que Schwarzenberg n'aura pas le temps de réformer en profondeur (mais en avait-il vraiment l'envie et la capacité ?), fait finalement moins peur. C'est pourquoi, comme entre 1815 et 1848, la clientèle des petits et moyens États lui reste généralement acquise de 1850 à 1866, sauf pour ce qui est des voisins immédiats de la Prusse et surtout de ces petits États dont le territoire est entièrement entouré de possessions prussiennes, comme le duché d'Anhalt ou, en grande partie, le duché de Brunswick, ou encore, dans leur isolement presque complet, les deux grands-duchés de Mecklembourg.

La Hongrie abattue, Schwarzenberg met fin à l'existence du *Reichsrat* autrichien, fruit de la révolution. La monarchie est transformée en un État centralisé qui abolit les droits historiques des divers royaumes et Länder réunis par les Habsbourg par voie d'héritage dynastique. Se tournant alors vers l'Allemagne, fort de l'appui russe – l'empereur Nicolas reproche à son beau-frère de Prusse les concessions que celui-ci a faites à l'esprit révolutionnaire, alors que François-Joseph d'Autriche épouse complètement la politique réactionnaire de Schwarzenberg –, le chef du gouvernement autrichien provoque une confrontation que la Prusse n'ose pas soutenir : ne se sentant pas capable de mener une guerre victorieuse contre l'Autriche, le roi de Prusse abandonne Radowitz et sa politique trop aventureuse ; il confie le gouvernement à un des représentants les plus en vue des conservateurs, le baron von Manteuffel qui rencontre Schwarzenberg à Olmütz en Moravie, au début de décembre 1850, pour y signer une véritable capitulation. La Prusse renonce à l'« Union » et accepte le rétablissement de la Confédération germanique. La politique extérieure de Manteuffel colle étroitement à l'Autriche et veut éviter tout nouvel affrontement entre les deux grandes puissances allemandes. La « reculade d'Olmütz », cependant, n'est pas critiquée seulement par les libéraux et les démocrates. Certains conservateurs prussiens s'indignent eux aussi de l'humiliation infligée à leur roi et à leur État. Bismarck, que le roi et Manteuffel envoient en 1851 comme leur représentant à la Diète fédérale de Francfort remise en selle, reproche à Frédéric-Guillaume IV et à Radowitz d'avoir conduit la Prusse dans une impasse ; il reste persuadé que l'intérêt de l'État prussien exigera tôt ou tard une explication décisive avec l'Autriche : ou bien celle-ci acceptera de partager avec la Prusse la domination sur l'Allemagne, ou bien la guerre devra trancher entre les deux grands. En fait, Olmütz était pour l'Autriche une victoire trop complète, le grand dessein de Schwarzenberg dépassait les forces de la monarchie danubienne ; après la mort prématurée du prince, au printemps 1852, la politique autrichienne ne retrouvera plus de guide capable de lui faire transcender ses faiblesses et ses contradictions.

Les historiens allemands désignent la période 1850-1860 sous le nom d'ère de réaction et ils n'ont pas tort. Manteuffel en Prusse, Schwarzenberg et ses successeurs, parmi lesquels compte en premier lieu le ministre de l'Intérieur, le baron Bach, ancien révolutionnaire reconverti à la défense de l'ordre, et leurs émules dans les autres États s'emploient en effet à résorber le plus possible des conquêtes de la révolution et de ramener les sujets, après la brève parenthèse où ils avaient été des citoyens, vers la soumission à l'ordre monarchico-bureaucratique, émanation directe de la volonté de Dieu. Le Conseil fédéral abroge formellement les textes issus de la *Nationalversammlung*, y compris – et même surtout – la Déclaration des droits fondamentaux. De nombreux révolutionnaires sont emprisonnés ou contraints à l'exil ; parmi les plus illustres de ces hommes, dont la présence active fera défaut à l'Allemagne, comptent Karl Marx et

Friedrich Engels ; la *Neue Rheinische Zeitung* est supprimée par la censure comme la plupart des organes de presse d'inspiration libérale ou démocratique et un grand procès destiné à frapper l'opinion est monté à Cologne contre les membres allemands de la Ligue des communistes dont la police prussienne a pu s'emparer. Engels, lui, a combattu avec les républicains du Pays de Bade, jusqu'à la défaite finale de l'insurrection. Cette participation directe à une action militaire, jointe à l'intérêt qu'il ne cesse de porter aux choses de la guerre, fera de lui le grand spécialiste de ces questions parmi les marxistes, une sorte de Clausewitz de la révolution. Au nombre des exilés figurent aussi les poètes de la liberté, Ferdinand Freiligrath et Georg Herwegh, dont les vers résonnent dans l'esprit des démocrates et des patriotes (Herwegh a, lui aussi, participé à la guerre révolutionnaire badoise à la tête d'une cohorte ouvrière franco-allemande). Beaucoup d'anonymes, aussi, prennent alors le chemin de l'Angleterre et surtout de l'Amérique ; l'un d'eux, l'étudiant Carl Schurz, après avoir contribué à l'évasion de son professeur emprisonné en Prusse, deviendra général américain pendant la guerre de Sécession, sénateur et secrétaire d'État à l'Intérieur. Son nom est le symbole des centaines de milliers d'Allemands qui cherchent alors en Amérique de nouveaux espaces de liberté.

Le roi de Prusse n'avait pas voulu revenir sur la Constitution qu'il avait lui-même octroyée à son peuple après avoir dissous la Constituante, et Manteuffel joua, à sa manière, le jeu parlementaire : par des pressions administratives de tous ordres, l'élimination des journaux d'opposition, des mesures de police visant l'intimidation, il s'arrangeait pour disposer à la deuxième Chambre, le Landtag, de majorités massives et disciplinées, composées en grande partie de fonctionnaires. Le gouvernement put consacrer ses efforts au développement économique sur la base de l'unification des divers réseaux de chemins de fer mis en place précédemment dans les principales régions. A l'essor économique contribua aussi l'achèvement du Zollverein, par l'entrée du royaume de Hanovre et du grand-duché d'Oldenbourg. L'ensemble de l'Allemagne, à l'exception de l'Autriche et des villes hanséatiques, formait maintenant un bloc cohérent. La diplomatie prussienne réussit à défendre ce système, où la Prusse occupait une position prépondérante, contre les tentatives autrichiennes de reprendre l'idée du grand espace Hambourg-Trieste conçu par Schwarzenberg sur le plan politique et transposée au domaine économique par le ministre du Commerce de l'« *Ära Bach* », le baron von Bruck (lui-même génial entrepreneur, créateur de la célèbre compagnie de navigation, le Lloyd Triestino). On verra que la défaite autrichienne dans la contestation économico-commerciale prélude à l'écroulement de sa position politico-militaire en Allemagne (et indirectement aussi en Italie). En retard sur le plan démographique comme sur le plan industriel, la monarchie autrichienne – gênée par la résistance passive des populations contre la dictature centralisatrice et germanophone des bureaux viennois – souffre d'une crise financière permanente qui se répercute sur ses moyens militaires.

En dépit de ses succès évidents au service du rétablissement de l'ordre, Manteuffel voit son œuvre contestée dans les rangs conservateurs. D'un côté, le roi s'entoure d'une « camarilla » composée de chrétiens fervents, au conservatisme à la fois religieux et romantique, qui rêvent d'un ordre féodal rénové reposant sur la foi religieuse et le lien personnel réciproque entre le roi et ses vassaux. Le caractère froid et utilitaire du conservatisme bureaucratique ne satisfait pas ces fidèles entre les fidèles, dont le chef de file est le général Leopold von Gerlach, chef du cabinet militaire du roi. En politique extérieure, la camarilla souhaite un engagement plus résolu aux côtés de l'Autriche ; sur le plan intérieur, le constitutionnalisme, fruit de la révolution de 1848, leur répugne. C'est dans l'esprit du néoféodalisme romantique que le roi supprime, en 1854, la première Chambre, qui représentait avant tout les collectivités locales, pour la remplacer par une « Chambre des Seigneurs » sur le modèle de la House of Lords, composée essentiellement de « pairs » héréditaires. Le conservatisme religieux protestant de la camarilla a son pendant chez les catholiques prussiens qui fondent, dans les années 1850, un groupe catholique parmi les députés du Landtag. Celui-ci prendra plus tard, à cause de la situation des bancs qu'il occupe dans l'hémicycle, le nom du parti du Zentrum. Les élus catholiques, en étroite communion avec leur hiérarchie et les innombrables associations nées autour de 1848 pour structurer la vie des fidèles, se distinguent de la camarilla par leur attachement à l'idée de Constitution et de représentation nationale : c'est la Constitution qui garantit aux catholiques l'égalité des droits et l'autonomie religieuse que l'État prussien avait contestées et limitées avant les événements de mars 1848. Cependant, malgré l'intérêt sentimental plutôt confus que le roi ressentait pour le Moyen Age catholique, dans la réalité prussienne le catholicisme restait une sorte de corps étranger. A la tête de l'armée et de la haute administration, les fidèles de l'Église romaine étaient fort rares, alors qu'ils formaient plus du tiers de la population de l'État. Cet ostracisme permanent, à peine larvé, conjugué avec la législation égalitaire française, maintenue en Rhénanie, contribuait à orienter les énergies catholiques vers les activités économiques, industrielles et bancaires. Marginaux dans l'État prussien, les catholiques n'opposaient pas au gouvernement un projet politique global. Ils se bornaient, à l'intérieur d'un horizon conservateur et traditionaliste, à revendiquer pour leur Église la liberté de s'organiser et notamment de communiquer avec le Saint-Siège, ainsi que le soutien financier de l'État, considéré comme réparation des spoliations subies au début du siècle. Ils étaient, sur le plan extérieur, favorables à une politique grande-allemande, c'est-à-dire à l'alliance avec l'Autriche, puissance catholique dont la dynastie avait pendant tant de siècles, à la tête du Saint-Empire, défendu les droits et privilèges de l'Église d'Empire.

C'est avant tout, aussi, sur les questions de politique extérieure que portait l'opposition que menait contre Manteuffel le parti dit du *Wochenblatt* (la Feuille hebdomadaire), une fronde de nobles seigneurs et de hauts fonctionnaires attirés par l'Angleterre et son libéralisme à la fois aristocratique et parlementaire. Autour d'un hebdomadaire qui n'était guère lu en dehors des milieux dirigeants, le ministre de Prusse à Londres, le baron von Bunsen, ami intime du roi, et le baron Bethmann Hollweg, richissime banquier d'origine francfortoise, essayaient d'influencer le souverain en faveur d'une politique extérieure dirigée contre la Russie, la puissance réactionnaire par excellence. Le *Wochenblattpartei* souhaitait fonder l'action extérieure de la Prusse sur une entente permanente avec l'Angleterre dont il espérait aussi tirer des conséquences par une évolution intérieure libérale du royaume. La Russie, dont la puissance ne cessait de grandir, leur apparaissait comme une menace permanente contre l'indépendance des autres États européens et contre la civilisation européenne tout entière. L'indécision chronique du roi permit cependant à Manteuffel de se maintenir au pouvoir au milieu de ces courants hostiles dont l'action s'annihilait mutuellement.

Si l'Autriche avait obtenu le rétablissement de la Confédération germanique, l'esprit dans lequel fonctionnait le système restauré n'était plus tout à fait le même. Le Conseil fédéral s'employa certes, et avec succès dans les premières années, à extirper des Constitutions des divers États les éléments libéraux et parlementaires introduits pendant la période révolutionnaire. Des ordonnances fédérales limitèrent la liberté de la presse, un texte de 1854 frappa d'interdiction les associations politiques ouvrières qui avaient fleuri pendant la brève parenthèse de 1848-1849. Peu à peu, cependant, l'affrontement des intérêts autrichiens et prussiens permit à certains États d'échapper au contrôle que les deux « grands » exerçaient sur leurs affaires intérieures. Le roi de Bavière, Maximilien II, esprit sérieux, attiré avant tout par les sciences et la culture, n'avait suivi qu'à contrecœur le courant réactionnaire et s'en écarta progressivement. Au grand-duché de Bade, le libéralisme reprit sa marche en avant sous le nouveau grand-duc Frédéric Ier, à partir de 1852. La question nationale, momentanément mise au placard, se réveille dans un contexte européen profondément changé par l'avènement, en France, d'un nouveau régime autoritaire dont l'ambition est de remettre en question l'ordre européen créé en 1815. Ayant facilement triomphé à l'intérieur en exploitant la peur inspirée aux masses petites-bourgeoises et paysannes par les « partageux », Napoléon III veut asseoir sa popularité sur des succès extérieurs en appuyant contre les puissances conservatrices les mouvements nationalistes. Le bonapartisme plébiscitaire joue ainsi la carte du double héritage reçu du Premier Empire : l'ordre à l'intérieur au profit des possédants et des entreprenants, la liberté en Europe apportée aux peuples sous l'égide d'une hégémonie française moins lourdement militaire que celle de l'Oncle. L'idée d'une alliance franco-prussienne n'est pas absente des rêves du nouveau maître de la France, à la fois naïf et astucieux ; à condition que la Prusse se range dans le camp des adversaires de l'Europe de 1815. Cette idée, le roi légitimiste la repousse, mais, parmi ses conseillers, un homme qui l'attire et qui l'inquiète en même temps y prête une attention dépourvue de préjugés : Otto von Bismarck, ce hobereau ultra dont les discours antirévolutionnaires à la Diète de Prusse avaient révélé un immense talent, à la fois subtil et provocateur. Le roi l'a envoyé à Francfort comme son représentant au Conseil fédéral. Bismarck ne ressent aucune attraction idéologique pour les projets de Louis Napoléon, mais lui aussi veut modifier l'équilibre institué à Vienne en 1815 : au profit de la Prusse, il est vrai, et point de celui de la France.

La première grande aventure extérieure du Second Empire vise la Russie dont Nicolas Ier a fait la gardienne de l'ordre monarchique face aux menaces de subversion révolutionnaire. L'intérêt anglais, parallèlement, pousse Londres à vouloir diminuer la pression russe sur les Balkans, l'Empire turc, le Proche et le Moyen-Orient. La conjugaison des deux puissances occidentales, pourtant unies par des intentions très différentes, conduit à la guerre de Crimée. L'Autriche, « étonnant l'Europe par son ingratitude », sans entrer directement dans la guerre, joint son action politico-diplomatique à celle des Occidentaux, afin de préserver les Balkans de l'hégémonie de la « troisième Rome ». Elle tente d'entraîner dans cette voie la Prusse et les autres États allemands. Le roi et Manteuffel n'osent ni résister véritablement à cette pression, ni rompre complètement avec la Russie et sa dynastie, étroitement apparentée aux Hohenzollern. Le *Wochenblattpartei* voudrait profiter de l'occasion pour pousser la Russie hors d'Europe ; Bismarck vitupère une politique qui ne poursuit pas avec détermination l'expansion de la puissance prussienne. La Russie battue et momentanément bloquée dans sa poussée vers les détroits, l'Autriche se retrouve coupée de la principale puissance conservatrice, en proie à une nouvelle croissance de l'agitation nationaliste en Italie, qui est soutenue par Napoléon III. Quant à la Prusse, à qui la Russie reproche de ne l'avoir pas soutenue et qui n'a rien fait pour gagner les bonnes grâces des Occidentaux, elle s'est exposée au mépris de l'Europe. C'est à grand-peine que Manteuffel obtient d'être admis à la conférence de Paris où se négocie en 1856 une paix de compromis, conférence à laquelle participe, comme puissance belligérante, le petit royaume de Sardaigne dont Cavour, préparant la guerre de libération contre l'Autriche, a fait l'allié des puissances occidentales. Menant à Francfort un combat diplomatique de tous les jours contre l'Autriche, bien au-delà des instructions lénifiantes de Berlin, Bismarck prépare, quant à lui, l'alternative sur laquelle il veut faire éclater la « question allemande » : ou bien l'Autriche acceptera, ce qu'elle n'a jamais fait depuis les guerres du XVIe siècle, le partage de l'Allemagne en deux blocs, chacun dominé par l'un des deux « grands », ou bien l'Allemagne deviendra l'enjeu d'une guerre qui tranchera entre les deux prétendants à l'hégémonie.

Trois ans après le traité de Paris, Napoléon III présente à l'Autriche le prix de ses louvoiements : il s'appelle Magenta et Solferino. L'alliance franco-sarde arrache à l'Autriche la Lombardie ; par la force et la ruse, le mouvement national – devant lequel l'empereur des Français reste hésitant, le favorisant d'une main mais cherchant de l'autre à l'empêcher de s'étendre au détriment du pape, afin de ne pas perdre l'appui du catholicisme français – réalise ensuite le vieux rêve de l'unité nationale dont ne restent exclus, et seulement pour quelques années, que Venise et Rome. Si l'opinion nationale allemande s'était émue de voir les deux grandes puissances allemandes jouer des rôles peu glorieux pendant la guerre de Crimée, elle s'enflamme, cette fois-ci, dans sa grande majorité en faveur de l'Autriche aux prises avec les *welches* italiens et français. Certes, l'Autriche représente dans cette guerre les principes de la Restauration, de la monarchie de droit divin et de l'autorité étatique, face à un mouvement populaire qui revendique, les armes à la main, la fin d'une domination étrangère despotique et l'unification nationale, mais la solidarité avec l'Autriche considérée comme une puissance allemande l'emporte, même chez la plupart des libéraux et des démocrates, sur la sympathie pour un peuple dont la situation ressemble tant à celle de la nation allemande. Cependant, la Prusse, où règne à présent le prince Guillaume comme régent, pour son frère malade, entouré de ministres plus libéraux, certains proches du parti du *Wochenblatt*, hésite à s'engager. D'une part, comme au moment d'Olmütz, l'armée ne paraît pas suffisamment préparée pour lutter avec succès contre une puissance plus nombreuse et réputée plus forte mais le prince-régent ne veut pas non plus travailler pour l'empereur d'Autriche sans retirer de cette entreprise risquée des avantages substantiels pour la Prusse. Il exige, notamment, le commandement des troupes fédérales qui viendraient au secours de l'Autriche. Plutôt que de renforcer le rival prussien, le gouvernement de Vienne se décide à céder devant la France et son alliée italienne : François-Joseph abandonne la Lombardie à Napoléon III qui la transfère à Victor-Emmanuel II. Une grande partie de l'opinion nationale allemande accuse l'Autriche de trahison, d'autres au contraire reprochent à la Prusse d'avoir abandonné la cause commune en exerçant sur l'Autriche un chantage éhonté. Comme en 1848-1849, la nation, c'est-à-dire ceux des Allemands qui s'intéressent à la politique, aux affaires communes, se divise en Grands-Allemands et Petits-Allemands. L'aversion que la Prusse autoritaire et militariste, dont les troupes ont écrasé les insurrections populaires de 1849, inspire encore à la gauche allemande fait confluer dans le parti grand-allemand, à côté des catholiques traditionalistes, la majorité des libéraux et des démocrates des États non prussiens et même un grand nombre de Rhénans prussiens. Marx et Engels et la plupart des militants ouvriers qui les suivent sont eux aussi grands-allemands, parce qu'ils sont avant tout antiprussiens. Ferdinand Lassalle, en revanche, qui pense que le chemin de la révolution socialiste allemande passe par la conquête de l'État prussien, appelle le gouvernement de Berlin à intervenir dans la guerre contre l'Autriche pour chasser les Habsbourg de l'Allemagne et pour réaliser l'unité nationale autour de la Prusse.

La défaite de 1859 montre que l'Autriche du jeune empereur François-Joseph n'a pas été capable de résoudre ses problèmes intérieurs et de combler ses retards. Même un homme d'État de stature exceptionnelle n'y serait sans doute pas parvenu et aucun ministre d'une envergure pareille n'a pris la succession du prince Schwarzenberg. La résistance passive de la nation hongroise, privée de ses institutions et de ses libertés séculaires par son intégration pure et simple dans l'État centralisé à direction germanophone, exerce une influence paralysante sur l'ensemble de la monarchie. Les autres nations ou nationalités non allemandes, qui se sont communiqué les unes aux autres leurs aspirations au réveil ou à la renaissance, prennent exemple sur les Magyars – tout en rejetant d'ailleurs les prétentions de ceux-ci à l'hégémonie absolue dans le royaume de Saint-Étienne dont ils exigent le rétablissement. Si l'industrialisation a fait de grands progrès sur les pourtours de la Bohême, dans le bassin viennois, en Styrie et en Lombardie, si les réseaux de chemins de fer s'étoffent pour relier la Bohême et Vienne à l'Adriatique, où Trieste connaît un essor remarquable, l'Autriche reste dans la plus grande partie de ses provinces un pays agricole profondément arriéré. Vienne, libérée des bastions qui l'emprisonnaient dans l'enceinte centenaire, celle-là même qui avait résisté aux Turcs deux siècles auparavant, devient certes une grande métropole européenne – les palais, théâtres, musées, hôtels, églises et immeubles particuliers construits sur la voie du *Ring* (l'anneau) à la place des fortifications constituent le plus vaste ensemble urbanistique conçu au XIXe siècle en Europe, preuve éclatante de la vigueur de la nouvelle bourgeoisie financière et entreprenante, mais la dépendance de l'État envers les grands financiers bourgeois indigènes et étrangers est à la fois la conséquence d'une faiblesse permanente et la cause de cette permanence. Les difficultés financières et les insuffisances sociales ont des répercussions désastreuses sur le budget militaire. L'armée, au demeurant, malgré les grandes traditions de l'époquc des guerres turques, de Marie-Thérèse et des campagnes contre Napoléon, maintenues par le vieux maréchal Radetzky, vainqueur des Sardes et des Lombards en 1848, retarde par sa discipline étroite et formelle sur les troupes des autres puissances européennes qui sont de plus en plus conçues comme la nation en armes. L'État multinational autrichien doit faire appel à des loyautés plus anciennes et plus primitives. L'instruction publique, indispensable alors que les soldats doivent manier des armes de plus en plus compliquées, est beaucoup moins avancée en Autriche qu'en Prusse et en France. Le gouvernement, en la personne du comte Thun-Hohenstein, un des hommes d'État les plus remarquables de l'époque, a certes entrepris un vaste effort de modernisation, mais celui-ci reste limité aux aspects techniques de la culture, car Thun est en même temps un catholique conservateur ; le Concordat de 1855 rétablit le contrôle de l'Église romaine sur l'enseignement élémentaire. La conclusion même de cet accord, en rupture avec la tradition joséphiste qui soumet l'Église à l'État, est une mesure de défense d'un ordre assiégé de toutes parts, alors que dans les autres domaines de la vie publique se maintient l'étatisme tatillon et réglementeur de la bureaucratie germanophone qui veille jalousement à contrôler et à comprimer toute manifestation d'un esprit d'autonomie, dans l'économie aussi bien que dans la littérature, vis-à-vis des nationalités comme vis-à-vis des groupements politiques. Ce joséphisme dégénéré s'efforce d'imposer partout la langue allemande comme unique instrument d'administration et de commandement. Les bureaucrates, souvent d'origine slave, n'agissent certes pas ainsi par passion nationale, mais pour contenir l'insubordination nationale des populations et parce que le multilinguisme est une gêne pour l'administration. De cette façon, le gouvernement absolutiste et ses serviteurs offensent les nationalités non allemandes, tout en se coupant de la bourgeoisie allemande qui revendique à la fois la liberté économique et les libertés politiques. Cependant, le libéralisme, chez les Allemands d'Autriche, se teint très tôt d'illibéralisme linguistique et national. La bourgeoisie germanophone se dresse contre la cour, la haute noblesse et l'Église catholique avec l'argumentation commune à tous les libéralismes européens, déduite de la philosophie humaniste des Lumières et de la philosophie économique des théoriciens anglais du capitalisme, mais, en même temps, elle veut maintenir la domination hégémonique de la minorité allemande sur la majorité composée de peuples allogènes. En Autriche, aussi, les libéraux avaient cru naïvement en 1848-1849 à l'harmonie préétablie des aspirations nationales, mais entre Allemands et Tchèques, Allemands et Magyars, Croates et Magyars, Allemands et Italiens, Italiens et Croates, les conflits d'intérêts et les aversions mutuelles, nourris par la montée des idéologies nationalistes, avaient rapidement réduit l'idylle au silence. La dérive nationaliste du libéralisme commence plus tôt et progresse plus vite chez les Allemands d'Autriche que dans le reste de l'Allemagne. Il est vrai qu'ailleurs, à l'exception des provinces orientales de la Prusse et de quelques cantons au nord du Schleswig, la question de la cohabitation avec d'autres peuples ne se posait pas de façon aiguë.

Ces développements apparaissent au grand jour après la défaite de 1859. La perte de prestige dont souffrent l'empereur, ses ministres et ses généraux ne permet plus le maintien de l'absolutisme, et les causes du désastre sont, de toute évidence, liées au caractère arriéré du système politique. François-Joseph tente alors une ouverture vers les peuples et nationalités qui composent la monarchie et, en premier lieu bien sûr, vers la Hongrie, mais en s'adressant essentiellement à la haute noblesse et aux courants politiques conservateurs et cléricaux. Le « Diplôme d'octobre » (1860) se propose de remettre aux diètes des royaumes et autres provinces une large part des pouvoirs précédemment exercés par le gouvernement central, mais en maintenant une composition par « ordres » sociaux et un mode de scrutin séparé pour chacun des ordres. Jugé insuffisant par la majorité de la classe politique hongroise, le « diplôme », élaboré par un président du Conseil polonais, le comte Goluchovski, suscita l'opposition véhémente des libéraux allemands. François-Joseph, qui n'a que 29 ans et ne possède pas une vision très personnelle de la voie à suivre, fait alors machine arrière. On ne peut à la fois dresser la monarchie contre l'aristocratie magyare et contre la bourgeoisie allemande dans laquelle se recrute une grande partie des fonctionnaires et des militaires. Nommé ministre d'État, Anton von Schmerling, qui avait été *Reichsministerpräsident*, à Francfort en 1848, fait promulguer une « patente de février » (1861) qui accentue le caractère unitaire de l'État en renforçant le rôle d'un *Reichsrat* (conseil d'Empire) composé de délégués des diètes, tout en accordant à la Hongrie une autonomie plus vaste – dont celle-ci, cependant, ne se satisfait point. L'Autriche cesse ainsi, dernier des États allemands, d'être une monarchie absolue, mais sa consolidation et sa modernisation ne progressent pas assez vite pour éviter la nouvelle catastrophe qui se produira quelques années plus tard (en 1866).

Pendant ce temps, après une longue période de calme imposé et de stagnation politique, la Prusse s'est, elle aussi, engagée dans des eaux plus agitées, mais l'aboutissement de cette crise sera tout autre que celui de la décadence autrichienne. Le roi Frédéric-Guillaume IV avait donné des signes croissants de déséquilibre mental. En 1858, il fallait s'y résigner : ce monarque étrange et fantasque sombrait dans l'aliénation. Son frère puîné, le prince de Prusse, en l'absence d'un héritier direct, était le successeur désigné. Comme lieutenant-général du royaume et à partir de 1859 comme régent, il remplaça le souverain défaillant qui ne mourut qu'en 1861. Militaire dans l'âme et par éducation, le prince Guillaume, né en 1797, approchait déjà de la vieillesse. En 1848, il avait marqué avec vigueur son opposition aux capitulations et tergiversations royales et préconisé l'emploi de la manière forte. Pendant quelques mois, sa sécurité ne paraissant pas assurée, il avait dû se réfugier en Angleterre. Cependant, patriote prussien attaché avant tout à la grandeur de l'État et de la dynastie, il avait vivement ressenti l'humiliation d'Olmütz. Plus tard, commandant en chef dans les provinces de l'Ouest, résidant à Coblence, en Rhénanie mi-catholique, mi-libérale, très influencé par sa femme, la princesse Augusta de Saxe-Weimar – petite-fille du grand-duc dont Goethe avait été le conseiller et le ministre, cultivée, ouverte aux idées modernes –, il s'était rapproché des éléments les plus modérés du libéralisme politique. Aussitôt arrivé au pouvoir, il congédia Manteuffel et forma un gouvernement qui relâcha la pression par laquelle le ministre-président de la réaction avait cherché à contenir les mouvements de la société. En inaugurant une « ère nouvelle » le régent voulait sincèrement refaire l'unité de la nation autour de sa personne. Libres pour la première fois depuis 1849, les élections donnèrent une Diète entièrement dominée par les divers courants du libéralisme. Le système électoral dit des « trois classes », en favorisant exclusivement la richesse, livrait la Chambre à la bourgeoisie, au sein de laquelle les concepts de base de 1848 – ordre constitutionnel associant le peuple et le roi, responsabilité du gouvernement devant les élus, égalité de tous devant la loi et rétablissement de l'unité politique de la nation allemande – prédominaient encore très largement. Il fallut cependant peu de temps pour qu'il devînt évident que l'« ère nouvelle » se fondait sur un malentendu. Homme des temps anciens, s'interrogeant sans cesse sur les décisions que son père Frédéric-Guillaume III aurait prises à sa place, d'une grande droiture morale mais sans expérience politique, convaincu de l'origine divine de sa mission et fort imbu de son autorité en dépit de sa modestie personnelle, le régent, devenu le roi Guillaume Ier en 1861, à la mort de son frère, n'avait nullement l'intention de transformer la Prusse en une monarchie parlementaire à l'anglaise.

La crise politique de toute façon inévitable se noua autour de la réforme de l'armée que Guillaume considère comme indispensable après les expériences déprimantes d'Olmütz et de 1859. Le roi veut à la fois renforcer le nombre des soldats entraînés disponibles, améliorer l'armement et réunifier les unités que la réforme de Boyen, en 1820, avait réparties entre deux entités nettement distinctes : la *Ligne*, régiments d'active alimentés par le service universel de trois ans, dont le corps des officiers et des sous-officiers est composé de professionnels (les officiers étant encore en majorité d'origine noble), et la *Landwehr* (défense du pays) où les recrues étaient versées, au terme de leur service, pour être maintenues en forme par des « périodes » annuelles, les officiers étant élus par leurs pairs. Ce système, compromis entre l'armée du roi et l'armée de la nation, entre la tradition de Frédéric II et l'expérience de la Révolution française, n'était plus à la hauteur des exigences modernes, mais en cherchant à le modifier au profit de la *Ligne*, le roi allait à l'encontre des idées libérales et des intérêts de la bourgeoisie moyenne qui fournissait les cadres de la *Landwehr*.

Les élus libéraux, patriotes prussiens et allemands, n'étaient pas d'emblée hostiles au renforcement de l'armée, mais ils voulaient contrôler et orienter la réforme. Le roi, de son côté, chef suprême des armées, voulait scrupuleusement respecter la Constitution octroyée par son frère, mais entendait rester maître de la chose militaire comme tous les souverains prussiens avant lui. Il reconnaissait au Parlement le droit de voter les dépenses mais sans se mêler de leur emploi. La majorité, de son côté, voulait une véritable loi militaire, et – en échange des importantes sommes qu'elle était prête à accorder – la réduction du service obligatoire de trois à deux ans. La querelle prit rapidement un caractère idéologique alors que des compromis sur la substance même auraient pu être réalisés assez facilement. Le roi et ses conseillers ministres, au premier rang le ministre de la Guerre Albrecht von Roon, voulaient abattre la superbe des députés et mettre fin à la glissade vers un régime parlementaire au sein duquel la noblesse terrienne aurait perdu ses privilèges de droit et surtout de fait. Parmi les libéraux, le conflit avec le roi favorisait la montée des éléments les plus radicaux. La Diète fut dissoute et les électeurs renvoyèrent à Berlin une majorité libérale écrasante, prête à se battre. Abandonnant les positions modérées, un nombre important des élus, d'esprit fermement démocrate et patriote, fondèrent en 1861 le *Deutsche Fortschrittspartei* (Parti allemand du progrès), le premier parti politique allemand organisé, au sens moderne. Le nom de cette création montre que l'ambition des libéraux de gauche ne se limite pas à la Prusse. En face, les juristes du roi, scrutant la Constitution, constatent que celle-ci n'a pas prévu le désaccord prolongé entre les trois composantes du processus législatif : le roi, la Chambre des députés et la Chambre des seigneurs. Ils affirment qu'en tant que chef des armées le roi reste souverain absolu, dont les décisions n'ont pas besoin du contreseing du ministre. L'escalade conduit alors les députés à rejeter non seulement les crédits militaires mais le budget tout entier. Les ministres, à l'exception de Roon, rechignent devant l'application concrète de la théorie de la lacune constitutionnelle que le roi veut invoquer pour continuer à lever l'impôt dans le cadre du dernier budget voté. Le monarque se trouve alors acculé au choix suivant : trouver un chef de gouvernement de combat ou abdiquer en faveur de son fils, le prince royal Frédéric-Guillaume chez qui l'influence de son épouse anglaise, fille de la reine Victoria, a favorisé le développement de tendances libérales. C'est alors, le 23 septembre 1862, que va sonner l'heure de Bismarck.

2. L'irrésistible ascension d'Otto von Bismarck, 1862-1871

Le plus grand homme d'État de la seconde moitié du XIXe siècle est né en 1815 d'un petit officier noble, descendant d'une très vieille famille de hobereaux du Brandebourg, et d'une mère bourgeoise, fille d'un haut fonctionnaire. Il a acquis une bonne culture classique ; il parle couramment le français et l'anglais et a étudié le droit et l'économie politique à Göttingen. Républicain et athée à 20 ans, il se fait connaître à la Diète réunie de 1847 comme le meilleur orateur de l'extrême droite monarchiste et conservatrice. Entretemps, il a tâté d'une carrière de fonctionnaire ; comme il s'y ennuya, il retourna gérer à la campagne l'un des domaines de sa famille, menant joyeuse vie, buvant sec, se lançant à travers le pays dans de folles chevauchées mais s'affirmant excellent administrateur. Fréquentant des familles piétistes, il retrouve la foi protestante de son enfance qui ne le quittera plus. L'homme politique, cynique et retors, qui ne recule ni devant la violence ni devant le mensonge, porte partout avec lui un carnet où il note et médite de pieuses réflexions. La véhémence de ses sentiments royalistes et sa fougue antirévolutionnaire l'ont fait connaître pendant la crise de 1848-1849 : le roi voit en lui un futur ministre ; en attendant, à 36 ans, il est envoyé à Francfort comme représentant prussien au Conseil fédéral. C'est le poste le plus important de la diplomatie prussienne. Ensuite, ministre à Saint-Pétersbourg et à Paris, il compte déjà parmi les principaux conseillers politiques du souverain, mais Guillaume Ier, comme son prédécesseur Frédéric-Guillaume IV, redoute chez Bismarck un tempérament excessif dont il craint qu'il n'obscurcisse parfois une intelligence brillante, servie par un éblouissant talent de formulation. Dans ses Mémoires, Bismarck apparaît comme un très grand écrivain.

A Francfort, les idées de Bismarck se sont précisées et affermies. Conservateur il l'est et il le demeure, défenseur de l'ordre patriarcal et patrimonial dont il est bénéficiaire en tant que propriétaire de vastes domaines fonciers, mais son regard aigu reconnaît les signes du temps : l'ordre ancien ne pourra être maintenu qu'en sacrifiant une partie de ce qu'il fut, par le partage du pouvoir économique, politique et social avec les industriels et les banquiers, avec la grande bourgeoisie, aristocratie des temps modernes. Bismarck est un monarchiste convaincu mais il ne se préoccupe que du roi de Prusse et des intérêts de la monarchie prussienne. Sa politique n'est jamais idéologique ; pour combattre l'empereur d'Autriche, il fera alliance avec les révolutionnaires hongrois. Après 1871, il est partisan de la République pour la France : elle isolera l'adversaire rêvant revanche de toutes les cours d'Europe. Bismarck est avant tout prussien mais il comprend que la fortune de la Prusse exige à présent qu'elle entre pour la dominer dans une Allemagne unie. En formulant ces positions originales, il se sépare des conservateurs néoromantiques de la camarilla sans se rapprocher des libéraux. Son machiavélisme tranquille effraie autant qu'il attire. Le roi ne lui offrira le pouvoir que le jour où il ne trouvera plus de ministres pour soutenir le *Konflikt* avec la majorité libérale de la Chambre des députés.

Bismarck, lui, est prêt à se battre. Il dissout à nouveau la Diète, les électeurs lui renvoient une majorité hostile encore nettement plus nombreuse et plus radicale. Géant toujours maître de lui, il provoque sciemment, avec une voix curieusement haut perchée et nasillarde, une vraie voix de hobereau officier de la garde, les députés idéalistes par des discours réalistes que leurs destinataires trouvent affreusement cyniques. C'est ainsi que, devant une commission du Landtag, il prononce la fameuse phrase sur l'unité allemande qui ne sera pas obtenue par des discours parlementaires mais par « le sang et le fer ». Ceux qui l'entendent mais ne l'écoutent pas ne s'étonnent pas suffisamment de voir le défenseur de l'intérêt exclusif de l'État prussien prendre ainsi en charge la cause de l'unité nationale. Les procès de presse se multiplient, les députés fonctionnaires qui appartiennent à l'opposition sont mutés et brimés. Les pressions électorales s'exercent de la façon la plus ouverte ; naturellement, la réforme de l'armée se poursuit à un rythme accéléré et, invoquant la théorie de la lacune, Bismarck gouverne allègrement sans budget voté. Les parlementaires protestent mais le pouvoir est du côté du ministre-président. A la nation attentive, Bismarck administre une leçon de *Realpolitik* intérieure qui ne sera pas oubliée de sitôt. Cependant, l'intérêt prioritaire du nouveau chef du gouvernement s'attachait à la politique extérieure. Convaincu que la monarchie prussienne ne pouvait survivre à l'âge des nationalités qu'en captant les forces du nationalisme à son profit, Bismarck voulait résoudre la question allemande sans se fixer d'avance ni des objectifs ni des moyens. Il pensait que l'homme d'État devait avant tout rester à l'affût des occasions. Dès son arrivée au pouvoir, alors qu'il était encore ministre à Paris, il avait contribué fortement, en mars 1862, à la conclusion d'un traité de commerce franco-prussien, proposé par Napoléon III dans la suite du traité libre-échangiste qu'il venait de signer avec l'Angleterre. L'économie du Zollverein était à présent suffisamment avancée pour supporter une forte dose de libre-échange, alors que l'Autriche n'osait pas renoncer aux protections traditionnelles ; de plus, en s'accordant mutuellement le bénéfice de la clause de la puissance la plus favorisée, les contractants s'interdisaient de donner à l'Autriche des avantages particuliers. Par un mélange très bismarckien de manœuvres et de menaces, allant jusqu'à dénoncer le Zollverein pour le rétablir aussitôt, le nouveau chef du gouvernement prussien obligeait les autres États allemands à accepter le nouveau système libre-échangiste complété ensuite par un traité avantageux imposé à l'Autriche. On a pu qualifier cette victoire diplomatique de « Sadowa économique ».

L'accord commercial avec la France correspondait à une conception des rapports franco-prussiens que Bismarck avait élaborée dès le début des années 1850, à la grande indignation de ses amis idéologues conservateurs. Napoléon III et la Prusse bismarckienne avaient en commun la volonté d'obtenir la révision de l'ordre de 1815. Ils pouvaient faire un bout de chemin ensemble. Si la Prusse voulait régler la question allemande au détriment de l'Autriche, elle avait besoin de la bienveillante neutralité de la France. Le tout était de savoir quel prix Bismarck était prêt à payer cette bienveillance : Bismarck lui-même n'en savait rien, sinon qu'il paierait le moins possible. Contre l'Autriche, il avait aussi besoin de la neutralité non moins bienveillante de la Russie, et ses missions successives à Saint-Pétersbourg et à Paris avaient confirmé chez lui la conviction que la seule constellation que la Prusse (et plus tard l'Allemagne) avait réellement à craindre serait un rapprochement franco-russe. Sa grande politique consistera donc à isoler l'Autriche, tout en maintenant l'antagonisme entre la France et la Russie, héritage de la guerre de Crimée. Pour réussir cette double entreprise, l'histoire lui offre très vite, en janvier 1863, une occasion inespérée : une nouvelle insurrection polonaise. Pour l'État prussien, la résurrection d'un État polonais représente un danger majeur ; contrairement aux libéraux, Bismarck n'a aucune sympathie pour les revendications nationales des autres peuples. La France de Napoléon III, au contraire, par opposition à la Russie comme par tradition napoléonienne, est favorable à la cause polonaise. En Russie même, un parti nationaliste « slavophile », hostile aux Allemands, qu'ils soient Prussiens ou Autrichiens, s'agite pour un rapprochement franco-russe, en dépit des mauvais souvenirs de 1853-1856. Bismarck veut à la fois empêcher le mouvement national polonais de s'étendre aux régions prussiennes naguère arrachées à la Pologne et étouffer dans l'œuf les combinaisons franco-russes. Le 8 février 1863, son envoyé à Saint-Pétersbourg, le général von Alvensleben, signe avec la Russie une « convention d'assistance mutuelle » qui autorise notamment les troupes de l'une des parties contractantes à poursuivre les insurgés sur le territoire de l'autre. Bismarck désarme ainsi les éléments qui, en Russie, seraient enclins à changer de politique vis-à-vis de la Pologne, il s'assure la reconnaissance de l'empereur et des courants conservateurs, au prix d'une tension momentanée avec la France et surtout d'une recrudescence des protestations que sa politique suscite dans l'opinion libérale et nationale en Allemagne. Mais, dc cela, il n'a cure.

Pourtant, depuis 1859 et le débat sur l'intervention dans la guerre austro-française, le mouvement national commence à se relever de son abattement. En cette même année, avait été fondé le *Deutsche Nationalverein* (Association nationale allemande) sur le modèle de l'italienne Società nazionale. Groupement de notables bourgeois, avant tout d'universitaires, le *Nationalverein*, qui eut jusqu'à 25 000 membres, reprenait le programme petit-allemand d'un État fédéral à direction prussienne sans toutefois le formuler avec netteté, car une partie de la bourgeoisie libérale était effrayée par la tournure que prenait la politique prussienne. A la fin de 1862, les partisans du programme grand-allemand, à sympathie autrichienne, fondèrent à leur tour le *Deutsche Reformverein* (association pour la réforme allemande) dont les membres se recrutaient dans la population catholique et chez les libéraux des États petits et moyens qui redoutaient l'expansionnisme prussien. Sans être capables d'agir directement sur les décisions politiques, les grandes associations exprimaient l'impatience croissante de l'opinion, qui se manifestait également dans les regroupements plus spectaculaires des grandes rencontres panallemandes, pour la célébration du centenaire de la naissance de Friedrich Schiller en 1859, à la première fête nationale des Gymnastes (*Turner*) à Coburg, en 1860, à la première fête panallemande des chorales (*Deutsches Sängerfest*) à Nuremberg en 1861, et à la première rencontre panallemande des tirailleurs (*Schützen*) à Francfort-sur-le-Main en 1862. Les gouvernements issus de la réaction de 1849-1850 sentaient ou comprenaient plus ou moins clairement que la question de l'unité nationale allait se poser à nouveau.

Pour Bismarck, décidé à résoudre cette question au profit de sa Prusse, la tâche consistait ici à briser l'identité substantielle qui s'était réalisée entre le mouvement national et le mouvement libéral. Or, son attitude dans l'affaire polonaise, aussi bien que sa lutte contre la majorité libérale à la Diète prussienne le vouaient à l'exécration de tous ceux qui voulaient les libertés civiles et civiques en même temps que la liberté et l'unité de la nation.

Tout d'abord, il lui fallut faire face à une offensive autrichienne. Tirant le pays de sa longue léthargie, le gouvernement libéral de Schmerling commençait à exercer une attraction sérieuse sur tous ceux qui ne se résignaient pas à une Allemagne sans l'Autriche, ni à une Allemagne dominée par la Prusse réactionnaire. Pendant l'été 1863, l'empereur François-Joseph, après avoir soumis à l'opinion un projet de réforme de la Confédération, convoque à Francfort pour le 1er septembre une « Journée des Princes » réunissant les chefs de tous les États allemands pour discuter et adopter ce projet. Celui-ci prévoit un exécutif composé de cinq princes sous la présidence de l'empereur et un Parlement national composé de trois cents délégués provenant des diètes des États. Avec quelques gouttes de modernité en plus, on retrouvait dans ce document des idées qui, pendant des siècles, avaient inspiré de nombreuses tentatives de *Reichsreform*. Tout le long passé glorieux du Reich conduit par les empereurs Habsbourg resurgissait ainsi, à l'heure des chemins de fer et des sociétés par actions. Bismarck n'en fit qu'une bouchée en convainquant, non sans mal, son roi à refuser l'invitation. Au lieu de cueillir par surprise un vieux monarque toujours sensible aux traditions historiques, l'Autriche dut reconnaître que l'absence de la Prusse faisait capoter le projet. Aux propositions autrichiennes, le ministre-président prussien opposa ensuite un projet à lui qui, grâce à une présidence alternée, plaçait la Prusse dans une position d'égalité, et comprenait un Parlement issu d'élections directes. Ici se dessine, pour la première fois, le futur amalgame de la volonté de puissance de l'État prussien et du mouvement national allemand, d'une politique intégrant des éléments conservateurs, autoritaires et national-plébiscitaires. Pour faire prendre cet alliage, une nouvelle occasion va se présenter.

Les règlements imposés par les puissances dans l'affaire des duchés, de 1850 à 1852, étaient ressentis en Allemagne comme profondément injustes. Pour libérer des prétentions du nationalisme danois le Holstein, et surtout le Schleswig plus exposé, le mouvement national allemand avait lancé en 1848 la Prusse dans une brève guerre victorieuse, mais l'étranger l'avait frustré des fruits de ses victoires. Cependant, les nationalistes danois ne se résignaient pas non plus au statut particulier dont bénéficiaient les duchés. Ils voulaient l'intégration du royaume et des duchés dans un seul État centralisé. En novembre 1863, le Parlement de Copenhague vote une Constitution unitaire, mais le roi Frédéric VII, dernier descendant direct de la branche aînée de la dynastie d'Oldenbourg, meurt le 15 novembre sans avoir signé la nouvelle Loi fondamentale. Le nouveau roi, Christian IX, de la ligne Sonderburg-Glücksburg, accède au trône, conformément aux stipulations du protocole de Londres qui avait mis fin à la guerre germano-danoise de 1848, mais en plaçant sa signature sous la nouvelle Constitution il viole lui-même l'accord auquel il doit la royauté. Ces événements déclenchent en Allemagne une violente agitation qui est essentiellement le fait de la bourgeoisie dont est issu le *Nationalverein* et surtout des universitaires, étudiants et professeurs. Le mouvement allemand oppose aux défis danois la candidature comme duc commun des duchés, entièrement séparés du Danemark, du prince de Sonderburg-Augustenburg qui, en 1850, avait renoncé à ses droits. Frédéric d'Augustenburg est soutenu par les petits et moyens États allemands qui ne seraient pas fâchés de voir un nouveau souverain s'ajouter à ceux qui, dans la moitié nord du pays, se sentent étouffés par la prépondérance prussienne [1].

Bismarck est, lui, totalement indifférent au sentimentalisme idéaliste du mouvement proaugustenbourgeois. Se plaçant sur le terrain des accords internationaux violés par le Danemark, il entraîne l'Autriche dans une action commune, en dehors de la Confédération germanique, la coupant ainsi de ses alliés naturels, les petits et moyens États. Les deux puissances adressent un ultimatum au Danemark, exigeant la révocation de la Constitution unitaire. Le Danemark refuse, la guerre commence le 1er février 1864 ; la campagne, malgré une résistance danoise acharnée, est jalonnée de victoires prussiennes, les Autrichiens jouant les utilités loin de leurs bases. L'obstination des nationalistes danois prolonge les combats, mais le 1er août, le roi ayant renvoyé le gouvernement extrémiste, le petit État scandinave capitule : le Schles-

1. Les branches de Glücksburg et d'Augustenburg sont des rejetons éloignés de la dynastie d'Oldenburg qui règne sur le Danemark depuis le XVe siècle. Une autre branche, celle de Gottorp, occupe alors le trône de Russie.

wig, le Holstein et le petit duché de Lauenburg, au sud de Lubeck, sont cédés à la Prusse et à l'Autriche. C'est par la guerre et la diplomatie que trois provinces allemandes ont été arrachées à la domination étrangère[1]. Le condominium prusso-autrichien fixe l'Autriche loin de ses principaux centres d'intérêt et permet à Bismarck de provoquer un conflit quand il le jugera utile. Cependant en Prusse une partie des libéraux ne sont pas insensibles à la victoire nationale remportée par leur ennemi. Une campagne annexionniste qui veut l'intégration des trois duchés dans la Prusse suscite de nombreuses adhésions.

L'Autriche hésite alors devant la perspective d'un partage de l'Allemagne basé sur l'égalité complète entre les deux « grands » que Bismarck, qui n'a jamais été partisan de la guerre à tout prix, considère toujours comme une des possibilités réellement acceptables. Un accord se dessine qui laisserait les duchés à la Prusse, en échange d'un soutien actif de la Prusse pour la reconquête de la Lombardie. Cependant, l'Autriche finit par se rallier à la cause augustenbourgeoise pour conclure, en août 1865, l'accord de Gastein qui établit un partage : l'Autriche assume l'administration provisoire du Holstein, la Prusse celle du Schleswig, et le Lauenburg est vendu à la Prusse. L'Autriche apparaît une fois de plus incapable de suivre une ligne continue et se compromet aux yeux de ses amis par le nouveau lâchage du malheureux Augustenburg. A ce moment, la décision de Bismarck d'en venir aux armes peut être considérée comme acquise, l'Autriche n'est pas assez sûre d'elle-même et assez fermement dirigée pour qu'on puisse, avec elle, bâtir la solution dualiste. Cependant, la question des duchés n'est pas, à ses yeux, une cause de guerre suffisante. L'homme d'État qui choisit la guerre doit disposer d'une raison qui restera valable après la fin de la guerre : Bismarck prend donc l'offensive sur le plan politique en proposant la convocation d'une Assemblée constituante panallemande. L'ancien conservateur d'extrême droite choisit la révolution d'en haut. L'Autriche et les prin-

1. Cependant, il existe une forte minorité danoise au Schleswig à laquelle est accordé le droit de se prononcer par plébiscite sur son appartenance. Cette consultation ne sera organisée qu'en… 1920 !

cipaux États moyens rejettent ce projet dans lequel ils voient une tentative indirecte d'imposer l'hégémonie prussienne. Vienne répond en demandant à la Confédération de résoudre la question dynastique dans les duchés. C'est la rupture de l'accord de Gastein et l'Autriche se met ainsi dans son tort. Bismarck fait alors occuper le Holstein par les troupes prussiennes. Vienne demande la mobilisation de l'armée confédérale contre la Prusse. Celle-ci présente un nouveau plan de réforme qui exclut les territoires autrichiens et néerlandais de la Confédération. Le 16 juin 1866 la majorité du *Bundestag*[1] vote la mobilisation contre la Prusse. Celle-ci annonce qu'elle considère la Confédération comme dissoute. La guerre commence et selon la volonté de Bismarck ce n'est pas une guerre de libération nationale, mais une guerre « rationnelle », une guerre de cour et de cabinet dont les émotions populaires sont exclues. Le mouvement national et libéral assiste, abasourdi, à des développements qui le laissent complètement de côté. Ce sera aussi une guerre civile fratricide : du côté de l'Autriche, douze États allemands prennent part au conflit, dont les quatre royaumes ; avec la Prusse se rangent les dix-huit États de l'Allemagne du Nord, à l'exclusion du Hanovre et de la Saxe. Ce sera aussi une guerre européenne : après s'être assuré la neutralité bienveillante de la Russie et de la France (en jouant au plus fin avec Napoléon III qui souhaite des « dédommagements » territoriaux sur lesquels le chef du gouvernement prussien ne s'engage pas formellement), Bismarck a conclu avec l'Italie une alliance offensive, nouvelle preuve de son indifférence aux passions nationales.

La « guerre allemande » sera une guerre éclair. Les contingents mal conduits des États du Sud et du Hanovre sont facilement éliminés les uns après les autres. La bataille décisive contre l'Autriche se déroule dans le nord de la Bohême, quelques jours après le début de la campagne : à Königgrätz (Sadowa), l'armée autrichienne est écrasée par la stratégie supérieure des Prussiens. C'est le 3 juillet 1866, la guerre n'a pas duré trois semaines. Les victoires remportées par les

1. La réunion des représentants des États membres de la Confédération germanique s'appelait aussi *Bundesversammlung* (Assemblée fédérale).

Autrichiens contre l'Italie ne changent rien au destin de l'Allemagne : c'est un terrain d'opérations secondaire qui a servi à fixer inutilement une bonne partie du dispositif autrichien. Dès le lendemain de Sadowa, alors que les Prussiens avancent vers Vienne et que Bismarck s'entend avec les révolutionnaires hongrois, la phase diplomatique commence. En fait, la négociation franco-prussienne est bien plus importante que les pourparlers avec Vienne, car l'empereur François-Joseph a accepté l'offre de médiation de Napoléon III. La situation, cependant, est moins favorable qu'avant la guerre pour la diplomatie française. La fulgurante victoire prussienne lui enlève la plupart des cartes qu'elle pensait pouvoir jouer. Peu à peu, flattant Napoléon sans rien céder de précis (Paris à un certain moment est allé jusqu'à demander le Palatinat et la Hesse rhénane), Bismarck obtient l'assentiment français à une nouvelle organisation de l'Allemagne : après l'exclusion de l'Autriche, la Prusse donnera à l'Allemagne du Nord une structure fédérale alors que les États du Sud resteront indépendants. L'astuce géniale réside dans cette autolimitation des ambitions prussiennes, réserves dont Bismarck pense que la volonté nationale aura raison un jour de toute façon.

Parallèlement à la négociation qui parvient à empêcher l'intervention de la France (laquelle aurait sans doute entraîné celle de la Russie et abouti ainsi à une européanisation générale du conflit), Bismarck doit soutenir un combat politique encore plus ardu contre son propre roi et les militaires. Guillaume Ier n'imagine pas de victoire sans cession de territoires et Bismarck, pour qui la guerre n'est qu'un moyen de la politique, veut sauvegarder pour l'avenir les possibilités d'une alliance entre l'Allemagne nouvelle, conduite par la Prusse, et l'Empire autrichien. Il veut empêcher l'irréparable qui contraindrait l'Autriche à rechercher à tout prix une revanche. Son but de guerre à lui c'était le retrait de l'Autriche sur ses propres frontières, l'abandon de son rôle en Allemagne. Pour ce qui est de celle-ci, c'est-à-dire plus exactement de la tierce Allemagne, entre la Prusse et l'Autriche, Bismarck, qui ne respecte aucun loyalisme dynastique (sinon envers les Hohenzollern), se propose d'annexer purement et simplement, en plus du Schleswig-Holstein et du Lauenburg, les États qui séparaient en deux le territoire prussien : le royaume de Hanovre, l'électorat de Hesse, le duché de Nassau et la ville de Francfort. Le roi veut bien enlever à ses cousins quelques provinces, mais il se refuse à les dépouiller entièrement. Ce n'est qu'au prix de crises dramatiques, et grâce au soutien du prince héritier, qui pourtant n'aimait pas Bismarck et nourrissait des sympathies libérales, qu'en fin de compte la modération envers l'Autriche et la sévérité envers le Hanovre l'emportent dans l'esprit du souverain. La paix préliminaire est signée avec l'Autriche le 26 juillet, moins de six semaines après le début de la guerre, alors que la guerre danoise avait traîné cinq mois !

Quel événement ! Cent vingt-six ans après l'attaque brusque de Frédéric II, jeune roi de la petite Prusse, contre Marie-Thérèse, héritière des prestigieux empereurs Habsbourg, qui avait déclenché une guerre interminable de près de vingt-cinq ans, l'immense empire est terrassé en une seule campagne très brève. Certes, les Prussiens ont des canons et des fusils de meilleure qualité, mais ils ont surtout, grâce aux réformes imposées par Guillaume Ier malgré la résistance du Landtag, une armée supérieure en nombre, supérieure surtout par l'instruction des réserves, par la formation et l'esprit de corps des officiers, par l'existence d'un État-Major général dont un chef génial, Helmut von Moltke, a fait un incomparable instrument de stratégie et de commandement. La Prusse a un réseau de chemins de fer supérieur en étendue et en capacité ; elle a une industrie en pleine expansion. Bref, elle est un État porté par l'adhésion des masses, par une conscience diffuse de sa force ascendante, dirigé par un homme d'État hors pair qui, en dépit d'affrontements dramatiques comme celui de Nikolsburg où le ministre a imposé au monarque « sa » paix sans annexions, jouit du soutien d'un souverain honnête, modeste, et courageux. Voici donc l'Allemagne livrée à la Prusse, à l'exception des provinces germanophones de l'Autriche qui vont désormais vivre un destin séparé. Quelle étrange aventure : en apparence, Bismarck va conduire à la victoire le mouvement national allemand. Cinq ans plus tard, le Deuxième Reich naîtra à Versailles mais, jetant un regard d'ensemble sur le passé allemand, nous savons maintenant que Sadowa est la date d'une nouvelle division de la nation allemande (les Pays-Bas et la Suisse se sont séparés du corps allemand depuis plusieurs siècles déjà). Désormais, le Tyrol, la Carinthie, la Styrie, les deux duchés d'Autriche, sans parler des pays de la couronne de Saint-Venceslas, Bohême, Moravie et Silésie autrichienne, sans parler de la Carniole (la Slovénie d'aujourd'hui), de Gorice et de Trieste, tous ces pays qui, pendant des siècles, ont fait partie du Saint-Empire sont exclus de l'histoire allemande. Même l'*Anschluss* d'Hitler n'a pu durablement annuler l'arrêt de Königgrätz.

Voulant réaliser son unité, l'Allemagne s'est condamnée à la division. Celle qui interviendra après 1945, et qui durera jusqu'en 1990, procède elle aussi, dans un certain sens, des conséquences tragiques produites par les victoires bismarckiennes, car en voulant se servir des passions nationalistes, et en donnant à l'État prussien les dimensions d'Allemagne, Bismarck ouvre la voie à des forces nouvelles, à la domination d'une oligarchie autoritaire et impérialiste, servie par des idéologies antilibérales et antihumanistes dont le venin se répand lentement dans la nation par les canaux de l'enseignement officiel. L'écroulement du deuxième État allemand en 1989-1990 sera, avant tout, une conséquence de développements qui appartiennent à l'histoire russe plus qu'à l'histoire allemande, mais l'unification de 1990 n'annule pas la perte des provinces de l'Est, conséquence de l'exacerbation hitlérienne du nationalisme allemand.

Le jeu des réalités allemandes a été brusquement et brutalement changé, mais l'unité nationale n'est pas encore accomplie entièrement. A première vue, la période 1866-1870 n'est qu'un moment transitoire entre l'ancienne Allemagne qui, en dépit des bouleversements de la Réforme, de la montée de la Prusse au XVIIIe siècle, du terrible remembrement des années révolutionnaires et de la Restauration incomplète de 1815, vivait dans la continuité d'une mémoire millénaire, et l'Allemagne nouvelle qui allait être proclamée dans le château conquis du Roi-Soleil. Cependant, à y regarder de plus près, c'est bien entre 1860 et 1870 que s'établissent les fondements essentiels de la nouvelle Allemagne. Preuve et symbole en même temps : après la proclamation de Versailles, c'est avec un très petit nombre de modifications que la Constitution de la Confédération de l'Allemagne du Nord de 1867 deviendra la Constitution du Reich allemand.

La Confédération du Nord se construit autour de la Prusse qui, avec les nouvelles provinces annexées, possède maintenant 25 millions d'habitants contre 5 pour les seize autres États membres. C'est donc d'abord en Prusse qu'il convient de mettre un trait sous le passé récent. En pleine guerre, le jour même de la bataille de Königgrätz, sans attendre la victoire, Bismarck a fait élire une fois de plus une nouvelle Diète. L'élan patriotique le sert : le Parti du Progrès sort affaibli de la contestation ; une partie croissante des libéraux voient maintenant en Bismarck le futur unificateur de l'Allemagne. Dans les mois qui suivent, le parti se scinde ; les pro-bismarckiens se regroupent dans un Parti national-libéral que viennent rejoindre de nombreux élus des provinces annexées qui n'ont pas vécu le *Konflikt*. Par un acte d'une habileté consommée parce qu'il paraît magnanime (et non sans avoir eu à vaincre à nouveau la résistance du roi), le président du Conseil propose au Parlement de voter *a posteriori* les budgets pour les années pendant lesquelles il a gouverné sans budget : la loi d'Indemnisation apparaît comme une concession juridique du pouvoir puisqu'elle reconnaît que les dépenses de l'État ont besoin du vote de la Diète, mais elle contraint en même temps la représentation populaire à admettre le bien-fondé de la théorie de la « lacune constitutionnelle », puisque le Landtag accorde en quelque sorte au gouvernement une amnistie pour cause de force majeure. Ensuite, rejetant une solution centraliste dont il n'a pas besoin, après avoir annexé à l'État prussien près de cinq millions de ressortissants des pays dont les dynasties ont été dépossédées, mais qui aurait pu produire une impression défavorable en Allemagne du Sud et à l'étranger, le chef du gouvernement prussien élabore et négocie la Constitution de la nouvelle Confédération du Nord, avec les gouvernements des États membres bien sûr, mais surtout avec les hommes politiques les plus éminents du nouveau Parti national-libéral. Au départ, Bismarck prévoit pour cette Allemagne du Nord intégrée deux pouvoirs majeurs. Un Conseil fédéral, Bundesrat, représentant les princes et les villes fédérés et dont le roi de Prusse assume la présidence ; cette institution prolonge le Conseil fédéral de l'ancienne Confédération germanique fondée en 1815 et doit, en apparence du moins, garantir les petits États contre l'hégémonie prussienne puisque la Prusse n'y dispose que de dix-sept voix sur quarante-trois, mais les réalités démographiques, économiques et militaires permettent à Bismarck de faire le généreux sur le plan constitutionnel. Ensuite, un Reichstag, Diète commune à tout le territoire de la Confédération élue au suffrage universel direct. Ces deux instances possèdent ensemble le pouvoir législatif et budgétaire, mais le Conseil fédéral exerce seul le pouvoir exécutif par l'intermédiaire d'un chancelier confédéral (*Bundeskanzler*). Les actes du Conseil fédéral doivent être revêtus du contreseing du chancelier qui en porte la responsabilité ; le chancelier est, de ce fait, l'unique ministre de la Confédération. Mais si les nationaux-libéraux ont facilement obtenu de Bismarck le suffrage universel qui ne dérange guère sa vision d'une monarchie plébiscitaire, doublement de droit divin par la naissance et par la confirmation reçue de la *vox populi* (certains libéraux, craignant l'immaturité des masses, n'y étaient guère favorables mais se trouvèrent coincés par la surenchère bismarckienne), ils ne lui arracheront jamais la responsabilité du gouvernement, c'est-à-dire du chancelier, devant le Reichstag, c'est-à-dire le vrai régime parlementaire. Chancelier de la Confédération, celui à qui le roi vient de donner le titre de comte de Bismarck, reste, comme ministre-président, chef du gouvernement en Prusse. Cette dualité de fonctions sera la règle, avec de rares exceptions, jusqu'en 1918. Elle concentre entre les mains d'un seul homme des pouvoirs très étendus, puisque le chancelier disposera, dans la Confédération et après 1871 dans le Reich, des compétences que les États ont déléguées au niveau national et qu'il aura le pouvoir, pour les domaines restant réservés aux États membres, dans le plus étendu, le plus peuplé et le plus riche de ces États. La chancellerie devient ainsi, surtout à partir du moment où Bismarck décide d'occuper lui-même ce poste, un véritable troisième pouvoir entre le Conseil fédéral et le Reichstag et, en fait, le pouvoir le plus fort.

L'idée de l'État fort n'était pas nouvelle chez les libéraux allemands à condition que ce fût un « État de droit », un *Rechtsstaat*, où la loi règne et non pas l'arbitraire d'un prince, de ses favoris ou de ses maîtresses, ni celui d'une bureaucratie hautaine et tatillonne. L'État bismarckien sera fort et ce sera un « État de droit ». Le tout était de savoir qui dirait le droit, de qui émanerait la loi et, sur ce point, dès le départ, se posera la question de la loi des lois, du budget. Bismarck n'avait pas conduit la bataille du *Konflikt* pour abandonner au nouveau Parlement confédéral le droit de se mêler de la chose militaire, mais les nationaux-libéraux ne pouvaient, eux, lâcher brusquement ce qui avait été la revendication commune du libéralisme tout entier, même s'ils partageaient avec le roi, le chancelier et l'immense majorité de la population la volonté de doter l'Allemagne d'une armée invincible. Le résultat fut un compromis valable jusqu'en 1871 : sans entrer dans le détail de l'affectation des crédits, le Reichstag accordera au roi de Prusse, commandant en chef des troupes confédérales, une force présente sous les drapeaux correspondant à 1 % de la population, et une dotation budgétaire calculée forfaitairement par tête militaire.

C'est le roi de Prusse, président de la Confédération, qui nomme le chancelier, c'est lui qui représente l'État fédéral à l'extérieur, négocie et conclut les traités, reçoit et accrédite les ambassadeurs, déclare la guerre et conclut la paix. Il convoque et ajourne le Conseil fédéral et le Reichstag et met fin à leurs sessions. Il est le chef des armées. Les compétences internes de la Confédération sont étendues : elles comprennent la législation sur la nationalité et sur les étrangers ; la législation en matière douanière et commerciale, les transports, les postes et le télégraphe, le droit privé, la législation concernant les actions et les obligations. Cependant, cette énumération montre que les États confédérés conservaient aussi des compétences importantes : la police, l'administration financière et fiscale, l'éducation, la culture. Le partage des compétences entre l'autorité fédérale et les États membres, quelles qu'en fussent les répartitions successives, restera une donnée fondamentale de toutes les constitutions allemandes, en 1871, en 1919 et en 1949, à l'exception de l'époque hitlérienne (où il n'y eut pratiquement pas de Constitution) et de la RDA qui fonctionnait selon les règles du « centralisme démocratique ». En laissant subsister la réalité des *Bundesstaaten* (États confédérés ou Länder, comme ils s'appellent de nos jours), Bismarck est à la fois habile et sage : des siècles d'histoire ont fondé le particularisme des « peuples », régions et États qui aspirent à l'unité mais point à l'uniformité. Son « programme » veut davantage de pouvoir pour la Prusse, son roi et son État, mais point de puissance démesurée, illimitée. Au-dedans comme au-dehors, ce programme veut créer un nouvel équilibre à la place de l'ancien, mais c'est toujours d'équilibre qu'il s'agira et non pas de domination totalitaire et universelle. Au printemps de 1867, la Confédération est en selle, la Constitution a été votée par le Reichstag. La bureaucratie prussienne éclairée dont sont issus les principaux collaborateurs de Bismarck et les libéraux des différentes tendances qui ont la majorité au Parlement entreprennent rapidement une considérable œuvre de modernisation : dès 1869, une nouvelle législation sur les activités économiques (*Gewerbeordnung*) généralise la liberté d'établissement et d'entreprise et, dès 1870, un nouveau Code pénal est voté qui s'inspire largement de principes libéraux. La nouvelle Allemagne que Bismarck est en train de façonner, non seulement par le sang et le fer, mais aussi par la diplomatie et le compromis, préfigure l'amalgame des anciennes et des nouvelles élites ; ces dernières, tout en étant de plus en plus sollicitées par les escalades de la volonté de puissance, sont encore loin d'avoir abandonné complètement leur idéal d'émancipation humaniste de naguère. La création bismarckienne brille ainsi de nombreuses couleurs.

Cependant, les États du Sud, laissés à eux-mêmes par le retrait autrichien et à qui Bismarck a sagement épargné des sacrifices territoriaux trop blessants, se trouvent dans un état de grande inquiétude. L'Union des États du Sud, prévue au traité, ne verra jamais le jour. Ce n'était qu'une fausse fenêtre, destinée à donner à la France une satisfaction apparente. En revanche, Bismarck, utilisant les revendications territoriales compensatoires mises en avant par Paris, leur arrache séparément des alliances secrètes qui les obligent à adapter leur système militaire à celui de la Prusse. Parallèlement, malgré de fortes résistances chez les artisans, les petits industriels et les paysans, les États du Sud se voient amenés à accepter un considérable renforcement de l'union douanière, du Zollverein, qui est dotée d'un véritable exécutif, le Conseil fédéral douanier, et d'un Parlement douanier. A l'exception de Hambourg et de Brême, qui restent des ports francs, et naturellement de l'Autriche, toute l'Allemagne forme maintenant une vaste entité économique qui se voit contrainte d'adopter la politique libre-échangiste prussienne. L'intégration militaire et l'intégration économique s'accomplissant en douceur, l'intégration politique, dès lors, n'est sans doute plus qu'une question de temps. Cependant, la fermeté de la démarche prussienne se heurte à une vive opposition, à la fois catholique-conservatrice, notamment en Bavière, et libérale-démocratique (dans le Wurtemberg). Aux premières élections pour le Parlement douanier, les États du Sud envoient à Berlin des majorités oppositionnelles infligeant une lourde défaite aux nationaux-libéraux, le parti proche de Bismarck. Pour parfaire l'unité et triompher des dernières résistances particularistes, il faudra sans doute une nouvelle « occasion ». Bismarck n'est pas impatient, mais on sait maintenant qu'il ne la laissera pas passer. Privée de l'appui autrichien, la résistance du « parti patriote » bavarois ne peut être qu'un combat d'arrière-garde.

Car l'Autriche est définitivement partie. Certes, au lendemain de Sadowa et de la cession de la Vénétie à l'Italie, pour obtenir la paix sur le front sud, le désir de revanche est grand dans une partie de la cour et de l'armée. Le comte de Beust, nouveau ministre des Affaires étrangères, après avoir servi le roi de Saxe comme chef de gouvernement, est un ennemi acharné de Bismarck ; avec l'archiduc Albert, inspecteur général de l'armée, il cherche à créer une alliance franco-autrichienne dirigée contre la Prusse, mais les hésitations et méfiances des éventuels partenaires font échouer ce projet. De toute façon, dans l'Autriche humiliée et diminuée, la priorité est aux problèmes intérieurs : l'hégémonie allemande sur les autres nationalités, exercée par l'instrument bureaucratique et militaire, ne saurait survivre à la défaite de ces appareils, mais les affrontements entre les diverses nationalités rendent pratiquement impossible une solution générale acceptable par toutes. Pour parer au plus pressé, l'empereur et Beust décident de faire la paix avec la Hongrie, privée depuis 1849 de sa personnalité étatique. Le « compromis » conclu en 1867 équivaut à un partage. La Hongrie et l'Autriche forment désormais la « double monarchie » austro-hongroise. L'État hongrois rétabli récupère toutes les compétences de sa souveraineté, à l'exception de la diplomatie et de la défense qui restent affaires communes. A l'intérieur du royaume, l'aristocratie et la bourgeoisie magyares mènent une politique oppressive à l'égard des autres nationalités (y compris les Allemands qui perdent les privilèges dont ils jouissaient en Transylvanie depuis le Moyen Age). Dans l'autre partie de la monarchie, les Slaves, les Polonais, les Ruthènes[1], les Tchèques, les Slovènes et les Italiens de Trente et de Trieste sont désormais décidés, malgré leurs rivalités internes, entre Polonais et Ruthènes en Galicie, entre Italiens et Slovènes à Trieste et à Gorizia, à ne plus accepter la domination allemande. Subissant douloureusement leur séparation d'avec la grande majorité de la nation que Bismarck s'apprête à unir, les Allemands d'Autriche s'engagent nombreux sur la voie d'un nationalisme à la fois agressif et complexé. Le libéralisme, force politique dominante dans la bourgeoisie, suit plus tôt, plus rapidement et avec davantage d'excès l'évolution qui se traduira en Allemagne aussi par la dérive vers la droite du national-libéralisme. Les Allemands d'Autriche, par solidarité avec l'Allemagne, et les Magyars, bénéficiaires du « compromis » qui n'a été rendu possible que par les victoires prussiennes, sont fermement opposés à une politique de revanche. Ainsi la monarchie des Habsbourg s'achemine vers sa dernière étape historique marquée, à l'intérieur, par la solidarité effective des Magyars et des Allemands contre les Slaves et les Latins (Italiens et Roumains) et, à l'extérieur, par l'alliance germano-autrichienne. La modération, dont Bismarck a fait sa politique en 1866, s'avère payante. Après la défaite française, l'Autriche, la double monarchie, est de plus en plus exposée à la menace russe. Le souvenir de Sadowa s'estompant, elle n'aura pas

1. Nom alors en usage pour les Ukrainiens de religion uniate qui habitent la partie orientale de la Galicie autour de Lemberg (Lvov).

d'autre garant de sa survie que l'empire bismarckien. La solution petite-allemande triomphe sur toute la ligne : le Reich, dirigé par la Prusse, sera uni à l'Autriche par une « union plus large[1] », qui prend la forme d'une alliance traditionnelle mais devient, progressivement, un lien indissoluble, comme le montrera en 1917 l'échec de la tentative de paix séparée de l'empereur Charles.

La guerre n'est pas dans l'instrumentaire bismarckien un moyen nécessaire, mais c'est un moyen comme les autres au service d'une politique ; la guerre qu'il faut savoir commencer le cas échéant, et qu'il faut savoir terminer ; la guerre qui n'est certes pas une fin en soi. Pour achever l'unité allemande autour de la Prusse, il faudra désarmer l'opposition française, d'une manière ou d'une autre, et la manière forte apparaît comme la plus probable. Encore faut-il que le contexte européen soit favorable, que la préparation des armées prussiennes et des forces du Sud soit achevée et que les circonstances contraignent l'adversaire à assumer la responsabilité du recours aux armes.

Après l'échec de l'expédition du Mexique et les infortunes d'une politique romaine qui le brouillent à la fois avec le patriotisme italien et avec les catholiques français, Napoléon III s'efforce de consolider à nouveau sa situation intérieure chancelante par des succès extérieurs. La rapidité de la victoire prussienne et la maestria diplomatique de Bismarck lui ont fait perdre l'occasion offerte par la guerre austro-prussienne. Sa médiation trop tardive ne lui a rien rapporté. Au contraire, la montée de la puissance prussienne inquiète l'opinion française. L'empereur tente alors une nouvelle « sortie » en direction du Luxembourg. Encouragé secrètement par Bismarck, Napoléon propose au roi des Pays-Bas, souverain du grand-duché, de lui acheter ce territoire, mais l'affaire s'ébruite et suscite une vive émotion en Allemagne. Le Luxembourg, pays de langue germanique, n'a-t-il pas fait

---

1. Ce terme désignait en 1848-1849 la structure qui devait englober le Reich allemand rétabli (« l'union étroite ») et les parties extérieures, non allemandes, de la monarchie habsbourgeoise.

partie, depuis toujours, du Saint-Empire et de 1815 jusqu'en 1866 de la Confédération germanique ? La Prusse n'y tient-elle pas garnison ? Bismarck déconseille alors au roi Guillaume III de poursuivre l'affaire. Une conférence internationale dote le grand-duché de la neutralité perpétuelle et la garnison prussienne se retire. Bismarck est applaudi par le mouvement national allemand et Napoléon III se sent dupé. Il se retourne alors vers le projet d'une alliance franco-italo-autrichienne qui n'aboutira pas non plus. De son côté, tout en cherchant à s'assurer des bonnes dispositions de la Russie, le chancelier s'oppose à la conclusion d'une alliance formelle que le tsar Alexandre II propose à son oncle Guillaume Ier. Il compte sur la neutralité bienveillante de la Russie qui veut retrouver sa liberté d'action en mer Noire et dans les Balkans et qui, pour cela, a besoin de l'appui prussien, contre l'Autriche et contre la France. L'alliance coûterait cher, la neutralité est gratuite.

Cependant, en Allemagne, l'impatience grandit devant l'inachèvement de l'unité dont Bismarck paraît vouloir s'accommoder. Le Landtag de Bade vote l'adhésion du grand-duché à la Confédération du Nord et Bismarck la refuse. Il ne veut pas fournir de prétexte politique à une offensive française. Mais une situation où à l'agitation politique intérieure en France répond l'insatisfaction nationale en Allemagne ne saurait durer indéfiniment. L'affaire espagnole va permettre de la dénouer.

Au départ, Bismarck ne paraît pas avoir provoqué la candidature du prince Leopold de Hohenzollern-Sigmaringen, parent lointain du roi de Prusse, mais officiellement membre de la dynastie, au trône d'Espagne dont une révolution a chassé en 1868 la reine Isabelle II, arrière-arrière-grand-mère de l'actuel roi Juan Carlos. Par la suite, cependant, à l'insu du roi Guillaume et de l'intéressé lui-même, il encourage vivement et secrètement le gouvernement espagnol à persévérer dans son choix. Proche parent des Bonaparte par sa mère et sa grand-mère, le prince Leopold n'était pas, au fond, un candidat susceptible d'inquiéter Napoléon III. Sans connaître les manœuvres de Bismarck, l'opinion française s'émut cependant de ce qui lui était présenté comme une tentative d'encerclement. Guillaume Ier était, lui, peu favorable à cette aventure lointaine, et le prince Leopold, hésitant lui-même, finit par refuser l'offre espagnole. Poussée par une opinion que le gouvernement avait fortement contribué à mobiliser, la diplomatie française commit alors une maladresse insigne : elle fait demander au vieux roi, qui prend les eaux à Bad Ems, l'engagement de refuser à l'avenir son consentement à toute nouvelle candidature d'un Hohenzollern. Le roi reçoit fort poliment l'ambassadeur français et lui explique qu'il ne voit pas la nécessité d'ajouter quelque chose à la renonciation du prince. Bismarck, convaincu que la France se satisfera de cette déclaration, alors qu'il était résolu maintenant à la guerre et qu'il pensait avoir obligé le gouvernement de Paris à prendre la responsabilité de la rupture par une exigence inacceptable, voit sa manœuvre échouer. Il est décidé à donner sa démission quand il reçoit un télégramme, la « dépêche d'Ems », qui relate le dernier entretien du roi avec l'ambassadeur tout en autorisant le ministre-président-chancelier à publier ce texte, en entier ou en partie. En réduisant le document à un squelette péremptoire, Bismarck lui donne alors un caractère raide et offensant qu'il n'avait nullement au départ. L'opinion allemande verra que la France a voulu humilier le vieux souverain, et l'opinion française lira que le représentant de l'empereur s'est heurté à une brutale fin de non-recevoir ; Bismarck ne se trompe pas : grâce à son faux par omission, la guerre devient inévitable et le gouvernement français assume « d'un cœur léger » la responsabilité de la déclarer. Pour l'Allemagne, c'est une fois de plus l'agression française, comme du temps de Louis XIV, du temps de la Révolution et de Napoléon, comme en 1840. Une immense vague de patriotisme antifrancais se répand dans le pays tout entier, plus forte encore en Allemagne du Sud qu'en Prusse, parce qu'on s'y sent davantage exposé aux convoitises gauloises. En Autriche même, l'émotion nationale des Allemands paralyse toute velléité d'alliance avec la France contre le vainqueur de Königgrätz. En criant assez puérilement « vengeance pour Sadowa », une bataille où la France n'était même pas engagée, la foule parisienne manifeste pourtant une vision fort exacte de l'histoire récente, mais ces cris viennent trop tard. L'intégration militaire des États du Sud est achevée et le génie stratégique de Moltke peut, cette fois-ci, se déployer librement. En face, l'armée française est mal commandée, sa mobilisation s'effectue beaucoup plus lentement que du côté prusso-allemand. En choisissant la guerre, Bismarck a su qu'il ne courait pas un risque démesuré.

Comme en 1866, la supériorité prussienne s'affirme dans une campagne d'une rapidité stupéfiante. Commencée dans les premiers jours d'août, elle aboutit le 2 septembre à la capitulation de Sedan. L'empereur lui-même est prisonnier, la France n'a plus d'armée – à l'exception des unités de Bazaine, enfermées dans Metz. Le 4 septembre, la révolution explose à Paris.

Trois problèmes majeurs se présentent alors au vainqueur : en premier lieu, la poursuite de la guerre. Comme en 1866, Bismarck redoute une intervention étrangère, il veut en finir rapidement. Encore faut-il trouver en face de soi un pouvoir capable et désireux de traiter. En incluant dans ses conditions de paix la cession des territoires frontaliers d'où la France menace l'Allemagne, et plus généralement l'obtention des « meilleures frontières », le chancelier, cependant, pousse lui-même le gouvernement révolutionnaire à la résistance. L'eût-il voulu, il ne pouvait guère agir autrement devant l'ampleur de la campagne annexionniste ou révisionniste qui secouait l'Allemagne. Il fallait, à tout prix, revenir sur l'erreur commise par Metternich et les princes de la Restauration quand ils avaient, en 1814-1815, laissé la France en possession de l'Alsace, pourtant arrachée à l'Empire par la force à l'époque de Louis XIV. En donnant cette satisfaction au nationalisme en ébullition, Bismarck minait en même temps l'opposition que les cours des États du Sud pouvaient dresser contre leur intégration dans un nouvel Empire allemand. Dès le mois de septembre, Bismarck met en chantier les textes sur lesquels doit se construire le nouveau Reich. Les répercussions internationales des victoires prusso-allemandes forment un troisième sujet de préoccupation. La Russie, en mobilisant de forts contingents sur la frontière septentrionale de l'Autriche, a définitivement contraint à l'immobilité le gouvernement de Vienne, mais elle exige en revanche l'appui allemand pour la dénonciation des clauses du traité de 1856 qui lui interdisaient d'entretenir une flotte de guerre en mer Noire. Au mois de janvier 1871, un congrès international se réunit à Londres pour régler ce problème. Tout en soutenant efficacement la Russie, la diplomatie prussienne obtient que la France en reste exclue. La préoccupation permanente de Bismarck est alors de prévenir toutes interventions de tiers qui pourraient être provoquées soit par la sympathie renouvelée dont jouit la France républicaine dans l'opinion libérale, soit par l'inquiétude que fait naître la formidable modification du système des puissances européennes que Bismarck a mis en place en l'espace de six ans.

Le sursaut national français, la levée d'armées nouvelles composées de volontaires et les durs combats qui s'ensuivent, le siège de Paris qui se prolonge en faisant naître de nouvelles tensions entre Bismarck, pressé d'en finir par la négociation, et les militaires qui veulent une capitulation spectaculaire, toutes ces difficultés, bien que multipliant les dangers, n'empêchent pas le chancelier de poursuivre son dessein allemand. Accordant quelques concessions aux particularismes wurtembergeois et surtout bavarois (la Bavière garde le commandement de ses troupes en temps de paix, une administration séparée des postes et des chemins de fer, une légation auprès du Vatican, elle reçoit la présidence de la commission des Affaires étrangères du Bundesrat), Bismarck amène les États du Sud à entrer dans la Confédération du Nord qui sera baptisée Empire allemand. Le caractère fédéral de la Constitution de 1867 est toutefois légèrement renforcé : comme la Prusse, les trois royaumes de Saxe, de Bavière et de Wurtemberg disposeront ensemble au Bundesrat d'une minorité de blocage en cas de réforme de la Constitution. Les négociations n'ont pas manqué de pittoresque, puisque le roi de Bavière (et son négociateur) n'ont pas dédaigné des arguments financiers. Le roi Louis II reçoit secrètement une forte somme (que Bismarck prélève sur les biens sous séquestre de la dynastie de Hanovre) qui lui sera fort utile pour ses immenses et fantastiques constructions, ses châteaux de légende et de rêve. L'œuvre commencée en 1867 avec des mots sans prestige – confédération, *Präsidium* – prend sa véritable dimension avec des titres et des symboles qui feront battre plus vite les cœurs des patriotes romantiques : l'Allemagne réunifiée sera à nouveau un Reich et, à sa tête, régnera un empereur qui aura bien plus de pouvoir que la plupart de ses prédécesseurs médiévaux. Le roi Guillaume, cependant, hésite à troquer ce titre restauré contre sa bonne et héréditaire couronne prussienne. Du moins, veut-il être « empereur d'Allemagne », mais cette formule met en cause la souveraineté des princes « alliés ». Le nouveau Reich, juridiquement, reste une confédération de princes et de villes qui s'unissent librement (et conservent théoriquement le droit de dissoudre leur alliance). A contrecœur, le vieux monarque se satisfera de la désignation un peu bizarre d'« empereur allemand » (*Deutscher Kaiser*). Le 18 janvier 1871, dans la galerie des Glaces, devant un parterre de généraux et de princes en uniformes rutilants (une délégation de députés du Reichstag en civil se tient modestement dans un coin), le grand-duc de Bade fait acclamer l'*empereur* Guillaume. En 1849, c'était une délégation du Parlement, de l'Assemblée nationale de Francfort, qui avait offert la couronne impériale à Frédéric-Guillaume IV. Les chemins de l'histoire ont réduit les représentants du peuple au rôle de spectateurs. C'est la politique du fer et du sang qui célèbre à Versailles sa grand-messe. Ironie du sort : la délégation du Reichstag est conduite par son président, le même Eduard von Simson, grand juriste d'origine juive, qui, président de la *Nationalversammlung*, avait déjà présenté en 1849 la proposition impériale au roi de Prusse.

Le nouveau Reich naît ainsi sous les signes réunis de la guerre, de la force, des uniformes et de la haute noblesse. Des projets de 1848-1849, il ne retiendra même pas les couleurs : au noir, rouge et or du drapeau de la souveraineté populaire, il préférera le noir, blanc et rouge qui n'est qu'une extension du drapeau noir et blanc de la Prusse. Parallèlement, les négociations s'engagent avec le gouvernement provisoire de la France républicaine : Thiers et Jules Favre, qui redoutent l'agitation révolutionnaire dans les grandes villes aussi bien qu'un retour en faveur des Bonaparte, ont maintenant hâte de terminer la guerre. Le 28 janvier, l'armistice est conclu. Le 13 février, l'Assemblée nationale se réunit à Bordeaux ; le 26 février, les préliminaires de paix sont signés à

L'UNITÉ ALLEMANDE
SUÈDE
SCHLESWIG
Kiel
HOLSTEIN
Lubeck
Hambourg
LAUENBOURG-
MECKLEMBOURG
OLDEN-
BOURG
Brême
HANOVRE
PAYS-BAS
LIPPE
BRUNSWICK
ANHALT
Langensalza
27/28-VI-1866
SAXE
THURINGE
BELGIQUE
Cologne
Capitulation
de Sedan
2-IX-1870
NASSAU
HESSE
Ems
Francfort
10-V-1871
LUX.
Metz
PALATINAT
FRANCE
ALSACE-
Strasbourg
WURTEMBERG
BADE
Hohenzollern
LORRAINE
Belfort
Bâle
BAVIÈRE
Munich
Rhin
Elbe
Danube
Oder
Vistule
Königsberg
Danzig
Stettin
Berlin
RUSSIE
Varsovie
POLOGNE
Breslau
Cracovie
Sadowa
Prague
23-VIII-1866
BOHÊME
Olmütz
Nikolsburg
ROYAUME
DE HONGRIE
EMPIRE D'AUTRICHE
Vienne
30-X-1864
Gastein
VÉNÉTIE
Venise
FORMATION DU ZOLLVEREIN
1828
1834
1854
1867
0
150 km
Affaire des duchés
Convention de Gastein, 1865
Duché administré par la Prusse
Duché administré par l'Autriche
Acquisitions de la Prusse
Traités de paix
Le royaume de Prusse en 1861
Guerre austro-prussienne, 1866
Victoire prussienne de Sadowa, 3-VII-1866
Acquisitions prussiennes en 1866
Confédération de l'Allemagne du Nord 1866-1871
États de l'Allemagne du Sud
Guerre franco-allemande de 1870-1871
Limites de l'Empire allemand proclamé le 18-I-1871
Alsace-Lorraine, terre d'Empire

Versailles : la France cède à l'Allemagne l'Alsace (moins Belfort) et la Lorraine du nord-est (avec Metz que Bismarck, en un premier temps, avait voulu laisser à la France) ; elle paiera une formidable indemnité de guerre, d'un montant de cinq milliards de francs-or. Cette fois-ci, Bismarck n'a pas voulu empêcher l'irréparable, parce qu'il savait qu'il ne le pouvait pas. Le nouveau Reich, issu de victoires fulgurantes qui inquiètent déjà l'Europe, devra faire face à l'hostilité implacable, au revanchisme unanime de l'opinion et de la classe politique françaises. A l'intérieur, il devra s'accommoder de la résistance passive des élites alsaciennes et lorraines dont la dissidence morale se joindra à l'insatisfaction des Polonais et de la petite minorité danoise, au sentiment de frustration des catholiques et à la protestation montante du prolétariat. De la fête prestigieuse de Versailles, ces divers protestataires sont naturellement absents, mais on y aurait cherché aussi, en vain, les maîtres du charbon et de l'acier, des usines et des banques déjà en train de faire de l'Allemagne, qui vient seulement de naître sur le plan politique, la première puissance économique du continent et, partant, du monde.

CHAPITRE XVII

Le Deuxième Reich : 1871-1918

Un colosse aux pieds d'argile

1. Le règne de Bismarck : 1871-1890

C'est à Versailles, donc, chez l'ennemi national, que le Deuxième Reich va être fondé, un empire sans couronne ni couronnement. Le roi de Prusse proclamé Empereur allemand par ses pairs – ceux des princes qu'il n'a pas expropriés –, enthousiastes ou contraints, n'est pas l'empereur d'Allemagne, ni même l'empereur des Allemands. Le titre, dont Guillaume Ier ne voulait pas – à lui aussi Bismarck avait dû faire violence –, était du même style que les opéras de Wagner et les meubles couverts de velours, résultat d'une contemplation de l'histoire, imitation synthétique, historicisme. La vraie et authentique grandeur du siècle, la science et la technique, n'était pas pour la plupart des contemporains un élément de la culture et encore moins un élément essentiel de celle-ci. Au lieu d'une République ayant à sa tête un savant, un banquier ou un industriel, l'Allemagne se donne un *remake* de l'ordre féodal ou plutôt patriarco-patrimonial. Ce n'est pas le capitaine d'industrie qui fixera les normes dans l'empire bismarckien mais le capitaine monoclard des régiments de cavalerie de la garde prussienne. Furieusement moderne et curieusement archaïque, l'Allemagne-Prusse ou la Prusse-Allemagne reflète, dans l'esprit puissant, ambitieux et pessimiste de son fondateur, les contradictions entre les provinces à grands domaines nobiliaires de l'Est, et l'Allemagne de la grande bourgeoisie financière et entreprenante de l'Ouest, sans oublier l'Allemagne artisanale et commerçante du Sud. Bismarck avait raison de douter de la pérennité de son œuvre : quarante-huit ans, moins d'un demi-siècle, mais l'Europe moderne s'organise dans la courte durée : la Confédération germanique, de 1815 à 1866, ne dépassa guère le demi-siècle, elle aussi, surtout si l'on retire les deux grandes années révolutionnaires, 1848 et 1849. Mais la Prusse royale, de 1701 à 1871, aura vécu cent soixante-dix ans ; l'Empire romain, restauré en apparence par Charlemagne, l'Empire romain germanique, près de mille ans. En France, la Troisième République s'étend sur une quasi-éternité : soixante-quinze ans, mais, depuis, nos régimes ne dépassent généralement pas leur deuxième décennie, exception faite de la cinquième République qui est dans sa quarante et unième année. En comparaison avec Louis-Philippe ou Napoléon III, Bismarck a bâti du solide, mais le matériau de l'histoire contemporaine est friable.

On a beau préférer la masse des anonymes et leurs comptes de fin de mois à l'histoire des princes et des batailles, l'un des héros de ce dernier tiers du XIXe siècle en Allemagne est bien le grand homme par excellence (l'autre entre dans l'ordre des *Annales*, c'est un collectif, le mouvement ouvrier). L'Allemagne est gâtée : le grand homme est suprêmement intelligent, il est cultivé, il parle beau. Diplomate et homme de cour, c'est un excellent orateur parlementaire, malgré sa voix trop haut perchée. Des grands tyrans qui l'ont précédé et qui lui succéderont, cet homme de volonté et de puissance se distingue par la modération. S'il suit son destin de grand carnassier, il souhaite passionnément ne pas aller trop loin. La haine le travaille, mais pas au point de ne pas savoir que la chute est toujours voisine du triomphe. C'est un conservateur qui s'est mobilisé pour maintenir l'ordre féodal du *Rittergut*, du grand domaine où le seigneur règne, exploite et protège, travaille, joue, fait la guerre, occupe et défend la place que le Dieu de Luther lui a attribuée. Mais ce conservateur découvre vite que, dans un monde qui change, l'on ne conserve qu'en s'adaptant, c'est-à-dire en changeant, c'est-à-dire en abandonnant, en sacrifiant une partie de ce qu'on avait voulu sauver en s'engageant. Les vrais conservateurs ont détesté Bismarck comme la droite française détesta de Gaulle. Et, comme de Gaulle, Bismarck ne pouvait ni ne voulait sacrifier l'essentiel de ce qu'il s'était promis de sauver, restauration donc, et non pas consolidation d'un acquis révolutionnaire : Bismarck et de Gaulle ne ressemblent pas au Premier consul qui, au point de sortie d'un énorme bouleversement violent, fixe pour au moins deux siècles les structures profondes de la France.

La modération et la modernité séparaient Bismarck des vrais conservateurs qui, jamais, n'ont l'intelligence du devenir. La modération, il en fait preuve pendant chacune de « ses » guerres qu'il termine de façon à ne pas faire de l'adversaire un ennemi mortel. C'est tout au moins ainsi qu'il agit vis-à-vis du Danemark et de l'Autriche, et c'est ainsi qu'il aurait sans doute voulu traiter la France si le roi, l'armée, l'opinion publique – au Sud plus encore qu'au Nord – n'avaient imposé la reprise de l'Alsace-Lorraine. D'avoir dû créer de l'irréparable entre Paris et Berlin n'a cessé, par la suite, de préoccuper le chancelier et de renforcer ses appréhensions quant à la durée de son œuvre. A l'intérieur aussi, Bismarck après une lutte féroce contre le libéralisme compose avec lui et institue dans le nouveau Reich le suffrage universel. Le partisan de l'absolutisme qui, en 1847-1848, s'isolait à l'extrême droite, s'est installé à demeure dans la monarchie constitutionnelle. En faisant voter les premières lois sociales, l'assurance maladie et l'assurance vieillesse, Bismarck, même si la préoccupation politicienne (affaiblir la social-démocratie) n'est pas loin, se révèle à la fois modéré (la lutte contre le parti révolutionnaire rend indispensables des réformes pour attacher l'ouvrier à l'ordre établi) et moderniste, car l'assurance est le contraire de la charité, du don ; elle comporte un aspect majeur d'émancipation. Des historiens allemands contemporains (notamment Hans Ulrich Wehler) ont souligné l'aspect bonapartiste du régime bismarckien. Quand le chancelier a besoin d'une majorité parlementaire sûre, ou quand il veut changer de majorité parce que l'un des partis qui la composent prétend trop peser sur la politique du gouvernement, il a recours à des élections-plébiscites dont sa personne et son pouvoir sont les véritables enjeux. Cette approche n'est pas fausse mais, dans la mesure où elle est portée par un jugement négatif sur le bonapartisme, elle néglige trop ce qu'il y a, mêlé à beaucoup d'éléments contraires, de démocratique dans la monarchie plébiscitaire, celle-ci sachant fort bien, généralement, que pour obtenir une réponse favorable du souverain populaire il ne faut pas seulement le flatter mais lui poser les questions auxquelles il a envie de répondre positivement.

Le système constitutionnel que Bismarck arrache à la fois au roi et à la majorité « nationale » des libéraux n'est, certes, ni la monarchie absolue, ni l'État totalitaire moderne. Si le chancelier, seul ministre, est le maître du jeu, il lui faut compter avec le Reichstag élu au suffrage universel (masculin bien entendu, comment imaginer que les femmes pourraient un jour voter…). C'est la grande concession faite aux nationaux-libéraux, tout de suite plus qu'à moitié dévalorisée par le refus de la responsabilité ministérielle : l'Empire est une monarchie constitutionnelle, ce n'est pas une monarchie parlementaire. Il lui faut aussi compter avec l'empereur qui n'est pas le souverain juridiquement parlant, mais le président du Conseil fédéral où siègent les princes alliés et les villes libres ; toutefois, dans ce Conseil, la Prusse, qui couvre, avec les annexions de 1866, près des deux tiers du territoire et regroupe les deux tiers de la population, possède une minorité de blocage qui peut se transformer en minorité de dynamisme. Ce n'est pas toujours facile pour le vieil empereur-roi d'être empereur sous un pareil chancelier. Mais si l'empereur est roi en Prusse, le chancelier y est président du Conseil. En Prusse, l'astucieux système électoral, dit des trois classes – le suffrage universel rendu inefficace par l'argent (tout le monde vote mais les riches ont beaucoup plus de voix que les pauvres) –, en assurant aux conservateurs une majorité inattaquable, laisse subsister une monarchie beaucoup plus puissante et une société nettement dominée par la noblesse terrienne et sa prolongation militaire. La Prusse est encore moins que le Reich un État démocratique, mais c'est un État de droit (*Rechtsstaat*), autant que cela peut se concevoir à l'époque – et les États totalitaires nous permettent de mieux l'apprécier. Cela ne signifie pas l'égalité des habitants ou des citoyens (où existe-t-elle ?) ; l'aristocratie d'origine féodale et la nouvelle minorité possédante des industriels et des banquiers ont des visées sur le pouvoir politique qui se limite à les contenir et à croiser les anciennes avec les nouvelles « élites ». La liberté de la presse est grande, sinon absolue ; les législations d'exception contre les catholiques et les sociaux-démocrates n'ont duré que quelques années et les organisations politiques de ces deux grandes forces sociales prospèrent sous les persécutions. Les partis (qui, à l'exception des catholiques du Zentrum et de la Sozialdemokratie, ne sont encore que des groupements de notables) et les gouvernements des États fédérés ne peuvent pas bloquer l'action du chancelier, mais ils peuvent le gêner beaucoup. Cependant, quand il s'en va pour des mois à la campagne, dans les domaines que la munificence du roi et la gratitude de la nation lui ont permis de racheter ou d'habiter, à Varzin en Poméranie, à Friedrichsruh près de Hambourg, la vie politique et diplomatique s'arrête. En Prusse, avec une petite interruption de moins d'un an, Bismarck sera président du Conseil pendant vingt-sept ans ; dans le Reich, il gouvernera dix-sept ans. Maintenant qu'il a gagné ses grands paris, il veut, avant tout, garantir son œuvre contre l'incompréhension et l'incompétence et contre les radicalismes de tout genre. De 1871 à 1878, le Reich est en guerre « froide » avec le Saint-Siège et l'Église catholique allemande parce qu'il redoute l'action d'une force étrangère à laquelle un tiers des habitants du Reich sont attachés par des liens de fidélité dont le pouvoir de Bismarck est jaloux. Cette terrible confrontation, qui prend parfois des aspects de persécution religieuse, ou plutôt antireligieuse, se termine à la bismarckienne par des compromis, et cela d'autant mieux que le chancelier voudrait – pour contenir les nationaux-libéraux – s'appuyer au Reichstag sur le Zentrum allié aux conservateurs. Cette lutte aura été, même pour un pieux protestant conservateur dans l'âme (mais homme d'État d'abord), comme tout ce que le chancelier entreprendra après 1871, un combat sans vainqueurs ni vaincus mais, aussi, une étape importante sur la voie de la laïcisation de la société, ce qui n'était certes pas l'objectif du chancelier. L'égalité devant la loi veut que, pour enlever aux prêtres catholiques l'état civil et l'inspection des écoles primaires, il faut aussi enlever aux protestants ces contrôles sur la base de la société ; on ne conserve qu'en laissant démolir ou en démolissant soi-même, ce qui permet encore mieux de limiter les dégâts. N'est-ce pas là, en fin de compte, le véritable but de toute grande politique digne de ce nom, c'est-à-dire ni idéologique ni totalitaire, de toute politique qui sait qu'après elle il y aura d'autres générations, d'autres politiques et qu'il ne faut pas insulter l'avenir ?

En attendant celui-ci, le *Kulturkampf* est là, le combat « pour la culture », pour la culture protestante, mais surtout pour la vulgate scientiste-matérialiste qui se répand dans les universités et, partant de celles-ci, dans les classes dominantes, l'aristocratie et la bourgeoisie, mêlée à des éléments luthériens plus ou moins accentués – mais il s'agit d'un Luther nappé de sauce rationaliste et nationaliste, non pas du furieux chercheur de Dieu si profondément médiéval encore. Les catholiques allemands, traumatisés, mirent trois quarts de siècle à se remettre de la secousse, bien qu'à la fin ce fût Bismarck qui dût faire la plus longue partie du chemin pour arriver au compromis. La revanche sur Bismarck s'appellera Konrad Adenauer qui aura 14 ans déjà lors de la démission du Chancelier de fer. Pour que cette revanche ait lieu, il faudra la défaite totale voulue par Hitler pour son peuple indigne qui ne lui avait pas donné la victoire totale. Rien n'est plus éloigné de Bismarck (et d'Adenauer) que cette idée d'une totalité qui débouche sur un brasier total. Cependant, les deux chanceliers, celui de 1871 et celui de 1949, se ressemblent par le goût du pouvoir et par la pratique de l'art du compromis au service d'une politique à moyen terme. Bismarck voulait unifier l'Allemagne dans des conditions tout juste encore tolérables pour les autres puissances de l'Europe, Adenauer entendait, lui, restaurer l'État allemand écroulé, lui redonner un statut égal à celui des autres et l'insérer solidement dans un grand ensemble européen, capable de tenir tête aux nouvelles très grandes puissances, filles, cousines, voisines et rivales de l'Europe. Pourtant, rien n'obligeait réellement Bismarck à se lancer, dès la première année du nouvel Empire, dans l'affrontement avec les catholiques qui ne demandaient qu'à se tenir tranquilles et à manifester leur patriotisme. Mais à la grandeur mesurée de l'homme d'État se mêlait chez Bismarck un grain de folie, une extrême nervosité qui, parfois, le faisait s'écrouler dans des crises de larmes. Il voyait des complots partout, tant sa création lui paraissait fragile. La France revancharde, en proie à des bondieuseries d'un autre âge, le pape, l'Autriche – et les catholiques de l'intérieur qui allaient bien, un jour, secouer la torpeur consécutive au choc de 1866 et qui, déjà, s'unissaient politiquement sous la houlette d'un politique de grand talent et d'inébranlable conviction, Ludwig Windthorst, naguère ministre du roi de Hanovre que Bismarck avait dépossédé. Les *Welfen*, partisans des princes chassés ou déchus, entraient aussi dans la « conspiration »[1]. Sept ans plus tard, ce danger-là n'occupait plus le premier rang parmi les phobies du chancelier. En France, ce n'était plus la réaction catholique qui tenait le pouvoir et l'Autriche s'apprêtait à faire alliance avec celui qui l'avait vaincue et épargnée en 1866.

Parmi les preuves de son génie d'homme d'État, on crédite Bismarck, bien souvent, de la sagacité qu'il fallut pour arrêter les armées prussiennes dans leur marche victorieuse sur Vienne contre la volonté du roi. En rejetant l'idée de faire éclater l'empire des Habsbourg, sous la poussée des aspirations contradictoires des « nationalistes » de l'intérieur et des appétits des voisins à l'extérieur, Bismarck, cependant, condamnait les Allemands d'Autriche à rester exclus de la grande fête de l'orgueil national, de l'unité enfin rétablie, ou plutôt établie pour la première fois car l'ancien Reich avait été tout autre chose qu'un État national. Certes, les diasporas allemandes de la Hongrie proprement dite, de Slovaquie, de Transylvanie, du Banat devaient poursuivre leur existence isolée, entourées de nationalités majoritaires s'éveillant à une conscience collective ou la retrouvant, mais il y avait le bloc compact des *Alpenländer*, des duchés et comtés alpestres, et les vastes contrées germanophones entourant en Bohême et Moravie le cœur tchèque de ces pays sur trois de leurs quatre frontières ! Plus de dix millions d'âmes, un sixième de la nation allemande ! Si, au moins, les Allemands d'Autriche avaient pu conserver sur le vaste Empire bariolé leur emprise de *Staatsnation*, de « nation de l'État », représentant la

1. La dynastie hanovrienne était une branche de cette maison des *Welfs* que nous avons vue puissante et orgueilleuse se dresser au XIIe siècle contre la puissance impériale de Frédéric Barberousse (voir chapitre VI).

volonté unitaire de la haute civilisation face aux particularismes des petits peuples qui n'accédaient que par l'allemand à la culture universelle ! Mais c'était précisément Bismarck, par sa victoire de 1866 qui, tout en privant l'Autriche de sa fonction de guide suprême des Allemagnes, avait contraint la cour de Vienne à se réconcilier avec la deuxième *Staatsnation* de l'Empire, avec l'aristocratie magyare. Le compromis de 1867 abandonnait la moitié de l'Empire à la domination hongroise, créant un exemple dont s'inspireront les autres nationalités en Hongrie comme dans les « royaumes et pays représentés au Reichsrat », nom qui remplaçait maintenant celui d'Autriche, inacceptable aux nationalismes non allemands. La Hongrie et ses dépendances échappaient ainsi aux Allemands qui étaient pratiquement absents aussi de la Pologne autrichienne. Dans les pays tchèques, parmi les Slaves du Sud, à Trieste et dans le Tyrol méridional, commençait alors la montée des nationalismes plaçant partout sur la défensive les Allemands naguère dominateurs. Bénéficiant des réformes libérales imposées par l'esprit du temps, l'égalité des droits et la liberté d'établissement, la masse comprimée des juifs de Galicie, de Bucovine et de haute Hongrie, de Bohême et de Moravie commençait un rapide investissement des villes et, en premier lieu, de la capitale, par le menu commerce en bas, l'industrie au milieu et la banque au sommet. Exclus du nouveau Reich, privés de leur fonction dominante à l'intérieur, concurrencés par les juifs (travailleurs infatigables et enfin libres d'appliquer leur énergie et leurs talents à la société générale), les Allemands d'Autriche allaient devenir le terroir d'élection d'un nouveau radicalisme, d'un nationalisme raciste, antisémite et, dans ses formes extrêmes, violemment anticatholique. Sur le chemin que le national-libéralisme allemand mit près de quatre-vingts ans à parcourir, de Bismarck à Hitler, les Allemands d'Autriche le précédèrent avec un demi-siècle d'avance. Pour l'historien, l'exclusion des Allemands d'Autriche est peut-être l'erreur la plus grave de Bismarck. Mais comment aurait-il pu l'éviter ? Dix à quinze millions de catholiques de plus auraient à terme enlevé à la Prusse la maîtrise qu'elle exerçait sur le nouvel Empire. Et que serait devenue l'Europe avec, en son centre, une poussière de mini-États nationaux, ballottés entre l'Allemagne et la Russie, tête-à-tête que Bismarck redoutait par-dessus tout ? Hitler et les Russes sur l'Elbe sont pourtant les conséquences des choix opérés par Bismarck en 1866 et 1871. Peut-être tout serait-il allé autrement si l'Autriche n'avait pas, avant 1866, repoussé ses offres de condominium, de partage-association de la domination sur l'Allemagne. Mais un tel système aurait-il été viable ? Pas plus, sans doute, que celui que le prince de Schwarzenberg, vainqueur de la révolution, avait envisagé en 1849 : un vaste ensemble austro-allemand, englobant la Confédération germanique de 1815 et tous les territoires autrichiens qui n'en faisaient pas partie, de Hambourg à Trieste, du Rhin aux monts de Transylvanie et de Cracovie à Milan…

Le *Kulturkampf* avait été davantage l'affaire de la Prusse que celle du Reich où les électeurs du Sud n'avaient que très partiellement suivi l'impétueux ministre prussien des Cultes, Falk, antiromain intransigeant. Dans l'Empire de Bismarck, la culture et les cultes relevaient des Länder. Le deuxième grand combat intérieur qu'engagea le chancelier-fondateur concernait la société tout entière et les « gouvernements fédérés » sans exception : tirant prétexte de plusieurs attentats isolés dont l'empereur et lui-même avaient fait objet, il se lança dans une guerre à outrance contre le mouvement ouvrier et son fer de lance, le Parti social-démocrate.

Parmi les Allemands de son temps et de sa génération, un seul, aux yeux de l'histoire, est de la taille du prince de Bismarck : Karl Marx, né à Trèves, sur la frontière française, père fondateur d'un immense mouvement politique dont l'action se fait encore sentir tous les jours autour de nous, en Europe et dans le monde entier, alors que l'œuvre de Bismarck appartient à un âge révolu. Écrivain et philosophe, journaliste et agitateur, l'exilé de Londres a donné une pensée et une voix à la masse anonyme des travailleurs dont les efforts et les souffrances fondent la nouvelle société capitaliste qui peu à peu se substitue aux vieilles structures féodales et mercantilistes. J'ignore si Bismarck a lu Marx, mais il avait suivi avec attention l'ascension de Ferdinand Lassalle, allié et rival de Marx, fondateur de l'un des mouvements dont la réunion devait, quelques années plus tard, en 1869 et en 1875, constituer le Parti social-démocrate. Ce n'est ni Marx ni Engels, désormais fixés à Londres, ni Lassalle, mort prématurément, mais un ouvrier authentique, nourri des théories des fondateurs, August Bebel, que Bismarck devait trouver en travers de son chemin dès l'ouverture du premier Reichstag du nouveau Reich, élu au printemps 1871, où Bebel se signala immédiatement par un vibrant éloge de la Commune de Paris. Le latifundiste Bismarck avait composé avec la banque et le haut fourneau ; une nouvelle aristocratie se joignait à l'ancienne, la dépossédant d'une grande partie de son pouvoir tout en se soumettant à ses façons d'être et en mariant ses enfants avec ceux de la noblesse. Il ne pouvait accepter que les masses soumises et exploitées eussent dans la société et dans l'État des exigences, des représentants, des moyens d'action qui leur fussent propres sans passer par le patronage des seigneurs de la terre ou de l'argent. Ces hommes et ces femmes qui se regroupaient pour arracher un meilleur sort à leurs exploiteurs lui apparaissaient comme « des bandes de brigands campant parmi nous dans nos villes ». A la révolte plébéienne, si légaliste qu'elle fût dans les faits, Bismarck ne sut opposer que la carotte, ses modestes lois sociales qui tranchent plus par leur nouveauté que par leur ampleur, et le bâton, les « lois antisocialistes » votées en 1878 à l'issue d'une élection-plébiscite (un nouvel attentat contre l'empereur avait fourni un prétexte pour dissoudre un Reichstag qui, auparavant, avait reculé devant la législation d'exception que le chancelier tentait de lui arracher). L'exil, la prison, le chômage guettaient désormais partout les militants socialistes et syndicalistes, sauf au Reichstag où, élus du peuple, ils pouvaient lancer librement leurs dénonciations que la presse pouvait, si elle le voulait, citer intégralement, alors que toutes les publications socialistes étaient interdites. Pendant douze ans, Bismarck parvint à faire reconduire les lois d'exception, de trois ans en trois ans, jusqu'en 1890, quand une coalition de la gauche, des catholiques (opposés par principe à toute législation d'exception en ayant longtemps fait les frais) et de la droite (qui trouvait les textes de 1878 trop peu efficaces) fit échouer la reconduction. Bismarck voulut réagir en utilisant son vieux moyen : l'élection-plébiscite, mais le jeune empereur Guillaume II, impatient de secouer le joug du serviteur, devenu le véritable patron de la maison, lui refusa la dissolution. Dès lors, il ne restait plus à Bismarck que la démission. Dans ce sens il est vrai que la social-démocratie avait fini par venir à bout de son ennemi mortel par empereur interposé.

Si les deux grands combats menés par Bismarck sur le plan intérieur se terminèrent l'un par une retraite en bon ordre et l'autre par une défaite, les contemporains furent bien davantage impressionnés par ses succès. L'édification du nouvel État central qui se superposait aux quelque vingt-six [1] « États alliés » (puisque le Reich n'était juridiquement qu'une alliance perpétuelle d'États ayant mis en commun une partie de leurs droits souverains) se fit à grands pas, appuyée par une opinion publique survoltée par les victoires de 1870-1871. L'unification militaire et monétaire, l'achèvement de l'union douanière se poursuivaient par l'élaboration de codes communs. Le plus important et le dernier, le Code civil, n'entra d'ailleurs en vigueur que le 1er janvier 1900. La législation bancaire et industrielle favorisa l'essor de la puissance économique du Reich et la pénétration allemande sur les marchés mondiaux sans que le partage des compétences entre le Reich et les États alliés produisît des gênes importantes. L'esprit public applaudissait, à de rares exceptions près, une œuvre qui faisait de la terre des Allemands, si longtemps jouets des États étrangers, l'une des principales puissances du monde, tout en favorisant pour une ample minorité une croissance considérable des revenus et du bien-être. Dans la course aux découvertes et inventions, l'Allemagne tenait désormais le premier rang. Les universités attiraient en foule les étudiants de l'Europe centrale et orientale, de l'Angleterre et des États-Unis. Les villes s'étendaient tout en se dotant de splendides monuments, témoins d'un goût du massif, de l'ostentatoire et de l'abondant que de rares critiques seulement dénonçaient comme manifestations de mauvais goût. Les

1. Le vingt-sixième élément, l'Alsace-Lorraine, désigné comme « Reichsland » – terre d'Empire – n'avait pas réellement le rang d'État fédéré, son gouverneur général étant nommé par l'empereur.

ouvriers eux-mêmes, objets de suspicion et de craintes, tiraient profit des garanties que l'État de droit maintenait même pendant la période des lois d'exception, des progrès de l'instruction et, quoique d'une manière trop limitée et injuste, prenaient part aux fruits de la croissance. Dès 1900, Eduard Bernstein, le plus fécond des théoriciens marxistes de la deuxième génération, mettait en doute la valeur absolue du dogme marxien de la paupérisation progressive. Si des hommes de religion et de culture s'effrayèrent de la montée d'un matérialisme envahissant et d'un amoralisme s'érigeant en doctrine, l'immense majorité des Allemands eurent l'impression d'une formidable progression de leur sort commun. C'est pourquoi Bismarck fut célébré de son vivant comme le père de la patrie, et qu'après sa mort les statues du chancelier de fer se mirent à pousser aux carrefours des villes et des bourgs. Dur, vindicatif, âpre au gain, pessimiste et inquiet, animal politique porté en avant par une formidable vitalité et, en même temps, chrétien humblement conscient de ses péchés et confiant dans la grâce imméritée : l'original était bien plus intéressant et complexe que les statues, mais ce qu'il fit et la manière dont il le fit ne contribuèrent pas à améliorer le caractère de son peuple. Bien au contraire, des observateurs attentifs sinon impartiaux, tels l'historien suisse Jacob Burckhardt, le philosophe Friedrich Nietzsche, l'historien Theodor Mommsen, ou le médecin prussien Rudolf Virchow, ces deux derniers éminents membres de l'opposition parlementaire libérale de gauche, virent clairement et avec angoisse que dans le sillage de Bismarck l'Allemagne s'engageait dans le culte de la puissance, de la force, du succès matériel, de la superbe nationale, du mépris des faibles et des étrangers.

Le pouvoir de Bismarck avait pour premier fondement la confiance inébranlable de l'empereur-roi, capable de le juger mais non de le remercier. Esprit simple et net, Guillaume Ier reconnaissait le génie supérieur de son ministre et lui conservait une fidèle reconnaissance, malgré l'aversion très vive que presque toute sa famille, sa femme, son fils, sa belle-fille, éprouvaient à l'égard du « tyran ». Son pouvoir, ensuite, reposait sur la gloire et sur l'adhésion populaire que ses succès lui avaient gagnées. L'opinion, longtemps, en voudra à Guillaume II d'avoir renvoyé le « fidèle paladin » de son grand-père. Pour son service, Bismarck disposait de la formidable puissance de travail de l'administration prussienne, la meilleure du monde et la moins corruptible, dans le détail tout au moins, car collectivement elle servait les intérêts de la classe dont elle était issue, noblesse et bourgeoisie, mais ces intérêts n'étaient-ils pas précisément ceux de l'État ? Peu nombreuse, bien formée, disciplinée, dévouée, cette administration valait bien au civil l'armée dont Roon, le ministre de la Guerre, et Moltke, le chef d'État-Major, aussi inamovibles que le chancelier, leur ami et complice, avaient renouvelé et modernisé les traditions. Il y avait encore l'appui de la plupart des souverains alliés qui admiraient le génie de Bismarck ou recevaient ses subsides. Il y avait la presse dont il se servait avec maestria, utilisant pour l'influencer aussi bien l'art de la confidence distillée que les fonds secrets dont il avait pléthore, grâce à la fortune du roi de Hanovre que l'État prussien tenait sous séquestre (en s'attribuant les intérêts) tant que le souverain déchu ne reconnaîtrait pas sa dépossession (l'événement ne se produisit qu'en 1913, quarante-sept ans après l'annexion de 1866). Cependant, puisque le Reichstag se partageait avec le Bundesrat, la chambre des États associés, le pouvoir législatif et budgétaire, il fallait au chancelier une majorité parlementaire. Certes, seul ministre du gouvernement d'Empire (les secrétaires d'État titulaires des divers portefeuilles étaient des fonctionnaires à lui subordonnés), il n'avait pas besoin de la confiance du Parlement. S'il en avait été autrement c'eût été le régime parlementaire que Bismarck abhorrait. Toutefois, il lui fallait faire approuver ses projets de loi et surtout les recettes et dépenses de l'Empire. De 1871 à 1877, Bismarck s'appuya au Reichstag sur une majorité nationale-libérale, formée par ces libéraux de droite qui s'étaient ralliés à la victoire après 1866. Centralistes, antiromains, favorables aux intérêts industriels et commerçants, les nationaux-libéraux étaient les alliés nécessaires des débuts du nouvel État. Cependant, nombreux et puissants, ils se firent de plus en plus exigeants, souhaitant – du moins beaucoup d'entre eux – entraîner l'Empire sur la voie du régime parlementaire. Partisans du libre-échange, comme l'avaient été aussi, longtemps, les grands propriétaires nobles des provinces de l'Est qui vendaient à l'Angleterre leur blé, leurs pommes de terre et leur bois, ils le restèrent encore quand la concurrence montante de l'Amérique et de la Russie transforma les « hobereaux » en protectionnistes ardents. Cependant, pour imposer une nouvelle politique commerciale, les conservateurs, représentant les intérêts des gros agrariens, ne pouvaient suffire à eux seuls. Le Zentrum catholique prêta ses voix pour un changement de majorité, ce qui explique certaines des raisons qui poussèrent Bismarck à mettre fin au *Kulturkampf*. La réconciliation avec le Zentrum donnait, en fait, à Bismarck la possibilité de gouverner avec des majorités variables et mit fin à sa dépendance envers les nationaux-libéraux. Il est vrai que les paysans et les grands seigneurs catholiques avaient les mêmes raisons que leurs collègues protestants de faire augmenter les droits d'entrée sur les céréales étrangères. La haine de quelques conservateurs extrémistes, qui lui reprochaient sa « trahison », ses compromis et compromissions avec le monde moderne, le blessait certes mais ne le faisait pas changer de stratégie. Un des buts permanents de sa politique parlementaire était, depuis son arrivée au pouvoir en Prusse, en 1862, la sauvegarde de l'indépendance des forces armées. Pour la maintenir, il inventa le septennat : le budget militaire était voté pour sept ans. Cette formidable automutilation du Parlement n'avait été obtenue, elle aussi, que par une dissolution suivie de nouvelles élections de type plébiscitaire. Par ces jeux de bascule, suivis de coups de poker cyniques, Bismarck parvenait presque toujours à obtenir ce qu'il voulait d'un Parlement pourtant récalcitrant face à un exécutif écrasant. Cependant, l'humiliation permanente de la représentation populaire renforçait dans la nation les tendances autoritaires et le mépris de la politique.

Le théâtre d'opérations, cependant, où le génie de Bismarck brillait avec le plus d'éclat, était et restait celui des affaires étrangères. Solidement installé dans la capitale prussienne, le gouvernement impérial, c'est-à-dire le chancelier, y organisa deux grandes conférences mondiales : l'une sur l'*Ostpolitik*, comme on dit de nos jours, c'est-à-dire sur l'équilibre à maintenir dans les Balkans, après d'éclatantes victoires remportées par les armées russes sur les Turcs ; l'autre sur l'organisation de l'Afrique noire (congrès de Berlin en 1878 et conférence sur le Congo en 1884-1885). Bismarck était devenu le médiateur, le pacificateur puisque son œuvre, l'unité allemande, avait besoin de calme et de paix en Europe. Un réseau d'alliances liait et disciplinait tous les États européens – à l'exception de la France dont il fallait contenir la légitime volonté de revanche en l'isolant sur le continent, et en détournant son attention et sa vigueur vers l'outre-mer. L'alliance des trois empereurs (d'Allemagne, d'Autriche, de Russie), l'alliance anglo-italo-autrichienne, l'alliance de l'Allemagne et de l'Autriche avec la Roumanie, la Triplice enfin (Allemagne, Autriche, Italie), tout ce système d'araigne visait bien plus que la simple immobilisation de la France : le maintien de la paix. Car toute guerre, même périphérique, risquait d'entraîner des affrontements dont l'épicentre se situerait au cœur du continent. C'est pourquoi il fallait avant tout empêcher Russes et Autrichiens de choisir la guerre pour régler le conflit des Balkans, dont l'enjeu était de savoir qui allait, désormais, dominer dans la péninsule jusque, et y compris, dans Constantinople/Byzance.

De son système, dont certains éléments essentiels comme le *Traité de Réassurance* avec la Russie devaient rester secrets, Bismarck connaissait la fragilité. A deux reprises au moins, la guerre faillit éclater, quelque part dans le Sud-Est, qui aurait fini par entraîner le Reich. C'est bien ce qui allait se passer en 1914, sous des successeurs indignes. En attendant, l'Allemagne s'enorgueillissait de la gloire de son chef, qu'elle voyait au centre de tous les grands événements récents, faisant de la politique extérieure son domaine le plus réservé. Dans ce système complexe, une place spéciale doit être accordée à la politique coloniale.

Bismarck n'y croyait pas et n'en voulait pas, mais il finit par se prêter à la « régularisation » d'établissements créés par des commerçants ou des aventuriers, des *merchant adventurers* allemands en Afrique et dans le Pacifique Sud, où il restait des « terres à personne ». Bismarck ne pouvait résister sans concessions à un puissant mouvement colonialiste qui recrutait ses militants dans tous les secteurs de la société, sauf, et encore, chez les sociaux-démocrates, bien sûr. Il céda à la pression des banques, des industriels et des gros commerçants qui, de leurs comptoirs à Hambourg, Brême et Berlin, finançaient des établissements lointains auxquels il ne pouvait refuser la protection du Reich. Il pensait ainsi exercer une pression sur la Grande-Bretagne pour la contraindre, sous la menace en quelque sorte, à un mariage de raison. Mais, en même temps, Bismarck redoutait les complications qui allaient naître de ces colonies lointaines et peu utiles et qui risquaient de compromettre le rôle prépondérant qu'il avait su donner à « son » Empire dans l'Europe. Son monde à lui restait celui du traité de Vienne ; seules comptaient dans sa vision les puissances traditionnelles, l'Allemagne ayant succédé à la Prusse, et l'Italie s'étant ajoutée au nombre. Le colonialisme était une phase anticipée du grand courant impérialiste qui allait faire sortir l'Allemagne de la relative modération bismarckienne pour la précipiter dans l'encerclement et la guerre tous azimuts. S'il avait vu la guerre de 1914, Bismarck se serait cru justifié dans sa méfiance envers l'impérialisme dont nous savons, nous, la signification comme stade prédécesseur du totalitarisme.

Héros des classes moyennes, Bismarck, en 1890, âgé de 75 ans, était haï à peu près unanimement de la cour et détesté par une grande partie du monde politique. Il avait froissé trop d'amours-propres, piétiné trop d'intérêts, humilié trop d'ambitions. Les conservateurs, les barons latifundistes, sa propre classe trouvaient qu'il ne faisait pas assez pour eux, bien qu'à cause d'eux il eût abandonné le libre-échange et restauré le protectionnisme. Les nationaux-libéraux ne lui pardonnaient pas leurs espoirs ministériels déçus. Les libéraux de gauche dénonçaient sa tyrannie insupportable, ses velléités de coup d'État. L'armée, gavée de crédits, trouvait que cela n'était toujours pas assez ; ses collaborateurs les plus proches cherchaient à assurer leur avenir.

Le vieil empereur mourut à 91 ans, le 9 mars 1888. L'héritier, lui-même au seuil de la vieillesse, était miné par un cancer de la gorge à un stade avancé. Lui-même et sa femme Victoria, princesse royale de Grande-Bretagne, guettaient depuis 1862 l'occasion de leur revanche sur le ministre tout-puissant qui avait toujours contré leurs visées libérales ; mais à présent, au seuil de la tombe, incapable de parler, l'empereur Frédéric III se sentait incapable d'engager le combat. Il garda Bismarck, se contentant de renvoyer un ministre de l'Intérieur de Prusse qui avait un peu trop « orienté » les élections. La tragédie ne dura que trois mois. Le 15 juin, Guillaume II, âgé de 32 ans, monta à son tour sur le trône. D'intelligence brillante mais superficielle, aimant la fréquentation des officiers de la Garde, imbu de sa dignité d'origine surnaturelle, protestant plus orthodoxe que pieux, il aimait ce que ses parents avaient détesté et détestait ce qu'ils avaient aimé. Ayant le goût du clinquant et des apparences du pouvoir, plus que du pouvoir lui-même, car il était par nature faible et hésitant, Guillaume II apparaissait comme le représentant idéal de l'ère préparée par Bismarck, bien malgré lui : superficiel, grandiloquent, provocateur, et au fond peu sûr de lui, comme l'enfant handicapé et peu aimé de sa mère qu'il avait été (il souffrait, de naissance, d'un bras atrophié). Contre le vœu de ses parents, il choisit le parti de Bismarck quand il n'était encore qu'héritier en second et le conserva après son avènement dans sa double fonction de chancelier et de ministre-président, mais avec une impatience croissante : le vieux serviteur, avec ses vertus austères, représentait une Prusse que l'empereur ne vénérait qu'en paroles, tandis que sa gloire masquait celle de l'astre montant. Les prétextes abondaient. Bismarck, retiré dans ses campagnes plusieurs mois par an, gouvernait de moins en moins. Il perdit les élections de 1890 et échoua sur la reconduction des lois antisocialistes. L'empereur, avide de plaire à tous ses sujets, voulut étendre le champ des lois sociales. Démagogie inutile, pensait le chancelier qui se rendit compte que douze ans de persécutions n'avaient fait que consolider le Parti social-démocrate dont les voix et les sièges progressaient à chaque élection. Enfin, si le traité secret de Réassurance avait été renouvelé, Bismarck et le public sentaient la Russie s'éloigner de plus en plus de l'alliance prusso-allemande et glisser vers la France. L'empereur reprocha à Bismarck de lui cacher des faits essentiels de la politique étrangère. Alors, enfin, le vieux serviteur se résolut à envoyer une lettre de démission impatiemment attendue. « Enfin, je suis empereur », s'exclama Guillaume II. Il venait, en fait, de s'engager sur une voie qui, vingt-huit ans plus tard, seulement, se terminera par une fuite peu glorieuse en Hollande. Un général, jusqu'alors étranger à la politique, Leo von Caprivi, fut nommé chancelier. Doué de bon sens et de courage, il devait s'en tirer sans trop de mal, en dépit des quolibets de l'ancien, nullement résigné à sa chute.

Ici encore, ou déjà, la vieillesse est un naufrage. Bismarck peut-être s'est véritablement fait des illusions. L'incapacité des successeurs, la montée des périls extérieurs, l'immense popularité que le brutal renvoi avait encore fait s'accroître… mais rappeler le vieux connétable eût été pour l'empereur une insondable blessure infligée par lui-même à son amour-propre. Et la vieillesse, justement, servie par les flatteries de l'entourage et les brutales simplifications du fils aîné, dont il avait fait son principal collaborateur, le faisant nommer Secrétaire d'État aux Affaires étrangères, voilait le regard du grand homme qui n'apercevait plus les fissures : « Rien ne lui réussit plus », disait-on déjà à la cour et en ville, bien avant le renvoi. S'estimant injustement traité et croyant son œuvre en péril (elle l'était en effet, mais quelle valeur attribuer à une création que le départ de son inventeur fragilise à un tel point ?), Bismarck, pendant le restant de son âge, huit longues années, allait s'appliquer à rendre aussi difficile que possible la tâche du souverain et de ses collaborateurs. Disposant d'un grand nombre de journaux trop heureux de publier des déclarations ou des prises de position directement inspirées par l'ancien chancelier et dont tout le monde reconnaissait l'inspirateur, l'ex-chancelier ne cessait d'attaquer les décisions prises en politique extérieure par des gens qu'il tenait pour des incapables du moment qu'ils ne s'étaient pas solidarisés avec lui. Pour se venger, l'empereur le faisait traiter avec mesquinerie. Transformé en monument national de son vivant, alors qu'il avait toujours méprisé le nationalisme, passion du populaire, sinon de la populace, Bismarck devint le héros protecteur de tous les mouvements patriotiques et expansionnistes qui commençaient à couvrir le pays de leurs sections locales. Peu de municipalités, en dehors des régions massivement catholiques, osèrent se passer d'une rue Bismarck ou d'un monument à Bismarck. Le mythe, du vivant de l'homme, commençait à remplacer le personnage. Le couronnement de sa vengeance, ce furent les Mémoires parus au lendemain de sa mort, en 1898, sous le titre *Pensées et Souvenirs*. Chef-d'œuvre littéraire, ce texte n'a qu'une valeur documentaire très relative, mais aucun ouvrage allemand depuis les écrits de Luther n'eut une audience semblable dans la nation qui ne comprit de ces subtiles spéculations, de ces récits brillamment enlevés et des mensonges savamment distillés que ce qu'elle avait envie de comprendre. Dans sa maison du Sachsenwald, la forêt des Saxons, près de Hambourg, les délégations se succédaient qui remportaient chez elles les encouragements prodigués par le grand démagogue que cet aristocrate solitaire avait toujours été, aussi, au cours de sa longue carrière politique. Avec toute sa grandeur, Bismarck porte autant de responsabilités dans les tragédies qui vont suivre que ses faibles successeurs.

2. L'Empire de Guillaume II : 1890-1918

En apparence, l'empire wilhelmien s'inscrit dans la continuité. En vingt-quatre ans, de 1890 à 1914, quatre chanceliers seulement se succèdent à la tête des affaires. Aucun changement formel n'affecte les institutions de l'Empire. Le monarque est dans la force de l'âge, alors que son peuple s'accroît rapidement (67 millions en 1910 contre 20 millions en 1800) et que l'économie connaît une expansion fantastique. Première puissance militaire au monde, l'Allemagne est en train de dépasser l'Angleterre pour devenir aussi la première puissance économique. Entre elle, rêvent certains, et la domination mondiale, il n'y a plus que la flotte anglaise. La science allemande, motrice du progrès économique et aussi de la puissance militaire, se tient également au premier rang ; les prix Nobel du début du siècle traduisent l'avantage que le *Deutscher Reich* possède dans ce domaine. L'enseignement se répand avec les écoles d'ingénieurs, les *technische Hochschulen* (hautes écoles technologiques)[1], qui assurent l'accès d'un nombre croissant d'enfants des petites

1. Ces établissements n'ont été élevés au rang d'universités qu'après la Deuxième Guerre mondiale.

classes moyennes salariées aux formations secondaires et supérieures. L'Allemagne, avec ses pôles de Berlin et de Munich, est en même temps un des premiers foyers de la culture moderne – en interdépendance étroite avec Paris. L'État de droit se consolide et, avec lui, le rôle des Parlements. Ce n'est pas encore la démocratie parlementaire, mais, dans les États du Sud tout au moins, celle-ci commence à se réaliser progressivement à travers le vote d'un budget négocié (et les sociaux-démocrates eux-mêmes entrent dans ce jeu) ; en Prusse, la lutte contre le suffrage inégal mobilise, la fin du système des trois classes paraît inévitable. Dégagés des contraintes de la clandestinité, le parti de la classe ouvrière et son syndicat se répandent à travers la société : aux élections de 1911, le SPD dépasse le tiers des voix et les syndicats comptent près de trois millions d'adhérents.

Une des lignes de force de l'époque est l'optimisme matériel et culturel. Beaucoup de maladies, naguère mortelles, sont maîtrisées : la prolongation de la durée moyenne de la vie et l'accroissement de la population vont du même pas. En même temps, cependant, un peu partout dans le tissu social, s'épaississent des zones de dureté, d'agressivité, d'intolérance. Dans la grande industrie se répand une mentalité néoféodale du « maître de maison », seul maître à bord, exigeant obéissance, discipline, soumission. Des officiers, pleins de morgue et de mépris pour les civils, créent des incidents violents. A travers les classes moyennes et les classes dirigeantes, un mouvement d'antisémitisme, plus raciste que religieux, met en balance les résultats d'un siècle d'émancipation et d'assimilation juives. Une politique de germanisation oppressive dans les provinces autrefois polonaises et en Alsace-Lorraine suscite des réactions de plus en plus radicales. Des industriels, des officiers et des hauts fonctionnaires fondent une « Ligue contre la social-démocratie », qui s'efforce de mettre les « révolutionnaires » hors des entreprises et des communes. A deux reprises, le gouvernement impérial tente de faire passer une législation antisyndicale pour protéger la « liberté du travail » contre les piquets de grève et autres « moyens d'intimidation », mais la fidélité du Zentrum à son hostilité envers les lois d'exception fera échouer ces projets. A cette radicalisation du climat, du côté des possédants et des détenteurs du pouvoir, répond, au sein de la social-démocratie, un clivage de plus en plus accentué entre réformistes et révolutionnaires dont les porte-parole les plus en vue sont d'un côté Eduard Bernstein et de l'autre la jeune militante polonaise Rosa Luxemburg et l'avocat Karl Liebknecht.

Contre le monocle méprisant de l'officier hobereau et le col amidonné qui irrite la peau du cou des bourgeois conformistes, contre la vie abstraite et malsaine des grandes villes, contre le culte de l'argent, de jeunes enseignants, des garçons et des filles qui s'étiolent dans les classes terminales des lycées où des professeurs barbus et bedonnants dissertent sur la poésie, s'élancent au tournant du siècle sur les grandes routes de la vie naturelle. Le « mouvement des Oiseaux migrateurs » (*Wandervogel*) est marginal, bien sûr, quant au nombre, et facilement récupérable au nom d'une mystique de la communauté du sang et du sol. Il est important, à cause même de sa virulente irrationalité et de la mise en cause des ordres établis par les fils et les filles des maîtres de ces ordres ou des serviteurs proches de ces maîtres. Une sorte de 1968 sans barricades ni doctrines révolutionnaires, mais un ébranlement profond tout de même, qui reprend les émotions et les paroles du soulèvement national de 1813 et qui mènera certains à souhaiter ardemment la grande crise purificatrice de la guerre.

La guerre, d'autres plus froidement déterminés, ce qui n'exclut pas au contraire un fonds de véhémente agressivité, maîtrisée voire refoulée en apparence, la préparent comme recours supérieur afin d'assurer à l'Allemagne la grandeur et la puissance que ses idéologues lui annoncent depuis Fichte, le philosophe, et Treitschke, l'historien. On saura vite, dans les cercles où s'élaborent les grandes décisions, que l'empereur n'est pas un chef véritable, mais un être faible et hésitant qui cache ses incertitudes et ses peurs derrière ses moustaches martiales. On sait qu'il faut le séduire et le pousser en avant. Les chanceliers, seuls ministres responsables devant le souverain, ne parviendront jamais à obtenir la subordination des chefs militaires sous l'autorité civile ; quand ils ne siègent pas au gouvernement eux-mêmes, comme le terrible amiral Tirpitz, véritable créateur de la marine de guerre, ils accèdent directement à Sa Majesté par l'intermédiaire du chef du cabinet militaire, totalement indépendant du chancelier et souvent plus efficacement influent que celui-ci. Caprivi, le premier successeur de Bismarck, et sans doute le meilleur, ne s'est pas opposé, par inexpérience, au refus de renouveler l'accord secret avec la Russie, pierre angulaire du système bismarckien de l'équilibre en Europe, refus soufflé à l'empereur par des conseillers irresponsables. Dès lors, la situation politique et stratégique du continent se modifiera profondément du fait du rapprochement entre l'autocratie tsariste et la République française, longtemps tenu pour impossible, mais que Bismarck avait toujours redouté. Les chefs d'état-major, désormais, doivent se préparer à une guerre sur deux fronts, qui sera difficile à gagner quand la Russie aura réussi à moderniser ses immenses ressources. Caprivi tombe vite, en 1894, s'étant avec bon sens attaqué à la politique douanière protectionniste que Bismarck avait naguère accordée à ses frères et cousins, les grands propriétaires de l'Est. Caprivi n'était pas, lui, héritier de grands domaines ; il voulait lier l'Allemagne aux solidarités de l'économie mondiale, en établissant, sinon le libre-échange intégral, du moins des droits plus faibles sur les importations de produits alimentaires, ce qui revenait aussi à lutter contre « la vie chère » dénoncée par les sociaux-démocrates. Les « grands agrariens », ayant facilement l'oreille du roi-empereur, sont parvenus sans trop d'efforts à se débarrasser de ce général trop civil. Son successeur, le prince de Hohenlohe, diplomate septuagénaire, membre d'une famille de haute noblesse autrefois régnante, cherchait avant tout à éviter les conflits. Son intelligence était tenue en balance par son scepticisme et son besoin de tranquillité. Grâce à cette « sagesse », qui laissait faire les talents plus énergiques et qui « couvrait » le souverain, Hohenlohe resta en place six ans, période cruciale pendant laquelle l'opinion, dans ses éléments déterminants, et surtout les dirigeants de tous ordres se convainquirent de la nécessité pour l'Allemagne de mener une *Weltpolitik*, si elle ne voulait pas se laisser enfermer dans un continent trop petit et dépourvu de matières premières où l'alliance franco-russe finirait par la dominer. Vue de cette manière, la course à la *Weltpolitik*, à la « place au soleil », était une sorte de fuite en avant et comportait des éléments défensifs pervertis, d'offensive dictée par la peur.

Géographes, historiens, journalistes, politiciens et militaires voyaient s'achever et se constituer de gigantesques empires coloniaux. L'Angleterre, la France, l'Italie même se partageaient le monde. Dominant leur continent, les États-Unis se substituait à l'Espagne ; en Asie, le Japon, en se modernisant, bâtissait à un rythme stupéfiant une nouvelle grande puissance. L'avenir était sur les mers. Bismarck pensait encore dans le cadre géopolitique de Metternich ; maintenant, l'impérialisme posait les problèmes des États et des nations à l'échelle mondiale. L'empereur lui-même, petit-fils de la reine Victoria par sa mère détestée, admirait, jalousait et haïssait l'Angleterre dont le prince héritier, son oncle, l'avait traité de « garçon mal élevé », ce qu'en plus il était véritablement. Les armateurs, les industriels de l'acier, les gros négociants poussaient de toutes leurs forces et de tous leurs intérêts à la construction de la grande flotte dont Tirpitz, maniaque intelligent et énergique, fit l'œuvre de sa vie. Mais la flotte, placée au service de la plus forte puissance militaire du continent, rendait, à terme, inévitable le conflit avec cette Angleterre dont la neutralité bienveillante avait été, aux yeux de Bismarck, une des bases mêmes de l'existence du Reich.

Hohenlohe, par sa faiblesse de vieillard, et son successeur Bülow, brillamment intelligent mais présomptueux, léger et cynique, ne surent accueillir les tentatives de certains hommes d'État britanniques, comme Joseph Chamberlain, qui, avant tout préoccupés du danger russe et de la rivalité française, pensèrent qu'une alliance germano-britannique, à condition que l'Allemagne voulût bien limiter ses ambitions maritimes et coloniales, eût été la solution la plus convenable aux problèmes de l'équilibre mondial. Par ses rodomontades, ses gestes dépourvus de tact, ses interviews provocatrices, l'empereur eut sa part de responsabilité dans une rupture qui poussera l'Angleterre à s'entendre avec ses « adversaires héréditaires ». L'encerclement d'une Allemagne aveuglée sur les conditions réelles du monde se poursuivait. Il ne restait plus à l'Empire que la sortie vers le sud-est, à travers l'Autriche-Hongrie alliée, que ses conflits internes rendaient de plus en plus dépendante du puissant cousin de Berlin, pourtant peu aimé. En s'implantant fortement dans l'Empire turc par ses conseillers militaires, ses banquiers, ses grands projets tels que la *Bagdad-Bahn*, le chemin de fer Istanbul-Bagdad, aux intentions clairement stratégiques, l'Allemagne traversait les grandes ambitions de la Russie, toujours déterminée à s'emparer des détroits, et elle inquiéta l'Angleterre dans ses possessions vitales, Suez et l'Inde. L'opinion allemande, empereur en tête, prit fait et cause pour les Boers, ces proches parents assaillis par la perfide Albion, mille fois supérieure en nombre et en force. Après avoir soutenu le président Krüger par un télégramme que Londres considéra comme une gifle, Guillaume, dans une interview à un journal anglais, prétendit avoir fourni à l'État-Major britannique les plans qui lui auraient permis de venir à bout de la résistance des Afrikaners. En Angleterre, l'indignation n'eut d'égale que la dérision. Cette fois-ci, en Allemagne même, l'opinion se sentit humiliée. Le Reichstag protesta, il fut question de remplacer l'empereur par son fils aîné. L'alerte avait été chaude et ébranla fortement la confiance qu'avait en lui-même un souverain plus fanfaron que courageux. Il en voulut à Bülow de ne pas l'avoir fermement soutenu ; quelque temps plus tard, il le remplaça par un haut fonctionnaire, peu porté sur la révolte, quoique intelligent et même perspicace : Theobald von Bethmann-Hollweg qui devait rester en place pendant neuf ans. L'empereur, désormais, se fit plus réservé mais se laissa aussi davantage influencer par des ministres ou des militaires résolus. La construction de la flotte, l'accroissement des crédits et des forces militaires, les élucubrations de plus en plus furibondes des impérialistes de tout crin, inquiétèrent sans cesse davantage les autres puissances. L'énorme potentiel allemand n'était même plus gouverné par une volonté ferme.

Point vraiment résolu à la guerre, l'empereur, poussé par des militaires, des industriels, des aventuriers même, se jetait dans des expéditions mal contrôlées. Une visite à Jérusalem où il établit un évêché protestant alarma au plus haut point les Anglais. Au Maroc, des intérêts allemands, assez secondaires, heurtèrent de plein front les ambitions françaises. Des provocations sans suite (le fameux « Saut de la *Panthère* », cette dernière étant, en fait, une canonnière de la marine du Reich venue visiter la ville d'Agadir) aboutirent à des compromis sans gloire puisque le Maroc resta aux Français. Une tentative de réconciliation avec la Russie, mal engagée avec un tsar faible et terrorisé par la prépotence du cousin allemand, fit naître des doutes à Vienne. A la veille de la guerre, l'empereur n'était déjà plus le « maître du pouvoir » ; mais qui donc l'exerçait à sa place ? Certes pas le chancelier, haut fonctionnaire chef de l'administration, ni Tirpitz cantonné dans son domaine, ni même tel ou tel général. Les grands industriels, eux aussi, si riches et puissants qu'ils fussent, ne dominaient qu'un secteur de l'existence nationale, et les militaires n'avaient que des vues et des pouvoirs partiels, y compris le chef de l'État-Major général, Moltke le jeune, neveu faible du terrible compagnon de Bismarck, aussi hésitant et incertain que son empereur. Le secret de l'empire wilhelmien était peut-être, à la fin, qu'il n'y avait plus de véritable pouvoir ; situation intenable qui, elle aussi, parmi les initiés, faisait apparaître comme une solution, du moins provisoire, la terrible simplification de la guerre. Celle-ci déclarée, il y eut au moins un pouvoir collectif, l'armée, représentée par le ministre prussien de la guerre et le chef d'État-Major. Arrière-neveu déchu du grand Frédéric, Guillaume II, auteur de tant de discours martiaux, n'essaya même pas de se mêler du commandement et de la conduite de la guerre. Bien avant sa fuite en Hollande, il devenait un non-pouvoir, fantôme couronné de moins en moins respecté, indigne de l'honneur que lui faisaient les adversaires en le déclarant criminel de guerre numéro un.

Quel grand pays, cependant, et quel grand peuple, qui subissaient des chefs méritant si peu d'admiration ! Le monde entier reconnaissait la qualité du travail allemand. Du label que les Anglais avaient imaginé infamant, *made in Germany*, les Allemands firent la marque de la plus haute qualité. L'ordre et l'hygiène régnaient dans les grandes villes qui se couvraient de belles constructions monumentales, lourdes, peut-être, mais solides à toute épreuve. Dans l'administration des caisses d'assurances sociales, dans les tribunaux sociaux (semblables à nos prud'hommes), dans les conseils municipaux, le peuple des travailleurs sociaux-démocrates faisait l'apprentissage des responsabilités. Dans les cours de beaucoup de royaumes et de duchés régnait un esprit débonnaire, sous des princes sans morgue, amateurs d'art et de vie simple. Ce fut le cas du prince-régent de Bavière, homme de bonne compagnie et de dignité, affable, aux antipodes du roi fou auquel il avait succédé, ou celui du grand-duc de Hesse, mécène éclairé des belles-lettres. Époque d'un formidable essor matériel, économique et financier, d'un furieux « Enrichissez-vous », l'ère wilhelmienne est aussi, rare coïncidence, un temps d'intenses foisonnements culturels. Poètes, romanciers, peintres, musiciens de toutes écoles et tendances remplissent les parnasses germaniques, à Vienne aussi bien qu'à Berlin, car l'Allemagne de la culture reste profondément unie. Czernovitz en Bucovine sur la frontière ukrainienne, Dorpat en Estonie sont des universités de langue allemande comme l'est encore la fameuse *Karls-Universität* de Prague. Suisses, Autrichiens, Allemands, sujets russes peuvent être élus indifféremment aux chaires de toutes ces citadelles de l'esprit allemand. Naturalisme, impressionnisme, expressionnisme se succèdent et se superposent dans la littérature comme dans les beaux-arts.

Pour sortir de l'empire de Guillaume comme de la France de Poincaré nul n'a besoin de passeport, sinon pour entrer en Russie où, déjà, la police est presque toute-puissante. L'Europe qui, peu à peu, s'achemine vers la guerre est encore un tout où l'on circule librement. Malgré – ou à côté – de la dureté des luttes sociales (dès les premiers temps de son règne, le « jeune empereur » a vu se déchaîner de terribles grèves des mineurs de la Ruhr qui l'ont profondément marqué, à cause de la misère extrême qu'elles dénonçaient et de l'apparition d'un pouvoir rival et menaçant) et des conséquences économiques d'une politique commerciale dictée par les intérêts agrariens, ce temps de loi et d'ordre connaît aussi des douceurs surprenantes. Contraints de s'exiler en France « intérieure », les Alsaciens qui avaient voté pour la France pouvaient librement revenir chaque année dans leur province d'origine, à condition que leur séjour n'excédât pas deux mois. Quand le leader social-démocrate August Bebel rejoignit la forteresse où il devait passer un temps de détention auquel il avait été condamné pour raison politique, le digne homme, voyageant en compagnie de ses canaris chéris, se vit saluer dans chaque gare par un parti de cheminots en uniforme. Et qui ne connaît pas l'anecdote du « capitaine de Köpenick », de l'ancien condamné sorti de prison qui, ayant acquis chez un brocanteur un vieil uniforme de capitaine, prit quelques soldats et s'en fut à la mairie, arrêter le maire et confisquer l'argent des caisses publiques ? Au terrible jour de la déclaration de guerre, les sociaux-démocrates du parti internationaliste, qui avait été l'enfant chéri de Marx et d'Engels, crurent sincèrement de leur devoir de défendre, contre la menace de l'autocratie russe, l'Empire allemand où régnait la loi et non l'arbitraire, où le suffrage universel contrôlait l'exécutif chaque jour un peu plus, où le peuple ouvrier commençait à bénéficier de quelques parts du pouvoir. Si peu respectable qu'eût été le souverain qui allait donner son prénom à l'époque, celle-ci, bientôt, grâce aux distorsions de la durée, devait apparaître à beaucoup comme une sorte d'âge d'or. Rarement dans l'histoire de si grandes chances furent si mal utilisées.

Qui a commencé ? Qui est coupable ? Qui a voulu la guerre ? Peu de gens, sciemment, délibérément, résolus à faire le nécessaire. Ils ont existé et agi en Allemagne comme ailleurs. Plus qu'ailleurs ? Des grandes puissances européennes, une seule, l'Angleterre, n'avait aucune raison de vouloir la guerre ; aussi s'est-elle la dernière décidée à entrer dans le conflit et seulement après la violation de la neutralité belge, geste délibérément provocateur à son égard. Pour contenir la concurrence navale et commerciale de l'Allemagne, la guerre était une *ultima ratio* dont la plupart des dirigeants anglais espéraient encore qu'ils pourraient contourner la terrible logique. Une autre des grandes puissances avait le plus fort intérêt à éviter tout conflit : c'était l'Autriche, minée par ses contradictions internes. Or, c'est le gouvernement autrichien qui, dans un mouvement véritablement suicidaire – mais l'explosion ne menaçait-elle pas au-dedans ? –, se précipita dans la catastrophe en y entraînant les cinq autres puissances du continent. L'Allemagne aurait pu retenir son unique allié, beaucoup plus faible et terriblement dépendant de son formidable cousin du nord. Mais n'était-ce pas le dernier moment où l'on pouvait risquer la guerre sur deux fronts, avant que la modernisation de la Russie porte ses fruits militaires ? Et si on laissait l'Autriche éclater, sous la pression des Slaves appuyés par la Russie, l'Allemagne, sans alliée, coupée des Balkans et de la Turquie, se retrouverait encerclée sur trois fronts. L'empereur, le chancelier, le chef d'État-Major général auraient tous voulu éviter un conflit dans lequel ils glissèrent plutôt qu'ils ne se jetèrent le cœur léger, comme les ineffables ministres français en 1870. N'ayant pas vraiment voulu la guerre, ni su l'empêcher, ils commirent la maladresse suprême de la déclarer au lieu d'en laisser l'initiative aux autres. L'Autriche mobilisa contre la Serbie, la Russie contre l'Autriche. L'Allemagne, après le rejet d'un ultimatum, prit les devants. Le même scénario se déroula ensuite avec la France. Pour l'opinion mondiale, l'Allemagne, dès lors, était l'agresseur. De plus, le chef d'État-Major général, fidèle à la pensée stratégique de son prédécesseur le comte Schlieffen qui avait passé pour un esprit puissant, et à sa suite d'autres dirigeants allemands s'étaient résolus à traverser la Belgique pour abattre rapidement l'adversaire français et se retourner ensuite contre la Russie (dont pendant ce temps on aurait tenté de contenir l'assaut avec des forces réduites). Le petit État, fondé en 1831, pour empêcher que les anciens Pays-Bas autrichiens ne tombassent au pouvoir d'une grande puissance ennemie de la Grande-Bretagne (et, à l'époque, ce ne pouvait être que la France maintenant alliée de l'Angleterre grâce aux erreurs de la politique allemande), défendit sa neutralité. Ayant en vain demandé au gouvernement de Berlin d'évacuer le territoire belge, Londres, à son tour, entra dans la guerre. Le système bismarckien était anéanti. Le passage de l'Italie dans le camp adverse se fit en 1915 achevant ainsi l'isolement allemand que le chancelier de fer avait tant redouté. Les minorités avides de guerre n'existaient cependant pas seulement en Allemagne et en Autriche. En Russie aussi, l'espoir de détourner les assauts des oppositions contre un pouvoir ébranlé par la défaite devant les Japonais et la révolution de 1904-1905 vers l'unanimité nationale d'une grande guerre patriotique nourrissait les projets d'un parti de hauts fonctionnaires et de militaires résolus à forcer la main à leur souverain faible et chancelant.

En France, enfin, l'esprit de revanche était plus vivace que jamais, à gauche comme à droite, et la fin de l'isolement qui avait frappé les premières années de la Troisième République encourageait les belliqueux. Comment Français, Russes et Anglais ne seraient-ils pas venus à bout d'une Allemagne plutôt affaiblie que renforcée par l'encombrant allié autrichien ? Quant à l'Italie, un vaste mouvement allant en s'accroissant y plaidait pour l'entrée en guerre aux côtés de l'Entente, pour reprendre la méthode qui, pendant la guerre de Crimée, avait si bien réussi à Cavour, afin de libérer, cette fois-ci, Trente et Trieste.

Ainsi, des six grandes puissances européennes, seules l'Angleterre et l'Autriche, pour des raisons d'ailleurs fort différentes, pouvaient être considérées comme saturées, dépourvues de visées expansionnistes et impérialistes. La Grande-Bretagne, parce qu'elle avait tout obtenu de ce que le rêve le plus ambitieux eût pu lui attribuer ; l'Autriche, parce que dans son instabilité extrême tout mouvement pouvait lui être mortel. La Russie, l'Allemagne, l'Italie songeaient à des agrandissements énormes, bien au-delà de leurs forces réelles. La France, dont la vitalité ne s'était pas vraiment remise des terribles saignées de la fin du XVIIIe et du début de XIXe siècle, aurait figuré parmi les puissances saturées si le rapt de l'Alsace-Lorraine ne l'avait pas placée parmi celles qui aspiraient à changer le *statu quo*, conservatrice par le fond et contestatrice par accident historique. Ainsi, chacune des puissances européennes, par certains côtés de sa structure, des intérêts de son gouvernement et des idéologies dominantes, porte une part de responsabilité dans la guerre, même l'Angleterre qui, en se déclarant plus tôt et plus carrément, aurait pu calmer le jeu et faire reculer l'empereur allemand et ses ministres devant des choix qui, au fond, les faisaient trembler. Ainsi, comme dans presque tous les grands drames de l'histoire, les responsabilités étaient largement partagées. Il est rare que la volonté d'un seul homme puisse être si clairement reconnue et dénoncée comme auteur, sinon unique du moins largement prédominant, d'une guerre d'immense envergure, comme ce fut le cas d'Adolf Hitler en 1939. Les Alliés victorieux qui, en 1918, voulurent traîner devant les tribunaux l'empereur et ses complices comme criminels de guerre allaient assumer une responsabilité néfaste, en contribuant à isoler l'Allemagne dans sa conscience malheureuse de vaincu alors que, à ses yeux, selon la morale et la justice, elle aurait dû être victorieuse… Jusqu'à la révolution bolchevique en Russie, la Première Guerre mondiale ne fut pas véritablement une guerre idéologique, un de ces conflits qui ne peuvent, en bonne logique, se terminer que par la conversion ou par l'extermination du vaincu. S'il ne perd pas la vie, celui-ci doit au moins perdre son identité. On a pu dire du traité de Versailles qu'il avait été trop doux pour ce qu'il avait de dur, et trop dur pour ce qu'il avait de doux. On pourrait dire aussi qu'il était trop idéologique pour terminer une guerre traditionnelle entre puissances, et pas assez pour imposer partout les valeurs démocratiques à l'occidentale, les valeurs des vainqueurs ou du moins professées par ceux-ci.

Dans les rues de Berlin, comme dans celles des autres capitales des pays qui allaient devenir belligérants, l'enthousiasme défilait en chantant. « Je ne connais plus de partis, je ne connais plus que des Allemands », s'écria l'empereur du haut de son balcon ; pour lui, comme pour beaucoup de ses sujets, les partis, comme la politique en général, étaient quelque chose de « pas bien ». Les partis se comportèrent comme s'ils partageaient eux-mêmes ce jugement : tous proclamèrent la trêve civique, exaltèrent les vertus nationales et dénoncèrent les perversions chez l'ennemi. Une poignée seulement des députés sociaux-démocrates, qui composaient depuis 1912 le groupe parlementaire le plus nombreux au Reichstag, voulurent sérieusement refuser à l'État capitaliste les « crédits de guerre », les moyens nécessaires pour soutenir la lutte. Finalement, la section allemande de l'Internationale socialiste vota quand même à l'unanimité les dépenses de la guerre. La société tout entière paraissait entraînée vers un bain de jouvence et de pureté retrouvée, vers une sorte de rousseauisme militaire alors que commençaient à tomber les jeunes soldats. Fidèles à l'esprit du Mouvement de jeunesse et au souvenir de 1813, les jeunes volontaires moururent en chantant dans les dunes flamandes. A Berlin, pendant ce temps, on s'aperçut qu'après quarante-cinq ans de paix, à peine interrompus par l'expédition européenne en Chine et quelques pacifications sanglantes en Afrique, personne ne s'était préparé à la guerre moderne. Personne n'avait pensé qu'une guerre moderne pouvait durer plus longtemps que la terrible campagne de France de 1870-1871, c'est-à-dire quelques mois à peine, et qu'à présent l'héroïsme ne pouvait plus remplacer les matières premières, dont les stocks étaient des plus succincts. Il fallait improviser la conduite économique de la guerre ; ce fut l'œuvre, en grande partie, d'un industriel philosophe, juif par surcroît, Walther Rathenau, à qui le nationalisme radical ne pardonnera jamais d'avoir servi la patrie en mettant l'Allemagne à même de résister pendant quatre ans au blocus décrété par l'Angleterre. L'acier et le pétrole étaient devenus les nerfs de la guerre ; pour faire face aux dépenses des combats, et surtout pour faire tourner les usines et rentrer les récoltes malgré l'absence des mobilisés, l'armée s'institua maîtresse de l'économie. Chose immense, entre le ministère de la Guerre et les syndicats socialistes un accord fut négocié et signé qui supprimait les restrictions à la durée du travail, fixait les rémunérations, mettait en forme la participation des syndicats à l'organisation du travail et celle des ouvriers disponibles aux moissons, les campagnes ayant été vidées par la guerre. Pour la première fois, par le biais de la guerre, les travailleurs étaient reconnus comme de vrais partenaires par l'empereur et par les entrepreneurs. Comme partout, les syndicats facilitèrent le travail des administrations, sans même attendre que l'empereur se résolve à payer le prix de la fidélité populaire en instituant enfin en Prusse le suffrage universel direct. On mesure la puissance des notables et des féodaux quand on s'aperçoit qu'il fallut la guerre et même la quasi-certitude de la défaite pour amener la droite à renoncer au suffrage censitaire qui pérennisait son pouvoir. La reconnaissance civique des syndicats ne fit d'ailleurs pas obstacle aux scandaleux « profits de guerre » accumulés par des industriels et des spéculateurs peu scrupuleux.

Les premières victoires déchaînèrent l'enthousiasme. Après à peine un mois de guerre, les Allemands étaient aux portes de Paris et les Russes refoulés de Prusse-Orientale. On mit du temps à comprendre qu'à force de batailles gagnées la guerre s'enlisait, alors que la doctrine du grand État-Major reposait sur la certitude d'un conflit de courte durée. Les Autrichiens, encore plus mal préparés à la guerre économique que les Allemands, eurent davantage de difficultés à avancer, puis à tenir. Comme à Paris et à Londres, un vent de folie emportait les plus prudents, ouvriers, prêtres, universitaires, artistes. Pour d'honorables professeurs de la faculté de médecine de Munich, tous les Français étaient atteints d'une maladie mentale spéciale, le *Morbus Gallicus* ; au nez de leurs collègues de Paris, tous les Allemands sentaient mauvais à cause d'un excédent d'azote dans les urines. D'éminents prélats identifiaient de chaque côté la cause nationale à la volonté de Dieu. D'illustres écrivains entonnèrent des chants martiaux et exaltèrent la race germanique. Thomas Mann signa des textes dont, plus tard, il ne fut pas fier, tandis que la censure militaire s'employait à garantir l'unanimisme patriotique. Libéraux et pangermanistes, sans exclure certains sociaux-démocrates, rivalisèrent de rêveries annexionnistes. Les Flamands feraient retour au Reich dont les côtes s'étendraient jusqu'à Boulogne, au moins. Les Francs-Comtois redeviendraient Burgondes. En Pologne, un archiduc restaurerait l'État national, mais les Polonais devenus Prussiens du fait des partages le resteraient. D'autres lorgnaient vers les greniers à blé de l'Ukraine. Avec l'allié turc, on se rencontrerait sur les pentes méridionales du Caucase. Les vides qui commençaient à se creuser dans les familles de toutes les classes argumentaient pour une paix d'annexion, afin que les hommes ne fussent pas morts pour rien. Les privations, la faim, cependant, devenaient le sort commun. La direction de l'État, comme celle de la guerre, échappait, dès lors, aux civils, empereur compris, qui, commandeur suprême, se déchargeait en fait du commandement sur le chef d'État-Major. A l'Ouest, les combats se figeaient dans les tranchées, un sinistre équilibre s'y établissait, coupé parfois par de gigantesques offensives dont les victimes se comptaient par centaines de milliers. A l'Est, les assauts russes repoussés, les armées allemandes et austro-hongroises s'enfonçaient dans des étendues interminables. Sur le front italien, ce fut aussi, bientôt, la stabilisation, alors qu'en Turquie le débarquement franco-anglais échouait devant Gallipoli ; le canal de Suez fut menacé par les empires centraux qui firent capituler les Anglo-Indiens en Mésopotamie. De Bagdad à Ostende, du Pripet à la Brenta, l'Allemagne et ses seconds tenaient l'Europe, mais le blocus se resserrait. Le pouvoir militaire, appuyé par les milieux politiques et économiques favorables au pangermanisme impérialiste, riposta par la guerre sous-marine à outrance qui mit la Grande-Bretagne au bord du gouffre mais fit basculer dans le camp adverse l'opinion américaine jusqu'alors en majorité favorable à la neutralité, ne fût-ce que par antique aversion envers l'Angleterre. En 1917, alors que la Russie s'apprêtait à se retirer de la guerre, l'Amérique y entrait avec ses forces neuves. Auparavant déjà, c'est son aide économique qui avait permis à l'Angleterre et à la France de tenir.

Le front intérieur commença le premier à s'effriter. Très vite, dès la fin de 1914, la gauche sociale-démocrate s'était reprise, avait retrouvé la raison de l'internationalisme et de la lutte des classes. Cette guerre n'était pas celle du prolétariat, elle ne servait qu'à mieux faire ployer la classe montante sous le joug des exploiteurs. Chef de file parlementaire de la gauche, Karl Liebknecht refusa, en décembre 1914, de voter de nouveaux crédits de guerre ; un nombre croissant d'autres élus le suivirent de vote en vote ; sur ces opposants, l'opprobre de l'opinion officielle s'abattit en attendant la répression, l'emprisonnement, mais au fur et à mesure que la guerre se prolongeait avec ses effroyables pertes et ses privations – le froid, la faim, les maladies de sous-alimentation parmi les femmes et les enfants –, la révolte s'étendit au sein du SPD : en 1917, ce sera la rupture aboutissant à la création d'un parti SPD indépendant (USPD) en conflit ouvert, désormais, avec les majoritaires (MSPD) qui restent acquis à la trêve de 1914, tout en cherchant à infléchir vers la paix la politique officielle. A la tête des uns, les intellectuels Karl Liebknecht et Rosa Luxemburg, chez les autres, l'ancien sellier Friedrich Ebert et le journaliste Philipp Scheidemann. Au début de 1918, des grèves violentes et fortement suivies éclatent dans les usines d'armement : la raison en est d'abord la faim, mais en réalité tout l'insupportable fardeau des souffrancs. La répression et quelques concessions apportent un apaisement provisoire, mais l'alerte a été d'importance. Plus tard, les revanchistes et les nazis diront que les socialistes, de gauche et de droite, ont alors une première fois poignardé dans le dos les vaillants et victorieux combattants du front.

Victorieux ? C'est à voir. Point à l'Ouest en tout cas où l'holocauste de Verdun, avec ses centaines de milliers de morts de part et d'autre, se solde en faveur de la France qui a tenu bon ; plus sûrement à l'Est et dans le Sud : enfoncé après une longue résistance, le front serbe s'écroule. Entrée à contresens dans la guerre, la Roumanie est vite contrainte de capituler. En Russie, au début de 1917, c'est la révolution bourgeoise, « jusqu'au-boutiste » quant à la guerre mais incapable d'empêcher la rapide décomposition des armées. En ramenant en Russie, par la Suède et la Finlande, Lénine et ses collaborateurs immobilisés en Suisse depuis 1914, l'État-Major général allemand, suivant les conseils des services secrets, a réalisé un de ces coups de maître qui font changer le sens de l'histoire et s'écrouler les positions de leurs auteurs. En un premier temps, c'est la réussite : les bolcheviks sapent les efforts de guerre des libéraux et des mencheviks ; les fronts s'effondrent. Installés au pouvoir, ils proposent la paix et – obéissant à une morale qui n'a rien à voir avec celle de leurs adversaires – ils signent tout. En mars, à Brest-Litovsk, l'Allemagne se croit débarrassée de la guerre à l'Est et assurée des inépuisables réserves alimentaires de l'Ukraine. Pendant ce temps, dans la troupe comme à l'arrière, l'exemple bolchevique est commenté avec passion. Entre les espoirs des militaires et des dirigeants qui veulent la *Siegfrieden*, la paix victorieuse, et ceux des révolutionnaires une course de vitesse est engagée[1].

Après l'échec devant Verdun, le collectif militaro-industriel dirigeant, qui ne laisse à l'empereur que l'ombre du pouvoir, a installé à sa tête le vieux général von Hindenburg, vainqueur des Russes en 1914, qui n'est en fait qu'un sym-

1. Se retirant sur le cœur de la vieille Russie, lâchant toutes les positions extérieures pour conserver la base de départ de futures nouvelles offensives, Lénine et Trotski fixent alors un modèle dont Staline se souviendra en 1941.

bole rassurant. Le véritable maître de l'Allemagne en guerre, c'est à présent le quartier-maître général Erich Ludendorff, militaire intellectuel et idéologue, travailleur acharné et technicien efficace, nationaliste intégral. L'état de guerre selon Ludendorff annonce le totalitarisme ethnico-raciste, comme Lénine est en train de fonder le totalitarisme bolchevique. C'est la constellation de la Seconde Guerre mondiale qui se prépare ainsi au cours de la dernière partie de la Première. En Russie, la guerre civile généralisée prive l'Allemagne d'une grande partie des fruits de Brest-Litovsk. Les armées sont « contraintes » à s'enfoncer dans les immensités de l'Ukraine sans tirer des provinces désorganisées assez de récoltes pour soulager les villes affamées du Reich.

Si les « ultras », à l'intérieur, étaient parvenus à remplacer le chancelier Bethmann-Hollweg, sceptique et pessimiste, plus vieilli en fait que réellement vieux, par un fonctionnaire militant pangermaniste, Georg Michaelis, trop incapable quand même pour durer, les partis qui n'ont pas été entièrement contaminés par la propagande nationaliste s'inquiètent et se redressent : sociaux-démocrates, libéraux de gauche, membres du Zentrum catholique, stimulés par le député centriste Erzberger, revenu de passagères illusions annexionnistes, votent au Reichstag, en 1917, une résolution majoritaire en faveur d'une paix sans annexion. Ludendorff et l'establishment militaro-industriel n'en tiennent aucun compte, mais ils ne peuvent se voiler les yeux devant l'afflux massif des troupes américaines, depuis que la guerre sous-marine *à outrance* a conduit le président Wilson à faire entrer les États-Unis dans le conflit (le 6 avril 1917). Du ravitaillement, des armes, des troupes, l'Amérique apporte aux adversaires de l'Allemagne des renforts inépuisables. A ce pays exsangue, admirable de discipline et de volonté, Ludendorff impose un dernier gigantesque effort : l'offensive du printemps 1918 sur le front français s'enlise après des succès nombreux mais partiels ; les armées allemandes commencent à reculer. A l'intérieur, les forces politiques longtemps contenues s'agitent devant la perspective de l'échec ; alors que Ludendorff, l'ancien jusqu'au-boutiste, somme à présent le pouvoir civil de demander l'armistice, les partis de l'Appel de paix de 1917 arrachent à l'empereur la formation d'un gouvernement parlementaire dont la présidence est confiée à un dynaste libéral, le prince Max de Bade, héritier du trône grand-ducal. Les chefs du SPD majoritaire, Ebert et Scheidemann, entrent dans ce cabinet qui doit assurer la transition vers la paix et la monarchie parlementaire. Dans l'armée, dans la marine, dans les grandes villes, l'agitation s'étend et se radicalise ; l'exemple bolchevique fait école. L'empereur, les généraux, les ministres hésitent. Ce n'est qu'au début de novembre que l'armistice est enfin demandé, par le gouvernement qui n'a pas su déjouer la ruse de Ludendorff. Dans les ports où se rouillent les magnifiques navires de Tirpitz – qui n'ont servi qu'une seule fois dans une bataille restée indécise mais que l'on n'a pas voulu, quelle ironie, risquer à nouveau, alors qu'ils ont figuré parmi les principales causes de la guerre –, la révolte armée éclate parmi les marins mal traités et mal nourris. L'insurrection se répand à Berlin, à Munich. L'empereur, au lieu de chercher la mort parmi les soldats qui continuent à combattre, reculant en bon ordre, s'enfuit en Hollande. A Berlin, le prince Max de Bade remet le pouvoir exécutif à Friedrich Ebert. Entre le prince libéral et l'ouvrier socialiste, un bref dialogue : « Je vous remets, dit le partant, le sort de notre Reich allemand. » « A ce Reich, j'ai donné deux de mes fils », dit le nouveau chef du gouvernement. C'est Erzberger, l'homme de la résolution de paix de 1917, qui signe l'armistice de Rethondes. En 1921, il sera abattu par des terroristes d'extrême droite. Quant à Ludendorff, il défilera à côté de l'ex-caporal Hitler en 1923, à Munich, lors du putsch nazi. A Berlin, à Hambourg, dans la Ruhr, en Bavière, la lutte s'engage entre les socialistes modérés qui veulent une démocratie à l'occidentale – et se seraient volontiers ralliés à une régence maintenant la monarchie au profit de l'aîné des petits-fils, encore enfants, de l'empereur – et les révolutionnaires qui, s'inspirant plus ou moins de l'exemple bolchevique, veulent abolir le vieux monde tout entier. Un peu moins de quarante-huit ans se sont écoulés depuis que Guillaume Ier, Bismarck et les généraux victorieux de la guerre contre la France avaient fait leur entrée solennelle à travers la porte de Brandebourg dans Berlin devenue capitale du nouveau Reich allemand. A présent, la guerre civile faisait rage aux alentours du château des Hohenzollern.

CHAPITRE XVIII

La République de Weimar

Somme toute, entre 1871 et 1914, il s'était passé peu de choses. L'Allemagne, simplement, était devenue la première puissance industrielle du monde et sa population avait presque doublé. Mais si peu d'événements majeurs : quelques expéditions coloniales, l'intervention en Chine en 1900 où un amiral allemand avait commandé une armée internationale ; la lutte contre l'Église catholique et contre la social-démocratie – de longs combats dramatiques aux multiples incidents entre l'autorité formidable de l'État appuyée sur la majorité de la société et des minorités massives, invincibles. Mais, dans ces affrontements, le pouvoir, en fin de compte, avait tant soit peu respecté ses propres lois et les principes de l'État de droit. Rien de comparable avec les implacables et mortelles tyrannies totalitaires du XXe siècle. Maintenant, l'histoire va à la fois s'accélérer et se radicaliser ; pour parler des quatorze ans que dura la première république allemande, il nous faudra beaucoup plus de pages que pour les quarante-huit ans du Deuxième Reich.

Une république. En effet, Ebert, chef du Parti social-démocrate majoritaire, à qui le dernier chancelier impérial, le prince Max de Bade, vient de confier l'Empire allemand, aurait bien voulu conserver la monarchie, du moins jusqu'à ce que le peuple puisse choisir lui-même la forme du gouvernement, mais, craignant la surenchère des socialistes de gauche, il s'était résolu à faire proclamer la république par son premier adjoint à la tête du parti, Philipp Scheidemann. Sauf dans les villes libres, îlots dans la masse territoriale, tout le passé allemand était monarchique. Des innombrables principautés du Saint-Empire, après les révolutions allemandes et autrichiennes, il ne subsistera que le grand-duché du Luxembourg et la principauté de Liechtenstein. L'empereur s'est enfui lamentablement. Plus jamais il ne sera sérieusement question de restauration. C'est une césure formidable pour un pays qui doit inaugurer, en même temps, la république et le régime parlementaire. Peut-être une république présidentielle du type américain aurait-elle mieux convenu alors au génie allemand.

Une fois l'armistice signé, qui pouvait laisser subsister des illusions à cause de la phraséologie humaniste du président Wilson, l'Allemagne fait l'expérience quotidienne de la défaite. Suivant de près les troupes allemandes qui se retirent, les Alliés occupent la rive gauche du Rhin. La conférence de paix est convoquée mais l'Allemagne n'y est pas conviée : de son sort, les vainqueurs discutent et se disputent sans elle. Les Allemands ne seront conviés qu'à la fin pour recevoir communication d'un texte à prendre ou à laisser, de leurs observations il ne sera guère tenu compte. Le traité de Versailles, contrairement aux accords de Vienne qui mettaient fin à l'hégémonie française en Europe, est un *Diktat* portant condamnation morale du vaincu. L'obligation de signer cette auto-accusation, cette autodénonciation, avec celle de livrer leurs anciens chefs pour qu'ils soient jugés, empereur en tête, comme criminels de guerre, c'étaient là, pour la grande majorité des Allemands informés, des humiliations insupportables. Les signataires dûment mandatés, les ministres Erzberger et Bell, étaient vilipendés comme des traîtres. Erzberger, en 1921, devait succomber sous les coups de feu de jeunes conspirateurs nationalistes.

De plus, la République héritait d'un territoire rétréci : la France, bien sûr, reprenait l'Alsace-Lorraine, elle obtenait même le détachement de la Sarre érigée en *Gebiet* autonome. La Belgique s'empara de deux petites régions frontalières autour de l'ancienne abbaye impériale de Malmédy et de la ville d'Eupen, cette dernière région reste désespérément allemande de langue, refusant à la fois le français et le flamand, régions sombres et froides, où les forêts, dignes de Siegfried, encadrent les rares agglomérations des Ardennes. Dans le nord du Schleswig, la République va devoir honorer la promesse jamais tenue d'un plébiscite faite par Bismarck aux Danois en 1864, et le nord du duché passa au Danemark… Mais l'essentiel est à l'Est : les deux tiers de la Poznanie, les trois quarts de la Prusse-Occidentale (sauf Danzig érigée en ville libre) seront cédés à la Pologne. Un bon tiers de la Haute-Silésie aura le même sort au terme d'un plébiscite qui, trop favorable à l'Allemagne, sera remplacé par un partage imposé. Un petit territoire silésien est cédé à la Tchécoslovaquie mais, plus que tout, compte l'interdiction faite à l'Allemagne d'accepter au sein du Reich républicain les Allemands d'Autriche et des Sudètes que Bismarck avait, avec sagesse, exclus du sien. Ce veto était en contradiction absolue avec le principe de la liberté des peuples à disposer d'eux-mêmes, proclamé par les Alliés comme un de leurs principaux buts de guerre ; mais la France et l'Angleterre avaient-elles fait quatre ans de guerre pour que l'Allemagne, à la fin, fût plus nombreuse et plus forte qu'avant 1914 ? Le démantèlement de l'Autriche-Hongrie par les traités de Saint-Germain et de Trianon fut certes inévitable à cause des promesses faites aux Tchèques, aux Serbes, aux Italiens, aux Roumains, mais ce fut néanmoins une erreur : le traité autrichien était plus rigoureux encore que celui de Versailles, en obligeant à exister un pays qui n'aspirait qu'à se fondre dans le sort commun de la nation. Le traité de Versailles, pour citer Bainville, était trop doux pour ce qu'il avait de dur, et trop dur pour ce qu'il avait de doux. Mais la République en France, en 1871, n'avait-elle pas cédé l'Alsace-Lorraine contrainte et forcée ? Cela ne la rendit que plus patriote et personne ne qualifia de traître Adolphe Thiers pour avoir signé sous la pression militaire et politique de Bismarck. Ajoutons la perte des colonies, pour indignité morale, que la France et l'Angleterre s'empressèrent quasiment d'annexer sous le contrôle de la Société des Nations. Ajoutons les livraisons en nature imposées pour la reconstruction de la France : charbon, produits manufacturés (notamment wagons et locomotives), et encore la réduction des forces armées à 100 000 hommes, avec interdiction du service militaire obligatoire, interdiction d'une aviation militaire, limitation sévère de la capacité de la marine, orgueil du Deuxième

Reich. Ce n'était pas une de ces paix provisoires qui mettaient fin à une des guerres que les puissances menèrent pour imposer ou rétablir l'équilibre des forces en Europe et qui, toujours, ménageaient dans l'adversaire d'hier le futur allié de demain. Versailles est, à la fois, une paix d'élimination et un jugement idéologique humiliant le vaincu, sans toutefois le mettre définitivement hors d'état de préparer sa revanche. Cette paix-là, en tout cas, compromettait la jeune démocratie. L'Amérique de Wilson n'y reconnut point ses buts de guerre. Alors que son président-croisé entrait dans une interminable agonie, les États-Unis, refusant de signer les traités, se retirèrent chez eux.

Les clauses territoriales et militaires furent exécutées, mais le paragraphe sur la culpabilité allemande, certes signé, fut aussitôt renié. Les criminels de guerre ne furent point livrés et l'on n'insista point du côté des Alliés. Les Anglais, en fin de compte, ne tenaient pas tant que ça à pendre le cousin germain de leur roi. Restaient les réparations ; des sommes gigantesques, inimaginables, destinées à rembourser aux vainqueurs les frais d'une guerre qui s'était presque exclusivement déroulée chez certains d'entre eux, sommes si énormes qu'on mit des années à les chiffrer et que, tout de suite, les chiffres furent repris pour révision en baisse. N'empêche que l'Allemagne commença par payer et qu'en 1930 la droite pouvait encore mener campagne contre des arrangements qui condamnaient quatre générations d'Allemands à travailler pour les vainqueurs. Une paix de vengeance, diront les nostalgiques de l'Empire, les pangermanistes, les « nationaux », qui se voient confirmés dans leur *Weltanschauung* où la force est source unique du droit, une paix de vengeance qui fait du droit des peuples à disposer d'eux-mêmes un triste sujet de dérision, puisqu'on le refusait aux Autrichiens aussi bien (et pour des raisons opposées) qu'aux Alsaciens. Ceux qui, pour sauver ce qui pouvait être sauvé, allaient s'appliquer à exécuter le traité signé (signature dûment autorisée par l'Assemblée nationale élue en janvier 1919) seront traités de « politiciens exécutants » (*Erfüllungspolitiker*) au service de l'ennemi.

Synonyme de guerre civile. Le Conseil des commissaires du peuple qu'Ebert a constitué est composé pour moitié de

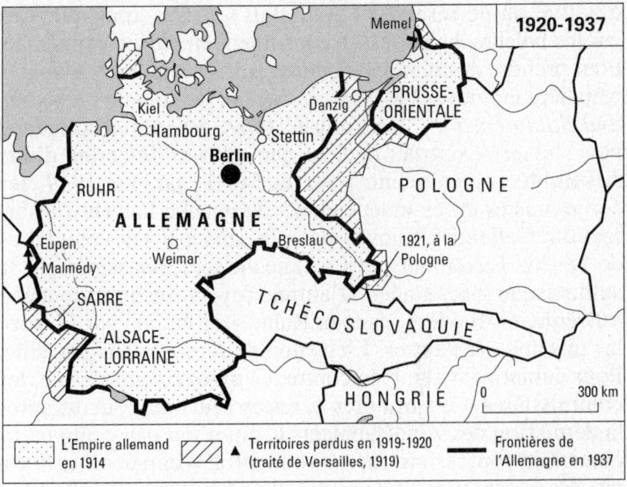

« majoritaires » et pour moitié d'« indépendants ». Parmi ceux-ci, une minorité veut brûler les étapes qui, en Russie, de février à octobre 1917, ont permis aux bolcheviks de passer de la démocratie bourgeoise à la dictature du Parti. Des unités militaires, surtout formées de matelots venus des ports où l'immobilisation de la flotte avait facilité la propagande extrémiste chez les marins désœuvrés ou occupés à des besognes dérisoires, jouent les fers de lance pour les groupuscules pressés. Le plus connu et le plus actif d'entre eux est « Spartakus », animé par Rosa Luxemburg et Karl Liebknecht. Les révolutionnaires occupent les quartiers du centre de la capitale ; pour les déloger, les « majoritaires » font appel à l'ancienne armée, mais celle-ci est en pleine liquéfaction. Parmi les révolutionnaires, l'influence des bolcheviks russes va grandissante (tout ceci se déroule sur un arrière-plan de misère et de faim, les Alliés n'ayant pas encore levé le blocus). Alors, Gustav Noske, ouvrier imprimeur devenu commissaire du peuple à la Défense, s'entend avec un groupe de généraux pour constituer des unités de volontaires composées presque complètement d'officiers d'active ou de réserve. « Spartakus » et ses amis, poussés par les bolcheviks russes, se constituent en Parti communiste. Pour prendre de court les modérés qui – dominant le Congrès panallemand des conseils d'ouvriers et de soldats (*Arbeiter- und Soldatenräte* – *Rat*, pluriel *Räte*, est le mot allemand pour *soviet*) – ont fait décider par celui-ci l'élection d'une Assemblée constituante pour la fin de janvier 1919, les communistes et les indépendants de gauche lancent l'insurrection. Celle-ci est noyée dans le sang par les volontaires de Noske. Luxemburg et Liebknecht sont assassinés par la soldatesque déchaînée. D'autres foyers insurrectionnels, à Brême, en Bavière, dans la Ruhr, sont éteints par la force les uns après les autres. L'élection se déroule dans le calme. Pour garantir l'assemblée contre les mouvements de rue, les commissaires « majoritaires », restés seuls au pouvoir après la démission des « indépendants », qui n'ont pas voulu participer à la répression, la convoquent à Weimar où il n'y a pas d'ouvriers révolutionnaires, mais où plane l'esprit olympien de Goethe qui, naguère, préféra l'injustice au désordre. Dans la nouvelle représentation populaire – pour laquelle les femmes ont eu le droit de vote – les partis socialistes (« majoritaires » et « indépendants ») – les communistes, eux, n'ont eu que deux sièges – sont en minorité. De toute façon, il n'est pas question pour ces frères ennemis de s'unir. Les sociaux-démocrates majoritaires feront alliance avec les libéraux de gauche et les catholiques du Zentrum. C'est à nouveau la coalition qui, en 1917, avait voté la Résolution de paix. Ebert est élu président du Reich ; pendant qu'à Versailles s'élabore le traité fatal, à Weimar, les constituants, pour la deuxième fois dans l'histoire, se mettent à rédiger la Loi fondamentale des Allemands. La première fois, ce fut l'œuvre de l'Assemblée dite de l'église Saint-Paul, à Francfort, en 1848-1849, et l'on sait ce qu'il en advint : elle ne fut jamais appliquée.

Une Constitution trop parfaite. Les constituants de 1919 ne suivirent pas le conseil de Talleyrand qui voulait que les constitutions fussent courtes et obscures. Ils entendaient faire complet, à l'allemande, une œuvre sérieuse et pérenne, ne laissant de côté aucun grand domaine de l'existence collective, ni l'économie, ni les relations sociales, ni la famille, ni l'école. A travers les articles de la Constitution de Weimar, les grandes options politiques qui s'étaient définies au XIXe siècle continuaient à s'affirmer et les compromis conclus au terme de longues négociations reflétaient, en les combinant, les orientations fondamentales des trois grands courants de la « majorité de Weimar » – catholiques du Zentrum, libéraux de gauche et sociaux-démocrates « majoritaires ». Contre les libéraux et les sociaux-démocrates, héritiers de l'unitarisme de la gauche francfortoise, le Zentrum impose le maintien d'une structure fédérale pour le nouveau Reich sans empereur. Il y parvient sans trop de mal car, aussitôt arrivés au gouvernement dans les Länder, sociaux-démocrates et libéraux se firent, contre Berlin et le centralisme prussien, les défenseurs des autonomies historiques régionales, ne fût-ce que pour aller plus loin que les constituants et le gouvernement central sur la voie révolutionnaire. Cependant, par rapport aux textes de 1867-1871, la nouvelle Constitution renforçait quand même les prérogatives du Reich, notamment en matière fiscale. La grande *Reichsreform*, qui devait rééquilibrer les Länder en réduisant l'excessif poids de la Prusse, fut cependant remise à plus tard, car, l'Alsace-Lorraine mise à part, c'est au détriment de la Prusse que devaient jouer les amputations territoriales auxquelles il fallait s'attendre dans le futur traité de paix.

On ne voulait pas non plus faciliter le travail de certains groupuscules rhénans qui réclamaient la création d'une entité politique particulière, coupée du Reich ou, tout au moins, sortie du cadre de la Prusse. Les sociaux-démocrates, qui devaient fournir le ministre-président de Prusse presque sans interruption de 1919 à 1932, n'eurent guère envie d'affaiblir cette position de force ; d'autant moins qu'entre 1920 et 1928, la chancellerie du Reich allait être occupée par des hommes du centre et de la droite. Différence majeure d'avec le Reich bismarckien, la fonction de ministre-président de Prusse était à présent séparée de celle de chancelier, renforçant ainsi l'importance de la première et rendant probable, sinon inévitable, le dualisme entre le Reich et le plus important des Länder (comprenant les deux tiers du territoire). De la grande réforme ne devait se réaliser que la fusion des neuf duchés et principautés de Thuringe et des deux grands-duchés de Mecklembourg, tandis que Waldeck se rattachait à la Prusse et Cobourg à la Bavière. Le nouveau Reich n'était plus cependant une simple confédération de monarchies et de villes libres, décidée par traité et théoriquement susceptible d'être dissoute par ses créateurs. C'était un État créé par la volonté nationale, et, de ce fait, les Länder, représentés au Reichsrat, ne purent exercer sur la politique nationale le même poids que les gouvernements alliés représentés dans l'ancien Bundesrat bismarckien.

Un Reich sans empereur, mais que la plupart des constituants ne concevaient pas sans chef visible et doté de grands pouvoirs, un *Ersatz-Kaiser*, un substitut d'empereur, disaient en se moquant les vrais monarchistes. Le *Reichspräsident* était élu pour sept ans, au suffrage universel direct. Il nommait le chancelier et les ministres, il signait les lois et les décrets, nommait aux postes militaires et civils. Le tout, bien sûr, avec contreseing du gouvernement. Chose plus importante encore, après avoir proclamé l'état d'urgence, le président et son gouvernement pouvaient légiférer pendant une certaine période par décrets-lois (*Notverordnungen*). Ainsi le permettait l'article 48 de la Constitution qui devait jouer un rôle essentiel dans les derniers temps de plus en plus catastrophiques de la République dite de Weimar. Cependant, il fallait doter la République d'un président avant même que le travail constituant ne fût terminé. Car, au Nord comme au Sud, les désordres continuaient. C'est donc l'Assemblée nationale qui élut Friedrich Ebert, et ses adversaires ne devaient pas manquer, par la suite, de rappeler que la légitimité suprême du suffrage universel lui faisait défaut.

Souverain pour élire le chef de l'État, le peuple devait l'être aussi, bien entendu, pour désigner les membres du corps législatif : le Reichstag, élu au suffrage universel, comme au temps de Bismarck ; mais à présent le corps électoral s'était élargi aux femmes, et cette réforme, en elle-même d'esprit progressiste, reportait en fait vers la droite l'axe de la vie politique allemande. L'élection se faisait à la proportionnelle intégrale, avec utilisation des restes au plan national. Fort satisfaisant du point de vue de la justice abstraite, un tel système ne pouvait pas ne pas favoriser l'émiettement de la représentation nationale en un grand nombre de petits et moyens partis qui, de ce fait, devaient acquérir une importance disproportionnée comme porteurs de voix d'appoint indispensables à la formation des majorités. Formations difficiles à discipliner, comme le montre l'incessant combat finalement mortel qu'un homme d'État de la stature de Stresemann dut mener contre son propre parti, le Deutsche Volkspartei (libéraux de droite), groupement nationaliste continuellement en rébellion contre la modération de sa politique extérieure. La gauche n'a cessé d'aimer la démocratie directe d'un amour malheureux alors que ses méfaits, en fin de compte, se manifestent d'une façon encore plus éclatante, voire meurtrière, que les inconvénients du système représentatif. La Constitution de Weimar n'introduisait pas seulement le référendum (*Volksentscheid*), mais le droit d'initiative (*Volksbegehren*) ; si le nombre exigé d'électeurs inscrits qui le demandaient venait à être atteint ou dépassé le référendum d'origine populaire devenait de droit. La République de Weimar a ainsi connu, à côté de nombreuses élections générales (1919, 1920,1924 [deux votations], 1928, 1932 [deux également], 1933, en tout huit en quatorze ans) et d'innombrables élections dans les Länder, un grand nombre de *Volksbegehren* et de *Volksentscheide*, sur des sujets aussi divers que le dédommagement des princes déposés en 1918, ou la construction d'un « cuirassé de poche » autorisé par le traité de Versailles. Même s'ils n'aboutissaient que très rarement à des décisions conformes aux vœux des initiants, les référendums et les initiatives ajoutaient au climat d'agitation et d'incertitude qui a marqué la plus grande partie de l'existence de la première république allemande.

La révolution de 1918 s'était faite, aussi, au nom du *socialisme*, c'est-à-dire, aux yeux de beaucoup de militants, en premier lieu, pour les nationalisations et pour le pouvoir des conseils (*Räte*) dans les entreprises. Les socialisations avaient été ensuite repoussées à une décision ultérieure, de même que la définition des pouvoirs des *Betriebsräte* (comités d'entreprise). Les formules, plutôt vagues, introduites dans la Constitution au sujet de ces questions, qui renvoyaient généralement à des lois ultérieures la réalisation concrète des décisions de principe, traduisaient la résistance très ferme des partis « bourgeois » membres de la coalition de Weimar et la situation minoritaire des sociaux-démocrates dans cette alliance de centre gauche. Inversement, si le Zentrum parvenait à faire inscrire dans le texte constitutionnel le droit des parents (*Elternrecht*) à choisir seuls la formation qu'ils voulaient pour leurs enfants, les catholiques n'eurent pas gain de cause pour la reconnaissance formelle du principe de l'école confessionnelle auquel s'opposèrent aussi bien les démocrates (libéraux de gauche) que les sociaux-démocrates. Votée en août 1919 par les trois partis de la coalition, entrant en application en même temps, à peu de jours près, que le traité de Versailles, la Constitution de Weimar ne valait pas tout le mal qu'il en fut dit par la suite. Elle organisait le pouvoir d'une manière assez moderne et qui, en même temps, promettait une certaine efficacité. L'ensemble de la population s'y rallia, ainsi que l'immense masse des fonctionnaires et des militaires. Sans enthousiasme, certes, mais, si de trop grandes secousses lui étaient épargnées, la République allemande avait de sérieuses chances de durer. Mais les drames s'abattirent sans nombre et d'une croissante cruauté sur le faible édifice ; la multiplicité des partis, génératrice de coalitions complexes difficiles à consolider, introduisit dans l'œuvre weimarienne le ver de l'instabilité gouvernementale, en même temps que se maintenaient et se développaient encore la radicalisation des esprits, l'intolérance, la haine, le mépris de l'adversaire, le jusqu'au-boutisme politique.

Les grands partis et les autres : communistes et sociaux-démocrates

Une gauche irrémédiablement divisée. La fracture de 1917 ne sera plus jamais guérie, même si, divisés à leur tour, les sociaux-démocrates « indépendants » de l'USPD verront en 1922 leur aile droite revenir dans les rangs du parti d'Ebert et de Noske, pendant que l'aile gauche finira par rejoindre les communistes. Le parti, membre de la IIIe Internationale léniniste, puis stalinienne, restera, à de rares moments près, exceptionnels et de courte durée, dressé, lui, contre les « sociaux-traîtres », les *Sozialverräter* du SPD dans une guerre politique irréconciliable, quels que fussent les dirigeants du KPD soumis à de fréquentes épurations, avant que ne s'affirme vers 1928 l'autorité incontestable de Thälmann, militant ouvrier simple et robuste, décidé à suivre sans scrupule ni états d'âme les mots d'ordre changeants de Moscou. Divisée, du début à la fin de la brève histoire de la République, la gauche n'eut jamais la majorité, même théorique, manquée dès la première élection de l'Assemblée nationale. Les succès croissants des communistes dans les dernières années, après 1930, se firent, pour la plus grande partie, au détriment des sociaux-démocrates. Le maintien de la candidature communiste lors de l'élection présidentielle de 1925 scella la victoire du maréchal von Hindenburg, candidat de la droite, sur le centriste Marx, candidat de la coalition républicaine. En 1932, on verra même communistes et hitlériens ouvertement alliés contre le gouvernement prussien à direction sociale-démocrate, lors d'une grève fort offensive des transports en commun berlinois. Discipliné, porteur d'espérances absolues et détenteur d'une explication du monde cohérente, rationnelle (en apparence), ayant réponse à tout et proclamant ses certitudes scientifiques quant à l'avènement du bonheur futur et absolu, le Parti communiste, aux élections de novembre 1932 – les dernières auxquelles il put participer librement –, connut son plus grand succès avec près de 17 % des voix et cent sièges au Reichstag. Ensuite, représentant de la force politique la plus concurrente et la plus haïe des nationaux-socialistes, il paya le tribut le plus lourd dans les prisons, les camps de concentration, dans les chambres de torture et sur l'échafaud, alors que l'épuration stalinienne décimait ses dirigeants réfugiés en URSS. Cette expérience sanglante ne devait pas empêcher par la suite les survivants du KPD de construire, comme mandataires de la centrale moscoutaire, une nouvelle dictature totalitaire dans la partie de l'Allemagne qui devait leur être livrée après 1945.

Principale force de la période d'édification, de 1918 à 1920, la social-démocratie fut, entre 1920 et 1928 dans le Reich, un grand parti de l'opposition loyale, alors qu'elle continuait à diriger les affaires en Prusse. Aux yeux des extrémistes de gauche et de droite, peu importait qu'elle fût ou non au gouvernement : elle symbolisait cette république soucieuse des droits et des biens de chacun, sans panache, poursuivant une politique extérieure avant tout destinée à récupérer pour l'Allemagne la confiance des autres pays, politique lente et prudente mais qui, finalement, connut de grands succès, réels certes, mais peu spectaculaires. Les braillards pouvaient facilement gonfler des points d'usure et de fatigue ; ensemble avec le Zentrum qui fut, lui, de toutes les majorités, la social-démocratie était aux yeux des adversaires le véritable parti de Weimar. Ses scandales n'étaient pas plus nombreux, nullement pires que ceux des autres partis, mais peu à peu, elle se vit attribuer tous les échecs et toutes les défaites de la République. L'élection d'Ebert à la présidence, l'usure rapide de Bauer et de Scheidemann, la modeste stature de Müller-Franken, ses chanceliers successifs, laissent la social-démocratie sans chefs prestigieux : Otto Welser, le dernier président du groupe parlementaire, Rudolf Breitscheid, responsable de la politique internationale, Rudolf Hilferding, l'économiste ministre des Finances, Fritz Naphtali, théoricien issu des syndicats et penseur d'un nouveau révisionnisme, n'eurent qu'un rayonnement limité. La génération qui entre au Reichstag en 1930 avec des noms à l'avenir prestigieux, comme Kurt Schumacher, Julius Leber (un des chefs de la conspiration du 20 juillet 1944), n'en est encore qu'à ses débuts. Déchiré entre son sens des responsabilités et de l'État d'une part et sa tradition ouvriériste et marxiste (plus que véritablement révolutionnaire), le SPD, avec 37 % des voix en 1919 et 20 % en novembre 1932 (l'extrême gauche passant de 8,1 à 16,8, ce qui fait un tout théorique pour la gauche de 46 % au début et 37 % à la fin de la période), est à la fois la figure de proue et la victime expiatoire de la république mal aimée. Ses contradictions éclatent aussi bien en 1930, quand il met fin lui-même au dernier gouvernement à direction sociale-démocrate en votant contre des réductions de l'aide aux chômeurs qu'il acceptera quelques semaines plus tard quand ce projet sera repris par le nouveau chancelier Brüning, chef d'un gouvernement présidentiel sans majorité sûre, qu'en 1932, lorsqu'il empêchera les « syndicats libres », de tendance socialiste, de soutenir la tentative de dernière heure par laquelle le général-chancelier von Schleicher voulait s'opposer à la prise du pouvoir par Hitler. N'empêche que l'atmosphère de liberté, de libéralité et même de licence qui entoure la vie culturelle de l'époque weimarienne, l'expérience d'un pouvoir plus attentif à la dignité des sujets devenus citoyens brillent dans le signe que le parti des militants ouvriers et des intellectuels juifs a apposé sur le fronton d'un État où le peuple aurait dû mieux se sentir chez lui.

Le catholicisme politique

Deux grandes forces politiques profondément enracinées dans la vie populaire s'étaient formées à partir des années 1860 dans les pays de langue allemande, en Autriche et même en Suisse, aussi bien que dans l'Empire bismarckien : le parti des socialistes et celui du catholicisme à forte connotation chrétienne sociale. Après avoir été en proie, sous Bismarck, à de vigoureuses persécutions, ils étaient entrés l'un et l'autre dans la respectabilité des données politiques incontestables, les catholiques plus tôt et plus rapidement – puisque dès la fin des années 1870 ils étaient passés dans la majorité qui, le plus souvent mais pas toujours, soutenait le gouvernement (il faut se rappeler que le Reich impérial, entre 1871 et 1918, était une monarchie constitutionnelle, mais point parlementaire), alors que les sociaux-démocrates, même devenus le premier parti de l'Empire, avec plus d'un tiers des voix, étaient tenus à l'écart du monde officiel et s'en tenaient éloignés, tout en s'approchant lentement du pouvoir. Le Zentrum avait, pendant la guerre, fourni le premier chancelier impérial directement issu d'un parti, le comte Hertling, un professeur d'université ! Il s'était associé, avant 1914, aux protestations contre les extravagances de la politique extérieure personnelle de l'empereur, contre les cruautés de la répression dans la colonie du Sud-Ouest africain, et, pendant la guerre, aux propositions d'une paix blanche. Le parti catholique comptait une aile ouvrière active, appuyée sur les syndicats chrétiens dont Rome avait, après de longues hésitations, accepté le caractère au moins théoriquement interconfessionnel. Dans certaines régions méridionales du grand-duché de Bade et du royaume de Wurtemberg ainsi que dans la Rhénanie prussienne, les luttes que les catholiques avaient dû soutenir entre 1815 et 1880 pour la survie de leur Église et de leurs droits religieux et civiques avaient créé les fondements d'une orientation démocrate-chrétienne, certes profondément hostile au marxisme matérialiste et athée, mais également réfractaire au matérialisme capitaliste, et tôt avertie des possibilités que les Parlements offraient à la défense d'une Église qui, dans les déclarations officielles, continuait pourtant à condamner avec sévérité le principe de la souveraineté populaire et, partant, la démocratie. Le Zentrum, parti transclassiste, comptait en son sein des industriels et des prolétaires, des petits fermiers et de grands latifundistes nobles. Parti à double face, il pouvait être l'axe d'une majorité de centre gauche aussi bien que de centre droit. Il ne devait rien aux Hohenzollern, mais était théologiquement et politiquement hostile aux révolutions. Celle de 1918 ayant eu lieu, et la direction des affaires étant passée aux socialistes modérés, c'est en se plaçant sur le terrain des faits accomplis et de la lutte contre l'extrémisme (le spectre alors tout proche du bolchevisme, au pouvoir non seulement en Russie mais pour un bref moment en Hongrie avec Béla Kun et à Munich avec la république des Conseils) que le Zentrum pensait pouvoir le mieux servir l'Église et la société. Mais l'aile droite du catholicisme politique restait profondément hostile aux accommodements avec les *Sozis*, loups révolutionnaires en peau d'agneau, et avec le vieil adversaire libéral. Au Congrès général des catholiques allemands, assemblée qui, depuis 1848, réunissait tous les deux ans des centaines de milliers de fidèles, le cardinal de Munich, Michael von Faulhaber, qui proclamait l'attachement obligatoire des catholiques à la monarchie, seul ordre voulu par Dieu, fut vigoureusement contredit par un notable rhénan, le docteur Adenauer, maire de Cologne et éminent responsable du Zentrum. Le catholicisme politique bavarois, traumatisé par les expériences successives du socialisme gauchiste de Kurt Eisner[1] et de la république des Conseils (plus de peur que de mal cependant) et fixé à droite par l'appel fait aux organisations paramilitaires nationalistes qui avaient – facilement – triomphé des révolutionnaires, se sépara alors du Zen-

1. Journaliste juif, idéaliste et pacifiste, porté au pouvoir à Munich par la révolution de Novembre, K. Eisner fut assassiné par un jeune officier noble, le comte Arco. Après la disparition d'Eisner, le pouvoir passa entre les mains d'une coalition de socialistes de gauche et de communistes, qui proclama la « république des Conseils ».

trum dont il désapprouvait l'appartenance à la coalition, dite de Weimar, avec les socialistes et les libéraux de gauche. Après leur sécession, les Bavarois (*Bayerische Volkspartei*) constituèrent le BVP, le Parti populaire bavarois, qui se cantonna le plus souvent dans l'opposition et dont l'aile droite entretenait d'excellentes relations avec les ligues nationalistes et même avec le petit Parti national-socialiste des ouvriers allemands (NSDAP) dirigé depuis le début des années 1920 par un Autrichien du nom d'Hitler. Avant la sécession, en 1919, lors des élections pour l'Assemblée nationale, le Zentrum avait eu 19,7 % des voix et 91 sièges. En novembre, il lui restait 12 % et 74 sièges, mais le BVP de son côté comptait encore 3 % des voix et 20 mandats. Les catholiques politiques auront relativement bien résisté à la vague nazie, mais le particularisme bavarois, curieusement mâtiné de nationalisme grand-allemand, avait considérablement affaibli leur poids politique global : c'est ainsi qu'en 1925 le BVP se prononça pour Hindenburg contre Marx le « zentriste » et assura ainsi, avec les communistes, le succès du candidat de droite.

Au cours des premières années d'après-guerre, une aile républicaine « catholique de gauche » prit de l'ampleur au sein et sur les frontières du Zentrum. On l'identifia longtemps avec le chancelier Joseph Wirth, démocrate badois qui avait proclamé que « l'ennemi était à droite », après l'assassinat du ministre des Affaires étrangères, Rathenau, par des fanatiques appartenant au monde des ligues d'extrême droite (en 1922), homicide auquel était mêlé le futur écrivain Ernst von Salomon. Des organes de presse comme la *Gazette populaire du Rhin et du Main (Rhein-Mainische Volkszeitung)*, des savants comme le théologien jésuite Muckermann ou le biologiste Dessauer, de jeunes militants comme le prince Hubertus zu Löwenstein, rejeton d'une grande famille de haute noblesse et qui devint un des dirigeants du *Reichsbanner* (le « Drapeau de l'Empire »), la ligue paramilitaire de défense de la République créée par les partis et les syndicats « weimariens », y tenaient une place importante, mais dans l'ensemble le monde catholique resta fidèle à ses conceptions conservatrices (antibolcheviques) et en même temps loyaliste envers le pouvoir établi. Comme un de ses collègues devait le dire plus tard du cardinal Bertram, prince-évêque de Breslau et partisan du maximum d'entente avec le pouvoir hitlérien : fils d'un haut fonctionnaire prussien, il ne pouvait imaginer qu'un ministre fût un criminel. C'est, résumé d'une manière différente, le thème de la célèbre pièce de Hochhuth, *Le Vicaire*, qui accusa l'Église, et plus spécialement le pape Pie XII, de n'avoir pas voulu dénoncer l'hitlérisme de peur d'ouvrir une brèche à l'avancée du bolchevisme vers l'ouest (ce qui devait être effectivement le résultat de la guerre déchaînée par Hitler). L'horreur du bolchevisme athée avait été directement ressentie par Pie XI, ancien nonce à Varsovie, et par Pie XII qui remplit ces mêmes fonctions à Munich. Pie XI, néanmoins, fulminera contre l'athéisme raciste nazi dans l'encyclique *Mit brennender Sorge* (Rempli de soucis brûlants), mais il est certain que Pie XII et une grande partie de l'épiscopat allemand, après avoir excommunié les nazis avant 1933, eurent vis-à-vis de l'hitlérisme régnant des attitudes contradictoires, voire complaisantes. L'option démocratique ne fut définitivement retenue par le catholicisme politique qu'après 1945... Ajoutons que les partis catholiques, sous Weimar, n'eurent à leur tête que des hommes éminents mais pas de véritables hommes d'État. Erzberger, le plus prestigieux par son énergie et son agilité, fut en proie à des attaques épouvantables de la part de la droite, qui finirent par armer la main de ses assassins. Wilhelm Marx, quatre fois chancelier, n'était qu'un haut administrateur sans rayonnement populaire, et Heinrich Brüning, l'homme de Hindenburg, un gestionnaire issu du syndicalisme, solitaire et introverti. Wirth ne sut pas créer à son profit une structure de parti dont il aurait pu se servir pour s'imposer ; le prélat Ludwig Kaas, le dernier chef du parti avant sa dissolution par le régime nazi, n'était qu'un prêtre habile manœuvrier sans envergure, et von Papen, simple député prussien mais propriétaire de la *Germania*, le quotidien du parti, un riche intrigant, politicien amateur, marginal au sein même du parti. Konrad Adenauer, déjà une des têtes les plus solides du Zentrum et deux fois pressenti pour la chancellerie du Reich, préférait encore son bastion rhénan qu'il croyait plus solide qu'il n'était en réalité.

Les libéraux

Depuis que les victoires de Bismarck avaient séduit une partie d'entre eux, les libéraux allemands étaient divisés. La droite, les nationaux-libéraux étaient le parti des banquiers, des industriels et d'une importante fraction de la bourgeoisie universitaire. La gauche, s'instituant Parti du Progrès ou de la pensée libre (*Fortschrittspartei, Freisinnigepartei*), selon les moments, attirait les voix d'une autre partie des intellectuels et des membres des professions libérales. Les juifs étaient nombreux parmi ses adhérents. Après 1918, les deux partis frères ennemis tentèrent de se regrouper, mais les nationaux-libéraux ayant figuré en bonne place parmi les jusqu'au-boutistes et annexionnistes de la guerre mondiale, les « vrais » libéraux refusèrent de se retrouver dans le même parti qu'un Gustav Stresemann, « fonctionnaire » d'une organisation patronale qui, comme député, avait prôné une paix victorieuse. Pendant que certains « vrais » libéraux fondaient le Parti démocrate allemand (*Deutsche Demokratische Partei*), une partie des nationaux-libéraux, autour de Stresemann, mirent sur pied le Parti populaire allemand (*Deutsche Volkspartei*). Mal à l'aise dans une république méprisée, mais trop « responsable » pour faire de l'opposition idéologique, Stresemann s'imposa difficilement à la nouvelle formation qui eut du mal, de son côté, à accepter la politique d'entente avec la France dont le ministre inamovible des Affaires étrangères (de 1923 à sa mort, en 1929) fit la pièce maîtresse de son ouvrage. Le *Deutsche Demokratische Partei*, illustré par des adhésions d'intellectuels fameux comme le réformateur social Friedrich Naumann, le sociologue Max Weber et le théologien Ernst Troeltsch, fut, lui, un partenaire actif et loyal de la coalition de Weimar, bien que, sous la pression de l'indignation générale, il s'en retirât momentanément pour ne pas donner son vote au traité de Versailles. Cependant, dans une grande partie de la bourgeoisie, les réflexes nationalistes devaient l'emporter progressivement sur les traditions démocratiques et libérales. De plus, après la mort des grands universitaires cofondateurs, le parti manqua de personnalités attrayantes et de vrais leaders. Alors qu'en 1919, 18,5 % des voix lui avaient donné 75 députés, presque autant qu'au Zentrum, dès 1920, 8,2 % ne lui laissaient que 39 sièges et, en novembre 1932, 0,9 % des votants ne lui valaient plus que 2 mandats. Laminés, les libéraux avaient en vain cherché à faire peau neuve en changeant le nom du Parti démocratique en Parti de l'État (*Staatspartei*), mais ce dernier reniement se révéla inutile : il n'y avait plus de place pour le libéralisme dans l'Allemagne des extrémismes de 1932. Le sort du *Deutsche Volkspartei* des libéraux de droite confirmait ce jugement. Lancé tardivement en 1919, le DVP n'avait eu que 19 sièges à l'Assemblée nationale. En 1920, il renversa le rapport avec le parti frère ennemi : il eut 65 sièges avec 13,5 % des voix. Avec 1,7 % et 11 mandats, le DVP ne fait guère, en novembre 1932, meilleure figure que les ex-démocrates. Entre-temps, représentant sans hésitation ni fausse honte les intérêts du grand patronat, le DVP, bien qu'il eût accepté d'entrer dans la « Grande Coalition » dirigée après les élections de 1928 et jusqu'en 1930 par le social-démocrate Müller-Franken, y avait joué un rôle de pousse-au-crime en voulant imposer à tout prix une réduction de l'aide déjà plus que misérable qu'on accordait alors aux chômeurs qui, du fait de la grande crise, se chiffraient déjà par millions. Comme les sociaux-démocrates ne pouvaient que refuser une mesure à tel point antisociale, le DVP contribua ainsi à faire éclater le dernier gouvernement réellement appuyé sur une majorité parlementaire. La dislocation du cabinet Müller ouvrait la voie aux gouvernements « présidialistes » de Brüning, Papen et Schleicher qui se succèdent entre novembre 1930 et janvier 1933[1].

Les conservateurs

L'ancienne droite, elle aussi, s'était divisée, sous Bismarck, entre ceux, d'une part, qui formaient le « parti Bismarck tout court », hauts fonctionnaires, responsables de l'économie moderne et urbaine, universitaires imbus de la grandeur de

1. Nous avons vu plus haut que le SPD accepta quelques semaines plus tard la réduction de l'aide aux chômeurs pour ne pas renverser le gouvernement Brüning à peine entré en fonctions.

l'État, et ceux, d'autre part, qui trouvaient le chancelier de fer beaucoup trop moderne et traître à sa classe de grands propriétaires fonciers, maîtres des domaines et des ex-serfs qui y restaient attachés. Le « vrai » parti conservateur, surtout après Bismarck, fut celui qui réussit à embrigader, derrière la grande propriété et ses intérêts, la masse des petits exploitants, principalement dans les provinces orientales. Les droits de douane protecteurs furent leur premier but, avec la défense du mode d'élection du Landtag prussien qui – grâce au système de la répartition des citoyens en trois classes selon le montant des impôts payés – combinait le principe du suffrage universel avec les privilèges de l'inégalité. L'antisémitisme était un ciment utile pour attacher solidement au char des grands intérêts la masse des petits cultivateurs. Vint ensuite, après le tournant du siècle, le temps des ligues, nationales, coloniales, maritimes, pangermanistes, sans oublier la Ligue pour la lutte contre la social-démocratie. Dès avant 1900, le parti conservateur prussien a changé de figure et de mœurs : les campagnes de presse, aussi diffamatoires que possible, la démagogie, la mobilisation de la peur générée par le changement sont ses moyens préférés. En 1919, les conservateurs, eux aussi, cèdent à la mode du *Volkspartei*, du parti du peuple. Ils s'appelleront désormais Parti national allemand du peuple, *Deutschnationale Volkspartei (DNVP)* ; monarchiste et nationaliste, ce parti rejette naturellement la Constitution de Weimar et le traité de Versailles et continue à jouer sur ses deux registres, celui du conservatisme traditionnel, luthérien, attaché avant tout aux modes de vie et aux valeurs menacés, et celui de l'extrême nationalisme qui veut être seul à occuper la place de la droite nationale et qui renverrait volontiers les libéraux du DVP à leurs compromissions de gauche. Au départ, en 1919, les membres de la classe patriarco-patrimoniale, les nobles hobereaux, anciens hauts fonctionnaires et grands latifundistes, dirigent le « nouveau » parti qui, de ce fait, est encore relativement proche de l'ancien « parti Bismarck tout court » ; mais, progressivement, les éléments les plus radicaux, les plus engagés, les plus impérialistes, les plus antisémites s'emparent des rouages dirigeants. A la fin des années 1920, un manager, type relativement nouveau dans la droite traditionnelle,

Alfred Hugenberg, qui a fait sa carrière chez Krupp où il a terminé son ascension comme directeur, s'impose comme chef du DNVP. A titre personnel, perspicace sur les moyens de l'avenir, il a pris la tête de la grande firme allemande de production cinématographique, l'UFA ; il a, en outre, acquis de nombreux quotidiens de province, des périodiques, et surtout le *Lokalanzeiger* (L'annonceur local), quotidien populaire, l'équivalent berlinois du *Petit Parisien*. A travers ses médias, Hugenberg distille le message antidémocratique, antirépublicain, antioccidental et hypernationaliste qui correspond aux sentiments du radicalisme de droite qu'il veut mobiliser au service du retour à la monarchie et des grands intérêts. Quand les modérés voudront réagir, il sera trop tard : en 1931, Hugenberg s'est allié à Hitler en constituant le « front de Harzburg[1] », qui se propose de porter un coup mortel au *System* né de la révolution-trahison. Le comte Westarp, prédécesseur de Hugenberg, et un certain nombre de conservateurs qui réprouvent la démagogie de ce dernier quittent alors le DNVP et forment un nouveau parti, le Parti conservateur du peuple (*Konservative Volkspartei*). Sans succès, car Hugenberg nage sur les vagues de fureur et de désespoir que déchaîne la grande crise. Cependant, pour souper avec le diable Hitler, sa cuiller n'était pas assez longue ; en janvier 1933, dans le gouvernement formé par Hitler, Hugenberg est ministre de l'Économie nationale, et ses amis, 55 députés, ont trois fois plus de postes ministériels que les nazis qui eux en comptaient 240. Peu importe, les nationaux-allemands seront emportés par la « révolution nationale » ; en été 1933, le parti se dissout lui-même et, quelques semaines plus tard, Hugenberg démissionne de son poste ministériel ; le petit *tycoon* de la presse et du cinéma aura fait avec le national-socialisme un marché de dupes, en fournissant aux hitlériens, plébéiens mal dégrossis, la caution bourgeoise et la majorité parlementaire qui leur faisaient défaut.

Avant qu'Hugenberg entraîne les *Deutschnationale* sur ce

1. Bad Harzburg, petite ville d'eaux en Basse-Saxe, avait été le lieu de la rencontre entre les chefs de la droite à laquelle participaient également les dirigeants du *Stahlhelm* (Casque d'acier), l'organisation paramilitaire proche du DNVP.

qui devait être pour beaucoup d'entre eux aussi le chemin de leur perte (la grande majorité des hommes et des femmes de la conspiration du 20 juillet 1944 était de sensibilité « nationale-allemande »), le parti conservateur avait paru un moment, lui aussi, se stabiliser sur des positions modérées et « possibilistes » pendant les quelques années où la République semblait enfin tirée d'affaire. L'élection de Hindenburg, en 1925, et la loyauté traditionaliste que le vieux chef de guerre suscitait dans les salons, les palais du gouvernement et les *Chefetagen* (les étages où, dans les immeubles des grandes banques et entreprises, se trouvaient les bureaux des « grands chefs »), lui firent choisir la voie d'une participation « dans l'honneur » qui correspondait alors à ses intérêts : à plusieurs reprises, entre 1925 et 1930, des ministres *deutschnational* siégèrent au gouvernement du Reich, mais la grande crise et les succès relatifs des sociaux-démocrates à l'élection de 1930 mirent fin à cette tentative d'intégration ; celle-ci ne fut réussie, et au terme de quelles catastrophes, que vingt ans plus tard, au sein de la CDU adenauérienne… Parti de 10,3 % des voix et de 44 députés en 1919, alors que la défaite et la révolution jouaient contre l'idée conservatrice, le DNVP atteint son zénith, lors de la seconde élection de 1924, avec 20,4 % des voix et 103 sièges pour retomber à 7,2 % (52 mandats) en novembre 1932. Mais, de ces 52 voix, Hitler avait besoin pour franchir le cap de la confirmation juridiquement légale de sa nomination par le Parlement du Reich.

Bien qu'il y eût jusqu'à quatorze partis représentés au Reichstag, le spectre des grands groupements d'opinion constitués et jouant un rôle dans le cadre parlementaire se limite en fait aux six « grands » qui, entre 1919 et 1930, se partagent le pouvoir ou s'y succèdent : sociaux-démocrates, membres du Zentrum et démocrates constituent la « coalition de Weimar » et gouvernent dans le Reich en 1919 et 1920 et en Prusse jusqu'en 1932. De 1920 à 1923, des coalitions « bourgeoises » formées par le Zentrum et les deux partis libéraux ne se maintiennent à grand-peine qu'en obtenant l'appui indirect, la neutralité bienveillante des sociaux-démocrates. En 1923, Stresemann, au plus fort du drame de la Ruhr, constitue un gouvernement de « Grande Coalition » avec participation sociale-démocrate. De 1924 à 1928, les catholiques et les libéraux sont membres d'une « coalition bourgeoise » que les *Deutschnationale* rejoignent sans s'engager définitivement dans cette voie. De 1928 à 1930, le gouvernement Müller-Franken, dit de « Grande Coalition », fait entrer dans le même cabinet les *Sozis* rouges et les libéraux de droite de la DVP. Quel soulagement quand les incessantes querelles internes font éclater cette association paralysée ! Mais, du coup, c'est la fin du régime parlementaire : les gouvernements présidentiels, de 1930 à 1933, font appel individuellement à des hommes politiques catholiques, libéraux ou conservateurs, mais l'ère des partis, ces mal aimés de l'opinion allemande, toujours hostile aux « querelles politicardes », est révolue. La République ne leur survivra guère.

Ligues nationales et corps francs, putschs et soulèvements

Si atroce qu'elle soit, la guerre se fait aussi aimer. Revenus dans la vie ordinaire, des survivants rêvent tout haut des faits glorieux dont ils furent acteurs ou témoins. Après quatre, cinq, six ans de guerre, quel métier choisiront des jeunes qui ne le sont plus tellement, et qui n'ont appris qu'à marcher, à exécuter des ordres, à tuer ? Et comment supporter que tant d'efforts, tant de souffrances, tant de camarades morts n'aient servi à rien, que la patrie fût plus petite, plus pauvre et moins honorée dans le monde qu'avant cette prodigieuse mobilisation de tant de millions d'Allemands qui, presque seuls, ont failli triompher du monde entier ? Le désespoir, la fureur, la volonté de gagner quand même, l'impossibilité de faire autre chose que la guerre, l'attrait que tant d'aventures racontées et embellies exerçaient sur des garçons qui n'avaient pas eu l'âge de s'y jeter, toutes ces causes et bien d'autres se conjuguèrent pour créer dans l'Allemagne de la défaite, mais d'une défaite nullement vécue comme un écrasement quasi définitif, le phénomène des ligues, des organisations, des *Verbände* (associations), de la « *Reichswehr noire* » ; une agitation radicale, extrême, nationaliste, irrédentiste, revancharde, décidée à en découdre au plus tôt avec l'ennemi intérieur, les *Novemberverbrecher* (les « criminels de novembre[1] »), les hommes du coup de poignard donné dans le dos des armées victorieuses, et avec l'ennemi extérieur, les Français dégénérés, embâtardis de nègres, les Anglais perfides, traîtres à la race germanique, les Polonais sous-hommes osant jouer à la race des maîtres. Et derrière l'un et l'autre, se servant des uns et des autres, le juif malodorant et lâche, résolu au fond de sa perversion pervertissante à abattre l'Allemand, l'homme nordique, le héros simple et pur. Les bas-fonds de l'idéologie raciste qui bouillonnaient obscurément dans les régions marginales de la société wilhelmienne, utilisables mais méprisables aux yeux des puissants, projetaient à présent à la surface leurs produits destructeurs. L'idée conservatrice de la nation, certes agressive et hégémonique, s'inscrivait néanmoins dans un ordre social et dans une légalité interne. Les mouvements *völkisch* qui s'organisent à partir de 1919 (tirant leur nom du mot *Volk*, peuple) utilisent à dessein un autre vocable que celui de la nation ; d'origine française et marquée par ses connotations révolutionnaires, la nation est un plébiscite, elle comporte un élément volontariste (que la droite française, devenue nationaliste à la fin du XIXe siècle, ne supporte pas non plus). Déroulède est un plébiscitaire, fidèle égaré de la nation révolutionnaire, mais le *Volk*, lui, est une donnée de nature à laquelle on n'échappe pas plus qu'on n'y peut adhérer, fatale comme le destin des héros des légendes germaniques, toujours tendues vers la catastrophe finale. Les « doctrinaires de la révolution allemande » (c'est ainsi que mon maître Edmond Vermeil appellera avec perspicacité les penseurs qui préparèrent le nazisme[2] et dont la trame se retrouve curieusement de nos jours dans certains secteurs du mouvement écolo-pacifiste) élaborent leurs thèses dans le calme de leurs bureaux, mais les ligues tirent : au front, en Silésie, dans les pays Baltes, dans les combats de rue de la guerre civile à Berlin, à Munich, Hambourg, Brême, dans la Ruhr, et contre les chefs détestés de l'adversaire républicain au moyen d'attentats personnalisés. Les détenteurs usurpateurs

1. La révolution avait éclaté le 4 novembre 1918.
2. Edmond Vermeil, *Les Doctrinaires de la révolution allemande, 1918-1938*, Nouvelles Éditions latines, 1947.

de l'autorité de l'État n'ont-ils pas dû mobiliser eux-mêmes les volontaires antirévolutionnaires pour venir à bout des soulèvements bolcheviques ? Démobilisés à moitié, toujours remobilisables sur simple appel, des dizaines de milliers d'anciens soldats rêvent d'un renversement de fortune pareil à celui qui sauva Frédéric II en 1762, alors que tout paraissait perdu. L'Allemagne se divise entre une majorité qui tente de survivre et finit par y parvenir, plutôt bien que mal, et cette minorité d'irréconciliables qui ne se résignera jamais. Aux Noske et aux sociaux-démocrates bavarois succèdent les hauts fonctionnaires et les officiers qui, en Silésie, appellent des volontaires pour s'opposer aux coups de force polonais qui veulent anticiper sur le plébiscite imposé par l'Entente. Dans les pays Baltes, les gouvernements bourgeois et paysans, issus de petits peuples voulant arracher leur indépendance aux Russes à l'extérieur, doivent, à l'intérieur, faire face aux nobles allemands, maîtres héréditaires des domaines et – par l'Église luthérienne – maîtres aussi des âmes. Par milliers, les « demi-soldes » affluent en Haute-Silésie et dans le *Baltikum*, étudiants avant tout, parce que les plus disponibles et maîtres de leurs jeunes personnes. Par son récit, *Le Coup de grâce*[1], Marguerite Yourcenar a fait entrer ce combat dans la littérature française ; Volker Schlöndorff en a tiré un film bouleversant avec Margarethe von Trotta dans le rôle principal. Les Anglais, par un ultimatum adressé à la fois à Berlin et aux gouvernements baltes, imposèrent finalement la dislocation des unités de volontaires allemands, au risque de laisser passer les bolcheviks[2].

Ce n'était pas encore pour cette fois : les pays Baltes ne seront annexés à l'URSS qu'en 1940, et de nouveau en 1945 pour ne retrouver seulement en 1990 une liberté difficile. Après la partition de la Silésie et la pacification dans les pays Baltes, les ligues nationales, réduites le plus souvent à une semi-illégalité, réapparaissent au grand jour chaque fois qu'une insurrection communiste menace, en Saxe, en Thuringe, à Nuremberg et dans la Ruhr. Elles participent en été

---

1. Marguerite Yourcenar, *Le Coup de grâce*, Gallimard, 1971.
2. Les volontaires allemands soutiennent les gouvernements locaux contre les bolcheviks, mais aussi les « barons » allemands contre leurs paysans.

1920 à l'aventure du putsch du « directeur » Kapp, haut fonctionnaire prussien, appuyé en un premier temps par des unités de la Reichswehr qui s'emparent de la capitale et contraignent le gouvernement et le président à se réfugier en Allemagne du Sud avant que le commandement décide de refuser son soutien à l'aventure. Plus tard, en 1923, on les trouve à la pointe du combat contre l'envahisseur français quand Poincaré décide d'occuper la Ruhr comme gage pris sur le mauvais payeur allemand qui se fait tirer l'oreille à propos des réparations. Le fameux Leo Schlageter, mi-soldat, mi-étudiant et entièrement marginal, qui se fera fusiller par les Français, est un héros vraiment représentatif du monde des organisations *völkisch* qui vénèrent comme leur inspirateur commun le général Ludendorff, celui qui a, à leurs yeux, gagné la guerre. Quand ils frappent et assassinent, toujours pour des « raisons » patriotiques, les juges leur sont cléments, même quand ils réprouvent une violence que cependant ils comprennent. A la fois produits et victimes de la société industrielle en crise, les hommes des « corps francs » (*Freikorps*, ligues des volontaires) empêcheront longtemps la République de se stabiliser. C'est le bien-être relatif, mais croissant, qui, succédant à l'inflation, les fera, momentanément pour beaucoup, rentrer dans les rangs de la vie civile. Le petit Parti ouvrier national-socialiste qui naît en Bavière et dont un caporal disert, Adolf Hitler, sera un des premiers orateurs, appartient, lui aussi, à ce monde de ligueurs *völkisch* et révoltés, de demi-soldes marginalisés. Mais, ce n'est encore, au début des années 1920, qu'un groupuscule parmi d'autres.

Cinq ans de guerre civile endémique, cinq ans d'inflation, d'abord lente, ensuite galopante. Les bonnes fées n'avaient pas été nombreuses autour du berceau lors de la naissance de la République de Weimar.

La plupart des insurrections et soulèvements réprimés au bout de quelques jours ou de quelques semaines furent le fait de l'extrême gauche. Il y eut deux exceptions majeures : le putsch déjà mentionné du « directeur » Kapp au printemps de 1920 qui, appuyé sur quelques unités de la Reichswehr et des volontaires, occupa Berlin sans coup férir et ne sut que faire, ensuite, de sa victoire, le gouvernement n'ayant pas été pris et refusant, de son refuge à Stuttgart, de reconnaître le coup de force. La grève générale proclamée par les syndicats, les « libres » et les « chrétiens » pour une fois réunis, l'inexpérience de Kapp et l'attentisme des chefs de la Reichswehr qui, sans intervenir contre les révoltés, s'abstinrent cependant de les approuver, cet ensemble de difficultés eut raison des putschistes qui abandonnèrent la partie. L'alerte avait été chaude et ne servit guère ; les revendications formulées par les syndicats et les partis de gauche pour la protection de la République furent noyées dans l'indifférence, voire l'hostilité, des autres forces politiques. Il n'y eut pour ainsi dire pas de sanctions, alors que dans le cas des insurrections inspirées par des mouvements de gauche les répressions étaient le plus souvent sanglantes et les condamnations sévères. Rares étaient, en effet, les serviteurs de l'État qui s'identifiaient à la République ! Quel exemple leur donnait, il est vrai, le chef des forces armées refusant d'intervenir contre les putschistes de 1920 en invoquant la règle (fixée par lui-même) que « la Reichswehr ne tir[ait] pas sur la Reichswehr ». Les tribunaux poursuivaient les journalistes qui dénonçaient les violations du traité de Versailles dont l'armée se rendait coupable et acquittaient un folliculaire poursuivi par le président de la République qu'il avait dénoncé comme traître pour avoir appuyé les grandes grèves des ouvriers des usines d'armement au début de 1918. Probablement atteint par cette accusation, Ebert, qui avait perdu deux fils à la guerre, voulut se consacrer tout entier à ce procès. Il retarda pour cette raison une opération légère mais indispensable, jusqu'au jour où ce fut trop tard : une péritonite s'était produite et le premier président de la République allemande mourut à 53 ans, victime de la calomnie. Et ce n'était là qu'un exemple parmi tant d'autres, plus visible à cause des hautes fonctions du défunt.

L'autre tentative de soulèvement de droite fut, elle aussi, facilement déjouée et ses auteurs traités avec beaucoup d'indulgence. En plein conflit de la Ruhr, Adolf Hitler, dont le parti avait pris de l'importance à Munich et qui, à l'époque, jouissait de la confiance du général Ludendorff si populaire dans l'extrême droite, résolut de forcer la main au gouvernement conservateur bavarois pour instituer une « dictature de résistance nationale ». Surpris au cours d'une réunion publique, les dirigeants bavarois firent semblant de se rallier au projet d'Hitler mais, quand celui-ci, le lendemain (9 novembre 1923), à la tête de ses partisans, organisa une marche triomphale à travers la ville, il se heurta aux forces de l'ordre qui n'hésitèrent pas à tirer. Les manifestants se dispersèrent. Hitler et quelques acolytes furent arrêtés. Au lieu de l'expulser comme étranger indésirable – il avait toujours la nationalité autrichienne – on lui fit un procès qui se termina par une condamnation légère à trois ans de forteresse, dont le chef des nazis ne fit que quelques mois. Au cours de sa détention, assez douillette, il rédigea les premiers jets de *Mein Kampf*. Malgré ce traitement marqué de l'esprit de mansuétude que méritait un compagnon égaré, Hitler voua une haine farouche aux dirigeants qui l'avaient « trahi ». Le chef du pouvoir exécutif bavarois, le commissaire général von Kahr, haut fonctionnaire réactionnaire s'il en fut, vit, après la prise du pouvoir par Hitler, des SA envahir sa demeure. On retrouva son cadavre quelques heures plus tard flottant dans un marais, il avait été tué à coups de pelle…

Cependant, le putsch hitlérien manqué de novembre 1923 marquait la fin des agitations violentes. Jusqu'en 1933, il n'y eut plus de soulèvements ni de *pronunciamientos*. Pour la République-pas-de-chance, commençaient quelques brèves années de bonheur.

L'inflation et les réparations

Ce fut un bonheur relatif, sur fond de ruines, et bâti sur l'emprunt. Les ruines d'abord. Pas tant sur le plan matériel : rien de comparable à ce qui se passera pendant la Seconde Guerre mondiale. Nulle part, entre 1914 et 1918, le territoire allemand n'avait servi de champ de bataille et les attaques aériennes furent sans importance réelle. C'étaient les citoyens qui avaient été ruinés, et avant tout les « bons citoyens », ceux qui avaient souscrit aux emprunts de guerre et dont à présent l'argent prêté à la patrie ne valait plus rien. Cela nous paraît très simple aujourd'hui, à nous qui savons que quelqu'un doit payer les frais largement improductifs de la guerre, mais les victimes, à l'époque, ne le savaient pas encore. Les dirigeants français le comprirent, eux, qui pensèrent qu'il serait possible de « faire payer le boche ». En fait, on n'avait aucune idée de ce qu'on pouvait réellement prélever sur l'économie allemande sans l'empêcher de tourner, et la fixation du montant des réparations, sans cesse remise en chantier dans un sens toujours moins défavorable à l'Allemagne, dura presque aussi longtemps que la République elle-même, du plan Dawes au plan Young et jusqu'à l'accord de Lausanne où von Papen obtint en 1932 la fin des réparations contre un versement ultime de trois milliards de RM que, bien sûr, Hitler ne paya jamais…

Il y eut d'abord le blocus, qui ne fut supprimé qu'en 1919, ensuite les prélèvements et réparations, l'occupation de la Ruhr et la résistance passive, les désordres et soulèvements intérieurs, les conflits sur les frontières de l'Est, les innombrables grèves qui ponctuaient ces événements et l'épuisement physique des travailleurs – le ravitaillement, du fait du blocus, faisait défaut –, et quand, enfin, on put de nouveau tout acheter, ce fut l'argent qui manqua. La production mit des années à retrouver son niveau de 1913. Comment, dans ces conditions, l'argent aurait-il pu conserver sa valeur ? La ponction des emprunts de guerre ne suffisait pas, il fallait réduire bien davantage encore les moyens de paiement dont disposaient les ménages, mais au lieu de procéder par voie autoritaire et rapide (ce qu'on ne savait pas encore faire, ou que l'on n'osait pas encore), on laissa la monnaie filer, lentement d'abord, et de plus en plus vite au début de 1923. Dans ce processus, les perdants étaient les épargnants et les retraités dont les dépôts ou les pensions n'étaient pas réévalués. Ce fut un drame innombrable, un deuxième écroulement de l'univers, après la chute de la monarchie, et qui, cette fois-ci, entraîna l'existence individuelle et privée. La perte de confiance dans les structures et les valeurs qu'on croyait immuables devait compter parmi les causes profondes de la propagation du national-socialisme ; ses conséquences lointaines se font encore sentir aujourd'hui, soixante-quinze ans plus tard, dans la peur panique de l'inflation qui règne en Allemagne, aussi bien dans les masses qui travaillent et qui épargnent, que chez les dirigeants. Et ces souvenirs comptent pour beaucoup dans la méfiance profonde avec laquelle l'opinion allemande accueille le passage à l'euro. Les salariés s'en tiraient moins mal ; pour les faire travailler, il fallait bien les payer, ne fût-ce que pour entretenir leurs forces qui représentaient une sorte de capital. Les bénéficiaires de l'inflation étaient les détenteurs de matières premières, de machines, de produits manufacturés, de produits alimentaires – ou de devises étrangères. La fin de la résistance passive dans la Ruhr, la pression des Anglo-Saxons sur la France pour qu'elle adopte une attitude moins farouchement exigeante en matière de réparations, l'intérêt des capitaux américains pour une économie allemande dégraissée et toujours favorisée par une main-d'œuvre capable et disciplinée – tous ces facteurs se combinant avec l'intelligence et le savoir-faire du docteur Hjalmar Schacht, à la fois banquier et économiste, permirent, à la fin de 1923, l'opération de stabilisation qui prit le nom de la nouvelle monnaie, la *Rentenmark*, gagée sur la totalité des produits de l'agriculture allemande, mais en réalité sur la confiance interne et internationale. Le vieux mark, qui ne valait plus que des milliardièmes de dollar, s'effaça, le nouveau mark étant au début pratiquement réservé aux producteurs et aux services publics. Schacht, devenu président indépendant et autoritaire de la Reichsbank, acheva ensuite l'assainissement en rétablissant un *Reichsmark* lié à l'or et au dollar. Dès lors, l'économie redémarra à fond de train. Les opérateurs américains se mirent à investir en Allemagne et dans des engagements à long terme leurs disponibilités qui représentèrent en fait de l'argent à court terme. Dans le monde entier, les affaires étaient en expansion ; l'Allemagne, traumatisée par la ruine, connut un boom formidable, non moins traumatisant par sa rapidité, son extension et les nouvelles inégalités qu'il ajoutait à celles générées par la guerre et l'inflation. Cependant, le travail retrouvé, le redémarrage des entreprises, l'expansion du commerce refoulaient les souvenirs d'affliction, du moins chez les éléments actifs. Restait le formidable ressentiment des masses petites-bourgeoises qui avaient été spoliées de leurs économies et qui ne voulaient ni ne pouvaient s'exprimer dans des choix politiques offerts par le mouvement ouvrier et son idéologie marxiste. Ces masses bourgeoises tenaient avant tout à ne pas se laisser confondre avec les masses prolétariennes. Leurs intérêts de classe exigeaient le refus de l'idéologie de la lutte des classes. Les responsabilités de leur malheur ne devaient pas rejaillir sur ceux qui incarnaient leurs valeurs, l'État (la monarchie étant sa forme normale), les hauts fonctionnaires, l'armée, ni même sur les patrons, les industriels qui les faisaient vivre, même si, en fait, ces catégories portaient la plus grande part de responsabilité dans les erreurs qui avaient conduit le peuple allemand à la catastrophe. Les « vrais » responsables étaient les traîtres, les révolutionnaires, les sociaux-démocrates, les ennemis étrangers et, mêlés à tout cela et cimentant l'amalgame, les juifs. Le capitalisme aussi, dans la mesure où il signifiait l'argent apatride et exploiteur, ne travaillant pas lui-même, et que l'on y retrouvait les juifs. Cependant, comme l'ordre se rétablissait, que l'ère de la violence semblait close et que l'Allemagne se ruait dans un travail qui rapportait immédiatement, ces ressentiments restaient à moitié souterrains ou refoulés. Aux élections de mai 1924, qui eurent lieu au début de la période de stabilisation, l'extrême droite, radicale et « fasciste », obtenait 6,5 % des voix et 32 sièges. En 1928, au sommet de la prospérité, les hitlériens du NSDAP, seule formation « sérieuse » de l'extrême droite, recueillaient péniblement 2,6 % des voix et 12 mandats. Deux ans plus tard, en septembre 1930, les nazis engrangeront 18,3 % des votes et 107 sièges. La crise était passée par là.

France shylockienne, Allemagne déchirée

Ni Poincaré ni Clemenceau n'eurent le sens de la mesure et de la continuité historique dont Metternich et Talleyrand avaient fait bénéficier l'Europe. Leur obstination nationaliste à considérer l'adversaire vaincu comme le représentant d'un mal absolu était, avec cette combinaison du national et du moral, totalement étrangère à l'ancienne idée de l'équilibre européen – périodiquement menacé par des tentatives hégémoniques qui, une fois vaincues par l'union de toutes les autres puissances, laissaient le vaincu à son rang, capable de se dresser à son tour contre la prochaine entreprise déséquilibrante. Les dirigeants français de 1918, en ne se contentant pas de rétablir un ordre tolérable pour tous en Europe (en obtenant, bien sûr, le retour de l'Alsace-Lorraine [1]), créaient au détriment de leur propre pays, affaibli et incapable de risquer sa substance amoindrie dans un nouveau conflit, une instabilité dont le revanchisme d'une Allemagne humiliée ne pouvait pas ne pas tirer profit. Les guerres nationales, en mobilisant les passions des masses, n'étaient pas seulement plus implacables que les guerres de cabinet (et ressemblèrent par là davantage aux guerres de religion), elles ne pouvaient pas se terminer par un apaisement général. Pendant toute l'histoire de la République de Weimar, la politique extérieure de l'Allemagne sera dominée par les problèmes que posaient les relations avec la France. Systématiquement, par l'interdiction de l'*Anschluss*, par des interventions favorables à la Pologne dans l'affaire silésienne, par leur intransigeance d'ailleurs impuissante en ce qui concernait les procès des criminels de guerre, par leurs exigences démesurées sur le plan des réparations, par le contrôle tatillon de l'exécution des clauses militaires, par des gestes agressifs, voire provocateurs, comme l'occupation de la Ruhr en 1923 et le soutien accordé aux séparatistes rhénans, les gouvernements français firent tout pour renforcer en Allemagne les sentiments antifrançais, sans que cette politique – en fin de compte – rapportât de véritables succès. Car, ce faisant, la France s'isolait sans cesse davantage. Les États-Unis s'étant retirés des affaires européennes, l'Angleterre et l'Italie se sentaient de plus en plus portées vers la vieille politique de l'équilibre qui consistait à soutenir le vaincu contre le plus éminent des vainqueurs. Or, grâce à son armée nombreuse et prestigieuse, la France passait alors pour la plus forte des puissances continentales. Après l'aventureuse et inutile équipée dans la Ruhr en 1921-1925, la politique de Poincaré se trouva acculée à la défensive, contrainte de reculer, de réduire prétentions et exigences. En France, même la gauche reprit peu à peu le courage de ses anciennes idées, l'entente entre les peuples,

1. Mais, n'eût-il pas été plus sage et plus moral de le faire voter par les populations à qui Bismarck avait refusé ce droit ? La France, en 1919, n'y risquait rien.

le désarmement, la paix. Briand, ancien socialiste et ancien pacifiste, qui avait pourtant présidé le gouvernement pendant de longs mois de guerre, se fit le promoteur d'une prudente politique de réconciliation avec l'Allemagne dont l'enjeu véritable, l'union de l'Europe, se dessina progressivement. Détesté par les « nationaux », qui dominaient la Chambre « bleu horizon » élue en 1919, Briand se retrouva pourtant, dès 1921, aux Affaires étrangères, et plusieurs fois encore à la présidence du Conseil, parfois même associé à Poincaré, son vieil adversaire. Le vieux militant, voûté et hirsute, offrait à l'Allemagne une alternative au ressentiment et à la rancune.

Les dirigeants de la jeune république, tout en protestant contre le caractère excessif et injuste des traités, tout en proclamant leur opposition à la politique française des gages et du démantèlement, ne purent guère faire autre chose que de pratiquer l'*Erfüllungspolitik*, la politique qui consistait à exécuter les engagements signés. Au plus fort des heurts de l'après-guerre, en 1922, certains crurent qu'une autre voie s'ouvrait à l'Allemagne : la jonction avec l'autre grand perdant de la guerre, la Russie. Certes, celle-ci se présentait maintenant sous les couleurs, repoussantes aux yeux de beaucoup de nationaux-allemands, du bolchevisme égalisateur, matérialiste et « athée », mais la Russie, dépouillée de presque toutes les conquêtes européennes des tsars depuis Pierre le Grand, en proie à de grands bouleversements et pourtant inépuisable même au plus fort des adversités intérieures et extérieures, partageait maintenant avec l'Allemagne la situation de « nation prolétaire ». Beaucoup de théoriciens de la « révolution allemande », du socialisme à la prussienne ou aux couleurs allemandes, étaient attirés par des mythes antioccidentaux et antilibéraux qui circulaient parmi les intellectuels russes depuis la première moitié du XIXe siècle. Bolcheviks et nationaux-allemands avaient au moins en commun la condamnation du capitalisme et de la civilisation industrielle, du parlementarisme, de la pluralité des partis. Un véritable « national-bolchevisme » trouva des militants parmi des penseurs originaux comme Ernst Niekisch. L'Union soviétique avait été elle aussi exclue des négociations de Versailles : des troupes anglaises, françaises, japonaises, américaines, occupèrent de larges parties du territoire russe, au

Nord, au Sud, en Sibérie, que les communistes mirent du temps à récupérer. Les Polonais aussi, à peine leur indépendance nationale retrouvée, tentèrent de réannexer l'Ukraine jusqu'à Charkov, après quoi ils durent dès 1921 se battre sous les murs de Varsovie contre l'armée de Toukhatchevski. Des généraux, des ambassadeurs, des banquiers, des industriels se laissèrent attirer par les possibilités illimitées et mirifiques qu'offraient les « marchés » soviétiques. Un aventurier de l'esprit, égaré non sans efficacité dans l'industrie et dans la politique, Walther Rathenau, eut des sympathies pour ce nouveau courant qui, après tout, n'était pas si nouveau que cela. L'entente avec la Russie n'avait-elle pas été une des bases majeures de la politique prussienne depuis l'avènement-miracle de Pierre III en 1762 ? Pendant que les Occidentaux discutaient à Gênes du montant des réparations à exiger de l'Allemagne, les délégués allemands et soviétiques se rencontraient à quelques kilomètres de là, en aparté, pour négocier un traité dont la partie la plus spectaculaire était la renonciation mutuelle à toutes réparations. Le traité de Rapallo fit un bruit énorme. Le négociateur s'appelait Walter Rathenau, devenu ministre des Affaires étrangères dans un gouvernement de Joseph Wirth.

Le rapprochement franco-allemand
L'entente Briand-Stresemann

La Russie communiste avait été mise au ban du monde civilisé par les vainqueurs de 1918 qui, cependant, n'avaient plus la détermination ni la force de l'abattre. Voici que le danger allemand, dont la persistance était pour Poincaré et les siens la loi et les prophètes, se conjuguait avec la menace révolutionnaire. N'était-ce pas la preuve de la duplicité des dirigeants allemands ? Allait-on au-devant d'une alliance des « peuples opprimés », des peuples prolétaires ? Rapallo fit peur et fit réfléchir. C'était une carte que l'Allemagne ne joua pas vraiment à fond mais dont on savait désormais qu'elle pourrait éventuellement la jouer. Depuis, le souvenir exact s'est perdu et beaucoup de gens croient sincèrement qu'à Rapallo il y eut comme un « renversement des alliances » ; ce ne fut nullement le cas, puisque l'Allemagne n'était pas, loin de là, l'alliée des Occidentaux et qu'elle ne s'alliait pas à l'URSS. Cependant, des relations assez étroites et très particulières se nouèrent, dès lors, entre l'État bochevique et l'Allemagne. Des entreprises et des ingénieurs allemands jouèrent un rôle actif dans la reconstruction de l'économie russe après tant d'années de guerre étrangère et de guerre civile[1]. Des accords secrets, de portée cependant réduite, permirent à la Reichswehr de développer et d'essayer en territoire soviétique des armes qui lui étaient interdites par le traité de Versailles (avions et chars). Cependant, le rapprochement resta limité par l'aversion que le communisme inspirait à la quasi-totalité de la classe politique allemande, de l'extrême droite aux sociaux-démocrates, et par l'indignation que suscitèrent les continuelles interventions des responsables soviétiques dans la politique intérieure allemande. Rapallo, en fin de compte, restera un épisode relativement isolé.

Cependant, après la fin des conflits aigus qu'avait déclenchés l'occupation française de la Ruhr, après l'échec de la résistance passive, après le succès de la réforme monétaire, après l'échec d'Hitler à Munich et l'intervention de la Reichswehr au nom du pouvoir central en Saxe et en Thuringe, où des gouvernements formés par les socialistes de gauche et les communistes étaient arrivés au pouvoir, une politique extérieure à la fois plus active et plus positive put être conçue et entreprise dans le calme rétabli. Attachée au nom et à la personne de Gustav Stresemann, elle s'employa à rétablir avec l'Ouest, et surtout avec la France, des relations normales. Stresemann, chauve et massif, ressemblait à une caricature d'Allemand inventée par un dessinateur français. En devenant peu à peu l'interlocuteur, puis l'associé, de Briand, il n'obéissait certes pas aux mêmes pulsions morales que l'ancien avocat socialiste, défenseur de syndicalistes poursuivis par la justice bourgeoise. Le fils d'un bistrot berlinois, qui brassait sa propre bière, avait fait carrière dans les organisations patronales. Nationaliste et antisocialiste, c'était avant tout un homme de bon sens et un patriote sans préjugés. La guerre perdue, Versailles, la République étaient les

---

1. Le traité de Riga, entre l'URSS et la Pologne, avait en mars 1921 marqué la fin de l'une et de l'autre.

réalités présentes dont il fallait partir, en commençant par les reconnaître. Ce qui devait rapprocher le plus ces associés inégaux, ce fut l'hostilité farouche que leur entreprise de bon sens suscita parallèlement dans les deux pays. Peu à peu, Stresemann fut entraîné par la logique de sa politique bien au-delà de ce qui avait été sa position de départ en 1918. Au début, en politicien réaliste, il n'avait pensé qu'à calmer le jeu à l'Ouest pour rétablir progressivement l'Allemagne dans la place qui lui revenait dans le concert des nations. En redevenant un partenaire normal pour les puissances occidentales, elle pourrait sans doute, un jour, obtenir la réouverture des dossiers mal ficelés à l'Est et notamment la question du « couloir polonais [1] ». Ayant grandi parmi les responsables de l'économie, Stresemann savait l'importance des solidarités capitalistes. Jusqu'à sa mort prématurée, en 1929, ministre des Affaires étrangères aussi inamovible que Briand le fut en France, Stresemann incarne à sa façon l'âge heureux de la République. Quant à Briand, les succès d'une carrière dus autant à la confiance amicale qu'il savait inspirer bien au-delà du cercle étroit de ses amis politiques, socialistes et indépendants, qu'à une habileté manœuvrière peu commune n'avaient pas éteint en lui l'idéalisme du jeune avocat pauvre qui se mettait au service des faibles et des malchanceux. Tout en dirigeant la France en guerre, il avait détesté la tuerie. Ministre efficace, orateur influent, paraissant plus âgé qu'il ne l'était en réalité (il mourut en 1932 à 70 ans), Briand mit son goût du pouvoir au service de sa mission de « pèlerin de la paix ». Tout paraissait séparer ces deux hommes d'État, si dissemblables, tout sauf la conviction partagée que leurs deux peuples avaient besoin de mettre fin aux affrontements pour entrer dans une ère d'entente et d'association.

L'année 1925 apporta l'évacuation de la Ruhr, l'accord Young, qui diminuait considérablement le poids des réparations, la signature du traité de Locarno par lequel l'Alle-

1. Le traité de Versailles avait attribué à la Pologne une bande de territoire le long de la basse Vistule, allant de la Poznanie à la mer Baltique, avec Bromberg (Bydgoszcz), Thorn (Torún) et le petit port de Gdingen (Gdynia). Ce « couloir » séparait la Prusse-Orientale du reste de l'Allemagne. Aux yeux de l'opinion allemande, c'était là l'un des aspects les plus négatifs et absurdes du *Diktat* allié.

magne acceptait librement, pour rétablir des relations normales avec ses voisins de l'ouest, ce qui lui avait été imposé sept ans auparavant à Versailles. En 1926, s'ensuivit l'entrée de l'Allemagne à la Société des Nations, avec son rang et son honneur (c'est-à-dire avec un poste de secrétaire général adjoint pour l'un de ses ressortissants). Toutes ces étapes portaient la signature de Stresemann qui mena sa politique aussi bien, et avec la même obstination, dans les gouvernements de centre droit entre 1924 et 1928, que sous la conduite du chancelier social-démocrate Hermann Müller – son existence fut une chance et sa mort un désastre pour la République. Ses successeurs n'avaient ni son talent, ni son prestige, et ne suscitèrent pas la même confiance chez leurs interlocuteurs. Ils s'engagèrent dans l'absurde aventure d'une union douanière avec l'Autriche qui ressemblait à une tentative de tourner l'interdiction de l'*Anschluss*. Ils nagèrent ensuite sur les eaux de plus en plus agitées de la crise pour arracher aux Occidentaux la fin des réparations. Mais la grande idée mobilisatrice, la paix à jamais pour une Europe unie, conçue par Briand et dont Stresemann avait perçu l'ampleur, allait sombrer dans l'écroulement de l'économie mondiale.

La culture de Weimar

L'époque de Weimar, dans le domaine de la culture, de l'éducation, des sciences, des arts, par de brusques surgissements et des chutes brutales, est vraiment une « grande époque ». Non pas que l'Empire wilhelmien eût été un temps de censure tatillonne et de répression, mais le respect des valeurs officielles et convenues n'avait alors que rarement besoin d'en appeler à la loi, à la justice et à leurs représentants. L'écroulement des trônes, les terribles pertes de prestige subies par les autorités et par l'autorité, la violence et la contre-violence vécues au quotidien : les barrières qui tombent, celles du dehors et celles du dedans, la république, la démocratie, la découverte des profondeurs de l'inconscient, les bouleversements de la société et de la technique, créent ou dégagent de formidables potentiels de protestations, de refus et de création, et cela non seulement dans le camp du déchaînement, mais aussi chez les défenseurs des ordres traditionnels, des règles et des formes. La contre-révolution a ses génies, aussi bien, ou mal, que la révolution, et beaucoup de penseurs et d'artistes, jeunes et moins jeunes, oscillent entre l'une et l'autre, tour à tour attirés et repoussés par des excès contraires, certes, mais en même temps complémentaires. La provocation, de ce temps, a encore de beaux jours à vivre qui, aujourd'hui, ne fait plus guère froncer les sourcils. Expressionnisme littéraire et pictural, cubisme, musique atonique ou dodécaphonique, dadaïsme, surréalisme, philosophie existentialiste, renaissance religieuse dans des théologies personnalistes soulèvent des adhésions et font naître des aversions passionnées, suscitent des débats interminables. Le film est soudain promu à la dignité d'art, et bientôt d'art suprême, avec des « stars » qui brillent pour les masses et non seulement pour les élites ; le Bauhaus, école d'élaboration d'un style de vie rigoureux et dépouillé, coexiste avec les foisonnements luxuriants et choquants des boîtes de nuit berlinoises. Einstein, sublime Charlot d'une science qui reste une morale, et de véritables cohortes de prix Nobel font briller une gloire pacifique. Beaucoup d'entre eux iront, après 1933, enrichir la culture scientifique américaine. Les réformes scolaires – dont l'orientaliste libéral Carl Heinrich Becker, longtemps ministre de l'Instruction publique en Prusse, laissera se développer la multiplicité expérimentale – sont tendues vers la spontanéité, la confiance dans la moralité innée, dans la capacité inépuisable des talents et génies naguère brisés par les pesanteurs sociales. Le scandale des tabous violés et des fausses autorités dégonflées affole les nostalgiques qui ne rêvent que d'injustices nouvelles, d'interdictions et de proscriptions. La capitale, jusqu'alors tristounette malgré sa prodigieuse croissance, devenait soudain un des hauts lieux de l'événement mondial et mondain, du chic et du dévoilement, où les danses osées ne l'étaient pas moins que les spéculations métaphysiques. Dans ces moments trop courts, Bertolt Brecht côtoie Martin Heidegger, Rainer Maria Rilke voisine avec Schönberg, Murnau et Pabst avec le metteur en scène Max Reinhardt, le poète Hofmannsthal avec l'idéologue Spengler annonciateur de la décadence, Thomas Mann avec Ernst Jünger, l'historienne Ricarda Huch avec le métaphysicien marxiste Ernst Bloch, le peintre expressionniste

Emil Nolde avec le compositeur Kurt Weill. Nous faisons chanter ici ces noms symboliques à cause de leurs différences qui convergent pour caractériser l'époque. Rivale de Paris en plus jeune, plus ardente, Berlin est aux yeux des uns la nouvelle Jérusalem céleste des arts, pour les autres, la nouvelle Sodome de toutes les perditions. Persécutés, exilés (ceux qui partirent tôt ou eurent une chance tardive), massacrés dans les camps de concentration, gazés à Auschwitz, les créateurs et les imitateurs, les purs et les spéculateurs furent nombreux à payer cher ces quelques années d'exaltation. Beaucoup étaient juifs ; les libertés et les licences de l'ère weimarienne achevaient une émancipation qui, parfois, apparaissait à la fois provocatrice et essoufflée, mais qui portait en elle la belle impatience des limites, l'inquiétude devant les menaces, hélas que trop réelles, d'un retour oppressif et hypertrophié de l'ordre. Montrées par dérision dans une ultime exposition vouée à dénoncer l'*art dégénéré*, les œuvres dont les nazis auront pu s'emparer seront vendues, sous le IIIe Reich, contre devises, à des amateurs étrangers.

La crise de l'économie et de l'État

Quand se nouent les cordes de la tragédie, le spectateur, qui connaît l'issue fatale, se surprend à espérer contre toute raison. Déjà, en 1914, si cet empereur un peu trop porté sur la grandiloquence, ce président un peu trop notaire, ce tsar stupide mais brave homme s'étaient soudain réunis entre honnêtes gens pour empêcher le monde de rouler dans l'abîme... Mais, non, encore une fois, dès 1929, les cinq années de calme et de prospérité qui avaient été accordées à la République de Weimar touchent à leur fin. Les responsables sont partout. L'interdépendance des grands centres économiques mondiaux qui est un fait accompli, pourtant visible depuis l'intervention américaine de 1917, n'a encore été véritablement comprise que par quelques observateurs d'exception, hommes de clairvoyance au premier rang desquels figure Jean Monnet. C'est en Amérique que se situe, cette fois-ci, le détonateur : c'est de la « journée noire » de Wall Street, en 1929, que part le chemin qui, dix ans plus tard, conduira Hitler à déclencher la Seconde Guerre mondiale. La fragile détente des années 1924-1929 avait besoin d'une longue période de reconstruction sans crises, comme celle dont la République fédérale put bénéficier après 1950. Elle ne lui fut pas accordée. Tout le monde se laissa surprendre et personne ne sut réagir quand les investisseurs américains commencèrent à retirer leurs capitaux. La prospérité encore mal assurée s'écroula presque d'un seul coup. En quelques mois, les faillites se multiplièrent, le chômage, à peine réduit à son taux de croisière, se mit à grimper de nouveau à des hauteurs vertigineuses. La gauche rêva protection et relance par l'État, la droite déflation et mesures de soutien aux entreprises. Or gauche modérée et droite (pas tellement modérée quand on pense au DVP talonné par les *Deutschnationale*) étaient alors associées au gouvernement, sous un chancelier socialiste nommé en vertu d'une interprétation loyale des résultats de l'élection de 1928 par le vieux maréchal-président conservateur. Avant le début de la crise, alors qu'il n'y avait que très peu de chômeurs, les sociaux-démocrates, fidèles à des promesses électorales, avaient réussi à faire voter une loi instituant l'assurance chômage. Avec la crise, soudainement, les dépenses nécessaires pour tenir cet engagement se démultiplièrent. Les « populistes » crièrent au scandale. Déjà la coalition avait failli éclater sur la question de la construction d'un cuirassé de poche dont la gauche ne voulait pas, bien qu'il fût autorisé par le traité de Versailles, et les ministres sociaux-démocrates avaient laissé leurs députés voter contre le gouvernement présidé par l'un d'entre eux, sans en tirer nulle conséquence. Devant l'exigence de réduire les prestations aux chômeurs, présentée impérieusement par le *Volkspartei*, la coalition éclata.

Le maréchal von Hindenburg n'avait jamais été un grand penseur ni un grand stratège, mais son calme, dû en partie à un manque d'imagination certain, lui avait servi de vertu lors de la bataille de Prusse-Orientale, gagnée en 1914 sur un adversaire supérieur en nombre. Il possédait quelques-unes des qualités typiquement prussiennes, l'amour de l'ordre, le patriotisme, le sens de la discipline, mises en valeur grâce à son association avec le quartier-maître général Ludendorff qui, à sa manière, était un esprit profond, un stratège, un organisateur, et même un politique. A la retraite depuis 1913,

Hindenburg était devenu, grâce à l'intelligence de son second, une sorte de symbole national que l'on vint chercher une seconde fois, onze ans après 1914. L'âge ne l'avait pas rendu plus souple, ni plus perspicace, ni moins égocentrique. L'homme était, en fin de compte, plutôt méchant, proche de ses sous et de ses intérêts, et tout à fait dépourvu de cette loyauté envers les collaborateurs qui est une des vertus essentielles des grands chefs. Monarchiste, cela allait de soi, mais sans attachement véritable à son empereur-roi, qu'il avait connu de trop près, il était résolu à s'en tenir au texte d'une Constitution qui faisait à présent partie de l'ordre établi et qui lui réservait un beau rôle. Hindenburg est à la tête de l'État depuis 1925. En 1930, la fatigue de l'âge devient visible chez le « vieux monsieur » qui n'est lucide que quelques heures par jour et dépend de plus en plus, pour ses décisions, d'une camarilla d'officiers ou d'anciens officiers dont le personnage clé est le général von Schleicher, chef des services centraux de la Reichswehr et, en fait, numéro deux de l'armée, après le chef de la direction de l'armée, le *Chef der Heeresleitung* (tel était le titre étrange, postversaillais, dont on avait affublé le commandant en chef). Par-dessus le ministre, généralement un civil, von Schleicher communiquait directement avec le président, grâce à l'intercession du fils « non prévu par la Constitution », Oskar von Hindenburg, qui avait servi dans le même régiment de la Garde. Un pas-grand-chose dont l'influence fut toutefois déterminante contre les hommes politiques républicains. C'est le « jeune » Hindenburg, également, qui persuada son père d'accepter en hommage – offerte par l'organisation professionnelle des grands propriétaires (qui bénéficiaient d'énormes subventions de l'État sous prétexte d'assurer la germanité des frontières de l'Est ; cela s'appelait *Osthilfe*, aide à l'Est) – une ancienne propriété de famille perdue par ses ancêtres, le domaine de Neudeck. L'*Osthilfe* était un scandale énorme au moment où des millions de chômeurs recevaient dix-huit marks par semaine pour eux et leurs familles, et le maréchal-président en était devenu complice.

Quand le chancelier Müller-Franken lui remit, en 1930, la démission de son gouvernement, constatant l'impossibilité de reconstituer la majorité éclatée ou d'en trouver une autre, le maréchal-président, agissant sous l'influence de sa « cour », décida de nommer un « gouvernement présidentiel », indépendant des combinaisons parlementaires. L'homme qu'on lui conseilla pour conduire cette aventure n'était pas en lui-même un mauvais choix : Heinrich Brüning, catholique fervent, membre du Zentrum bien entendu, était surtout connu comme organisateur et responsable des syndicats chrétiens. Après des études universitaires, cet homme issu de la petite-bourgeoisie avait fait ce qu'on appelait une « belle guerre ». C'était un de ces catholiques grandis après la fin du *Kulturkampf*, hantés par la volonté de prouver que leur patriotisme valait bien celui des protestants.

Les vertus des « soldats du front » inspiraient sa conception de la politique. Solitaire et silencieux, il vivait, célibataire, dans une sorte de pensionnat tenu par des religieuses. Il accepta de former un gouvernement avec des hommes politiques du Zentrum, des démocrates et des populistes, choisis à titre personnel, des transfuges des nationaux-allemands en rupture avec Hugenberg, et de hauts fonctionnaires. Les postes clés de la Défense et de l'Intérieur étaient confiés à l'ancien général Groener qui avait, comme successeur de Ludendorff, mené à bien la redoutable tâche de la démobilisation en 1918, un Wurtembergeois capable, spécialiste des chemins de fer.

Brüning, fort de l'appui du président-maréchal, gouverne par décrets-lois. Craignant que le Reichstag ne refusât de les entériner au bout de la période des pleins pouvoirs que l'article 48 de la Constitution accordait au président, il décida de dissoudre la représentation populaire. Le résultat fut catastrophique : les partis qui soutenaient le chancelier (plutôt mal que bien) ne réunirent pas 35 % des voix. Les petits partis libéraux et conservateurs étaient réduits à la portion congrue (4,5 % pour le DVP, 3,8 % pour les démocrates), le Zentrum et les Bavarois se maintenaient péniblement (14,7 % contre 15,8 % en 1928). Le SPD tombait de 28,7 % à 24,5 %, les nationaux-allemands de 14,2 % à 7 %. Les vainqueurs, incontestablement, c'étaient les hitlériens, passant de 2,6 % en 1928 à 18,3 %, et de 12 députés à 107. Les communistes aussi progressaient sensiblement, mais d'une manière moins impressionnante, de 10,6 % à 13,1 %.

Près d'un tiers des électeurs avaient donc voté pour les extrêmes.

Les nazis vinrent en uniforme brun occuper leurs sièges au Reichstag ; que restait-il à faire aux sociaux-démocrates, sinon de soutenir Brüning, ou du moins de le laisser agir. Le syndicaliste ascète était convaincu des mérites de la déflation. Tout le monde devait se serrer la ceinture ; augmentations d'impôts, réductions des rémunérations des fonctionnaires et des allocations sociales furent le sort commun. Dans la rue, nazis, communistes et policiers se livrèrent de véritables batailles ; les assassinats politiques se multiplièrent. Groener, qui avait le sens de l'ordre public, imposa l'interdiction des milices en uniformes, c'est-à-dire, avant tout, l'interdiction des SA et SS hitlériens. L'indignation, à droite, n'eut plus de bornes. En 1931, à Bad Harzburg, Hitler, Hugenberg et les dirigeants de l'organisation nationaliste d'anciens combattants le Casque d'acier (*Stahlhelm*) s'unirent pour une alliance offensive. Au centre et même au Zentrum, on commençait à se demander si, après tout, il ne serait pas possible de capter l'énergie des jeunes troupes nazies et le talent de propagandiste de leur chef, en les noyant dans un gouvernement de coalition : mais à chaque contact, Hitler terrifiait ses interlocuteurs par ses discours menaçants et par ses exigences insensées. A l'extérieur, cependant, Brüning, sérieux et mesuré, poursuivant la politique de Stresemann, connut des succès. Quand il fut renvoyé, il était en train d'obtenir la suppression presque totale des réparations. Son ministre des Affaires étrangères, Curtius, eut moins de chance, avec une étrange tentative d'union douanière avec l'Autriche qui ne servit qu'à ressusciter les fantômes de l'*Anschluss* et la méfiance française. La visite à Berlin du président du Conseil Pierre Laval et d'Aristide Briand, événement majeur en soi, vint trop tard : Stresemann était mort et Briand allait mourir. De toute façon, l'attention publique se concentrait maintenant sur des problèmes très différents. Malgré les mesures déflationnistes, le marasme de l'économie s'accentuait et le chômage progressait toujours. Les jeunes sans travail, désespérés, et même beaucoup d'ouvriers adultes, ralliaient les rangs des partis extrémistes. Au printemps de 1932, le septennat du maréchal prenait fin ; Hitler venait d'acquérir la nationalité allemande, ayant été nommé fonctionnaire d'État par le gouvernement nazi du minuscule Land de Brunswick. Il allait être candidat ; qui pouvait lui résister, le vaincre, sinon le vieux soldat lui-même ? Dans le combat du maréchal et du caporal, l'issue ne pouvait faire de doute. Il fallait donc convaincre le vieux président de se représenter, ce qui ne fut pas trop difficile, mais comme candidat des républicains, contre la droite et l'extrême droite, et cela le fut davantage. Il fallait aussi persuader les républicains, et avant tout les sociaux-démocrates, de voter pour le vieux symbole de la réaction. Avec beaucoup d'habileté, Brüning mena à bon terme cette entreprise aux pièges multiples. Hindenburg l'emporta certes, mais Hitler réunit sur son nom les votes de 13,4 millions d'électeurs ! Humiliation suprême : ses amis nationaux-allemands avaient lâché le maréchal, compromis à leurs yeux par le ralliement des sociaux-démocrates, et avaient présenté la candidature d'un des dirigeants du Stahlhelm. Cette conjonction déplut fortement à l'entourage présidentiel. D'une part, Brüning voulait s'attaquer aux scandales de l'*Osthilfe*, et, d'autre part, Schleicher et ses amis entendaient imposer une réforme de la Constitution dans un sens autoritaire. D'autres conseillers continuèrent à penser qu'une fois associés au pouvoir les nazis abandonneraient leur radicalisme, alors que leur dynamisme serait utile pour imposer, à l'intérieur comme à l'extérieur, l'autorité du nouveau régime. Hindenburg, à peine réinstallé, remercia donc Brüning et confia la chancellerie à un quasi-inconnu, Franz von Papen, député du Zentrum à la diète de Prusse (il appartenait au sein du parti catholique à une aile nationaliste et réactionnaire – notamment sur le plan social, car il était, par sa femme, cohéritier d'importantes aciéries dans la Sarre). Mais von Papen, surtout, était un ancien officier de carrière, camarade de régiment lui aussi de Schleicher et d'Oskar Hindenburg et membre d'un « club » élitiste, le *Herrenklub* (Club des seigneurs). La première mesure du nouveau cabinet, composé en majorité de nobles, fut de lever l'interdiction des SA.

Le caporal bohémien et les frustrations des Allemands d'Autriche

Redouté, redoutable, vulgaire, hystérique, farouche, doté d'un étrange pouvoir de séduction, mèche noire tombant sur l'œil droit, voici donc Adolf Hitler, conseiller ministériel au ministère de l'Intérieur de Brunswick, fils d'un douanier autrichien de Braunau, au nord de Salzbourg, peintre sans génie, pensionnaire d'asile de nuit, soldat discipliné et de vocation, orateur-né, autodidacte de culture intermittente, fanatiquement attaché à des idées simples et agressives, dont la plus ancienne et la plus virulente est la haine des juifs : le « caporal bohémien », comme l'appelait du haut de son mépris de général prussien le maréchal-président. Certes, il ne ressemblait pas à l'archétype de l'aryen blond, ce prétendant au pouvoir qu'on pouvait prendre facilement pour la caricature de sa propre caricature, inventée et mise en scène par Charlot. Il est difficile de trouver dans l'histoire des sujets de comparaison, ce serait faire injure à Napoléon ou à Cromwell que de les placer sur le même plan. A la rigueur peut-on la risquer avec ce qu'il y a de plus sombre dans l'histoire des révolutions, avec un Jean-Baptiste Carrier dit le Carrier des noyades, par exemple, mais ce n'était là qu'un petit personnage. Dans Hitler, ce qui fascine, c'est le pouvoir du mal à l'état nu, l'homme disparaissant derrière sa fonction historique, l'individu dérisoire sans véritable vie personnelle, étrangement inconsistant quand la rage de destruction et de mort n'en faisait pas un prodigieux conducteur d'un courant venu d'ailleurs. Un historien, qui s'était longtemps intéressé à ce personnage couleur de sang et d'ombre, s'écria un jour dans une réunion très positiviste : « Je dénie le droit de parler d'Hitler à qui ne croit pas à l'existence du diable. » Hitler ou l'incarnation du mal dans une « pureté » à couper le souffle, une pureté irrespirable comme l'air de ce qui deviendra le symbole de son règne : la chambre à gaz.

Il ne siège pas au Reichstag. Il parcourt l'Allemagne, rassemblant des foules énormes dans des meetings qui, de plus en plus, ressemblent aux pèlerinages d'un culte extatique. Pour une partie sans cesse croissante d'un peuple désespéré, ou se croyant en quelque sorte tenu à désespérer, il est le recours, le sauveur qui renversera les lois du destin et conduira son peuple vers des bonheurs ineffables. Pendant ce temps, ses lieutenants provoquent et menacent, et la soldatesque brune frappe et tue. Dans des conditions de cruauté indescriptibles, des SA ont littéralement déchiqueté des ouvriers communistes. Cela se passa en Silésie. Ils furent condamnés et Hitler leur envoya un télégramme de soutien.

D'où vient-il ? En dehors de son « équation personnelle », on ne peut plus banale, il faut voir en lui l'expression extrême d'un des grands courants qui se sont formés après 1866 parmi les Allemands d'Autriche. Des traumatismes déjà anciens continuent sans doute à travailler ces populations qui, presque complètement passées au luthéranisme, furent ramenées de force à la foi romaine par les Habsbourg de la Contre-Réforme. Pour venir à bout de toutes les résistances, il fallait à ces princes niveler les structures auxquelles le refus populaire pouvait s'accrocher : la noblesse et les villes perdirent leurs privilèges politiques, la monarchie absolue s'installa dans les duchés et royaumes, servie par une administration fidèle, efficace et tatillonne. Ensuite, la modernisation religieuse fut décrétée d'en haut par Joseph II, entre 1780 et 1790, comme le fut la lutte antirévolutionnaire par son neveu François II après 1792. Répression et immobilisme furent les traits majeurs du long ministère de Metternich, de 1809 à 1848. Pendant ce temps, non moins réactionnaire, sur le plan politique, le pouvoir monarchique en Prusse tablait tout de même sur le progrès économique, la banque, le chemin de fer, l'industrie et organisa le *Zollverein*, l'union économique allemande, en excluant l'Autriche. Sauf en Hongrie et en Italie du Nord, l'allemand était la langue de l'administration et du commandement, ce qui conférait aux sujets de langue allemande des avantages certains, alors que l'autogermanisation séduisait une partie importante des élites des autres ethnies. Cependant, signe éloquent, par rapport à l'Allemagne du Nord, les contrées germanophones de l'Autriche sont, au XIXe siècle, beaucoup moins fécondes. Entre 1800 et 1850, la population augmente de 115 %

en Prusse-Occidentale (la région de Danzig) et de 26 % au Tyrol.

1848 marque, pour les Allemands d'Autriche, le réveil d'une longue apathie et l'échec sanglant d'une tentative d'autonomisation. Nulle part les combats de rue ne furent plus sanglants et cruels qu'à Vienne, où bourgeois, étudiants, prolétaires livrèrent une longue bataille aux troupes croates, italiennes et tchèques du maréchal von Windischgraetz. La répression, dure, cruelle, méchante, laissa des souvenirs inguérissables qui expliquent en partie l'intensité des haines partisanes qui désolèrent la petite Autriche entre 1918 et 1938 et dont les conséquences ultimes n'ont toujours pas disparu à la fin du XXe siècle. Ayant triomphé de tous les soulèvements, parmi les Allemands aussi bien que chez les autres nationalités, ayant même reconquis la Hongrie et cassé la Constitution du royaume de Saint-Étienne, le pouvoir central viennois rétablit la monarchie absolue qui, plus que jamais, privilégie les Allemands et leur langue. La défaite de 1866 – grâce à la modération de Bismarck, convaincu que l'équilibre européen a besoin d'une Autriche solide – exclut la monarchie habsbourgeoise des affaires allemandes mais, du même coup, les quelque quinze millions d'Allemands des pays alpestres et de la Bohême (avec ses annexes, la Moravie et la Silésie autrichienne) se trouvent exclus des exaltations nationales qui accompagnent la naissance du nouveau Reich. Somme inépuisable de frustrations : l'Allemagne bismarckienne est au zénith de la puissance et de la gloire, tandis que l'Empire autrichien paraît voué à la décadence. La défaite devant la Prusse a obligé le pouvoir viennois à transiger avec la résistance hongroise qui, de plus en plus unanime, réclame le rétablissement de l'État magyar. Le compromis de 1867 donne satisfaction à l'aristocratie hongroise qui, en échange, reconnaît la légitimité de la royauté habsbourgeoise ; mais dans la moitié magyare de la double monarchie c'en est fini des privilèges de l'allemand, langue d'État, et de l'ethnie allemande. Du même coup, les exigences des autres nationalités se font plus pressantes, notamment dans les régions restées « autrichiennes » où cohabitent Allemands et allogènes : Italiens au Tyrol, Slovènes en Carniole, Carinthie et Styrie, Tchèques surtout en Bohême et Moravie, et jusqu'aux Roumains et Ruthènes de Bucovine. Mais alors que les Magyars opposent un refus obstiné et total aux revendications des autres nationalités dans leur royaume (même les privilèges politiques des « Saxons » de Transylvanie datant du XIIIe siècle seront supprimés [1]), le gouvernement de Vienne, une fois le système parlementaire rétabli, se trouvera sans cesse en proie aux revendications et contre-revendications, tantôt enclin à faire des concessions aux Slaves, tantôt immobilisé par l'indignation des Allemands qui voient leur situation hégémonique de plus en plus menacée. Si l'on jette un coup d'œil simplificateur sur la période 1870-1914, on y voit les Allemands d'Autriche continuellement sur la défensive ; c'est alors, au début de cette période, que commence à se développer parmi eux une mentalité de race supérieure assiégée.

Malgré les efforts vigoureux et souvent efficaces des gouvernements du centralisme rétabli (1850-1865), l'essor du capitalisme a pris du retard en Autriche. Certes, Vienne est une des places fortes de la finance européenne, et autour de Vienne, en Bohême septentrionale et en Italie du Nord (qui a fait partie de la monarchie jusqu'à la perte de la Lombardie en 1859 et de la Vénétie en 1866), des pôles d'industrialisation intense se sont formés. Mais, dans l'ensemble, l'Autriche ne soutient pas la comparaison avec l'Allemagne et, à plus forte raison, avec les puissances occidentales. Si la bourgeoisie est relativement et historiquement faible, sa force politique représentative, le libéralisme l'est aussi ; d'autant plus que commencent à jouer, là aussi, les antagonismes entre nationalités (conflits entre bourgeoisies allemande et tchèque à Prague, par exemple, autour de la création d'une université tchèque). Le libéralisme allemand n'est une force déterminante dans le jeu politique autrichien que pendant les années 1870, notamment sous le gouvernement du prince Carlos Auersperg. L'essor du capitalisme bourgeois autrichien a été à nouveau fortement freiné, sinon brisé, par la crise boursière de 1873 qui, en ruinant quantité de petits por-

1. L'aristocratie magyare s'oppose naturellement aussi à l'introduction du suffrage universel. En dehors des banquiers et des grands industriels et commerçants, des hauts fonctionnaires et des universitaires, tous les non-nobles, même magyars, restent exclus du pouvoir politique.

teurs, a semé consternation et méfiance dans les rangs de la bourgeoisie. A peu près à la même époque commence à s'intensifier le mouvement d'émancipation parmi les juifs des régions orientales et septentrionales de la monarchie (Galicie, pays tchèque, Slovaquie hongroise) et l'afflux des israélites dans les grandes villes, en particulier à Vienne. Une formidable concurrence surgit ainsi pour les petits commerçants et artisans des métropoles, allemands d'origine ou germanisés, qui réagissent par des manifestations agressives d'antisémitisme, en quelque sorte viscéral, non théorisé. A un autre étage de la société, au niveau des professions libérales, un phénomène semblable se produit en même temps : les universités d'abord, puis le barreau et le corps médical voient s'élargir sans cesse le pourcentage de juifs poursuivant ces études ou exerçant ces professions, d'autant plus nombreux à s'engager dans cette voie que les fonctions publiques leur sont encore fermées. L'action de ces divers facteurs accélère chez les Allemands d'Autriche le processus qui se fait également sentir, mais à un rythme moins précipité, dans le Reich bismarckien, et par lequel le libéralisme devient de plus en plus nationaliste et de moins en moins libéral au sens occidental du terme [1]. La nationalisation du libéralisme bourgeois est particulièrement forte dans les universités, chez les professeurs comme chez les étudiants, alors que dans les petites classes moyennes, artisans et commerçants, se développe un antisémitisme chrétien-social et antilibéral. Les ouvriers, enfin, sont de plus en plus nombreux dans les années 1880 à s'engager dans la voie sociale-démocrate. Ceux des Allemands qui ne sont pas monarchistes conservateurs, ni chrétiens-sociaux, ni sociaux-démocrates seront fortement attirés par une idéologie nationaliste, antiromaine et antihabsbourgeoise, qui rêve de revenir sur l'exclusion de 1866 en rentrant dans le Reich, tout en rétablissant l'hégémonie allemande sur les autres nationalités de l'Autriche voire de toute l'Europe centrale. Trois hommes, à peu près du même âge et associés dans les rangs libéraux au

1. A l'exception toutefois du libéralisme de gauche, du « progressisme », qui reste influent dans l'Allemagne bismarckienne et wilhelmienne, alors qu'il n'a eu que peu de poids parmi les Allemands d'Autriche.

début de leur carrière, vont symboliser les grands courants politiques qui se forment alors parmi les Allemands d'Autriche : le docteur Victor Adler, jeune médecin juif qui, chef incontesté des sociaux-démocrates autrichiens, sera un des grands patrons de la IIe Internationale ; le docteur Karl Lueger, fils de petits artisans, catholique fervent et disciple du baron Vogelsang qui fut un théoricien du catholicisme social, tribun éloquent qui rassemble les masses petites-bourgeoises de la capitale à l'aide de slogans antisémites et anticapitalistes ; le « chevalier » Georg von Schönerer qui poussera à des positions extrêmes, jusqu'alors réservées à des déséquilibrés, les passions nationalistes, impérialistes et racistes. Adler et Lueger sont les créateurs de deux grands partis de masse dont la force se révélera en 1907, lors de l'introduction du suffrage universel direct dans la partie autrichienne de la Double Monarchie et qui, avec des noms changés, dominent aujourd'hui encore la vie politique autrichienne[1]. Schönerer, dont le radicalisme effraie les bourgeoisies établies, aura surtout une influence idéologique, intellectuelle et « morale », notamment en milieu universitaire. Militant d'un pangermanisme exalté, c'est un des ancêtres directs des théories hitlériennes. Antislave, antiromain, Schönerer ne pouvait qu'être violemment antihabsbourgeois. L'empereur, certes, avait toujours voulu être un prince allemand comme ses ancêtres, mais il tenait en même temps à être le père de tous ses peuples, sans en favoriser un seul. Roi apostolique de Hongrie et successeur de Constantin, de Charlemagne et de Charles Quint, il ne concevait pas sa fonction en dehors des structures de la sainte Église romaine. Cette façon de définir la mission de la nation allemande comme porteuse de l'idée de chrétienté, supranationale et universaliste, était évidemment insupportable aux pangermanistes racistes. Aussi bien, Hitler haïssait-il l'Église tout en l'admirant et en préparant une confrontation finale après la fin victorieuse de *sa* guerre. Dans la Vienne du début du siècle – où le jeune Hitler tente de gagner sa vie comme dessinateur et comme peintre tout en manifestant déjà une violente hostilité au mouvement

---

1. SPÖ (*Sozialistische Partei Österreichs*) pour les sociaux-démocrates, et ÖVP (*Osterreichische Volkspartei*) pour les chrétiens-sociaux.

ouvrier (« encadré » par les juifs), alors que lui, sous-prolétaire de fait, ne veut surtout pas déchoir « officiellement » au rang de prolétaire –, Karl Lueger est un chef vénéré par le petit peuple des artisans et des boutiquiers, maire très efficace de la grande ville, alors que l'enseignement de Schönerer progresse dans les facultés. La *Weltanschauung* (conception du monde) d'Adolf Hitler est née de la « contemplation » du monde viennois ; elle combinera la conception du chef charismatique représenté par Lueger avec l'idéologie raciste, anticatholique et pangermaniste de Schönerer. La « troisième force politique autrichienne » continue, encore de nos jours, à se maintenir sur une ligne nationale-allemande, tout en persistant à s'appeler « libérale ». Sa pénétration dans les zones territoriales ou sociales où dominaient jusqu'à présent les chrétiens-sociaux de l'ÖVP révèle une fois de plus la force des traditions politiques, en Autriche comme ailleurs.

Quand on se penche sur la suite de la carrière d'Adolf Hitler, cette éducation politique viennoise ne devrait jamais être sous-estimée, malgré (ou à cause de) la haine que le Führer a toujours manifestée à l'égard de l'ancienne capitale des Habsbourg où il vécut des années de malheur et de mépris. Certes, l'apparition du bolchevisme, forme suprême du « marxisme juif », frappera profondément l'esprit d'Hitler, mais tout ce qui se passait alors en Russie et en Allemagne, les grandes tentatives révolutionnaires réussies ou menées à l'échec, ne fait que confirmer les leçons apprises en Autriche. On peut se demander si ce caractère extrême – voire étranger – et mystérieux n'a pas contribué à créer autour d'Hitler une aura d'adhésion passionnelle. La passion n'aime pas les Lumières.

La fin de Weimar

L'expérience von Papen pouvait à la rigueur avoir un sens si elle aboutissait à une réforme constitutionnelle majeure, au rétablissement de la monarchie ou, tout au moins, à l'institution d'une présidence conduisant effectivement les affaires du pays, le Parlement se bornant à voter les lois et à contrôler l'exécutif qui ne dépendrait plus de lui, une sorte de Cinquième République. Or il n'en fut rien. En un premier temps, von Papen parut justifier les espoirs mis en lui par la droite autoritaire : en Prusse, des élections avaient créé l'impasse, le gouvernement du social-démocrate Braun ne disposait plus d'une majorité, mais la majorité théoriquement possible, composée des nazis du NSDAP et des communistes du KPD, était impensable. Braun, depuis des mois, expédiait donc les « affaires courantes ». Cette situation, en se prolongeant, devenait difficile à maîtriser, mais des élections anticipées risquaient de renforcer encore les extrêmes. Von Papen crut pouvoir éliminer la question en déposant *manu militari* le gouvernement prussien qui fut remplacé par des commissaires du Reich. Braun se pourvut devant le tribunal d'Empire mais ne voulut pas employer la force pour défendre un gouvernement déjà démissionnaire depuis de longues semaines. Cependant, alors que le chômage continuait de croître et qu'Hitler appelait ses partisans à un dernier effort décisif, von Papen n'avait pour le soutenir au Reichstag que les députés du groupe national-allemand, le DNVP, le parti de Hugenberg, quelque 50 élus sur plus de 600 ! Il obtint facilement du maréchal le décret de dissolution que celui-ci avait refusé à Brüning. Le résultat fut désastreux : le 31 juillet, les nationaux-allemands se retrouvaient avec 5,9 % des voix contre 7 % en 1930, alors que les nazis passaient de 18,2 % à 37,2 % des voix ; leur groupe, au lieu de 107, comptait maintenant 230 députés. A la séance constitutive, Göring, le premier lieutenant d'Hitler, ancien as de la guerre aérienne, opiomane ambitieux, fut élu président. Il présida en chemise brune.

Cherchant toujours à obtenir un compromis, auquel Brüning lui aussi avait songé, qui devait associer les nazis au pouvoir sans le leur livrer, von Papen reprit les négociations avec les émissaires d'Hitler, qui l'effrayèrent par leurs exigences. Dans le pays, l'agitation s'accrut. Une grande partie des opérateurs de la vie économique s'alarmaient de l'anarchie montante. Certains d'entre eux cherchaient déjà l'occasion de s'assurer la bienveillance du candidat Hitler. Depuis longtemps, pratiquement depuis les origines de Weimar, une grande partie du patronat, fidèle à l'esprit de la Ligue contre la social-démocratie d'avant la guerre de 1914, voulait en finir avec le pouvoir direct ou indirect des socialistes et surtout avec les syndicats qui, appuyés sur les députés sociaux-démocrates, « se mêlaient de tout dans l'entreprise et dressaient les ouvriers contre leurs patrons ». Les industriels voulaient redevenir comme avant 1914 et, mieux encore, maîtres dans leur propre maison. Tous ces mécontents comptaient sur le maréchal et ses ministres pour sauver l'essentiel et rétablir un État fort. Hitler leur promettait de les débarrasser de la vermine syndicale. Mais von Papen n'avait pas été nommé pour mener la guerre contre le syndicalisme ni pour livrer l'État à Hitler. Pour profiter des sympathies que son action (y compris le succès dans la négociation avec les Alliés sur les réparations où il engrangea l'accord préparé par Brüning) et une première lente réduction du chômage pouvaient lui procurer, il obtint alors du maréchal un second décret de dissolution. Le résultat ne fut pas entièrement décourageant, mais encore très insuffisant : les nationaux-allemands gagnaient 1,3 % des voix et 15 sièges (passant de 37 à 52), les nazis perdaient 4,2 % et 34 sièges (196 au lieu de 230), mais les « partis de Weimar », Zentrum et SPD, accusaient de légères pertes (moins 5 sièges chez les premiers, et moins 12 chez les seconds). Les communistes, en revanche, avaient 100 sièges (plus 11) et 16,8 % des voix, se rapprochant dangereusement du taux de la gauche modérée sociale-démocrate. L'insuccès relatif de von Papen força l'inspirateur à sortir de l'ombre. Déjà ministre de la Reichswehr depuis la chute de Brüning, von Schleicher se fit nommer chancelier. Personnage étrange qui exerçait sur ceux qu'il fréquentait une très forte attraction, il avait toujours préféré l'intrigue secrète à la lumière du grand jour politique. Beaucoup plus intelligent que la plupart de ses collègues, von Schleicher n'était certes pas un démocrate mais comprenait qu'on ne reviendrait jamais à la monarchie d'avant 1914. Le caractère de bateleur de foire du prétendant nazi faisait horreur à ce militaire féru de discrétion. Installé au pouvoir, il tenta un jeu audacieux : diviser les nazis en attirant dans une grande politique nationale et sociale ceux d'entre eux qui commençaient à douter de la fortune d'Hitler. Gregor Strasser jouissait d'un réel prestige dans certains milieux ouvriers et avait toujours pris au sérieux le terme « socialiste » dans le nom des nationaux-socialistes (son frère Otto avait quitté le NSDAP dès 1930 pour créer une organisation rivale, le Front noir). Il répondit positivement aux avances de von Schleicher. Celui-ci se retourna, alors, vers les syndicats, chrétiens et socialistes, pour les entraîner, en dehors des partis, dans une sorte de dictature du socialisme national. Les responsables syndicalistes hésitèrent pour la plupart : mais chez les dirigeants du SPD on était violemment dressé contre le projet Schleicher. En fin de compte, les chefs de l'ADGB (syndicats socialistes) se dérobèrent, tandis que Strasser se trouvait isolé dans le Parti nazi, Hitler ayant réussi à redresser sa situation. Von Schleicher, alors, demanda à son tour au président le décret de dissolution, avec la perspective de renvoyer éventuellement les élections au-delà du terme légal. Mais, entre-temps, furieux d'être écarté, von Papen s'était rapproché d'Hitler par l'intermédiaire d'un banquier de Cologne qui souhaitait l'entrée des nazis dans un gouvernement de coalition. Von Papen fit savoir à Hindenburg qu'Hitler se contenterait d'un petit nombre de portefeuilles ministériels, laissant la majorité aux conservateurs. Hindenburg, dès lors, refusa de suivre Schleicher dans une voie que lui-même, ou son entourage, jugeait trop hasardeuse. Nommé le 3 décembre, Schleicher démissionna le 28 janvier. Le lendemain, le maréchal fit appeler Hitler. Le cabinet fut conforme aux promesses : deux ministres nazis seulement (à côté du chancelier), Frick à l'Intérieur et Göring (qui devint en même temps ministre de l'Intérieur à titre intérimaire en Prusse, et, par là, chef de la police avant de devenir président du gouvernement de Prusse). Von Papen était vice-chancelier, les autres ministres appartenaient au DNVP, comme Hugenberg lui-même, ou étaient des conservateurs sans parti. Mais le soir, devant la chancellerie dans la *Wilhelmstrasse* où se trouvait le palais présidentiel, défilèrent des centaines de milliers de partisans enthousiastes, munis de flambeaux. Non inscrite dans l'accord passé avec Hindenburg, la « révolution nationale » commençait dans la rue.

CHAPITRE XIX

Le Reich d'Adolf Hitler

A travers l'abondance inépuisable des documents et des récits, des études et des actes d'accusation, le Troisième Reich reste mystérieux dans une part importante de sa réalité. Pour parler de cette époque à la fois terrifiante et banale, il faut une nouvelle disposition d'esprit, une autre manière de saisir les faits et les personnages, comme si, de l'histoire d'un État et d'une société modernes, nous étions brusquement ramenés à la cour de Tibère ou de Caligula où les humeurs du prince et les intrigues des courtisans remplacent les institutions. Au fur et à mesure que l'on progresse dans l'histoire du Reich hitlérien, la liquidation – ou plutôt la liquéfaction – de l'État et de la loi devient de plus en plus évidente, s'impose de plus en plus comme l'évolution dominante. Un empire immense sans institutions fixes, sans lois publiques devient de plus en plus insaisissable. Nous pénétrons dans une matière encore chaude et proche, dont nous fûmes petitement spectateurs, et même acteurs, et le sol se dérobe sous notre recherche. Le Troisième Reich n'est pas un État comme les autres ; même l'Union soviétique, au plus fort de la terreur stalinienne, n'a pas connu une éclipse aussi totale des institutions, me semble-t-il. Les dernières années de l'Allemagne hitlérienne font apparaître, se substituant au gouvernement, aux administrations, aux structures économiques – mais pas systématiquement ni d'un même pas –, des phénomènes de créativité cancéreuse.

Ce phénomène prodigieux – que l'on saisit surtout dans les Mémoires traitant de l'époque de la guerre mais qui s'aperçut déjà très nettement lors de l'affaire des SA et de l'exécution de Röhm, en juin 1934, ou pendant la crise Blomberg-Fritsch, en 1938 – apparaît essentiellement et même exclusivement lié à la personne du Führer, dont le système de gouvernement se faisait intuitivement, car il n'y a pas là-dessus de formulation idéologique, de plus en plus anti-institutionnel. De la lutte de tous contre tous, l'arbitrage du Führer devait faire sortir la décision. Une société, quelle qu'elle soit, est toujours difficile à décrire, mais dans une société où les règles sont de moins en moins connues, où les autorités sont de plus en plus nombreuses et aux compétences incertaines, l'historien rencontre des difficultés inhabituelles : un État autoritaire monarchique est évidemment un objet complexe. Pour quelles raisons, Hitler, qui adorait la chose militaire et qui avait été un soldat discipliné, s'est-il engagé d'une façon progressive dans un démantèlement de l'ordre établi dont la reconstruction avait été pourtant une des propositions les plus populaires de son programme avant la prise du pouvoir ? Peut-être y avait-il chez lui une profonde et viscérale haine de toutes les hiérarchies, de tout ce qui l'avait heurté, repoussé et humilié dans son adolescence, dans sa vie d'artiste peu éduqué et sans succès ; haine des formes et cérémonies, des traditions, des héritages et des héritiers ; haine des lois qui émanaient d'autorités qu'il détestait, qu'il voulait débusquer et détruire ? Le gigantesque malentendu fut qu'Hitler apparaissait aux masses comme un consolidateur, alors qu'il était un destructeur, comme un homme de l'ordre alors qu'il était une sorte d'anarchiste. Mais le vrai nihilisme appartenait, aux yeux de l'opinion et des spécialistes, au monde de la gauche, le nihiliste était un libertaire qui aspirait à un monde d'harmonie, alors qu'Hitler rêvait de convulsions tragiques. Sans doute, sa vérité apparaît-elle dans sa fin, dans cette sorte d'adhésion presque muette à l'écroulement de son univers. La vieille relation inavouée du nihilisme avec le Mal, par-delà les espérances d'un monde sans maîtres ni lois, qui était l'idéal, en quelque sorte officiel, du nihilisme de gauche, trouve en Hitler son accomplissement. Sans doute était-ce là un fondement ultime qu'il ignorait lui-même, ou qu'il n'était ni désireux, ni capable de formuler, sinon dans les menaces obscures qu'il fulminait contre le peuple allemand si celui-ci devait, par malheur, se montrer indigne de son Führer. Dans la mesure où cette approche est correcte, Hitler doit être vu comme un phénomène à part, différent du national-socialisme, bien qu'il ait rencontré, suscité ou éveillé parmi ses fidèles le même goût de la destruction et de la mort, de la cruauté comme fin en soi. C'est pourquoi l'opinion adverse n'a pas tort qui fait des camps de concentration le témoin de vérité par excellence de l'hitlérisme. Et sont sur la voie de la vérité également ceux qui dans le fait connu du totalitarisme notent l'importance de la différence des idéologies, même quand celles-ci ne sont plus que des prétextes, des peaux vidées de leur ancienne substance : les références officiellement affichées du communisme restent, même chez Staline, l'épanouissement des personnes dans une liberté harmonieuse, alors que le national-socialisme ne propose à sa race élue que le pouvoir pour le pouvoir, la puissance pour la puissance, la domination comme source d'une joie homicide, non la fin des querelles mais la perpétuation de la querelle qui permet aux forts d'écraser les faibles parce que c'est pour cela qu'ils sont là. Cette idéologie de fauves, et de fauves qui rationalisent en quelque sorte leur bestialité, est ce qui rattache quand même le national-socialisme véritable à son Führer, mais certes pas les millions d'électeurs qui, en 1932-1933, lui ont ouvert le chemin du pouvoir. Il y a en réalité, sans que la ligne de partage soit nette, un national-socialisme public et une contre-Église secrète avec sa contre-religion dissimulée et les grandes actions qui en dérivent. Le grand public, le peuple qui a élu Hitler et les siens, n'est pas mûr pour les grands desseins : d'où vient cette farouche volonté de secret qui entoure d'abord ce qui se passe dans les camps de concentration, ensuite l'action d'élimination des malades mentaux et des handicapés et surtout la « solution finale » de la question juive ? Le secret, ici, n'est pas seulement opérationnel, utile, il appartient à la nature même de la *Weltanschauung* hitlérienne. Sous la doctrine officielle, formulée dans *Mein Kampf* et le programme du NSDAP, se cache, informulée et exprimée seulement à l'occasion, le plus souvent par Himmler, l'idéologie secrète de la damnation nihiliste qui s'affiche, pour qui veut recevoir et reconnaître le message, dans la tête de mort, l'emblème des SS. Pour la masse des électeurs et des membres du parti, pour la masse des ressortissants du Troisième Reich, le national-socialisme est le continuateur et l'héritier de l'esprit prussien du Reich bismarckien, de l'armée de Frédéric II et d'Hindenburg, un parti national-conservateur et néanmoins social qui veut à la fois consolider les hiérarchies et les vivifier en limitant leur caractère héréditaire. Hitler joue le rôle d'un continuateur alors qu'il se sait et se veut homme de rupture et révolutionnaire. Ce mensonge continue à agir dans le souvenir que les Allemands ont d'Hitler et de son Reich : la résorption du chômage, la construction des autoroutes, le rétablissement du prestige international de l'Allemagne, la révision du traité injuste de Versailles – tout cela peut encore facilement rencontrer l'approbation d'un public d'Allemands moyens qui refoule vers les bords du tableau ce qui en est le véritable sujet : la terreur, la domination, l'exploitation, l'extermination. A plus forte raison, le noyau dur n'était-il pas perçu clairement dans son intégralité par la plupart, à l'époque même où le régime interdisait la curiosité et brouillait l'information, alors que d'un autre côté bien peu nombreux étaient ceux qui pouvaient affirmer qu'ils n'avaient jamais deviné ou soupçonné, plus ou moins clairement, l'existence de domaines interdits.

La manière dont les masses allemandes ont adhéré à ce qu'on leur présentait sous le nom de « révolution nationale », de « *Weltanschauung* nationale-socialiste », de « Reich grand-allemand », la manière dont elles ont investi dans le personnage du Führer Adolf Hitler une confiance quasi messianique – alors qu'aux élections du 5 mars 1933, plus d'un mois après l'arrivée au pouvoir d'Hitler, les nazis ont été incapables de réunir une majorité, ayant dû se contenter de 43,9 % des voix, malgré la terreur qui sévissait depuis des semaines – est un phénomène auquel les historiens n'ont pas fini de réfléchir ; il est lié à la prodigieuse capacité d'effort, de travail, de discipline, d'obéissance, de résignation, de fatalisme et d'exaltation de ce peuple qui a permis au Reich hitlérien de soutenir une guerre atroce pendant six ans et de frôler plus d'une fois une victoire décisive. Il y a à cela des explications en grand nombre, des explications à tout, et aucune n'est définitivement satisfaisante. Il reste cette exclamation du général de Gaulle, visitant en 1944 le champ de bataille de Stalingrad : « Quel grand peuple ! Dire qu'ils sont venus jusqu'ici. » De quel prodigieux élan le peuple allemand n'eût-il pas été capable sans ce guide infernal ? Mais qui reconnaîtrait dans les Français d'aujourd'hui le peuple qui fut capable de conquérir l'Europe, à pied, jusqu'aux portes de Moscou, jusqu'à l'Èbre, de Hambourg à Reggio de Calabre ? Ne comparons pas les causes ou les idéologies. Constatons seulement qu'à certains moments, éveillés et excités par une confluence extraordinaire de forces mobilisantes, des peuples se lancent dans des entreprises immenses, exaltantes et condamnées à échouer.

Adolf Hitler, le 31 janvier 1933, est appelé au pouvoir, en toute légalité et légitimité, par le président du Reich. Il accède au pouvoir. En même temps commence à travers l'Allemagne une prise de pouvoir violente par le Parti nazi et ses organisations paramilitaires, les SA et SS. Ce double caractère, tantôt contradictoire et tantôt complémentaire, de la « révolution nationale » ne facilite pas l'intelligence des événements. La plupart des habitants du pays ont vécu les premiers mois du Troisième Reich dans une tranquillité entière, s'habituant peu à peu à des changements qui, se produisant progressivement, n'étaient pas perçus comme révolutionnaires. Même la plupart des quelque 600 000 juifs qui vivaient alors sur le territoire allemand ne subirent pas immédiatement les conséquences de la victoire de leur ennemi mortel. Les dirigeants conservateurs, qui, à la fin, avaient cru que la nomination du chef des nazis à la chancellerie permettrait d'encadrer et de discipliner les forces du mouvement, ne s'aperçurent pas tout de suite de leur erreur, et encore moins les industriels et les banquiers qui avaient voulu écraser enfin le mouvement ouvrier, contestataire de leur autorité, et pouvaient à présent applaudir à la déconfiture de leurs ennemis.

En même temps, dans certains quartiers, dans telle ou telle petite ville, la violence sans contrôle s'abattait sur des victimes sans défense. Il y eut des morts, non des milliers, mais seulement des centaines, des mauvais traitements et des sévices abominables. L'initiative venait souvent d'en bas, des SA qui réglaient leurs comptes avec leurs vieux adversaires communistes de la même rue, ou qui séquestraient un commerçant juif pour lui extorquer de l'argent. Elle pouvait venir de plus haut ; tel chef local du parti faisait arrêter et promener en spectacle à travers la ville le responsable local de la social-démocratie. On mettait à sac des locaux syndicaux, on établissait des prisons clandestines où se déroulaient des scènes atroces. Les hauts dirigeants intervenaient ou laissaient faire, sans qu'il y eût de règle – sinon que tous les nazis faisaient front quand la police et la justice voulaient se saisir d'un meurtre, d'une séquestration, de sévices graves. Parfois, la police parvenait à libérer des victimes, mais sous prétexte d'illusoires menaces de résistance au nouveau pouvoir, Göring fit accorder aux SA le statut de policiers auxiliaires, rendant ainsi plus difficile l'intervention des organes qui demeuraient attachés à la légalité. Cependant, les nouvelles circulaient, la peur gagnait, un diffus sentiment d'inquiétude s'installait. Des dirigeants sociaux-démocrates, pour échapper à l'arrestation, se réfugiaient à l'étranger. Pour des millions d'Allemands, c'était la vie de tous les jours ; pour quelques milliers, la terreur. La police, notamment en Prusse, restait attachée à son éthique professionnelle légaliste, l'empreinte sociale-démocrate y était profonde. Afin de mieux la contrôler et l'écarter des affaires sensibles, Göring créa une « police secrète d'État », *Geheime Staatspolizei* (Gestapo), qui devait devenir l'instrument privilégié de la répression, mais qui, en même temps, était appelée à mettre fin aux initiatives individuelles désordonnées dans la lutte contre les ennemis politiques.

A Hitler, Hindenburg accorda ce qu'il avait refusé à Schleicher, la dissolution du Reichstag : le 5 mars, on vota pour la troisième fois en moins d'un an. Ce fut aussi la dernière élection de type classique, avec plusieurs partis se disputant les voix. L'incendie du Reichstag vint placer l'élection dans un climat de peurs et de menaces obscures. Plusieurs générations d'historiens se sont disputées au sujet des responsabilités. Il est plus que probable, et à peu près certain, que, directement ou indirectement, en organisant eux-mêmes ou en laissant faire, des dirigeants du plus haut rang – et sans doute

Göring en premier – aient voulu dramatiser une situation qui ne l'était encore que pour les quelques victimes dont nous venons de parler. Même en admettant qu'ils n'y fussent pour rien, les nazis surent fort bien exploiter l'incendie. Et pourtant, les électeurs ne se laissèrent pas manœuvrer massivement : 43,7 % d'entre eux votèrent pour les nazis, 8 % pour leurs alliés *deutschnational*, cela ne faisait pas une majorité éblouissante. 18,3 % restèrent fidèles au SPD malgré le climat hostile, et 12,3 % persistaient à voter communiste, alors que le parti se voyait attribuer la responsabilité de l'incendie du Reichstag, prétendument destiné – en dépit de toute vraisemblance – à déclencher un soulèvement révolutionnaire que le KPD était bien incapable d'organiser. Le peuple allemand, la dernière fois qu'il put se prononcer à peu près librement, n'a pas légitimé la dictature. Ses élus, apeurés ou adeptes, une fois de plus, de la tactique du moindre mal, le firent, eux, quelques jours plus tard en votant les pleins pouvoirs au cabinet Hitler (*Ermächtigungsgesetz*).

Les députés communistes, par décret-loi, avaient été privés de leur mandat sans être remplacés. Le gouvernement disposait maintenant d'une large majorité. Néanmoins, presque tous les députés du Zentrum et les quelques libéraux survivant à l'éclipse de leur parti se prononcèrent pour la délégation de pouvoir. Celui qui devait devenir le premier président de la République fédérale en 1949, le professeur Theodor Heuss, député libéral de gauche, fut du nombre. L'honneur de la démocratie allemande fut sauvé par les sociaux-démocrates, du moins par ceux de leurs députés qui n'étaient pas en prison ou déjà en exil. Ils votèrent « non » sous les menaces et les moqueries des élus nazis en uniforme. Le Reichstag, ensuite, ne devait plus se réunir que très rarement, pour des séances de pure forme conclues par des votes unanimes : une Chambre d'enregistrement dont le régime eut de moins en moins besoin. Il est symptomatique que le Troisième Reich, en dehors de ce « machin » à grand spectacle, qui ne fut convoqué qu'une seule fois pendant toute la guerre, n'eut aucune structure consultative ou délibérative, pas même de Comité central du parti. De même, Hitler cessera bientôt de réunir le gouvernement du Reich au complet. Chaque chef ou responsable d'un office du parti, et chaque ministre, n'avait plus affaire qu'à ses supérieurs ou, dans le cas des ministres, à Hitler lui-même ou à ses collaborateurs personnels les plus proches.

Rien n'était plus haïssable, aux yeux des nazis, que la multiplicité des Länder allemands, le « multiétatisme » (*Vielstaaterei*), le particularisme des territoires dont les ennemis du Reich s'étaient toujours servis pour affaiblir celui-ci – depuis l'alliance de la papauté et des princes contre les grands empereurs du Moyen Age. Pour assurer la conformisation des Länder, les gouvernements de ceux-ci furent placés sous l'autorité d'un délégué du pouvoir central, le *Reichsstatthalter* (lieutenant d'Empire) qui, selon les cas, assumait la réalité du pouvoir ou, au contraire, ne fut qu'une figure de représentation. Car on maintenait quand même à côté d'eux les gouvernements des Länder, avec leurs ministres-présidents et leurs ministres qui, il est vrai, étaient maintenant directement subordonnés aux ministres du Reich. Naturellement, les rivalités les plus joyeuses pouvaient surgir entre les *Reichsstatthalter* et les ministres-présidents, mais, pour simplifier encore un peu plus les choses, une fonction nouvelle entrait en jeu : celle du *Gauleiter* (chef de contrée[1]), qui dirigeait les services du parti. Naturellement, le parti eut tendance à envahir l'État, à court-circuiter l'administration même s'il n'arrivait pas à se la subordonner complètement.

Quand Himmler parvint à se faire nommer chef de la police allemande pour l'ensemble du Reich, tout en demeurant chef suprême des SS, une autre hiérarchie parallèle acheva de s'implanter, jusqu'au jour où – presque à la fin de la guerre, après l'échec de la « grande conspiration » et du coup d'État du 20 juillet – Himmler fut nommé ministre de l'Intérieur du Reich. Si les Länder subsistèrent dans leur ensemble – ne fût-ce que comme coquilles vides –, il n'en fut pas de même de l'Autriche après l'annexion de mars 1938 : la haine d'Hitler contre son État d'origine l'amena à faire disparaître jusqu'au

1. Le terme *Gau*, qui sent l'Antiquité germanique et le Moyen Age, désigne un « pays », une contrée naturelle, ce n'était pas, avant le nazisme, un terme administratif ou politique.

nom de cette antique entité (qui datait du IXe siècle) : rebaptisée Marche de l'Est (*Ostmark*), l'Autriche fut partagée en plusieurs *Gaue*, où les *Gauleiter* eurent un pouvoir plus grand encore que dans l'*Altreich* (l'ancien Reich).

Déjouant facilement les précautions que von Papen et Hindenburg avaient crues efficaces, les nazis s'installèrent dans l'État. Leurs instruments, la ruse, la terreur, la menace, surtout la propagande, révélèrent de tout autres capacités. Par l'intimidation et la censure instituées grâce à la loi des Pleins Pouvoirs, Goebbels, qui développe à présent la plénitude de ses talents, obtient en quelques semaines la mise au pas des organes d'information : le courage civique n'était pas la vertu la plus répandue dans aucune société mais plus particulièrement en Allemagne façonnée par les traditions d'obéissance, de conformisme, d'autorité, héritées de la Prusse, des petits princes tyranneaux et de l'Empire bismarckien. L'épuration aidant, notamment par le renvoi forcé des journalistes juifs, la *Gleichschaltung* (mise à égalité, c'est-à-dire mise au pas) fut souvent volontaire et anticipatrice. Plus encore que la presse, la radio fut l'objet de tous les soins du nouveau ministre « de la Propagande et de l'Éducation du peuple ». Les nazis avaient toujours eu le goût et l'art des grands spectacles, mélanges de défilés militaires et de théâtralité wagnérienne. La nation en fut abreuvée, à commencer par la « journée de Potsdam » où le maréchal-président, de plus en plus absent de la réalité, donna en quelque sorte une investiture de légitimité, devant le cercueil de Frédéric le Grand dans l'Église de la Garnison, au caporal bohémien devenu chancelier du Reich, tout en demeurant le Führer des nazis. Douze ans plus tard, le cercueil du grand roi dut être évacué d'urgence devant l'avance des troupes soviétiques. Il trouva un abri provisoire au château de Hohenzollern, en Souabe, d' où la dynastie était partie au XIIIe siècle en laissant sur place une lignée qui ne sortit de l'obscurité que tardivement, dans le sillage des cousins prussiens[1].

---

1. Après l'écroulement du régime SED et l'absorption de la RDA par la RFA, le cercueil a été solennellement ramené à Potsdam, porté, parmi d'autres, par le chef de la maison des Hohenzollern, le prince Louis-Ferdinand, et par le chancelier Kohl.

La cérémonie de Potsdam, néanmoins, restait marquée par des traditions dont le national-socialisme n'avait que faire une fois qu'elles lui eurent conféré sa légitimation historique. La vraie grand-messe du régime, ce furent les *Reichsparteitage*, les grandes assemblées annuelles du parti à Nuremberg, ville wagnérienne, république urbaine qui avait toujours résisté aux princes et qui, dès le XIVe siècle, avait brûlé ses juifs. Des centaines de milliers, des millions de *Parteigenossen* (camarades de parti), de membres de la *Hitlerjugend* (Jeunesse hitlérienne), de SA, de SS, du NS *Reiterkorps* (Corps des cavaliers NS), du NS *Kraftfahrerkorps* (Corps des automobilistes), et de toutes sortes d'autres corporations brunes s'y rassemblaient et, masses énormes et immenses, devenaient à la fois le sujet et les acteurs du spectacle, ou plutôt du culte. Celui-ci faisait communier le Führer avec son peuple dans une exaltation démultipliée par la solidarité vécue de la foule. L'individu se sentait emporté au-delà des limites de son moi, fondu dans un « nous » qui, à son tour, se dédoublait en s'incarnant dans la personne du Führer, messie vivant d'une nouvelle religion qui, comme telle, ne disait pas encore son nom. L'apparition du Führer à Nuremberg était une sorte de parousie à l'intérieur du temps, une parousie sécularisée, la descente du chef parmi son peuple et, pour l'ex-catholique Hitler, le contraire de l'Ascension. A partir du début de la guerre, il n'y eut plus de *Parteitage*, mais à Nuremberg, à Berlin, à Linz, les architectes, sous la conduite de Speer, le préféré du Führer vieillissant, préparaient les énormes coulisses destinées au déploiement triomphateur d'un pouvoir surmultiplié par la victoire.

Après Potsdam, le maréchal-président, de plus en plus engoncé dans sa sénilité, se retira dans le domaine de Neudeck d'où il ne sortit plus que rarement. Si les conservateurs dupés s'inquiétaient de plus en plus de l'évolution de la politique intérieure, l'État accaparé par le parti se transformant en régime, l'entourage tenu par ses compromissions laissait faire. La déchéance du maréchal éclata en juin 1934, lors de l'affaire Röhm, dite aussi la « Nuit des longs couteaux » dont nous parlerons un peu plus loin. Non seulement Hitler avait donné l'ordre d'exécuter sans jugement des dizaines de chefs SA mais du haut en bas de l'échelle hiérarchique les possesseurs du pouvoir, responsables du parti et des SS firent arrêter et exécuter qui il leur plut : au sommet, on assassina ainsi le général von Schleicher, l'ancien chancelier qui avait été pendant de longues années le véritable patron de la Reichswehr et l'homme de confiance du maréchal. Von Papen lui-même, tout vice-chancelier qu'il fût, n'échappa que de justesse aux exécuteurs et laissa quelques dents dans l'aventure. Son bras droit, le conseiller Jung Lejeune, fut tué. En bas, dans telle petite ville, les potentats locaux firent tuer leurs concurrents ou créanciers. Un pardon présidentiel légitima toutes ces exactions. Il ne resta au vieillard qu'à mourir, ce qu'il fit promptement le 30 août. Il ne fut pas remplacé mais, par autoproclamation, Hitler assuma les fonctions de chef de l'État avec le nouveau titre de *Führer und Reichskanzler*. Les généraux qui avaient supporté sans réagir l'assassinat de leur ancien patron firent immédiatement prêter serment de fidélité aux troupes et aux officiers. La Reichswehr pouvait-elle se montrer ingrate alors qu'Hitler venait de conjurer à son profit la menace concurrentielle des SA, tout en lui permettant de franchir les limites que Versailles imposait à sa croissance et à son armement ?

A ce moment, la mise au pas politique est achevée depuis longtemps. Le parti communiste interdit depuis mars 1933, ce fut le tour des sociaux-démocrates d'être soumis à d'incessantes vexations, arrestations, suspensions et prohibitions jusqu'à ce qu'une loi de juin 1933 vînt les proscrire formellement à leur tour. Les autres partis, le Zentrum et les nationaux-allemands, furent poussés au suicide. Le parti catholique eut des velléités de résistance, mais son dernier chef, le prélat Kaas, réfugié à Rome et en accord avec le Saint-Siège, imposa l'autodissolution pour « éviter le pire », et surtout pour ne pas gêner l'action diplomatique du nonce Pacelli, le futur Pie XII, qui avait, avec von Papen, entamé la négociation d'un *Reichskonkordat* (jusqu'alors il n'y avait eu que des concordats avec les Länder, datant pour la plupart de la première moitié du XIXe siècle). Pacelli et von Papen avaient en commun la hantise du bolchevisme. Certes, Hitler et les nazis présentaient des inconvénients, voire des dangers, mais leur antibolchevisme inconditionnel en faisait aussi des alliés précieux. Il fallait trouver avec eux un *modus vivendi*. Le concordat, en assurant la liberté du culte et des structures ecclésiastiques ainsi que des éléments qui leur étaient directement rattachés (feuilles épiscopales, organisations paroissiales), sacrifiait non seulement les partis qui avaient, pendant cent ans, défendu l'Église contre les empiétements des États protestants ou libéraux, mais aussi les syndicats chrétiens, les organisations de la Jeunesse catholique et les mouvements de l'Action catholique. L'Église abandonnait au parti l'État et la société, mais le concordat fut avant tout un immense succès diplomatique pour le régime hitlérien dont les crimes commençaient à être connus à l'étranger et qui violait ouvertement les obligations internationales contractées par ses prédécesseurs. La plus respectée des puissances, et la plus spirituelle, accordait au national-socialisme antichrétien et antihumaniste tout ce qu'elle avait toujours refusé à des régimes infiniment plus proches de l'esprit chrétien. Mais le pape Ratti, ancien nonce à Varsovie, et le futur pape Pacelli, qui avait connu l'Allemagne en proie aux soulèvements communistes, vivaient dans la hantise et sous le cauchemar du bolchevisme. Encore pendant la guerre, Pie XII fit de grands efforts pour mettre fin aux combats « fratricides » qui divisaient à ses yeux les forces de résistance au bolchevisme. Il est difficile, tout aspect littéraire mis à part, de réfuter les thèses fondamentales du *Vicaire* de Rolf Hochhuth, sur l'aveuglement des princes de l'Église. En fin de compte, ce fut bien Hitler, ménagé par l'Église, qui amena les bolcheviks sur l'Elbe, leur livrant pour près d'un demi-siècle toute l'Europe orientale.

Avant même que von Papen et Pacelli eussent terminé leur négociation, Hugenberg, principal auteur avec von Papen de l'accession au pouvoir du Führer, quitta le gouvernement où son rôle avait été nul. En six mois, la « révolution brune » avait dévoré ses pères et ses oncles. Bien avant, au début mai, les syndicats avaient été dissous, non sans s'être en vain compromis pour « sauver les meubles », dans une participation à la célébration nazie du 1er Mai comme Journée du travail allemand. Leurs biens furent dévolus à la *Deutsche Arbeitsfront* (le Front allemand du travail), organisation corporatiste officielle où l'union des « donneurs de travail » et des « preneurs de travail » devait assurer la paix sociale. Instrument énorme et puissant sous la direction du docteur Ley, l'un des plus anciens parmi les compagnons du Führer, la *Arbeitsfront* devait très vite devenir une des structures essentielles du régime. Bien que le principe d'autorité (le *Führerprinzip*) eût été proclamé loi fondamentale de l'entreprise, dont le patron devenait *Betriebsführer*, la *Arbeitsfront* n'était pas exclusivement au service du patronat. Elle pouvait, dans certaines limites, faire valoir des arguments émanant des salariés. Elle organisait, à travers une structure annexe, *Kraft durch Freude* (la force par la joie), des voyages et des séjours de vacances bon marché que beaucoup de travailleurs n'auraient jamais pu imaginer s'offrir. De même nature était l'engagement du Reich, commandé par Hitler lui-même, dans la construction du *Volksradio*, l'appareil de radio populaire, et du *Volkswagen*, la fameuse voiture populaire qui enchanta plusieurs générations – après la guerre. Radio, auto et demain la télévision allaient transformer véritablement la perception du monde des masses allemandes en assurant leur homogénéisation culturelle.

Le mot « socialisme » comme élément constitutif du nom du parti devait, à l'origine, marquer la différence du nouveau mouvement d'avec les partis conservateurs traditionnels. Par son recrutement après 1930, quand les rangs du NSDAP s'étoffèrent brusquement, les chômeurs ou les ouvriers menacés de chômage, les étudiants sans perspective d'emploi donnèrent une actualité nouvelle aux condamnations du capitalisme, système abstrait bâti sur l'argent, contre lequel avait fulminé Gottfried Feder, l'un des maîtres à penser d'Hitler au début de sa carrière. Le vrai socialisme, le socialisme à l'allemande ou à la prussienne, pour citer Moeller van den Bruck, un des penseurs du conservatisme révolutionnaire des années 1920, gagnait beaucoup de cœurs et d'esprits. Beaucoup de dirigeants du parti et des SA sortaient de familles pauvres ou ruinées. Ils attendaient du Führer qu'il mît directement et immédiatement en œuvre ce socialisme non marxiste, solidariste, pour qu'aucun *Volksgenosse* (membre du même peuple) ne soit plus exploité au profit du capital. Celui-ci – ses maîtres, les banquiers, les industriels et leurs serviteurs – devait à son tour subir la dictature, la loi de l'État totalitaire. C'est ainsi que pensaient beaucoup de « vieux combattants » dans le parti, et surtout dans les SA qui, pendant les dures années de la crise et des luttes, avaient reçu dans leurs rangs un grand nombre de chômeurs.

Le chef suprême des SA, le capitaine Röhm, militaire de carrière devenu mercenaire après la défaite (il avait notamment servi en Bolivie), reître à la figure coupée à coup de serpe – il lui manquait d'ailleurs un bout de nez –, homosexuel notoire, courageux, excellent organisateur, ayant le sens du commandement et de l'amitié, était devenu l'un des hommes les plus puissants d'Allemagne. Marginal, il avait recruté beaucoup de ses lieutenants parmi les marginaux, d'origine obscure, pédérastes comme lui, n'ayant pour tout bagage qu'un passé de bagarreurs, incapables souvent de résister aux attraits de la vie facile et du pouvoir, ayant vis-à-vis des officiers de l'armée régulière et des fonctionnaires de l'État la haine et le mépris des déclassés, des incultes, des gens sans éducation et sans monocle. Une rivalité de plus en plus ouverte opposait ainsi l'armée du parti à l'armée de l'État qui, de son côté, tenait avant tout à conserver pour elle seule le privilège d'être le bras armé de la nation.

L'état d'esprit des SA, qui voyaient avec dégoût les bourgeois, les civils, adhérer en masse au parti (ces nouveaux venus, qui s'empressèrent en mars de voler au secours de la victoire, on les appelait par dérision les « tombés de mars », les *Märzgefallenen*, nom qu'on avait donné jadis aux révolutionnaires de mars 1848 morts sur les barricades), rejoignait les regrets et les fureurs des compagnons d'autrefois qui avaient pris au sérieux les slogans socialistes et anticapitalistes et dont les représentants les plus marqués étaient les frères Strasser. Dans leurs rangs, on disait qu'Hitler était mal entouré, pour commencer par le gros Göring, bourgeois repu aux mille décorations, par des banquiers et autres capitalistes que von Papen lui avait amenés. Dans le chant officiel du parti, qu'on jouait maintenant dans les grandes occasions après l'hymne national, le *Horst Wessel Lied* (en l'honneur d'un étudiant chômeur tombé dans une bagarre avec des communistes), le texte ne disait-il pas que « les camarades tués par le Front rouge *et la réaction* marchent en esprit dans nos rangs » ? Après s'être tant battus, allaient-il laisser la « réaction » consolider son pouvoir avec le consentement ou grâce à l'aveuglement du Führer ? On parlait de plus en plus dans leurs rangs de la nécessité d'une « deuxième révolution ». Or les SA de Röhm ne manquaient pas d'ennemis, dans la Reichswehr et parmi les gens convenables du parti. On rapporta à Hitler que Röhm préparait un « coup ». Celui-ci, en effet, avait décidé de réunir à Wiessee, en Haute-Bavière, un grand nombre de ses lieutenants. Avait-il l'intention d'agir pour « libérer » Hitler de son funeste entourage et remettre la révolution sur les rails ? Ils avaient oublié, quoi qu'il en fût, que le Führer avait l'instinct et la férocité d'une bête de proie. Avec quelques fidèles, il fonça sur Wiessee et surprit les « conspirateurs » au lit après une nuit de beuverie, certains dans les bras de leurs mignons. Les uns furent liquidés sur place, d'autres, dont Röhm, amenés à la prison de Munich. Le chef des SA ayant refusé le suicide, des officiers SS le tuèrent dans sa cellule. Partout dans le Reich, l'élimination des amis de Röhm se déroula dans des conditions semblables. Nous avons déjà raconté plus haut que le Führer et ses proches profitèrent de l'occasion pour assouvir d'anciennes vengeances et faire disparaître des adversaires redoutés. En prêtant serment au Führer quelques semaines plus tard, la Reichswehr payait sa dette. Mais Hitler n'avait pas fait appel aux militaires pour se débarrasser des partisans de la deuxième vague révolutionnaire. Les SA, milice de masse, avaient depuis quelque temps vu grandir au sein du monde nazi l'importance de la petite « unité de protection » nationale-socialiste[1], organisée par Heinrich Himmler, figure de prof binoclard mal à l'aise dans l'uniforme, unissant le sang-froid à une volonté tendue, un fidèle, méticuleux et calme, tout à l'opposé du tonitruant Röhm, ce personnage falstaffien. Pour abattre les dirigeants SA, les SS avaient utilisé les armes. Il

1. SS était l'abréviation de *Schutz-Staffel*, unité de protection, alors que le terme SA correspondait à *Sturm-Abteilung*, section d'assaut. L'uniforme noir des SS marginalisa ainsi les « chemises brunes ».

ne resta bientôt des cohortes brunes qu'une milice de réserve pour défilés dominicaux. Maître de la police bavaroise, responsable de l'encadrement des camps de concentration, démultipliant les unités SS, élite préparée à la guerre moderne et qui recevait une formation idéologique poussée, Himmler devenait une puissance autrement plus efficace et redoutable que ne l'avait été le gros Röhm avec ses Sections d'assaut pour bagarres de rue.

Du « socialisme national », il ne sera plus question pendant longtemps jusqu'à ce que les nécessités de la guerre, et surtout après juillet 1944 la répression déchaînée contre les conservateurs, ne poussent le parti et ses organes à plier sous leur autorité les chefs d'entreprise, comme tous les autres détenteurs de pouvoir. Mais cette socialisation indirecte, pour raison de guerre, n'avait pas besoin de revêtements idéologiques. La logique du système exigeait l'intégration et la soumission de tous. Nulle autorité autonome ne devait subsister à côté de celle de l'élite qui ne portait pas encore de nom, que le Reich national-socialiste allait peu à peu faire naître de lui-même, dans ses contradictions vivifiantes.

Dès le lendemain de son arrivée au pouvoir, le parti, s'officialisant sans cesse davantage, étendait ainsi sur l'Allemagne tout entière et dans tous les secteurs de la réalité sociale ses anneaux de gigantesque serpent constricteur. L'afflux des nouveaux inscrits fut tel qu'au bout de peu de temps, le chiffre de quatre millions étant dépassé, un *Sperre* (un blocage) fut décidé et maintenu pendant plusieurs années. Les nouveaux venus étaient à la fois des compagnons comme les autres, et otages de leur propre bonne conduite. Ils faisaient souvent piètre figure avec leurs ventres bourgeois dans les uniformes bruns ou noirs. Plus tard, l'usage se répandit d'accorder aux grands dignitaires de l'État et de l'armée des grades honorifiques dans les SS ; là aussi, il s'agissait en même temps de récompenser et de compromettre. D'innombrables offices (*Ämter*), services (*Dienstellen*), chargés de mission (*Beauftragte*) s'établissaient à travers le tissu social, dans les administrations, dans les entreprises, dans les unités d'habitat et, plus tard même, dans l'armée. Certains collaborateurs étaient employés à temps plein, ou à temps partiel, d'autres s'engageaient pour l'honneur et pour le pouvoir. Peu à peu, s'installa ainsi un formidable réseau de surveillance et de dénonciation. Bien que la résistance fût longtemps dérisoire et sans la moindre capacité de compromettre l'existence du régime, la peur et la terreur ne cessèrent jamais d'être des instruments nécessaires du pouvoir hitlérien. Le *Blockwart* (gardien de bloc qui surveillait les fréquentations des habitants et la générosité avec laquelle ils versaient leur contribution à la *Winterhilfe*, le Secours national institué pour l'aide aux pauvres) à la base, la Maison brune à Munich au sommet, où fonctionnaient les grands services du parti autour du *Stellvertreter des Führers*, le lieutenant du Führer, Rudolf Hess, dont la place, après son départ rocambolesque pour l'Angleterre en 1941, fut peu à peu prise, remplie, élargie, par Martin Bormann, d'abord simple secrétaire du Führer – les rouages du parti contrôlaient, complétaient, contredisaient, préparaient et court-circuitaient le travail des administrateurs et de toutes les structures de la société. Même à l'intérieur du monde nazi, Hitler favorisait les doubles emplois et les rivalités qui, lentement, montaient jusqu'à lui et qu'il ne tranchait que tardivement et souvent pas du tout. Le *Parteiabzeichen*, l'emblème du parti, la croix gammée à la boutonnière, devint la marque de reconnaissance des puissants ou de leurs exécutants. Le parti était à la fois une hiérarchie parallèle et une hiérarchie préfigurative de l'élite future. Elle fournissait, plus le régime durait, les véritables dirigeants, les *Gauleiter*, les *Reichskommissare* dans les pays occupés, les commissaires pour l'économie de guerre. Il faut, cependant, se garder de mettre trop de système et trop d'ordre dans une structure que le génie d'Hitler s'employait à laisser ouverte et fluctuante et qui, de ce fait, ne cessait d'évoluer sous les tiraillements de la nécessité et de l'arbitraire. A la rigueur, si l'on veut schématiser à l'extrême, on peut se représenter le Reich grand-allemand des années 1940 sous forme de cercles concentriques : la société civile avec ses administrations et ses entreprises, le parti, les SS, élite dans l'élite, et, communiquant avec toutes ces réalités, s'efforçant de plus en plus difficilement de conserver une identité et une existence particulières : les forces armées. Comme Führer, Hitler était le chef de la nation et de la société, comme chancelier le chef de l'administration, mais il était aussi le chef du parti depuis toujours ; les SS étaient « ses » groupes de protection et, depuis la mort d'Hindenburg, il était aussi le commandant suprême des armées. En lui seul résidaient l'unité et la continuité d'un univers complexe et fluctuant. Pour cela, il devait être à la fois lointain et omniprésent. Avec les années, il se fit de plus en plus inaccessible ; après 1941, surtout, il ne résidait plus guère à Berlin et ne participait plus à aucune manifestation publique. Ses quartiers généraux, loin dans l'Est, l'éloignaient de la nation dans ses lieux habituels et des armées qu'il ne visitait que rarement. Sa vie privée restait totalement inconnue : qu'il y eût dans son entourage une femme, la banale et blonde Eva Braun, restait un des secrets d'État les mieux protégés du Reich. Il communiquait avec le gouvernement par l'intermédiaire du secrétaire d'État à la chancellerie, Lammers, qui était une sorte de premier serviteur du chef, mais certes point un Premier ministre ; avec l'armée, par le chef du commandement suprême des forces, le maréchal Keitel ; avec le parti, par Bormann ; avec les SS, par Himmler. Encore ce dessin est-il trop schématique car il ne présente qu'une réalité tardive et laisse de côté des gens importants, au rôle parfois décisif, comme l'architecte Speer et surtout le maître des médias et de la propagande, Goebbels, dont l'influence grandit avec les années, au point que, dans son testament, Hitler le nommait chancelier. Mais Goebbels préféra mourir avec son maître.

L'antisémitisme racial, la haine totale, intégrale, du juif, promu au rang d'adversaire existentiel de la race aryenne, était la pierre maîtresse de l'idéologie nazie. Les explications matérialistes, marxistes ou non, n'ont pas accès à cette dimension, qui cherchent des lignes de causalité logique, en subordonnant plus ou moins explicitement l'antisémitisme à l'antibolchevisme ou en faisant de la haine antijuive un « ersatz », une doctrine de remplacement, se substituant au socialisme verbal du national-socialisme primitif. C'est là méconnaître le caractère proprement religieux et, par là, paranational ou supranational, de l'enseignement d'Hitler dès qu'il se mit à communiquer au monde extérieur ce qui agitait son for intime. C'est l'antisémitisme racial et radical qui distinguait le nazisme de ses concurrents de droite, alors même que l'antisémitisme n'y avait rien de neuf ; c'est son intégralisme, la place absolument centrale que la haine du juif occupait dans sa doctrine qui conférait au nazisme les caractères d'une contre-religion : entre le peuple allemand selon le sauveur-prophète Hitler, et le peuple élu de Jahvé avec ses prophètes, de Moïse à Élie, s'ouvrait une concurrence mortelle. Hitler, sauveur spirituel et commandeur des croyants, nous ramène d'ailleurs plutôt à Mahomet, mais la différence profonde est, même là, qu'il n'existe dans l'hitlérisme aucune transcendance. Nul nazi, sans cesser de l'être, ne pouvait adorer un dieu extérieur et supérieur ; le dieu d'Hitler s'incarne dans une race historique, sa présence est immanente et son règne aura une fin, celle de l'histoire, au plus tard quand l'univers éclatera, mais sans doute bien avant, quand la race germanique, même systématiquement rajeunie, régénérée, aura fini par sombrer dans la déchéance. La mobilisation totale, permanente avait besoin d'un ennemi total susceptible d'être totalement exterminé.

La force majeure d'Hitler résidait dans le fait qu'il était à la fois le détenteur d'une vérité religieuse et un homme d'improvisation. Tout ce qu'il allait faire, il l'avait annoncé dans ses écrits : il suffisait de les lire et de les prendre au sérieux mais c'était là, précisément, quelque chose dont la civilisation occidentale du christianisme et des Lumières était incapable. Quant aux décisions concrètes, Hitler ne s'en préoccupait pas avant l'heure. Sans doute, ne s'est-il pas vraiment interrogé sur la manière dont il allait « libérer » des juifs l'Allemagne et le monde. Chez lui, une décision produisait l'autre et se rangeait dans la réalité présentée et interprétée par la *Weltanschauung*.

Pour pouvoir être éliminé, le juif devait être irrécupérable. C'est pourquoi aucun baptême ne pouvait le sauver de la culpabilité dans laquelle l'avait introduit sa naissance. Tout commença, cependant, par des pas limités et modestes, selon la méthode de ruse et de progression qu'Hitler aimait à employer, jusqu'au moment où il pouvait placer un coup final, à la fois coup de terreur et coup de théâtre. Une loi pour le « rétablissement de la fonction publique professionnelle », que les socialistes et autres weimariens étaient censés avoir déprofessionnalisée en y introduisant des amis politiques incapables, excluait du service public les israélites ayant au moins trois grands-parents juifs. Encore la loi faisait-elle exception pour les anciens combattants décorés au péril de leur vie. Ne pas les exempter eût produit à ce moment-là, jusque dans les rangs des serviteurs de l'État, un choc trop fort et prématuré. Naturellement, les anciens combattants furent exclus un peu plus tard. Les dirigeants nazis avaient un sens très réel du dosage et des quantités à ne pas dépasser à un moment donné. Le nombre des juifs victimes de mauvais traitements dans les premiers temps de la « révolution nationale » et de ceux qui furent jetés dans les nouveaux camps de concentration fut important, mais la grande masse des israélites et de leurs familles vécurent pendant des mois et des années dans une relative tranquillité, tout en voyant se resserrer autour d'eux les murailles mobiles du piège. Le boycott des magasins juifs décrété le 1er avril 1933 fut un avertissement sans lendemain immédiat. Beaucoup, parmi les plus avisés, purent se mettre alors à l'abri à l'étranger en emportant la totalité ou une quote-part considérable de leurs biens. Beaucoup aussi, par patriotisme ou par manque d'imagination, voulurent s'accrocher. Le sionisme connut certes de substantiels progrès, notamment parmi les jeunes, mais tant de juifs avaient perdu, depuis plusieurs générations, le sens et la conscience intérieure de leur judéité ! Tout en les isolant, l'État nazi leur accordait des espaces respiratoires : chassés des écoles publiques, les enfants pouvaient fréquenter des écoles juives ; une Association des citoyens allemands de confession juive put développer une certaine activité ; une Ligue culturelle juive (*Kulturbund*) put monter des spectacles dont la fréquentation était limitée à ses membres. On vivait et résistait mieux dans l'anonymat relatif des grandes villes qu'à la campagne où la haine et l'envie étaient personnalisées. Si les déceptions se multipliaient, des collègues et amis qui se détournaient de leurs connaissances juives, il y eut aussi beaucoup d'actes de fidélité et de dévouement, des amitiés infaillibles. C'est un fait digne d'être inscrit à l'honneur de l'humanité que plusieurs milliers de juifs furent, jusqu'à la fin, protégés et cachés au péril de leur vie par des Allemands

« aryens ». Beaucoup de conjoints préférèrent l'exil ou la « mise à l'écart » du monde social plutôt que d'abandonner une épouse ou un époux juif. Dans son immense majorité, cependant, le peuple allemand laissa faire la persécution, sans y participer activement, mais aussi sans s'y opposer. De plus en plus cernés, mis à part, écartés, des dizaines de milliers de juifs vécurent en Allemagne jusqu'à la solution finale, neuf, dix ans d'une existence humiliée et tremblante. Des centaines de milliers parvinrent à s'en aller. D'ailleurs, jusqu'à la guerre au moins, le régime facilitait l'émigration, à la fois pour se simplifier la vie et pour compliquer celle des autres pays, les juifs emportant avec eux de quoi susciter et nourrir l'antisémitisme dans les pays d'accueil.

Les lois édictées à Nuremberg, le 15 septembre 1935, codifièrent l'exclusion raciale, en prohibant et punissant sévèrement non seulement les mariages avec un partenaire juif, mais tout commerce sexuel qualifié désormais de *Rassenschande* (salissure de la race). Le juif accusé de ce crime finissait généralement en camp de concentration. Les demi-juifs, sur ce plan, furent assimilés aux « cent pour cent ». Plus tard, vinrent le port obligatoire de l'étoile jaune de David, les places à part dans les transports en commun et sur les bancs publics, les heures à part pour les achats dans les magasins, et la concentration dans certains lieux limités, de nouveaux ghettos. En novembre 1938, après qu'un jeune juif eut tué à Paris un diplomate allemand, le sac systématique des synagogues, des locaux utilisés par les associations juives, des magasins juifs (s'ils subsistaient encore) était ordonné et exécuté par les rouages du parti. Des milliers d'israélites furent arrêtés, envoyés dans les camps. Les survivants étaient libérés contre rançon, au bout de quelque temps. Les communautés juives furent taxées et durent payer des contributions énormes. En Autriche, quelques semaines auparavant, les mesures antijuives s'étaient, dès le lendemain de l'*Anschluss*, succédé à un rythme très rapide. Puis, vint la guerre, et le piège se referma sur les vieillards, les pauvres, les pas de chance, les obstinés. Dans l'*Altreich* (le Reich dans ses limites de 1937), les déportations commencèrent pendant l'hiver 1942-1943, en exécution des décisions prises lors de la fameuse conférence de Wannsee – cette banlieue cossue de Berlin où les représentants des divers services intéressés se mirent d'accord sur les processus et les moyens de l'extermination. Même à ce stade, l'arbitraire, le désordre, la protection, le hasard intervenaient dans les destins individuels. Telle vieille dame, bien connue des services de la Gestapo, resta « tranquillement » chez elle à la campagne, en Bavière, jusqu'à la fin. Certains étaient expédiés dans les ghettos de Pologne, d'autres directement à Auschwitz, Sobibor, Treblinka. Terežin, en Tchécoslovaquie, la vieille forteresse autrichienne de Theresienstadt, fut pendant quelque temps un lieu de non-extermination. Sur les rampes de sélection, certains furent épargnés, parce qu'ils paraissaient robustes, parce qu'une fille était belle. En 1944, une négociation s'engagea pour sauver les juifs hongrois, qui connut un succès partiel et dont les lacets remontaient jusqu'à l'entourage direct d'Himmler. L'extermination fut pratiquée, avec une obstination idéologique et bureaucratique extrême, dans tous les pays occupés. En Pologne, en Russie, les victimes se comptèrent par millions. Des rumeurs circulèrent en Allemagne, suscitant ici colère et là angoisse diffuse, mais aucune histoire ne parle d'un Maximilien Kolbe allemand qui serait mort à la place d'un juif ; le vrai père Kolbe, un franciscain, polonais lui-même, avait pris la place d'un autre polonais, père de famille. Par l'extermination, Hitler voulait créer de l'irréparable et entraîner le peuple allemand tout entier dans une culpabilité collective qui l'obligerait à rester lié au rôle que ses maîtres lui faisaient jouer.

Pour conclure le récit de ce prodigieux et douloureux épisode, deux observations me paraissent nécessaires. D'abord les responsabilités encourues par les pays étrangers et civilisés qui se fermèrent les uns après les autres à l'immigration des juifs allemands et autrichiens. Beaucoup de pauvres gens, trop âgés, seuls, sans relations, moururent dans les chambres à gaz parce que personne n'avait voulu les accueillir. Les conférences internationales se renvoyèrent les responsabilités. L'antisémitisme, notamment en France et en Suisse, joua un rôle horrible à côté d'organismes qui multiplièrent les aides et les soutiens. Les gouvernements français n'eurent jamais de politique claire, jusqu'aux mesures absurdes d'internement décidées en 1939 et 1940 à l'égard de *tous* les ressortissants allemands, mêlant dans les camps français, juifs, militants antihitlériens et nazis. Plus tard, on sut que des responsables anglais et américains refusèrent de dévoiler ce qu'ils savaient de l'extermination, c'est-à-dire presque tout, de peur d'avoir à se charger, notamment en Palestine, d'une trop grosse masse d'immigrants juifs. En France, la police de Vichy et plus tard la Milice se firent les auxiliaires zélés – mais pas toujours – de la déportation. Certes, les mesures antijuives suscitèrent dès 1933 une indignation massive et active, dans le monde, mais le contraire fut vrai aussi. Le pape lui-même, fort bien informé, ne dénonça pas le génocide, de peur d'affaiblir ainsi le front antibolchevique.

Et, pour finir, le débat sur la singularité du crime. Les thèses qui créent un lien de causalité directe entre les forfaits accomplis par les bolcheviks et l'extermination nazie sont à la fois banales et fausses. Banales, parce qu'il est évident que les nazis craignaient et haïssaient le bolchevisme, et fausses parce qu'il s'agit de faits d'une nature et d'une dimension différentes. Dans les camps de déportation soviétiques, des koulaks pouvaient parfois survivre, la famine était, à la rigueur, admise mais non planifiée. Auschwitz, au contraire, est l'unique exemple d'un État moderne et civilisé planifiant la disparition d'une collectivité entière, historique, femmes et enfants compris et sans échappatoire possible. Incroyants, les nazis ne laissaient même pas à Dieu la possibilité de reconnaître les siens, puisque aussi bien la « culpabilité » des victimes n'était pas individuelle. C'est pourquoi, du fait d'Auschwitz – et surtout du fait d'Hitler qui se définit et s'accomplit en Auschwitz –, le national-socialisme n'est pareil à nul autre régime ou mouvement historique et ne peut être noyé, comme le font les communistes, dans un fascisme général et universel. Il n'est pas non plus réductible à un totalitarisme universel et unique, bien qu'il fût *aussi* « fasciste » et totalitaire. L'échec final d'Hitler, c'est qu'il a reçu son identité de ce qu'il a fait aux juifs. Hitler défini par les juifs : c'est ainsi que l'Esprit se venge.

Deux phénomènes marquent la figure de l'Allemagne nazie à l'étranger : les colossales manifestations de Nuremberg – qui suscitent une sorte de fascination hostile mais parfois aussi une adhésion personnelle, admirative et envieuse – et les camps de concentration. Fondés pour régulariser la répression et la terreur qui ont sévi sans contrôle au lendemain de l'arrivée des nazis au pouvoir, les camps rétablirent en effet une sorte d'ordre, mais ils devenaient du même coup des éléments centraux et indissimulables de l'État nazi. La justice était lente et ses lois « prérévolutionnaires », les tribunaux et même les prisons ne sont pas faits pour terroriser, pour faire travailler les réticents, pour écarter à jamais les adversaires politiques. La police n'est pas encore entièrement détachée de ses fidélités d'antan, ni de l'idéologie qui en fait l'instrument neutre de la loi. Il fallait une institution conçue pour punir, pour effrayer, mais aussi pour régulariser les vengeances. L'encadrement devait être composé de militants aguerris. Il fallait éloigner les adversaires, les faire disparaître dans un mini-univers de violence et de menaces et créer autour des camps, dans les populations, le désir de ne pas en savoir trop long, tout en faisant comprendre à ceux qui voulaient résister au nazisme que le camp aurait tôt fait d'éteindre chez les opposants toute velléité d'insubordination. Au « KZ » (abréviation de *Konzentrations-Lager*), les gardiens, pour la plupart des cas sociaux, des anormaux, des sadiques, pouvaient s'occuper individuellement des prisonniers, les maltraiter, les tuer. Un jeune juge bavarois mena pendant des mois une enquête contre des gardiens meurtriers, il finit par être envoyé en province, comme gêneur (après la guerre, il devint secrétaire d'État[1]). Le camp pouvait être l'horreur absolue ; c'est ainsi qu'il fut décrit dans le *Livre brun* qui, dès 1934, dénonça les crimes du nazisme. Lieux de punition et de régulation par la crainte qu'ils inspiraient, les KZ couvrirent progressivement toute l'Allemagne et, après les conquêtes, l'Autriche, la Pologne, les pays Baltes. Après 1939, les hommes politiques adversaires de l'Allemagne et les résistants des pays occupés vinrent en nombre croissant s'ajouter aux Allemands et aux Autrichiens. Ce fut un bond en avant fantastique ! Dans le camp de Dachau, l'un des plus anciens et des plus prestigieux, on comptait 9 000 déte-

1. Ce cas prouve que le courage n'était pas nécessairement mortel.

nus en 1940 et environ 35 000 en 1945, auxquels s'ajoutaient, en nombre égal, les prisonniers qui vivaient à l'extérieur du camp dans des *Aussen-Kommandos*. Très vite, les étrangers dépassèrent en nombre les Allemands, parmi les *Häftlinge* (détenus). Un peu plus tard, la direction nationale des SS et le commissaire du Reich à l'armement décidèrent d'exploiter les opportunités qui s'offraient dans les camps en utilisant les détenus, soit comme spécialistes quand ils en avaient la compétence ou la prétention, soit comme simples manœuvres corvéables et remplaçables à merci. Les camps de concentration prirent peu à peu une importance non négligeable dans l'effort de guerre, dans la mesure où il s'agissait d'une main-d'œuvre non payée, mal nourrie et que l'on pouvait exploiter à loisir en lui imposant des journées de travail très longues, à qui l'on pouvait réserver les travaux les plus durs et les plus dangereux – la construction des usines souterraines d'armement par exemple, et le déblaiement des villes bombardées. Le recrutement était inépuisable, soit qu'on fît venir directement des futurs *Häftlinge*, produits de rafles organisées dans les territoires de l'Est, soit que, en serrant les vis, on augmentât dans le Reich même le nombre de travailleurs étrangers envoyés en KZ pour le moindre manquement à la discipline ou au respect dû aux maîtres allemands Au camp, tout était facile : l'obéissance obtenue par des pendaisons publiques infligées aux coupables de « sabotage » ou d'insoumission, au-dessous de ce grade de gravité les détenus fautifs recevaient, des mains de l'un d'entre eux, vingt-cinq, quarante, cent coups de schlague, devant le camp tout entier rassemblé. L'expansion numérique (en camps et en détenus) du « système concentrationnaire » introduisit cependant des modifications profondes dans cet aspect majeur de la réalité nazie. A côté de prisonniers politiques, on y avait placé peu à peu de nouvelles catégories de détenus : les « criminels professionnels », les « asociaux » (clochards et mendiants), les homosexuels, les témoins de Jéhovah. Ayant besoin de structures intermédiaires pour gérer une population en croissance rapide, les responsables SS, par affinité et pour disposer de gens faciles à tenir – et aussi pour humilier les politiques –, confiaient au début les fonctions de *Kapo* de commando de travail, ou de « doyen de chambre » à des criminels ou des asociaux. A partir du moment où les camps assumaient une fonction économique importante pour l'effort de guerre, il fallait cependant des gens mieux préparés pour maintenir l'ordre, assurer un minimum d'hygiène et répartir la main-d'œuvre : progressivement, dans la plupart des camps, ces fonctions d'administration interne furent attribuées à des « politiques », ce qui permit de monter des actions de refus et de protection concertées, voire l'organisation d'une véritable résistance interne. Tandis que les divers services de police étaient concentrés par Himmler dans une organisation centrale, le *Reichssicherheitshauptamt* (l'Office central de sécurité du Reich), dont relevaient les camps, l'empire SS s'enrichissait d'entreprises économiques de plus en plus nombreuses qui employaient une nombreuse main-d'œuvre fournie, dans une large mesure, par les camps, et permettaient à Himmler d'accroître son influence sur les grandes décisions de politique économique et sociale, influence de plus en plus gênante pour les autres responsables du secteur. Parallèlement, Himmler réussit à créer, à côté de la Wehrmacht proprement dite, ses propres forces armées, les Waffen SS dont le nombre, vers la fin de la guerre, dépassait le million. Naturellement, ces unités avaient besoin d'équipements et d'armes qui – autant que possible – étaient produits dans les usines et ateliers fonctionnant en osmose avec les camps. Le système SS au sein du régime progressait à pas de géant. Après le 20 juillet, Himmler fut nommé ministre de l'Intérieur et commandant en chef de l'« armée de réserve », de toutes les unités de l'arrière, de recrutement et de formation. Sans parler des camps d'extermination à l'Est (mais sur le territoire du Reich aussi la plupart des KZ possédaient des chambres à gaz), on peut estimer que, vers la fin de 1944, les camps « normaux », au nombre d'une vingtaine, géraient une population de 300 000 à 500 000 *Häftlinge* dans des conditions extrêmement variables, car les KZ avaient été divisés en catégories, selon la dureté des conditions d'existence et les finalités du séjour. Dans les camps de la catégorie III, auxquels étaient destinés la plupart des résistants arrêtés à l'étranger, les prisonniers devaient disparaître à jamais (dans la nuit et le brouillard, *in Nacht und Nebel*, d'où le sigle NN accompagnant leurs noms sur les listes de transfert). En revanche, en vertu d'un arrangement avec l'épiscopat, intervenu en 1941, tous les prêtres et séminaristes catholiques arrêtés devaient être concentrés à Dachau où ils étaient exemptés de travail. Cependant, les difficultés croissantes de communication, l'avance des troupes ennemies et les épidémies de l'hiver 1944-1945 (typhus, typhoïde, diarrhées) désorganisaient le système concentrationnaire au fur et à mesure qu'il s'étendait et se perfectionnait. Il présentait au cœur du Troisième Reich une sorte de reproduction en modèle réduit des traits majeurs du régime qu'il forgeait et accentuait, révélant encore mieux, de ce fait, leurs vérités profondes. Le séjour de centaines de milliers de résistants étrangers dans les KZ allemands fut, pour beaucoup de survivants, une sorte d'initiation dramatique aux réalités et lois de la politique. Des ressortissants de nations différentes, en dépassant les agacements, terreurs et incompréhensions, firent l'expérience d'une identité démocratique européenne. Beaucoup aussi apprirent d'expérience directe la nature et les menaces du dessein communiste.

L'adhésion massive de la société allemande au nouveau régime, à la « révolution nationale », était due pour une certaine part aux succès spectaculaires de sa politique économique. Ceux-ci avaient un fondement psychologique : un climat de confiance, voire d'enthousiasme, n'est jamais mauvais pour la marche des affaires. Dans le monde entier, la crise avait dépassé son point le plus bas, mais la récupération de la santé fut beaucoup plus rapide en Allemagne hitlérienne que partout ailleurs. En 1938, il n'y avait pratiquement plus de chômeurs, alors que les pays occidentaux eurent jusqu'à la guerre des taux élevés de non-emploi (près de 20 % aux États-Unis, malgré le *New Deal*). Les nazis profitèrent aussi des mesures de stimulation décidées ou préparées par les gouvernements en place avant leur prise du pouvoir. Mais les raisons essentielles de leur réussite furent, d'une part, le génie et l'énergie du docteur Schacht qui, pendant de longues années, jouit de la confiance du Führer et, d'autre part, l'adhésion massive des chefs d'entreprise reconnaissants au pouvoir de les avoir débarrassés des syndicats. Retrouvant, dès 1933, la direction de la Reichsbank qu'il avait abandonnée en 1930, quand il s'était brouillé avec les autorités républicaines auxquelles il reprochait de n'avoir pas suffisamment suivi ses conseils dans la négociation Young, Schacht fut nommé ministre de l'Économie en 1934. Parfaitement instruit de tous les développements de la science économique, et notamment des théories de Keynes, possédant une autorité naturelle impressionnante, il se proposait de financer la suppression du chômage et le réarmement sans toucher aux fondements de l'économie capitaliste libérale. Il acceptait une large part d'intervention de l'État, mais comme élément de stimulation et d'émulation, en laissant les opérateurs libres d'organiser leur participation. Comme il avait, en quelque sorte, capitalisé les biens fonciers et l'agriculture dans leur ensemble pour créer le *Rentenmark* – qui en 1923 déjà avait été le produit de son esprit rigoureux et fertile –, il appuya alors une politique d'expansion, c'est-à-dire de création de moyens de paiement, sur la confiance des plus grandes entreprises industrielles, Krupp et Siemens en tête. Le réarmement ne commença à peser vraiment sur les dépenses qu'à partir de la fin de 1934 ; auparavant, le démarrage avait été assuré par les grands travaux civils et notamment par le lancement du programme ambitieux d'un réseau autoroutier. Pour ménager les dépenses de devises, et en conformité avec les projets politiques du Führer, Schacht développa au maximum les relations avec les pays qui pouvaient fournir les matières premières indispensables à l'économie allemande en échange-troc avec des produits manufacturés, sans sortie de devises : à côté de l'Amérique latine, cette politique visait avant tout l'Europe du Sud-Est à laquelle Schacht s'était déjà intéressé avant 1914 en participant aux réflexions de Friedrich Naumann sur la *Mitteleuropa*. L'intensité nouvelle des échanges transformait ces pays en clients de l'Allemagne hitlérienne et les soustrayait à l'influence française.

Le climat psychopolitique favorable, le génie de Schacht, la reprise mondiale – quoique modeste et lente – et l'adhésion des grandes forces économiques furent ainsi à l'origine d'un premier miracle économique allemand. Avec son infaillible sens de démagogue, Hitler veillait à ce que le peuple, sans développer exagérément sa consommation, eût l'impression de participer à une progression continue de la richesse et de la puissance de l'Allemagne. En fait, sur le plan économique, l'État mobilisait pour ses buts inavoués l'épargne des particuliers et les investissements des industriels. On finançait le plein-emploi et le réarmement par une inflation différée ; un jour, la vérité éclaterait – ou bien il faudrait alors modifier en profondeur les données du jeu, c'est-à-dire se résoudre à la guerre. Schacht, sûr de lui et orgueilleux, voulait rester le maître de celui-ci et adapter aux progrès de l'économie le rythme du réarmement. Le conflit était programmé : en 1939, le grand technicien donna sa démission. Seuls devaient compter dorénavant les besoins des forces armées. Il devenait évident que tous ces efforts visaient la guerre, qu'Hitler voulait la guerre et que la guerre devait rapporter ce qu'il fallait pour résorber l'inflation cachée et pour se financer elle-même. Göring, maître suprême d'un Plan de quatre ans, fut chargé de coordonner la préparation économique au conflit que le Führer voulait mener à bonne fin, tant qu'il était lui-même encore dans la force de l'âge. Né en 1889, il allait avoir 50 ans en 1939, l'année du début de la guerre.

En dépit du polycentrisme qu'Hitler faisait régner dans l'économie, comme dans tous les autres grands secteurs de la vie du pays, l'économie de guerre nazie, sous la direction de Göring et de l'ingénieur Todt, ministre de l'Équipement et de l'Armement, fonctionna avec des succès étonnants. Son secret fut de ne pas substituer le commandement bureaucratique à l'autonomie, bien sûr relative, des opérateurs, chargés eux-mêmes d'organiser l'exécution des programmes dont le pouvoir politique imposait les grandes orientations. Grâce à la relative souplesse de ce système, le rationnement assura presque jusqu'à la fin un approvisionnement à peu près suffisant sur le plan alimentaire et vestimentaire, adapté aux besoins et attentes modestes d'un peuple délivré du chômage et qui supportait les pertes et contraintes de la guerre avec un moral étonnant. Il est vrai que le relatif bien-être des Allemands reposait, comme Hitler l'avait voulu et prévu, sur l'exploitation des immenses espaces conquis ou soumis. La main-d'œuvre prisonnière ou déportée en Allemagne travaillait pratiquement sans rémunération. L'agriculture et l'industrie des pays occupés, au premier rang desquels figurait la France, devaient produire en priorité pour la satisfaction des besoins allemands. Contrairement à ce qui s'était passé entre 1914 et 1918, c'est l'ennemi qui, cette fois-ci, finançait pour une large part l'effort de guerre allemand. Et si les opérateurs restaient largement autonomes (mais sans cesse menacés d'une intervention d'État qui serait alors irréversible), l'apparence démagogique d'une répartition égalitaire du fardeau satisfaisait les couches populaires. Il ne faut pas oublier non plus les acquisitions faciles réalisées par les grandes unités capitalistes allemandes dans les pays conquis (par exemple, les *Hermann-Göring-Werke* en Autriche), entre autres par la spoliation des biens juifs, et la facilité avec laquelle les grands patrons de l'économie allemande acceptèrent de se servir de la main-d'œuvre prisonnière et des détenus des camps de concentration, sans s'inquiéter de leur misère. Quelques-uns, comme Alfried Krupp, eurent, après 1945, la malchance d'avoir à payer pour tous les autres par quelques années de prison, peine dérisoire au regard des souffrances et de la mort de tant de tâcherons-esclaves.

Le réarmement était le cœur et le centre du programme hitlérien : rendre à l'Allemagne sa fierté et sa force pour qu'elle fût capable de reprendre sa mission impériale. Depuis le 11 novembre 1918, Hitler et ses premiers amis, mais, bien au-delà de ce petit cercle, une grande partie, sans doute majoritaire, du peuple allemand, avaient rêvé au moment où pourraient être secouées et rejetées les chaînes injustes et insupportables forgées à Versailles. Ce n'est pas pour rien qu'Hitler avait commencé tant de discours par la phrase rituelle d'évocation : « Quatorze années de honte... » Le réarmement débuta dès les premières semaines, mais, sous la conduite de chefs expérimentés et sérieux, il resta limité et clandestin, car il fallait tenir compte des délais nécessaires pour mobiliser les ressources et les hommes et de l'état des forces en Europe. En décidant de retirer l'Allemagne de la Société des Nations où Stresemann avait eu tant de mal à la faire admettre à son rang, et en faisant approuver cette décision par le Reichstag unanime et un plébiscite, Hitler montra cependant avec ostentation le chemin où il entendait s'engager. L'Allemagne était isolée, mais elle ne redoutait pas cet isolement, elle le recherchait même en cette première phase où le régime devait, avant tout, asseoir solidement son emprise sur la nation. Que cette méthode fût la bonne, Hitler en vit la preuve dans le succès des partisans du retour au Reich, lors du plébiscite en Sarre (janvier 1935) ; malgré la liberté du vote et l'engagement désespéré des forces politiques adverses à qui aucune illusion n'était permise, 91 % des votants se déclarèrent pour le retour dans le Reich devenu nazi. Trois mois plus tard, le Führer se sentit assez sûr de son affaire pour proclamer unilatéralement l'abrogation des clauses militaires du traité de Versailles en rétablissant le service obligatoire : la nouvelle Wehrmacht devait atteindre en temps de paix un total de 36 divisions et 550 000 hommes, y compris l'armée de l'air dont la création lancée depuis 1933 devint officielle. La réponse des puissances victorieuses de 1918 fut purement verbale. A Stresa sur le lac Majeur, la France, la Grande-Bretagne et l'Italie lancèrent une protestation vigoureuse – mais dépourvue de sanctions. Pourtant, l'Italie fasciste avait su faire front quand, en juillet 1934, un putsch nazi avait failli emporter l'indépendance de l'Autriche. Malgré l'assassinat du chancelier Dollfuss, l'Italie mobilisa et sauva ainsi le régime catholico-conservateur de Vienne. Mais en 1935, le dictateur italien était en train de préparer l'expédition contre l'Éthiopie, et la Grande-Bretagne, soucieuse des développements en Extrême-Orient où le Japon s'attaquait directement à la Chine – et guère moins antibolchevique qu'Hitler lui-même –, sous la direction de conservateurs traditionalistes tels que Baldwin et Neville Chamberlain, cherchait plutôt une entente avec le dictateur allemand qu'un affrontement dont seules les forces révolutionnaires auraient pu tirer profit. Si Hitler devait s'effondrer, qu'est-ce qui se passerait en Allemagne ? Jusqu'à la guerre, et même à différentes occasions *pendant* le conflit, le chantage au bolchevisme fut pour Hitler une arme d'une très réelle efficacité. En dépit de la raideur agressive dont fit preuve l'envoyé spécial d'Hitler, l'ancien représentant en champagne Joachim von Ribbentrop, qui détestait les Anglais, des négociations s'engagèrent et aboutirent assez rapidement entre Londres et Berlin à un accord sur les forces navales : la Grande-Bretagne, soucieuse d'insérer Hitler dans un ordre européen qui excluait l'Union soviétique, acceptait un réarmement naval allemand, pourvu qu'il respectât dans sa relation avec la flotte anglaise le rapport 35 : 100. L'Angleterre fut ainsi la première à enterrer juridiquement le traité de 1919. Hitler considéra cet accord comme un événement majeur, comme le début d'une alliance anglo-allemande qui pouvait dominer le monde en se le partageant. C'était là un vieux rêve des pangermanistes qui ne pouvaient comprendre que les Anglo-Saxons se dérobassent à leur devoir racial. Telle n'était nullement l'intention du gouvernement britannique, point disposé à faire alliance avec l'aventurier qui dominait l'Allemagne, mais qui cherchait à le contenir tout en l'utilisant. En traitant avec Hitler, Londres avait cependant gravement manqué à la solidarité avec la France. Quand, au cours de la même année 1935, Mussolini se lança dans sa guerre africaine, ce fut, cette fois-ci, la France de Pierre Laval qui, pour ne pas perdre l'appui du dictateur italien contre l'Allemagne, fit échouer la politique de sanctions que l'Angleterre entendait mettre en œuvre. Sans doute, la Grande-Bretagne elle-même n'avait pas l'intention d'aller très loin dans cette voie : en fermant le canal de Suez, elle aurait pu bloquer toute l'entreprise italienne. Mais, si insuffisantes qu'elles fussent pour empêcher Mussolini d'occuper l'Éthiopie, les sanctions le blessèrent et l'obligèrent à se rapprocher d'Hitler. Le régime autrichien dut faire des concessions à l'intérieur comme à l'extérieur. L'entente avec l'URSS que le gouvernement français rechercha non sans susciter une opposition intérieure grandissante, si elle aboutit au pacte de 1935, dont Laval avait été l'artisan, n'était ni suffisamment sincère ni sérieusement engagée sur le plan militaire. Dès lors, Hitler crut possible de lancer un nouveau coup : l'occupation de la Rhénanie, restée zone non militarisée en 1930 après son évacuation par les troupes alliées. Le 7 mars 1936, des troupes allemandes, peu importantes en nombre, pour tâter la réaction française, franchirent le Rhin. Les généraux de la Wehrmacht avaient déconseillé ce geste provocateur, estimant le réarmement insuffisamment avancé et l'armée allemande incapable de résister aux forces françaises. Hitler, lui, est sûr de son affaire : il n'y aura pas de réaction française. En effet, la France ne s'écarte pas de l'arsenal du discours alors que les armées allemandes avaient ordre de se retirer si la France était intervenue. La réoccupation ayant réussi, Hitler décida de dissoudre le Reichstag pour donner au peuple la possibilité d'approuver massivement la politique menée depuis 1933. Hitler lui-même puisa dans cette aventure risquée la certitude qu'il était l'homme de la Providence, et la nation, de plus en plus, se laissa convaincre de l'exactitude de cette prétention. Tout lui réussissait. Après avoir protesté, les adversaires se rendaient à la table des négociations. L'élaboration de l'instrument militaire de la politique d'expansion pouvait continuer. L'occasion devait bientôt se présenter de le mettre à l'épreuve. En juillet 1936, le soulèvement de quelques généraux contre le gouvernement républicain en Espagne marque le début d'un conflit qui, sur le plan international, pouvait apparaître comme une sorte de répétition générale de la nouvelle guerre européenne que beaucoup considéraient désormais comme inévitable.

L'intervention italienne et allemande du côté des franquistes apparut comme la manifestation d'une sorte d'internationale fasciste, face à l'Internationale communiste fortement engagée du côté des Républicains, et aussi face aux contradictions et incertitudes qui dominaient la politique des démocraties. Numériquement limitée (5 000 hommes environ), l'intervention allemande permit à la Luftwaffe baptisée Légion Condor de procéder à des exercices avec tirs réels. Cependant, sans parler des défaites du contingent italien, l'intervention en Espagne ne rapporta pas aux puissances de l'Axe Rome-Berlin tout ce qu'elles avaient cru pouvoir en retirer. Des avantages importants furent certes concédés à l'Allemagne dans le domaine des matières premières nécessaires à l'effort militaire par le pouvoir franquiste, mais jamais, même après la défaite française de 1940, l'Espagne ne s'abandonna entièrement à la domination allemande.

Cependant, les succès incessants des puissances fascistes, aussi bien que la peur croissante que la tactique de Front populaire enfin adoptée, non sans arrière-pensées, par la direction de l'Internationale communiste suscitait dans presque tous les pays européens firent surgir et s'épanouir un peu partout des partis ou des ligues fascistes, voire nationales-socialistes. En France, le Front populaire radicalisa la droite, en Hollande un véritable parti nazi vit le jour. Quisling en Norvège, Degrelle dans la Belgique francophone font partie de cette floraison. Les gouvernements traditionnellement réactionnaires, mais de plus en plus pénétrés d'éléments fascistes, qui régnaient dans la plupart des États successeurs de l'Autriche-Hongrie et dans les Balkans, commençaient à infléchir leur politique extérieure en vue d'une amélioration de leurs rapports avec l'Allemagne hitlérienne. L'Occident était sur la défensive, l'idéologie et l'opportunisme favorisaient également les progrès de l'influence germano-nazie dans les régions où la force de l'antibolchevisme se mesurait à la proximité des frontières russes. Cependant, la guerre d'Espagne, à la surprise générale, grâce à la volonté farouche et au courage des Républicains, durera presque trois années. L'Italie fasciste y subit des revers qui indiquaient les limites de ses moyens. L'Angleterre, foncièrement anti-interventionniste, et la France du Front populaire, déchirée entre sa solidarité avec la gauche espagnole et son désir de ne pas s'écarter de l'Angleterre, n'osant agir sans l'alliée britannique, confirment chez les dirigeants allemands la conviction que les démocraties sont vouées à la pusillanimité et à la décadence. Un nouveau « coup » paraissait dès lors possible, Mussolini ayant été obligé d'abandonner son protectorat sur l'Autriche. En mars 1938, appelées par des personnalités douteuses que le chancelier Schuschnigg avait dû admettre au gouvernement sous la pression allemande, les forces de la Wehrmacht envahissent l'Autriche, acclamées comme libérateurs par la grande majorité de la population. L'*Anschluss*, interdit en 1919, ne se heurte même pas dans la plupart des pays occidentaux à une protestation officielle. Une fois de plus, les dirigeants de la Wehrmacht avaient tenté de ralentir la cadence hitlérienne, mais le dictateur, convaincu qu'il mourrait jeune, forçait sans cesse l'allure. L'Autriche à peine digérée, l'agitation commença parmi les Allemands de Bohême et de Moravie (faussement appelés « Allemands des Sudètes[1] »), qui étaient plus de trois millions et avaient, eux aussi en 1919, opté pour l'*Anschluss*. L'absence de réaction à Paris et à Londres, après l'occupation d'un pays souverain, directement contrôlé par la Société des Nations (pour le rétablissement de son économie), ne put que convaincre Hitler de la justesse de ses pressentiments.

Le sort fait aux vaincus en Autriche, aux responsables du régime Schuschnigg et de son Front patriotique, aux militants des partis déjà interdits par celui-ci, communistes et socialistes, et à des centaines de milliers de juifs, aurait dû alerter une fois de plus la communauté internationale. En fait, il provoqua surtout de nouvelles fermetures de frontières. Alors que les camps de concentration s'emplissaient d'Autrichiens – un des plus terribles fut construit en Autriche même, à Mauthausen –, les gouvernants anglais continuèrent leurs tentatives pour gagner Hitler à un arrangement qui aurait satisfait presque toutes ses exigences déjà connues en échange d'une renonciation à d'autres changements majeurs, une sorte d'engagement à ne plus être qu'une puissance satisfaite. Inversement, Hitler, longtemps, ne se résigna pas à croire que la Grande-Bretagne refusait vraiment et définitivement ses offres d'alliance et d'association. L'Angleterre le poussait, en quelque sorte, à s'inspirer du modèle de Bismarck qui, après ses victoires, pensait avant tout à rétablir un équilibre européen. Mais Hitler ne voulait pas d'équilibre. Il voulait la domination et, pour y parvenir, la guerre. Voilà qui dépassait l'entendement de Lord Halifax, ministre des Affaires étrangères, et de Neville Chamberlain, Premier ministre de Grande-Bretagne. Quand celui-ci revint de la conférence de Munich où il avait, en fait, livré à Hitler tous les peuples d'Europe centrale, il crut possible d'affirmer qu'avec Hitler, Daladier et Mussolini ils avaient obtenu « la paix pour notre temps ». Avec ou sans l'Angleterre, Hitler

1. Les monts Sudètes ne couvrent que le nord-ouest de la Bohême, alors que la minorité allemande occupait massivement tout le pourtour des pays tchèques, à l'exception de la frontière orientale (entre la Moravie et la Slovaquie).

était cependant décidé à la guerre. Car, seule la guerre pouvait lui permettre de conquérir les vastes espaces à l'Est dont il voulait obtenir l'ouverture afin de bâtir sur une terre immense, où viendraient s'établir des dizaines de millions de colons allemands, le nouveau *Grossdeutsche Reich*, le nouveau Reich grand-allemand.

Le risque de guerre qu'il avait voulu éviter en sacrifiant l'intégrité territoriale de la Tchécoslovaquie, Chamberlain le refusa une fois encore quand les armées hitlériennes occupèrent Prague, au début de 1939, et que les démocraties se bornèrent à protester. On était maintenant sorti du territoire peuplé par des Allemands ; c'était le véritable commencement de l'*Ostpolitik*, de la conquête des grands espaces. Cependant l'opinion occidentale, alertée par des journalistes et une petite phalange d'hommes politiques avertis, comme Winston Churchill en Angleterre, commençait à paniquer, après l'annexion de fait des provinces tchèques et leur transformation en un *Reichsprotektorat*. Prêchant inlassablement la résistance contre Hitler, Churchill retrouvait une audience certaine. Le prochain but ne pouvait être que la Pologne, qu'Hitler avait endormie dès le début de son règne par un pacte de non-agression offert à l'adversaire national numéro un du révisionnisme allemand, presque immédiatement après la prise du pouvoir. Réactionnaire et antisémite, le régime polonais, dont le colonel Beck était l'homme fort, avait même accepté de participer au dépeçage de la Tchécoslovaquie. A présent, son tour approchait, mais dans son aveuglement il refusait d'admettre qu'il n'y avait pas de défense possible contre Hitler sans un accord avec l'URSS, dont les Polonais se méfiaient autant que des Allemands, en quoi ils n'avaient certainement pas tort. Mais l'attitude des dirigeants français et anglais, violemment anticommunistes, eux aussi, n'était pas véritablement différente. Les négociations pour une alliance militaire étaient menées à Moscou en été 1939 avec, de la part des Occidentaux, un minimum de diligence, voire la crainte d'aboutir.

Certes, les officiers à monocle n'aimaient pas, pour la plupart, les « nouveaux riches » plébéiens sans éducation qui s'étaient emparés de l'État alors qu'on avait cru pouvoir se servir d'eux comme auxiliaires plus ou moins dociles. Et Hitler, de son côté, avait, envers des hommes dont beaucoup étaient éminents, cultivés et qui, pour la plupart, portaient le stigmate, essentiel à ses yeux, d'être des héritiers, une méfiance mêlée d'appréhension. A sa mentalité de rapace hors-la-loi, ennemi de toute loi, guidé par le seul instinct de bagarre où tous les coups sont non seulement permis mais exigés, s'opposait la culture, le plus souvent à base religieuse, de ces officiers et administrateurs qui avaient certes voulu restaurer un ordre à leurs yeux injustement détruit en 1918 et rendre sa puissance à l'Allemagne, sans prétendre toutefois, sauf rares exceptions, à une domination mondiale. L'esprit des forces armées, et avant tout de l'armée de terre, dont la tradition était séculaire, restait bismarckien et ne devint jamais complètement hitlérien. Les choses étaient différentes pour la Luftwaffe et pour la marine, de développement plus récent. Dans les rangs d'une opposition longtemps muette, et ensuite de plus en plus résolue, les aviateurs et les marins devaient être rares. Encore ne faut-il pas oublier l'un des plus illustres des « résistants », l'amiral Canaris. Mais ce chef des services secrets n'était pas représentatif de son arme.

Cependant, en dépit de ses mauvaises manières et de ses actions sanguinaires, dont des généraux et officiers estimés avaient été, eux aussi, victimes, Hitler est l'homme qui rend à l'Allemagne son honneur et ses armes. Comment s'opposer réellement à celui qui donne aux militaires tout ce qu'ils n'avaient même pas osé espérer, les hommes et l'argent, et dans des délais si courts qu'ils ne peuvent pas toujours suivre techniquement en restant des professionnels sérieux ? Et puis, les chefs légaux et légitimes avaient prêté serment de fidélité à l'ancien « caporal bohémien » et l'avaient fait prêter à leurs subordonnés. C'est une affaire grave, ce serment qui lie personnellement chaque officier à son « seigneur de guerre suprême » ; que d'heures de discours, que de consultations théologiques se sont poursuivies pendant des années pour arriver à la décision, c'est-à-dire à l'argument, que le « Führer » menait l'Allemagne à sa perte, et qu'il avait, de son côté, commencé par violer le serment qui le liait à ceux qui lui avaient juré fidélité, dans ce monde étrange où régnaient encore des lois héritées de la féodalité.

On a reproché, non sans raison, à la « résistance » militaire de ne s'être organisée que tardivement, quand il était devenu certain qu'Hitler ne pouvait plus gagner « sa » guerre. Ce reproche est à la fois juste et immérité. D'abord parce que, selon l'esprit dans lequel ils avaient été formés et face aux formidables succès qu'Hitler remportait dans la réalisation d'un programme formulé de telle manière que les militaires pouvaient y reconnaître le leur, s'opposer au régime d'une manière globale, idéologique, était pratiquement inconcevable pour des hommes que rien ne destinait à des choix de ce genre. Tout au plus, des protestants pratiquants s'émouvaient-ils des persécutions infligées à l'Église confessante dont la figure de proue, par surplus, était l'un des leurs, l'ancien commandant de sous-marin de la Première Guerre, Martin Niemöller. On se gaussait, on grognait, on offrait abri et protection dans les rangs de l'armée à des gens menacés par la Gestapo qui ne pouvait agir à l'intérieur des structures militaires. Longtemps, les choses n'allèrent pas plus loin, car c'était beaucoup demander à des officiers que de conspirer contre le chef qui les menait de victoire en victoire. La véritable nature brutale et nihiliste du régime ne leur apparut que progressivement. Pour beaucoup, la décision d'entrer dans l'opposition active fut le résultat de ce qu'ils virent à l'Est, l'action des *Einsatzkommandos* (commandos d'intervention) contre les juifs et les responsables communistes, les déportations, la terreur. Un petit nombre d'officiers, cependant, alla – et déjà bien avant la guerre – jusqu'à de véritables actes de haute trahison, en avertissant, directement ou par neutres interposés, le gouvernement britannique des intentions agressives d'Hitler, en l'incitant à agir ou en lui révélant les faiblesses et insuffisances d'un réarmement trop improvisé. Le colonel Oster, adjoint de l'amiral Canaris, fut au cœur de cette opposition-là, qui mérite effectivement le nom de « résistance ». En 1938, au moment de la crise des Sudètes, le chef d'État-Major général, Ludwig Beck, dont beaucoup d'officiers admiraient la rigueur morale, décida de couvrir ces avertissements qui furent repris en 1940, quand Oster fit connaître aux Alliés l'intention et la date approximative des offensives contre la Norvège, la Hollande et la Belgique. La méfiance et le mépris, les fins de non-recevoir auxquels se heurtèrent ces initiatives firent beaucoup pour en décourager les auteurs et ensuite tous ou presque devaient se demander comment continuer à agir contre un chef à ce point victorieux et, de ce fait, immensément populaire. Ce n'est qu'à partir du tournant de la guerre, à partir de la défaite de Stalingrad, que l'opposition se rassembla à nouveau pour constituer l'organisation conspiratrice qui faillit l'emporter le 20 juillet 1944. Mais, même à ce moment extrême, les conjurés durent avoir recours à l'attentat individuel, n'ayant pas de base véritable dans les masses. La répression fut atroce et Hitler savoura avec ses intimes les films qui montraient les souffrances des condamnés lentement étranglés, suspendus à des crochets de boucher.

Himmler put alors profiter de la fureur du chef suprême pour ouvrir l'armée à l'action de la Gestapo, pour y faire pénétrer ses hommes de confiance, pour assumer lui-même le commandement des réserves. La grande conjuration, elle aussi, s'était heurtée chez les Alliés à une incompréhension spontanée ou volontaire : l'allié soviétique pouvait aisément apprendre l'existence d'éventuelles tractations et refaire aux Occidentaux le coup du traité de 1939. De plus, la décision d'exiger de l'Allemagne vaincue une reddition sans condition avait été prise. Néanmoins, si les résistants avaient conquis le pouvoir, il eût été inévitable de tenir compte de leur existence. En fait, ils ne réussirent pleinement qu'à Paris et à Vienne. Si Hitler avait été tué, la situation aurait sans doute évolué en leur faveur à Berlin. Ce ne fut pas le cas : Goebbels annonça en même temps l'attentat et son échec, et Stauffenberg, l'âme et l'épée de la résistance, fut fusillé séance tenante, sur l'ordre du général commandant les réserves qui, d'abord, s'était joint aux conjurés. L'hécatombe, qui comprit un grand nombre de civils dressés depuis des années contre Hitler, conservateurs, libéraux, sociaux-démocrates, devait priver l'Allemagne d'après guerre d'une classe politique expérimentée et capable, grâce à l'action menée contre le régime, de s'imposer aux Alliés comme interlocutrice incontournable. Et, à l'époque, les troupes soviétiques n'avaient pas encore franchi les frontières orientales de la Pologne. Il n'y a pas que l'Allemagne qui souffre encore aujourd'hui, un demi-siècle plus tard, des conséquences du geste par lequel le colonel Hossbach repoussa du pied, sous une table épaisse, la serviette de Stauffenberg qui contenait la bombe. Et quel symbole de l'isolement ou de la solitude des résistants : l'organisateur véritable du soulèvement obligé de poser lui-même l'engin, lui qui n'aurait jamais dû se permettre de risquer sa vie dans l'action menée au quartier général en Prusse-Orientale, alors que sa présence était indispensable à Berlin !

Résistance ou opposition ? Les Allemands disent *Widerstand*, ce qui est l'exacte traduction de résistance, mais à l'époque ceux du 20 juillet se considéraient plutôt comme des opposants. Sans doute, faut-il distinguer selon les lieux sociaux et les temps. Dès le lendemain de l'interdiction du parti, en 1933, la clandestinité communiste commença à fonctionner. Elle ne devait plus s'arrêter. Même pour ceux qui détestent le totalitarisme marxiste-léniniste, les vertus, le courage, la victoire quotidienne sur la peur des tortures et de la mort, chez des gens qui étaient à proprement parler des témoins prêts à se faire égorger, la foi – quel qu'en soit l'objet ou le contenu – commandent l'admiration. Le service de Dieu, même si celui-ci n'est qu'un faux dieu, commande toujours une sorte d'adhésion des autres croyants. Si la résistance communiste, par la fabrication de tracts et autres moyens de propagande comme les journaux clandestins, par des actions de sabotage, voire par des actes d'espionnage plus sophistiqués, ne fut jamais brisée tout à fait, elle eut d'innombrables victimes, condamnées et exécutées à la hache, incarcérées ou mortes d'épuisement dans les camps de concentration. Par le nombre de ses martyrs, le Parti communiste allemand occupe, et de loin, la première place parmi les résistants. Avec sa discipline inébranlable, le KPD survécut même au Pacte germano-soviétique et à des actes de trahison inexcusables de la part du pouvoir stalinien, comme la livraison de communistes allemands réfugiés en URSS et tombés en disgrâce, victimes des épurations, qui furent remis à la police nazie. Margarete Buber-Neumann, la veuve de l'ancien chef du KPD, Heinz Neumann, disparu dans le goulag soviétique, a raconté cette affreuse aventure dans des livres inoubliables[1]. Elle fut placée au KZ de Ravensbrück où tant de résistantes françaises terminèrent leur existence terrestre, mais elle survécut, témoin contre deux systèmes concentrationnaires. Si le Parti communiste ne s'éteignit jamais, ses structures se décomposèrent, la direction fut transférée à Moscou et l'action dans le Reich menée par de petits groupes dont les contacts avec les rouages suprêmes étaient aléatoires. Un grand réseau d'action politique et d'espionnage comme l'Orchestre rouge, qui compta parmi ses militants des hauts fonctionnaires issus de grandes familles de l'establishment, s'organisa à part, sans liens directs avec les cellules du parti. Les dirigeants de la grande conjuration cherchèrent à établir le contact avec le parti clandestin, mais l'un des représentants qu'ils finirent par rencontrer avait été « retourné » par la Gestapo. Il est probable, sinon tout à fait certain, qu'Himmler était au courant qu'un grand coup se préparait, mais on ne sait toujours pas s'il laissa faire pour tirer éventuellement profit du service rendu, après une victoire alliée, ou si son information n'était pas assez précise.

L'opposition sociale-démocrate était encore plus « décentralisée ». La direction du parti, réfugiée à Prague, plus tard à Paris et enfin à Londres, eut – surtout après le début de la guerre – de moins en moins la possibilité d'établir le contact avec les militants restés en Allemagne. Le parti cessa pratiquement d'exister, il n'y eut jamais d'organisation centrale clandestine. Les militants et les victimes n'en furent pas moins nombreux ; comme chez les communistes, il s'agissait le plus souvent d'ouvriers inconnus en dehors d'un milieu restreint et qui ne portaient pas de nom historique. Des sociaux-démocrates représentatifs furent associés dès les premiers stades à la grande conjuration ; dans le gouvernement provisoire qui devait être constitué après la mort d'Hitler, Wilhelm Leuschner, ancien ministre hessois de l'Intérieur et dirigeant syndicaliste, devait occuper une place importante, de même que Julius Leber, jeune ancien député au Reichstag qui avait été le maître à penser du jeune Willy Brandt. Ils

---

1. *Déportée en Sibérie, prisonnière de Staline et de Hitler I*, Éd. du Seuil, 1949 et 1986 ; *Déportée à Ravensbrück, prisonnière de Staline et de Hitler II*, Éd. du Seuil, 1988 et 1995.

périrent avec la quasi-totalité du groupe dirigeant de la conspiration. Quelques éléments marginaux, le Parti ouvrier socialiste (SAP), qui avait quitté le SPD en 1932 à cause du soutien accordé à Brüning (et dont Brandt faisait alors partie), et le groupe *Neu-Beginnen* (Nouveau Départ), qui voulait repenser les fondements du socialisme, avaient pris leurs précautions dès avant l'arrivée d'Hitler au pouvoir, grâce à quoi ils purent durer plus longtemps que d'autres, et même, pour certains, jusqu'en 1945, mais leur rayonnement resta limité. Aucune des grandes formations politiques traditionnelles n'était préparée à un combat efficace contre le régime totalitaire avec ses formidables instruments de propagande et de répression. Ce sont de petits groupes, voire des personnalités individuelles, qui n'ont cessé de dire « non » à telle ou telle prétention du pouvoir, d'aider et de protéger les persécutés, de diffuser, de bouche à oreille, la vérité opposée au mensonge officiel, de préférer l'obéissance à Dieu à la soumission au Führer. On n'en connaîtra jamais le chiffre exact, mais on sait que plus de cent mille personnes, condamnées à mort par des tribunaux civils ou militaires pour des raisons politiques ou assimilables à la politique, furent effectivement exécutées, entre 1933 et 1945. Des groupes de jeunes, sans lien avec les anciens partis, sans lien formel non plus avec la grande conjuration politico-militaire, surgirent comme des manifestations spontanées de la conscience ; le plus connu fut la Rose blanche, groupe d'étudiants munichois qui eut des ramifications dans toute l'Allemagne. Les membres de la Rose blanche étaient chrétiens, ils n'avaient cessé de l'être ou l'étaient (re)devenus. Parmi les forces qui ne se soumirent pas – ou pas entièrement – à l'État du Führer, il faut en effet donner une place importante et particulière aux chrétiens, ou plutôt à de nombreux chrétiens ; nombreux, certes, mais pas majoritaires, puisque les Églises instituées (*Amtskirchen*) cherchèrent, selon leur nature, sinon l'alliance avec l'État hitlérien, du moins une reconnaissance mutuelle des limites à respecter.

Les raisons religieuses comptaient cependant avec le patriotisme parmi les motivations les plus profondes des hommes et des femmes qui voulurent mettre fin à la tyrannie dont ils avaient compris, ou fini par comprendre, le fondement idéologique totalement antichrétien. Le renversement des valeurs qu'Hitler voulait accomplir, c'était avant tout, et en tout premier lieu, la rupture avec Dieu. Le tyran sans foi ni loi, Hérode, Antiochos, Pharaon, était un personnage que l'on rencontrait sans cesse dans la Bible. Et pourtant, il fallait parfois des années pour que tel général, dont la mort était cependant le métier, se résolve à admettre qu'en de pareilles circonstances le tyrannicide pouvait devenir licite.

Curieusement, c'est avec le protestantisme traditionnellement soumis au pouvoir temporel, soumission dont Luther avait fait une pièce centrale de l'organisation de la vie religieuse dans la société humaine, que l'affrontement eut lieu en premier et dura le plus longtemps. Beaucoup de protestants, patriotes et conservateurs, s'étaient laissé entraîner vers le national-socialisme. Dans leurs rangs, reflétant les réformes par lesquelles Hitler centralisait le Reich sous son commandement, beaucoup souhaitaient unifier les trop nombreuses *Landeskirchen* (Églises territoriales) qui correspondaient à des monarchies écroulées ou à des États depuis longtemps annexés par la Prusse. C'est ainsi que se forma sous l'impulsion de la « révolution nationale » une « Église du Reich » avec, à sa tête, un *Reichsbischof*, un évêque du Reich, qui, selon les vues des nazis ou de leurs proches, devait gouverner l'Église suivant le principe d'autorité, le *Führerprinzip*. L'évêque élu, homme de charité et de discrétion, le pasteur von Bodelschwingh, portait un nom vénéré dans les milieux de piété grâce aux œuvres d'assistance aux malades fondées par sa famille au XIXe siècle. Il ne correspondait évidemment pas au modèle souhaité et n'ayant guère de goût pour les affrontements politiques s'effaça promptement pour être remplacé par un aumônier militaire, Ludwig Müller. Contre cette désignation imposée, mais surtout contre la décision d'appliquer à l'Église le « paragraphe aryen », ce qui signifiait l'exclusion des juifs du pastorat et des autres emplois ecclésiastiques, une minorité de ministres du culte et de fidèles se révolta. Obéir à Dieu plutôt qu'au pouvoir temporel, si le choix nous est imposé, telle était la devise des assemblées où s'organisait et se formulait le refus de soumettre la religion à l'État totalitaire, refus particulièrement véhément dans les régions calvinistes de Westphalie, mais qui trouva son porte-drapeau dans le pasteur d'une paroisse de la banlieue bourgeoise de Berlin, Martin Niemöller, fameux pour ses exploits de commandant de sous-marin pendant la Première Guerre. Interdit de prédication et continuant néanmoins à prêcher, Niemöller fut arrêté à plusieurs reprises et finit par être placé au camp de concentration de Dachau, dans une section spéciale, il est vrai, où il jouissait d'enviables privilèges. Son exemple porta plus que la répression dont il fut l'objet. Les opposants s'unirent dans une Église confessante (*Bekennende Kirche*) qui définit avec une clarté rigoureuse les points sur lesquels le devoir de conscience s'opposait au devoir d'obéissance envers l'autorité. Minoritaire dans le monde protestant, l'Église confessante avait tout de même un vaste rayonnement. Beaucoup de responsables de la conjuration entretenaient avec elle d'étroites relations. L'un des plus insignes membres de la résistance, le pasteur Bonhoeffer, qui fut exécuté après le 20 juillet, théologien brillant et profond, fit connaître dans ses œuvres les fondements spirituels de l'opposition à l'État qui voulait être tout. Un des laïcs les plus engagés dans l'Église confessante fut Gustav Heinemann qui sera président de la République fédérale de 1969 à 1974. Il y eut des interdictions, des arrestations, des procès, mais, dans l'ensemble, comme l'Église confessante ne rassemblait qu'une minorité de protestants, et pour éviter des phénomènes de solidarisation, la tactique officielle fut plutôt la marginalisation que le conflit frontal. A Dachau où se trouvaient détenus en 1944 plus de 300 prêtres catholiques allemands et autrichiens (et 800 prêtres polonais, survivants de 2 000), il n'y avait qu'une dizaine de pasteurs. Quant à l'Église catholique, sa situation était marquée du signe de la contradiction. Le parti catholique avait figuré parmi les adversaires déterminés du nazisme, mais ce fut l'un de ses dirigeants, von Papen, qui ouvrit à Hitler le chemin du pouvoir. Rome crut, comme beaucoup d'hommes politiques et d'institutions, qu'Hitler accepterait d'être l'instrument d'une croisade conservatrice contre le bolchevisme. Pour le ménager et le retenir, le Vatican avait accepté de négocier le *Reichskonkordat* avec les plénipotentiaires d'un Führer qui était lui-même un catholique apostat et renégat, ennemi par excellence de Dieu et de son Église. De cette contradiction, l'Église romaine et l'Église allemande ne parvinrent jamais à se dégager tout à fait. Naturellement, Hitler et les nazis ne respectèrent pas le concordat qui garantissait la liberté des activités paroissiales. En 1936, le Führer des Jeunesses hitlériennes, Baldur von Schirach, fut proclamé chef de la jeunesse du Reich. L'État prétendait au monopole éducatif pour faire des enfants de vrais nationaux-socialistes. Les grandes organisations de la Jeunesse catholique s'étaient dissoutes ou avaient été dissoutes, les chefs de la Jeunesse hitlérienne s'attaquèrent ensuite aux activités de jeunesse des paroisses. De nombreux militants et prêtres furent arrêtés. A Berlin, un prêtre vénéré, l'abbé Lichtenberg, protégeait et consolait les juifs. L'archevêque de Munich, le cardinal von Faulhaber, conservateur et monarchiste, s'opposa à la persécution qui s'étendait aux juifs convertis. Nous sommes tous, disait-il, spirituellement sémites. Plus tard, l'évêque de Münster, le comte von Galen, s'éleva en chaire contre l'action secrète qui visait à « éliminer la vie indigne d'être vécue », les malades héréditaires et les éclopés. Il eut un immense retentissement ; on n'osa pas l'arrêter en personne, mais une grande partie de son clergé diffusa ses sermons et des dizaines de prêtres, en punition de ce comportement, prirent le chemin de Dachau. D'autres évêques cherchèrent avant tout à éviter des conflits mais de nombreux militants et notables du Zentrum furent arrêtés à diverses reprises. En Autriche, des prêtres organisèrent de véritables groupes de résistance. Un jésuite, le père Delp, fut condamné à mort et exécuté en 1945, avec les responsables de la grande conjuration. Mais si Pie XI, dans l'encyclique *Mit brennender Sorge*, avait condamné le national-socialisme athée, Pie XII refusa de dénoncer publiquement le sort fait aux juifs. Dans l'Église allemande, certains évêques doutaient de la fidélité des fidèles si ceux-ci avaient eu à choisir entre l'Église et le Führer, et le Vatican ne voulait point détruire lui-même toute possibilité de contribuer au rétablissement de la paix – et à la création d'un front uni contre le bolchevisme. Cela n'empêcha pas beaucoup de catholiques de rejeter le nazisme et même de le combattre. Citons comme exemple de résistance passive un Konrad Adenauer qui doutait de la capacité des militaires à mener avec succès une conjuration, mais s'abstint de toute compromission avec le régime, et, comme exemple de l'engagement, l'ancien président de l'État du Wurtemberg, Bolz, qui participa à la conjuration et fut, lui aussi, exécuté. Le mythe de l'Église résistante, forgé après la guerre, va beaucoup trop loin et défigure les faits. Mais il y eut bien une résistance catholique dont les survivants devaient presque tous jouer un rôle dans l'Allemagne de l'après-guerre.

En l'été 1939, Hitler est prêt pour la guerre. Non seulement il en accepte le risque, mais il la veut. Les généraux, dans leur grande majorité, voudraient encore gagner du temps. Si guerre il doit y avoir, le meilleur moment serait pendant les années 1942-1943 ; la machine mise en route après 1933 serait alors au mieux de son fonctionnement. Mais Hitler est pressé. Il ne veut pas être trop vieux pour conduire la guerre et bâtir ensuite le grand Reich. Son programme, tel qu'il l'avait exposé en 1935 aux généraux pour la plupart incrédules, a été exécuté point par point. Il ne reste plus que la Pologne. Certes, l'Angleterre n'a pas donné suite à ses propositions d'alliance, mais il pense maintenant qu'il peut se passer d'elle et qu'on la retrouvera plus tard, peut-être, quand elle viendra occuper sa place dans la communauté germanique. Lui-même est sûr de ses moyens. Pour l'être tout à fait, il a profité, au début de 1938, de difficultés personnelles du ministre de la Défense, von Blomberg, et du commandant en chef de l'armée de terre, von Fritsch, pour s'instituer lui-même commandant suprême de toute la Wehrmacht. Blomberg, officier conservateur et point trop malin, n'avait pourtant jamais fait la moindre difficulté. C'est le passé plus que douteux de la jeune femme qu'il épouse en secondes noces, avec Hitler et Göring comme témoins, qui va l'obliger à partir, donnant ainsi à Hitler la possibilité de s'assurer le contrôle direct sur les forces armées, sans ministre interposé. Pour von Fritsch, c'est une tout autre affaire.

Celui-là est un adversaire qui craint qu'Hitler ne joue le sort de l'armée et celui de l'Allemagne comme le « hasardeur » qu'il est. Ses services sont des foyers de critique et d'opposition intellectuelle. Göring et la Gestapo – donc Himmler – trouvent, en cherchant bien, des preuves de l'homosexualité active du colonel-général. Une confrontation shakespearienne est organisée entre le commandant en chef et une petite frappe de prostitué qui avoue qu'il y a confusion. Il ne connaît pas le commandant en chef, son « partenaire » est découvert : un vieil officier presque homonyme. Mais Fritsch avait donné sa démission pour mieux pouvoir se défendre ; bon débarras, on ne revient pas sur cet acquis. A sa place est nommé le général von Brauchitsch, qui a des problèmes de divorce et d'argent que le Führer s'empresse d'arranger. Lui ne fera jamais de difficultés. Assisté de son fidèle chef du commandement suprême, Keitel, homme sans ambition ni imagination, Hitler est seul maître des forces armées. Malgré les réserves et les craintes des techniciens militaires, la guerre contre la Pologne est décidée. Une fausse attaque polonaise contre un poste de radio allemand est organisée par les services secrets. Les soldats polonais en question n'ont de polonais que l'uniforme, mais c'est pour riposter à cette attaque que l'Allemagne déclare la guerre. Que la France vienne au secours de la Pologne paraissait inévitable, mais que l'Angleterre en fasse autant provoque des interrogations tardives chez les responsables allemands. Pour arrêter une éventuelle attaque de diversion française, Hitler avait fait construire le *Westwall*, une sorte de ligne Maginot à l'envers. C'est la « drôle de guerre ». Il ne faut que trois semaines à la Wehrmacht pour terrasser la Pologne. Mais avant que la paix ne fût définitivement vaincue il y avait eu le Pacte germano-soviétique. Le cynisme des deux dictateurs les rapproche. Hitler voulait empêcher l'URSS de se ranger dans le camp de ses adversaires, et Staline entendait bien laisser les capitalistes européens s'entre-dévorer ; en s'entendant avec Hitler, il pensait diriger pour longtemps les appétits et les engagements allemands vers l'Occident. L'écroulement imprévu de la France en 1940 obligera Staline à changer ses prévisions. En attendant, le Pacte isole la Pologne et la condamne à un quatrième partage. Hitler a-t-il sérieusement voulu s'entendre avec Staline ? La réponse ne peut être que négative. Son but suprême est et reste la conquête de l'espace oriental, ce qui implique la destruction de l'État et de la nation russes. Le Pacte permet de régler leur sort aux Occidentaux et aux moindres frais : l'Union soviétique s'est engagée à fournir ou faire fournir les matières premières nécessaires à la poursuite de l'effort de guerre allemand.

Aucun enthousiasme, contrairement à 1914, n'accompagne l'entrée en guerre. L'Allemagne est disciplinée et le régime la tient solidement. Les premières victoires des armées hitlériennes paraissent justifier les projets les plus ambitieux. Et pourtant, la peur d'une fin catastrophique est présente dans beaucoup d'esprits, comme si, obscurément, ceux qui applaudissent frénétiquement leur Führer restaient, dans un recoin éloigné de leur âme, défaitistes et pessimistes, attitudes qui, maintenant, peuvent valoir à celui qui les cultive sans repliement total et silencieux sur soi la peine de mort.

Les Occidentaux, laissant la Pologne à son triste sort, n'ont pas l'air de vouloir mener la guerre avec une intensité très active. L'immobilisme s'installe sur la ligne Maginot. Veut-on vraiment battre Hitler ? Alors que rien n'est décidé sur le front, on discute entre Londres et Paris d'une éventuelle expédition en mer Baltique pour soutenir la vaillante petite Finlande agressée par Staline. Pendant ce temps, le fauve s'apprête à bondir.

L'énorme détour par les pays scandinaves et les Pays-Bas vise à défendre des approvisionnements essentiels et veut en même temps isoler la France sur le continent. L'attaque à travers les Ardennes frappe un commandement vieilli et qui n'aime pas cette guerre contre le héraut de l'antibolchevisme. La rapidité de l'écroulement français stupéfia les experts militaires et confirma les intuitions du Führer. De bon matin, il visite la capitale française où il ne reste que quelques heures. Une belle ville, mais les nôtres seront plus belles encore. Vichy, sous un autre nom, est un protectorat allemand. On fait croire à Pétain qu'il est souverain, mais son pays n'est plus qu'une économie qui doit travailler pour le grand Reich. Ce revirement coupe le souffle des contemporains. Mais, que serait-il advenu si la France avait vraiment fait la guerre ? Une nouvelle saignée de deux millions de morts eût signifié *de facto* la fin physiologique de la nation. L'entrée de l'Italie dans le conflit est à la fois, pour l'Allemagne, un grand avantage politico-économique et une charge, comme le montrera l'incapacité des troupes italiennes en Albanie, pendant la guerre du Vendredi saint. A la fin de l'été 1940, l'Europe occidentale, de Narvik à Bayonne, est tenue par l'Allemagne ; la France non occupée est coincée entre l'Allemagne victorieuse et l'Italie. A la grande surprise d'Hitler, cependant, l'Angleterre poursuit la guerre en se donnant pour chef l'adversaire le plus tenace du Führer, Winston Churchill. L'armée de l'invasion se réunit sur les côtes françaises et belges. Il n'y a pas encore cent cinquante ans, la grande armée de Napoléon se regroupait ainsi à Boulogne. Elle aussi abandonna le projet. Ce fut le premier véritable échec, si l'on met à part la crise autrichienne de juillet 1934 où le Reich n'avait cependant pas été directement partie prenante. Échec, de surcroît, de l'une des créations les plus aimées du régime, la Luftwaffe, qui ne put assurer à l'armée de débarquement l'indispensable maîtrise de l'air. Mais après tout l'Angleterre seule, repliée sur son île, n'était pas un but incontournable ; sa principale force était immobilisée en Afrique du Nord, face aux Italiens, que l'Afrikakorps allait renforcer sérieusement : pour la première fois, une vraie grande armée allemande se battait hors d'Europe. Les bombardements de la Royal Air Force sur l'Allemagne n'étaient que des piqûres de moustique. Laissant donc Churchill sur ses rochers de Douvres, Hitler, sûr que l'Angleterre finirait quand même par le rejoindre, commença les préparatifs de ce qui était depuis toujours le véritable objectif et la véritable épreuve de son programme : la conquête de l'espace vital à l'Est. En passant, il fallut secourir Mussolini qui, ayant tenté de faire le grand homme tout seul, s'embarquait dans sa ridicule et odieuse guerre avec la petite Grèce. La Yougoslavie, juste à ce moment, eut la mauvaise idée de renverser le régent, le prince Paul, et son ministre Stojadinovic, qui avaient réussi le difficile virage de l'alliance française à l'entente avec l'Axe. Les troupes allemandes n'en firent qu'une bouchée. Les territoires slovènes que l'Autriche avait dû céder au lendemain de la Première Guerre mondiale firent retour au Reich grand-allemand. La Slovénie restante confiée à l'Italie, on restaura un royaume de Croatie dont le véritable maître (malgré un roi italien qui n'occupa jamais son trône) fut un vieux conspirateur ultra-réactionnaire, le « Poglavnik » Pavelic, chef des Oustachis, qui, en 1934, avaient assassiné à Marseille le roi Alexandre et le ministre français Barthou.

Quel régime ! Le plus meurtrier, le plus barbare, le plus médiéval de l'ère hitlérienne. Malaparte, en relatant sa visite à Zagreb, ne put rétrospectivement réprimer l'horreur que lui inspira la vue d'un panier plein d'yeux arrachés que lui présenta fièrement le vieux chef de bande. Des centaines de milliers de Serbes orthodoxes et de juifs furent massacrés d'une façon atroce. Il fallut peu de temps pour qu'en Serbie l'État écroulé et la tradition de la guérilla antiturque donnent naissance à une résistance populaire parfois habillée de frusques marxistes et dont la fière Wehrmacht ne devait jamais venir à bout. De toute l'Europe occupée, la Yougoslavie fut l'unique pays à libérer seule une grande partie de son territoire. La Grèce, qui avait héroïquement résisté avec succès aux légions du César de théâtre de province italien, fut enfoncée de bout en bout. La prise de la Crète par les parachutistes allemands ressemblait aux exploits des guerres d'autrefois et menaçait l'Égypte que Rommel se préparait à atteindre par la voie du désert. Les stratèges des cafés du Commerce allemands se mirent à suivre la guerre dans les romans de Karl May, le petit-bourgeois immobile doué d'une imagination délirante, Douanier Rousseau littéraire pour bibliothèques de gare qui charma des générations de jeunes garçons allemands (et continue à le faire), et dont une bonne partie des récits se déroulent au Proche-Orient.

Le 22 juin 1941, à l'aube naturellement, la Wehrmacht, soutenue sur ses flancs par les armées finlandaises, hongroises et roumaines (l'Italie aussi devait par la suite y aller d'un corps expéditionnaire), franchissait les frontières soviétiques. En dépit d'innombrables signes d'avertissement et de mises en garde anglaises, Staline semble bien avoir été cueilli par surprise. Il avait pourtant scrupuleusement – si l'on peut dire – exécuté l'accord de 1940, notamment sur le plan des fournitures de matières premières. Il est vrai que le voyage de Molotov, ministre des Affaires étrangères, à Berlin, n'avait pas été un succès. Hitler avait mal accueilli les prétentions territoriales dont Staline voulait faire dépendre la transformation du Pacte en alliance. La chute rapide de la France l'avait déconcerté ; il ne pouvait, dans son système de pensée, faire confiance à la fermeté anglaise, et les États-Unis, pas plus que pour Hitler, n'étaient pas à ses yeux une puissance militaire sérieuse. Il semble avoir cru, cependant, qu'un délai assez long lui serait laissé avant l'explication finale. Si les troupes soviétiques se battirent vaillamment par endroits, elles ne réussirent pas à arrêter l'adversaire sur un front stable. La formidable Wehrmacht s'enfonça rapidement dans l'immense Russie. Au bout de trois mois, Leningrad et Moscou étaient à portée de tank. Le gouvernement soviétique s'était replié sur la Volga. Les Allemands, souvent – notamment dans les campagnes –, étaient reçus comme des libérateurs.

L'histoire aime les *remake*. Comme tout à l'heure au camp de Boulogne, le maître allemand de l'Europe échoua lui aussi là où le Français avait rencontré pour la première fois un destin hostile : devant Moscou. L'hiver prématuré permit à la Russie, au dictateur, à l'appareil, de se ressaisir. Des troupes intactes sortirent de l'immensité d'un territoire qui réunissait deux continents. Des avions et des tanks adaptés aux froids profonds ; un peuple à qui l'histoire avait appris à se battre sur la défensive, sur son propre sol. L'élan de l'offensive éclair gela dans les neiges et les glaces. Dès lors, la guerre était perdue pour Hitler, mais il fallut encore trois ans et demi et des dizaines de millions de morts pour que cette vérité fût reconnue et pour qu'Hitler la comprît lui-même.

L'élan stoppé, l'Allemagne occupait quand même plus de la moitié de la Russie d'Europe « utile », du Caucase (atteint un peu plus tard) à la Carélie. A part la Suède, la Suisse, le Portugal et la Turquie neutres, tout le reste du continent se trouvait ou directement soumis aux décisions du maître hégémonique, ou lié à son char par des alliances de plus en plus contraignantes (seule l'Espagne réussit à conserver une autonomie véritable). Comment organiser cet immense espace et établir sur l'Europe à demeure une domination inébranlable ? Telle était la question que l'histoire, en ce moment crucial, s'apprêtait à poser à Hitler. Avec son immense génie, avec la séduction des idéaux de la Révolution dont il restait au moins partiellement l'héritier, Napoléon avait échoué devant une tâche semblable. Dans un certain sens, tout le passé allemand depuis un siècle et demi était nourri par le souvenir du soulèvement national qui, en rejetant le joug du Corse, avait créé dans une vaste mesure l'identité moderne de la nation.

A présent, c'est contre l'Allemagne et son tyran que les nations se soulèvent.

Tout dans la personne du Führer et dans la nature du national-socialisme condamnait d'avance le projet d'une Europe hitlérienne. L'idéologie de la Révolution, bien qu'elle fût sans cesse démentie par la pratique de la domination napoléonienne, proclamait l'égalité des hommes et des nations. Les doctrines nazies, au contraire, postulaient la vocation hégémonique unique et absolue de la race germanique incarnée dans le *Volk* allemand ; tout au plus, laissait-elle subsister une marge d'égalité possible pour les autres Germains, Scandinaves, « Thiois » et, en partie seulement, les Anglo-Saxons. A la rigueur des individus de bonne apparence allaient se faire récupérer par une renordification mentale ou biologique (*Aufnordung*). L'empire hitlérien ne pouvait être que le règne de l'inégalité, avec des degrés divers où le plus bas de l'échelle, tout juste avant les juifs, devait être occupé par les Russes. La pyramide des inégalités n'épargnait d'ailleurs pas le peuple allemand lui-même. Dans les NAPOLA, les établissements d'éducation politique nationale, écoles secondaires du parti, dans les *Ordensburgen* (châteaux de l'Ordre), se formaient les membres de la future aristocratie politico-militaire, une nouvelle chevalerie à qui le peuple allemand allait en quelque sorte servir d'infanterie, et les autres peuples, selon leur rang et leur conduite, d'auxiliaires étroitement contrôlés et contenus, voire de serfs liés à la terre, et même d'esclaves, si l'on pense à la main-d'œuvre concentrationnaire. Entraîner l'Europe à servir le nouvel empire, et même, dans un stade ultérieur, à le défendre, ce ne pouvait être une tâche facile. Et pourtant, le régime et son chef n'échouèrent pas tout à fait. Alors que partout dans les pays occupés commençaient à se former des mouvements de résistance et des maquis, des groupements fascistes ou même nationaux-socialistes se constituaient également et, dans nombre de ces pays, des unités militaires, composées de volontaires, se mobilisèrent pour participer, sous commandement allemand, à la lutte contre le bolchevisme. Par la suite, dans sa tentative de créer, à l'intérieur de son sous-système, une force militaire *bis*, rivale de la Wehrmacht, en attendant de soumettre celle-ci à son contrôle, Himmler étendit à l'Europe conquise le recrutement de ses Waffen-SS. En Hollande, en Belgique, en France (sous l'invocation de Charlemagne), dans les Balkans (notamment parmi les musulmans de Bosnie et parmi les « Allemands ethniques[1] »), au Danemark et en Norvège, le nombre des volontaires ne fut nullement négligeable. C'était l'armée des auxiliaires qui se mettait en place à côté des légions hitlériennes. De la Yougoslavie à la France, de l'Italie (après la capitulation de Badoglio) à la Norvège et dans les régions non russes de l'Union soviétique occupée, une vaste guerre civile européenne se développa peu à peu, pendant que la guerre extérieure se poursuivait sur les fronts de Russie et d'Afrique du Nord.

C'est pourtant en Russie que se posaient les problèmes et s'imposaient les choix les plus dramatiques. Accueillies en libérateurs en maints endroits, les troupes allemandes furent vite conduites à se comporter d'une manière qui ne pouvait que décourager les espoirs antibolcheviques. Se concilier les populations était impensable du moment où, pour Hitler, Himmler et leurs fidèles, le peuple russe devait être en partie évacué vers l'est (Hitler parlait de trente millions de Russes à déplacer), pour faire de la place aux colons allemands, les éléments restés sur place devant travailler, dépourvus de tous droits, au service des nouveaux seigneurs. Une fois dans leur vie, on les mènerait à Berlin pour qu'ils puissent se pénétrer de l'immense supériorité allemande. Naturellement, aucun Russe ne devait recevoir un enseignement allant au-delà du niveau primaire.

Cependant, des diplomates et des officiers allemands nourrissaient de tout autres desseins. Ils pensaient que l'Allemagne avait tout à gagner à voir se former dans l'ancien espace soviétique des États amis et alliés. L'extermination de pans entiers de la population, les abominables méthodes que les SS et les *Einsatzkommandos* de la police spéciale utilisaient dans la lutte contre les maquis, la décimation de villages entiers, les exécutions de masse, les tortures et humiliations de toutes sortes, la famine qui régnait parmi les millions

---

1. Les *Volksdeutsche*. Par ce mot, on désigna, sous Hitler, les membres des minorités allemandes établies, souvent depuis des siècles, dans de nombreux pays de l'Europe orientale, en Russie et jusque dans le Caucase.

de prisonniers de guerre, organisée et voulue afin d'en diminuer le nombre, tout cela révoltait des hommes restés normaux, étrangers aux folles spéculations d'un chef de plus en plus isolé dans sa « tanière du loup[1] ». Se battant contre les *Gauleiter* et les généraux SS, les partisans d'une autre politique n'eurent guère de succès sur place, mais, en Allemagne même, parmi les prisonniers de guerre, ils eurent l'autorisation de constituer des unités russes. Un général prisonnier, Vlassov, forte personnalité opposée au régime stalinien, fut placé à la tête d'une armée qui dépassa un million de volontaires. Même si l'on tient compte du fait que pour beaucoup de captifs l'engagement chez Vlassov était la seule possibilité d'échapper à la mort par sous-alimentation et travaux forcés, ce nombre montre la profondeur des ressentiments que Staline avait semés dans le peuple russe. Mais, pour que cette tentative eût un sens, il aurait été nécessaire de changer complètement la politique pratiquée dans les territoires occupés mais à cela, malgré les grands retournements tactiques dont Hitler s'était montré capable dans le passé, le Führer vieillissant rapidement et perdant visiblement le contact du réel ne put se résoudre. C'est le cœur de son projet qu'il aurait alors été forcé d'abandonner. Au lieu de quoi, c'est le territoire soviétique occupé qui, à partir de l'été 1943, se mit à diminuer comme peau de chagrin. L'armée Vlassov se disloqua à la fin de la guerre. Son chef et beaucoup de ses soldats furent livrés à Moscou par les Américains et les Britanniques, au nom de l'alliance. Des unités entières se suicidèrent.

Hitler et la plupart de ses proches avaient sous-estimé la capacité des Américains de mobiliser rapidement leurs formidables ressources humaines et matérielles. En fait, les États-Unis, par la volonté de Franklin Roosevelt, étaient depuis longtemps engagés dans une sorte de semi-belligérance sans laquelle la résistance de l'Angleterre eût été beaucoup plus difficile. On peut citer en exemple le « prêt »

1. La *Wolfsschanze*, redoute ou bastion du loup, fut, pendant la guerre à l'Est, le siège du quartier général du Führer, au fond des bois de la Prusse-Orientale.

de cinquante navires de guerre pour compenser en partie les pertes infligées par la guerre sous-marine. Tel fut l'aveuglement du Führer qu'il déclara lui-même la guerre aux États-Unis quand l'attaque sur Pearl Harbor, le 7 décembre 1941, déclencha le conflit américano-japonais. L'obstination de Roosevelt, qui pouvait évidemment s'appuyer sur une partie croissante de l'opinion (sa réélection en 1940, la troisième – fait sans précédent – avait considérablement renforcé son prestige), atteignait son but. Moins d'un an plus tard, en novembre 1942, les Anglo-Saxons débarquèrent en Afrique du Nord. La participation française à la guerre, petitement poursuivie depuis Londres, pouvait à présent prendre un véritable essor, tandis que les armées germano-italiennes, refoulées des frontières de l'Égypte où Rommel avait paru un moment menacer Suez, étaient prises dans un immense encerclement dont elles ne purent sortir qu'en capitulant. Le débarquement en Sicile, puis sur le continent italien, entraîna la rupture de l'Axe, même si Mussolini, libéré par une action de commando, put reconstituer un pouvoir fasciste en Italie du Nord. La « République sociale » n'était plus qu'un protectorat allemand, et dans toutes les zones non encore libérées la résistance se mobilisait, légitimée par le roi et son gouvernement établis dans le Sud. Malgré Mussolini, les troupes italiennes qui refusaient de se joindre aux Allemands, dans les Balkans, furent l'objet de traitements très durs : beaucoup d'officiers fusillés, des milliers de soldats déportés en camps de concentration où ces « traîtres » furent considérés comme la lie des nations ; à l'égal des Russes, une longue raie tracée au rasoir dans leur chevelure était pour eux l'insigne de la honte. Le front en Italie, au prix de très durs combats, se déplaçait lentement vers le nord. En mai 1944, Rome était libérée. Le grand débarquement annoncé, espéré, redouté depuis des mois et qui devait ouvrir un front occidental, ne pouvait plus se faire attendre longtemps.

Le tournant, en Russie, ce fut Stalingrad, en décembre 1942, quelques semaines après le débarquement anglo-saxon en Afrique du Nord. Avec une obstination atroce, en interdisant replis et évacuations, Hitler condamna à des souffrances terribles, et le plus souvent à la mort, un ensemble d'armées fort de 300 000 hommes. La confiance absolue en son génie stratégique fut sérieusement ébranlée. La participation de nombreux généraux et officiers supérieurs, faits prisonniers, au comité Allemagne libre, constitué à Moscou et entièrement dominé par les communistes allemands, ne put être cachée longtemps aux populations du Reich.

Cependant, Hitler et avec lui une grande partie du peuple totalement aliénée à son Führer voulurent croire à des miracles successifs. L'*Atlantikwall*, la longue file de fortifications construites sur les côtes de l'Atlantique, ferait échouer l'« invasion » anglo-saxonne. Les *Wunderwaffen* (armes miraculeuses), avions sans pilote, fusées, avions à réaction, allaient obliger l'Angleterre à plier genou. La formidable montée en puissance de l'Amérique capitaliste allait convaincre Staline de faire la paix (mais Hitler, s'il laissa prendre quelques contacts, n'était pas réellement prêt à mettre entre parenthèses le grand rêve du *Lebensraum*, de l'espace vital). Après le succès du débarquement de juin 1944, le commandement allemand réussit à restabiliser le front en avant du *Westwall*. En Hollande, la tentative anglaise de franchir le Rhin tourna à la catastrophe. L'échec de l'attentat du 20 juillet, tout en accentuant le rapide déclin de la santé du Führer-commandant en chef, rétablit chez Hitler la certitude d'un tournant favorable. L'offensive d'hiver dans les Ardennes parut lui donner raison tandis que l'Armée rouge n'avançait que lentement en Pologne. Ce fut un sursaut prodigieux et insensé qui, après des succès initiaux, se fracassa contre l'immense supériorité du matériel américain et le moral des troupes qui commençaient à être aguerries. L'Allemagne était déjà largement entamée quand la mort de Roosevelt donna aux derniers fidèles et à Hitler lui-même une ultime occasion de fol espoir. La mort de la tsarine Élisabeth n'avait-elle pas sauvé Frédéric II en 1762, quand tout paraissait perdu pour le roi de Prusse ? Et puis, une fois entrés comme alliés en Allemagne, Anglo-Saxons et Soviétiques ne pouvaient pas manquer d'en venir aux mains. L'Allemagne et Hitler récupéreraient alors un rôle important. L'essentiel était de tenir jusque-là.

Et ils tinrent bon ! Mobilisés à 16 ans, comme naguère nos « Marie-Louise », des enfants de la Jeunesse hitlérienne se battirent avec fureur alors que d'autres appelaient leur maman. Les déportations et exterminations de juifs se prolongèrent jusqu'à ce que les camps de Pologne fussent abandonnés. Ailleurs, elles durèrent jusqu'à l'écroulement final. Puisqu'une grande partie du pays était occupée, la résistance se concentrerait sur la « forteresse des Alpes » où l'on attendrait la rupture entre Moscou et Washington et la sortie des avions à réaction, fabriqués sur place. Les procès contre les conjurés du 20 juillet continuèrent : plusieurs parmi les plus importants des adversaires du Führer, le général Oster, l'amiral Canaris, ne furent exécutés qu'en avril. Quiconque osait proposer de rendre une ville ou un village était condamné comme traître et pendu pour l'exemple. Néanmoins, alors que certains continuaient la lutte avec le fanatisme des croyants, beaucoup d'unités commençaient à se débander, le mot d'ordre clandestin étant d'essayer d'atteindre les lignes anglo-saxonnes, car tous les soldats allemands savaient ce qui les attendait chez les Russes. Ce fut un grand plébiscite des pieds qui aurait pu être plus spectaculaire encore si les Américains ne s'étaient pas arrêtés sur l'Elbe, selon les engagements pris. Depuis 1941, l'aviation anglaise et américaine avait systématiquement pilonné les villes allemandes. En février 1945, 70 000 personnes périrent dans l'incendie de Dresde. Le peuple n'en pouvait plus, mais les instruments de répression extérieure et la discipline intériorisée firent que la révolte n'éclata nulle part. Quand la mort de Roosevelt ne produisit aucun des effets espérés, Hitler sut que la fin allait venir. L'exigence de la capitulation sans condition proclamée à Casablanca, en janvier 1943, rendait inutile toute tentative de négocier. Mais ce n'était pas là, de toute façon, le bois dans lequel le Führer avait été taillé. Il ne se rendrait pas, comme Napoléon III, et ne s'enfuirait pas comme Guillaume II. D'ailleurs, où aurait-il été accueilli ? Dans les mythes religieux et les chansons de geste des Germains, les héros finissaient toujours tragiquement ; comme les derniers Goths au pied du Vésuve se faisant tuer par l'armée byzantine infiniment supérieure – c'était là un combat dont le récit avait bouleversé le petit Adolf comme des générations d'enfants ailleurs[1].

---

1. Grâce au roman historique d'un professeur patriote, Felix Dahn, intitulé *Un combat pour Rome* et qui eut d'innombrables éditions depuis sa parution en 1876-1878.

Hitler, revenu enfin à Berlin après des années d'absence, résolut de s'enfermer dans la *Reichskanzlei*, qu'il avait fait construire pour servir de résidence officielle au Führer d'un Reich grand-allemand s'étendant de l'Atlantique à l'Oural, et d'y attendre la mort. Le dernier jour, il fit encore exécuter de prétendus traîtres. Dans un testament, il accusa le peuple allemand de n'avoir su se montrer digne de son Führer. Néanmoins, pour assurer la continuité de l'État, il désigna un successeur : l'amiral Dönitz, Göring ayant été déchu, lui aussi, comme traître. Après avoir empoisonné son chien et épousé sa maîtresse, il tua Eva Braun et se tira une balle dans la bouche. Dönitz, informé de la mort tragique du Führer, se proclama président et joua pendant quelques semaines au chef d'État dans une caserne du port de Flensburg où les Anglais finirent par l'arrêter. Le 7 mai, à Reims, le général Jodl, chef d'État-Major, et l'amiral von Friedeburg signèrent l'acte de capitulation. Jodl fut pendu à Nuremberg et Friedeburg devait se suicider lui aussi, comme le firent Goebbels, Himmler et Göring.

Maintenant que le rideau est tombé sur cette pièce sanglante et cruelle, « histoire contée par un fou, pleine de sang et de fureur », je ne puis passer sans arrêter un moment la suite du récit que je fais ici des aventures d'un peuple. J'envie parfois les marxistes qui expliquent tout par les relations de classes et les conditions de production. Certes, les capitalistes ont soutenu Hitler, certains au début, certains longtemps, d'autres encore jusqu'à la fin, et au-delà. Mais le mouvement qui le portait au pouvoir était réellement « populaire », non seulement issu du peuple, mais opposé aux riches et aux puissants, mouvement de haine et d'envie. Mouvement arriéré, rétroverti comme le sont beaucoup de gens du « petit peuple », boutiquiers et artisans, petits fonctionnaires, ou leurs enfants. Et Hitler, parmi les structures qu'il craint, dont il se sert mais dont, surtout, il se méfie et prévoit l'effacement, compte l'argent et son pouvoir, au même titre que l'État et la loi. Ce qui me frappe, et cela n'est évidemment pas justiciable du matérialisme historique, même si cette méthode peut fournir des éléments complémentaires d'explication, c'est le caractère nihiliste et régressif du national-socialisme. Beaucoup plus que par *Mein Kampf* ce fonds véritable d'intentions et d'appréhensions est révélé dans les *Propos de table* des années de guerre, où se profile le monde néoféodal et barbare auquel Hitler voulait ramener le peuple allemand imaginaire[1].

Il est à la fois stupéfiant et facile de comprendre que le peuple réel ait longtemps, assez passivement dans ses grandes masses, accepté de se confondre avec ce qui transparaissait du peuple imaginaire dans les discours et les actes du régime, et que des minorités galvanisées et hypertendues aient commencé à rendre effectivement réels ce peuple et ce Reich fantômes. La singularité des crimes nazis dont on a tant discuté ces derniers temps[2] constitue à mes yeux un cas particulier de la singularité générale d'un effort par lequel un chef halluciné tenta de ramener un grand peuple moderne aux modes d'être, de penser et de sentir des tribus germaniques et de leurs mythes. On peut expliquer cette adhésion des masses par les malheurs subis, la guerre, la défaite, l'humiliation, l'inflation, le chômage ; on peut y trouver l'aboutissement du malaise devant la civilisation moderne si répandu dans les cercles intellectuels d'avant guerre et qui fut adopté dans un contexte récessionniste et réactionnaire par la droite allemande, au nom des strates et des classes menacées dans leur pouvoir et dans leurs biens (le pouvoir, lui aussi, est un bien et souvent un bien héréditaire). On peut l'expliquer par le martèlement médiatique, par la propagande, unique maîtresse de l'opinion, génialement orchestrée par Goebbels ; par la terreur que la pieuvre himmlérienne faisait régner, tout au moins sous forme de menace, dans tous les lieux de la société allemande. Aucune de ces approches ne me satisfait entièrement. Dans toute l'histoire de l'Occident, depuis la fin de l'Antiquité, il n'y a pas de personnage que l'on puisse comparer à Hitler. Le côté diabolique, mêlé au côté incongru, le chef charismatique enfermé dans ses

1. Adolf Hitler, *Propos de table*, Henry Picker, *Hitlers Tischgespräche*, Athenäum Verlag, Bonn, 1951.

2. Voir mon introduction au volume *L'Histoire en question*, paru en 1988 aux Éd. du Cerf.

rêveries hallucinées et qui – tout en ayant l'air d'un clown – est d'une habileté et d'une promptitude à la riposte prodigieuses, par lesquelles il ne cesse de surprendre ses adversaires.

Que tout cela soit arrivé chez un des peuples les plus cultivés du monde et dont la contribution au progrès de l'esprit humain avait été jusque-là l'une des plus vastes et des plus profondes, cette constatation devrait à tout jamais nous guérir des explications et conceptions mécanistes de l'histoire et, par conséquent, des comportements humains en général.

La Bible explique peut-être mieux ce qui est arrivé au peuple allemand entre 1933 et 1945 que les enseignements de Marx et de Freud. Mais, sans doute, faut-il associer tous ces instruments d'interprétation, et l'exacte méthode d'observation des faits devra s'allier aux explorations théologiques. Le nazisme fut un phénomène plus unique que beaucoup d'autres, comme les animaux plus égaux chez Orwell. Et il ne faut pas se faire d'illusions : un jour, d'outre-tombe, Hitler viendra exercer à nouveau une sorte de fascination noire sur « son » peuple et sur d'autres peuples, fascination à laquelle il faudra savoir s'opposer sans lui laisser le temps de grandir.

La véritable nature nihiliste et schizophrénique du nazisme apparaît enfin dans sa totale infécondité culturelle. Pas une œuvre dans les beaux-arts, pas un livre, pas un poème, pas une pièce de théâtre qui mérite l'attention de la postérité, quel que soit le domaine examiné, y compris la folle démesure des projets architecturaux pour Germania, la super-capitale qui devait remplacer Berlin (aux deux sens du mot), rien qui ne relève de la définition *Brutalität in Stein* (brutalité s'exprimant dans la pierre) inventée pour caractériser l'œuvre du sculpteur chéri du régime, Arno Breker. L'effort gigantesque d'un grand peuple malmené finit dans la stérilité, comme ces grands fleuves du Turkestan qui se perdent dans les sables.

CHAPITRE XX

Quelques aventures de la germanité

Coups d'œil sur la culture allemande aux XIXe et XXe siècles

Je me suis longuement interrogé sur la nécessité et la possibilité de ce chapitre. Il risquait de tourner, et il a parfois effectivement tourné, à la litanie, à la nomenclature. Et pourtant, je l'ai jugé inévitable. Je ne pouvais pas limiter le récit des aventures grandioses ou terrifiantes, exemplaires ou grotesques de la germanité, du peuple allemand dans ses structures et dans ses œuvres, aux seuls aspects politiques, économiques et sociaux, aux guerres et aux lois, aux produits de consommation et capacités de consommation, aux conférences et aux soulèvements. En me relisant, je constate cependant qu'ici c'est inévitablement le subjectif qui domine. Un autre historien aurait fait d'autres choix esthétiques ou idéologiques. Plus encore que le reste du livre, les derniers chapitres sont écrits à la première personne. C'est qu'ils sont aussi l'histoire de *mon* temps, l'histoire de *ma* vie.

Les aventures de ma germanité ont un fort penchant pour la philosophie et l'histoire. L'Allemagne classique et romantique pourtant brille avant tout dans la poésie, dans le drame et – beaucoup plus rarement – dans la comédie. Goethe et Schiller ont donné l'exemple. Le *Divan*, les *Élégies* et surtout le *Second Faust* sont pleinement du XIXe siècle – si Schiller n'y a touché qu'à peine (et pourtant *Don Carlos, La Pucelle, Marie Stuart* sont des pièces ultramodernes, œuvres d'un vrai théâtre politique). Dans les dernières étapes de

Faust, Goethe, qui commença par la Grèce et la Réforme, accueille la modernité saint-simonienne. Kleist, avec *Le Prince de Hombourg* et *La Bataille d'Arminius*, est le dramaturge des guerres de libération qu'il ne verra pas. Au même niveau que les plus grandes œuvres originelles se situe la traduction – ne faudrait-il pas dire la « naturalisation » – de Shakespeare procurée par Ludwig Tieck et August Wilhelm von Schlegel qui a fait, du plus grand écrivain de la langue anglaise, un auteur allemand, pleinement inséré dans la culture allemande et d'une langue équivalente en beauté et en originalité, alors que Shakespeare sera toujours un étranger pour le lecteur français qui ne bénéficie pas d'un pareil transfert-enracinement. Si un écrivain de théâtre a pu, après Schiller, s'inscrire dans la descendance shakespearienne, c'est bien l'Autrichien Franz Grillparzer dont les drames historiques voulaient servir la naissance d'une conscience civique propre à la monarchie habsbourgeoise, tout en s'inscrivant dans le grand mouvement d'actualisation de l'histoire qui remonte au *Sturm und Drang*.

Contemporain de Grillparzer, lui aussi viennois mais tout entier homme de théâtre (alors que Grillparzer est un fonctionnaire qui écrit après le travail), bateleur, saltimbanque, merveilleux jongleur de mots, de situations et d'humanités, Johann Nestroy travaille à longueur de vie – produisant et jouant des centaines de pièces – dans une langue populaire, drue, que les non-Viennois doivent faire un effort pour comprendre, porteur de formidables sagesses qui mettent tout en cause ; l'écrivain le plus révolutionnaire du siècle, un Molière des faubourgs viennois.

D'une tout autre veine, furieux, grandiose, révolté est le théâtre de Georg Büchner. Avec *Woyzeck* et *La Mort de Danton*, le génial jeune médecin mort à 25 ans est à la fois dans la ligne et sur la hauteur de Shakespeare, de Schiller et de Kleist. Ce sont les « drames des rois » de l'âge bourgeois débutant.

Les romantiques ont, comme redécouvreurs de l'histoire du peuple et de ses histoires (sans se vouer à la révolution politique comme le jeune docteur Büchner), fait l'inventaire des contes et légendes des Allemagnes. Tieck, Achim von Arnim, Clemens Brentano et surtout les frères Grimm ont créé ainsi une sorte de littérature populaire – au double sens du mot – qui pénètre dans les chaumières comme dans les palais, par les chambres des enfants, des gouvernantes et même des mères. Leur curiosité de traducteurs ne s'est pas limitée à Shakespeare ; l'Espagne, les peuples slaves, les Celtes, les anciens Germains, mais aussi le monde arabe, l'Inde… – le *Divan* goethéen est occidental-oriental – ont été introduits dans la littérature lue et apprise en Allemagne. L'étranger, à une époque où l'Allemagne se redécouvrait elle-même, a été profondément inséré dans la culture allemande, non plus par un mouvement de domination comme ce fut le cas aux XVIIe et XVIIIe siècles avec les suprématies espagnole, italienne, française surtout, mais par un mouvement d'absorption. La culture allemande se nationalise mais elle demeure traductrice et extravertie. Cette ouverture a sans doute un lien avec l'absence d'une métropole urbaine unique qui impose un exemple universel. L'ouverture à l'extérieur est liée à la multiplicité des chefs-lieux, au fédéralisme culturel qui ne réduit pas les régions à l'état de province. Ce sont des Länder, des États, des royaumes, des villes libres. La multiplicité intérieure facilite l'accueil des multiplicités extérieures.

Heinrich Heine était un essayiste disert et précis, un pamphlétaire féroce, mais avant tout un poète qui compte parmi les très grands, ceux dont les vers se changent en proverbes. « La Lorelei » et « Les Grenadiers français » avaient fini par devenir les vers de poète anonyme – à tel point que ces poèmes faisaient partie du trésor national. La même chose arriva au professeur Ludwig Uhland, libéral souabe et quarante-huitard. Ses ballades ont mieux appris l'histoire nationale aux petits Allemands que les cours des autres professeurs. Annette von Droste-Hülshoff est plus nouvelliste que poète mais ses vers (*L'Année spirituelle*) s'apprennent encore. Peut-être le Nietzsche du *Zarathoustra* serait-il à compter parmi les poètes plutôt que parmi les philosophes (en tout cas cela vaut pour la philosophie universitaire). Hoffmann von Fallersleben survit avec son *Deutschland über alles*, devenu hymne national grâce à un malentendu car le poète ne voulait pas placer l'Allemagne en dominatrice au-dessus du monde entier mais la rendre plus admirable que tous les autres pays. Dans la seconde moitié du siècle, Wilhelm Busch, versificateur génial, est en quelque sorte l'inventeur de la bande dessinée accompagnée de vers, souvent cocasses et parfois sublimes. Nous verrons plus loin comment, de l'expansionnisme à la rechute hitlérienne dans la primitivité, la voix de la poésie allemande a accompagné avec ses exaltations, ses plaintes et ses piétés les cheminements de la nation. Je ne retiendrai alors que quatre noms essentiels : Hugo von Hofmannsthal qui vit et dit la fin d'un monde, de l'intimité presque mondaine jusqu'à la grande fresque intemporelle de la mort de « tout un chacun » (*Jedermann*), mémento noir que le festival de Salzbourg ramène à la mondanité. Stefan George, grandiose, hiératique et poseur, aux vers parfois trop solennels pour un prince des lettres, qui demeure aussi, au milieu des disciples admiratifs, un bourgeois de son temps. Le plus grand de tous, à travers bien plus de siècles que le sien, Rainer Maria Rilke, Autrichien de Prague qui, partant d'une religiosité incertaine et même parfois un peu mièvre, atteint les sommets d'une vision virile et puissante, dominatrice même, dans un choc presque d'égal à égal avec le divin. « Qui, si je criais, m'entendrait dans les ordres des anges ? » Et le quatrième, insolent, méchant, râleur, sublime dans le dévoilement des dominations, exquis et cynique, Bertolt Brecht, jamais dupe, même de son propre génie, même de ses propres choix, le plus politique peut-être – ou alors le moins –, de *L'Opéra de quat'sous*, avec ses bandits, ses putains et ses miroitements du monde bourgeois, jusqu'à César, conquérant des Gaules : « Était-il donc tout seul ? N'avait-il donc même pas un cuisinier avec lui ? »

Retour au théâtre : originaire de l'extrême Nord, Friedrich Hebbel a lui aussi vécu son âge mûr à Vienne alors capitale théâtrale du monde germanique. Dans son œuvre, l'histoire n'est que prétexte à l'aventure intérieure. Après lui, pendant près d'un demi-siècle, aucun nom ne s'inscrira d'autorité dans la mémoire théâtrale jusqu'au naturalisme politico-mystique de Gerhart Hauptmann, chez qui la protestation sociale et l'exaltation des souffrances des petits s'intériorisent et se rétrécissent en une complainte de vieillard désenchanté. Cependant, le vrai maître de la scène allemande de la seconde moitié du XIXe siècle n'est-ce pas incontestablement Richard Wagner lui-même, metteur en musique, metteur en paroles et metteur en scène de ses « drames musicaux » ?

Goethe et Kant avaient montré aux Allemands qu'ils étaient les égaux des plus grands. La redécouverte des splendeurs du passé médiéval confère à l'Allemagne une légitimité qu'elle peut opposer à celle de la France révolutionnaire. Le romantisme des frères Schlegel, de Tieck, de Novalis met en faisceau l'amour passionnel de la nature, la libération morale, le sentiment national, l'exaltation de l'art comme valeur suprême dans un climat d'émotivité luxuriante, le tout retournant, en fin de parcours, à une religiosité volontariste un peu trop appuyée. De ce bouillonnement devait surgir dans des âmes bien nées l'aspiration à une double libération : briser le joug de l'oppresseur français, rejeter le pouvoir des princes qui, à recevoir leurs couronnes de l'usurpateur, ont perdu toute légitimité nationale. La France de 1792 était menacée d'une intervention étrangère qui échoua dès le départ ; en France le mot « liberté » n'a, de ce fait, qu'un sens intérieur. Jamais, depuis Jeanne d'Arc jusqu'en 1944, il ne s'est agi en France de mettre fin à une domination étrangère. En Allemagne, quand le terme ne peut plus seulement s'appliquer à l'individu opérant au-dedans de lui-même sa libération spirituelle, l'Histoire le contraint à l'ambiguïté : vers l'extérieur, il signifie libération de l'occupation française et, plus tard, du contrôle que les grandes puissances exercent sur le corps germanique, constitué par le congrès de Vienne en une vague confédération ; à l'intérieur, il devait s'appliquer à un changement de l'ordre politique et social que certains souhaitaient conforme aux valeurs de la Révolution française – alors que d'autres, rejetant ces valeurs comme spécifiquement françaises, étrangères à l'Allemagne, voire comme des contre-valeurs, se mettaient à la recherche de systèmes politico-sociaux proprement nationaux.

Fichte, naguère admirateur de la Révolution, trace les

contours d'un totalitarisme national. Les écrivains et penseurs des guerres de libération se vouent à la définition et à l'exaltation du *Deutschtum*, de la germanité. Après 1815, la gauche du mouvement national se donne des objectifs libéraux, voire démocratiques. La droite veut fonder la monarchie et l'ordre social du droit naturel – on dira plus tard le corporatisme – sur la restauration des valeurs chrétiennes, dans une sorte d'historisme national qui présente des variantes catholiques (Baader, Haller) et protestantes (le dernier Kleist, Marwitz, Schleiermacher). On peut, d'ici, dater le *Sonderweg*, la voie particulière empruntée par le convoi central de la pensée politique allemande, qui, rejetant à la fois la pragmatique anglaise des libertés et des droits du citoyen et l'idéologie française de la Liberté et des Droits de l'homme, conduit à une sorte de modernité archaïque, à une modernité barbare.

C'est ici qu'il convient de parler de Hegel et de sa double descendance. Œuvre splendide, immense et qui, cependant, par la substitution de la facticité à la loi morale intérieure, devient le fondement de barbaries combattantes. Depuis 1917, elles ensanglantent le monde (et finiront peut-être par le détruire tout à fait). La coexistence, la co-identité substantielle de l'Être, de la Vérité et de la Morale ; la pensée reproduisant dans chacune de ses démarches la création du monde, la structure dialectique du réel, la coïncidence du devoir moral et de la liberté, la marche de l'esprit objectif à travers l'histoire pour s'incarner dans une forme suprême, l'État ; et l'État lui-même trouvant sa forme la plus achevée dans l'État prussien ; la formidable dynamique que cache le système hégélien, malgré sa finitude – comme tant d'autres, de Luther à Marx, Hegel pense l'histoire comme s'achevant dans les avatars qui lui sont contemporains –, n'a pas cessé, après bientôt deux cents ans, d'ébranler les sociétés et les philosophies.

A côté de lui, les grandes spéculations métaphysiques de Schelling, dont le sujet central est le rapport de l'esprit et de la nature à laquelle il appartient et qu'il transcende, et la manifestation du divin à travers l'histoire à laquelle il est à la fois extérieur et intérieur, fécondent les dernières générations romantiques, tandis que son disciple Feuerbach fournit au néojacobinisme des années 1830-1840 un fondement philosophique matérialiste. Contre l'étouffement des libertés et l'aspiration à l'unité nationale, dont le nom du prince de Metternich, chancelier d'État autrichien, est le symbole, une jeune génération, rejetant à la fois le romantisme, le christianisme et l'historicisme teutonisant, reprend le flambeau des idées révolutionnaires : Heinrich Heine, poète et essayiste, Ludwig Börne pamphlétaire, le génial Georg Büchner qui est tout cela et en plus un auteur dramatique d'une virulence et d'une élégance également merveilleuses, et l'anarchiste individualiste Max Stirner constituent entre 1825 et 1848 les traditions révolutionnaires de l'esprit allemand que Karl Marx va capturer, pour construire son plus ample système.

Avant d'en venir au « Prussien rouge » et à sa barbe de prophète (mais en fait il n'avait rien de prussien, sa ville natale, Trèves, appartenait tout juste depuis trois ans au royaume de Berlin le jour où il y vint au monde, dans une famille juive qui allait bientôt se convertir au protestantisme pour favoriser la carrière d'avocat du père), consacrons un bref moment au catholicisme allemand de la première moitié du XIXe siècle. L'Église d'Empire, riche de ses nombreuses principautés, avait succombé sous les coups convergents de la Révolution française et du despotisme éclairé des États allemands. Elle perdit à la fois ses richesses et ses privilèges, ses écoles et ses universités. Mais la sécularisation n'était pas seulement matérielle et constitutionnelle. De même qu'il y eut longtemps – jusqu'à la résurgence d'un fondamentalisme (comme on dirait aujourd'hui) luthérien, romantique, monarchiste, rétroverti – une sorte de symbiose entre le protestantisme et les Lumières, le libéralisme et l'étatisme des fonctionnaires des États protestants convergeaient avec le luthéranisme pour condamner le catholicisme comme une religion archaïque, barbare et étrangère, antiallemande. Après 1815, à part l'Autriche, la Bavière, la Saxe (mais ici la maison royale, reconvertie pour obtenir et conserver le trône de Pologne, est totalement isolée d'un peuple archiluthérien), les deux petites principautés de Hohenzollern et le Liechtenstein, tous les États allemands ont des princes protestants et les quatre villes libres survivantes ont, elles aussi, des gouvernements protestants. Le catholicisme – à qui les

États interdisent les relations directes avec Rome – apparaît destiné à s'étioler comme religion du peuple paysan qui ne résistera pas aux progrès de l'instruction. Cependant, une renaissance de la spiritualité, dont le nom le plus représentatif est celui de Michael Sailer, évêque de Ratisbonne, va donner à l'Église allemande une nouvelle génération de prêtres, instruits mais délivrés de l'emprise rationaliste, tandis que se lève une phalange de penseurs laïcs résolus à défendre les droits de l'Église et ceux du peuple catholique. Joseph von Görres qui, à Coblence, avait à la fin du XVIIIe siècle sympathisé avec la Révolution française, devient dans son *Mercure rhénan* et, plus tard, dans ses livres et pamphlets historico-politiques, le porte-parole de ce mouvement. Contre l'oppression bureaucratique et le mépris rationaliste, le catholicisme allemand, recueillant les messages de De Maistre et de Lamennais, se fait ultramontain mais se décide, en même temps, à réclamer parallèlement avec les libéraux les libertés que les États de la Restauration s'obstinent à refuser à leurs sujets. Après 1848, l'Église de France, terrorisée par de nouvelles menaces révolutionnaires et ayant obtenu la liberté de l'enseignement par la loi Falloux, abandonne cette voie pour de longues décennies : l'héritage de Lamennais ne fera à nouveau surface que dans le sillon de la démocratie chrétienne.

En Allemagne, au contraire, où le catholicisme est attaqué, ou pour le moins comprimé, par l'État, le choix de la voie parlementaire et la revendication des Droits de l'homme et des libertés conduiront à la création d'un parti catholique durable, le Zentrum, ancêtre partiel de l'actuelle CDU, et au développement foisonnant d'un monde bariolé d'associations catholiques, animées par l'effort intellectuel du catholicisme social ; les noms les plus importants en seront l'évêque de Mayence, Wilhelm von Ketteler, autour de l'année charnière de 1848, le baron autrichien Vogelsang (à la vérité un protestant mecklembourgeois converti) et Franz Hitze, théologien et propagateur d'une politique sociale catholique, dans les années 1870-1880, tous les trois à la fois hommes de pensée et hommes d'action dont l'influence se fera sentir très largement et profondément dans l'Église romaine à partir du pontificat de Léon XIII.

Classiques weimariens, romantiques, patriotes, catholiques, plusieurs des principaux courants culturels allemands de la première moitié du siècle fondent leur vision du monde au moins en partie sur la redécouverte et la revalorisation de l'histoire nationale. Les drames historiques de Goethe, de Schiller, de Kleist, de Grillparzer constitueront des parties essentielles du répertoire culturel d'une nation politiquement divisée mais qui veut retrouver son unité et sa grandeur d'autrefois. Schiller, en même temps que dramaturge, est professeur d'histoire à l'université d'Iéna. Après les victoires de 1813-1814, l'*historisme*, qui veut comprendre la réalité en étudiant son devenir, triomphe dans les sciences dites de l'esprit (*Geisteswissenschaften*) avec deux orientations opposées. L'une s'attachant au particulier, à l'individuel, l'autre avant tout préoccupée des grands ensembles, des communautés et, au cœur de celles-ci, des nations. Leopold von Ranke, dans la suite de Wilhelm von Humboldt (qui fut ministre, historien et philologue, réformateur des universités prussiennes et indirectement de celles des autres États allemands), unit les deux approches dans une œuvre monumentale, centrée, mais point exclusivement, sur l'histoire allemande. Ranke se libère de la vocation moralisatrice chère aux Lumières ; il veut montrer « comment les choses se sont vraiment passées » mais, en même temps luthérien et romantique, il voit les individus et les événements comme autant de « pensées de Dieu ». Beaucoup de ses successeurs feront de l'histoire une simple arme pour le combat national.

L'université, à qui Humboldt avait voulu conférer la liberté et la hauteur d'une académie platonicienne, devient, après le départ du ministre (1819), une institution utilitaire où se forment les serviteurs moyens et supérieurs dont l'État a besoin : administrateurs, pasteurs, enseignants et même, en partie, les officiers, tout en maintenant son rôle dans la promotion de la recherche et de la science. Mais celles-ci, aussi, sont conçues dans un esprit avant tout utilitaire et étatique. En Prusse, notamment (où il est interdit aux sujets de se mêler de politique, mais les choses ne sont pas si différentes dans les autres États), les énergies des fils doués de la bourgeoisie, quand elles ne sont pas attirées par l'administration, où la noblesse occupe encore la plupart des postes élevés, ni par les activités économiques, qui ne connaîtront un véritable envol qu'à partir de la seconde moitié des années 1830 (c'est en 1834 que la Prusse réussira à créer le Zollverein, union économique qui englobe peu à peu la plupart des États, à l'exception – volontaire – de l'Autriche), sont orientées vers la science.

Solidement amarrée à la critique rationaliste, à l'idéalisme kantien, à la dialectique hégélienne, la science allemande progresse à bonds immenses dans tous les domaines et disciplines, grâce à l'attention rigoureusement accordée aux questions de méthode. La philologie, l'histoire du droit, l'économie politique, aussi bien que la chimie ; la biologie et les sciences appliquées à l'industrie aussi bien qu'à l'agriculture mettront bientôt l'Allemagne à la tête du monde scientifique. La découverte de la dimension indo-européenne dans l'histoire des langues, le dégagement des sources germaniques du droit européen, l'économie industrielle conçue comme instrument d'unification nationale par les élèves d'un génial visionnaire, Friedrich List (qui n'a rien à voir avec le musicien), vont contribuer, grâce aux phalanges des professeurs de lycées (*Gymnasiallehrer*) formées par les universités, à répandre à travers les classes moyennes une culture dont les bases sont historiques et nationales. A partir des universités et des lycées, cette culture se propage par le moyen des associations, en apparence apolitiques, qui prolifèrent dans les interstices des murailles d'interdictions ou de restrictions dont s'entourent les États pour empêcher les sujets de s'ériger en citoyens. Sans l'enseignement universitaire, dont beaucoup de maîtres se comptent en même temps parmi les animateurs du mouvement national et libéral, ni les innombrables sociétés de gymnastique (*Turnervereine*), ni les non moins nombreuses chorales (*Sängerbünde* ou *Gesangvereine*) n'auraient connu le vigoureux développement qui sera le leur dans l'intervalle entre l'échec de la révolution de 1848 et le triomphe de la diplomatie bismarckienne en 1871 ; ni, bien entendu, les associations d'enseignants, les *Philologenverbände* en tête, dont les congrès, comme ceux des *Turner* et des *Sänger*, deviennent les grands rassemblements du mouvement national. Ludwig Uhland, professeur de littérature à Tübingen et poète, Georg Gervinus, historien de Göttingen, déposé de sa chaire et expulsé par le roi de Hanovre pour avoir protesté contre la suppression de la Constitution en compagnie des frères Grimm, « philologues », qui ont à la fois rassemblé les contes et légendes de l'âme populaire allemande et doté la langue allemande contemporaine d'un merveilleux dictionnaire, sont des héros nationaux.

La plupart des grands universitaires que la *Kulturnation* reconnaît alors comme ses véritables chefs, en lieu et place des rois, princes et ministres, siégeront à l'Assemblée nationale de 1848. Les poètes, les historiens, les « philologues », les juristes accèdent pour la première fois au premier rang des responsables de la communauté nationale, pour parler en termes modernes mais que les quarante-huitards auraient compris. Leur échec sera celui d'une révolution à la fin trop dispersée (à Berlin, à Vienne, à Dresde, dans le Palatinat, les insurrections sont parallèles et la répression n'aura même pas besoin d'efforts pour les isoler). Toutefois, au terme de la période de réaction et au prix des guerres qui établiront la prédominance prussienne, l'Allemagne pourra bénéficier des immenses avantages de l'État de droit. C'est de cela que la bourgeoisie montante avait le plus besoin – l'État de droit garantissant, plutôt que de les abolir, les inégalités économiques et favorisant l'essor de l'économie industrielle et bancaire. Mais ce sera aussi, avec de fortes doses d'autocensure, voire d'automutilations, le règne de la liberté d'expression, de la liberté de la presse. Rarement un pamphlétaire a pu fustiger un pouvoir fort et jusqu'alors auréolé de prestige respecté comme Maximilian Harden, attaquant au début du XXe siècle les palinodies de Guillaume II et les petites bassesses de son entourage. Rarement, un écrivain a fait trembler les maîtres de l'opinion et de l'économie d'un État puissant (du moins encore en apparence) comme Karl Kraus, secouant sa crinière intellectuelle et éclairant les obscurités viennoises pendant près de quarante ans à la lumière de son flambeau (*Die Fackel*), une revue dont il était pratiquement le seul auteur. Les intellectuels, après 1848-1849, n'eurent jamais le pouvoir tout entier mais, sauf pendant l'atroce parenthèse hitlérienne, ils ne furent plus jamais totalement impuissants.

Le premier juif à occuper une place importante dans la

culture allemande fut, dans la seconde moitié du XVIIIe siècle, le philosophe berlinois Moses Mendelssohn, ami de Lessing. L'émancipation des juifs fut le résultat de l'action convergente des Lumières et de la Révolution française. Elle ne s'achèvera qu'en 1848, mais même après cette césure dans beaucoup d'États, notamment en Prusse, seuls les convertis pouvaient accéder à la fonction publique. Pour ceux qui, pour réussir, ne se sentaient pas attirés par le commerce ou la banque, les professions libérales étaient la principale voie ouverte, les réformes ayant fait disparaître presque toutes les limitations corporatistes. Pour les enfants du peuple du Livre, les études universitaires formaient la voie royale de l'intégration. D'où, au lendemain de la paix de 1814-1815, une rapide et nombreuse apparition de jeunes israélites dans les universités. Mendelssohn n'était connu que d'un petit nombre de philosophes et de membres de la bonne société cultivée berlinoise. Heine deviendra très vite un poète national, follement aimé et passionnément détesté. Avocats, médecins, journalistes, les juifs, qui ne représentent même pas 1 % de la population allemande, seront, surtout à Berlin et à Vienne, de plus en plus nombreux dans ces métiers à qui la civilisation moderne attribue une importance croissante, au contact de la masse de la population et, par là, exposés à la vue. Avec les industriels, les commerçants, les industriels enrichis et leurs principaux collaborateurs, la bourgeoisie juive « assimilée » ou en voie d'assimilation (mais pour beaucoup pas au point de se faire baptiser même si l'attachement à la religion « mosaïque », comme dit l'administration prussienne, n'est plus que vague et formel) constitue une partie importante du public de la culture, d'abord essentiellement consommatrice, ou plus rarement « mécène » ; après Heine et Marx, de très grands noms de créateurs juifs n'apparaîtront qu'au tournant du XIXe et du XXe siècle.

Comme l'égalité des droits est un problème politique, de même que la lutte contre l'antisémitisme, des médecins, des avocats, des journalistes et aussi quelques industriels et bourgeois juifs joueront vite un rôle dans la politique, surtout dans les parlements qui, entre 1848 et 1860, apparaîtront ou réapparaîtront dans tous les États allemands (à l'exception des deux grands-duchés de Mecklembourg). L'appartenance à une minorité naguère opprimée, toujours exposée au mépris d'une grande partie de la population et des classes dominantes, fait que la plupart des juifs politiquement engagés se situent à gauche, dans le libéralisme et, un peu plus tard, dans le socialisme. Des trois principaux fondateurs allemands du socialisme, deux, Marx et Lassalle, sont d'origine juive (le troisième, Engels, vient d'une famille d'industriels, calviniste). Mais c'est encore un juif, Julius Stahl, qui est vers 1850 le grand théoricien du conservatisme.

Quand Jean-Paul Sartre, en 1949, à une question d'interview : « Qui est, à votre avis, le plus grand écrivain allemand ? », répondit « Karl Marx », il suscita un grand étonnement. On n'avait pas l'habitude, dans le monde intellectuel germanique, de cataloguer Marx dans la rubrique « grand écrivain ». A mesurer les conséquences produites par ses écrits, Marx mérite cependant, sans aucun doute, de figurer au tout premier rang des auteurs allemands, en position *ex aequo* avec Martin Luther. Il est le penseur formidable d'une révolution qui ne devait avoir lieu qu'ailleurs, sauf en RDA où elle fut réimportée du dehors et dans des conditions que Marx – caustique et féroce pamphlétaire – aurait certainement répudiées avec dégoût. Il n'en demeure pas moins vrai qu'aucun philosophe n'est innocent de ses descendants. Comme Luther, Marx est grand par la jonction d'une profonde perspicacité et d'un sens très pratique de l'action, à la fois dévoileur et constructeur. Après un millénaire et demi de spiritualisme, il procède à une fulgurante réhabilitation de la matière, du corps et de ses raisons exigeantes. Il s'érige en héritier de la Révolution française, de la révolution bourgeoise qu'il conduit à son achèvement prolétaire et, en même temps, il donne sa véritable signification au soulèvement national allemand contre la domination française, à la double revendication de l'unité et de la liberté dont, seul, le prolétariat peut être le porteur authentique. De Hegel, il a appris que le pouvoir est la raison en marche, dès lors qu'il surgit et agit dans le sens de l'histoire. Avec Hegel et Luther, Marx appartient à la race spirituelle des « parousiaques » qui attendent la fin prochaine de l'histoire, son achèvement dans l'abolition des contradictions, dans une dernière synthèse : immobilité finale et éternelle du *Weltgeist* reposant en lui-même ; retour définitif du Seigneur qui, en même temps, est jugement sur le temps et fin des temps. La société socialiste sans querelles ouvre à l'homme dans le temps l'accès d'un autre temps dont le bonheur apaisé ressemble, à s'y méprendre, à la contemplation infinie des splendeurs de Dieu que le chrétien vivra, sauvé par la Grâce, dans l'Au-delà. Pour Marx, ce bonheur sera terrestre et fini, mais également inimaginable. Pour l'historien qui regarde les phénomènes, la foi des disciples de Marx et celle des croyants en Dieu sont de même nature. Marx apparaît comme le fondateur d'une nouvelle religion, capable de mobiliser d'innombrables cohortes, à l'instar de l'Islam, pour une guerre sainte sécularisée, puisque seul le siècle est saint. Comme tous les grands fondateurs, il trouve des ministres et des généraux qui forgeront les armes, mobiliseront les armées, administreront les conquêtes tout en commentant, en adaptant et en démultipliant le message. La social-démocratie allemande naîtra de la rencontre du philosophe-prophète et du complexe militaro-industriel de l'État prussien, des modèles de gouvernement et de gestion que l'armée de Moltke et l'usine de Krupp répandent à travers les Allemagnes, sous la conduite d'un homme d'État d'une grandeur singulière et pourtant contenue, à la fois orgueilleuse et modeste : Otto von Bismarck.

Marx et Bismarck dominent le demi-siècle d'histoire allemande qui va de 1870 à 1918. Marx détestait Bismarck et Bismarck n'a rien su de la grandeur de Marx, pourtant le seul Allemand de son temps à être vraiment son égal. Les écrits du *Privatgelehrte* (« savant privé », qui n'a pas de chaire) londonien ne l'auraient guère intéressé ; il a perçu, en revanche, avec l'acuité de vision du grand animal politique, ce que le mouvement ouvrier lancé par Lassalle, continué par Bebel et Liebknecht, allait modifier dans l'univers des forces qui était le sien. L'intérêt qu'il portait à Lassalle visait l'homme pratique qui pouvait, à la longue – et peut-être dans un avenir pas tellement éloigné – devenir un allié ou un rival. Qu'il fût cultivé et de bonne compagnie ne conférait à l'avocat juif qu'un attrait complémentaire. La pensée personnelle de Lassalle n'a ni le poids, ni la profondeur, ni l'originalité de celle de Marx, mais son regard sur la réalité politique immédiate est plus réaliste. Le parti qu'il met sur rails, tout en se réclamant très vite de la doctrine marxienne, restera longtemps fidèle aux intuitions stratégiques de son fondateur.

L'échec des généreuses ambitions libérales et démocratiques de la révolution de 1848, qui comprenait le rêve d'une coexistence fraternelle des nationalités – Allemands, Polonais, Tchèques, Slovènes, Italiens, Danois – habitant, emmêlées, dans les territoires orientaux et sud-orientaux de la Confédération germanique, entraînera le peuple allemand sur le chemin de la *Realpolitik*, au-dedans comme au-dehors. A l'intérieur, le long affrontement entre Bismarck et le parti libéral aboutira à l'éclatement de celui-ci. L'aile nationale-libérale acceptera de suivre Bismarck sur la voie guerrière pour achever la nouvelle unité nationale forgée par le fer et dans le sang. Un compromis fera du nouveau Reich une monarchie constitutionnelle où le peuple participe à l'élaboration des lois et au vote du budget par ses députés élus au suffrage universel. La noblesse, cependant, conserve ses privilèges économiques et sociaux, l'ordre patriarcal-patrimonial des grands domaines de l'Est, la majorité des postes de haut commandement dans l'armée et dans l'administration, une position dominante à la Diète de Prusse toujours élue au suffrage censitaire, le droit de veto exercé par les gouvernements dont les délégués forment la deuxième Chambre, le Bundesrat, et enfin la capacité d'imposer à la société ses modèles et ses valeurs. Cependant, l'aristocratie a été contrainte de partager le pouvoir : la nouvelle puissance de la grande bourgeoisie industrielle et financière veut que l'État prenne en compte ses intérêts, au même titre que ceux des grands agrariens. Le développement économique, l'explosion démographique, l'urbanisation accélérée précipitent la transformation de la vieille Allemagne. Le nouvel Empire est un État de droit, la loi assure l'égalité de tous les citoyens, que symbolise le suffrage universel, mais c'est en même temps une puissance dominée par le complexe militaro-industriel. La revendication nationale unitaire est satisfaite, mais au rêve de la fraternité des peuples se substitue, peu à peu, une idéologie nationaliste agressive. L'Allemagne impériale doit s'accroître encore, augmenter sa puissance et sa richesse, imposer son autorité aux peuples voisins. L'impérialisme, forme suprême du nationalisme, se répand, aussi bien dans les classes dirigeantes que dans les classes moyennes. Les prétentions à un rôle dominant en Europe, voire à une hégémonie mondiale, s'appuient sur de nouvelles théories, biologistes et racistes, qui se répandent au détriment des traditions humanistes, de *l'Aufklärung* – voire même des fondements chrétiens de l'esprit allemand.

Ces profondes variations de la germanité ne s'expriment pourtant pas dans de grandes œuvres littéraires ou philosophiques. Celui qui représente le mieux cette mixture de volonté de puissance et de volonté bourgeoise n'est littérateur que par un côté mineur de son immense génie : Richard Wagner. Il a, lui-même, dans sa trajectoire spirituelle, parcouru la distance qui sépare la révolution démocratique du triomphalisme racial. Le nouveau Reich, avec ses uniformes militaires et les plastrons des nouveaux riches, célèbre ses grand-messes à Bayreuth. « Fais-moi peur », semble-t-il dire au grand mystagogue qui exalte devant un parterre d'uniformes sanglés et de fracs ventripotents, de généraux et de « conseillers de commerce secrets », la fatalité des passions s'abîmant dans un embrasement universel. Comment résister aujourd'hui à l'idée qu'Hitler a voulu, au dernier jour de la *Reichskanzlei*, reproduire – avec son petit talent d'imitateur – la fin du grand cycle wagnérien ?

Le penseur le plus populaire et le plus influent de l'époque bismarckienne fut un zoologue matérialiste, propagateur du darwinisme qu'il systématise en une « loi fondamentale biogénétique » : Ernst Haeckel appartenait personnellement à la tradition des Lumières, bien qu'il fût attiré, surtout dans la deuxième période de son activité, vers les années 1890, par une sorte de mysticisme de la nature. Son monisme matérialiste, vigoureusement antireligieux, devint l'idéologie d'une partie de la gauche allemande, les libres-penseurs, et se répandit dans la social-démocratie ; mais son biologisme intéressa aussi le mouvement antisémite raciste qui se développa parallèlement, à l'époque bismarckienne.

L'un et l'autre de ces publics rejetaient le fondement religieux, et même idéaliste, de l'humanisme. Un grand nombre d'écrivains, romanciers et essayistes, quelquefois bardés de prétentions scientifiques, propageaient à cette époque une vision du peuple allemand ou de la race germanique-nordique investis d'une mission de domination et d'une œuvre de salut par rapport aux autres peuples ; mission tantôt attribuée à une Providence divine qui n'avait plus grand-chose à voir avec le Dieu des juifs et des chrétiens, tantôt à la loi de la Nature qui aurait doté ce peuple de qualités qui ne se retrouvaient dans aucun autre.

L'agitation colonialiste et maritime se développait de pair avec la propagande antijuive qui, abandonnant le terrain religieux, se donnait des justifications biologiques et raciales. Les écrits et discours du pasteur Stoecker, fondateur d'un parti antisémite religieux, et les spéculations souvent fumeuses d'un Paul de Lagarde, antioccidentales, antilibérales, antichrétiennes, ou d'un Julius Langbehn qui exalte les forces de l'irrationalisme dans la création artistique, trouvent un ample écho dans la bourgeoisie formée par l'esprit « national » de l'État bismarckien. Des romanciers admirés, dont les tirages atteignent un vaste public, Felix Dahn ou Gustav Freytag, montrent à travers les âges vertus et exploits d'une race allemande toujours en proie aux machinations et trahisons d'adversaires qui appartiennent à des races « inférieures », asiatiques, slaves ou juifs. La vogue du roman historique sert à populariser les thèses des historiens de métier, dont Heinrich von Treitschke est le plus représentatif, qui font de leurs chaires des centres de propagation de la nouvelle *Weltanschauung* nationaliste, exaltation de la volonté de puissance. Beaucoup d'entre eux, avant 1866, avaient été des militants actifs du libéralisme humaniste, patriotique et démocratique. Leur conversion entraînera la plus grande partie de l'Allemagne cultivée. Contre Treitschke et ses séides, géographiquement et culturellement en marge du courant majeur de la germanité, le Bâlois Jacob Burckhardt, venu de l'histoire de l'art à l'histoire générale, représente la fidélité à un humanisme aristocratique dont les valeurs fondamentales sont la beauté et la raison. Dans ses *Considérations sur l'histoire universelle*, Burckhardt prédit l'avènement des « terribles simplificateurs », des « grands tyrans », faux prophètes et vrais séducteurs, mais ses avertissements n'atteignent qu'une élite en marge des centres de décision véritables.

Face à la cohorte des historiens nationalistes Konstantin Frantz développe une vision fédéraliste, corporatiste et européenne dans la tradition chrétienne et médiévale. L'Autrichien Julius von Ficker dresse contre les historiens petits-allemands l'exaltation des empereurs médiévaux et de leur ambition universaliste. Enfin, ici, je puis à nouveau citer un nom de femme : la merveilleuse Ricarda Huch dut dans les années 1880 s'inscrire accompagnée de son frère à l'université de Zurich, parce qu'on n'acceptait pas encore les femmes, et encore moins les femmes seules, dans les universités allemandes. Sa *Grande Guerre en Allemagne* évoque, dans des récits où le don littéraire et l'exactitude scientifique font bon ménage, l'un des chapitres les plus tragiques de l'histoire allemande avant celui du national-socialisme, pendant lequel Ricarda Huch compta parmi les âmes fortes qui se refusèrent à toute compromission. L'idéologue Oswald Spengler au contraire annonce *Le Déclin de l'Occident* en exaltant l'avènement d'un socialisme allemand, national, antilibéral et autoritaire. Cependant le spectacle de l'hitlérisme ne lui plut guère. En vrai et grand historien, Friedrich Meinecke, bourgeois patriote mais libéral, résume les options allemandes dans une vaste fresque, *Cosmopolitisme et État national*. Octogénaire, il fit presque seul, après 1945, le grand inventaire posthitlérien en reconstituant le chemin qui avait mené son peuple à *La Catastrophe allemande*.

Au début du XXe siècle, la pensée allemande, stimulée par Marx et les historiens désormais plus attentifs à l'économie comme Karl Lamprecht, s'enrichit de préoccupations sociologiques, dimension nouvelle de la connaissance, qui donnera naissance à des œuvres considérables. Max Weber, synthétisant l'approche historique et théorético-systématique des faits sociaux, applique l'élucidation sociologique aussi bien à la musique qu'à la religion ou à la politique. Sa distinction fondamentale entre l'éthique de responsabilité et l'éthique des valeurs, l'une s'imposant aux gouvernements et l'autre aux militants, renouvelle la vision critique de la vie politique. Weber libère les sciences sociales du dogmatisme marxien qui faisait douter de leur caractère scientifique. En même temps, l'universitaire, chez lui, s'engage vraiment au service d'une politique concrète de démocratie nationale. Il retrouve ainsi les aspirations des générations de 1813 et de 1848, convaincues de la nécessité et de la possibilité de concilier liberté et nation, mais une ambiguïté nouvelle plane sur cet engagement, assez rare à l'époque où la masse des universitaires est plutôt de sensibilité nationale-conservatrice : la nation allemande ne peut plus se fixer pour objectif l'unité déjà réalisée depuis deux générations. Un programme national allemand implique désormais une participation active à la *Weltpolitik*, dans un rôle de grande puissance exerçant, d'une manière ou d'une autre, une hégémonie politique, économique, culturelle sur des peuples voisins (*Mitteleuropa*) ou lointains (colonialisme). Le mouvement « national-social » du pasteur Friedrich Naumann qui veut contribuer à réinsérer la grande force sociale-démocrate dans la communauté nationale est un autre témoignage de l'apparition d'une gauche démocratique nationale. Naumann et Weber se retrouveront ensemble après 1918 dans le nouveau Parti démocratique allemand (DDP) qui, allié aux sociaux-démocrates et aux catholiques du Zentrum, a l'ambition d'animer et de structurer la république.

Ce sont là des entreprises essentiellement destinées par des intellectuels à des intellectuels, mais dont l'influence indirecte sur la société et sur la culture ne devra pas être sous-estimée. Parmi les grands noms de la première génération des sociologues-politologues allemands figure encore le théologien Ernst Troeltsch, attentif aux doctrines sociales des Églises, pour qui le caractère unique et irréversible des faits historiques, psychologiques et sociaux fonde la possibilité de les atteindre par une démarche d'identification scientifique. Troeltsch lui aussi s'engagera, après 1918, au service de la nouvelle démocratie. Dans la mesure où elle veut opposer son « idéalisme » au matérialisme marxiste – et plus généralement à la démarche rationaliste qui tue la vie – la droite allemande se méfie de la sociologie et de la politologie. Celles-ci, pourtant, peuvent aussi bien amener de l'eau à ses moulins comme le montre l'œuvre monumentale de Werner

Sombart, historien et sociologue du capitalisme et du socialisme qui, d'abord proche du marxisme, se transforme en adversaire acharné de la pensée du fondateur de la Ire Internationale et des forces politiques qui s'en réclament. Sous le national-socialisme, lui aussi foncièrement hostile à la méthode sociologique, il se retirera dans une tour d'ivoire culturelle.

Infiniment plus vaste, d'une actualité sans cesse renouvelée depuis un siècle, sera le retentissement de la pensée d'un Bâlois d'adoption, contemporain de Burckhardt, le philosophe Friedrich Nietzsche. Ce savant timide et généreux ne s'arrête pas à mi-chemin. Dans une langue étincelante, il jette à la figure des hypocrites, des prudents, des résignés, des asservis volontaires l'implacable transvalorisation des valeurs. L'homme dionysiaque, épuisant toutes les joies d'une existence sans lendemain, transcendant, est le modèle d'une nouvelle surhumanité créatrice d'elle-même. L'affirmation de la vie, de la terre, de la liberté seigneuriale qui ne reconnaît pour morale que la loi qu'elle se donne elle-même conduit à l'exaltation de la « volonté de puissance », l'homme libéré méritant seul de régner sur ceux qui ne peuvent ni ne veulent se libérer des servitudes imposées par les prêtres des faux dieux (et tous les dieux sont faux à l'exception du surhomme). Derrière Nietzsche, se profile l'austère silhouette d'Arthur Schopenhauer, pour qui le monde est apparence qui s'apparaît à elle-même, représentation d'elle-même, d'une seule et unique volonté d'être, non rationnelle, primitive, pulsive. La fascination du pessimisme schopenhauerien ne s'est exercée longtemps que sur une petite phalange d'esprits distingués. Chez Nietzsche, l'athéisme et l'irrationalisme, qui chez Schopenhauer débouchent sur un désir d'auto-effacement, se transmuent en violente volonté (dionysiaque) de vivre toutes les inépuisables virtualités de l'existence. De Nietzsche partent les grandes impressions et impulsions les plus diverses; son ambiguïté fondamentale légitimise les annexions (et les malentendus volontaires) par lesquelles des philistins prétentieux, des pseudo-savants et des plébéiens furibonds s'empareront non de sa pensée mais de ses brillantes formulations paradoxales. C'est la rançon inévitable de son imprudence, de son refus de penser que l'on puisse le prendre au mot.

Le surhomme, la morale des seigneurs et la volonté de puissance serviront de justification « spirituelle » aux lémuriens bavants, à la bande d'assassins, de voleurs et de tortionnaires qui donneront à leur despotisme le nom de Troisième Reich. Celui-ci appartient d'abord à la mystique théologique spéculative du Moyen Age (Joachim de Fiore). Il réapparaît, sécularisé et dénaturé, dans le vocabulaire nationaliste et impérialiste de l'Allemagne wilhelmienne (après un passage dans la philosophie de la création chez Schelling). Par son génie littéraire et la violente splendeur de ses idées, Nietzsche n'est pas innocent de cette descendance et ne mérite nullement d'être confondu avec elle. Il a joué d'un instrument de choix dans l'orchestre de la destruction des valeurs, sans réussir à remplir le vide ainsi créé. Son esprit puissant était malade d'un immense besoin inassouvi d'aimer et d'être aimé. L'inventeur du surhomme s'abîme dans l'insupportable douleur de vivre. Son dernier geste, avant de tomber : il embrasse un pauvre cheval malmené par son cocher, prenant sur lui toute la souffrance de la créature. Himmler, dans le fameux discours aux dirigeants SS par lequel il leur expose la nécessité de poursuivre la « solution finale » de la question juive, sans se laisser aller à la pitié, rappellera plus tard que de tous les peuples, « seuls les Allemands traitent convenablement les animaux »… Pauvre grand Nietzsche : il ne pouvait être trahi plus abominablement.

Schopenhauer et Nietzsche, le romantisme et l'idéalisme, la recherche des vertus germaniques anciennes, l'amour de la nature et le rejet de la civilisation de la machine, de l'argent et de la ville, tous ces éléments successifs et parallèles confluent dans le Mouvement de la jeunesse (*Jugendbewegung*) qui se forme dans les dernières années du XIXe siècle. En opposition contre la famille et l'école, contre les mœurs et les habitudes d'un monde social artificiel, vénérant de fausses valeurs et reconnaissant de fausses hiérarchies, les jeunes enseignants et lycéens qui, d'abord, ne cherchent qu'à rejeter les contraintes et à retrouver la nature et ses libertés, deviendront vite porteurs d'idéologies antilibérales, anticapitalistes et souvent aussi antisémites. La nature, au social, est le *Volk*, le peuple dans sa pureté primitive dont on chantera les chants (recueillis par Herder, Arnim, Brentano, Grimm et leurs successeurs), dont on dansera les danses. Le *Volk*, mystique et premier, s'oppose à l'État, à la nation politique de la Révolution française.

A la société éclatée du libéralisme et du capitalisme on opposera le Bund, la ligue, et la *Gemeinschaft*, la communauté. Il y a dans la *Jugendbewegung* des dominantes différentes, contemporaines et successives, convergentes et rivales : l'influence du christianisme social et des nouvelles mystiques antichrétiennes, un panthéisme romantique, l'affirmation des libertés morales et sexuelles (avec des connotations pédérastiques ennoblies de références grecques). La parenté est évidente avec le mouvement des guerres de Libération et non moins évidente la capacité de se faire annexer, ou utiliser, par les forces politiques antilibérales et antidémocratiques qui sont en train, devant la montée des périls qui menacent l'ordre établi, d'abandonner les habits du conservatisme constitutionnaliste.

Dans sa volonté de se libérer des conventions, de traiter de sujets considérés jusque-là comme tabous ou inconvenants, de célébrer les passions, et pour commencer l'amour, la passion érotique, le *naturalisme*, mouvement littéraire, est proche ou voisin de la *Jugendbewegung*. Ce n'est certes pas un mouvement spécifiquement allemand, Zola, Ibsen, Strindberg ont montré l'homme, élément de la nature comme les autres, et ses situations concrètes les plus basses, les plus horribles. La condition prolétarienne et la sexualité examinée avec une exactitude documentaire (tout au moins dans les limites de ce que l'époque pouvait tolérer) sont des thèmes de descriptions qui se changent facilement en dénonciations.

L'apparente froideur du savant n'est alors pour l'écrivain ou le peintre que l'instrument d'une indignation militante qui aboutit souvent à un militantisme politique, à l'intérieur ou sur les franges du mouvement ouvrier. Le théâtre de Gerhart Hauptmann apporte les œuvres les plus véhémentes et les plus achevées à cette révélation des profondeurs cachées de la société et de l'individu, de *Avant l'aurore* aux *Tisserands*.

En faisant tomber les paravents et voiles millénaires, le matérialisme positiviste et le naturalisme, d'une part, livrent l'homme et le tout de l'homme à l'investigation scientifique, délivrée de toute pudeur et de tout respect religieux. Nietzsche, d'autre part, en libérant le surhomme dionysien de toute entrave morale débarrasse l'espace où s'engouffrera la puissance investigatrice de Sigmund Freud. Les profondeurs du subconscient, l'énorme dynamisme des pulsions contrôlées et détournées sont enfin reconnus comme des éléments essentiels de la nature, de l'existence, de la spiritualité de l'homme.

Maintenant que Freud a désigné par ses noms l'innommable, toute vision antérieure de l'homme apparaît comme incomplète, comme mutilée. C'est par là que Marx et Freud se ressemblent et se rejoignent. L'un et l'autre ont dévoilé la part maudite : ce que les rapports de production, la possession des moyens de production et les classes sociales dans leur lutte perpétuelle sont à la société, la sexualité avec ses pulsions et ses complexes l'est pour la personne individuelle. Peut-on aller plus loin et penser que leur commune qualité de juifs récemment « assimilés » (Freud est le premier universitaire de sa famille, Marx le second après son père avocat) a renforcé chez eux la capacité de soupçonner, la volonté d'arracher la façade d'un monde qui, longtemps, n'avait pas été le leur et qui continue à leur opposer une résistance ouverte ou insidieuse ?

La culture officielle de l'Allemagne possédante et bien-pensante, quoi qu'il en soit, a reçu l'attaque surprise du freudisme comme une menace mortelle. Sa vérité était convertie, pervertie en mensonge comme celle des historiens idéalistes l'avait été par la percée du matérialisme historique proclamée dans la première phrase du *Manifeste du parti communiste*. D'où la haine presque pathologique que l'intelligentsia conservatrice et nationaliste allait vouer à la psychanalyse, « cochonnerie juive ».

Constatons, en passant, que Freud est le premier Autrichien après Hoffmansthal, le poète que nous mentionnons dans notre chronique, depuis Grillparzer et Nestroy qui naquirent soixante et soixante-cinq ans avant lui. Isolée par Metternich d'abord, par Bismarck ensuite, l'Autriche allemande est à la fois une partie de l'Allemagne et une partie d'un empire multinational. Aucun des grands mouvements de la germanité n'y a pris naissance avant les années 1880, aucun des grands chapitres de l'aventure germanique ne s'y déroule. La réserve chronologique toutefois est importante. Au cours des deux dernières décennies du XIXe siècle, alors que Freud poursuit les recherches et les méditations qu'il publiera avec éclat à partir de 1900, trois développements importants se déclenchent parmi les Allemands d'Autriche ou ceux qui parlent l'allemand : c'est ici, dans un État où les positions privilégiées des Allemands et de l'allemand sont attaquées et battues en brèche par l'assaut des autres nationalités, que le nationalisme grand-allemand se proclame le premier et avec la plus grande agressivité dans le mouvement à la fois antislave, antisémite, anticatholique et antimonarchique de Schönerer dont l'influence sera décisive sur Adolf Hitler, Autrichien né en 1889.

La virulence antiromaine conduit à l'antichristianisme ; dans une capitale où affluent librement les israélites des provinces de l'Est, où les professions libérales les plus en vue, médecine, droit, journalisme, connaîtront des pourcentages juifs encore beaucoup plus considérables qu'à Berlin, l'antisémitisme, à fondement chrétien ou à fondement raciste, progressera ensuite à son tour rapidement dans les petites et moyennes classes, les plus exposées à la « concurrence » des nouveaux arrivants. Il n'est donc pas étonnant que l'antisémitisme occupe aussi une grande place dans l'idéologie et le programme du mouvement chrétien-social qui se développe à la même époque, à partir des idées que l'on désignera plus tard sous le nom de « catholicisme social », et sous la direction charismatique de Karl Lueger, avocat fils de cocher.

Le troisième mouvement important qui prend naissance au tournant des siècles dans l'Autriche allemande n'appartient qu'en partie aux aventures de la germanité car il s'agit du sionisme fondé par Theodor Herzl. Mouvement suscité en réaction contre la montée de l'antisémitisme aussi bien schönérérien que luegérien, le sionisme s'emploie à défaire les liens d'une extraordinaire multiplicité et solidité mais aussi tissés de contradictions, que l'histoire, et surtout l'histoire récente depuis le milieu du XVIIIe siècle, avait créés entre Allemands et juifs. Le fait que par sa langue le judaïsme d'Europe orientale appartienne partiellement, comme une étrange excroissance devenue autonome, à la multiforme germanité n'avait pu que favoriser le développement de ces liens. Herzl qui voit venir la catastrophe sans en imaginer la cruelle ampleur, à proprement parler inimaginable pour quelqu'un qui a grandi et vécu dans la civilisation européenne de la fin du XIXe siècle, veut obtenir un divorce préventif. Hitler, son compatriote, lui donnera raison, terriblement. Mais la culture allemande, dans un certain sens, ne se relèvera pas entièrement de ces pertes qu'elle s'est à elle-même infligées, tant le rôle des savants, des enseignants, des créateurs juifs avait été grand, pendant cent ans, dans le mouvement par lequel la germanité s'était arrachée à son provincialisme. En dépit de ses richesses et de ses succès, la République fédérale apparaît consciencieusement provinciale, pays et peuple aux horizons limités. Sans parler de la RDA qui avait moralement et culturellement des décennies de retard. La germanité n'a plus de métropole de rang mondial. Berlin et Vienne sans leur intelligentsia juive semblent flotter dans leurs parures culturelles démodées.

Dans la social-démocratie allemande, comme dans le parti frère autrichien, les juifs sont nombreux parmi les dirigeants. En Allemagne, les grands débats et les grandes formulations doctrinales sont l'œuvre d'Eduard Bernstein, de Karl Kautsky et de Rosa Luxemburg. En Autriche, Victor Adler est à la fois le principal fondateur et, jusqu'en 1918, le chef incontesté du parti. Fort de cette position, nationale et internationale, il tente de modérer quelque peu l'ardeur des combats idéologiques que se livrent les socialistes allemands. Leur parti a victorieusement terminé la lutte que le grand Bismarck lui avait imposée pendant douze ans. Ses électeurs se comptent par millions. Un mouvement syndical solide travaille, dans une intime association avec le parti politique, à l'amélioration de la condition ouvrière que l'action politique se propose d'abolir plus tard entièrement. Tout en se proclamant révolutionnaire et en professant un marxisme orthodoxe, la social-démocratie allemande, grande armée du prolétariat et contre-société prolétarienne, privilégie l'action parlementaire sans pour autant sauter le pas qui lui permettrait, grâce à une alliance avec les libéraux de gauche, d'arracher des réformes significatives au gouvernement impérial. Pour qu'une telle alliance devienne possible, le parti devrait au préalable cesser de se prétendre révolutionnaire et échanger son programme, qui veut remplacer totalement le système économique, contre une liste de changements plus possibilistes.

Entre sa prétention révolutionnaire affichée et son comportement souvent réaliste, la social-démocratie se condamne ainsi elle-même à autoneutraliser sa force grandissante, et c'est dans ce contexte que Bernstein, qui avait compté longtemps parmi les collaborateurs les plus proches de Marx et surtout d'Engels, lance la querelle du *révisionnisme*. Marx a dévoilé les profondeurs du subconscient social, il a restitué à la connaissance la face cachée de l'histoire, mais, prophète, il a osé des prédictions qui ne se réalisent pas. La paupérisation continue du prolétariat qu'il a prédite cède la place sur la longue distance à une amélioration de ses conditions de vie et de sa situation juridico-politique. Le pourcentage des salariés des activités secondaires [1] s'accroît beaucoup moins vite qu'à l'époque de Marx ; bientôt cette croissance va s'arrêter tout à fait. Marx n'a pas accordé suffisamment d'importance au développement des nouvelles classes salariées, employés, cadres de maîtrise, dont l'essor se poursuivra tout au long du siècle. Enfin comment les prolétaires ne seraient-ils pas sensibles aux avantages que leur garantissent l'État de droit, le suffrage universel, aux réformes qu'arrachent en leur faveur le parti, le syndicat et un vaste mouvement d'opinion auquel participent le christianisme social et le « socialisme des chaires », le *Kathedersozialismus* d'un certain nombre d'universitaires épris de justice et de progrès ? La démocratie parlementaire bourgeoise est autre chose qu'un leurre ou un piège ; l'expérience quotidienne le prouve aux travailleurs dont les représentants siègent dans les conseils d'administration des caisses d'assurance maladie, des caisses de retraite et

1. C'est-à-dire essentiellement des ouvriers d'industrie.

dans les conseils de prud'hommes. De ces constatations, Bernstein tire les conséquences doctrinales et programmatiques, appuyé par le courant réformiste des sociaux-démocrates de l'Allemagne méridionale qui concluent des alliances parlementaires avec les libéraux de gauche et même avec le parti catholique.

Cependant, les révisionnistes vont rester minoritaires. La masse du parti, conduite par le vieux leader Auguste Bebel, sur la brèche depuis les années 1860, ne veut pas abandonner le rêve révolutionnaire, l'espérance d'un changement brusque et total. Elle reste convaincue qu'un abîme continuera toujours à séparer prolétaires et bourgeois – tout au plus les tenants de cette position seraient prêts à des alliances défensives si le suffrage universel était menacé pour l'élection du Reichstag. Comment les militants oublieraient-ils que libéraux et catholiques les ont laissés seuls pendant la persécution bismarckienne ? En fait, cependant, ni Bebel ni son idéologue en chef Kautsky ne pensent sérieusement à une révolution sanglante, et la masse des militants a peu de goût pour les débats théoriques. Ils sentent que le parti continue à être révolutionnaire sans faire de révolution ; ils sont sûrs qu'un jour le suffrage universel donnera la majorité aux sociaux-démocrates et qu'alors le grand changement se fera dans la paix et dans l'ordre ; mais, en même temps, ils pensent que le peuple des travailleurs doit rester chez lui, à part, en attendant de se confondre avec la nation tout entière. Ces positions correspondent aux vœux des syndicats qui luttent pour des améliorations concrètes, quotidiennes, et n'ont que faire de querelles d'idéologues.

Face à Bernstein, mais également critique à l'égard du courant majoritaire « centriste », s'affirme, dans les premières années du XXe siècle, une gauche radicale qui reste fidèle au système doctrinal de Marx dans sa totalité et qui, en même temps, reproche à la majorité son immobilisme, son attente passive du jour où tout basculerait en quelque sorte automatiquement dans le socialisme. Les orateurs de cette nouvelle extrême gauche pensent qu'il faut préparer et organiser la révolution ; ils disent « oui » à la violence prolétarienne quand elle répond à la violence permanente des possédants ; ils prennent au sérieux la revendication de la dictature du prolétariat. Rosa Luxemburg, héroïne frémissante et guerrière, la principale inspiratrice du courant, croit à la créativité révolutionnaire des masses. Sa véhémence est galvanisée par l'exemple de la révolution russe des années 1904-1905 ; elle partage – et son partenaire Karl Liebknecht avec elle – les critiques que Lénine adresse, après la scission entre bolcheviks et mencheviks, aux « sociaux-démocrates embourgeoisés ». Pour la gauche radicale aussi, la guerre sonnera en 1914 l'heure de vérité.

L'élargissement du marché entraîne toujours un développement de la production. Cela est vrai aussi, bien sûr, pour la littérature, la musique, la peinture. Quand il y a davantage de lecteurs potentiels, le nombre des écrivains s'accroît, surtout si cette expansion accompagne, comme ce fut le cas pendant cette période, une nouvelle explosion démographique. C'est au XIXe siècle que se réalise dans toutes les Allemagnes, progressivement et point partout au même rythme, la généralisation de l'instruction primaire alors que se multiplient les populations des établissements secondaires et celles des universités. A côté du lycée classique, le *Gymnasium*, le *Realgymnasium*, où s'enseigne le latin mais point le grec, met l'accent sur les langues vivantes. La *Realschule* et la *Oberrealschule* qui lui fait suite s'adressent, avec des programmes orientés sur les besoins des entreprises en cadres moyens, aux enfants des couches les plus récentes de la bourgeoisie, elle-même en expansion rapide, s'y forment donc les petits cadres de la révolution industrielle allemande que les classes et la culture dominantes regarderont longtemps comme appartenant à des niveaux sociaux inférieurs. Il s'ensuit que – ne pouvant aspirer à imposer leurs propres modèles culturels – les membres de ces catégories pourtant si importantes pour l'édification de l'Allemagne moderne adopteront les valeurs et les idéologies politico-culturelles élaborées et véhiculées par les « vraies » universités et les « vrais » lycées, l'*Humanistische Gymnasium*. Dans l'Allemagne bismarckienne et wilhelmienne, après les titres de noblesse, deux possessions fondent le prestige social : la patente d'officier de réserve accordée par le souverain et le doctorat conféré par l'université. A côté des universités, apparaissent les *technische Hochschulen*, où se dispense un enseignement technologique et scientifique adapté aux enfants des familles d'ingénieurs, et, à un niveau plus concret encore, les *Fachhochschulen* (établissements professionnels supérieurs) qui collent étroitement aux multiples branches professionnelles. Il faudra plus d'un siècle pour que les *technische Hochschulen* acquièrent l'égalité avec les universités traditionnelles, notamment par la collation des grades les plus prestigieux – mais quand cette évolution s'achève, le système universitaire de masse n'a plus que le nom en commun avec l'institution purifiée et rénovée par Wilhelm von Humboldt et ses émules. Quant aux *Fachhochschulen* engagées sur la même voie, elles n'ont toujours pas fini en cette fin de XXe siècle dans tous les Länder d'accéder à cette égalité recherchée depuis si longtemps. Il y a belle lurette aussi que le recrutement a cessé de reproduire l'organisation en strates très profondément séparées des classes moyennes et supérieures. Les formules développées au cours des années 1960-1980 par la gauche moderniste et égalitariste en RFA : la *Gesamtschule*, « école intégrée » au niveau secondaire, et la *Gesamthochschule*, qui mettent fin à la traditionnelle structure tripartite, n'ont pas réussi à s'imposer partout, la différence épousant en partie celle des majorités politiques – mais le résultat général a été une formidable expansion de la communication culturelle, dont la phase la plus récente et la plus massive correspond aussi au triomphe des médias électroniques, au règne de la télévision et de l'ordinateur. Une population plus nombreuse, plus riche et plus instruite constitue un immense marché culturel en expansion continue.

Les références qui précèdent expliquent les difficultés rencontrées par une « histoire générale » pour rendre compte de l'énorme flux des productions culturelles qui profitent d'une suite incessante de développements technologiques et commerciaux : si l'on prend l'exemple de la presse, qui existait à peine à la veille de la Révolution française, on doit mettre sur le même plan pour expliquer son expansion de plus en plus rapide toute une série de facteurs majeurs :

l'explosion démographique, la généralisation de l'instruction, des techniques nouvelles et révolutionnaires, comme les machines rotatives dans l'imprimerie, la création de réseaux de communication rapide (télégraphe pour la collation des informations, chemins de fer pour la distribution des produits) et – *last, but not least* – les progrès politiques vers la liberté de la presse. L'un des résultats les plus importants de ces mouvements est l'unification des marchés qui, à son tour, favorise l'unification politique, la formation de vastes publics dont les goûts et les habitudes de consommation se rapprochent et l'apparition de professions nouvelles comme celle de journaliste, ou la consolidation de professions anciennes comme celle d'écrivain et d'artiste. La massive croissance des classes moyennes, la libération politico-administrative des municipalités et le développement du système associatif favorisent à leur tour la sortie de la musique hors des cours et des églises et le développement théâtral intensif : le mécénat et le marché se développent avec l'expansion économique.

La culture participe largement du caractère décentralisé et fédéral que la vie politique allemande conserve, même dans l'empire bismarckien et dans la République de Weimar, mais vers la fin de la période dont nous parlons ici, et précisément sous Weimar, la fonction de grands ensembles dans l'économie culturelle, les groupes de presse comme Ullstein, l'empire cinématographique d'Hugenberg, agissent dans un sens centralisateur. Par ailleurs, la consommation populaire, méprisée des critiques axés sur la « haute culture », se donne des productions qui correspondent à ses besoins, ses goûts, ses rêves – et ses moyens financiers. On suit dans ces organes mieux que dans les grandes œuvres le passage d'un humanisme moraliste, civiliste et élitiste à un pseudo-idéalisme nationaliste, exaltant les valeurs de puissance et les vertus militaires : courage, discipline, obéissance. La culture se divise – mais ces distinctions sont, bien entendu, trop simplificatrices – entre une production-consommation conformiste qui sert le maintien des structures politico-socio-économiques, et un domaine esthétique de luxe où s'agitent l'irresponsabilité sociale et le révolutionnarisme intellectuel. Enfin, le mouvement ouvrier qui devient, à partir de 1870, un facteur d'importance croissante dans la société politique, économique et culturelle, produit sa propre « contre-culture » qui ne peut cependant se former en vase clos, sans passerelles avec les deux autres grands secteurs, l'*Arbeiterbildung* (culture ouvrière), élément de la *Volksbildung* (culture populaire), lit les classiques tout en cherchant à favoriser des productions qui lui soient propres. Il en va de même, d'ailleurs, des grandes organisations rivales de la *Katholische Volksbildung* qui, elle aussi, veut capter pour ses finalités politico-religieuses les masses et les moyens, la production et les consommateurs.

L'âge bourgeois est par excellence celui du *roman*. Un art qui n'est pas de consommation collective, qui n'est pas de spectacle, qui correspond à une société en voie d'industrialisation, de laïcisation, où l'État, composé d'individualités, est le seul collectif légitime. Pour moi, dans ce domaine, il y a au XIXe siècle deux très grands noms à retenir : le premier, Theodor Fontane, superprussien parce que huguenot d'origine, merveilleux conteur d'une société entre chien et loup, entre l'aristocratie et la grande bourgeoisie, la société bismarckienne par excellence – et dont les destins de femmes sont le vrai révélateur, d'où la grandeur d'*Effi Briest*. Mais Fontane est aussi un vrai historien : le soulèvement national de 1813 ne se comprend bien qu'à travers *Vor dem Sturm* (Avant la tempête) et la tragédie de l'ordre patriarcal dépassé par le nouvel ordre industriel et bancaire, dans *Der Stechlin*. De l'autre côté de l'Allemagne, c'est-à-dire en Autriche, la poésie désenchantée et rétrovertie en souvenir d'une enfance perdue, mystérieuse et hors du temps, est, chez Adalbert Stifter, aussi étrangère à la société contemporaine que Fontane y est farouchement présent.

On donnera cependant une mention « honorable » au Suisse Conrad Ferdinand Meyer, pour ses récits historiques, au Nordique Theodor Storm, et, une génération plus tôt, au doux Jean-Paul (Richter), à l'Alémanique Johann Peter Hebel dont le « petit trésor » (*das Schatzkästlein*) est rempli de contes subtils et populaires.

Faisant, en sens contraire, un saut de plusieurs décennies

qui n'ont laissé aucun très grand nom, je passe tout de suite aux frères Mann. Thomas et Heinrich, profondément différents et d'une fraternité aussi évidente pour nous qu'agaçante pour eux. *Altesse royale*, de Thomas, et surtout *Les Buddenbrooks* annoncent la fin d'un monde, celui d'avant 1914, d'un monde d'où la protestation, le soulèvement sont absents, où l'aventure n'est qu'individuelle. *La Montagne magique* dénonce la politique comme un monde exotique. *Joseph et ses frères*, et sa légende, fuient le monde qui devient insupportable dans l'exode du mythe, mais c'est la même histoire qui finira encore bien. *Le Docteur Faustus*, quant à lui, ne peut plus croire à des fins heureuses et, cependant, il se termine par le « triomphe final de la démocratie ». Grand seigneur solennel qui dissimulait ses abîmes, Thomas Mann ne peut choisir entre l'apothéose et la catastrophe. Heinrich, dénonciateur du désordre social, de la stupidité des riches et des puissants, n'a pas eu à choisir sa voie : il a cru à un autre monde sortant de celui-ci, à l'avènement de la société de l'homme, de tous les hommes enfin capables de vaincre leur propre malheur. Du *Sujet* de l'empereur au *Professeur Unrat* (professeur « déchet », celui de Marlène Dietrich) au roi Henri IV, ses héros négatifs et positifs travaillent également à la libération de l'homme enfin capable d'être authentique. L'un était plus grand écrivain, l'autre voyait plus juste (sauf à la fin quand il succombe au mirage stalinien).

Enfin, dans cette évocation joyeusement succincte, je rappellerai deux Autrichiens très différents, mais également élargisseurs d'univers mentaux : Franz Kafka dans ses récits de réalisme onirique et Robert Musil, le plus ample fresquiste de cet âge. Mais dès que je pose la plume, dix autres noms m'assaillent.

Je soulignerai, à ce propos, que l'unité de la littérature allemande avait survécu à l'exclusion de l'Autriche après 1867 et qu'elle a survécu aussi au divorce politique imposé de 1945. Autrichiens encore, Franz Werfel, qui est allé du roman bourgeois à l'édification, Joseph Roth qui se fit sur le tard l'historien-romancier de la monarchie défunte, Stefan Zweig, conteur méticuleux, et Arthur Schnitzler qui écrivit des romans, des nouvelles, des pièces de théâtre mais dont la gloire est venue, finalement, par le cinéma. Les influences françaises (Flaubert, Maupassant) et surtout russes (Dostoïevski, Tolstoï) sont considérables à cette époque sur la littérature allemande, malgré l'exaltation nationaliste dans la société environnante. La grande ville devient sujet de roman dans les fresques de Döblin, la Grande Guerre trouve ses descripteurs dans les œuvres de Remarque et d'Ernst Jünger. Ce dernier, davantage essayiste que conteur, donnera sous le Troisième Reich le célèbre apologue du Garde forestier[1], maître en barbarie.

Dans l'Allemagne occidentale d'après la Seconde Guerre mondiale, l'influence américaine est esthétiquement prépondérante : Heinrich Böll, Wolfgang Koeppen, Arno Schmidt, Günter Grass, Uwe Johnson, Martin Walser, Peter Handke peignent une société de multiplicité et de désordre. « En face », certains écrivains tentent de se garder eux aussi une niche : Stefan Heym, Stefan Hermlin, Heiner Müller et Christa Wolf, mais, « informateurs » de la STASI ou « idiots utiles » au service du régime stalinien, leur talent ne les sauve pas des compromissions que d'autres ont évitées en émigrant ou en se faisant expulser, comme le poète-chanteur Wolf Biermann.

Abandonnons pour un instant l'écrit qui nous a peut-être déjà retenu trop longtemps, mais qui est mon domaine. Richard Wagner, musicien, est quand même beaucoup plus important que le pamphlétaire. Avec lui, nous ne quittons pas les lettres, d'ailleurs, puisqu'il est le seul créateur d'opéras célèbre qui ait écrit lui-même tous ses livrets, fidèle à sa conception du drame musical. Richard Wagner, hélas ! aurait-on envie de dire comme Gide de Victor Hugo, à ceci près que les choix politiques de Victor Hugo me concernent davantage. Carrefour de courants spéculatifs divers, l'œuvre de Wagner est à la fois grandiose et suspecte. On ne peut ni l'accepter ni la rejeter. Il fait de l'ombre à tous ses prédécesseurs, depuis Beethoven, laissant à peine un peu de place au romantique Carl Maria von Weber. Après lui, également, les grands interprètes l'emportent de loin sur les créateurs à Vienne et à Berlin. Richard Strauss, plus solide que génial, s'est dépassé

1. *Sur les falaises de marbre*, Gallimard, coll. « L'Imaginaire », 1979.

lui aussi dans le merveilleux baroque du *Chevalier à la Rose* qui rencontre l'un des sommets de l'écriture discrète d'Hofmannsthal. Arnold Schönberg a ouvert des perspectives nouvelles et étranges d'une musique qu'on ne peut atteindre qu'au deuxième degré, par l'intelligence. Sous Weimar (et à Salzbourg) les chefs d'orchestre sont les véritables maîtres de la musique, de Wilhelm Furtwängler à Herbert von Karajan.

Comme pour le théâtre, nous retrouvons ici les bienfaits du fédéralisme. Les grandes villes allemandes ne sont pas des villes de province, mais des capitales : Munich, Hambourg, Stuttgart, Düsseldorf. L'équipement matériel et humain de la musique et du théâtre est de ce fait beaucoup plus nombreux, riche et sérieux qu'en France. Après le domaine de la voix, écrite, parlée, chantée, celui des figures, peintes et sculptées, celui des ensembles, des palais, églises et musées, nous apporte la même constatation du glissement vers le non-figuratif. Cela s'annonce chez Lovis Corinth (mais très peu chez son grand contemporain Max Liebermann, portraitiste berlinois tout à fait digne d'être cité dans la suite des impressionnistes français), Franz Marc, mort dès le début de la guerre de 1914, avec sa *Tour des chevaux bleus* et les extraordinaires fleurs tentaculaires d'Emil Nolde qui peint dans le calme Schleswig-Holstein un monde carnivore, et Paul Klee aussi à l'aise dans le concret que dans l'abstrait... Ceux-là et bien d'autres. La culture est une catégorie aussi fausse que l'économique, le social et le politique. Le commerce de la peinture, le mécénat public ou privé font corps avec les œuvres. L'expressionnisme n'apparaît pas par hasard dans la société qui s'achemine vers la Grande Guerre. Il traduit un état d'esprit, un état d'âme, une perception, une disponibilité qui communiquent avec la totalité des faits de société : et c'est là aussi que se greffe le caractère incontournable du fait individuel, *der Einzige*, selon le philosophe « anarchiste » Stirner, contemporain de Schopenhauer que nous avons oublié de citer à sa place. C'est pourquoi le génie est la rencontre entre un réel et un regard de possession amoureuse. La culture s'inscrit en faux contre la simplicité tranchante et l'identité bloquée : elle est tout et son contraire. Et dans cet âge de progression précipitée, elle explose à son tour. Rappelons *in fine* qu'en cet âge où montent pourtant les nationalismes, la culture allemande est très largement et très généreusement ouverte sur l'extérieur. Balzac, Flaubert, Maupassant, Strindberg et Ibsen, Tolstoï et Dostoïevski, et de nouveau les grands Français du XXe siècle, André Gide aussi bien que Jean-Paul Sartre, ont été très tôt et beaucoup plus facilement intégrés dans la culture allemande que les apports extérieurs dans la culture française de la même époque dont la tentation est une certaine autosuffisance.

Néoclassicisme à Berlin, *Biedermeier* à Vienne, syncrétisme à Munich : l'architecture prussienne du début du XIXe siècle avait été d'une simplicité rude et parfois délicate, presque toujours grandiose. Elle porte un nom principal : celui de Karl Friedrich Schinkel, qui fut aussi dessinateur, peintre et sculpteur. Plus tard, à l'époque bismarckienne, Gottfried Semper, syncrétiste et tenté par les souvenirs du baroque, multiplia les théâtres et les opéras. A Vienne, à partir des années 1850, s'organisa, sur la place des bastions démolis, le Ring (l'anneau), vaste boulevard circulaire, le plus grand chantier d'Europe, avec une juxtaposition des styles qui finit par en constituer un autre. Louis Ier de Bavière, philhellène, a même exporté à Athènes ses colonnades néoclassicistes. La Pinacothèque de Munich fut le premier musée d'Europe construit comme tel. Avec le Prussien Johann Gottfried Schadow, contemporain et concurrent de Schinkel, maître du portrait, qui vécut de 1781 à 1841, l'Allemagne classique et romantique possède un grand sculpteur. Beaucoup plus près de nous, Renée Sintenis a laissé de charmantes figures d'enfants et d'amoureux, figurines pour temps de paix.

En peinture, il y a pléthore, chez les romantiques d'abord : la fermeté du trait, les profondeurs de couleur, la rectitude de la reproduction, l'envolée de l'imaginaire chez Caspar David Friedrich sont un grand moment de l'art, c'est-à-dire de la rencontre d'une vision d'homme avec la nature naturante que l'œil sort de son solipsisme. Quelques années plus tard en Autriche, mentionnons un artiste beaucoup plus modeste mais délicieusement *biedermeier* : Ferdinand Waldmüller. Le portraitiste Franz von Lenbach est un peu le Wagner de l'ère bismarckienne (moins le gros grain de folie du compositeur-poète saxon) ; le Suisse Arnold Böcklin, solennel et un peu mystérieux, n'est pas trop loin de Nietzsche, et les personnages du Tyrolien Franz Defregger paraissent sculptés dans du bois ; et déjà, commence l'expressionnisme, la grande marée de la modernité du début du XXe siècle qui interprète le monde extérieur à travers l'expérience intérieure qui se dessine sous les traits et les couleurs et qui paraît au départ incompréhensible.

Libéré de toute règle, de toute contrainte formelle, l'art exprime les émotions, les pulsions, les passions intérieures, le vécu élémentaire, violent, agressif, dont la réalité fait fi des apparences, pathétique et extatique, explosif ou rigoureusement introverti, gonflant à l'infini l'importance du moi pour retourner aussi rapidement – et avec une égale véhémence – aux mystiques communautaires ; l'expressionnisme inquiète, déstabilise, ébranle les certitudes et provoque aussi des réactions de défense farouches et féroces. Certains de ses grands créateurs versent dans un activisme politique radical : pacifisme pendant la guerre, communisme après 1918 ; d'autres, n'écoutant que les orgues ou les violons de leur musique intérieure, détournent leurs fidèles des agitations du social. Toller, Mühsam, Leviné, intellectuels, poètes, jouent un rôle plus théâtral qu'effectif dans la république des Conseils, des « soviets » en Bavière, plusieurs payant de leur vie cet engagement terriblement idéaliste. Stefan George, poète hiératique, à la tête d'une noble assemblée d'éphèbes prometteurs, célèbre cérémonieusement un Troisième Reich tout intérieur, bien avant l'instauration de la tyrannie qui se donnera abusivement ce nom ; Rainer Maria Rilke dira avec une intensité émue, plutôt paisible et contemplative, tantôt véhémente et tempétueuse une religiosité sans confession et une vision mystique où ciel et terre se confondent mais d'où la société est absente. Commencée bien avant la guerre, la multiplicité expressionniste atteint un nouvel apogée entre 1920 et 1930 dans la République de Weimar, la bien nommée. La société, l'économie et la politique en crise font éclore une saison culturelle d'une fécondité prodigieuse, comparable seulement aux premières années du *Sturm und Drang* et à celles du romantisme. La grandeur d'une royauté triomphante est contemporaine, en France, de géniales générations classiques ; en Allemagne, dans une république en liquéfaction, la culture se donne des fêtes d'une intensité et d'une variété également incomparables. Aucune loi de l'histoire n'associe nécessairement de pareilles floraisons à des périodes de grandeur étatique et de richesse économique, plutôt qu'aux glissements de la décadence.

Ce n'est pas seulement pour les différents courants socialistes que la guerre va être l'heure de vérité. La droite conservatrice voit ses intérêts, ses privilèges, ses croyances exposés à des combats d'usure qui ralentissent, sans l'arrêter, la montée des forces révolutionnaires et des idées subversives. Les tenants du radicalisme nationaliste et impérialiste craignent que l'Allemagne, à force de maintenir la paix, ne se laisse réduire à la portion congrue dans le partage du monde que les grandes puissances sont en train d'achever. Jamais l'Allemagne n'a été plus riche, moins misérable, plus prospère, mais une partie grandissante de la jeunesse s'ennuie. Ces peurs et ces ennuis aspirent à une grande crise nettoyante et salvatrice qui ferait naître dans le sang un monde nouveau, plus authentique et plus pur. La guerre mettra fin aux petitesses du quotidien, bousculera l'ordre bourgeois. Des industriels, des banquiers rêvent de grandes conquêtes dont l'acquisition et la conservation imposeraient à la société tout entière une discipline de fer à laquelle les syndicats devraient se plier. Des poètes et des hommes d'argent appellent le conflit de leurs vœux, alors que les grands chefs de l'État-Major expliquent à l'empereur qu'après 1917-1918 il sera trop tard pour que l'Allemagne puisse gagner, face à l'alliance franco-russe. Sous les orages d'acier se formera une humanité nouvelle conduite par une autocratie du courage et du service. A ces sentiments confus, qui s'agitent dans toutes sortes de ligues et de sociétés plus ou moins secrètes, l'après-guerre seulement donnera des formulations d'une certaine tenue intellectuelle ou littéraire : Oswald Spengler, dans *Le Déclin de l'Occident* (mal traduit car *Untergang* ne veut pas dire déclin, mais disparition, chute, le navire qui sombre et s'enfonce dans les flots) et plus encore dans *Prussianité et Socialisme* ; Moeller van den Bruck, dans son *Troisième Reich* (encore ce terme irritant et mystagogique) – cette fois-ci il s'agit bien de faire naître des *cendres* de l'éphémère et indigne République un nouveau Reich digne de ses prédécesseurs, et dans le « style prussien » (la Prusse devient un modèle culturel fait de sobriété, de discipline, de vertus guerrières, valorisant la notion de service et condamnant jouissance et consommation) ; et, talent infiniment plus riche, plus varié et plus durable, Ernst Jünger, penseur et romancier de la guerre purificatrice avant de se muer en observateur passionné de l'univers organique et anorganique, sans oublier le critique élitiste de la vulgarité et de la barbarie nazies. C'est la vulgarité, la bassesse d'âme qui donnent naissance à la barbarie.

Deux Allemagnes au moins s'affrontent dans la vie culturelle de la République de Weimar ; l'une, traditionnelle et offensée ; l'autre, moderne et offensive. A la fin de cette brève période, quatorze ans à peine, mais qui fait date d'une façon éclatante, éblouissante, les rôles seront renversés et la modernité réduite à la défensive. La fin de la monarchie et la fin de la guerre, l'écroulement des structures et des valeurs établies libèrent une formidable et fourmillante créativité, un désordre à la fois destructeur et génial. Aucune règle ne s'impose plus, ni du dehors ni du dedans, à l'exception de celles que l'on se donne à soi-même, quitte à en changer le lendemain. La libération des mœurs, le déchaînement de l'irrespect et de la dérision vont de pair avec l'exploration des chemins nouveaux les plus secrets et les plus tortueux. C'est l'ère des spéculateurs et des provocateurs alors que l'inflation dévore les économies des braves gens.

Berlin, soudain, terne capitale trop vite grandie, s'éveille de ses torpeurs militaires et prolétariennes pour devenir le chef-lieu de toutes les audaces. Max Reinhardt renouvelle le théâtre, Brecht et Kurt Weill s'allient pour créer des œuvres comme on n'en avait jamais vu, où les gueux et les prostituées remplacent les héros au grand cœur. Polly, catin des quais et des ruelles, fait concurrence à Jeanne d'Arc et à Marie Stuart, Macky Messer, le chourineur, remplace Guillaume Tell. Le cinéma, naguère encore amusement de foire, est promu au rang de septième art. Murnau, Pabst et Fritz Lang ont du génie et l'UFA devient la première puissance de l'art industrialisé. Abstraite ou figurative, la peinture, entre Kandinsky, Beckmann, Kokoschka et Lovis Corinth, atteint un nouvel apogée, digne du grand foisonnement du tournant du XVe au XVIe siècle.

La musique atonale ou dodécaphonique, en rupture avec tout ce qui l'a précédée, rejette Mahler du côté des classiques et si Schönberg et Webern sont autrichiens (comme Rilke, Hofmannstahl, Kokoschka, Schiele, Klimt, Freud, Wittgenstein et tant d'autres), c'est à Berlin que les moissons se lèvent alors qu'elles ont été semées à Vienne quelques années plus tôt. Mais c'est sans doute dans la littérature que la fécondité de Weimar est la plus stupéfiante : du nouveau classicisme des Thomas Mann, Franz Werfel, Joseph Roth, aux rébellions multiples des Toller, Döblin, Fallada, Tucholsky, alors que Rilke atteint dans les *Sonnets à Orphée* et dans les *Élégies de Duino* une grandeur exemplaire libérée des temps. Ludwig Wittgenstein et l'école de Vienne refont, dans un monde intellectuel de plus en plus dominé par les mathématiques et les sciences expérimentales, les concepts de la logique, tandis qu'Einstein, modeste auxiliaire de la science à ses débuts, reconstruit, lui, par un coup de main follement et tranquillement audacieux, l'unité de l'univers.

A Francfort, pendant ce temps, Max Horkheimer et Theodor Adorno, unissant marxisme et sociologie, réintroduisent les faits collectifs humains dans l'ordre des sciences de la nature. Cet ordre, à la fois naturel et humain, les architectes et les designers du Bauhaus le redécouvrent en même temps pour l'architecture et la décoration. Et pour former les hommes nouveaux de la démocratie nouvelle, un foisonnement d'initiatives pédagogiques novatrices accentue tantôt l'héritage libérateur de l'humanisme classique (Carl Heinrich Becker, ministre de l'Instruction publique de Prusse, et Kurt Hahn, au château de Salem en Haute-Souabe et plus tard à Gordonstoun en Écosse – pour ne parler que des principaux) et tantôt, comme à la Karl-Marx Schule à Berlin-Neukölln, un nouvel humanisme marxo-freudien.

C'est à Berlin encore que s'égosille à tue-tête, que parle à cadence modérée et noble, que crie et chante et hurle et murmure une multitude quasi infinie de feuilles, revues, hebdomadaires, journaux, illustrés – intelligents, pédants, convaincus, légers –, les journalistes et les feuilletonistes, les essayistes et les idéologues rayonnent à partir des salles de rédaction et des salles de café de la capitale sur le monde germanique tout entier ; alors que, de l'autre côté, le manager industriel Hugenberg construit l'empire de presse de la droite, du ressentiment, ici – à gauche – Theodor Wolff fait de la vieille *Vossische Zeitung* l'agence du libéralisme éclairé, tandis que Carl von Ossietzky, dans la *Weltbühne* (la *Scène du monde*), mène le combat pour les droits de l'homme qui le conduira devant le *Reichsgericht*, Cour suprême stupide et réactionnaire, au camp de concentration, au prix Nobel de la paix, à une mort précoce. Car il y a l'autre côté, l'obscur et obtus remugle des regrets, du refus de la modernité, de l'attachement aux privilèges et aux inégalités qui représentent l'ordre tutélaire pour ceux qui n'en sont que les humbles, féroces et fidèles serviteurs. Cette pensée-là, cette littérature-là ne comptent que par l'ombre portée – qui s'intéresserait sans cela à Hans Grimm, chantre du *Volk ohne Raum* (le peuple sans espace) ? – d'un colonialisme impérialiste raciste populaire (mais l'énorme bouquin eut des millions de lecteurs !) et encore, il avait une sorte de talent pour exprimer la moitié de l'Allemagne comme pétrifiée dans ses refus ; et même à Kolbenheyer, qui fait de l'alchimiste Paracelse une sorte de héros mystagogue, porteur d'un message antirationaliste. Ils ouvrent le chemin à la cohorte écrivassière et à jamais anonyme du Troisième Reich.

Entre Edmund Husserl et son « disciple » Martin Heidegger, et au second rang Karl Jaspers et Max Scheler, la philosophie allemande qui s'épuise depuis Nietzsche à professer des cours connaît un éclat nouveau. Si profonde et lucide (plus que lumineuse d'ailleurs) que soit l'œuvre de Husserl, il n'empêche que Heidegger – qu'on excuse ou non, qu'on juge ou qu'on méprise son attitude face à la « révolution nationale » nazie – est lui un vrai philosophe, dans la ligne des grands interrogateurs et explorateurs du monde dont le nom, suivi ou non d'un « hélas », figure maintenant dans le panthéon de la pensée. Œuvre immense, extraordinairement littéraire et même poétique, spéculative et superscholastique, théodicée laïcisée, égarante, labyrinthesque et confrontant l'homme, soudain d'un mot fulgurant, au destin de son être, comme les Pyramides s'élèvent subitement au-dessus du désert, quand on les approche venant de l'ouest.

Cette ontologie sublime (comme il aurait détesté cette désignation), la première depuis Kant, écrasant l'homme qui devait en être le porteur, peu importe, est une des plus grandes aventures de l'esprit de notre temps. Je ne vois que le théologien Karl Barth pour lui tenir tête avec moins de génie littéraire mais avec une puissance spéculative et contemplative analogue, Barth qui retrouve, le premier depuis des siècles, avec un ton inévitablement plus profond que tout ce qu'on entend autour de lui, les mots et les sens du réformateur, tels que le monde ne les avait plus entendus depuis Luther. Une théologie pour temps d'épreuves et mise à l'épreuve, quand le prince, au lieu d'aplanir le chemin aux croyants, se met au service du Malin. Une philosophie et une théologie de l'authenticité, à ceci près que, dans l'état du monde en 1933, Karl Barth a beaucoup mieux et beaucoup plus rapidement identifié l'adversaire, l'inauthentique absolu que la plupart de ses collègues, petits ou grands.

C'est son règne à Lui qui va commencer le 31 janvier 1933 ; une des aventures les plus terribles et les plus signifiantes de l'esprit allemand, de la germanité. Le propre du temps nazi est l'absence de noms : ni artistes, ni vrais savants, ni poètes, ni philosophes, ni romanciers ; du dedans, ce régime est le vide que ne masquent qu'à ceux qui veulent être bernés son agitation, ses bruits et ses fureurs. Il ne laissera rien : ruines, dévastations, perte de l'indépendance, après avoir exalté pendant douze ans la brutalité et le mépris d'autrui : et derrière tous les drapeaux nazis flottant au vent se dresse la grimace du nihilisme. Dans sa logique, Hitler tentera d'entraîner son peuple dans « sa » mort. On n'aura pas fini de sitôt de méditer sur cet avatar de la germanité, sans figure humaine, sans penseurs, sans créateurs. Une société anonyme d'assassins dont la seule tête est celle du moustachu de Braunau. Pas un texte, pas une œuvre du Troisième Reich qui ait vécu jusqu'à nos jours, sinon le cri solitaire de l'Appel des étudiants munichois du groupe de la Rose blanche et *post festum* la voix faussement enjouée et historiquement enrouée d'Ernst von Salomon, dans *Le Questionnaire* ; et, bien sûr – mais c'est d'une autre hauteur d'âme et d'une plus noble ambiguïté *Sur les falaises de marbre* de Jünger, dénonciation voilée mais qui fut, traduite en français, un manuel pour le combat antinazi. Et dans un pays où la pensée politique est rare, ténue, depuis que Hegel et Marx ont construit leur système, les réflexions anticipantes du cercle de Kreisau et d'une partie du groupe du 20 juillet prennent une valeur de fond indépendante de la loi du genre, plus portée sur la redondance que sur l'originalité. Il y a là des testaments politiques qui forcent les vivants à continuer les efforts. Et pendant ce temps, pendant que les restés sur place font le gros dos dans l'armée qui les protège contre le parti (le poète Gottfried Benn, médecin militaire), la culture allemande s'étiole dans l'émigration coupée de ses racines, coupée de sa langue.

Revenons encore une fois sur le mot de nihilisme dont nous nous sommes servi pour désigner l'essence du nazisme. Toutes les idéologies totalisantes et totalisatrices veulent le triomphe, le règne incontesté d'*une* idée, d'*une* conception du destin et de la vocation de l'homme, et un certain ordre de l'univers ; elles sont toutes porteuses de valeurs. Le nationalisme au service non d'un principe universel mais d'une entité particulière et particulariste est comme la religion de M. Jourdain : il vénère et exalte quelque chose de l'ordre de la nature, deux plus deux, ou les cheveux blonds, des vertus morales prétendument réservées à la race noble. Ces qualités naturelles ne s'acquièrent pas, elles ne sont pas le fruit ou la récompense d'un effort. Même s'il sauvait la vie du Führer, le juif resterait juif et ne serait pas anobli, comme le grand-père de Trotta, dans le roman de Joseph Roth, qui avait sauvé l'empereur (d'Autriche) à Solferino.

Le nazisme, c'est l'exaltation solipsiste du moi ou du nous (moi collectif), c'est la domination pour la domination, sans but ni raison d'être. D'où la profonde signification d'une phrase que le nationalisme dominateur allemand aimait à citer : « *Deutsch sein, heisst eine Sache um ihrer selbst tun.* » Être allemand, c'est faire une chose pour elle-même. Rien de plus absurde et aliénant : faire une chose pour elle-même, c'est substituer la chose à la valeur, à elle étrangère, à l'amour de Dieu ou de la révolution ou même à l'amour de la dame ou à l'amour du prochain qui nous faisaient faire telle ou telle chose. Le vide pour l'amour du vide. D'où l'attraction tellement visible et évidente des nationaux-socialistes pour la mort, la mort d'autrui (Auschwitz) et leur propre mort : le suicide collectif, Hitler et Eva, Goebbels avec femme et six enfants, et la défense folle de villes ouvertes contre les Américains…

Ensuite, entre 1945 et 1990, il y a eu deux Allemagnes, et même trois, en comptant l'Autriche qui ne veut pas en être une et l'est quand même. Pour nous, c'est là évidemment une nouvelle aventure de notre héroïne, bien que l'Autriche officielle et beaucoup d'Autrichiens, petits ou grands, aient cru pouvoir se tirer en cachette de l'histoire par une porte de sortie. Le malaise autrichien est une des grandes forces motrices de la littérature allemande du deuxième après-guerre. A être si mal dans sa peau, dans ce reste d'empire guetté par le double provincialisme prolétarien de Vienne, et petit-bourgeois-paysan des *Alpenländer* (Länder alpestres), on était sûr, avec le talent en plus, de trouver de vastes audiences… en République fédérale d'Allemagne, bien sûr, mais aussi en France, dont, par un juste retour des choses, l'après-guerre, le premier choc passé, fera une sorte de territoire culturel annexe de la germanité avec, se précipitant les unes après les autres, les réceptions tardives et trop récentes de Hegel, de Marx, de Freud, du Bauhaus, de Heidegger, de Peter Handke et de Botho Strauss et du cinéma de Pabst, Murnau, Fritz Lang jusqu'à Wim Wenders. C'est en Autriche que se conserveront jusqu'à ce jour – quel symbolisme que l'affaire Waldheim ! –, des strates et des arrondissements entiers politico-socio-culturels où les marais stagnants des anciennes mentalités nationalistes et racistes, grandes-allemandes et antisémites continuent à exhaler leurs miasmes, leurs fièvres et leurs mauvaises odeurs. Quel symbolisme en effet que l'appel à ce petit esprit grognon et menteur, même pas vrai criminel de guerre, remonté de l'Autriche des bourreaux de bureau de l'ère hitlérienne pour exorciser la tare de s'être pour une brève arrière-saison d'universalisme doré et madré donné un quasi-empereur juif.

Célébrons ensuite la mort, provisoire sans doute, de la philosophie, écartelée entre les royaumes combattants de la sociologie, de la politologie, de l'histoire – conçue comme discipline de réflexion et d'orientation – et de la théologie. Le trône de Heidegger est vide. La grande vague de positivisme et de scientisme qui s'est répandue après 1945 à travers les Allemagnes – à l'exception de la RDA livrée aux tristes joyeusetés de l'irrationalité d'un marxisme transformé en métaphysique bureaucratique – est naturellement en premier lieu une réaction contre l'idéalisme de corps de garde, contre l'irrationalisme antioccidental dont le règne venait de s'écrouler dans le sang et la sanie. La métaphysique systématique y retrouvait d'ailleurs vite son compte, tant la croyance à – et l'invocation de – la « science de l'homme » furent rapidement transformées en récitatifs, ou logiciels, par de nouveaux types de moulins à prières. L'École de Francfort connut une deuxième jeunesse, stratifiée et par conséquent stérile, sinon – admirons une fois de plus les détours du *Weltgeist* – par l'explosion marcusienne qui, de Berkeley, vint perturber les cours de l'université des mandarins, des *Ordinarien*, bousculant les progressistes à la Habermas, aussi bien que les nostalgiques du *Deutschtum* à la Diwald. N'empêche que c'est un curieux territoire tout neuf et fertile que labourent, après 1945, les sciences qui se penchent sur les comportements individuels et collectifs, actuels et passés de l'espèce humaine et de ses ressortissants, même transformé en système et en nouvelle vulgate, à travers les innombrables journalistes, assistants de parlementaires et de partis qui forment une sous-classe nouvelle, la plus nombreuse, sans doute, de l'intelligentsia. A condition, justement, de ne pas tomber dans le piège de la « remétaphysication ». La science politique a été favorisée comme remède contre les restes de nazisme diffus dans la culture et la société. On choisit assez bien, parmi toutes sortes d'outsiders, du juriste social-démocrate Carlo Schmid à l'historien catholique de gauche des camps de concentration Eugen Kogon, les premiers titulaires des chaires nouvelles ; après quoi, celles-ci, à la deuxième génération, retomberont dans le fonds universitaire commun.

Le contemporain échappe facilement à l'œil simplifiant du clarificateur qui, de toute façon, ne saurait prétendre à un rôle d'observateur non subjectif. Osons donc franchement distribuer les lauriers de l'importance et de la signification en fonction de nos préférences, de nos amitiés et de nos aveuglements. Dans l'après-guerre, je suis frappé tout d'abord par l'échec des émigrés. Le retour n'a été une réussite pour personne – même si beaucoup ont retrouvé des tirages importants et si les plus connus, comme Thomas Mann, ont eu droit à une aura de respect. Mais je crois me souvenir que la découverte de l'œuvre de Sartre a été plus remuante et plus féconde pour l'esprit allemand de la fin des années 1940 que la redécouverte des frères Mann, si inégaux. Dans cette période de recommencement, le tourbillonnement littéraire autour de centres spontanés comme le Groupe 47, composé essentiellement de romanciers et de poètes, me parut fort attirant par une espèce de bonne humeur de survivants, par le prodigieux appétit de rattrapage culturel commun à toute cette génération et, aussi, par une sorte de fraternité de gens qui n'avaient pas encore tout à fait cessé d'avoir faim. C'était une génération dotée d'humour, fût-il macabre. Les romans de Wolfgang Koeppen, et d'Arno Schmidt, les poèmes de Marie Luise Kaschnitz, la plus grande dame de lettres de l'histoire allemande – oui, c'est ainsi, je le jure –, seront cités en témoin. L'Allemagne, la libre, découvre le cinéma, le sien – l'ancien et le nouveau – et celui des autres.

Tout arrive en même temps, à point en quelque sorte, car l'Allemagne n'avait pas seulement été coupée de la production nouvelle, la censure nazie avait aussi obturé de larges plages, parmi les plus belles, du passé culturel, de celui de la germanité aussi bien que de ses sœurs et mères nourricières, antiques et modernes. Dans l'immédiat après-guerre, Helmut Käutner et Wolfgang Staudte sont, avec le poète Wolfgang Borchert (*Dehors, devant la porte*, la douce mélopée du revenant de guerre qui va mourir à la paix), les créateurs qui disent le mieux le désarroi, les ruines, la misère, quand le renouveau paraît si lointain (nous seuls savons qu'il ne va pas tarder à surgir). Plus tard, trente ans plus tard, c'est encore dans le cinéma de Syberberg, de Fassbinder, que l'Allemagne dira d'elle-même au monde que rien n'est jamais résolu à jamais.

N'empêche ! Sous la conduite efficace d'un homme d'État prudent et solitaire, Konrad Adenauer, l'Allemagne majeure, celle qui n'est pas contrainte, forcée – comme une fille violée –, privée du droit de « se déclarer », au sens giralducien, cette Allemagne du deuxième essai républicain paraît enfin et même définitivement s'ancrer à l'Ouest, devenir de l'Ouest. Américains, anglais, français, peu importe, l'Occident c'est la démocratie et la rationalité, mais aussi le plaisir de la permissibilité, le lieu de l'abondance pour tous, relativement bien sûr – mais, comparons la vie des ouvriers de 1960 avec celle de 1860 ! Il y a l'Alliance atlantique, la garantie militaire et politique du plus puissant État du monde, mais il y a aussi le rejet conscient et organisé du romantisme politico-esthétique, du sentimentalisme politico-religieux. Très vite, l'intelligentsia trouvera dépourvue de génie, d'esprit d'aventure et de rectitude idéologique une expérience qui n'aura seulement réussi qu'à refaire un État et à le faire démocratique, à rendre les Allemands plus riches et plus heureux qu'ils n'ont jamais été, à garantir seulement les sécurités externes et intérieures… La germanité de la *jet society* et des charters de masse pour les Seychelles et la Thaïlande vaut bien celle des années déferlantes de Guillaume II ou de Barberousse.

Des vertus neuves pour les hommes, et surtout pour les femmes, surclassent la discipline et l'aura du travail, et le triple K féminin où la *Kirche*, l'Église, est réduite à se partager la vie des épouses avec les *Kinder* (les enfants) et la *Küche* (la cuisine). Hédonisme et érotisme, la formidable vague des objecteurs de conscience, l'*American way of life*, la pilule, la télévision : alors et encore aujourd'hui, certains nostalgiques du passé allemand le retrouvent mieux dans les paysages de l'ex-RDA – là où l'industrialisation n'avait pas encore tout dévasté ; ce qui est un comble, car seule la pénurie et l'inefficacité économique du système l'empêchèrent de tout bouleverser. Même le retour de bâton « vert » ne pourra pas désaméricaniser en profondeur l'Allemagne née après 1945, mais il fera mieux comprendre que cette Allemagne s'est davantage adaptée aux plaisirs et aux façons d'être américains – aussi et surtout parce que les « élites » allemandes, désormais, vont se façonner au MIT ou en Californie, à Harvard ou à Berkeley et, faute de moyens, dans des lieux moins prestigieux – qu'aux vertus traditionnelles de l'Amérique dont certaines cousinaient fort bien avec les valeurs de la Prusse.

Une Allemagne sans juifs. Hitler, sur ce point, a réussi ; le stimulus prodigieux, intellectuel, professionnel et idéologique des jeunes loups et des jeunes louves, enfants ou petits-neveux des ghettos polono-ukrainiens, manque à une Allemagne doublement provincialisée, sans juifs et, longtemps, sans Berlin. Ceux qui agissent sur l'Allemagne posthitlérienne sont des revenants, comme Adorno et Marcuse, ou des étrangers – ou devenus étrangers – Alfred Grosser, Henry Kissinger, André Glucksman, fils d'émigrés chassés par Hitler. Adenauer réussira à lever l'hypothèque que le « non » juif aurait fait peser sur le retour de l'Allemagne parmi les nations, mais l'étrange terme inventé en allemand pour l'indemnisation, *Wiedergutmachung*, qui appartient d'ailleurs à un langage enfantin – « je fais en sorte que tout redevienne bien », – révèle justement que rien ne pourra redevenir comme avant, puisqu'il n'y a plus de juifs en Allemagne et qu'il y a l'État d'Israël que jamais une Allemagne digne d'elle-même (ne parlons pas de l'ancienne contrefaçon communiste) ne pourra traiter comme un État quelconque. L'innocence perdue ne se reconstitue pas plus que la virginité. Pendant des années, j'ai rêvé que je venais de tuer quelqu'un et que, de ce fait, j'étais devenu irréversiblement quelqu'un d'autre. Ce n'est pas, bien sûr, une question de contrition ni de pardon.

Le phénomène majeur dans la culture de l'Allemagne libre de disposer d'elle-même, au cours des années 1960, fut la deuxième réception du marxisme. Deuxième, car il y avait eu une percée de culture marxiste pendant la période weimarienne, importante mais marginale, malgré sa double signification de renouveau intellectuel et de snobisme mondain. A présent, en convergence avec le positivisme américain des sciences sociales, c'est à la fois la séduction des livres gardés dans une sorte d'enfer social – puisque Marx avait engendré Lénine et que Lénine avait engendré Staline et Staline le goulag et le régime SED – et la prodigieuse et lumineuse demi-vérité de l'explication marxiste qui attiraient les fils et les filles des anciens nazis aussi bien que ceux des électeurs d'Adenauer (c'étaient souvent les mêmes, mais pas toujours et même certainement pas la majorité). C'était l'attrait de l'interdit et le commencement d'une aventure pour désennuyer les enfants du bien-être. Comment ne pas avoir envie de secouer les cocotiers de la restauration si contente d'elle-même (alors qu'Adenauer, nonagénaire, se demandait avec angoisse si le peuple allemand était vraiment guéri de ses démons !) ? Et, après tout, ne sommes-nous pas en terre de germanité où l'absolu est une sorte de boisson enivrante : puisque l'Amérique s'enlisait dans la boue sanglante du Vietnam, la démocratie « formelle » ne valait rien ; puisque l'arme atomique assurait la paix, c'était une fausse paix. Et pour ne pas suivre le chemin qui avait conduit les pères à être coupables d'Auschwitz, il fallait aider les Palestiniens. C'est une manifestation contre le shah d'Iran et non contre Walter Ulbricht, lieutenant-gouverneur du Kremlin à Berlin-Est – et même pas contre le chancelier Kiesinger, ancien adhérent plutôt formel du Parti nazi, en tant que jeune diplomate –, qui va déclencher les mouvements dont l'Allemagne de l'Occident continue à vivre les soubresauts et les conséquences, jusqu'à la vague grandissante qui voudrait à nouveau la découpler de l'Occident.

La peur de l'atome et la crainte de la guerre, l'effroi qui se répand devant le spectacle de la nature dénaturée et décomposée, les sectes marxistes et postmarxistes se mêlant à des courants chrétiens et postchrétiens s'unissent en grands fleuves aux rivages mouvants où les marigots d'une contemplation campagnarde succèdent aux cataractes bruyantes. La paix se défend avec violence et fureur ; ce qui n'est pas et devrait être doit être fait et au besoin imposé, puisqu'il s'agit de la survie du monde et qu'on n'a pas le temps de convertir les imbéciles et les malveillants. Dans l'émigration intérieure et le militantisme exotique, l'antimilitarisme et le nouveau nationalisme de gauche, une partie importante de l'Allemagne libre retrouve le romantisme, la frénésie et le désir de faire coïncider le bien et le réel : le royaume de Dieu sur terre, expliqué par la théologie de la paix, un christianisme qui attend le retour du Seigneur avant que cette génération ne passe. Toutes les étapes parallèles ou contradictoires des aventures de la germanité se rencontrent dans une grande mêlée où le transcendantal et l'immanent sont deux chattes grises qui retrouvent d'autant moins leurs petits que ceux-ci sont allés boire le lait de l'autre. Cette dimension religieuse ou parareligieuse des « mouvements » qui se succèdent sur de vastes plages de la vie allemande depuis vingt ans et plus est d'autant plus frappante que la vie des Églises manque, elle, d'éclat intellectuel et spirituel : les grands théologiens y sont aussi rares que les martyrs et, pour autant que cela se voit du dehors, les saints. Ni Barth ni Rahner n'ont encore eu de vrais successeurs et ceux dont on parle, un Küng ou un Johann Baptist Metz – sans mentionner Drewermann, dont on ne parle que trop, faisant mousser ses talents considérables au détriment de son Église –, campent sur les marches et sur les marges de leur Église. Sans doute, naissent de nouvelles structures de piété et de vie ecclésiale. Il naît surtout – et se prolonge et se poursuit – un assez détonant mélange de conformismes et d'anticonformismes qui, à leur tour, se conformisent, mais que traverse comme courant majeur, me semble-t-il, une sorte d'égotisme souffreteux dont le mot clé serait l'auto-épanouissement, une *Selbstständigkeit* (autonomie), une *Selbsterfüllung* (auto-accomplissement) qui n'est pas sans faire venir à la bouche des gens un goût d'amertume ; car, tous ces *Selbst* ne mènent-ils pas de la peur de l'engagement à la peur de procréer, à la peur de vivre avec autrui, à un solipsisme collectif plus souvent qu'à une solidarité créatrice ? Mais les aventures ne sont pas achevées. La germanité dans l'Europe qui s'édifie lentement, trop lentement, aussi bien que dans l'idylle des niches de vie où chacun est pour soi, nous réserve sans doute d'autres surprises, d'autres horreurs et d'autres joies. La peur de l'engagement sur certains terrains, par exemple le mariage ou la maternité, peut aller de pair avec une fureur d'engagements sur d'autres, moins personnels.

Et puisque nous avons mentionné les niches de vie, que ce soit l'occasion de ne pas arrêter notre quête sans avoir regardé par-delà l'ancien Mur. L'autre Allemagne, la seconde ou – pour nous – la troisième, n'avait pas, à première vue, grand-chose à voir avec notre sujet. L'aventure n'y portait pas bien loin : des vacances au bord du lac Balaton, des missions pour entraîner la police du Sud-Yémen, les négociations avec les managers du *Gosplan*. On y cultivait et exaltait des vertus domestiques et civiques, au point de se vouloir héritiers de la Prusse comme ces nouveaux riches qui ont acquis, avec le château, les papiers de famille des anciens propriétaires. Les sous-officiers et sous-chefs de bureau qui gouvernaient le pays pour le compte des seigneurs de Moscou n'avaient pas le goût de plaisanter ; la fantaisie, le désordre créateur ne furent pas leur fort : l'aventure, dans leur État, c'était de pouvoir, tous les soirs, regarder la télévision de l'Ouest, c'était de pouvoir, sans risques extrêmes, dire non au service militaire, à l'embrigadement et de pouvoir être chrétien d'une façon tellement dense et entière qu'on ne l'imagine plus guère de l'autre côté. Ici, il n'était pas nécessaire de parler philosophie ou sciences de l'homme ; c'était le règne de la langue de bois adouci par la fréquentation des médias ennemis. On investissait beaucoup dans le travail et les autres activités de la vie privée. D'où les niches où chacun se retirait pour jouir des modestes résultats de son labeur. La RDA était une sorte de germanité de réserve, endormie, droguée de récitatifs socialistes et de schnaps. Le talent, le génie étaient mal à l'aise dans ce totalitarisme doucereux ; aussi bien était-ce une fois passés à l'Ouest que les écrivains, les artistes, les historiens devenaient célèbres dans les trois Allemagnes. Figure très particulière de la germanité, donc, que ce pays important qui ne fonctionnait vraiment bien que dans le silence des puissants, qui avait dû se ceindre de murs, comme la Chine, non pour se défendre des envahisseurs mais pour retenir de force ses habitants. On y vivait, parfois même pas trop mal, mais on s'y ennuyait et on avait peur de s'étioler sur pied, de ne jamais voir la vraie mer. C'est pourquoi, dans un contexte bien différent, le « mouvement », la lutte pour la paix et l'environnement commençaient à ne plus pouvoir être contenus dans ce pays où l'initiative des habitants était aussi redoutée par les sous-maîtres locaux que les foucades successives, suivies de périodes de sclérose, des maîtres moscovites. On s'en débarrassait comme on pouvait, par l'intimidation, la prison – et cet extraordinaire troc qui fonctionna pendant vingt ans et vidait tous les ans les prisons de la RDA d'environ 2 000 opposants. N'était-ce pas mieux que d'emprisonner à demeure les *Refuzniks* ? Il y avait une vie religieuse intense, peu contrariée, sinon par le fait qu'elle excluait du succès social ceux qui suivaient cette voie, que les enfants des croyants affichés ne pouvaient pas entrer à l'université. Mais, comme le paysage, la foi conservait ; on y retrouvait une pureté et une spontanéité qui, pour certains, étaient pré- – et pour d'autres post- – modernes. Les dirigeants, eux, se disaient qu'à force de travailler et de faire travailler on était quand même devenu la septième puissance économique du monde et – en qualité – la première du « camp socialiste », indispensable au mastodonte soviétique. On en tirait fierté et une sorte de légitimité. On était ainsi, depuis quarante ans qu'on gouvernait cet État – artificiel certes, mais, à force de durer, il l'était sans cesse moins –, devenus une espèce de princes allemands, presque comme ceux de l'autre côté. On se tenait tranquille, on ne bougeait pas, sinon pour fignoler un peu (pas trop) l'économique. Des liens de solidarité évidents s'étaient tissés avec les dirigeants de la première Allemagne, que les échanges rendaient de plus en plus indissolubles. L'unité nationale, elle aussi, n'était peut-être pas quelque chose d'une seule pièce, elle pouvait se réaliser par morceaux. Tout cela a été balayé par le vent de l'histoire russe et de ses conséquences en Germanie, qui libéra les espérances et les appétits pendant l'automne 1989.

En ce milieu de l'avant-dernière décennie du XXe siècle, ce qu'avaient en commun les deux États allemands successeurs du Reich hitlérien et de Weimar, et du Reich bismarckien (ici le cas autrichien est très différent), c'était le goût, c'était la pensée, c'était un insatiable appétit d'histoire. Avec le rock et la technologie, c'est ce qui a marqué le plus la culture d'avant 1990, à Berlin-Est comme à Bonn.

Pour la RDA, nous l'avons vu, ce fut, au départ, un besoin d'ancêtres chez des usurpateurs ; c'était, de plus en plus, le désir et le besoin de se faire passer pour les vrais héritiers et les seuls porteurs d'une promesse d'avenir. Le reste d'Israël, c'était en RDA qu'on le trouvait, et non pas dans une République fédérale occidentalisée, dénationalisée, américanisée. La nation, ce fut « nous », ou, tout au moins, tout ce qui était honorable dans le passé national, tout ce qui avait contribué tant soit peu à l'émancipation des hommes et à la progression des Lumières, et la nation, c'était encore « nous » puisque, ayant fait alliance avec le Seigneur, c'est-à-dire avec l'histoire, grâce au sens correct dégagé par Marx, nous étions l'avenir de l'homme et plus particulièrement celui de la nation allemande. On pouvait céder sur beaucoup, momentanément, mais point sur l'interprétation correcte de l'histoire. Comme la pression politique baissait en Europe, les dirigeants se sentaient moins fragiles et comme, face à l'URSS, ils jouaient avec prudence la carte de l'intérêt national à défendre une sphère d'autonomie limitée mais grandissante, l'histoire était vraiment, pour eux, la plus importante des armes morales, tout de suite après l'idéologie, avec – comme pour l'arme atomique française – une double cible politique : le principal adversaire et rival d'une part, et le principal allié d'autre part.

Et ce furent aussi, à bien y réfléchir, l'histoire et son interprétation qui dominèrent et de très loin la culture de la République fédérale. Les historiens de la RDA étaient obligés de ruser avec l'orthodoxie. S'ils ont eu du talent, il fallut le découvrir derrière le fatras idéologique. De l'autre côté, en RFA, c'était la pléthore, l'abondance. Depuis des années et sous des formes diverses, le débat sur l'histoire allemande tient en haleine le monde intellectuel, et c'est là aussi à mon sens que se conservent le mieux les qualités littéraires. Des grandes fresques libérales et assez traditionnelles que Golo Mann traçait après la guerre, se donnant enfin un prénom, nous en sommes venus à la minutie de l'histoire non événementielle d'un Wehler et d'un Kocka, mais surtout aux interrogations fondamentales sur le sens de l'histoire nationale, sur la nécessité d'un enracinement historique, ou au contraire, d'une libération toutes racines coupées ; l'alternative de l'identité et de l'émancipation. Une véritable pléiade d'historiens et d'écrivains – de Fritz Fischer, qui dégagea les responsabilités allemandes de 1914, à Karl Dietrich Bracher et Martin Broszat, qui renouvelèrent la compréhension du phénomène national-socialiste, à Thomas Nipperdey, Hans Peter Schwarz, Hagen Schulze et Michael Stürmer – qui, sans tomber dans le panneau du *Sonderweg*, du chemin particulier et mauvais pris par les Allemand, donnent à l'histoire nationale une identité, composée à la fois de continuité et de ruptures ; les historiens sont devenus ou redevenus, comme entre 1815 et 1848, les maîtres à penser des diverses familles politico-spirituelles de la nation. Étrange et fascinant phénomène dans un peuple plus différent par rapport à ses propres passés récents qu'aucun autre et qui, justement à cause de cela, pour être présent à son avenir, et aux avenirs qu'il partage désormais avec les autres Européens, a besoin d'intégrer ses passés. Ce peuple découvre alors que sa continuité a toujours été ponctuée de ruptures et qu'elle s'est toujours nourrie d'intenses échanges avec les autres peuples d'Europe (et maintenant avec cette nouvelle Europe que sont devenus les États-Unis, plus unis à nous qu'ils n'ont jamais été), et il découvre aussi que l'émancipation, qui est une des grandes significations de l'histoire humaine, et partant de l'histoire allemande, ne peut prétendre à une sorte de naissance tardive, à rebours, libérée de toutes les scories de la servitude et de la superstition : la montée de l'humanité, cette progression vers une métanature qui ne méprise ni ne rejette la nature – progression sans laquelle Dieu se serait moqué du monde en le créant –, cette progression procède dialectiquement, bien sûr, et sa dialectique particulièrement lisible dans les aventures de la germanité c'est la conversation à deux voix de la rupture et du respect.

CHAPITRE XXI

L'Allemagne depuis la Seconde Guerre mondiale

1. Les lendemains du nazisme

Sur l'Allemagne détruite, sur l'Allemagne occupée, sur l'Allemagne immobile dans l'attente d'un sort inconcevable, imprévisible, règne un silence épais. Jamais, dans les temps modernes, un grand pays, membre du « concert européen », n'avait connu un sort pareil, celui que les Romains appelaient la *debellatio*, la destruction par la guerre qui fait disparaître le peuple et l'État : « Carthaginem esse delendam ». Les Alliés n'étaient pas allés si loin, même M. Morgenthau n'avait pas demandé qu'on vendît les Allemands comme esclaves… Il n'avait même pas été question de supprimer à jamais l'État allemand, mais en déclarant qu'ils exigeraient une capitulation sans condition, en refusant de traiter avec un quelconque pouvoir allemand, les Anglo-Saxons avaient innové par rapport à toutes les grandes guerres de l'Europe moderne : même en 1814 et 1815, les Alliés d'alors avaient laissé le roi restauré traiter au nom de la France. On mesure ici l'extrême gravité de l'échec de la grande conspiration du 20 juillet : il n'y avait personne en Allemagne avec qui traiter. Hitler avait nettoyé la scène historique et l'adhésion de la nation au Troisième Reich privait de toute légitimité les émigrés répandus dans le monde. La nature singulière de la tyrannie hitlérienne entraînait comme conséquence logique cette suspension jusqu'à nouvel ordre de la souveraineté allemande.

On peut penser que si Staline avait été seul à disposer de l'Allemagne, les choses se seraient passées autrement. Un gouvernement composé de personnalités « démocratiques » où les communistes n'auraient été qu'une petite minorité – mais fournissant le titulaire du ministère de l'Intérieur et de la Police – aurait sans doute été formé dans les tout premiers jours après l'installation des vainqueurs. C'est ainsi que les choses se passèrent un peu plus tard en zone soviétique au niveau des Länder. Mais les dirigeants de l'URSS n'étaient pas seuls maîtres du pays et, sur la base des accords de Londres et de Yalta, la nouvelle conférence tripartite de Potsdam allait organiser le condominium anglo-américano-soviétique en y associant la France qui, pourtant, n'avait pas été invitée à la réunion. Celle-ci se déroula du 17 juillet au 2 août 1945. Staline y était le seul chef de guerre à avoir déjà occupé la première place en 1939 (c'est alors qu'il avait signé le fameux pacte avec Hitler). Truman n'était président des États-Unis que depuis quelques semaines, et Churchill fut remplacé en pleine conférence par le « major » Attlee (les travaillistes venaient de gagner l'élection parlementaire). Convoquée, l'encre à peine séchée sous les documents de la capitulation, cette consultation entraînant changement de gouvernement manifestait à la fois la grandeur et la faiblesse du système démocratique.

L'homme du Middle West allait être un grand président mais, pour l'instant, il apprenait le métier. Attlee avait été le numéro deux du Cabinet de guerre ; il était au courant de tout, mais il n'avait ni l'allure, ni le prestige de Winston Churchill. A Potsdam, en zone soviétique, une fois de plus, Staline était chez lui, comme à Yalta, et bien mieux que ses partenaires il savait ce qu'il voulait et ce qu'il ne voulait pas. Bien qu'ils eussent pris les premiers plus de la moitié de la future zone soviétique, les Américains, conformément aux accords, évacuèrent ces territoires, alors que les Soviétiques « cédaient » aux Occidentaux la moitié ouest de Berlin. On imagine le choc que cet abandon signifia pour les populations de Saxe et de Thuringe et le soulagement que connurent les Berlinois habitant les « bons » secteurs.

La plus grave des décisions prises à Potsdam et dont les conséquences tant politiques qu'humaines furent immenses, transformant la géographie historique de l'Europe, fut l'accord donné par les Anglo-Saxons à l'expulsion des populations allemandes des provinces prussiennes de l'Est. En acceptant de placer sous administration polonaise provisoire ces territoires totalement ou majoritairement peuplés d'Allemands, les Anglais et les Américains donnaient leur consentement, tout au moins indirect, à la décision de Staline qui déplaçait vers l'ouest, de quelque trois cents kilomètres, la Pologne destinée à prendre sa place parmi les « démocraties populaires » et à qui personne ne demanda son avis. Beaucoup d'habitants avaient fui ces provinces au moment de l'arrivée des soldats soviétiques ivres de vengeance (et le terme ne vaut pas seulement au figuré). Beaucoup avaient péri pendant les combats ou durant la fuite. On estime qu'au cours de l'automne-hiver 1945 et du printemps 1946, quelque huit millions de femmes, d'enfants et de vieillards (peu d'hommes valides en cette fin de guerre) avaient dû quitter leur pays pour se trouver « réfugiés », mal vus et généralement pas très bien traités dans les villages des zones anglaise et américaine. Les Français, eux, fermèrent leur zone devant cet afflux, ayant déjà du mal à en tirer de quoi se nourrir eux-mêmes, l'armée et l'administration civile. A ceux venus des provinces de l'Est, affamés, gelés, ayant dans beaucoup de cas subi des mauvais traitements, n'ayant pu conserver que des bagages légers, s'ajoutèrent les expulsés de Tchécoslovaquie (trois millions d'Allemands dont la captivité avait été dans beaucoup de cas particulièrement traumatisante) et ceux qui durent se fixer en zone soviétique (trois millions aussi environ). En tout près de quatorze millions, sans compter plusieurs millions qui avaient fui les provinces de l'Est avant la fin des hostilités, et nous ne parlons pas dans ce contexte des quelque cinq millions de prisonniers de guerre, dont beaucoup n'allaient pas revenir, de l'hémorragie des habitants de la SBZ (*Sowjetische Besatzungszone*) et plus tard de la RDA qui, pour des raisons politiques ou pour vivre tout bonnement comme ils l'entendaient, se réfugièrent en Allemagne de l'Ouest (trois millions encore entre 1946 et 1961, jusqu'à la construction du Mur qui mit fin à cette migration massive jusqu'en 1989). Jamais, depuis que les Assyriens avaient déménagé des peuples entiers à travers leur immense Empire, une telle migration n'avait jeté sur les routes et fixé en terre lointaine des foules aussi énormes. Près de vingt millions d'Allemands, plus du quart de la nation. Leur absorption, sans radicalisation, ni irrédentisme récupérateur de la *Heimat* perdue, sera un véritable miracle. Mais comment peut-on imaginer qu'un tel traumatisme collectif reste sans profondes répercussions, sans effets durables, des décennies encore après les événements ?

La limite des territoires remis à la Pologne (et pour la partie nord de la Prusse-Occidentale directement à l'URSS) fut fixée sur le cours de l'Oder, et en Silésie, sur celui de son confluent, la Neisse. Il ne semble pas que Truman et Attlee se soient rendu compte de l'existence de deux rivières de ce nom. Staline choisit bien entendu la ligne la plus favorable à ses intérêts. La différence « pesait » environ un million d'âmes.

L'autre grosse affaire de la conférence de Potsdam fut l'organisation de l'administration de l'Allemagne vaincue. C'est aux quatre Alliés que les représentants de l'armée avaient remis le destin de leur peuple, et c'est ensemble à quatre qu'ils en portaient la responsabilité. Il en fut ainsi pendant quarante-cinq ans, du moins pour ce qui est de l'Allemagne « en tant que tout », ce qui eut pour conséquence, par exemple, que les Alliés n'aient pas conclu séparément, malgré leur division, de traité de paix avec « leur » partie d'Allemagne. C'est de cette responsabilité commune, aussi, que se déduisit la base juridique de la présence des Occidentaux à Berlin et, symétriquement, leur refus de reconnaître l'incorporation de Berlin-Est dans la RDA.

Par délégation de leurs gouvernements, les quatre commandants en chef allaient former sur place l'organe suprême de l'administration de l'Allemagne. Le Conseil de contrôle interallié siégeait à Berlin et décidait suivant la règle de l'unanimité, disposition qui ne favorisait pas l'efficacité. Jusqu'à ce qu'il cessât de se réunir, au printemps 1948, cet organisme prit cependant un certain nombre de décisions importantes parmi lesquelles comptent la dissolution de la Prusse et l'établissement des règles fondamentales de la dénazification, dont chacun, ensuite, tira ce qu'il voulait. Ce fut le cas, en général, de toutes les dispositions ordonnées par le Conseil de contrôle. Le pouvoir réel, c'est dans les « zones » qu'on le trouvait. A Potsdam, les trois grands avaient pourtant décidé que des administrations centrales allemandes seraient constituées pour servir de relais aux occupants. Si elles avaient vu le jour – et en dépit des oppositions internes entre partis allemands qui les auraient certainement affaiblies – c'eût été un contrepoids réel au particularisme des zones. Mais la création de ces administrations centrales fut bloquée par le gouvernement français qui, n'ayant pas été invité à Potsdam, considérait qu'il n'était pas tenu par ce qui s'y était décidé. Or les dirigeants français étaient hantés par la peur d'une nouvelle renaissance de l'impérialisme allemand et résolus à obtenir, cette fois-ci, ce qui avait été refusé à leurs prédécesseurs en 1918-1919 : la division de l'Allemagne. A l'intérieur du cadre peu contraignant des décisions et directives du Conseil de contrôle, chaque commandant en chef gérait donc « sa » zone suivant les ordres de son gouvernement. Or si la politique des trois gouvernements occidentaux dans leurs zones avait des aspects fondamentaux communs, les Soviétiques suivaient dans la leur des objectifs entièrement différents. Dès le printemps de 1946, la fusion forcée du Parti social-démocrate avec le Parti communiste montrait que l'URSS voulait, dans la SBZ comme dans les autres pays conquis de l'Europe orientale, édifier un pouvoir communiste. En s'opposant à la création des administrations centrales allemandes, la France enlevait à l'Union soviétique un instrument important dont elle avait eu l'intention de se servir pour intervenir dans les zones occidentales et pour y établir une sorte de contrôle. Car, fonctionnant à Berlin, les administrations centrales auraient été très directement exposées aux pressions soviétiques et, en leur sein, les communistes allemands auraient occupé des places en nombre et en qualité disproportionnés par rapport à leur poids électoral réel ou à supposer. C'est ainsi que Paris rendit un grand service à la démocratie allemande renaissante, mais à ce moment ce n'étaient certes pas là les raisons qui inspirèrent de Gaulle et son ministre Georges Bidault.

Il est vrai que la politique allemande de la France était alors d'autant moins facile à formuler que le pays était gouverné, sous de Gaulle et après lui jusqu'à l'été 1947, par une coalition de partis très divers parmi lesquels les communistes, directement subordonnés à Staline, tenaient une place importante. Les dirigeants français s'opposèrent aussi longtemps qu'ils le purent à la reconstitution d'une autorité allemande ayant compétence sur l'ensemble de l'ancien Reich. Quand la situation internationale et la politique intérieure française obligèrent Paris à mettre de l'eau dans le vin de ses refus, ce cruel revirement, qui intervint en 1947, fut facilité par la scission de fait de la zone orientale que les Soviétiques avaient isolée progressivement du reste de l'Allemagne (après avoir obtenu à Potsdam le rattachement « administratif » de la moitié orientale de cette zone à la Pologne). Les trois zones occidentales ne représentaient donc plus ainsi que la moitié de l'Allemagne de 1937. Tout ce qui a pu se développer de positif dans les relations franco-allemandes entre 1945 et 1990 s'est fait sur la toile de fond de cette division de l'Allemagne qui donnait à l'Allemagne de l'Ouest des dimensions analogues aux nôtres. Et l'on conçoit à quel point la subite unification allemande a pu bouleverser les vues et les sentiments de beaucoup de Français qui avaient accepté l'existence de liens privilégiés entre deux peuples de poids démographique à peu près égal, et qui à présent se trouvent à 58 millions face à 80 millions d'Allemands réunifiés. Il est vrai que ce sont là des chiffres qui ne pèsent guère face au milliard et demi de Chinois, à près d'un milliard d'Indiens… Le ralliement progressif de la diplomatie française à des positions communes définies par les puissances anglo-saxonnes pour ce qui concernait l'Allemagne s'accompagnera logiquement en France de tensions de plus en plus fortes entre les communistes, d'une part, les socialistes et les chrétiens-démocrates d'autre part, relayés par ce qui restait de la droite (ou par ce qui commençait à se reconstituer sur cet emplacement de l'échiquier politique, momentanément vidé de ses titulaires traditionnels par l'adhésion de ceux-ci au régime de Vichy), jusqu'à ce que la rupture intervînt en mai 1947. Les raisons de politique intérieure rejoignaient d'ailleurs celles qui relevaient de la situation internationale parmi les causes qui amenèrent le président du Conseil Ramadier à « remercier » les ministres communistes. Devenue membre de l'Alliance atlantique en 1949, la France ne pouvait, dans un ensemble couvrant la totalité des terrains d'affrontement en Europe, faire valoir ses vues sur l'Allemagne que dans une mesure de plus en plus limitée, alors que s'accentuait la menace d'une conflagration générale. Les grands débats autour du réarmement allemand se sont inscrits dans ce contexte à partir de l'attaque de la Corée communiste contre la Corée du Sud en 1950. La situation de ce lointain pays divisé, dans l'unité nouvelle du globe, ressemblait à celle de l'Allemagne et faisait craindre une offensive à la fois politique et militaire contre l'Allemagne de l'Ouest. Dans la vision des contemporains, l'offensive contre la Corée du Sud était destinée à apporter à Staline la revanche de l'échec du blocus de Berlin.

Un pays écartelé, éclaté, estropié, éventré, villes écroulées, usines dévastées. Des dizaines de millions d'êtres humains errant sur des routes encombrées par les véhicules de la guerre : évacués, cherchant à rejoindre ce qui peut subsister de leur domicile ou de son environnement, soldats ayant échappé à la capture, prisonniers évadés, libérés des prisons et des camps de concentration. Des étrangers aussi, prisonniers de guerre cherchant à revenir au pays, masse innombrable des déportés du travail – entre dix et vingt millions et dont beaucoup, coupés de toutes leurs racines, vont peupler la nouvelle catégorie statistique définie par les Américains : les « personnes déplacées ». Parmi elles, des juifs qui, réchappés du massacre, aspirent à retrouver la terre d'Israël et vont se heurter aux intérêts et calculs, mal ajustés, d'une grande puissance britannique sur la voie du déclin.

En zone soviétique, l'effroi. Les vainqueurs manquent de tout et prennent ce qui n'a pas été détruit. Le choc des viols est ineffaçable, majoré par la rumeur et la mémoire. C'est aussi, parfois, un officier humain et instruit, admirateur et connaisseur de la culture allemande, qui essaie de remettre un peu d'ordre dans le chaos en faisant marcher l'eau et l'électricité.

Chez les Américains, le règne du DDT et des sulfamides agrémente les « rations K ». Ici, ce n'est pas le viol dont l'image s'impose à la mémoire, mais la facilité des *Veronika Dankeschön*, des filles à cigarettes dont le surnom reprend les initiales de *Venereal Disease*. Mais les Américains qui redoutent les épidémies cherchent à s'en garantir en combattant du même mouvement les poux et la famine qui en sont en quelque sorte les géniteurs. De plus, leur armée de Texans, de Noirs, de Middle Westerners abonde aussi de réfugiés allemands qui savent la langue et expliquent tout. Le rôle de ceux-là sera important pendant la première phase de l'occupation. L'ignorance et la bonne conscience des uns, les sentiments de retrouvailles mêlés de désir de vengeance chez les autres feront de la dénazification américaine un chef-d'œuvre de précision, de bureaucratie et d'incohérence. Mais s'il faut choisir sa zone, c'est chez les Américains que cela fera le moins mal d'être allemand. Les Britanniques, dans l'ensemble corrects et distants, observent le plus facilement l'ordre de *non-fraternization* édicté par les intellectuels de l'entourage du commandant suprême interallié, le général Eisenhower, dont l'apparente simplicité recouvre beaucoup de bon sens, beaucoup de savoir-faire et beaucoup d'ambitions. Il sera le premier général à devenir président des États-Unis depuis l'illustre Ulysses Grant, et il laissera un meilleur souvenir. Quant aux Français à qui les Américains ont cédé une partie de leur zone, les régions sud des futurs Länder de Bade et de Wurtemberg, et les Anglais le sud de la Rhénanie, ils sont chez eux placés sous le règne du « tripartisme » qui, de Gaulle parti, sera surtout celui de l'impuissance, chaque parti bandant ses forces pour anéantir les efforts des autres. En « zone », la divergence profonde et sans cesse plus approfondie entre occupants communistes, socialistes et démocrates-chrétiens a pour conséquence un haut niveau d'autonomie pour les responsables de tout genre qui peuvent toujours court-circuiter leurs supérieurs hiérarchiques en cherchant l'appui de leurs amis politiques à Paris. La zone française ressemble au Saint-Empire des derniers siècles de son existence, c'est une juxtaposition de territoires et de secteurs administratifs semi-autonomes. L'ordre y est maintenu par une sorte d'armée des Indes, une armée de type colonial métissée de FTP et de FFI. Comme partout, on trouve chez les Français des idéalistes de la réconciliation avec une Allemagne démocratique et des profiteurs, mais ceux-là aussi ont dans notre petite zone, assez pauvre et restée relativement à l'abri de la guerre et de ses mouvements de population, un degré d'indépendance bien plus grand qu'ailleurs.

Vu à un demi-siècle de distance, l'irréparable dans les destructions infligées à l'Allemagne par la guerre hitlérienne est bien la disparition du centre historique de la plupart des grandes et moyennes villes, bien mieux conservées jusqu'alors qu'en France, grâce à l'attention au passé national développée par le romantisme. Le mouvement national des années 1813-1815 n'était-il pas né de la volonté d'opposer à l'idée française d'une nation « plébiscite de tous les jours », volontariste et fondée sur la rupture avec les passés, celle d'un peuple élément de la nature, de la *physis* et défini par son histoire glorieuse, par son passé ? Qu'est donc aujourd'hui une Allemagne sans Cologne et Nuremberg médiévales, sans Augsbourg de la Renaissance, sans Würzburg baroque, sans Francfort impériale, sans Hambourg, ville libre et hanséatique ? Un peuple qui a détruit sa propre histoire court après l'ombre de son identité disparue.

Penser ainsi, et égrener ces pertes-là, eût paru frivole en 1945 alors que les conditions de la simple survie physiologique paraissaient compromises. Le potentiel industriel semblait anéanti. Un siècle suffirait-il pour reconstruire des logements à tout le monde ? Comment nourrir à présent un peuple qui depuis longtemps importait une grande partie de sa consommation en échange de la vente de ses produits fabriqués ? Et comment faire payer des réparations à ce corps exsangue ? Les Français n'étaient-ils pas nombreux à penser que les Allemands devaient cette fois-ci payer totalement les conséquences de quatre ans d'occupation et d'exploitation de leur économie par les forces hitlériennes ? Et les Russes, avec leurs dizaines de millions de morts, réclamant eux aussi réparation des terribles dommages subis ? Et les Polonais ? Seuls Américains et Anglais avaient renoncé d'emblée à ces récupérations sur une masse qui paraissait si profondément entamée.

En fait, la substance était moins atteinte qu'il n'y paraissait. La population beaucoup moins amoindrie qu'au lendemain de la précédente catastrophe nationale, la guerre de

Trente Ans. Les prisonniers de guerre, en dépit de terribles hémorragies en URSS et en Yougoslavie, et de pertes sensibles en France, revinrent plus vite et plus nombreux qu'on ne l'avait craint au départ. A l'exception de quelques dizaines de milliers de « criminels de guerre » condamnés, dont les survivants durent attendre le voyage d'Adenauer à Moscou en 1955, le retour était pratiquement achevé à la fin de 1948. Délais longs pour les hommes et les femmes concernés et brefs pour l'histoire. Il s'avéra également que la guerre des bombes, la seule véritablement dévastatrice, avait été plus cruelle pour les logements et leurs occupants que pour les usines et leurs machines.

Non seulement le parc des moyens de production supporta un grand nombre de destructions effectuées par les Alliés au titre du désarmement du vaincu, mais un vaste programme de démontages au profit des vainqueurs, de l'URSS avant tout et aussi de la France, put être exécuté, non sans susciter cependant une résistance grandissante de la part des syndicats reconstitués. Du moins à l'Ouest, car en SBZ le syndicalisme, suivant la théorie et la pratique communistes, n'était qu'un instrument du pouvoir, du parti. Malgré ces destructions et prélèvements, la production industrielle démarre – lentement certes – mais assez pour assurer un minimum de subsistance. Cependant, l'exemple de la zone soviétique où la misère se prolongea pendant des décennies et où la pénurie n'a jamais été entièrement vaincue (mais, là aussi, le peuple dans son ensemble a pu survivre et se reconstituer, malgré le départ de trois millions d'habitants entre 1945 et 1961 appartenant pour la plupart aux classes d'âge les plus productrices) montre bien que l'Allemagne de l'Ouest eut, elle aussi, mis bien plus longtemps à retrouver une existence normale si les conditions de la vie internationale ne s'étaient pas brusquement modifiées.

Le destin de l'Allemagne posthitlérienne s'inscrit en effet dans la réalité supérieure du conflit entre l'Union soviétique et le « monde libre ». Conflit inévitable puisque l'alliance du communisme et de la démocratie libérale était contraire à la nature des deux systèmes et ne pouvait, de ce fait, avoir qu'un caractère provisoire, aucun des deux partenaires n'étant capable, seul, de venir à bout de l'Allemagne hitlérienne. Staline voulait soumettre à sa loi l'Europe entière, sans parler du Proche, du Moyen et de l'Extrême-Orient. A sa manière, il restait fidèle à la vision marxiste-léniniste de la révolution mondiale. A l'intérieur de presque tous les pays de l'Europe occidentale continentale, il disposait des cohortes disciplinées des partis communistes ; dans beaucoup de ces États, les communistes furent associés au gouvernement après la Libération.

L'attitude face à l'Union soviétique, à la Russie soviétique, allait être, pour le peuple allemand, la pierre d'achoppement de l'après-guerre, dans les jours et les semaines qui suivirent ce que le vieil historien national-libéral Friedrich Meinecke appellera bientôt, dans un saisissant *nostra culpa*, *La Catastrophe allemande*, aussi bien que pendant les années et décennies qui devaient suivre jusqu'à ce que la catastrophe soviétique fasse en quelque sorte entrer l'autre dans une histoire révolue. Staline et ses exécutants firent tout pour dresser contre eux les Allemands, à de rares exceptions près, qui n'étaient pas tombés en leur pouvoir. Ce sentiment violent, cette crainte profonde et cette indignation débordante comptaient de nombreuses origines. La propagande nazie omniprésente pendant douze ans avait pris le relais de l'antibolchevisme des années 1920 dans lequel communiaient extrême droite, conservateurs, catholicisme politique et libéralisme. La terrible leçon de choses apprise en Russie par des millions de soldats occupant un pays resté primitif par beaucoup de côtés tenant à la civilisation matérielle, et dévasté par les guerres civiles, la collectivisation forcée des campagnes et les épurations massives, conservait un éminent pouvoir persuasif. Les atrocités qui accompagnèrent l'arrivée des troupes rouges sur le sol allemand n'étaient pas perçues comme la juste punition des crimes perpétrés en Russie par des Allemands au nom de l'Allemagne. Les arrestations, les exécutions, les actions arbitraires de tout genre qui précédèrent et accompagnèrent en zone russe l'établissement progressif d'un régime communiste ajoutèrent de nouveaux arguments à ceux que nous venons d'énumérer. En dehors de la fidélité plus ou moins aveugle des survivants du KPD et des émigrés rentrant de Russie – de ceux qui avaient échappé ou survécu aux épurations –, en dehors des opportunistes qui croyaient l'Europe promise à la conquête des cosaques rouges, le communisme fit l'unanimité contre lui dans l'Allemagne non soviétique. C'est à la Russie communiste que les Allemands attribuèrent enfin la responsabilité suprême des expulsions qui, entre l'été 1945 et l'été 1946, et surtout pendant le terrible hiver, jetèrent sur les routes et dans des wagons non chauffés des millions de femmes, d'enfants, de vieillards et de malades. C'est à elle que furent imputés des centaines de milliers de morts, assassinés, exterminés, décédés de froid, de misère, de maladie, d'épuisement – aucune comptabilité complète n'a pu être établie. Les vengeances déchaînées en Pologne, en Tchécoslovaquie, en Yougoslavie (où périt un tiers de la minorité des Souabes du Danube, au moins trois cent mille êtres sur huit cent mille) n'attirèrent pas la même attention ni la même réprobation que les crimes hitlériens. Elles laissèrent à la plupart des Allemands l'impression, voire la certitude, que la justice des Alliés était, ou serait, pipée.

L'afflux de ces millions d'êtres misérables produisit des tensions difficiles à imaginer. Il fallait partager avec les « nouveaux » la nourriture presque inexistante, la pénurie du logement, les emplois trop rares et trop peu rémunérés en pouvoir d'achat. Ce fut à la fois terrible et stupéfiant : terrible par les misères qui suscitèrent davantage de fureurs et de méchancetés que de solidarités agissantes ; stupéfiant par l'immense effort des autochtones et des immigrants pour reconstruire et le pays et leurs existences. Dix ans après les effroyables épreuves dont il vient d'être question, l'Allemagne occidentale monte vers les sommets du « miracle économique ». Politiquement, les épreuves eurent vite fait d'effacer le communisme de la carte politique, du moins à l'Ouest, où le vote allait être libre. En 1932, le KPD avait recueilli 17 % des votes dans le Reich. En 1949, il retrouve en RFA 5,7 % des voix, qui ne seront plus que 2,2 % en 1953, 0,6 % en 1969 (sous le sigle du DKP) et 0,3 % en 1972. L'insertion des douze millions de réfugiés et d'expulsés, auxquels viendront s'ajouter les trois millions et demi de migrants de la RDA, ainsi que près d'un million d'Allemands

« ethniques » (*Volksdeutsche*) d'Europe centrale, orientale et sud-orientale, constitue sans doute l'un des plus hauts titres de gloire de l'histoire allemande. Victoire pacifique et anonyme du travail des multitudes déracinées et de la solidarité imposée d'en haut dans le cadre d'une politique économique audacieuse, à la fois libérale et sociale. Un effort immense richement récompensé. Pour une fois, la masse laborieuse eut les dirigeants qu'elle méritait, dont les idées représentaient un alliage efficace de libéralisme capitaliste et de christianisme social, l'alliance de Konrad Adenauer et de Ludwig Erhard, de patrons reconstructeurs et de syndicalistes soucieux du bien général. Cependant, le souvenir de l'exode et de ses souffrances, le regret de la patrie perdue mobiliseront beaucoup de *Vertriebene* (chassés de chez eux), quand le pire fut derrière eux, dans un esprit revendicatif qui inspira le programme d'un parti éphémère, la Ligue des Expulsés de leur patrie et Privés de leurs droits (BHE). Celui-ci connut un certain succès en 1953 (avec 5,9 % des voix et 4,6 % en 1957), après quoi il se dilua dans le grand parti conservateur que devint alors la CDU, l'Union chrétienne-démocrate. Les associations régionales qui entretiennent le souvenir de la Silésie ou de la Prusse perdues ont eu la vie plus dure. Elles fleurissent encore, au lendemain de la réunification, groupant à côté de la première génération une minorité d'enfants ou de petits-enfants élevés ou nés en « exil ». Elles ont mené la vie dure au chancelier Kohl quand celui-ci dut, par paliers successifs, reconnaître officiellement la frontière Oder-Neisse au nom de l'Allemagne unie, d'autant plus agressivement que l'immigration d'Allemands de Pologne, ou plutôt de Germano-Polonais de Haute-Silésie, près de cinq cent mille au cours des années 1985-1991, entretient ou ressuscite les tensions, le ressentiment et les revendications – et du même coup leur exploitation politique.

Dès l'automne 1946, personne ne put se cacher que l'alliance de guerre, se révélant elle aussi « expédient provisoire », était définitivement rompue. L'Amérique, qui s'était frénétiquement rejetée dans la vie civile, effectua un de ces grandioses rétablissements dont son peuple et ses dirigeants ont le secret. La politique d'endiguement commença : elle devait réussir partout, celle du *roll-back* lui succéda et n'eut que des succès limités en Grèce, en Turquie, en Iran – là seulement où l'URSS avait franchement tenté de violer les accords. Dès lors, aux sentiments humanitaires, qui ont un tel pouvoir politique dans les pays anglo-saxons, l'intérêt stratégique ajouta de puissants arguments en faveur d'un changement d'attitude envers l'Allemagne vaincue qui – vu son anticommunisme nourri d'expérience concrète, après avoir été enseigné théoriquement par les hitlériens – ne pouvait pas ne pas apparaître aux politiques et aux militaires de la Guerre froide comme un allié virtuel et indispensable.

En conséquence logique, vinrent la fin des démontages, la limitation des interdictions et des contrôles, le redimensionnement des exigences françaises qui eurent cependant, avec la Sarre et ses charbonnages, un os important, bon à ronger pendant quelques années, en les faisant fonctionner dans l'intérêt de l'économie française, jusqu'à ce que la pénurie de charbon se muât en trop-plein. L'Amérique approvisionna les populations des villes menacées par la famine et l'Allemagne de l'Ouest fut admise au bénéfice du plan Marshall. Elle utilisa à bon escient cette manne prodigieuse pour reconstituer son potentiel économique, alors que la France gaspilla sa part dans le tonneau sans fond de la guerre d'Indochine. En obtenant la création d'une « bizone » dès la fin de 1946, l'Amérique s'assura des pouvoirs essentiels sur la zone britannique. L'Angleterre était en train de payer, par la perte de sa position de grande puissance mondiale, l'effort trop solitaire qu'elle avait dû soutenir entre 1940 et 1942. Trois ans à peine après la fin des hostilités, la réforme monétaire, œuvre commune des experts américains et allemands, rétablit la confiance tout en épurant les comptes des pertes et profits. On s'aperçut alors à quel point le potentiel moral et matériel était, sinon intact, du moins capable d'un redémarrage fulgurant.

Avec l'aide américaine qui favorisa aussi le retour de l'Allemagne sur les marchés mondiaux, l'économie put se moderniser encore plus complètement qu'après la Première Guerre mondiale et mobiliser une nouvelle (et peut-être dernière) fois les vertus ancestrales de l'ardeur au travail et de la discipline. N'oublions pas, cependant, que l'histoire est aussi l'œuvre des hommes : le président Truman, le général Lucius Clay et le haut-commissaire John McCloy du côté américain, Konrad Adenauer et Ludwig Erhard, le politique et l'économiste, du côté de Bonn, furent les pères lucides de cette réussite. Cinq ans après la capitulation, le « miracle allemand » commença à se déployer avec une vitesse qui coupait le souffle aux spectateurs, mais point aux acteurs.

Il n'était pas inconcevable, puisque Carthage ne serait pas détruite – du moins ce que les avions en avaient laissé subsister – et que les Allemands ne seraient pas vendus comme esclaves, qu'une sorte de vie politique serait un jour à nouveau permise aux vaincus. La rupture de l'alliance de guerre et le commencement de la Guerre froide ne pouvaient qu'accélérer ce processus en dépit des résistances qu'il rencontrait chez les voisins ex-occupés de l'Allemagne hitlérienne. Mais personne, cependant, n'imaginait un tel recommencement sans une « épuration », une « dénazification » préalable. Sur ce principe, les Alliés s'étaient mis d'accord comme sur celui d'une reconstruction de la démocratie. Il est vrai que ces accords n'étaient pas concrets, Staline et Attlee ne désignant certainement pas le même contenu quand ils prononçaient le vocable.

En zone soviétique, la dénazification avait en réalité pour but l'élimination de tous les éléments dirigeants « bourgeois » ou aristocratiques, c'est-à-dire des grands propriétaires fonciers, des industriels et des hauts fonctionnaires civils et militaires dans la mesure où ils ne se ralliaient pas au KPD ou à une de ses organisations d'accompagnement à peine camouflées[1]. Dans les zones occidentales, on chercha à définir les différentes catégories de nazis plus ou moins coupables en retenant une identification plutôt restrictive, les ambitieux et les profiteurs du régime, qui avaient su demeurer formellement en dehors de ses hiérarchies, restant plutôt à l'abri, en se faisant classer dans des catégories de culpabilité limitée, les gens d'Église et les aristocrates bénéficiant par-

1. Tous les ralliements n'étant bien sûr point acceptés.

fois d'indulgences point toujours méritées. Chaque puissance d'occupation et, à l'intérieur du dispositif militaro-administratif, chaque responsable ou chaque groupe de responsables appartenant à la même tendance politico-idéologique favorisaient donc les Allemands qui relevaient des mêmes orientations qu'eux, ou se montraient prêts à s'engager dans cette voie. La sympathie agissante pour les sociaux-démocrates allemands du gouvernement travailliste britannique, au pouvoir pendant toute la période de transition et au-delà (1945-1951), était un fait relativement simple et évident. Chez les Américains et surtout chez les Français, les choses étaient beaucoup plus complexes.

Il y eut en réalité trois paliers d'épuration. Le premier, le plus visible, qui attira le plus l'attention mondiale, était représenté par le tribunal international de Nuremberg, institué par les Alliés pour juger les grands criminels de guerre nazis et les organisations nazies considérées collectivement comme criminelles (ce qui, pour leurs membres, avait pour effet de renverser la charge de la preuve). Ce fut un procès mémorable, mené avec une impartialité digne d'admiration par un grand juge britannique. Ses cinquante volumes de procès-verbaux, de témoignages et de documents constituent un des textes les plus bouleversants de l'histoire écrite de l'humanité. Mais les Alliés ne pouvaient juger que les crimes de guerre et les crimes contre l'humanité (sur ce dernier point, il n'y avait même pas de droit international universellement reconnu au moment où les faits avaient été perpétrés ; les crimes commis contre des Allemands entre 1933 et 1939 et plus tard n'étaient donc pas du ressort de la cour, et, chose plus grave encore, les juges appartenaient au parti victorieux. De plus, un des quatre juges représentait l'Union soviétique où il avait joué un rôle considérable pendant les procès-parodies de justice dont Staline s'était servi pour éliminer ses adversaires et établir son règne par la terreur[1]. Katyn était appelé à juger Auschwitz. Les démocraties continuaient à

1. Plus important encore était le fait que l'accusateur en chef soviétique s'appelait Vichinsky, futur ministre des Affaires étrangères, qui avait soutenu l'accusation à certains des grands « procès » staliniens tristement célèbres.

payer cher les erreurs qui les avaient mises dans la nécessité de s'allier à Staline pour venir à bout d'Hitler.

Au deuxième niveau, chaque Allié jugeait les criminels qui avaient violé contre ses ressortissants les lois de la guerre (procès américains contre les auteurs de massacres de prisonniers lors de l'offensive des Ardennes en décembre 1944), et aussi – par délégation – les responsables nazis de seconde catégorie, comme les officiers et sous-officiers qui avaient encadré les camps de concentration (procès américain contre les SS de Dachau).

Au troisième palier, enfin, les Allemands étaient autorisés à poursuivre les délits et crimes commis contre des Allemands et dans le cadre de l'État allemand. Les tribunaux de dénazification, ou *Spruchkammern*, classaient les coupables en plusieurs catégories et prononçaient des peines d'emprisonnement, de confiscation, d'amende et de suspension des droits civiques.

Je pense que le jugement des grands criminels par une cour allemande appliquant les lois allemandes en vigueur avant l'arrivée d'Hitler au pouvoir eût été, en fin de compte, une solution juridiquement et politiquement plus satisfaisante que le tribunal de Nuremberg. Cette législation suffisait pour les envoyer tous à l'échafaud ou devant le peloton d'exécution. Mais aucune épuration ne saurait être réellement satisfaisante, trop cruelle envers les uns, trop douce envers les autres, trop lente ou trop rapide. Les épurations mettent fin aux guerres civiles et font partie, comme ultime étape, de la guerre civile. Or, dans notre cas, c'étaient les Alliés qui détenaient le pouvoir en Allemagne, et non pas un gouvernement révolutionnaire antihitlérien. La participation des étrangers vainqueurs à la liquidation d'un passé national ne peut que rendre cette liquidation plus difficile et plus contestée. Une très grande partie de la nation allemande avait été, du moins passivement, complice, avait péché par omission et par non-assistance à personnes en danger. Dans ces conditions, la dénazification ne pouvait être une réussite, mais elle ne fut pas non plus un échec sanglant. Elle permit, en tout cas, l'élimination de la scène politique, sauf très rares exceptions, des grands nazis. Dénazification et démocratisation eurent au moins pour effet d'écarter le nazisme et sa nostalgie de l'histoire de l'après-guerre. Un peu trop peut-être, car il n'est pas bon qu'un peuple puisse oublier rapidement de quoi il a été capable, de quoi on l'avait rendu coupable.

Restaurer la démocratie. Les Alliés savaient qu'il y avait eu, qu'il y avait encore des démocrates en Allemagne. Pour les Soviétiques, c'étaient les communistes et leurs compagnons de route. Pour les Occidentaux, selon leur degré d'information, les partis de la résistance ouverte, KPD et SPD, les revenants des camps de concentration, le clergé – surtout catholique –, les survivants des conspirations militaires et civiles qui avaient abouti au 20 juillet. Après quelques semaines d'hésitation, des militaires agissant sans ordres ou les appliquant trop textuellement, l'administration alliée se mit en place et se choisit des interlocuteurs et des exécutants qui, le plus souvent, n'étaient pas les mêmes dans les quatre zones. Chez les Soviétiques, dès l'été, les partis étaient constitués : quatre, qui devaient représenter les grands courants de l'histoire politique allemande – ceux tout au moins qui n'avaient pas collaboré avec le « fascisme » – communistes, socialistes, libéraux et catholiques du Zentrum. Un certain nombre d'hommes issus de l'opposition à Hitler, catholiques et protestants, décidèrent de créer un parti chrétien-démocrate « mixte », c'est-à-dire interconfessionnel, la CDUD, *Christlich-Demokratische Union Deutschlands*, et les Soviétiques acceptèrent cette démarche. Il va de soi que les communistes se virent favorisés par tous les moyens dont seule disposait la puissance d'occupation. Les anciennes provinces prussiennes et les anciens États fédérés du Reich furent transformés en Länder et dotés de gouvernements issus des quatre partis. Par la suite, la grosse affaire politique proprement dite (à côté des réformes de structures, du partage des grandes propriétés, de la nationalisation de la grande industrie et du grand commerce) fut, de l'automne 1945 au printemps 1946, la fusion du SPD avec le KPD. Les sociaux-démocrates, fortement enracinés dans le monde ouvrier, échappaient à l'opprobre qui s'attachait aux agents de l'occupant. C'est pourquoi, comme dans les démocraties populaires, la social-démocratie devait cesser d'offrir un recours autonome.

Ce ne fut pas chose facile. Galvanisé par un leader dont la forte personnalité et le passé d'opposant forçaient le respect, Kurt Schumacher, le SPD résista aux pressions, chantages, arrestations. A Berlin, les Soviétiques durent admettre un référendum parmi les membres du parti qui, même dans leur propre secteur, se termina à la confusion des communistes. Le rouleau compresseur passa néanmoins et, à partir du printemps 1946, la social-démocratie fut hors la loi dans le « premier État des ouvriers et paysans allemands ». Les autres partis firent de la figuration plus ou moins utile à côté du SED, le Parti socialiste unifié.

Dans les zones occidentales, les Américains furent les plus rapides et les Français les plus lents à officialiser la renaissance d'une vie politique démocratique. Partout, on admit les quatre partis rétablis ou remodelés, avec en plus des formations régionales ou appelées à le rester, comme le Zentrum catholique reconstitué par des militants qui ne voulaient pas fusionner avec des protestants jugés trop à droite ou trop peu sociaux. Les élections furent organisées de bas en haut, de la commune au Land ; dans les zones anglo-saxonnes, on alla même jusqu'à autoriser la création de conseils consultatifs zonaux. En zone française, on hésita au contraire longtemps à autoriser les partis à constituer des fédérations au niveau du Land. Aucune relation hors du Land n'était officiellement admise. Très vite, les personnalités à fort rayonnement apparurent – malgré les pertes irréparables qui se révèlent maintenant, quand on fait l'inventaire des victimes du 20 juillet et de la répression. Schumacher à la tête du SPD en zone britannique parvient tôt à asseoir son autorité à travers toute l'Allemagne de l'Ouest ; de leur côté, les maires de Hambourg (Max Brauer), de Brême (Wilhelm Kaisen), de Berlin (Ernst Reuter), le chef du SPD bavarois, Wilhelm Hoegner, celui du Wurtemberg-Sud, Carlo Schmid, furent de véritables « ducs de tribus » (*Stammesherzöge*) comme il en avait existé au IXe siècle après l'effacement de l'autorité centrale carolingienne. Pour la CDU, Konrad Adenauer s'imposa à partir de la zone britannique ; son leadership fut d'abord contesté par les dirigeants catholiques partisans d'une alliance avec le SPD pour une politique sociale consensuelle et qui souhaitaient, dans l'intérêt de l'unité allemande, un choix moins tranché en faveur des Occidentaux du « monde libre ». A la tête de ces opposants figuraient Karl Arnold qui fut ministre-président du plus grand Land, Rhénanie-du-Nord-Westphalie, et Jakob Kaiser, ancien chef de la CDUD de la SBZ, expulsé par les Soviétiques. De chacun, Adenauer, tacticien génial, ne fit qu'une bouchée. Chez les libéraux, Theodor Heuss, futur président fédéral, ancien compagnon du social-chrétien Friedrich Naumann, Reinhold Maier, ministre-président de Bade-Wurtemberg, et Thomas Dehler, juriste franconien, représentèrent la tradition « progressiste » face aux nationaux-libéraux surtout installés en Rhénanie-du-Nord-Westphalie ; mais malgré ces héritages divergents et quelques scissions survenues au cours des âges, les libéraux, cette fois-ci, restèrent unis. Ils le sont toujours, indispensables alliés de l'un ou de l'autre des deux grands partis. Une scission maintenue au contraire fut celle des chrétiens-sociaux bavarois qui poursuivirent dans la voie du particularisme inaugurée en 1920 quand le Parti populaire bavarois se sépara du Zentrum, le jugeant trop engagé avec les sociaux-démocrates dans le soutien à la république weimarienne.

Cependant, la CSU est, elle aussi, partagée, à cette époque, entre une aile plus libérale et une tendance cléricalo-conservatrice, l'une animée par Joseph Müller, survivant de la grande conspiration, et l'autre par Alois Hundhammer, catholique fervent qui, sous le régime nazi, pour n'être complice de rien, avait exercé le métier de cordonnier, ainsi que Fritz Schäffer qui sera le premier ministre des Finances de la République fédérale. Notons en passant que Müller et Hundhammer sont des « nouveaux », comme Carlo Schmid et Dehler, alors que tous les autres chefs politiques que nous citons avaient déjà joué un rôle sous Weimar.

Restait le Parti communiste. Son prestige, dû à une résistance nombreuse et courageuse et à ses milliers de martyrs, était contrebalancé par sa dépendance totale envers l'URSS et le parti SED de l'Allemagne orientale. Il eut cependant des débuts prometteurs, des succès en milieu ouvrier mais la leçon de choses qui se déroulait dans la zone soviétique l'emporta par ses aspects négatifs. Au bout de quelques années le KPD disparut dans la marginalité avant d'être inutilement interdit par la Cour constitutionnelle comme organisation antidémocratique. Reconstitué en 1968 avec le sigle DKP, il ne parvint jamais à sortir de l'insignifiance.

La zone soviétique comptait cinq Länder : Saxe (ex-royaume), Saxe-Anhalt (ex-province prussienne), Thuringe, Brandebourg, Mecklembourg [1]. En zone américaine, il y en eut quatre : la Bavière, la Hesse (comprenant l'ancienne province prussienne de Hesse-Nassau et l'ancien grand-duché), les parties nord réunies du Wurtemberg et du pays de Bade, ainsi que l'enclave de Brême, entourée de territoires sous contrôle britannique et destinée à faciliter les débarquements et embarquements de matériel et d'hommes venant des États-Unis ou y retournant. Les Anglais avaient, eux, érigé en Land la province prussienne du Schleswig-Holstein, enrichie de l'ancienne ville hanséatique de Lubeck, Hambourg était redevenue une ville-État, l'ancienne province de Hanovre, avec les ex-États de Brunswick et d'Oldenbourg, formait le Land de Basse-Saxe, le nord de la Rhénanie prussienne et la province de Westphalie avaient été, de leur côté, réunis avec l'ancien Land (principauté) de Lippe-Detmold. Quant à la zone française, elle comprenait les Länder de Bade-Sud, Wurtemberg-Sud-Hohenzollern et, né de la jonction du Palatinat ex-bavarois et du sud de la Rhénanie prussienne, le Land de Rhénanie-Palatinat. La Sarre, enfin, placée hors zone et dans une situation de rattachement économique à la France, constituait une entité à part. Elle ne devint Land de la République fédérale qu'en 1957, après le plébiscite de 1955, et par les accords Adenauer-Pinay signés en 1956. Il y avait donc douze Länder à l'Ouest et cinq à l'Est. Ces derniers, par la suite, furent supprimés et remplacés par des districts artificiellement découpés dans le tissu historique. A l'Ouest, l'unification des trois Länder du Bade et du Wurtemberg devait ramener à neuf le nombre des éléments constitutifs du Bund. Ils furent dix après le retour de la Sarre.

1. Le nom de *Vorpommern*, Poméranie-Antérieure ou Occidentale, a été ajouté à celui de Mecklembourg après la reconstitution des Länder en Allemagne de l'Est en 1990. La partie orientale de la Poméranie (*Hinterpommern*) a été rattachée à la Pologne en 1945 ; sous le régime communiste, l'utilisation du nom « Poméranie » était prohibée.

Berlin-Ouest ne pouvant en faire partie à cause du veto des Occidentaux qui ne voulaient pas donner des prétextes pour un autre blocus. Bien que la plupart fussent des créations nouvelles, plus ou moins artificielles, le fait qu'aucun autre changement n'ait été apporté aux découpages de l'immédiat après-guerre semble prouver que les Länder ont à présent pris racine dans le réel, comme cent cinquante ans plus tôt les États de la Confédération rhénane créés par l'intervention française dans l'Allemagne ex-impériale. La suppression, d'ailleurs inachevée, des Länder par Hitler avait introduit dans la vie allemande un élément de centralisme tout à fait étranger à son histoire. Il est vrai que le nivellement antihistorique est un des grands instruments de ceux qui, révolutionnaires, veulent fabriquer l'homme nouveau.

Le jeu complexe des pouvoirs entre les Länder et le Bund qui s'est institué en RFA a ses références dans le passé, depuis que les tribus des Saxons, des Francs, des Alamans et des Bavarois décidèrent de rester ensemble après la disparition de la dynastie carolingienne. Et si la dictature communiste avait détruit les Länder à base historique et si elle n'accordait aucune autonomie aux *Bezirke* (arrondissements), elle se plaçait, ce faisant, dans la logique de la table rase, logique à la longue insoutenable comme le montre le recours stalinien au patriotisme grand-russien dès 1941, ou la réhabilitation des grands personnages de l'histoire prussienne, de Frédéric II à Bismarck, entreprise en RDA dans les années 1980, et finalement la disparition de cet État dont les seules bases avaient été l'idéologie et l'intérêt d'une superpuissance étrangère. Du coup, les Länder de l'immédiat après-guerre ont été reconstitués, et Berlin, réunifiée, est devenue le seizième Land.

2. De Potsdam à Bonn
L'Allemagne de l'Ouest de 1945 à 1949

Deux années à peine séparent la conférence de Potsdam (juillet-août 1945) de la réunion quadripartite de Moscou (mars-avril 1947). Entre-temps, l'alliance de guerre imposée par la nécessité de venir à bout d'Hitler avait volé en éclats. La mise au pas des pays occupés par l'Union soviétique en

Europe orientale, la création d'un pouvoir communiste dans la zone soviétique d'occupation, les tentatives soviétiques de dépassement des limites plus ou moins clairement tracées à Yalta, en Grèce, en Turquie, en Iran – autant de faits qui, aux États-Unis, en Grande-Bretagne et dans de vastes secteurs de l'opinion en Europe occidentale, plaidaient pour un changement de politique envers l'URSS. A l'alliance succédait la défense du monde libre. Les Soviétiques avaient abaissé à travers l'Europe un « rideau de fer » comme le dit W. Churchill dans un discours célèbre dès 1946. Au moins, allait-on maintenant les empêcher de le franchir. Or le champ central de ce qui allait devenir la Guerre froide se trouvait nécessairement en Allemagne, immense terrain vague historique mais qui ne pouvait rester tel. Les ressources industrielles allemandes, même diminuées par la guerre et les démontages, une nombreuse population ayant une expérience en quelque sorte privilégiée de la guerre et des choses militaires – entre l'URSS et l'Occident, l'Allemagne, même réduite à des rôles passifs, ferait pencher le fléau de la balance. Puisque l'état du monde – dans lequel il faut compter à leur juste place les mentalités et les convictions – interdisait aux États-Unis d'user contre l'URSS de la menace atomique, la rupture d'une alliance devenue sans objet par la disparition d'Hitler et la capitulation de Dönitz devait conduire à la division du monde et, en premier lieu, à celle de l'Allemagne.

A la fois parce que l'occupation coûtait cher si l'on devait nourrir les Allemands en limitant à l'extrême les moyens de l'économie allemande et parce que de plus en plus nombreux se faisaient ceux qui pensaient, à l'Ouest, que d'une manière ou d'une autre les Allemands seraient utilisables et utilisés dans le nouveau conflit, la politique américaine quitta progressivement la prospective morgenthalienne pour favoriser un certain redémarrage de l'économie allemande. Dès le mois de mai 1946, les Américains bloquèrent toute livraison à l'URSS venant de leur zone au titre des réparations alors que l'URSS soustrayait les ressources de sa zone à l'utilisation commune prévue à Potsdam. Ne se voyant pas soutenue par l'URSS dans ses revendications concernant la Ruhr, la rive gauche du Rhin et la Sarre, la France se rallia progressivement à la politique allemande des Anglo-Saxons qui lui accordèrent quelques satisfactions pour la répartition du charbon de la Ruhr et le statut de la Sarre. Entre les Occidentaux et les Soviétiques, la conférence de Moscou fut un échec total. En juin 1947, une rencontre des ministres-présidents des Länder des quatre zones eut lieu à Munich. Elle aussi aboutit à une rupture définitive. Il ne pouvait en être autrement, les ministres-présidents de la SBZ ayant reçu mission de demander l'inscription à l'ordre du jour du rétablissement d'un État unitaire allemand. Dès avant cette date, le 2 décembre 1946, Américains et Britanniques avaient décidé la « fusion » de leurs zones qui devaient former un ensemble économique intégré, doté d'une sorte de gouvernement et d'un conseil de représentants désignés par les parlements régionaux. La bizone, préfiguration de la République fédérale, devait s'adjoindre, au début de 1948, la zone française, se transformant ainsi en trizone.

Après l'échec de la conférence de Moscou, le 5 juin 1947, le secrétaire d'État aux Affaires étrangères américain, le général Marshall, ancien chef d'État-Major à la fin de la guerre, lança dans un discours prononcé à l'université de Harvard l'idée du plan d'assistance économique à l'Europe libre, qui portera par la suite son nom. L'URSS ayant refusé d'entrer dans ce système, l'Amérique et l'ensemble de l'Europe occidentale, à l'exception des États neutres, mais Allemagne bizonale et zone d'occupation française inclues, seront unies et mobilisées pour assurer ensemble leur développement économique dans l'esprit de l'économie de marché. L'Allemagne occidentale bénéficiera pleinement de l'aide Marshall.

En novembre 1947, une nouvelle conférence des ministres des Affaires étrangères des quatre grands confirma à Londres l'échec de Moscou. En février 1948, une conférence des ministres des « trois » Occidentaux s'ouvre également à Londres qui s'élargira aux représentants des pays du Benelux. Après une période d'attente – afin de ne pas heurter de front l'opinion française mal préparée à l'idée de la reconstitution d'un État allemand –, les conclusions de la conférence sont remises aux ministres-présidents des trois zones par les gouvernements militaires. Ce texte autorise la convocation d'une Assemblée constituante aux fins d'élaborer un projet de Constitution créant une structure gouvernementale de type fédéral. Le 1er septembre 1948, les 65 délégués des parlements des 11 Länder occidentaux qui forment le « Conseil parlementaire » commencent leurs travaux à Bonn [1].

Le 8 mai 1949, quatre ans jour pour jour après la capitulation du Reich hitlérien, une Loi fondamentale est adoptée par 53 voix contre 12 (les élus fédéralistes bavarois et les communistes, dont le vote s'expliquait, bien sûr, par des raisons opposées). Le 23 mai, le texte qui, modestement, dans une Allemagne divisée, évitait de s'orner du nom de « Constitution », entrait en vigueur. Le 14 août, les électeurs désignèrent les titulaires des 402 sièges du premier Bundestag. Le 12 septembre, le libéral Theodor Heuss, ancien membre du Reichstag de la République de Weimar, est élu président fédéral. Le 15 septembre, le chef du Parti chrétien-démocrate (qui réunit conservateurs et chrétiens-sociaux), Konrad Adenauer, est élu chancelier. Il gardera cette fonction jusqu'en 1963, pendant quatorze ans, bien qu'il fût déjà âgé de 73 ans en accédant au pouvoir.

Dans la bizone, les Américains de la « deuxième génération » du personnel d'occupation, d'esprit conservateur et fortement liés aux milieux des affaires, avaient mis en place un personnel allemand d'administrateurs et d'économistes presque exclusivement marqué par son attachement à l'orthodoxie de l'économie de marché. Le héros, en quelque sorte éponyme, de cette cohorte était un enseignant libéral, Ludwig Erhard, qui fut nommé directeur de l'Économie de la bizone. Le libéralisme erhardien n'avait cependant rien de sauvage. Il admettait un certain rôle d'impulsion de l'État, afin de garantir la sincérité de la concurrence et d'assurer une meilleure distribution des fruits de la progression économique. Convaincu de la justesse de ses vues, Erhard fut capable d'obstination et de fermeté. Il en a eu besoin quand – après une réforme monétaire essentiellement voulue et préparée par le gouvernement militaire américain et ses conseillers – il imposera l'abandon du rationnement, sauf pour les produits de base dont les prix restent bloqués pendant quelque temps. La réforme monétaire, qui substitue le Deutsche Mark au Reichsmark, dote chaque adulte de 40 DM et les entre-

1. Berlin n'y était représentée que par des délégués sans droit de vote.

prises de 60 DM par salarié. C'est une mesure brutale et rigoureuse qui parie sur l'abondance des stocks clandestins et sur l'onde de choc qui se propagera facilement du fait même de cette brutalité. Du coup, le travail redevient intéressant et la population se rue dans l'effort. Cependant, les besoins sont tels que la production ne peut suivre. Les prix augmentent alors que les salaires restent bloqués. Le 12 novembre 1948, une grève générale d'avertissement mobilise (ou démobilise) neuf millions de salariés sur les onze que compte l'Allemagne des trois zones ! Mais, peu à peu, le démarrage se précise et se confirme. Le pari erhardien gagné, l'« économie sociale de marché » sera certes encore à plusieurs reprises menacée de crises dangereuses (notamment pendant le très dur hiver 1950-1951) mais l'effet d'entraînement du réarmement américain se fera sentir dès 1950, de même que celui des modernisations technologiques et industrielles financées sur les fonds Marshall[1].

La réforme monétaire fut aussi le déclencheur de la plus grande épreuve de force entre l'Est et l'Ouest que l'après-guerre ait traversée jusqu'à ce moment-là. C'était en effet un acte unilatéral, en rupture avec les accords interalliés, mais qui intervenait après d'innombrables violations de ces accords de la part des Soviétiques. Du coup, Staline, se méprenant une fois de plus sur la détermination de l'adversaire, crut pouvoir mettre fin à la présence occidentale à Berlin, véritable dard empoisonné dans la chair de l'Allemagne communiste dont il était en train d'achever la création. En isolant Berlin-Ouest, avec ses deux millions d'habitants, le blocus décrété en réponse à la réforme monétaire devait faire plier le « monde libre » pour des raisons humanitaires, dont le dictateur, lui, se moquait comme il l'avait montré tant de fois au cours de sa carrière sanglante.

L'Amérique réagit par le pont aérien, formidable prouesse technique et humaine (un avion se posant à Berlin toutes les deux minutes), et la population ouest-berlinoise par un acte

1. Le gouvernement américain bloqua la tentative des autorités allemandes, appuyée par le commandant en chef et le général Clay, qui voulaient accompagner la réforme d'une « redistribution des fardeaux » comportant des prélèvements importants sur la fortune et les profits. Cela ne fut réalisé qu'au début des années 1950.

de confiance passionné dans la protection américaine. L'hiver fut dur, lumière et chauffage réduits à l'extrême, mais les Berlinois restèrent stoïques. Après un an Staline mit les pouces, mais la division politique de la ville resta définitive jusqu'en 1990. Cependant, le dictateur prépara sa vengeance : elle se déclenchera en un tout autre point de l'univers, en Extrême-Orient, en Corée, où la victoire des communistes « locaux » en Chine l'obligeait à montrer à la fois sa présence et sa puissance, tout en se procurant un environnement politico-stratégique favorable. Là encore, la riposte américaine fit échouer l'entreprise après trois années de guerre très dures. En résistant au blocus de Berlin et à l'agression en Corée, passant outre aux traditionnelles aspirations isolationnistes du peuple américain au lendemain des guerres, Harry Truman, sans doute l'un des plus grands présidents de l'histoire des États-Unis, devient autant qu'un seul homme puisse l'être le sauveur du monde libre. Et de ce monde-là, l'Allemagne occidentale et Berlin-Ouest faisaient dorénavant partie : on ne le dira et le répétera jamais assez après novembre 1989 : c'est en résistant au blocus en 1948-1949 que Berlin avait gagné le droit de redevenir la capitale de l'Allemagne.

Tout aurait pu tourner différemment. En dépit d'innombrables erreurs, les Alliés occidentaux, entre 1945 et 1949, en suscitant des critiques, bien sûr, et même des aversions violentes, ne commirent aucun acte majeur irréparable qui eût pu rejeter les populations choquées dans les bras de la sirène soviétique. Écrasés, subjugués, terrifiés par l'Est, les « Allemands de l'Occident » firent preuve de beaucoup de courage et de persévérance, en confirmant leur option de 1945, celle du « plébiscite des godillots[1] », chaque fois que cela put se faire. L'énorme majorité que l'électorat donna aux partis démocratiques lors de la désignation du premier Bundestag fut confirmée par la victoire très nette des partis de la coalition adenauérienne en 1953 : le souverain trancha

1. Par lequel les soldats de la Wehrmacht se précipitèrent à marche forcée au-devant des Américains pour ne pas être faits prisonniers par les Soviétiques.

en faveur de la politique des « petits pas » qui tablait sur une solidarité occidentale dans laquelle l'Allemagne libre se trouvait désormais englobée, en dépit des impatiences scandalisées de Kurt Schumacher. Le chef de la social-démocratie ne comprit jamais pourquoi la majorité du peuple électeur avait donné la préférence à celui qui ne tapait pas sur la table, et que lui-même, du haut de ses dix ans dans les camps de concentration nazis, avait un jour traité de « chancelier des Alliés ».

La famine, la maladie, le froid, les millions de réfugiés et d'expulsés, les heurts inévitables avec les occupants, le chômage, l'absence de cinq millions de prisonniers de guerre, il y eut entre 1945 et 1949 cent mille raisons pour faire naître en Allemagne occidentale un climat d'irrédentisme nationaliste dont Staline eût pu tirer de grands profits. Les contemporains ne savent jamais que l'aventure dans laquelle ils sont engagés va bien finir. L'histoire, avec raison, rendra hommage à la patience et à la tenace espérance du peuple allemand et à la sagesse des dirigeants qui, sortis plus ou moins indemnes du cauchemar nazi, acceptèrent de prendre les commandes d'un navire plus qu'aux trois quarts immergé dans un océan de misère, de malheurs publics et privés, de deuils et de désespoirs.

3. Le meilleur État de l'histoire allemande

Durant les longs mois que les députés désignés par les diètes des onze Länder des trois zones occidentales consacrèrent à l'élaboration de la Loi fondamentale de la future République fédérale, le Conseil parlementaire eut continuellement présent à l'esprit les deux grands textes constitutionnels allemands d'inspiration démocratique qui avaient, dans le passé, débouché sur deux échecs majeurs. La *Reichsverfassung* de 1849 qui voulait instaurer une monarchie constitutionnelle tout en maintenant le fédéralisme devenu une des grandes traditions « fondatrices d'identité » de l'ordre institutionnel allemand, et qui ne fut jamais appliquée, le roi de Prusse ayant décliné l'offre de devenir un empereur constitutionnel, et la réaction triomphant dans toute l'Allemagne et dans toute l'Autriche après les brefs moments d'exaltation démocratique. Et la Constitution de la République de Weimar d'inspiration libérale, démocratique et chrétienne-sociale, qui avait voulu diminuer le poids de l'exécutif et accroître celui du Parlement, mais s'était révélée incapable d'assurer l'existence de la République dans des conditions historiques, il est vrai, exceptionnellement dures.

Les membres du Conseil parlementaire voulaient tout d'abord fortifier le fédéralisme après l'amère expérience du centralisme hitlérien et devant le déroulement désastreux de l'introduction du « centralisme démocratique », c'est-à-dire de la dictature du « parti d'État », dans l'Allemagne occupée par les Soviétiques. Les compétences de la fédération, du Bund, devaient être strictement limitées et servir essentiellement à l'exercice convenable des fonctions majeures de l'État : défense, monnaie, affaires étrangères. Les Länder devaient participer même à la législation de compétence fédérale à travers le Bundesrat dont l'accord était indispensable à toutes les lois mettant en cause *leurs* droits et aux textes dont ils devaient se faire les exécutants. Au cours des décennies, le rôle du Bundesrat n'a cessé de s'affermir ; il veille notamment avec jalousie sur les conséquences de l'intégration européenne dans la mesure où elles affectent le fédéralisme interne. (L'adoption du traité de Maastricht par le Bundestag et le Bundesrat fut ainsi subordonnée au vote d'une réforme constitutionnelle qui renforce la participation des Länder à l'élaboration des positions allemandes dans les institutions européennes, notamment au Conseil des ministres, et soumet dans certains cas les décisions à l'approbation éventuelle des deux Chambres.) Le souci de laisser aux Länder des compétences et des moyens d'action réels avait d'ailleurs inspiré très clairement, pendant les travaux du Conseil parlementaire, les avertissements et les interventions des représentants des puissances alliées, et en premier lieu de ceux de la France.

Non moins sérieux fut le souci chez les constituants d'un équilibre des pouvoirs évitant les blocages dont avait été victime la République de Weimar. Les souvenirs de l'action néfaste du maréchal von Hindenburg et de son entourage, à l'abri de toute censure parlementaire, ont réduit le rôle du président fédéral à un magistère tout moral dont certains titulaires comme les présidents Heuss (1949-1959), Heinemann (1969- 1974), Richard von Weizsäcker (1984-1994), Roman Herzog (depuis 1994) ont d'ailleurs fort bien su tirer une influence politique réelle. L'exécutif est cependant essentiellement concentré dans le gouvernement fédéral, au sein duquel le chancelier occupe une position déterminante. Les élections pour le renouvellement du Bundestag ont par conséquent revêtu très vite un caractère plébiscitaire, pour ou contre le chancelier en fonctions et le candidat-chancelier du principal parti d'opposition. Afin de garantir la stabilité gouvernementale, la Loi fondamentale, toujours en réaction contre l'expérience de Weimar, veut que le chef du gouvernement ne puisse être renversé que par un vote à la majorité absolue des membres du Bundestag qui, dans le même scrutin, doivent élire un autre chancelier. Dans toute l'histoire de la RFA ce cas ne s'est présenté qu'une seule fois, lors du remplacement d'Helmut Schmidt par Helmut Kohl en 1982. Aucun chancelier n'a gouverné moins de trois ans, alors que sous la République de Weimar la longévité des cabinets s'était comptée par mois. En quarante-neuf ans, l'Allemagne fédérale n'a connu que six chefs de gouvernement.

La stabilité gouvernementale a également été servie par le système électoral fixé en 1953 qui donne deux voix à chaque électeur. Le fort pourcentage de la participation électorale a longtemps légitimé ce mode de scrutin ; cependant, depuis le début des années 1980, la baisse continue du nombre des votants peut être interprétée comme le signe d'une certaine désaffection envers le système politique établi entre 1948 et 1953[1].

---

1. La loi électorale de l'ancienne RFA a été étendue aux territoires de l'ancienne RDA moyennant la création de 72 circonscriptions uninominales nouvelles, auxquelles correspondent 72 sièges à pourvoir dans les six grandes circonscriptions où s'applique le système proportionnel intégral. Le Bundestag s'est donc accru en principe de 144 sièges nouveaux. Il faut se rappeler à ce propos que chaque citoyen allemand dispose de deux voix pour l'élection au Bundestag : avec la première, il se prononce pour l'un des candidats qui se présentent, ou qui sont généralement présentés par un parti, dans le cadre de la circonscription (*Wahlkreis*) de son lieu de résidence. Est élu le candidat qui remporte la majorité relative (comme en Angleterre). Avec la deuxième voix l'électeur se prononce pour la liste de candidats présentée par un parti dans le cadre d'une grande circonscription

La chambre populaire, le Bundestag, possède des pouvoirs très réels, notamment par l'action de ses nombreuses commissions qui siègent quasiment en permanence et dont la principale, le *Haushaltsausschuss*, la Commission budgétaire, contrôle de très près et de façon continue non seulement l'élaboration mais l'exécution du budget. A travers les deux Chambres, l'une émanant du suffrage universel et l'autre composée des représentants des gouvernements des Länder, eux-mêmes issus d'élections au suffrage universel, les partis politiques exercent une influence considérable sur les actes de l'exécutif et les décisions du législateur. Cela est d'autant plus vrai que tous les gouvernements fédéraux depuis 1949, à l'exception d'une parenthèse entre 1957 et 1961, ont été

---

qui correspond généralement à un Land ou, pour les Länder les plus vastes, à une partie de Land (*Landesliste*). En principe également, c'est le résultat des deuxièmes voix qui compte, mais les élus de la première voix, dans le cadre de la grande circonscription où s'applique le mode de suffrage proportionnel, sont décomptés du nombre des élus que ce parti obtient par les deuxièmes voix. A ceci près que si le nombre des sièges acquis par les premières voix est supérieur à celui que le parti en question obtient avec ses deuxièmes voix, ce parti conserve ces « mandats supplémentaires » (*Überhangmandate*). Aux premières élections générales après la réunification en 1990, le Bundestag aurait dû normalement compter 656 députés (328 pour les circonscriptions de la première voix et 328 élus à la proportionnelle dans les grandes circonscriptions), mais la CDU bénéficia de six « mandats supplémentaires », ce qui donna un total de 662 sièges. En 1994, au renouvellement suivant du Bundestag, il y eut 672 élus. Aux 656 députés correspondant aux résultats obtenus par les partis grâce aux deuxièmes voix s'ajoutant cette fois-ci 16 sièges supplémentaires répartis entre la CDU/CSU (12) et le SPD (6). Le système des deux voix se complique par la règle des 5 %. En effet un parti ne peut bénéficier des voix qu'il obtient à la proportionnelle dans les grandes circonscriptions que si son total national dépasse 5 % des voix, ou s'il a gagné trois « mandats directs » dans les circonscriptions uninominales. Il résulte de ces dispositions qu'un électeur réfléchi ne donne pas nécessairement ses deux voix au même parti. Dans les circonscriptions uninominales le parti libéral FDP, partenaire indispensable de toutes les majorités au moins depuis 1969, a peu de chances de remporter un siège. L'électeur qui veut voter « utile » y donne sa voix au grand parti partenaire (depuis 1982, c'est la CDU/CSU), mais dans les grandes circonscriptions à vote proportionnel il assure par sa voix la présence des libéraux au Bundestag (en leur permettant de passer la barrière des 5 %).

Le parti néocommuniste PDS, lui, n'a pas obtenu en 1994 les 5 % sur le plan national, mais ayant eu 4 élus « directs » il a pu néanmoins faire valoir ses deuxièmes voix.

des cabinets de coalition. Sauf pendant l'interlude de la Grande Coalition (1966-1969), le parti libéral FDP a été tour à tour associé aux partis de l'Union chrétienne-démocrate et chrétienne-sociale (CDU et CSU) (1949-1957, 1957-1961, 1961-1966 et depuis 1982), et aux sociaux-démocrates (1969-1982). La cohabitation a donc presque toujours été la règle de la vie gouvernementale ouest-allemande, entraînant l'obligation à une continuelle négociation intérieure qui limite le pouvoir du chancelier. Celui-ci reste cependant considérable. Le souci d'équilibre politique n'a cessé pendant le demi-siècle d'existence de la République fédérale d'Allemagne d'inspirer les choix des électeurs qui n'ont qu'une seule fois, en 1957, donné une majorité absolue à un parti (la CDU/CSU), situation que la sagesse de Konrad Adenauer refusa cependant d'exploiter par la formation d'un gouvernement « monocolore ». L'électeur a toujours tendu à écarter les extrêmes : le Parti communiste a disparu du Bundestag en 1953 pour n'y rentrer, sous le déguisement du PDS[1], qu'en 1991, et les groupuscules d'extrême droite ont, eux aussi, perdu leur représentation parlementaire à cette même date[2]. La stabilité des institutions et la tranquillité des évolutions politiques ont largement bénéficié de l'introduction dans le système constitutionnel d'un élément jusqu'alors absent de l'expérience allemande, et même européenne : le Tribunal constitutionnel fédéral (*Bundesverfassungsgericht*). Bien qu'élus par les Chambres et désignés en vertu de subtils dosages politiques, les juges de Karlsruhe ont accompagné avec une grande sagesse l'évolution de la société allemande, aussi bien sur le plan des mœurs et usages que sur celui des relations internationales, pour citer deux domaines fort éloi-

1. Le Parti du socialisme démocratique est l'héritier mal blanchi de l'ancien parti d'État (SED) de l'Allemagne communiste... Ses députés proviennent tous de l'ancienne RDA.

2. La règle des 5 % ou 3 « mandats directs » est un puissant obstacle dressé contre les nouveaux partis : les Verts ont été les seuls à l'avoir franchi dans l'ancienne RFA, en 1983. L'extrême droite avait frôlé le succès en 1968 avec 4,7 % de voix obtenues par le NPD (le Parti national-démocrate d'inspiration nettement néonazie). Depuis lors, sur le plan fédéral, l'extrême droite n'a jamais dépassé des scores marginaux (moins de 5 % des voix, dispersées sur plusieurs groupes aux élections générales de 1994).

gnés l'un de l'autre. Dans les années 1950, la Cour de Karlsruhe a condamné et interdit deux partis extrémistes, un Parti néonazi (SRP en 1952) et le Parti communiste (KPD en 1956), elle a bloqué une tentative du gouvernement fédéral pour s'assurer un certain pouvoir dans le domaine des médias ; ensuite, dans les années 1970, elle a tranché le vieux débat en matière d'avortement contre la solution dite des délais (les trois premiers mois), elle a rejeté les plaintes de la Bavière contre l'*Ostpolitik* du gouvernement Brandt et fait progresser considérablement l'égalité des femmes et la protection des minorités homosexuelles. Son rôle n'a cessé de s'élargir, notamment depuis qu'elle peut être saisie directement par les citoyens et non seulement par les institutions constitutionnelles et par les juges comme ce fut le cas jusqu'en 1969, à tel point que certains observateurs ont pu parler d'un déséquilibre institutionnel, le pouvoir politique directement issu de l'électeur se trouvant de plus en plus encadré et limité par le pouvoir des juges suprêmes. Il est vrai que, jamais dans l'histoire allemande, les libertés publiques et l'État de droit n'ont été mieux respectés [1].

Dans un certain sens, le fonctionnement excellent des institutions et des structures volontaires de la vie politique a cependant créé et stimulé la croissance de tendances antagonistes. Mais cela n'est pas directement contraire à l'ordre constitutionnel – le pouvoir parallèle des partenaires sociaux, des organisations patronales et des syndicats de salariés, ainsi que de leurs homologues dans l'agriculture et dans la vie culturelle, n'a cessé de se consolider lui aussi, corrélativement à la vie politique proprement dite. Le législateur lui-même, en institutionnalisant la cogestion dans les entreprises, a favorisé dès 1951 ces développements qui ont assuré à la République fédérale une paix sociale exemplaire.

Plus inquiétant a été, dès les débuts de la République fédérale, l'apparition de mouvements « extraparlementaires », qui ont tenté de mobiliser l'opinion à côté, en dehors et même contre les institutions de la démocratie, et souvent contre les

1. A la suite de la réunification, une nouvelle loi facilitant l'interruption volontaire de grossesse a été votée en 1992 par le Bundestag. Elle a été à son tour rejetée en grande partie par les juges suprêmes.

partis. Dans ces mouvements qui connaissent périodiquement de fortes croissances pour retomber plus ou moins vite dans la marginalité, les thèmes du pacifisme, du refus de la guerre et de l'énergie atomique sous toutes ses formes d'emploi ont joué un rôle essentiel. Ils ont été recueillis et en quelque sorte capturés par un mouvement qui s'est finalement constitué en parti : les écologistes et leur parti les Verts.

Ces mouvements ont fait naître un militantisme parallèle souvent de type religieux ou parareligieux, possédant un très haut degré de conviction qui peut facilement verser dans l'intolérance. Tant que le pouvoir communiste existait en RDA, ces mouvements n'étaient pas à l'abri d'une pénétration par les agents de l'État dictatorial et policier installé en Allemagne de l'Est. Dans ces groupements, habités par de fortes émotions, des angoisses existentielles et véhémentes, de petites minorités ont pu croître qui, laissant derrière elles ce milieu protecteur, sont passées à l'action directe et violente. Pendant plus de vingt ans, une poussière de groupuscules terroristes, peu nombreux mais renaissant de leurs cendres après chaque coup de filet réussi du « maintien de l'ordre », ont accompagné, plus que réellement perturbé, le fonctionnement des institutions démocratiques. Le calme, trop parfait aux sentiments de certains, de la vie politique en République fédérale favorisait ainsi l'action d'une minuscule minorité, insaisissable du fait même de son extrême faiblesse numérique et qui s'attache à quelques personnalités symboliques. Il est vrai que ce terrorisme de la *Rote Armee Fraktion* avait bénéficié d'un soutien efficace de la part des « organes de sécurité » intérieurs et extérieurs de la RDA. Sa capacité de nuire a beaucoup diminué depuis la chute de sa puissance protectrice.

A partir de l'année 1992 une nouvelle agitation extrémiste a connu un rapide développement alors que se multipliaient les actes de violence, notamment à l'égard d'étrangers demandeurs d'asile aussi bien que de travailleurs immigrés établis de longue date. Il s'agit d'un phénomène très différent des anciens mouvements d'opposition, puisque ces groupements (qui sont très souvent des groupuscules) ont en général un faible degré d'organisation (des bandes de skinheads), tout en subissant l'influence des petits mouvements d'extrême droite fortement structurés. La violence fréquente et systématique pratiquée contre de pauvres gens se distingue très sensiblement de l'ancien terrorisme de gauche qui s'attaquait généralement à des personnalités représentatives et officielles, ou tout au moins à des institutions hautement symboliques.

La Loi fondamentale a connu de très nombreuses modifications qui cependant, jusqu'à présent, n'ont rien changé d'essentiel. Au bout d'un demi-siècle et après la « rédemption » des territoires de l'ancienne RDA, des problèmes, nouveaux ou se présentant sous des aspects nouveaux, vont exiger des solutions constitutionnelles. Ils sont de natures très différentes. Les sociaux-démocrates, les Verts, les héritiers des communistes de l'Allemagne orientale (le PDS), l'Alliance 90, regroupant un grand nombre de militants qui furent les acteurs du basculement de 1989, et certains libéraux voudraient introduire l'initiative populaire et le référendum, ou plutôt élargir considérablement le domaine de ce dernier[1]. Il y a ensuite, voulue aussi par la CDU/CSU, mais avec un contenu contraire de celui revendiqué par la gauche, la définition des engagements militaires de l'Allemagne unifiée en dehors du terrain strictement défini, couvert par l'Alliance atlantique et le traité de l'UEO. Il s'agit notamment de préciser les conditions de participation des forces allemandes à des actions organisées par l'ONU ou approuvées par celle-ci (ce qui n'est pas la même chose). Viennent enfin des sujets de société aussi essentiels et divers que le vote des étrangers et la législation sur l'avortement, l'adoption du système dit des délais en vigueur dans l'ex-RDA se heurtant toujours à l'interprétation du texte constitutionnel actuel par la Cour. Certains voudraient insérer dans la Constitution le respect de l'environnement, le droit au logement, et même le droit au travail. Cependant, la réforme la plus urgente, malgré son caractère moralement questionnable, et la seule effectivement réalisée à ce jour, fut celle qui a restreint en 1993 la portée du texte sur le droit d'asile politique, considéré comme beaucoup trop libéral dans le monde des

1. Il ne s'applique actuellement qu'à la modification des limites des Länder ou à leur fusion.

grandes migrations Est-Ouest et Nord-Sud qui menacent de submerger l'Europe occidentale, ou, tout au moins, considérées comme tel par la grande majorité de l'opinion et des membres de la classe politico-médiatique. En fait, ce n'est pas le texte constitutionnel sur l'asile politique que l'on aurait dû modifier, car la pratique des instances d'examen des demandes est fort restrictive (moins de 5 % des demandeurs ont été effectivement reconnus comme réfugiés politiques en 1992), mais les règles qui permettent à la plupart de ceux dont la demande a été rejetée de se fixer néanmoins en Allemagne. 420 000 nouveaux demandeurs avaient pénétré en Allemagne au cours de la seule année 1992. Moins de 20 000 demandes ont été acceptées. Mais que faire des autres ? Les expulser ? Mais vers quels pays ? Le contingent le plus nombreux, celui des Roumains, vient d'un pays qui n'a pas de frontière commune avec l'Allemagne. La Pologne, la République tchèque, la Slovaquie, la Hongrie – les principaux pays de transit – ne peuvent évidemment accueillir tous ceux que l'Allemagne voudrait ne pas conserver. Ces problèmes d'extrême gravité remettent en cause quelques-unes des bases profondes d'une pratique humanitaire que la RFA avait choisie au lendemain du nazisme. En 1997, la réforme faite, le nombre des demandeurs d'asile n'a plus été que de 104 000, et 8 443 demandes ont été acceptées. Il est vrai que le nombre des pénétrations clandestines s'est accru et que les décisions de fermeture relative des frontières exigent une collaboration accrue avec les États voisins, notamment la Pologne, la République Tchèque, l'Autriche, et même l'Italie. Or ces derniers pays sont entrés dans l'espace de l'accord de Schengen et les contrôles frontaliers ont été supprimés comme ceux de la France et des pays du Benelux. La mise en œuvre des contrôles, sondages, la collaboration des polices et l'unification des dispositions législatives et administratives entre les États de l'accord de Schengen posent des problèmes considérables, alors que la montée du chômage et des activités d'extrême droite, notamment parmi les jeunes, rend de plus en plus difficile une politique d'intégration et d'accueil conforme aux principes humanistes qui commandent la morale publique en Allemagne et dans les autres pays de l'Union européenne, ou qui devraient la commander.

Jamais, sous aucun régime, à aucun moment, les Allemands n'ont connu, dans leur ensemble, davantage de sécurité extérieure et intérieure, ni de prospérité qu'en RFA entre 1949 et 1990, et, en dépit des graves perturbations qui secouent les nouveaux Länder, il est permis d'espérer que cette affirmation s'appliquera aussi, de plus en plus, à la partie orientale de l'Allemagne. Ayant mentionné le problème de plus en plus préoccupant de l'immigration allogène, on doit ajouter ici que l'Allemagne a réservé un accueil infiniment plus ouvert que les pays voisins aux réfugiés venant des États issus de la Yougoslavie déchirés par des guerres civiles atroces. Plus de 250 000 réfugiés d'origine yougoslave ont été accueillis en Allemagne, dix fois plus qu'en France, et l'on comprend que les Länder pensent à leur rapatriement ce qui n'est pas toujours facilement conciliable avec le respect des droits de l'homme et pose le problème d'une politique européenne dans ce domaine dont les règles restent à fixer.

Puisque nous parlons ici de l'immigration étrangère, un sujet voisin s'impose à notre attention : celui du retour en Allemagne des « Allemands ethniques » (*Volksdeutsche*) depuis longtemps établis à l'étranger et qui, après 1945, ont vécu dans des pays à domination communiste. Après l'écroulement du système soviétique, beaucoup d'entre eux (il y avait plus de trois millions d'Allemands ethniques en Union soviétique et près d'un million en Roumanie), un grand nombre de descendants de ces familles fixées depuis des siècles dans ces pays lointains ont voulu profiter du droit que l'Allemagne leur accorde de retourner dans leur pays d'origine et d'y récupérer – sur simple demande et en prouvant leur ascendance allemande – la nationalité-citoyenneté de la République fédérale. Ces « revenants » sont officiellement baptisé « *Spätaussiedler* » ; à l'heure actuelle (avril 1998), leur nombre est en baisse rapide après avoir connu des retours massifs : 135 000 en 1997 alors qu'ils furent 220 000 en 1995. Actuellement, le « réservoir » roumain est à peu près épuisé (il reste à peine 100 000 *Volksdeutsche* sur près d'un million en 1990), alors que les Allemands de Russie (dont beaucoup avaient été déportés par Staline en Asie centrale) ont tendance à reculer leur « retour » tout en se concentrant sur certaines régions où leur nombre devient important. Certains (environ 100 000 au printemps 1998) gardent en réserve pour toute éventualité leur autorisation de rejoindre l'Allemagne mais préfèrent pour l'instant rester en Russie

Les autorités allemandes, devant l'afflux de ces centaines de milliers de « revenants », ont dû constater que beaucoup d'entre eux, même s'ils pouvaient prouver leur ascendance allemande, ne parlaient plus – ou plus guère – l'allemand. On a donc institué pour les candidats au « retour » des examens d'allemand et même, pour les « recalés », des cours de rattrapage. Aussi, en 1997, environ 100 000 participants ont suivi environ 6 000 cours d'allemand organisés en Russie et au Kazakhstan aux frais du gouvernement allemand. Seuls les candidats qui ont passé avec succès l'examen final peuvent obtenir de l'ambassade l'autorisation de venir se fixer en Allemagne. En 1997, un tiers des candidats n'ont pu passer ce contrôle avec succès.

La concentration d'une telle masse de « remigrants » (actuellement plus d'un demi-million depuis 1990) pose évidemment des problèmes de cohabitation et d'emploi très sérieux dans certaines régions ou lieux où les *Spätaussiedler* ont tendance à se concentrer. Les habitants environnants ont tendance à les traiter d'étrangers et les relations entre jeunes posent souvent problème.

Le fédéralisme et la justice constitutionnelle garantissent les libertés et l'État de droit dans une mesure qui, même dans les années calmes entre 1871 et 1914, eût paru inimaginable. Le domaine de la vie privée, les mœurs sont largement à l'abri des pressions sociales et morales et les libertés privées ne gênent nullement l'essor économique assis sur un heureux amalgame d'esprit d'entreprise et de souci de la répartition des fruits de l'effort. Des millions d'allogènes ont mené pendant longtemps une existence convenable au foyer du peuple allemand sans susciter des aversions réellement préoccupantes (c'est là où se situent actuellement les points les plus menaçants). L'immense majorité des Allemands atteint un niveau éducatif qui, il y a deux siècles, était réservé à de petites minorités. La misère est réduite et relativisée. Cependant, le souvenir de temps moins heureux s'estompe, les exigences s'accroissent et l'environnement mondial s'assombrit. Beaucoup d'Allemands n'apprécient pas à sa juste valeur le bonheur inouï dont ils jouissent et peu d'entre eux sont préparés aux grands sacrifices qu'un avenir prochain leur demandera bien au-delà de ceux que leur imposera de toute façon une pyramide des âges de plus en plus préoccupante. La seconde moitié du XXe siècle laissera peut-être un jour aux Allemands de l'Ouest (et pas seulement aux Allemands) le souvenir regretté d'un jour alcyonien.

4. L'Allemagne de l'Occident

Une autre société

J'emprunte ce sous-titre à Alfred Grosser qui a ainsi nommé l'un de ses grands livres de référence[1]. Ce n'est pourtant pas de l'option idéologique et politique par laquelle l'Allemagne de l'Ouest s'est agrégée à l'Alliance atlantique et à la Communauté européenne qu'il sera question ici, mais des profondes transformations que les mentalités et les modes de vie ont connues en Allemagne de l'Ouest, entre 1945 et 1990. L'avenir montrera dans quelle mesure ces changements se seront communiqués à l'Allemagne de l'Est libérée des contraintes que la dictature communiste et le pouvoir soviétique avaient fait peser sur elle pendant cette même période. Tout en s'occidentalisant dans beaucoup de secteurs de plus en plus vite, l'ex-RDA est aussi le théâtre de profondes et parfois véhémentes résistances, de refus très vigoureux face aux modes de vie et aux façons de faire qui viennent de l'Ouest, comme le montre le succès persistant du parti issu du SED communiste : le « Parti de la démocratie sociale » (PDS).

L'Amérique était riche et victorieuse. L'Allemagne, celle qui pouvait peu à peu récupérer son destin, sortait d'une longue parenthèse qui l'avait isolée du monde et coupée de beaucoup de ses propres passés. Elle était affamée, mais point seulement de nourritures matérielles. Ceux qui ont, comme l'auteur de ces lignes, tenté dès 1945 de l'aider à se retrouver dans un univers dont les aînés avaient perdu la suite et dont les plus jeunes ignoraient toutes les clés, se souviendront toujours avec émotion de la soif inextinguible des

1. *L'Allemagne de l'Occident 1945-1952*, Gallimard, 1953.

jeunes soldats ou officiers prisonniers qui se précipitaient sur des littératures ignorées parce que interdites, ou d'autres jeunes qui, échappés à la captivité grâce à la chance ou à l'âge, venaient en nombre faire connaissance avec le génie français ou anglais dans les anciennes écoles de cadres de la Hitlerjugend, transformées en centres de rencontres. En l'espace de quelques courtes années – voire quelques mois – l'Allemagne de l'Occident fit ainsi connaissance avec Hemingway et Faulkner, avec Eliot et Huxley, avec Sartre et Éluard, avec Federico Garcia Lorca, pour ne citer que des noms prestigieux et glanés sans esprit de système. Mais Hemingway allait de pair avec Coca-Cola et les blue-jeans. Une nouvelle civilisation matérielle se développa, par référence à l'Amérique, dans une Allemagne qui, peu à peu, pourra et voudra – plus qu'à aucun autre moment de son histoire – s'adonner aux exaltations de la consommation de masse qui est aussi et même avant tout un phénomène de culture.

Pour les uns, le nazisme avait été une poussée de nihilisme révolutionnaire. Sur ses ruines, il fallait reconstruire et restaurer les valeurs et les formes de vie d'autrefois. Pour ceux-là, l'Allemagne devait se retrouver dans ses réalités d'avant 1933, avec sa figure particulière, sa vocation historique, son identité de toujours – telle que les historiens « nationaux » l'avaient définie avec plus ou moins de dogmatisme et d'idéologie. Mais, très vite, les analystes étrangers et leurs collègues ou disciples allemands établirent que le nazisme ne s'était pas implanté par hasard dans le corps et l'esprit de l'Allemagne. Tous les passés n'étaient pas récupérables, si tous n'étaient pas à rejeter.

De l'autre côté du paysage politico-intellectuel, on pensait justement qu'il ne fallait accepter les passés que sous bénéfice d'inventaire et, au contraire, interrompre beaucoup de filières traditionnelles. Pour ceux-là, le nazisme avait des racines profondément articulées sur les réalités allemandes et qu'il fallait extirper au moyen d'audacieuses chirurgies sociales. Si les partisans de la reconstruction l'emportèrent en politique et en partie dans la vie économique, ils échouèrent devant la rapidité de l'évolution des mœurs. La présence des étrangers occidentaux et l'attrait de l'étranger, la destruction des liens traditionnels par la mort, l'exode, la captivité démultipliaient les exemples nouveaux alors que tant de transmissions étaient interrompues. Et que l'on songe ici au double sens du mot « lien » qui joint les personnes tout en les emprisonnant. Sur ce tableau complexe et contradictoire viennent s'installer aussi les conquêtes de la science et de la technique dont la plus importante sera, sans doute possible, la pilule qui permet aux humains de maîtriser leur propre reproduction. La brusque chute de la natalité qui marque dans les courbes de population le *Pillenknick*, le « coude » dû à la pilule, n'est que l'élément le plus frappant d'un passage progressif à un « être pour soi » qui poursuit ce que la mode appelle l'auto-accomplissement (*Selbstverwirklichung*, la réalisation de soi) dans une démarche qui, à travers l'hédonisme, remplace le devoir par le plaisir comme objet suprême de la morale, et conduit dans son ultime étape au solipsisme où le « soi » est tout seul et pour lui seul, dans un égoïsme glacé.

Ce n'est certainement pas la totalité d'une population laborieuse, industrieuse, attachée à des contenus essentiels de la morale chrétienne là même où la pratique religieuse s'effiloche, et somme toute pas tellement différente de ses parents et grands-parents qui pourrait se reconnaître dans la description qui précède, mais elle s'applique bien à une partie croissante et de moins en moins négligeable de cette population. Cette Allemagne-là flotte un peu dans les vêtements trop grands d'une liberté dont on ne sait trop que faire. Elle est très différente de celle des Allemands de l'Est, mais beaucoup de ceux-ci commencent maintenant à lui ressembler très rapidement. A ceux-là, cependant, manquent encore dans la plupart des cas les moyens de la liberté, l'abondance, le superflu. Alors, pour un temps qui ne sera peut-être pas long mais s'inscrira profondément dans les esprits, l'Allemagne sera encore une nation en deux peuples.

Aucune persécution n'était venue à bout du christianisme, de Dioclétien à Hitler et à Staline, mais la montée de l'abondance voire de la richesse, leur démocratisation en quelque sorte, jointe à la propagation du savoir et à la popularisation de nouveaux moyens de divertissements, quasiment universels, produisent une sécularisation en profondeur. Dieu, l'interrogation sur le sens de la vie et la crainte du jugement qui solderait les comportements de cette vie (parmi lesquels la foi et l'amour de Dieu tenaient une place essentielle) s'effacent de l'esprit des gens, en Allemagne comme ailleurs. En RFA, la politique antireligieuse et anticonfessionnelle n'existant pas comme ce fut le cas dans l'ex-RDA, les chiffres officiels restaient relativement stables, avec cependant une légère hémorragie continue de *Kirchenaustritte* (sorties d'Église, par déclaration officielle)[1], alors que dans l'Allemagne communiste, moins de la moitié de la population vivante en 1990 était baptisée, mais il est également révélateur que la raison principale et presque exclusive donnée par des « sortants » en Allemagne de l'Ouest était le souhait de ne plus payer l'impôt d'Église, selon les cas entre 8 et 10 % du montant de l'impôt sur le revenu.

En ex-RDA, près de la moitié des enfants naissaient hors mariage, mais en RFA aussi le nombre des « enfants naturels » et des parents qui élèvent seuls des enfants, sans partenaire permanent, ne cesse de croître. Les modèles de vie ne s'imposent plus, ou moins, sous la pression sociale ; l'élargissement de l'expérience vécue à des « mondes *bis* », par la télévision, par les voyages à l'étranger ne procurant que des contacts superficiels, dus à des découvertes factices, dont l'intensité existentielle est faible, ne procure pas, en fin de compte, une nouvelle foi, de nouvelles adhésions, de nouvelles morales explicites et choisies, mais une sorte d'indifférence qui ne laisse subsister – comme moteurs et motivations – que la satisfaction de besoins matériels de plus en plus exigeants et des satisfactions d'amour-propre, d'ambitions, de « stature » sociale. Et quand les désastres de la vie s'accumulent, un nombre croissant de nos contemporains se réfugient dans les sectes ou autres « ersatz », voire même dans le suicide. L'isolement des anciens, dont la science ne cesse de prolonger l'« espérance de vie », fait que le pourcentage des morts volontaires augmente rapidement avec l'âge.

1. Le mouvement est en train de s'accélérer.

Une société étrange et pour laquelle nous manquons d'éléments de comparaison historiques. La même – si l'on s'en tient aux grandes tendances – dans toute l'Europe occidentale où les différences s'expliquent surtout, pour ce qui est du mode de vie, par les avancées ou les retards du développement économique. Ce qui vient d'être dit s'applique peu ou prou à tous les pays d'Europe occidentale, mais c'est l'Allemagne de l'Ouest qui avait été la plus perturbée et elle était devenue la plus riche. C'est en Allemagne occidentale que la « révolution des mentalités » est donc allée le plus vite et le plus loin.

Dans les nouvelles mentalités qui se sont formées depuis la fin de la guerre, la fascination exercée par l'Amérique tient une place centrale, dans les deux sens opposés d'ailleurs, puisque la fascination et la répulsion se touchent comme l'Alaska et l'extrême Sibérie. Qu'on aime l'Amérique ou qu'on la déteste, elle est la pierre d'achoppement des esprits ; ses mœurs et ses modèles attirent et repoussent. Quand on voyageait avant 1990 dans la RDA, on avait l'impression de se retrouver dans l'Allemagne d'avant sa rencontre avec l'Amérique. A l'Ouest, les savants, les diplomates, les managers ne comptent que s'ils ont été à Harvard, Yale, Caltech, Princeton ou Berkeley. L'anglais, ou plutôt l'américain, est la deuxième langue des Allemands de l'Ouest, plus de 30 % d'entre eux peuvent s'en servir avec une certaine facilité ; elle est la première langue étrangère pour 90 % des Allemands qui en apprennent une. La littérature, mais surtout les musiques, le cinéma, les films de télévision, mais aussi les inscriptions dans les lieux publics et dans les moyens de transport et, de plus en plus, les travaux des scientifiques allemands se lisent ou s'écrivent en anglais. Les guerres coloniales françaises des années 1950 et 1960 rencontrèrent une hostilité sporadique et une grande incompréhension ; la guerre américaine au Vietnam fut, pour une partie importante de la société d'Allemagne occidentale, une espèce de guerre civile où l'Amérique était devenue l'adversaire. On s'y posait par rapport à l'Amérique en Allemagne de l'Ouest, comme au XVIIIe siècle par rapport à la France de Versailles.

Nous avons fait allusion aux changements des comportements sociaux et personnels produits ou induits par la propagation de la pilule anticonceptionnelle – malgré l'opposition très véhémente de la hiérarchie catholique. Ce phénomène doit être placé dans un cadre général d'émancipation par rapport non seulement aux règles morales, sinon toujours observées du moins largement respectées, mais qui affecte les rôles et positions des deux sexes dans la vie familiale, professionnelle et politique ; en d'autres termes, dans le cadre de l'émancipation féminine. C'est là, aussi, bien entendu, un phénomène général dans les sociétés occidentales libérales, mais ici encore l'Allemagne de l'Ouest est allée plus loin, et d'une façon plus radicale, que la plupart des autres pays du groupe américano-européen, pour les raisons liées à son histoire, mais aussi dans la fidélité à une sorte de radicalisme intérieur que nous avons rencontrée aussi bien chez Luther que dans le *Sturm und Drang* et après 1918 dans la culture weimaro-berlinoise.

Le radicalisme du mouvement d'émancipation ne se traduit pas seulement dans des modifications grammaticales comme l'étrange idée de mettre un grand I au milieu du pluriel des mots pour leur donner un caractère bisexuel, comme dans *GenossInnen*[1]. Peu à peu, et surtout à l'époque du gouvernement Brandt (1969-1974), la législation et la réglementation en vigueur ont été réécrites pour donner satisfaction à la revendication égalitaire féministe. L'une des rares exceptions reste le service militaire obligatoire, laissé de côté à cause de la forte connotation antimilitariste et pacifiste du mouvement féministe. En portant à la tête du Bundestag l'une de ses militantes les plus en vue, Rita Süssmuth, la CDU elle-même a tenu compte de cette évolution (mais une militante sociale-démocrate, Annemarie Renger, avait déjà occupé ce poste). Alors qu'aucun Land de la République fédérale, à l'exception de Berlin dans un passé déjà lointain, n'avait encore confié à une femme la direction de ses affaires, ce tabou-là a été dépassé par la désignation de Heide Simonis (SPD) à la tête du gouvernement du Schleswig-Holstein au printemps de 1992. Bien davantage encore compte l'irréversible ascen-

---

1. *Genosse* (camarade) a pour féminin *Genossin*.

sion féminine aux postes de responsabilité dans l'administration, dans les entreprises et même dans l'Église protestante où les pasteurs de sexe féminin sont de plus en plus nombreux ou nombreuses, il y a maintenant même un évêque du genre féminin ; la véhémence de la revendication féministe peut d'ailleurs apparaître comme un autre aspect de l'américanisation des mœurs et des comportements.

Les affaires scolaires et universitaires ont à deux ou trois occasions joué un rôle dans les grands débats politiques. D'abord, au départ, au Conseil parlementaire, quand l'Église catholique réclama le retour général à l'école primaire « confessionnelle », c'est-à-dire séparée pour enfants protestants et catholiques. Il n'était pas question de laïcité : c'est le nazisme qui avait enlevé les croix des murs des classes. Adenauer lui-même et la plupart des politiciens catholiques ne voulurent pas aller aussi loin : c'est l'école « simultanée » où l'enseignement de la religion fait partie du cursus, donné séparément, bien sûr, selon les règles des Églises et des concordats, qui devint la norme dans presque tous les Länder. Ceux qui ne veulent pas que leurs enfants reçoivent un enseignement religieux doivent le manifester expressément. Il en est ainsi dans plusieurs Länder de l'Est, par exemple au Brandebourg, où les programmes scolaires comportent un enseignement de la morale sociale et où les parents doivent demander à l'école la possibilité pour les enfants de fréquenter, au même moment, un enseignement religieux. La Cour constitutionnelle, saisie par les parents, a en principe prohibé l'exposition de la croix dans les classes si un parent s'y oppose ; mais le gouvernement bavarois, jusqu'à présent, a réussi à donner des instructions en sens contraire.

Vingt ans plus tard, c'est autour de la *Gesamtschule*, l'école unique, que la querelle s'enflamme ; les Länder à direction sociale-démocrate se mettent à substituer l'école unique à offre diversifiée à la traditionnelle structure des trois types d'établissements : *Gymnasium* (lycée classique), *Realgymnasium* (lycée semi-moderne), *Realschule* (lycée moderne). En France, cette réforme a été l'œuvre de gouvernements libéraux-conservateurs ; en Allemagne, la querelle s'est largement politisée ; dans certains Länder, comme la Hesse, des affrontements idéologiques – autour de la substitution d'un enseignement des faits sociaux à celui de l'histoire – ont envenimé le débat. Parallèlement, l'afflux massif dans l'enseignement secondaire a été suivi par l'envahissement des universités. En un premier temps, le *numerus clausus* centralisé a été introduit – ensuite, ce fut l'explosion universitaire avec la création d'un grand nombre d'universités nouvelles. On assiste depuis quelque temps à la prolifération de petites universités privées. Ces développements ne sont pas spécifiquement allemands mais conduisent à des modifications profondes dans le corps social, un nombre croissant de garçons et filles d'une classe d'âge se présentant à l'*Abitur* (baccalauréat) et prétendant ensuite à des emplois d'un certain niveau. Cet afflux rencontre depuis quelques années la montée du chômage. On assiste ainsi à la démultiplication de diplômés sans emploi ou occupant des emplois inférieurs à ceux qu'ils espéraient obtenir avec ces diplômes. Cependant, l'effet de cette extension de l'enseignement secondaire et universitaire est en partie compensé par l'existence et le bon fonctionnement de l'apprentissage « dual » (apprentissage-école). L'air du temps qui favorise l'autonomisation des jeunes a produit, au cours des années 1980, une réforme grâce à laquelle les jeunes des classes terminales (ou du cycle supérieur du secondaire) peuvent concentrer leurs efforts sur un petit nombre de matières à l'exclusion de celles que l'élève connaît moins bien ; on s'éloigne ainsi encore davantage du concept classique de la culture générale et cette évolution suscite à présent des critiques de plus en plus véhémentes.

L'agitation universitaire autour de 1968 fut massive et systématique, mais, en Allemagne aussi, à la veille d'élections générales décisives pour une gauche qui voulait enfin accéder au pouvoir, l'ambiance ne se prêtait point à une extension du mouvement à la société « extérieure ». Les syndicats ne soutinrent point les étudiants. En 1976, le gouvernement à direction sociale-démocrate fit voter une loi-cadre qui « démocratisa » les structures universitaires. L'unification faite sur le plan politique, c'est le système universitaire de l'ex-RDA qu'il s'agit depuis 1990 d'épurer et de démocratiser. Tâche considérable dont les nouveaux Länder n'ont pu se tirer sans l'assistance des fonctionnaires venus de l'Ouest, ce qui ne fait qu'accentuer les ressentiments « anti-*Wessis* » dont les survivants du régime tentent de tirer profit. Comme en RDA l'afflux des étudiants était sévèrement contrôlé, dans l'Allemagne unie la démultiplication des candidatures aux études supérieures s'accélère encore. A l'Ouest, les universités sont de plus en plus nombreuses à réclamer le droit d'instituer une sélection.

L'un des domaines les plus controversés et les plus affectés de militantisme émancipateur fut et demeure celui de l'interruption volontaire de grossesse. Sous la poussée féministe et libératrice, le gouvernement fédéral avait, à l'époque de Willy Brandt, fait voter une loi autorisant l'avortement sous contrôle médical au cours des trois premiers mois de grossesse[1]. La Cour constitutionnelle a cassé cette loi comme contraire au texte et à l'esprit du *Grundgesetz* et le gouvernement a dû lui substituer une loi appliquant la règle dite des « indications ». La femme qui veut avorter doit, au préalable, consulter officiellement un organisme de conseil spécialisé ou un médecin. Cela fait beaucoup de monde. Comme la « solution des délais » était en vigueur dans l'ex-RDA, le Bundestag a dû se prononcer à nouveau sur ce problème complexe. Entre les différentes possibilités, chaque député choisit en son âme et conscience ; en même temps, un vif débat s'est déroulé dans les médias. Le Bundestag s'étant prononcé une nouvelle fois en faveur de la « solution des délais », la Cour a elle aussi repris en 1992 son argumentation des années 1970, en déclarant cette « solution » contraire à la Constitution. Toutefois, tout en renvoyant l'affaire devant le Parlement, le tribunal a fixé des règles d'application si précises que beaucoup de politiques se demandent si une nouvelle loi est nécessaire. Car tout en déclarant l'interruption volontaire de grossesse en dehors des strictes règles de la loi « contraire au droit », la Cour ajoute qu'elle n'est pas punissable. Le résultat de cette étrange décision est que l'IVG « illégale » ne peut être remboursée par la Sécurité sociale, mais la Cour a admis que, le cas échéant, elle pourra être couverte par l'aide sociale. En fin de compte, on peut penser que la cause de la libéralisation a toutes chances de

1. C'est ce qui a été appelé la « solution des délais » (*Fristenlösung*).

s'imposer ; laisser les femmes décider de leur éventuelle maternité, c'est aller dans le sens de l'émancipation, et en même temps de la responsabilisation. Mais ce débat montre aussi le changement qui s'opère au sein des Églises et, en premier lieu, chez les catholiques. En matière de sexualité et de reproduction, le peuple chrétien a une pratique qui va en s'éloignant des prescriptions de l'Église pourtant sans cesse rappelées par le pape et beaucoup d'évêques. Il est vrai que ce qui peut fortifier l'autoresponsabilité peut aussi irresponsabiliser des jeunes et des moins jeunes. C'est déjà, et ce sera, de plus en plus, l'un des grands débats des décennies à venir.

Dans le même mouvement de modernisation et d'émancipation se place la décriminalisation de l'homosexualité masculine (curieusement, le pendant féminin a presque toujours été ignoré par la loi répressive) ; elle aussi intervient sous le gouvernement socio-libéral de Willy Brandt. Ces changements n'ont pas soulevé des passions excessives tant qu'ils avaient été anticipés par les mœurs ; cependant les « mouvements *gays* » ou *schwul* et celui de leurs homologues, les *Lesben* (néologisme qui rappelle les piquants des *Wespen*, les guêpes), ont eu eux aussi, en Allemagne, un aspect plus militant, plus agressif et, dans un certain sens, plus « totalitaire » qu'ailleurs. Ils apparaissent en général dans une liaison étroite avec d'autres mouvements revendicatifs et protestataires, dans le champ de sympathies qui entouraient les terroristes aussi bien que dans les quartiers où s'établissent des « squats » idéologico-clochardiens : à la Hafenstrasse à Hambourg, au Prenzlauer Berg à Berlin qui, en dépit ou à cause de beaucoup d'aspects douteux, ont acquis une réputation de secteurs libérés, antiautoritaires, où la loi ordinaire ne s'applique plus.

L'homosexualité « tranquille » est entrée dans les mœurs d'une société permissiviste, l'homosexualité revendicatrice et militante rejoint les mouvements dont la dimension essentielle est le refus d'obéissance érigé en système et en idéologie. Ailleurs l'esprit de 1968 paraît éteint, en Allemagne il n'a cessé de se reproduire et de se renouveler. Il est toujours d'actualité, marginal certes, mais aussi représentatif d'une attitude très largement répandue, surtout chez les jeunes : en février 1991, plus du tiers des appelés au service militaire avaient refusé le service armé. Il est vrai qu'on était alors sous le coup de la guerre du Golfe, mais quelque années plus tard ce fut plus de la moitié.

L'indignation véhémente et militante qui mène à l'emploi de la violence ne se situe pas très loin, dans ses origines, du pacifisme combatif et de l'écologie engagée qui veut sauver un monde de plus en plus menacé. Ce sont là d'ailleurs des attitudes et des luttes qui se sont développées en Amérique d'une manière parallèle et avec une vigueur comparable. Là aussi, l'observateur se retrouve ramené au *Sturm und Drang*, à ceci près qu'au XVIIIe siècle l'aspect sociopolitique de ce mouvement resta clandestin, refoulé par ses propres auteurs devant une organisation sociale qui ne leur ouvrait aucun accès au changement. L'Allemagne de l'Ouest d'aujourd'hui, comme l'Amérique, tolère et incorpore un vaste secteur contestataire dans la vie quotidienne d'une société fort détendue. Il n'en est pas moins vrai qu'en Allemagne cette tendance générale à l'absorption, l'intégration et la légitimation des contestataires a achoppé pendant plus de vingt ans sur le phénomène du terrorisme d'extrême gauche qui, lui, n'a pas son pendant en Amérique.

Parmi les singularités de la vie allemande d'avant l'unification, figurait en effet, comme nous l'avons déjà vu plus haut, le terrorisme, l'emploi de la violence par des minorités très réduites, qui, à périodicité irrégulière, accomplissaient des crimes de sang dont les conséquences politiques furent à peu près nulles et qui ne parvenaient même pas à pousser l'État détesté de la bourgeoisie impérialiste sur la voie des ripostes en surenchère. Ce terrorisme manquait d'exécutants – même pas une centaine au cours de plusieurs décennies – mais ils se renouvelaient au fur et à mesure que les prisons ou la lassitude absorbaient la génération précédente. Les tensions basques, irlandaises et corses ont un substrat nationaliste qui en fait les fers de lance d'un mouvement beaucoup plus vaste et plus modéré. En Italie, les groupes léninistes étaient également l'expression d'une assise d'impatience politique et numérique non négligeable – les Brigades rouges traduisant en violence des malaises profonds et lancinants. Il serait osé de dire la même chose de l'Allemagne occidentale. Certes, le terrorisme de la *Rote Armee Fraktion* a pu prendre appui sur des cercles concentriques de complices et de sympathisants, et les idées peu ordonnées de la plupart d'entre eux se rattachaient à l'ample contestation pacifiste, neutraliste, écologiste et millénariste dont sont issus les Verts, dans leurs diverses colorations. Mais si l'Italie souffrait d'un profond déséquilibre entre des régions riches et des contrées guère audessus du niveau d'un pays sous-développé et de contrastes sociaux insupportables, rien de tel ne caractérisait la situation allemande où le terrorisme était moins l'instrument d'une lutte contre les inégalités intolérables que la manifestation du dégoût qu'inspirait à certains jeunes, portés sur l'excessif, le spectacle de la satiété béate et de la possession repue.

Dans un certain sens, on pourrait presque dire que la société ouest-allemande a incorporé le terrorisme, qui fonctionne à raison d'un ou deux attentats par an. Il entretient un potentiel d'indignation et de peur qui finit par servir de ciment à l'ordre établi que les terroristes voudraient tant renverser. Quand certains éléments de la scène contestataire s'intitulaient *Stadtindianer* (Indiens urbains), ils caractérisaient assez bien leur structure : ils étaient à peu près aussi représentatifs que des Indiens à New York. Cependant, l'apparition de la violence d'extrême droite modifie le paysage où le terrorisme marginal confirmait, plutôt qu'il ne la mettait en cause, la société de la vie tranquille.

Le lecteur s'étonnera peut-être en découvrant – faisant suite à un passage sur le terrorisme – une réflexion consacrée à la paresse. Les Allemands avaient la réputation d'un peuple travailleur et discipliné. Ils le sont de moins en moins. A l'Ouest, la revendication syndicale visant à réduire la durée du travail a connu des succès considérables. La semaine de 35 heures devient la norme, la perspective des 30 heures ne paraît plus extravagante. Une grande partie des travaux pénibles étant déjà abandonnés aux Turcs et aux ex-Yougoslaves, beaucoup d'Allemands, surtout parmi les jeunes, pensent néanmoins le temps de travail comme un temps perdu, dont la seule fonction est, en quelque sorte, d'acheter du temps libre. De moins en moins nombreux sont ceux qui trouvent leur épanouissement dans le travail. C'est le cas de beaucoup de ceux qui n'ont pas un travail responsable, créateur, rémunérateur et rapportant de l'estime sociale. Il y a bien sûr toujours des minorités qui « se tuent au travail ». Les autres font le nécessaire, mais pas plus. Dans l'usine suisse d'un industriel allemand les ouvriers travaillent 1 800 heures par an contre 1 200 dans l'usine allemande de la même firme.

Si le travail allemand n'est plus ce qu'il fut, les vacances et plus généralement la vie de loisirs ont pris la place. Il y a d'ailleurs un lien entre la diminution du rôle du travail dans l'échelle des valeurs, et la réduction de la taille des familles (et aussi avec le recul de l'âge où la femme a son premier enfant – mais ce phénomène-là est ambigu puisqu'il vaut aussi pour celles qui s'investissent à fond dans leur vie professionnelle). Vivre dans un environnement de verdure, suivre ses hobbies, faire du sport et, surtout, faire de beaux voyages dans des pays lointains, voilà ce qui était l'idéal de vie d'un grand nombre d'Allemands au seuil des années 1990 (avant la réapparition d'un chômage massif). Il y a dans cet engouement pour la Thaïlande ou le Guatemala, à côté d'éléments normaux et positifs, un phénomène de fuite devant la vie, devant les responsabilités, devant soi-même, et aussi la recherche d'une « existence *bis* » – comme dans la fréquentation de la télévision. Et dans ce phénomène de foule, on retrouve l'angoisse existentielle qui mobilise les vrais Verts, ceux qui n'ont rien à faire des spéculations de théoriciens marxistes-léninistes, on y retrouve la peur de la fin du monde. L'an 2000 approche.

L'Allemagne de l'Occident. L'Allemagne dans l'Occident. L'Allemagne, toute l'Allemagne – y compris cet Est qui n'a rien vu, qui n'a rien vécu de l'occidentalisation de l'Allemagne – incluse dans la construction européenne ? Malgré les retards, les traversées du désert, le chômage, les incompréhensions en tout genre, je pense que l'occidentalisation de l'Est n'est qu'une question de temps. Pour l'Allemagne de l'Est, bien sûr, dix ans c'est terriblement long. Mais comme les changements intervenus sont par beaucoup d'aspects positifs, ayant apporté davantage de démocratie, davantage de liberté, davantage d'État de droit, davantage d'émancipation, on peut croire à leur caractère contagieux, à leur valeur d'entraînement, malgré des sous-produits douteux ou dangereux, malgré le chômage et l'insécurité sociale, malgré la montée de la xénophobie.

La cogestion et l'égalisation des fardeaux

En 1931, certains éléments influents du patronat allemand, jugeant excessif le montant de l'allocation chômage – 18 RM par mois alors que le salaire moyen était d'environ 180 RM –, avaient exigé qu'on la réduise. Vingt ans plus tard seulement, le chancelier Adenauer et le président de la confédération syndicale majoritaire, le DGB (Confédération des syndicats allemands), conclurent l'accord qui établissait la « cogestion » paritaire dans les grandes entreprises du charbon et de l'acier, accord qui fut suivi, l'année d'après, d'une loi introduisant une cogestion partielle (30 % des sièges au conseil d'administration) dans toutes les grandes entreprises. Une nouvelle extension du droit des salariés dans les grandes entreprises intervint sous le gouvernement d'Helmut Schmidt en 1976. La cogestion fut et demeure la pierre d'angle d'un ensemble de règles et de pratiques grâce auxquelles un esprit de partenariat a, peu à peu, remplacé, dans les rapports sociaux, celui de la lutte des classes. Certes, les grandes grèves n'ont pas manqué dans l'histoire de la République fédérale, menées avec acharnement par des organisations aux poches bien garnies, mais ces affrontements se sont toujours terminés par des compromis acceptables pour les deux parties. Le syndicalisme – et en fait le DGB qui laisse loin derrière lui toutes les autres centrales – est devenu une formidable puissance socio-économique, gérant âprement les avantages acquis de sa vaste clientèle et cherchant sans cesse à lui en procurer d'autres. Sur le plan politique, les leaders syndicaux sont majoritairement liés au Parti social-démocrate, mais une forte minorité appartient à la CDU dans l'esprit du catholicisme social. Même à l'époque des chanceliers SPD, le syndicalisme gardait ses distances avec le pouvoir politique. Cependant, l'adaptation à ses nouvelles fonctions lui fut facilitée par la réforme en profondeur du programme et du langage de la social-démocratie, lors du congrès de Bad Godesberg, en 1959. Dans le texte alors adopté la référence à la lutte des classes et à l'idéologie marxiste avait été abandonnée.

Banquiers, assureurs, constructeurs et propriétaires de logements sociaux, les syndicats occupaient une place considérable dans l'économie de l'ancienne RFA, ce qui a encore accentué l'aspect « adapté » que beaucoup de ses dirigeants offraient à une population elle-même de plus en plus soucieuse de se donner du bon temps après tant d'épreuves vécues pendant tant de décennies [1]. Dans la République fédérale, le syndicalisme était resté une force de changement, tout en apparaissant parfois aussi comme un élément du conservatisme éclairé si largement répandu. L'idée du partenariat social, descendant en ligne droite du fonds de pensée du catholicisme social, occupa une place centrale dans l'« économie sociale de marché » qui assura à la République fédérale un demi-siècle de paix sociale. Elle était complétée par un contrôle très efficace des fusions et concentrations, alors qu'en même temps l'État se débarrassait de la plupart des entreprises qui avaient été nationalisées sous le régime hitlérien. Alors que l'activité économique prenait son essor, un vaste réseau de protection sociale fut développé dont le nombre des bénéficiaires et l'ampleur des prestations n'ont cessé de croître. Cependant, avant même que se présentent les énormes problèmes liés à l'unification, du fait d'une pyramide des âges renversée, la société allemande aurait dû se préparer à une situation où elle serait obligée de réduire les revenus et les protections.

La guerre avait accumulé les malheurs : invalides, veuves, orphelins, expulsés, expropriés. La loi du 14 août 1952 organisa le *Lastenausgleich*, l'égalisation des fardeaux, en prélevant sur ceux dont les biens avaient gagné en valeur, ou dont le patrimoine s'était enrichi, les moyens nécessaires pour

---

1. Cependant, mal gérés par les dirigeants de la deuxième génération (venant après les fondateurs), la plupart des grands établissements de ce que les syndicalistes appelaient ambitieusement l'économie communautaire (*Gemeinwirtschaft*) ont connu des difficultés croissantes au cours des années 1980 qui se termineront par des scandales et des procès au pénal. Le DGB dut ainsi se débarrasser de la *Neue Heimat*, la grande société de construction de logements sociaux, ainsi que de la banque des syndicats, la *Bank für Gemeinwirtschaft* qui sont rentrées dans la logique capitaliste.

attribuer des indemnités, des pensions, des prêts. En vingt ans, plus de 80 milliards de DM furent consacrés à cette égalisation. Les victimes de la guerre et du nazisme furent ainsi très largement intégrées dans le prodigieux essor de l'économie qui se produisit après la réforme monétaire et dont les résultats deviennent visibles à partir du printemps 1951. L'effort d'indemnisation en faveur des victimes de l'hitlérisme fut particulièrement remarquable – quoiqu'il eût laissé quelques lacunes qu'on s'employa par la suite à combler.

Deux aspects du problème des indemnisations méritent d'être soulignés : d'abord on ne peut indemniser qu'à partir du moment où les moyens nécessaires sont disponibles ou ont été créés. C'est pourquoi il a fallu attendre sept ans (entre 1945 et 1952) pour que l'égalisation des fardeaux et les indemnisation puissent être mises en œuvre avec succès. En France, entre le premier retour du roi en 1814 et la loi d'indemnisation dite du « milliard des émigrés », qui fut votée en 1825, onze ans s'étaient écoulés… Notre deuxième observation vise l'accord que le chancelier Adenauer a négocié dès 1951 avec l'État d'Israël et les grandes organisations juives. Konrad Adenauer avait fort bien compris que les crimes nazis commis contre les juifs avaient fait des survivants des ennemis implacables du nom allemand et il était personnellement convaincu de la nécessité morale, et même religieuse, d'un effort considérable pour tenter d'obtenir un pardon. Pour ne pas rencontrer à chaque instant, sur la voie qu'il avait choisie pour faire réadmettre un jour le peuple allemand dans la communauté des nations, l'hostilité de l'État juif et des grandes organisations juives, le chef du gouvernement de la République fédérale, assumant l'héritage hitlérien, accepta de verser des indemnités importantes à l'un et aux autres. Le fait que Nahum Goldmann, prestigieux chef du Congrès juif mondial, eût accepté de rencontrer dès 1951 le chancelier de la nouvelle Allemagne constitua pour celui-ci un véritable brevet d'honorabilité internationale. Parallèlement, une loi d'indemnisation régla l'attribution de pensions d'invalidité et de retraite aux victimes juives qui avaient possédé la nationalité allemande, la restitution de biens confisqués ou des versements périodiques de substitution, voire des dédommagements pour les carrières ou les études interrompues. Au lendemain de l'unification, d'immenses problèmes de restitution et d'indemnisation se sont posés à nouveau, de même qu'il y eut une nouvelle nécessité d'« épurer » et de liquider l'héritage d'une dictature qui, elle, avait duré près d'un demi-siècle. L'État communiste, en effet, s'était toujours refusé à indemniser les victimes du racisme qui ne vivaient pas sur son sol (un nombre dérisoire). Depuis 1990, ce sont les victimes de la tyrannie stalinienne et poststalinienne qu'il s'agit d'indemniser (quel mot terrible) tout en punissant ceux qui ont été responsables de leurs tourments. Cet immense problème, nous l'aborderons plus à fond plus loin en évoquant l'histoire de la RDA.

De la Wehrmacht à la Bundeswehr

L'idée que l'Allemagne occidentale, sauvée par les Alliés de la domination totalitaire soviétique, devait participer à l'effort de défense du « monde libre » avait commencé à se formuler et à s'exprimer avant le début de la guerre de Corée, et cela aussi bien chez les Allemands que parmi les responsables occidentaux. L'agression de la Corée du Nord contre la Corée du Sud fit rapidement monter les craintes. Le chancelier Adenauer avait pris les devants en offrant aux occupants d'ouvrir la discussion pour une participation allemande à la défense du monde libre. Sa démarche, quand elle fut connue, suscita des protestations passionnées. Cependant, le cœur du problème se trouvait à Paris où l'opinion française dans sa grande majorité, conduite par la classe politique et médiatique qu'elle impulsait à son tour, était hostile au « réarmement allemand ». Les souvenirs des deux guerres, de la déportation, des camps de concentration, des maquis, des fusillades, des tortures de la Gestapo, toutes ces plaies n'avaient pas encore eu le temps de cicatriser. Le Parti communiste, entièrement dévoué à Staline, devait s'opposer farouchement à un choix destiné à renforcer la défense en cas d'attaque soviétique. Cependant, sous la pression des Alliés, et en premier lieu des Américains, la France accepta de présenter un projet de Communauté européenne de défense où toutes les armées nationales devaient se trouver fusionnées sous un commandement unique. Le chancelier Adenauer se rallia très vite à cette idée et l'élaboration d'un traité et des instruments annexes débuta dès l'été 1950. Elle aboutit en 1952, ayant été menée parallèlement à la négociation sur la Communauté du charbon et de l'acier. Mais si l'accord économique fut réalisé assez facilement, de sorte que la CECA put commencer à fonctionner dès le début de 1953, la ratification du traité sur la défense traîna en France jusqu'à l'été 1954 et, entre-temps, la guerre de Corée s'était terminée, l'agresseur communiste ayant été ramené derrière sa frontière de départ. Le danger d'une « guerre chaude » généralisée parut moins menaçant. Dans l'opinion française, l'hostilité des communistes contre toute participation ouest-allemande à la défense rencontrait le refus gaulliste d'abandonner le contrôle national sur les forces de défense, et l'aversion de beaucoup de socialistes et de démocrates-chrétiens contre la renaissance du « militarisme allemand ». L'Assemblée nationale française ayant finalement repoussé le projet, le gouvernement Mendès France se rallia à l'adhésion directe de la RFA à l'Alliance atlantique et à l'UEO, acceptable pour les gaullistes. A la fin du printemps 1955, l'essentiel était réglé : l'Allemagne de l'Ouest devenait l'alliée des vainqueurs. Elle allait avoir à mettre sur pied de nouvelles forces armées.

L'accord de défense devait se compléter par le remplacement du statut d'occupation de 1949 par un « traité sur l'Allemagne » qui réduisait considérablement les droits et prérogatives encore détenus par les Alliés. Depuis 1950, l'Allemagne avait été progressivement autorisée à se doter des instruments d'une politique extérieure largement indépendante. Ce que les Alliés retinrent après 1955 avait trait essentiellement à la sécurité de leurs troupes et à un éventuel état d'urgence, et ces réserves restèrent théoriquement en vigueur jusqu'à la ratification du traité « 4 + 2 » en 1990 qui mit fin définitivement aux responsabilités des Alliés en et sur l'Allemagne. Les premières unités de la nouvelle Bundeswehr furent constituées en 1956. La contribution allemande à une défense atlantique commune – voire à des actions des Nations unies – n'a pourtant pas cessé de faire problème. L'opposition parlementaire (SPD) et celle des militants extraparlementaires critiquèrent la loi sur le recrutement, ainsi que le choix des officiers supérieurs dont la plupart avaient combattu sous l'uniforme nazi. Le droit à l'objection de conscience fut solennellement ancré dans les textes constitutionnels et le nombre de ceux qui choisissent cette voie, c'est-à-dire un service civil plus long, n'a cessé de croître jusqu'à atteindre plus de la moitié du contingent actuel.

Après la mise en place de la nouvelle Bundeswehr, la discussion publique et l'agitation extraparlementaire se sont, pendant quelque temps, centrées sur le problème, d'ailleurs purement hypothétique, de l'éventuel armement atomique des nouvelles forces allemandes dont il ne fut jamais sérieusement question, bien qu'il eût été évoqué, à la fin des années 1950, par le jeune et bouillant ministre fédéral de la Défense, le bavarois Franz Joseph Strauss. Le Parti social-démocrate, auquel se rallièrent les fondateurs d'un petit « Parti populaire panallemand », essentiellement des notables protestants tentés par le neutralisme conduits par le futur président fédéral Gustav Heinemann (qui avait quitté son poste de ministre fédéral [CDU] de l'Intérieur en 1950 pour protester contre la politique de réarmement du chancelier), joua un rôle central dans ces mouvements. Cependant, en 1960, la social-démocratie, qui, jusqu'alors, avait été opposée à l'engagement politico-militaire dans le camp occidental parce qu'elle n'avait pas abandonné tout espoir de négocier avec l'URSS le rétablissement de l'unité allemande, changea de position et adopta les lignes essentielles de la politique extérieure et de la politique de défense du vieux chancelier[1]. Dès lors, l'agitation contre l'Alliance atlantique et contre les conséquences de l'option occidentale fut circonscrite à des milieux militants restreints, religieux, intellectuels soutenus par des groupements d'extrême gauche (largement ouverte à l'influence de l'Allemagne communiste). Quand le SPD entra au gouvernement en 1966 (G. Heinemann retrouvant symboliquement un portefeuille, celui de la Justice[2]), les mouvements extraparlementaires concentrèrent leur lutte sur la législation sur l'« état d'urgence », que le traité sur l'Allemagne de 1955

1. Ce fut à la fois la conséquence de la nouvelle agressivité soviétique à Berlin et le prolongement dans le domaine extérieur du choix réformiste fait par le SPD dans son programme de Bad Godesberg (1959).
2. Il avait entre-temps rallié le Parti social-démocrate.

avait laissée dans la compétence alliée, tant que la RFA n'aurait pas elle-même promulgué à ce sujet une législation que Washington, Londres et Paris pouvaient considérer comme satisfaisante. Une fois les textes votés, applicables notamment en cas de danger de guerre ou si l'adversaire attaquait par surprise, l'agitation retomba, mais les insuccès successifs de ces mouvements, se greffant sur les profonds changements qui traversaient alors le corps social (les mouvements d'étudiants de 1968) devaient pousser des groupuscules déçus à l'action violente ; elle se déclencha après la formation du premier gouvernement à direction sociale-démocrate (en 1969) [1].

Entre-temps, la décision française de soustraire ses forces aux structures intégrées de l'OTAN avait ouvert une crise entre les deux pays, une partie de l'opinion allemande estimant qu'il ne convenait pas de conserver sur le sol allemand des unités ne dépendant pas du commandement atlantique. Un compromis fut cependant trouvé qui permit le maintien des garnisons françaises jusqu'au moment où, en 1990, la France décida unilatéralement leur retrait (échelonné il est vrai sur plusieurs années) [2], jusqu'à ce que, en 1996, la France décide unilatéralement de supprimer la quasi-totalité de ses garnisons en Allemagne, mettant ainsi un terme à plus de cinquante ans de convivance. Quel dommage qu'on n'ait pas osé organiser un échange en plaçant en France quelques garnisons de l'armée allemande. D'une façon générale, on doit souligner que la présence massive de troupes étrangères sur le sol de la RFA, qui dure depuis bientôt cinquante ans, n'a que très rarement donné lieu à des incidents significatifs. Il est vrai que la disparition du danger soviétique peut, sur ce plan aussi, changer beaucoup de choses. Elle a déjà entraîné des réductions drastiques du nombre des soldats alliés stationnés sur le territoire allemand, alors que l'évacuation de près d'un demi-million d'ex-Soviétiques s'effectuait sans incidents majeurs.

---

1. L'appui que les services secrets de la RDA accordèrent pendant des décennies aux terroristes ouest-allemands a été révélé dans toute son ampleur après la chute de l'État communiste.

2. Entre-temps a été constituée la Brigade franco-allemande, suivie de la création de l'Eurocorps.

Au passage, on relèvera aussi que l'existence de forces armées allemandes n'a guère influencé la vie politique et sociale du pays, alors que naguère le fait militaire avait joué un rôle essentiel dans l'État prussien, dans l'Empire bismarckien et dans la République de Weimar – sans parler de la parenthèse hitlérienne. A aucun moment depuis 1956, le militaire n'a prétendu intervenir dans les grandes décisions concernant l'avenir de l'Allemagne. Les sondages montrent d'ailleurs que la carrière militaire est l'une des moins recherchées parmi les jeunes.

Dans le climat international plus détendu des années 1970, marqué notamment par l'*Ostpolitik* du gouvernement Brandt et les accords d'Helsinki de 1975, les affaires de défense ne figuraient plus au premier plan des préoccupations publiques. Tout changea cependant quand, vers la fin de la décennie, l'URSS se lança dans une double aventure de grande envergure : le développement de son arsenal atomique par la mise en place de nouveaux engins à moyenne portée (les SS 20) et l'intervention en Afghanistan. Le chancelier social-démocrate Schmidt fut parmi les premiers à réclamer une riposte occidentale qui fut réalisée par le déploiement de nouvelles fusées américaines de moyenne distance, notamment les Pershing II. Leur implantation en territoire ouest-allemand déclencha une vaste mobilisation pacifiste dont les terrains d'intervention dépassèrent de beaucoup les questions de défense et visèrent la société dans son ensemble et, au-delà de l'Allemagne, la réponse mondiale aux menaces contre l'environnement naturel. Cette fois-ci, c'est l'évolution de plus en plus visible de l'Union soviétique, à partir des années 1980, qui, en ouvrant de nouvelles perspectives à des négociations sur la réduction des armements, fit peu à peu retomber les émotions. Celles-ci comptèrent cependant pour beaucoup parmi les facteurs qui devaient faire naître le nouveau parti contestataire des Verts, entré au Bundestag à l'issue de l'élection de 1983 et qui est au gouvernement fédéral après les élections de septembre 1998.

Les affaires de défense, après une nouvelle agitation passagère déclenchée par les projets ambitieux du président américain Ronald Reagan (armes d'interception dans l'espace, système SDI), connurent un retournement brusque en 1990 du

L'ALLEMAGNE
AU LENDEMAIN
DE LA SECONDE
GUERRE MONDIALE
MER DU NORD
MER BALTIQUE
SUÈDE
DANEMARK
URSS
PAYS-BAS
BELGIQUE
LUX.
FRANCE
SUISSE
AUTRICHE
HONGRIE
TCHÉCOSLOVAQUIE
POLOGNE
SCHLESWIG-HOLSTEIN
Kiel
Lubeck
Hambourg
Brême
BASSE-SAXE
RÉPUBLIQUE
Weser
Hanovre
RHÉNANIE-DU-NORD-WESTPHALIE
RUHR
Dusseldorf
Cologne
Bonn
FÉDÉRALE
RHÉNANIE-PALATINAT
Wiesbaden
HESSE
Francfort
Mayence
SARRE
Sarrebruck
intégrée à la RFA
le 1er janvier 1957
Meuse
D'ALLEMAGNE
Stuttgart
BADE-WURTEMBERG
limites de 1952
Rhin
BAVIÈRE
Nuremberg
Main
1949
Munich
Danube
Rostock
MECKLEMBOURG
RÉPUBLIQUE
BRANDEBOURG
SAXE-
Potsdam
Magdeburg
BERLIN
Accords du
2 août 1945
DÉMOCRATIQUE
ANHALT
Leipzig
Dresde
Erfurt
ALLEMANDE
SAXE
THURINGE
1949
Elbe
Oder
Neisse
Szczecin
(Stettin)
POMÉRANIE
Gdynia
Gdansk
(Danzig)
Vistule
Kaliningrad
(Königsberg)
WARMIE
MAZURIE
SILÉSIE
Wroclaw
(Breslau)
0
100 km
Limites de l'Allemagne en 1937
Zones d'occupation (1945-1954)
britannique
américaine
française
soviétique
Couloirs aériens
Territoire sous administration soviétique depuis 1945
Territoire sous administration polonaise depuis 1945
Territoire de la Ruhr sous contrôle international (1948-1949/1952)
Capitale fédérale (RFA)
Capitale de Land (RFA)
Capitale de Land (RDA)
Limites des Länder en RFA
Limites des Länder en RDA jusqu'en 1952

fait de l'accord germano-soviétique qui accompagna l'unification allemande. En acceptant une réduction massive des forces allemandes en échange de l'accord donné par l'URSS au maintien de l'Allemagne unie dans l'OTAN, le gouvernement de Bonn fournit une contribution essentielle au succès des grandes négociations sur le désarmement et sur un nouvel ordre européen dans la suite des accords d'Helsinki, confirmés et élargis à Paris en 1990. En Allemagne même, l'accalmie fut de courte durée : l'engagement de certains alliés au Proche-Orient devait susciter en 1990 un débat extrêmement vif entre partisans d'une intervention allemande aux côtés des forces armées et partisans de la neutralité poussée plus ou moins loin. L'effacement de la puissance soviétique, la montée des passions nationalistes, surtout dans les nouveaux Länder, la passion anti-israélienne nourrie depuis longtemps dans certains milieux politiques et intellectuels de gauche s'alliaient ici chez certains à un sincère rejet du recours aux armes comme moyen de la politique internationale. Dès lors, le débat sur une nouvelle définition constitutionnelle des engagements militaires allemands devait prendre une grande ampleur. Il a rejoint, dans une certaine mesure, la réflexion générale de l'Allemagne unie sur sa place en Europe et dans le monde dont s'est très largement nourri, en juin 1991, le débat passionné autour du choix de la capitale. Les changements qui ont bouleversé l'ex-URSS ne pouvaient pas ne pas inciter à un examen sérieux des conditions et des moyens d'une nouvelle politique de sécurité et de toutes les options prises depuis 1945 en matière de politique internationale et de politique de défense. Celles-ci doivent de toute manière être adaptées aux exigences d'une structure mondiale profondément modifiée où les anciennes menaces subsistent encore partiellement alors que d'autres, plus nouvelles, se dessinent déjà d'une manière plus ou moins diffuse. La participation d'unités allemandes aux interventions des Nations Unies en Bosnie n'ont pas soulevé les mêmes oppositions. Même une grande partie des Verts se sont ralliés au principe de ce genre d'opérations.

5. Un très long provisoire La RDA (1949-1990)

Il est trop tôt pour écrire l'histoire de la RDA – ou trop tard, si l'on avait l'intention d'imiter l'exemple des « historiens » thuriféraires des régimes staliniens et poststaliniens, où l'histoire était une branche de la propagande. Les faits, dans de tels régimes, sont inséparables des interprétations que le pouvoir s'efforce de leur donner. Mais, justement, comme les faits sont cruels et n'obéissent pas aux ordres, il faut au pouvoir des faits expurgés, rectifiés et, au besoin, inventés, alors que d'autres sont systématiquement tus. Le régime totalitaire s'étant écroulé, les archives, les cadastres, la documentation ne sont pas pour autant ouverts sans restrictions au curieux, au savant, au politique ou tout simplement au survivant qui cherche à comprendre, rétrospectivement.

Ayant laissé l'initiative aux Occidentaux pour pouvoir leur attribuer la culpabilité d'avoir créé un État allemand séparé, Staline qui, de la division de l'Allemagne, portait toute la responsabilité – pour avoir installé dans la zone d'occupation soviétique un régime communiste et essayé par le blocus de Berlin-Ouest de revenir sur les accords de 1944-1945 –, n'attendit que peu de jours pour faire proclamer à son tour, dans l'autre partie de l'Allemagne, un État satellite intitulé par antiphrase « République démocratique allemande ». Ce n'était pas une monarchie au sens classique du terme et, de ce fait, la nouvelle construction étatique pouvait, à la rigueur, être appelée « république », mais c'était, comme tous les États communistes, une caricature de démocratie, entièrement soumise aux ordres de Moscou. Elle n'était allemande que par la nationalité des exécutants mis en place par Staline et par celle des sujets qui ne pouvaient – ou ne voulaient – pas s'enfuir. Trois millions de ces « malgré nous » choisirent néanmoins, entre 1945 et 1961, la voie de l'exil volontaire. Sur dix-sept millions d'habitants, ce fut là un fameux « plébiscite des pieds ». Ce chiffre équivalait à peu près à celui des réfugiés et expulsés venant des provinces « confiées » à l'administration polonaise et de la République tchécoslovaque qui se fixèrent, ou durent se fixer, en RDA en 1945 et 1946[1].

Le président du Parti socialiste unifié (SED), Wilhelm Pieck, qui bénéficiait d'une fausse réputation de bonhomie, fut élu président de la RDA et le transfuge social-démocrate Otto Grotewohl, placé comme ministre-président à la tête du gouvernement, mais la réalité du pouvoir se trouva, bien sûr, concentrée entre les mains du secrétaire général du parti, Walter Ulbricht, apparatchik communiste blanchi sous le harnais soviétique et qui, comme Pieck, avait – à quel prix ? – réussi à survivre aux purges staliniennes.

Le gouvernement de la RDA était officiellement l'émanation d'une coalition. On avait conservé en effet à Berlin-Est (comme à Varsovie et dans les autres démocraties populaires) la fiction d'un système « multipartis », les partis autorisés devant, bien entendu, adhérer à la conception communiste de la démocratie et de l'antifascisme et au « bloc national » des partis « démocratiques ». Le CDU, le LDP (libéral), le Parti des paysans et le Parti national-démocrate (réceptacle pour anciens nazis point trop gravement compromis) avaient été épurés tant de fois qu'ils n'offraient plus la moindre velléité d'autonomie ; de plus, le système de la liste unique – où le SED possédait à lui seul 50 % des sièges et voyait sa position renforcée par la représentation des « forces sociales » (syndicats, organisations de jeunesse, femmes démocratiques, ligue de la culture, associations des victimes du fascisme), toutes étroitement contrôlées par lui – mettait « le » parti à l'abri de la moindre surprise parlementaire : la *Volkskammer* (Chambre du peuple) était une chambre d'enregistrement comme le furent tous les « Parlements » soviétiques ou des pays satellites. Cependant, la subsistance des coquilles, politiquement à peu près vides, des anciens partis « bourgeois » a permis en 1989, par la substitution de responsables moins usés à ceux qui étaient le plus compromis, de faciliter la transition vers l'unification allemande, quand celle-ci fut devenue possible par l'évolution des choses à Moscou.

1. Mais de ceux-là aussi, beaucoup passèrent ensuite à l'Ouest.

Nous ne nous proposons pas ici de retracer par le menu l'histoire de la RDA, ce qui nécessiterait un ouvrage particulier. Dépourvu de toute légitimité nationale et morale, ce régime, au bout de quarante ans, ne possédait que la légitimation non négligeable mais précaire que confèrent les faits accomplis et les reconnaissances internationales. Après une période de changement brutal des cadres de vie (collectivisation des terres, étatisation de l'industrie, du commerce et, même très largement, de l'artisanat), après d'énormes prélèvements sur la substance économique du pays et le travail des habitants (notamment dans les mines d'uranium longtemps entièrement gérées par l'Union soviétique), mais aussi dans tous les autres secteurs de la production, des machines-outils jusqu'à l'habillement, la pression d'en haut et les vertus traditionnelles des populations (discipline et ardeur au travail) avaient, cependant, peu à peu créé une sorte de « miracle économique *bis* », de bien modeste envergure, certes, en comparaison de celui de la République fédérale, mais très substantiel par rapport à l'Union soviétique et aux autres « satellites » européens : la RDA occupait le premier rang dans l'empire soviétique pour la productivité du travail et son industrie était, avec celle de la Tchécoslovaquie, de loin la plus performante. On vivait mal dans ce pays, quarante ans après sa fondation, mais on y vivait mieux qu'ailleurs à l'intérieur du « camp ». Une partie de la population s'était résignée à une existence qu'on ne pouvait plus quitter sans efforts exceptionnels, depuis la construction du Mur de Berlin et l'établissement de barrages électrifiés, tout au long des mille kilomètres de la ligne de démarcation intra-allemande. Si la bureaucratie dominante avait fait davantage confiance à la population en facilitant notamment les voyages vers l'Occident, et plus spécialement en Allemagne fédérale, l'immense majorité des gens aurait sans doute fini par accepter les conditions qui leur étaient imposées, car leur vie était faite en RDA et les modalités d'existence à l'Ouest avaient quelque chose d'effrayant pour qui était dressé à ne jamais prendre d'initiatives en dehors du secteur le plus étroit de son existence privée. Une « société de niches » a pu dire de l'ancienne RDA un observateur ouest-allemand, où le domaine étroitement limité du privé était la seule dimension valorisée, où l'on cherchait à construire un petit bonheur bien à l'abri, tout en espérant que, Gorbatchev aidant, les choses finiraient par s'améliorer.

Société de niches où l'on pouvait survivre en quelque sorte en faisant le mort, sans se faire remarquer par le prince collectif. Mais société de répression massive et de terreur, où tout le monde savait qu'il fallait un très grand courage pour affronter la STASI et les autres organismes du maintien du pouvoir, la justice par exemple qui ne fut pas avare de condamnations à mort. La torture, longtemps d'usage courant, ne fut jamais totalement abandonnée. Monter dans l'échelle sociale n'était pas concevable pour qui ne rejoignait pas quelques-unes au moins des organisations du parti et de son convoi – FDJ (jeunes), FDGB (syndicats), *Kulturbund*, etc. N'appartenant qu'à l'un des autres partis du « bloc national » (CDU-Est, LDP [libéral]), on se rangeait déjà en fait, dans la plupart des cas, parmi les minoritaires. Ce fut notamment le cas de beaucoup de chrétiens pratiquants qui ne voulaient pas directement entrer dans une des filiales du marxisme-léninisme, mais qui s'interdisaient alors toute possibilité de carrière. Les dirigeants des « partis annexes », dès le niveau local, étaient, eux, directement soumis au commandement du parti d'État et de la STASI.

A l'emprise, à la surveillance, au recrutement en tant qu'informateur, il était très difficile d'échapper. Aux 100 000 agents officiels de la police d'État s'ajoutait en effet l'immense réseau des informateurs (plus de 100 000 à leur tour – sur 17 millions d'habitants !) dont on pouvait même faire partie sans le savoir. Ce fut une formidable bureaucratie tentaculaire qui devait finalement s'avérer impuissante sinon à compromettre d'innombrables personnalités de la société civile : le premier chef du SPD après la chute du régime, le premier ministre-président d'une RDA non communiste (Ibrahim Böhme et Lothar de Maizière), le chef de l'administration de l'Église protestante et actuel chef du gouvernement du Land de Brandebourg, Manfred Stolpe, comptent à des titres divers parmi ceux que le régime tenta d'utiliser et qu'il réussit partiellement à compromettre (après sa propre mort). Une députée verte au Bundestag découvrit, après l'ouverture des dossiers, que son propre mari était l'agent chargé de la surveiller.

Avant d'en venir à punir et à réprimer, il fallait en effet compromettre. De l'organisation officielle des écrivains, que dirigeait d'une main de fer le satrape Hermann Kant, on obtenait en fin de compte, malgré des tentatives de résistance souvent assez méritoires, les condamnations massives des « traîtres », ennemis passés à l'Ouest, penseurs emprisonnés pour déviationnisme. Tout le monde ne pouvait ni ne voulait partir, il y avait les avantages matériels réservés à la nomenklatura locale (y compris le droit de voyager à l'Ouest, sans emmener la famille, bien entendu). Il y avait aussi, chez certains, la volonté de ne pas abandonner les nobles espoirs de la jeunesse, de ne pas donner raison *a posteriori* à l'anticommunisme nazi. La façade antifasciste du régime continuait à faire impression – surtout, il est vrai, chez les intellectuels de gauche en Allemagne de l'Ouest, voire en France. Mais le dernier chef de l'État « socialiste », Erich Honecker, n'avait-il pas passé dix ans dans les geôles nazies ?

Certes, mais le même Honecker avait signé et maintenait l'ordre de tirer à vue sur les fuyards qui tentaient de passer le Mur de Berlin ou les barbelés de la frontière intra-allemande. Plus de cinquante morts, des centaines de blessés. Héritage terrible d'ailleurs, car peut-on condamner les soldats ou les policiers qui exécutaient les ordres, voire les chefs qui opprimaient à l'intérieur de leur propre légalité, celle d'un État qui siégea aux Nations unies et dont la disparition fut négociée et scellée par un traité relevant du droit international ?

Le seul corps social qui offrit une certaine résistance à la mise au pas généralisée ce fut l'Église (ou les Églises, mais le catholicisme peu nombreux et dispersé vivait davantage replié sur lui-même – l'État de son côté ne souhaitait pas un affrontement direct avec Rome). Il s'agit donc essentiellement ici de l'Église protestante qui fut à la fois protectrice de certains lieux de liberté relative et partenaire d'un régime dont rien ne permettait de prévoir la fin. Soumis à surveillance, souvent entraînés dans le système des informateurs de la STASI, les négociateurs de l'Église protestante, tout en se plaçant sur le terrain de « l'Église dans le socialisme » – car un corps d'une telle étendue et d'une telle variété ne pouvait se transformer en organisation clandestine de résistance –, obtinrent des avantages réels (maintien des structures ecclésiastiques, maintien d'académies de théologie où des pasteurs et des chercheurs pouvaient se former hors des universités officielles, participation aux négociations pour le rachat des prisonniers politiques), mais ils durent en échange aller parfois très loin dans la reconnaissance du régime. Au cours de la phase finale, les paroisses furent souvent des lieux de réunion et de protection pour les oppositionnels, non sans provoquer la peur et les mises en garde de l'appareil ecclésiastique. Le protestantisme en RDA (45 % de non-baptisés à la fin pour chaque classe d'âge), ce ne fut ni l'Église catholique polonaise, bastion d'une certaine résistance nationale, ni l'Église mise au pas de l'époque hitlérienne. Elle abrita et protégea certains de ceux qui, à partir de 1989, prirent en main le destin du peuple de l'Allemagne de l'Est – au risque pour quelques-uns d'apparaître un jour comme des informateurs de la STASI. N'oublions pas que le totalitarisme corrompt à la longue tout ce qu'il touche et tout ce qu'il emprisonne. Les écrivains, les artistes pouvaient passer à l'Ouest. Une Église ne peut pas abandonner son peuple. Et l'Église protestante de RDA pouvait être sincère dans sa distanciation envers le monde capitaliste de l'argent-roi. Cette attitude n'est-elle pas confirmée et justifiée *a posteriori* par les malheurs actuels des *Ossis* ?

Le parti et l'État ne pouvaient, bien entendu, accorder la moindre liberté à l'enseignement et à la science. S'il n'y a pas de mathématiques communistes, tout ce qui relevait des sciences humaines et tout ce qui touchait à l'organisation de la société (médecine, formations d'ingénieurs) était soumis au contrôle idéologique le plus dur. Beaucoup de responsables politiques, mais aussi universitaires et industriels, furent envoyés en URSS pour parfaire leurs études. Le russe obligatoire comme première langue étrangère contribuait à l'isolement culturel et scientifique. Même des savants réputés accédaient difficilement à la littérature occidentale. La méfiance politico-policière contrôlait étroitement la composition des bibliothèques et l'accès aux appareils de reproduction. L'unité ancienne de la formation et de la recherche fut brisée : la recherche en sciences humaines attachée à l'Académie et aux instances relevant directement du SED (Comité central), la formation restant aux universités étroitement surveillées. Dans ce domaine aussi, l'héritage de la tyrannie devait se révéler lourd à manier.

L'appareil du parti se confondait largement avec celui de l'État, de la police, de l'armée. Autant de structures où l'ambition, la conviction et la peur assuraient des disciplines massives. On a pu traiter la RDA de république de sous-officiers prussiens – saxons eût été plus exact puisque la Prusse n'existait plus, même matériellement, en ce qui concerne son berceau, la Prusse-Orientale, et que le recrutement des gardiens de l'ordre se faisait surtout en Saxe. L'Armée du Peuple avait bonne réputation chez les collègues de l'Est – elle était abondamment dotée (ce qui a permis à l'Allemagne après 1990 de faire de beaux cadeaux à la Turquie et à la Hongrie), mais, en fin de compte, l'histoire n'a pas permis aux soldats ni aux policiers de défendre le « premier État socialiste sur la terre allemande ». On imagine les problèmes que devait poser leur insertion dans l'Allemagne unie qui ne pouvait et ne voulait rien retenir de leur expérience ni des valeurs auxquelles on les avait voués.

Toutes les sociétés communistes étaient basées sur des inégalités beaucoup plus fondamentales encore que les sociétés libérales, puisque sociétés de pénurie. Le statut de membre de strates privilégiées prenait, par conséquent, un rôle essentiel : qu'il s'agisse de produits alimentaires rares (tels que le café ou les bananes), d'appareils inexistants à l'Est (ou de mauvaise qualité), d'ameublement, voire de matériaux pour construire un garage, tout était objet de privilèges (dont la possession de moyens de paiement occidentaux était l'un des plus importants). Les chefs supérieurs de la nomenklatura avaient fini par se regrouper dans le quartier excentrique de Wandlitz où affluaient les objets rares et utiles, souvent achetés à l'Ouest avec l'argent des rançons payées par la RFA pour la libération des prisonniers politiques. Les privilèges allaient du champagne français aux vêtements de dames, aux meubles, aux téléviseurs. Il est frappant que la plupart des rares condamnations pénales intervenues contre les anciens dirigeants supérieurs aient visé des détournements de fonds au bénéfice des aménités de leur vie privée…

Pour maintenir leur pouvoir et leurs privilèges, la terreur

policière et la pensée idéologique ne suffisaient pas aux dirigeants. La RDA était officiellement une démocratie à partis multiples, mais le système de la liste unique préemptait les résultats. La seule manière de dire non au système consistait donc à voter blanc ou nul, les « citoyens » ne pouvant guère choisir l'abstention vu l'incessante surveillance dont ils étaient l'objet.

Dans les dernières années du régime, quand les tendances oppositionnelles se manifestèrent plus ouvertement, le nombre des votes contraires augmenta et des citoyens plus nombreux osèrent assister aux opérations de dépouillement. Aux élections municipales du printemps 1989, la montée des votes hostiles inquiéta les responsables : il fut donc décidé de falsifier les résultats, mais des observateurs « libres » veillaient. La fraude déclenchée d'en haut fut manifeste, elle contribua à saper la base « morale » du régime. Les procès pour fraude qui ont eu lieu depuis 1992 contre d'anciens satrapes dévoilent des turpitudes que l'on soupçonnait sans pouvoir les prouver, mais chaque ex-dignitaire renvoie la responsabilité à l'échelon supérieur.

Les ministres fédéraux et les ministres-présidents des Länder de l'Ouest qui rendaient visite, dans les années 1980, à Erich Honecker, successeur de Walter Ulbricht depuis 1971, affichaient une grande envie de justifier leur démarche en évoquant une certaine libéralisation du régime qui, peu à peu, effectivement, avait gommé quelques-uns de ses aspects les plus atroces. Les révélations qui abondent depuis l'écroulement d'un système que beaucoup de responsables occidentaux, allemands ou non, croyaient, eux aussi, promis à une longue existence, montrent à quel point ce fut jusqu'à la fin un État policier, et à quel point les habitants-sujets devaient ployer sous un autoritarisme ayant institué à tous les niveaux et dans tous les secteurs de vie de la société des relations de commandement et d'obéissance. En RDA, jusqu'à l'implosion, les sujets-habitants, comiquement intitulés « citoyens », avaient été contraints à renoncer à toute initiative, à subir et à ne jamais choisir, à se mettre à l'abri dans les fameuses niches de la vie privée ou l'on pouvait, au moins partiellement, échapper à la formidable pression que le système faisait continuellement peser sur les êtres humains. De l'autre côté, bien sûr, il y avait les privilégiés, riches et puissants – selon le palier qu'ils avaient atteint –, mais différant des autres d'une manière inconcevable dans les sociétés occidentales, jouissant des bienfaits de la différence qui ne peuvent exister à tel point que dans les sociétés de pauvreté et de pénurie. Le régime achetait la fidélité par les privilèges qu'on perdait, avec l'appartenance à la minorité possédante, en manifestant quelque opposition, divergence de vues, ou quelque velléité de rivalité envers un supérieur. Un dixième, peut-être, de la population vivait à l'état de petits ou moyens privilégiés et une infime minorité dans une position de grands privilégiés. Pour ceux qui subsistaient dans un système de ce genre, le socialisme, de toute évidence, c'était l'inégalité – et l'inégalité poussée infiniment plus loin que dans n'importe laquelle des sociétés capitalistes occidentales d'aujourd'hui.

Si le régime communiste en RDA a mal fini moins mal qu'on ne pouvait le craindre puisque les dirigeants ne se sont finalement pas défendus en faisant tirer sur la foule comme leurs camarades chinois, (mais certains d'entre eux y ont pensé jusqu'à ce qu'il fût trop tard pour l'emploi de la force), il avait très mal commencé. On ne rappellera ici que pour mémoire les atrocités commises par certains éléments de l'Armée rouge lors de leur entrée en Allemagne, et les hécatombes volontaires ou involontaires qui se produisirent dans les camps d'internement créés par les autorités soviétiques (ou rouverts par elles comme les KZ hitlériens de Buchenwald et d'Oranienburg-Sachsenhausen). Depuis l'écroulement du régime, de nombreux charniers, dont l'existence n'était pas inconnue de tous, mais la révélation obstruée et prohibée par le système, ont fait l'objet de publications et de cérémonies. Plus de 100 000 personnes y sont mortes, de faim, de mauvais traitements et de maladie, sans parler des exécutions, avec ou sans simulacre de procès. Après 1949, les survivants, ou ceux qui n'avaient pas été libérés ni déportés en URSS – certains, nombreux, pour y être exécutés, furent remis aux services de la nouvelle RDA, emprisonnés dans les maisons d'arrêt au régime indescriptible, où la terreur et la torture étaient à l'ordre du jour. Parmi les victimes figuraient aussi bien des dignitaires nazis ou des hommes de la Gestapo, que des gosses qui avaient déplu à un officier soviétique en ayant l'air de se moquer de lui, ou des militants sociaux-démocrates qui s'étaient opposés à la fusion forcée de leur parti avec le KPD, au printemps de 1946. La faim et les mauvais traitements restèrent d'ailleurs la règle dans les prisons de la RDA jusqu'en 1989, et même encore en 1990, après la chute du régime. Et, comme dans les KZ nazis, les prisonniers politiques, placés sous les ordres des droits communs, étaient les plus maltraités.

L'exploitation de l'économie de la SBZ (zone soviétique d'occupation) par les occupants, les démontages, les prélèvements sur les productions, la création de sociétés mixtes soviéto-allemandes, où le capital et le travail étaient allemands et la production réservée aux Soviétiques, le caractère brutal et bureaucratique des nationalisations et des réformes agraires (d'abord la division des grands domaines entre anciens ouvriers agricoles et fermiers devenant petits propriétaires, ensuite la réunion forcée de toutes les petites exploitations, les anciennes et les nouvelles, dans de vastes coopératives appelées à une surspécialisation de plus en plus poussée) : ces mesures et ces méthodes provoquèrent une chute considérable de la production dans tous les secteurs, et une pénurie généralisée. Quand, en 1953, après la mort de Staline, les dirigeants de la RDA voulurent accroître la productivité (les cadences) sans augmenter les paies, le mécontentement populaire éclata contre les « bonzes ». Ce fut l'insurrection du 17 juin 1953 où le « pouvoir ouvrier » appela les chars soviétiques à intervenir contre les travailleurs. Parti de Berlin-Est, s'étendant à de nombreuses villes de la RDA, le soulèvement fut noyé dans le sang. L'Occident laissa faire – cela se passait de l'autre côté du rideau de fer !

Le régime reprit le dessus, non sans d'importantes épurations, comme on avait déjà épuré à Berlin-Est, après 1947, à l'instar du grand frère soviétique et des petits frères satellites – les victimes étant de préférence les communistes qui avaient passé l'exil et la guerre à l'Ouest. Le marxisme-léninisme fut imposé comme fondement de la vie culturelle, économique et politique, la dictature du parti SED sur l'État, la classe ouvrière et le peuple, de plus en plus solidement assurée. L'Armée nationale du Peuple, la Police du Peuple, la STASI (Service de sécurité de l'État), les succursales innombrables du parti dans tous les secteurs d'existence encadraient implacablement les citoyens. Les entreprises industrielles furent regroupées en grands *Kombinate* spécialisés, comme les coopératives agricoles. Contre l'emprise des Églises, auxquelles on n'osa pas s'attaquer frontalement, le régime créa la « consécration des jeunes », concurrentielle à la confirmation chrétienne. Les jeunes qui s'y soustrayaient étaient marqués à jamais.

Comme l'Union soviétique, Khrouchtchev régnant, voulut reprendre la lutte pour Berlin en isolant politiquement Berlin-Ouest du reste de l'Allemagne par un statut de « troisième État allemand », la menace de nouveaux conflits accéléra le mouvement d'émigration de RDA en RFA qui pouvait utiliser la liberté de circulation rétablie après la fin du blocus entre les deux moitiés de l'ex-capitale. Les rumeurs d'un prochain enfermement démultiplièrent la cadence des départs. Le 13 août 1961, pour stopper une hémorragie qui vidait le pays de ses éléments les plus entreprenants et les mieux formés, Ulbricht – dûment autorisé par Moscou – fit ériger le Mur. Le piège se referma sur ceux qui n'avaient pu ou voulu partir. Cette fois-ci encore, l'Occident ne bougea pas. Les responsables de la RDA clamèrent encore à l'approche de la fin que le Mur, « protecteur de l'évolution pacifique vers le socialisme », durerait, s'il le fallait, cent ans. Il en dura quand même près de trente. L'homme est une matière malléable dont on peut presque tout faire.

Walter Ulbricht survécut à Khrouchtchev comme il avait survécu à Staline et à Malenkov. Cependant, sa rigueur et son immobilisme finirent par gêner les dirigeants soviétiques qui s'embarquaient alors dans la longue marche vers un règlement général du conflit Est-Ouest, sur la base du *statu quo*, règlement qui leur fut, bien entendu, favorable et dont l'accord d'Helsinki devait être, en 1975, l'aboutissement[1].

---

1. A Helsinki, les dirigeants occidentaux avaient accepté les éléments essentiels des prétentions soviétiques : la confirmation solennelle des frontières géographiques et politiques tracées en Europe entre 1944 et 1948.

Pour cette politique, l'arrivée au pouvoir des sociaux-démocrates en RFA ouvrait des perspectives que l'URSS considérait comme encourageantes et qui, de ce fait, devaient être encouragées. Le gouvernement de Willy Brandt s'engageant dans une *Ostpolitik* qui recherchait des améliorations de climat au moyen d'une reconnaissance générale de l'état des choses établi en Europe entre 1944 et 1948, Moscou voulut lui donner à Berlin-Est un partenaire plus souple, du moins en apparence. Ulbricht fut amené à démissionner en 1971. Erich Honecker, choisi pour lui succéder, signera avec Bonn en 1972 un traité par lequel les deux États reconnaissaient leur existence mutuelle, tout en renforçant et démultipliant leurs relations. En échange, la RDA admettait le statut de Berlin-Ouest renégocié par les quatre grands. Il faudra cependant encore quinze ans pour qu'en 1987 Erich Honecker puisse être reçu officiellement à Bonn, et la contre-visite n'eut jamais lieu…

Bien avant l'arrivée au pouvoir de Mikhaïl Gorbatchev, le système intérieur de l'Union soviétique et des États satellites faisait entendre des craquements de plus en plus audibles. Les contradictions de l'économie de commandement minaient peu à peu le fonctionnement de toutes les instances de la vie collective. La RDA avait beau être le meilleur des satellites, elle était entraînée sur la pente. Les machines s'usaient, les produits se vendaient de moins en moins hors de l'aire « socialiste », la productivité du travail traînait loin derrière l'Occident. L'exemple polonais et la résistance tchèque contre une nouvelle mise au pas à laquelle les troupes est-allemandes avaient participé en 1968 suscitèrent en RDA une attention passionnée. Puisque l'*Ostpolitik* avait mis fin à la confrontation directe, il devenait de plus en plus difficile de

---

C'est la ruse de l'Esprit qui se retourna contre les héritiers de Staline, incarnée dans les militants qui utilisèrent les engagements inscrits à la « troisième corbeille » (respect des droits de l'homme) pour soutenir et fortifier les mouvements oppositionnels en URSS même et dans les pays satellites, le recul – très relatif – de la répression étant en premier lieu la conséquence de la nouvelle dépendance du camp socialiste envers l'économie libérale et capitaliste, dépendance qui allait en s'accroissant.

protéger la jeunesse contre les mauvais exemples occidentaux. Autour des Églises, de moins en moins résignées au lent étouffement que leur réservait le pouvoir, des groupes alternatifs se donnèrent une existence difficilement contrôlable et rétive à la répression. La politique gorbatchévienne, dictée par la crise profonde et cancéreuse de l'économie et de la société, mais entreprise avec une intelligence et une absence d'œillères qui la distinguaient de toutes les précédentes stratégies soviétiques, ne pouvait qu'embarrasser les dirigeants des États satellites qui, en général, appartenaient à la génération de Brejnev et avaient été mis en place par lui.

Ne comprenant pas l'extrême urgence et la profondeur des périls qui dictaient la démarche du dirigeant de Moscou, liés plutôt à ses adversaires intérieurs, Honecker et ses collègues prirent du retard sur le rythme de l'histoire, et celle-ci, par la bouche de Gorbatchev, n'allait pas tarder à se venger. Et ce fut l'été 1989, avec la soudaine et massive fuite vers l'Allemagne de l'Ouest de milliers et de dizaines de milliers de ressortissants de la RDA. On a voulu opposer ceux qui restaient pour faire changer la RDA, pour rendre l'État au peuple, et ceux qui s'en allaient pour pouvoir bénéficier des abondances de la civilisation occidentale. Les deux démarches sont moins éloignées l'une de l'autre qu'il n'y paraît à première vue. La liberté politique et la liberté économique, le parlementarisme et l'économie sociale de marché, la liberté de se réunir – la liberté de se déplacer, et celle de toutes les communications – et la liberté de consommer sont toutes interdépendantes. Les vieillards sclérosés et corrompus qui dirigeaient la RDA et leurs provisoires successeurs, moins sclérosé et (peut-être) moins corrompus (mais le pouvoir total corrompt tout et tous), n'avaient rien compris à cette interdépendance. La « révolution » allemande de l'automne 1989, quoique menée par des hommes et des femmes d'un grand courage et d'un grand idéalisme, ne fut allemande qu'à 25 % – si de tels chiffres peuvent servir d'illustration – et soviétique à 75 %.

Toujours arbitraire et autoritaire, alourdi par le bureaucratisme qu'imposait le modèle soviétique, le régime SED avait cependant considérablement évolué au cours des décennies et surtout depuis 1972. Le Mur, en 1961, avait à la fois marqué l'échec de toute tentative communiste de « mordre » sur l'Ouest, mais également celui de tout rêve occidental de faire disparaître *rapidement* la tyrannie politique et la division nationale. Dès lors, effectivement, la grande majorité de la population dut se résigner à faire sa vie sur place. D'autant plus remarquable en paraît le courage (désespéré ou plein d'espoir) de ceux qui continuaient à vouloir franchir les murs et les barrières, au péril de leur vie (plusieurs dizaines de morts au cours des ans). S'ajoutait à ce nombre celui des voyageurs qui parvenaient à passer à l'Ouest en utilisant des frontières devenues plus perméables (Hongrie, Yougoslavie) ou en restant en République fédérale après avoir obtenu un permis de voyage (c'étaient en général des gens âgés dont la RDA n'était pas fâchée de se débarrasser). En tout, en 1988, ce furent quelque 6 000 personnes. On devait ajouter à ce nombre environ 2 000 prisonniers politiques, rachetés tous les ans par Bonn contre devises ou fournitures qui faisaient défaut à l'Est. Ce « commerce » étrange et révélateur de la nature réelle du régime s'est poursuivi du début des années 1980 jusqu'à la chute de la dictature. Enfin, environ 20 000 personnes, surtout âgées elles aussi, avaient obtenu en 1988 l'autorisation d'émigrer en République fédérale. Mais surtout, en conséquence d'accords que la RDA n'avait pu refuser de conclure, les échanges de visites privées purent se développer. En 1988, les visiteurs venant de RFA et de Berlin-Ouest dépassaient cinq millions, et plus de deux millions de personnes purent aller de RDA en RFA. C'était considérable, mais ce ne fut pas suffisant.

De 1949 à 1972, la RDA avait lutté pour sa reconnaissance internationale, sous l'aile tutélaire de l'URSS. Le résultat fut maigre en dehors des satellites. A Bonn, en effet, on proclamait alors la thèse de l'*Alleinvertretungsrecht*[1], selon laquelle seule la République fédérale, issue d'élections démocratiques, était la représentante légitime du peuple allemand tout entier. De la part d'un État non communiste, la reconnaissance de la RDA était considérée à Bonn comme un acte

1. Le droit d'être le seul représentant.

inamical auquel on répondait par la rupture des relations diplomatiques. Cependant, dans le cadre de la détente, l'Occident modifia peu à peu ses positions vis-à-vis du monde soviétique. A l'affrontement conflictuel succédaient les tentatives d'établissement de *modus vivendi* à l'intérieur desquels chaque côté pouvait miser sur des changements dans l'autre camp qui lui seraient favorables. Les Occidentaux, dans ce contexte, mettaient en avant la revendication des droits de l'homme et des libertés fondamentales, tandis qu'à l'Est on engrangeait la reconnaissance juridique en droit international des faits accomplis de 1945 à 1948, frontières et régimes. L'étape dernière de ce changement fut la reconnaissance mutuelle des deux États allemands consignée dans le *Grundlagenvertrag* (traité fondamental) en 1972[1]. Cependant, la République fédérale, liée par sa Constitution, ne renonçait pas pour autant à la volonté de rétablir un jour l'unité nationale. C'est pourquoi la reconnaissance de la RDA resta un acte *sui generis*, placé en dehors du droit international, les deux États ne devant pas devenir l'un pour l'autre « de l'étranger » (*Ausland*). C'est pourquoi aussi les envoyés qu'ils établirent dans l'autre capitale n'étaient pas des ambassadeurs mais des « hauts représentants », accrédités auprès du chef du gouvernement. La RDA s'efforça en vain d'obtenir une révision de cette situation. Cependant, la double reconnaissance avait indubitablement et progressivement produit un renforcement des relations économiques et des échanges humains, même culturels (après un accord signé en 1987). Plusieurs millions de visites dans les deux sens, des jumelages de villes et surtout la multiplication des aides financières de toutes sortes accordées par la RFA à la RDA avaient

1. Sous l'impulsion du gouvernement fédéral à direction sociale-démocrate formé en 1969, la République fédérale chercha à normaliser ses relations avec les pays de l'Europe communiste, l'un des premiers objectifs de cette politique visant à supprimer la menace que l'URSS faisait peser en permanence sur Berlin-Ouest. Il y eut ainsi un *junctim* entre la reconnaissance par Bonn des frontières occidentales de la Pologne (sous réserve de la confirmation par une future Allemagne réunifiée) et l'abandon des exigences soviétiques sur Berlin-Ouest (du « troisième » État allemand), le tout aboutissant à la reconnaissance mutuelle, juridiquement très particulière, des deux États allemands et à leur admission parallèle aux Nations unies.

induit un minimum de libéralisation dont bénéficiaient les populations de l'État communiste. L'économie est-allemande était devenue très largement tributaire de ces aides, ce qui finissait par limiter dans une certaine mesure l'exercice même de la souveraineté intérieure. La police avait renoncé aux formes les plus violentes de la torture, les arrestations politiques voyaient leur effet restreint par les rachats, l'écho immédiat que des mesures de coercition produisaient à l'Ouest, au Parlement, à la télévision (reçue aussi dans les quatre cinquièmes du territoire de la RDA), et, après l'arrivée au pouvoir de Mikhaïl Gorbatchev, les tensions avec Moscou obligeaient la direction du SED à mettre de l'eau dans son vin. Quand il avait succédé en 1972 à Walter Ulbricht, Erich Honecker était apparu comme l'homme de l'adaptation à un état de non-belligérance politique entre les deux Allemagnes. Il avait ensuite vieilli à son tour et, à 75 ans passés, était, avec toute son équipe, presque totalement absorbé par l'effort nécessaire pour refuser les changements « proposés » par Moscou, que l'exemple soviétique rendait de plus en plus inévitables. Sans doute, le caractère précaire de l'État allemand de l'Est faisait-il que les dirigeants de celui-ci étaient particulièrement attentifs aux graves dangers que la « légèreté » des dirigeants soviétiques allait déchaîner. Prisonniers de leur propre vision artificielle du monde, ils ne pouvaient cependant admettre que leur « système », leur régime, faisaient eau de tous les côtés.

Les jeunes mécontents manifestaient à Berlin-Est au cri de « Vive Gorbatchev ! ». Ces manifestants, quoique peu nombreux et vite dispersés, bénéficiaient d'une sorte de protection indirecte de la part des médias occidentaux et directe de celle de l'Église protestante à laquelle la sclérose du régime conférait une légitimité nouvelle allant bien au-delà du cercle relativement limité des croyants. Tout le monde, en 1989, savait que cela ne pourrait plus durer longtemps, entre la dépendance croissante envers la République fédérale et le refus des réformes gorbatchéviennes ; on pensait que l'équipe âgée et usée d'Honecker passerait bientôt la main. Mais, à qui et pour quoi faire ? La RDA était, de ce point de vue, un cas à part dans le vaste « glacis » des satellites en voie de désatellisation. Malgré sa prétention à instaurer une nation allemande socialiste différente de la nation capitaliste, l'État SED n'avait pu rompre les liens de l'unité nationale qui, au contraire, se faisaient sans cesse plus forts et plus réels, posant d'ailleurs le problème de la place que la nation allemande unie occuperait dans une Europe unie.

En été 1989, il régnait ainsi en RDA un climat complexe et diffus d'attentes et de craintes, d'espoir et de découragement. Interrogé sur la perspective de l'unification des deux Allemagnes, je répondis alors que celle-ci se ferait sûrement mais qu'on ne savait pas si cela se produirait dans six jours ou dans six ans. La bonne réponse aurait été : dans un peu plus d'un an.

A la fin de l'automne de 1949, les deux États allemands étaient mis en place. Ils ont existé, séparément, pendant un peu plus de quarante ans. Il y eut cependant, durant ce presque demi-siècle, beaucoup de manœuvres et beaucoup de projets de réunification conçus selon des intentions très différentes. Il y avait eu, au début des années 1950, en République fédérale, des mouvements qui combinaient l'aspiration au rétablissement de l'unité, l'aversion contre le réarmement et une profonde méfiance envers l'Amérique, vue à la fois comme puissance impérialiste et comme bastion offensif du capitalisme. A ces mouvements, le nom de Gustav Heinemann – résistant protestant sous Hitler, ministre CDU de l'Intérieur en 1949, démissionnaire par opposition au réarmement, fondateur d'un « Parti populaire de l'Allemagne entière », et plus tard rallié aux sociaux-démocrates pour finir président fédéral entre 1969 et 1974 – servit d'enseigne et de porte-drapeau, mais ils retombèrent vers la fin de la décennie, le réarmement étant entré dans la réalité en rapportant à la République fédérale, devenue membre à part entière de l'OTAN, une égalité de droits quasi complète avec les puissances occidentales victorieuses de 1945.

Staline, cependant, n'avait pas abandonné l'espoir d'asseoir, au moins partiellement, son pouvoir sur l'Allemagne tout entière. Mais le régime communiste de RDA était sans attrait, commandant par ricochet à vivoter dans l'obscurité le Parti communiste ouest-allemand. Le dictateur, après l'échec du blocus de Berlin, se résolut à frapper néanmoins un grand coup, en proposant en 1952 un processus d'unification débouchant sur des élections libres. On n'a pas fini, aujourd'hui encore, dans les milieux neutralistes ou gauchistes, de vanter les mérites de cette démarche, pourtant cousue de fil blanc, puisqu'elle postulait le maintien des deux gouvernements jusqu'après les élections, la neutralisation de l'Allemagne réunifiée et un contrôle commun des Alliés, y compris de l'Union soviétique, sur le caractère démocratique et antifasciste des partis autorisés à concourir. Il y avait là assez de pièges pour permettre à l'URSS de rompre en cours de route le processus de construction d'une démocratie solide en RFA, tout en faisant retomber les responsabilités sur les Occidentaux qui eurent donc raison de dénoncer la démarche et de refuser de donner suite. Car, l'essentiel, pour l'URSS, était alors de couper court au cheminement qui conduisait la RFA vers l'intégration dans une communauté occidentale de valeurs et d'intérêts et d'interrompre l'édification de l'union européenne.

La fin des années 1960 vit une nouvelle initiative « unitaire ». Elle partit, cette fois-ci, de la RDA qui, bien entendu, n'agissait pas pour son propre compte en proposant à diverses reprises la création d'une confédération des deux États allemands, aboutissant, elle aussi, à l'abandon des liens de la République fédérale avec les démocraties occidentales et par conséquent à sa neutralisation. En fait, l'Union soviétique a toujours poursuivi, tant que cela lui fut possible, deux buts complémentaires en Allemagne : d'une part, l'établissement et le maintien d'un système communiste en RDA et, d'autre part, l'acquisition d'un certain pouvoir de contrôle sur l'Allemagne de l'Ouest, cette deuxième démarche devant aboutir, tôt ou tard, d'abord à la dénucléarisation du territoire allemand en attendant celle de l'Europe entière, et ensuite au départ des Américains. La continuité avec la politique suivie depuis 1985 par M. Gorbatchev, notamment avec l'accord « Double Zéro » et le mirage de la « Maison commune européenne » soumise au contrôle soviétique, apparut patente à qui ne voulait pas fermer les yeux. En 1990 encore, l'accord germano-soviétique limitant très fortement le nombre des soldats allemands fut un dernier jalon sur cette route. C'est l'écroulement du système soviétique et la chute de M. Gorbatchev qui ont – provisoirement – mis fin à cette ancienne et permanente stratégie. On peut d'ailleurs se demander pour quelles raisons les Allemands de l'Ouest et leurs alliés avaient depuis longtemps renoncé à faire des propositions similaires en exigeant comme préalable des élections libres en RDA. Sans doute, craignait-on de passer pour des provocateurs aux yeux de ceux qui avaient, pour M. Gorbatchev, les regards de l'amour. Bien au contraire, une partie croissante de la classe politique en RFA, et non seulement dans l'opposition de l'époque (SPD et Verts), s'interrogeait encore à la veille de l'écroulement du régime SED, comme trente ou quarante ans plus tôt, sur les obstacles que l'intégration progressive de la République fédérale dans l'Union européenne pourrait dresser sur le chemin de la réunification – comme si la réunification exigée par la Loi fondamentale en tant qu'objectif permanent du peuple allemand ne devait pas, précisément, d'après le texte constitutionnel, être le rétablissement de l'unité *dans la liberté*. L'antagonisme entre l'unité européenne et l'unité allemande était et reste factice : une réunification de l'Allemagne dans la liberté n'était pensable que dans le cadre d'une réunification générale de l'Europe et c'est ainsi que les choses se sont passées. Cela semblait hier une utopie. En quelques mois, la disparition de la RDA et l'intégration de son territoire et de ses habitants dans la RFA sont devenues des réalités. Celles-ci, d'ailleurs, ne ressemblent pas en tout point à ce que les visionnaires avaient cru entrevoir dans leurs rêves. L'unité était belle sous Honecker.

Quand la foule défila à l'automne 1989 à Dresde, à Leipzig, à Berlin, en criant « Nous sommes *le* peuple » (avant d'en venir au cri « Nous sommes *un* peuple », un seul peuple), elle n'avait bien sûr aucune idée sur la manière dont se ferait l'unification, et sur les conséquences de l'unification qui affecteraient la vie de chaque citoyen de la RDA.

Certes, le régime était pesant et odieux, mais il durait depuis quarante ans (quarante-cinq en comptant la période de 1945-1949), et avant cette période il y avait eu douze ans de nazisme. Les dernières élections libres, pour les habitants de la RDA, remontaient à 1932. Seuls les hommes et les femmes de plus de 79 ans avaient pu y participer.

En fait, pour l'immense majorité des habitants de la RDA âgés de moins de 60 ans, le régime constituait leur seul horizon existentiel. Il y avait bien la télévision ouest-allemande, mais ces images sans odeur et sans saveur présentaient un monde inimaginable. L'imaginable, par contre, c'était un ordre médiocre mais où se posaient un minimum de décisions à prendre. On était logé, nourri et soigné – moins bien qu'en Occident, mais beaucoup mieux qu'en URSS ; à la sortie de l'école, les jeunes se voyaient d'emblée affecter une place d'apprenti – sans qu'on leur demande leur préférence, bien sûr. Le chômage était inconnu – comme la rentabilité des entreprises. Les femmes travaillaient (91 % entre 16 et 60 ans). Il y avait les cantines d'entreprise, les jardins d'enfants d'entreprise, les centres de vacances d'entreprise, les activités de jeunesse au sein de la FDJ (la Jeunesse allemande libre). Ceux qui se contentaient d'obéir, d'exécuter les ordres et de protéger leur petite niche, c'est-à-dire la grande majorité de la population, gagnaient peu mais travaillaient peu. Les appartements étaient médiocres mais bon marché (50 francs par mois pour un appartement de quatre personnes) et tout le monde était logé. Pendant ce temps, les industries, et spécialement les monopoles soviétiques, empoisonnaient la terre et l'air, mais personne n'en parlait, la plupart des « citoyens » parce qu'ils n'y comprenaient rien, et les autres parce qu'on n'avait pas le droit de parler de ces « funestes secrets ». Le système communiste, pour les habitants de la RDA, c'était la sécurité, la médiocrité et l'ennui. Maintenant, ils ont le divertissement et la multiplicité de l'offre capitaliste, mais ils n'ont plus la sécurité et face à l'abondance du monde libre ils se sentent souvent exclus et parias. C'est vrai en tout cas pour la majorité des gens qui ont eu soudain l'impression d'avoir vécu et travaillé pour rien et ne plus servir à grand-chose, d'où aussi, pour beaucoup de jeunes en plein désarroi, le refuge de l'agressivité.

Ces personnes ont l'impression qu'on leur enlève leur fierté. Leurs produits avaient bonne réputation à l'Est et certains se vendaient même à l'Ouest. Grâce à une organisation qui n'avait rien à voir avec la libre pratique des sports, la RDA produisait des champions et des championnes, superdopés, mais permettant aux gens de se donner des moments d'orgueil collectif. Maintenant que la supercherie éclate, ce ne sont pas les dopeurs qu'on vitupère mais ceux qui ont dévoilé leurs méfaits. Bref, l'Allemagne de l'Ouest a découvert peu à peu qu'il y avait une identité RDA, et les ex-citoyens-sujets du pouvoir communiste – sauf la minorité naguère oppositionnelle et la minorité qui est en train de voir sa situation s'améliorer – ont l'impression qu'on les dépouille de leur identité. A force de durer, le régime avait effectivement réussi à se créer un peuple, pas exactement celui de ses théories mais celui de sa pratique où l'obéissance s'échangeait contre une médiocre sécurité.

A présent, disent beaucoup de bonnes gens, plus personne ne sait où est sa place et quel est son devoir. Le communisme prêchait une morale mensongère que les responsables eux-mêmes n'appliquaient pas, mais ils la faisaient respecter par les autres et c'était donc une morale.

La RDA, qui n'en avait pas de son vivant, s'est dotée, ou a « doté » son peuple, d'une identité posthume. Il va falloir beaucoup de temps et sans doute de graves crises pour unifier aussi les deux peuples séparés qui cohabitent encore sur le territoire de l'État allemand unifié.

6. Les périodes et les hommes D'Adenauer à Kohl

On peut tenter une périodisation des cinquante ans d'histoire dont la République fédérale d'Allemagne va achever le parcours. Si elle portait ce nom, *Bundesrepublik Deutschland*, c'est à cause de sa prétention à être le seul État légitime du peuple allemand, les constituants ayant agi « en lieu et place » de ceux qui avaient été empêchés de participer à l'œuvre commune. Ce n'était pas *une* république allemande comme la RDA, qui avait besoin d'ajouter le terme démocratique à république (au sens soviétique du terme) : la *Bundesrepublik* était l'Allemagne. S'ils l'avaient pu, les dirigeants de la RDA auraient imposé à la République fédérale d'« Allemagne » le nom de « République capitaliste allemande ». Tout, alors, aurait été clair.

La première période de cette histoire va, de toute évidence, de l'entrée en application de la Loi fondamentale et du statut d'occupation jusqu'à l'abrogation de celui-ci en 1955, concomitante à l'entrée de la République fédérale dans l'Alliance atlantique et dans l'UEO. La République de Bonn avait alors récupéré la quasi-totalité de sa souveraineté et son économie était en pleine expansion.

La deuxième période mène de 1955 à la formation du gouvernement Brandt, en automne 1969. Elle peut être subdivisée en deux sous-périodes d'inégale longueur : la première mènerait jusqu'au départ du chancelier Adenauer à l'automne de 1963, la seconde engloberait le gouvernement de Ludwig Erhard (1963-1966) et la Grande Coalition (1966 et 1969) qui apparaissent, à distance, comme des formations de transition. Après la longue continuité de l'expansion et la mini-crise de 1965-1967, il y aura la remise en ordre de l'économie sous le gouvernement Kiesinger. Le chrétien-social Franz Josef Strauss et le social-démocrate Karl Schiller, aux Finances et à l'Économie, donnent alors au monde une grande leçon d'économie sociale de marché.

La troisième période engloberait les treize années de la coalition sociale-démocrate-libérale, de 1969 à 1982, avec les chanceliers Brandt et Schmidt. L'atmosphère de l'après-guerre appartient au passé, les gens nés en 1945 ont 30 ans. A la reconstruction forcément conservatrice et disciplinée, succède une ère de permissivité et d'épanouissement personnel. Cependant, dès 1973, l'environnement économique mondial se transforme. La République fédérale est une des entités qui traversent le mieux cette épreuve.

La quatrième période, après 1982, se définit pour l'instant par sa simple existence. Le retour à la coalition CDU/CSU-libéraux ne rétablit pas simplement la situation d'avant 1966, quand les libéraux sortirent du gouvernement Erhard. C'est en tout cas une période qui voit se gonfler une nouvelle vague de contestation, à la fois écologique, pacifiste et anticapitaliste, symbolisée par l'entrée des Verts au Bundestag en 1983, première formation nouvelle à réussir cette irruption depuis la Ligue des Réfugiés et Expulsés, dont les restes furent absorbés par la CDU en 1957. C'est, à partir de 1985, l'engouement pour Gorbatchev accompagné d'un regain d'hostilité envers l'Amérique. Cependant, l'expansion économique est repartie, les exportations atteignent des chiffres naguère impensables. Mais cette société sur-prospère ne parvient pas à résorber le chômage. Peut-être a-t-elle besoin du chômage, ou plutôt de chômeurs ? Mais, ne faut-il pas, alors, changer une telle société ? En attendant, Helmut Kohl, homme d'un juste milieu s'il en fut, foncièrement modéré, cible aimée des journalistes, s'est maintenu au pouvoir pendant seize ans. Cependant, puisque le sixième chancelier de la RFA a réussi à devenir le premier chancelier élu de l'Allemagne à nouveau unie, c'est sans doute une autre période qui a commencé avec l'entrée des Länder de l'ex-RDA dans la République fédérale en octobre 1990.

A présent, pour décrire ce qui se passe en Allemagne, il faut toujours consacrer quelques passages aux évolutions qui s'observent dans l'ancienne RDA et à leurs conséquences pour les développements à l'Ouest et pour ce qui a trait à la République fédérale dans son ensemble.

Depuis l'élection générale de décembre 1994, qu'il gagne avec une marge minimale, Helmut Kohl a dû faire face à la montée (sans précédent depuis l'immédiat après-guerre) du chômage dans les deux parties du pays – près de cinq millions, représentant à l'Ouest plus de 10 % des salariés et plus de 15 % à l'Est au début de 1998, avec des pointes très élevées (près de 30 % dans certains « cercles »). Les conséquences de cette longue crise diffuse – et dont on ne voit nullement la fin au seuil de l'hiver 1998, se sont fait sentir dans la défaite du chancelier Kohl en septembre. Parmi les causes du changement de majorité, l'écart grandissant entre les revenus des spéculateurs en Bourse et des patrons d'entreprises, surtout des grandes et des très grandes, et la chute du niveau de vie des masses de plus en plus importante, auront compté parmi les raisons majeures. On doit se demander par surcroît si le chômage en Europe occidentale, et notamment en Allemagne et en France, persistant malgré d'importantes améliorations sur le plan de la production et des rendements financiers, n'indique pas une profonde modification de la nature des activités qui se traduit en emplois, et de la nature même de l'emploi. On assiste à une réduction de plus en plus marquée de l'emploi industriel – après la quasi-disparition de l'emploi dans le secteur primaire, l'agriculture – et à la montée d'emplois tertiaires qui exigent pour dépasser le niveau le plus élémentaire et le plus précaire des formations initiales et continues de plus en plus poussées. D'une manière générale, les emplois se précarisent et les entreprises se préoccupent sans cesse davantage – surtout les grandes – des intérêts de leurs actionnaires, des *share-holders*, qui souvent ne restent liés à l'entreprise que pour un temps court, même très court, et sans cesse moins des intérêts des salariés. Cette évolution ne peut pas rester sans conséquences sur la nature d'une économie qui se définissait depuis le début des années 1950 comme « économie sociale de marché », fondée sur la reconnaissance mutuelle des rôles de l'État, des syndicats et du patronat. On assiste actuellement à un certain démantèlement du rôle des grandes structures représentatives centralisées ; les syndicats du DGB subissent une érosion impressionnante du nombre de leurs cotisants ; les grandes centrales patronales voient un nombre croissant d'entreprises négocier des accords avec leurs propres salariés, développement auquel les syndicats sont eux aussi contraints à ouvrir des brèches. Des relations de plus en plus anarchiques s'installent dans la vie sociale, favorisées à la fois par la progression du chômage et par la pénurie de collaborateurs spécialisés ; cette évolution débouche ainsi sur une double précarisation : le chômage nourrit les progrès du phénomène à présent désigné par le terme d'exclusion, et la pénurie d'une main-d'œuvre hautement qualifiée accentue le passage par une polarisation : d'un côté une exclusion de plus en plus massive, et de l'autre côté un marché du travail hautement qualifié où les salariés, ou les futurs salariés, dictent leurs conditions aux employeurs. Cette description – en comparaison ce que nous disions ou ne disions pas dans les premières éditions du présent ouvrage – montre à la fois la rapidité et la profondeur du changement en cours. Les répercussions par rapport à la société globale sont d'ores et déjà évidentes : des masses croissantes de victimes d'exclusion par le chômage qui cherchent à désigner des coupables : gouvernements et administrations, responsables des partis politiques, immigrés ou « rapatriés tardifs » perçus comme concurrents sur le marché du travail. Pour faire payer ces responsables, une tendance croissante va vers des voies extrêmes : Front national en France et extrême gauche, PDS en Allemagne de l'Est. L'élection allemande du 27 septembre 1998 aura montré qu'en Allemagne l'attrait de l'extrême droite reste limité (même à l'Est où l'on redoutait une montée spectaculaire des groupements de cette tendance dans certaines régions. Cependant, dans ces mêmes territoires, le parti issu du parti communiste d'avant 1990 a connu de nombreux succès. Cependant, à l'instar de ce qui se passe dans la plupart des partis communistes d'Europe occidentale, le PDS, sucesseur de l'ex-SED de la République Démocratique connaît un lent glissement vers des positions de moins en moins radicales.

L'écart grandissant des revenus et des situations existentielles fait croître les incertitudes, les peurs, les ressentiments. Le progrès des sectes – et en Allemagne, avant tout ceux de la Scientologie que non sans raison les administrations et les politiques considèrent comme une association clandestine à buts criminels – témoignent dans ce sens comme ceux des partis extrêmes. La précarisation socio-économique voit ses effets, par ailleurs, se combiner avec ceux de la décomposition progressive du cadre familial et des autres communautés traditionnelles liées à la vie communale et aux structures religieuses. Des familles monoparentales, des partenaires changeants au niveau parental, l'absence d'une formation morale ferme chez des parents de ce fait incapables de la transférer à leur progéniture – ces phénomènes s'insèrent dans le complexe résultant de l'exclusion pour favoriser la propagation de la violence et pour accroître l'insécurité et, au-delà de la réalité, le sentiment de l'insécurité, lequel à son tour développe l'attitude critique envers les pouvoirs établis, du gouvernement aux partis et des entreprises à l'école, avec les conséquences déjà indiquées ci-dessus. La criminalité s'ajoute ainsi au chômage et à la peur de l'immigré ou du rapatrié tardif pour produire un sentiment général d'insécurité et de protestation. Les dirigeants allemands n'ont pas été mieux capables d'y faire face que leurs collègues français. Cependant, à l'été 1998, les conséquences politiques n'étaient pas encore réellement perceptibles à l'Ouest, sinon par la chute progressive et inquiétante de la participation électorale.

Les développements que nous venons d'évoquer s'inscrivent à la fois dans un cadre européen et dans un cadre mondial. Le mot de « mondialisation » (en allemand « globalisation ») vise une évolution qui supprime progressivement tous les obstacles s'opposant aux flux libres des capitaux, des produits et même des personnes, à travers l'univers terrestre tout entier. Cette « libération » est particulièrement sensible entre les États-Unis et l'Europe, mais aussi entre de nombreux pays de l'ancien « tiers-monde » et l'ensemble euro-américain. Elle a pour conséquence que les pays européens sont de moins en moins en mesure de protéger leurs marchés contre des importations provenant de pays où le coût du travail est très inférieur au leur et que leurs, entreprises deviennent de plus en plus dépendantes de capitaux axés sur les Bourses de New York et de Londres. Dans la logique de cette unification rapide de l'économie mondiale, les États européens sont de moins en moins capables de protéger leurs productions et leurs entreprises qui deviennent dépendantes de sièges de décision étrangers. Dans ces conditions, le maintien d'une « économie sociale de marché » dans le cadre national devient de plus en plus difficile. Une telle économie représentait un libéralisme contrôlé par des principes qui le subordonneraient à des finalités supérieures, alors que la « mondialisation » libère le libéralisme économique de toute subordination à des finalités sociales et morales. En Allemagne, où l'idéologie dominante a été, depuis l'après-guerre celle d'un libéralisme acceptant et reconnaissant des limites découlant des principes de l'économie sociale de marché, le passage à la « mondialisation » n'a pas été perçu d'une manière générale comme entraînant l'avènement d'une prédominance des capitaux sur le travail et de pouvoir extérieurs à l'État allemand, et même à l'Europe, sur les structures de la vie nationale. L'adhésion idéologique au libéralisme économique a masqué le changement profond et majeur qui s'est effectué dans ce passage de l'économie sociale de marché à une économie mondiale dominée par le capital boursier américain. Le lien entre cette évolution et l'apparition d'un chômage massif durable, et les autres phénomènes décrits ci-dessus, n'est pas encore entré dans la conscience collective allemande. On peut penser que cette prise de conscience s'accélérera après l'élection de septembre 1998.

En même temps que s'effectuait, avec les difficultés dont il a été question, le processus de l'intégration de l'ex-RDA dans l'ensemble allemand dominé par l'Ouest, le cheminement de l'unification européenne a connu des accélérations notables. Le traité de Maastricht, conséquence directe du rétablissement de l'unité allemande, a lancé un processus qui, à travers les conférences intergouvernementales et le traité d'Amsterdam, aboutit à la monnaie commune, à la création d'une structure destinée à conduire la politique extérieure des États membres de l'Union, à un meilleur fondement des institutions européennes grâce à une extension importante du domaine où le vote unanime n'est plus exigé ; et à un nouvel élargissement qui a portét en un premier temps sur plusieurs pays qui faisaient naguère partie du bloc soviétique.

Cette progression vers la création d'une Europe unie pouvant fonctionner sur un plan comparable à celui des États-Unis d'Amérique, de la Russie et de la Chine, c'est-à-dire d'une Europe fonctionnant en puissance mondiale, est encore loin, en été 1998, d'avoir atteint son but. Mais, face aux progrès et aux conséquences de la mondialisation, face aux difficultés que celle-ci fait surgir dans des pays comme la France et l'Allemagne, l'édification d'une puissance européenne reçoit de nouvelles impulsions accélérantes. Cependant, en même temps, la progression des transferts de souveraineté que postule cette évolution suscite des peurs et des résistances croissantes à l'intérieur des pays européens, et notamment en Allemagne. C'est ainsi que le passage à l'euro et la disparition concomitante du Deutsche Mark a soulevé des craintes massives dans une population pour qui la monnaie stabilisée en 1948 était le symbole du bien-être, de la stabilité et d'une sécurité garantie des fruits que chacun obtenait grâce à son labeur. Le Deutsche Mark symbolisait la réussite par laquelle l'Allemagne de l'Ouest avait renvoyé à l'oubli les affreuses conséquences de l'hitlérisme et de la guerre. En engageant tout le poids de sa personnalité et de ses succès passés dans le combat pour l'euro en tant qu'instrument majeur de la construction européenne, le chancelier Helmut Kohl a sans doute vaincu la très forte résistance de l'opinion publique. L'élection du 27 septembre 1998 aura ainsi montré le prix payé par le sortant pour ce succès capital. Son successeur, le chancelier Schröder, après quelques hésitations au début de sa candidature s'est pleinement rallié à la monnaie européenne, de même que le nouveau ministre « vert » des affaires étrangères, Joschka Fischer. Cependant, après le passage à l'euro, une Europe puissante devra choisir sa voie dans une économie mondialisée et assurer sa présence efficace dans un univers où, unies et désunies, les nations seront de plus en plus interdépendantes dans un nouveau « concert » des puissances mondiales. A cette tâche, l'opinion allemande – comme celle de la France – n'est pas encore suffisamment préparée.

Quatre périodes, six chanceliers. L'histoire dont nous parlons ici n'est pas seulement celle des foules anonymes – ou plutôt aux noms innombrables, aux figures brouillées par le nombre. Les sociétés ont des chefs, des porte-parole, des hommes et des femmes qui incarnent un vouloir commun plus ou moins confus, qui lui donnent une voix – à lui qui, souvent, ne sait que balbutier ou produire des discours contradictoires. Certes, la Loi fondamentale n'a pas créé une monarchie élective. Le chef du gouvernement de la République fédérale d'Allemagne a des pouvoirs réels mais limités. Il ne peut intervenir dans la gestion de chaque ministre que si celle-ci crée des problèmes intéressant le gouvernement dans son ensemble. Il indique les grands choix et choisit les voies. Étant toujours, depuis 1949, chef d'un gouvernement de coalition (à l'exception de la période 1957-1961), il doit davantage négocier que commander. Et cependant sa stature morale, sa personnalité, son prestige, sa popularité tiennent une place essentielle. « C'est du chancelier que tout dépend » fut, sous Adenauer, un slogan électoral qui n'a rien perdu de son actualité depuis trente-cinq ans. C'est le portrait et le nom du candidat-chancelier qui dominent les campagnes électorales, bien plus que les divers chapitres du programme de son parti. La « personnalisation du pouvoir » était très forte dès les premiers temps de la République fédérale, parce que les deux grands partis, CDU et SPD, avaient à leur tête des personnalités d'envergure exceptionnelle et qui s'opposaient aussi bien par leurs idées que par leur style, chacun incarnant parfaitement ce que la majorité des électeurs de son parti entendait trouver dans celui-ci, avec, en plus, la fascination qui émane des personnages hors série. Adenauer et Schumacher, le Rhénan et le Prussien, le catholique et le protestant, le conservateur et le socialiste, simplifiaient les choix par leur extrême différence. Plus tard, la télévision est venue relayer la presse et les radios, chaque électeur ayant maintenant l'impression de connaître personnellement le chef de file de son parti. La télévision démultiplie les chances de ceux qui plaisent et qui parlent d'une façon à toucher la majorité des gens. Ce sont les téléspectateurs qui forment tous ensemble le peuple allemand[1]. Elle constitue ainsi un sérieux handicap pour l'homme ou la femme politique qui n'ont pas les talents qu'elle exige, même si leur caractère ou leur intelligence mériteraient une adhésion réfléchie. Encore faut-il que celui ou celle qui veut devenir chancelier, c'est-à-dire le chef politique de la nation, sache reconnaître et incarner parmi les tendances fondamentales du moment celle qui est susceptible de le porter au pinacle – et que ce *trend* soit compatible avec les orientations permanentes fondamentales de son propre camp.

Le premier chancelier

Konrad Adenauer était un vieil homme, il avait 73 ans quand il accéda à la chancellerie avec une voix de majorité (la sienne). Conservateur sans raideur idéologique, il prônait des vertus traditionnelles et rassurantes, mais il acceptait aussi sans préjugés les nouveautés utilisables ou inévitables. Sans illusion sur les hommes, il croyait suffisamment en Dieu et aimait suffisamment le pouvoir pour consacrer son grand âge, porté par une formidable santé, à une restauration, non pas des formes révolues, mais des capacités et moyens de son peuple. Il avait discerné chez les nazis leur hostilité fondamentale au christianisme, leur cynisme et leur nihilisme. Cela avait été une maladie extrêmement grave dont il fallait à présent guérir ce qui restait de l'Allemagne et des Allemands. Il y avait chez lui, malgré la limitation de son champ d'expérience, car il n'était pour ainsi dire jamais sorti d'Allemagne avant de devenir chef du gouvernement, une

1. On a vu l'importance essentielle de la télévision pendant la crise finale de la RDA et pendant la campagne électorale pour la dernière « Chambre du peuple ». Les gens, à l'Est, dans leur grande majorité, étaient avant tout attentifs aux discours des principaux personnages politiques de l'Ouest, qu'ils connaissaient depuis longtemps par le petit écran.

appréhension réaliste du monde et des forces présentes ; il reconnaissait les camps et savait quel était le sien. Il avait des revanches à prendre ; la grande carrière politique qui lui avait été refusée sous Weimar, les mauvais traitements, les humiliations, l'oisiveté forcée infligés par les nazis – et, au-delà de sa personne, la revanche de l'Allemagne catholique sur la Prusse. Après trente ans d'aventures grandioses et atroces, après tant de sang, de larmes, de provinces perdues, qui avaient été des patries pour des millions d'Allemands, après tant de destructions matérielles et morales, l'Allemagne avait besoin de calme, d'ordre, de valeurs confirmées par le passé. Elle avait besoin de travailler et de bénéficier des résultats de son travail. Elle avait besoin de retrouver sa dignité, de retrouver la possibilité de s'estimer elle-même, et de regagner l'estime des autres peuples. Kurt Schumacher, fervent patriote et socialiste social-démocrate, proposait à l'Allemagne une nouvelle aventure, positive cette fois, mais aventure quand même. Adenauer représentait la fin des aventures. On comprend la déception de Schumacher quand il se vit écarté du pouvoir alors qu'il pensait être celui qui, avec ses recettes dirigistes, pouvait tirer le peuple de la pénurie, et, avec sa fierté nationale confirmée par dix ans de camp de concentration, le réconforter dans sa pénitence. Mais on s'étonne presque qu'il ait pu se faire des illusions sur l'issue du scrutin d'août 1949.

Pour lui-même et pour le peuple allemand, le règne d'Adenauer fut trop long. Il eût été bien inspiré si, suivant sa première idée, il s'était fait élire président fédéral en 1959. La fonction, revêtue par un tel homme, aurait été mieux mise en valeur. Les buts qui avaient correspondu à la période d'après guerre – la sécurité dans l'Alliance, la responsabilité dans l'égalité de droit, du travail pour tous et une économie à tel point florissante qu'un bien-être naguère inconnu se répandit dans les villes et dans les campagnes –, pour une partie croissante des électeurs, tout cela était maintenant de l'acquis, sinon quelque chose de dû. Le vieux chancelier n'avait pas de nouvelles perspectives à dégager. S'il gagne encore l'élection de 1961, c'est que la social-démocratie n'avait pas encore suffisamment cessé d'inquiéter.

Il y a peu de monuments à Konrad Adenauer, alors que les

rois, les empereurs et les généraux encombrent les rues et les places. Dans l'histoire récente de l'Allemagne, nul n'avait cependant mieux mérité de la patrie qu'en peu d'années il avait arrachée à l'abîme et conduite à des réussites inouïes. Son propre parti, le trouvant encombrant, finit par lui « mettre la chaise devant la porte », comme il me le dit dans un entretien quelques années plus tard. S'il ne s'était pas retiré plus tôt, c'est qu'il se méfiait du successeur que l'opinion et le parti lui imposaient : l'éternel ministre de l'Économie, le « Professor » Ludwig Erhard, le gros homme au cigare que tout le monde tenait pour le père du « miracle économique allemand ».

La victoire a beaucoup de pères, mais la paternité d'Erhard était incontestée. Économiste universitaire mais ayant aussi une expérience certaine de l'économie concrète des entreprises, Erhard, appelé par les Américains à la direction de l'économie de la bizone parce qu'il était recommandé par le grand penseur « libéral » Wilhelm Röpke et parce qu'il n'avait pas été membre du Parti nazi, ne fut jamais qu'un grand spécialiste. La politique l'ennuyait et il ne comprit rien à ses jeux dérisoires. Adenauer craignit qu'Erhard ne ruinât son œuvre ; c'est lui-même que l'économiste ruina quand, en automne 1963, il devint enfin chancelier. Tout le monde estimait en lui l'auteur de la remontée économique du pays et il avait, effectivement, avec ténacité et courage, supprimé les obstacles dirigistes et planificateurs qui freinaient le développement des forces de production. Face à un de Gaulle, à un Khrouchtchev et même à un Johnson, il apparaissait cependant comme un provincial désorienté dans le vaste monde. Dans son propre domaine, il fut incapable de juguler à temps la mini-crise de 1966 dont la Grande Coalition viendra à bout facilement. Le monde politique, à la fin de 1966, expulsa le malheureux économiste comme une greffe qui n'aurait pas pris. Le vieil Adenauer y était pour beaucoup. Il avait facilité les rassemblements nécessaires. A peine le nouveau gouvernement installé, une grippe eut raison de l'indomptable vieillard, toujours débordant d'activité jusqu'à 91 ans.

Le deuxième chancelier

Par son manque d'ouverture sur les grands problèmes du monde et son peu de goût pour la politique politicienne, Erhard agaçait Adenauer qui, le sachant indispensable, s'efforçait de le cantonner dans son secteur spécialisé. Après l'immense succès électoral de 1957 qui procura à la CDU/CSU la majorité absolue, beaucoup de responsables centraux et régionaux commencèrent cependant à regimber contre l'exercice de plus en plus solitaire du pouvoir que le « Vieux » pratiquait avec l'aide d'un petit nombre de confidents, hommes du sérail, hauts fonctionnaires comme Hans Globke (secrétaire d'État à la chancellerie et souvent attaqué à cause de son rôle au ministère de l'Intérieur à l'époque nazie, mais il considérait qu'il y avait alors agi en « service commandé » par son Église), ou politiciens comme Heinrich Krone qui avait déjà siégé dans les rangs du Zentrum sur les bancs du Reichstag. Comme le deuxième et dernier quinquennat du président fédéral Theodor Heuss touchait à sa fin, l'idée se fit jour chez Adenauer qu'il pouvait assurer et revaloriser cette haute fonction représentative en s'éloignant ainsi des fatigues quotidiennes de la vie politique. Après dix ans de travail accablant à la chancellerie et à 83 ans passés, Adenauer commença par envisager ce changement avec une certaine faveur. Après tout, se fit-il expliquer par les spécialistes, les pouvoirs du président fédéral pouvaient être gérés avec une plus grande ampleur. Mais il ne voulait partir qu'en restant maître de la succession. Il se serait accommodé de plusieurs autres candidats mais point de Ludwig Erhard qu'il considérait comme peu doué pour la politique générale et qui minerait son œuvre extérieure. La valse-hésitation entre la chancellerie et la présidence devait, en fin de compte, nuire à tout le monde : à Adenauer, dont on pensa qu'il ne savait plus très bien ce qu'il voulait, à Erhard qui devait traîner pendant tout le reste de sa vie politique le jugement négatif porté contre lui par le grand et terrible vieillard, et au président fédéral Heinrich Lübke, précédemment ministre de l'Agriculture, figure plutôt médiocre et qui passa pour quelqu'un qui s'était contenté d'un poste dont Adenauer n'avait point voulu. Erhard avala cette couleuvre de taille, mais s'il n'était pas un politicien doué, il savait attendre : quatre ans plus tard, Adenauer, affaibli par l'âge et quelques scandales, dut se résigner quand même à lui céder le pouvoir. En se promettant, cependant, de lui rendre la vie impossible, intention qu'il réalisa pleinement. Les libéraux dont les voix étaient redevenues indispensables après l'élection de 1961 (où le jeune Willy Brandt porta pour la première fois les couleurs du SPD) avaient exigé le départ du « Vieux » qui avait fini par accepter de céder la place à la mi-temps de la législature, en octobre 1963.

Parmi les reproches qu'Adenauer adressait à Erhard figurait au premier plan son peu d'enthousiasme pour l'unité européenne et pour la relation franco-allemande qui devait en être le fondement. Le moins qu'on puisse dire est que Ludwig Erhard, profondément attaché à l'Amérique qu'il admirait et qu'il comprenait (et dont il se savait compris), n'accordait guère d'importance au traité franco-allemand de 1963 qui, pour Adenauer, marquait une étape capitale de sa politique d'intégration de l'Allemagne à l'Occident. Erhard, de même, ne fit pas de grands efforts pour obtenir le maintien des troupes françaises sur le territoire fédéral après que de Gaulle eut décidé de quitter les structures intégrées de l'OTAN en 1965. L'accord qui permit, en fin de compte, de prolonger pour plus de trente ans la présence militaire française fut l'œuvre de Heinrich Krone, que Konrad Adenauer avait placé aux côtés de son successeur, pour le surveiller. Erhard, mal conseillé par son ministre des Affaires étrangères, Gerhard Schröder, laissa la République fédérale s'embarquer dans le projet plutôt étrange des « frégates multinationales » qui n'aboutit à rien ; par ailleurs, lui et Schröder se tirèrent mal de l'épineuse affaire de l'échange d'ambassadeurs avec l'État d'Israël qui suscita une vive hostilité dans les peuples arabes. De plus, Adenauer conserva jusqu'en 1965 la présidence de la CDU, excellente position pour nuire à son successeur, lui créer des difficultés, faire éclater son ineptie politique. Cependant la popularité du « Gros » dans le vaste public ne souffrit nullement de ces embûches. Il gagna brillamment les élections de 1965 mais ne sut réagir à temps contre la crise de surchauffe qui se déclencha après tant d'années de progression ininterrompue de l'économie, pour révéler que l'inquiétude et la méfiance restaient profondément enracinées dans la nation. Les libéraux, à ce moment, commirent une erreur de stratégie grave en se retirant du gouvernement pour ne pas contresigner des mesures interventionnistes. Ils acculèrent ainsi à la démission le père du « miracle économique ». Depuis longtemps, Adenauer avait laissé, avec sa bénédiction, s'engager de nouveaux contacts en vue d'une « Grande Coalition » entre les partis de l'Union et les sociaux-démocrates. Les fidèles du Vieux se mirent d'accord avec Herbert Wehner, le président du groupe parlementaire qui avait guidé le ralliement du SPD à la politique extérieure, à l'Alliance atlantique et à la politique européenne mises en œuvre par Adenauer et si mal gérées par Erhard. En décembre 1966, la Grande Coalition était prête. Kurt Georg Kiesinger, ministre-président du Bade-Wurtemberg, ancien président CDU de la commission des Affaires étrangères du Bundestag, devint chancelier, préféré par ses troupes au Bavarois Franz Josef Strauss, trop autoritaire et trop personnel. Erhard supporta mal sa défaite. Son rôle public prit ainsi fin sur une chute sans éclat. Ludwig Erhard fut un grand ministre de l'Économie et un médiocre chef de gouvernement, et, avant tout, un théoricien remarquable d'un libéralisme limité par l'attention portée à l'environnement social, théorie dont il réussit fort bien la mise à l'épreuve du réel.

Le troisième chancelier

Adenauer avait rétabli l'Allemagne. Erhard avait créé le Deutsche Mark et guidé les pas du miracle. Le troisième chancelier, Kurt Georg Kiesinger, Souabe catholique (Erhard, lui, était un Franconien protestant ; à cette époque la « confession » comptait autant encore que l'origine régionale chez les hommes politiques), n'était pas à la tête d'un palmarès aussi brillant. Jeune bourgeois cultivé, il avait même été, en tant que diplomate, membre du Parti nazi, un membre fort passif, certes – mais le pouvoir passait à une autre génération. Adenauer était né en 1876 et Kiesinger en 1905 ! Au Bundestag, il avait rendu service comme président de la commission des Affaires étrangères, par sa prestance et ses talents diplomatiques, mais l'opposition d'Adenauer à sa candidature au ministère des Affaires étrangères l'avait conduit au poste de ministre-président du Bade-Wurtemberg, la région qui allait connaître l'essor économique le plus formidable parmi tous les Länder. L'alternative eût été Franz Josef Strauss, mais en dehors de la CSU personne ne voulait du « taureau bavarois » trop autoritaire et capable d'extravagantes incartades.

La promotion de Kiesinger était la conséquence de l'accord conclu par les deux grands partis. CDU et SPD se partagèrent les portefeuilles, avec la ferme intention chez les premiers de changer la loi électorale, afin d'écarter le FPD de toute coalition gouvernementale, allié jusqu'alors indispensable et par essence infidèle. Le scrutin uninominal allait le priver de toute représentation au Bundestag ; d'ici là, ensemble, les deux grands pouvaient tenter de venir à bout des difficultés économiques qui, pour la première fois depuis longtemps, assombrissaient les humeurs allemandes.

L'idée de la Grande Coalition remontait à 1961 ; elle apparaissait alors comme une alternative au « chantage » du FPD qui, après l'élection au Bundestag où la CDU/CSU avait perdu – à quelques sièges près – sa majorité absolue, exigea le départ du chancelier. A cette époque, la négociation, pourtant favorisée par Adenauer, avait échoué ; la méfiance réciproque entre les deux grands partis, après tant d'années d'affrontements, était encore trop profonde. Cette fois-ci, l'affaire, prise en main du côté social-démocrate par l'un des responsables les plus importants, le vice-président Herbert Wehner (qui entrera lui-même dans le nouveau cabinet comme ministre des Affaires intra-allemandes), fut menée à bon port. Il est vrai que l'abandon de la référence à l'idéologie marxiste et des éléments essentiels du projet socialiste (notamment sur le plan des nationalisations et de l'économie dirigée) dans le programme adopté par le congrès du SPD à Bad Godesberg (1959) avait dégagé les principaux obstacles situés dans le domaine intérieur, et Wehner lui-même avait prononcé en 1960 le discours par lequel son parti se ralliait aux grandes lignes de la politique extérieure allemande et européaniste menée depuis les débuts par Konrad Adenauer.

Kurt Georg Kiesinger présida dignement un gouvernement où le chef du SPD Willy Brandt exerçait la double fonction de vice-chancelier et de ministre des Affaires étrangères. L'affaire du Mur de Berlin et le démarrage de la détente avaient commencé à modifier les données du jeu politique, en premier lieu pour ce qui concernait l'Allemagne. Dans un certain sens, le ralliement social-démocrate de 1960 se trouvait maintenant dépassé par la perspective d'une nouvelle *Ostpolitik* et la possibilité de nouvelles relations avec l'URSS, avec ses satellites et, partant, avec la RDA. A l'intérieur, des problèmes en suspens depuis longtemps, comme la législation sur l'état d'urgence, purent enfin être résolus. Pour la social-démocratie d'après Bad Godesberg, ce fut surtout une occasion de se faire reconnaître comme un parti capable de gouverner sans provoquer la fin du monde. En coulisse, un rapprochement se dessina alors avec le FDP dont la direction était à présent assurée par une aile gauche, sous la conduite de Walter Scheel (qui sera ministre des Affaires étrangères de 1969 à 1974 et président fédéral de 1974 à 1979). L'élection au Bundestag, en septembre 1969, tout en apportant au SPD de nouveaux progrès, pour la troisième fois depuis 1961, laissait à la CDU/CSU une nette avance en tant que premier groupe parlementaire. Néanmoins, dans la nuit même, Willy Brandt, passant outre aux inquiétudes de Wehner qui voulait prolonger encore pour quelque temps la Grande Coalition afin de mieux préparer l'avènement d'un gouvernement du SPD, conclut avec Scheel un accord qui renversait les alliances. Pris de court, Kiesinger perdit ainsi la chancellerie et quelque temps plus tard aussi la présidence du parti au bénéfice d'un jeune politicien dont le vieil Adenauer avait facilité l'ascension, l'ambitieux et habile Rainer Barzel. La CDU avait occupé la chancellerie pendant plus de vingt ans. C'était maintenant le tour de la social-démocratie qui allait la garder treize ans. L'alternance en RFA s'inscrivait dans la longue durée.

Le quatrième chancelier

Le quatrième chancelier ne s'appelait pas Willy Brandt. Du moins, pas à sa naissance, ni pendant les vingt premières années de sa vie. Herbert Frahm, né à Lubeck en 1913, était le fils naturel d'une jeune ouvrière. Le garçon, élevé par un grand-père militant social-démocrate qui avait encore connu, dans son Mecklembourg natal, les survivances de la féodalité (le seigneur, en plein XIXe siècle, y avait encore le droit de faire fouetter « ses » ouvriers agricoles), grandit dans l'atmosphère militante et puritaine du vieil SPD, parti de l'aristocratie ouvrière ; mais il put aussi fréquenter un des lycées les plus réputés de la ville hanséatique. Dans les derniers temps agités de la République de Weimar, il opta pour un groupuscule plus radical et qui comprenait, mieux que la lourde machine du vieux parti, la menaçante nouveauté du nazisme : le SAP (*Sozialistische Arbeiterpartei*). Antifasciste engagé, le jeune Frahm dut s'enfuir nuitamment en bateau et se fixa en Norvège. En 1936, il retourne pour quelques mois dans la clandestinité berlinoise. Herbert Frahm, trop connu des gestapistes, devient alors Willy Brandt. Rallié à la social-démocratie en exil tout en acceptant la nationalité norvégienne, Brandt dut se réfugier en Suède après l'invasion de la Norvège. Après la chute d'Hitler, il fut envoyé à Berlin comme membre d'une mission norvégienne. Il opta alors pour sa patrie d'origine ; apprécié par Kurt Schumacher, il commença à Berlin une rapide ascension politique dans le sillage d'un grand maire, Ernst Reuter, symbole de la résistance au totalitarisme communiste, après avoir vécu en exil pendant le régime nazi. Président du Parlement berlinois, Willy Brandt accéda en 1957 à la dignité de « maire-gouverneur ».

Bel homme, élégant, intelligent et accueillant, le jeune maire apparaît comme un nouveau type de leader social-démocrate, après la véhémence farouche de Schumacher et la bonhomie un peu grise d'Ollenhauer qui ont, tour à tour, perdu trois élections générales (1949, 1953, 1957). En 1961, Adenauer a 85 ans. Le SPD choisit, pour s'opposer au grand vieillard, un « jeune » de 48 ans. La candidature de Brandt est, sur le plan personnel, l'équivalent, ou la conséquence, du choix idéologique et programmatique opéré à Bad Godesberg en 1959. A quelques jours de l'élection, l'Est fait élever le Mur de Berlin. Brandt est d'abord l'homme qui, par la force de sa parole, retient la foule furibonde qui veut se ruer contre le « mur de la honte ». Il sera ensuite l'homme d'État qui tirera la leçon de l'attitude des alliés occidentaux qui – tout en protégeant Berlin-Ouest – ont laissé les Soviétiques et le SED couper définitivement la ville en deux. L'élection, après le choc de Berlin, sera encore une fois emportée par le Vieux. Si Brandt n'a pas gagné, le SPD, sous sa conduite, a réalisé des progrès sensibles. C'est alors qu'il élabore avec son conseiller Egon Bahr le projet d'une nouvelle politique de réconciliation et de détente avec l'Union soviétique, la Pologne et la RDA, dont la devise sera « le changement par le rapprochement » (1963). En 1965, cependant, Willy Brandt ne parvient pas non plus à arracher la victoire au populaire Ludwig Erhard, malgré de nouveaux et substantiels gains de voix. Sensible et vulnérable au découragement, le maire de Berlin croit sa carrière terminée. C'est alors que les libéraux, en provoquant la chute d'Erhard, ouvrent la voie à la Grande Coalition. Ministre fédéral des Affaires étrangères, Brandt fait ses preuves. S'il est détesté par la droite militante (fils naturel, socialiste ayant porté les armes contre l'Allemagne, homme à femmes et homme de culture… tout pour déplaire), il a, de par ses origines, la « bonne odeur d'écurie » de la vieille social-démocratie militante tout en attirant à son parti les nouvelles générations d'intellectuels et d'artistes « républicains ». L'alliance avec la CDU n'est pour lui qu'un « expédient provisoire ». Dès le printemps de 1969, l'élection à la présidence fédérale du social-démocrate Gustav Heinemann, ministre de la Justice de la Grande Coalition, renégat aux yeux de la CDU dont il avait été le premier ministre de l'Intérieur, en 1949-1950, avec les voix libérales et contre le ministre de la Défense, Gerhard Schröder (CDU), avait annoncé la couleur. En formant son gouvernement SPD/FDP en septembre 1969, c'est pour treize ans que Willy Brandt façonne le destin politique de la République fédérale. Pourtant, si le parti d'extrême droite NPD avait recueilli 5,1 % des votes au lieu de 4,7 %, et s'il avait en conséquence franchi la barrière des 5 %, se trouvant au Bundestag avec un groupe de trente-cinq députés, tout eût été différent : sans doute, les partis démocratiques auraient conclu une sorte d'armistice, le gouvernement de Grande Coalition se serait maintenu (peut-être élargi aux libéraux). Le destin de l'Allemagne a tenu à ces 0,4 %.

Willy Brandt est resté à la chancellerie pendant quatre ans

et demi. Période relativement courte mais dense, suivie d'une longue permanence à la tête du SPD (jusqu'en 1987) et à celle de l'Internationale socialiste. Dans le souvenir collectif de l'Allemagne, cela fut et cela reste un temps fort : ponctuée de voyages spectaculaires à Moscou, à Varsovie, en RDA, la politique de détente avec l'Union soviétique et ses alliés complète, aux yeux de Brandt et à ceux de son ministre des Affaires étrangères, Walter Scheel, la réconciliation avec les alliés occidentaux.

En droit et en fait, le changement paraît de peu de poids. La solennelle renonciation à l'emploi de la force pour modifier les frontières de 1945 n'est pas un acte révolutionnaire pour le chef de gouvernement d'un État qui est solidement encadré dans l'Alliance atlantique. Elle n'implique d'ailleurs pas encore la reconnaissance juridique des frontières (et notamment de la ligne Oder-Neisse). L'agenouillement à Varsovie devant le monument aux martyrs juifs n'était pas un geste susceptible de plaire beaucoup à la direction communiste polonaise, peu suspecte de philosémitisme. Cependant, les traités conclus en 1970 avec l'URSS et avec Varsovie (suivis en 1973 d'un traité avec la Tchécoslovaquie) constituent des étapes préalables indispensables sur le chemin des accords d'Helsinki (1975). Un changement climatique majeur s'opérera à partir des négociations ainsi engagées dans le contexte mondial de la détente. Le couronnement de ce vaste édifice diplomatique fut le traité sur les fondements des relations (*Grundlagenvertrag*) entre les deux États allemands amenés en 1972 à reconnaître mutuellement leur existence et à établir des relations officielles. De même que sur les frontières le gouvernement Brandt-Scheel maintient les positions traditionnelles fondées sur le droit des gens, la question de l'unité allemande, aux yeux de Bonn, reste ouverte alors que Berlin-Est la considère comme n'existant plus. Auparavant, la négociation des quatre occupants sur Berlin-Ouest avait abouti à un compromis qui mettait fin à vingt-trois ans de crise. Moscou se résignait à voir Berlin-Ouest conserver son statut sous la tutelle des anciennes puissances occidentales occupantes et ne pas devenir une « entité » spéciale. L'ensemble de ces instruments diplomatiques paraissait donner à l'URSS des avantages considérables, la reconnaissance de toutes ses conquêtes et usurpations, mais vingt ans plus tard, on put se demander si les grands changements intervenus à l'Est auraient pu arriver à maturation sans les moyens que la troisième corbeille d'Helsinki a donnés aux militants des droits de l'homme, à l'extérieur comme – et surtout – à l'intérieur du camp socialiste. Les grands bénéficiaires immédiats des accords de 1970-1972 furent incontestablement les Allemands de l'Est dont la situation connut des améliorations sensibles. (Avant 1972, quelques milliers de visiteurs pouvaient aller chaque année d'ouest en est ; en 1988, ils furent cinq millions.)

Dans le domaine intérieur, Willy Brandt, que l'on peut difficilement qualifier de marxiste idéologique, en plein accord avec ses alliés FDP, voulut, avant tout, libéraliser, décrisper, démanteler certains aspects trop « restauration » de l'Allemagne adenauérienne. On supprima les alinéas du droit pénal répressifs à l'égard des homosexuels, on humanisa quelque peu le système pénitentiaire, on fit progresser l'égalité des femmes et des hommes. L'école et l'université firent l'objet des réformes-cadres « démocratiques », la compétence fédérale, limitée aux grandes orientations, s'alliant dans les Länder à direction sociale-démocrate à la compétence directe et concrète des ministres et des diètes. L'atmosphère générale du pays se fit plus légère, moins contraignante. La génération qui entrait dans l'âge adulte n'avait connu et subi ni le national-socialisme, ni la guerre, ni les rigueurs de la reconstruction. Les réformes coûtaient cher, mais la société et l'économie allemandes, en croissance continue depuis vingt ans, pouvaient facilement en payer le prix.

Cependant, le changement des générations, la montée des « nés après 1945 » produisaient dans un peuple dont les traumatismes n'étaient guéris qu'en surface des impatiences, des exigences, des agitations. La satiété et l'angoisse nourrissaient la révolte, le mépris égal pour les échecs et les réussites des parents qui avaient choisi Hitler avant de se ruer dans le miracle économique. Impossible, comme ailleurs en Europe occidentale, de se couler dans le modèle de la contre-culture communiste. L'exemple de la RDA exorcisait ces démons-là. Tour à tour, SPD et CDU avaient joué la part d'une opposition trop sage, « constructive ». A la révolte furieuse, les réformes elles-mêmes apparaissaient comme des contrefaçons dérisoires. Alors, dans l'Allemagne divisée, atlantisée, européanisée, jetée dans la commémoration et l'exotisme, quelques dizaines d'exaltés organisèrent un terrorisme d'amateurs. Fragile et complexe, la société réagit en s'affolant. Willy Brandt fut, devant cette menace à la fois dérisoire et insaisissable, l'homme de la fermeté : en 1972, avec les ministres-présidents des Länder unanimes, il signa des textes qui devaient empêcher les ennemis de proliférer dans la fonction publique, notamment dans l'enseignement. Violemment attaquées par les militants d'un libéralisme humanitaire, souvent mal informés, les « interdictions professionnelles » étaient surtout inefficaces. C'est sans doute son départ du gouvernement qui exonéra Willy Brandt du souvenir de sa signature – dans son propre esprit comme dans celui de la gauche intellectuelle et émotionnelle, qui en vint à le considérer comme le plus illustre des siens.

Avant de tomber dans un piège digne d'un film d'espionnage de série B, Willy Brandt connut un succès qui frôla le triomphe. Le passage à l'alliance avec les sociaux-démocrates avait été fort mal vécu par l'aile droite du FDP, l'aile nationale-libérale proche du grand patronat. Un nombre important d'élus quittèrent le groupe parlementaire entre 1969 et 1972, réduisant sans cesse davantage la majorité qui appuyait le gouvernement Brandt-Scheel. Au printemps de 1972, quand la ratification des traités de Moscou et de Varsovie devait venir devant le Bundestag, il n'était pas sûr d'y avoir encore une majorité. Certes, une partie des députés de l'opposition étaient tentés d'émettre un vote positif sur les traités, pensant que de tels arrangements devenaient indispensables alors que la politique de détente dominait dans les rapports Est-Ouest. Mais l'aile conservatrice de la CDU et la CSU bavaroise restaient attachées aux idéaux, aux craintes et aux espoirs de la Guerre froide, et l'amenuisement de la majorité faisait convoiter la possibilité d'une revanche. Rainer Barzel, le nouveau président de la CDU, était personnellement plutôt enclin au vote en faveur des traités, mais il n'exerçait pas sur l'Union l'autorité du vieil Adenauer. Le groupe s'abstint lors du scrutin sur les traités. Aussitôt ce passage franchi, cependant, Barzel et les siens déposèrent une motion de défiance combinée en vertu de la Loi fondamentale, avec la proposition de désigner Barzel comme chancelier. Arithmétiquement, Brandt devait être battu d'une voix, mais, au dépouillement, c'est à Rainer Barzel que manquèrent deux votes. Il est à peu près certain aujourd'hui qu'au moins l'un d'entre eux avait été – carrément – acheté. Cependant, la majorité de Brandt n'existait plus. Les partis se mirent alors d'accord pour en appeler au souverain; l'élection eut lieu en novembre 1972 et donna à Willy Brandt une victoire presque trop belle : pour la première fois dans l'histoire de la République fédérale le SPD recueillit plus de voix que les partis de l'Union. Il allait désormais pouvoir gouverner tranquillement, appuyé sur une majorité large et solide. En fait, une fois signé et ratifié le traité avec la RDA (dont la conclusion annoncée à la veille de l'élection avait joué en faveur de la coalition), Brandt ne gouverna plus guère, comme si son programme était épuisé, comme si le pouvoir l'ennuyait. Quand le piège s'ouvrit sous ses pas, il ne donna vraiment pas l'impression de s'accrocher.

Günter Guillaume était un agent des services secrets de la RDA, infiltré dans les rangs du SPD, qui avait suivi dans ce parti une longue et lente carrière dont le couronnement fut son introduction dans l'entourage immédiat du chancelier. Brandt était strictement étranger à cette affaire, il n'avait pas engagé l'espion et il n'avait jamais été informé des soupçons qui planaient sur son collaborateur. Il est d'autant plus singulier qu'il ait préféré s'en aller plutôt que de dénoncer l'attitude de ceux qui l'avaient laissé en proie à l'agent. Il est vrai qu'au sein du SPD il y avait belle lurette qu'on accusait le chancelier de s'intéresser aux jolies femmes plus qu'au labeur gouvernemental quotidien. Si Brandt ne s'accrocha guère, ses « amis » ne s'empressèrent pas de le retenir. Brandt remit sa démission, Walter Scheel fut élu président fédéral à la place du digne Heinemann qui se trouvait trop vieux pour un deuxième mandat et qui eut, à ce propos, le mot immortel : « Il faut s'en aller tant qu'on peut encore marcher. » Helmut Schmidt, lui, devint le cinquième chancelier.

Cependant, Willy Brandt conserva la présidence du parti. Tout le monde pensa qu'il ne s'agissait que d'une transition. Mais les augures se trompèrent : ce n'est qu'en 1987, à l'âge de 73 ans, que l'ancien chancelier abandonna la direction du parti, ayant survécu politiquement à son successeur au gouvernement, Helmut Schmidt, dont la chute fut en partie son œuvre. Brandt reprenant ainsi le travail de sape que le premier chancelier avait mené contre Erhard. Pendant cette longue et ultime période de sa carrière politique, Willy Brandt n'a cessé de montrer sa compréhension et sa sympathie pour les mouvements d'opinion, dans le parti comme dans la société, qui militaient pour davantage de démocratie et de transparence, pour davantage d'émancipation et d'égalité, à l'intérieur et à l'extérieur, pour une plus grande ouverture en direction des pays communistes aussi bien que pour une plus forte solidarité envers le tiers-monde. Prix Nobel de la paix (1973), président de l'Internationale socialiste, homme de culture et homme de plaisir, il jouit d'une grande popularité malgré – et peut-être à cause de – son éloignement du pouvoir. A près de 80 ans, il était devenu, après l'élection de décembre 1990, le doyen d'âge du Bundestag. Il mourut en 1992, entouré d'une estime quasi universelle qui rappelle à l'historien l'inconstance et l'inconsistance des opinions.

Le cinquième chancelier

Comment définir un homme d'État pour le distinguer d'un simple homme politique ? L'homme d'État accomplit une œuvre d'une certaine durée qui transforme les conditions d'existence d'un grand nombre d'hommes et qui constitue un modèle pour une période et pour un domaine territorial d'une certaine importance. C'est aussi quelqu'un qui donne son nom à une époque et dont le souvenir reste vivant longtemps après sa mort ou sa sortie de la vie politique. Si cette définition est acceptable, elle s'applique à Konrad Adenauer et à Willy Brandt, dans la mesure, aussi, et surtout, où ils ont su transformer en constructions politiques des tendances profondes et au moins implicitement majoritaires qui agitaient la société de leur pays et de leur temps. Helmut Schmidt, dont le gouvernement a duré presque deux fois plus longtemps que celui de Willy Brandt, de mai 1974 à octobre 1982, a été un grand gestionnaire, un administrateur plutôt qu'un édificateur. L'Allemagne d'Helmut Schmidt a été un pays puissant et sérieux, prudent et soucieux de ses limites. Il a continué l'*Ostpolitik* inaugurée en 1969-1970 sans grandes innovations. La République fédérale a beaucoup contribué à la réussite de la conférence d'Helsinki ; dans la suite, un nouvel accord avec la Pologne a facilité l'émigration vers la République fédérale d'un nombre croissant d'Allemands « ethniques » demeurés en territoire polonais tout en procurant des aides matérielles non négligeables aux dirigeants polonais. Ses excellents rapports avec le président français Giscard d'Estaing dont le séjour au pouvoir couvre à peu près la même période que la sienne (1974-1981) ont permis à la France et à l'Allemagne de donner quelques impulsions nouvelles à la construction de l'Europe unie : l'élection du Parlement européen au suffrage direct, la création du Conseil européen des chefs d'État et de gouvernement, la mise en place du Système monétaire européen. Dans le cadre des rencontres régulières des sept plus grandes puissances économiques, la République fédérale schmidtienne jouissait d'un prestige réel et d'une considérable influence grâce à la stabilité de sa monnaie, à sa lutte efficace contre l'inflation et au formidable développement de son commerce extérieur, grâce aussi à la paix sociale que garantirent les équilibres institutionnels et le partenariat mis au point dès l'époque adenauérienne. L'extension de la cogestion paritaire à l'ensemble des sociétés employant plus de deux mille salariés (alors qu'elle était, auparavant, limitée aux branches du charbon et de l'acier) apparaît comme l'achèvement de ce dispositif. Schmidt avait horreur du spectaculaire et de l'esbroufe. C'est un homme du Nord, comme Brandt, et c'est, comme lui, un homme de culture, amateur d'art, musicien lui-même mais dans une tonalité retenue, sourde et sobre. Issu d'une famille d'enseignants, chrétien croyant et pratiquant, il a été soldat pendant sept ans, finissant la guerre comme lieutenant (*Oberleutnant*) d'artillerie, pendant que Brandt luttait en exil. Sa captivité en Grande-Bretagne a confirmé l'attrait que le monde anglo-saxon exerçait sur lui et c'est au contact des sociaux-démocrates allemands qui participaient à la « rééducation démocratique des POW » (*prisoners of war*) qu'Helmut Schmidt s'est lui-même orienté vers le SPD. De solides études de sciences économiques, quelques brèves années comme fonctionnaire à Hambourg, et le voilà, en 1953, élu député au Bundestag où il restera trente ans, faisant vite une carrière brillante, grâce à sa puissance de travail, son intelligence rapide – et son bagou. « Schmidt-Schnauze », Schmidt-grande-gueule, c'est alors son surnom. Une brève interruption le ramène à Hambourg comme sénateur (ministre) chargé de l'Intérieur. Une grande catastrophe naturelle, l'inondation de 1958, qui ravage des quartiers entiers, lui permet de faire la preuve de sa capacité d'organisateur et de son autorité. De retour à Bonn, il joue un rôle très important comme président du groupe parlementaire SPD pendant la Grande Coalition. En 1969, il devient ministre de la Défense, un ministre qui est apprécié par les militaires (sept ans sous l'uniforme sont pour cette fonction un solide atout). En 1972, il succède au professeur Schiller, son ancien maître à l'université, au double portefeuille des Finances et de l'Économie. Devenu chancelier, il remportera par deux fois, en 1976 et en 1980, les élections générales. Il est un chef de gouvernement très populaire mais cette popularité n'empêchera pas son parti de détruire peu à peu, à partir de 1979 et malgré le succès électoral de 1980, les bases de l'autorité du chancelier.

Les premières années du gouvernement Schmidt furent marquées par l'apogée du terrorisme de la Fraction Armée rouge, la RAF, qui, forte de quelques dizaines d'activistes, de quelques centaines de complices et de milliers de sympathisants, perpètre des attentats spectaculaires dont le plus remarqué fut l'enlèvement, suivi de l'assassinat, du « patron des patrons », le président de la Fédération des employeurs, Hans Martin Schleyer. Dans ce cas, comme dans l'affaire du détournement d'un avion de la Lufthansa, Helmut Schmidt resta ferme en refusant toute transaction avec les extrémistes qui voulaient faire chanter l'État. La prise d'assaut de l'avion qui, venant d'Espagne, avait fini par échouer à Mogadiscio, s'opéra avec un minimum de pertes et eut pour conséquence à la fois le rétablissement de la confiance dans la capacité des autorités à défendre l'ordre public et une crise profonde chez les figures de proue du terrorisme de la RAF emprisonnés à Stammheim près de Stuttgart. Ceux-ci avaient sans doute cru qu'ils obtiendraient leur liberté en échange de l'avion détourné. Placés devant la perspective d'un emprisonnement à vie, ils choisirent le suicide collectif, peut-être dans l'idée que leurs amis parviendraient à faire croire à un assassinat. Sans s'être éteint tout à fait, le terrorisme, dès lors, a poursuivi sa course sur un mode mineur, doublement marginalisé par la rareté de ses méfaits et par l'isolement des activistes sur le plan de l'organisation. Cependant, une partie non négligeable du mouvement de contestation antiatomique et pacifiste, des extrémistes parmi les Verts et les *Jusos* (Jeunes socialistes) manifestent une certaine compréhension pour ceux qui, à partir de préoccupations similaires vécues avec la même passion et la même angoisse, en viennent à des actes extrêmes. Quand, au printemps de 1989, quelques dizaines de terroristes incarcérés firent une grève de la faim pour obtenir d'être réunis en prison, les gouvernements des Länder à direction sociale-démocrate entrèrent dans la voie de la négociation et proposèrent des transactions, d'ailleurs rejetées dédaigneusement par les « grévistes ».

A l'époque du gouvernement Schmidt, un autre phénomène social, véritable cancer de la vie en commun des hommes, s'installe de façon durable en République fédérale : le chômage. Après un quart de siècle de plein-emploi, un volant de 1 à 2,5 millions de chômeurs se maintient depuis le milieu des années 1970 dans la seule République fédérale, pour connaître un nouveau développement massif après 1990, notamment en conséquence des bouleversements que l'unification produit dans l'ex-RDA. Le chômage des jeunes, le chômage de longue durée deviennent des faits persistants. Certes, des protections existent et la misère extrême, si répandue après 1929, est rare, mais les effets psychologiques et les conséquences politiques finissent par se faire sentir. La pauvreté, en tout cas, et la chape grise de l'avenir barré sont le lot d'un grand nombre, alors que la plupart des Allemands, du moins à l'Ouest, bénéficient encore, dans une plus ou moins grande mesure, des progrès de la prospérité qui continue à s'accroître malgré le chômage – ou peut-être à cause de lui, commencent à penser beaucoup de gens. N'est-on pas en marche vers la « société duale », deux tiers de bénéficiaires, un tiers de laissés-pour-compte ? L'attrait qu'exerçaient vers la fin des années 1980 les petits partis d'extrême gauche et d'extrême droite n'était certainement pas sans rapport avec l'installation à demeure du chômage.

Autre phénomène de société de l'époque d'Helmut Schmidt, que le gouvernement n'a pu ni prendre en compte efficacement ni combattre : l'écologisme, dont le point de départ politique est la lutte contre l'énergie atomique, contre son utilisation civile comme contre les armes nucléaires. La peur atomique a été le véritable ciment des mouvements de contestation de la fin des années 1970 et du début des années 1980, mouvement de nature religieuse ou parareligieuse, aussi bien que morale et politique. Au-delà des centrales et des fusées, toute l'organisation de l'économie et de la société, le profit et l'escalade de la consommation de masse, et surtout la destruction de plus en plus rapide de l'environnement sont mis en cause et mobilisent des manifestants. Les bulletins de vote, prenant le relais des grands rassemblements extatiques et chaleureux, vont, peu à peu, conduire au cœur du pouvoir les angoisses et les protestations qui étaient longtemps restées minoritaires. La société allemande, tendue vers la production, l'exportation, la propriété et le luxe, va ainsi au-devant d'un déchirement entre l'amour des grosses cylindrées et les transports en commun, entre les industries polluantes et l'artisanat individualiste, entre le souci de la nature proche et l'exotisme des voyages collectifs vers les terres de soleil. Dans les arcanes des coalitions entre SPD et Verts qui s'installent dans les structures locales et régionales, les compromis se cherchent entre ces deux tendances fondamentales et fondamentalement opposées. Seront-ils vivables et durables ? C'est l'histoire du nouveau gouvernement fédéral SPD-Verts, entré en fonction le 27 octobre 1998 qui fournira la réponse à cette question.

Ces développements commencent à se dessiner alors qu'Helmut Schmidt est au sommet de sa puissance. Ils finiront par entraîner son déclin politique. Au sein du SPD sur lequel s'exerce toujours l'autorité de Willy Brandt, souple certes, mais obstinée, les préoccupations antiatomiques et antinucléaires progressent, par une sorte d'osmose avec les mouvements écologistes et pacifistes. Le moins qu'on puisse dire est que Brandt ne s'oppose pas à leur avance. Dans les congrès du Parti social-démocrate les majorités qui appuient la politique gouvernementale favorable aux centrales atomiques et préoccupée des nouvelles fusées nucléaires fabriquées et déployées par les Soviétiques vont en s'amenuisant. C'est pourtant Helmut Schmidt qui a sonné l'alerte au sein de l'Alliance devant le surarmement nucléaire soviétique. C'est lui qui a obtenu la « double décision » : ou bien les Soviétiques acceptent de négocier sur la destruction de leurs nouveaux engins, ou les Alliés seront obligés de fabriquer et de déployer des armes de riposte. Les Soviétiques, qui vivent ce que, à l'ère de Gorbatchev, on qualifiera de stagnation brejnévienne, rejettent la proposition des Occidentaux. Dès lors, le déploiement des Pershing II et des Cruise est décidé, mais cette mesure se heurte à une violente et nombreuse opposition, en République fédérale et ailleurs. Ce n'est qu'au printemps de 1983, sous le gouvernement d'Helmut Kohl, que l'électeur tranchera définitivement en faveur de cette politique naguère voulue et imaginée par Helmut Schmidt.

Cependant, ce n'est pas sur la politique nucléaire que la coalition SPD/FDP va se briser à l'automne 1982 après presque treize ans de cohabitation. C'est le retour du Parti social-démocrate à une conception plus dirigiste de la politique économique, imposée par une nouvelle gauche, plus universitaire qu'ouvrière, qui conduira la majorité des responsables libéraux à choisir la rupture. L'économie sera le terrain d'affrontement, c'est là, en effet, un domaine où l'entente entre CDU/CSU et FDP est sinon facile du moins réalisable. Lâché par les siens, Schmidt se retirera progressivement de la politique active. Codirecteur du *Zeit*, l'hebdomadaire le plus intelligent et le plus influent, beaucoup plus libéral que socialiste, Helmut Schmidt continue cependant à agir indirectement sur les affaires publiques, jouant avec adresse et compétence le rôle de l'*elder Statesman* dont les avertissements suscitent un vaste écho.

Le sixième chancelier

Helmut Kohl, né en 1930, approchait de ses vingt ans au moment où Adenauer accédait au pouvoir. Un espace de cinquante-quatre ans sépare la naissance du sixième chancelier de celle du premier. A la fin de la Seconde Guerre, Helmut Kohl n'était qu'un de ces gamins que l'absurde et criminelle obstination voulait encore jeter dans les combats, un des « Marie-Louise » d'Adolf Hitler – ce qui rappelle une fois de plus la profonde similitude des dictateurs, en dépit de toutes les supériorités dont nous sommes tentés d'orner le Corse...

Élevé dans le Troisième Reich par une famille d'une foi catholique si solide que les séductions et les menaces ne purent l'entraîner vers l'adhésion au nazisme, Helmut Kohl entrait à 15 ans dans l'après-guerre. Il a maintenant dépassé largement la soixantaine. Il est le premier chef de gouvernement de l'Allemagne dont la vie adulte se soit tout entière déroulée dans un pays qui s'engageait dans la normalité démocratique et occidentale d'une manière si profonde et – apparemment – si irréversible qu'aucun accident de l'histoire ne paraît plus pouvoir le ramener à ses périlleuses solitudes, à ses *Sonderwege* d'antan. Kohl a dépassé la durée gouvernementale de tous ses prédécesseurs de la République fédérale. Il est depuis seize ans au pouvoir. Depuis la fondation du Deuxième Reich, seul Bismarck avait, mais de beaucoup, dépassé cette longévité politique. (Nous ne parlons pas ici, sur le même plan, d'Adolf Hitler).

Entré dans l'action politique alors qu'il était encore au lycée, servi par sa haute taille et sa voix de stentor, mû par une forte ambition et une énorme capacité de travail, Kohl, tout en suivant des études de politologie à l'université d'Heidelberg, tout en travaillant comme tailleur de pierre pendant les vacances universitaires, ne cessa jamais de militer. Responsable des jeunes démocrates-chrétiens dans son secteur natal de Ludwigshafen, la grande ville industrielle palatine, il a été successivement élu conseiller municipal, député à la Diète, chef du groupe parlementaire et ministre du Land. Il devint ministre-président de Rhénanie-Palatinat en 1969. A part quelques brèves années comme conseiller juridique d'un syndicat patronal, il a toujours été un professionnel de la politique, solidement établi sur un petit nombre de convictions fondamentales : la doctrine sociale de l'Église, base d'une conception des rapports fraternels entre les hommes ; l'économie sociale de marché, base économique de l'État de droit et des libertés ; la démocratie parlementaire qui remet le pouvoir aux mandataires du peuple et laisse le peuple juger ses représentants au bout de quelques années, et la nécessité de construire l'intégration européenne pour mettre fin aux déchirements intérieurs et assurer la liberté commune des peuples du continent.

La victoire socio-libérale de 1969, qui repoussa la CDU dans l'opposition, ouvrit au plus jeune des ministres-présidents les perspectives d'une carrière nationale. M. Kiesinger, vaincu, perdit la présidence du parti ; le successeur Rainer Barzel n'avait pas les qualités de vigueur et d'autorité pour cimenter son leadership. Dès sa première défaite, aux élections de 1972, il dut céder la présidence à Helmut Kohl. Celui-ci fit alors un choix décisif : il abandonna sa solide position de ministre-président à Mayence pour assumer la fonction beaucoup plus difficile de leader de l'opposition à Bonn. En 1976, président du parti, il mena sa première campagne électorale nationale de candidat-chancelier : succès relatif. La CDU/CSU redevint le premier parti au Bundestag mais n'obtint pas la majorité absolue. En 1980, la carrière de Kohl parut sérieusement menacée : le chef du gouvernement bavarois, Franz Josef Strauss, lui disputa la place de candidat commun des deux partis de l'Union, mais le Bavarois fut éliminé par les électeurs avec des résultats très inférieurs à ceux que Kohl avait atteints en 1976. L'homme du Palatinat, de ce fait, se retrouva à la tête de l'opposition. Avec ses solides convictions et son calme inébranlable, il tint solidement son appareil et sut choisir des collaborateurs dévoués. Deux ans après sa dernière victoire électorale, Helmut Schmidt, victime de la désaffection de son propre parti dont les militants se font alors de plus en plus une âme de contestataires, se vit abandonné par les libéraux qui, malgré des risques évidents, exécutèrent un tournant en quelque sorte symétrique à celui de 1969. Le retour à l'alliance de l'époque d'Adenauer a été avant tout l'œuvre de Hans Dietrich Genscher, entré au gouvernement en 1969 comme ministre de l'Intérieur et ayant succédé aux Affaires étrangères à son aîné Scheel, devenu président fédéral en 1974. En 1982, Genscher était appuyé par le comte Lambsdorff, ministre de l'Économie, qui avait fortement voulu et même entraîné la rupture avec le SPD dont il redoutait le retour aux idées dirigistes. C'est donc à la suite d'une crise intérieure dans la coalition précédente, et non pas en vertu d'une victoire électorale, qu'Helmut Kohl accède à la chancellerie en septembre 1982. Il s'y est maintenu en sortant vainqueur de quatre élections générales, en 1983, 1987, 1990 et 1994, victoires d'autant plus remarquables que le « géant palatin » à toujours entretenu des relations conflictuelles avec les médias et la majorité de la classe intellectuelle. Mais il eut longtemps la chance et le mérite d'être chef de gouvernement pendant une période de progrès matériel continue et d'une prospérité à laquelle la social-démocratie, travaillée par le virus gauchiste et redoutant la surenchère des Verts entrés en force au Bundestag en 1983, ne pouvait opposer qu'une critique d'accompagnement. En 1983, avec une opiniâtreté qui se sait appuyée par la majorité du peuple, Kohl impose le déploiement sur le sol allemand des missiles à moyenne portée Pershing II, en riposte aux SS 20 soviétiques. En 1986, il est avec François Mitterrand le principal promoteur de l'accord de Luxembourg, dit *Acte unique*, qui programmait des progrès tout à fait considérables et même surprenants sur le plan européen avec un renforcement des institutions communes et l'achèvement de l'intégration économique pour le 1er janvier 1993[1]. A partir de l'été 1989, il a géré avec une maestria que même ses adversaires durent constater la crise déclenchée par l'écroulement de l'Allemagne communiste, qui devait en l'espace de moins d'un an déboucher sur le rétablissement de l'unité nationale. C'est comme unificateur et libérateur de la patrie que Kohl devait gagner les premières élections générales libres (le 18 mars 1990) en RDA, puis, en décembre, les premières élections libres communes à toute l'Allemagne depuis 1932.

1. Ce processus a été accéléré et développé par le traité de Maastricht en 1992. Il a abouti à la création de l'euro qui a remplacé le Deutche Mark le 1er janvier 1999.

L'unification de l'Allemagne dont personne ne pouvait prédire en été 1989 la réalisation si prochaine a été tantôt menée, tantôt accompagnée par Helmut Kohl avec une grande habileté stratégique. Sur le plan intérieur, il lui fallut tout d'abord diriger l'émotion populaire en RDA vers l'idée de l'union nationale alors qu'au départ le mouvement de contestation visait à transformer la RDA, mais non à l'abolir. Il fallait ensuite capter au profit de la CDU et de ses alliés libéraux l'élan politique d'un pays délivré de maîtres durs et obtus mais dont on pouvait penser que la social-démocratie représentait mieux la sensibilité majeure. Après quoi, pour arrêter l'hémorragie de l'émigration vers l'Ouest, il fallait opérer à chaud l'introduction du Deutsche Mark en RDA et accorder le taux de change économiquement peu sérieux de un pour un. Cette décision de la raison politique dut être imposée avec fermeté à la résistance des sages, au premier rang desquels figuraient les dirigeants de la Banque fédérale. Il fallait parallèlement préparer tous les éléments majeurs de la société ouest-allemande à l'idée de sacrifices à consentir au bénéfice des Allemands de l'Est, alors que la majorité des citoyens ne tenaient guère à être dérangés dans leur solide bien-être. C'est pourquoi l'immense transfert financier au profit de l'Est a été opéré avec un recours très restreint à l'impôt.

Cependant, le statut de l'Allemagne, désunie ou unie, relevait encore des quatre vainqueurs de 1945. Au mouvement qui poussait irrésistiblement vers l'unité de l'Allemagne, aucun des vainqueurs occidentaux ne pouvait s'opposer, et les Soviétiques eux-mêmes ne s'y opposèrent pas longtemps. MM. Kohl et Genscher ont tiré rapidement du spectacle qui se déroulait en URSS la certitude qu'ils pouvaient obtenir presque tout ce qu'ils souhaitaient, et avant tout le maintien dans l'OTAN et dans la Communauté européenne de l'Allemagne unie. En même temps, ils s'assurèrent l'appui américain, qui fut sans faille, et celui des partenaires français et anglais, non dénué, lui, de pointes d'inquiétude. L'accord « 4 + 2 » (les quatre « vainqueurs » et les deux États allemands) fut conclu, avec un contenu satisfaisant pour certains et acceptable pour tout le monde. Après quoi l'achèvement de l'unité put s'accomplir en toute légalité nationale et internationale. Le traité d'État négocié parallèlement entre les deux États allemands prenait appui sur l'article 23 de la Loi fondamentale qui prévoyait l'adhésion à la République fédérale des parties de la nation « à qui il n'avait pas été permis de participer » à l'œuvre de 1949.

Il est vrai que l'adhésion pure et simple se heurtait à la différence énorme des modes d'existence, des structures, des lois et des mentalités dans les deux parties jusqu'alors séparées de l'Allemagne. Il fallait, en même temps que l'on organisait l'adhésion de la RDA à la RFA, fixer les règles de l'application à l'Allemagne de l'Est des lois et règlements en vigueur dans un pays de démocratie parlementaire et d'économie de marché. Les deux traités signés par les gouvernements de Berlin-Est et de Bonn – le premier organisant l'union monétaire, économique et sociale, et le second procurant l'entrée globale de la RDA dans la RFA, ou, en d'autres termes, l'union politique – se sont de ce fait enrichis d'une énorme masse de dispositions de transition qui pour autant sont loin d'avoir épuisé le sujet et réglé tous les cas possibles, et tous les litiges. Et les traités ont laissé subsister les identités collectives si différentes qui en près de cinquante ans s'étaient forgées à l'Est et à l'Ouest.

Quand le chancelier Kohl put, le 3 octobre 1990, moins d'un an après la chute du Mur, participer au nom du gouvernement à l'acte solennel par lequel les deux Parlements des deux États allemands siégeant en commun dans le bâtiment du Reichstag à Berlin, scellèrent le rétablissement de l'unité de la nation, il put à juste titre se considérer comme l'héritier légitime, comme le continuateur de Konrad Adenauer et comme le garant ou le rétablisseur de ce qui demeure l'œuvre de Bismarck et celle de la République de Weimar. Le biographe qui retracera dans quelques décennies le destin de cet homme d'État si proche du peuple dont il est issu, et si peu populaire parmi ses élites intellectuelles, se demandera peut-être si, après avoir vécu ce moment étoilé, Helmut Kohl n'aurait pas dû laisser à d'autres le soin de se débattre avec la quotidienneté des lendemains. L'homme politique ne l'a pas entendu de cette oreille-là. Il a voulu affronter les dures tâches de sa troisième campagne électorale en tant que chef du gouvernement, gagner les premières élections communes aux deux moitiés de l'Allemagne et former le premier gouvernement de l'Allemagne unie. En revanche, il a subi les conséquences des déceptions et des désarrois qui régnaient chez beaucoup de citoyens dans les nouveaux Länder et à Berlin-Est. Pour la première fois, la soixantième année passée, il lui arriva d'évoquer sa succession. Sujet peu actuel, mais que le responsable d'un grand pays devrait avoir continuellement présent à l'esprit. Or le successeur envisagé, le ministre fédéral de l'Intérieur, qui avait pris la présidence du groupe parlementaire CDU/CSU en décembre 1991, Wolfgang Schäuble, fut victime d'un attentat et se déplace maintenant en chaise roulante, comme Franklin Roosevelt le fit pendant quatre présidences successives de 1932 à 1945, exemple qui lui permet – malgré ce terrible handicap – tous les espoirs d'avenir. Cependant, après avoir hésité, Helmut Kohl décida finalement d'affronter à nouveau les électeurs en septembre 1998. Il pensait que le peuple donnerait encore une fois une majorité, même courte, à celui qui avait voulu maintenir la prospérité à l'Ouest, l'introduire sans cesse davantage à l'Est et achever l'intégration irréversible de l'Allemagne dans une Europe unie. De quoi occuper encore utilement, pensait-il, les quatre années d'un sixième mandat. Il croyait, comme une grande partie des responsables de la CDU, que sa longue période au gouvernail (seize ans depuis l'automne 1982) lui assurerait un « bonus » auprès d'un électorat davantage attiré par la continuité que par le changement. Pourtant, déjà en 1994, Helmut Kohl avait vu se réduire considérablement sa majorité au Bundestag, qui ne comptait plus que 10 sièges d'avance sur les diverses oppositions. Comme Helmut Kohl excluait de gouverner en grande coalition avec le SPD – intention qu'il avait clairement annoncée – il lui fallait donc, le 27 septembre 1998, retrouver une base pour continuer à « régner » avec les Libéraux. Ce faisant, il a visiblement sous-estimé l'effet d'usure qu'une si forte personnalité ne peut pas manquer de produire au terme d'une si longue présence à la première place. Les téléspectateurs dans leur majorité en ont eu assez de voir son imposante stature occuper le petit écran.

Le SPD s'était donné un candidat-chancelier qui sans jouir au départ d'une réputation nationale, a très su bien incarner dans une campagne assez personnalisée le double souhait d'un changement sans risque et d'une continuité avec des variations visibles. Le septième chancelier, Gerhard Schröder, précédemment Ministre-Président de Basse-Saxe a pris officiellement ses fonctions depuis le 27 octobre. Le long interrègne d'un mois entre l'élection et la désignation du nouveau chancelier par le nouveau Bundestag, a donné un remarquable exemple de passation pacifique des pouvoirs, une nouvelle preuve intéressante de maturité pour la démocratie allemande.

En fait les programmes des deux *grands* (CDU et SPD) n'accusèrent pas de différences majeures. L'Allemagne s'est solidement installée dans l'alternance entre une droite libérale et une gauche libérale, comme beaucoup d'autres pays de l'Europe occidentale. Cependant le changement de génération est manifeste. Kohl avait, tout jeune encore, servi dans les derniers combats de la guerre, et Schröder est né en 1944 ! Ses expériences fondamentales sont celles d'un Allemand qui n'a connu que l'Allemagne réellement démocratique, la République de Bonn qui sous son gouvernement se transférera à Berlin. L'autorité du nouveau chancelier aura besoin de s'imposer dans sa propre majorité face à son concurrent principal, Oskar Lafontaine, qui, abandonnant la direction du gouvernement de la Sarre, devient le ministre fédéral des Finances à la tête d'un dicastère très élargi. On notera en passant l'importance de l'expérience politique régionale pour les grandes carrières politiques en Allemagne fédérale : Helmut Kohl fut chef du gouvernement du Land de Rhénanie-Palatinat, Gerhard Schröder a dirigé longtemps les affaires de Basse-Saxe, et Lafontaine celles de la Sarre. En France nos dirigeants n'ont pas en général connu des expériences comparables dans la CONCRETEZZA de la politique régionale, et pour achever leur détachement par rapport à la réalité quotidienne, l'on veut interdire chez nous le double mandat (député-maire, sénateur-conseiller général, etc.). C'est là un grand avantage pour la République fédérale sur la voie de la formation d'un Etat fédéral européen à laquelle l'Allemagne est bien mieux préparée qu'une France forgée par sept siècles de centralisation monarchique et républicaine. Il en va de même de la longévité à la tête de l'état :

treize ans Adenauer (1949-1962), treize ans SPD (Brandt – Schmidt 1969 – 1982) et seize années avec Kohl.

La grande nouveauté du gouvernement Schröder est l'entrée massive des Verts qui avec Joschka Fischer aux Affaires Etrangères, vont avoir la possibilité de prouver clairement à quel point ils se sont éloignés, eux aussi, depuis leur entrée au Bundestag en 1983, du radicalisme contestataire de leur prime jeunesse. En évoluant vers le centre gauche, ils apportent ainsi au gouvernement du septième chancelier le souci majeur de sauver la nature et la terre des hommes qui devient peu à peu l'une des préoccupations essentielles des peuples d'Europe.

Avec une solide majorité agrandie au Bundestag et la majorité absolue des Länder à la direction SPD au Bundesrat, Gerhard Schröder devrait avoir la vie plus facile, sur le plan parlementaire, que son prédécesseur dont la réforme fiscale avait été bloquée par la deuxième Chambre. La présence des Verts dans les gouvernements en Allemagne et en France devrait contribuer de son côté, à empêcher des fossés de se creuser entre ces deux pays associés.

Au renouvellement du Bundestag le 27 septembre 1998 qui a mis fin au long règne de Helmut Kohl les résultats des deuxièmes voix ont été les suivants :

SPD	20 178 838	40,9 %
CDU	14 004 907	28,4 %
CSU	3 324 328	6,7 %
Verts	3 300 133	6,7 %
Libéraux(FDP)	3 080 601	6,2 %
PDS (néo communistes)	2 515 788	5,1 %

Partis non représentés au nouveau Bundestag

REP	905 200	1,8 %
DVU extrêmes droites	600 194	1,2 %
NPD	126 428	0,3 %

L'extrême droite, une fois de plus, n'a pas eu d'élu, alors que les néo-communistes ont eu 4 élus dans des circonscriptions uninominales (premières voix)[1], ce qui leur permet d'utiliser pleinement leurs deuxièmes voix (il faut 3 élus « directs »).

En ce qui concerne la répartition des sièges les chiffres sont les suivants :

SPD	298	(+46 par rapport à 1994)
CDU	198	(- 46)
CSU	47	(- 3)
VERTS	47	(- 2)
Libéraux FDP	44	(- 3)
PDS (néocommunistes)	35	(+ 5)

Le SPD a bénéficié de 18 sièges supplémentaires dûs aux premières voix alors que la CDU n'en a pas eu en 1998.

En 1994 la majorité CDU/CSU/SPD avait 341 sièges et l'opposition SPD-Verts-PDS 331.

En 1998 la majorité SPD-Verts dispose de 345 voix et les oppositions diverses CDU/CSU/FDP/PDS de 324 voix. Dans plusieurs Länder également, les Verts gouvernent, associés aux sociaux-démocrates, voire aux libéraux. Les événements de Bosnie et du Kossovo ont tempéré chez beaucoup d'entre eux un ancien antimilitarisme militant. Mais le souci de l'environnement et la peur des catastrophes du type Tchernobyl restent des facteurs très importants dans l'opinion allemande et ces préoccupations nourrissent le vote vert qui a fait de ce parti « pas comme les autres » un facteur permanent et important de la vie politique allemande. A l'Est, les écologistes ont fait alliance avec des « survivants » du mouvement de contestation qui s'était développé en RDA en 1989 et qui joua un rôle dans la transition vers l'unification. Parmi les dirigeants les plus connus en 1998 figure à la première place « Joschka » (Joseph) Fischer, qui a joué un rôle décisif dans l'évolution de son parti vers un certain « possibilisme ». Fischer passe à raison pour un des meilleurs hommes politiques qui suivent de près les questions de politique interna-

1. Chaque électeur, rappelons-nous, a deux voix : avec la première, il élit *un député* dans une circonscription uninominale, avec la deuxième une liste *dans un cadre régional*

tionale et de défense. Ce faisant, il doit sans cesse résister aux surenchères idéologiques de sa « gauche » pure et dure. Celle-ci, pour donner un exemple, dans l'élaboration de la plate-forme électorale pour septembre 1998, a réussi à introduire une augmentation massive du prix de l'essence, proposition qui risque de coûter beaucoup de voix d'automobilistes au parti de l'environnement.

7. Unification-adhésion ou unification-absorption

La chute de la maison SED

J'ai tenté, dès le départ de cette histoire de l'Allemagne, de ne pas privilégier le temps présent comme le font la plupart des « histoires générales ». Je constate que je n'ai que très partiellement et imparfaitement respecté cette intention première, puisque le récit des dernières cent années occupe plus du quart du livre. Mais, comment faire autrement quand nos connaissances sont tellement plus vastes et profondes – au risque, pour l'historien, de perdre pied dans cette mer d'abondance – et que les conséquences des passés récents s'inscrivent en lettres encore si visibles, sanglantes ou superbes, humbles ou pieuses, sur les murs de notre présent ? Nous remercions donc le destin de nous avoir fourni un si beau début pour cette réflexion finale. Car c'est sur une note d'espoir que nous terminerons un récit où l'horreur et les désastres furent plus souvent inscrits à l'ordre du jour que la grandeur civile ou le bonheur des êtres humains. (Sans parler de cette grande absente de l'histoire qu'est la souffrance infligée par nous à nos frères les animaux : au cours des premiers mois de l'attaque hitlérienne contre l'URSS, l'armée allemande « perdit » 800 000 chevaux…) Un vote libre et « démocratique » permit à un peuple condamné aux applaudissements forcés depuis cinquante-huit ans de choisir enfin ses représentants. Nous savons d'expérience tous les défauts de la démocratie, mais aussi qu'aucun régime politique n'est, comme celui-ci, susceptible de progrès et d'améliorations. L'historien n'est pas neutre. Il a certes l'obligation première de dire comment les choses se sont déroulées, ces choses qui sont « les fruits de la terre et du labeur des hommes », mais quand il l'a fait, autant que le lui permettent ses forces et ses faiblesses, il doit annoncer ses couleurs et donner un sens aux événements et aux intentions. Le physicien ne juge pas la nature, mais l'historien est aussi le juge des hommes (et des femmes). C'est pourquoi j'ai le droit, et le devoir, de me réjouir de pouvoir terminer ce récit sur une note d'espoir. D'un espoir qui, lui aussi, sera déçu en partie et qui, en même temps, servira (quel beau mot) de terreau nourricier à d'autres espérances. Nous sommes nombreux dans le monde, et plus spécialement en Europe, à remercier notre Seigneur, tel le vieux Samuel, d'avoir vécu assez pour voir et entendre l'automne de 1989, cet automne qui fut un printemps.

A la fin de ce pénultième chapitre, c'est donc en premier lieu la « chute de la maison SED » qu'il nous faut évoquer. Nous avons dit plus haut ce que fut le régime communiste en RDA. Au cours de ses dernières années, dirigé par des vieillards de plus en plus sclérosés, il survivait de plus en plus difficilement à ses contradictions. Le caractère brutal, odieux, bureaucratique de la répression policière faisait mauvais ménage avec l'ouverture lentement croissante des frontières et avec la dépendance économique sans cesse accrue envers le gouvernement ouest-allemand. Sous la protection des Églises protestantes, des groupes oppositionnels, dont la protestation était essentiellement morale et en quelque sorte « libertaire », levaient la tête et résistaient aux coups, aux arrestations, aux expulsions. Les entreprises voyaient leur productivité s'effondrer sous le double effet du centralisme étouffant de l'économie administrative et de l'usure des équipements, sans parler du retard des formations. Écrivains, musiciens et gens de théâtre regimbaient contre des contraintes imbéciles, alors que tout un chacun recevait par la télévision occidentale l'image d'une « réalité *bis* », éloignée de quelques kilomètres d'une part et d'années-lumière (ou plutôt d'années d'obscurantisme) d'autre part. Mais avant tout comptait l'incapacité des dirigeants à comprendre les tournants que prenait l'Union soviétique gorbatchévienne. L'avertissement ultime vint de la bouche même du Maître quand il dénonça à Berlin « ceux qui prennent du retard et dont l'histoire tire vengeance ». Ce fut lors de la fête du quarantième anniversaire de la fondation de la RDA, fête shakespearienne où Honecker, Stoph, Sindermann, Mielke,

Hager et leurs compagnons apparurent sous les traits de caricatures du roi Lear et de sa cour. Quelques jours plus tard, à la Chambre du peuple, le chef de la toute-puissante police politique devait s'écrier en larmes, devant les députés goguenards, « mais je vous aime tous ». Ils ne comprirent pas ce qui leur arrivait parce que depuis longtemps ils vivaient, figés par la vieillesse et le pouvoir, dans un monde irréel. Ce monde d'apparence s'écroula quand Mikhaïl Gorbatchev leur fit savoir que l'ère des interventions dans les États satellites, pour y maintenir les conquêtes du « socialisme », était révolue. Ce fut le signal d'une révolution pacifique car, pas plus qu'à Prague à la même heure, frappé au cœur par le lâchage de Moscou, le pouvoir local n'osa finalement se défendre en tirant sur les « masses ».

Commence ensuite la phase de dislocation des structures et de décomposition parallèle de l'État et de l'économie. Le Parti communiste, SED, jusqu'en janvier 1990, tenta de résister, de maintenir des îlots de pouvoir, de s'affirmer indispensable. Cette défense à reculons s'usa vite contre deux obstacles : les départs massifs vers l'Ouest et l'essor désormais irrépressible des libertés. Commencés en été, accélérés par l'ouverture de la frontière hongroise (à laquelle l'URSS ne put ni voulut s'opposer – on n'a pas suffisamment souligné que la Tchécoslovaquie, elle aussi, laissa toujours passer les « touristes » est-allemands se rendant en Hongrie), les départs s'accélérèrent en automne jusqu'à ce qu'Egon Krenz, l'éphémère successeur d'Erich Honecker, prenne la résolution désespérée d'ouvrir le Mur[1]. Il ne la prit certainement pas tout seul, et les effets perturbateurs indirects sur la société ouest-allemande n'étaient sans doute pas imprévus. Ils étaient cependant mal calculés car minimes dans l'immédiat, alors que la continuation des départs (plus de 2 000 par jour depuis le début de l'année 1990) a accéléré la décomposition interne en RDA, le gouvernement de Bonn refusant

1. En fait, il semble bien que ce fut l'initiative isolée d'officiers subordonnés qui devancèrent la mise en application de la décision des dirigeants, déjà prise en principe.

l'aide de grande envergure réclamée par Hans Modrow, successeur au « pouvoir » de Honecker et de Krenz. La faillite politique et économique mettait fin à toute possibilité de survie d'une RDA autonome ; elle excluait même la possibilité d'une négociation portant sur autre chose que les modalités de la cessation d'existence de l'ex-État communiste. Encore une telle négociation ne pouvait-elle avoir lieu qu'après l'élection d'un Parlement issu d'un scrutin libre. En avançant au 18 mars la date du scrutin, les administrateurs communistes de plus en plus provisoires mettaient en réalité fin à leur propre pouvoir, mais il ne leur restait aucune autre issue.

En dehors des « fonctionnaires » du SED pour qui la perte du pouvoir se prolongeait dans une échéance économique et professionnelle par l'abandon forcé de leurs privilèges (mais beaucoup surent se prémunir contre ces effets en entreprenant à leur propre profit des privatisations « sauvages »), il y avait cependant en RDA des éléments non négligeables que cette évolution si rapide et si peu résistible remplissait d'inquiétude. C'étaient pour une bonne part les membres mêmes des groupes et des groupuscules oppositionnels, étudiants, gens d'Église, intellectuels, artistes, qui, au cours des dernières années, avaient courageusement levé l'étendard de la révolte contre le régime. Contrairement à la masse des « partants », qui n'étaient pour la plupart motivés que par l'attrait de l'abondance et des modes de vie de la RFA, et qu'on appelait les « militants de la consommation », ces « résistants » rêvaient d'un socialisme purifié et humanisé, d'un ordre qui éviterait à leur pays les duretés et les rigueurs de la société dominée par les lois du marché et du profit. A l'instar des résistants français de 1944-1945, ces idéalistes ne firent pas le poids. Les communistes ne cédaient que contraints et forcés les monopoles ou quasi-monopoles qu'ils possédaient dans les médias, dans les entreprises et dans les administrations, sur les stocks de papier, sur les bureaux, sur les téléphones. Pour leur faire rendre gorge, il fallait des forces analogues : seuls les partis de la RFA pouvaient s'imposer dans cette course aux nouvelles structures et aux moyens qu'il faut posséder pour se lancer dans une campagne électorale. Livrés à eux-mêmes, les courageux petits groupes ne pouvaient que se marginaliser. Sur le plan de la campagne électorale, l'unité s'est faite au profit du SPD, de la CDU/CSU et des libéraux. Cependant, le 18 mars, les communistes ont pu conserver un rang dans la nouvelle « cour des grands », alors que les « groupes civiques », les oppositionnels de 1989, ne gagneront même pas une mention « honorable », sur le plan du *nombre* de voix, bien entendu.

Notre récit se termine par une entreprise qui n'a de précédent dans aucune histoire nationale : le rachat d'un quart d'une nation et d'un pays par l'autre partie de ce pays. Les estimations étaient fantaisistes : mille milliards de DM en un an, pour permettre aux habitants de la RDA de convertir leurs économies et leurs avoirs – pour consommer et pour investir – et pour augmenter les salaires avant même que la productivité du travail ait commencé à croître. Ce fut, du point de vue de la raison économique, le comble de l'absurde et une entreprise dont le risque était énorme. Mille milliards de DM, ce n'était après tout que deux fois l'excédent que le commerce extérieur ouest-allemand avait réalisé en 1989. Mais le vrai coût de l'unité, beaucoup plus élevé, n'est toujours pas connu huit ans après l'entrée des nouveaux Länder dans la RFA. C'est la raison politique qui l'emporta : en annonçant l'unité monétaire, c'est-à-dire l'introduction du Deutsche Mark en RDA, quasiment au lendemain de l'élection du 18 mars, le chancelier Kohl a fait son métier d'homme politique : il restait à savoir si les élections dans les deux parties de l'Allemagne unifiée honoreraient ce que les uns considéraient comme du courage et les autres comme de l'inconscience. La réponse est venue le 2 décembre 1990 : les citoyens, à l'Ouest comme à l'Est, ont contresigné avec des majorités considérables les décisions d'Helmut Kohl. Cependant les améliorations ne se sont pas fait sentir en RDA sans un accompagnement considérable de chômage, d'augmentations des prix et le bouleversement d'un système social peu efficace mais presque gratuit. Beaucoup parmi les plus actifs et les plus pressés sont partis. Une grande partie de ceux qui restent ont mal vécu les changements dont les petites gens n'ont eu que peu de bon. Pendant ce temps, en RFA, on s'interrogeait sur le prix que chacun aurait à payer : taux bancaires en hausse, poussées inflationnistes, augmentations d'impôts. Dans une société hédoniste à la mémoire petite-bourgeoise, il est difficile de déclencher un grand élan de solidarité sans risquer de faire vibrer à l'excès la corde nationaliste. L'union des deux Allemagnes n'est pas seulement un triomphe de la démocratie et de l'économie sociale de marché, elle aurait pu – et elle l'a effectivement fait, mais moins qu'on aurait pu le redouter –, nourrir la xénophobie envers ceux qui viennent de l'ex-RDA, contre les *Aussiedler* allemands des pays de l'Est et surtout contre les travailleurs étrangers et les *Asylanten* allogènes. Cependant, huit ans après, l'on constate que ces alarmes étaient exagérées et que le coût – important certes, et sans exemple dans l'histoire – s'est « limité » à une ponction annuelle d'environ 180 milliards de DM par an que l'Allemagne de l'Ouest a supportée en maugréant, certes, mais sans que cet effort suscite des protestations violentes. Il est vrai que pour rendre la potion moins amère, le gouvernement fédéral a eu recours à l'endettement plutôt qu'à l'impôt.

L'unité allemande, soudain réalisable, pouvait se faire de deux manières : la Loi fondamentale de la RFA du 23 mai 1949 prévoit, à l'article 146, qu'elle cesserait d'être en vigueur le jour où entrerait en application une Constitution décidée librement par le peuple allemand. Cette disposition impliquait que le peuple allemand pût être appelé par les Parlements des deux États fondés en 1949, et celui de Berlin-Ouest, à élire une Constituante dont l'œuvre s'étendrait au territoire des deux États (et de Berlin-Ouest).

Cependant, la Loi fondamentale dit aussi en son préambule que le peuple allemand, dans les Länder qu'elle énumère (et qui formaient la RFA), a « aussi agi pour ceux des Allemands à qui il fut refusé de participer » à cette œuvre. Dans la logique de ce texte, l'article 23, après avoir énuméré à nouveau les Länder dans lesquels s'applique en un premier temps la Loi fondamentale, ajoute « que celle-ci devra être mise en vigueur dans d'autres parties de l'Allemagne, après leur accession ». Ce texte permettait, selon le cas, soit l'adhésion de la totalité de la RDA (après un vote de la Chambre du peuple ou par le moyen d'un plébiscite, ou par les deux successivement), soit celle des Länder de la RDA agissant individuellement ou tous ensemble, après élection des Landtage (diètes) respectives, avec ou sans référendum. Subsistait dans les deux modèles le problème de Berlin-Ouest qui impliquait un accord spécifique des Alliés occidentaux, toujours détenteurs de la souveraineté dans leurs secteurs de la ville.

Si la première des voies indiquées ci-dessus avait été retenue, il aurait sans doute été nécessaire de renégocier les accords conclus en 1954 et 1955 entre l'Allemagne fédérale et les Alliés occidentaux, y compris l'accord sur l'entrée de la RFA dans l'OTAN et celui relatif à son accession à l'UEO. Il devait en être de même pour les traités de Rome et ceux qui les ont suivis sur le plan de la construction européenne. De telles renégociations n'étaient pas nécessaires dans le cas de la simple accession de la RDA ou de ses Länder à la République fédérale ; elle avait aussi l'avantage de maintenir en vigueur l'excellente Loi fondamentale avec l'équilibre Bund-Länder (fédération-régions) et l'équilibre entre les pouvoirs législatif, exécutif et judiciaire qu'elle a réalisés.

D'une manière ou d'une autre, l'unification allemande devait se traduire par la renonciation des grandes puissances, entre les mains desquelles la capitulation sans condition des armées hitlériennes avait remis la souveraineté sur l'Allemagne, à leurs droits concernant l'Allemagne « en tant qu'ensemble », renonciation négociée et accompagnée de garanties de la part de l'Allemagne unifiée. Les garanties devaient contenir la reconnaissance formelle de la frontière occidentale polonaise que les décisions de la Cour constitutionnelle interdisaient au gouvernement de la RFA de prononcer autrement que pour ce qui était contenu dans le traité de Varsovie de 1970 signé par Willy Brandt et dans les documents annexes (c'est-à-dire en réservant les compétences de l'Allemagne unifiée, seules valables sur le plan du droit international pour une telle renonciation).

Ce qui s'est passé depuis l'été 1989 en RDA était, pour une très large partie, la conséquence des énormes transformations dans lesquelles l'empire soviétique s'engageait sous la direction de Mikhaïl Gorbatchev, lui-même ne faisant que répondre aux pressions de la nécessité. L'URSS était capable d'envoyer des vaisseaux dans l'espace, mais point de satisfaire convenablement les besoins de consommation de ses peuples. Son économie centralisée et bureaucratisée ne pouvait tenir le rythme que les États-Unis imposèrent aux progrès des armements. La modernité technologique rendait de plus en plus perméables les murs que le pouvoir soviétique avait élevés contre l'afflux d'informations qu'il ne contrôlait plus. La conscience nationale des peuples soumis commençait à refleurir. L'empire construit par Staline et sclérosé sous Brejnev s'écroulait par pans entiers. Un immense désir de liberté se mêlait à d'autres aspirations plus impures, à des intégrismes religieux, à des nationalismes agressifs. Gorbatchev était, sans doute possible, doté d'un certain talent politique. Il entreprit une vaste œuvre d'ajustements, de manœuvres de retraite, de consolidations et de renouveaux. La politique européenne de l'URSS en était naturellement affectée. Incapable de suivre le rythme des dépenses militaires dicté par l'Amérique, incapable de maintenir sa domination sur les pays satellisés de l'Europe orientale, l'URSS reculait sur tous les fronts, tout en essayant de se faire payer – en concessions politiques et en aide économique – les abandons que, de toute façon, elle était contrainte de faire. La politique prudente du chancelier Kohl, que précédaient souvent les initiatives plus exposées de H. D. Genscher, le ministre libéral des Affaires étrangères, consista d'abord à saisir les avances et à en tirer avantage pour la cause des Allemands soumis aux régimes communistes, sans jamais quitter l'abri salutaire de l'OTAN et de la Communauté européenne. Les craintes d'une dérive de la RFA vers des engagements majeurs du côté soviétique se révélèrent dépourvues de fondement : jusqu'à l'ouverture du Mur de Berlin, il ne se produisit rien de réellement décisif, ni sur le plan des relations économiques avec l'URSS, ni dans le domaine de la sécurité, l'affaire des fusées à moyenne portée mise à part qui créa des difficultés pendant les premiers mois de 1989 entre la République fédérale et les États-Unis. Mais dans ce cas, ce fut plutôt la politique américaine envers l'URSS, et notamment l'abandon inopiné des fusées à portée intermédiaire par le président Reagan, qui avait été à l'origine du conflit. Il est vrai que Gorbatchev en tira quelque profit, avant tout en approfondissant encore l'impact que sa politique, ou la manière dont cette politique était présentée, lui avait assuré dans l'opinion ouest-allemande. Le chancelier, en restant étroitement solidaire de l'Alliance et de la Communauté, s'exposa aux attaques très vives de l'opposition sociale-démocrate qui demandait que la RFA s'engageât davantage dans le soutien des initiatives gorbatchéviennes en matière de réduction et de contrôle des armements aussi bien que des potentiels militaires humains. Ces critiques s'accompagnaient de contacts de plus en plus nombreux de leurs auteurs avec les dirigeants communistes des pays d'Europe orientale qui allaient jusqu'à l'évocation des ascendances marxistes communes, notamment bien sûr avec les communistes allemands de la RDA. La plupart des dirigeants du SPD en étaient venus à ne faire confiance qu'à de lentes évolutions, à des progrès par petits pas, selon la formule qu'Egon Bahr, un des principaux conseillers de Willy Brandt, avait définie dès 1963 : *Wandel durch Annäherung* (le changement par le rapprochement). Quelque temps avant les grands chambardements en RDA, le même Willy Brandt n'avait-il pas qualifié l'affirmation de la volonté politique de réunifier les deux Allemagnes comme le « mensonge existentiel de la République fédérale » ? Cependant, le moment venu, le SPD sut prendre le tournant et apporter son aide au parti frère renaissant en RDA ; dès février 1990, Willy Brandt, déjà président d'honneur du SPD-Ouest, est appelé à la même dignité par le SPD d'Allemagne de l'Est.

Épurer, restituer, investir, reconstruire

A la suite de l'élection du 18 mars 1990 en Allemagne de l'Est, qui donna une avance considérable, imprévue, à la CDU, fortifia les libéraux et déçut les sociaux-démocrates (l'ex-Parti communiste SED devenu le PDS s'en tira plutôt bien), un gouvernement de grande coalition, CDU, FDP, SPD, fut constitué sous la direction de Lothar de Maizière, avocat et militant protestant qui, depuis décembre, avait remplacé les dirigeants de la CDU-Est – trop compromis par des décennies de collaboration. La seule mission de ce cabinet, dont les héritiers des communistes rassemblés autour de l'avocat Gregor Gysi, fils d'un haut dignitaire du SED, étaient naturellement exclus, devait être de liquider l'État artificiel installé par l'URSS dans sa zone à partir de 1945. Cela se fit dans deux grands mouvements ; d'abord, dès le 1er juillet 1990, fut réalisée l'unité monétaire : au Mark-Est déprécié fut substitué le Deutsche Mark triomphant. Chaque adulte put changer 6 000 Marks-Est contre 6 000 DM. C'était autre chose que les 40 DM du 1er juillet 1948 accordés à chaque habitant des six zones occidentales, après la réforme monétaire. Les deux chiffres font mesurer la dimension prodigieuse du miracle économique ouest-allemand.

Les spécialistes, et en premier lieu la Bundesbank, gardienne de l'orthodoxie monétaire, s'étaient battus contre le taux 1/1 avec d'excellents arguments. Ils n'oublièrent qu'une chose, c'est que sans cette mesure spectaculaire et symbolique l'exode se serait poursuivi, et amplifié même, vidant les territoires de la RDA d'une très grande part de sa substance humaine. Très vite, la majorité des habitants de l'Est comprirent que, désormais, ils comptaient parmi les pauvres d'une nation riche, mais l'émerveillement émanant de l'abondance des produits et des possibilités de choix fit taire les appréhensions en un premier temps. Les salaires suivaient de très loin et en augmentant lentement, grâce à l'action des syndicats de l'Ouest qui se substituèrent aux syndicats domestiques du pouvoir communiste. Mais, en été 1998, huit ans après la réforme monétaire 1/1, les salaires à l'Est ne représentaient encore en moyenne que 75 % de ceux de l'Ouest. Le rattrapage ne sera achevé qu'après l'an 2010, si l'on en croit des instituts d'études économiques fort réputés (si tout va bien), pour ceux qui ne seraient ni chômeurs ni retraités par anticipation, ou en situation de recyclage sans grand espoir de réemploi, c'est-à-dire plus de 30 % de la population active. La deuxième date importante, et même de loin la plus importante, est celle du 3 octobre 1990, date de l'entrée en vigueur du traité général d'unification, œuvre immense et qui, avec sa minutie détaillée, est en fait tout autre chose qu'un simple texte d'exposition des conditions dans lesquelles s'opéra l'adhésion à la République fédérale des cinq nouveaux Länder créés, ou plutôt reconstitués, sur le territoire de l'ancienne RDA. Personne ne pourra refuser son admiration aux fonctionnaires ministériels de Bonn (et dans un moindre degré de

L'ALLEMAGNE UNIFIÉE
ET SES 16 LÄNDER
SCHLESWIG-
HOLSTEIN
MECKLEMBOURG
POMÉRANIE-
ANTÉRIEURE
HAMBOURG
BRÊME
Elbe
BRANDEBOURG
POLOGNE
Oder
PAYS-BAS
BASSE-SAXE
BERLIN
Weser
RHÉNANIE-DU-NORD-
WESTPHALIE
SAXE-
ANHALT
Essen
Dortmund
Cologne
SAXE
HESSE
THURINGE
Francfort /
Main
RHÉNANIE-
PALATINAT
Main
TCHÉCOSLOVAQUIE
SARRE
BAVIÈRE
Rhin
Danube
BADE-WURTEMBERG
FRANCE
Munich
SUISSE
AUTRICHE

Berlin) qui ont en quelques semaines conçu et rédigé ce guide de voyage pour l'unification en mille pages, dont certaines se révéleront difficiles à comprendre, mais dont l'immense mérite est d'avoir permis cette œuvre unique dans l'histoire : l'entrée pacifique d'un État peuplé, à l'époque, de plus de seize millions d'êtres humains dans un autre État. Le ministre fédéral de l'Intérieur de l'époque, Wolfgang Schäuble, et le secrétaire d'État auprès du président du Conseil de la RDA, Günther Krause, furent les maîtres d'œuvre de cette immense tapisserie politico-juridique. Le jour même, les deux assemblées, rassemblées au Reichstag de Berlin, ayant approuvé la loi, le gouvernement de la RDA se dissolvait, et M. de Maizière ainsi que M. Krause et plusieurs autres hommes et femmes politiques de la RDA entrèrent au cabinet de Bonn.

Auparavant, des élections municipales avaient confirmé dans toute la RDA les grandes lignes du scrutin du 18 mars. Le 14 octobre, les citoyens des cinq nouveaux Länder désignèrent leurs diètes qui, à leur tour, élirent les gouvernements. Quatre des cinq Länder se donnèrent un ministre-président CDU, un seul – le Brandebourg– eut un chef de gouvernement social-démocrate en la personne d'un très haut responsable laïc de l'Église protestante. Pendant ce temps s'effectuait par étapes et différemment dans les divers secteurs d'existence l'extension de la législation fédérale aux nouveaux Länder ainsi qu'à Berlin-Est qui fusionnait avec Berlin-Ouest.

Le 2 décembre 1990, fut élu le premier Bundestag commun (et le même jour, la nouvelle Chambre des députés de Berlin réunifié). La Cour constitutionnelle avait « rectifié » la loi électorale décidée par le précédent Bundestag : au lieu de former un seul bloc territorial, les deux Allemagnes resteraient une fois encore séparées par le décompte des voix : ainsi, les petits partis de l'ex-RDA, le PDS héritier du SED et les groupes issus de l'opposition contre le régime SED auraient leur chance. Ils l'eurent effectivement, entrant les uns et les autres au Bundestag alors que les Verts occidentaux en étaient éliminés. Cette règle, cependant, ne devait s'appliquer qu'à la première élection générale, celle du 2 décembre 1990. Déjà, dès leur constitution, les gouvernements des nouveaux Länder étaient venus occuper leurs sièges au Bundesrat.

Le traité d'unification avait confirmé ce qui avait été dit, écrit, voté d'innombrables fois depuis 1945 : Berlin était et restait la capitale de l'Allemagne unie. Cependant, le texte réservait au nouveau Bundestag la décision concernant le siège des institutions suprêmes – comme si l'on pouvait imaginer une capitale qui ne serait pas le lieu où exercent leurs activités le chef de l'État, le gouvernement et les assemblées. Après de véhéments affrontements où les convictions et les intérêts s'emmêlaient, comme dans toutes les grandes affaires, une courte majorité se dégagea pour Berlin, le 20 juin 1991, au terme d'une discussion qui fut un des grands moments du parlementarisme allemand. En prenant position pour Berlin, le chancelier Kohl évita qu'on pût interpréter cette décision comme un démenti infligé aux grands choix occidentaux atlantiques et européens de l'époque adenauérienne.

Le destin de l'Allemagne n'était cependant pas enclos dans les seules mains des Allemands. En 1945 la capitulation sans condition avait fait des vainqueurs les vrais souverains de l'Allemagne ; le Statut d'occupation de 1948, entré en application en 1949, en limitant les pouvoirs réellement exercés par ces souverains, marqua pour l'Allemagne de l'Ouest une première étape sur le chemin du retour vers l'indépendance, mais en cas de crise, les Alliés pouvaient reprendre tout ce qui avait été concédé. Une deuxième phase fut celle du *Deutschlandvertrag*[1] de 1955 qui transformait l'occupation en présence alliée. Subsistaient cependant les prescriptions sur l'état d'urgence qui purent être abandonnées à leur tour quand la République fédérale eut voté son propre statut pour ce cas extrême, ce qui fut fait sous la Grande Coalition(1966-1969). Mais tous ces textes ne s'appliquèrent qu'à l'Allemagne de l'Ouest, comme les décisions soviétiques à la seule RDA. La réunification, revenant sur les accords de Yalta et de Potsdam, mettait en cause la source même des droits réservés des Alliés. Une négociation à six s'imposait. Elle débuta assez mal, avec des exigences soviétiques d'allure très brejnévienne, et des réserves assez clairement manifestes, quoique

1. Traité sur l'Allemagne. Ce texte accompagnait et conditionnait l'entrée de la RFA dans l'Alliance atlantique.

en sourdine (clarté et sourdine se complétant), de la France et de la Grande-Bretagne qui croyaient pouvoir s'appuyer sur l'URSS. Il n'en fut rien : au cours d'une rapide négociation bilatérale, H. Kohl arrachait à M. Gorbatchev, en juillet 1990, le droit pour l'Allemagne unie de rester dans l'OTAN, en échange d'une réduction « drastique » des forces armées allemandes à 370 000 hommes. Dès lors, l'accord « 4 + 2 » (les Alliés de 1945 et les deux gouvernements allemands) n'était plus qu'une question de forme, mais une partie des dirigeants français, qui mesuraient d'ailleurs mal l'affaiblissement réel de l'URSS, restaient méfiants devant la remontée de ce qu'ils considéraient comme une nouvelle puissance allemande. L'idée d'équilibrer l'Allemagne par l'Empire russe était plus ancienne que l'URSS – n'avait-elle pas déjà inspiré l'alliance franco-russe de 1893 ? – mais elle ne correspondait pas à la réalité d'un empire en décomposition. Le texte « 4 + 2 » imposait à l'Allemagne unie un accord avec la Pologne sur l'inviolabilité des frontières. Helmut Kohl n'eut pas besoin d'une longue bataille pour pouvoir faire ratifier le traité ; de même la reconnaissance de la frontière occidentale de la Pologne fut admise par une large majorité malgré les protestations de quelques dirigeants d'associations d'expulsés.

La décomposition progressive du pouvoir en URSS, le surgissement d'un nouvel État russe en proie à de terribles difficultés intérieures et posant vers l'extérieur des attitudes dictées par un nationalisme qui mêle des souvenirs soviétiques à des continuités impérialistes remontant beaucoup plus loin, l'indépendance des pays Baltes – et, parallèlement, les conflits ethnico-politico-sociaux en Yougoslavie – posent à l'Allemagne de nouveaux problèmes, lui imposent de nouvelles obligations dans un contexte où, en dépit de la disponibilité quasiment inépuisable de l'Allemagne pour la construction européenne, certains de ses partenaires, et en premier lieu la France, risquent de la pousser sur la voie du *Sonderweg* national, d'une voie nationale particulière, faute de vouloir eux-mêmes une Europe intégrée, qui soit une vraie puissance politique et militaire et non pas seulement une grande zone de libre-échange. Contrairement à une opinion fort répandue en France, ce n'est pas avant tout en direction de l'Est qu'une politique « nationale » de l'Allemagne pourrait alors se développer – politiquement et surtout économiquement –, l'Est, y compris la Russie, revêt pour l'industrie allemande, les exportations allemandes et les banques allemandes, une importance très limitée : l'alternative à l'Europe unie serait pour l'Allemagne un lien renforcé et exclusif avec les États-Unis dont elle serait alors la tête de pont en Europe, fort importante, comme l'a montré la guerre du Golfe où l'Allemagne fut la principale base arrière des États-Unis sans pourtant participer directement aux combats.

A force d'être découragée par la France, la disponibilité allemande pourrait finir par s'étioler – pour le plus grand mal des deux pays et des autres États et peuples de l'Europe. C'est pourquoi il est essentiel que la France ait approuvé le traité de Maastricht, issu d'une commune initiative franco-allemande, et qu'en dépit des résistances extérieures et intérieures la réalisation de l'union monétaire et de l'union politique ait pu progresser rapidement, et il est essentiel qu'elle continue dans cette voie. L'on a vu en France, surtout à droite, mais aussi dans les rangs de la gauche (J.-P. Chevènement… sans parler des communistes), remonter et resurgir de vieilles attitudes nationalistes se gargarisant de « souveraineté ». La résistance d'une partie de l'administration et du gouvernement à la mise en application de l'accord de Schengen a témoigné de cet état d'esprit, aussi bien (ou plutôt mal) que les hésitations de certains dirigeants devant l'échéance de la monnaie unique, et les indignations que souleva en automne 1994 le texte de la CDU élaboré par le député Lamers, avec son insistance sur la nécessité d'une Europe fédérale. Ces attitudes passéistes et rétroverties pourraient un jour lasser la fidélité allemande à l'espérance européenne. Les succès du Front national ne cessent d'émouvoir l'opinion allemande.

Quatre problèmes majeurs attendaient au tournant de la réunification les Allemands de l'Est et de l'Ouest qui les abordaient avec des états d'esprit fort différents. La première de ces questions capitales, et qui reste à ce jour sans réponse vraiment satisfaisante (mais peut-il y en avoir à de tels problèmes ?), était celle de l'*épuration*. Comment agir vis-à-vis des détenteurs du pouvoir et des divers exécutants ou acolytes au bout de quarante-cinq ans de régime totalitaire ? Souvenons-nous de l'état de la France et des difficultés de l'épuration après « seulement » quatre ans d'occupation étrangère et de régime intérieur réactionnaire – fasciste. En RDA même les polices de l'État et du SED peuvent essayer de se faire passer pour de simples exécutants de leurs maîtres moscoutaires. Quand un tel régime compte déjà deux générations nées et élevées dans des perspectives fermées, comment définir des responsabilités personnelles ? Comment définir des crimes et délits quand ceux-ci étaient justifiés et même commandés par la loi interne d'un État qui, depuis 1972, jouissait de la reconnaissance internationale et siégeait aux Nations unies ? Peut-on appliquer la législation ouest-allemande aux ressortissants d'un État où elle n'avait pas cours au moment où furent commis les délits et crimes que l'on veut poursuivre ? On risque de violer le principe de base de nos droits, celui de la non-rétroactivité des lois (qui rend si controversée l'application de la notion de crime contre l'humanité aux actes perpétrés pendant la Seconde Guerre mondiale, alors que ce crime n'existait dans aucun code : le procès Barbie nous a familiarisés avec ces contradictions). Et comment juger des actes remontant à quarante ans et plus ? Au mépris de la règle elle aussi sacro-sainte de la prescription trentenaire ? L'ancienne RFA n'a pas fini de se débattre dans ces difficultés, comme le montrent les quelques procès contre des criminels de guerre nazis octogénaires qui se déroulent sporadiquement, et comme l'a montré, après l'unification, le procès, ouvert en 1992, contre l'ancien ministre de la Sécurité, Erich Mielke, accusé du meurtre de deux policiers berlinois en… 1932 ! et qui a abouti en 1994 à une condamnation de cet octogénaire à plusieurs années de prison qu'il n'a d'ailleurs pas faites. Toutes les contradictions et absurdités d'une épuration par la loi dans le cadre d'une unité réalisée par traité ont éclaté au cours du procès d'Erich Honecker. L'ancien numéro un de la dictature a évidemment plaidé la légalité de ses décisions quand il était chef de l'État, et beaucoup de juristes et de politiques n'ont été que trop contents de se débarrasser de cette pierre d'achoppement en évoquant un état de santé dont il n'est pas certain qu'on ne l'ait délibérément noirci. M. Honecker mourra tranquillement au Chili. Les parents et les frères de ceux que l'*ordre de tirer à vue* signé par lui a fait tuer sur le Mur de Berlin ou sur les barbelés de la ligne de séparation des deux États allemands n'en seront pas autrement satisfaits.

On a commencé, en automne 1991, à juger de jeunes soldats qui ont tué ou blessé en tirant sur des citoyens de la RDA au moment où ceux-ci tentaient de franchir le Mur. Ils croyaient agir en conformité avec la loi de leur État. S'en prendra-t-on, alors, à ceux qui édictaient les lois et veillaient sur leur application ? Il est vrai que leur âge ne les empêcha point – jusqu'en 1989 – de régner sur la RDA. Mais, comment juger Honecker et épargner son successeur, Modrow, qui fut le satrape de Dresde pendant des années et a même siégé jusqu'en 1994 au Bundestag ? Juger les tortionnaires en laissant de côté leurs chefs, qui avaient rendu la torture licite, sinon obligatoire ou qui tout au moins la toléraient en connaissance de cause ? Toute réponse à de telles questions laissera dans la bouche un épais goût d'amertume.

Je pense qu'il eût été préférable d'exclure automatiquement de toute fonction publique, administrative ou élective (sauf services rendus à la liberté) quiconque aurait occupé dans le parti SED, dans les partis satellisés du « bloc national » (CDU-Est, libéraux, paysans, etc.) et dans les services de l'État des fonctions d'autorité, dont la liste serait dressée nominativement. A mes yeux, la présence de Modrow au Bundestag fut un plus grand scandale que l'éventuelle impunité d'un tortionnaire de base.

Faute d'avoir choisi cette solution limitée et claire[1], l'Allemagne se trouve à présent alourdie d'une suite indéfinie de procédures malsaines sans issue satisfaisante possible et qui finira par une amnistie non moins malsaine. L'exemple le plus curieux de ces contradictions est offert par les procès contre des officiers du service d'espionnage. Il s'agit, bien sûr, de l'espionnage est-allemand en Allemagne de l'Ouest. Ces procès ont été suspendus depuis de longs mois en attendant que la Cour constitutionnelle indique si de telles poursuites ne sont pas contraires au principe de l'égalité des citoyens devant la loi puisqu'il n'est évidemment pas ques-

1. Mais qui, l'unification faite, eût exigé une loi d'exception qui se serait probablement heurtée à la Cour constitutionnelle.

tion de faire des procès aux officiers ouest-allemands qui organisaient l'espionnage dans l'ex-RDA. La Cour a en effet tranché dans ce sens en été 1995.

Tout cela, cependant, ne constitue encore, en fin de compte, qu'un phénomène marginal. Le problème le plus grave, et qui continuera encore longtemps à empoisonner la vie publique allemande, ce sont les liens que la terrible et omniprésente police secrète d'État, la STASI avait imposés à la quasi-totalité des habitants de la RDA qui, à un titre quelconque, pouvaient renseigner la Gestapo communiste sur les pensées et les actes des hommes et des femmes de leur connaissance. Les hommes de la STASI ont, bien entendu, emporté beaucoup de dossiers dans leur retraite ou dans leurs nouvelles activités. Ils les laissent parfois filtrer, en proposant des échanges de services. Mais de nombreux dossiers ont été retrouvés, et l'on ne sait pas toujours entre quelles mains ils sont passés et quelles modifications ils ont subies. Quiconque était sorti de la base anonyme en RDA avait été appelé un jour ou l'autre à s'entretenir avec la STASI ; on pouvait inscrire comme agents, sur un dossier, des gens qui n'en savaient rien, et d'autres pouvaient accepter des liens réguliers afin de couvrir des activités opportunistes. Bref, là encore et pour des années, presque tous ceux qui jouent un rôle politique ou social dans les nouveaux Länder risquent de se voir un jour confrontés avec la suspicion, ne fût-ce qu'en raison d'un dossier vide portant un nom, comme ce fut le cas de l'ancien président du gouvernement et vice-président de la CDU, Lothar de Maizière, dont tout le monde sait qu'il fut un défenseur dévoué de nombreux accusés politiques. Le seul fait d'être resté en RDA, alors que le départ n'a jamais été tout à fait impossible pour des gens de son importance, pourrait être invoqué à charge, absurdement, contre un de Maizière. C'est là encore un des stigmates que laissent les passés totalitaires. Un service important, dirigé par un ancien pasteur qui n'avait jamais quitté l'ancienne RDA, s'efforce d'organiser l'accès de tous les intéressés à leurs dossiers STASI et parallèlement l'utilisation de ces dossiers par la justice et par les administrations.

Le deuxième grand complexe de l'héritage empoisonné de la RDA est constitué par l'ensemble *privatisation-droits de propriété*. L'État communiste avait connu plusieurs vagues d'expropriations, la première encore directement déclenchée par les autorités soviétiques (mais auparavant, entre 1933 et 1945, il y avait eu l'expropriation des adversaires politiques du nazisme, celle des juifs, celle des familles dont les membres avaient été mêlés au coup manqué du 20 juillet 1944).

Résolus à reconstruire en RDA l'économie libérale sous sa forme erhardienne modérée (« économie sociale de marché »), les responsables, et à commencer les rédacteurs des traités d'unification, devaient affronter deux exigences contradictoires : la première tendant à créer rapidement des entreprises viables et à attirer, pour cela, des investisseurs ouest-allemands et étrangers. La seconde voulait faire droit aux demandes de restitution des spoliés, récents ou anciens. L'État communiste, dans certains cas, avait délibérément détruit les actes de cadastre, sans lesquels il est difficile de prouver l'origine de biens nationalisés. L'Union soviétique obtint, dans le traité Kohl-Gorbatchev, que les nationalisations effectuées entre 1945 et 1949 en *régie directe* soviétique ne soient pas mises en cause. Louis XVIII, en rentrant à Paris en 1814, avait décidé, le lendemain de son arrivée, qu'il ne serait pas touché aux « biens nationaux » acquis par des particuliers. En ex-RDA, neuf ans après la chute du Mur, beaucoup de points restent flous dans l'affaire des restitutions ou dédommagements. Les juristes auront du pain sur la planche pour des générations si le législateur ne tranche dans le vif ; or il y a déjà eu plusieurs amodiations importantes à la loi restitution-dédommagement. Ne citons qu'un exemple parmi des milliers : le SPD réclamait la restitution des journaux que les nazis lui avaient confisqués en 1933. L'organisme chargé de la privatisation, la *Treuhandanstalt* (Agence fiduciaire), voulait les vendre à des groupes de presse occidentaux. Finalement, le SPD, qui bloquait les ventes, s'est contenté de 40 % du capital du plus grand quotidien de l'Allemagne de l'Est. Autre exemple : les biens fonciers des familles des conspirateurs du 20 juillet qui furent confisqués soit par l'État hitlérien soit par les Soviétiques et dont la restitution est de droit. Il en va de même des biens juifs, mais dans ce cas l'éloignement dans le temps et le grand nombre des biens en question ralentissent le travail des administrations spécifiques qui elles-mêmes ont dû être créées *ex nihilo*.

L'Agence fiduciaire avait été instituée par le gouvernement Modrow pour organiser la privatisation des entreprises, dans l'esprit d'une économie mixte que, au début de 1990, beaucoup de communistes « réformateurs » et certains oppositionnels partisans d'une sorte de socialisme idyllique voulaient substituer à l'économie de commandement centralisée, sans aller vers une économie franchement libérale. Énorme structure centralisée (elle ne fut réorganisée avec une quinzaine de filiales autonomes qu'en 1991 et supprimée à la fin de 1994), la *Treuhandanstalt* se vit d'emblée attribuer la propriété de quelque 8 000 entreprises, allant du petit commerce alimentaire ou du café aux *Kombinates* comptant 100 000 salariés et plus. Une grande partie de ces établissements étaient invendables : machines vieillies et en mauvais état, incertitudes sur la propriété du terrain, insuffisante formation du personnel, produits de qualité médiocre naguère absorbés par les marchés des autres pays communistes qui n'ont plus les moyens de paiement nécessaires, et qui, quand ils les ont, préfèrent acheter carrément en Occident. L'effondrement des exportations vers l'URSS et les autres États membres de l'ex-Comecon devint vite un véritable drame pour l'économie est-allemande. Beaucoup d'entreprises – de celles que l'on pouvait tenter de sauver – avaient donc besoin d'un sérieux assainissement sur tous les plans et de sérieux investissements en capitaux, l'un devant logiquement précéder les autres ; mais en fait, tout se télescopait dans le temps et la *Treuhand* devait investir elle-même pour assainir avant de vendre, ou vendre à bas prix contre des engagements d'investissements et de maintien partiel de l'emploi. Les optimistes comptaient dix ans, en 1990, pour que la situation économique se normalise dans l'ex-RDA où l'esprit des pionniers et même des aventuriers est en opposition permanente avec la résignation et l'attente passive d'une grande partie de la population à laquelle on avait surtout appris à ne pas prendre d'initiatives. L'État, c'est-à-dire l'Allemagne de l'Ouest, devait continuellement augmenter ses prestations et ses dotations afin de permettre à la *Treuhand* d'attirer acheteurs et investisseurs qui exigent, évidemment, que l'entreprise soit débarrassée des *Altlasten*, fardeaux antérieurs – dettes, main-d'œuvre trop gonflée, produits désormais sans attrait pour une clientèle qui sent que le marché devient un « marché d'acheteurs » après avoir été un « marché de vendeurs ». Plusieurs centaines de milliers de salariés ont été recrutés par des « sociétés pour la promotion de l'emploi » (*Beschäftigungsgesellschaften*) ; ce sont, dans un certain sens, les Ateliers nationaux français de 1848, mieux pensés et mieux équipés en capitaux. De cette manière, la montée du chômage a pu être bloquée officiellement fin 1993 à 1,3 million environ (sur 16 millions d'habitants) alors que le travail temporaire reste une variante importante, ainsi que les retraites anticipées. La recherche d'un emploi, la recherche d'une place d'apprenti sont des aventures auxquelles les habitants de l'ex-RDA n'étaient nullement préparés, pas plus qu'à la fermeture de beaucoup de services sociaux d'entreprise qui coûtent trop cher, du moment que l'entreprise doit devenir « rentable » au sens capitaliste du terme. Peu à peu, grâce à l'expérimentation par les responsables d'un effort pour lequel il n'y avait guère de précédents historiques, grâce au recrutement de collaborateurs ayant l'expérience d'une économie libérale, grâce aux succès des assainissements financiers et juridiques, la machine *Treuhand* s'est mise à tourner à plein régime. En dépit de nombreuses difficultés et de nombreux échecs, l'établissement créé au début de 1990 a terminé sa tâche au 31 décembre 1994, mais si l'on assiste en ex-RDA à la création de très nombreuses entreprises nouvelles, ce sont dans une large mesure des PME dues à des initiatives individuelles, on a vu en même temps disparaître un grand nombre d'activités, notamment dans le secteur de la grande industrie, et, dans les activités survivantes ou redémarrées, le nombre d'emploi a diminué rapidement comme c'est le cas en Allemagne de l'Ouest et ailleurs.

Étroitement liée aux problèmes politiques et économiques, à l'épuration et à la privatisation, se présente la question de la *reconstruction de l'administration publique*. La RDA était un État surcentralisé et l'administration vivait en symbiose et étroite soumission avec le Parti. Après l'unification, il n'y avait plus d'administration centrale – mais, dans les nouveaux Länder, il fallait reconstituer à partir du néant les structures administratives qui sont chargées, dans l'esprit de la Loi fondamentale, d'une grande partie des fonctions de l'État. Des ministres sans ministère ont dû constituer leur administration en essayant de se passer des éléments politiques compromis avec le régime communiste, ce qui était souvent matériellement impossible. Les fonctionnaires venant de l'Ouest, « prêtés » par les Länder de l'ancienne République fédérale, ou volontaires pour un temps plus ou moins limité, furent en nombre très insuffisant. Des formations en accéléré s'organisaient, mais les difficultés administratives firent souvent obstacle au progrès économique (par exemple quand les services du cadastre étaient trop peu nombreux ou trop inexpérimentés pour reconstituer la filière des anciens propriétaires d'un terrain). Il en allait de même pour la justice qui fonctionnait naguère au service du régime en appliquant ses lois. Les lois ont été changées, les juges et procureurs les plus compromis n'ont pas été repris – tous les anciens devaient nécessairement, avant réengagement, passer devant des commissions d'épuration. Et ceux qui ont été repris ont dû tout apprendre des codes et procédures en usage dans l'ex-RFA.

La situation n'était guère différente dans les écoles et dans les universités, à ceci près qu'on n'a pas pris des décisions aussi radicales à l'égard du personnel enseignant. Les contenus d'enseignement ont dû être changés, aussi bien en économie politique qu'en histoire ou dans les matières artistiques. La formation des sportifs professionnels, souci majeur de l'ancien régime, basée sur l'emploi systématique des drogues de dopage, a changé du tout au tout dans un système où le sport redevient une activité privée. Et l'on n'a plus eu besoin des innombrables professeurs qui enseignaient le marxisme-léninisme. Mais allaient-ils se mettre à enseigner les mérites du profit, de la concurrence et de la démocratie parlementaire ? Que faire des professeurs de médecine qui, à l'instar de certains collègues nazis, tuaient des malades pour prélever des organes ? Comme les généraux de l'espionnage, les professeurs menacés de révocation portent leur affaire devant la Cour constitutionnelle, déjà encombrée par les plaintes des anciens propriétaires fonciers expropriés entre 1945 et 1949 contre le traité germano-soviétique. Pendant longtemps dans les administrations, la justice, l'enseignement, les « chaînes » d'anciens responsables du SED, voire de la STASI, ont maintenu des zones d'influence et de blocage. Il faudra des décennies pour que tout cela se range dans l'oubli ou dans la mémoire des historiens. En introduisant d'un seul coup à l'Est les règles et les protections de l'État de droit, on a démultiplié les difficultés de l'épuration, mais, pouvait-on faire – devait-on faire – autrement, puisque c'est précisément à l'État de droit, à une démocratie sans régimes d'exception qu'aspiraient ceux qui ont renversé sur place, en Allemagne de l'Est, *leur* régime communiste ?

Dans un pays où la production agricole tenait un rôle si important dans l'économie et les ruraux dans la société (tout au moins jusqu'à l'expropriation des grands domaines entre 1944 et 1947), l'on ne saurait laisser de côté les conséquences de l'unification dans le secteur de l'agriculture. Les coopératives latifundiaires et hautement spécialisées où l'on travaillait sur le modèle de l'usine plutôt que sur celui de la ferme étaient évidemment appelées à disparaître pour la plupart. Mais peu nombreux furent les coopérateurs qui avaient le goût et la capacité de devenir ou de redevenir exploitants. De toute façon, les prévisions les plus raisonnables prédisent l'abandon d'au moins la moitié des surfaces consacrées aux productions céréalières. Plus de 400 000 vaches ont dû être abattues en 1990, la production laitière ne trouvant plus de clientèle. Les carcasses ont été vendues à l'URSS qui les a d'ailleurs payées avec des crédits ouest-allemands. Dans de nombreux cas les grandes exploitations agricoles ont été rachetées grâce au crédit par des gérants des anciennes coopératives qui font souvent preuve de grandes qualités professionnelles. L'Allemagne de l'Est, sous-peuplée, va peut-être, autour de certains pôles industriels d'extrême modernité – parce que tout aura été fait ou refait à neuf –, voir certaines de ses régions se transformer en grandes réserves naturelles où pourrait se développer un tourisme respectueux de l'environnement – à condition que les entrepreneurs privés ou publics (les communes, notamment) résistent à l'appât du gain facile et rapide.

L'on a vu, depuis l'unification, se développer de plus en plus rapidement des entreprises artisanales et des PME relevant d'initiatives personnelles ou d'un petit groupe d'associés. Ces initiatives qui ont pu, au départ, profiter de la possibilité de changer 1/1 des économies faites en Mark de l'Est constituent peu à peu un tissu économique solide. En même temps, un certain nombre de grandes entreprises ont été assainies (comme les anciennes usines Zeiss à Iéna sous le nom de *Jenoptik* et sous la direction de l'ancien ministre-président du Bade-Wurtemberg, Lothar Späth). D'autres grands établissements ont été créés *ex nihilo* par de puissantes sociétés d'Allemagne de l'Ouest, voire de France ou d'Amérique. Dans ce cas, le plus souvent, les anciennes infrastructures ont été abandonnées et les nouvelles entreprises sont même concurrentielles par rapport à l'Ouest, car elles disposent d'équipements plus modernes. Mais ces cas restent relativement rares.

Dans un pays qui, pendant quarante et un ans, avait formé un État et subi un régime extrêmement différent des conditions que sa population allait connaître à partir de la réunification, le formidable assaut de la nouveauté devait provoquer des mouvements d'esprit et d'humeur que nul n'avait pu prévoir avec une exactitude même approximative. Les habitants de l'ex-RDA, malgré l'attention avec laquelle la plupart d'entre eux suivaient les émissions de la télévision occidentale, n'étaient pas réellement préparés aux changements qu'ils allaient subir. La plupart de ceux qui imaginaient une situation différente de celle dans laquelle ils vivaient – dans laquelle ils étaient contraints de vivre – aspiraient sans doute à une large ouverture des frontières et à une vie moins réglementée, ils pensaient sans doute que la fin du régime du SED conduirait à une démocratisation de la vie politique, mais ils ne tenaient point, pour la plupart et autant qu'on peut le savoir, à la disparition de leur État, ni au remplacement pur et simple de l'économie socialiste par une économie capitaliste.

Ils auraient sans doute préféré des réformes à l'unification pure et simple, et une sorte de confédération entre les deux États allemands. Cependant, le dynamisme du mouvement qui s'était déclenché à l'automne 1989 conduisit vers l'unification ceux-là mêmes qui, dans les groupements d'opposition à l'État du SED, avaient rêvé d'un développement très différent.

La nouvelle extrême droite
Les têtes rasées du néonazisme

On a pu croire que quelque chose de neuf et de redoutable se produirait en Allemagne réunifiée à partir de l'été 1991. Depuis 1945, il y a eu, tout le temps, un obscur remugle de nostalgies nazies. On pouvait même s'étonner, en se rappelant les foules immenses acclamant le Führer et criant leur accord à la guerre totale, que cette lie du peuple allemand n'ait pas remué davantage dans les décennies qui suivirent l'écroulement du nazisme, qu'elle n'ait pas produit davantage d'agitations délétères pendant les longues années de la Guerre froide, alors que l'adversaire était celui-là même qu'Adolf Hitler avait assailli en juin 1941, dans l'illusion de pouvoir en finir rapidement avec le bolchevisme. La défaite, en 1945, avait été trop éclatante. La peur du communisme était trop puissante. Les succès de l'économie libérale trop mobilisateurs. Il y eut des partis d'extrême droite qui « méritaient » plus ou moins l'appellation « néonazis ». Leur pesée sur les grandes décisions qui formèrent et formulèrent un nouvel âge du destin allemand fut, à peu de choses près, nulle. Il y eut des cimetières profanés et des gazettes antisémites. La marginalité irrémédiable de cet affreux petit monde se démontrait en quelque sorte elle-même. Sauf dans quelques coins de Bavière et de Basse-Saxe particulièrement arriérés et particulièrement chargés d'expulsés de Pologne et des Sudètes, on n'eut même pas besoin de s'intéresser à leurs voix à la veille des élections. Ils n'étaient pas fréquentables et personne ne les fréquentait, n'avait besoin de les fréquenter.

La situation de l'extrême droite s'est modifiée, dans une certaine mesure, à partir de l'Allemagne de l'Est. Elle a quelque peu profité des victoires remportées sur les communistes par des militants de gauche qui entraînèrent un peuple dont l'état d'esprit et les sentiments profonds étaient plutôt de droite. Mais les régimes communistes n'ont-ils pas tous, en fin de compte, bâti leur durée sur l'autoritarisme, le conformisme, le nationalisme ? Et quelques très petites minorités démocratiques mises à part, ils laissent derrière eux des peuples habitués à obéir, à ne jamais prendre d'initiatives.

La formule que nous venons d'utiliser montre à quel point les notions de gauche et de droite se sont relativisées. La « révolution douce » a fait sauter tous les cadres de la vie « extérieure », du travail et de la politique. Les jeunes étaient endoctrinés, on leur disait ce qu'ils devaient faire en temps de paix et – si la chose s'était présentée – en temps de guerre. Comme le travail était coupé du financement, tout le monde avait du travail – mal rémunéré certes – et tous les jeunes trouvaient une place d'apprenti – pas nécessairement dans le métier qu'ils auraient voulu choisir. Maintenant, l'autorité est tombée, le cadre de vie s'est écroulé ou effiloché. Les gens se sentent trahis par les ci-devant, les communistes, et mal accueillis, mal compris, par les cousins *Wessis*. Par ailleurs, devant la chute des structures et des valeurs d'antan, la police a eu peur. Elle ne sait qui va survivre à l'épuration. Alors les policiers se tiennent à l'écart. Qui sait quel sera, demain, le vent dominant ?

Pour se venger de leur déchéance et de leurs peines, certains cherchent à se défouler sur encore plus faibles qu'eux. Il y avait peu d'étrangers en RDA, c'étaient pour la plupart des travailleurs vietnamiens, mozambicains et cubains, « prêtés » par des gouvernements « frères » pour ramener de l'argent et des technologies, encore plus ahuris par la brusque disparition d'un ordre qui à leurs yeux paraissait fort que les jeunes Allemands eux-mêmes. Contre eux, déjà sous l'ancien régime, des violences s'étaient déchaînées, mais les médias ne l'avaient point dit, ou seulement très tardivement. Soudain, l'agressivité, fruit de l'angoisse, se déverse sur ces malheureux. On venge sa propre humiliation en les humiliant davantage encore. Cela se termine dans le sang – un ouvrier est jeté d'un train, des réfugiés défenestrés. Mais des faits de ce genre se produisent aussi, trop souvent, dans l'Allemagne de l'Ouest.

De bonnes âmes néonazies, des organisations qui vivotaient dans l'ombre à l'Ouest respirent soudain un vent du large : avec de l'argent, des uniformes, des drapeaux, on mobilise les têtes rasées (*skinheads*), ceux que l'aventure exalte et à qui elle fait oublier leur peur. Mais, dira-t-on, cela se passait à l'Est, partie irrécupérable du triste héritage laissé par la satrapie communiste. Le fait de distribuer aussi dans les nouveaux Länder le trop-plein des immigrants qu'on ne parvenait plus à caser à l'Ouest, dans les écoles, dans les casernes et autres lieux disponibles, accentua le malaise. La chasse à l'immigré s'organisa, comme la bagarre à l'occasion des matches de football. L'absence de réactions de la police locale devant les excès du stade permit de spéculer sur la lenteur et l'insuffisance de la riposte officielle aux agressions xénophobes. Les têtes rasées, les insignes et les drapeaux nazis ou « nationaux-allemands » étaient exhibés par des ignares, têtes vides, dont les plus jeunes apprenaient seulement maintenant le nom d'Hitler.

Explicable à l'Est, mais non excusable, le phénomène *skinhead* et néonazi sauta à l'Ouest et s'y répandit avec une vitesse et une ampleur totalement imprévues. Des centaines d'agressions contre des foyers de demandeurs d'asile se produisaient chaque dimanche (jour des matches de foot). En Allemagne de l'Ouest aussi, il y a une vaste minorité de jeunes, laissés-pour-compte de la civilisation de l'abondance, mal nés, mal aimés, mal élevés, mal instruits, mal logés. De la race de ceux qui, trop nombreux, jettent de grosses pierres le dimanche du haut des ponts enjambant les autoroutes sur les voitures qui passent à vive allure. Oisifs, aigris, jaloux – malheureux et proies faciles d'un endoctrinement qui agite des drapeaux plus que des slogans. Là encore, la police paraît molle, sans réaction organisée, sans instructions précises sans doute. Car les partis démocratiques au pouvoir dans les Länder (la police ordinaire n'est pas affaire fédérale) ont tous pris peur devant l'ampleur du phénomène de l'immigration. Or la Constitution de 1949 garantissait le droit d'asile, et d'autres textes l'intégration *ipso facto* des Allemands qui reviennent à la patrie, même après deux siècles passés en Russie. Et ces chiffres ne prennent pas en compte les habitants de l'ex-RDA qui s'en vont vivre à l'Ouest, estimés à 150 000 pour la seule année

1992. Il manquait deux millions de logements dans l'ancienne RFA et, de l'autre côté de l'ex-Mur, une partie majeure du parc immobilier était en train de s'effondrer. Un pays surpeuplé, qui connaît la plus forte vague d'immigration de toute l'Europe, sur un territoire qui ne couvre que la moitié de la superficie de l'Allemagne de Bismarck.

Ne spéculons pas sur l'avenir. L'affaire est grave et le pendant existe en France, aussi grave, avec un vieux fonds de xénophobie aussi fort, certainement, que celui des Allemands. En Allemagne, c'est à présent l'affaire de la classe politique tout entière. Il faut restaurer dans la rue le monopole étatique de l'emploi de la force, mais il faut surtout ramener dans la vie normale du travail et des vacances cette vaste minorité de frustrés. Deux choses encore qu'il faut se rappeler à propos de l'extrême droite allemande (et d'ailleurs) : depuis qu'elle existe, et notamment au XXe siècle, elle a été portée par la vague de l'antimodernisme, par la peur devant des changements menaçants pour leur identité de beaucoup d'hommes et de femmes : la haine des étrangers n'est qu'un aspect second de la peur que font naître la libéralisation des mœurs, les menaces contre les petites entreprises, les petits commerces, les petites exploitations agricoles, la mise en cause des autorités et des personnalités de référence. Comme ses « analyses » sont fausses, cette peur finit par devenir la servante ou la promotrice des changements qu'elle voulait empêcher. Mais les détours qu'elle impose au cheminement de l'histoire sont souvent meurtriers. Les immenses progrès de la démocratie et des droits de l'homme depuis 1945 sont les conséquences d'un chemin qui est passé par Auschwitz, et des conséquences jamais définitives.

En RDA – et dans une partie non négligeable de ceux qui façonnaient l'opinion ouest-allemande –, la prétention du parti d'État au monopole de l'antifascisme avait été à tel point acceptée, qu'à présent beaucoup de citoyens s'imaginent que l'antifascisme était une forme larvée du communisme et que les camps nazis n'étaient peuplés que de staliniens. L'équation est simple : si l'antifascisme était un instrument de la grande menace communiste, il doit être rejeté et condamné ; seul le « fascisme » peut vaincre le communisme. Mais l'Espagne ? Mais le Portugal ? Mais la Pologne ? Tout est noir ou tout est blanc. Mais le communisme était aussi une raison pour que l'Allemagne de l'Ouest aille toujours plus loin dans son engagement occidental et démocratique. Maintenant qu'ils ne redoutent plus l'empire communiste, certains se sentent peut-être moins attachés à ce qui faisait la différence…

Sur le plan électoral, l'extrême droite a pu, dans quelques Länder comme le Bade-Wurtemberg, remporter de modestes succès, mais à l'échelle nationale, à l'Ouest comme à l'Est, elle est loin d'atteindre les 5 % sans lesquels un parti ne peut entrer au Bundestag (à moins d'avoir 3 mandats directs, ce qui implique l'obtention de la majorité relative dans 3 circonscriptions, chose tout à fait impensable à l'heure actuelle). Le Parti « républicain » (les « Reps ») qui, sous la conduite d'un ancien journaliste (et ancien Waffen SS mais aussi fervent catholique), Franz Schönhuber, a cherché à se donner un air respectable et légaliste, était bien entré au Parlement européen en 1989, mais aux élections au Bundestag, le 14 octobre 1994, il obtenait seulement 1,9 % des voix et un autre mouvement plus radical moins de 0,1 %. Le spectre de l'extrême droite se fait craindre plus par des actes de violence, qui restent quand même relativement peu nombreux, que par ses succès électoraux. Soupçonnés de menées anticonstitutionnelles, ces groupements sont étroitement surveillés par l'Office pour la Protection de la Constitution, un service fédéral, et par les ministères de l'Intérieur des Länder. Il en va de même pour les groupuscules encore plus limités qui, ouvertement, se réclament du « modèle » nazi.

Il ne faut cependant pas sous-estimer le danger potentiel de l'extrême droite qui peut regagner une certaine actualité. Il y a toujours en Allemagne la trouble tourbe des nostalgiques et des furieux, de ceux qui ne comprennent rien à leur temps et qui n'y veulent rien comprendre. Les difficultés de la réunification, l'afflux croissant des étrangers, le chômage montant et les scandales de la classe politique nourrissent des ressentiments qui peuvent un jour prendre une importance politique réelle. Les partis traditionnels – comme en France face au Front national – auront alors du mal à trouver une stratégie efficace pour endiguer ce courant dangereux. Les *Reps*, bien entendu, au service d'un « sain » nationalisme, sont contre Bruxelles, contre Maastricht, contre l'Europe unie, au bénéfice d'une inexistante Europe des patries. Le succès imprévu d'un autre groupe d'extrême droite la DVV (*Deutsche Volkunion*), particulièrement vicieux, aux élections pour le Landtag de Saxe Anhalt, au printemps de 1998 a ravivé à juste titre les alarmes suscitées par les néo nazis. Ce groupe qui dispose de vaste moyens financiers se développe rapidement.

La montée du néocommunisme

Après l'implosion du régime communiste en RDA, le parti d'État SED changea de nom pour devenir le « Parti de la démocratie sociale » (PDS). La plupart de ses dirigeants n'avaient pas joué un rôle de premier plan sous la dictature, sauf Modrow, bien qu'ils aient tous, à des titres divers, fait partie de ce qu'on peut appeler la classe dirigeante de l'Allemagne de l'Est – et notamment l'avocat Gysi, fils d'un ancien ministre de la Culture qui préside, depuis 1995, le groupe parlementaire du PDS au Bundestag. Manœuvrant avec une certaine habileté, le parti néocommuniste a su canaliser vers ses candidats et ses listes les regrets et les ressentiments d'une partie non négligeable de la population de l'ancienne RDA qui considère que le changement s'est fait à son détriment, n'acceptant pas que la période 1945-1990 qui, pour beaucoup d'entre eux, englobe toute leur vie, ou tout au moins leur vie consciente et active, fasse l'objet d'une condamnation globale et totale. Parmi les militants et les électeurs du PDS figurent de nombreux anciens responsables du SED et de ses organisations de transmission, Jeunesse allemande libre, syndicats, etc., ce qui explique que les succès du parti néocommuniste soient particulièrement voyants dans des quartiers peuplés de fonctionnaires et responsables de l'ancien régime. Mais beaucoup de chômeurs, beaucoup de femmes, qui se voient victimes d'un « machisme occidental » (le pourcentage des femmes entre seize et soixante ans engagées dans la vie professionnelle était avant 1990, avec 91 %, près du double du chiffre correspondant en République fédérale), beaucoup de travailleurs contraints à une retraite anticipée, beaucoup d'anciens militaires non repris dans la Bundeswehr ont voté PDS aux élections fédérales d'octobre 1994 où le parti a obtenu 4,4 % des voix, ce qui représente 1 % à l'Ouest et 19,8 % à l'Est, et 30 sièges, donc 4 « mandats directs » (tous à Berlin-Est) et aux élections pour les diètes des Länder. Les dirigeants tentent à la fois de délivrer leur organisation du reproche de continuer l'ancien parti d'État avec son idéologie et ses méthodes autoritaires, et de lui donner un air respectable, légaliste et démocratique, en évitant le recours au vocabulaire marxiste, « langue de bois » du SED. Ils affectent un comportement démocratique et parlementaire modèle en proposant leurs services (c'est-à-dire les voix de leurs députés) aux sociaux-démocrates qui, jusqu'à présent, les ont pourtant refusés, sauf dans le Land de Saxe-Anhalt, où un gouvernement minoritaire SPD-Verts a accepté un appui extérieur du PDS. A la longue, il se pourrait cependant que d'autres accords de ce type interviennent dans d'autres Länder. Les dirigeants actuels, en s'opposant à l'intérieur de leur parti à une aile gauche marquée d'orthodoxie marxiste, voire stalinienne (« tout n'était pas mauvais »), tirent argument de cette situation pour faire montre de respectabilité. Si, sur le plan fédéral, les voix des députés PDS peuvent un jour être nécessaires à un gouvernement formé par un chancelier social-démocrate, il est permis de penser qu'une partie au moins du SPD ne rejetterait point alors de telles offres de service.

Le PDS, pour l'instant, reste un parti de l'Allemagne de l'Est, le parti des perdants de l'unification ; à l'Ouest, il n'a pas réussi jusqu'à présent à dépasser les très pauvres résultats de l'ancien DKP (Parti communiste allemand) qui n'eut jamais de représentant au Bundestag après la dissolution forcée de l'ancien KPD en 1956 qui lui-même n'avait plus eu de députés après 1953. Mais un parti qui, à Berlin-Est, regroupe plus de 30 % des voix n'est pas dans l'Allemagne de la fin du XXe siècle une entité négligeable, même si l'on peut se demander s'il continuera à maintenir ses scores sinon en 1998 du moins en 2002. Pour l'instant, il est intéressant de constater pour un observateur français que les néocommunistes tiennent, sur la palette des couleurs politiques allemandes, une place comparable à celle qu'occupe en France l'extrême droite du Front national.

Une société plus énervée qu'ardente

L'Allemagne, c'est-à-dire la République fédérale, à laquelle s'assimilent peu à peu les nouveaux Länder, est une société solidement structurée. Les Églises, les syndicats de salariés, les organisations patronales, les groupements paysans, les associations de médecins, d'ingénieurs, de professeurs, d'étudiants, les clubs sportifs développent d'intenses activités dont les objectifs et les résultats affectent directement le fonctionnement des institutions publiques. Après 1949 – mais sur des bases antérieures qui furent d'une importance très grande, posées entre le jour zéro du 8 mai 1945 et la formation du nouvel État à l'automne 1949 –, l'Allemagne non communiste a connu une sorte de second fédéralisme, un fédéralisme social, non moins important que celui des Länder. Ces structures ont, bien sûr, considérablement évolué au cours du demi-siècle écoulé depuis la capitulation de Reims. L'épiscopat catholique n'agirait sans doute plus d'une manière aussi directe qu'en 1949 quand il tenta en vain – et contre l'opposition du pieux Adenauer, qui n'avait rien d'un clérical – d'ancrer dans la Loi fondamentale l'existence des écoles primaires publiques confessionnelles. Aujourd'hui, l'évêque de Fulda, qui passe pour un esprit extrême, se contente de fustiger en public les mœurs dissolues de l'époque. Mais l'Église romaine, flanquée de puissantes organisations volontaires, est massivement engagée dans la lutte contre la libéralisation de l'IVG, telle qu'elle était contenue dans la loi votée par le Bundestag en 1992, grâce au ralliement à la libéralisation de la plupart des députés CDU élus en Allemagne de l'Est, où l'IVG était libre et remboursée.

Cependant l'influence de l'Église sur les mœurs réellement pratiquées est en recul continu, comme l'est la pratique dominicale. Dans un pays où plus d'un tiers des « ménages » sont formés d'une seule personne, où les femmes ont un des taux de reproduction le plus bas du monde (1,1), où le vieillissement de la société se dessine à l'horizon de 2010 comme une menace capitale contre l'ordre social et contre l'ordre économique, dès à présent l'abaissement de l'âge de la retraite, la réduction de la durée du travail et l'augmentation du chômage déclenchent des bouleversements auxquels ne sont préparés ni les théoriciens ni les politiques.

Le succès d'un Drewermann dans une partie du public catholique et – largement suivi par les médias – dans le grand public tout court révèle la profondeur des mutations qui atteignent les corps sociaux les plus solidement traditionnels – l'Église catholique et, sur un autre plan et avec d'autres exemples, les syndicats. La suppression des tabous, grâce aux médias, qui fait apparaître comme normales des conduites autrefois entourées d'une épaisse condamnation – de l'homosexualité à l'échangisme – crée de nouveaux modèles pratiqués par des personnalités phares : le prestige de Madonna fait bon ménage avec celui de Mère Teresa.

Le syndicalisme de son côté n'est plus essentiellement tendu vers l'établissement d'une nouvelle société où l'homme aurait cessé d'exploiter d'autres humains. Comme situation économique aussi bien qu'en tant que porteur d'une conscience de classe, le prolétariat n'existe plus que dans des espaces socio-géographiques en voie de rapide effacement. L'idéologie socialiste marxiste n'est plus professée que dans les cercles limités des Jeunesses socialistes (*Jusos*) dont l'influence formatrice ou déformatrice n'est pas cependant négligeable sur les nouvelles générations de « fonctionnaires » du parti et d'élus et, sur un autre plan, au sein du parti néocommuniste. Les responsables des syndicats de salariés, dans des cas de plus en plus représentatifs, viennent des bancs de l'université et non plus des ateliers d'usine. La formation de ces responsables ressemble de plus en plus à celle des managers de l'industrie et de la banque.

L'absence d'une école nationale d'administration centrale est un des aspects les plus significatifs de la réalité allemande en comparaison avec la situation française. Après des études universitaires, droit, sciences économiques, sciences politiques ou ingénierie, on entre dans une structure d'entreprise où l'on fait carrière, en passant éventuellement dans les rangs d'une ou de deux autres entreprises. Il y a très peu d'anciens hauts fonctionnaires parmi les dirigeants de l'économie allemande, et de moins en moins de différence entre la fonction des représentants du patronat et ceux des salariés. Subsistent cependant dans les bureaux, les ateliers et les usines de réelles capacités de mobilisation, mais autour d'intérêts catégoriels. Quant aux structures patronales, elles présentent une curieuse forme tripartite : Association des industriels, Fédération des employeurs, Assemblée permanente des chambres de commerce et d'industrie se partagent les fonctions représentatives vis-à-vis des salariés et vis-à-vis des services publics, y compris le gouvernement fédéral.

Face à ces formidables structures traditionnelles se présentent deux grands champs d'action et d'agitation : les entreprises et les grands rassemblements. Rien de plus contradictoires que les solides palais bancaires et les fragiles mouvements de masse, les uns célébrant leur centième année dans des festivités grandioses avec discours, autorités et banquets, et les autres réunissant d'immenses foules autour de slogans militants ou de centaines de milliers de petites bougies, symboles du souvenir ou de la solidarité. Depuis les débuts de la RFA, les mouvements extraparlementaires, contre l'armement atomique, contre les lois définissant l'état d'urgence, contre le déploiement des fusées Pershing II, ont conditionné en partie et complété le système politique basé sur le principe de la représentation parlementaire élective.

Cependant, les grands rassemblements, mus par de puissantes émotions pacifistes et humanitaires, n'ont eu qu'une efficacité politique limitée, tout au moins s'agissant de mesures comme le déploiement des Pershing II. Mais l'état d'esprit de la nation, notamment en ce qui concerne la défense et la participation à des opérations *out of area*, a été dans une large mesure cofaçonné par le Mouvement de la paix, et continue à l'être, bien que ce mouvement ait perdu de son ancienne virulence. Les manifestations massives contre l'extrême droite pendant l'hiver 1992-1993 avaient un caractère essentiellement moral et ne revendiquaient pas une politique concrète allant au-delà de la répression de la violence néofasciste. Les rejets de la réalité sociopolitique s'expriment davantage par l'abstention aux élections, par la violence *skinhead*, ainsi que par les manifestations antimilitaristes (les panneaux « Tous les soldats sont des assassins ») et contre les transferts de combustibles usés des centrales nucléaires vers des dépôts en profondeur.

La profondeur du rejet de la guerre et de la violence, même structurée et légitimée par l'État, se manifeste dans l'ampleur du phénomène de l'objection de conscience qui englobe tous les ans plus de la moitié du contingent. 70 000 de ces garçons servent leur « temps » (qui dure trois mois de plus que le service armé) dans les hôpitaux et les maisons de retraite.

Parmi les problèmes de la société, l'école et l'université ont tenu une place centrale pendant le presque demi-siècle d'existence de la RFA. La compétence exclusive des Länder en matière scolaire a fait que la Hesse, Hambourg, Brême, la Rhénanie-du-Nord-Westphalie ont été très loin, nous l'avons vu, sur la voie de la *Gesamtschule*, l'école unique intégrée, alors que la Bavière est restée fidèle au *Gymnasium* dont le latin reste le fleuron distinctif. Un peu partout, cependant, s'est introduite dans le cycle des classes terminales la liberté pour l'élève de se bâtir un programme de son choix – en écartant s'il le veut des matières aussi essentielles que l'histoire ou la langue maternelle. Cependant le système de l'apprentissage épargne à l'Allemagne de l'Ouest les lycées ou collèges techniques, dominés en France par des enseignants presque physiologiquement hostiles à la réalité des entreprises. Cependant, l'entrée à l'université, dans la plupart des matières « populaires » parmi les candidats-étudiants, étant verrouillée par le *numerus clausus*, la constitution du dossier qui sera soumis – curieusement pour ce pays fédéraliste – à une instance centrale englobe les notes obtenues pendant la scolarité secondaire. Ce n'est pas d'un bon rendement éducatif, selon l'avis de certains pédagogues modernistes.

Quant aux universités, doublées de nombreuses *Fachhochschulen* (hautes écoles professionnelles, qui aspirent à l'égalité avec les « vraies » universités, autorisées à délivrer des doctorats), elles ont connu la même explosion qu'en France, passant de quelques centaines de milliers d'étudiants à plusieurs millions – et cela en dépit du *numerus clausus*. Comme partout dans le monde occidental, les formations spécialisées *post-graduated*, avec passage presque obligatoire aux États-Unis, prolongent et fortifient la formation initiale. En l'absence d'une instance gouvernementale centrale – les deux ministères fédéraux de la Formation (*Bildung*) et de la Recherche n'ayant qu'un impact très limité, assurant au niveau universitaire un minimum de cohérence et cofinançant la science –, l'essentiel de l'intégration d'un système tendant continuellement à l'explosion est assuré par la Conférence permanente des ministres de l'Éducation des Länder, organisme collégial lourd mais finalement fort efficace. Et la recherche, solidement amarrée aux entreprises et bénéficiant d'une très libérale législation sur les fondations, s'organise avec une réelle indépendance, notamment dans les prestations de la Société Max-Planck, un CNRS entièrement libéré de l'autorité de l'État et des méthodes administratives. Tout cela, bien entendu, se situe aux antipodes des conceptions et des pratiques de l'ex-RDA où les études supérieures, étroitement contrôlées par le parti, étaient réservées aux enfants des bien-pensants et de la nomenklatura, où la recherche était rattachée au Comité central du SED par le biais des académies qu'il contrôlait directement. L'interpénétration du parti, de la sécurité et de la formation a rendu l'épuration des universités et des instituts scientifiques particulièrement nécessaire et particulièrement difficile.

Les médias, à leur tour, sont une des structures structurantes les plus efficaces de la société ouest-allemande (qui est en train d'incorporer l'est-allemande). Au départ, dans les zones occidentales, les Allemands eurent sans doute le paysage médiatique le meilleur du monde. Cela était largement dû au fait que des responsables alliés eurent soudain la possibilité de réaliser en pays conquis, avec de l'argent non soumis au vote du Parlement national, le journal ou la radio de leurs rêves. Quand, après leur départ, les circonstances furent moins idylliques et plus normales, quelque chose subsista de ces origines heureuses, de cette créativité au milieu des ruines. La plupart des grands quotidiens nationaux conservent une réelle dignité et une approche des événements sinon neutre, du moins le plus souvent rationnelle, ainsi qu'un traitement respectueux des personnes. Il en fut ainsi longtemps, également, des institutions de radio et de télévision bâties sur le principe d'un monopole public non étatique. Les organismes de radiodiffusion et de télévision étaient créés par une loi d'un Land et leur gestion placée sous l'autorité d'un conseil formé de représentants des forces culturelles et sociales actives dans le pays. Une tentative du chancelier Adenauer de placer une deuxième chaîne de télévision sous le contrôle du gouvernement fédéral fut bloquée, on l'a vu, par la Cour constitutionnelle. Les hebdomadaires politiques et culturels comme *Die Zeit* (libéral de gauche, à Hambourg) et *Rheinischer Merkur* (chrétien-démocrate, à Bonn) représentaient également un très haut niveau ; il est vrai que la masse des citoyens et citoyennes préférait à ces organes austères les feuilles régionales et locales plus proches de son style de vie traditionnel. La plus grande réussite médiatique (à l'époque de sa création le mot n'existait pas encore) fut et demeure l'hebdomadaire illustré *Der Spiegel* (le Miroir) qui adapta le modèle du magazine américain à l'Allemagne bouleversée par la guerre et l'après-guerre. Plus tard, une presse à sensation et à émotion put se développer : *Bildzeitung* en est l'exemple le plus en vue, les textes y sont véhéments mais simples de style et de contenu ; son tirage, supérieur à quatre millions d'exemplaires, pulvérisa tous ses concurrents, le niveau moral en est tout simplement désolant. L'apparition des chaînes de télévision privées (plus que la radio privée) changea, dans les années 1980, l'atmosphère des médias de grande consommation : des mélanges toxiques de violence, de romantisme rétroverti, de sexualité voyeuriste et de sentimentalisme constituèrent le fonds d'une nouvelle « culture populaire » réduisant à un rôle minoritaire le très important effort de formation des adultes que fournissent les universités populaires (dans chaque ville et souvent aussi dans les « cercles » ruraux).

Les structures de 1945-1949, honnêtes mais improvisées, faites de bric et de broc, empruntées aux Occidentaux, commencent à porter un air de vieux. Le nombre des fidèles qui vont à la messe le dimanche est devenu très inférieur à celui des hommes ou des femmes qui paient l'impôt d'Église. Les études prolongées ne se traduisent pas nécessairement en culture, les médias noient les responsabilités dans une mer d'événements de très inégale signification, mais dont le poids facilite la genèse d'une sorte d'impuissance indifférente ou d'indifférence impuissante. C'est à une société plus énervée qu'ardente que l'Allemagne de l'Est s'est ajoutée, avec ses passés mal écartés. L'une et l'autre Allemagne ne sont guère préparées ainsi aux défis redoutables des commencements du nouveau millénaire. Mais le sommes-nous davantage ?

Conclusion

L'Allemagne unie dans l'Europe à unir

Il n'est pas facile de recoudre les deux morceaux d'un peuple divisé pendant quarante-cinq ans et qui a vécu, l'espace de deux générations, dans deux cultures divergentes. Nous l'avons dit : le 18 mars 1990, les seuls électeurs de la RDA qui avaient pu participer auparavant à des élections nationales entièrement libres (en novembre 1932) avaient plus de soixante-dix-neuf ans ! La télévision, la pilule et l'abondance, le démantèlement des croyances et des mœurs traditionnelles ont conduit la partie occidentale du peuple allemand sur la voie de comportements individualistes, hédonistes et, en quelque manière, « autistiques », sur la voie d'un égocentrisme, toujours prêt à se révolter contre tout ce qui paraît porter atteinte à des droits acquis, à des avantages consolidés. La chute de la natalité à partir des années 1960, l'incroyable montée du nombre des objecteurs de conscience, la raréfaction des vocations religieuses, l'isolement progressif des vieillards dans des « mouroirs » (de luxe ou de misère), le retrait des professionnels actifs hors du champ des responsabilités politiques – abandonnant les mandats électifs aux fonctionnaires publics (comme au début du parlementarisme allemand au XIXe siècle, mais pour bien d'autres raisons) –, la managérisation des opérateurs de l'économie et de la vie sociale (y compris le remplacement dans le syndicalisme des militants d'origine ouvrière par des cadres formés dans les mêmes universités que les dirigeants des entreprises), l'empiétement énorme des moyens de distraction sur l'emploi du temps, les pensées et les façons de vivre, autant de signes nouveaux et de coutumes nouvelles qui ont transformé la culture de la vie quotidienne. Certains, avec une simplification outrancière, parlent d'américanisation. Il est vrai que l'Allemagne de l'Ouest s'est largement ouverte au monde du dehors. Quand on rencontrait, quelques années après la guerre, dans la même station balnéaire yougoslave, des touristes des deux Allemagnes, c'étaient toujours ceux de l'Est qui ressemblaient le plus aux clichés et aux caricatures d'autrefois. Acceptés dans l'ONU, dans l'OTAN, dans la Communauté européenne, vivant à un rythme rapide le désarmement des frontières, regardant les mêmes films et lisant les mêmes livres que les autres Occidentaux, passant chaque année de longues semaines de vacances à l'étranger, consommant de plus en plus de denrées et de boissons étrangères, apprenant au moins une langue étrangère – au minimum dans ses rudiments –, les Allemands de la RFA d'avant l'unité auraient beaucoup surpris et scandalisé la grande majorité de leurs arrière-grands-parents. Pour autant, ils surprennent et scandalisent beaucoup moins les autres Européens à qui, par ailleurs, ils ressemblent de plus en plus. Les arrière-grands-parents, peut-être, à certains égards, se seraient plus facilement reconnus dans les mœurs et mentalités de la RDA. Comme tout ce qui se dit ou s'écrit sur les comportements des peuples, le tableau que je viens d'esquisser est trop systématique. Aux comportements novateurs s'opposent toutes sortes de manières d'être et de penser beaucoup plus traditionnelles ou – au contraire – encore beaucoup plus novatrices, et cela souvent chez les mêmes personnes et dans les mêmes milieux. Des Allemagnes anciennes et même antiques subsistent ou se recomposent en RFA, l'Allemagne des lecteurs de Goethe et de Hölderlin aussi bien (ou aussi mal !) que celle des SS. Il y a, à « gauche » comme à « droite », des résistances farouches contre les modernités, revêtues de couleurs nationalistes ou pacifistes, xénophobes ou écologistes. Le changement fait toujours peur à quelques-uns, à plus ou moins juste titre, qu'il s'agisse des grandes surfaces ou du réchauffement de l'atmosphère. Les vieux penchants pour l'absolu ont connu chez les terroristes des années 1970 (entrés dans la postérité), chez les « alternatifs » de tout genre, chez les Verts ou chez les féministes, des exaltations qui rappellent d'autres épisodes à la fois marginaux et caractéristiques de l'histoire sociale et culturelle des Allemagnes, Thomas Müntzer et les anabaptistes, le nationalisme tout frais et juvénilement agressif des guerres de libération, le Mouvement de jeunesse de la fin du XIXe et des débuts du XXe siècle, et aussi la croyance parareligieuse dans les dogmes tirés de saint Marx. La culture de la société ouest-allemande se décomposait dans des multiplicités, des juxtapositions, des cohabitations souvent extravagantes et parfois émouvantes et en perpétuel mouvement. C'est cela sans doute « qu'on appelle l'aurore », comme écrivait Giraudoux, c'est cela qu'on appelle la liberté. On y était souvent plus près de Paris ou de New York que de Leipzig ou de Neubrandenburg.

En face, en RDA, il y a eu la culture officielle d'État, le marxisme-léninisme érigé en dogme et formulé en récitatifs, psalmodié en langue de bois. Ce qu'il y avait de dramatique pour les habitants du « socialisme réellement existant », c'est qu'il existait effectivement, ses prophètes, cardinaux et vicaires généraux ayant mis la main sur une partie énorme de la Terre où ils pouvaient s'imaginer que la réalité finirait par se plier « réellement » aux lois de leur pseudo-science. Pour cela, il fallait, bien entendu, couper du reste du monde les pays où s'établissait ce socialisme. C'est pourquoi le Mur de Berlin était devenu, en pleine période de prétendue détente, un symbole tellement visible du « rideau de fer ». Même en RDA où, pourtant, la population fut beaucoup moins isolée du dehors, c'est-à-dire des pays du capitalisme, de l'impérialisme, du colonialisme et de la démocratie formelle, des pays de l'exploitation du travail par le capital, que dans les autres « démocraties populaires », sans parler de l'URSS elle-même, le régime, en durant et en s'assurant le monopole de l'information intérieure et surtout celui de l'enseignement et des formations, avait réussi à forger des mentalités captives, des esprits « sous influence ». Il était le maître du quotidien, du travail, de l'entreprise, des loisirs (organisés), de l'école, des activités de jeunesse ; aucune carrière – en dehors des Églises – n'était possible sans une soumission, au moins verbale, qui finissait par devenir au moins partiellement mentale et même morale. Il est difficile – voire impossible – de vivre toute une existence dans une attitude de refus total et ininterrompu envers le mensonge officiel qui suinte de partout. Puisque le monde existant à portée de main, le monde qu'on pouvait toucher, se conformait – en apparence tout au moins – à l'idéologie enseignée et proclamée (jusqu'au moment où, sous Gorbatchev, on dut commencer à concéder que l'empereur était nu, c'est-à-dire que, dans l'empire soviétique tout entier, à force d'être régie contre la nature des choses, l'économie commençait à rendre l'âme), ce monde-là ne pouvait pas être entièrement factice ; quelque chose de la doctrine enseignée devait quand même être vrai, et quelque chose de l'analyse marxiste expliquer effectivement – sinon les défaillances du socialisme – du moins les contradictions et les crises du capitalisme. Curieusement, après la « révolution » de l'automne 1989, ce sont souvent les apparatchiks cyniques du système qui ont le mieux, sans difficulté apparente, sauté le pas vers l'économie de marché. Ce sont au contraire des oppositionnels, rêveurs d'un socialisme à figure humaine, et une partie de ceux qui s'efforçaient d'exister en marge des litanies officielles, dans toute la mesure du possible, qui s'employèrent à conserver comme vivants et utilisables tels ou tels éléments de la « somme » marxienne. Le problème fondamental qui se posait dès lors était de savoir si ces éléments considérés comme positifs étaient séparables du reste, c'est-à-dire de l'économie bureaucratique, de l'élimination du profit et de la concurrence, de la suppression de la propriété privée, et de l'État policier nécessaire pour imposer le tout et le maintenir. Et, inversement, peut-on sérieusement imaginer une économie de marché où le plein-emploi serait imposé par la loi – voire par la Constitution, comme le veulent, même en Allemagne de l'Ouest, tant de militants et de responsables de gauche – et les prix fixés en fonction de critères extra-économiques ? Aussi longtemps qu'elle ne s'écroulait pas sous le poids de ses contre-performances, de l'usure de ses équipements et de ses méthodes, l'économie bureaucratique pouvait en effet garantir des sécurités à un pauvre niveau d'exigences : des loyers très bas, des immeubles peu ou pas entretenus, des cotisations sociales faibles – mais les charges des entreprises devenaient écrasantes et les services étaient de piètre qualité –, des conditions de travail peu stressantes mais peu satisfaisantes, des salaires garantis mais faibles. Après ce triste bonheur médiocre, les changements qui exigent des efforts plus soutenus peuvent faire peur. La société de consommation est une société de risques et d'incertitudes. Il existait en RDA une culture de la tranquillité médiocre qui s'est sentie bousculée par l'agressivité de la culture économique et politique ouest-allemande.

Il y existait aussi une culture de solidarité alors que la RFA est une société de la jungle (c'est du moins ce qu'affirmaient, avant la « révolution », les médias communistes), et cela est partiellement vrai dans certains aspects de notre réalité. Dans un monde restreint où la pénurie règne, une certaine solidarité, une certaine entraide, une certaine connivence, même dans la critique du régime, constituent presque des nécessités vitales. La contre-valeur de ces relations empreintes de « chaleur humaine » est fournie par la méfiance généralisée que sécrète le régime policier avec son appareil de contrôle et de délation. Le retrait sur la sphère de la vie individuelle avait aussi un aspect égoïste et antisolidaire. Finalement, la solidarité était, avant tout, pratiquée par ceux qui critiquaient, qui contestaient, qui s'opposaient et par ceux qui les protégeaient, notamment dans certaines paroisses protestantes. Je ne suis pas sûr que ç'ait été une vertu aussi répandue que certains oppositionnels le croient aujourd'hui, face à ce qui les angoisse dans la perspective de leur assimilation non voulue aux modes de vie occidentaux.

Les habitants de la RDA vivaient, pour la plupart, dans une culture de l'enfermement. C'est d'ailleurs la raison pour laquelle la revendication de la liberté de voyager, et notamment en Europe occidentale, fut sans doute une des plus mobilisatrices. On voulait voir le monde dans sa variété et c'est précisément ce que les maîtres du régime et leurs exécutants devaient craindre le plus : qu'une fois autorisés à voyager, les citoyens de la RDA ne reviennent tranquillement, mais avec des idées neuves et destructrices de l'ordre établi. Enfermés chez eux (avec autorisation de recevoir la télévision occidentale dans leur cellule – un bon moyen pour que les détenus se tiennent tranquilles), les habitants de la

RDA n'ont pas suivi le chemin qui conduisit la RFA vers des intégrations supranationales très fortes. Pour certains Verts ou alternatifs, les Allemands de la RDA sont plus « authentiques » que ceux de l'Ouest parce que moins américanisés, ou point du tout. Ils nous paraissent aussi – sans l'expérience de communautés supranationales telles que l'OTAN et la CEE – encore plus exposés que ceux de la RFA à de nouvelles poussées nationalistes, xénophobes et racistes. Pour beaucoup d'entre eux, les Russes sont toujours ces barbares qui furent des occupants exigeants, les Polonais sont des paresseux qui trafiquent dans un marché noir éhonté. La crise économique de transition devenant dramatique et se prolongeant, la recherche de boucs émissaires étrangers est devenue une tentation chez des gens secoués par le bouleversement et – en un premier temps – privés de beaucoup des modestes avantages dont ils jouissaient naguère. Tant qu'elle souffrait sous la puissance soviétique, la population de la RDA ne pouvait pas, d'une façon autonome, se poser des questions au sujet des autres peuples, qu'ils fussent du pacte de Varsovie ou de l'OTAN. A présent, entrés dans la réalité libre, la libre réalité, beaucoup des ex-sujets du pouvoir communiste reproduisent des conduites surannées, nationalistes et neutralistes, rencontrant les tendances similaires qui ont toujours existé en Allemagne de l'Ouest.

Cependant le pire n'est jamais certain. Dans l'histoire des peuples, généralement et heureusement médiocre, le Bien et le Mal à l'état pur sont l'exception. Ce n'est pas mon propos de tirer des plans plus ou moins prophétiques sur le prochain chapitre de l'histoire allemande. Nous avons seulement tenté, dans les lignes qui précèdent, d'exposer les matériaux, et leur énorme diversité, avec lesquels doit se construire l'unité allemande, la nouvelle « République d'Allemagne », aussi fédérale, sinon plus, que la RFA. En dépit de toutes les difficultés et de toutes les différences, les deux cultures allemandes d'aujourd'hui devront se rejoindre et se fondre, sans doute à la manière de ces fleuves qui, bien après leur confluent, continuent à porter en avant des courants de couleur différente. Cependant, si les deux cultures se mélangent, parmi les habitants du pays, il y en aura toujours qui placeront des accents majeurs sur des aspects appartenant à l'une plutôt qu'à l'autre, et les affrontements politiques se nourriront longtemps encore de cette nouvelle rivalité, comme ce fut le cas dans l'ancien Reich bismarckien de l'opposition traditionnelle entre catholiques et « évangéliques ». A cette époque, toutefois, la nouvelle force politique sociale-démocrate tirait sa vigueur d'une tout autre polarisation, entre « patrons » et ouvriers, entre exploités et exploiteurs. Si, entre les habitants des territoires qui formaient la RDA et ceux qui vivaient en RFA, des tensions du type de l'antagonisme entre « riches » et « pauvres » se développaient encore davantage, ce que nous ne croyons pas, il pourrait y avoir une course de vitesse entre les progrès de l'égalisation des conditions et les révoltes politiques devant la relative lenteur de ce processus. C'est de cette lenteur que se nourrissent, en partie, les succès du parti néocommuniste. Qu'il puisse y avoir des régions où un tiers de la main-d'œuvre disponible est sans emploi, voilà qui inflige un démenti cruel à l'optimisme libéraliste – près d'une décennie après l'automne 1989.

On a pu voir, non sans une certaine stupéfaction, à quel point la perspective de l'unité allemande suscitait chez les voisins de l'Allemagne et dans le monde entier des angoisses qui, notamment chez des peuples associés à l'Allemagne de l'Ouest depuis plus d'une génération dans une alliance et dans une communauté étroites, paraissaient outrées et anachroniques. Pourtant, même alimentées et grossies par des intérêts politiques internes à chaque pays, de telles craintes, quand elles prennent une force pareille, constituent une réalité incontournable avec laquelle les Allemands d'aujourd'hui et de demain auront à vivre, en tirant d'elle les lignes de force de leur stratégie commune.

Si de telles alarmes subsistent, notamment en France, certains Allemands pourraient être tentés de s'engager sur la voie d'un isolement à la fois blessé et orgueilleux, en exploitant une puissance économique qui – et les responsables le savent bien – est cependant essentiellement fondée sur le cadre international de ses activités, et en réorientant une partie croissante de celles-ci sur l'Europe orientale et l'ex-Union soviétique qui ont le plus grand besoin d'une aide allemande mais redoutent avec une attention non moins grande une nouvelle transmutation de la volonté de gagner sur le plan économique en désir de domination politique. Ceux des Allemands qui voudraient s'engager dans cette voie et ceux qui seraient leurs partenaires obligés et inquiets se méprennent sans doute sur la capacité de l'Allemagne unie de jouer à nouveau un rôle de ce genre, et aussi sur la volonté de la grande majorité des Allemands et des membres de leur classe politique de choisir cette stratégie et ces objectifs.

Nous l'avons dit plus haut : si l'Allemagne se sentait rejetée par la France, si la construction européenne était arrêtée, c'est plutôt vers une relation privilégiée et exclusive avec les États-Unis d'Amérique qu'elle irait alors s'orienter. Sur tous les plans, l'Europe de l'Est et la Russie seront – au moins pendant longtemps encore – un théâtre d'opérations secondaire même pour une Allemagne que nous aurions ainsi renvoyée à elle-même.

L'Allemagne unie, avec ses quatre-vingts millions d'habitants, son territoire étroit, sa natalité parmi les plus faibles du monde, ne sera toujours qu'une grande puissance moyenne, même quand elle aura fini l'immense tâche de la mise à niveau des Länder de l'ancienne RDA. L'idée qu'un tel pays puisse tenir une part indépendante dans le jeu des superpuissances vraies du XXIe siècle se situe au-delà des frontières du réalisme, même si elle peut constituer en elle-même une réalité.

Les nationalistes les plus exaltés n'imaginent plus à l'Allemagne une stature de domination mondiale, mais au mieux ou au pis une sorte de vocation pendulaire entre les grands, qui lui rapporterait des avantages réels mais limités et surtout dans le temps. Les réactions face aux progrès de l'unification ont d'ailleurs montré que les voisins orientaux, associés ou adversaires anciens de l'Allemagne, hésiteront beaucoup à s'engager dans un lien exclusif avec celle-ci, au détriment de leurs relations avec les autres très grands, si conflictuelles qu'elles soient ou qu'elles aient été dans le passé. Sans parler du fait que les besoins de la Russie et des autres États successeurs de l'URSS, pour surmonter leur crise, dépassent de très loin tout ce que l'Allemagne pourrait consacrer à une telle politique.

Bref, l'Allemagne unie est à la fois forte et dépendante. Cette dépendance envers ses partenaires de tout genre est créatrice de solidarités qui s'opposent aux tendances indépendantistes et aux illusions neutralistes. De toute façon, on a encore beaucoup de mal à imaginer les situations et les constellations du XXIe siècle, les relations du Nord et du Sud, de l'Europe et du rivage africain de la Méditerranée, de la Russie avec les peuples islamiques de l'Asie centrale, et les rapports de l'Europe avec la Chine et le Japon. Dans toutes ces perspectives, les nations européennes ne pourront s'insérer qu'en commun, comme une entité unie – en dépit de tous les passés qui les séparent et malgré le formidable attachement émotionnel aux structures nationales, aux cadres de vie nationaux. Une très forte résistance s'élève en effet partout contre les nouveaux transferts de souveraineté indispensables dans la logique de tout ce qui a déjà été, depuis cinquante ans, transféré aux instances européennes. Pourtant, cette « opposition nationale » n'a de chance que dans la mesure où elle s'organiserait elle-même au niveau européen, ce qui est contraire à son besoin d'exploiter le nationalisme, la xénophobie, voire le racisme.

Arrivé au terme de sa longue marche à travers les siècles, l'historien va jeter un regard ultime sur le cheminement du peuple allemand et de son Allemagne. Depuis les millénaires obscurs et les grandes migrations, dont seuls les derniers mouvements nous sont connus, jusqu'à la création du royaume porteur de l'Empire et l'apparition des principautés territoriales, et à travers les grandes étapes suivantes, la Réforme et la Contre-Réforme, la montée de l'Autriche et de la Prusse, l'immense bouleversement issu de la Révolution française et le soulèvement d'une Allemagne que l'étranger français oblige à se constituer en nation, à la fois sur son modèle et contre celui-ci, la transformation révolutionnaire de l'Allemagne agraire, artisanale et commerçante en puissance industrielle et, étroitement liée à ces développements, l'explosion démographique qui a multiplié par trois le peuple allemand au cours du seul XIXe siècle, l'unification nationale incomplète du Reich bismarckien, le triple essor du complexe industrialo-militaire, de la contre-société sociale-démocrate et des programmes impérialistes, l'insondable profondeur du choc de 1914, début de ce qu'on a pu appeler la deuxième guerre de Trente Ans, démolissant l'Europe et l'Allemagne, sinon totalement du moins pour ce qui est de la réalité et de l'idée de l'indépendance nationale visant à s'ériger en domination mondiale. Et les derniers chapitres, ensuite, l'Allemagne divisée par l'affrontement mondial, dont Hitler, dans sa stupidité aveugle, entraînant l'immense majorité du peuple, aura été moins l'auteur que le provocateur. Et l'Allemagne s'unifiant, alors que le monde bipolaire depuis un demi-siècle paraît maintenant en évolution rapide vers un « polycentrisme », un nouveau « concert universel », si l'humanité a suffisamment de chance et de sagesse pour assurer sa survie. Car, comme le dit excellemment Edgar Morin, qu'il s'agisse des États-nations de l'Europe ou de l'ensemble des peuples de la Terre : l'humanité tout entière est désormais acculée au choix entre l'association ou la barbarie. Une barbarie qui conduirait tout droit – et rapidement – à l'autodestruction générale.

Au cours du long défilé des siècles et des êtres qui forme la trame de notre récit, la nation, comme réalité et comme idéologie, n'a joué un rôle prééminent que pendant un peu moins de deux cents ans. Certes, elle a eu sa préhistoire et sa protohistoire. Au moins depuis le XIIe siècle, *des* Allemands (mais point tous) ont su qu'ils étaient allemands, mais ce qui constitue la nation selon les concepts modernes, l'État national, l'État-nation, n'a existé, pour ce qui concerne l'Allemagne, que pendant trois quarts de siècle, et encore ce fut un État-nation incomplet dont un quart de la nation restait exclu. Puisque l'Allemagne et le peuple allemand ont existé pendant des siècles avant cette courte étape de l'État-nation qui bloque cependant encore dans une large mesure le champ visuel des Allemands d'aujourd'hui et de leurs voisins-adversaires-partenaires, il ne paraît pas absurde de penser qu'ils pourront poursuivre et approfondir leur existence dans le cadre protecteur et fertilisant d'une Europe fédérale.

Au-delà de cette union, indispensable si les peuples d'Europe veulent maintenir et défendre leur indépendance, leur identité à la fois particulière et commune et aider les autres peuples du monde à progresser sur la voie des droits de l'homme et de la démocratie, union possible mais dont le succès n'est nullement garanti d'avance – car l'échec est toujours une option proposée à toute entreprise humaine –, c'est désormais le cadre mondial qui s'imposera de plus en plus aux visions et actions de toutes les entités nationales et étatiques de la Terre. D'une part, en effet, le polycentrisme mondial expose tous les peuples et tous les États à devenir la cible des actions politiques et militaires de tous les autres, ou tout au moins des plus puissants d'entre eux. Qui empêchera la Chine de déclencher une guerre nucléaire au XXIe siècle, sinon l'équilibre de la terreur qui a sauvé le monde d'une telle guerre à l'époque de la dyarchie américano-soviétique ? Qui empêchera les peuples de plus en plus nombreux d'Afrique du Nord, mobilisés par la misère et l'idéologie intégriste, de tenter une deuxième fois la conquête de l'Europe, symboliquement arrêtée à Poitiers il y a plus de 1 250 ans ? Qui, sinon une puissance européenne unie par une politique de solidarité concrète, permettant à tous ses peuples de consolider rapidement chez eux leurs structures d'existence ? Cela implique évidemment un combat efficace contre le chômage, contre les différentes formes d'exclusion, contre les écarts intolérables et moralement inacceptables entre la grande richesse et la grande misère.

Mais, au-delà de ces problèmes, qui ne se distinguent pas fondamentalement de ceux qu'avaient connus d'autres périodes de notre histoire européenne, il y a cette menace radicalement nouvelle de la destruction de la Terre par ses habitants. Comment la foule des cent cinquante ou deux cents États souverains qui se sont institués sur Terre pourra-t-elle s'organiser efficacement et à temps pour entreprendre l'œuvre de sauvetage pour laquelle il sera bientôt trop tard ? Parmi les grands mérites du peuple allemand, l'exaltation passionnée avec laquelle il s'est engagé, sous la poussée d'avant-gardes souvent partiales et partisanes, voire bizarres et biscornues, agressives et sectaires, dans cette nouvelle croisade pour cette Terre qui devrait être sainte et sacrée pour l'humanité tout entière, lui sera certainement un jour comptée comme l'une de ses contributions les plus importantes au salut de l'humanité. C'est là, peut-être, faire beaucoup d'honneur aux tribus des écologistes, si souvent ridicules et parfois odieuses. Ridicules et odieux, tels apparaissaient aussi et tels étaient effectivement souvent, aux yeux des hauts fonctionnaires et des intellectuels grecs et romains, les agitateurs chrétiens des premiers siècles de notre ère.

Je m'étonne moi-même, en plaçant, au terme de cette histoire d'un des grands peuples de l'Europe, cet éloge d'une minorité agaçante et dont l'action politique a souvent frisé l'absurde. J'ai pourtant en commun avec eux l'idée que nous devons sans cesse agir en nous rappelant que ce n'est pas seulement notre civilisation qui est mortelle – comme l'écrivait Paul Valéry après la Première Guerre mondiale, cette première étape de l'autodestruction de l'Europe – mais notre Terre elle-même, présupposition de la possibilité de toutes les civilisations. Sauver la Terre par une démarche rationnelle et calme, sans verser dans l'agitation millénariste, est désormais un devoir commun pour les Européens dont la civilisation (qui implique les États-Unis et la Russie) a produit quelques-uns des facteurs qui contribuent le plus à amplifier la menace et aussi quelques-unes des valeurs qui peuvent justifier et organiser l'espoir.

L'Allemagne est toujours une des premières nations du monde dans le domaine économique ; en suivant Hitler, elle a précipité l'Europe dans l'une des plus grandes catastrophes de son histoire, provoquant par ricochet la constitution de l'empire totalitaire soviétique. Ce sont des savants allemands qui ont fourni les bases scientifiques et technologiques de l'arme nucléaire. Ces responsabilités concrètes, passées et présentes, devraient inciter l'Allemagne à s'engager à fond avec ses alliés et associés, et s'il le faut en les entraînant, dans la double action pour sauver l'Europe et pour sauver la planète. Mais l'histoire, à chaque instant et en tout lieu, peut capoter et s'enfoncer dans l'échec. C'est là le prix de notre liberté.

Annexes

Observations sur les titres et désignations en usage dans l'histoire allemande

Tableaux généalogiques

Chronologie

Index des noms propres

Observations sur les titres et désignations en usage dans l'histoire allemande

Les rois des Francs s'intitulaient *Rex Francorum*. Après la conquête de l'Italie du Nord, Charlemagne ajoute *Rex Langobardorum* mais cette désignation ne durera point.

A partir de son couronnement, en 800, Charlemagne est *Imperator Romani Imperii*, empereur de l'Empire romain, titre qui sera remplacé sous Othon Ier par *Imperator Romanorum Imperii* pour marquer l'indépendance de la possession de l'Empire par rapport au couronnement par le pape, mais on reviendra vite à la formule *Imperium Romanum* ou *Imperator Romanus* qui se maintiendra jusqu'en 1806 (en allemand *Römisches Reich, Römischer Kaiser*).

Au cours du XIe siècle apparaît l'habitude de désigner comme *Rex Romanorum* le roi d'Allemagne élu mais point encore couronné empereur par le pape. La traduction allemande est *gewählter römischer König*.

Vers 1250, on commence à trouver la formule *Sacrum Romanum Imperium* qui se traduit, à partir du XIVe siècle, par *Heiliges Römisches Reich*, l'ajout *sacrum*, saint, étant un reliquat de la querelle des Investitures qui reflète la prétention impériale d'être maître de l'Église aussi bien que du Reich temporel. A l'époque des humanistes apparaît la formule *Heiliges Römisches Reich deutscher Nation*, le Saint-Empire romain de la nation allemande. Cette désignation s'appuie sur la théorie de la *translatio imperii* des Romains aux Francs et ensuite plus généralement aux Allemands. Elle n'a jamais eu de valeur juridique. Au Xe siècle apparaît le terme de *Regnum Teutonicum*, royaume allemand ou mieux « teutonique », pour désigner l'ensemble des *regna* ou duchés de la Francie orientale (la part de Louis le Germanique lors du partage de Verdun en 843). Il ne sera utilisé que sporadiquement.

L'expression *Deutschland* et l'adjectif *deutsch* n'ont jamais eu de signification juridique et constitutionnelle avant que, en 1815, le congrès de Vienne ne crée la Confédération germanique (*Deutscher Bund*), Fédération des États allemands.

En 1508, Maximilien Ier s'intitule *Erwählter römischer Kaiser*, empereur romain élu ; après le couronnement de Charles Quint à Bologne, la cérémonie du couronnement pontifical disparaît. Par la suite, le titre de *Rex Romanorum, römischer König*, désignera l'héritier de l'empereur, élu successeur du vivant de son père.

En 1871, se rangeant à contrecœur à la position de son ministre-président Otto von Bismarck, le roi de Prusse Guillaume Ier accepte de porter, comme chef d'État du nouveau Reich fondé à Versailles, le titre de *Deutscher Kaiser*, empereur allemand, la formule empereur d'Allemagne, *Kaiser von Deutschland*, ayant soulevé l'opposition de la plupart des princes, désireux de marquer dans la titulature le caractère fédéral du nouveau Reich où l'empereur ne sera qu'un *primus inter pares*, le premier parmi ses égaux.

La République de Weimar adopta ensuite le nom de *Deutsches Reich*, le terme de *Reich* étant ainsi séparé de toute référence monarchique. Pendant la Seconde Guerre mondiale se rencontre dans certains actes ou documents officiels la désignation de *Grossdeutsches Reich* (Reich grand-allemand).

Enfin, en 1949, les constituants, en créant un État démocratique dans la partie occidentale de l'Allemagne, lui donnent le nom de *Bundesrepublik Deutschland*, République fédérale d'Allemagne. C'est la première fois dans l'histoire que le mot *Deutschland* prend ainsi une valeur juridique officielle. Lors de l'unification de 1990 les nouveaux Länder, ou Länder restaurés, de l'ex-RDA sont entrés dans cette République fédérale d'Allemagne. Ce nom désigne désormais l'Allemagne tout entière (dont l'Autriche ne fait plus partie depuis 1866).

La maison d'Autriche

Le titre d'archiduc, *Erzherzog*, création verbale d'origine savante désignant le « premier des ducs », a été pris par le duc Rodolphe IV d'Autriche en 1356 sur la base d'un document juridique falsifié pour compenser l'exclusion de l'Autriche du collège des princes-électeurs, dont la composition fut codifiée par la Bulle d'Or en 1356. Le document falsifié fut authentifié par l'empereur Frédéric III en 1453. Tous les membres de la famille des Habsbourg ont par la suite porté ce titre qui est toujours celui des membres de la dynastie des Habsbourg-Lorraine, descendants de l'impératrice Marie-Thérèse et de son époux l'empereur François-Étienne de Lorraine (1745-1765).

Rois en Prusse et rois de Prusse

Après son autocouronnement à Königsberg en 1701, intervenu avec l'accord de l'empereur Léopold Ier, l'Électeur Frédéric III de Brandebourg porte le titre de « roi *en* Prusse ». Cette formule bizarre prenait appui sur le fait que depuis la sécularisation effectuée par le grand maître de l'Ordre Teutonique, Albert de Brandebourg, devenu duc de Prusse en 1525 après son ralliement à la réforme luthérienne, la Prusse n'était plus considérée comme faisant partie du Saint-Empire. Le Grand Électeur avait ensuite obtenu en 1660 la renonciation du roi de Pologne à ses droits de suzeraineté sur le duché, la formule « roi *en* Prusse » ménageait à la fois les susceptibilités de la cour de Vienne et de celle de Varsovie. C'est Frédéric II le Grand qui adopta le titre de roi *de* Prusse qui fut définitivement admis par les puissances au traité de Hubertusburg mettant fin à la guerre de Sept Ans (1763). L'ancien titre (« en Prusse ») ne s'attachant qu'au seul ex-duché, la désignation de « roi *de* Prusse » englobera désormais l'ensemble des possessions de la branche cadette des Hohenzollern[1], à l'intérieur du Reich aussi bien qu'à l'extérieur.

1. La branche aînée, conservant la principauté de Hohenzollern en Souabe, est restée catholique. D'elle descend la famille royale de Roumanie. La branche cadette acquit le burgraviat de Nuremberg, et par la suite l'électorat de Brandebourg. Elle adopta la Réforme luthérienne.

Les Carolingiens

Arnulf [Arnoul] († 641)
évêque de Metz

Pépin l'Ancien († 639)

Ansegise († 685 ?) ∞ Begga († 694 ?)

Pépin le Moyen († 714)

Charles Martel († 741)

Carloman († 754)

Pépin le Jeune ou le Bref († 768)
roi en 754

Charlemagne
roi en 768
empereur en 800

Carloman († 771)

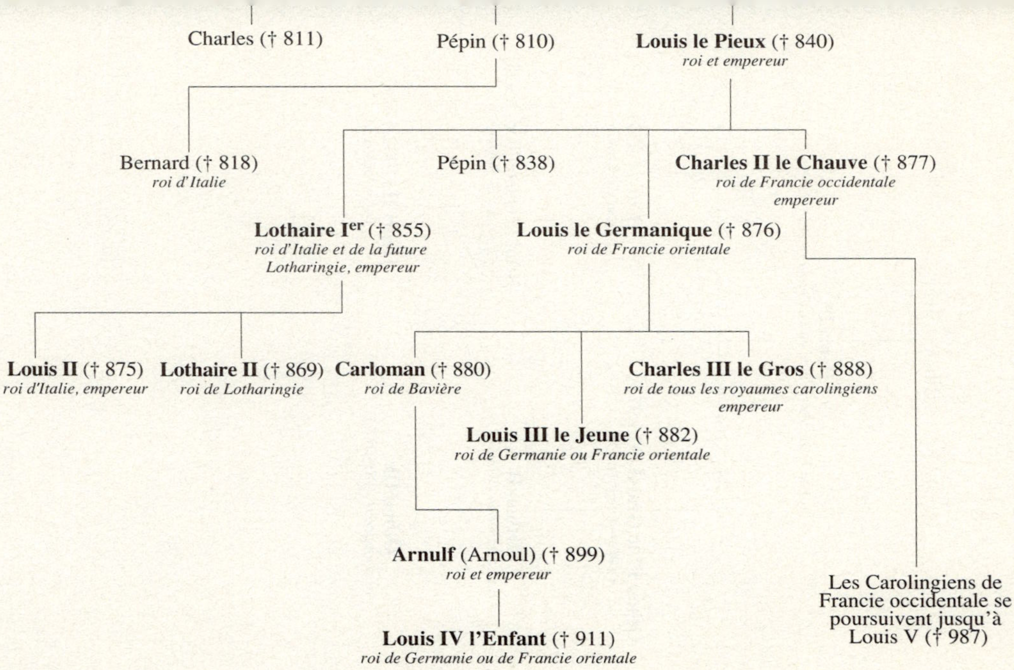
Charles († 811)
Pépin († 810)
Louis le Pieux († 840)
roi et empereur
Bernard († 818)
roi d'Italie
Pépin († 838)
Charles II le Chauve († 877)
roi de Francie occidentale
empereur
Lothaire Ier († 855)
roi d'Italie et de la future
Lotharingie, empereur
Louis le Germanique († 876)
roi de Francie orientale
Louis II († 875)
roi d'Italie, empereur
Lothaire II († 869)
roi de Lotharingie
Carloman († 880)
roi de Bavière
Charles III le Gros († 888)
roi de tous les royaumes carolingiens
empereur
Louis III le Jeune († 882)
roi de Germanie ou Francie orientale
Arnulf (Arnoul) († 899)
roi et empereur
Louis IV l'Enfant († 911)
roi de Germanie ou de Francie orientale
Les Carolingiens de
Francie occidentale se
poursuivent jusqu'à
Louis V († 987)

La dynastie des empereurs saxons ou othoniens

- Othon († 912)
  - **Henri Ier** — *roi de Francie orientale ou de Germanie (918-936)*
    - **Othon Ier le Grand** (936-973) — *roi et empereur en 964*
      - **Othon II** — *roi et empereur (973-983)*
        - **Othon III** — *roi et empereur (983-1002)*
    - Henri († 955) — *duc de Bavière*
      - Henri le Querelleur († 995) — *duc de Bavière*
        - **Henri II** (1002-1024) — *roi et empereur*

Les Saliens ou Franconiens

Conrad le Rouge († 955)
duc de Lorraine

Othon († 1004)

Henri († vers 990)

Conrad II
roi et empereur (1025-1039)

Henri III
roi et empereur (1039-1056)

Henri IV († 1106)
roi et empereur (1056)

Henri V († 1125)
roi et empereur (1106)

Agnès († 1105)
épouse de Frédéric Ier
duc de Souabe, de la maison de Hohenstaufen

Frédéric II († 1147)
duc de Souabe

Conrad III
roi (1137-1152)

Frédéric Ier Barberousse
roi et empereur (1152-1190)

Suite de la dynastie Souabe ou de Hohenstaufen

La dynastie de Hohenstaufen

Frédéric de Büren († vers 1094)

Frédéric Ier († 1105) ∞ Agnès
duc de Souabe — *fille de l'empereur Henri IV*

Frédéric II († 1147)
duc de Souabe

Conrad III
roi des Romains (1137-1152)

Frédéric Ier Barberousse
roi et empereur (1152-1190)

Henri VI
roi et empereur (1190-1197)

Philippe de Souabe
roi des Romains (1198-1208)

Frédéric II
roi et empereur, roi de Sicile (1197-1250)

Henri (VII)[1] († 1242)
roi des Romains déposé

Conrad IV
roi des Romains (1250-1254)

Manfred
roi de Sicile (1254-1266)
ancêtre des rois d'Aragon
et rois de Sicile
par sa fille Constance

Conradin
duc de Souabe
exécuté à Naples en 1268

1. Le fils aîné de Frédéric II ne régna jamais à titre personnel et les historiens ne le comptent pas à ce titre. Le « vrai » Henri VII est Henri de Luxembourg (1308-1313) qui figure sur la page suivante.

La dynastie luxembourgeoise

Walaram [Waléran] IV († 1226) ∞ Ermesinde († 1247)
comte de Limbourg — *comtesse de Luxembourg*

Henri II († 1281)

Henri III († 1288)

Henri VII
roi et empereur (1308-1313)

Baudoin [Baldwin] († 1354)
archevêque-électeur de Trèves

Jean l'Aveugle († 1346, à Crécy)
roi de Bohême

Charles IV
roi de Bohême, roi d'Allemagne
et empereur (1347-1378)

Venceslas IV († 1419)
roi de Bohême et roi des Romains
déposé comme roi des Romains en 1400

Sigismond
roi de Hongrie, de Bohême, roi des Romains
et empereur (1410-1437)

Albert de Habsbourg († 1439) ∞ Élisabeth († 1442)
roi des Romains,
de Hongrie et de Bohême

Ladislas le Posthume († 1457)
roi de Hongrie et de Bohême, duc de Haute et de Basse-Autriche

La dynastie de Habsbourg

Gondran [Guntram] († vers 950)
suivent huit générations au cours desquelles les seigneurs de la famille de Habsbourg deviennent *landgraves* en Alsace et comtes des *Gaue* (régions) de l'Aar et de Zurich

Rodolphe Ier
roi des Romains (1273-1291)

Albert Ier
duc d'Autriche et de Styrie
roi des Romains (1298-1308)

Frédéric le Beau († 1330)
duc d'Autriche
roi des Romains (1313-1322)
[sous le nom de Frédéric III]
renonce au trône

Albert II († 1358)
duc de Styrie, de Carinthie et d'Autriche

Rodolphe IV[1] († 1365)
duc d'Autriche
duc de Styrie, de Carinthie
comte de Tyrol

Albert III († 1395)
duc de Haute et
de Basse-Autriche

Léopold III († 1386)
duc de Styrie, duc de
Carinthie, de Carniole, d'Istrie
comte de Gorice et de Tyrol

Albert IV († 1404)

Albert V
duc de Haute et de Basse-Autriche,
roi des Romains (1437-1439) [sous le nom d'Albert II]
épouse Élisabeth de Hongrie *fille de l'empereur Sigismond,*
roi de Hongrie et de Bohême

Ladislas le Posthume († 1457)
roi de Hongrie et de Bohême
duc de Haute et de Basse-Autriche

Ernest († 1424)
duc de Styrie,
de Carinthie et de Carniole

1. Depuis Rodolphe IV, tous les membres de la maison de Habsbourg portent le titre d'archiduc (« *Erzherzog* »), indépendamment des territoires qu'ils possèdent. Il ne nous a pas paru nécessaire de placer ce titre après le nom de tous les membres de cette dynastie qu'on appelle fréquemment « *Erzhaus* » = « Archi-Maison » (le terme « Erz- » ou « Archi- » vient du grec « archos » qui signifie « premier »).

Frédéric V
duc de Haute et de Basse-Autriche,
et plus tard duc de Styrie,
de Carinthie et de Carniole,
roi des Romains et empereur (1439-1493)
[sous le nom de Frédéric III]

Maximilien Ier ∞ Marie de Bourgogne
duc de Haute et de Basse-Autriche,
duc de Styrie, de Carinthie
et de Carniole, comte de Tyrol
et de Gorice, roi des Romain
et empereur (1493-1519)

Philippe le Beau († 1506) ∞ Jeanne la Folle
comte de Flandres,
duc de Brabant, roi de Castille
héritière de Castille et d'Aragon

Charles V [Charles Quint] († 1558)
duc de Haute et de Basse-Autriche,
duc de Styrie, de Carinthie et de Carniole,
comte de Flandres, duc de Brabant,
roi de Castille et d'Aragon
roi des Romains et empereur (1519-1555)
abdique en 1556

Philippe II
roi d'Espagne et du Portugal
comte de Flandres, duc de Brabant (1555-1598)
suit la lignée des Habsbourg d'Espagne
rois de Naples, ducs de Milan,
comtes de Flandres, ducs de Brabant
jusqu'à Charles II († 1700)

Ferdinand Ier
roi des Romains et empereur (1555-1564)
roi de Hongrie et de Bohême,
duc d'Autriche,
duc de Styrie

Maximilien II
duc de Haute et de Basse-Autriche,
roi de Hongrie et de Bohême,
roi des Romains et empereur (1564-1576)

Charles († 1590)
duc d'Autriche
intérieure (Styrie)

Rodolphe II
duc de Haute
et de Basse-Autriche
roi de Hongrie et de Bohême
roi des Romains
et empereur (1576-1612)

Mathieu
duc de Haute
et de Basse-Autriche,
roi de Hongrie et de Bohême
roi des Romains et empereur (1612-1619)

Ferdinand II
duc de Styrie, duc
de Haute et de Basse-Autriche
roi de Bohême et de Hongrie,
roi des Romains
et empereur (1619-1637)

Ferdinand III[1]
roi des Romains et empereur (1637-1657)

Léopold Ier
roi des Romains et empereur (1657-1705)

Joseph Ier
roi des Romains
et empereur (1705-1711)

Charles VI
roi d'Espagne (1700-1711)
roi des Romains et empereur (1711-1740)

François-Étienne ∞ Marie-Thérèse
duc de Lorraine, grand-duc de Toscane
roi des Romains et empereur (1745-1765)
[sous le nom de François Ier]

Marie-Thérèse
reine de Hongrie
et de Bohême

Joseph II
roi et empereur
(1765-1790)

Léopold II
roi et empereur
(1790-1792)

Ferdinand
(ligne Habsbourg-Este)

François II († 1831)
roi des Romains
empereur jusqu'en 1806
empereur d'Autriche depuis 1804

Ferdinand
(ligne Habsbourg-Toscane)

Ferdinand Ier († 1873)
empereur d'Autriche
abdique en 1848

François-Charles

François-Joseph Ier
empereur d'Autriche
roi de Hongrie (1848-1916)

Charles-Louis († 1896)

Rodolphe († 1889)

François-Ferdinand († 1914)

Othon († 1906)

Charles Ier († 1922)
empereur d'Autriche,
roi de Hongrie (1916-1918)

Othon (né en 1912)
député européen

1. Toutes les possessions des Habsbourg étant désormais réunies sous l'autorité du chef de la Maison, il n'est plus nécessaire d'énumérer les comtés et les duchés.

La dynastie de Hohenzollern

Burchard († 1061)
comte de Zollern,
son arrière-petit-fils Frédéric III
devient burgrave de Nuremberg

Conrad Ier († 1260)
fondateur de la ligne franconienne
son descendant à la cinquième
génération

Frédéric († 1255)
fondateur de la ligne souabe
dont descendent les actuels princes de
Hohenzollern et les rois de Roumanie

Frédéric VI († 1440)
est nommé prince-électeur de Brandebourg
par l'empereur Sigismond (Frédéric Ier de Brandebourg)

Frédéric II
(1440-1471)

Albert-Achille
(1471-1486)

Jean Cicéron
Électeur (1486-1499)

Frédéric l'Aîné
margrave de Bayreuth et d'Ansbach
Plusieurs lignées dont l'ultime
s'éteint en 1618 avec

Joachim Ier
Électeur (1499-1535)

Albert
archevêque de Mayence,
ennemi de Luther

Albert Frédéric
duc de Prusse, fils d'Albert
ancien grand-maître de l'Ordre Teutonique
qui, devenu luthérien, avait transformé
la Prusse en duché héréditaire
et fief du roi de Pologne

Joachim II
Électeur (1535-1571)

Jean-Georges
Électeur (1571-1598)

Joachim Frédéric
Électeur (1598-1608)

Joachim Ernest
margrave d'Ansbach
(lignée éteinte en 1791)

Christian
margrave d'Ansbach
(lignée éteinte en 1769)

Jean Sigismond
Électeur et duc de Prusse (1608-1619)

Georges Guillaume
Électeur et duc (1619-1640)

Frédéric-Guillaume [dit le Grand Électeur]
(1640-1688)
Électeur, devient en 1660 duc souverain de Prusse

Frédéric III
Électeur et duc
devient en 1701 Frédéric Ier, roi en Prusse

Frédéric-Guillaume Ier
roi en Prusse (1712-1740)

Frédéric II [dit le Grand]
roi de Prusse (1740-1786)

Auguste-Guillaume († 1758)

Frédéric-Guillaume II
roi de Prusse (1786-1797)

Frédéric-Guillaume III
roi de Prusse (1797-1840)

Frédéric-Guillaume IV
roi de Prusse (1840-1861)

Guillaume Ier
roi de Prusse (1861-1888)
empereur allemand en 1871

Frédéric-Guillaume
roi et empereur [sous le nom de Frédéric III] en 1888

Guillaume II († 1941)
roi et empereur (1888-1918)
abdique

Guillaume
Kronprinz [prince héritier]

Louis-Ferdinand
prince de Prusse

Chronologie

Déb. du IIe millénaire av. J.-C.	Installation en Scandinavie de tribus indo-européennes qui formeront les peuples germaniques.
Env. 1500 av. J.-C. - 450 av. J.-C	Pénétration germanique en Allemagne du Nord.
Env. 250 av. J.-C.	Expansion germanique vers le sud, l'est et l'ouest.
113-101 av. J.-C.	Irruption des Cimbres et des Teutons en Gaule et en Italie.
55-53 av. J.-C.	Jules César pénètre en Germanie.
9 apr. J.-C.	Victoire des Chérusques sur les Romains.
Ier - IIIe siècle	Construction du *limes* entre le Rhin et le Danube.
166-180	Marc Aurèle bat les Marcomans.
IIe - IVe siècle	Apparition des Saxons dans le Holstein et extension vers le Rhin inférieur.
IIIesiècle	Apparition des Francs.
IIIe - IVe siècle	Les Alamans occupent la Souabe actuelle et les rives du Rhin supérieur.
375-451	Invasions hunniques.
IIIe - Ve siècle	Lente pénétration des Francs dans le nord de la Gaule.
IVe siècle	Formation d'un royaume ostrogoth au nord de la mer Noire.
410	Pénétration des Visigoths en Gaule et dans l'Espagne du Nord.

429	Conquête de l'Afrique du Nord par les Vandales.
435	Destruction par les Huns du premier royaume burgonde (autour de Worms et Mayence).
443	Établissement des Burgondes dans l'actuelle Bourgogne.
482-511	Formation du royaume franc par Clovis.
489	Conquête de l'Italie par les Ostrogoths.
507	Victoire de Clovis sur les Visigoths qui sont repoussés en Espagne.
534	Destruction du royaume des Burgondes par les Francs et du royaume africain des Vandales par les Byzantins.
553	Destruction du royaume italien des Ostrogoths par les Byzantins.
568	Début de la conquête de l'Italie du Nord par les Langobards.
Début du VIe siècle	Pénétration des Bavarois (*Bajuvares*) dans l'actuelle Bavière et les marches voisines.
VIe siècle	Conquête de la Grande-Bretagne par les Saxons, les Angles et les Jutes.
710-754	Achèvement de la christianisation de la Germanie à l'est du Rhin. Action et martyre de saint Boniface.
714-741	Charles Martel, réunification des royaumes francs.
754	Pépin le Bref, roi des Francs.
768	Conquête du royaume lombard (Langobards) par Charlemagne.
772-804	Guerres saxonnes, incorporation des Saxons dans le royaume franc.
800	Couronnement impérial de Charlemagne.
840	Début des attaques normandes sur le royaume franc oriental.
843	Partage du royaume franc (traité de Verdun).
895-900	Début des attaques magyares.
911	Fin de la dynastie carolingienne en Francie orientale.

918-1025	Règne de la dynastie saxonne.
955	Othon Ier bat les Magyars au Lechfeld.
962	Othon est couronné empereur.
1025-1125	Règne de la dynastie salienne.
1033	Conrad II réunit le royaume de Bourgogne à l'Italie et à la Germanie.
1046	Début de la conquête systématique des terres slaves entre Elbe et Oder, constitution des marches de Misnie (Meissen), de Brandebourg et du Nord (Holstein oriental).
1056-1106	Henri IV, début du conflit des Deux Glaives.
1125	Concordat de Worms, trêve dans le conflit des Deux Glaives.
1137-1254	Règne de la dynastie des Hohenstaufen.
1152-1190	Frédéric Barberousse.
1157-1177	Nouveau conflit avec la papauté.
1158-1183	Conflit avec les villes lombardes.
1179	Chute d'Henri le Lion, duc de Saxe et de Bavière.
1186	Mariage du fils aîné Henri de Hohenstaufen avec Constance, héritière de Sicile.
1189	Troisième croisade.
1190	Mort de Frédéric Barberousse en Anatolie.
1190-1197	Henri VI.
1197-1250	Frédéric II.
1215	Conquête de l'Allemagne.
1226	Loi en faveur des princes. Installation de l'Ordre Teutonique en Prusse.
1230	Croisade de Frédéric II. Libération provisoire de Jérusalem.
1241	Début de la Hanse.
1250-1254	Conrad IV.
1254-1273	Interrègne.
1266	Défaite de Manfred devant Charles d'Anjou.
1268	Exécution de Conradin à Naples.
1273-1291	Rodolphe de Habsbourg, roi des Romains.

1298-1308	Albert de Habsbourg, roi des Romains.
1308-1313	Henri VII de Luxembourg, roi et empereur.
1313-1347	Louis IV de Bavière, roi et empereur.
1347-1378	Charles IV de Luxembourg, roi et empereur.
1356	Proclamation de la Bulle d'Or.
1411-1437	Sigismond de Luxembourg, roi et empereur.
1414-1418	Concile de Constance, mort de Jan Hus, début des guerres hussites.
1422	L'Ordre Teutonique acquiert la Nouvelle Marche, son territoire s'étend de l'Oder à la Néva.
1440-1493	Frédéric III de Habsbourg, roi et empereur.
1455	Apogée de la Hanse.
1466	Défaite de l'Ordre Teutonique dans la guerre contre la Pologne.
1493-1519	Maximilien de Habsbourg, roi et empereur, recueille pour son fils les Pays-Bas et la Franche-Comté dans l'héritage de sa femme Marie de Bourgogne.
1496	Philippe de Habsbourg épouse Jeanne d'Aragon, héritière de l'Espagne.
1517	Martin Luther affiche ses 95 thèses à Wittenberg.
1519	Charles de Habsbourg, roi d'Espagne, élu roi et empereur.
1521	Diète de Worms.
1523	Révolte des chevaliers (Hutten, Sickingen).
1525	Guerre des Paysans.
1526	Bataille de Mohács, conquête de la Hongrie centrale par les Turcs.
1529	Premier siège de Vienne par les Turcs.
1530	Confession d'Augsbourg.
1545-1563	Concile de Trente.
1547	Charles Quint victorieux des protestants.
1552	Maurice de Saxe vainqueur de Charles Quint.
1555	Paix d'Augsbourg (paix des religions).

1556	Abdication de Charles Quint.
1556-1564	Ferdinand Ier, roi et empereur.
1578-1612	Rodolphe II, roi et empereur.
1618-1634	Ferdinand II, roi et empereur.
1618	Révolte des États de Bohême contre Ferdinand II.
1618-1648	Guerre de Trente Ans.
1621	Défaite des révoltés de Bohême (bataille de la Montagne Blanche).
1629	Édit de Restitution des biens catholiques.
1630	Intervention de la Suède sous Gustave Adolphe.
1632	Mort de Gustave Adolphe à la bataille de Lützen.
1634	Intervention de la France.
1640-1688	Frédéric-Guillaume Ier, Électeur de Brandebourg (le « Grand Électeur »), duc de Prusse.
1648	Traités de Westphalie.
1654-1705	Léopold Ier, roi et empereur.
1673-1698	Guerres de conquête de Louis XIV en Allemagne et aux Pays-Bas.
1675	Victoire des Brandebourgeois sur la Suède.
1683	Deuxième siège de Vienne par les Turcs, victoire des Impériaux et des Polonais.
1701	Frédéric III de Brandebourg, roi en Prusse.
1701-1715	Guerre de Succession d'Espagne.
1711-1740	Charles VI, roi et empereur, le dernier Habsbourg.
1715	Paix d'Utrecht.
1740	Avènement de Marie-Thérèse d'Autriche et de Frédéric II de Prusse.
1740-1744	Première et seconde guerre de Silésie.
1740-1748	Guerre de Succession d'Autriche.
1745	François-Étienne de Lorraine, mari de Marie Thérèse, élu roi et empereur.
1756-1763	Guerre de Sept Ans.

1765	Joseph II, roi et empereur (succède à sa mère dans les États héréditaires en 1780).
1772	Premier partage de la Pologne.
1781	Abolition du servage dans les États héréditaires autrichiens.
1790-1792	Léopold II, roi et empereur.
1792	Début des guerres contre la Révolution française.
1792-1806	François II, roi et empereur.
1793	Deuxième partage de la Pologne.
1795	Troisième partage de la Pologne (qui ne sera reconstituée qu'en 1918). La Prusse se retire de la guerre contre la France (traité de Bâle).
1797	Traité de Campoformio : l'empereur cède à la France ses possessions italiennes (Milan, etc.) et accepte l'abandon de la rive gauche du Rhin.
1801	Traité de Lunéville. L'Empire abandonne la rive gauche du Rhin.
1802	Le *Reischsdeputationshauptschluss* (recès d'Empire) : la plupart des principautés et des Villes libres sont absorbées par quelques dizaines d'États.
1804	François II prend le titre d'empereur d'Autriche.
1805	Nouvelle guerre entre la France et l'Autriche alliée à la Russie (bataille d'Austerlitz), traité de Schönbrunn.
1806	François II renonce au titre d'empereur romain. Constitution de la Confédération du Rhin sous direction française.
1806-1807	Guerre entre la France, la Prusse et la Russie.
1807	Traité de Tilsit, la Prusse est réduite à ses provinces de l'est de l'Elbe.
1807-1808	Réformes en Prusse, ministère Stein.
1809	Guerre austro-française, paix de Schönbrunn, l'Autriche cède le Tyrol à la Bavière et les provinces illyriennes à la France.

1809-1810	Soulèvements en Allemagne et en Autriche (Tyrol) contre la domination française.
1810	La France annexe les côtes allemandes de la mer du Nord.
1812	Campagne de Russie.
1813-1815	Guerres de libération.
1815	Congrès de Vienne. Fondation de la Confédération germanique.
1819	Congrès de Karlsbad. Mesures contre les menées libérales.
1830	Soulèvements libéraux en plusieurs endroits d'Allemagne à la suite de la révolution de Juillet.
1834	Constitution du *Zollverein*.
1848 (mars)	Révolutions à Berlin, Vienne, Prague, etc.
1848 (mai)	Réunion de l'Assemblée nationale à Francfort.
1848 (oct.)	Reprise de Vienne par les troupes contre-révolutionnaires.
1849 (déc.)	Dissolution de l'assemblée de Prusse.
1850	Constitution « octroyée » en Prusse.
1850 (29 nov.)	Conférence d'Olmütz. Rétablissement de la Confédération germanique.
1862	Otto von Bismarck, président du Conseil en Prusse.
1864	Guerre entre le Danemark et la Prusse, alliée à l'Autriche.
1866	Guerre prusso-autrichienne.
1867	Confédération de l'Allemagne du Nord. L'Autriche chassée de l'Allemagne.
1870-1871	Guerre entre la France, la Prusse et les autres États allemands.
1871	Proclamation de l'Empire allemand à Versailles.
1873-1879	*Kulturkampf*.
1875-1890	Lois antisocialistes.
1878	Congrès de Berlin.

1882	Alliance germano-austro-italienne (la Triplice).
1883-1885	Législation sociale bismarckienne.
1888	Mort de Guillaume Ier, avènement de Guillaume II.
1890	Démission de Bismarck.
1905-1906 et 1911	Crises marocaines.
1908 et 1912-1913	Crises balkaniques.
1914-1918	Première Guerre mondiale.
1916	Mort de l'empereur François-Joseph d'Autriche.
1918 (9 nov.)	Révolution en Allemagne.
1918 (11 nov.)	Révolution en Autriche. Armistice avec l'Allemagne.
1919	Vote de la Constitution de Weimar. Ratification du traité de Versailles. Traité de Saint-Germain-en-Laye avec l'Autriche.
1920	Putsch de Kapp.
1921-1923	Inflation.
1922	Traité de Rapallo.
1923	Occupation française de la Ruhr.
1923 (nov.)	Putsch d'Hitler à Munich.
1923-1929	Gustav Stresemann, ministre des Affaires étrangères du Reich.
1925	Traité de Locarno.
1925-1932	Paul von Hindenburg, président du Reich.
1930	Évacuation de la Rhénanie.
1930-1933	Cabinets présidentiels.
1933 (30 janv.)	Adolf Hitler, chancelier du Reich. Incendie du Reichstag. Loi des Pleins Pouvoirs (*Ermächtigungsgesetz*).
1934	Conspiration et exécution de Röhm. Mort d'Hindenburg. Hitler, chef de l'État allemand.
1935	Lois antijuives de Nuremberg.
1936	L'Allemagne intervient dans la guerre d'Espagne.

1938 (mars)	*Anschluss* de l'Autriche.
1938 (automne)	Crise des Sudètes. Annexion du pourtour germanique de la Tchécoslovaquie.
1938 (nov.)	Pogromes antijuifs.
1939 (mars)	Invasion de la Tchécoslovaquie non encore occupée.
1939 (23 août)	Pacte de non-agression germano-soviétique.
1939 (1 sept.)	Attaque allemande contre la Pologne.
1939 (3 sept.)	La France et l'Angleterre déclarent la guerre au Reich.
1940 (mai)	Invasion du Danemark et de la Norvège.
1940 (juin)	Victoire hitlérienne contre la France.
1940 (juil.-sept.)	Bataille d'Angleterre. Attaque contre la Yougoslavie et la Grèce.
1941 (22 juin)	Attaque contre l'URSS.
1942-1943	Campagne d'Afrique du Nord.
1942 (nov.)	Déclaration de guerre de l'Allemagne aux États-Unis.
Fin 1942/déb. 43	Bataille de Stalingrad.
1943 (sept.)	L'Italie abandonne l'alliance allemande.
1944 (6 juin)	Débarquement allié en Normandie.
1944 (20 juillet)	Attentat contre Hitler.
1945 (avril)	Suicide d'Adolf Hitler.
1945 (8 mai)	Capitulation des armées allemandes.
1945 (juil.-août)	Conférence interalliée de Potsdam. Les territoires allemands de l'Est sont placés sous administration polonaise.
1945-1946 (hiver)	Expulsion des Allemands des territoires de l'Est et des Sudètes. Dissolution de la Prusse par ordre du Conseil de contrôle interallié.
1945-1946	Procès de Nuremberg contre les dirigeants du Troisième Reich.
1947 (mars)	Échec de la conférence interalliée de Moscou. La France rallie les positions anglo-saxonnes.
1948	Réforme monétaire dans les zones occidentales.
1948-1949	Blocus de Berlin.

1949 (23 mai)	Le Conseil parlementaire des zones occidentales adopte la Loi fondamentale.
1949 (14 août)	Élection du premier Bundestag.
1949 (20 sept.)	Konrad Adenauer, chancelier fédéral. Proclamation en zone soviétique de la République démocratique allemande.
1950	Début des négociations pour la Communauté européenne du charbon et de l'acier et pour une Communauté européenne de défense.
1952	Constitution de la Communauté européenne du charbon et de l'acier.
1954	Échec de la CED, l'Allemagne fédérale est admise à l'UEO et à l'OTAN, la RDA entre au pacte de Varsovie.
1957	Signature des traités de Rome.
1961	Construction du Mur de Berlin.
1963 (janv.)	Signature du traité franco-allemand.
1963 (oct.)	Démission de Konrad Adenauer. Ludwig Erhard, chancelier fédéral.
1966 (déc.)	Grande Coalition, K.-G. Kiesinger, chancelier.
1969	Willy Brandt, chancelier fédéral.
1971	E. Honecker succède à W. Ulbricht à la tête de la RDA. Début des actions terroristes d'extrême gauche.
1972	Mesures concernant les « interdictions professionnelles ». Signature des traités germano-soviétique et germano-polonais.
1972 (sept.)	Reconnaissance mutuelle des deux États allemands (Traité fondamental).
1973	Les deux États allemands membres des Nations unies. Entrée de l'Angleterre dans la Communauté européenne.
1974	Affaire Guillaume. Helmut Schmidt, chancelier fédéral.
1975	Les deux Allemagnes cosignataires des accords d'Helsinki.
1979	Début de la crise des missiles à moyenne portée (SS 20).

1982 (sept.)	Retournement politique des libéraux, Helmut Kohl, chancelier fédéral.
1983	Le Bundestag approuve l'installation des missiles Pershing II et Cruise sur le territoire allemand.
1987	Visite officielle d'Erich Honecker en République fédérale.
1989 (été)	Début de l'émigration massive de la RDA vers la RFA.
1989 (automne)	Écroulement de la domination communiste en RDA. Ouverture du Mur.
1990 (18 mars)	Premières élections libres en RDA.
1990	(1er juil.) Signature du traité d'unification.
1990 (été)	Accord « 4 + 2 » (vainqueurs de 1945 et les deux États allemands). Traité germano-soviétique.
1990 (3 oct.)	Les deux Parlements allemands votent l'unification.
1990 (4 déc.)	Premières élections communes au Bundestag.

Index des noms propres

Les personnages classés par le prénom le sont dans l'ordre suivant : 1) saint ; 2) fonction ecclésiale ; 3) ordre alphabétique d'empire, royaume, duché, électorat…

Table

Du même auteur

AUX ÉDITIONS DU SEUIL

Allemagne
1955

Histoire du catholicisme politique en Allemagne
1957

Une idée neuve, la Démocratie
1962

L'Europe
1966

L'Allemagne n'est pas ce que vous croyez
1978

L'Histoire de la social-démocratie allemande
1979

Histoire de l'Allemagne
1993 ; éd. revue et complétée

Contes de Dachau
1993, réédition

Autobiographie
à paraître

CHEZ D'AUTRES ÉDITEURS

La Bavière
Arthaud, 1981

L'Allemagne du changement
Calmann-Lévy, 1983

Bismarck, Pensées et Souvenirs
présentation
Calmann-Lévy, 1984

Que devient l'Allemagne ?
en collaboration avec B. Brigouleix
Anthropos, 1986

Konrad Adenauer
Beauchesne, 1987

Deux peuples, un avenir, *1989*
Julliard, 1989

Helmut Kohl : l'Europe est notre destin
présentation
Éditions de Fallois, 1990

Le Mur et le Golfe
Éditions de Fallois, 1991

Citoyen d'Europe
Robert Laffont, 1993

RÉALISATION : PAO ÉDITIONS DU SEUIL
IMPRESSION : MAURY-EUROLIVRES – 45300 MANCHECOURT
DÉPÔT LÉGAL : FÉVRIER 1999 – N° 35436 (99/01/67355)

Collection Points

SÉRIE HISTOIRE

H1. Histoire d'une démocratie : Athènes
Des origines à la conquête macédonienne
par Claude Mossé
H2. Histoire de la pensée européenne
1. L'éveil intellectuel de l'Europe du IXe au XIIe siècle
par Philippe Wolff
H3. Histoire des populations françaises et de leurs attitudes devant la vie depuis le XVIIIe siècle
par Philippe Ariès
H4. Venise, portrait historique d'une cité
par Philippe Braunstein et Robert Delort
H5. Les Troubadours, *par Henri-Irénée Marrou*
H6. La Révolution industrielle (1770-1880)
par Jean-Pierre Rioux
H7. Histoire de la pensée européenne
4. Le siècle des Lumières
par Norman Hampson
H8. Histoire de la pensée européenne
3. Des humanistes aux hommes de science
par Robert Mandrou
H9. Histoire du Japon et des Japonais
1. Des origines à 1945, *par Edwin O. Reischauer*
H10. Histoire du Japon et des Japonais
2. De 1945 à 1970, *par Edwin O. Reischauer*
H11. Les Causes de la Première Guerre mondiale
par Jacques Droz
H12. Introduction à l'histoire de notre temps
L'Ancien Régime et la Révolution
par René Rémond
H13. Introduction à l'histoire de notre temps
Le XIXe siècle, *par René Rémond*
H14. Introduction à l'histoire de notre temps
Le XXe siècle, *par René Rémond*
H15. Photographie et Société, *par Gisèle Freund*
H16. La France de Vichy (1940-1944)
par Robert O. Paxton
H17. Société et Civilisation russes au XIXe siècle
par Constantin de Grunwald
H18. La Tragédie de Cronstadt (1921)
par Paul Avrich
H19. La Révolution industrielle du Moyen Age
par Jean Gimpel

H20. L'Enfant et la Vie familiale sous l'Ancien Régime
par Philippe Ariès
H21. De la connaissance historique
par Henri-Irénée Marrou
H22. André Malraux, une vie dans le siècle
par Jean Lacouture
H23. Le Rapport Khrouchtchev et son histoire
par Branko Lazitch
H24 Le Mouvement paysan chinois (1840-1949)
par Jean Chesneaux
H25. Les Misérables dans l'Occident médiéval
par Jean-Louis Goglin
H26. La Gauche en France depuis 1900
par Jean Touchard
H27. Histoire de l'Italie du Risorgimento à nos jours
par Sergio Romano
H28. Genèse médiévale de la France moderne, XIVe-XVe siècle
par Michel Mollat
H29. Décadence romaine ou Antiquité tardive, IIIe-VIe siècle
par Henri-Irénée Marrou
H30. Carthage ou l'Empire de la mer, *par François Decret*
H31. Essais sur l'histoire de la mort en Occident
du Moyen Age à nos jours, *par Philippe Ariès*
H32. Le Gaullisme (1940-1969), *par Jean Touchard*
H33. Grenadou, paysan français
par Ephraïm Grenadou et Alain Prévost
H34. Piété baroque et Déchristianisation en Provence
au XVIIIe siècle, *par Michel Vovelle*
H35. Histoire générale de l'Empire romain
1. Le Haut-Empire, *par Paul Petit*
H36. Histoire générale de l'Empire romain
2. La crise de l'Empire, *par Paul Petit*
H37. Histoire générale de l'Empire romain
3. Le Bas-Empire, *par Paul Petit*
H38. Pour en finir avec le Moyen Age
par Régine Pernoud
H39. La Question nazie, *par Pierre Ayçoberry*
H40. Comment on écrit l'histoire, *par Paul Veyne*
H41. Les Sans-culottes, *par Albert Soboul*
H42. Léon Blum, *par Jean Lacouture*
H43. Les Collaborateurs (1940-1945), *par Pascal Ory*
H44. Le Fascisme italien (1919-1945)
par Pierre Milza et Serge Berstein
H45. Comprendre la révolution russe
par Martin Malia
H46. Histoire de la pensée européenne
6. L'ère des masses, *par Michaël D. Biddiss*

H47. Naissance de la famille moderne
par Edward Shorter
H48. Le Mythe de la procréation à l'âge baroque
par Pierre Darmon
H49. Histoire de la bourgeoisie en France
1. Des origines aux Temps modernes
par Régine Pernoud
H50. Histoire de la bourgeoisie en France
2. Les Temps modernes, *par Régine Pernoud*
H51. Histoire des passions françaises (1848-1945)
1. Ambition et amour, *par Theodore Zeldin*
H52. Histoire des passions françaises (1848-1945)
2. Orgueil et intelligence, *par Theodore Zeldin* (épuisé)
H53. Histoire des passions françaises (1848-1945)
3. Goût et corruption, *par Theodore Zeldin*
H54 Histoire des passions françaises (1848-1945)
4. Colère et politique, *par Theodore Zeldin*
H55. Histoire des passions françaises (1848-1945)
5. Anxiété et hypocrisie, *par Theodore Zeldin*
H56. Histoire de l'éducation dans l'Antiquité
1. Le monde grec, *par Henri-Irénée Marrou*
H57. Histoire de l'éducation dans l'Antiquité
2. Le monde romain, *par Henri-Irénée Marrou*
H58. La Faillite du Cartel, 1924-1926
(Leçon d'histoire pour une gauche au pouvoir)
par Jean-Noël Jeanneney
H59. Les Porteurs de valises
par Hervé Hamon et Patrick Rotman
H60. Histoire de la guerre d'Algérie, 1954-1962
par Bernard Droz et Évelyne Lever
H61. Les Occidentaux, *par Alfred Grosser*
H62. La Vie au Moyen Age, *par Robert Delort*
H63. Politique étrangère de la France
(La Décadence, 1932-1939)
par Jean-Baptiste Duroselle
H64. Histoire de la guerre froide
1. De la révolution d'Octobre à la guerre de Corée, 1917-1950
par André Fontaine
H65. Histoire de la guerre froide
2. De la guerre de Corée à la crise des alliances, 1950-1963
par André Fontaine
H66. Les Incas, *par Alfred Métraux*
H67. Les Écoles historiques
par Guy Bourdé et Hervé Martin
H68. Le Nationalisme français, 1871-1914, *par Raoul Girardet*
H69. La Droite révolutionnaire, 1885-1914, *par Zeev Sternhell*
H70. L'Argent caché, *par Jean-Noël Jeanneney*

H71. Histoire économique de la France du XVIIIe siècle à nos jours
1. De l'Ancien Régime à la Première Guerre mondiale
par Jean-Charles Asselain
H72. Histoire économique de la France du XVIIIe siècle à nos jours
2. De 1919 à la fin des années 1970
par Jean-Charles Asselain
H73. La Vie politique sous la IIIe République
par Jean-Marie Mayeur
H74. La Grèce archaïque d'Homère à Eschyle
par Claude Mossé
H75. Histoire de la « détente », 1962-1981
par André Fontaine
H76. Études sur la France de 1939 à nos jours
par la revue « L'Histoire »
H77. L'Afrique au XXe siècle, *par Elikia M'Bokolo*
H78. Les Intellectuels au Moyen Age, *par Jacques Le Goff*
H79. Fernand Pelloutier, *par Jacques Julliard*
H80. L'Église des premiers temps, *par Jean Daniélou*
H81. L'Église de l'Antiquité tardive
par Henri-Irénée Marrou
H82. L'Homme devant la mort
1. Le temps des gisants, *par Philippe Ariès*
H83. L'Homme devant la mort
2. La mort ensauvagée, *par Philippe Ariès*
H84. Le Tribunal de l'impuissance, *par Pierre Darmon*
H85. Histoire générale du XXe siècle
1. Jusqu'en 1949. Déclins européens
par Bernard Droz et Anthony Rowley
H86. Histoire générale du XXe siècle
2. Jusqu'en 1949. La naissance du monde contemporain
par Bernard Droz et Anthony Rowley
H87. La Grèce ancienne, *par la revue « L'Histoire »*
H88. Les Ouvriers dans la société française
par Gérard Noiriel
H89. Les Américains de 1607 à nos jours
1. Naissance et essor des États-Unis, 1607 à 1945
par André Kaspi
H90. Les Américains de 1607 à nos jours
2. Les États-Unis de 1945 à nos jours, *par André Kaspi*
H91. Le Sexe et l'Occident, *par Jean-Louis Flandrin*
H92. Le Propre et le Sale, *par Georges Vigarello*
H93. La Guerre d'Indochine, 1945-1954
par Jacques Dalloz
H94. L'Édit de Nantes et sa révocation
par Janine Garrisson
H95. Les Chambres à gaz, secret d'État
par Eugen Kogon, Hermann Langbein et Adalbert Rückerl

H96. Histoire générale du XXe siècle
3. Depuis 1950. Expansion et indépendance (1950-1973)
par Bernard Droz et Anthony Rowley
H97. La Fièvre hexagonale, 1871-1968, *par Michel Winock*
H98. La Révolution en questions, *par Jacques Solé*
H99. Les Byzantins, *par Alain Ducellier*
H100. Les Croisades, *par la revue « L'Histoire »*

H101. La Chute de la monarchie (1787-1792)
par Michel Vovelle
H102. La République jacobine (10 août 1792 - 9 Thermidor an II)
par Marc Bouloiseau
H103. La République bourgeoise
(de Thermidor à Brumaire, 1794-1799)
par Denis Woronoff
H104. La France napoléonienne (1799-1815)
1. Aspects intérieurs, *par Louis Bergeron*
H105. La France napoléonienne (1799-1815)
2. Aspects extérieurs
par Roger Dufraisse et Michel Kérautre
(à paraître)
H106. La France des notables (1815-1848)
1. L'évolution générale
par André Jardin et André-Jean Tudesq
H107. La France des notables (1815-1848)
2. La vie de la nation
par André Jardin et André-Jean Tudesq
H108. 1848 ou l'Apprentissage de la République (1848-1852)
par Maurice Agulhon
H109. De la fête impériale au mur des fédérés (1852-1871)
par Alain Plessis
H110. Les Débuts de la Troisième République (1871-1898)
par Jean-Marie Mayeur
H111. La République radicale ? (1898-1914)
par Madeleine Rebérioux
H112. Victoire et Frustrations (1914-1929)
par Jean-Jacques Becker et Serge Berstein
H113. La Crise des années 30 (1929-1938)
par Dominique Borne et Henri Dubief
H114. De Munich à la Libération (1938-1944)
par Jean-Pierre Azéma
H115. La France de la Quatrième République (1944-1958)
1. L'ardeur et la nécessité (1944-1952)
par Jean-Pierre Rioux
H116. La France de la Quatrième République (1944-1958)
2. L'expansion et l'impuissance (1952-1958)
par Jean-Pierre Rioux

H144. Histoire de l'antisémitisme 2. L'âge de la science
par Léon Poliakov
H145. L'Épuration française (1944-1949), *par Peter Novick*
H146. L'Amérique latine au XXe siècle (1889-1929)
par Leslie Manigat
H147. Les Fascismes, *par Pierre Milza*
H148. Histoire sociale de la France au XIXe siècle
par Christophe Charle
H149. L'Allemagne de Hitler
par la revue « L'Histoire »
H150. Les Révolutions d'Amérique latine
par Pierre Vayssière
H151. Le Capitalisme « sauvage » aux États-Unis (1860-1900)
par Marianne Debouzy
H152. Concordances des temps, *par Jean-Noël Jeanneney*
H153. Diplomatie et Outil militaire
par Jean Doise et Maurice Vaïsse
H154. Histoire des démocraties populaires
1. L'ère de Staline, *par François Fejtö*
H155. Histoire des démocraties populaires
2. Après Staline, *par François Fejtö*
H156. La Vie fragile, *par Arlette Farge*
H157. Histoire de l'Europe, *sous la direction de Jean Carpentier et François Lebrun*
H158. L'État SS, *par Eugen Kogon*
H159. L'Aventure de l'Encyclopédie, *par Robert Darnton*
H160. Histoire générale du XXe siècle
4. Crises et mutations de 1973 à nos jours
par Bernard Droz et Anthony Rowley
H161. Le Creuset français, *par Gérard Noiriel*
H162. Le Socialisme en France et en Europe, XIXe-XXe siècle
par Michel Winock
H163. 14-18 : Mourir pour la patrie, *par la revue « L'Histoire »*
H164. La Guerre de Cent Ans vue par ceux qui l'ont vécue
par Michel Mollat du Jourdin
H165. L'École, l'Église et la République, *par Mona Ozouf*
H166. Histoire de la France rurale
1. La formation des campagnes françaises
(des origines à 1340)
sous la direction de Georges Duby et Armand Wallon
H167. Histoire de la France rurale
2. L'âge classique des paysans (de 1340 à 1789)
sous la direction de Georges Duby et Armand Wallon
H168. Histoire de la France rurale
3. Apogée et crise de la civilisation paysanne
(de 1789 à 1914)
sous la direction de Georges Duby et Armand Wallon

H169. Histoire de la France rurale
4. La fin de la France paysanne (depuis 1914)
sous la direction de Georges Duby et Armand Wallon
H170. Initiation à l'Orient ancien, *par la revue « L'Histoire »*
H171. La Vie élégante, *par Anne Martin-Fugier*
H172. L'État en France de 1789 à nos jours
par Pierre Rosanvallon
H173. Requiem pour un empire défunt, *par François Fejtö*
H174. Les animaux ont une histoire, *par Robert Delort*
H175. Histoire des peuples arabes, *par Albert Hourani*
H176. Paris, histoire d'une ville, *par Bernard Marchand*
H177. Le Japon au XXe siècle, *par Jacques Gravereau*
H178. L'Algérie des Français, *par la revue « L'Histoire »*
H179. L'URSS de la Révolution à la mort de Staline, 1917-1953
par Hélène Carrère d'Encausse
H180. Histoire médiévale de la Péninsule ibérique
par Adeline Rucquoi
H181. Les Fous de la République, *par Pierre Birnbaum*
H182. Introduction à la préhistoire, *par Gabriel Camps*
H183. L'Homme médiéval
collectif sous la direction de Jacques Le Goff
H184. La Spiritualité du Moyen Age occidental (VIIIe-XIIIe siècle)
par André Vauchez
H185. Moines et Religieux au Moyen Age
par la revue « L'Histoire »
H186. Histoire de l'extrême droite en France, *ouvrage collectif*
H187. Le Temps de la guerre froide
par la revue « L'Histoire »
H188. La Chine, tome 1 (1949-1971)
par Jean-Luc Domenach et Philippe Richer
H189. La Chine, tome 2 (1971-1994)
par Jean-Luc Domenach et Philippe Richer
H190. Hitler et les Juifs, *par Philippe Burrin*
H192. La Mésopotamie, *par Georges Roux*
H193. Se soigner autrefois, *par François Lebrun*
H194. Familles, *par Jean-Louis Flandrin*
H195. Éducation et Culture dans l'Occident barbare
(VIe-VIIIe siècle)
par Pierre Riché
H196. Le Pain et le Cirque, *par Paul Veyne*
H197. La Droite depuis 1789, *par la revue « L'Histoire »*
H198. Histoire des nations et du nationalisme en Europe
par Guy Hermet
H199. Pour une histoire politique, *collectif*
sous la direction de René Rémond
H200. « Esprit ». Des intellectuels dans la cité (1930-1950)
par Michel Winock

H201. Les Origines franques (V^{e}-IXe siècle), *par Stéphane Lebecq*
H202. L'Héritage des Charles (de la mort de Charlemagne aux environs de l'an mil), *par Laurent Theis*
H203. L'Ordre seigneurial (XIe-XIIe siècle) *par Dominique Barthélemy*
H204. Temps d'équilibres, Temps de ruptures *par Monique Bourin-Derruau*
H205. Temps de crises, Temps d'espoirs, *par Alain Demurger*
H206. La France et l'Occident médiéval de Charlemagne à Charles VIII *par Robert Delort* (à paraître)
H207. Royauté, Renaissance et Réforme (1483-1559) *par Janine Garrisson*
H208. Guerre civile et Compromis (1559-1598) *par Janine Garrisson*
H209. La Naissance dramatique de l'absolutisme (1598-1661) *par Yves-Marie Bercé*
H210. La Puissance et la Guerre (1661-1715) *par François Lebrun*
H211. L'État et les Lumières (1715-1783) *par André Zysberg* (à paraître)

H212. La Grèce préclassique, *par Jean-Claude Poursat*
H213. La Grèce au Ve siècle, *par Edmond Lévy*
H214. Le IVe Siècle grec, *par Pierre Carlier*
H215. Le Monde hellénistique (323-188), *par Pierre Cabanes*
H216. Les Grecs (188-31), *par Claude Vial*

H219. Le Haut-Empire romain en Occident d'Auguste aux Sévères, *par Patrick Le Roux*
H220. Le Haut-Empire romain. Les provinces de Méditerranée orientale, d'Auguste aux Sévères, *par Maurice Sartre*
H225. Douze Leçons sur l'histoire, *par Antoine Prost*
H226. Comment on écrit l'histoire, *par Paul Veyne*
H227. Les Crises du catholicisme en France, *par René Rémond*
H228. Les Arméniens, *par Yves Ternon*
H229. Histoire des colonisations, *par Marc Ferro*
H230. Les Catholiques français sous l'Occupation *par Jacques Duquesne*
H231. L'Égypte ancienne, *présentation par Pierre Grandet*
H232. Histoire des Juifs de France, *par Esther Benbassa*
H233. Le Goût de l'archive, *par Arlette Farge*
H234. Économie et Société en Grèce ancienne *par Moses I. Finley*
H235. La France de la monarchie absolue 1610-1675 *par la revue « L'Histoire »*

H236. Ravensbrück, *par Germaine Tillion*
H237. La Fin des démocraties populaires, *par François Fejtö et Ewa Kulesza-Mietkowski*
H238. Les Juifs pendant l'Occupation, *par André Kaspi*
H239. La France à l'heure allemande (1940-1944) *par Philippe Burrin*
H240. La Société industrielle en France (1814-1914) *par Jean-Pierre Daviet*
H241. La France industrielle, *par la revue « L'Histoire »*
H242. Éducation, société et politiques. Une histoire de l'enseignement en France de 1945 à nos jours. *par Antoine Prost*
H243. Art et Société au Moyen Age, *par Georges Duby*
H244. L'Expédition d'Égypte 1798-1801, *par Henry Laurens*
H245. L'Affaire Dreyfus, *collectif Histoire*
H246. La Société allemande sous le Troisième Reich *par Pierre Ayçoberry*
H247. La Ville en France au Moyen Age *par André Chédeville, Jacques Le Goff et Jacques Rossiaud*
H248. Histoire de l'industrie en France du XVIe siècle à nos jours, *par Denis Woronoff*
H249. La Ville des temps modernes *sous la direction d'Emmanuel Le Roy Ladurie*
H250. Contre-Révolution. Révolution et Nation *par Jean-Clément Martin*
H251. Israël. De Moïse aux accords d'Oslo *par la revue L'Histoire*
H252. Une histoire des médias des origines à nos jours *par Jean-Noël Jeanneney*
H253. Les Prêtres de l'ancienne Égypte *par Serge Sauneron*
H254. Histoire de l'Allemagne, des origines à nos jours *par Joseph Rovan*
H255. La Ville de l'âge industriel *sous la direction de Maurice Agulhon*
H256. La France politique, XIXe-XXe siècle *par Michel Winock*

Collection Points

SÉRIE ESSAIS

DERNIERS TITRES PARUS

309. Vers une écologie de l'esprit 1.
par Gregory Bateson
310. Les Démocraties, *par Olivier Duhamel*
311. Histoire constitutionnelle de la France, *par Olivier Duhamel*
312. Le Pouvoir politique en France, *par Olivier Duhamel*
313. Que veut une femme ?, *par Serge André*
314. Histoire de la révolution russe
1. Février, *par Léon Trotsky*
315. Histoire de la révolution russe
2. Octobre, *par Léon Trotsky*
316. La Société bloquée, *par Michel Crozier*
317. Le Corps, *par Michel Bernard*
318. Introduction à l'étude de la parenté, *par Christian Ghasarian*
319. La Constitution, *introduction et commentaires*
par Guy Carcassonne
320. Introduction à la politique
par Dominique Chagnollaud
321. L'Invention de l'Europe, *par Emmanuel Todd*
322. La Naissance de l'histoire (tome 1), *par François Châtelet*
323. La Naissance de l'histoire (tome 2), *par François Châtelet*
324. L'Art de bâtir les villes, *par Camillo Sitte*
325. L'Invention de la réalité
sous la direction de Paul Watzlawick
326. Le Pacte autobiographique, *par Philippe Lejeune*
327. L'Imprescriptible, *par Vladimir Jankélévitch*
328. Libertés et Droits fondamentaux
sous la direction de Mireille Delmas-Marty
et Claude Lucas de Leyssac
329. Penser au Moyen Age, *par Alain de Libera*
330. Soi-Même comme un autre, *par Paul Ricœur*
331. Raisons pratiques, *par Pierre Bourdieu*
332. L'Écriture poétique chinoise, *par François Cheng*
333. Machiavel et la Fragilité du politique, *par Paul Valadier*
334. Code de déontologie médicale, *par Louis René*
335. Lumière, Commencement, Liberté
par Robert Misrahi
336. Les Miettes philosophiques, *par Søren Kierkegaard*
337. Des yeux pour entendre, *par Oliver Sacks*
338. De la liberté du chrétien *et* Préfaces à la Bible
par Martin Luther (bilingue)

339. L'Être et l'Essence
par Thomas d'Aquin et Dietrich de Freiberg (bilingue)
340. Les Deux États, *par Bertrand Badie*
341. Le Pouvoir et la Règle, *par Erhard Friedberg*
342. Introduction élémentaire au droit
par Jean-Pierre Hue
343. Science politique
1. La Démocratie, *par Philippe Braud*
344. Science politique
2. L'État, *par Philippe Braud*
345. Le Destin des immigrés, *par Emmanuel Todd*
346. La Psychologie sociale, *par Gustave-Nicolas Fischer*
347. La Métaphore vive, *par Paul Ricœur*
348. Les Trois Monothéismes, *par Daniel Sibony*
349. Éloge du quotidien. Essai sur la peinture
hollandaise du XVIIIe siècle, *par Tzvetan Todorov*
350. Le Temps du désir. Essai sur le corps et la parole
par Denis Vasse
351. La Recherche de la langue parfaite dans la culture européenne
par Umberto Eco
352. Esquisses pyrrhoniennes, *par Pierre Pellegrin*
353. De l'ontologie, *par Jeremy Bentham*
354. Théorie de la justice, *par John Rawls*
355. De la naissance des dieux à la naissance du Christ
par Eugen Drewermann
356. L'Impérialisme, *par Hannah Arendt*
357. Entre-Deux, *par Daniel Sibony*
358. Paul Ricœur, *par Olivier Mongin*
359. La Nouvelle Question sociale, *par Pierre Rosanvallon*
360. Sur l'antisémitisme, *par Hannah Arendt*
361. La Crise de l'intelligence, *par Michel Crozier*
362. L'Urbanisme face aux villes anciennes
par Gustavo Giovannoni
363. Le Pardon, *collectif dirigé par Olivier Abel*
364. La Tolérance, *collectif dirigé par Claude Sahel*
365. Introduction à la sociologie politique
par Jean Baudouin
366. Séminaire, livre I : les écrits techniques de Freud
par Jacques Lacan
367. Identité et Différence, *par John Locke*
368. Sur la nature ou sur l'étant,
la langue de l'être ?, *par Parménide*
369. Les Carrefours du labyrinthe, I, *par Cornelius Castoriadis*
370. Les Règles de l'art, *par Pierre Bourdieu*
371. La Pragmatique aujourd'hui,
une nouvelle science de la communication
par Anne Reboul et Jacques Moeschler